제2판

노동조합 및 노동관계조정법 주해

I

노동법실무연구회

박영사

발 간 사(제2판)

대법원 노동법실무연구회 회원들의 헌신으로 초판이 발간된 지 벌써 7년이 지났습니다. 그동안 노동조합 및 노동관계조정법 주해는 실무가뿐만 아니라 학계의 필독서가 되었고 노동 현장에서도 권위 있는 해설서로 자리매김하였습니다.

초판이 발간된 후 법률 개정이 있었습니다. 헌법재판소가 노동조합 운영비 원조금지 규정에 대하여 헌법불합치 결정(2012헌바90)을 하고, 법인의 대리인 등에 대한 부당노동행위 양벌규정에 대하여 위헌 결정(2017헌가30)을 함에 따라 2020. 6. 9. 노동조합법의 개정이 이루어졌습니다. 국제노동기구(ILO)의 기본협약인「결사의 자유에 관한 협약」의 비준을 추진하면서 2021. 1. 5. 근로자의 단결권 보장의 범위를 확대하는 방향으로 노동조합법이 개정되었습니다. 나아가 정부가 2021. 4. 20. 결사의 자유에 관한 ILO 기본협약(제87호 및 제98호 협약)에 대한 비준서를 기탁하였고, 해당 협약들은 2022. 4. 20. 발효하여 국내법적 효력을 가지게 되었습니다.

새로운 판례도 많이 축적되었습니다. 대법원 2015. 6. 25. 선고 2007두4995 전원합의체 판결은 취업활동을 위한 체류자격이 없는 외국인도 노동조합법상 근로자의 범위에 포함될 수 있다고 판시하였고, 대법원 2020. 8. 27. 선고 2016다248998 전원합의체 판결은 단체협약상 산재 유족 특별채용 조항이 채용의 자유를 과도하게 제한하거나 채용 기회의 공정성을 현저히 해하지 않는 한 유효하다고 판단하였습니다. 대법원 2020. 9. 3. 선고 2016두32992 전원합의체 판결은 고용노동부장관의 전국교직원노동조합에 대한 법외노조 통보처분 사건에서 법외노조 통보에 관한 시행령 규정이 무효라고 선언하였습니다. 그 밖에도 복수 노동조합에 대한 교섭창구 단일화 절차에 관한 새로운 판시 등 집단적 노동관계에서 중요한 의미를 가지는 대법원 판결들이 있었습니다.

이번 제2판에서는 이러한 법률의 개정과 새로운 판례를 반영하고 노동환경을 둘러싼 새로운 논의를 정리하고자 하였습니다. 초판에서 집대성된 부분을 수정하는 한편, 집단적 노동관계에 관한 ILO 기본협약의 내용과 국내법적 적용, 집단적 노동관계법상 근로자·사용자에 관한 비교법적 고찰, 편의제공, 도산과 집단적 노동관계, 공무원직장협의회의 설립·운영에 관한 법률이라는 새로운 주제 5편을 추가하였습니다. 신규 주제에 대하여는 노동법실무연구회의 발표와 토론을 진행하고 기존 조문에 대하여는 초고 작성에 이어 더욱 치밀한 독회와 수정 과정을 거쳤습니다.

초판과 마찬가지로 이번에도 김지형 초대 회장님과 김선수 대법관께서 독회와 원고 작성 등 전반적인 작업을 이끌어 주셨고, 집필진과 편집위원인 권오성, 권창영, 김민기, 김영진, 김진석, 김진, 김희수, 도재형, 박가현, 성준규, 신권철, 여연심, 유동균, 이명철, 이병희, 임상민, 최은배 회원님은 헌신적인 노력을 더해 주셨습니다. 마은혁 편집위원회 간사님은 개정 작업의 기획과 세세한 집행까지 도맡아 주셨습니다. 이 분들의 헌신적인 노력이 없었다면 이 책이 나오기 어려웠을 것입니다. 노고에 깊이 감사드립니다. 아울러 초판에 이어 출판을 맡아준 박영사 관계자분들께도 감사의 말씀을 드립니다.

인간은 노동을 통해 자아를 실현하고 사회를 유지하며 역사를 발전시켜 왔습니다. 그러므로 인간의 역사는 곧 노동의 역사이기도 합니다. 이 책이 집단적 노동관계를 공정한 눈으로 바라볼 수 있게 하고 헌법이 보장하는 노동3권이 제대로 구현될 수 있도록 하는 데 조금이나마 보탬이 되기를 기원합니다.

감사합니다.

2023. 2.
공동편집대표
이 흥 구

제 2 판 펴냄에 붙여

추상과 구상. 신영복 선생은 "인간과 세계에 대한 올바른 인식을 키우는 것"이 공부라고 했습니다. 공부란 "문제"에 마주 서겠다는 의지입니다. 복잡한 문제에 직면하면 먼저 그 본질을 꿰뚫어 그 핵심을 추출해야 합니다. 이것이 "추상"입니다. 한편 문제는 해결되어야 하므로 어찌하든 구체적 해법을 찾아내야 합니다. 이것이 "구상"입니다. 이 두 가지는 함께 가야 합니다. 추상 없는 구상은 난삽하고, 구상 없는 추상은 공허합니다.

법의 문제. 법 문제에도 추상과 구상이 동시에 요구됩니다. 이론과 실무, 개념과 실용이 함께해야 합니다. 오늘날까지 미국을 대표하는 법사상은 프래그머티즘입니다. 이 법사상은 올리버 웬들 홈스, 벤자민 카도조, 로스코 파운드 등 지금도 미국 법조에서 존경을 한 몸에 받는 법률가들에 의해 정립되었습니다. 이 법사상이야말로 법의 문제에 접근하는 관점에서 추상과 구상을 같이 추구합니다. 홈스는 "법의 생명은 논리가 아니라 경험이다."라고 했지만, 이 말은 논리를 배제해야 한다는 의미가 아니라 논리와 더불어 경험이 소중하다는 점을 강조하기 위한 수사(修辭)로 이해합니다.

노동법의 추상과 구상. 노동법의 세계에서 추상은 노동헌법입니다. 이 주해서에서 다루는 노동법 문제의 추상은 헌법에 정한 "노동3권"입니다. "노동조합 및 노동관계조정법"을 비롯한 하위법령이 구상입니다. 안목을 국제기준으로 넓혀, ILO 협약들도 추상인 ILO 기본정신의 구상입니다. 이 구상 안에 이 주해서가 있다고 생각합니다. 집필진 모두는 초판에서 한 걸음 이상을 더 내딛는 공부를 가열하게 했고 그 결실을 이번 제2판에 쏟아냈습니다. 이들이 쓴 옥고에서, "보편적 명제들은 구체적 사례들을 결정짓지 않는다."라고 한 홈스의 말이나, "판결들은 묻는다고 원칙을 거저 보여주지 않고 천천히 고통스럽게 그 핵심을 드러낸다."라고 한 카도조의 말, "법의 역사는 법률가의 역사 그 자체"라고 한 파운드의 말이 겹쳐 읽히는 까닭이 무엇인지는 굳이 강조하지 않겠습니다.

오류의 역설. 법 문헌 저술에 관한 한, 법 주해서는 프래그머티즘을 구현하는 데 가장 유용한 방식이라고 여겼습니다. 2010년에 근로기준법 주해로 그 첫 삽을 뜬 데 이어, 2015년에 노동조합 및 노동관계조정법 주해까지 초판을 일구어냈습니다. 그리고 2020년에 근로기준법 주해 제2판을 펴냈고, 이제 노동조합 및 노동관계조정법 주해 제2판까지 내딛게 되었습니다. 편집대표로 참여하는 내내 이런 출판이 과연 실현될 수 있을지, 책을 내더라도 독자들의 호응을 얼마나 받을 수 있을지 의심하곤 했습니다. 그러나 그때마다 이런 조바심은 틀렸습니다. 역설적으로, 틀려서 오히려 기뻤습니다. 집필진 모두가 헌신적으로 원고를 작성했고, 편집위원들과 매서운 강독 순서를 거쳤으며, 이후 세밀한 교정 작업에 이르기까지 환상의 호흡을 맞추어 주었습니다. 이에 힘입어 앞선 세 번의 출판물에 대한 독자의 반응은 우리의 기대를 뛰어넘었습니다. 이번에도 발간의 과정은 같았고, 조바심이 없지 않은 것도 이전과 다를 바 없으나, 남은 기다림은 또 하나 오류의 역설입니다.

노동법의 진화. 역사학자 윌리 톰슨은 그의 저서 『노동, 성, 권력』에서 '노동의 역사는 인류의 역사와 정확히 일치한다'고 했습니다. 생각하면 너무나 뻔한 이 말이 새삼스럽게 다가오는 이유는 무엇일까요. 아무래도 노동의 문제가 독립된 법분야로 체계화된 것이 인류 탄생 이래 20만 년이라는 노동의 역사 중 겨우 최근 100년여에 지나지 않는 극히 짧은 순간에 지나지 않은 탓 아닐까 싶기도 합니다. 그러나 곰곰이 돌아보면 지금의 노동법은 20만 년 노동의 역사를 통틀어 꾸준히 진화해 왔다고 말하는 것이 옳을지 모릅니다. 『종의 기원』의 찰스 다윈은 "살아남는 종은 강한 종이 아니고 똑똑한 종도 아니다. 변화에 적응하는 종이다."라는 유명한 말을 남겼습니다. 『오래된 연장통』을 쓴 진화심리학자 전중환은 "인간의 마음은 … 오래된 연장통이다. 인간의 마음은 우리는 왜 태어났는가, 삶의 의미는 무엇인가, 신은 어떤 존재인가 같은 심오하고 추상적인 문제들을 잘 해결하게끔 설계되지 않았다. 인간의 마음은 어떤 배우자를 고를 것인가, 비바람을 어떻게 피할 것인가, 포식동물을 어떻게 피할 것인가 등 수백만 전 인류의 조상들에게 주어졌던 다수의 구체적이고 현실적인, 때로는 구차하기까지 한 문제들을 잘 해결하게끔 설계되었다."고 말합니다. 이러한 진화론이 노동법의 진화에도 그대로 적용될 수 있을 것입니다. 지금까지뿐만 아니라 미래에도 노동법은 노동의 문제를 해결하는 진화의 과정을 밟아가야 합니다. ‘법은 안정성을 필요로 하지만, 정지할 수 없다’고 한 프래그머티즘 법사상가들의 생각도 이와 다르지 않습니다. 이들이 말한 법이 사회적인 ‘갈등’ 문제에 ‘조정’이라는 해결을 목표로 하는 것이라면, 그리고 법을 ‘사회의 이익을 전체적으로 형량’함으로써 ‘사회의 다양한 요구를 조화시키기 위한 공동의 도구’라고 보는 이들의 법사상에 동의한다면, 노동법의 미래 진화를 위한 또 하나의 오래된 연장통으로서 이 주해서가 갖는 의미는 더욱 각별할 것으로 생각합니다.

미약한 헌사. 이처럼 뜻깊은 주해서 발간에 정진해 준 집필진과 편집위원, 그리고 교정위원 모두에게는 어떠한 찬사를 드려도 부족합니다. 그 곁에서 김선수, 이흥구 두 분 대법관께서는 노동법실무연구회 회장으로서 아낌없는 관심과 조언, 애정과 지원을 보여주셨습니다. 한 분 한 분에게 다시금 경의를 표합니다. 특히 근로기준법 주해에 이어서 이번에도 편집 작업을 총괄해 준 마은혁 편집위원(간사)이 아니었으면 제2판이 언제쯤 빛을 보게 되었을지 가늠하기 어렵습니다. 이 주해서의 종이책 출간을 늘 도맡아준 박영사와 관계자 여러분에게도 감사의 말씀을 빼놓을 수 없습니다. 두말할 나위 없이 이 책의 진정한 주인공은 독자 여러분입니다. 이 책이 집필자와 독자 사이에 집단적 노동관계법의 진정한 의미에 대해 조금이라도 더 공감의 폭을 넓히는 소통의 창구가 된다면, 더 이상의 기쁨은 없을 것입니다.

개인적으로는 이 책이 나오기까지의 산고(産苦)를 지켜보는 것 외에 한 일이 거의 없지만, 그것만으로도 제겐 무척 소중한 시간이었음을 고백하는 것으로 모자란 소회의 말씀을 줄입니다.

감사합니다.

2023. 1.

공동편집대표

김 지 형

발 간 사(초판)

노동조합 및 노동관계조정법은 헌법에 의한 근로자의 단결권·단체교섭권 및 단체행동권을 보장하여 근로조건의 유지·개선과 근로자의 경제적·사회적 지위의 향상을 도모하고, 노동관계를 공정하게 조정하여 노동쟁의를 예방·해결함으로써 산업평화의 유지와 국민경제의 발전에 이바지함을 목적으로 하여 제정되었습니다.

그런데 과거 우리나라 노동계의 현실은 상호 존중과 협력보다는 대립과 갈등이 부각되는 노동관계가 주류를 이루고 있었음을 부정하기 어렵습니다. 그에 따라 노동조합 및 노동관계조정법이 정한 노동관계를 둘러싸고 다양한 이론적 분석이나 해석이 전개되었으며, 그 결과 체계적으로 쟁점이 정리되지 아니하고 적절한 균형점을 찾지 못하는 경우도 없지 않았습니다.

한편 2010년에 개정된 노동조합 및 노동관계조정법의 시행으로 노사를 둘러싼 환경은 큰 변화를 맞이하게 되었습니다. 노동조합 전임자에 대한 급여 지원의 금지와 근로시간 면제 제도의 도입, 복수 노동조합의 허용 등으로 노사 모두 종래의 노사관행에서 벗어날 수밖에 없게 되었습니다.

이에 개별적 근로관계에 관한 지침서라고 할 수 있는 근로기준법 주해를 발간하였던 노동법실무연구회의 회원들은 그 경험을 바탕으로, 집단적 노동관계 관련 업무를 담당하거나 그에 관하여 연구하는 법조인, 공무원, 인사·노무 담당자, 노동조합 실무자, 학자, 학생 등에게 노동조합 및 노동관계조정법에 관한 다양한 이론적·실무적 해석을 종합적으로 정리하여 제시함과 아울러 새로운 제도를 체계적으로 설명할 필요성이 있다는 데 공감하였습니다.

그리하여 이 책의 발간을 위한 새로운 여정이 시작되었고 그동안 많은 노력이 있었습니다. 2008. 5.경부터 2010. 7.경까지 분야별로 세미나를 실시하였고, 2010. 10.경부터 2011. 10.경까지 4개 분과로 나누어 분과별 강독회와 토론을 거쳐 원고를 작성하는 작업을 하였으며, 2012. 5.경부터 2012. 12.경까지 편집위원과 각 집필자가 최종 강독 및 원고 수정에 힘을 쏟았습니다. 이어 3차례 걸친 교정을 거쳐 마침내 이 책이 빛을 보게 되었습니다.

이러한 노작의 성과물인 이 책은 주석서라는 이름에 걸맞게 노동조합 및 노동관계조정법의 각 조문을 해설하는 체제를 기본으로 하면서, 부연 설명이 필요한 부분에 관하여는 따로 항목을 만들어 그 내용을 보충하는 형식을 취하였습니다.

아무쪼록 이 책이 부족하나마 집단적 노동관계에 관한 이론의 발전과 실무의 정립에 길잡이가 되고, 나아가 독자들의 성원에 힘입어 그 내용이 계속 보완될 수 있기를 기원합니다.

이 책이 발간되기까지 많은 분들이 도움을 주셨습니다. 노동법 분야의 권위자이신 김지형 전임 대법관님께서는 세미나와 원고 수정에 이르기까지 전반적인 작업 진행을 이끌어 주셨습니다. 강문대님, 구민경님, 권두섭님, 권영국님, 권창영님, 김기덕님, 김민기님, 김선수님, 김성수님, 김성식님, 김원정님, 김진님, 김진석님, 김홍준님, 김희수님, 마은혁님, 민중기님, 박상훈님, 신권철님, 유승룡님, 이명철님, 이병희님, 이상훈님, 이용구님, 이원재님, 이준상님, 이정한님, 정재헌님, 정지원님, 정진경님, 조영선님, 최은배님은 바쁘신 가운데 원고를 작성해 주셨습니다. 김민기님, 김진석님, 마은혁님, 권창영님은 마지막 교정을 위하여 수고해 주셨습니다. 이분들과 지면 관계상 미처 소개하지 못한 편집위원회의 편집위원들 및 간사들에게 진심으로 감사드립니다.

끝으로 이 책의 출판을 맡아준 박영사와 관계자들에게도 고마움을 표하고자 합니다.

감사합니다.

2013. 4. 1.
共同編輯代表
金 龍 德

책 펴냄에 즈음하여(초판)

— 문(門) 이야기 —

세상을 마주한다는 것은 숱한 문(門) 앞에 서는 것과 다를 바 없다는 생각이 들곤 합니다. 웹툰 만화 '미생'의 윤태호 작가의 생각도 비슷한 것 같습니다. 바둑 입단에 실패하고 어렵게 회사에 입사한 장그래에게, 작가는 김 대리를 통해 이렇게 말합니다. "취직해보니까 말야, 성공이 아니고 문을 하나 연 느낌이더라고. 어쩌면 우린 성공과 실패가 아니라, 죽을 때까지 다가오는 문만 열어가며 살아가는 게 아닐까 싶어."

이탈리아의 현인 움베르토 에코(Umberto Eco)는 그의 장편소설 '장미의 이름'에서 독특하고 섬뜩한 소재로 '문'에 관한 이야기를 전해줍니다. 소설의 무대는 중세의 어느 수도원입니다. 수도원에는 깎아지른 절벽 위에 동서남북 4각의 탑루가 하늘높이 솟아 있고 그 탑루 안에는 장서관이 자리하고 있습니다. 장서관에는 엄청난 양의 서책이 보관되어 있습니다. 그러나 장서관은 사서 외에는 출입이 엄격히 금지되어 있습니다. 더구나 그 내부 구조는 교묘하게 미궁으로 설계되어 있습니다. 여러 장애물을 숨겨두고 수많은 방들로 나누어 놓아 누군가 몰래 침입해서 방문으로 들어가더라도 처음 들어온 출입구를 찾을 수 없도록 하였습니다. 더할 나위 없는 지식의 보고(寶庫)임에도 철저히 금단(禁斷)의 구역이 되고 있습니다. 소설 속 주인공은 어렵사리 이 장서관 서고의 문들을 하나하나 열고 들어가 숨겨진 비밀을 파헤칩니다. 하지만 이를 두려워한 어느 눈먼 늙은 수도사가 목숨을 내걸고 저항하는 바람에 장서관은 불길에 휩싸이고, 결국 모든 것은 재로 돌아가고 맙니다.

이 '장미의 이름'을 읽으면서 성경의 한 구절이 겹쳐 떠올랐습니다. 특히 법률가라면 한 번쯤 들어보았을 경구(警句)가 아닌가 싶습니다. 누가복음 11장 52절입니다. "화 있을 진저, 너희 법률가여! 너희가 지식의 열쇠를 가져가고도,

너희도 들어가지 않고, 또 들어가고자 하는 자도 막았느니라 하시니라.” 모름지기 법률가라면, 법률가들이 마주하는 세상의 문에 관해 어떠한 태도를 가져야 할지, 무겁게 고민하게 합니다.

세상의 문은 닫혀 있는 데서 시작합니다. 누군가 열어야 합니다. 열기 위해서는 두드리거나 열쇠가 있어야 합니다. 노동법도 우리가 사는 세상에 많은 문을 예비하고 있습니다. 문(門)은 곧 문(問)입니다. 문을 여는 일은 세상이 우리에게 던진 여러 질문에 답을 구하는 일입니다.

한 무리의 법률실무가들이 노동법이 예비한 문, 노동법이 던진 질문 앞에 마주섰습니다. 그리곤 문 하나하나를 두드려 구해낸 답을 모아보려 했습니다. 지식의 열쇠로 열어 누구든 들어가도록 하였습니다. 그렇게 해서 또 하나의 귀한 서책이 세상에 나왔습니다. 4년 전쯤에 나온『근로기준법 주해』에 이어 노동조합 및 노동관계조정법의 문을 여는 주해서가 더해진 것입니다.

개인적으로 저에겐 이 주해서가 세상의 문을 열기까지 그 지난(至難)한 작업을 지켜볼 수 있는 인연과 행운이 주어졌습니다.

주해서를 싹 틔운 밀알은 노동법실무연구회 정기세미나에서의 발제와 토론이었습니다. 저는 당시 연구회 회장으로 밀알을 뿌리는 현장에 있었습니다.

그런 다음엔 밀알이 발아(發芽)하는 시간이 필요했습니다. 세미나에서 모아진 의견을 반영하여 발제 원고를 수정하는 과정이 그것이었습니다.

여기서 줄기가 나오고 이파리가 생겨났습니다. 수정한 원고는 다시 혹독한 강독(講讀)을 거쳤습니다. 쇠로 치자면 담금질입니다. 강독은 말이 강독이지 살 떨리는 청문절차를 방불케 하였습니다. 청문회는 집필자를 앉혀두고 5인의 청문위원이 진행하였습니다. 권창영 부장판사, 마은혁 부장판사, 신권철 교수, 최은배 변호사, 그리고 제가 그 악역을 맡았습니다.

이후 마무리를 위해 김민기 부장판사, 김진석 부장판사가 많은 애를 썼습니다. 집필진은 여기 저기 퇴고에 퇴고를 거듭했습니다. 그러면서 연한 줄기는 굵은 나무줄기로 커지고, 수많은 가지가 뻗어나갔으며, 무척 향기로운 꽃을 피워 열매를 맺었습니다. 이렇게『노동조합 및 노동관계조정법 주해』는 우리에게 다가왔습니다.

노동법을 공부하면서 늘 ‘부족함’이 없지 않았습니다. 일종의 갈증입니다. 노동법에 갈증을 느끼는 것은 저만이 아니지 않을까 짐작했습니다. 노동법에 갈증이 날 때 누구라도 손을 뻗어 닿을 수 있는 거리에 주해서가 꽂혀 있다면 그 목마름을 훨씬 덜어줄 수 있지 않을까, 그런 기대를 오래 전부터 가졌습니다.

이제 근로기준법 주해서에 이어서 노동조합 및 노동관계조정법 주해서가 나와 노동법의 큰 틀에서 주해서가 채워졌습니다. 노동법 공부에 부족함을 많은 부분 메울 수 있게 된 것입니다. 이것이 제가 이 책의 펴냄을 반기는 가장 큰 이유일 것입니다.

그 동안 노동법을 공부하면서 '허허로움'도 없지 않았음을 털어놓지 않을 수 없습니다. 흔히들 '아는 만큼 보인다'고 합니다. 하지만 저와 노동법의 관계에서는 반드시 그렇지만도 않습니다. 노동법을 아는 만큼 더 보이는 것은 '아는 것보다 모르는 것이 훨씬 더 많다'는 낭패감입니다. 노동법을 하는 법률가라 하면서도 '우리의 노동법이 치열한 노동현장에서 온전히 살아 숨 쉴 수 있도록 무엇 하나 제대로 된 유익을 가져다주었는가'를 돌아보면 더욱 그러합니다.

우리 노동법의 진정한 본연(本然)은 노동3권의 헌법적 보장에 터 잡고 있습니다. 계보로 따지면 노동조합 및 노동관계조정법은 노동3권의 직계1촌 혈통을 타고 났다고 볼 것입니다. 이러한 본연과 계통의 실 끝을 놓치지 말아야 합니다. 그래야만 어렵사리 문 열고 들어간 서고에서 미궁에 빠지지 않고 제대로 된 지식을 만날 수 있다는 게 저의 짧은 생각입니다. 이 주해서에서 집필진이 활짝 열어 놓은 문 안에서 그러한 실 끝의 촉감을 느껴보시도록 권하고 싶습니다. 아마도 이러한 촉감과 촉감이 모여질 때 노동법은 더욱 살아있는 법으로 다시 태어날 수 있을 것입니다. 그러한 뜻에서 이 주해서가 가져다 줄 유익함은 두말할 필요가 없을 것입니다. 누군가 가질법한 허허로움도 사라질 수 있겠다는 희망을 가져봅니다. 이제 한 번쯤 이런 말을 건네 보고도 싶습니다. 노동3권과 노동조합 및 노동관계조정법의 넓은 세계에 함께 들어가 보시지 않겠습니까?

문 이야기로 시작했으니 문 이야기로 끝마칠까 합니다.

문에 관한 이야기로 앙드레 지드(Andre Gide)의 '좁은 문'을 빼놓을 수 없습니다. "좁은 문으로 들어가기를 힘쓰라. 멸망으로 인도하는 문은 크고 그 길이 넓어 들어가는 자가 많고, 생명으로 인도하는 문은 좁고 협착하여 찾는 이가 적음이니라." 이 성경 말씀만큼이나 지드의 '좁은 문'은 자기의 행복보다 더욱 성스러운 어떤 행복을 향하는 문을 말하고 있습니다.

이 주해서는 그 안에 수많은 문을 열어 놓았지만, 자신은 자신을 낳아주신

많은 분들과 함께 좁은 문으로 들어가기를 힘써 성스러운 생명을 얻게 되었다고 생각합니다.

바라건대 이 주해서를 펼쳐드는 모든 분들이 이 성스러운 생명이 건네는 행복을 경험하면 좋겠습니다. 그러면 틀림없이 이 주해서도 커다란 행복을 누릴 것 같습니다. 이 주해서는 이미 우리에게 생명이 있는 하나의 생물(生物)이니까요.

두루 감사합니다.

2015. 4. 1.
共同編輯代表
金 知 衡

편집위원회(제2판)

집 필 자(제2판)

강동훈 [제주지방법원 판사]
강문대 [변호사, 법무법인 서교]
구민경 [창원지방법원 부장판사]
권두섭 [변호사, 민주노총 법률원]
권영국 [변호사, 해우법률사무소]
권영환 [변호사, 법무법인(유한) 지평]
권오성 [성신여자대학교 법과대학 교수]
권창영 [변호사, 법무법인(유한) 지평]
권혁중 [서울고등법원 부장판사]
김근홍 [대전고등법원 판사]
김기덕 [변호사, 법률사무소 새날]
김도형 [변호사, 법무법인(유한) 원]
김동현 [서울중앙지방법원 부장판사]
김민기 [부산고등법원 고법판사]
김선수 [대법관]
김선일 [변호사, 김・장 법률사무소]
김성수 [변호사, 법무법인(유한) 태평양]
김성식 [변호사, 법무법인(유한) 화우]
김영진 [서울고등법원 고법판사]
김원정 [변호사, 김・장 법률사무소]
김　진 [변호사, 법무법인 지향]
김민석 [서울고등법원 민선재판부 고법판사]
김태욱 [대법원 재판연구관]
김홍준 [서울고등법원 부장판사]
김희수 [창원지방법원 부장판사]
도재형 [이화여자대학교 법학전문대학원 교수]
마은혁 [서울북부지방법원 부장판사]

민중기 [변호사, 법률사무소 이작]
박가현 [대법원 재판연구관]
박귀천 [이화여자대학교 법학전문대학원 교수]
박상훈 [변호사, 법무법인(유한) 화우]
박은정 [인제대학교 사회과학대학 법학과 교수]
배진호 [서울북부지방법원 판사]
성준규 [인천지방법원 판사]
신권철 [서울시립대학교 법학전문대학원 교수]
유동균 [서울고등법원 고법판사]
유승룡 [변호사, 법무법인(유한) 화우]
이명철 [대법원 재판연구관]
이병희 [서울고등법원 고법판사]
이상훈 [변호사, 법무법인(유한) 광장]
이숙연 [특허법원 고법판사]
이용구 [변호사, 법무법인 화야]
이원재 [변호사, 법무법인(유한) 한결]
이정아 [수원지방법원 안양지원 판사]
이정한 [변호사, 법무법인(유한) 태평양]
이준상 [변호사, 법무법인(유한) 화우]
이혜영 [사법정책연구원 연구위원]
이효은 [서울남부지방법원 판사]
임상민 [부산고등법원 고법판사]
전윤구 [경기대학교 사회과학대학 법학과 교수]
정재헌 [변호사, 에스케이스퀘어 투자지원센터장]
정지원 [변호사, 법률사무소 정]
정지원 [창원지방법원 거창지원 판사]
정진경 [변호사, 법무법인 동진]
조영선 [변호사, 법무법인 동화]
진창수 [변호사, 법무법인(유한) 광장]
최은배 [중앙행정심판위원회 상임위원]

최정은 [서울대학교 법학전문대학원 임상부교수]
홍준호 [변호사, 김 · 장 법률사무소]

(이상, 가나다 순)

편집위원회(초판)

편집대표

김용덕 [대법관]

김지형 [전 대법관, 변호사, 법무법인(유한) 지평]

편집위원

권창영 [창원지방법원 부장판사]

김선수 [변호사, 법무법인 시민]

김원정 [변호사, 김 · 장 법률사무소]

김흥준 [인천지방법원 수석부장판사]

마은혁 [광주지방법원 부장판사]

민중기 [서울동부지방법원장]

박상훈 [변호사, 법무법인(유한) 화우]

신권철 [교수, 서울시립대학교]

최은배 [변호사, 법무법인 엘케이비앤파트너스]

간 사

김민기 [서울고등법원 고법판사]

김선일 [대법원 재판연구관]

김 진 [변호사, 법무법인 지향]

김진석 [서울고등법원 고법판사]

유지원 [대구지방법원 부장판사]

정재헌 [사법연수원 교수]

(이상, 가나다 순)

집 필 자(초판)

강문대 [변호사, 법률사무소 로그]
구민경 [인천지방법원 판사]
권두섭 [변호사, 민주노총 법률원]
권영국 [변호사, 해우 법률사무소]
권창영 [창원지방법원 부장판사]
김기덕 [변호사, 법률사무소 새날]
김민기 [서울고등법원 고법판사]
김선수 [변호사, 법무법인 시민]
김성수 [서울중앙지방법원 부장판사]
김성식 [변호사, 법무법인(유한) 화우]
김원정 [변호사, 김 · 장 법률사무소]
김 진 [변호사, 법무법인 지향]
김진석 [서울고등법원 고법판사]
김흥준 [인천지방법원 수석부장판사]
김희수 [인천지방법원 판사]
마은혁 [광주지방법원 부장판사]
민중기 [서울동부지방법원장]
박상훈 [변호사, 법무법인(유한) 화우]
신권철 [교수, 서울시립대학교]
유승룡 [변호사, 법무법인(유한) 화우]
이명철 [사법연수원 교수]
이병희 [대법원 재판연구관]
이상훈 [변호사, 법무법인(유한) 광장]
이원재 [변호사, 법무법인(유한) 한결]
이용구 [변호사, 법무법인 엘케이비앤파트너스]

이준상 [변호사, 법무법인(유한) 화우]
이정한 [변호사, 법무법인(유한) 태평양]
정재헌 [사법연수원 교수]
정지원 [서울중앙지방법원 판사]
정진경 [변호사, 법무법인 신촌]
조영선 [변호사, 법무법인 동화]
최은배 [변호사, 법무법인 엘케이비앤파트너스]

(이상, 가나다 순)

일러두기

이 책에 서술된 법률이론이나 견해는 집필자들이 소속된 기관의 공식 견해가 아님을 밝혀둔다.

1. 조 문

노조법 16조 1항 2호 ← 노동조합 및 노동관계조정법 제16조 제1항 제2호

노조법 29조의2 ← 노동조합 및 노동관계조정법 제29조의2

노조법 시행령 5조 1항 ← 노동조합 및 노동관계조정법 시행령 제5조 제1항

노조법 시행규칙 3조 2호 ← 노동조합 및 노동관계조정법 시행규칙 제3조 제2호

2. 법령약어

가. 법 률

법률	약어
건설근로자의 고용개선 등에 관한 법률	건설근로자법
고용보험법	고보법
고용상 연령차별금지 및 고령자고용촉진에 관한 법률	고령자고용법
고용정책 기본법	고기법
공무원의 노동조합 설립 및 운영 등에 관한 법률	공무원노조법
공무원직장협의회의 설립·운영에 관한 법률	공무원직협법
공인노무사법	노무사법
교원의 노동조합 설립 및 운영 등에 관한 법률	교원노조법
교육공무원법	교공법
국가공무원법	국공법
국민 평생 직업능력 개발법	평생직업능력법
국제노동기구헌장·협약·권고	ILO 헌장·협약·권고
근로기준법	근기법
근로자복지기본법	근복법

근로자참여 및 협력증진에 관한 법률	근로자참여법 또는 근참법
근로자퇴직급여 보장법	퇴직급여법
기간제 및 단시간근로자 보호 등에 관한 법률	기간제법
남녀고용평등과 일·가정 양립 지원에 관한 법률	남녀고용평등법
노동위원회법	노위법
노동조합 및 노동관계조정법	법 또는 노조법 또는 노동조합법
민사소송법	민소법
민사조정법	민조법
민사집행법	민집법
산업안전보건법	산안법
산업재해보상보험법	산재법 또는 산재보험법
어선원 및 어선 재해보상보험법	어선원재해보험법
외국인근로자의 고용 등에 관한 법률	외국인고용법
임금채권보장법	임보법
장애인고용촉진 및 직업재활법	장애인고용법
장애인차별금지 및 권리구제 등에 관한 법률	장애인차별금지법
지방공무원법	지공법
직업교육훈련 촉진법	직업교육훈련법
직업안정법	직안법
진폐의 예방과 진폐근로자의 보호 등에 관한 법률	진폐예방법
채무자 회생 및 파산에 관한 법률	채무자회생법
최저임금법	최임법 또는 최저임금법
파견근로자 보호 등에 관한 법률	파견법
행정소송법	행소법
행정심판법	행심법

나. 시행령, 시행규칙 또는 예규

노동조합 및 노동관계조정법 시행령	영 또는 노조법 시행령
노동조합 및 노동관계조정법 시행규칙	규칙 또는 노조법 시행규칙
노동위원회규칙	노위규칙

3. 문헌약어

국내교과서·주석서, 일본교과서·주석서 등을 아래와 같이 저자명만으로 또는 서명·서명약어만으로 인용한다. 여기에 기재되지 아니한 참고문헌은 각 조에 대한 해설 첫머리의 참고문헌 모음에 표시하고, 참고문헌 모음에서 밑줄을 긋고 굵은 글씨로 표시한 저자명만으로 또는 서명·서명약어만으로 인용한다.

가. 국내교과서·주석서

강희원, 노사관계법, 법영사(2012) → 강희원
권오성, 노동조합 및 노동관계조정법론, 청목출판사(2010) → 권오성
김수복, 노동법(개정증보판), 중앙경제(2004) → 김수복
김유성, 노동법Ⅱ-집단적 노사관계법, 법문사(2001) → 김유성
김유성, 노동법Ⅰ-개별적 근로관계법, 법문사(2005) → 김유성Ⅰ
김지형, 근로기준법 해설, 청림출판(2000) → 김지형
김치선, 노동법강의(제2전정보정판), 박영사(1990) → 김치선
김헌수, 노동조합 및 노동관계조정법(제4판), 법원사(2013) → 김헌수
김형배, 노동법(제27판), 박영사(2021) → 김형배
노동법실무연구회, 노동조합 및 노동관계조정법 주해 Ⅰ, 박영사(2015)
→ 노조법주해(초판) Ⅰ
노동법실무연구회, 노동조합 및 노동관계조정법 주해 Ⅱ, 박영사(2015)
→ 노조법주해(초판) Ⅱ
노동법실무연구회, 노동조합 및 노동관계조정법 주해 Ⅲ, 박영사(2015)
→ 노조법주해(초판) Ⅲ
노동법실무연구회, 근로기준법 주해 Ⅰ, 박영사(2010) → 근기법주해(초판) Ⅰ
노동법실무연구회, 근로기준법 주해 Ⅱ, 박영사(2010) → 근기법주해(초판) Ⅱ
노동법실무연구회, 근로기준법 주해 Ⅲ, 박영사(2010) → 근기법주해(초판) Ⅲ
노동법실무연구회, 근로기준법 주해(제2판) Ⅰ, 박영사(2020) → 근기법주해(2판) Ⅰ
노동법실무연구회, 근로기준법 주해(제2판) Ⅱ, 박영사(2020) → 근기법주해(2판) Ⅱ
노동법실무연구회, 근로기준법 주해(제2판) Ⅲ, 박영사(2020) → 근기법주해(2판) Ⅲ
민주사회를 위한 변호사모임 노동위원회, 변호사가 풀어주는 노동법Ⅰ— 근로기

준법(신판), 여림(2014) → 민변노동법Ⅰ

민주사회를 위한 변호사모임 노동위원회, 변호사가 풀어주는 노동법Ⅱ— 노동조합 및 노동관계조정법, 민주사회를 위한 변호사모임(2009) → 민변노동법Ⅱ

민주사회를 위한 변호사모임 노동위원회, 변호사가 풀어주는 비정규직법, 법문사(2018) → 민변비정규직법

박귀천 · 박은정 · 권오성, 노동법의 쟁점과 사례, 박영사(2021) → 박귀천 · 박은정 · 권오성

박상필, 한국노동법(전정판재판), 대왕사(1989) → 박상필

박홍규, 노동법론(제2판), 삼영사(1998) → 박홍규a

박홍규, 노동법2: 노동단체법(제2판), 삼영사(2002) → 박홍규b

사법연수원, 노동조합 및 노동관계조정법(2016) → 사법연수원a

사법연수원, 노동특수이론 및 업무상재해관련소송(2016) → 사법연수원b

사법연수원, 해고와 임금(2016) → 해고와 임금

신인령, 노동기본권 연구, 미래사(1985) → 신인령

심태식, 노동법개론, 법문사(1989) → 심태식

이병태, 최신 노동법(제9전정판), 중앙경제(2008) → 이병태

이상윤, 노동법(제17판), 법문사(2021) → 이상윤a

이상윤, 노동조합법, 박영사(1996) → 이상윤b

이상윤, 노사관계법(초판), 박영사(2005) → 이상윤c

이을형, 노동법, 대왕사(1993) → 이을형

이철수 · 김인재 · 강성태 · 김홍영 · 조용만, 로스쿨 노동법(제4판), 오래(2019) → 이철수 외 4명

이학춘 · 이상덕 · 이상국 · 고준기, 노동법(Ⅱ)—집단적 노사관계법(제3판), 대명출판사(2004) → 이학춘 외 3명

임종률, 노동법(제20판), 박영사(2022) → 임종률

조용만 · 김홍영, 로스쿨 노동법 해설(제4판), 오래(2019) → 조용만 · 김홍영

하갑래, 노동기본권과 노사관계법, 단국대학교 출판부(2007) → 하갑래a

하갑래, 집단적 노동관계법(전정 제7판), 중앙경제(2021) → 하갑래b

하병철, 노동조합법, 중앙경제(1994) → 하병철

한국노동법학회, 노동판례백선(제2판), 박영사(2021) → 노동판례백선

한용식, 개정 노동조합법, 홍익재(1988) → 한용식
홍영표, 노동법론, 법문사(1962) → 홍영표

나. 일본교과서 · 주석서

니시타니 사토시, 김진국 외 역, 일본노동조합법, 박영사(2009) → 니시타니 사토시
스게노 카즈오, 이정 역, 일본노동법(전면개정판), 법문사(2015) → 菅野(역)
이철수 편역, 노동법사전, 법문출판사(1990) → 노동법사전
片岡 曻, 송강직 역, 勞動法, 삼지원(1995) → 片岡 曻(역)
菅野和夫, 労働法(第12版), 弘文堂(2019) → 菅野
菅野和夫・安西 愈・野川 忍, 論点体系 判例労働法 1～4, 第一法規(2014, 2015) → 判例労働法 ○
名古道功・吉田美喜夫・根本到(編), 労働法 Ⅰ・集団的労使関係法・雇用保障法, 法律文化社(2012) → 名古道功 등
東京大學労働法研究會, 注釋 労働組合法(上), 有斐閣(1983) → 注釋(上)
東京大學労働法研究會, 注釋 労働組合法(下), 有斐閣(1984) → 注釋(下)
萬井隆令・西谷 敏, 労働法1(第3版), 法律文化社(2006) → 萬井隆令 등
山口浩一郎, 労働組合法(第二版), 有斐閣(1990) → 山口浩一郎
西谷 敏, 労働組合法(第3版), 有斐閣(2012) → 西谷 敏a
西谷 敏, 労働法(第3版), 日本評論社(2020) → 西谷 敏b
西谷 敏・道幸哲也・中窪裕也, 新基本法コンメンタール, 労働組合法, 日本評論社(2011) → 新基本法コメ労組
石川吉右衛門, 労働組合法, 有斐閣(1978) → 石川
水町勇一郎, 詳解 労働法, 東京大學出版會(2019) → 水町
野川 忍, 労働法, 日本評論社(2018) → 野川
外尾健一, 労働団体法, 筑摩書房(1975) → 外尾健一
日本労働法學會編, 現代労働法講座 第1～15巻, 總合労働研究所(1981) → 現代講座 ○巻
日本労働法學會編, 講座21世紀の労働法 第1～8巻, 有斐閣(2000) → 21世紀講座 ○巻
日本労働法學會編, 講座労働法の再生 第1～6巻, 日本評論社(2017) → 再生講座 ○巻

林豊・山川隆一 編, 新・裁判實務大系 16・17 労働関係訴訟法[Ⅰ]・[Ⅱ], 青林書院(2001) → 労働訴訟[Ⅰ]・[Ⅱ]

中山和久 外 六人, 注釋 労働組合法・労働関係調停法, 有斐閣(1989) → 中山和久 外 六人

青木宗也 外 5人, 労働判例大系 第1～20巻, 労働旬報社(1993) → 判例大系

村中孝史, 荒木尚志, 労働判例百選(제9판), 有斐閣(2016) → 百選

土田道夫, 山川隆一, 労働法の争点, 有斐閣(2014) → 争点

下井隆史, 労使関係法, 有斐閣(1995) → 下井隆史a

下井隆史, 労働法(第三版), 有斐閣(2006) → 下井隆史b

荒木尚志, 労働法(제4판), 有斐閣(2020) → 荒木

厚生労働省労政擔當參事官室編, 労働組合法・労働関係調停法(労働法コンメンタール①, 6訂新版), 労務行政(2015) → 日本労働省 注釋

4. 판례 인용례

아래와 같이 기재하고, 출처는 따로 표시하지 아니한다.

가. 법원 판례

대법원 판결 인용 시 → 대법원 1994. 9. 30. 선고 94다4042 판결[1)]

대법원 전원합의체 판결 인용 시 → 대법원 1995. 12. 21. 선고 94다26721 전원합의체 판결

대법원 결정 인용 시 → 대법원 1995. 8. 29.자 95마546 결정

하급심 판결 인용 시 → 서울고법 1999. 11. 17. 선고 98노3478 판결

☞ 하급심 법원 이름은 '서울고등법원→서울고법', '서울중앙지방법원→서울중앙지법', '서울행정법원→서울행법', '제주지방법원→제주지법'과 같이 줄여 쓴다 (법원명이 변경되거나 폐지된 경우에는 판결 선고・결정 고지 당시 법원명을 사용한다).

나. 헌법재판소 결정

헌법재판소 결정 인용 시 → 헌재 2010. 4. 29. 선고 2009헌바168 결정[2)]

1) 사건명은 적지 않는다. 사건번호는 병합, 반소, 참가 사건 구분 없이 '2009다14352, 14353'과 같이 나열한다. 다만 사건번호가 3개 이상 연속된 경우에는 최초의 사건번호만 표기하고 등을 말미에 첨가한다(예: 2012다123, 345, 678의 경우는 '2012다123 등'으로 표기한다).

2) 만일 소부에서 선고 없이 나온 결정이라면, '2009. ○. ○.자 2008헌바○ 결정'으로 표시한다.

차 례

노동조합 및 노동관계조정법 주해 I

총 설

제 1 장 총 칙

제 2 장 노동조합

제 1 절 통 칙

제 2 절 노동조합의 설립

제 3 절 노동조합의 관리

노동조합 및 노동관계조정법 주해 Ⅱ

제 3 장 단체교섭 및 단체협약

제 4 장 쟁의행위

노동조합 및 노동관계조정법 주해 Ⅲ

제 5 장 노동쟁의의 조정

제 1 절 통 칙

제 2 절 조 정

제 3 절 중 재

제 4 절 공익사업등의 조정에 관한 특칙

제 5 절 긴급조정

제 6 장 부당노동행위

제7장 보 칙

공무원의 노동조합 설립 및 운영 등에 관한 법률

공무원직장협의회의 설립 · 운영에 관한 법률

교원의 노동조합 설립 및 운영 등에 관한 법률

근로자참여 및 협력증진에 관한 법률

노동위원회법

총 설

서 론

총설: 서　　론

〈세 목 차〉

[참고문헌]

강성태a, "제정 노동법의 주요내용과 특징 — 일본법과의 비교를 중심으로", 노동법학 48호, 한국노동법학회(2013); **강성태b**, "비공식 고용과 노동법", 노동법연구 36호, 서울대학교 노동법연구회(2014); **강성태c**, "노동개혁을 위한 노동법의 과제", 노동법학 56호, 한국노동법학회(2015); **강희원a**, "노동법의 법원에 대한 일고찰", 경희법학 37권 1호, 경희대학교 법학연구소(2002); **강희원b**, "사회적 경제 법제의 현황과 그 입법적 과제 —사회적 경제기본법 제정논의와 관련해서—", 경희법학 50권 1호, 경희대학교 법학연구소(2015); **경제사회발전 노사정위원회**, 한국의 사회적 합의: 1993~2015 합의문, 건의문 및 권고문, 동광문화사(2016); **김근주**, 국제기준의 근로조건 규율 — ILO 협약을 중심으로, 한국노동연구원(2016); **김대휘**, 법원론에 관한 연구, 서울대학교 대학원 박사학위논문(1992); **김여수**, "한국노동법제의 특성", 사회과학 14권, 성균관대학교 사회과학연구소(1976); **김영문**, "노동관의 변천과 노동법", 한림법학 6권, 한림대학교 법학연구소(1997); **김진웅**, "입법상으로 본 건국 이후의 노동정책의 변화", 고려대 행정법률연구소(1970); **김치선**, "개정노동조합법 비판 — 성장이냐 후퇴냐", 법학 5권 1 · 2호, 서울대학교 법학연구소(1963); **노동부**, 노동조합 및 노동관계조정법령 제 · 개정 변천사, 노사협력정책과(2009); **노상헌**, "9.15 노사정합의와 노동법 개정안 검토", 노동법학 56호, 한국노동법학회(2015); **도재형**, 노동법의 회생 — 신자유주의적 구조조정과 노동법, 이화여자대학교 출판문화원(2016); **문무기**, "9.15 노사정합의와 노동법 개정안 검토 — 기단법 및 근기법을 중심으로", 노동법학 56호, 한국노동법학회(2015); <u>**박덕배**</u>, "한국노동운동의 Charismatiche Autoriotät와 기전망(其展望)", 법학논총 2권, 단국대학교 법학연구소(1959); <u>**박수근**</u>, "비정규직법의 해석과 과제", 노동법연구 22호, 서울대학교 노동법연구회(2007); <u>**박제성**a</u>, 하청노동론 — 근로계약의 도급계약화 현상에 대한 법학적 분석, 퍼플(2018); <u>**박제성**b</u>, 디지털과 노동법, 무빈다방(2021); <u>**박종희**</u>, "노동관계법 개정과정에서의 올바른 방향성 모색을 위한 제언", 고려법학 49권, 고려대학교 법학연구소(2007); <u>**박지순**a</u>, "4차 산업혁명과 노동법의 과제", 강원법학 54권, 강원대학교 비교법학연구소(2018); <u>**박지순**b</u>, "공유경제의 발전과 노동법 및 사회보장법의 과제", 미래성장연구 5권 1호, 고려대학교 미래성장연구원(2019); <u>**백재봉**</u>, "한국노동법의 오늘의 과제", 법학 19권 1호, 서울대학교 법학연구소(1978); <u>**신권철**</u>, "노동관행 소고 — 통상임금 산정관행을 중심으로", 노동법학 48호, 한국노동법학회(2013); <u>**알랭 쉬피오**</u>(박제성 역), 필라델피아 정신: 시장전체주의 비판과 사회정의의 복원을 위하여, 매일노동뉴스(2019); <u>**이달휴**a</u>, "노동법의 이념과 실현", 노동법학 6호, 한국노동법학회(1996); <u>**이달휴**b</u>, "노동법상 임금결정원칙", 노동법논총 21집, 한국비교노동법학회(2011); <u>**이영록**</u>, 우리 헌법의 탄생, 서해문집(2006년); <u>**이영희**</u>, "집단적 노동관계법의 문제점과 개정 방향", 산업관계연구 2권, 한국노사관계학회(1992); <u>**이원덕**</u>, "한국노사관계의 회고와 전망", 격변기의 한국노사관계, 서울대학교 노사관계연구소(2001); <u>**이원희**a</u>, "한국사회의 변화와 노동법학의 과제", 법학 28권 1호, 서울대학교 법학연구소(1987); <u>**이원희**b</u>, "노동력의 유연화 논의와 노동시간의 법적 규제의 방향", 현대법학의 이론 — 우재 이명구 박사 화갑기념논문집 [Ⅲ], 고시연구사(1996); <u>**이종래**</u>, "노동체제의 개념정의와 논쟁적 지점", 한국사회학비평 2권 이저널판(2002); <u>**이철수**a</u>, "근로계약법제와 관련한 방법론적 검토", 노동법의 존재와 당위 — 김유성 교수 정년 기념 논문집, 박영사(2006); <u>**이철수**b</u>, "개정 해고법제의 주요 내용과 그 평가", 노동법연구 22호, 서울대학교 노동법연구회(2007); <u>**이호근**</u>, "노동시장 양극화와 사회통합방안: 사회통합적 법, 제도와 노동시장정책을 중심으로", 한국정책학회 기획세미나, 한국정책학회(2013); <u>**이흥재**a</u>, 해고제한에 관한 연구, 서울대학교 대학원 박사학위논문(1988); <u>**이흥재**b</u>, "이익균점권의 보장과 우촌 전진한의 사상 및 역할", 법학 46권 1호, 서울대학교 법학연구소(2005); <u>**임종률**a</u>, "참여와 협력의 신노사관계를 위한 노동법의 개정", 사회과학 37권 1호, 성균관대학교 사회과학연구소(1998); <u>**조임영**</u>, "경제관계의 변화와 노동법", 민주법학 24호, 민주주의법학연구회(2003); <u>**황승흠**</u>, "제헌헌법상의 근로자의 이익균점권의 헌법화과정에 관한 연구", 공법연구 31집 2호, 한국공법학회(2002. 12); <u>**후고 진쯔하이머**</u>(이원희 역), 노동법원리, 관악사(2004); <u>Alain Supiot</u>, Beyond Employment: Changes in Work and the Future of Labour Law in Europe, Oxford(2001); <u>**ILO 일의 미래를 위한 글로벌 위원회**</u>, ILO 일의 미래보고서 — 더 나은 미래를 위한 일, 고용노동부 옮김(2019); <u>**石井照久**</u>, 新版 労働法(第 3 版), 弘文堂(1973); <u>**片岡**</u> 曻(송강직 역), 勞動法, 삼지원(1995); <u>**本多淳亮**</u>, "労働法の法源", 現代講座 1巻.

Ⅰ. 노동법 총설[1)]

1. 노동법의 의의

노동법(Arbeitsrecht)이란 용어가 사용되기 시작한 것은 제 1 차 세계대전 전후로서, 1919년 바이마르 헌법에 사용된 것이 계기가 되어 법률용어로 확립되었다. 독일 노동법의 기초를 만든 후고 진쯔하이머(Hugo Sinzheimer)는 노동자의 여러 관계를 규율하는 통일적 법을 노동법이라 부르고, 그 물적 구성요소로서 종속노동을, 인적 구성요소로서 노동자를 들고 있다.[2)] 그 중 종속노동은 노동하는 인간이 하나의 법적 권력관계 아래에서 급부하는 노동으로 이해하고, 그것은 채권적이라기보다 권력적(처분적)이며, 개별적이라기보다 협동적인 성격을 가진 것으로 보았다.[3)]

위와 같은 전통적 패러다임을 바탕으로 노동법이 과연 어떤 법인가에 관하여는 학자마다 조금씩 견해가 다르다. 전통적으로는 '종속노동론'을 바탕으로 노동법을 종속노동에 관한 법규의 총체로 이해한다. 노동의 종속성은 자본주의 체제 내에서 본질적·구조적인 특성이기 때문에 이를 법적 계기로 포착하여 기존의 시민법과 다른 접근방식으로 규율하여야 한다는 것이다.[4)] 말하자면 종속노동은 노동법을 독립된 법영역으로 성립시키는 기본적 범주이며, 노동법학을 체계적으로 구성하는 중심적 개념으로 파악된다.[5)]

학자에 따라서는 이와 같이 종속노동이라는 규율대상을 중심으로 노동법을 이해하는 전통적 견해를 견지하면서도 이와 나란히 노동법의 근거·목적·체계·주체 간의 관계 등을 함께 고찰하려는 입장을 취하기도 한다. 예컨대 '근로자의 근로관계를 규율대상으로 하여 근로자의 생존을 확보해 주는 것을 목적으로 하는 법규의 총체',[6)] '자본주의 사회에서 근로자가 인간다운 생활을 할 수 있도록 노동관계를 규율하는 법',[7)] '근로관계를 최저기준의 설정 또는 단체자치

1) 이하의 내용은 근기법주해(2판) Ⅰ, 6~22면의 내용을 요약하고 일부 보완한 것이다.
2) 후고 진쯔하이머, 1~5면.
3) 후고 진쯔하이머, 8~14면.
4) 이철수a, 5면.
5) 김영문, 203면.
6) 김형배, 6면.
7) 임종률, 3면.

의 보장 등의 방식으로 규율함으로써 헌법상 규정된 근로자의 인권을 보장하고 근로자와 사용자 간의 실질적 대등성을 추구하는 법규의 총체'[8]라고 하는 것이다.

어느 견해를 취하더라도 종속노동이 노동법의 중심개념이 될 수밖에 없을 것이나, 여기서는 보다 종합적으로 이해하기 위해 노동법을 규율 대상, 규율 방식, 규율 목적 3가지 차원에서 그 개념을 파악하고자 한다.

가. 규율 대상

(1) 배 경

노동법은 노동관계, 즉 임금과 근로의 교환을 주된 내용으로 하는 근로자와 사용자 간의 법률관계를 규율하는 법이다. 노동관계에는 국가가 법률에 의해 최저기준을 설정하는 등의 방법으로 규율하는 개별적 근로관계와 노사당사자의 집단적 자치를 보장하는 등의 방법으로 규율하는 집단적 노사관계 두 가지가 모두 포함된다.[9]

유럽에서 근로자와 사용자 사이의 노동관계가 사회적 실재(實在)로서 본격적으로 등장한 것은 산업혁명을 전후한 시기였는데, 초기에 이를 규율한 것은 인격의 자유와 평등, 사적 소유권의 보장, 계약의 자유 및 과실책임주의를 기본원리로 하는 시민법이었다.[10] 그러나 사인 간의 계약관계에 대하여는 국가가 간섭하지 않는다는 시민법의 태도는 근로관계의 경우 성립 · 형성 · 종료 등 모든 면에서 사용자에게 일방적 자유를 보장하는 것이었다. 노동력이라는 상품은 다른 상품과는 달리 우선 인격과 분리되어 매매될 수 없고, 보존성 · 신축성 · 대체성의 면에서 다른 상품과 비교할 수 없을 정도로 열악한데다가 근로자는 노동력을 매매하는 외에는 다른 생계수단이 없다는 점을 시민법이 간과하였다. 노동력 거래에서 노사 간의 대등성은 전문직 기술자를 제외한 대부분의 근로자에게 애초부터 기대할 수 없는 전제였다. 고용계약에 따라 성립한 근로조건은 그것이

---

8) 김유성Ⅰ, 4면.

9) 김유성Ⅰ, 4면.

10) 片岡 교수는 자본주의체제의 경제사회인 시민사회의 내부질서를 국가의 권력작용을 통하여 보장하기 위한 법을 '근대시민법' 또는 단순히 '시민법'이라고 하면서 시민사회의 내부질서라고 하는 것은 결국 상품교환의 질서에 지나지 않는 것이기 때문에 시민법은 상품교환의 법이며, 이와 같은 시민법의 구조원리를 표현하고 있는 민법이 시민법의 일반법이 되는데, 여기에는 상품교환을 성립시키는 세 개의 계기, 즉 상품교환의 주체적 측면으로서의 법적 인격, 상품교환의 전제로서의 물건에 대한 사적 소유권, 교환과정을 실현하는 주체 간의 자유로운 계약이 가장 기초적이고도 중심적인 개념이 되고, 이와 더불어 개인의 자유가 이념 또는 기본원리로 된다고 한다(片岡, 23면 이하).

아무리 열악하더라도 쌍방 당사자의 자유의사에 기한 것으로서 법적으로 승인되었고, 이에 따라 저임금·장시간 노동의 근로조건이 계약의 자유라는 이름 하에 방치되었다. 근로자가 산업재해를 당하더라도 과실책임주의라는 원칙에 따라 피해를 보상받기 어려웠으며, 사용자에게 채용 및 해고의 자유가 보장됨으로써 근로자는 실업의 공포 속에 생활하였다. 이에 대항하기 위한 근로자의 자구행위로서의 단결활동은 계약자유의 원칙을 침해하는 것으로 엄격히 금지되어 범죄로 취급되고 손해배상의 대상이 되었다.[11)]

노동과 인격의 분리 불가능성이라는 특성은 근로자에게 시민과 노동이라는 이중의 법적 지위를 갖게 했다. 곧 근로자는 시민으로서 노동을 타인에게 자유로이 처분할 수 있는 권리의 주체임과 동시에 종속적 상태에서 타인을 위해 제공되는 노동(력)이라는 권리의 객체이다. 노동은 인간과 완전히 결합되어 있고, 인격(人格; 사람)이자 동시에 물(物; 물건)인 노동의 모순으로부터 노동법이 성립한다. 현실적 거래 대상으로서 '노동'은 다른 상품과 마찬가지로 그 권리자인 사용자에게 종속되지만, 법적 가치로서 노동은, 1944년 ILO가 필라델피아 선언에서 천명한 바와 같이, 상품이 아닌 것으로 취급되어야 한다. 종속된 상품으로서 노동과 그렇게 취급되어선 안 되는 인간의 결합이라는 모순을 직시함으로써 새로운 법체계인 노동법이 시작되었다.[12)] 그리고 이와 같은 노동의 현실, 즉 사용자에게 종속된 근로관계의 실체를 있는 그대로 직시하고, 이를 규율의 대상으로 삼아 종속성 속에 묻혀 있는 근로자의 인간으로서의 삶을 회복하기 위한 노력으로 노동법이 발전하게 되었다.

(2) 노동의 종속성

원래 노동법은 독일, 프랑스 등에서 노동의 종속성이라는 개념을 기초로 발전되어 왔다. 노동의 종속성에 관한 이론은 시민법 원리에 대한 비판으로 나타난 노동법에 개념적 기초를 부여하고 노동법을 통일성 있는 독자적 법영역으로서 다른 법영역과 구별하기 위하여 제1차 세계대전 전후의 독일을 중심으로 전개되었다.

독일의 종속성 이론은 대체로 인격적 종속(persönliche Abhängigkeit)을 그 핵심으로 삼는다. 근로자는 사용자에게 자신과 분리할 수 없는 노동력에 대한 처

11) 菅野, 2면.

12) 김형배, 6면; 이철수a, 5면.

분권을 양도함으로써 생산과정에서 자신에 대한 사용자의 지배를 용인하지 않을 수 없고, 노동의 종류·방법·장소 등에 관하여 사용자의 지시·결정에 복종함으로써 인적인 종속관계에 설 수밖에 없다는 것이다.[13] 노동력과 인격의 불가분성(不可分性)에서 종속의 원인을 찾는다.

반면 조직적 종속(organisatorische Abhängigkeit)을 강조하는 입장에서는 현대적 노동의 특징인 '사업장에의 편입'에서 종속의 원인을 찾는다. 근로자는 근로계약에 의하여 사용자의 경영조직에 편입됨으로써 사용자의 조직지휘·운영권에 복종하게 되는 것이 종속근로관계의 본질이라고 파악한다. 사용자는 소유권에 근거하여 경영조직을 지휘·운영할 수 있는 권한을 갖고 있는데, 경영조직에는 물적 시설뿐 아니라 근로자의 노동력도 포함되므로 근로자는 경영조직에서 요구하는 질서와 규율에 종속될 수밖에 없다는 것이다.

인격적 종속성과 조직적 종속성은 노무급부과정에서 나타나는 종속성이라는 면에서 이를 통칭하여 광의의 인격적 종속성이라 부르기도 한다.[14] 반면, 노무급부과정 이전인 노동시장에서의 종속, 즉 경제적 종속(wirtschaftliche Abhängigkeit)을 종속노동의 본질로 보는 견해도 있다. 신체 외의 다른 생산수단이 없는 보통의 근로자들은 사용자에게 고용되어 노동력을 제공하는 것 외에는 경제적으로 독립해서 생활을 영위할 수 없고, 사용자의 고용 여부에 따라 자신의 생존 여부가 결정되는 경제적 종속관계에 있다는 것이다.[15] 요컨대 자신의 노동력을 팔지 않고서는 생활할 수 없는 경제적 또는 사회적 지위로부터 종속성이 유래된다고 파악하는 견해이다.[16]

---

13) 제2차 세계대전 후의 독일에서는 인적 종속성을 기초로 하여 근로관계를 단순한 채권법적 관계를 넘어선 인격법적 공동체로 파악하여 노사의 충실의무 등 특유한 권리·의무관계가 발생한다는 견해가 지배적 지위를 점하였다. 1970년경부터는 이에 대한 비판이 강화되어 근로관계를 채권관계로 재구성하려는 이론적 경향이 두드러졌지만, 노동법의 중심적 기초개념으로서의 종속성 개념 자체는 계속 유지되고 있다(片岡, 61면).

14) 김유성Ⅰ, 8면.

15) 그 외 근로자가 노무제공의 채무를 이행할 때 사용자의 명령 하에 사용자의 감독을 받게 되고 그의 징계권에 복종하는 측면을 중시하여 법적 종속성을 주장하는 견해, 자본주의사회에서 근로자들은 생산수단을 가지지 못하여 전체로서 자본이나 자본가에게 종속하고 있다고 보아 계급적 종속성을 주장하는 견해도 있다.

16) 최근 경제환경의 변화에 따라 기업이 기업과 일정한 거리를 가지는 단시간 근로자, 기간제 근로자, 재택 근로자, 파견 근로자 등으로 노동조직을 구성하거나 외곽에 도급이나 위임 형태의 외부 노동력을 활용하고 있는 점을 지적하며 노동 이행 과정에서 구체적·직접적 지휘·명령 유무만을 기준으로 하여서는 이들에 대한 노동법적 보호를 제공할 수 없다고 비판하고, 노동법 탄생의 본질은 경제적 지배 관계와 교섭력의 불균형이라는 사회적 사실을 토대

생각건대 노동의 종속성은 노무급부과정과 노동시장에서의 종속성을 다 함께 고려하는 것이 타당하며, 그것이 우리나라 학자의 일반적인 입장일 뿐 아니라, 우리나라 노동법도 같은 입장으로 이해된다. 근기법을 비롯한 개별적 근로관계법이 상대적으로 노무급부과정에서의 인격적 종속성에 보다 중점을 두고 있다면, 노조법을 비롯한 집단적 노사관계법이나 직안법, 고보법 등을 비롯한 노동시장 관련 법제에서는 근로자의 경제적 종속성에 보다 중점을 두고 있다고 평가할 수 있다.[17)]

나. 규율 방식

노동법이 종속관계에 놓여 있는 근로자의 보호를 위하여 취하고 있는 규율 방식으로는 일반적으로 2가지가 언급된다. 첫 번째 방식은 최저기준을 설정하여 이에 미치지 못하는 근로조건을 무효화하는 방법이다. 시민법은 사적 자치의 원칙 하에 당사자 간의 법률관계 형성을 당사자의 의사에 전적으로 맡기고 있는데, 근로관계에서는 근로자의 종속성으로 인하여 대등한 인격 주체 간의 계약 체결이 현실적으로 어렵고, 그로 인하여 근로조건이 최저한의 인간다운 생활을 영위하지 못할 정도로 열악하게 결정될 우려가 농후하였으며, 실제로도 그러하였다. 근로자는 노동력의 매매가 유일한 생계수단이므로 그 대가가 많건 적건 간에 일을 하지 않을 수 없었으며, 심지어는 노동의 재생산 자체가 곤란할 정도로 생존을 위협받기도 하였다. 노동조합은 이러한 문제를 지속적으로, 때로는 격렬하게 제기하여 왔고, 각국 정부는 노동문제의 심각성을 인식하여 근로자가 인간다운 생활을 영위할 수 있는 최저한의 기준을 설정하고 최저기준을 위반한 당사자 간의 합의를 무효로 하는 규율 방식을 채택하기에 이르렀다. 근기법에서도 이 법에서 정하는 근로조건은 최저기준이라고 명시하면서(법 3조), 이에 미치지 못하는 근로조건을 정하는 근로계약은 그 부분에 한정하여 무효로 하고, 무효로 된 부분은 이 법이 정한 기준에 의한다고 규정하고 있다(법 15조).

두 번째 방식은 근로자측에 노동력의 집단적 거래를 위한 단결과 단체교섭 및 단체행동을 법적 권리로서 승인하고 이를 보장함으로써 노사당사자 간에 대등성을 확보하려고 하는 방식이다. 첫 번째 방식에 따라 노동법이 최저기준을

로 한 것이지 애초부터 사용종속 관계나 근로계약 관계를 전제로 한 것이 아니라고 주장하는 견해도 경제적 종속성을 중시하는 입장이라 할 수 있다(조임영, 340면 이하).

17) 김유성Ⅰ, 9면.

설정하면 두 번째 방식이 보장하는 단체협약 등을 통해 최저기준보다 유리한 근로조건을 확보하도록 하는 것이 전통적인 근로조건의 결정시스템이라 할 수 있다.

첫 번째 방식이 주로 개별적 근로관계 분야에서 사용되는 방식으로서 14세기 구빈법 및 19세기 공장법의 전통을 이어받아 사회적으로 건전한 노동력을 유지하기 위하여 국가가 사법적 관계에 간섭하였던 방식인 반면, 두 번째 방식은 주로 집단적 노사관계 분야에서 사용하는 방식으로서 기본적으로 사적 자치의 원리를 존중하면서도 근로자측에 이른바 노동 3 권이라고 하는 집단적 힘의 행사를 허용해 줌으로써 노사 간에 실질적 대등성을 확보하려는 방식이다.[18] 노사의 이익이 자연조화적으로 조절되리라고는 현실적으로 기대하기 어렵고 국가의 보호에만 전적으로 의존할 수도 없는 상황 하에서 근로자들은 단결력을 배경으로 집단적 교섭을 통하여 자주적으로 근로관계를 형성하기 위한 투쟁을 지속하였고, 그 결과 제 1 차 세계대전 후에 이르러 주요 자본주의국가에서 노동 3 권을 법적으로 승인한 이래 대부분의 자본주의국가가 이를 보장하고 있다.[19]

다. 규율 목적 — 근로자 생존권의 보장과 노동인격의 실현

(1) 배　　경

재산권의 보장, 개인의 자유 · 평등이라는 시민법원리가 관철되는 과정에서 근로자들은 혹독한 생활고와 부자유 · 불평등을 겪어야만 하였다. 근로자들은 생존의 보장을 확보하기 위하여 단결을 통한 저항을 치열하게 전개했으며, 마침내 1919년 바이마르공화국 헌법에서 단결의 자유를 비롯한 생존권적 기본권을 규정한 이래 대부분의 나라에서 노동 3 권을 보장하기에 이르렀다. 이처럼 생존권은 자본주의 사회에서 근로자와 같이 종속적 지위에 있는 자에게 초래된 생존의 위기를 인식하고 그들에게 인간적 생존을 보장하기 위한 법원리로 등장하였다.[20] 나아가 생물학적 인간으로서의 생존의 위기에 대하여 종속적 노동과정에서 법주체로서의 지위를 잃지 않고서 노동인격을 실현할 수 있는 법원리로서도

18) 김유성 I, 10면.

19) 조합운동의 발전이 빨라 노동조합의 법적 승인이 비교적 점진적으로 진행된 영국의 경우 전통적인 자유방임의 원칙을 확장하여 노동조합을 민 · 형사상 책임으로부터 해방하는 것이 단결권의 내용이었던 반면, 급박한 정치적 위기 하에서 일거에 단결권 확립을 실현한 독일의 경우 단결권은 헌법상 생존권 이념에 의거한 독자적 기본권으로 되어 공권력뿐만 아니라 사용자에 대한 관계에서도 권리로서의 효력을 발휘하였다(片岡, 30면 이하).

20) 片岡, 66면.

노동법은 작용한다. 이하에서 노동법의 규율 목적(이념)으로서 생존권의 보장과 노동인격의 실현을 본다.

(2) 생존권의 보장

노동법의 목적은 근로자의 인간다운 생활을 보장하는 데 있다. 근로자에게 생존권이란 근로자가 인간으로서 인간다운 생활을 영위할 수 있는 권리를 의미하는데, 노동법의 영역에서 나타난 생존권의 구체적 모습이 노동기본권이다. 노동기본권은 근로조건을 향상하고 노사 간에 실질적인 대등성을 실현함으로써 근로자가 인간다운 생활을 영위할 수 있는 기초적인 환경을 마련하려고 한다. 여기서 말하는 인간다운 생활이란 인간의 존엄성이 보장되는 생활을 의미하며, 헌법 32조 3항에서도 "근로조건의 기준은 인간의 존엄성을 보장하도록 법률로 정한다"고 규정하여 이를 확인하고 있다. 따라서 인간적 생존의 내용은 인간의 존엄에 적합하고, 개인의 자율과 자기 발달의 자유에 대한 요청이 충족되어야 한다.[21]

인간의 존엄성에 관한 헌법 규범은 입법부와 행정부에 대하여는 국민소득, 국가의 재정능력과 정책 등을 고려하여 모든 국민이 물질적인 최저생활을 넘어 가능한 범위 안에서 최대한으로 인간의 존엄성에 맞는 건강하고 문화적인 생활을 누릴 수 있도록 하여야 한다는 행위의 지침, 즉 행위규범으로서 작용한다. 다만, 헌법재판에 있어서는 다른 국가기관, 즉 입법부나 행정부가 국민으로 하여금 인간다운 생활을 영위하도록 하기 위하여 객관적으로 필요한 최소한의 조치를 취할 의무를 다하였는지 여부를 기준으로 국가기관의 행위의 합헌성을 심사하여야 한다는 통제규범으로 작용한다.[22]

(3) 노동인격의 실현

근로자는 신체를 가진 사람이어서 생존의 보장이라는 기본적 욕구가 충족되어야 할 뿐만 아니라 자신의 노동을 통해 스스로의 존엄과 자율성을 보장받아야 한다. 그러기 위해서는 노동 자체에 대한 사회적 존중이 필요하다. '노동은 상품이 아니다'라는 1944년 ILO의 필라델피아 선언에 나타난 노동 존중의 의미는 상품이 아닌 노동과 인격적 존재로서의 노동자를 유지하기 위한 신념이기도

21) 片岡, 66면.
22) 헌재 1997. 5. 29. 선고 94헌마33 결정. 이와 같은 판례의 태도는 인간의 존엄성을 협소하게 해석하려는 것이라기보다는 규범통제로서의 사법작용이 갖는 한계 때문인 것으로 이해된다.

하다.[23)]

노동법은 근로자가 근로자로서의 생존과 향유할 수 있는 노동을 확보함으로써 노동인격의 완성, 즉 근로자가 근로관계에서도 인격적 존재로서 생활할 수 있도록 하는 것을 목적으로 한다.[24)] 생존권의 보장이 물질적 욕구 충족이라면 노동인격의 실현은 물질적 관계를 넘어서는 사회적 관계에서 노동을 통한 자기 실현을 의미한다. 이는 노동을 통해 자유로운 삶을 향유할 수 있는 노동 향유의 권리[25)]와도 맞닿아 있다. 대법원에서도 사용자는 신의칙상 의무로서 근로자가 근로제공을 통하여 참다운 인격의 발전을 도모함으로써 자신의 인격을 실현시킬 수 있도록 하여야 함을 지적하며, 임금만 지급하고 노무수령을 거부하는 것은 근로자의 인격적 법익을 침해하는 것이라 하고 있다.[26)] 이는 근로자의 임금을 통한 생존권 보장에서 더 나아가 목적으로서의 노동, 자율로서의 노동을 통한 노동인격 실현의 보장을 의미하는 것이기도 하다.

2. 노동법의 체계

노동법은 전통적으로 그 규율 대상에 따라 크게 개별적 근로관계법과 집단적 노사관계법으로 구분되었다. 개별적 근로관계법은 개개의 근로자와 사용자 간의 결합에 의거한 관계를 규정하는 법으로서 국가권력의 직접적인 개입이 예정되는 영역이다. 이에 반하여 집단적 노사관계법은 근로자의 단결, 특히 노동조합의 활동을 중심으로 하여 전개되는 관계를 규정하는 법으로서 집단적 자치 내지 단체자치가 기반으로 되는 것이어서 국가권력의 개입은 간접적으로만 예정된다.[27)] 노동법은 개별적 근로관계에서는 사용자의 계약자유에 맞서 근로자

23) 1944년 ILO의 필라델피아 선언에 관한 설명으로는 알랭 쉬피오, 10~30면.

24) 생존권의 이념과 노동인격의 완성을 구별하여, 자기 노동에 대한 자기 결정을 통하여 노동인격을 실현하는 것이 노동법의 목적이라고 주장하면서 근로자의 경영참가와 노사자치를 강조하는 입장도 있다(이달휴a, 272면).

25) 이흥재a, 38~42면(이흥재 교수는 노동향유권의 두 가지 내용으로 노동인격권과 노동재산권을 구분하고, 노동의 수단적 측면으로서의 재화 획득을 위한 것과 노동의 목적적 측면으로서 자기 인격 실현을 구분하고 있다. 이흥재 교수는 노동과 인격 사이의 분리불가능성을 강조하면서 노동인격권을 노동을 통한 자기 인격의 실현으로 보고 있다); 이달휴 교수도 노동을 수단으로서의 기능 외에 목적으로서의 기능을 강조하면서 근로자가 자신의 삶을 완성 내지 자기 실현을 위한 목적을 가지고서 노동관계 속에서 노동인격적 삶을 추구하는 것으로 이해한다(이달휴b, 336면).

26) 대법원 1996. 4. 23. 선고 95다6823 판결.

27) 片岡, 70면.

보호 목적의 후견적 개입을 하고, 집단적 노사관계에서는 노사당사자의 자치를 위한 조성적 개입을 한다.[28)]

한편, 현대 복지국가에서 일자리와 실업 기간의 소득보장이 국가의 책무로서 강조되면서 취업 단계와 실업 상태에서 국가와 노사 사이의 법률관계도 노동관계의 주요 부분을 이루고 있다. 이를 규율하는 노동법 분야를 취업, 즉 일자리 정책과의 연관성을 강조하여 '노동시장법'으로 부르거나,[29)] 그 근거인 헌법 32조 1항이 '고용의 증진'을 국가의 책무로 규정한 점을 고려해서 '고용증진제도'라고[30)] 부르기도 한다. 그 밖에 실업 기간의 소득보장을 강조하여 '고용의 안전·촉진 및 보험' 체계를[31)] 독자적 노동법 분야로 다루기도 한다. 여기에서는 이 분야가 일자리, 즉 고용과 관련될 뿐만 아니라 고용보험이 일자리에 대응하는 사회보장 제도라는 점에 착안하여 '고용보장법'이라고 칭한다.

가. 개별적 근로관계법

개별적 근로관계법은 근로자와 사용자 사이의 근로계약관계를 규율하는 법 영역이다. 노동법이 규율 대상으로 삼고 있는 근로관계는 사용자와 근로자 간의 근로계약을 전제로 하는 것이므로 이러한 근로계약의 체결을 통하여 성립되는 근로관계가 개별적 근로관계법의 중심을 이룬다. 개별적 근로관계법에서는 국가가 후견적 지위에서, 즉 공익의 대표자로서 근로계약관계에 직접 개입한다. 이렇게 근로자와 사용자의 근로계약관계에 국가가 직접 개입함으로써 시민법상의 계약 자유의 원칙, 특히 계약 내용 형성의 자유를 수정한다. 개별적 근로관계법은 임금, 근로시간, 안전과 보건 등 다양한 근로조건의 최저기준을 설정하고 공·사법적 수단을 통해 강제함으로써 노동관계에서 개별 근로자의 인간으로서의 존엄을 보장한다.[32)]

개별적 근로관계법에서는 근로계약의 체결, 근로관계 당사자의 권리·의무, 근로계약상 의무의 불이행, 근로계약의 이전·변경·소멸 등에 관한 문제가 주된 논의 대상이 된다. 근기법을 중심으로 하여 퇴직급여법, 최임법, 임보법, 남

---

28) 그 밖에 일반적으로 집단적 노사관계법 체계에 속하는 것으로 설명하는, 근로자참여법을 '협동적 노사관계법'이라는 별도의 법체계로 구분하는 견해(김형배, 87면)가 있다.
29) 김유성Ⅰ, 10면.
30) 임종률, 701면.
31) 김형배, 1611면.
32) 김유성Ⅰ, 10면.

녀고용평등법, 산안법 등이 이에 해당하며, 사회보장법의 성격까지 겸유하고 있는 산재법도 개별적 근로관계법으로 분류된다.

나. 집단적 노사관계법

집단적 노사관계법은 근로자의 단결을 중심으로 전개되는 노사 간의 집단적인 관계를 규율하는 법 영역이다. 원래 노동법은 근로자의 생활관계를 개별적인 관계의 장에서 규정함에서 비롯되었는데, 초기의 노동법은 시혜적·구제적인 성격을 가지고 있었다. 노동운동의 진전 및 노동단체법의 확립과 함께 이러한 요소는 점차 불식되어 노동법에 의한 보호는 사회적·경제적 약자로서의 근로자에 대하여 은혜적으로 부여되는 것이 아니라 근로자의 단결을 통하여 스스로 쟁취하는 형태로 변화되어 갔다. 그러한 의미에서 집단적 노사관계법은 근로자의 지위 향상이라는 목적을 위하여 기초가 되는 개별적 근로관계법을 보강하는 역할을 담당한다고 할 수 있다.[33)]

집단적 노사관계법에서는 노동조합의 결성·조직·운영, 단체교섭과 단체협약, 노동쟁의 등에 관한 문제가 주된 논의 대상이 된다. 노조법을 중심으로 공무원노조법, 근로자참여법, 노위법 등이 여기에 해당한다.

다. 고용보장법

고용보장법은 근로자에게 취업의 기회를 제공하고, 직업훈련이나 실업 중의 생활을 보장함으로써 근로자의 생존권을 확보하고자 하는 법 영역이다. 고용보장법 영역에서는 국가가 직접적이고 적극적인 행정작용(직업소개, 직업훈련, 고용보험사업 등)에 의해 노동시장 정책을 실현한다. 이 영역에서는 근로자와 사용자 사이의 법률관계뿐만 아니라 국가와 근로자, 국가와 사용자 사이에 법률관계도 중요하다. 그리고 국가의 예산 사정이나 경제 상황에 따라 개별 정책이 수립·시행되기 때문에 노동법의 다른 영역보다 국가의 책무가 더 강조된다.

이 법 영역에 해당하는 법률로는 고기법, 직안법, 고령자고용법, 외국인고용법, 장애인고용법, 청년고용법, 고보법, 구직자 취업촉진 및 생활안정지원에 관한 법률 등을 들 수 있다.

---

33) 김형배, 86면.

Ⅱ. 노동법의 법원(法源)[34]

1. 법원(Source of law, Rechtsquelle)의 의미

법원(法源)이라는 말은 다의적으로 사용되고 있지만, 일반적인 의미는 재판규범으로서 법의 존재 형식이다. 즉 법을 해석하고 적용하는 데에서 해석자와 법관이 원용하고 의거하는 법규범의 형식을 말하고,[35] 특정 시대에 특정 국가에서 효력 있는 법의 규율을 찾아볼 수 있는 수단을 의미한다.[36] 여기서도 이러한 의미로 법원의 개념을 사용하기로 한다.

2. 법원의 종류

전통적인 사법 영역의 법률관계는 주로 당사자의 의사에 의해 자율적으로 형성되고, 강행적 법률 규정은 예외적으로만 개입하는 데에 비하여, 근로관계에 대하여는 해당 노사 당사자의 의사인 근로계약 외에 일반적으로 구속력 있는 단체협약, 사용자가 일방적으로 제정하는 취업규칙 등 다양한 결정 인자가 있으며, 강행적 법률 규정이 적용되는 영역도 상대적으로 확장되어 있다. 게다가 강행적 효력은 대부분 근로자를 위한 사용자에 대한 효과이기 때문에 다른 법령과는 달리 편면적이다.[37]

후고 진쯔하이머는 노동법의 법원으로 법률과 명령으로 구성된 국가적 노동법, 조직된 사회적 힘에 의해 산출된 자치적 노동법, 노동관습법과 국제노동법으로 구분하고, 단체자치(조합규약 등)와 계약자치(단체협약, 경영협정)에 따른 규정들은 자치적 노동법에 포함하였다.[38] 재판규범으로서 노동법의 법원을 각국에서 어떻게 인정하였는지는 전통과 실무, 노사관계의 상황 등에 따라 다를 수 있겠지만 일반적으로 거론되는 노동법의 법원은 다음과 같다.

34) 이하의 내용은 근기법주해(2판) Ⅰ, 22~40면의 내용을 요약하고 일부 보완한 것이다.
35) 本多淳亮, 107면 이하.
36) 독일학계의 지배적 경향은 한 국가 안에서 타당한 법을 어디서, 어떻게 인식할 수 있는가라는 의미에서의 법원 개념, 즉 법인식원(法認識源, Rechtserkenntnisquelle)과 구별하여, 직접적이고 구속적인 법의 존재근거로서 법원, 즉 법의 성립근거(Entstehungsgrundlage od. quelle) 내지 법성립원(法成立源)이란 개념을 제시하고 있다. 예컨대 대륙법계 국가의 판례와 조리는 법성립원은 아니지만 법인식원에 해당한다. 자세한 것은 김대휘, 8면 이하 참조.
37) 강희원a, 15면.
38) 후고 진쯔하이머, 39~52면.

가. 제 정 법

제정법은 국가에 의하여 성립한 규범으로서 근대국가의 성립 이래 가장 중요한 지위를 가지는 법원이다. 제정법은 일반적으로 문장으로 표시되어 있어 성문법에 해당하는데, 전통적으로 불문법주의를 취하고 있는 영미법계 국가에서도 특별법의 영역에서는 상당한 성문화(成文化)가 이루어져 사실상 성문법주의로 접근하는 경향을 보이고 있고, 특히 정책입법의 성격이 강한 노동법의 분야에서는 더욱 현저하다.[39)]

(1) 헌　법

헌법은 노동법의 여러 법원 중에서 최상위의 규범이다. 헌법에 위배되는 규범은 효력이 없으며, 법관이 재판규범으로 이를 적용할 수가 없다. 헌법상 규정 중 노동법의 영역과 특히 관련이 있는 것으로는 헌법 32조(근로의 권리)와 33조(노동 3 권)를 들 수 있다. 개별적 근로관계를 중심으로 하여 근로자들의 근로조건 또는 고용보장에 관한 법률은 헌법 32조를, 집단적 노사관계를 중심으로 하여 노사 간의 교섭, 쟁의행위 및 경영참가 등에 관한 법률은 헌법 33조를 기초로 하고 있다. 따라서 헌법 32조와 33조는 이러한 법률과 관련된 헌법소원이나 위헌법률심판제청사건 등의 헌법소송에서는 직접 재판규범으로 적용되며, 이러한 법률이 적용되는 일반 소송에서는 이들 헌법규정이 보장하는 기본권 이념에 부합하도록 관련 법률을 해석하는 기준이 된다. 예컨대 헌법 32조 3항에서 규정하고 있는 '인간의 존엄성'은 근로조건의 기준을 규정한 근기법에 대하여 최상위에 있는 규범적 보호 기능을 담당한다.[40)] 이러한 의미에서 헌법은 규범이 구속력을 가지는 원천, 즉 법효력의 원천으로서의 성격이 강한 규범이라 할 수 있다.

헌법 32조와 33조 외에 노동법의 영역에서 문제되는 헌법 규정으로는 헌법 7조(공무원의 정치적 중립), 10조(인간의 존엄과 가치), 11조(평등권), 12조(신체의 자유), 16조(주거의 자유), 17조(사생활의 비밀과 자유), 18조(통신의 비밀), 19조(양심의 자유), 20조(종교의 자유), 21조(집회·결사의 자유), 34조(사회보장) 등을 들 수 있다.

---

39) 강희원a, 18면.

40) 김형배, 90면. 김형배 교수는 노동관계법에 대하여 헌법규정이 중요한 의의를 가지는 것은 근로자의 종속적 지위를 개선하여 노사 사이에 실질적 평등을 확보해야 할 노동관계법의 구조적 틀을 규정하고 있기 때문이라고 한다.

(2) 법 률

법원으로서 법률이란 국가의 입법기관이 '법률'의 형식으로 제정하는 규범을 말한다. 즉 국회의 의결을 거쳐 대통령이 서명하고 공포함으로써 성립하는 형식적 의미의 법률이 이에 해당하는데, 법원 중에서 가장 중요한 재판규범이다.

근로관계에 관한 법률은 원칙적으로 강행적 효력을 가지고 있고, 특히 근로자 보호에 관한 분야에서 강행적 성격이 두드러진다.[41] 그러나 이와 같은 강행적 효력은 어느 경우에나 적용되는 절대적인 것은 아니다. 단체협약·취업규칙·근로계약에 의하여 법률이 정한 기준 이상으로 유리한 약정을 하는 것은 전혀 강행적 법규에 위배되지 아니한다. 근기법은 이 법이 정한 기준이 최저 기준임을 명확히 하면서(3조) 이 법이 정한 기준에 미치지 못하는 근로조건을 정하는 근로계약의 부분을 무효로 하고 있는바(15조), 이는 법의 강행성이 근로자의 보호를 위한 방향으로만 적용되는 편면적 성격을 가지기 때문이다. 근기법이 천명하고 있는 노사 간 동등한 지위에서 자유의사에 따라 근로조건을 대등하게 결정하는 원칙(4조)도 근로조건의 내용 외에 근로조건의 합의방법 자체의 대등성도 함께 보장하여 근로자 보호의 역할을 하고 있다.

(3) 명령 — 시행령과 시행규칙

오늘날 복잡한 사회에서 제정법이 법원으로서 비중이 점점 높아가지만 많은 영역에서 의회에 의한 입법만으로는 대처할 수 없게 되었다. 의회가 원칙적으로 입법권을 행사하되 의회는 기본 윤곽만을 정하고, 구체적 내용 형성을 다른 국가기관에 위임하는 방향으로 전환되어 가고 있다.[42] 근로관계 법률도 일반적으로 추상적·포괄적인 규정이 많으므로 대통령령, 총리령, 부령 등과 같은 명령에 의한 보충기능은 상당히 중요한 의미가 있고, 그만큼 행정기관의 정책적 또는 자의적인 판단이 개입할 여지도 크다.

명령은 법률의 위임 범위 내에서 법률의 내용을 보충하고 그 시행을 확보

41) 예컨대 노사 간에 매월의 월급이나 매일의 일당 속에 퇴직금을 포함시켜 지급받기로 하는 약정을 체결하였다 하더라도 이는 최종 퇴직 시 발생하는 퇴직금청구권을 사전에 포기하는 것으로서 구 근기법(2005. 1. 27. 법률 7379호로 개정되기 전의 것) 34조에 위반되어 무효라고 해석하는 것(대법원 2007. 8. 23. 선고 2007도4171 판결)은 노동법의 강행법규성을 여실히 보여준다. 다만 위와 같은 퇴직금분할지급 약정이 무효라 하더라도 근로자가 기지급받은 퇴직금 명목의 돈은 부당이득이므로 사용자가 이를 반환청구할 수 있을 뿐만 아니라 이를 자동채권으로 하여 상계할 수 있다(대법원 2010. 5. 20. 선고 2007다90760 전원합의체 판결).

42) 김대휘, 210면.

하기 위하여 행정기관이 제정하는 것인데, 그 중에서도 대통령령이 최상위의 규범으로서 중요한 지위를 점하고 있다. 명령은 그 효력의 위계상 헌법과 법률에 반할 수 없고, 특히 근로자의 생존권 보장을 목적으로 하는 근로관계 법률에 반하는 명령은 근로자의 보호라는 법의 기능을 파괴하기 때문에 법률로부터 개별적 · 구체적으로 위임받은 범위를 엄격히 준수하여야 한다.

행정기관이 정하는 명령 중에는 법률의 위임에 따라 국민의 권리와 의무를 직접 규율하는 '법규명령' 외에, 행정 내부의 조직과 활동을 규율하는 '행정규칙'이 있다. 행정규칙은 주로 고시 · 훈령 · 예규 · 통첩 등으로 발령되지만, 대통령령 · 총리령 · 부령의 형식으로 공포되기도 한다. 일반적으로 행정규칙은 헌법과 법률의 근거를 요하지 아니하고 그 고유의 권한으로 국민의 권리 · 의무와 직접 관계가 없는 행정 내부의 조직과 권한 분배, 업무 처리 절차, 업무 처리 기준 등의 사항을 정한다. 이와 같이 행정규칙은 행정청이나 공법인의 내부에서만 효력을 가지고, 법관도 이에 구속되지 않아 그 법원성은 부정되는 것이 일반적 견해이고 판례의 입장이기도 하다.[43]

그런데 실제로 행정규칙 중에는 국민의 권리 · 의무에 간접적으로 영향을 미치는 내용을 포함하고 있는 것이 많다. 특히 행정규칙 중 노동 문제에 대한 행정해석은 노동행정의 통일적 기준이 되고, 노사 당사자에게 중요한 행위규범으로 작용한다.[44] 이렇듯 행정해석을 포함하여 행정규칙은 법령이나 판례에 준하는 정도로 효력 있는 법규범이 될 개연성이 높다고 평가하기도 하고,[45] 실제로 행정청이 정한 불확정 개념의 해석준칙이나 재량준칙이 법원의 해석에 영향을 주는 경우가 적지 않지만, 그렇다고 하여 행정규칙 자체가 법원성을 가지는 것은 아니고, 행정규칙에 의하여 그 내용과 의미가 명확해진 상위규범인 법령이 재판규범으로 되는 것일 뿐이다.

---

43) 대법원 2001. 11. 27. 선고 99다22311 판결 등 다수.

44) 헌법재판소는 "행정규칙이라도 재량권행사의 준칙으로서 그 정한 바에 따라 되풀이 시행되어 행정관행을 이루게 되면, 행정기관은 평등의 원칙이나 신뢰보호의 원칙에 따라 상대방에 대한 관계에서 그 규칙에 따라야 할 자기구속을 당하게 되는바, 이 경우에는 대외적 구속력을 가진 공권력의 행사가 된다"고 하여 외국인산업기술연수생의 보호 및 관리에 관한 지침(1998. 2. 23. 노동부 예규 369호로 개정된 것) 중 일부 규정에 대하여 대외적 구속력을 갖는 공권력행사라고 보고 헌법소원의 대상으로 받아들였다(헌재 2007. 8. 30. 선고 2004헌마670 결정).

45) 김대휘, 216면.

나. 국제노동법규 — ILO 협약과 권고를 중심으로

우리나라는 1991. 12. 9. UN 가입과 함께 152번째 국제노동기구(ILO)의 정식 회원국이 되었다. ILO는 제 1 차 세계대전 후 파리평화회의에서 체결된 파리평화조약 중 13편 노동조항에 따라 설치된 이래 현재 그 회원국은 187개 국(2022년 5월 기준)에 이른다. ILO 회원국은 ILO 헌장상의 기본목적을 준수하여야 하고, 총회에서 채택된 협약(Convention[46])의 비준 및 권고(Recommendation)의 수락, 연례보고서의 제출, 분담금 납부 등의 의무를 지는데, 그 중 특히 중요한 의무는 협약의 비준과 권고의 수락이다. 비준된 협약은 국내법과 같은 구속력을 갖지만,[47] 권고는 단지 기준만을 설정한 것으로서 수락되더라도 단지 국내조치의 지침이 될 뿐이라는 점에서 구별된다.[48] ILO 신규 회원국의 경우 가입 이전에 이미 채택한 협약을 비준할 의무를 지지 않으나, 가입 이후에 채택되는 협약에 대하여는 가입국 정부는 ILO 총회 회기 종료 후 1년 이내에 비준을 받기 위하여 협약을 국회에 상정하여야 할 의무를 갖는다.

ILO는 현재까지 190개 협약을 채택하였고, 특별히 다음과 같이 4개 분야 8개 핵심협약을 정해 회원국에 비준을 촉구하고 있다.

i) 결사의 자유 관련 87호 협약(결사의 자유 및 단결권 보장에 관한 협약, 1948) 및 98호 협약(단결권 및 단체교섭권에 대한 원칙의 적용에 관한 협약, 1949)

ii) 강제노동 금지 관련 29호 협약(강제노동에 관한 협약, 1930) 및 105호 협약(강제노동의 철폐에 관한 협약, 1957)

---

46) 조약이라고도 번역된다.

47) 헌재 2014. 5. 29. 선고 2010헌마606 결정. 이 결정은 ILO 협약 135호 '기업의 근로자대표에게 제공되는 보호 및 편의에 관한 협약을 2002. 12. 27. 우리나라도 비준하여 발효되었으므로 국내법과 마찬가지로 이를 준수할 의무가 있다고 하였다. 그러나 노조전임자에 대한 근로시간 면제의 최대한을 총량으로 제한하고 있는 노조법 규정이 135호 협약과 충돌되는 것은 아니라 보았고, ILO 결사의 자유위원회의 권고는 국내법과 같은 효력이 있거나 일반적으로 승인된 국제법규가 아니라 보았다.

48) ILO 헌장 19조 6항 a.
비준한 협약의 경우에는 협약실천을 위한 국내조치상황의 실태를 보고하여야 한다. 보고서에는 협약의 내용을 규정하고 있는 국내입법이 포함되어야 하며, 기구나 전담기관의 설치가 필요한 경우에는 실제적인 조치사항이나 운영사항 등이 포함되어야 한다(헌장 22조). 비준하지 않은 협약의 경우 ILO 이사회는 비준하지 않은 많은 협약 중 기본적으로 중요하다고 판단되는 협약의 비준을 위한 국가적 조치사항에 관한 보고서를 매년 제출하도록 되어 있다(헌장 5조 e).

iii) 균등대우에 관한 100호 협약(동일가치의 근로에 대한 남녀근로자의 동일보수에 관한 협약, 1951) 및 111호 협약(고용 및 직업의 차별처우에 관한 협약, 1958)

vi) 아동노동 금지에 관한 138호 협약(취업의 최저연령에 관한 협약, 1973) 및 182호 협약(가혹한 형태의 아동노동 철폐에 관한 협약, 1999)

우리나라는 현재까지 30개 협약을 비준하였고,[49] 핵심협약 중에선 결사의 자유, 균등대우 및 아동노동 금지 등에 관한 7개 협약(29호, 87호, 98호, 100호, 111호, 138호, 182호)을 비준하였다. 이렇게 비준된 협약은 회원국이 ILO 사무총장에게 통지한 날부터 원칙적으로 1년 후에 회원국에서 국내법과 동일한 효력을 갖게 되므로, 이미 시행 중인 노동관계 법률이 협약 비준 이후 1년 안에 개정되지 않고 서로 충돌하는 경우에는 신법우선의 원칙에 의하여 비준된 협약의 적용이 앞선다.[50]

한편 미비준 협약이 헌법 6조가 규정하는 국내법적 효력을 갖지 못하는 것은 당연하나, 헌법 6조 1항의 국제법 존중의 원칙을 고려할 때 ILO 협약의 근본적 취지는 헌법·법률의 해석에 있어서 충분히 고려되어야 한다. 여기서 한걸음 더 나아가 미비준 협약이라도 그 내용이 근로권, 단결권 등의 헌법상의 권리를 그 기본 이념에 입각해서 전개한 것이고, 또한 압도적 다수의 국가가 비준하는 등으로 국제적으로 노동규범을 형성한다고 판단되는 경우에는 헌법 6조의 '일반적으로 승인된 국제법규'로서 그 법원성을 긍정하여야 한다는 견해[51]가 있으나, 판례가 ILO 협약 중 일반적으로 승인된 국제법규로 파악하고 있는 협약

49) 우리나라가 비준하고 있는 30개 협약은 앞서 본 8개 핵심협약 중 29호, 87호, 98호, 100호, 111호, 138호, 182호 외에, 19호(산업재해로 인한 보상에 있어서의 내·외국인 평등대우에 관한 협약), 26호(최저임금의 결정제도에 관한 협약), 81호(공업 및 상업부문에서 근로감독에 관한 협약), 88호(고용서비스 기관에 관한 협약), 122호(고용정책에 관한 협약), 131호(최저임금제도 수립에 관한 협의), 135호(근로자 대표에 관한 협약), 142호(인적 자원의 개발에 있어서 직업지도 및 훈련에 관한 협약), 144호(국제노동기준의 이행을 촉진하기 위한 3자협의에 관한 협약), 150호(노동행정에 관한 협약), 156호(가족부양의 의무가 있는 근로자의 고용 및 기회균등에 관한 협약), 159호(장애인 직업재활 및 고용에 관한 협약), 160호(노동통계에 관한 협약), 162호(석면에 관한 협약), 170호(작업장에서의 화학물질 사용·안전에 관한 협약), 185호(선원의 신분확인서류에 관한 협약), 2호(실업협약), 47호(주 40시간 협약), 115호(방사선 보호 협약), 139호(직업성 암 협약), 해사노동협약(MLC, 이로 인해 기존의 비준한 협약인 73호 선원건강검진 협약과 53호 관리자 자격증명에 관한 협약은 2015. 1. 19. 자동철회됨) 등이다(김근주, 26~27면).

50) 김지형, 47면.

51) 강희원a, 34면. 片岡 교수도 같은 입장을 취하고 있다(片岡, 81면).

은 아직 보이지 않는다.[52]

다. 자치법규범[53]

노동법 분야에는 자치적인 규범이 차지하는 비중이 크다. 노동법이 노사 간의 집단적 자치와 노동단체 내부의 단체자치를 존중하고, 거기서 형성된 자주적 질서를 수용하는 자세를 취해 왔기 때문이다. 이러한 자주적 질서를 형성하는 자치법규로는 노동조합 규약, 단체협약, 취업규칙을 들 수 있다. 그 중 노동조합 규약이 근로자의 연대성에 바탕을 둔 동질적 사회의 자치법이라면, 단체협약과 취업규칙은 근로자 · 노동조합과 사용자 · 사용자 단체라는 대립주체 간의 사회관계에 관한 자치법이다. 이러한 노동법상의 자치법규는 국가가 제정한 법원이 아니므로, 법관이 그 존재와 내용을 직권으로 조사할 필요는 없고, 그 자치법규에 의하여 이익을 주장하는 당사자가 이를 입증하게 된다.[54]

(1) 노동조합 규약

노동조합은 자주적 조직체로서 법인격 유무를 불문하고 조합의 조직 · 운영, 조합원의 권리 · 의무, 조합 재산 등에 관하여 조합규약을 정할 수 있다. 노조법은 조직의 자주적 · 민주적 운영을 보장하기 위하여 목적, 조합원, 대표자와 임원, 해산, 쟁의 등에 관한 사항을 규약에 규정하도록 하고 있고(노조법 11조), 설립 신고 때 이를 첨부하여 제출하도록 하고 있다(노조법 10조).

이와 같은 노동조합의 규약은 제정법이 그 내부 규율에 관하여 자치에 맡기고 있는 범위 안에서는 재판규범이 된다.[55] 예컨대 제명당한 조합원이 조합원 지위의 존재확인을 구하는 소, 단체교섭의 결과를 승인하는 조합의 결의에 대하여 조합원이 무효 확인을 구하는 소 등에서 법관은 노동조합 규약의 해석, 적용

52) 헌법재판소는 "강제노동의 폐지에 관한 ILO의 105호 협약은 우리나라가 비준한 바가 없고, 헌법 6조 1항에서 말하는 일반적으로 승인된 국제법규로서 헌법적 효력을 갖는 것이라고 볼 만한 근거도 없으므로 이 사건 심판대상 규정의 위헌성 심사의 척도가 될 수 없다"고 판시하고 있다(헌재 1998. 7. 16. 선고 97헌바23 결정).

53) 김치선 교수는 이를 자율적 노동법규라 하고(김치선, 92면), 片岡 교수는 노동자주법이라 한다(片岡, 76면).

54) 김치선, 93면.

55) 영미법계에서는 노동조합과 조합원 또는 조합원 상호간의 계약으로 취급하여 본래의 의미로서 법원성을 부정하는 경우가 있지만, 대륙법계에서는 조합규약을 일반적으로 노동조합이라는 사단의 자주적인 법규범으로 인정하고, 노동법상의 법원의 하나로 여긴다(本多淳亮, 116면).
판례도 노동조합 규약과 이에 근거하여 자체적으로 만든 규정은 일종의 자치적 법규범으로서 소속 조합원에 대하여 법적 효력이 있다고 한다(대법원 2002. 2. 22. 선고 2000다65086 판결 참조).

을 통하여 당부를 판단한다. 또 단체협약의 효력 범위를 정할 때 조합원의 자격이 문제되는 경우 단체협약의 적용 여부에 관하여는 조합원의 자격에 관한 규약 규정이 재판규범으로 된다.[56] 즉, 노동조합 내부의 규범이 재판과정에서 법관에 의하여 적용됨으로써 법규범이 되는 것이다.

제정법으로 단체의 내부 규율을 정할 것인가는 입법 정책의 문제이지만 통상은 단체의 내부 규율은 사적 자치에 맡겨두고, 단체 스스로 정한 자치적 규율이 단체 구성원들 사이에서 법규범이 된다.[57] 특히 노동조합의 규약이나 정관은 헌법 33조의 단결권 보장에 궁극적인 근거를 두고 있다. 단결권의 보장은 단결 자치, 즉 노동조합이 근로자 스스로 정립한 자주적 규범을 기초로 운영되고, 구성원들의 단결 의사와 규범 의식에 따라 활동하는 것을 법적으로 승인함을 내포하기 때문이다. 나아가 조합 민주주의는 단결 자치의 원리를 꿰뚫는 기본 원칙이므로, 단결 자치와 조합 민주주의는 노동조합 규약의 법원성을 지탱하는 두 가지 이념이고, 그 중 어느 하나가 흠결될 경우에는 법원성이 동요될 수밖에 없다.[58] 노동조합 지부가 지부장과 수석 부지부장을 러닝 메이트로만 입후보하도록 하여 선거를 실시한 것이 관련 규약에 대한 노동조합 선거관리위원회의 유권해석에 따른 것이라면 위 지부 선거관리위원회가 수석 부지부장 후보의 후보사퇴를 이유로 그와 러닝 메이트 관계에 있는 지부장 후보의 입후보 등록을 무효라고 결정한 것은 조합 규약이나 헌법 33조의 단결권을 침해한 것으로 볼 수 없다고 한 판결[59]은 단결권 보장의 이념에 따라 단결 자치를 존중한 취지로 이해된다. 한편, 노동조합의 최고 의결 기관인 총회에 갈음할 대의원회의 대의원을 조합원의 직접·비밀·무기명투표에 의하여 선출하도록 규정하고 있는 구 노동조합법 20조 2항에 반하여 조합원이 대의원의 선출에 직접 관여하지 못하도록 간접적인 선출방법을 정한 규약이나 선거 관리 규정 등을 무효라고 선언한 판결[60]은 위 조항을 조합 민주주의를 실현하기 위한 강행규정으로 보았기 때문이다.

나아가 제정법이 노동조합의 내부 사항에 관하여 규율하고 이를 강제하고

---

56) 대법원 2003. 12. 26. 선고 2001두10264 판결, 대법원 2004. 1. 29. 선고 2001다6800 판결, 대법원 2004. 1. 29. 선고 2001다5142 판결 참조.

57) 김대휘, 267면.

58) 本多淳亮, 117면.

59) 대법원 1992. 6. 9. 선고 91다42128 판결.

60) 대법원 2000. 1. 14. 선고 97다41349 판결.

있는 경우 이에 위배된 규약은 효력이 없다. 근로자가 징계해고를 당한 후 해고무효확인의 소를 제기하면서 노동조합에 대하여 대의원선거 선거인 명부에 등록하여 달라고 요청하였으나 노동조합이 그 조합원 자격을 부인하며 이를 거절한 사안에서, 구 노동조합법 3조 4호 단서의 취지는 단지 사용자가 정당한 이유 없이 근로자를 해고함으로써 노동조합의 설립이나 존속을 저지하는 것을 막기 위한 것에 그치는 것이 아니라, 해고된 근로자가 해고된 때로부터 상당한 기간 안에 노동위원회에 부당노동행위 구제신청을 하거나 법원에 해고무효확인의 소를 제기하여 그 해고의 효력을 다투고 있는 경우에는, 그 해고에도 불구하고 근로자의 신분이나 노동조합의 조합원의 신분을 계속 보유하는 것으로 보아야 하는 것이므로 조합규약에서 "조합원은 고용계약의 소멸과 동시에 탈퇴된다"고 정하더라도 조합원의 지위를 상실하지 않는다고 한 판결[61]은 이 점을 분명히 하고 있다.

이와 같은 명시적인 상위규범 외에도 노동조합 규약이 효력을 가지기 위해서는 내재적 한계가 있는데, 필요하고 합리적인 범위를 벗어나 헌법이 보장하고 있는 조합원 개개인의 기본적 인권을 과도하게 침해하거나 제한하여서는 아니된다.[62]

(2) 단체협약

노동조합과 사용자(단체)는 근로조건의 집단적 · 통일적 규율을 위하여 단체협약을 체결한다. 단체협약에는 근로조건, 근로자의 대우 등 개별적 근로관계에 관한 규범적 부분과 평화 조항, 유일 교섭단체 조항 등 체결 당사자 사이의 권리 · 의무를 규율하는 채무적 부분이 포함되어 있다. 채무적 부분은 노동조합과 사용자(단체)라는 체결 당사자가 권리 · 의무의 주체가 된다는 점에서 법적 구속력의 근거를 당사자 사이의 합의에서 찾을 수 있다.

규범적 부분은 단체협약의 체결 당사자가 아닌 개별 근로자에게 규범적 효

61) 대법원 1997. 3. 25. 선고 96다55457 판결.

62) 이와 같은 이유를 들어 대법원은 노동조합규약에 근거하여 제정된 신분보장대책기금관리규정에 기한 위로금의 지급을 둘러싼 노동조합과 조합원 간의 분쟁에 관하여 노동조합을 상대로 일체 소송을 제기할 수 없도록 정한 규정은 조합원의 재산권에 속하는 위로금의 지급을 둘러싸고 생기게 될 조합원과 노동조합 간의 법률상의 쟁송에 관하여 헌법상 보장된 조합원의 재판을 받을 권리를 구체적 분쟁이 생기기 전에 미리 일률적으로 박탈한 것으로서 국민의 재판을 받을 권리를 보장한 헌법규정 등에 위반되어 무효라고 하였다(대법원 2002. 2. 22. 선고 2000다65086 판결).

력을 미치는데, 이와 같이 단체협약의 효력이 체결 당사자가 아닌 자에게 미치는 근거가 어디에 있는가 하는 것이 법원론과 관련하여 문제로 된다. 이에 관하여는 노동조합이 제3자인 근로자를 위해 체결한 것이라는 제3자를 위한 계약설, 노동조합이 조합원을 대리하여 체결한 것이라는 대리설 등과 같이 시민법적인 시각에서 근거를 제시하는 견해가 오래 전에 있었으나, 현재 이러한 학설을 견지하는 학자는 찾아보기 어렵다. 현재에는 그 근거를 국가법에 의한 승인이라는 점에서 구하는 수권설,[63] 기업이나 산업 차원에서 노동관련 단체가 설정한 사회규범을 자주적 법규범으로 취급하여야 한다는 사회적 법규범설,[64] 노사의 자주적 협정에 의하여 법규범에 해당하는 협약을 설정할 수 있다는 노동관습법의 존재로 설명하는 백지관습법설,[65] 협약당사자의 집단적 규율의사와 협약자치를 근거로 조합원들에게 기준적(규범적) 효력을 미치게 된다는 집단적 규범(기준) 계약설[66] 등의 견해를 찾아볼 수 있다. 아무튼 그 근거에 관하여 학자에 따라 견해가 다르긴 하지만, 단체협약에 대하여 상당한 정도로 객관적 법규범으로서의 성격을 인정하는 것이 우리 노동법 학계의 다수설이다.[67]

(3) 취업규칙

취업규칙은 사업장에서 근로자에게 적용되는 근로조건 및 복무규율 등에 관하여 사용자가 일방적으로 작성하는 것으로서 기존의 취업규칙을 변경할 때 근로자측의 의견을 들어야 하고, 불이익하게 변경할 경우에는 근로자측의 동의가 필요하다. 취업규칙은 실제 사업장 안에서 근로자에게 강한 구속력을 발휘하고 있는데, 자치적 계약관계이어야 할 근로관계가 사용자만의 의사에 의하여 확정될 수는 없다는 점에서 취업규칙에 법원성을 인정할 수 있는가 하는 의문이 생길 수 있다.

이러한 문제의식을 바탕으로 근로자가 어떤 형태로든 취업규칙의 내용에 동의를 하였을 때에 비로소 그 동의를 계기로 법적 구속력을 인정할 수 있다는

63) 김유성Ⅱ, 159면; 박상필, 434면; 박홍규, 722면; 임종률, 155면.

64) 강희원a, 25면; 심태식, 169면.

65) 石井照久, 427면(菅野, 547면에서 재인용).

66) 김형배, 1237~1240면.

67) 독일에서도 단체협약이 노사관계를 규율하는 객관적 법을 산출하는 법원이라는 것이 다수설이다(김대휘, 269면). 이에 비해 단체협약을 일종의 신사협정으로 파악하는 영국에서는 단체협약에 대하여 법적 효력을 부여하겠다는 의사를 문서로써 합의한 경우에 한하여 법원성이 인정되고 있다(이상윤, 38면).

계약설[68]이 주장되기 시작하였는데, 그 중에서도 일방적으로 제정된 취업규칙은 사실상의 규범에 불과하고 근로자의 명시적 · 묵시적 동의에 의해서만 법적 효력을 발휘한다는 사실규범설, 일반적인 근로관계 중에는 '취업규칙에 따른다'라는 사실인 관습이 존재하는데 근로자가 취업규칙에 따르지 않겠다는 의사를 표명하지 아니하는 한 그 내용이 일괄하여 계약 내용으로 된다고 하는 사실관습설이 있다. 이와 같이 계약설은 취업규칙을 사회적 사실이나 사회적 규범으로 인정하면서도 그것은 법규범이 아니고 노사 간의 합의 내용으로 파악할 수 있다고 본다.[69]

이에 대해 법규설은 취업규칙이 사회규범으로서 강력한 기능을 수행하고 있는 현실을 직시하고 이것을 법규범으로 평가하는데, 근본적인 문제는 일방적으로 제정된 취업규칙이 어떠한 근거로 법규범성이 인정되는 것인가 하는 것이다. 법원으로서 구속력의 연원을 소유권 또는 경영권에서 찾는 경영권설,[70] 취업규칙은 사회규범으로 작용하기 때문에 관습법에 준하는 법규범의 성질을 갖는다는 관습법설,[71] 취업규칙은 그 자체로는 법규성을 가지지 아니하는 사회규범이지만 취업규칙이 정한 기준에 미달하는 근로조건을 정한 근로계약을 무효화하는 근기법 97조를 통하여 국가가 사용자에게 법규범으로서 취업규칙을 제정할 권한을 수여하였다는 수권설[72] 등의 견해가 주장되고 있다.

판례는 취업규칙에 대하여 "근기법이 종속적 근로관계의 현실에 입각하여 실질적으로 불평등한 근로자의 입장을 보호 · 강화하여 그들의 기본적 생활을 보호 · 향상시키려는 목적의 일환으로 그 작성을 강제하고 이에 법규범성을 부여한 것"이라고 하여 수권설의 입장을 취하고 있다.[73] 이와 같이 근기법 97조는 근로자 보호의 목적에서 취업규칙에 법규범성을 인정한 것이므로 사용자가 취업규칙을 일방적으로 불이익하게 변경하는 것은 허용되지 아니한다.[74]

68) 김형배 교수는 기본적으로 계약설의 입장에 찬동하고 있으나 취업규칙이 일반약관과 같은 성질을 가지므로 근로자들에게 사전에 주지되고, 합리성을 가진 경우에만 근로자의 수용의사가 추단되어 근로관계를 정형적 · 일반적으로 규율한다고 본다(김형배, 334면).

69) 本多淳亮, 124면.

70) 이상윤, 412면.

71) 김치선, 250면.

72) 김유성 I, 200면.

73) 대법원 1977. 7. 26. 선고 77다355 판결.

74) 취업규칙의 법적 성질이 무엇인가는 근로자에게 불이익하게 변경된 취업규칙의 효력 발생 요건의 문제를 해결하기 위한 수단으로 논의되었는데, 근기법은 1989년 개정을 통하여 이 문제를 입법적으로 해결하였기 때문에 논의의 실익은 그만큼 줄어들었다고 평가하는 의견이

라. 관습법 · 관행

관습법이란 사회의 거듭된 관행으로 생성한 사회생활규범이 사회의 법적 확신과 인식에 의하여 법적 규범으로 승인·강행되기에 이른 것을 말하고, 그러한 관습법은 법령에 저촉되지 아니하는 한 법으로서 효력이 있다.[75] 이와 같이 관습법의 성립요건으로서는 주관적 요건인 법적 확신과 객관적 요건인 관행이라는 두 가지 요건이 요구되는데, 노사가 서로 대립하는 근로관계의 영역에서 노사 모두에게 공통적인 법적 확신이 있는 경우를 찾기는 어렵다.[76] 법적 확신에 이르지 못한 관행은 민법 106조의 '사실인 관습'으로서 당사자의 의사표시 해석 기준이 되나, 당사자가 명시적으로 관행의 적용을 배제하는 의사를 표시하거나 관행에 따를 수 없는 특수한 사정이 있는 경우에는 그 관행은 적용되지 아니한다.

노동 관련 분쟁에서 관습법이 인정된 사례는 찾기 어렵고, 노동관행에 관한 판례의 태도는 이중적이다. 먼저, 금품의 지급이 관행에 따라 계속적으로 이루어져 노사 간에 그 지급이 당연한 것으로 여겨질 정도의 관례가 형성된 경우 그 금품은 평균임금 산정의 기초가 되는 임금 총액에 포함된다는 판례,[77] 상여금은 원칙적으로는 그 지급기간의 말일까지 지급하면 되나, 해당 월의 일정한 기일에 지급하는 것이 노사관행으로 확립된 경우에는 그 관행에 따라 지급하여

있다(임종률, 371면).

75) 대법원 2005. 7. 21. 선고 2002다1178 판결. 종중 구성원 자격을 남성으로만 제한해 온 종래의 관습법의 효력을 변경한 이 판결은 나아가 "사회의 거듭된 관행으로 생성한 어떤 사회생활규범이 법적 규범으로 승인되기에 이르렀다고 하기 위하여는 헌법을 최상위 규범으로 하는 전체 법질서에 반하지 아니하는 것으로서 정당성과 합리성이 있다고 인정될 수 있는 것이어야 하고, 그렇지 아니한 사회생활규범은 비록 그것이 사회의 거듭된 관행으로 생성된 것이라고 할지라도 이를 법적 규범으로 삼아 관습법으로서의 효력을 인정할 수 없다"고 판시하고 있다.

76) 本多 교수는 노동관행에 대한 법규범성의 승인에는 또 다른 관점을 도입할 필요가 있다고 하면서 그 기준의 하나로 "노사관행이 단결권, 단체행동권 보장의 취지에 근거하고 있는 경우로서 그 관행을 파기하면 이들 권리의 행사를 부당하게 제약하는 결과를 초래하는 경우"를 들고 있다. 노조전임제도, 조합비원천징수, 조합사무소 제공 등의 관행 등은 노동기본권의 구체화 내지 단결승인으로서의 성격을 농후하게 띠고 있다고 평가하면서, 노동기본권의 구체적 실현으로서의 의미가 있는 노사관행은 노사의 법적 확신에 의해 지지된 관습법적 규범이고, 원칙적으로 일방적으로는 파기할 수 없다고 한다(本多淳亮, 129면).

片岡 교수도 근로자가 종업원으로서의 지위를 유지하면서 조합업무에 전념하는 노조전임의 관행이 헌법상 단결권의 보장을 기초로 한 사회의 법적 확신에 의하여 지지되는 것이어서 관습법에 해당한다고 한다(片岡, 78면).

77) 대법원 2002. 5. 31. 선고 2000다18127 판결.

야 한다는 판례[78]의 경우처럼 규범 의식에 의한 지지 여부를 거론하지 않는 경우가 있다.

다음으로, 기업의 내부에 존재하는 특정의 관행이 근로계약의 내용을 이루고 있다고 하기 위해서는 그러한 관행이 기업 사회에서 일반적으로 근로관계를 규율하는 규범적인 사실로서 명확히 승인되거나 기업의 구성원에 의하여 일반적으로 아무도 이의를 제기하지 아니한 채 당연한 것으로 받아들여져서 기업 안에서 사실상의 제도로서 확립되어 있다고 할 수 있을 정도의 규범의식에 의하여 지지되고 있어야 함을 전제로, 당해 연도 단체협약 체결 전에 퇴직한 근로자에게 단체협약의 체결로 생긴 임금 및 퇴직금 인상분의 차액을 지급하여 온 관행,[79] 또는 사용자가 근로자의 동의를 얻지 아니하고 기업 그룹 내 다른 계열회사로 근로자를 전적시키는 관행[80]이 있었더라도 위와 같은 정도의 규범 의식에 의하여 지지되고 있는 것이 아니라는 이유로 그 관행은 근로계약의 내용으로 되지 않았다고 하여 관행의 적용에 엄격한 태도를 취한 경우도 있다.

생각건대, 판례가 이와 같이 다소 모순되는 듯한 태도를 취하는 이유는 전자의 경우에는 구체적인 권리 · 의무의 형성이 전적으로 노사 간의 의사에 달려 있는 영역인 반면, 후자의 경우에는 사용자가 퇴직 근로자에게 소급하여 임금 인상분을 지급할 의무가 없다거나 근로자의 동의 없이는 다른 계열 회사로 전적시킬 수 없다는 실정법상 원칙과는 다른 권리 · 의무를 형성하기 위해서는 그 근거가 되는 노동관행에 대하여 규범의식에 의한 지지가 필요하다고 함으로써 마치 사업장 단위에서 적용되는 관습법으로 취급하고 있는 것이 아닐까 짐작해 본다. 이에 대하여 판례가 전자와 같이 "노사간에 당연한 것으로 여겨질 정도의 관례가 형성"된 경우로 보는 것은 노사간의 규범적 의식을 법원이 확인하여 거기에 규범적 효력을 인정하지만, "기업내부에 존재하는 특정한 관행"이라는 사실로서만 법원이 의미 지우는 경우에는 노동관행이 규범력을 발휘하지 못한다

78) 대법원 2002. 4. 12. 선고 2001다41384 판결.

79) 대법원 2002. 4. 23. 선고 2000다50701 판결. 대법원은 근로자들이 재직할 당시 사용자가 이미 퇴직한 근로자들에게 임금 및 퇴직금 인상분 차액을 지급하여 온 사실에 기하여 자기들도 퇴직하게 되면 같은 대우를 받을 것이라는 기대를 하고 있었다고 볼 수는 있으나, 이러한 기대가 그해 체결될 단체협약의 내용에 따라 장차 산정될 임금 및 퇴직금인상분 차액을 청구할 조건부채권이 되기 위해서는 사용자와 그 재직 근로자들 사이에서 규범적으로 "단체협약이 퇴직자에게도 적용된다"는 내용의 노사관행이 성립되어 있었어야 한다고 논리를 전개하고 있다.

80) 대법원 1993. 1. 26. 선고 92다11695 판결.

고 분석하는 견해도 있다.[81)]

최근에는 휴일근로가 1주간 기준근로시간이나 연장근로시간에 포함되는지 여부에 관해 법령의 제정 연혁, 목적과 입법취지 외에 근로관계 당사자들의 인식과 기존 노동관행 등을 종합적으로 고려해 휴일근로가 1주간 기준근로시간이나 연장근로시간에 포함되지 않는다고 해석하였는데,[82)] 이는 노동관행이나 당사자들의 인식까지도 법 해석을 위한 참고요소로 할 수 있음을 보여주고 있다.

3. 법원의 적용순서

동일한 대상에 대하여 적용되는 노동법의 법원이 서로 충돌하는 경우에 어느 규범이 우선 적용되는지가 문제된다. 이를 법원의 경합 또는 충돌이라 한다. 노동법의 법원은 헌법을 최상순위로 하여 법률, 명령, 단체협약, 취업규칙, 노동조합 규약의 적용 순서를 가진다. 법적 확신에 의하여 지지되는 노동관습법, 비준된 조약은 법률과 동일한 적용 위치에 있다. 같은 단체협약이라도 기본협약에 대하여 보충협약은 하위에 있다.

상·하위의 규범이 서로 충돌하는 경우에는 당연히 상위법 우선의 원칙에 따른다. 다만 하위규범이 근로자에게 유리할 때에는 하위규범이 우선 적용된다는 이른바 유리한 조건 우선의 원칙(Günstigkeitsprinzip)이 논의되는데,[83)] 우리 판례 중에는 근로계약에 의해 지급되었던 각종 수당(약정수당과 만근수당)이 취업규칙을 통해 더 이상 지급되지 않도록 유효하게 변경되었다고 하더라도 그에 동의하지 않은 개별 근로자의 경우 취업규칙보다 유리한 근로계약이 우선하여 유효하게 적용된다고 한 사례[84)]와 근로자와 개별 근로계약에서 연봉을 특정한 후 집단적 동의로 유효하게 변경된 취업규칙으로 임금피크제를 도입하면서 연봉을 대폭 삭감한 경우에 기존의 개별 근로계약이 집단적 동의로 유효하게 변경된 취업규칙보다 우선하여 적용된다면서 취업규칙의 우선 적용을 긍정한 원심을 파기한 사례[85)]가 있다.

---

81) 신권철, 248면.

82) 대법원 2018. 6. 21. 선고 2011다112391 전원합의체 판결.

83) 김형배, 105~106면.

84) 울산지법 2017. 6. 14. 선고 2016가합23102 판결, 항소심 부산고법 2017. 8. 30. 선고 2017나53715 판결, 상고심 대법원 2017. 12. 13.자 2017다261387 판결.

85) 대법원 2019. 11. 14. 선고 2018다200709 판결(근기법 97조가 정하는 유리한 조건 우선의 원칙과 근기법 4조가 정하는 근로조건 자유결정의 원칙을 근거로 적시하고 있다).

한편, 노조법 33조의 해석을 둘러싸고 취업규칙 등에서 정한 근로조건이 단체협약에서 정한 기준과 다르게 규정되어 있으면 그 내용이 유리한 것이든 불리한 것이든 모두 무효로 된다는 학설(양면적용설)[86]과 불리한 것만 무효로 된다는 학설(편면적용설)[87]이 대립하고 있다.

동순위의 규범들이 서로 충돌하는 경우에는 신법 우선의 원칙과 특별법 우선의 원칙에 의하여 우선순위가 결정된다.

Ⅲ. 노동법의 시기별 경향

1. 해방과 노동법(1945년~1960년)

가. 제헌헌법 및 노동관계법의 제정

(1) 제헌헌법의 제정

일제로부터 해방 이후 좌우의 정치적 대립과 한국전쟁을 거치는 와중에서 우리는 노동권 보장이 담긴 제헌헌법과 노동관계법을 제정하였다. 제헌헌법에서 나타난 초헌법적 이념이 바로 반공이데올로기이며, 분단과정에서 체화된 상대방에 대한 반대의식, 즉 공산주의에 대한 반대의식이 헌법을 제정하는 단계에서부터 스며들어 있다는 견해가 있다.[88] 그러나 위와 같은 반공이념 외에도 해방 후 노동운동에 의한 노동자의식의 성장, 일제 소유였던 적산(기업)에 대한 공유의식 등을 바탕으로 우파인 대한노총의 전진한 의원이 경영참가권과 이익균점권을 제안하여 제헌의회에서도 근로자 이익균점권을 받아들이게 되었다. 이로써 우리 제헌헌법은 근로자의 노동권 보장 이외에도 사유재산을 전제로 한 자본주의체제에서 보기 힘든 이익균점권을 헌법상 권리로서 명문으로 규정하게 되었다.[89]

86) 김유성 교수는 단체협약에서 정한 기준은 최저기준이 아니라 정형적·표준적 기준으로 보아야 하며 특히 우리나라와 같이 기업별 협약이 지배적인 경우에는 후자의 것으로 보는 것이 현실적이라고 한다(김유성Ⅱ, 170면).

87) 김형배 교수는 단체협약은 근로자를 보호하기 위하여 근로조건의 최저기준을 설정한 것이므로 사용자가 자발적으로 단체협약의 기준 이상을 급부하는 것은 유효하다고 한다(김형배, 106면).

88) 이영록, 37면.

89) 제헌헌법 17조: 모든 국민은 근로의 권리와 의무를 가진다. 근로조건의 기준은 법률로써 정한다. 여자와 소년의 근로는 특별한 보호를 받는다.

제헌헌법 18조: 근로자의 단결, 단체교섭과 단체행동의 자유는 법률의 범위내에서 보장된다. 영리를 목적으로 하는 사기업에 있어서는 근로자는 법률의 정하는 바에 의하여 이익의 분배에 균점할 권리가 있다.

(2) 노동관계법의 제정

한국전쟁으로 인해 부산으로 수도를 옮긴 정부는 1953년 근기법, 노동조합법, 노동쟁의조정법, 노위법을 제정하였다. 전쟁의 와중인 1953년에 위와 같은 노동관계법이 한꺼번에 제정된 이유는 당시 2대 국회 의사록에서 그 내용을 확인해 볼 수 있다. 먼저, 노동조합법, 노동쟁의조정법, 노위법에 대해 1952년 11월 국회본회의 상정에 대한 긴급동의를 발의한 전진한 의원은 다음과 같은 취지로 법안의 통과를 요청하였다.[90] ① 일제 해방 후 노동자의 처지가 나아진 것이 없고, 제헌헌법에서 보장된 단체행동의 자유와 같은 권리가 제한되고 있으며, ② 노동관계법이 제정되지 않아 노동자가 일상생활에서 법적으로 보호받을 근거가 없고, ③ 노동관계법이 제정되지 않으면 노동자가 정부와 국가로부터 이탈하여 국가장래에 위기를 가져올 수 있다는 점을 강조하였다.[91] 이와 같은 전진한 의원의 긴급동의에 대해 본회의는 반대표 없이 가결했고, 이후 위 각 법안들에 대한 심사가 이루어져 1953년 위 3개의 법이 제정되었다.

1953년 2월 이루어진 노동기준법(근기법)안 제1독회에서도 근기법 제정에 찬성하는 이유를 일부 의원들이 구체적으로 표현하고 있다. 당시 발언을 한 최원호 의원의 찬성발언의 취지[92]를 요약하면 '① 근기법이 내포하고 있는 입법정신에는 공산당의 계급투쟁의식을 말살하려는 것이 들어 있다. ② 노동관계법의 제정은 우리 국가가 노동자계급에 경의를 표하고, 그들의 지위향상과 복지를 위해 최대다수의 최대행복을 만들어 보고자 하는 것이다. ③ 근로자를 제약하는

(그러나 1948년 제헌헌법에 보장된 이익균점권은 그 보장을 위한 법률이 제정되지 않고 있다가 1962년 제3공화국 헌법에서 이익균점권 규정은 삭제되었다. 제헌헌법 제정 당시 이익균점권에 관한 구체적 논의는 황승흠, 299면 이하; 이흥재b, 264면 이하; 이영록, 159면 이하를 참조할 것).

90) 국회사무처, 14회 국회 임시회의 속기록 29호, 1952. 11. 25.자, 2면(노동관계법안 상정에 관한 긴급동의안).

91) 전진한 의원의 발언 속기록 중 일부를 옮기면 다음과 같다(국회사무처, 위 속기록, 3~4면).
"우리는 일제시대에 일제 [illegible] 억압당하고 박해당해 왔습니다만 해방된 오늘날 우리 노동자의 실제생활을 돌아볼 때에 물론 형식적으로는 자유가 있는 듯하지만 실질에 들어가서는 강권주의의 억압 밑에서 다다를 일은 노예가 될 자유 밖에 가지지 않었다는 것은 우리는 잘 알고 있습니다. 이 노동법안 문제는 우리 대한민국이 건립한 이래 헌법에 규정된 노동자의 모든 권리옹호의 원칙을 구체적으로 법률화하려고 제헌국회때부터 노력해 왔습니다. 그러나 회기마다 그 시기를 놓치고 오늘날까지 아직 구체적으로 이 법률이 제정되지 못해서 노동자는 지금 물에 빠진 사람같이 지푸라기 하나라도 거머쥐고 일어날려고 애를 쓰고 있습니다."

92) 국회사무처, 15회 국회 정기회의 속기록 23호, 1953. 2. 5.자, 3면('노동기준법안 제1독회').

완고한 자본주의를 시정하고, 동시에 계급투쟁만으로 살 수 있다는 공산당의 이념을 제거할 수 있다'는 것이다.[93)]

나. 제헌헌법 및 노동관계법 제정에 대한 평가

1948년의 제헌헌법과 5년 뒤 그 헌법에 근거한 4개의 노동관계법(노동조합법, 노동쟁의조정법, 노위법, 근기법) 제정에 대한 학자들의 평가는 다음과 같다.

① 노동4법 제정 배경은 한국전쟁 중 발발한 조선방직쟁의, 광산노동자, 부두노동자들의 쟁의 등으로 노동기본권의 구체적 행사를 위한 법률제정을 정부가 시급한 과제로 제기하여 노동4법이 제정되었으며, 그 내용에 대해서는 집단적 노동관계법은 노조 자유설립주의와 대외적 자주성 및 대내적 민주성의 확보, 협약자치, 쟁의권의 보장과 쟁의조정제도 등을 규정해 전체적으로 자유주의적 노사자치주의를 근간으로 하고 있고, 근기법은 당시의 산업구조나 노사실태에 비추어 높은 수준을 목표로 했기 때문에 이후 법의 실효성은 유지되지 못하였다(이원희).[94)]

② 우리 제헌헌법의 노동기본권은 독일 바이마르헌법 및 서독 본 기본법의 기본권에 영향을 받은 것인데, 부당노동행위 등을 규정한 노동조합법 등 집단적 노동관계법은 미국의 와그너 법과 태프트-하틀리 법의 영향을 받아 헌법상 노동기본권과 노동관계법이 서로 모순·충돌하기도 한다. 예컨대, 헌법상 보장된 단결선택의 자유와 노동관계법에 의한 숍 조항은 단결강제로서 서로 모순되어 극복해야 할 과제이다(백재봉).[95)]

③ 해방 후 정부수립까지 우리나라의 노동조합은 자연발생적인 것이 아니

---

93) 최원호 의원의 발언 속기록 중 일부를 옮기면 다음과 같다(국회사무처, 위 속기록, 3~4면).
"… 우리가 영국의 노동사를 얼핏 보더라도 아주 계급투쟁의 장본인인 맑스가 30년 동안이나 노동자를 선전하고 계급투쟁을 일삼고, '계급투쟁만 하면 너는 살 수 있다' 하는 이러한 말을 했지마는 30년이 지난 말년에 있서는 맑스는 자기의 가졌던 이념 속에서 착각이 생겼습니다, 암만 계급투쟁을 해라 혁명을 해라 해보았자 영국노동자는 까딱 듣지도 않고 그대로 온전한 발전을 해 나갔습니다. 최후에 있어서는 영국, 미국은 계급투쟁을 하지 아니하더라도 그들은 자기네의 권익을 잘 유지해 나갈 것이다 하는 것을 말년 죽을 때에 가까이 되어서 그러한 자기의 사상을 굽히고 말았습니다. 이것은 영국의 예지마는 이러한 것을 나는 한편으로 생각하는 것입니다. 이러한 의미에 있어서 우리는 다만 한사람이라도 다만 열사람의 가족이 있다고 하더라도 그 사람을 위해서 법다운 법대로 기준법을 만들어 두는 것이 지금까지 우리 여러 가지 법을 만드는 첫 단계라는 이러한 생각을 가지고 이 법을 찬성하고 마는 것입니다."

94) 이원희a, 52면.

95) 백재봉, 190면.

라 미군정하에서 공산주의에 대항하는 정치세력으로 조직되었으며, 그 후 입법적 보호와 행정적 지원하에 활동하였으므로 본질적으로 강한 정치성을 띠고 있고, 조합 간부의 대부분은 조직외부로부터 나타난 지식층이고, 노동운동이 근로조건의 유지개선 및 경제적 지위향상을 목적으로 하는 경제활동이었다기보다 정치적 이념을 추구하는 정치활동이었다(김여수).[96]

④ 공산군의 불법침범으로 우리 정부와 모든 국가기관은 대공승전에 여념이 없었음에도 불구하고 노동관계법령들을 제정하였음은 별다른 정책적 의의가 있음에 틀림없다. 그러나 우리나라의 노동과 경제실정에 적합하지 않은 법령내용이 허다한 이유로 학계에서는 물론 사회 전체적으로 비판과 시비가 높았다(김치선).[97]

⑤ 노동관계법의 제정은 근로관계의 본질이라든가 우리나라의 노사관계의 현실 또는 외국법제에 관한 면밀한 조사연구에 의하여 이루어진 것이 아니라, 당시의 일본의 노동관계법을 모방한 것에 불과하다(김진웅).[98]

생각건대, 1948년 제헌헌법상의 노동기본권과 1953년 우리 노동관계법의 제정에서 그 주체는 당시 우파 노동단체인 대한노총의 전진한 의원이 주로 노력하였고, 이에 한민당 의원들도 대체로 동조하였다. 이는 당시 좌파 노동단체인 전평 등에 의한 파업, 공산정권 수립에 대한 반감이나 두려움, 경쟁의식이 복합적으로 작용된 것으로 이해할 수 있다.[99] 위와 같은 이념적 · 정치적 의도가 너무나 앞선 법률들이어서 근기법의 경우에는 향후 노동정책으로 법의 적정한 집행을 할 것을 고려하지 못하였고, 집단적 노동관계법의 경우에도 짧은 역사를 가진 우리 노동조합에게는 법에 의해 주어진 권리를 적정하게 행사할 방법도 모른 채 이후 1960년경까지는 '서랍 속의 법'으로서 밖에 역할을 하지 못했다고 할 것이다. 즉, 과도한 정치성이 그럴듯한 모양을 갖춘 노동법을 제공했을 뿐 실제 경제력이나 행정력이 이를 뒷받침하지 못했다.[100]

---

96) 김여수, 91면.

97) 김치선, 106면.

98) 김진웅, 106면.

99) 박덕배, 38~48면; 이 글에서 그는 공산정권을 수립하려는 전평에 대해 우파 노동단체인 한국노총을 카리스마적 권위를 가진 것으로 평가하고, 전평에 대항하는 노동운동 지도자의 자세를 제언하고 있다.

100) 실제 당시 판례검색결과를 보아도 위 시기에 제정된 노동4법을 각 검색어로 하여 살펴본 결과 1960년경까지 노동4법을 근거로 하여 대법원 판결을 받아 판례집에 남은 사건은 현재 단 한 건뿐이다(대법원 1957. 2. 22. 선고 4289행상111 판결: 이 판결은 당시 제정된 노동조

그러나 1950년대 제정된 노동법들이 가진 이념과 방향 자체는 60년이 지난 지금도 여전히 유효한 것들이고, 현행 노동법 속에 깊이 뿌리박혀 남아 있어 그것을 되살리려는 노력도 필요하다. 예컨대, 1950년대 노동법 제정과정에 일본의 노동법제가 영향을 미친 것은 사실이지만 제헌헌법에 있었던 근로자 이익균점권이나[101] 근로기준법에서의 해고제한 규정, 제정 노동쟁의조정법에서 나온 단체행동자유권(1조), 구 노동조합법의 정부규제적 제도 등은 일본 등의 국가와 구분되는 독자적인 성격을 내포하고 있다.[102]

2. 산업화와 노동법(1961년~1987년)

가. 노동법 개정의 시대적 배경과 경제적 상황

1961년부터 1987년까지 약 27년간은 산업화와 권위주의 정부로 요약될 수 있다. 이 시기 경제성장률은 높은 수준을 유지하였지만, 개별 근로자들의 삶은 낮은 임금과 장시간 노동, 산업재해의 증가로 피폐해졌고,[103] 이때는 헌법상 보장된 단체교섭권이나 단체행동권이 과도하게 규제되었던 시기이기도 하다.[104] 즉, 권위주의 정부에 의해 주도된 산업화는 개별 근로자들의 희생을 강요하고, 노동자집단의 집단적 반발을 통제하기 위한 수단으로 노동법의 개정이 이루어졌으며, 그러한 개정을 통해 권위주의 정부의 경제적 성취와 지속이 가능했던 것이다. 또한, 초기자본이 미약했던 우리 정부는 외자도입을 통해 자본축적을 시도하였는데, 이를 위해 외자기업 근로자들의 노동3권을 적극적으로 규제하기도 하였다. 즉, 이 시기 노동법은 산업화라는 경제목표에 종속된 법으로 인식하였던 것이다.

합법 및 노위규칙에 근거하여 쟁의당사자가 노동위원회 위원을 할 수 없다는 취지로 판시하고 있다). 이는 노동법이 노동자 집단의 힘에 의해 주도적으로 요구되지 않는 한 입법권자들의 정치적 의도와 수사로서 노동자계급에 대한 경의와 배려로서 만들어진 법은 그 실효성을 발휘할 수 없다는 점을 알게 해 준다.

101) 이흥재b, 264~272면.

102) 강성태a, 161면.

103) 1960년도부터 1980년대 중반까지 한국 제조업의 노동시간은 국제적으로 비교해도 최고수준이었다(이 시기 ILO의 노동통계연감에 따르면, 한국의 주당 근로시간은 50시간 내지 57시간이었던 것에 반해 다른 대부분의 국가는 40시간대였다). 이로 인해 연도별 산업재해도 증가추이에 있었는데, 산업재해자수는 1973년의 59,367명에서 1981년에는 그 두 배에 가까운 117,938명이었다(이원희a, 50면). 정부는 이러한 산업재해와 직업병의 문제를 인식하고서 산안법을 1981년에 제정하고, 이어서 '진폐의 예방과 진폐근로자의 보호등에 관한 법률'을 1984년에 제정하였다.

104) 이원희a, 47~49면.

나. 집단적 노동관계법의 개정

1961년 집권한 박정희 정부는 1963년 집단적 노동관계법을 대폭 개정하였다. ① 노동조합법에서는 기존노조와 경쟁관계가 되는 복수노조금지, 공무원의 노동3권 제한, 설립신고반려제도 신설, 노동조합의 정치활동금지, 노사협의회 설치를 규정하고, ② 노동쟁의조정법에서는 공익사업의 범위확대, 노동쟁의 긴급조정제도 신설, 노동쟁의 적법여부에 대한 심사규정 신설을 규정하였다. 이에 대해서는 1964년 무렵부터 노동법을 연구하는 교수들에 의해 집단적 노동관계법의 개정에 대한 비판이 있어 왔으나,[105] 그 무렵에는 이러한 비판이 노동법을 개정하는 힘으로까지 나타나지는 못하였다.

1971년 10월 정부는 비상사태 선포 이후 같은 해 12월 국가보위에 관한 특별조치법을 공포・시행하였다. 이 법 9조 1항은 비상사태하에서 근로자는 단체교섭권 또는 단체행동권 행사에 앞서 주무관청에 조정을 신청하고, 그 조정결정에 따르도록 하고 있었고,[106] 사실상 이후 박정희 정부하에서는 비상사태가 계속되어 근로자의 단체교섭권과 단체행동권 행사는 실제 허용되지 않게 되었다. 그리고 이미 그 이전인 1970년 '외국인투자기업의 노동조합 및 노동쟁의조정에 관한 임시특례법'을 제정하여 일정한 외국인투자기업에 대해서는 쟁의신고 후 조정전치주의와 강제직권중재를 규정하고 있어 사실상 쟁의행위를 금지하도록 하고 있었다. 위와 같이 근로자의 헌법상 단체교섭권과 단체행동권을 전면적으로 제한하는 위 입법들은 1980년대 중반 이후에야 비로소 폐지되게 되었다.

1980년 집권하게 된 신군부(전두환 정부)도 박정희 정부의 유신헌법이 물려준 노동권의 제약을 그대로 이어받았다. 1980년 12월 국가보위입법회의를 통해 노동조합법(제3자 개입금지 신설, 노조임원 결격사유 규정, 조합비의 일정비율 근로자

105) 김치선, 이병태, 김진웅은 1964년 발표한 논문들을 통해 복수노조 금지, 노사협의회 제도 등이 헌법상 기본권보장 정신에 배치되고, 부당한 개정내용이 노동쟁의를 자극할 수 있으며, 문제발생의 근원을 덮어두고, 노동운동을 억제하려는 단견에서 비롯되었으므로 재고되어야 한다고 [illegible]하고 있다([illegible]a, 33면 [illegible] 21).

106) 국가보위에관한특별조치법(1971. 12. 27. 법률 2312호) 9조(단체교섭권등의 규제) ① 비상사태하에서 근로자의 단체교섭권 또는 단체행동권의 행사는 미리 주무관청에 조정을 신청하여야 하며, 그 조정결정에 따라야 한다. ② 대통령은 국가안보를 해하거나 국가동원에 지장을 주는 아래 근로자의 단체행동을 규제하기 위하여 특별한 조치를 할 수 있다.

1. 국가기관 또는 지방자치단체에 종사하는 근로자
2. 국영기업체에 종사하는 근로자
3. 공익사업에 종사하는 근로자
4. 국민경제에 중대한 영향을 미치는 사업에 종사하는 근로자

복지후생사업에 사용, 단체협약 유효기간의 3년 연장), 노동쟁의조정법(국가, 지자체, 국공영기업체, 방위산업체의 쟁의행위 금지, 사업장 이외 장소의 쟁의행위금지, 제3자 개입금지, 일반사업까지 직권중재회부 가능하도록 규정), 노위법을 개정하고, 노사협의회법을 새로 제정하였다.

노사협의회는 1963년 노동조합법 개정 시에 최초로 그 설치근거를 두게 되었으나, 1970년대에는 국가보위에 관한 특별조치법에 의해 근로자의 단체교섭권과 단체행동권 등이 제한되자 노사협의회가 노동조합을 대신해 단체협약을 갱신하는 역할도 하게 되었다. 이후 1980년 독립된 노사협의회법이 제정되고, 각 사업장마다 노동부에 의해 노사협의회 설치가 독려되었다. 이는 기존의 노동조합의 역할을 약화시키고, 단체행동권을 보유하지 않은 노사협의회를 통해 사업장에서 사용자 주도권을 관철하고자 하는 의지를 보여주고 있다.

다. 산업화 시기 노동관계법 개정에 대한 평가

산업화 시기 노동법 개정의 경향에 대해 학자들의 평가는 다음과 같다.

① (1970년대 중반까지) 한국 노동법제는 그 경제적·사회적 기반의 성숙 없이 위로부터 형성됨으로써, 한국적 현실 사이의 유리를 극복하기 위한 조치로서 대담한 개정과정을 밟았다. 그 결과 (1970년대 중반) 한국의 노동법제는 그 기본원리에서 많은 수정이 가해짐으로써 그 제정 시의 법적 구상은 대폭적인 변용을 입게 되었다(김여수).[107)]

② 1970년대 들어서서 국가안보와 경제발전을 위주로 하는 정책을 강화함으로써 노동기본권에 대한 중대한 제약이 가해졌다. 한국노동법의 과제는 정상적인 노사관계 형성을 지향하는 노동법 그 자체의 기본적 원칙에 입각하는 것이 중요하다. 그러한 과제로서 노동법의 이론적 체계화, 자율적 노사자치의 회복, 근기법의 실효성 강화가 필요하다(백재봉).[108)]

③ 유신체제의 노동정책이 지향한 타율적 온건화, 관주도적 노사관계규율의 의도는 노동문제의 역사적 성격이나 본질을 외면한 과오이다. 즉, 유신체제의 노동입법하에서는 노동문제의 조정해소가 정상적인 제도에 의해서는 봉쇄됨으로써 결국 제도권 밖의 과격화양상이 필연적으로 대두되었다. … 중략 …(노동3권의) 권리가 헌법상 보장됨에도 불구하고 오늘날까지 우리 근로자들은 노동3권

107) 김여수, 100면.
108) 백재봉, 189면.

을 자유롭게 행사하지 못하고 있다. 법적 · 현실적 장애가 존재하고, 쟁의권행사가 형사처벌의 대상이 되어 노동3권 보장 이전의 시대를 방불케 하는 시대역행적 모습을 띠고 있는 실정이다(이원희).[109)]

종합하여 보면, 산업화 시기 노동법 개정의 경향에 대해 학자들은 대체로 자율적 노사자치 및 노동3권의 제약으로 인한 단체교섭의 기능약화, 행정개입의 강화를 들고 있다. 이 시기 노동법 개정은 국가안보를 이유로 지속적으로 노동3권에 대한 반헌법적 제약이 강행되었고, 이러한 노동법 개정은 법개정 이후 간헐적으로 학자들의 법리적 비판의 대상이 된 것 외에는 별다른 반대에 부딪히지 않았다.[110)]

3. 민주화와 노동법(1987년~1996년)

가. 민주화의 경제적 상황과 노사관계

노동계의 1980년대 초반은 분출을 앞둔 화산의 고요함이었다. 경제적으로는 60~70년대의 경제적 성취가 가져온 성과에 대한 분배의 불균형을 노동 측에서 시정하고자 하는 욕구가 팽배하였으나, 노동조합의 미성숙 등으로 인해 표출되지는 못하고 있었다. 그러나 1987년 6월 민주항쟁을 계기로 노동자의 요구는 민주화와 맞물려 과거와는 달리 노동조합을 통한 파업이나 직장점거 등 집단적 · 항의적 방법으로 표출되었다.[111)] 위와 같이 변화된 노사관계는 1987년 민주

---

109) 이원희a, 55 · 60면.

110) 산업화 시기 우리 노동법 개정의 역사는 사실상 서구 자본주의 국가에서 나타난 노동조합에 대한 역사적 태도, 즉 금지, 방임, 허용, 조장의 태도 중 금지에 가까운 것이라 할 것이다. 금지의 근거는 국가안보를 이유로 한 비상사태하 여러 권리의 제약이었다. 이 시기는 노동권 외에 참정권이나 표현의 자유 등도 제약되던 시기였던 점에서 노동법에만 특유한 제약은 아니었다. 이렇듯, 1950년대에는 그럴싸한 노동법이라도 있었으나 그 활용방법을 제대로 찾지 못한 채로 있다가 1960년대부터 1980년대 중반까지는 군사정부에 의해 제도적으로 노동자집단의 조직이나 단체행동이 제약되었다. 그러나 그러한 제약은 결국 1987년 6월의 민주항쟁으로 정치적으로 무너지고, 그해 여름 노동자 투쟁으로 경제적 지형의 변화까지 초래하게 되었다.

111) 1987년 7월 이후 1989년 말까지 노동조합 수는 2,742개에서 7,883개로, 조합원 수는 1,050,000명에서 1,932,000명으로, 그리고 조직률은 11.7%에서 18.6%로 급격하게 증가하였는데, 이러한 증가는 사용자지배의 노사관계가 더 이상 유지될 수 없고, 국가사회적으로도 노동조합이 정치와 국가경영의 한 축으로 등장하였음을 의미하며, 과거 권위주의시대의 기업경영과 경제사회모형을 변화하게 만든다고 한다(이원덕, 6면).

이원덕(전 한국노동연구원장)은 1987년을 기준으로 그 전후의 노동(계급)의 성격 변화에서 사용자와 사이의 노사관계변화를 읽어내기도 하는데, 이원덕은 위 글에서 다음과 같이 1987년 전후의 노사관계 특성을 분석하고 있다.

'60년대부터 80년대 중반까지 한국의 노사관계는 경영의사결정에서 사용자 전권, 기업경영

항쟁 이후 1998년 경제위기 전까지 약 10여 년간 노동운동의 폭발적 고양으로 인한 일시적 대립을 이루다가 새로운 노사관계 모색의 단계로 변모하였다.[112)]

나. 각종 노동보호입법과 노동3권의 회복

1987년 6월 민주항쟁 이후 이루어진 87년 체제에서 노동법제의 변화는 헌법의 개정과 각종 근로자보호입법의 정비[113)]로 제도화되었다. 권리의식이 충만해진 노동자들과 노동조합은 노동보호입법과 헌법상 노동권을 근거로 법원이나 헌법재판소[114)]를 통한 권리구제를 해결책으로 이용하기 시작하였는데, 1987년

정보의 비공개, 사용자주도의 임금결정 등을 특징으로 기업경영에 효율적이었고, 노동의 역할도 단순기능공의 양적 공급이어서 기술과 권위주의에 순응할 수밖에 없는 노동자를 양성하였고, 당시 근로계층의 성격도 촌락공동체와 대가족제하에서 성장한 이촌근로자여서 공동체 지향적이고, 가부장적 권위에 순종하며, 배고픔을 경험한 세대라 욕구가 단순하고 힘든 노동에도 순응하여 정당성이 결여된 사용자우위의 권위주의적 노사관계도 유지될 수 있었다. 그러나 80년대 이후 산업현장의 중심을 형성한 신근로계층은 앞서의 근로계층과 달리 도시지역 소가족하에서 고등교육을 받은 자들로 평등지향적이고, 욕구가 다양하며, 고차원적이어서 사용자와 사이의 갈등이 내연하고 있었는데, 87년 6월 항쟁으로 사용자에 대한 정부의 보호막이 제거되자 일시에 폭발하게 된 것이다.'

112) 이원덕의 앞의 글을 보면, 이원덕은 1987년 이후 노사관계를 다음과 같이 구분하고 있다. (이원덕, 앞의 글 표 3에서 인용함)

	제1기 (1987. 7.~1989)	제2기 (1990~1992)	제3기 (1993~1997)	제4기 (1998~2001)
시기구분	노동운동의 폭발적 고양기	적극적 노사관계 정책기	신노사관계모색기	구조조정기
노동조합	폭발적 증가	정체	정체	정체(민주노총합법화)
노사분규	대폭발	분규감소	안정기조	증가
노동정책	노사자율	적극적 역할	노사정 협의 중시 신제도 모색	노사정위원회

113) 1987년을 전후하여 개정헌법의 취지를 살리기 위한 각종 근로자보호입법이 제정되었는데, 제정된 법률을 시기별로 보면 다음과 같다.

1986년: 최임법 제정

1987년: 남녀고용평등법(이후 '남녀고용평등과 일·가정 양립 지원에 관한 법률'로 법명 변경) 제정

1990년: 장애인고용촉진법(이후 '장애인고용촉진 및 직업재활법'으로 법명 변경) 제정

1991년: 고령자고용촉진법(이후 '고용상 연령차별금지 및 고령자고용촉진에 관한 법률'로 법명 변경) 제정, 사내근로복지기금법 제정

1993년: 고보법 제정, 고용정책기본법 제정

1996년: 건설근로자법 제정

114) 1987년부터 1993년까지 헌법상 노동3권을 근거로 노동쟁의조정법, 노동조합법, 사립학교법, 국공법 등에 대해 10여 건 가량 위헌소송이 진행되었고, 노동쟁의조정법 12조 2항 중 「국가·지방자치단체에 종사하는 노동자」에 관한 부분의 헌법불합치결정(헌재 1993. 3. 11. 선고 88헌마5 결정)을 제외하고는 대체로 합헌결정이 이루어졌고, 사용자 측에서 제기한 노동조합법 46조 중 노동위원회의 구제명령위반죄 부분의 위헌 여부에 대해서는 위헌결정이 내려진

개정헌법(현행헌법)의 노동권 규정은 근로의 권리 및 법률의 유보 없는 노동3권(다만, 공무원과 일부 근로자의 단체행동권은 제한)의 보장 외에도 여성근로자의 보호와 차별금지, 최저임금제의 시행, 연소자 및 국가유공자 등에 대한 특별한 보호를 규정하고 있다.[115]

기존의 근기법도 1987년과 1989년에 두 번에 걸쳐 법 적용범위의 확대, 부당해고의 노동위원회 구제, 퇴직금 등의 최우선변제, 근로시간 단축 등의 개정이 이루어졌고, 노동조합법은 1987년 개정 시 유니언 숍 조항의 신설, 노조설립형태의 자유 확대, 조합임원 자격제한 규정 삭제, 행정관청의 노조해산 및 임원개선 명령권 삭제 등의 개정이 이루어졌다. 노동쟁의조정법도 1987년 개정으로 공익사업의 범위 축소, 임의조정제도 신설, 냉각기간의 단축, 공익사업의 직권중재결정권한을 노동위원회가 보유, 중재회부 후 쟁의행위금지기간 단축 등의 개정이 이루어졌다.

다. 민주화 시기 노동관계법에 대한 평가

민주화 시기(1987년~1996년)의 노동관계법에 대한 학자들의 평가는 다음과 같다.

① 1987년 6·29 민주화 선언은 경제적 분배제도의 민주화에 대해서도 많이 영향을 미쳤고, 이로 인해 노사분규가 폭발적으로 발생되었고, 노동관계법규가 무시되는 가운데 노동쟁의는 과격한 양상을 띠었다. 이러한 양상은 1960년대

사례가 있다(헌재 1995. 3. 23. 선고 92헌가14 결정).

115) 대한민국헌법 32조.

① 모든 국민은 근로의 권리를 가진다. 국가는 사회적·경제적 방법으로 근로자의 고용의 증진과 적정임금의 보장에 노력하여야 하며, 법률이 정하는 바에 의하여 최저임금제를 시행하여야 한다.

② 모든 국민은 근로의 의무를 진다. 국가는 근로의 의무의 내용과 조건을 민주주의원칙에 따라 법률로 정한다.

③ 근로조건의 기준은 인간의 존엄성을 보장하도록 법률로 정한다.

④ 여자의 근로는 특별한 보호를 받으며, 고용·임금 및 근로조건에 있어서 부당한 차별을 받지 아니한다.

⑤ 연소자의 근로는 특별한 보호를 받는다.

⑥ 국가유공자·상이군경 및 전몰군경의 유가족은 법률이 정하는 바에 의하여 우선적으로 근로의 기회를 부여받는다.

대한민국헌법 33조

① 근로자는 근로조건의 향상을 위하여 자주적인 단결권·단체교섭권 및 단체행동권을 가진다.

② 공무원인 근로자는 법률이 정하는 자에 한하여 단결권·단체교섭권 및 단체행동권을 가진다.

③ 법률이 정하는 주요방위산업체에 종사하는 근로자의 단체행동권은 법률이 정하는 바에 의하여 이를 제한하거나 인정하지 아니할 수 있다.

이후 적극적 분배정책이 실시되지 못한 데에 그 근본원인이 있다고 생각된다. 산업화 과정에서 자연적으로 생성되는 근로자들의 사회적 · 경제적 요구는 국가적 차원에서 제도적으로 수용되어야 함에도 불구하고 이를 계속 외면 · 억제해 왔다는 데 근본적인 문제점이 있다(김형배).[116]

② 한국 자본의 축적운동과 관련하여 90년대 초반 이후 본격적으로 전개되고 있는 자본의 구조조정과 신경영전략은 자본간 무한경쟁을 '노동력의 유연한 이용을 통한 생산성 향상'을 통해 극복해 나가고자 하고 있고, 이는 노동자 간 경쟁 및 노동현장에 대한 노동통제의 강화를 통한 노동조합의 무력화와 인원감축을 필연적으로 요구하고 있다. 이러한 자본의 요구를 법적 · 제도적으로 보완해 주고, 자본의 운동에 걸맞는 새로운 협조적 노사관계의 틀을 구축해 나가는 것이 '신노사관계구상'이 목표로 하는 것이다(이원희).[117]

③ 1987년 민주화 이후 우리나라의 노사관계는 많은 갈등과 진통을 겪었으며, 여러 문제를 노정하였다. 이제 우리의 노사관계는 새로운 단계에 들어서야 할 때를 맞고 있다고 할 수 있으며, 그러한 점에서 우리의 노동관계법도 그 문제점에 관하여 새롭게 검토되고 개선이 시도되어야 할 것이다. … 중략 … 본인의 우리 노동법에 대한 기대를 말한다면 우선 우리나라의 노동법도 이제는 노사관계를 규율하는 확실한 법규범으로 정착하여, 그때그때의 정책적 필요나 사회적 상황에 따라 쉽게 바뀌고 흔들려서는 안 되겠다고 하는 것이다. 또, 그러기 위해서는 노동관계법이 좀 대폭적인 개정을 하더라도 확실한 원칙과 기초 위에 서 있어야 하겠다는 것이다(이영희).[118]

종합하여 보면, 1987년의 민주항쟁과 노동자투쟁은 우리 사회에 잠시의 충격을 주면서 노동 측이 사회의 파트너로서 공인받는 계기가 되었고, 이에 따라 기업과 정부 또한 1990년 이후에는 노동통제의 방식[119]이나 그 목표 면에서 이

---

116) 김형배, 55면.

117) 이원희b, 101면.

118) 이영희, 183면.

119) 1980년대 후반 파업투쟁으로 인한 높은 임금인상률에 대한 국가적 통제로서 1992년에는 총액임금제, 1993년에는 무노동무임금 정책이 시행되었으나, 이후부터는 노사간 사회적 합의를 통한 방식으로 노동정책이나 입법을 수립하고, 국가는 뒤로 물러선 듯한 모습을 보이며, 주로 국가는 신자유주의적 관념하에 노사간 자율의 모습을 띤 정책에 중점을 두었다. 1993년과 1994년에는 한자리수 임금인상을 위해 노총과 경총 사이의 합의가 이루어지고, 1996년에는 노사관계개혁위원회가 만들어져 노사공익위원이 참여하여 노동관계법의 개정을 논의하였다. 또한, 노사간 대립에서 정부역할의 후퇴로 인해 그 자리를 새롭게 법해석기관인 사법기관이 노사간의 관계를 조정하는 역할을 분담하면서, 법원이나 헌법재판소의 역할도 중요시되

전과 다른 모색을 하게 되었다.[120]

이 시기 제정된 노동관계법률인 최저임금법, 남녀고용평등법, 고령자고용촉진법, 장애인고용촉진법, 건설근로자법, 고보법 및 고기법은 모두 실업자, 여성근로자, 고령자, 장애인, 건설근로자, 저임금 근로자 등 사회적 취약계층의 근로자들에 대한 사회적 급부의 제공이나 차별의 폐지, 국가적 책무 등을 규정하고 있으나, 실제 근로자들이 권리구제 수단으로 활용하기에 어려운 선언적 규정이 많다는 특징을 띠고 있다. 한편, 노동관계법을 제정하고 개정하는 데에서 이 시기부터 눈에 띄는 특징은 노사 간 협의체를 통한 사회적 합의를 도출하려는 노력이 시도된다는 것이다.[121]

고, 노동판례도 급격히 늘어나기 시작하였다.

120) 일부 사회학자들이 보는 87년 노동체제의 성격과 변화양상은 다음과 같다(이종래, 37~42면 요약).

① 노중기: 87년 노동체제의 형성기인 1988년의 경우 87년 노동자 투쟁의 영향으로 국가의 억압이 이완된 시기이지만 1989년 들어서 노동에 대한 국가의 직접적 개입이 재개되었으며, 풍산금속에 대한 공권력 투입을 시작으로 노조지도부에 대한 구속과 수배 등 물리적 억압방식을 채택하면서, 다른 한편으로는 고강도 임금가이드 라인정책을 시작하였으며, 이후 국가가 주도한 노동에 대한 강한 통제정책은 거꾸로 노동운동의 질적 성장을 도와 노동체제의 변동기인 1996년 겨울 노동법개정을 둘러싼 투쟁이 발생하면서 국가에 의한 노동배제 전략이 한계를 보이며, 1997년 체제가 성립되었다.

② 장홍근: 87년 노동체제의 형성 이전시기를 배제적 국가권위주의 체제로 보며, 저임금 장시간 노동을 유지하도록 국가에 의한 노동시장 개입과 노동자의 자율성을 억압하며 경우에 따라서는 직접 개입하기도 한 것을 그 이유로 든다. 87년 6월 항쟁으로 권력의 장악력이 흔들리고 이후 노동자 투쟁은 3저 호황에도 불구하고 경제적 이득을 얻지 못한 노동자들의 불만에 의해 촉발되었다. 1987년부터 1996년까지의 노동체제는 배제적 시장권위주의로 이행한다. 이 시기에는 통제방식은 여전히 노동자들의 참여배제와 자율성 억압이라는 측면에서는 변화가 없으나, 자본에 의한 시장논리가 강화되고, 노동운동의 성장으로 인해 자본과 노동의 관계정립이 시작되었다. 자본과 노동을 국가가 일방적으로 통제하던 이전의 노동통제와 달리 자본과 노동이 상대적 자율성을 확보하면서 임금지불능력이 있는 대기업과 한계상황에 부딪힌 중소기업 노동자 사이의 임금격차가 심화된 시기이기도 하다. 즉, 자본은 노동시장의 분절화와 기업내부 노동시장을 형성하면서 시장논리로 노동을 순치하려고 시도하였다.

③ 임영일: 1987년 노동체제는 1) 제한적이고 불균형한 제도화, 2) 매우 높은 수준의 정치적 산업갈등 및 작업장 노사관계에서도 높은 수준의 산업갈등을 수반, 3) 기업별노조에 의거한 [illegible] 특징으로 한다. 또한 87년 체제의 성격은 1) 축적체제와 정치체제라는 외부환경조건과 조응하지 못한 과도기적 성격, 2) 탈제도화된 노동운동세력에 의해 주도되면서 체계의 안정성과 지속성이 불안정한 성격이 있다.

121) 1996년 5월 설립된 전국 단위의 노사공익협의체인 노사관계개혁위원회는 국제노동기준에 걸맞고, 기업경쟁력을 높일 수 있는 노동관계법의 개정을 논의하였으나 일부 쟁점사항에 대해서는 노사간 합의도출이 어려워 차기과제로 미루고서 1996년 11월 대통령에게 최종보고를 하였다. 노사간 주요 쟁점사항에 대한 합의도출에 실패하자 국회 여당은 1996년 12월 노동관계법(근기법, 노동조합법, 노동쟁의조정법, 근참법 등) 개정안을 이른바 날치기하는 사태로 인해 1997년 초 노동자 총파업을 불러일으켰다.

4. 경제위기와 노동법(1997년~2009년)

한국사회의 경제위기는 보통 1997년 말의 외환위기와 2008년 글로벌 금융위기를 들 수 있다. 전자는 국가적 차원의 경제위기였다면, 후자는 국제적 차원의 경제위기였다는 점에서 차이가 있으나 그 10여 년 동안 신자유주의적 시장경제질서의 영향 하에 한국 내에서는 정규직 노동은 정리해고로, 비정규직 노동은 기간제, 파견·하청과 같은 불안정한 노동으로 법제도화되어 온 시기라 볼 수 있다. 이하에서는 위 시기의 노동법의 변화를 개괄적으로 살펴보기로 한다.

가. 노동관계법의 재제정과 새로운 노사관계시스템의 구축

1997년은 노동관계법 개정에 대한 노동자들의 10년 만의 총파업으로 시작되었다. 1987년 노동자들의 산발적인 파업과 달리 1997년의 총파업은 민주노총의 조직력에 의해 실시되었고, 결국 국회는 1997년 3월 기존의 노동관계법 개정과정의 절차상 효력 문제 때문에 기존 노동관계법을 폐지하고, 같은 이름의 노동관계법들을 재제정(再制定)하는 형식을 취하였다. 이하에서는 1997년 이후 연도별로 제정된 노동관계법의 주요 내용을 표로 본다.

[1997년 이후 주요 노동관계법 제정표]

일자	법명	제정 취지(입법이유)[122]	주요 내용
1997. 3. 13.	근로기준법	산업구조의 변화와 고용형태의 다양화에 따라 고용관계를 신축적으로 운영하며 경직적인 근로시간제도를 유연화하는 등 고용관계 및 근로시간제도를 현실에 맞게 규정	1. 단시간근로자 규정 2. 경영상해고규정 신설(2년유예) 3. 퇴직금중간정산제 도입 4. 탄력적 근로시간제 도입 5. 선택적 근로시간제 도입
	노동조합 및 노동관계 조정법	노동조합의 조직과 운영의 자주성 및 민주성을 확보하고 노사간의 자율적인 단체교섭의 기반을 마련하며 노동쟁의 조정절차와 쟁의행위 행사요건을 합리적으로 규정	1. 복수노조 설립허용(단위사업장은 2002년부터 허용) 2. 노조전임자 임금지급금지(2002년 시행) 3. 노조정치활동 금지 규정 및 제3자 개입금지 규정 삭제 4. 직권중재대상 범위 축소 5. 쟁의기간 중 대체근로 금지 6. 쟁의기간 중 사용자 임금지급의무

			면제
	근로자참여및협력증진에관한법률	근로자와 사용자 쌍방이 참여와 협력을 통하여 노사공동의 이익을 증진함으로써 기업의 경쟁력 강화와 근로자의 삶의 질 향상을 도모	1. 과반수 노조의 근로자위원 대표성 확보 2. 협의사항 및 의결사항의 확대 3. 노사협의회 의결사항 분쟁시 중재 4. 근로자위원의 자료제출요구권 보장
1998. 2. 20.	파견근로자보호등에관한법률	산업수요와 노동시장의 여건변화에 따라 급증하는 파견근로에 대한 법적 규제로 기업의 인력관리에 신축성을 제고하고 직업선택의 기회 확대	1. 파견근로에 대한 균등처우 2. 2년 이상 파견근로자 사용시 직접고용간주 3. 제조업 직접생산공정업무 대상에서 제외
	임금채권보장법	경제위기와 구조조정으로 체불임금이 대량발생하고 있어 사업주를 대신해 임금채권보장기금에서 일정범위의 체불임금을 지급할 수 있도록 하는 임금채권보장제도를 도입	1. 최종 3월분의 임금과 최종 3년간의 퇴직금 보장 2. 임금채권보장기금의 설치와 운용
1999. 1. 29.	교원의노동조합설립및운영에관한법률	제한된 교원의 노동기본권을 보장함으로써 보편화된 국제노동기준을 준수할 수 있도록 하고, 노사정위원회에서 합의한 교원의 노동기본권 보장방안을 존중하여 그 보장범위와 단체교섭의 구조등을 정함	1. 교원 쟁의행위의 금지 2. 초·중등교원으로 한정 3. 시·도단위 또는 전국단위로 조합설립
1999. 5. 24.	노사정위원회의설치및운영등에관한법률	경제위기 극복과 국민경제의 균형있는 발전을 위한 노사정협력방안 등을 협의하기 위하여 대통령령으로 설치·운영중인 노사정위원회를 법률상 기구로 위상을 제고함으로써 노사정간 정책협의기능을 강화	1. 공공부문 등의 구조조정의 원칙과 방향, 노사관계 발전을 위한 제도·의식·관행의 개선 등에 관한 사항을 협의 2. 위원장은 위원회 협의결과 등을 대통령에게 보고하고, 정부는 위원회의 의결사항을 정책에 반영토록 노력 3. 지방자치단체의 장은 당해지역의 노사정간 협력증진을 위하여 지역노사정협의회를 둘 수 있음

122) 본 표의 제·개정 취지(입법이유)와 주요 내용은 국회에서 법률이 제·개정되면서 국회에서 제출한 개정이유(입법목적)와 주요 내용을 정리한 것이다.

2003. 8. 16.	외국인근로자의고용등에관한법률	외국인근로자를 통해 인력수급을 원활히 하여 중소기업의 인력난을 해소하고, 외국인근로자의 효율적 고용관리와 근로자로서의 권익을 보호	1. 내국인 우선채용 원칙규정 2. 고용허가제 도입 3. 최대 3년의 근로기간 규정
2004. 3. 5.	청년실업해소특별법(한시법)	경기침체와 국내업체의 해외이전에 따른 산업공동화등으로 청년실업이 급증함에 따라, 청년들의 실업이 경제성장의 장애가 되거나 사회불안의 요인이 될 우려가 있어, 청년미취업자에 대한 취업기회 제공 및 취업능력 제고	1. 국가 및 지자체의 청년실업해소대책의 책무 2. 향후 5년 간 정원의 3/100 이상 청년미취업자 채용 3. 청년미취업자 채용시 일부 비용지원 4. 해외 인턴취업 지원 5. 청년실업대책특별위원회 설치
2005. 1. 27.	공무원의노동조합설립및운영등에관한법률	공무원노동조합 설립 및 운영, 단결권 및 단체교섭권 보장, 분쟁조정절차 등에 관한 사항을 정함	정치활동 및 쟁의행위가 금지되고, 단체교섭의 효력이 제약됨
	근로자퇴직급여보장법	일시금 위주로 운영되고 있는 퇴직금제도를 퇴직연금제도로 전환할 수 있도록 하고, 상시근로자 4인 이하 사업장에 대하여 퇴직급여제도를 확대 적용	1. 상시 4인 이하 사업장에도 확대적용 2. 퇴직연금과 퇴직일시금의 선택 3. 개인퇴직계좌의 설정과 운영
2006. 12. 21.	기간제 및 단시간근로자 보호 등에 관한 법률	근로자에 대한 차별적 처우와 남용행위가 사회적 문제로 대두됨에 따라, 기간제근로자 및 단시간근로자에 대한 불합리한 차별을 시정	1. 2년 이상 기간제 사용 시 무기근로로 전환간주 2. 차별시정제도 도입
2008. 6. 5.	경력단절여성등의경제활동 촉진법	여성의 임신·출산·육아 부담에 따른 경력단절과 노동시장 이탈, 하향취업 그리고 재취업의 어려움 등에 대해 국가적 차원에서 인턴취업의 지원, 경력단절여성지원센터의 지정·운영등 제도 마련	1. 경력단절여성 등의 정의 2. 경력단절여성 등의 경제활동 촉진을 위한 국가의 책무 3. 인턴취업지원 4. 경력단절여성지원센터의 지정

1997년 3월의 노동관계법 제정은 국제노동기준에 적합하고, 고용유연성을 보장하며(근기법상 경영해고), 참여와 협력의 노사관계를 구현하기 위한 입법취지

를 가지고 있었다. 1997년 말 외환위기로 인하여 국제자본의 요구까지 노동법 개정에 반영되었다. 국제통화기금은 구제금융 제공의 조건으로 해고제한 완화와 파견근로의 허용 등의 경제개혁 프로그램을 요구하여 그 동안 입법이 지연되었던 파견법이 1998. 2. 20. 제정되었고, 근기법상의 경영해고 규정도 즉시 시행되었다.

1998년 이후 노동관계법 제·개정 협의는 노사정 3자 협의체인 노사정위원회를 통하여 주로 이루어졌다.[123] 노사정위원회를 주축으로 2003년부터 3년여간의 논의를 통해 2006. 9. 11. 민주노총을 제외한 노사정 합의가 이루어져 2006. 12. 30. 노조법이, 2007. 1. 26. 근기법, 근참법, 노위법이 각 개정되었다.[124] 주요 내용으로는 근기법상 이행강제금 및 부당해고에 대한 구제명령으로 금전보상제 도입, 서면해고의무, 경영상 해고 후 우선재고용의무가 신설되었고, 부당해고의 벌칙 규정 삭제가 이루어졌다. 노조법에서는 노조전임자 급여지급금지 및 사업장단위 복수노조 허용이 2009년 말까지 미루어졌고, 필수공익사업의 범위 조정, 공익사업장에 대한 직권중재 폐지 및 필수유지업무제도 도입이 이루어졌다. 근참법에서는 근로자위원에 대한 편의제공 확대, 근로자위원의 자료제출요구권 확대가 이루어졌다.

2009년에는 국회에서 노조전임자 급여지급금지 및 사업장단위 복수노조 허용에 따른 대책마련을 위한 노조법 개정안을 지속적으로 논의해 오다가 2010. 1. 1. 복수노조 허용에 따른 교섭창구단일화 절차를 마련하고, 노조전임자 급여지급금지에 따른 보완책으로 근로시간면제심의위원회 설치를 통한 노조활동에 따른 임금손실 방지 대책을 마련한 노조법 개정이 이루어졌다.

나. 경제위기 이후의 노동법 개정에 대한 평가

경제위기 이후의 노동법 개정에 대한 학계의 총괄적인 평가는 다음과 같다.

① 먼저, 1997년 및 1998년 노동관계법 제정 및 개정에 대해서는 1) 1997년과 1998년의 노동관계법 제·개정(복수노조, 교원의 노동운동, 노조전임자 임금, 제3자 개입, 경영해고, 변형근로시간제 등)에 따라 노동운동의 자유를 제약하는 많

---

123) 2003년 5월에는 노동부의 연구용역으로 '노사관계 법제도 선진화방안'을 한국노동연구원이 수주하여 노동법 교수를 주축으로 한 노사관계제도선진화연구위원회를 꾸려 2003년 말 노동관계법(근기법, 노조법, 노위법, 근참법)의 개정방향을 제시하는 '노사관계 법제도 선진화방안'이 마련되었다.

124) 보다 자세한 내용은 이철수b, 2~24면 참조.

은 조항들이 폐지·완화되었고, 2) 교섭력의 균형과 관련해서는 근로자 측은 제3자 개입금지, 노동쟁의 강제중재 등이 교섭력을 약화시켰고, 사용자 측은 전임자 임금지급, 파업기간 중 임금지급 등이 교섭력을 약화시켰으나, 개정노동법에 의해 해결되었고, 3) 노동시장의 유연성과 관련하여 경영해고, 변형근로시간제, 퇴직금 지급방식 등의 핵심적 쟁점이 개정노동법에서 상당부분 도입되었으며, 4) 97년 개정에서는 노개위라는 창구를 통해 이해당사자들이 공개적·민주적 논의를 거쳐 법개정이 이루어졌고, 98년 개정에서는 97년 노개위의 논의 또는 노사정위원회의 대타협을 통하여 법개정이 이루어진만큼 개정법에 대한 불만은 줄어들었고, 실효성도 제고할 수 있게 되었다는 평가가 있다(임종률).[125]

② 다음으로, 2006년 파견법 개정 및 기간제법 제정에 대하여는 1) 고용창출의 방안으로 비정규직의 고용을 근본적으로 저지할 수도 없지만, 비정규직에 대한 차별과 남용, 그리고 그들의 고용불안은 우리 사회의 최대 현안인 양극화의 원인인 이상 차별시정절차를 마련한 파견법 및 기간제법이 나름대로의 의미는 있지만 그 법적용과 해석론에는 어려움이 있을 것이라는 평가가 있고(박수근),[126] 2) 비정규직 근로자에 대한 근원적인 문제점이 고용불안과 근로조건의 차별에 있다면 2년의 기간으로 제한하기보다는 차별 없는 근로조건하에서 보다 더 긴 고용기간을 허용해 주는 것도 나쁘지 않다는 평가도 있다(박종희).[127][128]

③ 끝으로, 2007년 개정 해고법제 및 고용유연화에 관해서는 1990년대 이후 노동의 유연성을 제고시키기 위한 법제도 개선논의가 시작된 후 탄력적 근로시간제, 파견근로, 경영해고 등의 법개정이 있어 왔는데, 이러한 법개정은 전통적인 보호법제만으로는 새로운 노동환경의 변화에 대응할 수 없고, 기업경쟁력의 제고가 전제되지 않고는 근로자 보호를 기대할 수 없다는 사정을 감안한 것이며, 노동시장의 유연성을 제고하면서도 근로자의 고용안정과 근로조건보호를 조화시키는 방안에 대한 고민이 이 시대 노동담론의 중심테마가 되어가고

125) 임종률a, 139~169면의 주요 내용 중 일부를 발췌한 것임.

126) 박수근, 83면.

127) 박종희, 397~399면.

128) 박종희 교수는 우리 노동관계법 제개정에 대한 평가를 1) 법치 이외의 관점에서 이루어진 개정, 2) 입법개정 과정 내 책임주체의 실종, 3) 외형적인 성과달성 위주의 사고에서 나타나는 전도된 결과, 4) 노사관계에 대한 정부의 과도한 부담과 노사관계에 대한 정부의 타성, 5) 장기적인 목표설정 없는 단기적인 정치적 판단에 의한 개정 등으로 평가하고 있다(박종희, 388~394면 참조).

있다는 평가가 있다(이철수).[129)]

종합하여 보면, 경제위기 이후의 노동관계법 제정 및 개정은 다음과 같은 특징을 가지고 있다.

먼저, 이 시기 노동법 제·개정 절차의 특징은 노사간 대립이 첨예한 노동관계법(근기법·노조법·근참법 등)에 대해서는 전국적 단위의 노사정 협의체나 중립적인 전문인력을 통해 해결하려 하였다는 점이다. 이러한 방식은 과거 권위주의 정부에 의한 일방적인 법제정과 달리 다소 소모적이지만, 대립되는 당사자간의 협의나 합의를 거쳤다는 점에서 규범력이 강화될 수 있고, 전문가들의 참여는 노동법리나 노동관계법들간의 정합성, 국제기준에 대한 적합성 등을 가진 법률을 생산해 낼 수 있었다는 점에서 의의가 있을 것이다.

또한, 이 시기 노동법이 과거보다 국가의 경제적 상황에 더 많이 영향을 받고, 국제통화기금 등 국제기구까지 명시적으로 우리 노동법 개정에 영향을 미쳤다는 점도 한 특징으로 볼 수 있으며, 노동시장(고용시장)에 영향을 주는 법률들(기간제법·파견법·청년실업해소특별법)이 노동법적 고려 없이 제정·시행되는 경향도 나타나고 있다.

다음으로, 이 시기 주요 노동관계법의 개정 특징은 과거 강화되어 있었던 개별적 근로관계의 보호수준은 낮추려 하고, 집단적 노동관계에서 과거 권위주의 정부 시절 새겨두었던 악법 조항들의 제거에 노력해 왔다는 것을 들 수 있을 것이다.[130)]

끝으로, 2010년까지 제정된 노동관계법을 살펴보면, 비정규직법(파견근로자, 기간제 근로자 및 단시간 근로자), 교원노조 및 공무원노조 관련법, 임금 및 퇴직급여보장 관련법, 특정계층에 대한 취업촉진(실업해소)법률들이 제정되어 1997년 이후 우리 경제와 노동구조의 특성인 상시적 경제위기(경제위기의 구조화)와 노동자들의 분절화(비정규직, 청년미취업자, 경력단절여성, 고령자)가 이루어졌던 것을 확인할 수 있다.

129) 이철수b, 1~2면.

130) 이 시기 10년간의 노동관계법 제·개정은 김대중 정부와 노무현 정부(1998~2007년)의 노사관계에 대한 인식 및 국회 내 정당별 분포 등 정치적 역학관계에 의해서 영향을 받은 부분도 있다.

5. 양극화와 노동법(2010년 이후)

가. 노동의 양극화

1997년 말 경제위기 이후 한국은 정리해고와 비정규노동을 법제도화하였고, 노동시장의 양극화는 확산되기 시작하였다. 노동시장 내 정규노동자와 비정규노동자의 차별, 대기업과 중소기업의 양극화, 특수형태 근로종사자들의 확산 등은 노동시장을 이중구조화하였다.[131] 2000년대 이후 이중화된 노동시장을 극복하기 위한 대안으로 사회적 경제(사회적 기업, 사회적 협동조합, 자원봉사단체 등)를 활성화하기 위한 법률들이 제정 또는 개정되기는 하였으나[132] 기존의 노동시장의 구조에는 크게 영향을 미치지는 못하였다. 다만 시장 내에서 발생하는 노동시장의 양극화를 시장 바깥의 생활인들 사이의 자연적 연대와 사회적 연대로 재활성화시키려는 시도는 사회적경제 기본법안의 발의 등으로 여전히 지속되고 있다.[133]

2010년 이후 노동법 제·개정 논의는 여러 노동개선과제에도 불구하고 완전한 형태의 노사정 합의를 이루어 법안이 마련되지도 못하였고, 노동방식에 대한 변화를 이끌만한 법제 개선도 이루어지지 못하고 있다. 이유는 일하는 방식이나 일하는 사람의 인식을 법이 따라가지 못하는 경우가 많고, 정치적으로 보면, 입법과정을 주도할 수 있는 세력이 양분되어 대립하고 있어 기존의 상태를 유지하거나 보수하는 수준의 법안만이 국회를 통과하는 상황이라 할 수 있다. 이하에서는 양극화된 시기의 노동법 개정의 내용을 간략히 검토해 본다.

나. 노동법 개정의 내용

2010년 이후의 노동법 개정은 집단적 노동관계보다는 개별적 근로관계에 치중한다. 근기법의 경우 지난 10여 년 간의 주요 개정내용을 보면 1) 임금체불 사업주 명단 공개, 수차의 도급에서 모든 상위 수급인의 체불임금 연대책임, 대기시간의 근로시간 간주 등(2012년), 2) 임신기 근로시간 단축(2013년), 3) 연차유급 휴가일수 산정 확대(2017년), 4) 실근로시간 단축을 위한 1주당 최대 근로시간을 휴일 포함해 52시간으로 명확히 하고, 초장시간 근로의 원인이 되는 근

---

131) 이호근, 71면.

132) 예컨대, 자원봉사활동 기본법(2005년 제정), 사회적기업 육성법(2007년 제정), 협동조합 기본법(2012년 제정)이 이 무렵 제정되었다.

133) 사회적경제 기본법안의 제정 논의에 대해서는 강희원b, 101~111면.

로시간특례업종 범위 축소(2018년), 5) 직장 내 괴롭힘 규정 신설(2019년) 및 개정(2021년), 6) 기간만료나 정년이 도래하는 근로자에 대한 부당해고 구제가 가능하도록 개정(2021년)한 것 등이 있었다.

위 시기의 노조법 개정의 주요내용을 보면 1) 노동조합 운영비 원조의 부당노동행위 규정과 사용자 양벌규정에 대한 헌법재판소의 헌법불합치결정에 따른 개정(2020년), 2) ILO의 결사의 자유 협약 비준을 위한 노동조합 가입자격 및 조합원 임원 선출 규정 개정 및 신설(2021년)이 있었다.

다. 노동법 개정에 대한 평가

전반적으로 2011년 이후의 근기법과 노조법 개정은 원칙적으로 최대 52시간으로 주 근로시간을 단축한 것과 직장 내 괴롭힘 제도를 신설한 것 외에는 노동관계의 실질적 변화를 일으킬만한 개정은 없었다. 이러한 이유 중의 하나는 2010년 이후 노동법 개정을 위한 노사정 합의체의 역할이 가진 제도적 한계도 영향을 미쳤다. 1990년대 이후 노동관계법의 개정은 노사정 합의체에서 논의를 거쳐 합의가 이루어진 경우 그 내용이 노동법 개정을 통해 반영되어 왔다. 1996년 노사관계개혁위원회의 노동관계법 개정 합의, 1998년 노사정위원회의 경제위기 극복을 위한 사회협약이 그러하였다. 이후에도 노사정위원회의 합의사항들은 다양한 방식으로 노동정책과 법령에 반영되었다.134)

그러나 2000년대 이후에는 합의에 대한 노측 또는 사측의 이견과 반대, 탈퇴 등에 더하여 노사정 합의가 된 사항에 대한 정부나 국회 내에서의 입법 어려움 등으로 인해 노사 간 대립이 있는 주요 쟁점사항에 대한 노동법 개정은 쉽게 이루어지지 않게 되었다.

그러한 예로는 2014년 박근혜 정부 하에서의 노동개혁의 일환으로 경제사회발전 노사정위원회가 주도한 9.15. 노동시장 구조개선을 위한 노사정합의(사회적 대타협), 2018년 이후 문재인 정부 하에서의 노동개혁 일환으로 경제사회노동위원회가 주도한 여러 사회적 합의 또한 그러하다. 위와 같은 사회적 합의들에 민주노총은 참여하지 않았고, 한국노총은 9.15. 노사정합의(사회적 대타협)에 참여했으나 정부·여당이 합의내용과 다른 법안을 발의했다는 이유로 2016년 초 합의파기 후 불참을 선언하였다.

134) 노사정위원회 등의 구체적 합의 내용에 대하여는 경제사회발전 노사정위원회, 3면 이하 참조.

2015년 박근혜 정부에서의 9.15. 사회적 대타협은 사실상 노동시장의 고용유연화에 중점을 둔 정책으로 그 내용 중 Ⅱ.항의 노동시장 이중구조 개선은 1) 원·하청, 대·중소기업 상생협력 등 동반성장, 2) 비정규 고용 및 차별시정 제도 개선, 3) 노동시장 활성화(합리적 인사원칙 정립, 근로계약 해지 등의 기준과 절차 명확화, 경영상 고용조정 시 고용안정 노력 강화, 경영상 고용조정 절차의 명확화)를 제시하고,[135] 그에 따른 노동관계법 개정을 예정(실제 당시 여당은 합의 다음날인 2015. 9. 16. 5개의 노동법 개정안을 발의하였다)하고 있었다. 그러나 노사정 합의안의 추상적인 내용들과는 사뭇 다른 의도의 구체적 내용을 가진 노동법 개정안들은 여러 반대[136]로 인해 실제 입법화되지 못한 채 2016년 국회 임기만료로 대부분 폐기되었다.

2018년 이후 문재인 정부에서의 노동법 개정은 노동존중이라는 이념을 바탕으로 노사정 합의체인 경제사회노동위원회를 중심으로 다양한 과제가 논의되어 왔으나 노동관계의 실질적인 변화를 가져올 수 있는 기존의 쟁점들(예컨대, ILO 핵심 협약비준, 근로시간, 특수고용종사자의 산재보험과 단체교섭 등)은 논의에서 더 나아가 노사정 합의와 법 개정까지 이른 경우는 2021년 ILO 핵심 협약 비준과 이를 위한 2020년 말 노조법 개정을 제외하고는 많지 않다. 그 결과 2018년부터 2021년 말까지 근기법이나 노조법 개정으로 인해 노동 현실의 변화는 근로시간을 제외하고는 크지 않다고 할 수 있다.

6. 노동법의 미래담론

가. 비정규화된 노동

앞서 본 과거의 노동법은 노동 자체의 변화보다는 사회의 변화, 예컨대, 산업화·민주화·경제위기·양극화와 같이 사회적 변화요인에 종속되어 나름의 모습을 조금씩 바꾸어 나가는 법이라는 이미지를 형성해 왔다. 그러나 2000년대

---

135) 경제사회발전 노사정위원회, 3~18면.

136) 2015. 9. 15. 노사정 대타협 직후 열린 2015. 10. 14. 노동법 관련 3개 학회의 학술토론회에서 노사정 대타협과 그 직후 발의된 5개 노동법 개정안과 2개의 지침(통상해고 지침, 취업규칙 지침)에 대한 법적 비판으로 임금피크제 도입을 위한 취업규칙 변경 절차의 완화, 노동시장 유연화를 위한 비정규직 사용 확대, 일반해고(근로계약 해지 기준과 절차)의 입법화, 근로시간 개정의 문제점 등이 지적되었다(강성태b, 92면 이하). 그 밖에 당시 발의된 파견법과 고보법 개정안에 대한 문제점에 대해서는 노상헌, 31면 이하를, 기간제법과 근기법 개정안의 문제점에 대해서는 문무기, 52면 이하를 각 참조할 것.

이후의 노동법은 사회적 변화가 아닌 노동 자체의 변화에 대해서 민감하게 대응하지 못하고 있다. 그 이유는 노동 형태의 비정규성(非正規性) 때문이다. 법이란 구체적 실체와 행위를 포착하여 거기에 질서와 책임을 정립하는 것인데, 구체적 주체를 찾을 수 없거나 행위를 포착할 수 없을 때 법은 무용지물이 될 수밖에 없다.

2000년대 전후 끊임없이 반복되던 판례상 근로자성의 문제는 어느 순간 사용자를 찾아 헤매는 과정으로 전환되었고, 하청(도급)과 파견의 구분 또한 계약 뒤에 숨어 있는 사용자를 찾기 위한 지난한 과정이었다고 할 수 있다. 최근에는 그러한 법적 책임주체를 찾아야 하는 것에서 더 나아가 디지털 신호에 클릭하여 이루어지는 유급의 노무제공행위(예컨대, 앱을 통한 배달)에 근로시간과 최저임금, 휴게와 같은 근로기준법의 딱딱한 조항들을 적용하기에 어려움이 생기고 있다. 정규화(定規化)된 노동에 익숙한 노동법이 비정규화된 노동에는 그 규범력을 발생하기 어려운 것은 비정규성이라는 것 자체가 가진 본질, 다시 말하면 정형화되어 있지 않고, 따라서 법령으로 규정(規定)될 수 없다는 그 성질 자체 때문이기도 하다.

1990년대 경제위기를 전후하여 다양한 이름으로 불리어진 비정규직, 기간제, 파견직, 특수형태근로종사자, 비공식 고용137)이 이제 정규직의 예외로서가 아니라 노동형태의 다양함 중의 하나로 일반화되었지만, 현재의 노동법이 이를 정규직처럼 온전하게 법의 보호 속에 진정하게 편입시켰다고 보기는 어렵다. 단순히 법령의 미비나 부족함만이 아니다. 비정규화된 노동자들이 끊임없이 법의 문을 두드리지만, 그 문이 열리는 경우는 법원이 상대방의 실체에 구체적 형상을 부여해 책임을 인정하고, 그의 노동에 여러 필터를 거쳐 종속성을 인정해 노동법을 적용할 때뿐이다. 이는 현재의 노동법이 직면한 두 가지 어려움을 드러내는데, 하나는 다양한 하청(도급과 파견 등을 포함한다)형태의 노동에서의 문제이고, 다른 하나는 디지털화된 노동에서의 문제이다. 전자는 사용자 찾기의 어려움을, 후자는 종속성 찾기의 어려움을 유발하여 노동법 적용을 회피할 수 있게

137) 강성태 교수는 비공식 고용이란 형식적으로는 공적 파악에서 제외되어 있는 고용이지만 그 실질적 의미는 노동법의 규율이 놓치고 있는 노동법의 사각지대이자 노동법의 실패지점이라 지적하며, 이는 결국 노동법에서 규범으로서의 법과 현실에서의 법 사이에 큰 차이가 있고, 그 차이가 근로자 그룹별(계층별)로도 상당히 다른 비정상 노동을 의미한다고 한다(강성태b, 149~152면).

만든다.

나. 노동의 미래

ILO는 2019년 '일의 미래 보고서 — 더 나은 미래를 위한 일'에서 노동세계의 변화(인공지능, 자동화, 로봇 공학 등의 기술발전, 고령화, 탄소정책 등 경제의 녹색화)가 인류의 불평등과 불확실성을 확산할 수도 있지만 거꾸로 기회를 포착한다면 포용적이고 역동적인 정의가 실현되는 사회건설의 계기가 될 수 있음을 강조한다.[138] 이를 위한 주요 노동의제로서 1) 인간 능력에 대한 투자(기술 학습・개발을 위한 평생교육, 미래노동으로의 전환을 위한 제도・정책・전략에 대한 투자, 성평등, 보편적 사회보장), 2) 노동관련 제도에 대한 투자(보편적 노동권 보장, 노동시간의 자율성 확대, 노사단체 대표성과 사회적 대화, 디지털 플랫폼 노동 관리와 규제 등), 3) 지속가능한 양질의 일자리 확대(사회적・디지털 인프라 투자, 돌봄・농업・가정과 지역사회 내 무급근로의 가치 인식) 등을 제시하고 있다.[139]

다. 노동법의 미래담론

위와 같은 노동의 변화에 대해 노동법이 어떻게 대응하여야 하는지에 관해서 기존에는 정부에서 고용유연화나 노동존중과 같은 정책적 구호가 제시되었지만 원인에 대한 구체적인 분석과 미래예측이 필요하고, 그에 걸맞은 다양한 노동법 담론을 형성하는 것이 필요하다.

서구의 노동법 담론 중에서 보면, 프랑스 노동법학자 알랭 쉬피오가 유럽연합 집행위원회(Eeuropean Commission)의 요청으로 작성한 1999년 쉬피오 보고서(BEYOND EMPLOYMENT)에 따르면, 20세기 말 유럽연합 국가들이 겪게 된 종속노동의 변화를 1) 자영노동의 변화, 2) 종속의 강화(기간제, 임시직, 개별화), 3) 외주화(하청과 파견) 등으로 나누어 분석한다(제1장).[140] 아울러 노동을 통해 20세기 전반기 포디즘 모델이 제공하던 직업적 안정성은 20세기 후반에 사라지게 되었고, 확산되는 고용관계의 유연성(단절과 비연속성)은 개인의 고용불안정으로 이어져 실업보험 등 사회보장 시스템이 대응하고 있다고 분석한 후 이러한 노동자의 고용불안을 해소하기 위한 대안으로 시장에서의 고용과 실업을 넘어 유지될 수 있는 새로운 노동법상 보호제도로서 시장 바깥에서 인간생애에서의 가치 있

138) ILO 일의 미래를 위한 글로벌 위원회, 5면.
139) ILO 일의 미래를 위한 글로벌 위원회, 6~8면.
140) Alain Supiot, 1~23면.

는 활동들(직업훈련, 비임금노동, 돌봄과 자원봉사)에 의미를 부여하고, 그러한 활동을 영위할 수 있는 지위(Membership of the Labour Force)를 가진 개인의 사회적 인출권(Social drawing right)[141]을 제도화할 것을 제안한다(제2장).[142]

한국의 상황을 보면, 도재형 교수는 그의 책 '노동법의 회생'에서 노동법의 위기를 법원의 역할 속에서 감지한다. 1990년대 이후 노동시장의 유연성 제고를 위해 노동법은 노동기본권의 강화보다 구조조정 촉진에 주력하게 되었고, 2000년대 이후에는 상시적 구조조정(고용조정) 시스템이 노동법을 현실에서 무력화시켰고, 거기에 법원이 계약자유와 소유권(경영권)과 같은 민사법리를 바탕으로 노동자와 노동조합을 상대로 기업과 시장의 요구를 관철시키는 판례법리까지 더해져 노동법의 위기가 심화되었다고 본다.[143] 다만, 2000년대 중반 이후에는 노동법이 위기에서 회생으로 전환되는 계기 또한 법원이 기간제 근로자에 대한 갱신기대권 법리, 원청업체에 대한 파견법의 적용 등을 통해 만들어냈다고 보면서 한국의 노동법이 규범력과 정당성을 어느 정도 회복하게 되었다고 평가하고 있다.[144] 그리고 향후 과제로서 노동법 체계의 완성을 위해 독자적인 소송 절차와 노동법원의 설립, 이행력 제고를 위한 노동위원회와 근로감독관 제도의 개선, 전통적 근로관계와 사업 개념을 넘어선 노동법의 확장 등을 제안한다.[145]

박제성 박사에 따르면, 근대의 전통적 노동법이 포착한 기업은 근대 국민국가의 통치 모델과 유사하게 입법권, 행정(집행)권, 사법권이 사용자의 사업장에서는 지시권과 감독권,[146] 징계권으로 번역되어 타율적 규제에 기반한 법치모델을 띠고 있으나 현대의 노동관계는 법치(法治)가 아닌 수의 지배(數治)로, 계약형식을 통한 권한의 확보와 책임의 전가, 근로계약의 도급계약화 현상이 발생하고 있다고 본다.[147] 특히 현대의 노동관계는 사용자의 지배권 행사가 간접적이거나 계약 속에 유보되어 있고, 사용자는 제3자(소비자)의 평가나 노동성과의 평가를 통하여서도 실질적 지배권을 실현할 수 있게 되었다고 본다.[148]

---

141) 사회적 인출권에 대한 구체적 설명은 박제성a, 159~163면.
142) Alain Supiot, 24~58면.
143) 도재형, 395~398면.
144) 도재형, 309~402면.
145) 도재형, 405~413면.
146) 취업규칙 제정권도 사업(장) 내 사용자의 입법권의 하나로 볼 수 있을 것이다.
147) 박제성a, 14~15면.
148) 박제성a, 227~235면.

아울러 디지털 노동관계에서는 노동공동체의 해체와 장소와 시간의 개별화를 통해 경쟁과 보상(평가), 접속을 통한 사용자의 지배와 통제가 이루어지고, 근로자는 마치 스스로의 자율과 선택으로 반응하여 일에 참여하고 있다는 인식을 가지게 한다고 분석한다.[149] 그리고 진정으로 인간적인 노동, 즉 창조와 공감의 노동은 인간이 담당하고, 계량적이고 상품화된 영역은 디지털 기술이 담당하는 노동의 분업이 조직화될 수 있는 사회가 되어야 함을 지적한다.[150]

박지순 교수는 4차 산업혁명의 비약적 발전으로 산업사회의 가능한 모든 것이 디지털화됨으로써 일하는 방식과 일자리를 비롯한 사회 · 경제적 구조의 근본적 변화가 초래되고 있고, 이로 인해 인적 종속성에 기초한 노동법의 전통적 전제 조건도 바뀌고 있다고 지적하며, 그에 맞춰 노동법은 기업의 혁신을 지원 · 촉진하면서 근로자의 보호 과제에 충실해야 한다고 제안하였다.[151] 특히 플랫폼 노동관계와 관련해서는 자신의 노동력에 의존하여 생계를 유지하는 모든 취업활동자는 그 계약적 근거와 무관하게 생활상의 위험으로부터 보호받아야 하고, 최소한의 공정성을 확보하기 위해선 플랫폼 종사자들에게 적용될 수 있는 새로운 노동법과 함께 관계 당사자들의 소통을 제도화할 수 있는 대안이 마련되어야 한다고 주장한다.[152]

Ⅳ. 집단적 노동관계법 제 · 개정의 연혁과 내용[153]

1. 노동조합법과 노동관계조정법의 제정(1953년)

가. 노동조합법의 제정(1953. 3. 8. 법률 280호)

(1) 제정과정

노동조합법안은 최초 조광섭 · 임기봉 의원이 1951. 4. 29. 발의하였고,[154] 이후 정부에서도 1951. 6. 8. 노동조합법안을 발의하였다. 위 법안을 심사하던 국회 사회보건위원회는 1952. 11. 4. 위 정부안과 의원안을 폐기하고, 위원장 명

149) 박제성b, 12~24면.
150) 박제성b, 100면.
151) 박지순a, 17~18면.
152) 박지순b, 136면.
153) 이하의 내용은 대한민국 국회 홈페이지의 의안정보시스템 내 국회회의록 등과 국가법령정보센터의 법 제정 및 개정이유, 주요 내용 등을 참조하여 정리한 것이다.
154) 당시 위 노동조합법안 발의에는 83명의 의원이 함께 하였다.

의로 노동조합법안(대안)을 제출하고, 국회 사회보건위원회에서 위 위원회안을 가결하였다.[155] 이후 사회보건위원회가 제출한 노동조합법안은 1953. 1. 23. 국회 본회의를 거치면서 일부 수정되어 노동조합법이 제정되었다.

조광섭 · 임기봉 의원의 노동조합법안은 총 5장(총칙, 노동조합, 근로계약, 노동위원회, 벌칙) 42조로 구성되어 있다. 특징적인 내용을 보면, 1) 노동조합운동의 자유보장과 이를 탄압 · 구속 · 방해하는 일체의 법령은 적용하지 아니하며(2조), 2) 노동조합의 쟁의발생 시 그 주장을 관철하기 위하여 집회, 동맹파업, 태업, 공장폐쇄 등 유리한 행위를 취할 자유를 보장하고(10조), 위 10조의 규정에 위반하여 노동조합운동의 자유를 탄압 · 구속 · 방해한 자를 1년 이하의 징역 등에 처벌하는 규정을 두었다.[156]

---

155) 대한민국 국회 홈페이지의 의안정보시스템에서는 사회보건위원회 위원장의 노동조합법안 제안일을 1951. 11. 4.로 표시하고 있으나, 이는 1952. 11. 4.의 오기로 보인다.

156) 조광섭 · 임기봉 의원이 대표발의한 노동조합법안의 제안이유 중 일부를 그대로 옮겨 적어보면 다음과 같다(대한민국 국회 홈페이지 의안정보시스템 중 위 의원의 노동조합법안 제안이유 77~82면 중에서).

"노동조합은 근대 자본주의제도 하에 있어서 경제적 불균형으로 신음하는 노동자가 사용자와 대등한 지위를 얻기 위하여 다수의 단결로서 대하려는 운동이다. 초기의 노동조합은 다만 경제적 이익을 위하야 투쟁하였다. 그러나 자본계급이 발달함을 따라 그 손아귀에 법률, 경제, 사회, 문화 일절의 권한이 장악하게 됨에, 경제적 이익까지도 얻을 수 없다는 사실을 알게 되였다. 여기에서 노동조합운동은 경제적 대우개선에서 정치적, 사회지위 향상개선의, 즉 전 노동자의 생활조건 개선운동으로 진전되었다. 이것이 노동조합운동의 현실이요 또한 노동조합에 대한 학구적 이론이다. 여기에서 우리는 노동조합을 다음과 같이 제시한다. 1. 노동조합(은) 노동권은 노동자에게 주자고 주장한다. 자본주의경제제도 하에서는 노동자의 노동권을 부여치 않음으로 산업증진에 대지장(大支障)이 있다. 고로 노동권은 노동자에게 부여하자는 운동이다. 2. 노동조합은 노동자의 인권을 옹호하고 주장한다. 노동자에게 최저임금제를 실시하야 노동자의 생활확보하자는 운동이다. 여기에서 나는 본법 제안에 좌기와 같은 주지(主旨)로 임한다. 1. 자연발생적이요 필연적이니 자본주의 경제조직에 있는 이상 노동조합은 억압하고 말살하려 하여도 없어지지 아니한다. 일시는 외형적으로 없어지는 것으로라도 도로(허) 반발적으로 지하적으로, 악질적으로 더욱 강렬하게 일어날 뿐이다. 이것은 역사가 증명한다. 여기에서 필연적으로 발전하는 노동조합을 간섭 · 억압하기보다도 보호하고, 조성하여서 악질화하지 않도록 하여야 한다. 그럼으로 관(官)중심적 취체방침(取締方針)을 버리고, 자주적으로 자라나게 하며, 노동위원회 등으로 육성보호하도록 하였다. 2. 노동조합의 [illegible] 민주주의의 실현을 기하도록 하여야 한다. 3. 노동조합에 유일한 무기는 단결임으로 그 무기를 정당하게 사용하여 나가도록 조합운동에 자유를 보장하도록 하였다. 어데까지던지 노동조합 운동을 통하여 노동자가 자주적으로 생활조건을 개선케 하였고, 국가가 3자적 고답적 지위에서 해주거나 간섭하는 태도를 버렸다. 더욱 우리나라 현정세는 자본계급이 구성되지 못하였는 동시에 그것이 국가권력과의 결탁도 되지 않았다. 오직 빈부귀천의 차별이 없는 참된 민주주의 실현의 이상으로 된 헌법정신하에 새로운 국가건설을 하고 있다. 여기에서 정당한 노동조합운동을 국가권력과 결탁한 자본계급의 적으로 탄압할 아무런 이유도 없을 것이다. 다만, 노동조합운동을 자유롭게, 건전하게 발달시키므로 새로이 싹트려 하는 경제적 불균형 조성 도배(徒輩)의 착오이다. 시작되지 않도록 하며,

사회보건위원회의 노동조합법안 중 국회본회의 심사과정에서 의원들 간에 대립이 있었던 부분은 노동조합법안 29조의4 및 30조(노동조합이 법령에 위반하거나 공익을 해하였을 경우에는 행정관청은 노동위원회 결의를 얻어 해산을 명할 수 있고, 위 명령에 따라 노동조합은 해산한다)의 규정이었다. 전진한 의원은 노동조합의 자유를 위축시키고, 정부의 임의적 개입을 불러일으킬 수 있다는 이유로 위 조항의 삭제를 수정안으로 제시하였으나 다른 의원들의 반대의견이 있었고, 표결에 부친 결과 전진한 의원의 수정안은 채택되지 못하였다.[157] 그 밖에 전진한 의원은 '노동조합은 집합, 행렬, 파업, 태업 등 일절의 단체행동의 자유를 확보한다. 단, 폭력 또는 파괴행위는 정당시되지 아니한다'는 조항을 노동조합법에 신설하는 수정안을 국회 본회의에서 제안하였지만 채택되지 못하였다.[158]

(2) 제정내용

1953. 3. 8. 제정된 노동조합법은 총 4장(총칙, 노동조합, 단체협약, 벌칙) 46조로 구성되었고, 그 주요 내용은 다음과 같다.

① 목적: 헌법에 의거해 노동자[159]의 자주적 단결권과 단체교섭권과 단체행동권을 보장하며, 근로자의 근로조건을 개선함으로써 경제적·사회적 지위향상과 국민경제에 기여하도록 함을 목적으로 함(1조).

② 노동조합의 정의 및 결격: 노동조합을 근로자가 주체가 되어 자주적으로 단결하며, 근로조건의 유지·개선 기타 경제적·사회적 지위향상을 도모하는 조직체 또는 그 연합체로 정의하고, 근로자 아닌 자, 사용자의 이익대표자의 참가를 허용하는 경우, 경비지출을 주로 사용자로부터 지원받은 경우, 공제·수양·기타 복리사업만을 목적으로 하는 경우를 노동조합의 결격사유로 규정함(2조 및 3조).

또한 혁명적으로 반항적 운동이 되어 국가를 위태롭게 하지 않도록 하여야 한다. 그럼으로 자본주의 사회와 같이 노동운동 사실은 자기들 계급의 위협이요, 자기들 특권계급으로 된 일체의 불공평에 대한 공포이었지마는 사회질서의 파괴와 같이 감프랏지(위장)하여서 형법으로서 탄압하는 것은 우리나라에서는 취할 것이 아니라고 생각한다. 다만, 육성지도하면 족할 것이다. 혹(자)은 산업을 위축시키며, 국가를 해롭게 한다고 생각할 자가 있을지 모른다. 그러나 만일 위축당하는 것이 있다면 다만 경제적 평균형을 조성시킬 자본계급과 특권계급의 발달뿐일 것이다. 우리는 소수를 위하야 국법을 악용하여 다수 국민을 희생하며 국가를 그르쳐서는 아니된다. 여기에서 나는 국민공생일민(國民共生一民)의 이상에서 이 법안을 제안한다."

157) 국회사무처, 15회 국회 정기회의 속기록 12호, 1953. 1. 23.자, 2~6면.

158) 국회사무처, 위 속기록, 8~14면.

159) 제정 노동조합법은 1조 목적조항에서 '노동자'라는 표현을 썼으나, 이후 1963년 전부개정을 통하여 '근로자'로 표현을 바꾸었다.

③ 노동조합 조직가입 제한: 근로자는 자유로 노동조합을 조직하거나 또는 이에 가입할 수 있고, 단 현역군인, 군속, 경찰관리, 형무관리와 소방관리는 예외로 함(6조).

④ 부당노동행위: 사용자의 부당노동행위[160]를 금지시키고, 이를 위반할 경우 처벌함(10조 및 43조).

④ 해산명령: 노동조합이 법령에 위반하거나 또는 공익을 해하였을 경우에는 행정관청이 노동위원회의 결의를 얻어 해산을 명할 수 있고, 이 경우 노동조합은 해산됨(31조 및 32조).

⑤ 협약체결에 관한 상호의무: 사용자 또는 그 단체와 노동조합 대표자는 단체협약 체결 또는 그 요구를 정당한 이유 없이 거부 또는 해태할 수 없고, 이를 위반할 경우 처벌함(34조 및 43조).

⑥ 단체협약의 단위: 단체협약 체결은 공장, 사업장 기타 직장단위로 함(35조).

나. 노동쟁의조정법의 제정(1953. 3. 8. 법률 279호)

(1) 제정과정

노동쟁의조정법안은 정부가 6 · 25 전쟁 이전인 1949. 12. 20. 국회에 제출하였으나 1950. 5. 30. 국회 회기불계속으로 폐기되었다. 전쟁 이후 정부는 1951. 6. 8. 다시 국회에 노동쟁의조정법안을 제출하였다.[161] 1951년 당시 정부가 제출한 노동쟁의조정법안은 노동쟁의 예방을 위하여 지역별 · 산업별로 사용자 대표 및 근로자 대표로 구성된 노자위원회(勞資委員會), 노동쟁의를 심의판정하기 위한 노동조정위원회를 두고 있었다. 위 법안을 심사하던 사회보건위원회는 1952. 11. 4. 정부의 노동쟁의조정법안을 폐기하고 위원장 명의로 '노동쟁의법안'을 제출하고, 사회보건위원회에서 위 위원회안을 가결하였다. 이후 사회보건위원회가 제출한 노동쟁의법안은 1953. 1. 23. 국회 본회의를 거치면서 법명칭이 다시 변경되고, 일부 내용이 수정되어 노동쟁의조정법이 제정되었다.

정부에 의해 1951년 제출되었다가 폐기된 노동쟁의조정법안은 총 6장(총칙,

160) 제정 노동조합법은 사용자의 부당노동행위로 '1. 근로자가 노동조합을 조직하거나 이에 가입하여 노동조합에 관한 직무를 수행하는 권리에 간섭 기타 영향을 주는 행위, 2. 어느 노동조합의 일원이 됨을 저지 또는 장려할 목적으로 근로조건에 차별을 두거나 또는 노동조합에 참가한 이유로써 해고 기타 근로자에게 불이익을 주는 행위'를 두고 있었는데, 전자는 '지배개입'의 유형이고, 후자는 '불이익취급'의 유형이라 할 수 있다.

161) 한편, 같은 날 사회보건위원회는 노위법안을 제안하여 1952. 11. 4. 위원회에서 수정가결 후 1953. 1. 27. 본회의에서 수정가결하였다.

예방, 화해, 판정, 쟁의행위의 제한 · 금지, 벌칙) 30조로 구성되어 있었으며, 그 특징적인 내용을 보면, 1) '노동쟁의'를 노자관계(勞資關係) 당사자 간에 노자관계에 관한 주장의 불일치에 의(依)한 분쟁상태로 정의하고(2조 1호), 2) 공익사업을 운수, 통신, 수도, 전기 및 와사(瓦斯, 가스)공급, 의료 또는 공중위생사업으로서 공중의 일상생활에 필요불가결한 것이라 정의하고(3조), 3) 공익사업에 대해서는 쟁의행위를 금지시키고(25조), 이를 위반할 경우 처벌하는 규정을 두었다(37조). 그 밖에 4) 근로자 대표와 사용자 대표로 구성된 지역별 · 산업별 노자위원회(勞資委員會)가 단체협약체결 촉진, 노자(勞資)간의 불평 또는 분쟁을 해결하기 위한 알선, 노동자의 지위향상을 위한 각종 시책, 근로조건의 개선, 산업의 합리화를 위한 관계관청에 건의 등의 사업을 시행하고(7조), 5) 노동쟁의를 심의판정하기 위해 중앙과 지방에 노동조정위원회를 두고서 관계당사자 심문이나 증거서류 제출을 위해 소관법원에 영장발부를 청구할 수 있도록 하였다(17조).

이와 달리 사회보건위원회가 1952. 11. 4. 제출한 '노동쟁의법안'은 총 5장(총칙, 노동쟁의, 노동쟁의의 조정, 비용변상, 벌칙) 29조로 구성되었다. 그 주요한 내용을 보면, 1) 노동쟁의를 '노자관계당사자'가 아니라 '노동관계당사자' 간의 임금, 근로시간, 후생, 해고, 기타 대우 등 근로조건에 관한 주장의 불일치로 인한 분쟁상태로 정의하고(2조), 2) 정부가 국회의 동의를 얻어 지정할 수 있는 공익사업을 허용하며, 3) 노동쟁의가 발생하였을 경우 행정관청의 알선 또는 노동위원회의 조정이 실패하였을 때 이외에는 쟁의행위를 금지하고(단, 냉각기간 경과후에는 허용)(7조), 4) 쟁의기간 중 현행범 이외에는 근로자의 자유 구속을 금지하며(13조), 5) 노동위원회를 두어 조정과 중재를 주재하도록 하였다(17조 내지 24조).

사회보건위원회의 노동쟁의법안 중 국회 본회의 심사과정에서 쟁점이 된 부분은 13조(쟁의기간 중 현행범 외의 근로자 자유구속의 금지)의 규정을 삭제할지, 추가조항을 신설할지 여부였다. 전진한 의원은 13조의 내용 외에 2항을 신설하여 "형법상의 공무집행방해죄, 소요죄, 파산죄, 폭행 및 협박죄 등을 쟁의기간 중인 근로자에 대해 적용하지 아니한다."는 규정을 두는 수정안을 제출하였고,[162] 법제사법위원회와 김지태 의원은 13조의 규정을 삭제하는 수정안을 제출

162) 전진한 의원의 수정안(추가조항 신설안) 제안이유를 그대로 옮겨보면 다음과 같다(국회사무처, 15회 국회 정기회의 속기록 19호, 1953. 1. 31.자, 6면).

"선진국의 예의 의한 경우 같으면 아무리 노동조합법으로써 노동자의 권리를 옹호한다고 하더라도 결국 노동자가 쟁의를 하고 있어요(있으면) 이것은 협박이다, 공갈이다, 무엇이다

하였다.[163] 그러나 양 수정안은 모두 부결되고, 원안대로 쟁의기간 중 근로자의 구속금지 조항이 의결되었다.

(2) 제정내용

1953. 3. 8. 제정된 노동쟁의조정법은 5장(총칙, 노동쟁의, 노동쟁의의 조정, 비용변상, 벌칙) 29조로 구성되었고, 그 주요 내용은 다음과 같다.

① 목적: 헌법에 의거해 근로자의 단체행동자유권을 보장하고, 노동쟁의를 공정히 조정하여 산업의 평화가 유지됨을 목적으로 함(1조).

② 노동쟁의 정의: 근로관계 당사자간의 임금, 근로시간, 후생, 해고 기타 대우등 근로조건에 관한 주장의 불일치로 인한 분쟁상태로 정의함(2조).

③ 쟁의행위 정의: 동맹파업, 태업, 직장폐쇄 기타 근로관계 당사자가 그 주장을 관철할 목적으로 행하는 행위와 이에 대항하는 행위로서 업무의 정상한 운영을 저해하는 것으로 정의함(3조).

④ 공익사업의 정의: 운수, 통신, 수도, 전기 또는 와사공급, 의료 또는 공중위생사업으로서 공중의 일상생활에 필요불가결한 것을 공익사업으로 정의하고, 정부가 국회의 동의를 얻어 그 사업정폐(停廢)가 국민경제를 위태하게 하거나 또는 공중의 일상생활을 위협하는 사업에 대해 1년 이내 기간에 한해 공익사업으로 지정할 수 있도록 하고(4조), 공익사업에 대해서는 직권중재가 가능하도록 함(22조).

⑤ 대체근로 금지: 사용자는 쟁의기간 중 쟁의에 관계 없는 자를 채용할 수 없음(11조).

해서 그 쟁의를 방해할 우려가 있기 때문에 이것을 없게 하기 위해서 현 노동운동에서는 이를 적용하지 않도록 되어 있습니다. 그래서 사실문제에 있어서 과거의 경험을 보든지 조곰만 하드라도 폭행이다 협박을 했다해서 잡혀간 일이 있습니다. 가령 조방쟁의에서도 노동자가 많이 희생을 당했고, 그 모든 조항이 협박을 했다, 공갈을 했다해서 잡아갔어요. 그래서 선진국가의 입법례에는 이러한 조항을 노동자에게 적용하지 않는다 그겁니다."

163) 김지태 의원의 수정안(삭제안) 제안이유를 그대로 옮겨보면 다음과 같다(국회입법조사처, 위 속기록 6~7면). 김지태 의원의 최초 수정안은 근로자 외에 사용자의 구속도 금지시키자는 안이었으나, 본회의 과정에서 최초 수정안을 철회하고, 법제사법위원회의 수정안(삭제안)에 동의하였다.

"현재 우리나라는 공산주의하고 싸우고 있는 이 마당에 잘못하면 과거 우리가 전평(全評)시대에 좌익계열의 노동운동이 성행하고 심각한 경험을 맛보았던 이 말씀이에요. 그러기 때문에 이것을 틈타서 좌익계열의 선전할 수 있는 기회를 주지 않을까? 현행범이 아니면 체포할 수 없다 이렇게 하면 어려운 문제가 있으리라고 봅니다. 따라서 우리가 국난을 타개할 때까지는 13조를 삭제하는 것이 좋지 않을까 이렇게 생각해서 본 의원으로서는 전자의 수정안을 낸 것을 철회하고, 법제사법위원회의 수정안(과 같이) 13조를 삭제하는 데 동의하는 것입니다."

⑥ 손해배상청구 제한: 사용자는 쟁의행위에 의해 손해를 받았을 경우에 노동조합 또는 근로자에 대해 배상을 청구할 수 없음(12조).

⑦ 근로자 구속제한: 근로자는 쟁의기간 중에는 현행범 이외에는 여하한 이유로도 그 자유를 구속당하지 아니함(13조).

2. 노동조합법과 노동쟁의조정법의 전부개정(1963년)

가. 노동조합법의 전부개정(1963. 4. 17. 법률 1329호)

(1) 전부개정(1차 개정)의 배경과 개정과정

1960년 4·19 혁명 이후 1961년 5·16 쿠데타로 세워진 박정희 정부는 1961. 5. 22. 국가재건최고회의 포고 6호로 1961. 5. 23. 노동조합을 포함한 모든 정당·사회단체의 해체를 선언하였다.[164] 이후 같은 해 6. 12. 사회단체등록에 관한 법률을 제정하여 위 포고 6호에 의해 해체된 사회단체의 재등록 및 등록에 관한 절차를 규정하였는데, 등록가능한 사회단체로 정치성이 없는 구호(救護) 단체, 학술단체 및 종교단체 등을 그 대상으로 하였다가 1961. 8. 3. 근로단체[165]를 등록대상인 사회단체로 추가하는 내용의 개정을 하였다.[166] 이는 당시 사실상 해체상태에 있는 노동조합을 사회단체의 형태로 포섭하기 위한 것이었다.

같은 날 '근로자의 단체활동에 관한 임시조치법'이 제정·시행되었다. 위 임시조치법은 위 국가재건최고회의의 포고 6호에 의해 해체된 노동조합의 활동을 부분적으로 허용하기 위한 것이며, 당시 사실상 노동조합의 자유설립을 규정한 노동조합법에 대해 위 임시조치법은 특칙으로 신고주의(사실상 심사를 통한 허가주의)와 신고증 교부시 노동조합의 성립을 인정하는 규정을 두었다.[167] 위 임시

164) 국가재건최고회의포고 6호(1961. 5. 22. 제정, 1961. 5. 22. 시행): 모든 정당사회단체는 단기 4294년 5월 23일을 기하여 이를 해체한다. 단, 정치성이 없는 구호단체, 학술단체 및 종교단체, 기타 국가재건최고회의에서 별도 허가하는 단체는 소정의 절차에 의하여 재등록을 단기 4294년 5월 31일까지 실시하라.

165) 구 사회단체등록에관한법률(1961. 8. 3. 법률 671호로 개정된 것) 2조(사회단체의 정의) ① 본법에서 사회단체라 함은 정치성이 없는 구호단체, 학술단체 및 종교단체, 근로단체와 국가재건최고회의의 허가를 얻은 단체를 말한다. <개정 1961. 8. 3> … 일부 중략 … ⑤ 1항의 근로단체라 함은 근로자가 자립적으로 단결하여 근로조건의 유지개선 기타 경제적·사회적 지위향상을 목적으로 하는 단체를 말한다. <신설 1961. 8. 3>

166) 대한민국 관보 1961. 8. 3.자 2924호.

167) 구 근로자의 단체활동에 관한 임시조치법(1961. 8. 3. 제정 법률 672호)

1조(목적) 본법은 국가재건최고회의포고 6호에 불구하고 근로자의 단체활동을 보장하여 근로자로 하여금 국가재건과업완수에 적극기여하도록 지도보장함을 목적으로 한다.

2조(단체활동의 보장) 근로자의 단체활동은 본법의 규정하는 외에 노동조합법의 규정에 의

조치법은 1963. 4. 17. 노동조합법의 전부개정과 동시에 폐지되었다.

1963. 4. 17. 전부개정된 노동조합법은 제정된 지 10년 만의 전면적인 개정으로 그 개정안의 발의는 내각에서 이루어졌고, 의결은 국가재건최고회의 29차 상임위원회에서 이루어졌다. 상임위원회 의결과정에서는 노동조합 결격사유를 노동조합 정의규정에 포함시키고, 단체협약의 유효기간을 2년에서 1년으로 하는 내용으로 수정하고, 구제명령 등에 대해서 확정판결의 효력을 부여하지 아니하는 것으로 전부개정안이 심사과정에서 일부 수정되었다. 1963년 전부개정된 노동조합법은 이후 1997년 노조법이 제정될 때까지 약 34년 간 일부 수정을 거쳐 오면서 기본적 골격을 유지해 왔다.

(2) 전부개정(1차 개정)의 내용

전부개정된 노동조합법은 1조의 '노동자의 자주적 단결권과 단체교섭권과 단체행동자유권'이라는 표현을 '근로자의 자주적인 단결권·단체교섭권과 단체행동권'으로 바꾸었고, 그 밖의 구체적인 전부개정의 주요 내용은 아래와 같다.

① 부당노동행위 구제제도 신설: 제정 노동조합법이 사용자의 부당노동행위에 대해 처벌만을 규정하였으나, 개정 노동조합법은 부당노동행위 사유를 확대하고, 근로자나 노동조합이 노동위원회에 구제신청을 할 수 있도록 하며, 노동위원회의 구제명령에 관계당사자가 따르도록 하고, 이를 위반할 경우 처벌하는 규정을 두었다(39조 내지 44조 및 46조).

② 노사협의회 설치근거 규정 신설: 사용자와 노동조합 사이에 노사협조를 기하고 산업평화를 유지하기 위해 노사협의회를 설치하도록 하는 강제규정을 두었다(6조).

③ 공무원의 노동3권 제한: 1962년 헌법개정을 통하여 공무원인 근로자는 법률로 인정된 자를 제외하고는 단결권·단체교섭권 및 단체행동권의 행사가

하다.

3조(설립절차) ① 노동조합을 설립하고자 할 때에는 노동조합법 11조 1항의 규정에 의한 사항을 구비하여 행정관청에 신고하여야 한다. ② 행정관청이 전항에 의한 노동조합설립신고서를 접수하였을 때에는 지체없이 그 내용을 심사하여 신고증을 교부하여야 한다. ③ 노동조합은 신고증을 교부받았을 때에 성립한다.

부칙 <법률 672호, 1961. 8. 3.> 본법은 공포한 날부터 시행한다. 단기 4294년 5월 21일 이전 단체협약을 체결한 노동조합이 본법에 의하여 설립신고를 하여 신고증을 교부받았을 때에는 그 조합이 체결한 단체협약의 유효기간이 존속하는 한 그 단체협약이 갱신체결된 것으로 간주한다.

금지되었는데, 이에 근거하여 공무원의 노동조합 조직 및 가입에 대해서는 따로 법률로 정하도록 규정하였으나(8조), 실제 공무원의 단결권 등을 규정하는 법률이 따로 제정되지는 않았다.

④ 노동조합의 정치활동 금지 규정 신설: 노동조합의, 공직선거에 있어 특정정당을 지지하거나 특정인을 당선시키기 위한 행위, 조합원으로부터 정치자금을 징수하는 행위, 노동조합기금을 정치자금으로 유용하는 행위가 금지되었다(12조).

⑤ 복수노조 금지조항 신설: 노동조합의 소극적 요건 중의 하나로 기존 노동조합의 정상적 운영을 방해하는 것을 목적으로 하는 경우를 신설하여 이른바 복수노조 금지조항이 규정되었다.

⑥ 유니언 숍 규정의 인정: 노동조합이 당해 사업장에 종사하는 근로자의 2/3 이상을 대표하고 있을 때에는 근로자가 그 노동조합의 조합원이 될 것을 고용조건으로 하는 단체협약을 체결하여도 부당노동행위에 해당하지 않는다고 하여 유니언 숍 협정의 합법성을 인정하였다(39조 2호).

나. 노동쟁의조정법의 전부개정(1963. 4. 17. 법률 1327호)

(1) 전부개정(1차 개정)의 배경과 개정과정

노동쟁의조정법의 전부개정은 노동조합법의 전부개정과 함께 이루어졌고, 그 배경과 개정과정도 노동조합법의 전부개정 과정과 큰 차이가 없다. 내각에서 발의한 노동쟁의조정법 전부개정안은 국가재건최고회의 1963. 4. 2. 29차 상임위원회 심의과정에서 1) 공익사업의 지정을 각의(閣議)가 의결로서 하게 한 것을 국가재건최고회의 의결을 거쳐 지정하도록 수정하고, 2) 중재의 효력을 확정판결과 동일한 효력을 가지도록 한 것을 단체협약과 동일한 효력을 가지는 것으로 수정하여 심의·의결되었다.

(2) 전부개정(1차 개정)의 내용

1963년의 노동쟁의조정법 전부개정은 쟁의행위에 대한 제한이 크게 확대되었다. 구체적으로 신설된 주요 규정의 내용을 보면 다음과 같다.

① 공익사업의 범위 확대: 제정 노동조합법은 운수·통신, 수도·전기·가스(瓦斯)공급사업, 의료 또는 공중위생사업 등으로 제한되어 있었고, 국회 동의를 얻어 공익사업으로 정부가 공익사업을 지정할 수 있었으나, 개정법은 추가로

체신·전매·조폐사업과 증권거래소 및 은행사업을 공익사업으로 추가하고, 정부가 국가재건최고회의의 의결을 거쳐 공익사업을 지정할 수 있도록 하고(4조), 공익사업에 관한 쟁의조정을 우선적으로 취급하여 신속히 처리하는 규정을 신설하였다(11조).

② 중재기간 중 쟁의행위의 금지: 중재가 진행되는 경우 냉각기간이 지난 후 20일간 쟁의행위를 금지하는 규정을 신설하였다(31조).

③ 긴급조정제도의 신설: 보건사회부장관이 공익사업이나 국민경제 또는 국민의 일상생활을 위태롭게 할 위험이 현존하는 때에 중앙노동위원회의 의견을 들어 긴급조정을 결정할 수 있고, 긴급조정 결정이 공표되면 쟁의행위를 중지하고, 30일이 경과하지 아니하면 쟁의행위를 재개할 수 없고, 중앙노동위원회는 조정을 개시한 후 조정이 성립될 가능성이 없을 때에는 중재회부결정을 할 수 있는 긴급조정제도를 신설하였다(40조 내지 44조).

④ 기타: 행정관청에서 하던 알선을 노동위원회가 하도록 변경하였고(18조 및 19조), 전국규모의 노동조합 산하지부가 쟁의행위를 하고자 할 때에는 소속 노동조합의 승인을 받도록 하고(12조), 알선 및 조정의 효력을 확정판결과 동일한 효력이 있도록 하던 것을 단체협약과 동일한 효력이 있도록 개정하였다(21조 및 29조).

3. 노동조합법과 노동쟁의조정법의 일부개정(1963년~1996년)

가. 노동조합법의 일부개정

(1) 2차 개정(1963. 12. 7. 법률 1481호)

2차 개정은 1963년 전부개정된 노동조합법의 실시 이후 시행상 일부 미비된 점을 보완하는 것이었으나, 부당노동행위 구제신청기간 단축 등의 행정효율을 강조하는 측면에서 개정이 이루어졌다.

구체적 내용을 보면, 1) 노동조합의 조합원이 200인 이하인 경우 개정 전 노동조합법은 대의원회를 두지 않는 예외규정을 두었으나, 개정법은 200인 이하의 경우에도 관계행정관청의 승인을 얻어 대의원회를 둘 수 있도록 하고(20조), 2) 부당노동행위 구제신청기간을 6개월에서 3개월로 단축하였으며(40조), 3) 개정 전 노동조합법은 설립신고를 서울특별시장, 부산시장 또는 도지사에게 제출하도록 하였는데, 개정법은 전국규모 노동단체는 노동청장에게, 지역별 또는 기업별 노동단체는 서울특별시장, 부산시장 또는 도지사에게 제출하도록 신고처를 변경하였다(13조).

2차 개정 이후 1964. 2. 19. 국회의원 김대중 외 13인이 노동조합법 개정법률안(의안번호 60063호)을 제출하였는데, 그 개정안의 내용을 보면 1) 노동조합의 자유설립주의를 침해하는 노동조합법 3조 5호의 복수노조 금지조항의 삭제, 2) 노동자의 정치적 참여를 제한하는 노동조합법 12조의 정치활동 금지조항의 삭제, 3) 노동조합은 신고함으로써 성립한다는 조항의 신설(신고시설 채택), 4) 현실의 어용노조의 전횡을 막기 위한 유니언 숍 조항의 삭제 등을 제시하고 있었으나, 1967. 6. 30. 국회 임기만료로 폐기되었다.

(2) 3차 개정(1973. 3. 13. 법률 2610호)

3차 개정은 박정희 정부가 1972년 10월 유신 시행 이후 비상국무회의에서 개정한 법률이다. 위 3차 개정은 1972년 유신헌법의 노동3권 제한[168]에 기반하여 이루어졌기 때문에 근로자들의 노동쟁의를 제한하는 방향의 개정이 이루어졌다.

3차 개정에서는 1) 노사협의회의 기능을 노동조합의 기능과 분리하여 단체협약 또는 취업규칙에 규정된 범위 내에서 생산증강과 불만처리 등에 대하여 협의하도록 규정하고(6조 2항 신설), 2) 노동조합 간부의 단독의사로 쟁의를 제기하는 것을 막기 위하여 노동조합 총회 결의사항으로 노동쟁의에 관한 사항을 추가하며(19조 8호의 신설), 3) 조합원 200명 미만의 노동조합이라도 행정관청의 승인 없이 대의원제도를 둘 수 있도록 하였다(20조 2항 및 4항 삭제).

(3) 4차 개정(1974. 12. 24. 법률 2706호)

1973년 1차 국제 유류파동 이후 국민생활의 안정을 위한 대통령 긴급조치(대통령긴급조치 3호, 1974. 1. 14. 제정 및 시행)[169]가 시행되었고, 노동조합법의 4

168) 대한민국헌법 29조(1972. 12. 27. 헌법 8호로 전부개정된 것)
① 근로자의 단결권·단체교섭권 및 단체행동권은 법률이 정하는 범위 안에서 보장된다.
② 공무원인 근로자는 법률로 인정된 자를 제외하고는 단결권·단체교섭권 또는 단체행동권을 가질 수 없다.
③ 공무원과 국가·지방자치단체·국영기업체·공익사업체 또는 국민경제에 중대한 영향을 미치는 사업체에 종사하는 근로자의 단체행동권은 법률이 정하는 바에 의하여 이를 제한하거나 인정하지 아니할 수 있다.

169) 국민생활의 안정을 위한 대통령 긴급조치(대통령긴급조치 3호)는 유류파동 이후 격동하는 세계경제의 충격에 따른 국민경제의 위기를 국민의 총화적 참여에 의해 극복하기 위해 저소

차 개정은 위 긴급조치에 규정된 형사처벌 조항을 긴급조치가 해제되고 난 후에도 노동조합법 등에 반영하기 위한 목적으로 이루어졌다.

정부 개정안(의안번호 90266호)의 주요 내용은 1) 부당노동행위에 대한 처벌을 강화하고(10만 원 이하를 1,500만 원 이하로), 2) 단체협약을 준수하지 않는 자에 대한 처벌규정을 신설하는 것이었다(46조의2 신설). 국회 입법과정에서는 노사협의회의 기능강화를 요구하는 경제인협회의 건의를 받아들여 노사협의회 운영에 관한 구체적 사항을 대통령령으로 정하고, 노사분규의 예방을 노사협의회의 기능 중의 하나로 추가하는 등의 수정안이 제출되었다.

위와 같은 과정을 거쳐 최종적으로 개정된 주요 내용은 1) 단체협약 및 지역적 구속력 확장결정을 준수하지 않은 자에 대한 벌칙 규정 신설(46조의2 신설), 2) 국회 보건사회위원회 수정안에 따른 노사협의회의 노사분규 예방 기능 추가 및 노사협의회 운영 관련 사항의 대통령령 위임, 3) 부당노동행위에 대한 처벌 강화 등이다.

(4) 5차 개정(1980. 12. 31. 법률 3350호)

1979년 10 · 26 사태로 박정희 정부가 무너지고, 1980년 5 · 17 쿠데타로 전두환 정부가 집권을 하게 되었다. 그 후 1980. 10. 25. 개정된 이른바 5공화국 헌법은 단결권과 단체교섭권에 관한 법률유보를 삭제하였으나, 단체행동권에 관해서는 여전히 법률유보를 두는 등으로 노동3권의 제한은 여전히 적지 않았다.[170]

5차 개정은 1980. 12. 29. 국가보위입법회의 경제2위원회에서 상정하여 국가보위입법회의 14차 본회의에서 같은 달 30. 원안대로 의결하여 같은 달 31. 공포되었다. 개정 당시 노동조합법에 규정된 노사협의회 관련 규정은 당시 새로

득자에 대한 조세부담 경감, 사치성 소비 억제, 자원절약과 개발, 노사간 협조강화 등의 방안을 규율하고 있는데(1조), 임금채권의 우선변제권(19조), 근기법 위반자에 대한 처벌 강화(20조), 단체협약 불준수자에 대한 처벌(21조), 부당노동행위에 대한 처벌 강화(22조) 등을 규정하고 있다.

170) 대한민국헌법(1980. 10. 27. 헌법 9호로 전부개정된 것) 31조 ① 근로자는 근로조건의 향상을 위하여 자주적인 단결권 · 단체교섭권 및 단체행동권을 가진다. 다만, 단체행동권의 행사는 법률이 정하는 바에 의한다.

② 공무원인 근로자는 법률로 인정된 자를 제외하고는 단결권 · 단체교섭권 및 단체행동권을 가질 수 없다.

③ 국가 · 지방자치단체 · 국공영기업체 · 방위산업체 · 공익사업체 또는 국민경제에 중대한 영향을 미치는 사업체에 종사하는 근로자의 단체행동권은 법률이 정하는 바에 의하여 이를 제한하거나 인정하지 아니할 수 있다.

제정된 노사협의회법에 편입되었다.

5차 개정에서는 1) 노동조합법의 목적 및 노동조합의 정의에 '근로자의 복지증진'을 추가하였고(1조 및 3조), 2) 노동조합활동에 있어 직접근로관계를 맺고 있는 노사당사자와 정당한 권한을 가진 자를 제외하고는 노사관계에 개입할 수 없는 이른바 '제3자 개입금지 조항'이 신설되었으며(12조의2 신설), 3) 노동조합의 설립요건을 근로조건의 결정권이 있는 사업 또는 사업장 단위로 30인 이상 또는 1/5 이상 근로자의 찬성으로 설립하도록 하여 조합설립 요건을 강화하였고, 4) 노동조합임원의 결격사유 및 임기를 정하였으며(23조), 5) 조합비의 일정비율을 근로자 복지후생사업에 사용하도록 하였다(24조). 그 밖에 6) 노동조합의 운영상황을 매 회계연도마다 조합원에게 공개하도록 의무화하고(29조), 7) 단체협약의 최장유효기간을 임금에 관한 사항을 제외하고 1년에서 3년으로 연장하며(35조 1항), 8) 유니언 숍 관련 규정을 삭제하였다(39조 2호 단서 삭제).

(5) 6차 개정(1981. 4. 8. 법률 3422호, 타법개정)

6차 개정은 정부조직법상 노동청장을 노동부장관으로 개정하면서 노동조합법상의 노동청장을 모두 노동부장관으로 수정하는 내용의 개정이었다.

(6) 7차 개정(1986. 12. 31. 법률 3925호)

1980년대 중반 이후 전두환 정부의 노동관계법 개정이 국회가 아닌 국가보위입법회의에서 초헌법적으로 이루어졌음을 비판하며 1985년부터 국회의원들이 의원입법으로 3개의 노동조합법 개정법률안을 제출하였다.[171] 1986. 12. 위 3개의 개정법률안을 폐기하고, 보건사회위원장이 노동조합법 개정법률안 대안을 제출하여 1986. 12. 17. 국회 본회의에서 위 대안이 수정 없이 가결되어 1986. 12. 31. 공포되었다.

7차 개정에서는 1) 상급노조연합단체는 단위노조에 대한 지도 · 협조 · 지원의 기능이 부여되어 있으므로 제3자 개입금지 조항의 제3자에 상급노조연합단체를 제외하고(12조의2), 2) 노조의 자율성 제고를 위하여 노동조합비 중 일정률 이상의 조합비를 조합원의 복지후생사업에 사용하도록 하는 의무규정을 삭제하며(24조 2항), 3) 노동조합에 대한 해산명령은 시정명령 이후가 아니면 행할 수

171) 1985. 11. 29. 김완태 의원 외 101인이 개정법률안(의안번호 120173호)을, 1985. 12. 13. 함종한 의원 외 20인이 개정법률안(의안번호 120182호)을, 1986. 3. 29. 권중동 의원 외 37인이 개정법률안(의안번호 120203호)을 각 제출하였다.

없도록 하고(32조 2항), 4) 상급노조연합단체에게 교섭권한을 위임하는 경우에 행정관청의 승인제도를 폐지하고, 단위노동조합원 과반수의 동의가 있는 때에는 행정관청에 신고만으로 위임할 수 있도록 하며(33조 2항), 5) 부당노동행위를 예방하기 위하여 원상회복과 처벌을 병과할 수 있도록 하되 반의사불벌죄로 하였다.

(7) 8차 개정(1987. 11. 28. 법률 3966호)

1987년 6월 민주항쟁 이후 의원입법으로 1987년 9월 및 10월 사이에 4개의 노동조합법 개정법률안이 제안되었고,[172] 위 4개의 개정법률안을 폐기하고, 1987. 10. 29. 보건사회위원장이 위 폐기된 4개의 개정법률안을 통합한 노동조합법 개정법률안(대안)을 국회 정기회에 상정하여 1987. 10. 30. 국회 본회의에서 수정 없이 원안대로 가결되어 1987. 11. 28. 공포되었다.

8차 개정에서는 1) 개정 전 산업별 연합단체의 구성원이 되는 단위노동조합을 설립하고자 할 때에는 사업장단위로 근로자 30인 이상 또는 5분의 1 이상의 찬성이 있는 설립총회의 의결을 거쳐야만 하도록 하였으나, 개정법은 노동조합을 반드시 사업장단위로 설립하지 아니할 수 있도록 하여 그 설립 형태를 근로자의 자유의사에 따라 결정할 수 있도록 하고(13조), 2) 노동조합규약에서 정하여야 할 사항에 새로이 소속연합단체의 명칭, 노동쟁의에 관한 사항 등을 추가하고(14조), 3) 노동조합 임원에 관한 자격제한규정을 삭제하고(23조), 4) 노동조합이 노동관계법령에 위반하거나 공익을 해할 염려가 있는 경우에 인정하여 온 행정관청의 노동조합 해산 및 임원개선명령에 관한 권한을 삭제하며(32조 삭제), 5) 노동조합의 회계감사를 강화하고, 그 회계감사의 결과를 전체조합원에게 공개하도록 하고(25조), 6) 노동조합이 당해 사업장근로자의 3분의 2 이상을 대표하고 있을 경우에는 단체협약으로 비가입근로자의 그 노동조합 강제가입을 의무화하는 제도(유니언 숍)를 신설하며(39조 2호), 7) 단체협약 유효기간을 3년에서 2년으로 단축하였다(35조).

8차 개정 이후에 실시된 1988년의 총선에서 여소야대 국회가 형성되어 야당 의원들이 1988년 및 1989년 초에 3회에 걸쳐 노동조합법 개정법률안을 국회에 제출하였고, 1989. 3. 6. 노동위원장이 위 3개의 개정법률안을 통합한 노동조

172) 1987. 9. 3. 정시봉 의원 외 19인이 개정법률안(의안번호 120459호)을, 1987. 10. 5. 이찬혁 의원 등 2인 외 142인이 개정법률안(의안번호 120509호)을, 1987. 10. 11. 김완태 의원 외 69인이 개정법률안(의안번호 120515호)을, 1987. 10. 23. 이택돈 의원 등 2인 외 19인이 개정법률안(의안번호 120569호)을 각 제출하였다.

합법 개정법률안(대안)을 제안하여 국회 본회의에 상정해 1989. 3. 9. 국회본회의에서 가결(재석 284인 중 可 151인, 否 126인, 기권 7인)되었다. 그러나 노태우 정부에서 재의를 요구해 법률로서 공포되지는 못하였다. 당시 공포되지 못한 노동조합법 개정법률안의 내용은 1) 6급 이하 공무원의 노동조합 조직 및 가입과 단체교섭권의 인정, 2) 설립신고 시부터 노동조합의 성립, 3) 제3자 개입금지의 제외범주로서 위임받은 변호사 및 공인노무사와 노동위원회 승인을 얻은 자 포함, 4) 노조 설립신고서 접수 시 즉시 신고증 교부, 5) 노동조합의 매년 1회 총회개최, 6) 노동조합의 해산사유 중 무활동 2년을 무활동 1년으로 변경, 7) 단체협약 유효기간의 단축(2년에서 1년으로) 등을 담고 있다.

(8) 폐지(1996. 12. 31. 법률 5244호)

1996. 12. 10. 정부는 노동조합법과 노동쟁의조정법을 폐지하고 노조법(의안번호 398호)을 제정하는 법안을 국회에 제출하였다. 위 법안은 여야 간의 대립으로 1996. 12. 26. 국회 본회의에서 여당에 의해 단독처리되었고, 1996. 12. 31. 공포되었다. 그러나 당시 위 법과 함께 처리된 노동관계법들이 국회 입법절차상의 문제로 법률의 유효성에 의문이 제기되고, 노동단체들의 총파업 등으로 인하여 1997. 3. 10. 여야합의로 국회에서 위 법을 폐지하고, 새롭게 노조법을 다시 제정하는 내용의 법안을 의결하였다.

노동조합법은 1996. 12. 31. 공포되어 1997. 3. 13. 폐지된 노동조합 및 노동관계조정법(법률 5244호)에 의해 1997. 3. 1. 폐지되었다.

나. 노동쟁의조정법의 일부개정

노동쟁의조정법의 일부개정은 대부분 노동조합법의 일부개정과 함께 이루어졌기 때문에 그 개정경위도 노동조합법의 개정경위와 크게 다르지 않다. 차례로 개정과정과 개정내용을 살펴본다.

(1) 2차 개정(1963. 12. 7. 법률 1483호)

2차 개정은 노동청 신설에 따라 보건사회부장관의 권한으로 되어 있던 것을 노동청장으로 변경하고, 쟁의행위 적법 여부에 대한 판정을 노동위원회에 부여하고, 행정관청이 특정한 쟁의행위에 대해 노동위원회 의결을 거치지 않고서 행위중지를 명할 수 있도록 하는 등 쟁의행위를 국가기관이 직접 제한할 수 있는 조치들이 강화되었다.

구체적 내용을 보면, 1) 개정 전 보건사회부장관의 권한으로 되어 있는 것을 노동청장으로 변경, 2) 공장, 사업장 등의 안전보호시설의 정상적 운영을 정지 · 폐지 · 방해하는 쟁의행위에 대해 급박한 경우에는 노동청장 등이 직접 행위중지를 명령하고서 노동위원회의 사후승인을 얻는 제도의 신설(13조), 3) 노동쟁의 신고가 있는 때에 노동위원회가 지체 없이 그 적법 여부를 심사하고, 적법한 것이 아니라고 판정한 때에는 신고를 각하하는 제도의 신설(16조), 4) 쟁의행위를 할 수 없는 냉각기간을 노동위원회의 적법 판정이 있는 날부터 기산하도록 하는 것(14조) 등의 개정이 이루어졌다.

2차 개정 이후 1964. 2. 19. 국회의원 김대중 외 14인이 노동쟁의조정법 개정법률안(의안번호 60062호)을 제출하였는데, 그 개정안의 내용을 보면 1) 노동쟁의의 민주화를 위하여 쟁의행위 제한규정(12조, 조합원의 직접무기명투표에 의한 과반수 찬성에 의해서만 쟁의행위가 가능하고, 전국규모 노동조합의 하부노동단체의 쟁의행위시 위 과반수 찬성 외에 소속노동조합의 승인을 받도록 한 규정)의 삭제, 2) 사실상 쟁의 허가제를 규정하고 있는 노동쟁의 신고 및 노동위원회 적법 판정 규정(16조)의 삭제, 3) 사용주의 직장폐쇄 신고 규정(17조)의 삭제, 4) 긴급조정 결정권한의 주체를 보건사회부장관에서 대통령으로 변경하는 것(40조) 등을 제시하고 있으나, 1967. 6. 30. 국회 임기만료로 폐기되었다.

(2) 3차 개정(1963. 12. 16. 법률 1606호)

3차 개정은 1962년 개정헌법에 맞추어 노동쟁의조정법 4조의 공익사업 지정에 있어 정부가 국가재건최고회의의 의결을 거쳐 공익사업을 지정하도록 한 것을 국가재건최고회의의 의결이 아니라 국회의 동의를 얻어 공익사업을 지정하는 것으로 개정하였다.

(3) 4차 개정(1973. 3. 13. 법률 2608호)

4차 개정은 박정희 정부가 1972년 10월 유신 시행 이후 비상국무회의에서 개정한 법률이다. 노동조합법의 3차 개정과 같이 노동쟁의조정법의 4차 개정도 1972년 유신헌법의 노동3권 제한에 기반하여 이루어졌기 때문에 근로자들의 노동쟁의를 제한하는 방향의 개정이 이루어졌다.

4차 개정에서는 1) 국가, 지방자치단체 또는 국영기업체가 행하는 사업과 국민경제에 중대한 영향을 미치는 사업은 공익사업에 준하여 단체행동권 행사를 제한하고(4조), 2) 노동조합이 쟁의행위시 상급 노동단체의 사전승인을 받도록 한 것이 쟁의를 확대시키는 계기가 됨을 이유로 이를 삭제(12조 2항의 삭제)하며, 3) 노동쟁의 분쟁해결방법 중 노동위원회의 알선제도를 노사 쌍방을 관장하는 행정관청의 권한으로 변경하였다(18조 내지 21조).

(4) 5차 개정(1974. 12. 24. 법률 2707호)

5차 개정은 4차 노동조합법 개정 이유와 같이 국제 유류파동 이후 국민생활의 안정을 위한 대통령 긴급조치의 형사처벌조항을 노동쟁의조정법 등에 반영하기 위한 목적으로 이루어졌다.

주요 개정내용은, 1) 확정된 중재재정이나 재심결정을 따르지 않는 자에 대한 벌칙조항(46조의2, 2년 이하의 징역 또는 500만 원 이하의 벌금) 신설, 2) 알선 · 조정 · 중재재정서의 내용을 준수하지 아니한 자에 대한 벌칙조항(46조의3, 500만 원 이하의 벌금) 신설, 3) 법인 아닌 노동조합에 관한 49조의 양벌규정 적용(49조 2항 신설) 등이다.

(5) 6차 개정(1980. 12. 31. 법률 3351호)

6차 개정은 전두환 정부에 의해 이루어졌다. 6차 개정은 개정된 5공화국 헌법의 단체행동권 제한규정을 반영하였다. 6차 개정안은 1980. 12. 29. 국가보위입법회의 경제2위원회에서 상정하여 국가보위입법회의 14차 본회의에서 같은 달 30. 원안대로 의결하여 같은 달 31. 공포되었다.

6차 개정에서는, 1) 국가, 지방자치단체, 국공영기업체 및 방위산업체에 종사하는 근로자의 쟁의행위 금지조항 개정(12조 2항 신설),[173] 2) 당해 사업장 이외 다른 장소의 쟁의행위 금지조항 신설(12조 3항 신설), 3) 쟁의행위에 관한 제3자 개입금지 조항 신설(13조의2 신설), 4) 위 1), 2), 3)의 각 금지조항 위반에 대한 형사처벌 조항 신설(45조의2 신설, 5년 이하의 징역 또는 1,000만 원 이하의 벌금), 5) 쟁의행위 냉각기간 연장(14조, 일반사업은 20일에서 30일로, 공익사업은 30일에서 40일로), 6) 공익사업 외에 일반사업의 경우에도 행정관청이나 노동위원회의 직권중재회부 허용(30조) 등의 개정이 이루어졌다.

---

173) 위 개정조항 중 '국가 · 지방자치단체에 종사하는 근로자' 부분은 헌법재판소에서 헌법불합치 결정(1995년 12월 말을 시한으로 입법자가 개정할 때까지만 효력 지속)을 받았다(헌재 1993. 3. 11. 88헌마5 결정).

(6) 7차 개정(1981. 4. 8. 법률 3422호, 타법개정)

7차 개정은 정부조직법상 노동청장을 노동부장관으로 개정하면서 노동쟁의조정법상의 노동청장을 모두 노동부장관으로 수정하는 내용의 개정이었다.

(7) 8차 개정(1986. 12. 31. 법률 3926호)

노동조합법의 개정과 같이 1980년대 중반 이후 전두환 정부의 노동관계법 개정을 비판하며 1985년부터 국회의원들이 의원입법으로 3개의 노동쟁의조정법 개정법률안을 제출하였다.[174] 국회 보건사회위원회는 1986. 12. 위 3개의 개정법률안을 폐기하고, 보건사회위원장이 위 개정법률안들을 통합하여 수정한 노동쟁의조정법 개정법률안(대안)을 제출하여 1986. 12. 17. 국회 본회의에서 위 대안이 수정 없이 가결되어 1986. 12. 31. 공포되었다.

8차 개정에서는, 1) 공익사업에서 대통령령으로 정할 수 있는 준(準)공익사업 위임규정을 삭제하고(4조 2항 삭제), 2) 상급노조연합단체는 단위노조에 대한 지도・협조・지원의 기능이 부여되어 있으므로 쟁의행위에서 개입이 금지되는 제3자에 상급노조연합단체를 제외하며(13조의2), 3) 노동쟁의를 신속히 해결하기 위해 쟁의행위의 냉각기간(일반사업은 30일에서 20일로, 공익사업은 40일에서 30일로) 및 알선기간을 단축하고(14조 및 20조), 4) 노동쟁의가 발생하였을 때 당사자 쌍방이 신고하도록 하던 것을 당사자 일방이 신고하고, 이를 상대방에게 통고하도록 변경하였으며(16조 1항), 5) 행정관청이나 노동위원회의 직권중재 회부를 공익사업에만 한정하였고(30조), 6) 사용자의 직장폐쇄를 노동조합의 쟁의행위 개시 이후로 한정(17조)하는 내용의 개정이 이루어졌다.

(8) 9차 개정(1987. 11. 28. 법률 3967호)

1987년 6월 민주항쟁 이후 의원입법으로 1987년 9월 및 10월 사이에 4개의 노동쟁의조정법 개정법률안이 제안되었고,[175] 위 4개의 개정법률안을 폐기하고, 1987. 10. 29. 보건사회위원장이 폐기된 위 4개의 개정법률안을 통합한 노동쟁

174) 1985. 11. 13. 김정수 의원 외 101인이 개정법률안(의안번호 120133호)을, 1985. 12. 13. 강경식 의원 외 20인이 개정법률안(의안번호 120183호)을, 1986. 3. 29. 강창희 의원 외 36인이 개정법률안(의안번호 120204호)을 각 제출하였다.

175) 1987. 9. 3. 정시봉 의원 외 19인이 개정법률안(의안번호 120460호)을, 1987. 10. 11. 우병규 의원 등 2인 외 143인이 개정법률안(의안번호 120510호)을, 1987. 10. 11. 김완태 의원 외 69인이 개정법률안(의안번호 120516호)을, 1987. 10. 23. 이택돈 의원 등 2인 외 19인이 개정법률안(의안번호 120570호)을 각 제출하였다.

의조정법 개정법률안(대안)을 국회 정기회에 상정하여 1987. 10. 30. 국회 본회의에서 수정 없이 원안대로 가결되어 1987. 11. 28. 공포되었다.

9차 개정에서는, 1) 공익사업의 범위를 최소화하고, 열거된 사업 중 공중의 일상생활에 없어서는 아니 되거나 그 업무의 정지 또는 폐지가 국민경제를 현저히 위태롭게 하는 사업으로 명확히 하고(4조), 2) 노동관계 당사자 쌍방이 합의 또는 단체협약에 정하는 바에 따라 노동쟁의조정법의 조정절차와 다른 방법에 의해서도 자주적으로 조정할 수 있도록 하며(5조의2 신설), 3) 쟁의행위를 할 수 없는 냉각기간을 단축하였다(14조, 일반사업은 20일에서 10일로, 공익사업은 30일에서 20일로). 그 밖에 4) 알선기능을 행정관청이 아니라 노동위원회의 권한으로 이관하고(18조), 5) 쟁의행위가 금지되는 조정위원회의 견해제시기간을 단축하며(28조, 15일에서 7일로), 6) 공익사업의 직권중재는 행정관청은 요구만 할 수 있고, 노동위원회가 결정하도록 하며(30조 3호), 7) 노동쟁의가 중재에 회부된 날부터 쟁의행위가 금지되는 기간을 단축하고(31조, 20일에서 15일로), 8) 중재위원 지명을 할 때에 노사합의로 위원을 선정하면 그 위원을 지명하며(32조 3항), 9) 긴급조정결정의 공표일부터 쟁의행위가 중지되는 기간도 단축하였다(41조, 30일에서 20일로).

9차 개정 이후에 실시된 1988년의 총선에서 여소야대 국회가 형성되어 야당 의원들이 1988년 말 및 1989년 초에 3회에 걸쳐 노동쟁의조정법 개정법률안을 국회에 제출하였고,[176] 1989. 3. 8. 노동위원장이 위 3개의 개정법률안을 통합한 노동쟁의조정법 개정법률안(대안)을 제안하여 국회 본회의에 상정해 1989. 3. 9. 국회본회의에서 원안대로 가결되었다. 그러나 노태우 정부에서 재의를 요구해 법률로서 공포되지는 못하였다. 당시 공포되지 못한 노동쟁의조정법 개정법률안의 내용은 1) 법 목적을 노동쟁의의 합리적 보장을 위한 것으로 명시하고(1조), 2) 방위산업체 종사근로자의 쟁의행위를 공익사업체 종사근로자의 쟁의행위에 준하도록 규정하며(12조 3항), 3) 쟁의행위 시 제3자 개입금지의 제외범주로서 위임받은 변호사 및 공인노무사와 노동위원회 승인을 얻은 자를 포함하며(13조의2), 4) 직장폐쇄에 5일간의 냉각기간제도를 도입하는(17조) 등의 내용을 담고 있다.

---

176) 1988. 11. 25. 이상수 의원 외 70인이 개정법률안(의안번호 130258호)을, 1988. 12. 5. 정정훈 의원 등 3인 외 59인이 개정법률안(의안번호 130305호)을, 1989. 1. 25. 김병룡 의원 외 34인이 개정법률안(의안번호 130396호)을 각 제출하였다.

(9) 폐지(1996. 12. 31. 법률 5244호)

앞서 노동조합법의 폐지에서 본 바와 같이 노동쟁의조정법도 1996. 12. 31. 공포되어 1997. 3. 13. 폐지된 노조법(법률 5244호)에 의해 1997. 3. 1. 폐지되었다.

4. 노동조합 및 노동관계조정법의 재(再)제정(1997년)

가. 노동조합 및 노동관계조정법의 재제정 경위

정부는 1996. 12. 10. 노동조합법과 노동쟁의조정법을 폐지하고, 노조법을 새로 제정하는 법안(의안번호 150398호)을 국회에 제출하였다. 위 법안은 복수노조의 시기별 단계적 허용, 노조전임자 급여지급 금지, 제3자 개입금지 조항 삭제, 노조의 정치활동 금지 규정 삭제 등의 내용을 담고 있었다.

정부는 위 법안 외에도 당시 근기법 개정안, 노사협의회법 개정안('근로자참여및협력증진에관한법률'로 명칭변경) 등을 함께 국회에 제출하였다. 노동관계법 개정안들은 노사 간 대립, 여야 간 대립의 갈등을 거치면서 1996. 12. 26. 새벽 야당 국회의원들에게 개의 일시를 통지하지 않은 채 여당 국회의원들만으로 위 법안 및 근기법 개정안, 노위법 개정안, 노사협의회법 개정안 등을 일부 수정해 일괄 의결하여 정부에 이송하였고, 정부는 1996. 12. 31. 위 법안들을 공포하였다.

위 법안의결행위에 대해서는 절차위배를 이유로 한 국회 의결과정의 하자로 유·무효 논란이 있고, 야당 국회의원이 여당 국회의장을 상대로 의결권침해를 이유로 한 권한쟁의심판까지 제기하자[177] 여야 국회의원들은 서로 합의하여 국회 환경노동위원장이 1997. 3. 10. 법안제정과정에서 절차위배로 유·무효의 논란이 있는 '노조법', '근참법', '근기법', '노위법'을 각 폐지하는 법안(4개의 법률 폐지법안)과 동시에, 위 각 법률을 새로 제정하는 법률 제정안(4개의 법률 제정법안)을 함께 제출하였다.

같은 날 개최된 국회본회의에서는 일부 야당 의원이 위 4개 법안의 폐지 및 재제정(再制定) 모두가 여당의 날치기 통과에 대한 타협의 산물이며, 그 내용도 과거의 권위주의적 내용이 남아 있고, 국제노동기준에 미치지 못한다는 이유

177) 헌재 1997. 7. 16. 선고 96헌라2 결정(이 사건에서 헌법재판소는 국회의장이 야당의원들에게 본회의 개의일시를 국회법에 규정된 대로 적법하게 통지하지 않음으로써 야당의원들이 본회의에 출석할 기회를 잃게 되었고, 그 결과 법률안의 심의·표결과정에 참여하지 못하게 되었다면 이로써 야당의원들의 헌법에 의하여 부여된 법률안 심의·표결의 권한이 침해된 것이라 보았다).

로 반대 견해를 표시하였으나,[178] 모두 원안대로 가결되었다.

나. 재제정된 1997년 노조법의 주요 내용

1997. 3. 13. 재제정된 노동조합 및 노동관계조정법(이하 '노조법'이라 한다)은 폐지된 노동조합법이나 노동쟁의조정법에 비하여 다음과 같은 내용이 추가되거나 변경되었다.

① 해고근로자의 조합원 자격: 해고근로자의 조합원 자격을 중앙노동위원회 재심판정이 있을 때까지 유지하는 것으로 함(2조 3호 라목).

② 노동쟁의의 개념 정의: 노동쟁의를 노사관계 당사자간에 임금·근로시간·해고·기타 대우 등 근로조건의 결정에 관한 주장의 불일치(구 노동쟁의조정법은 '근로조건에 관한 주장의 불일치'라 하였으나 재제정된 법은 '근로조건의 결정에 관한 주장의 불일치'로 변경함)로 개념 정의함(2조 4호).

③ 복수노조 설립: 복수노조의 설립을 허용하되, 상급단체는 즉시 허용하고 단위사업장의 노동조합은 2002년부터 허용하며, 교섭창구 일원화 등 단체교섭의 방법, 절차를 2001년 말까지 강구하도록 함(5조 및 부칙 6조).

④ 노조전임자 급여지급 금지: 노동조합 전임자는 사용자로부터 급여를 지급받을 수 없도록 하고, 사용자가 노동조합 전임자에게 급여를 지원하는 것을 부당노동행위로 보고, 이 법 시행 당시 사용자가 노동조합 전임자에게 급여를 지원하는 사업장의 경우 2001년 말까지만 위 규정을 적용하지 않도록 함(24조 2항, 81조, 부칙 6조).

⑤ 단체협약 체결권: 노동조합 대표자에게 단체협약 체결권이 있음을 명시함(29조 1항).

⑥ 단체협약 유효기간 및 해석: 단체협약의 최장 유효기간을 2년으로 하고, 단체협약의 해석 또는 이행방법에 관하여 의견의 불일치가 있을 경우 노동위원회가 판정하도록 하는 제도를 도입함(32조 1항·2항 및 34조).

⑦ 대체근로의 금지: 사용자는 쟁의행위 기간 중 쟁의행위로 중단된 업무수행을 위해 당해 사업과 관련이 없는 자를 채용 또는 대체할 수 없고, 신규하도급도 행할 수 없도록 함(43조).

⑧ 쟁의행위 기간 중 임금지급 금지: 사용자는 쟁의행위 참여 근로자에 대

178) 국회사무처, 183회 국회 본회의 회의록 13호, 1997. 3. 10.자, 9~13면.

해 그 쟁의행위기간의 임금지급의무를 부담하지 않는 한편, 노동조합은 임금지급을 요구하여 이를 관철할 목적으로 쟁의행위를 할 수 없도록 함(44조).

⑨ 필수공익사업의 직권중재: 노사자율에 의한 노동쟁의 해결을 위해 수도·전기·가스·통신 등 필수공익사업의 경우에만 직권중재를 할 수 있도록 하고, 은행(한국은행 제외) 및 시내버스는 2000년 말까지만 필수공익사업으로 규정함(7조 2항, 부칙 2조).

5. 노동조합 및 노동관계조정법의 개정(1998년~2021년)

가. 1차 개정(1998. 2. 20. 법률 5511호)

(1) 개정경위

1997. 12. 외환위기 직후 국제통화기금에 구제금융을 요청한 정부는 1998. 2. 7. 경영해고의 즉시시행을 포함한 근기법 개정안 및 노조법 개정안 등을 국회에 제출하였다. 국회는 경제위기라는 긴급한 상황을 고려해 신속히 처리하여 일주일 만인 1998. 2. 14. 국회본회의에서 정부의 노조법 개정안을 수정·가결하였다.

정부의 노조법 개정안 중 기존의 해고근로자가 단위노동조합 조합원이 될 수 없도록 한 규정을 사업 또는 사업장 단위로 조직되지 아니한 단위노동조합의 경우에는 해고된 자(실업자)도 그 단위노동조합의 조합원이 될 수 있도록 개정하는 규정이 있었다. 개정 목적은 국제노동기준에 따라 해고자나 실업자도 노동조합의 조합원이 될 수 있는 자격을 갖추도록 하고, 경제위기에 따른 실업자 증가가 조합의 단결력에 영향을 덜 미치도록 하기 위한 것이었다.[179] 그러나 국회심의과정에서 환경노동위원회는 위 개정안의 내용이 노조법 2조 1호의 근로자의 정의와 상충되는 문제 등이 있어 채택하지 않고서 해고자의 초기업단위 노조가입에 필요한 관계법 개정을 검토·노력한다는 부대결의만을 하였다.[180]

(2) 주요 내용

① 시·도지사의 노동조합 관련업무: 종전에는 노동조합의 설립신고, 신고증의 교부 등 노동조합 관련업무를 노동부장관이 담당하도록 하였으나, 개정법은 노동조합 중 2 이상의 시·도에 걸쳐 있지 아니한 단위노동조합 관련 업무

179) 국회사무처, 188회 국회 환경노동위원회 회의록 3호, 1998. 2. 12.자, 6면.
180) 국회사무처, 188회 국회 본회의 회의록 5호, 1998. 2. 14.자, 7면.

는 시・도지사에게 이관하였다(법 10조, 12조, 13조, 18조, 21조, 27조, 28조, 31조, 36조, 40조, 42조, 46조 및 96조). 위와 같이 개정한 이유는 노동부장관이 일원화하여 담당하고 있는 노동조합 관련업무 중 일부를 광역자치단체장인 시・도지사에게 이관함으로써 지방자치단체가 지역의 노동조합 관련 행정업무에 관심을 가지도록 한 것이다.

② 단체협약 해지통지 기간: 종전에는 단체협약의 유효기간이 경과한 후에도 새로운 단체협약이 체결되지 아니한 때에는 종전의 단체협약의 효력을 존속시키는 약정이 있는 경우에 노・사 당사자 일방은 단체협약을 해지하고자 하는 날의 3월 전까지 상대방에게 통고함으로써 단체협약을 해지할 수 있도록 하였으나, 개정법은 해지통고기간을 3월에서 6월로 연장하였다(법 32조 3항).

나. 2차 개정(2001. 3. 28. 법률 6456호)

(1) 개정경위

1997. 3. 제정된 노조법은 2002. 1. 1.부터 사업 또는 사업장단위에서 복수노조를 허용하고, 노조 전임자에 대한 급여지원을 금지하였으나 복수노조의 단체교섭 방법 등 이를 시행하기 위한 준비가 충분하지 못하여 노사정위원회가 그 시행을 2006. 12. 31.까지 5년간 유예하도록 권고함에 따라 관련규정을 정비할 목적으로 국회의원 이상수 등 13인이 2001. 2. 19. 노조법 개정안(의안번호 160640호)을 제출하였다. 위 개정안은 노사정위원회의 합의안을 토대로 하여 제출된 것이어서 국회 내 심의는 신속하게 처리되어 법안 상정 후 11일 후인 2001. 2. 28. 국회 본회의에서 일부 수정가결되었다.

(2) 주요 내용

① 단체협약 위반의 형사처벌 규정 구체화: 단체협약 위반에 대한 형사처벌 규정이 죄형법정주의에 위배된다는 이유로 폐지된 구 노동조합법이 헌법재판소의 위헌결정을 받아[181] 같은 내용으로 되어 있던 노조법의 형사처벌 규정을 위 헌법재판소의 결정취지와 같이 구체적으로 특정하고, 유형화하여 단체협약의 내용 중 임금・복리후생비・퇴직금에 관한 사항, 징계 및 해고의 사유와 중요한 절차에 관한 사항, 쟁의행위에 관한 사항 등을 위반한 자에 대해서만 벌금형을 규정하는 것으로 개정하였다(92조 1호).[182]

---

181) 헌재 1998. 3. 26. 선고 96헌가20 결정[구 노동조합법 46조의3 위헌제청].

182) 개정된 위 조항 중 '징계 및 해고의 사유와 중요한 절차에 관한 부분(다목)'에 대해서도

② 5년간 복수노조 시행유예: 사업 또는 사업장단위 복수노조 허용 규정을 2006. 12. 31.까지 유예하고, 유예기간 동안 노동부장관으로 하여금 단체교섭창구단일화를 위한 단체교섭의 방법 · 절차 기타 필요한 사항을 강구하도록 하였다(부칙 5조 1항 및 3항).

③ 5년간 노조 전임자 급여지원 금지 규정 시행유예: 노동조합 전임자에 대한 급여지원 금지 규정 및 전임자에 대한 급여지원이 부당노동행위에 해당한다는 규정의 시행을 2006. 12. 31.까지 유예하고, 노동조합과 사용자에게 전임자에 대한 급여지원 규모의 축소 노력을 하도록 하되, 축소된 재원은 노동조합의 재정자립에 사용하도록 하였다(부칙 6조).

다. 3차 개정(2006. 1. 2. 법률 7845호, 타법개정)

(1) 개정경위

정부조직법의 개정으로 방위사업을 전담하는 방위사업청이 신설됨에 따라 방위사업과 관련된 기본적인 사항을 체계화하는 방위사업법이 제정되고, 방위산업에 관한 특별조치법의 내용을 방위사업법에 통합하는 법개정이 이루어져 법 명칭의 변경으로 인한 노조법 개정이 이루어졌다.

(2) 주요 내용

노조법 41조 2항 중 '방위산업에관한특별조치법'을 '방위사업법'으로 개정하였다.

라. 4차 개정(2006. 12. 30. 법률 8158호)

(1) 개정경위

2003년 노무현 정부 출범 이후 노사정위원회를 주축으로 2003년부터 3년여간의 논의를 통해 2006. 9. 11. 민주노총을 제외한 노사정 합의가 이루어져 정부는 위 합의를 바탕으로 2006. 11. 7. 국회에 노조법 개정안을 제출하였다. 한편, 2004년 개원한 17대 국회에서는 국회의원이 노조법 개정안 발의가 활발하였다. 2006. 12. 22. 4차 개정 노조법이 의결되기 전까지 총 14건의 국회의원이 발의한 노조법 개정안이 제출되었다.[183)]

이후 위헌제청신청이 있었으나, 헌법재판소는 과잉금지원칙이나 죄형법정주의 원칙(명확성의 원칙) 등에 반하지 않는다며 합헌결정을 하였다(헌재 2007. 7. 26. 선고 2006헌가9 결정[노동조합 및 노동관계조정법 92조 1호 다목 위헌제청]).

183) 위 기간 국회의원이 발의한 총 14건의 노조법 개정안 중 단병호 의원이 대표발의한 개정

2006. 12. 6. 국회 법안심사소위원회에서는 국회위원이 발의한 노조법 개정안 6건과 정부가 제출한 노조법 개정안 1건을 모두 본회의에 부의하지 않고, 위 각 개정안을 통합하여 보완한 환경노동위원회 위원회 개정안(대안)을 2006. 12. 21. 위원장 명의로 제출하였다.

위 개정안(대안)은 1) 필수공익사업에 대한 직권중재제도 폐지, 필수유지업무 도입 및 대체근로 허용, 2) 복수노조 허용규정 및 노동조합전임자 급여지원 금지 규정 시행시기 유예, 3) 쟁의행위 찬반투표의 공정성 및 투명성 제고를 위한 결과 공개, 4) 제3자 지원신고제도 폐지 및 벌칙규정 삭제 등의 내용을 담고 있다.

2006. 12. 22. 국회 본회의에서는 위 개정안(대안)에 대한 제안설명 및 심사보고와 찬반 토론이 있었고,[184][185] 재석 167인 중 찬성 152인, 반대 10인, 기권

안이 6건이다(2004. 7. 12. 의안번호 170170호, 2004. 9. 14. 의안번호 170437호, 2004. 11. 10. 의안번호 170792호, 2005. 2. 4. 의안번호 171352호, 2006. 11. 3. 의안번호 175246호, 2006. 11. 9. 의안번호 175318호).

184) 위 개정안(대안)의 찬반토론에서 민주노동당 단병호 의원의 개정안 반대토론을 그대로 일부 옮기면 다음과 같다.

"먼저, 10년 동안이나 금지되었던 복수노조를 또 다시 3년간 금지한다는 것은 단결권을 중대하게 침해하는 행위입니다. 노동조합의 설립의 자유는 어떠한 경우에도 배제할 수 없는 기본적 권리입니다. 반면에 노조 전임자 급여 문제는 세계 어느 나라에서도 법률로 규정한 예가 없는 것으로 노사가 자율적으로 결정하도록 하여야 합니다. 다음으로, 필수공익사업자에 항공운수사업을 포함한 것은 다른 나라에서는 사례를 찾아 볼 수 없는 명백한 단체행동권의 제한입니다. ILO 결사의 자유 위원회가 생명·안전·보건과 관련하여 파업을 금지할 수 있는 필수 서비스로 인정하고 있는 것은 병원·전기공급·수도공급·전화서비스·항공관제업무 등 일부 극히 제한적으로 인정을 하고 있습니다. 따라서 현재 확대되고 있는, 확대한 필수유지업무 범위는 현행법으로 유지되어야 한다고 생각합니다. 마지막으로, 필수유지업무 신설, 대체근로 허용, 긴급조정 유지 등으로 필수공익사업장의 단체행동권을 삼중으로 제한하고 있는 부분에 대해 말씀 드리겠습니다. 어느 나라도 파업권을 이처럼 중첩적으로 제한하고 있는 나라는 없습니다. 직권중재를 폐지한다면서 사실상 파업권을 더욱 무력화시키는 제도를 도입한 것에 불과합니다. 환노위 심의 과정에서 일부 내용이 수정되었습니다. 그러나 필수공익사업과 필수유지업무의 일부분을 수정하고, 대체근로를 50%만 허용한다고 해서 헌법상 권리를 침해한 본질적 문제점이 해결된 것은 아닙니다. 대체근로는 전면 금지되어야 합니다. …이하 중략… 저는 이번 법안은 반드시 부결되어야 한다고 주장합니다. 비정규법안에 이어 노동3권마저 후퇴된다면 비정규직과 취약계층 노동자의 삶은 더욱 피폐해질 수밖에 없습니다"(국회사무처, 263회 국회 본회의 회의록 1호, 2006. 12. 22.자, 42면).

185) 위 개정안의 찬반토론에서 열린우리당 제종길 의원의 개정안 찬성토론을 그대로 일부 옮기면 다음과 같다.

"필수공익사업장은 단체행동권의 보장과 함께 공익의 유지를 위한 보완조치가 반드시 필요하며, 이것이 국제기준에도 합당하다고 생각합니다. 필수유지업무제도의 도입은 ILO의 기준에도 부합합니다. 그간 직권중재는 필수공익사업장의 단체행동권을 사전적으로 원천 부정해 왔습니다. 그래서 불법 파업이 매년 거듭 발생할 수밖에 없었고, 단체교섭의 기능이 형해화된 바 있었습니다. 1980년 12월 국가보위입법회의가 입법한 노동법의 개악의 상징이었기도

5인으로 위 개정안(대안)이 수정 없이 가결되었다.

(2) 주요 내용

① 쟁의행위 찬반투표의 결과공개: 노동조합의 규약에 쟁의행위와 관련된 찬반투표 결과의 공개, 투표자 명부 및 투표용지 등의 보존·열람에 관한 사항을 명시하도록 하였다(11조 12호). 이는 쟁의행위 찬반투표의 절차 및 결과의 투명성과 공정성을 확보하기 위한 목적으로 개정되었다.

② 제3자 지원 신고제도 및 벌칙 삭제: 제3자 지원 신고제도 폐지 및 벌칙 규정을 삭제하였다(40조 및 89조 1호 삭제). 기존의 법은 노사 당사자, 상급단체 이외의 제3자가 행정관청에 신고 없이 단체교섭 또는 쟁의행위에 간여(干與)하거나 이를 조종·선동하는 경우 형사처벌하도록 하고 있으나, 이로 인하여 노사 자율성을 침해하고 국제노동기준에 배치되는 문제가 발생함에 따라 제3자 지원 신고제도를 폐지하고 동 처벌규정을 삭제함으로써, 국제기준에 맞는 법제도를 구축하고 노사 자율성을 강화하고자 개정되었다.

③ 필수공익사업 직권중재제도 폐지: 필수공익사업에 대한 직권중재제도를 폐지하였다(62조 3호, 74조 및 75조 삭제). 기존의 법은 업무의 정지 또는 폐지로 공중의 일상생활 또는 국민경제를 현저히 위태롭게 하는 사업을 필수공익사업으

하였습니다. 꼭 26년 만에 이 조항이 삭제되는 것입니다. 대체근로에 대해서도 말씀드리겠습니다. 우리는 한국적 현실에 맞추어 대체근로를 필수공익사업장에 한해 허용하되, 파업 참가자의 50%, 이 파업 참가자의 50%가 저희가 협의회에서 이루어 낸 성과라고 할 수 있습니다. 파업 참가자의 50% 이내로 제한함으로써 단체행동권의 침해를 최소화하도록 하였습니다. 사업장에서의 대체근로까지 법으로 제한하지 않는 것은 외국의 일반적인 사례입니다. 단체행동권을 사전적으로 박탈하는 제도를 시정하고 단체행동권을 보장하는 대신 국민의 불편과 고통을 줄이기 위한 보완 방안을 제도화하였는데, 이를 개악이라고 강변하는 것이 과연 타당한 주장인지 저는 이해되지 않습니다.

복수노조의 인정을 다시 3년 간 유보하는 것에 대한 여러 의원님들의 우려와 비판에 단병호 의원님께서 잘 표현하였습니다. 헌법이 보장하고 있는 권리를 즉시 시행하지 못하게 된 것도 매우 유감스럽게 생각합니다. 기업별 노조체제에 익숙한 우리 현실에서 교섭창구단일화와 같은 준비가 따르지 않는 복수노조의 전면 허용은 각 기업에서 노노 간의 갈등, 노사 간의 갈등을 격화시키고 사업현장을 혼란에 빠지게 할 것으로 확신합니다. 그러나 안타깝게도 이번 노사정 대화에서 복수노조, 교섭창구단일화 문제는 합의에 이르지 못했습니다. 그 결과 노사 간에 시행 유보를 합의하게 되었고, 우리 환경노동위원회에서는 유보기간 중에 교섭창구단일화 문제를 해결할 것을 전제로 시행을 유보하게 된 것입니다. 아울러 교섭창구단일화에 따른 복수노조의 시행은 전임자 임금과도 맞물려 있습니다. 앞서 단병호 의원께서 전임자 임금을 자율화에 맡긴다고 했는데 그것은 사실입니다. 그러나 자율화에 맡김에 있어서도 원점에서부터 자율화에 맡기는 것이지 현시점으로부터 자율화에 맡기는 것이 아니기 때문에 노동조합 내에서도 이 부분에 대해서는 많은 이견이 있음을 말씀드리겠습니다"(국회사무처, 263회 국회 본회의 회의록 1호, 2006. 12. 22.자, 43면).

로 규정하고 동 사업에 노동쟁의 발생 시 노동위원회가 중재를 통하여 분쟁을 해결하는 직권중재제도를 두고 있으나, 노동3권의 과도한 제약이라는 측면에서 위헌 논란과 함께 국제노동기구(ILO) 등에서 지속적으로 개선권고를 받고 있는 문제가 있어, 직권중재제도를 폐지하였다.

④ 필수공익사업 필수유지업무제도 신설: 필수공익사업에 대한 필수유지업무제도 신설 및 대체근로를 허용하였다(42조의2 내지 42조의6, 43조 3항·4항 신설). 기존의 필수공익사업에 항공운수사업, 혈액공급사업을 추가하고 필수공익사업의 업무 중 그 업무가 정지 또는 폐지되는 경우 공중의 생명·보건 또는 신체의 안전이나 공중의 일상생활을 현저히 위태롭게 하는 업무를 필수유지업무로 규정하며, 필수유지업무는 쟁의행위기간 중에도 정당한 유지·운영 의무를 부과하고, 필수공익사업에 일정 비율의 한도 내에서 대체근로를 허용하였다.

⑤ 복수노조 허용규정 및 노조 전임자 급여지원 금지 규정의 3년 유예: 복수노조 허용 및 노동조합 전임자의 급여지원 금지 규정 시행시기를 3년간 유예하였다(부칙 5조 및 6조). 복수노조 허용 및 노동조합 전임자 급여지원 금지 규정은 2007년 1월 1일부터 시행하기로 되어 있으나, 노사 모두 이에 대한 준비가 부족하고 구체적 시행방안에 대한 공감대의 형성도 미흡하여 동 제도의 전면 시행 시 산업현장의 혼란은 물론 국민경제에 큰 부담으로 작용할 우려가 있고, 이러한 상황에서 노·사·정이 사회적 통합과 지속적인 국가발전을 위하여 그 시행시기를 3년간 유예하기로 합의함에 따라 복수노조 허용 및 노동조합 전임자 급여지원 금지 규정의 시행시기를 2010년 1월 1일로 유예하였다.

마. 5차 개정(2008. 3. 28. 법률 9041호)

(1) 개정경위

국회의원 신명 등 44인은 2007. 6. 29. 국회에 노조법 개정안(의안번호 6963호)을 제출하였다. 개정안은 노동조합 조합원에 대한 차별대우의 금지사유로 기존의 '인종·종교·성별·정당 또는 신분'에 더하여 '연령, 신체적 조건, 국적, 고용형태'를 추가하는 것이었다. 위 개정안은 개정이유로 노동조합은 조합원의 동질성과 실질적 평등성이 전제되어야 하므로 연령, 신체적 조건, 국적, 고용형태 등으로 인해 근로취약계층이 차별을 받는 것을 법적으로 막기 위한 것임을 밝히고 있다. 그러나 국회 심의과정에서 노동조합이 자주적으로 규약으로 정해 조합원의 지위를 설정할 필요성, 국적에 의한 차별대우 금지가 외국인 근로자의 노동3권을 전면 허용할 수 있는지 여부에 대한 논란이 있어 '국적'을 삭제하는 환경노동위원회 수정안이 2008. 2. 제시되어 위 수정안이 받아들여져 '국적'은 개정안에서 삭제되어 가결되었다.

(2) 주요 내용

"노동조합의 조합원은 어떠한 경우에도 인종, 종교, 성별, 정당 또는 신분에 의하여 차별대우를 받지 아니한다."는 규정에 '연령, 신체적 조건, 고용형태'가 차별금지사유로 추가되었다(9조).

이는 현실의 취업이나 근로현장에서 문제가 되는 고령화(연령), 장애나 질병(신체적 조건), 비정규직(고용형태) 등이 노동조합에 의해서나, 사용자에 의해서 차별적 처우를 받지 않음을 규범적으로 선언하는 내용이라 할 수 있다. 다만 위와 같은 사유로 인한 사용자의 근로자에 대한 차별적 처우는 다른 개별 법률(고령자고용법, 장애인차별금지 및 권리구제 등에 관한 법률, 기간제법, 파견법)에서도 그 금지와 시정조치 등이 마련되어 있다.

바. 6차 개정(2010. 1. 1. 법률 9930호)

(1) 개정경위

앞서 본 바와 같이 1997년 노조법 제정 시 사업 또는 사업장 단위 복수노조 허용규정과 노조 전임자 급여지원 금지 규정을 2002. 1. 1.부터 시행하기로 했으나, 이후 위 노조법을 개정하여 2007. 1. 1. 시행, 다시 2010. 1. 1. 시행으로 계속 유예하였다.

위와 같은 노조법 쟁점사항을 합의하기 위해 2009. 10.경부터 노동계, 경영계, 정부가 협상해 오다가[186] 2009. 12. 4. 한국노동조합총연맹(한국노총), 한국경영자총협회, 노동부 3자가 노조 전임자 급여지원 금지 규정은 2010. 7.부터, 복수노조 허용 및 교섭창구단일화 규정은 2012. 7.부터 시행하기로 합의하였다.

186) 2009. 10.경부터 한국노총, 민주노총, 경총, 대한상의, 노동부, 노사정위원회 6자 회의가 진행되던 중 2009. 11. 민주노총이 탈퇴하였고, 이후 2009. 12. 4. 노사정 3자(한국노총, 한국경총, 노동부) 합의안이 마련되었다. 이후 한나라당이 2009. 12. 8. 노사정 합의안을 토대로 노조법 개정안(안상수 의원 대표발의)을 국회에 제출하였고, 2009. 12. 14. 내지 18. 사이에 국회 환경노동위원회가 공청회 및 노사 의견을 청취한 후 법안심사소위에서 계속 심사하다가 최종적으로 2009. 12. 31. 환경노동위원회가 개정안(대안) 심의·의결 후 2010. 1. 1. 국회본회의에서 위 개정안(대안)이 일부 수정되어 가결되었다(연합뉴스 2010. 1. 1.자 '복수노조·전임자 無賃 협의 일지').

한편, 위의 노사정 협의와 별도로 복수노조 허용 및 노조 전임자 급여지원 금지 규정 시행에 앞서 2009년 말부터 국회의원들이 복수노조 허용에 따른 교섭제도 및 노조 전임자 급여지급 금지에 따른 조치 등을 제안하는 노조법 개정안을 제출하였다.[187]

당시 야당의 김상희 의원이 대표발의한 개정안의 주요 내용을 보면 1) 사용자가 노동조합 전임자에게 임금을 지급하는 행위를 부당노동행위로 보지 않도록 하고, 2) 동일한 사업장 내에 조직대상을 같이 하는 복수의 노동조합을 설립할 수 없도록 하는 조항을 삭제하며, 3) 복수의 노동조합이 자율적으로 연대하여 교섭대표단을 구성할 수 있도록 하고, 4) 복수의 노동조합이 설립된 경우, 사용자는 특정 노동조합과의 교섭·단체협약 체결, 단일한 교섭대표단 구성 요구를 이유로 교섭 및 단체협약 체결을 거부할 수 없도록 하는 한편, 노동조합 간 차별적 처우 및 불이익을 주는 행위를 할 수 없도록 하며, 이를 위반하는 경우 형사처벌하는 규정을 두었다.

이와 별도로, 2009. 12. 4. 위 3자 합의안을 기초로 하여 여당의 안상수 의원이 같은 달 8. 대표발의하여 제출한 개정안의 주요 내용을 보면, 1) 노동조합 전임자 급여와 관련하여 조합원 수 등을 고려하여 일정 범위에서 노조활동 관련하여 근로시간 면제제도를 신설하여 2010. 7. 1.부터 시행하고, 2) 사업 또는 사업장 단위의 복수노조 허용은 2012. 7. 1.부터 시행하며, 3) 소수노조에 대한 차별을 방지하기 위하여 교섭대표 노동조합과 사용자에게 공정대표의무를 부과하고, 이를 위반할 경우 노동위원회를 통하여 구제를 받을 수 있도록 하는 내용을 담고 있다.

위 두 개의 여야 개정안을 포함하여 국회 환경노동위원회는 총 4개의 의원 개정안을 함께 심의하던 중 2009. 12. 30. 위 4개의 의원 개정안을 본회의에 부의하지 않기로 하고, 국회법 51조에 따라 위원회 개정안(대안)을 위원장이 제안하기로 의결하였다.[188] 위 개정안(대안)은 1) 근로시간면제 심의위원회의 심의·의결에 따라 노동부장관이 고시하는 한도 내에서 근로자의 임금 손실 없이 노

---

187) 2009. 11. 26. 김상희 의원 등 19인이 개정법률안(의안번호 1806713호)을, 2009. 11. 30. 홍희덕 의원 등 10인이 개정법률안(의안번호 1806753호)을, 2009. 12. 8. 안상수 의원 외 168인이 개정법률안(의안번호 1806928호)을, 2009. 12. 22. 안홍준 의원 등 10인이 개정법률안(의안번호 1807065호)을 각 제출하였다.

188) 국회사무처, 285회 국회 환경노동위원회 회의록 6호, 2009. 12. 30.자, 1~5면.

동조합이 유지·관리업무를 하도록 하고, 2) 복수노조의 경우 교섭대표 노동조합을 정하여 사용자에게 교섭을 요구하도록 하며, 3) 노동조합 간 자율적으로 교섭대표 노동조합을 정하지 못할 경우 전체 조합원 과반수로 조직된 노동조합이 교섭대표 노동조합이 되도록 하며, 교섭단위를 노동위원회 결정으로 분리할 수 있도록 하고, 4) 교섭대표 노동조합과 사용자에게 공정대표의무를 부과하고, 이를 위반할 시 노동위원회를 통해 구제를 받도록 하는 내용을 담고 있다. 위위원회 개정안(대안)은 바로 본회의에 상정되어 2010. 1. 1. 오전 1시 국회 본회의에서 일부 수정안[189]을 추가하여 의결되었다.

(2) 주요 내용

① 조합활동에 대한 근로시간 면제제도 신설: 근로자의 노동조합 활동에 대해 일정한 한도 내에서 근로시간을 면제해 주는 제도를 신설하였다(24조 3항·4항, 24조의2 신설, 81조 4호). 조합원 수 등을 고려하여 근로시간면제심의위원회가 심의·의결한 대로 노동부장관이 고시하는 한도를 초과하지 아니하는 범위에서 근로자는 임금의 손실 없이 사용자와 사이의 교섭·협의, 고충처리, 산업안전활동 등 이 법 또는 다른 법률에서 정하는 업무와 건전한 노사관계 발전을 위한 노동조합의 유지·관리업무를 할 수 있도록 하였다.

② 전임자 급여 등의 지급 목적 쟁의행위 금지: 노동조합이 노조 전임자의 급여나 근로시간 면제한도를 넘어서는 급여지급을 요구하고 이를 관철할 목적의 쟁의행위를 하는 것을 금지하였다(24조 4항·5항, 92조).

③ 교섭창구단일화 제도: 사업(장) 내 복수의 노동조합이 있는 경우에 그 노동조합은 교섭대표 노동조합을 정하여 사용자에게 교섭을 요구하도록 하되, 사용자가 교섭창구단일화를 거치지 아니하기로 동의하는 경우에는 그에 따르도록 하였다(29조의2 1항 신설).

④ 교섭대표 노동조합: 노동조합 간 자율적으로 교섭대표 노동조합을 정하고, 안 될 경우 교섭창구단일화 절차에 참여한 노동조합의 전체 조합원 과반수로 조직된 노동조합이 있는 경우에는 그 노동조합이, 없는 경우에는 공동교섭대표단이 교섭대표 노동조합이 되도록 하며, 교섭대표 노동조합에게 당사자의 지

189) 차명진 의원은 2010. 1. 1. 국회 본회의에서 개정안(대안)이 2010. 1. 1.부터 시행하도록 규정하고 있으나, 이미 2010. 1. 1.이 도래하였기 때문에 개정안(대안) 부칙의 일부를 삭제하고, 일부를 신설하는 내용의 수정안을 제출하여 국회에서 가결되었다.

위를 부여하였다(29조의2 2항부터 8항까지, 29조의5, 41조 후단, 42조의6 1항 신설).

⑤ 교섭단위 분리제도: 교섭단위는 하나의 사업 또는 사업장으로 하되, 현격한 근로조건의 차이, 고용형태, 교섭 관행 등을 고려하여 노동위원회 결정으로 교섭단위를 분리할 수 있도록 하였다(29조의3 신설).

⑥ 공정대표의무: 교섭대표 노동조합이 아닌 노동조합과 조합원에 대한 불합리한 차별을 방지하기 위하여 교섭대표 노동조합과 사용자에게 공정대표의무를 부과하고, 이를 위반할 경우 노동위원회를 통하여 구제를 받을 수 있도록 하였다(29조의4 신설, 89조 2호).

사. 7차 개정(2010. 6. 4. 법률 10339호)

(1) 개정경위

노사분규, 근로감독 등 노사관계 업무와 함께 취업지원 및 직업능력개발 등 종합적인 고용서비스를 제공하는 노동부의 기능을 명확하게 나타내고, 일자리 문제 등 고용정책의 중요성에 대한 국가적 의지를 천명하기 위하여 노동부의 명칭을 고용노동부로 변경하는 정부조직법 개정이 이루어져 정부조직 명칭의 변경으로 인한 노조법 개정이 이루어졌다.

(2) 주요 내용

노조법 중 '노동부장관'을 각 '고용노동부장관'으로, '노동부'를 '고용노동부'로, '지방노동관서'를 '지방고용노동관서'로 각 개정하였다.

아. 8차 개정(2014. 5. 20. 법률 12630호, 타법개정)

(1) 개정경위

'세종특별자치시 설치 등에 관한 특별법'이 제정되어 지방자치단체와 지방자치단체의 장의 유형에 특별자치시와 특별자치시장을 명시하기 위한 노조법 개정이 이루어졌다.

(2) 주요 내용

노조법 10조 1항의 지방자치단체의 종류에 '특별자치시'를 추가하고, 같은 조 1항 및 12조 1항의 지방자치단체장의 유형에 '특별자치시장'을 추가하였다.

자. 9차 개정(2018. 10. 16. 법률 15849호)

(1) 개정경위

질서위반행위에 대한 과태료 부과 및 징수의 일반절차를 규정하는 '질서위반행위규제법'이 2007. 12. 제정되어 2008. 6.부터 시행되어 기존의 근참법에 규정되어 있던 과태료 부과에 대한 불복절차, 법원의 과태료 재판과 집행절차에 관한 절차를 새로 제정된 질서위반행위규제법의 규정으로 대체하기 위해 노조법의 과태료에 관한 규정의 일부 규정을 삭제하는 노조법 개정이 이루어졌다.

(2) 주요 내용

노조법 96조 4항 내지 6항의 과태료 처분 불복절차, 관할법원의 과태료 재판, 과태료 집행절차에 관한 규정을 모두 삭제하였다.

차. 10차 개정(2020. 6. 9. 법률 17432호)

(1) 개정경위

사용자가 노동조합의 운영비를 원조하는 행위를 부당노동행위로 금지하는 규정에 대하여 헌법재판소가 부당노동행위 유형 중 운영비 원조행위를 금지하고 있는 조항은 노동조합의 자주성이 저해되었거나 저해될 위험이 현저한 경우에 한하여 제한하여 금지하는 것이 바람직하므로, 현행 운영비 원조 금지 조항은 과잉금지원칙에 반한다는 이유로 헌법불합치 결정[190]을 하였다. 아울러 법인의 대리인·사용인 기타의 종업원이 그 법인의 업무에 관하여 근로자가 노동조합을 조직 또는 운영하는 것을 지배하거나 이에 개입하는 행위를 한 때에는 그 법인에 대하여도 그 귀책사유 있는 책임유무를 고려하지 않고서 벌금형을 과하도록 한 규정에 대하여도 헌법재판소가 헌법불합치 결정[191]을 하였다. 이에 따라 국회에서 위 헌법불합치 결정 취지를 반영하여 관련 규정을 개정하였다.

(2) 주요 내용

먼저, 노동조합의 운영비 원조의 범위에서는 노동조합의 자주적인 운영 또는 활동을 침해할 위험이 없는 범위에서의 운영비 원조행위를 부당노동행위에 해당하지 않는 예외로 추가하고, 운영비 원조의 목적과 경위 등 이를 판단할 때 고려할 요소를 정하였다(노조법 81조 1항 4호, 81조 2항 신설).

---

190) 헌재 2018. 5. 31. 선고 2012헌바90 결정.
191) 헌재 2019. 4. 11. 선고 2017헌가30 결정.

다음으로, 양벌규정과 관련하여 사용자인 법인·단체 또는 개인이 그 위반 행위를 방지하기 위하여 해당 업무에 관하여 상당한 주의와 감독을 게을리하지 아니한 경우에는 양벌규정에 따른 처벌을 면하도록 양벌규정에 단서를 신설하였다(94조 단서 신설).

카. 11차 개정(2021. 1. 5. 법률 17864호)

(1) 개정경위

정부는 국제노동기구의 핵심협약인 결사의 자유에 관한 협약의 비준을 추진하면서 위 협약에 부합하는 내용으로 노조법을 개정하기 위해 2020. 6. 30. 정부 발의로 사업(장)에 종사하지 않는 근로자도 노동조합에 가입할 수 있도록 허용하고, 노동조합 업무에만 종사하는 근로자에 대한 급여지급금지 규정을 삭제하는 등의 근로자 단결권 보장 범위를 확대하는 등의 내용이 담긴 노조법 개정안을 국회에 제출하였다. 이후 일부 의원들이 유사한 내용이 담긴 노조법 개정안을 연이어서 발의하였고,[192] 국회는 정부의 노조법 개정안을 포함한 4개의 법안을 병합심사하여 2020. 12. 9. 환경노동위원회 대안을 발의하여 국회 본회의 심의를 거쳐 2021. 1. 5. 개정 노조법을 공포하였다.

(2) 주요 내용

11차 개정은 정부가 국제노동기구의 결사의 자유에 관한 협약을 비준하기 위해 그에 부합하지 않는 노조법 부분의 개정을 위한 내용이 다수를 이루고 있다. 그 주요 내용은 다음과 같다.

① 해당 사업(장)에 속하지 않는 근로자(비종사근로자)의 기업별 노동조합 가입을 허용하기 위해 1) 해고된 조합원의 근로자성이 부인되는 것으로 보는 규정을 삭제하고(기존 노조법 2조 4호 라.목 단서 삭제), 2) 사업(장)에 속하지 아니한 조합원도 사업운영에 지장을 주지 않는 범위 내에서 사업(장) 내 노동조합 활동을 허용하며(법 5조 2항) 3) 노동조합 임원 자격을 노동조합 규약으로 정할 수 있되,

192) 예컨대, 이수진 의원이 대표발의한 노조법개정안(2020. 10. 19. 의안번호 2104567. 노동조합 전임자에 대한 급여지급 금지 및 근로시간면제제도 폐지, 전임자 급여지급의 부당노동행위 금지 규정 삭제 및 전임자 급여지급의 노사자율 결정 등의 내용을 담고 있음), 박대수 의원이 대표발의한 노조법개정안(2020. 10. 29. 의안번호 2104777. 근로시간 면제제도의 개선 및 복수노조 교섭창구 단일화 제도 정비), 안호영 의원이 대표발의한 노조법개정안(2020. 10. 7. 의안번호 2104441. 국제노동기구의 협약 비준을 위해 노동조합 가입 및 설립제도 개선, 근로시간면제제도 개선 등)이 정부의 노조법개정안과 함께 병합심사되었다.

기업별 노동조합(하나의 사업 또는 사업장을 대상으로 조직된 노동조합)의 경우에는 임원이나 대의원은 그 사업(장)에 종사하는 조합원에서 선출되도록 법을 개정하였다(법 17조 1항 및 23조).

② 노동조합 업무에 종사하는 근로자에 대해서는 1) 기존의 급여지급 금지 규정을 삭제하되(기존 노조법 24조 2항 삭제), 급여를 지급하는 경우 해당 근로자는 근로시간 면제 한도를 초과하지 아니하는 범위 내에서 노동조합 업무를 수행하도록 하였고(법 24조 2항), 2) 근로시간 면제 한도를 초과하는 내용의 단체협약이나 사용자의 동의는 그 부분에 한해 무효로 하였다(법 24조 4항).

③ 경제사회노동위원회법에 따른 경제사회노동위원회의 특별위원회로 근로시간면제심의위원회를 설치하되, 그 위원은 노동단체, 경영자단체, 경제사회노동위원회에서 각각 추천한 위원들로 구성하도록 하였다(법 24조의2).

④ 개별교섭 시 차별 대우 금지와 관련해서는 1) 개별교섭 시 사용자는 교섭을 요구한 모든 노동조합과 성실하게 교섭하여야 하며, 차별적으로 대우하여서는 아니 되고(법 29조의2 2항), 2) 하나의 사업(장)에서 근로조건 등을 고려하여 필요하다고 인정되는 경우 노동위원회가 노동관계 당사자의 신청을 받아 교섭단위를 분리하거나 통합하는 결정을 할 수 있도록 하였다(법 29조의3 2항).

⑤ 단체협약 유효기간의 상한을 2년에서 3년으로 연장하였다(법 32조).

⑥ 쟁의행위의 기본원칙 중 하나로 노동조합은 사용자의 점유를 배제하여 조업을 방해하는 형태로 쟁의행위를 할 수 없도록 하였다(법 37조 3항).

[노 재 형·신 권 철]

총설: 노동3권

대한민국헌법 제33조

① 근로자는 근로조건의 향상을 위하여 자주적인 단결권·단체교섭권 및 단체행동권을 가진다.

② 공무원인 근로자는 법률이 정하는 자에 한하여 단결권·단체교섭권 및 단체행동권을 가진다.

③ 법률이 정하는 주요방위산업체에 종사하는 근로자의 단체행동권은 법률이 정하는 바에 의하여 이를 제한하거나 인정하지 아니할 수 있다.

〈세 목 차〉

[참고문헌]

강성태a, “단결권 보장의 현대적 의의”, 노동법연구 21호, 서울대학교 노동법연구회(2006); 강성태b, “실업자와 단결권”, 노동법연구 16호, 서울대학교 노동법연구회(2004); 강성태c, “노동에서의 정상화를 위한 노동법의 과제”, 전환기의 노동과제, 서울대학교 고용복지법센터(2017); 강희원a, “노동3권의 법적 성격과 노동단체법”, 인권과 정의 286호, 대한변호사협회(2000. 6.); 계희열, “기본권으로서의 소극적 단결권 ―그 인정여부에 관한 서독에서의 논의―”, 노동법과 노동정책, 탄은 김진웅 박사 화갑기념논문집(1985); 고호성, “근로3권 상호관계에 관한 소고”, 현대법학의 제과제 ― 동산 김두희 박사 화갑기념(1987); 국가인권위원회a, 노동사건에 대한 형벌적용 실태조사(판결을 중심으로) 보고서, 국가인권위원회(2007); 국가인권위원회b, UN 사회권위원회 최종권고, 그 의미와 실현방안, 국가인권위원회(2017); 권영성, 헌법학원론, 법문사(2005); 김상호, “공무원노조의 노동3권 보장에 관한 고찰”, 노동법학 12호, 한국노동법학회(2001); 김선수a, “교원의 노동3권 ― 금지규정의 위헌성에 관하여”, 노동법연구 1호, 서울대학교 노동법연구회(1991); 김선수b, 쟁의행위의 절차적 정당성, 고려대학교 대학원 석사학위논문(2003); 김선수c, “노사갈등의 현황과 쟁점”, 노동법학 7호, 한국노동법학회(1998); 김선수d, “노동법상의 제3자 개입금지 조항과 표현의 자유”, 노동법률 51호, 중앙경제(1995. 8.); 김선수e, “단체협약 체결권의 법리를 왜곡한 대법원 판결”, 법과 사회 8호(1993); 김선수f, 헌법의 현장에서, 오월의봄(2018); 김영문, “쟁의행위의 위력에 의한 업무방해죄 규정의 위헌성”, 노동법학 8호, 한국노동법학회(1998); 김유성a, “ILO 단결권 관련조약과 국내노동관계법의 정비에 관한 연구”, 법학 34권 2호, 서울대학교 법학연구소(1993), 김유성b, “복수노조금지(노조법 3조 단서 5호)”, 법률신문(1991. 11. 11.자 및 1991. 11. 14.자); 김장식, “강사의 근로3권 보장”, 노동법률 307호, 중앙경제(2016); 김종서, “노동3권 소고”, 민주법학 71호, 관악사(2019); 김진곤, “외국인의 기본권 주체성과 노동3권”, 유럽헌법연구 30호, 유럽헌법학회(2019); 김진석, "사용자의 공정대표의무 위반", 노동법실무연구 제2권, 노동법실무연구회(2020); 김철수, 헌법학개론(제17전정신판), 박영사(2005); 김형배a, "노동쟁의조정법 제12조 제2항의 위헌성여부에 관한 소견", 판례월보 227호, 판례월보사(1989. 8.); 김형배b, "노동조합의 대표성과 제2노조의 문제", 노동법학 2호, 한국노동법학회(1989); 김형배c, 필수적 공익사업과 직권중재 제도 —직권중재 제도의 위헌성 여부와 관련하여—, 신조사(2002); 김형진, "연합단체에의 가입과 노동조합의 설립요건", 재판의 한길 — 김용준 헌법재판소장 화갑기념논문집(1998); 김홍영, "사용자가 유니언 샵 협정에 따른 해고를 거부한 경우 지배개입의 성립여부", 노동법연구 8호, 서울대학교 노동법연구회(1999); 도재형a, "파업과 업무방해죄 —한국에서 단결 금지 법리의 정립 과정—", 쟁의행위와 업무방해, 한국노동법학회 · 서울대공익인권법센터 · 국가인권위원회(2010. 5. 28.); 도재형b, "87년 노동체제 30년과 노동법의 과제", 전환기의 노동과제, 서울대학교 고용복지법센터(2017); 문무기 · 이승욱, 노조 조직형태의 다양화와 노동법의 과제, 한국노동연구원(2004); 박종희, "노동3권의 보장의의와 내용", 고려법학 48호, 고려대학교 법학연구원(2007. 4.), 박주현, "제3자 개입금지", 노동법연구 1호, 서울대학교 노동법연구회(1991); 백재봉, "샵(Shop)제도와 단결권론", 노동법의 제 문제 — 가산 김치선 박사 화갑기념논문집, 박영사(1983); 성낙인, 헌법학(제21판), 법문사(2021); 송강직, "단결강제제도의 법적 쟁점과 과제", 노동법연구 16호, 서울대학교 노동법연구회(2004); 신권철a, "쟁의행위와 민사책임", 법조 657호, 법조협회(2011. 6.); 신권철b, "노동법에 있어 경영권의 비판적 고찰", 노동법학 63호, 한국노동법학회(2017); 신인령a, "비노조파업에 따른 법적 문제", 노동법학 3호, 한국노동법학회(1991); 신인령b, "노동3권 옹호를 위한 현행노동관계법 소고", 노동법의 제 문제 — 가산 김치선 박사 화갑기념논문집, 박영사(1983); 양성필, "단결선택권과 단결하지 아니할 자유를 고려한 단결강제 제도의 모색", 노동법학 73호, 한국노동법학회(2020); 오문완, "ILO 단결권 협약과 복수노조문제", 노동법연구 2호, 서울대학교 노동법연구회(1992); 오윤식, "쟁의행위 개념의 체계적 이해", 사법 39호, 사법발전재단(2017); 윤애림, "파견 · 용역 근로자의 노동3권", 노동법연구 9호, 서울대학교 노동법연구회(2000); 이광택, "직권중재제도의 위헌 여부 심판제청", 노동법률 128호, 중앙경제(2002. 1.); 이병태a, "노조설립과 소속 연합단체에의 가입", 판례월보 269호, 판례월보사(1993. 2.); 이영희a, "단결권에 관한 소고", 법학 22권 2호, 서울대학교 법학연구소(1981); 이영희b, "단체행동권의 헌법적 보장과 문제", 노동법의 제 문제 — 가산 김치선 박사 화갑기념논문집, 박영사(1983); 이철수, "교원의 단결권", 노동법학 8호, 한국노동법학회(1998); 이흥재a, "단체행동권의 법적 구조", 고 조영래 변호사 13주기 추모 단체행동권의 보장과 한계, 서울대학교 BK21 법학연구단 공익인권법연구센터(2003); 이흥재b, "노동기본권에 관한 제헌의회 심의의 쟁점 —기업운영참가권 보장 논의를 중심으로—", 노동법연구 27호, 서울대학교 노동법연구회(2009); 임상민, "유니온 숍 협정과 부당해고", 대법원판례해설 121호, 법원도서관(2020); 전광석, 한국헌법론(제16판), 집현재(2021); 정

영주, 헌법학원론(제2판), 법영사(2021); **정영훈a**, “헌법재판 30년과 노동권 보장”, 저스티스 170권 3호, 한국법학원(2019); **정영훈b**, “헌법개정과 노동3권 보장의 과제”, 노동법포럼 23호, 노동법이론실무학회(2018); **정인섭a**, “파업과 업무방해”, 노동법연구 8호, 서울대학교 노동법연구회(1999); **정인섭b**, “근로삼권의 규범론과 정책론”, 노동법학 17호, 한국노동법학회(2003. 12.); **정진경a**, “쟁의행위의 절차적 정당성과 업무방해죄”, 저스티스 36권 2호, 한국법학원(2003. 4.); **정진경b**, “단체협약의 총회인준을 정한 규약의 효력”, 저스티스 33권 4호, 한국법학원(2000. 12.); **조용만**, “프랑스 공무원의 노동기본권”, 노동법학 13호, 한국노동법학회(2001); **조임영**, “프랑스에서의 파업권의 보장과 그 한계”, 국제노동브리프 2014년 4월호, 한국노동연구원(2014); **최영호**, “공무원 노동조합 설립을 둘러싼 노동법상 문제 —제한원리의 재검토를 중심으로—”, 노동법학 13호, 한국노동법학회(2001); **최홍엽**, “외국인 근로자와 노동관계법의 적용”, 노동법연구 4호, 서울대학교 노동법연구회(1994); **한수웅**, 헌법학(제11판), 법문사(2021); **허영**, 한국헌법론(전정17판), 박영사(2021); **허완중**, “기본적 인권을 확인하고 보장할 국가의 의무”, 저스티스 115호, 한국법학원(2010. 2.); **샌드라 프레드먼**, 조효제 옮김, 인권의 대전환, 교양인(2009); **스기하라 야스오**, 석인선 옮김, 인권의 역사, 한울(1997); **와다 하지메**, 한일노동법포럼 · 한국사회법학회 옮김, 노동법의 복권 — 고용 위기에 대항하여, 중앙경제(2017).

Ⅰ. 노동3권의 의의 및 연혁

1. 용어의 정리

노동기본권은 모든 국민에게 보장된 인간으로서의 존엄과 가치 및 행복추구권(헌법 10조)을 근로자에게 구현하기 위하여 헌법에서 보장한 근로자의 기본적인 권리를 말한다. 노동기본권은 보통 근로권과 노동3권을 통틀어 말하며, 좁은 의미로는 노동3권을 의미하는 것으로 사용한다.[1]

우리나라에서는 아직도 법률용어로서 ‘노동’과 ‘노동자’에 대한 족쇄가 풀리지 않고 있다. 해방 후 정치적 고려 때문에 헌법상 노동3권의 주체를 ‘근로자’로 명명한 이후 ‘근로’ 내지 ‘근로자’라는 용어가 법률용어로 굳어버렸다.[2] ‘노동’기준법이 아니라 ‘근로’기준법이 되었고, ‘노동’조건이 아니라 ‘근로’조건이 되었다.

---

1) 이병태, 71면.

2) 우리나라에서는 수출 주도에 의한 성장 위주 정책을 무리하게 추진하면서 투쟁의 이미지를 가진 노동이라는 용어를 의도적으로 배제한 것으로도 보인다(김선수f, 331면).

그러나 법률에서 '노동'이란 용어를 완전히 배제할 수는 없었다. 집단적 '근'사관계라 하지 않고 '노'사관계라 하고, '근로'조합이라 하지 않고 '노동'조합이라 하며, '근로'쟁의라 하지 않고 '노동'쟁의라 하고 있다. 또한 정부부처도 '노동'부 또는 고용'노동'부라 하지 '근로'부 또는 고용'근로'부라 하지 않는다.

그래서 개별적 근로관계에서는 '근로'라는 용어를 사용하고, 집단적 노동관계에서는 '노동'이라는 용어를 사용하는 것이라는 절충적 해석이 통용된다. 그렇지만 개별적 근로관계에 관한 기본법인 근기법(2조 3호)은 '근로'에 대해 '정신노동과 육체노동'을 말하는 것으로 정의하고 있다. 왜 정신'근로'와 육체'근로'라고 하지 않는지 설명이 없다. 근로를 정신'노동'과 육체'노동'으로 구분한다면 개별적 '노동'관계라고 하지 않을 이유도 없다.

노동자의 헌법상 기본권을 통상 '노동기본권' 또는 '노동3권'이라 불렀고, 법원의 판결이나 헌법재판소의 결정도 그와 같이 표현했다. 그런데 어느 시점부턴가 대법원의 판결[3]과 헌법재판소의 결정[4]에서 '노동기본권'과 '노동3권'이라는 용어가 잘 쓰이지 않고 '근로기본권'과 '근로3권'이라는 용어가 사용되었으며 많은 교과서들도 이 용어를 사용하고 있다.

그러나 '근로3권'이나 '근로기본권'이라는 용어는 순전히 정치적 고려가 작용한 것으로 노동조합을 근로조합, 노동쟁의를 근로쟁의, 부당노동행위를 부당근로행위라고 부르는 것만큼이나 어감을 고려하지 않은 것으로 부적절하며,[5]

---

3) 대법원 1990. 10. 12. 선고 90도1431 판결까지만 하더라도 '노동3권'이라는 용어가 사용되었다. 대법원 1990. 11. 27. 선고 89도1579 판결(제3자 개입금지 조항 관련 전원합의체 판결)에서 배만운 대법관이 다수의견에 대한 보충의견을 전개하면서 '근로3권(노동3권)'이라고 사용한 이후 '근로3권'이라는 용어가 사용되고 있다. '근로3권'이 밖으로 나오고 '노동3권'이 괄호 속으로 들어갔던 것이다. 대법원 1991. 8. 27. 선고 90다8893 판결에서는 '근로기본권'이라는 용어도 사용되었다. 대법원 1995. 3. 10. 선고 94다14650 판결은 '노동3권'이라는 용어를 사용했고, 대법원 1995. 12. 21. 선고 94다26721 판결(쟁의기간 중 임금지급 관련 전원합의체 판결)에서 정귀호·이돈희·이용훈 대법관은 소수의견에서 '노동3권'이라는 용어를 사용하였다. 그렇지만 2010년대 중반 이전에는 일반적으로 '근로3권' 또는 '근로기본권'이라는 용어가 사용되었다.

4) 헌재 1990. 1. 15. 선고 89헌가103 결정(제3자 개입금지 조항 위헌사건)까지는 '노동3권'이라는 용어를 사용했다. 헌재 1993. 3. 11. 선고 88헌마5 결정(공무원의 쟁의행위 금지 조항 위헌사건)에서 다수의견은 '노동3권'과 '근로기본권'이라는 용어를 사용한 반면, 변정수 재판관은 '노동3권'과 '노동기본권'이라는 용어를 사용했다. 헌재 1993. 3. 11. 선고 92헌바33 결정(노동조합법상의 제3자 개입금지 조항 위헌사건)에서 다수의견 및 김양균 재판관은 '근로3권'이라는 용어를, 김진우·이시윤 재판관은 '근로기본권'이라는 용어를, 변정수 재판관은 '노동3권' 및 '노동기본권'이라는 용어를 사용했다. 그 이후에는 헌법재판소도 '근로3권'과 '근로기본권'이라는 용어로 통일하였다.

5) 임종률, 3면; 정영훈a, 99면.

법률용어로서 '노동'과 '노동자'를 복원할 필요가 있다.[6] 체제의 우월성에 대한 자신감을 회복했으므로 '노동'을 법률용어로 사용할 시점이 되었다고 할 수 있다. 또한 국립국어원의 표준국어대사전에 따르면 '근로'는 부지런히 일한다는 의미로서 그 이면에 가치가 내포되어 있는 용어인 반면, '노동'은 사람이 생활에 필요한 물자를 얻기 위하여 육체적 노력이나 정신적 노력을 들이는 행위라는 의미의 가치중립적인 용어이므로, 가치중립적인 용어인 '노동'이 법률용어로서도 더욱 적합하다.[7][8] 대법원에서도 근래에는 다시 '노동기본권'과 '노동3권'이라는 용어를 사용하고 있다.[9] 따라서 이 책에서는 '노동3권' 또는 '노동기본권'이라는 용어를 사용하기로 한다.[10]

2. 의　　의

사유재산제 · 계약자유 · 과실책임의 원칙을 기조로 하는 근대 시민법 질서는 산업혁명의 성공에 따른 새로운 노동자계급의 등장으로 인하여 근대입헌주의 헌법의 이념적 지표인 자유 · 평등 · 박애의 원리에 대한 근본적인 변화를 초래하였다. 사회주의의 대두로 근로자의 인권과 복지를 보장하지 아니하고는 자본주의적인 근대 시민법 질서 자체도 지탱하기 어려운 상황에 처하게 된 것이다. 이에 사회정의의 실현과 근로자의 실질적인 평등을 구현하기 위해 헌법상

---

6) 이는 이명박 정부에서 초대 노동부장관을 역임한 이영희 교수조차 교과서에서 '노동'기본권이라 하고, '근로자'가 아니라 '노동자'라는 용어를 사용하고 있는 점에 비추어 보면 더욱 그렇다.

7) 20대 국회에서 2017. 8. 25. 발의되었던 근로기준법 일부개정법률안(의안번호 8713)의 제안이유 및 주요내용.
<https://likms.assembly.go.kr/bill/billDetail.do?billId=PRC_X1S7S0G8O2M5N1G9A1F4J1X2C6Y2F2> (최종방문: 2022. 4. 27.).

8) 근로(자)라는 용어는 노동하는 사람을 사용자에 예속된 수동적이고 왜소한 존재로 인식시키는 효과를 가지므로, 능동적 주체로서 단결권, 단체교섭권 및 단체행동권을 규정하는 헌법의 지평에서는 그 실질적 의미로도 근로3권이 아닌 노동3권으로 이해해야 한다는 견해로는, 김종기, 100면.

9) 대법원 2016. 12. 27. 선고 2014도15054 판결, 대법원 2016. 12. 27. 선고 2011두921 판결, 대법원 2017. 8. 18. 선고 2012두10017 판결, 대법원 2018. 10. 12. 선고 2015두38092 판결, 대법원 2019. 2. 14. 선고 2016두41361 판결, 대법원 2020. 9. 3. 선고 2016두32992 전원합의체 판결, 대법원 2020. 10. 15. 선고 2019두40345 판결, 대법원 2021. 9. 16. 선고 2015도12632 판결, 대법원 2023. 6. 29. 선고 2017도9835 판결 등.

10) 더불어 노동절을 3월 10일에서 5월 1일로 변경한 것은 좋은데(1994. 3. 9.자로), 그 과정에서 법률 명칭을 「근로자의 날 제정에 관한 법률」로 했으나 「노동절 제정에 관한 법률」로 하는 것이 마땅하다.

가치를 갖는 기본권으로서 노동3권을 보장하기에 이른 것이다.[11)]

시민법적 자유 아래서는 근로조건이 실질적으로 사용자의 의사에 따라 결정되는 결과 근로자는 비인간적인 생활을 강요당하게 되며, 노동보호법도 최저 근로조건을 정하는 데 불과하고 때로는 실효성도 낮기 때문에 근로자의 생활을 개선하는 데 한계가 있다. 근로자의 인간으로서의 존엄과 가치 및 행복추구권을 보장하려면 근로자들이 단결체를 조직하고 쟁의행위를 무기로 단체교섭을 함으로써 사용자와 실질적으로 대등한 관계에서 근로조건을 결정·개선할 수 있어야 한다.[12)] 이런 배경에서 노동3권은 시민법상의 자유주의적 법원칙을 수정하기 위해 헌법상 기본권으로 보장되기에 이른 것이다.

노동3권은 기본적으로 자본주의 사회를 전제로 한다. 노동3권은 사회주의 사회나 전근대적·봉건적 사회에서도 주장될 여지가 전혀 없는 것은 아니나, 기본적으로 자본과 노동의 사회적 분리와 임금노동자의 집단적 존재 아래에서만 비로소 주장될 수 있다.[13)] 노동3권은 자본과 노동의 시장적 균형을 회복·유지하게 하는 기능을 하여 균형된 자본주의 발전을 위해 중요한 역할을 하며, 국민경제에서 유효수요를 창출하는 기능도 수행하여 재산권과 마찬가지로 경제적 기본권의 성격도 아울러 갖는다.[14)]

3. 입 법 례

자본주의 국가의 역사에서 근로자의 단결 활동은 처음에는 형사책임을 부과하는 입법이나 법리에 따라 억압되었고, 다음에는 민사책임과 제재를 부과하는 법리에 따라 억압되었으며, 최종적으로 억압의 입법과 법리가 철폐·수정됨으로써 법적으로 승인되었다.[15)] 자본주의 초기 단계에서는 근로자의 단결을 영업의 자유 등 개인적 자유를 제약하는 것으로 보아 단결 자체를 금지하였다. 그러나 단결금지에 대한 근로자들의 강력한 투쟁이 이어졌고, 또한 근로자의 단결은 자본주의적 경제구조를 유지하기 위해서도 일정 정도 필요하다는 인식에 이르게 되어 단결을 방임하게 되었다. 근로자들은 소극적 방임을 넘어 국가법에

11) 성낙인, 1524면.
12) 임종률, 22~23면.
13) 이영희b, 68면.
14) 이영희b, 74면.
15) 임종률, 23면.

의한 적극적인 승인을 요구하게 되었고, 그 결과 민사상 면책과 형사상 면책, 나아가 헌법상 기본권으로 보장하는 단계로 발전하였다.[16]

노동3권의 보장은 위와 같은 역사적 발전을 계승한 것인데, 노동3권을 보장하는 구체적인 형태는 국가에 따라 다르다. 판례 법리로 보장하는 형태, 법률로 보장하는 형태, 헌법상 기본권으로 보장하는 형태 등으로 구분할 수 있다. 사유재산제를 기조로 하는 자본주의 국가 중에서 영국은 성문헌법이 없고 미국의 헌법은 노동3권의 보장을 선언하고 있지 않으나, 20세기에 들어와 각국의 헌법은 노동3권을 보장하는 것이 일반적인 추세다.[17]

미국은 1935년의 전국노동관계법(National Labor Relations Act, 일명 와그너법)에서 근로자의 노동3권을 승인하고,[18] 정당한 이유가 없는 한 노동조합을 부인하거나 단체교섭을 거부하는 것을 제한하였다. 미국에서 단결권이 실정 법률에 의해 보장되고 있는 것은 근로자들의 생존권을 보장하기 위한 것이 아니라 사용자와 공정하고 자유로운 거래를 하기 위한 교섭력의 균형을 확보하기 위함인 것으로 설명되고 있다.[19]

노동3권을 헌법상 기본권으로 보장하는 형태는 1919년 독일 바이마르헌법에 의하여 처음 도입되었고,[20] 독일 기본법도 단체를 조직할 권리를 보장하고 있다(9조 3항). 독일은 헌법에서 단결의 자유만 보장하고 있으나, 단체교섭권과 단체행동권은 단결의 자유 속에 당연히 포함된 것으로 이해된다.

이탈리아헌법은 단결권과 쟁의권을 명확히 구분하여 보장하고 있고,[21] 프랑스 1946년 제4공화국 헌법은 전문에서 노동조합 활동권과 파업권 및 단체

16) 노동법사전, 142면.

17) 김형배, 123면.

18) 와그너법 7조는 "근로자(employees)는 노동조직을 결성·참가 또는 지원하기 위해 스스로 단결할 권리(right to self-organization), 그들이 선택한 대표를 통해 단체교섭을 할 권리(right to bargain collectively), 단체교섭과 연대적 지원 및 보호를 위해 기타의 단체행동을 할 권리(right to engage in other concerted activities)를 갖는다."고 규정하고 있다.

19) 김형배, 122~123면.

20) 바이마르헌법 159조 "근로조건과 경제조건의 유지와 개선을 위한 단체의 자유는 누구에게나 그리고 모든 직업에 대하여 이를 보장한다. 이 자유를 제한 또는 방해하려고 하는 약정이나 조치는 위법이다." 독일은 단결권을 '모든 사람 및 모든 직업'에 대해 보장한 결과, 노동조합과 사용자단체를 단결의 개념으로 파악하고 형식적으로 양자에게 대등한 권리를 보장하는 경향이 있다. 니시타니 사토시, 22면.

21) 이탈리아헌법 39조 "노동조합을 조직하는 것은 자유이다." 40조 "파업의 권리는 이를 규제하는 법률의 범위 내에서 행사될 수 있다."

교섭권을 보장하고 있다.[22] 일본헌법 28조는 노동3권을 명문으로 보장하고 있다.[23][24] 우리나라도 헌법으로 노동3권을 명문으로 보장하는 형태를 취하고 있다.

헌법상 기본권으로 보장된 노동3권은 노동법과 관계에서 근본규범의 의미와 지위를 가진다. 헌법상의 노동3권은 그 실현을 위하여 반드시 법률이 필요한 것은 아니고 직접 법규범으로 작용하고 효력을 발휘할 수 있다.[25] 독일에서는 헌법상의 단결권을 보장하기 위한 법이 따로 없다. 헌법 규정은 어디까지나 근본 규범으로 존재하고 법률적 차원에서 이를 다시 구체화해야만 한다는 법 인식은 옳지 않고, 헌법규정만으로 기본권을 제대로 그리고 충분히 보장할 수 없을 때에만 추가적인 입법이 요구되는 것이다.[26] 집단적 노동관계법이 있는 경우에도 교섭력의 균형 확보를 목적으로 하는 미국과는 달리 헌법상 보장된 노동3권을 효과적으로 보장하고 실현하는 것을 목적으로 한다는 점에 뚜렷한 특징이 있다.[27]

노동3권의 보장은 제2차 세계대전 후에는 개별국가의 범주에 한정되지 않고 국제조약에서도 선언되었다. 국제노동기구(ILO)의 결사의 자유와 단결권에 관한 87호 협약(1948년), 단결권 · 단체교섭권에 관한 98호 협약(1949년), 단체교섭 촉진에 관한 154호 협약(1981년), 국제연합(UN)의 단결권 · 단체행동권을 선언한 사회권규약(1966년) 등이 그 예이다. 단결의 적극적 승인은 모든 나라가 준수하여야 할 국제적 공서(公序)를 이루었다고 할 수 있다.[28]

---

22) 프랑스헌법 6조 "모든 사람은 노동조합 활동을 통하여 자신의 권리와 이익을 지키며 자신이 선택한 노동조합에 참가할 수 있다." 7조 "파업권은 이를 규율하는 법률의 범위 내에서 행사할 수 있다." 8조 "모든 근로자는 자신의 대표를 통하여 근로조건의 집단적 결정과 기업의 경영에 참가한다."

23) 일본헌법 28조 "근로자의 단결할 권리, 단체교섭 기타 단체행동을 할 권리는 이를 보장한다." 위 조항의 표현에 의하면 단체교섭은 단체행동의 한 형태로 자리매김되어 있으나 단체교섭권을 독자적 권리로 파악하는 것이 정당하며, 다만 단체교섭이 단체행동의 일종이라는 성격을 잃지는 않는 것으로 해석된다. 니시타니 사토시, 21면.

24) 특히 일본헌법 28조는 노동3권의 주체에 공무원을 별도로 제외하지 않았고, 법률로 예외를 정하여 유보하는 것도 없이 모든 근로자에게 노동3권을 조건 없이 보장하고 있는 데에 그 특색이 있다. 그러나 현실에서는 개별 법률로 일부 공무원들에 대하여 노동조합 결성 자체를 금지하고 있는 등 실제 운용의 실태는 헌법 조항과는 동떨어져 있다고 한다(니시타니 사토시, 74면; 스기하라 야스오, 158~159, 170면). 이는 일본이 전통적으로 노동3권의 법적 성질을 사회권으로 파악하여 왔던 것과 무관하지 않다고 보인다(니시타니 사토시, 42면; 스기하라 야스오, 158면).

25) 임종률, 25면; 한수웅, 1055면.

26) 이영희b, 63~64면.

27) 니시타니 사토시, 21면.

28) 니시타니 사토시, 31면.

4. 한국 연혁

한국은 1948년 제헌헌법 이래 노동3권을 헌법상의 기본권으로 보장하고 있다. 1948년 제정된 제헌헌법 18조는 "근로자의 단결, 단체교섭 및 단체행동의 자유는 법률의 범위 내에서 보장한다. 영리를 목적으로 하는 사기업에 있어서는 근로자는 법률의 정하는 바에 의하여 이익의 분배에 균점할 권리가 있다"고 규정하여 근로자의 노동3권과 이익균점권(利益均霑權)을 보장하였다.[29)]

「5 · 16 쿠데타」 후에 개정된 5차 개정헌법(제3공화국헌법) 29조는 "① 근로자는 근로조건의 향상을 위하여 자주적인 단결권 · 단체교섭권 및 단체행동권을 가진다. ② 공무원인 근로자는 법률로 인정된 자를 제외하고는 단결권 · 단체교섭권 및 단체행동권을 가질 수 없다"고 규정하여 이익균점권을 삭제하고 또한 일반근로자의 노동3권에 대한 개별적 법률유보 조항도 삭제하였다.

1972년 유신 이후 개정된 7차 개정헌법(유신헌법) 29조는 "① 근로자의 단결권 · 단체교섭권 및 단체행동권은 법률이 정하는 범위 안에서 보장된다. ② 공무원인 근로자는 법률로 인정된 자를 제외하고는 단결권 · 단체교섭권 또는 단체행동권을 가질 수 없다. ③ 공무원과 국가 · 지방자치단체 · 국영기업체 · 공익사업체 또는 국민경제에 중대한 영향을 미치는 사업체에 종사하는 근로자의 단체행동권은 법률이 정하는 바에 의하여 이를 제한하거나 인정하지 아니할 수 있다"고 규정하여 일반근로자의 노동3권에 대해 개별적 법률유보를 환원하고, 단체행동권에 대한 광범위한 제한 규정을 신설했다.

1980년 「5 · 17 쿠데타」 이후 개정된 8차 개정헌법(제5공화국헌법) 31조는 "① 근로자는 근로조건의 향상을 위하여 자주적인 단결권 · 단체교섭권 및 단체행동권을 가진다. 다만, 단체행동권의 행사는 법률이 정하는 바에 의한다. ② 공무원인 근로자는 법률로 인정된 자를 제외하고는 단결권 · 단체교섭권 및 단체행동권을 가질 수 없다. ③ 국가 · 지방자치단체 · 국공영기업체 · 방위산업체 공익사업체 또는 국민경제에 중대한 영향을 미치는 사업체에 종사하는 근로자의 단체행동권은 법률이 정하는 바에 의하여 이를 제한하거나 인정하지 아니할 수 있다"고 규정하여 유신헌법의 기조를 유지했다.

1987년 개정된 9차 개정헌법(현행헌법) 33조는 "① 근로자는 근로조건의 향

29) 노동기본권에 관한 제헌의회의 구체적인 심의 과정에 대해서는 이흥재b, 169~200면.

상을 위하여 자주적인 단결권·단체교섭권 및 단체행동권을 가진다. ② 공무원인 근로자는 법률이 정하는 자에 한하여 단결권·단체교섭권 및 단체행동권을 가진다. ③ 법률이 정하는 주요방위산업체에 종사하는 근로자의 단체행동권은 법률이 정하는 바에 의하여 이를 제한하거나 인정하지 아니할 수 있다"고 규정하여 일반근로자의 노동3권에 대한 개별적 법률유보를 완전히 폐지하였고, 단체행동권에 대한 제한 대상을 주요방위산업체 종사 근로자로 한정했다.

우리나라는 헌법으로 근로자에 대해서만 노동3권을 기본권으로 보장하고 있는 형태를 취하고 있다. 노동3권을 헌법상 기본권으로 보장하고 있는 형태를 취한 우리나라의 경우 노동3권은 우선적으로 헌법적 차원에서 확정되어야 할 필요가 있다. 그동안 노동3권이 노동관계 법령에 의해 부당하게 많은 제한을 받고 왜곡되어 왔다. 노동관계 법령을 통해 노동3권을 파악하고 이를 통해 헌법을 규정짓는 것은 본말이 전도된 것이다. 노동3권은 법률의 산물이 아니라 노동운동을 통해 사회 내부에서 창출된 것이므로 권리의 내용이 모두 국가의 법률에 의해 정해진다고 하는 것은 권리의 성질에 반하거나 이를 해할 위험이 있다. 따라서 노동3권을 실정 노동법의 관점이 아니라 헌법 차원에서 먼저 확정해야만 올바르게 이해할 수 있는 것이다.[30)]

헌법이 노동3권을 보장한 취지에 대해 헌법재판소는 "원칙적으로 개인과 기업의 경제상의 자유와 창의를 존중함을 기본으로 하는 시장경제의 원리를 경제의 기본질서로 채택하면서, 노동관계당사자가 상반된 이해관계로 말미암아 계급적 대립·적대의 관계로 나아가지 않고 활동과정에서 서로 기능을 나누어 가진 대등한 교섭주체의 관계로 발전하게 하여 그들로 하여금 때로는 대립·항쟁하고, 때로는 교섭·타협의 조정과정을 거쳐 분쟁을 평화적으로 해결하게 함으로써, 결국에 있어서 근로자의 이익과 지위의 향상을 도모하는 사회복지국가 건설의 과제를 달성하고자 함에 있다"고 판단하였다.[31)]

---

30) 이영희b, 64~65면; 니시타니 사토시, 23면.
31) 헌재 1993. 3. 11. 선고 92헌바33 결정, 헌재 1998. 7. 16. 선고 97헌바23 결정.

Ⅱ. 노동3권의 법적 성질

1. 문제의 소재

전통적인 인권이론에 의하면 헌법상 보장된 기본적 인권은 자유권과 사회권으로 구별된다. 자유권은 국가가 자기억제라는 소극적 의무를 부담하는 시민적·정치적 권리이고, 사회권은 국가의 적극적 의무 이행을 통해 신장하는 경제적·사회적 권리라고 설명한다. 자유권은 국가의 침해로부터 개인을 보호하는 권리를 지칭하며, 사회권은 사람들의 결핍이나 욕구를 해결하기 위해 국가가 개인에게 제공하는 권리보호를 말한다. 자유권은 사법심사에 적합한 권리인 반면, 사회권은 사법적 판단의 대상이라기보다는 단지 어떤 정책적 지향성을 나타내는 프로그램적 권리의 성격을 갖는다고 설명해 왔다.[32] 국제인권법 분야에서도 이러한 구분이 적용되어 국제인권규약도 시민적·정치적 권리에 관한 국제규약(자유권규약)과 경제적·사회적·문화적 권리에 관한 국제규약(사회권규약)으로 구분되어 채택되었다.

노동3권과 관련해서도 자유권적 기본권에 해당하는지 아니면 사회권적 기본권에 해당하는지에 대해 논란이 되었다. 노동3권의 법적 성격을 어떻게 이해하는가는 노조법 등 집단적 노동관계법을 해석하는 데에 매우 중요한 문제이며, 특히 노동3권의 제한 문제와 밀접하게 연관되어 있다. 노동3권의 자유권적 성격을 강조하면 이에 대한 국가의 개입은 최소화되어야 한다고 해석하게 되는 반면, 사회권적 성격을 강조하면 국가의 적극적인 개입과 뒷받침에 의하여 그 권리가 보장된다고 보게 됨으로써 국가의 개입을 긍정적으로 파악하게 된다.[33]

2. 학　　설

학설로는 자유권적 기본권으로 파악하는 견해, 사회권(생존권)적 기본권으로 파악하는 견해, 자유권과 사회권의 혼합권적 기본권으로 파악하는 견해 등이 있다.[34] 일본헌법은 25조에서 생존권 규정을 두고 그 이하인 27조에서 근로권, 28조에서 노동3권 규정을 두고 있어 사회권으로 파악해야 할 조문체계상의 필요

32) 샌드라 프레드먼, 181면.
33) 정진경a, 205~206면.
34) 사법연수원a, 4~5면.

성이 있으나,[35] 우리 헌법은 노동3권을 규정한 이후에 생존권 규정을 두고 있으므로 반드시 사회권으로 파악해야만 할 조문체계상의 필요성은 없다고 말할 수 있다.

자유권적 기본권으로 파악하는 견해는 노동3권은 근로자의 단결·단체교섭 및 단체행동에 대하여 국가가 함부로 제약하거나 간섭할 수 없도록 근로자에 대하여 집회·결사의 자유의 특수한 형태로서 보장되는 자유권적 기본권의 일종이라고 본다.[36]

사회권적 기본권으로 파악하는 견해는 노동3권은 근로자가 경제적·사회적 지위의 향상을 위하여 단결·단체교섭 및 단체행동의 보장에 필요한 급부를 국가에 요구할 수 있는 권리로서 그 구체적인 내용은 입법자가 제정한 법률에 의하여 비로소 형성될 수 있는 사회권적 기본권의 일종이라고 본다.[37]

자유권적 기본권과 사회권적 기본권의 성질을 함께 가지는 혼합권적 기본권으로 파악하는 견해는 두 성격을 모두 가진다고 본다.[38] 자유권적 성질로부터 국가는 노동3권 행사를 억압하거나 이에 간섭하지 않을 의무를 부담하고, 노동3권 행사를 저해하는 사회적 조건이 있는 경우 이를 제거할 조치를 강구하여야 하며, 노동3권 행사에 대해서는 형사책임과 민사책임이 면제되고, 다른 수단에 의해 생존권이 보장되었다고 하더라도 어떠한 이유로도 자유 그 자체를 전면적으로 부정하는 단결권·단체교섭권·단체행동권의 금지는 허용되지 않는다는 효과가 도출된다. 사회권적 성질로부터 국가는 노동3권의 실현을 위한 정책적 의무를 부담하고, 노동3권을 국가안전 보장과 질서유지 또는 공공복리를 위해 필요한 경우 제한할 수 있다고 하더라도 그 제한은 근로자의 생존권을 위협하게 되므로 적절한 대상조치가 필요하다는 효과가 도출된다.[39]

3. 판 례

대법원은 "노동3권은 사용자와 근로자 간의 실질적인 대등성을 단체적 노사관계의 확립을 통하여 가능하도록 하기 위하여 시민법상의 자유주의적 법원

35) 니시타니 사토시, 43면.
36) 한수웅, 1031~1032면.
37) 전광석, 469면.
38) 김형배, 128면; 성낙인, 1526면; 이상윤a, 68면; 임종률, 23면; 정연주, 367면.
39) 이병태, 73~74면.

칙을 수정하는 신시대적 시책으로서 등장된 생존권적 기본권들"이라고 하여 기본적으로 사회권적 기본권의 성격을 갖는 것으로 보고 있다.[40)]

헌법재판소는 초반에는 "근로기본권은 근로자의 근로조건을 개선함으로써 그들의 경제적·사회적 지위의 향상을 기하기 위한 것으로서 자유권적 기본권으로서의 성격보다는 생존권 내지 사회권적 기본권으로서의 측면이 보다 강한 것으로서 그 권리의 실질적 보장을 위해서는 국가의 적극적인 개입과 뒷받침이 요구되는 기본권"이라고 하여 사회권적 기본권의 성질을 갖는 것으로 보는 듯한 결정을 하였다.[41)] 그러나 후에 "노동3권은 근로자가 자주적으로 단결하여 근로조건의 유지·개선과 근로자의 복지증진 기타 사회적·경제적 지위의 향상을 도모함을 목적으로 단체를 자유롭게 결성하고 이를 바탕으로 사용자와 근로조건에 관하여 자유롭게 교섭하며 때로는 자신의 요구를 관철하기 위하여 단체행동을 할 수 있는 자유를 보장하는 자유권적 성격과 사회·경제적으로 열등한 지위에 있는 근로자로 하여금 근로자단체의 힘을 배경으로 그 지위를 보완·강화함으로써 근로자가 사용자와 실질적으로 대등한 지위에서 교섭할 수 있도록 해주는 기능을 부여하는 사회권적 성격도 아울러 지닌 기본권"이라고 하여 혼합권설의 견해를 취함을 명백히 하였다.[42)]

나아가 헌법재판소는 "노동3권은 근로자가 국가의 간섭이나 영향을 받지 아니하고 자유롭게 단체를 결성하고 그 목적을 집단으로 추구할 권리를 보장한다는 의미에서 일차적으로 자유권적 성격을 가지나, 고전적인 자유권이 국가와 개인 사이의 양자관계를 규율하는 것과는 달리 국가·근로자·사용자의 3자 관계를 그 대상으로 한다. 따라서 노동3권은 국가공권력에 대하여 근로자의 단결권의 방어를 일차적인 목표로 하지만, 노동3권의 보다 큰 헌법적 의미는 근로자단체라는 사회적 반대세력의 창출을 가능하게 함으로써 노사관계의 형성에 있어서 사회적 균형을 이루어 근로조건에 관한 노사 간 실질적인 자치를 보장하려는 데 있다. 경제적 약자인 근로자가 사용자에 대항하기 위해서는 근로자단체

40) 대법원 1990. 5. 15. 선고 90도357 판결 등.

41) 헌재 1991. 7. 22. 선고 89헌가106 결정.

42) 헌재 1998. 2. 27. 선고 94헌바13 등 결정, 헌재 2004. 8. 26. 선고 2003헌바58 등 결정, 헌재 2004. 8. 26. 선고 2003헌바28 결정, 헌재 2005. 11. 24. 선고 2002헌바95 등 결정, 헌재 2008. 7. 31. 선고 2004헌바9 결정, 헌재 2009. 2. 26. 선고 2007헌바27 결정, 헌재 2009. 10. 29. 선고 2007헌마1359 결정, 헌재 2017. 9. 28. 선고 2015헌마653 결정, 헌재 2018. 5. 31. 선고 2012헌바90 결정.

의 결성이 필요하고 단결된 힘에 의해서 비로소 노사관계에 있어서 실질적 평등이 실현된다. 다시 말하면 근로자는 노동조합과 같은 근로자단체의 결성을 통하여 집단으로 사용자에 대항함으로써 사용자와 대등한 세력을 이루어 근로조건의 형성에 영향을 미칠 수 있는 기회를 가지게 되므로 이러한 의미에서 노동3권은 '사회적 보호기능을 담당하는 자유권' 또는 '사회권적 성격을 띤 자유권'이라고 말할 수 있다. 이러한 노동3권의 성격은 국가가 단지 근로자의 단결권을 존중하고 부당한 침해를 하지 아니함으로써 보장되는 자유권적 측면인 국가로부터의 자유뿐이 아니라, 근로자의 권리행사의 실질적 조건을 형성하고 유지해야 할 국가의 적극적인 활동을 필요로 한다. 따라서 노동3권의 사회권적 성격은 입법조치를 통하여 근로자의 헌법적 권리를 보장할 국가의 의무에 있다. 이는 곧 입법자가 근로자단체의 조직, 단체교섭, 단체협약, 노동쟁의 등에 관한 노동조합 관련법의 제정을 통하여 노사 간 세력균형이 이루어지고 근로자의 노동3권이 실질적으로 기능할 수 있도록 하기 위하여 필요한 법적 제도와 법규범을 마련하여야 할 의무가 있다는 것을 의미한다"고 판시하였다.[43)]

4. 검 토

가. 사회권적 성격을 강조하는 견해에 대한 비판적 검토

노동3권을 사회권으로 이해하는 것이 전통적 견해였다. 이는 노동3권이 자유권과는 다른 측면이 있는 것이 사실이어서 이를 명확하게 할 필요가 있었고, 시민법의 틀을 넘어서는 쟁의수단의 정당성에 법적 근거를 부여하며, 국민의 생활수준이 낮은 단계에서 자유권에 대하여 사회권을 우위에 둠으로써 노동3권을 사회권 실현의 수단으로 이해하고자 하는 실천적인 요구에 근거하는 측면도 있었다.[44)]

그러나 노동3권, 특히 단체행동권의 사회권적 기본권으로서 가지는 성격을 강조하는 견해는 사회권 보장을 위한 국가의 적극적 입법 의무를 내세워 노동3권을 제한하는 법률의 합헌성을 담보하려는 의도에서 비롯된 것으로 볼 수 있다. 노동3권의 사회권성으로부터 나오는 입법자의 입법 의무가 결과적으로 자유권으로서 노동3권을 제한하는 정당한 사유로 작용할 수 있는 것이다.[45)46)]

43) 헌재 1998. 2. 27. 선고 94헌바13 등 결정, 헌재 2009. 2. 26. 선고 2007헌바27 결정 등.
44) 니시타니 사토시, 43면.
45) 이흥재a, 3면.
46) 전통적으로 노동3권을 사회권으로 파악하였던 일본에서도 "정치는 사회권(노동3권)의 보장

노동3권이 자유권적 기본권의 성격과 생존권적 기본권의 성격을 함께 가지지만, 노동3권 보장의 연혁은 국가형벌권에서 벗어나는 자유에서 시작된 것으로 그 연혁상의 자유권적 성질은 노동3권의 생존권적 성격을 인정한다고 하더라도 강조되어야 한다. 사회권에 속하는 기본권이라고 하더라도 법률의 제정이라는 국가의 개입을 기다려 비로소 권리가 실현될 수 있는 사회보장수급권과는 달리, 노동3권은 헌법의 규정만으로 구체적 권리성이 인정되며,[47] 권리의 실현은 법률의 제정이라는 국가의 개입을 통해서가 아니라 노사 당사자의 자치에 의하여 이루어지며 법률은 사회적 자치의 기반을 조성하는 데 그치는 것이다. 따라서 노동3권의 사회권적 성격을 존중해서 이를 제도적으로 구체화하는 입법을 할 때에는 노동3권에 내포된 자유권적인 측면을 존중하여야 할 헌법적 의무를 명심해야 한다.[48]

특히 단체행동권은 과거는 물론 현재에도 국가권력의 탄압이나 사용자의 억압에서 자유롭게 행사하여야 할 역사적·저항적 성격을 내포하고 있는바, 이러한 관점에서 단체행동권은 근로자의 실질적 자유를 구현하기 위한 자유권으로 파악할 필요가 있다.[49] 또한 노동3권의 자유권적 측면은 쟁의행위 절차에 관한 입법에도 충분히 고려되어야 한다. 쟁의행위 절차에 관한 법률 규정이 단체행동권의 행사를 부당하게 제한하거나 그 위반에 대한 벌칙이 지나치게 가혹하여 균형을 상실하는 결과를 초래하는 경우에는 헌법 위반의 평가를 받게 될 것이다.

노동3권의 법적 성격을 자유권으로 보는가 사회권으로 보는가는 서로 모순되는 것이 아니고, 사회권적인 성격이란 국가가 입법조치를 통하여 근로자의 기본권을 보다 적극적으로 보장하여야 할 의무까지 있음을 규정한 것에 지나지 않는 것으로 보는 것이 타당하며,[50] 단체행동권에 대한 제한 법률이 사회권적 성격이라는 명분으로 함부로 정당화되어서는 안 된다. 오히려 사회권으로서의 단체행동권을 보장한다는 것은, 쟁의행위 기간 중 대체인력 투입 금지 등을 규정한 노조법 43조 등의 입법조치의 예에서도 알 수 있듯이 단체행동권을 사실상 무력화시키는 것을 허용하지 않는다는 의미라고 보아야 할 것이다.[51]

에는 소극적이고 제한에는 적극적"이라는 비판이 제기되어 왔다. 스기하라 야스오, 169면.

47) 대법원 2020. 9. 3. 선고 2016두32992 전원합의체 판결 참조.

48) 정진경a, 206면.

49) 이흥재a, 3면.

50) 정진경a, 207면.

51) 김종서, 195면.

한편 노동3권의 성격을 자유권으로 보느냐 아니면 사회권으로 보느냐에 따라 헌법상 노동3권 규정의 효력 및 적용 문제로서 집단적 노동관계를 규율하는 법규범에 대한 해석 및 통제의 기준을 설정하는 데에 어떠한 뚜렷한 차이를 발견하기 어렵다는 견해도 있다. 성격을 어떻게 이해하든 노동3권이 현실적으로 보장되는 범위는 그것을 '제한'하는 형식의 것이냐 아니면 그것을 '형성'하는 형식의 것이냐 차이만 있을 뿐 결과적으로 법률의 규정에 의하여 정해지고, 어느 경우에나 그러한 법률을 헌법상 노동3권의 규정에 의하여 해석하거나 통제하는 기준은 주관적 공권 및 객관적 가치질서로서 성격을 띠는 노동3권을 보장하는 헌법적 의미에 의하여 정하여질 것이기 때문이라는 것이다.[52]

나. 자유권적 기본권과 사회권적 기본권 이분론에 대한 비판적 견해

최근에는 인권을 자유권과 사회권으로 이분하는 견해에 대해 근본적인 비판이 제기되고 있다.[53] 모든 인권은 서로 나눌 수 없고 서로 의존하며 서로 연관되어 있는 불가분성이 있다고 본다. 사회권의 경우에도 사법심사 적합성을 인정할 여지가 충분히 있다고 보며, 법원의 적극적 역할을 강조한다. 법원은 인권과 민주주의의 보루 역할을 수행하는데, 법원의 민주적 역할은 국가의 정치적 책무성을 강화하고, 심의민주주의를 촉진하며, 평등을 장려하고, 평등한 시민들 간의 사회적 대화를 촉진할 수 있는 도구 내지는 사회적 대화의 공간으로서 기능할 수 있다는 것이다.

모든 인권에는 그에 대응하는 국가의 의무가 존재한다. 경제적·사회적·문화적 권리에 관한 국제규약에 의해 채택되고 발전된 모든 권리에 대응하는 국가의 3중 의무는 존중할 의무(duties to respect), 보호할 의무(duties to protect), 충족시킬 의무(duties to fulfill)이다. 존중할 의무는 회피할 의무(duties to avoid)와 유사하며 국가가 개인이 누리고 있는 권리에 대해 직·간접적으로 개입하지 말아야 할 의무를 말한다. 보호할 의무는 제3자가 어떤 개인의 권리에 개입하지 못하도록 막아낼 국가의 의무를 말한다. 충족시킬 의무는 지원할 의무(duties to aid)와 비슷하며 국가에게 권리를 직접 제공해 줄 것을 요구하거나 개인과 공동체가 스스로 그러한 권리를 누릴 수 있도록 도움으로써 그러한 과정을 촉진할 의무를 말한다. 여기에 부가하여 국가가 권리를 보호하기 위해 반드시 필요한 규

52) 사법연수원a, 7~8면.
53) 샌드라 프레드먼, 181~189면.

범을 입법화할 의무를 인정하며 이를 조직 및 절차 권리(right to organization and procedure)라고 한다.[54)]

이러한 관점에서 노동3권을 이해하는 것이 필요하다. 노동조합 조직률이 10%대에 머물러 있는 것은 국가가 단결권을 지원하고 충족시킬 의무를 제대로 이행하지 않았기 때문으로 볼 수 있다. 그렇다면 국가는 노동조합 조직률을 제고하기 위한 정책을 입안하고 실시할 의무를 부담한다. 비정규직 근로자들의 경우 고용불안정으로 말미암아 노동조합의 조직에 큰 장애를 입고 있으므로 단결권 보장에 상응하는 국가의 지원할 의무의 내용으로 고용을 안정시킴으로써 노동조합 조직에 대한 장애 요인을 제거하여야 할 의무가 도출된다.[55)] 단체행동권의 행사에 대해 업무방해죄 등으로 형사처벌을 하는 것은 충족시킬 의무는 고사하고 가장 기초적 의무인 존중할 의무조차도 무시하는 것이다.

다. 기본권의 양면성 이론에 대한 비판적 견해

헌법상의 기본적 인권은 주관적 권리의 성질을 가지지만, 그에 그치지 않고 객관적 법규범의 성질도 가진다. 이를 보통 '기본권의 양면성' 또는 '기본권의 이중성'이라고 하여 학계와 법원 및 헌법재판소에서도 인정하여 왔다. 기본권의 객관적 법규범성으로부터 제도 보장과 국가의 기본권 보호 의무 등이 구체적인 내용으로 도출되었다.

주관적 권리와 객관적 법규범의 내용을 구별하여 대응시키는 것은 그 근거와 의미를 찾기 어려우므로 양면성 이론을 극복하여야 한다는 견해가 있다.[56)] 기본권 규정 대부분이 주관적 권리의 형식으로 규정된다는 점에서 주관적 권리성이 매우 중요한 내용이라는 점을 부정하기는 어렵지만, 국가의 다양한 과제가 인정되면서 국가를 구속하는 객관법적 내용의 비중이 커지고 있다. 기본권의 '다중성'을 인정함으로써 기존 시각에서 벗어나 다양한 시각에서 기본권 내용을 고찰하는 것을 가능하게 한다는 것이다.

헌법 10조 2문은 "국가는 개인이 가지는 불가침의 기본적 인권을 확인하고 이를 보장할 의무를 진다"고 규정하여 국가의 기본권 보장 의무를 명시하고 있

54) 샌드라 프레드먼, 187~189면.

55) 현재 노동조합이 조직되어 있는 사업장의 경우에도 대부분의 비정규직 근로자들은 배제되어 있다고 한다. 또한 근로기준법상의 근로자대표와 취업규칙 불이익변경 절차, 노사협의회 제도 역시 분절되어 있으며 비정규직 근로자들을 대표하지 못하고 있다. 도재형b, 200면.

56) 허완중, 72~73면.

다. 기본권은 개인에게는 권리로서 의미가 있지만, 국가에게는 의무로서 기능한다. 헌법 10조 2문이 규율하는 기본권 보장 의무는 국가가 헌법이 인정한 기본권적 법익을 보호하기 위해서 지는 의무의 총칭을 의미한다.

국가의 기본권 보장 의무의 구체적인 내용으로 국가가 기본권을 모든 자기 행위의 원칙과 기준으로 삼아서 기본권을 스스로 침해하지 않고 기본권 실현이 가능하도록 할 기본권 존중 의무, 기본권 주체 스스로 자기 기본권을 고의나 과실로 침해하거나 침해할 위험이 있을 때 국가가 기본권적 법익을 보호할 기본권 구조 의무, 기본권이 보호하는 법익을 제3자의 위법한 위해로부터 보호할, 즉 그 위해를 예방하거나 그로 말미암은 피해 발생을 방지할 기본권 보호 의무, 외국의 침해로부터 개인의 기본권을 보호할 국제적 보호 의무, 국가가 자연재해를 미리 예방하거나 재해를 복구할 자연재해 방지 의무 등을 제시한다.[57)]

라. 관여권으로 노동3권을 파악하는 견해

노동3권을 여러 근로조건을 결정하는 과정에 대한 근로자의 실질적인 관여 그 자체에 역점이 있는 권리인 관여권(關與權)으로 파악하는 견해[58)]도 있다.

헌법은 근로자가 자신의 여러 근로조건의 결정과정에서 배제되고 그것이 사용자와 그 밖의 제3자에 의하여 일방적으로 결정된다는 사태를 정의에 반한다고 보고, 근로자의 단결에 대해서 국가로부터의 자유를 보장하는 것에 그치지 않고 나아가 근로자의 단결을 통해서 여러 근로조건의 결정과정에 대해 근로자가 실질적으로 관여하는 것을 적극적으로 보장하려고 하는 취지에서 노동3권을 근로자의 기본권으로 보장하고 있는 것으로 해석한다.

이와 같은 이해를 전제로 하게 되면 노동3권의 보장은 헌법 10조의 인간의 존엄성 이념에 기초를 둔 인격적 자율권 내지 자기결정권과 밀접한 관계를 가지게 된다. 경제적 약자로서 사용자에 대하여 종속적 관계에 놓여 있는 근로자로서는 근로조건과 경제적·사회적 지위에 관계되는 자신의 자기 결정 또는 관여는 다른 근로자의 연대가 매개되어야 비로소 실현 가능성을 얻게 되기 때문에, 헌법은 근로자가 자기의 근로조건 결정과 경제적·사회적 지위의 향상에 실질적으로 관여할 수 있도록 노동3권을 기본권으로 보장한 것으로 해석하는 것이 헌법의 취지를 제대로 이해하는 것이다.

---

57) 허완중, 77~100면.

58) 니시타니 사토시, 45~48면; 와다 하지메, 251면.

헌법이 근로자의 단결권, 단체교섭권, 단체행동권을 기본권으로 보장하는 것은 노사 간의 이해 대립을 당연한 전제로 하며, 노사 간의 이해 대립은 단체교섭과 쟁의행위에 의해서 해결·조정될 수밖에 없다는 것도 헌법이 근로자의 노동3권을 보장하는 기본적인 전제이다. 이러한 이해에 의하면 건전 또는 성숙한 노사관계라는 것은 사용자와 근로자·노동조합이 상호 이해의 대립을 전제로 하면서 그것을 이성적으로 해결하려고 하는 경우에 비로소 존재하게 된다.

노동3권은 근로자들의 근로조건 향상에 기여했을 뿐 아니라 산업민주주의를 구현하는 데도 중요한 역할을 한다. 산업민주주의는 산업사회에서 근로자에 대한 일방적·억압적 지배가 배제되는 것을 의미한다. 노동3권은 노동시장에서 시장적 질서를 회복하는 기능과 산업사회의 자율체제를 확립하는 기능도 수행했다.[59] 관여권으로서 노동3권은 집단적 자기결정의 과정을 중시한다. 결과에 치중하는 생존권적 기본권과 국가에 의한 침해 배제를 본질적 속성으로 하는 자유권적 기본권을 넘어서 대향적 관계에 있는 사용자와 사이에 대등 결정을 허용하는 권리의 성질을 갖는다. 노동조합에 의한 단체협약 불이익변경의 경우 생존권적 기본권의 견해에 서게 되면 허용하기 어려운 측면이 있으나, 관여권적 관점에서는 대등 결정의 원칙에 근거한 것으로 허용할 수 있게 된다.

근로자에게 노동3권을 기본권으로 보장하고 있는 헌법의 해석상으로는 건전한 노사관계라는 것은 결코 노사 간에 대립이 발생하지 않거나 쟁의행위가 벌어지지 않는 관계가 아니다. 경우에 따라서는 사용자가 눈앞의 이익 때문에 합리성 없는 근로조건 인하 등을 일방적으로 강행하려고 하고 근로자에게 불만이 쌓여 있음에도 노동조합이 단체교섭과 쟁의행위로써 저항하려고 하지 않는 상태 쪽이 오히려 불건전한 것일 수 있다.[60]

마. 국가에 대한 법률제정 의무의 부여

노동3권의 헌법적 보장의 결과 국가는 노동3권이 실질적으로 기능할 수 있도록 하기 위한 입법적 조치를 취할 의무를 지게 된다. 입법자는 근로자단체의 조직, 단체교섭, 단체협약, 단체행동 등에 관한 집단적 노동관계법의 제정을 통하여 노사 간 세력 균형이 이루어지고 근로자의 노동3권이 실질적으로 기능할 수 있도록 하기 위하여 필요한 법적 제도와 법규범을 마련하여야 할 의무가

59) 이영희b, 97~98면.

60) 민변노동법Ⅱ, 5~7면; 니시타니 사토시, 51면.

있다.[61)]

이에 따라 노조법, 교원노조법, 공무원노조법, 근참법, 노위법 등 여러 법률들이 제정되어 있다. 이와 같이 국가가 노동3권을 실질적으로 보장하기 위하여 만든 법률들은 헌법 33조 1항을 구체화한 것이므로 헌법합치적으로 해석해야 하는 것은 당연하다.

그런데 우리나라의 경우 노동3권을 구체화한 법률들이 오히려 헌법상 기본권인 노동3권을 부당하게 제한하고 있어 굳이 그러한 법률들이 꼭 필요한가 하는 점에 대한 의문이 있다. 특히 노조법상의 설립신고제도와 단체교섭 및 쟁의행위에 관한 규정들은 노동3권의 행사를 공안적 시각에서 규제하고 파업을 범죄시하여 그 타당성이 의문시된다. 현행 노조법의 규정들을 살펴보면 굳이 이러한 법률이 필요한지 의문이어서 이러한 법률 전체를 폐지하는 것이 오히려 바람직할 수 있다는 견해가 제기되기도 하는 실정이다.

Ⅲ. 주체 및 목적

1. 주 체

가. 근 로 자

노동3권은 헌법 33조 1항에 의하여 '근로자'가 향유하는 기본권이다.[62)] 노조법 2조 1호는 근로자에 대해 "직업의 종류를 불문하고 임금·급료 기타 이에 준하는 수입에 의하여 생활하는 자"로 규정하고 있다. 근로자는 시민법상 추상적이고 일반적인 법적 인격이 아니고 그가 처한 경제적·사회적인 지위에 따라 구체적·개별적으로 파악된 뜻의 근로자이다. 사용자에 대해 형식적으로 대등한 관계에 있지만, 실질적으로 종속적인 지위에 있는 자가 노동3권의 주체로서 말하는 근로자이다.[63)][64)]

61) 민변노동법Ⅱ, 7면.

62) 다만, 헌법 33조의 '근로자'라는 용어는 그것을 넓게 해석하더라도 그 용어 자체가 가지는 어의의 한계가 존재하기 때문에 플랫폼 노동 종사자 등 시대의 변화에 따라서 새롭게 등장하는 노무공급자집단을 포섭하는 데 제약을 가지고 있으므로, 향후 헌법 개정 과정에서 헌법 33조의 '근로자'라는 용어를 대체할 수 있는 용어를 찾아야 한다는 견해도 있다. 정영훈b, 96~98면.

63) 이병태, 72면.

64) 대법원은 "노동조합법은 개별적 근로관계를 규율하기 위해 제정된 근로기준법과 달리, 헌법에 의한 근로자의 노동3권 보장을 통해 근로조건의 유지·개선과 근로자의 경제적·사회

결사의 자유가 국민 일반의 권리인 것과 대조된다. 사용자는 노동3권의 주체가 될 수 없고 근로자의 노동3권 행사에 대한 상대방의 지위를 가질 뿐이다. 사용자도 단체를 조직하거나 이에 가입할 권리, 단체교섭을 할 권리, 직장폐쇄를 할 권리 등을 가지지만 이는 헌법상의 노동3권에 근거한 것이 아니다.[65)]

노동3권의 주체로서 근로자는 근로자 개개인뿐만 아니라 근로자들의 결합체인 근로자단체를 포괄하는 개념이다. 단결권은 근로자 개개인이 단결할 수 있는 개별적 단결권과 노동조합 등 근로자단체가 단결할 수 있는 집단적 단결권을 포괄하는 개념으로 해석되고,[66)] 단체교섭권·단체행동권은 근로자가 근로자단체를 통하여 행사할 수 있는 권리이다. 여기서 말하는 근로자단체라 함은 노조법상 설립신고를 마친 노동조합에 한정되는 것은 아니고 단체로서 인정할 수 있는 실질적 요건을 갖추고 있으면 이에 해당한다.[67)]

특히 쟁의권의 주체와 관련한 입법례로는 노동조합 또는 이에 준하는 근로자 단결체만을 주체로 인정하는 예(독일 등), 개별 근로자만을 주체로 인정하는 예(프랑스, 이탈리아 등), 노동조합 등 단결체와 개별 근로자를 모두 주체로 인정하는 예 등이 있다. 우리 헌법 33조는 노동3권의 주체를 "근로자"라고 하여 개별 근로자가 그 주체임을 명시적으로 규정하고 있다. 위 규정이 비록 쟁의권을 개별 근로자의 권리로서 보장하고 있지만, 쟁의권이란 집단적으로 행사될 것이 예정된 권리이기 때문에 개별 근로자뿐만 아니라 단결체 자체도 쟁의권의 주체가 되는 것으로 해석된다.[68)] 단체행동권을 자유권으로 보고 노동3권 중에서 핵심적이고 본질적인 권리로 보는 견해에서는 단체행동권의 보편성에 의해 개별 근로자의 쟁의권 주체성을 인정한다.[69)] 따라서 한국에서 쟁의권 행사의 한계 및 쟁의행위의 정당성을 판단할 때에는 노동조합이나 근로자단체뿐만 아니라 개별

적 지위 향상 등을 목적으로 제정되었다. 이러한 노동조합법의 입법 목적과 근로자에 대한 정의 규정 등을 고려하면, 노동조합법상 근로자에 해당하는지는 노무제공관계의 실질에 비추어 노동3권을 보장할 필요성이 있는지의 관점에서 판단하여야 하고, 반드시 근로기준법상 근로자에 한정된다고 할 것은 아니다'라고 판시하였다(대법원 2018. 6. 15. 선고 2014두12598, 12604 판결, 대법원 2018. 10. 12. 선고 2015두38092 판결, 대법원 2019. 2. 14. 선고 2016두41361 판결, 대법원 2019. 6. 13. 선고 2019두33712 판결, 대법원 2019. 6. 13. 선고 2019두33828 판결).

65) 임종률, 25~26면.

66) 대법원 1992. 12. 22. 선고 91누6726 판결, 대법원 1993. 2. 12. 선고 91누12028 판결.

67) 사법연수원a, 9면.

68) 신인령a, 145~148면.

69) 이흥재a, 5면.

근로자가 쟁의권의 주체라는 사실을 염두에 두어야 한다.

근로자 개인과 근로자단체 사이에는 일반적으로 이해관계가 일치하지만, 경우에 따라서는 긴장관계를 노정하기도 한다. 노동조합이라는 조직의 처지를 강조하게 되면 그 구성원인 개별 조합원의 권리와 충돌할 수도 있다. 그래서 노동조합 운영에 민주주의 원리가 요청된다. 노동조합으로서는 조직의 단결과 위계 및 질서 등을 유지하기 위해 조합원에 대해 통제권을 행사할 필요가 있다. 그렇지만 노동조합의 통제권을 인정한다고 하더라도 조합원 개인의 기본권을 부당하게 침해해서는 안 될 것이다. 노동조합 집행부에 의해 주도되지 않은 비공인파업의 경우 근로자 개인의 노동3권이라는 관점에서 그 정당성이 인정될 여지도 있는 것으로 보아야 한다.[70]

나. 실업 중인 근로자 또는 해고된 근로자

노동3권의 주체로서 근로자는 반드시 사업 또는 사업장에 고용되어 있는 근로자에 한정되지 않는다. 현실적으로 취업 중인 근로자뿐만 아니라 실업 중인 근로자 또는 해고된 근로자라고 하더라도 자신의 노동력을 제공하고 임금·급료 기타 이에 준하는 수입을 받아 생활할 의사나 능력이 있는 자는 노동3권의 주체인 근로자에 해당한다.

대법원도 "근기법은 '현실적으로 근로를 제공하는 자에 대하여 국가의 관리·감독에 의한 직접적인 보호의 필요성이 있는가'라는 관점에서 개별적 노사관계를 규율할 목적으로 제정된 것인 반면에, 노조법은 '노무공급자들 사이의 단결권 등을 보장해 줄 필요성이 있는가'라는 관점에서 집단적 노사관계를 규율할 목적으로 제정된 것으로 그 입법목적에 따라 근로자의 개념을 상이하게 정의하고 있는 점, 일정한 사용자에의 종속관계를 조합원의 자격요건으로 하는 기업별 노동조합의 경우와는 달리 산업별·직종별·지역별 노동조합 등의 경우에는 원래부터 일정한 사용자에의 종속관계를 조합원의 자격요건으로 하는 것이

---

70) 물론 노조법 37조 2항은 "조합원은 노동조합에 의하여 주도되지 아니한 쟁의행위를 하여서는 아니된다."라고 규정하고 있다. 그러나 이 조항도 '근로자'를 노동3권의 주체로 규정한 헌법 33조 1항의 취지를 고려하여 합헌적으로 해석하여야 한다. 그리하여 근로자 개인이 쟁의행위의 주체가 되었다고 하여 일률적으로 위법으로 볼 것은 아니며, 또한 노조법 37조 2항의 '주도'라 함은 노동조합의 사전 기획, 결정, 지시뿐만 아니라 묵시적인 사후 승인도 포함되는 것으로 넓게 해석하여야 한다(임종률, 227면). 한편 프랑스 판례는 "노동의 중단은 노동조합의 지시에 따라 개시되지 않았다는 이유로 정당성을 상실하지 않는다."고 한다[Cass soc. 19 févr. 1981, D. 1981. 417(조임영, 36면에서 재인용)].

아닌 점에 비추어, 구 노조법 2조 4호 라목 단서는 '기업별 노동조합'의 조합원이 사용자로부터 해고됨으로써 근로자성이 부인될 경우에 대비하여 마련된 규정으로서, 이와 같은 경우에만 한정적으로 적용되고, 원래부터 일정한 사용자에의 종속관계를 필요로 하지 않는 산업별·직종별·지역별 노동조합 등의 경우에까지 적용되는 것은 아닌 점 등을 근거로, 구 노조법 2조 1호 및 4호 라목 본문에서 말하는 '근로자'에는 특정한 사용자에게 고용되어 현실적으로 취업하고 있는 자뿐만 아니라, 일시적으로 실업 상태에 있는 자나 구직 중인 자도 노동3권을 보장할 필요성이 있는 한 그 범위에 포함된다"고 판시하였다.[71]

위 대법원 판결에 의해 실업자 또는 구직 중인 자가 초기업 단위노조에 가입할 수 있는 길은 열렸으나, 여러 가지 다양한 해석론이 가능하므로 노동3권 보장 취지에 부합하는 방향으로 해석되어야 한다는 지적이 있다. 모든 실업자의 노조법상 근로자성 인정을 토대로 실업자와 노동조합의 자유로운 선택에 의해 다양한 조직형태를 가진 노동조합들이 출현하여 실업자 간의 연대나 실업자와 취업자 간의 연대가 가능해지고, 이를 통해 실업자의 권익 향상 나아가 모든 근로자의 근로조건 향상에 기여할 수 있는 해석론이 전개되어야 한다는 견해가 그것이다.[72]

다. 외국인근로자

국적을 불문하므로 내국인근로자뿐만 아니라 외국인근로자도 노동3권의 향유주체에 해당한다. 외국인근로자가 적법한 체류자격을 갖추지 못했다는 이유만으로 노동3권을 부정해서는 안 된다. 체류자격의 구비 여부는 출입국 관리 차원의 문제에 불과하므로 이를 이유로 헌법상의 기본권을 부정하는 것은 부당하기 때문이다. 대법원 2015. 6. 25. 선고 2007두4995 전원합의체 판결도 "출입국관리 법령에서 외국인고용제한규정을 두고 있는 것은 취업자격 없는 외국인의 고용이라는 사실적 행위 자체를 금지하고자 하는 것뿐이지, 나아가 취업자격 없는 외국인이 사실상 제공한 근로에 따른 권리나 이미 형성된 근로관계에 있어서 근로자로서의 신분에 따른 노동관계법상의 제반 권리 등의 법률효과까지 금지하려는 것으로 보기는 어렵다. 따라서 타인과의 사용종속관계하에서 근로를 제

71) 대법원 2004. 2. 27. 선고 2001두8568 판결, 대법원 2015. 1. 29. 선고 2012두28247 판결, 대법원 2017. 6. 29. 선고 2014도7129 판결.

72) 강성태b, 36~37면.

공하고 그 대가로 임금 등을 받아 생활하는 사람은 노동조합법상 근로자에 해당하고, 노동조합법상의 근로자성이 인정되는 한, 그러한 근로자가 외국인인지 여부나 취업자격의 유무에 따라 노동조합법상 근로자의 범위에 포함되지 아니한다고 볼 수는 없다."고 하여 같은 취지로 판단하였다.

외국인근로자의 직장선택의 자유와 관련하여 헌법재판소는, 직장선택의 자유는 인간의 존엄과 가치 및 행복추구권과도 밀접한 관련을 가지는 만큼 단순히 국민의 권리가 아닌 인간의 권리로 보아야 할 것이므로 외국인도 제한적으로라도 직장선택의 자유를 향유할 수 있다고 하면서도, 외국인근로자의 사업장 이동을 3회로 제한한 구 「외국인근로자의 고용 등에 관한 법률」(2003. 8. 16. 법률 6967호로 제정되고, 2009. 10. 9. 법률 9798호로 개정되기 전의 것) 25조 4항에 대해 위 법률조항은 "외국인근로자의 무분별한 사업장 이동을 제한함으로써 내국인근로자의 고용기회를 보호하고 외국인근로자에 대한 효율적인 고용관리로 중소기업의 인력수급을 원활히 하여 국민경제의 균형 있는 발전이 이루어지도록 하기 위하여 도입된 것이다. 나아가 이 사건 법률조항은 일정한 사유가 있는 경우에 외국인근로자에게 3년의 체류기간 동안 3회까지 사업장을 변경할 수 있도록 하고 대통령령이 정하는 부득이한 사유가 있는 경우에는 추가로 사업장 변경이 가능하도록 하여 외국인근로자의 사업장 변경을 일정한 범위 내에서 가능하도록 하고 있으므로 이 사건 법률조항이 입법자의 재량의 범위를 넘어 명백히 불합리하다고 할 수는 없다"고 하여 합헌으로 판단했다.[73)]

반면에 재판관 2인은 직장 선택의 자유는 '인간의 자유'라기보다는 '국민의 자유'라고 보아야 할 것이므로 외국인에게는 기본권주체성이 인정되지 아니하지만, 일반적 행동의 자유권 중 외국인의 생존 및 인간의 존엄과 가치와 밀접한 관련이 있는 근로계약의 자유에 관하여는 외국인에게도 기본권주체성을 인정할 수 있다는 견해를 밝혔다.

한편, 헌법재판소는 위와 같이 기본권을 '인간의 권리'와 '국민의 권리'로 구분하고 있는데,[74)] 이러한 권리성질설에 따르더라도, 노동3권은 '국민의 권리'

73) 헌재 2011. 9. 29. 선고 2007헌마1083 등 결정.

74) 퇴직금은 후불임금으로서 생활의 기본적 수요를 충족시키는 방편이 됨과 동시에 인간 생존의 기초가 된다는 점에서 이를 지급받을 권리는 '인간의 권리'로서 보호되므로, 퇴직금의 성질을 가지는 출국만기보험금의 지급시기 제한에 관한 것은 근로조건의 문제이기에 외국인들에게도 기본권 주체성이 인정된다는 결정으로는, 헌재 2016. 3. 31. 선고 2014헌마367 결정 (다만, 이 결정은 외국인근로자에 대한 출국만기보험금의 지급시기를 본국으로 출국 후 14일

라기보다는 '인간의 권리'이므로 외국인근로자도 노동3권의 기본권 주체성을 인정받을 수 있다.[75)]

라. 공 무 원

'직업의 종류'를 불문하므로 공무원인 근로자도 여기에 해당한다. 다만 헌법 33조 2항은 "공무원인 근로자는 법률이 정하는 자에 한하여 단결권·단체교섭권 및 단체행동권을 가진다"고 규정하여 개별적 법률유보를 인정하고 있다.

이에 관한 법률로서 국공법 66조 1항 및 지공법 58조 1항은 "공무원은 노동운동이나 그 밖에 공무 외의 일을 위한 집단 행위를 하여서는 아니 된다. 다만, 사실상 노무에 종사하는 공무원은 예외로 한다"고 규정하고 있다.

그런데 우선 국공법 66조 2항은 사실상 노무에 종사하는 공무원의 범위를 대통령령등[76)]으로 정하도록 하였는데, 대통령령인 국가공무원 복무규정 28조에 의하면, 사실상 노무에 종사하는 공무원은 과학기술정보통신부 소속 현업기관의 작업 현장에서 노무에 종사하는 우정직공무원(우정직공무원의 정원을 대체하여 채용된 일반임기제공무원 및 시간선택제일반임기제공무원을 포함한다)을 말한다.[77)]

또한 지공법 58조 2항은 사실상 노무에 종사하는 공무원의 범위를 조례에 의하여 정하도록 하였는데, 지방자치단체가 그러한 조례를 정하지 않은 것과 관련하여 헌법재판소는 위헌으로 판단한 바 있다. 즉 헌법재판소는 "지공법 58조 2항은 '사실상 노무에 종사하는 공무원'의 구체적인 범위를 조례로 정하도록 하고 있기 때문에 그 범위를 정하는 조례가 제정되어야 비로소 지방공무원 중에서 단결권·단체교섭권 및 단체행동권을 보장받게 되는 공무원이 구체적으로 확정된다. 그러므로 지방자치단체는 소속 공무원 중에서 지공법 58조 1항의 '사실상 노무에 종사하는 공무원'에 해당하는 지방공무원이 단결권·단체교섭권 및 단체행동권을 원만하게 행사할 수 있도록 보장하기 위하여 그 구체적인 범

이내로 하는 것은 외국인근로자의 불법체류를 막기 위한 불가피한 조치이므로, 근로의 권리와 평등권 등 기본권을 침해하지는 않는다고 판단하였다).

75) 김진곤, 154, 168면.

76) 국회규칙, 대법원규칙, 헌법재판소규칙, 중앙선거관리위원회규칙 또는 대통령령을 의미한다(국공법 2조 4항).

77) 다만 다음 각 호에 해당하는 공무원은 제외한다. 1. 서무·인사 및 기밀 업무에 종사하는 공무원. 2. 경리 및 물품출납 사무에 종사하는 공무원. 3. 노무자 감독사무에 종사하는 공무원. 4.「보안업무규정」에 따른 보안목표시설의 경비 업무에 종사하는 공무원. 5. 승용자동차 및 구급차의 운전에 종사하는 공무원.

위를 조례로 제정할 헌법상 의무를 부담한다. 헌법 33조 2항, 지공법 58조 1항 단서 및 2항에 의하면 조례에 의하여 '사실상 노무에 종사하는 공무원'으로 규정되는 지방공무원만이 단체행동권을 보장받게 되므로 조례가 아예 제정되지 아니하면 지방공무원 중 누구도 단체행동권을 보장받을 수 없게 된다. 따라서 이 사건 부작위는 청구인들이 단체행동권을 향유할 가능성조차 봉쇄하여 버리는 것으로 청구인들의 기본권을 침해한다"고 판단하였다.[78)]

공무원의 노동3권을 제한하는 논거에 대한 견해는 공무원은 국민 전체의 봉사자이므로 근로의 대가인 임금이나 기타 경제적인 이익에 관심을 가져서는 안 된다는 봉사자론, 공무원은 그 자유의사에 의해 국가와 사이의 특별권력관계에서 포괄적 지배를 받는 지위에 있으므로 국가와 국민 간의 일반권력관계에서 보장되는 기본권은 제한되어야 한다는 특별권력관계론, 공무원의 노동3권 행사는 정부의 기능을 저해하며 국민생활의 행복과 질서를 해치게 되므로 질서유지와 공공복리 차원에서 제한되어야 한다는 공공복리론, 공무원의 근로조건은 국회에서 확정되는 법률 및 예산에 의해 결정되므로 일반 근로자와 달리 대우하여야 한다는 재정민주주의론, 공무원은 법률 및 여러 특별 조치에 의해 근로조건이 보호되고 있으므로 노동3권을 제한하더라도 특별히 불이익이 없다는 대상조치론, 직무의 공공성 때문에 제한할 수 있다는 직무공공성론 등 다양하다. 공무원 근로관계에 위와 같은 특수성이 있다고 해서 노동3권에 대한 일률적인 제한이 정당화될 수는 없다. 공무원 노동3권 보장이 관료제도의 경직성과 부패 요소를 막고 국가기관의 민주주의적 질서 확립을 위한 중요한 방편이 된다는 점을 고려할 때 공무원 신분이라는 이유로 노동3권을 전면적으로 부정하는 것은 부당하다. 다만, 공무원이 맡은 구체적인 직무를 살펴서 고도의 공공성, 공정성, 성실성, 중립성이 요청되는 경우에 한하여 극히 예외적으로 노동3권에 대한 제한이 정당화될 수 있을 것이다.[79)]

국공법 66조가 국립학교·공립학교 교원에게 적용되는 것과 관련하여 위 법률조항의 위헌성 여부가 문제되었으나, 헌법재판소의 합헌 결정[80)]이 있었다. 그러나 그 후 국립학교·공립학교 교원인 공무원에 대하여는 교원노조법이 1999.

78) 헌재 2009. 7. 30. 선고 2006헌마358 결정.

79) 이병태, 87~88면.

80) 헌재 1992. 4. 28. 선고 90헌바27 등 결정. 지공법 58조 1항에 관하여는 헌재 2005. 10. 27. 선고 2003헌바50 등 결정 참조.

1. 29. 법률 5727호로 제정되어 1999. 7. 1.부터 시행됨에 따라 단결권 및 단체교섭권이 보장되고 있다. 교원노조법 제정 당시에는 그 적용대상이 되는 교원을 초·중등교육법에 의한 교원으로 한정하였으나, 2020. 6. 9.자 교원노조법 개정(법률 17430호)[81]으로 초·중등교육법에 의한 교원뿐만 아니라 유아교육법에 의한 교원, 고등교육법에 의한 교원(다만, 강사는 제외[82])도 교원노조법에 의한 교원이 되었다. 나아가 2021. 1. 5.자 교원노조법 개정(법률 17861호)[83]으로 교원뿐만 아니라 교원으로 임용되어 근무하였던 사람으로서 노동조합 규약으로 정하는 사람도 교원노조법상 노동조합에 가입할 수 있게 되었다.

교원을 제외한 공무원의 노동3권과 관련하여서 먼저 공무원직협법이 1998. 2. 24. 법률 5516호로 제정되어 1999. 1. 1.부터 시행되고 있다. 이 법에 의하면 6급 이하의 일반직공무원 및 이에 준하는 일반직공무원 및 이에 상당하는 별정직공무원, 특정직공무원 중 재직 경력 10년 미만의 외무영사직렬·외교정보기술직렬 외무공무원 등은 직장협의회를 설립하여 가입할 수 있다.[84] 그 후 2005. 1. 27. 공무원노조법이 제정되어 2006. 1. 28.부터 시행됨으로써 6급 이하의 일반직공무원 및 이에 상당하는 일반직공무원, 특정직공무원 중 6급 이하의 일반직공무원에 상당하는 외무행정·외교정보관리직 공무원, 6급 이하의 일반직공무원에 상당하는 별정직공무원 및 계약직공무원 등에 대하여 단결권 및 단체교

81) 이는 그 적용대상이 되는 교원을 초·중등교육법에 의한 교원으로 한정하고 있는 종전의 교원노조법 해당 조항이 대학 교원의 단결권을 침해하여 헌법에 합치하지 않는다는 내용의 헌재 2018. 8. 30. 선고 2015헌가38 결정을 반영한 것이다.

82) 강사도 고등교육법상 교원에는 해당한다(고등교육법 14조 2항). 그러나 강사는 교육공무원법, 사립학교법을 적용할 때에는 교원으로 보지 아니한다(고등교육법 14조의2 2항). 그리하여 강사는 교원노조법이 아니라 노조법에 의하여 노동3권의 적용을 받는 근로자에 해당한다(김장식, 110~111면).

83) 우리나라에서는 2021. 2. 26. 결사의 자유와 단결권에 관한 87호 협약, 단결권·단체교섭권에 관한 98호 협약, 강제노동에 관한 29호 협약 등 3개의 국제노동기구(ILO) 핵심 협약에 대한 비준동의안이 국회 본회의를 통과하였고, 이에 정부는 2021. 4. 20. 국제노동기구(ILO)에 그 비준서를 기탁하였다. 그리하여 위 3개의 핵심 협약은 2022. 4. 20.부터 우리나라에서 그 효력을 발생하였다{현재 우리나라에서는 국제노동기구(ILO)의 핵심 협약 8개 중 강제노동철폐에 관한 105호 협약만을 비준하지 않았다}. 2021. 1. 5.자 교원노조법 개정은 위와 같이 결사의 자유 등에 관한 국제노동기구(ILO)의 핵심 협약 비준을 추진하면서 그 협약에 부합하는 내용으로 종전 조항의 미비점을 개선·보완한 것이다.

84) 직장협의회 가입이 허용되는 공무원의 범위는 법의 개정에 따라 변화되어 왔는데, 2011. 5. 23.자 국공법 개정(법률 10699호)을 통해 위와 같이 개정되었으며, 이에 더하여 2019. 12. 10.자 공무원직협법 개정(법률 16762호)에 의해 경감 이하의 경찰공무원, 소방경 이하의 소방공무원에 대하여도 직장협의회 가입이 허용되었다.

섭권이 인정되었다.[85] 그런데 최근 앞서 본 바와 같이 결사의 자유 등에 관한 국제노동기구(ILO)의 핵심 협약 비준을 추진하면서 그 협약에 부합하는 내용으로 개선 · 보완하기 위해 2021. 1. 5.자 공무원노조법 개정(법률 17860호)을 통해 원칙적으로 모든 일반직공무원, 별정직공무원, 특정직공무원 중 외무영사직렬 · 외교정보기술직렬 외무공무원, 소방공무원 및 교육공무원(다만, 교원은 제외) 및 그 어느 하나에 해당하는 공무원이었던 사람으로서 노동조합 규약으로 정하는 사람에 대하여 공무원노조법상 단결권 및 단체교섭권을 인정하였다. 한편, 공무원노조법 11조는 공무원노조와 조합원의 쟁의행위를 금지하고 있는데, 이 조항에 대해 헌법재판소는 합헌 결정을 하였다.[86]

현재 공무원은 노동3권 보장의 관점에서 ① 국공법 66조 1항과 지공법 58조 1항에 의해 노동3권이 모두 인정되는 경우(사실상 노무에 종사하는 공무원), ② 공무원노조법에 의해 단결권 및 단체교섭권이 인정되는 경우, ③ 교원노조법에 의한 공무원인 교원에 대한 단결권 및 단체교섭권이 인정되는 경우, ④ 노동3권이 전면적으로 제한되는 경우로 구분할 수 있다. 노동3권이 전면적으로 제한되는 경우는, ㉠ 특정직공무원 중 법관, 검사, 경찰공무원, 군인, 군무원, 헌법재판소 헌법연구관, 국가정보원의 직원, 경호공무원 등(공무원노조법 6조 1항 2호, 국공법 2조 2항 2호), ㉡ 일반직공무원 중 교정 · 보호 · 검찰사무 · 마약수사 · 출입국관리 및 철도경찰 직렬의 공무원 등(공무원노조법 6조 2항, 4항, 공무원노조법 시행령 3조) 및 ㉢ 정무직공무원(공무원노조법 6조 1항, 국공법 2조 3항)이 있다.

경제적 · 사회적 및 문화적 권리에 관한 국제규약과 국제노동기구(ILO) 151호 '공무에서의 단결권의 보호 및 근로조건 결정절차에 관한 협약'은 공무원을 비롯한 공공부문 근로자의 노동기본권을 보장할 것을 규정하고 있고, 다만 관리직 공무원과 군인 및 경찰에 대해서는 일정한 요건 아래 제한하는 것을 허용하고 있다.

---

85) 공무원노동조합에 가입할 수 있는 공무원의 범위도 법의 개정에 따라 변화되어 왔는데, 2011. 5. 23.자 국공법 개정(법률 10699호)을 통해 위와 같이 개정된 이래 현재에 이르고 있다.

86) 헌재 2008. 12. 26. 선고 2005헌마971 등 결정은 "공무원이 쟁의행위를 통하여 공무원 집단의 이익을 대변하는 것은 국민전체에 대한 봉사자로서의 공무원의 지위와 특성에 반하고 국민전체의 이익추구에 장애가 되며, 공무원의 보수 등 근무조건은 국회에서 결정되고 그 비용은 최종적으로 국민이 부담하는바, 공무원의 파업으로 행정서비스가 중단되면 국가기능이 마비될 우려가 크고 그 손해는 고스란히 국민이 부담하게 되며, 공공업무의 속성상 공무원의 파업에 대한 정부의 대응수단을 찾기 어려워 노사 간 힘의 균형을 확보하기 어렵다. 따라서 공무원에 대하여 일체의 쟁의행위를 금지한 공무원노조법 11조는 헌법 33조 2항에 따른 입법형성권의 범위 내에 있어, 헌법에 위배되지 아니한다"고 판단하였다.

마. 사립학교 교원

근로자 중에서 특히 사립학교 교원에 대하여는 사립학교법 55조가 "사립학교의 교원의 복무에 관하여는 국립학교·공립학교의 교원에 관한 규정을 준용한다."라고 규정하여, 사립학교 교원은 위 법률 조항에 의하여 공무원이 아니면서도 공무원에 관하여 규정하고 있는 국공법 66조 1항의 적용을 받게 되어 결과적으로 공무원과 마찬가지로 노동3권의 향유주체가 되지 못하였다. 위 법률조항에 대하여도 위헌성 여부가 문제되었으나, 헌법재판소의 합헌 결정[87]이 있었다.

그 후 교원노조법이 제정되어 사립학교 교원은 국립학교·공립학교 교원의 경우와 마찬가지로 단결권 및 단체교섭권을 보장받고 있다. 한편, 고등교육기관인 대학교의 교수는 종전에는 교원노조법상의 교원에 해당하지 아니하여 노동조합조차도 설립할 수 없는 처지에 있었으나, 2020. 6. 9.자 교원노조법 개정(법률 17430호)으로 교원노조법에 의한 교원에 해당하게 되어서 현재는 단결권과 단체교섭권을 보장받고 있다.

바. 주요방위산업체에 종사하는 근로자

헌법 33조 3항은 "법률이 정하는 주요방위산업체에 종사하는 근로자의 단체행동권은 법률이 정하는 바에 의하여 이를 제한하거나 인정하지 아니할 수 있다."고 규정하여, 일정한 범위 내의 주요방위산업체에 종사하는 근로자에 대하여는 노동3권 중 단체행동권의 주체에서 제외할 수 있도록 하는 헌법 자체의 유보 조항을 두고 있다. 노조법 41조 2항은 "「방위사업법」에 의하여 지정된 주요방위산업체에 종사하는 근로자 중 전력, 용수 및 주로 방산물자를 생산하는 업무에 종사하는 자는 쟁의행위를 할 수 없다."고 규정하고, 노조법 시행령 20조는 '주로 방산물자를 생산하는 업무에 종사하는 자'의 범위에 대하여 "방산물자의 완성에 필요한 제조·가공·조립·정비·재생·개량·성능검사·열처리·도장·가스취급 등의 업무에 종사하는 자"라고 규정하고 있다. 주요방위산업체 종사 근로자의 쟁의행위를 금지하는 규정이었던 구 노동쟁의조정법 12조 2항에 대해 헌법재판소는 합헌 결정을 한 바 있다.[88]

---

87) 헌재 1991. 7. 22. 선고 89헌가106 결정.

88) 헌재 1998. 2. 27. 선고 95헌바10 결정은 구 노동쟁의조정법 12조 2항은 "단체행동권의 제한 또는 금지를 규정하고 있는 헌법 33조 3항을 직접 근거로 하고 있고, 단체행동이 금지되는 것은 주요방산업체에 있어서 방산물자의 생산과 직접 관계되거나 그와 긴밀한 연계성이 인정되는 공장에 종사하는 근로자에 한정하는 것으로 해석상 그 범위의 제한이 가능하며, 단

대법원은 "주요방위산업체의 원활한 가동이 국가의 안전보장에 필수불가결한 요소라는 점에서 법률로써 주요방위산업체 종사자의 단체행동권을 제한하거나 금지하는 것이 불가피한 면은 있으나, 헌법 37조 2항이 규정하는 기본권 제한입법에 관한 최소침해의 원칙과 비례의 원칙, 죄형법정주의의 원칙에서 파생되는 형벌법규 엄격해석의 원칙에 비추어 볼 때 노동조합법 41조 2항에 의하여 쟁의행위가 금지됨으로써 기본권이 중대하게 제한되는 근로자의 범위는 엄격하게 제한적으로 해석하여야 한다."라고 전제한 뒤 "주요방위산업체로 지정된 회사가 그 사업의 일부를 사내하도급 방식으로 다른 업체에 맡겨 방산물자를 생산하는 경우에 그 하수급업체에 소속된 근로자는 노동조합법 41조 2항이 쟁의행위를 금지하는 '주요방위산업체에 종사하는 근로자'에 해당한다고 볼 수 없다. 주요방위산업체로 지정된 하도급업체의 사업장과 동일한 장소에 근무하면서 주요방산물자를 생산하는 업무에 노무를 제공한다는 사정만으로 주요방위산업체로 지정되지 않은 독립된 사업자인 하수급업체에 소속된 근로자가 하도급업체인 주요방위산업체에 '종사'한다고 보는 것은 형벌규정을 피고인에게 불리한 방향으로 지나치게 확장해석하는 것으로서 허용되지 않는다."라고 판단하였다.[89]

사. 선 원

선원법상의 선원도 당연히 노동3권의 주체가 된다. 다만, 선원법 25조는 일정한 경우에 선원의 쟁의행위를 금지하고 있다. 즉, 선박이 외국 항에 있는 경우, 여객선이 승객을 태우고 항해 중인 경우, 위험물 운송을 전용으로 하는 선박이 항해 중인 경우로서 위험물의 종류별로 해양수산부령으로 정하는 경우, 9조[90]에 따라 선장 등이 선박의 조종을 지휘하여 항해 중인 경우, 어선이 어장에서 어구를 내릴 때부터 냉동처리 등을 마칠 때까지의 일련의 어획작업 중인 경우, 그 밖에 선원근로관계에 관한 쟁의행위로 인명이나 선박의 안전에 현저한 위해를

체교섭에 있어서 발생하는 노동쟁의에 대하여 노동위원회의 알선, 조정을 받을 수 있는 등 대상조치가 마련되어 있으므로, 위 조항이 평등의 원칙에 반한다거나 근로자의 단체행동권의 본질적 내용을 침해하고 과잉금지의 원칙에 위배된 규정이라고 볼 수 없다."고 판단하였다.

89) 대법원 2017. 7. 18. 선고 2016도3185 판결.

90) 선원법 9조(선장의 직접 지휘) ① 선장은 다음 각 호의 어느 하나에 해당하는 때에는 선박의 조종을 직접 지휘하여야 한다. 1. 항구를 출입할 때, 2. 좁은 수로를 지나갈 때, 3. 선박의 충돌·침몰 등 해양사고가 빈발하는 해역을 통과할 때, 4. 그 밖에 선박에 위험이 발생할 우려가 있는 때로서 해양수산부령으로 정하는 때 ② 선장은 제1항에 해당하는 때를 제외하고는 60조 3항에 따라 휴식을 취하는 시간에 1등항해사 등 대통령령으로 정하는 직원에게 선박의 조종을 지휘하게 할 수 있다.

줄 우려가 있는 경우에는 선원근로관계에 관한 쟁의행위를 금지하고 있다.

2. 목　　적

헌법 33조 1항은 근로자는 '근로조건의 향상을 위하여' 자주적인 단결권·단체교섭권 및 단체행동권을 가진다고 규정하고, 노조법 1조는 근로자의 단결권·단체교섭권 및 단체행동권을 보장하여 '근로조건의 유지·개선과 근로자의 경제적·사회적 지위의 향상을 도모'함을 목적으로 한다고 규정하고 있다.

노동3권의 목적은 '근로조건의 향상'과 '근로자의 경제적·사회적 지위의 향상'이라고 할 수 있다. 노동3권의 목적은 특히 쟁의행위의 정당성과 관련하여 중요한 의미를 지닌다. 민·형사상 면책이 인정되는 쟁의행위에 해당하기 위해서는 목적의 정당성이 인정되어야 하는 것으로 해석되기 때문이다.

근로조건의 향상을 엄격하게 해석하여 사용자의 처분 권한 범위 내에 있는 사항으로 한정적으로 이해하는 견해도 있다. 그러나 현대국가에서 근로자의 경제적·사회적 지위 향상 및 근로조건의 향상을 위해서는 개별 사용자의 범위를 벗어나 전국적·전산업적인 차원에서 다수 사용자 또는 사용자단체를 대상으로 하거나 국가를 대상으로 하여 입법이나 정책의 개선을 요구하는 투쟁을 해야만 하는 것이 일반적이다.[91] 그러므로 노동3권의 행사는 반드시 개별 사용자를 상대방으로 하여야만 하는 것은 아니고, 근로조건의 향상과 관련이 있는 입법이나 정책을 요구하기 위해 국가 등을 상대방으로 하여 이루어질 수도 있다.

노동조합은 헌법상 보장된 단결체이기 때문에 성질이 허용하는 한 헌법상 보장된 기본권의 주체가 될 수 있다. 표현의 자유나 정치적 자유 또는 재산권 등의 주체가 될 수 있다. 헌법재판소도 노동조합의 정치자금 기부 금지 조항의 위헌성 여부에 대하여 판단하면서 "노동조합이 근로자의 근로조건과 경제조건의 개선이라는 목적을 위하여 활동하는 한 헌법 33조의 단결권의 보호를 받지만, 단결권에 의하여 보호받는 고유한 활동 영역을 떠나서 개인이나 다른 사회단체와 마찬가지로 정치적 의사를 표명하거나 정치적으로 활동하는 경우에는 모든 개인과 단체를 똑같이 보호하는 일반적인 기본권인 의사표현의 자유 등의 보호를 받을 뿐이다."라고 판단하였다.[92] 위 결정은 나아가 "노동단체가 단지

91) 노동법사전, 393면.

92) 헌재 1999. 11. 25. 선고 95헌마154 결정.

단체교섭 및 단체협약 등의 방법으로 '근로조건의 향상'이라는 본연의 과제만을 수행해야 하고 그 외의 모든 정치적 활동을 해서는 안 된다는 사고에 바탕을 둔 이 사건 법률 조항의 입법 목적은, 법의 개정에 따라 그 근거를 잃었을 뿐만 아니라 헌법상 보장된 정치적 자유의 의미 및 그 행사 가능성을 공동화시키는 것이다. … 민주주의에서 사회단체가 국민의 정치의사형성 과정에 있어서 가지는 의미와 기능의 관점에서 본다면, 노동단체는 다른 사회단체와 본질적으로 같은 것으로서 같게 취급되어야 하는데, 이 사건 법률조항이 다른 이익단체, 특히 사용자의 이익을 대변하는 기업이나 사용자단체의 정치헌금을 허용하면서 유독 노동단체에게만 정치자금의 기부를 금지한 것은 노동단체로 하여금 정당에 영향력을 행사할 수 있는 정치활동의 영역을 다른 사회단체와 달리 차별대우하고 있다고 볼 수밖에 없다."고 하여 위헌 결정을 하였다.

대법원 판결 중에 "모든 기업은 그가 선택한 사업 또는 영업을 자유롭게 경영하고 이를 위한 의사 결정의 자유를 가지며, 사업 또는 영업을 변경(확장 축소 전환)하거나 처분(폐지 양도)할 수 있는 자유를 가지고 있고, 이는 헌법에 의하여 보장되고 있는 것이다. 이를 통틀어 경영권이라고 부르기도 한다. … 경영권과 노동3권이 서로 충돌하는 경우 이를 조화시키는 한계를 설정함에 있어서는 기업의 경제상의 창의와 투자 의욕을 훼손시키지 않고 오히려 이를 증진시키며 기업의 경쟁력을 강화하는 방향으로 해결책을 찾아야 함을 유의하여야 한다. 왜냐하면 기업이 쇠퇴하고 투자가 줄어들면 근로의 기회가 감소되고 실업이 증가하게 되는 반면, 기업이 잘 되고 새로운 투자가 일어나면 근로자의 지위도 향상되고 새로운 고용도 창출되어 결과적으로 기업과 근로자가 다 함께 승자가 될 수 있기 때문이다. 그리고 이러한 문제의 해결을 위해서는 추상적인 이론에만 의존하여서는 아니 되고 시대의 현실을 잘 살펴 그 현실에 적합한 해결책이 모색되어야 한다."고 판시한 것이 있다.[93)]

그러나 우리 헌법상 경영권이라는 포괄적인 권리를 인정할 수 있는지 의문이다. 역사적으로 '경영권'이라는 개념은 근로자가 관여할 수 없는 사용자의 배타적인 영역을 설정함으로써 근로자의 경영 참가 요구에 대항하기 위한 이론적 무기로 주장되었다. 노동3권이 헌법상 권리로 보호되고 근로조건의 유지 · 개선을 위한 단체행동권이 법체계상 일반적으로 허용되는 반면, 이른바 '경영권'은

93) 대법원 2003. 11. 13. 선고 2003도687 판결.

소유권 내지 영업권의 일환으로 관행적으로 사용되어온 사실적 개념으로서 실정법상의 권리가 아님은 물론 생산수단에 대한 사적 소유권 또는 기업의 유지·존속의 필요성으로부터 곧바로 도출될 수 있는 권리도 아니다.[94] 포괄적 권리로서 경영권을 인정할지 여부에 관계없이 이른바 경영권과 노동3권이 서로 충돌하는 경우 이를 조화시키는 한계를 찾는 게 마땅하고, 이는 양자의 기본권을 비교·교량하여 그 조화점을 찾음으로써 가능하다. 그 조화점은 "경영상의 결정으로 인하여 근로자들의 지위나 근로조건의 변경이 필연적으로 수반되는 것", 즉 '근로조건 밀접성'이 있는 경우에는 경영권 대상이라고 하더라도 단체교섭의 대상이 될 수 있다는 지점이다. 경영상 고도의 결단에 속하는 사항을 판단할 명확한 기준이 있는 것도 아니어서, 결국 경영에 관한 교섭사항의 범위 판단은 당해 사항이 근로조건 등과 어느 정도 관련되는가의 관점에서 이루어져야 하는 것이지 '경영'과 관련된다고 하여 무조건 교섭사항이 될 수 없다고 할 수 없다.

선험적으로 단체교섭 대상이 되지 않는 배타적인 영역 설정을 위한 '경영권' 개념을 인정하고 교섭대상에서 제외해서는 안 되며, 근로자의 지위나 근로조건 기타 근로자의 사회·경제적 지위에 영향을 미치거나 밀접한 관련이 있는 사항은 그것이 경영사항이라고 하더라도 원칙적으로 단체교섭의 대상 및 쟁의행위의 목적이 된다고 보아야 한다.[95] 공무원노조법 8조 1항 단서는 "법령 등에 따라 국가나 지방자치단체가 그 권한으로 행하는 정책결정에 관한 사항, 임용권의 행사 등 그 기관의 관리·운영에 관한 사항"을 원칙적으로 단체교섭 대상에서 제외하면서도 "근무조건과 직접 관련"된 사항인 경우에는 교섭 대상이 될 수 있음을 인정하여 이러한 규범조화적 해석을 명문화하였다.

구조조정 과정에서 "경영권과 노동3권이 서로 충돌하는 경우 이를 조화시키는 한계"는[96] 양자를 비교·교량하여 그 적정선을 찾아야 하며, 노사 당사자 어느 한쪽에게 일방적으로 유리한 기준을 마련해서는 안 된다. 그런데 대법원

94) 신권철b, 57면. 특히 신권철 교수는, 경영권은 지배권으로서 실체적, 절차적 통제가 필요한 '권한'일 뿐이고, 법적 소구력과 법적 집행력 등을 갖는 '권리'는 아니며, 나아가 경영권을 헌법상 기본권으로 격상시키겠다는 의미는 사업조직에 결합되어 있는 인격체인 근로자를 비인격체인 재산의 일부로 간주하는 것일 뿐만 아니라 종속화되고 비인격화된 현실을 헌법상 제도화하는 것이라고 지적한다.

95) 노동판례백선, 361면(김성진 집필 부분).

96) 대법원 2003. 7. 22. 선고 2002도7225 판결.

2003. 11. 13. 선고 2003도687 판결은 경영권과 노동3권이 충돌하는 상황에서 “기업의 경제상의 창의와 투자 의욕을 훼손시키지 않고 오히려 이를 증진시키며 기업의 경쟁력을 강화하는 방향으로 해결책을 찾아야” 한다고 하면서 구조조정 국면에서 파업권을 전면 부정하였다. 이것은 사회적 복지국가를 헌법 원리로 삼고 있는 우리 법체계와도 어긋난다.97)

Ⅳ. 내 용

1. 단 결 권

가. 의 의

단결권은 근로자가 주체가 되어 자주적으로 단결하여 근로조건의 유지·개선 기타 근로자의 경제적·사회적 지위의 향상을 위하여 사용자와 대등한 교섭권을 가진 단체를 구성하고 운영하는 권리를 말한다. 단결권에 의하여 결성된 근로자의 단체는 보통 노동조합이 되겠으나, 노동조합 이외의 근로자단체인 일시적 쟁의단 등도 포함된다.

‘자주적’인 권리이므로 비자발적·타율적·강제적 단결은 원칙적으로 헌법상 보장된 단결권의 범주에 속하지 않는다. 자주적인 의사결정을 할 수 없는 경우나 독자적인 운영 능력을 갖지 못한 경우도 보호 대상이 될 수 없다.

단결권은 단결의 자유로서 넓은 의미에서 결사의 자유에 속하는 것으로 볼 수도 있지만, 결사의 자유는 18~19세기의 자유주의 사상을 기초로 하여 승인된 자유임에 반하여 단결권은 자유주의 사상을 극복하는 차원에서 생성된 것으로 사회권적 성격으로 인해 특별한 보호가 강구되므로 양자는 원리적으로 다른 성격을 가지고 있다. 또한 단결권은 대사용자 관계와 근로자 상호 간의 관계에서 가지는 적극적 성격 때문에 일반적인 결사의 자유와 구별된다.98) 단결권의 인정은 근로자들의 결사가 사용자 등 제3자의 침해와 방해로부터 보호를 받고, 근로자들의 근로조건 향상 활동을 사용자로 하여금 적극 용인케 한다는 것을 의미한다. 즉 단결권은 소극적 자유권에 머무는 일반적 결사의 자유와 달리 사용자에게 일정한 법적 의무를 부과하는 힘을 갖는다.99)

97) 도재형a, 70면.
98) 김형배, 139면.
99) 이영희b, 104~105면.

헌법재판소도 단결권이 본질적으로 결사의 자유에 포함되는 것으로 보면서도 그 차별성을 인정하고 있다. “근로자의 단결권도 국민의 결사의 자유 속에 포함되나, 헌법이 노동3권과 같은 특별규정을 두어 별도로 단결권을 보장하는 것은 근로자의 단결에 대해서는 일반 결사의 경우와 다르게 특별한 보장을 해준다는 뜻으로 해석된다. 즉, 근로자의 단결을 침해하는 사용자의 행위를 적극적으로 규제하여 근로자가 단결권을 실질적으로 자유롭게 행사할 수 있도록 해준다는 것을 의미한다. 따라서 근로자의 단결권이 근로자 단결체로서 사용자와의 관계에서 특별한 보호를 받아야 할 경우에는 헌법 33조가 우선적으로 적용된다.”[100)]

단결권 보장의 결과 인정되는 사용자의 의무를 단결승인 의무라고 한다. 단결승인 의무의 구체적인 내용으로는 노동조합의 결성과 운영에 대한 개입과 방해를 하지 않을 부작위 의무, 노동조합 활동으로 손해를 입더라도 일정한 범위에서 이를 수인할 의무, 노동조합에 대해 일정한 범위의 편의를 제공할 의무, 복수 노동조합이 존재하는 경우 중립을 유지할 의무 등이 있다.[101)]

나. 개별적 단결권과 집단적 단결권

단결권은 그 향유 주체의 집단성 여부에 따라 개별적 단결권과 집단적 단결권으로 구분한다.

개별적 단결권은 근로자 개인이 자주적으로 노동조합으로 대표되는 근로자단체를 조직하거나 거기에 가입하여 활동할 수 있는 권리를 말하며, 복수의 노동조합이 존재하는 경우 자주적인 선택에 의해 가입하여 활동할 수 있는 단결선택권을 포함한다.

집단적 단결권은 근로자단체가 자유로운 결정에 따라 단체를 운영하고 단체의 존립과 유지에 관하여 보호를 받으며 상부단체를 결성하거나 가입할 수 있는 권리를 말한다. 대법원은 “근로자의 자주적 단결권을 보장하고 있는 헌법 33조 1항 등의 규정에 따라 근로자가 자유로이 노동조합을 조직하거나 이에 가입할 수 있는 것과 마찬가지로 노동조합도 대외적으로 자주적이고 대내적으로 민주적인 의사결정에 따라 연합단체에 가입하거나 소속된 연합단체로부터 탈퇴

100) 헌재 2012. 3. 29. 선고 2011헌바53 결정. 위 결정은 근로자의 단결권이 통상의 결사 일반에 대한 문제일 경우에는 헌법 21조 2항이 적용되므로 노동조합에도 결사에 대한 허가제금지 원칙이 적용된다고 판시했다.

101) 니시타니 사토시, 64~65면.

할 수 있는 것이라고 봄이 상당하다"고 판시하여,[102] 헌법상 단결권의 내용으로서 집단적 단결권이 인정되고 있음을 명백히 하였다.

헌법재판소도 "헌법 33조 1항에 의하면 단결권의 주체는 단지 개인인 것처럼 표현되어 있지만, 만일 헌법이 개인의 단결권만을 보장하고 조직된 단체의 권리를 인정하지 않는다면, 즉 국가가 임의로 단체의 존속과 활동을 억압할 수 있다면 개인의 단결권 보장은 무의미하게 된다. 따라서 헌법 33조 1항은 근로자 개인의 단결권만이 아니라 단체 자체의 단결권도 보장하고 있는 것으로 보아야 한다."고 판시하였다.[103]

나아가 위 헌법재판소 결정은 집단적 단결권의 내용과 관련하여 "헌법 33조 1항의 단결권은 조직된 단체의 권리이기도 하므로, 동 규정은 근로자단체의 존속·유지·발전·확장 등을 국가공권력으로부터 보장하고(단체 존속의 권리), 근로자단체의 조직 및 의사형성 절차에 관하여 규약의 형태로 자주적으로 결정하는 것을 보장하며(단체 자치의 권리), 근로조건의 유지와 향상을 위한 근로자단체의 활동, 즉 단체교섭, 단체협약의 체결, 단체행동, 단체의 선전 및 단체가입의 권유 등을 보호한다(단체 활동의 권리)고 보아야 한다."고 판단하였다. 단체교섭과 단체행동도 넓게 단체 활동의 권리에 포함되는 것으로 볼 수 있으나, 헌법은 단체교섭권과 단체행동권을 별도의 기본권으로 보장하고 있다.

단체자치의 권리에는 조합원에 대한 통제·제재의 권한도 포함된다. 반면에 노동조합이 스스로 가입의 자유를 제한하는 경우 문제로 될 수 있다. 노동조합이 합리적인 이유 없이 가입 자격을 제한하거나 자격 있는 자의 가입을 제한하는 것은 단결의 자유를 침해하는 것이 될 수 있다.[104]

다. 적극적 단결권과 소극적 단결권

(1) 의 의

단결권은 그 내용에 따라 적극적 단결권과 소극적 단결권으로 구분한다.[105]

적극적 단결권은 근로자 개인이나 근로자단체가 노동조합이나 연합단체 등 ① 단체를 '조직'할 수 있는 자유, ② 조직된 단체 중 어느 하나를 '선택'하여 가입할 수 있는 자유, ③ 조직된 단체 중 어느 하나에 가입하였다가 '탈퇴'하고

102) 대법원 1992. 12. 22. 선고 91누6726 판결.
103) 헌재 1999. 11. 25. 선고 95헌마154 결정.
104) 이영희b, 101면.
105) 사법연수원a, 14~15면.

다른 단체를 결성하거나 다른 단체에 '가입'할 수 있는 자유 등을 말한다.

소극적 단결권은 근로자 개인이나 근로자단체가 노동조합이나 연합단체 등 어느 것에도 가입하지 아니하거나 이미 가입한 단체에서 자유로이 탈퇴할 수 있는 자유를 말한다.

(2) 소극적 단결권의 인정 여부

소극적 단결권을 헌법상 단결권의 내용으로 인정할 수 있는지 여부가 문제로 되어 다양한 의견이 전개되고 있다. 이에 관하여는 다음과 같은 학설들이 주장되고 있다.[106]

첫째, 헌법상 단결권의 내용으로서 근로자 개인의 소극적 단결권이 인정되어야 한다는 견해이다.[107] 이 견해에 의하더라도 소극적 단결권이 단결권의 본질적 내용으로서 절대적으로 제한할 수 없는 것은 아니고, 헌법 37조 2항의 일반적 법률유보 조항에 의한 제한이 가능하다고 한다. 또한 헌법 33조 1항의 단결권이 적극적 단결권과 소극적 단결권을 함께 보장하고 있는 것으로 보더라도 양자를 동일한 차원에서 파악할 필요는 없고, 핵심적인 의미를 가지는 것은 적극적 단결권이므로 적극적 단결권 실현을 위하여 필요불가결한 범위에서 소극적 단결의 자유를 일정한 수준에서 제약하는 것은 허용된다고 해석하는 것이 타당하다는 견해도 있다.[108]

둘째, 헌법상 단결권의 내용으로서 소극적 단결권이 인정되는 것은 아니고 근로자의 일반적 행동의 자유의 내용으로서 단결하지 아니할 자유가 인정되어야 하거나,[109] 소극적 단결권은 헌법 21조의 결사의 자유 조항을 근거로 인정되어야 한다는 견해이다.[110] 이 견해에 의하면 근로자의 일반적 행동의 자유 또는 결사의 자유의 내용으로서 단결하지 아니할 자유가 인정되지만, 이에는 공공복리 등의 목적에 의한 제한뿐만 아니라 일반적 행동의 자유 또는 결사의 자유보다 우월한 사회권적 기본권으로서 헌법상 단결권을 보장하기 위한 권리로서 근로자단체의 일반적 조직 강제권에 기한 제한은 허용되고, 제한적 조직 강제도 근로자의 일반적 행동의 자유와 사이의 조정을 통하여 일정한 범위 내에서 허

106) 사법연수원a, 15~16면.
107) 계희열, 34~35면; 정연주, 371면; 한수웅, 1036면; 허영, 575면.
108) 민변노동법Ⅱ, 8면.
109) 권영성, 672면; 김유성, 29면; 김형배, 145면; 임종률, 27면.
110) 김철수, 852면.

용된다고 한다.

셋째, 헌법상 단결권이나 일반적 행동의 자유의 내용 중 어떠한 것에 의하여도 근로자 개인의 소극적 단결권은 인정될 수 없고 근로자의 단결력 강화를 위한 기본권으로 근로자단체의 적극적 단결권이 인정됨으로써 이와 모순되는 근로자 개인의 소극적 단결권은 부정되어야 한다는 견해이다.[111] 이 견해에 의하면 헌법상 단결권 보장을 위한 권리로서 근로자단체의 제한적 조직 강제권까지도 인정되므로 특정 노동조합에 가입을 강제할 수 있는 제한이 허용된다고 한다.

헌법재판소는 노조법의 유니언 숍 조항의 위헌성 여부에 대해 판단하면서 "근로자가 노동조합을 결성하지 아니할 자유나 노동조합에 가입을 강제당하지 아니할 자유, 그리고 가입한 노동조합을 탈퇴할 자유는 근로자에게 보장된 단결권의 내용에 포섭되는 권리로서가 아니라 헌법 10조의 행복추구권에서 파생되는 일반적 행동의 자유 또는 21조 1항의 결사의 자유에서 그 근거를 찾을 수 있다"고 판시하였다.[112]

(3) 단결강제조항의 합헌성 문제

근로자 개인의 소극적 단결권을 인정할 것인가의 문제는 노동조합 등 근로자단체의 처지에서 보면 근로자단체의 집단적 단결권의 내용으로서 조합원이 아닌 근로자에 대하여 조합원 자격의 취득 및 유지를 강제함으로써 노동조합의 단결력을 강화시킬 수 있는 권리, 이른바 조직 강제권을 인정할 것인가 여부의 문제이다.[113]

조직 강제의 유형은 근로자가 반드시 특정한 노동조합에 가입하여야 할 필요는 없지만 어느 노동조합이건 하나의 노동조합에는 가입할 것을 강제하는 일반적 조직 강제와 근로자로 하여금 반드시 특정한 노동조합에 가입할 것을 강제하는 제한적 조직 강제로 구분된다. 특정 노동조합 가입을 강제하는 제한적 조직 강제는 '특정' 노조 가입을 강제한다는 면에서는 단결 선택의 자유를 침해하고, 특정 노동조합 '가입'을 강제한다는 면에서는 소극적 단결 자유 침해의 문제가 발생한다. 노조법은 사용자가 "근로자가 특정한 노동조합의 조합원이 될 것을 고용조건으로 하는 행위"를 원칙적으로 부당노동행위로 규정함으로써(법 81

111) 백재봉, 102~103면.
112) 헌재 1999. 11. 25. 선고 98헌마141 결정, 헌재 2005. 11. 24. 선고 2002헌바95 등 결정.
113) 사법연수원a, 14면.

조 1항 2호 본문), 근로자가 특정 노동조합에 가입하지 않을 자유를 침해하는 것은 허용하지 않는다는 취지를 정하고 있다. 헌법재판소는 "조직 강제는 그 내용에 따라 어느 적당한 노동조합에 가입할 것을 고용조건으로 하는 일반적 조직 강제의 경우 근로자의 단결하지 아니할 자유만을 제한하나, 특정한 노동조합의 조합원이 될 것을 고용조건으로 하는 제한적 조직 강제의 경우 근로자의 단결하지 아니할 자유뿐만 아니라 단결선택권마저 제한한다."고 판단하였다.114)

단체협약상의 조직 강제 조항의 종류로는 이미 노동조합에 가입하고 있는 조합원이 아니면 고용하지 않는다(그 결과 노동조합을 탈퇴하거나 노동조합으로부터 제명되면 해고된다)는 클로즈드 숍(Closed shop) 조항, 사용자에 의해 고용된 근로자는 일정한 기간 내에 노동조합에 가입하거나 자동적으로 조합원 자격을 가진다는(그 결과 노동조합에 가입하지 않거나 탈퇴하는 경우 해고되나 노동조합으로부터 제명되는 경우에는 입법례에 따라 달리 규정됨) 유니언 숍(Union shop) 조항, 근로자로 하여금 조합원 자격을 유지하도록 하고 노동조합으로부터 탈퇴하는 경우 사용자에게 해고의무를 지우는 조합원 유지(Maintenance of membership) 조항, 비조합원에 대해서는 단체협약의 적용을 배제하거나 근로조건을 비조합원과 격차를 두게 하는 등의 조합원 우대 제도(Preferential shop) 등이 있다.

노조법 81조 1항 2호 단서는 단결 선택의 자유 및 단결하지 아니할 권리에 대한 예외로서 "노동조합이 당해 사업장에 종사하는 근로자의 3분의 2 이상을 대표하고 있을 때에는 근로자가 그 노동조합의 조합원이 될 것을 고용조건으로 하는 단체협약의 체결은 예외로 하며, 이 경우 사용자는 근로자가 그 노동조합에서 제명된 것 또는 그 노동조합을 탈퇴하여 새로 노동조합을 조직하거나 다른 노동조합에 가입한 것을 이유로 근로자에게 신분상 불이익한 행위를 할 수 없다."고 규정하여, 이른바 단체협약상 유니언 숍(Union Shop) 조항을 인정하고 있다. '그 노동조합을 탈퇴하여 새로 노동조합을 조직하거나 다른 노동조합에 가입한 것을 이유로 근로자에게 신분상 불이익한 행위를 할 수 없다'는 부분은 2006. 12. 30.자로 노조법이 개정(법률 8158호)되면서 추가되었다. 이처럼 추가된 개정 부분은 복수노조 전면 허용을 전제로 한 것이다.115) 그런데 위 추가된 개정 부분, 특히 '그 노동조합을 탈퇴하여' 부분을 문언 그대로 해석하면, 신규로

114) 헌재 2005. 11. 24. 선고 2002헌바95 등 결정.
115) 임상민, 482면.

입사한 근로자가 지배적 노동조합에 일단 가입한 다음 탈퇴한 경우에는 유니온 숍 조항의 효력이 미치지 않지만, 그러한 가입 및 탈퇴 절차 없이 바로 지배적 노동조합이 아닌 노동조합에 가입한 경우에는 유니온 숍 조항의 효력이 미치는 것으로 보이기도 한다.[116] 고용노동부의 행정해석도 이러한 입장에 서 있었다고 한다.[117] 그러나 대법원은 "근로자의 노동조합 선택의 자유 및 지배적 노동조합이 아닌 노동조합의 단결권이 침해되는 경우에까지 지배적 노동조합이 사용자와 체결한 유니온 숍 협정의 효력을 그대로 인정할 수는 없고, 유니온 숍 협정의 효력은 근로자의 노동조합 선택의 자유 및 지배적 노동조합이 아닌 노동조합의 단결권이 영향을 받지 아니하는 근로자, 즉 어느 노동조합에도 가입하지 아니한 근로자에게만 미친다고 보아야 한다. 따라서 신규로 입사한 근로자가 노동조합 선택의 자유를 행사하여 지배적 노동조합이 아닌 노동조합에 이미 가입한 경우에는 유니온 숍 협정의 효력이 해당 근로자에게까지 미친다고 볼 수 없고, 비록 지배적 노동조합에 대한 가입 및 탈퇴 절차를 별도로 경유하지 아니하였다고 하더라도 사용자가 유니온 숍 협정을 들어 신규 입사 근로자를 해고하는 것은 정당한 이유가 없는 해고로서 무효로 보아야 한다."라고 판시[118]함으로써, 지배적 노동조합에 대한 가입 및 탈퇴 절차 없이 바로 다른 노동조합에 가입한 경우에도 유니온 숍 조항의 효력이 미치지 않는다고 판단하였다. 이는 유니온 숍 협정의 목적 정당성을 인정하더라도, 복수노조 체제하에서는 일정 범위 내에서 근로자의 단결선택권과 소수 노동조합의 단결권도 존중해야 한다는 취지로 해석된다.[119]

한편 유니언 숍 조항 자체에 대해, 대법원은 "유니언 숍 협정이 근로자 개인의 노동조합에 가입하지 않을 자유나 노동조합 선택의 자유와 충돌하는 측면이 있기는 하지만 조직 강제의 일환으로서 노동조합의 조직 유지와 강화에 기여하는 측면을 고려하여 일정한 요건하에서 체결된 유니언 숍 협정의 효력을 인정한 것이라 할 것이어서 헌법상의 근로자의 단결권을 침해하는 조항으로 볼 수는 없다"고 판단하였고,[120] 헌법재판소는 근로자의 단결권을 보장한 헌법 33

116) 임상민, 504~505면.
117) 양성필, 148면(대법원 2019. 11. 28. 선고 2019두47377 판결의 제1심 판결인 서울행정법원 2018. 11. 28. 선고 2018구합69318 판결도 같은 입장이었다).
118) 대법원 2019. 11. 28. 선고 2019두47377 판결.
119) 임상민, 509면.
120) 대법원 2002. 10. 25.자 2000카기183 결정.

조 1항에 위반되지 아니하고 근로자의 단결하지 아니할 자유의 본질적인 내용이나 평등권을 침해하는 것으로 볼 수 없다고 판시하였다.[121]

대법원 판례 중에는 근로자단체의 소극적 단결권을 명시적으로 긍정하고 있는 듯한 태도를 취한 것[122]이 있다. 노동조합의 설립과 존속을 위한 요건으로 단위노동조합이 상위 연합단체에 반드시 가입할 의무가 있는지 여부가 문제된 사안에서, 근로자(근로자단체를 포함)의 자주적 단결권을 보장하고 있는 헌법 33조 1항 등의 규정 취지에 따르면 노동조합은 대외적으로 자주적이고 대내적으로 민주적인 의사결정에 따라 연합단체에 가입 여부를 자유로이 정할 수 있거나 이미 가입한 소속 연합단체로부터 탈퇴할 수도 있고, 이러한 단결권의 내용을 구체화하고 있는 관계 법령의 규정을 살펴보더라도 노동조합의 설립과 존속의 요건으로 상위 연합단체 가입이 강제되어 있다고 보기 어렵다고 판시하였다.[123]

근로자의 단결하지 않을 자유를 전면적으로 부정하고 단결을 강제하는 것은 노동3권의 밑바탕에 흐르고 있는 것으로 해석되는 자기 결정의 이념(헌법 10조)에도 배치될 가능성이 있다. 그러나 단결권은 역사적으로 단결하는 것을 법적으로 승인하려는 것이지 단결하지 않는 것을 승인하려는 것은 아니기 때문에 단결권은 단결할 자유를 의미할 뿐 단결하지 않을 자유(소극적 단결권)를 포함하지 않는 것으로 해석하는 것이 타당하다고 본다.[124] 그렇게 해석하더라도 근로자 개인의 소극적 자유는 일반적 행동의 자유 내지 결사의 자유에 의하여 보장될 수 있고, 다만 일정한 요건하에서 인정되는 유니언 숍 조항에 의한 제한을 받을 뿐이다.

한편 현행 노조법상의 유니언 숍 조항은 노동조합 집행부와 사이의 견해차이 또는 집행부의 자의 등에 의해 제명된 경우까지 해고하도록 강제하는 것은 아니고, 나아가 새로운 노동조합의 설립이나 가입을 위한 탈퇴는 인정하여[125] 단결 선택의 자유를 보장하고 있으므로 위헌은 아니라고 본다.

121) 헌재 2005. 11. 24. 선고 2002헌바95 등 결정.
122) 대법원 1992. 12. 22. 선고 91누6726 판결, 대법원 1993. 2. 12. 선고 91누12028 판결.
123) 사법연수원a, 17면.
124) 임종률, 27면.
125) 앞서 본 바와 같이, 대법원 2019. 11. 28. 선고 2019두47377 판결에 따르면, 지배적 노동조합에 대한 가입 및 탈퇴 절차 없이 바로 새로운 노동조합에 가입하는 것도 인정된다.

2. 단체교섭권

단체교섭권은 근로자가 그들의 결합체인 근로자단체의 대표자를 통하여 근로조건의 유지·개선과 근로자의 경제적·사회적 지위의 향상을 도모하기 위하여 사용자 또는 사용자단체와 집단적으로 교섭을 할 수 있는 권리를 말한다.

외국의 입법례에 의하면 단결권 및 단체행동권과 달리 단체교섭권을 별도로 보장하지 않은 예들도 있다. 단결권 보장은 논리적으로 단체교섭의 권리를 포함하고, 사용자의 단결승인의무는 단체교섭에 응할 의무를 포함하기 때문이다.[126] 독일, 이탈리아 등의 헌법은 단체교섭권을 따로 보장하지 않고 있지만, 일본과 우리나라의 헌법은 별도로 보장하고 있다. 단결권 보장에 단체교섭권 보장도 포함된다는 점을 간과해서는 안 되는데, 이러한 점에서 공무원과 교원의 노동조합을 인정하면서도 단체교섭에 대해 많은 제한을 가하는 것은 문제가 있다.

우리 헌법이 단체교섭권을 별도로 보장한 특별한 의미는 노동조합의 역량이 충분하지 않고 사용자가 쉽게 단체교섭을 거부하는 태도로 나아가려는 상황에서 단체교섭권 자체를 독자적으로 보장할 필요가 있어 이를 헌법상의 기본권으로서 명백하게 부각시킨 것과 이에 대한 법률상의 보호를 위한 기초를 마련했다는 점이다.[127] 이런 측면에서 볼 때 복수노조에 대해 단체교섭창구를 단일화하도록 강제하는 법률의 위헌성 여부를 판단함에 있어 단체교섭권을 명문으로 보장하지 않은 다른 나라와는 달리 평가할 수밖에 없는 특수성이 있다.

미국의 경우 단체교섭제도 확립의 관점에서 노동조합에게도 단체교섭 의무를 인정하고 있지만, 우리나라나 일본의 경우 단체교섭권을 근로자의 권리로 보장하고 있으므로 노동조합에 단체교섭 의무가 부과되는 것은 아니다.[128]

단체교섭권의 주체는 노조법상의 노동조합에만 한정되는 것은 아니고, 널리 근로자의 결합체로서 실질적인 요건을 갖추고 있는 근로자단체에 대하여도 인정된다. 다만 법에 따라 설립된 노동조합이 아니면 사용자가 단체교섭을 거부하더라도 노동위원회에 부당노동행위 구제신청을 할 수 없다는 제약을 받게 된다. 대법원 판례 중에서도 노조법상의 노동조합이 아닌 근로자의 단결체라고 해

126) 니시타니 사토시, 67면.
127) 김형배, 157면.
128) 니시타니 사토시, 68면.

서 무조건 단체교섭권이 없는 것은 아니라는 취지로 판시한 것이 있다.[129)]

노동조합 또는 근로자단체의 요건을 갖추고 있는 이상 그들의 단체교섭권은 아무런 차별 없이 보장되어야 한다. 단체협약상 특정의 노동조합에 대하여만 단체교섭권을 인정하면서 단체교섭권의 정당한 당사자로 될 수 있는 다른 노동조합을 단체교섭의 당사자에서 배제시키기로 하는 이른바 유일교섭단체조항에 대해서는 무효설과 유효설의 견해가 있으나, 무효로서 허용될 수 없다는 것이 통설이자 판례이다.[130)]

노조법은 단체교섭권을 구체화하기 위한 규정들을 두고 있고, 특히 사용자가 단체교섭을 정당한 이유 없이 거부하는 것을 부당노동행위에 규정하여(법 81조 1항 3호) 형사처벌의 대상으로 하고 있다. 이와 관련하여 헌법재판소는 사용자의 성실교섭의무 위반에 대한 형사처벌은 헌법상 보장된 단체교섭권을 실효성 있게 하기 위한 것으로서 정당한 입법 목적을 가지고 있고, 비례의 원칙에 위배하여 계약의 자유나 기업의 자유를 침해한 것으로 볼 수 없다고 하여 합헌으로 판단하였다.[131)] 헌법상의 단체교섭권 보장 조항은 대사용자에게도 직접적 효력을 가지므로 사법적인 단체교섭 청구권에도 사법적 권리성을 인정하여 이를 피보전권리로 하는 단체교섭 응낙 가처분도 인정되는 것으로 해석해야 한다. 대법원도 단체교섭 응낙 가처분이 인정됨을 전제로 그러한 가처분 신청을 기각한 원심결정을 파기한 바 있다.[132)]

단체교섭권의 내용에 단체교섭의 결과로 단체협약을 체결할 권한까지 포함하고 있는 것으로 해석할 수 있는지 여부가 문제로 된다. 헌법재판소는 헌법 33조 1항이 근로자에게 단결권, 단체교섭권, 단체행동권을 기본권으로 보장하는 뜻은 근로자가 사용자와 대등한 지위에서 단체교섭을 통하여 자율적으로 임금 등 근로조건에 관한 단체협약을 체결할 수 있도록 하기 위한 것이므로, 비록 헌법이 위 조항에서 '단체협약 체결권'을 명시하여 규정하고 있지 않다고 하더라도 근로조건의 향상을 위한 근로자 및 그 단체의 본질적인 활동의 자유인 단체교섭권에는 단체협약 체결권이 포함되어 있는 것으로 보아야 한다고 판시하였

129) 대법원 1997. 2. 11. 선고 96누2125 판결.

130) 사법연수원a, 19~20면. 대법원 2016. 1. 28. 선고 2012두15821 판결, 대법원 2016. 3. 10. 선고 2013두3160 판결 등.

131) 헌재 2002. 12. 18. 선고 2002헌바12 결정, 헌재 2004. 8. 26. 선고 2003헌바58 등 결정.

132) 대법원 2012. 11. 12.자 2012마858 결정, 대법원 2013. 5. 9.자 2013마359 결정.

다.[133] 노조법 29조는 노동조합의 대표자 등에 대하여 단체협약 체결 권한까지 인정하고 있음을 명백히 규정하고 있다. 다만 단체교섭권에 단체협약 체결권이 포함된다고 해서 노동조합 대표자의 단체협약 체결권이 절대적인 권한이어서 조합원들 총회 결의에 의한 민주적인 제한도 불가능한 것으로 해석되어서는 안 된다.

근로자의 근로조건은 기본적으로 단체교섭을 거쳐 체결되는 단체협약에서 결정되어야 한다. 따라서 단체교섭 사항을 지나치게 제한하여 법률에 규율하는 것은 헌법에 위반될 수 있다.[134]

헌법재판소도 "협력적 노사자치의 일환으로 이루어지는 운영비 원조 행위를 금지하는 것은 노사의 자율적인 단체교섭에 맡길 사항까지 국가가 지나치게 개입하여 노동조합의 자주적인 활동의 성과를 감소시키는 것에 불과하고, 실질적 노사자치를 구현하고자 하는 노동3권의 취지에도 반한다."라고 판시하면서 구 노조법(2010. 1. 1. 법률 9930호로 개정된 것) 81조 4호 중 '노동조합의 운영비를 원조하는 행위'에 관한 부분에 대하여 헌법불합치 결정을 하였다.[135]

3. 단체행동권

단체행동권은 근로자가 근로조건 등에 관한 요구를 관철하기 위하여 사용자에 대하여 근로자들의 결합체인 근로자단체를 통하여 쟁의행위 등 집단적 행동을 할 수 있는 권리를 뜻한다. 쟁의행위는 파업·태업 기타 근로자가 그 주장을 관철할 목적으로 행하는 행위로서 사용자 업무의 정상적인 운영을 저해하는 행위를 말하고, 그 밖에 사용자 업무의 정상적인 운영을 저해하지 않으면서 행하는 노동조합 등 근로자단체의 활동을 하는 것은 쟁의행위와 구별되지만 이 역시 단체행동권의 범위 안에 포함된다.[136] 이러한 의미에서 단체행동권을 쟁의권과 조합 활동권으로 구분하여 설명하기도 한다.

근로자의 단체행동을 인정한다고 하는 것은 근로자들이 사실적인 실력행사를 통하여 그들의 경제적 지위를 향상시키는 것을 제도적으로 인정하는 것이며, 사용자와 근로자들의 이해관계의 대립을 투쟁행위에 의하여 해결하도록 하는

133) 헌재 1998. 2. 27. 선고 94헌바13 등 결정.
134) 전광석, 477면.
135) 헌재 2018. 5. 31. 선고 2012헌바90 결정.
136) 사법연수원a, 20면; 오윤식, 16면.

것을 말한다. 그에 따라 사용자는 쟁의행위로 인한 손해를 감수할 의무를 부담하게 된다.[137)138)]

헌법상 단체행동권은 근로자의 기본권으로 보장되고 있을 뿐이고 사용자의 권리로서 보장되는 것이 아니다. 노조법은 쟁의행위의 개념을 근로자의 쟁의행위뿐만 아니라 직장폐쇄 등 사용자의 대항행위까지를 포괄하여 규정하고 있으나, 이러한 입법은 문제가 있고 부적절하므로[139)] 쟁의행위 정의규정에서 직장폐쇄 관련 부분을 삭제할 필요가 있다. 직장폐쇄는 쟁의행위에 대항한 사용자의 사실상 행위로 인정하고 노조법 46조의 규정으로 규율하는 것으로 충분하다.

단체행동권도 단체교섭권과 마찬가지로 근로자의 결합체로서 실질적 요건을 갖추고 있는 모든 근로자단체에 대하여 인정되는 것으로 보아야 한다.[140)] 다만, 노조법에 따라 설립된 노동조합이 아니면 노동위원회에 노동쟁의의 조정 및 부당노동행위의 구제를 신청할 수 없다는 제약을 받는다.

단체행동권은 저항권적 성격과 정책수단적 성격을 갖는 것으로 설명된다.[141)] 근로자는 자본주의 아래에서 생존이 제대로 유지될 수 없는 상태에 놓일 때 최후의 수단으로서 단체행동을 하게 되며, 이는 자본주의 체제에 대한 항의와 저항의 성격을 갖는다. 저항권은 실정법과 관계없이 국민주권론에 입각하여 국민이 기본적으로 갖는 권리로 이해된다. 대법원도 쟁의행위가 투쟁행위의 성격을 갖는다는 것을 인정하고 있는데, "근로자의 쟁의행위는, 근로조건에 관한 노동관계 당사자 간 주장의 불일치로 인하여 생긴 분쟁상태를 유리하게 전개하

---

137) 김형배, 162면; 정연주, 378~379면.

138) 이는 쟁의행위가 아닌 조합 활동권의 행사에 대해서도 적용될 수 있다. 대법원은 "노동조합 활동으로 이루어진 선전방송이나 배포된 문서에 기재되어 있는 문언에 의하여 타인의 인격·신용·명예 등이 훼손 또는 실추되거나 그렇게 될 염려가 있고, 또 그 선전방송이나 문서에 기재되어 있는 사실관계의 일부가 허위이거나 그 표현에 다소 과장되거나 왜곡된 점이 있다고 하더라도, 그 선전방송이나 문서를 배포한 목적이 타인의 권리나 이익을 침해하려는 것이 아니라 노동조합원들의 단결이나 근로조건의 유지 개선과 근로자의 복지증진 기타 경제적, 사회적 지위의 향상을 도모하기 위한 것이고, 또 그 선전방송이나 문서의 내용이 전체적으로 보아 진실한 것이라면, 그와 같은 행위는 노동조합의 정당한 활동범위에 속하는 것으로 보아야 한다."라고 판시하였다(대법원 2017. 8. 18. 선고 2017다227325 판결). 물론 이 판결은 사용자의 근로자에 대한 징계처분의 효력이 문제되었던 사안이기는 하나, 노동조합 활동으로 사용자를 비판하는 내용의 선전방송 등을 함에 있어 일부 허위나 과장이 있더라도 그 목적이 근로조건의 유지 개선 등을 도모하기 위한 것이고 그 내용이 전체적으로 진실한 것이라면, 사용자는 그러한 조합 활동권의 행사를 감수하여야 한다는 취지로도 해석된다.

139) 김철수, 855면; 성낙인, 1534면; 정연주, 377면.

140) 오윤식, 28면.

141) 이영희b, 130~131면.

기 위하여 사용자에 대하여 집단적·조직적으로 노무를 정지하는 투쟁행위"라고 판시하였다.[142] 그런데 단체행동권이 헌법상의 기본권으로 인정됨으로써 법제도 안으로 수용·정착되어 저항권적 요소가 순치된 것이다. 자본주의 체제의 틀을 벗어나지 않는 권리로 인정됨으로써 고도의 정책수단적 성격을 갖게 되었다고 할 수 있다.

쟁의행위 등 단체행동은 소유권과 계약의 보장을 기초로 한 시민법질서와 필연적으로 충돌하는 성격을 가지고 있기 때문에 오랫동안 위법한 것으로 취급되어 왔고, 참가 근로자나 노동조합은 민·형사상 책임을 추궁당해 왔다. 단체행동권이 헌법상 기본권으로 인정됨에 따라 단체행동에 대한 민·형사상의 책임이 면제되었다. 그렇지만 우리나라의 현실은 쟁의행위에 대한 제한이 지나치게 많고 정당성 요건을 너무 엄격하게 해석하여 민·형사상 면책이 제 기능을 수행하지 못하고 있는 것으로 평가된다는 지적이 있다.

Ⅴ. 노동3권의 상호관계

1. 문제의 소재

헌법 33조 1항에 의하여 보장되는 단결권, 단체교섭권, 단체행동권은 각자 독자적인 의미를 갖지만, 근로자의 근로조건의 향상을 위한 기본권으로서 단일한 목적을 지향하면서 상호 유기적인 연계성을 갖고 있다. 노동3권에 의하여 보장되어야 할 기본권의 구체적인 내용을 노동3권의 상호 연계성의 측면에서 볼 때 어느 범위까지 인정할 수 있을 것인가를 정하는 데에서 노동3권 중 어느 권리를 가장 중핵적·우선적인 권리로 볼 것인지에 관하여 견해가 대립되어 있다.[143]

2. 학 설

노동3권 상호 간의 관계에 대해서는 단결권 중심설, 단체교섭권 중심설, 단체행동권 중심설 등의 견해가 있다.[144]

단결권 중심설은 노동3권 중 근로자의 경제적·사회적 지위 향상을 위한

142) 대법원 1995. 12. 21. 선고 94다26721 전원합의체 판결, 대법원 2010. 7. 15. 선고 2008다33399 판결 등.
143) 사법연수원a, 21면.
144) 민변노동법Ⅱ, 10~11면; 사법연수원a, 21~23면.

단결권 보장을 가장 우선시하여 단체교섭권과 단체행동권 역시 이러한 단결권 행사의 목적에 충실하게 보장되어야 한다는 견해이다.

단체교섭권 중심설은 노동3권의 보장 취지가 단체교섭을 통한 근로조건의 유지·개선이라는 데에 최종적인 목적이 있다고 보아 단체교섭권을 가장 중핵적인 권리로서 보장하여야 하고, 단결권과 단체행동권은 이러한 단체교섭권이 가능하도록 하는 전제 또는 수단으로서 기능하는 범위 내에서 보장이 이루어지면 충분하다는 견해이다.

단체행동권 중심설은 단체행동권이 전제되지 않는 단결권이나 단체교섭권은 사실상 무의미하므로 노사관계의 실질적 대등성을 확보하는 필수적인 전제인 단체행동권을 노동3권의 가장 중핵적인 권리로 보아야 한다는 견해이다.

3. 판　　례

대법원은 "헌법 33조 1항에 의하여 선명된, 이른바 노동3권은 사용자와 근로자 간의 실질적인 대등성을 단체적 노사관계의 확립을 통하여 가능하도록 하기 위하여 시민법상의 자유주의적 법원칙을 수정하는 신시대적 시책으로서 등장된 생존권적 기본권들이므로 이 노동3권은 다 같이 존중, 보호되어야 하고 그 사이에 비중의 차등을 둘 수 없는 권리들임에는 틀림없지만 근로조건의 향상을 위한다는 생존권의 존재 목적에 비추어 볼 때 위 노동3권 가운데에서도 단체교섭권이 가장 중핵적 권리이므로, 노동자에게 단체교섭권이 정당하게 확보되어 있기만 하다면 그것을 보장하는 권리로서의 단체행동권이 제한된다 해도 필요한 최소한도 내에서, 어쩔 수 없는 것으로서 사회관념상 상당한 대상조치가 마련되어 있다고 보일 때에는 권리의 본질적인 내용을 침해하는 것으로 볼 수 없다."고 하여 단체교섭권 중심설의 견해를 취한 바 있다.[145] 대법원이 단체교섭권 중심설의 견해를 취한 이유는 단체행동권의 수단성 및 대상조치론을 근거로 단체행동권을 제한하는 다양한 입법을 적법한 것으로 인정하는 태도에서 비롯된 것이다.[146]

공익사업에 대한 직권중재제도를 규정하고 있던 구 노동쟁의조정법 30조 3호 규정의 위헌 여부 및 필수공익사업에 대한 직권중재제도를 규정했던 구 노

145) 대법원 1990. 5. 15. 선고 90도357 판결.

146) 이흥재a, 4면.

조법 62조 3호 및 75조 규정의 위헌 여부에 대한 헌법재판소의 합헌의견도 이와 맥락을 같이 한다.[147] 반면에 헌재 1996. 12. 26. 선고 90헌바19 등 사건에서 재판관 5인의 위헌의견은 "근로자의 단체행동권이 전제되지 않은 단체결성이나 단체교섭이란 무력한 것이어서 무의미하며 단체결성이나 단체교섭만으로는 노사관계의 실질적 대등성은 확보될 수 없으므로 단체행동권이야말로 노사관계의 실질적 대등성을 확보하는 필수적인 전제이다. 그러므로 노동3권 가운데 가장 중핵적인 권리는 단체행동권이라고 보아야 한다."고 하여 단체행동권 중심설의 견해를 취하였다.

4. 검 토

가. 논의의 실익

노동3권의 상호관계를 논하는 실익은 노동3권에 의하여 보장되어야 할 권리의 내용 및 제한의 범위를 어떻게 볼 것인가에 있다.[148]

단결권 중심설의 견해에서는 단결활동의 범위에 관하여 시대의 변화에 따라 탄력적으로 규정되었으며 국가가 국민의 경제생활에 적극적으로 개입하고 있는 현대국가의 실태를 고려하면, 노동3권의 목적을 달성하기 위해 국가를 대상으로 하는 단결활동도 필수적인 것이라고 보고, 쟁의권 행사의 정당성 판단기준에 대해서도 사용자의 처분권한성 및 근로조건 밀접성의 요건을 엄격하게 해석하지 않고 근로자의 생활이익과 관련되는 사항이면 널리 노동3권 활동의 대상이 될 수 있다고 이해한다. 반면 경우에 따라서는 법률로 단체교섭권이나 단체행동권을 배제하고 단결권만을 인정하는 것이 용인될 수도 있다는 문제점이 있다.

이 견해를 따르게 되면 근로자는 근로조건의 결정과 같이 사용자에게 처분권한이 있는 사항에 한하지 않고 근로자의 경제적·사회적 지위의 향상과 관련된 사항이라면 광범위하게 단체교섭의 대상으로 삼거나 그러한 사항의 관철을 위한 단체행동을 할 수 있는 것으로 보고, 따라서 이른바 정치파업이나 동정파업에 대해서도 정당성을 인정한다. 다만 단결권만 보장하면 단체교섭권이나 단체행동권에 일정한 제약이 있더라도 노동3권의 본질적인 내용은 침해하지 않는

147) 헌재 1996. 12. 26. 선고 90헌바19 등 결정, 헌재 2003. 5. 15. 선고 2001헌가31 결정.
148) 정진경a, 210면.

것으로 해석할 가능성이 있다.

단체교섭권 중심설의 견해에서는 단결권과 단체행동권의 정당성의 범위는 단체교섭권의 정당성 기준에 의해 결정되는데 사용자를 상대방으로 하여 근로조건과 밀접하게 관련되고 사용자에게 처분 권한이 있는 사항을 대상으로 하여야 하며, 근로자에게 단체교섭권이 확보되어 있기만 하면 단체행동권이 제한된다고 하더라도 필요한 최소한도 내이고 사회관념상 상당한 대상조치가 마련되어 있다고 보일 때에는 노동3권의 본질적인 내용을 침해하는 것으로 볼 수 없는 결과로 될 수 있다. 단체교섭권 중심설에 따를 경우 단체행동권의 행사는 단체교섭권의 완전한 행사 없이 정당성을 가지지 못한다는 최후수단원칙이 적용되어 단체행동권의 독자성을 부정하는 부당한 결론에 이르게 된다.[149)]

이와 같이 단체교섭권을 가장 중핵적인 권리로 보게 되면 사용자의 처분권한이 미치지 않는 사항에 대해서는 단체교섭의 대상으로 삼거나 그러한 사항의 관철을 위한 단체행동은 할 수가 없고, 따라서 정치파업이나 동정파업은 허용될 수 없다고 보게 된다. 근로자에게 단체교섭권이 정당하게 확보되어 있다면 그것을 보장하는 권리인 단체행동권이 최소한도의 범위 내에서 제한된다고 하더라도 노동3권의 본질적인 내용을 침해하는 것으로 볼 수 없다고 한다.

단체행동권 중심설의 견해에서는 헌법 37조 2항에 의해 단체행동권의 행사를 제한할 수는 있겠으나, 단체행동권이 근로자에게 사용자와 대등한 교섭력을 보장하는 데 불가결한 것이므로 단체행동권의 정당한 행사를 원칙적으로 제한할 수 없다고 보게 된다.

이 견해를 취하게 되면 단체행동권에 대한 제한이 정당성을 인정받기 위해서는 그러한 제한이 엄격한 요건을 충족시킨 최후 수단의 성격을 가져야만 하고, 따라서 노동위원회의 직권중재제도는 단체행동권의 본질적 내용을 침해하는 위헌규정이라는 견해에 서게 된다.

나. 노동3권의 독자적 의의

헌법 33조 1항은 근로조건을 중심으로 하는 근로자의 경제적 · 사회적 지위의 향상과 관계된 제 문제의 결정 과정에 대하여 근로자가 실질적으로 관여하는 것을 기본권으로서 보장하고자 하는 데에 그 취지가 있다. 노동3권 가운데

149) 고호성, 510면.

단결권은 그러한 결정 과정에 실질적으로 관여하기 위해 반드시 필요한 단결체의 결성과 운영을 보장하는 것이고, 단체교섭권과 단체행동권은 그와 같이 결성·운영되는 단결체의 동태적 측면을 보장하는 것이다.[150] 따라서 단결권, 단체교섭권, 단체행동권은 각각 상대적 독자성을 유지하면서 근로자의 자기 결정에 관한 실질적 관여라는 목적을 달성하기 위해 유기적 일체로서 작동하는 것으로 보아야 타당하다.

이러한 관점에서 바라본다면 노동3권 중에서 어느 것을 중심적인 권리로 보아야 하는지 여부는 그다지 중요하지 않게 된다. 오히려 어느 권리가 보다 중심적인 권리인가를 논하는 것은 중심적인 권리 이외의 권리를 부수적인 권리로 보게 됨으로써 전체적이고 통일적인 시각에서 파악해야 하는 노동3권의 보장에 부정적인 효과를 미치게 된다. 더욱이 근로자의 자기 결정에 대한 실질적 관여를 위한 단결체의 동적 측면이 단체교섭으로 수렴되는 것은 결코 아니므로 쟁의행위 등 단체행동을 모두 단체교섭에 종속시켜 이해하는 단체교섭권 중심설은 타당하다고 할 수 없다.[151]

다. 단체행동권의 고유한 성격

원칙적으로 노동3권은 전체적, 통일적 시각에서 파악되어야 한다. 그러나 일반적으로 헌법상 시민적 자유로서 단결권(결사의 자유)이 인정되고 있는 사정 아래에서, 단체교섭과 단체협약의 체결은 근로자에게 단체행동권이라는 실력이 주어질 때에 당사자 간에 실질적인 대등성이 확보될 수 있다는 점을 고려하면, 실질적으로나 연혁적으로나 단체행동권의 고유한 지위를 인정할 필요가 있다.[152]

단체행동권의 법적 성격을 자유권으로 인식하고 또한 그 고유한 지위를 인정하면 그로부터 독자성, 일상성, 보편성이라는 특징적 성격이 도출된다.[153] 단체행동권의 독자성은 두 가지 의미를 내포하는데, 첫째는 종래의 시민법적 자유권이 아니라 근로자가 생활상의 지위를 향상시키기 위하여 사용자와 국가의 억압에서 자유롭게 단체적 행동을 할 수 있는 새로운 독자적 자유권이라는 의미이고, 둘째는 단결권 및 단체교섭권과 반드시 연계할 필요 없이 단체행동권을 독자적으로 행사할 수 있다는 의미이다. 단체행동권의 일상성은 그 독자성에서

150) 니시타니 사토시, 50면.
151) 민변노동법Ⅱ, 11~12면.
152) 이홍재a, 4면; 정진경a, 209~211면 참조.
153) 이홍재a, 4~5면.

비롯된 특징으로 단체행동권 행사의 최후수단원칙을 부정하여 그 목적 실현을 위하여 필요한 때에는 언제든지 일상적으로 행사할 수 있다는 것을 의미한다. 단체행동권의 보편성은 노동조합만이 이를 배타적으로 행사할 수 있는 것이 아니라 노동조합이 아닌 근로자단체 또는 일시적인 근로자집단이나 개별근로자도 공동적·집단적 행사를 하면 보편적으로 그 주체성을 인정할 수 있는 권리라는 것을 의미한다.

단체행동권 행사의 가장 대표적인 유형인 쟁의행위는 기본적으로 사용자의 지휘감독에 대항하고 종속노동을 극복하기 위한 투쟁적 조치이기 때문에 단체교섭만을 위한 것이 아니다. 근로자는 사용자를 매개로 하여 생산수단에 결합된 노동과 직접적 관계를 가지게 되며, 사용자는 계약의 방식을 통해 근로자와 노동의 직접적 관계를 통제하려 하지만, 이는 채권적 권리일 뿐이고, 근로자는 노동과 직접적, 전면적, 대세적 관계를 맺게 된다. 종속노동에 의하여 노동의 자율성을 제약하는 사용자를 제약하는 방법으로 쟁의행위가 인정되었으며, 쟁의행위는 근로자 노동이 가지는 항의성을 표현하는 것이기 때문에 단체교섭권에 국한되지 않는 독자적인 의미를 가진다.[154] 나아가 쟁의행위로 대표되는 단체행동권은 노사 간 대등성을 회복하고 노사 간 갈등을 자주적으로 회복하며 산업사회를 민주화하기 위한 필수적인 수단이라는 점에서도 독자적인 의미를 가진다.[155]

Ⅵ. 노동3권의 효력과 적용

1. 효　　력

통상 기본권의 효력을 대국가적 효력과 대사인간 효력으로 구분하여 설명하는데, 노동3권도 대국가적 효력과 대사인간 효력이 인정된다.

가. 대국가적 효력

대국가적 효력의 관점에서 보면 노동3권은 근로자가 국가권력에 대하여 갖는 자유권적 기본권 또는 사회권적 기본권이라는 주관적 공권으로서 헌법상 보장되어 국가권력에 대해 일정한 효력을 갖게 된다.

자유권의 측면에서 노동3권은 근로자가 국가권력에 의하여 노동3권이 침해

---

154) 신권철a, 207~208면.

155) 강성태c, 189면.

되는 것을 소극적으로 방어할 수 있는 헌법적 지위를 설정하는 법적 수단이 된다. 노동3권은 이에 대한 금지입법의 철폐와 시민법상의 형사책임 법리의 수정에 따라 헌법적으로 승인된 것이므로 노동3권을 입법으로 억압해서는 안 된다는 자유권적 효과(그 결과 합리적인 이유 없이 노동3권을 제한·금지하는 입법이나 행정조치는 위헌·무효이다)와 근로자의 정당한 조합활동과 단체행동에 대한 형사책임을 면제하는 효과를 가진다.[156)]

사회권의 측면에서 국가권력에 대하여 노동3권의 내용을 이루는 권리의 행사 또는 실현을 위하여 근로자단체의 조직, 단체교섭, 단체협약, 노동쟁의 등 이른바 집단적 노동관계에 관한 법제도를 적극적·구체적으로 구비하여야 할 의무를 부과하는 헌법적 효력을 갖는다. 노동3권은 국가가 그 정책 목표인 집단적 노사자치의 허용·조성에 관하여 입법 체제를 정비할 정책 의무를 선언하고, 나아가 정책 목표를 위한 입법을 수권한 의의를 가진다. 이러한 정책의무에 대응하여 제정된 법률이 노조법이다.[157)]

나. 대사인간 효력

헌법에 보장된 기본권은 주관적 공권의 성질을 가질 뿐만 아니라 헌법을 비롯한 전체 법질서 속에서 하나의 객관적 가치질서로서 기능한다. 이와 같은 기본권의 이중적 성격에 따라 기본권 보장에 관한 헌법 규정은 사법(私法)상의 법률관계에도 그 효력을 미친다.[158)] 노동3권을 보장하고 있는 헌법 33조 1항은 주관적 공권 및 국가의 객관적 가치질서로서 집단적 노사관계에 효력을 미친다.

이 경우 노동3권을 보장하고 있는 헌법 규정 자체가 직접적으로 집단적 노사관계에 효력을 미치는 것으로 보는 견해(직접적용설)[159)]와, 사법상 일반조항이나 집단적 노사관계를 규율하는 법률 조항을 해석할 때 노동3권을 보장하는 헌법의 취지를 반영함으로써 간접적으로 적용된다고 보는 견해(간접적용설)[160)]로 학설은 나뉘어 있다. 기본권의 대사인적 효력을 인정하는 이상 직접적용설과 간접적용설의 차이는 실질적으로 논의의 실익이 없다는 견해도 있다.[161)]

156) 임종률, 24면.
157) 임종률, 24~25면.
158) 사법연수원a, 24면.
159) 권영성, 679면; 김유성, 26면; 김철수, 721면; 이병태, 75면; 임종률, 25면.
160) 김형배, 131면; 허영, 586면.
161) 민변노동법Ⅱ, 12면; 사법연수원a, 24~25면.

노동3권은 근로자의 인간다운 생활을 보장하기 위하여 집단적 노사자치를 가능하게 하기 위해 인정된 것으로 원래부터 사인 간의 행위를 전제로 한 것이고, 사용자나 그 밖의 사인이 근로자의 단결 활동을 방해하거나 억압하도록 방치하면 무의미하게 된다. 따라서 노동3권은 사인 간의 관계에 대하여도 직접 효력을 미친다고 본다.[162] 한편 노조법은 근로자의 노동3권을 침해하는 사용자의 행위로부터 근로자를 보호하기 위하여 부당노동행위 및 구제 절차에 관하여 상세하게 규정하고 있다.

2. 적 용

가. 의 의

노동3권의 보장에 관한 헌법규정은 집단적 노동관계에 관한 최상위 법규범으로서 그보다 하위의 법규범이 규범으로서 효력을 갖게 하는 최종적인 근거가 된다. 집단적 노동관계를 규율하는 법률 조항이 노동3권 보장에 관한 헌법 규정에 위반하는 내용을 정하고 있다면 헌법재판소에 법률에 대한 헌법소원이나 위헌심판청구를 하는 등의 규범통제의 절차를 통하여 그 효력이 부정될 수 있다.

개별 법률 조항에 대한 심사기준으로서 노동3권의 보장에 관한 헌법 규정을 해석할 때에는 헌법 37조 2항에 의하여 국가안전보장·질서유지 또는 공공복리를 위하여 필요한 경우에 법률로써 노동3권을 제한할 수 있지만, 노동3권을 제한하는 법률 조항의 내용이 기본권 제한의 한계로서 과잉금지의 원칙 또는 비례의 원칙에 반하는 것은 아닌지, 또는 당해 법률 조항이 헌법에 의하여 보장되는 노동3권의 본질적 내용을 침해하는 것은 아닌지 등이 문제된다.

노동3권의 보장에 관한 헌법 규정은 하위 법률의 효력 유무를 심사하는 기준이 될 뿐만 아니라 헌법을 정점으로 하는 법질서의 통일을 기한다는 측면에서 법률 등 하위 법규범에 대한 해석기준이 된다. 집단적 노동관계를 규율하는 어떠한 법률 조항에 다의적인 해석의 여지가 있을 경우에는 그 입법 취지나 목적이 본질적으로 침해되지 않는 범위 안에서는 헌법상 노동3권 보장의 취지에 부합하도록 하는 합헌적 법률해석이 요구된다.[163]

162) 임종률, 25면.
163) 사법연수원a, 25면.

나. 노동3권의 주체와 관련하여 법률조항의 위헌성 여부가 문제되는 사례

(1) 일반 공무원의 노동3권 부정 조항의 위헌성 여부

헌법 33조 2항은 "공무원인 근로자는 법률이 정하는 자에 한하여 단결권·단체교섭권 및 단체행동권을 가진다"고 규정하여, 공무원에 대하여는 헌법 자체에 노동3권의 향유주체에서 제외시킬 수 있는 개별적 법률유보를 인정하는 조항을 두고 있다. 이에 근거하여 국공법 66조 1항 및 지공법 58조 1항은 "공무원은 노동운동이나 그 밖에 공무 외의 일을 위한 집단 행위를 하여서는 아니 된다. 다만, 사실상 노무에 종사하는 공무원은 예외로 한다"고 규정하고 있다.

위 법률 조항에 의하여 '사실상 노무에 종사하는 공무원'에 대하여만 노동3권이 보장되고 그 이외의 공무원들을 노동3권의 향유 주체에서 제외한 것이 헌법 33조 2항의 법률 유보에 내재하고 있는 헌법정신에 어긋나 위헌인 것은 아닌가 하는 문제가 제기되었다.

이에 관하여 헌법재판소는, "위 법률 조항이 노동3권이 보장되는 공무원의 범위를 사실상의 노무에 종사하는 공무원에 한정하고 있는 것은, 노동3권의 향유주체가 되는 공무원의 범위를 정함에 있어서 공무원이 일반적으로 담당하는 직무의 성질에 따른 공공성의 정도와 현실의 국가·사회적 사정 등을 아울러 고려하여 사실상의 노무에 종사하는 자와 그렇지 아니한 자를 기준으로 삼아 그 범위를 정한 것으로 보인다. 이러한 입법 내용은 헌법상 근로자에 대한 노동3권의 실질적 보장이 전제되고 있으면서도 헌법 33조 2항이 노동3권이 보장되는 공무원의 범위를 법률로 정하도록 유보함으로써 공무원의 국민 전체에 대한 봉사자로서 가지는 지위와 그 직무상의 공공성 등의 성질을 고려한 합리적인 공무원제도의 보장, 공무원제도와 관련한 주권자 등 이해관계인의 권익을 공공복리의 목적 아래 통합 조정하려는 의도와 어긋나는 것이라고는 볼 수 없다. 그러므로 위 법률 조항은 입법권자가 노동3권의 향유주체가 될 수 있는 공무원의 범위를 정하도록 하기 위하여 헌법 33조 2항이 입법권자에게 부여하고 있는 형성적 재량권의 범위를 벗어난 것이 아니며, 따라서 헌법에 위반되는 것이라고 할 수는 없다."고 판시하여 소극적인 견해를 취하였다.[164]

다만, 헌법재판소의 90헌바27 등 결정에는 별개 의견으로서, 위헌이 아니라

164) 헌재 1992. 4. 28. 선고 90헌바27 등 결정, 헌재 2005. 10. 27. 선고 2003헌바50 등 결정.

는 결론에는 동조하면서도 “당연히 노동3권을 향유하여야 할 공무원에 대하여 노동운동을 전면 금지하고 있는 위 법률조항은 공무원의 근로3권의 본질적 내용을 침해하는 것이어서 헌법 37조 2항의 일반유보 조항에 의해서는 정당화될 수 없는 위헌적인 법률이나, 위 법률 조항이 헌법의 특별유보 조항인 33조 2항에 근거를 두고 있기 때문에 아직은 그것에 대하여 섣사리 위헌선언을 할 수 없을 뿐이다. 그러나 위 법률 조항의 근거가 되는 헌법 33조 2항이 헌법의 기본이념(헌법핵 규정)에 배치되는 규정인 것을 감안할 때 노동운동이 허용되는 공무원을 사실상 노무에 종사하는 공무원에 한정할 것이 아니라 그 범위를 되도록 넓혀서(국 · 공립학교 교원도 포함시켜야 한다) 위헌적인 헌법 규정으로 인한 공무원의 근로3권 침해를 최소화하는 방향으로 위 법률 조항이 개정되어야 할 것”이라는 견해가 있었고, 2003헌바50 등 결정에는 “이 사건 법률 조항은 단지 사실상 노무에 종사하는 공무원인지의 여부 외의 다른 요소를 전혀 고려하지 않고 있어 법익형량을 이루었다고 볼 수 없고, 공무원의 직무의 공공성은 공무원의 종류 및 직급, 직무의 성질에 따라 다를 수 있음에도 불구하고 오직 신분이 지방자치단체에 근무하는 공무원이라는 이유만으로 근로기본권 자체를 인정하지 않고 있어 근로기본권의 본질적인 내용을 침해하거나 최소 침해의 원칙에도 어긋나며, 공무원이 담당하는 직무 중에는 교원노조법 소정의 교원 등의 직무와 같거나 유사한 정도의 공공성을 지닌 직무가 있을 수 있음에도 불구하고 위 법률 조항들은 신분이 지방자치단체에 근무하는 공무원이라는 이유만으로 근로기본권 자체를 인정하지 않고 있기 때문에 그 차별에 합리적인 이유가 있다고 할 수 없으므로 위헌”이라는 재판관 2인의 반대의견 및 “위 법률 조항은 원칙적으로 헌법 33조 1항이 보장하는 근로3권을 침해하지만, 위 법률 조항에 대하여 단순위헌을 선언하기보다는 헌법불합치 결정을 선고해야 한다”는 재판관 2인의 반대의견이 있었다.

그런데 90헌바27 등 결정 이후 국립학교 · 공립학교 교원에 대하여 단결권 및 단체교섭권을 인정하는 내용의 교원노조법이 제정 · 시행되었으며, 2003헌바50 등 결정 전인 2005. 1. 27. 공무원노조법이 제정되어 2006. 1. 28.부터 시행되고 있다. 헌법재판소가 입법을 따라가지 못한 예로 볼 수 있다.

한편 공무원노조법 3조 1항은 “이 법에 따른 공무원의 노동조합의 조직, 가입 및 노동조합과 관련된 정당한 활동에 대하여는 국가공무원법 66조 1항 본문 및 지방공무원법 58조 1항 본문을 적용하지 아니한다.”라고 규정하고 있다. 그런데 공무원노조법 시행 이후에도 국공법 66조 1항 및 지공법 58조 1항은 계속 존치되고 있어서 여전히 위헌성이 문제되고 있다.

이에 관하여 헌법재판소는, ‘공무 외의 일을 위한 집단 행위’는 ‘공익에 반하는 목적을 위하여 직무전념의무를 해태하는 등의 영향을 가져오거나 공무에 대한 국민의 신뢰에 손상을 가져올 수 있는 공무원 다수의 결집된 행위’를 말하는 것으로 해석되므로 심판대상조항이 명확성원칙에 위반된다고 볼 수 없고, 공무의 공정성과 객관성에 대한 신뢰 저하를 막기 위해 공무원의 집단적인 의사표현을 제한하는 것은 불가피하므로 과잉금지원칙에 위반된다고 볼 수도 없다는 등의 이유로 헌법에 위반되지 않는다고 판단하였다.[165] 이러한 2011헌바32 등 결정 및 2011헌바50 결정에는, ‘공익’이라는 개념은 불명확한 개념이어서 ‘공무 외의 일을 위한 집단행위’를 ‘공익에 반하는 목적을 위하여 직무전념의무를 해태하는 등의 영향을 가져오는 집단적 행위’라고 축소 해석한다고 하더라도 여전히 그 의미는 불명확할 수밖에 없으므로 심판대상조항은 명확성원칙에 위반되고, 또한 심판대상조항은 공무원의 직무나 직급 또는 근무시간 내외를 구분하지 않고 표현행위가 집단적으로 행하여지기만 하면 헌법질서의 수호유지를 위한 정치적 의사표현까지도 금지하고 있으므로 과잉금지원칙에도 위반된다는 재판관 2인(이정미 · 김이수 재판관)의 반대의견이 있었다.[166] 그로부터 약 5년 8개월 이후 헌법재판소는 2011헌바32 등 결정의 선례와 달리 판단해야 할 사정의 변경이나 필요성이 인정되지 않는다는 이유로 국공법 66조 1항이 헌법에 위반되지 아니한다고 다시 판단하였다.[167] 이 2018헌마550 결정에는 2011헌바32 등 결정의 반대의견과 그 뜻을 같이한다는 재판관 2인(이석태 · 김기영 재판관)의 반대의견이 있었다. 이처럼 국공법 66조 1항 및 지공법 58조 1항의 위헌성 논란은 여전히 지속되고 있다.

165) 헌재 2014. 8. 28. 선고 2011헌바32 등 결정(국공법 66조 1항 등 위헌소원), 헌재 2014. 8. 28. 선고 2011헌바50 결정(구 지공법 58조 1항 등 위헌소원).

166) 2011헌바32 등 결정은 국공법 66조 1항뿐만 아니라 구 교원노조법(1999. 1. 29. 법률 제5727호로 개정되고, 2010. 3. 17. 법률 제10132호로 개정되기 전의 것) 3조 중 ‘일체의 정치활동’ 부분도 심판대상이었는데, 위 2인의 반대의견과는 별도로 위 구 교원노조법 조항에 대한 3인의 각하의견도 있었다.

167) 헌재 2020. 4. 23. 선고 2018헌마550 결정.

(2) 모든 공무원의 단체행동권 부정 조항의 위헌성 여부

구 노동쟁의조정법 12조 2항은 "국가 · 지방자치단체 … 에 종사하는 근로자는 쟁의행위를 할 수 없다"는 규정을 두어, 공무원인 근로자는 누구를 막론하고 전체적으로 단체행동권을 부인하는 취지를 정하였는데, 이 조항의 위헌성이 문제로 되었다.

이에 관하여 헌법재판소는 "위 조항은 공무원이라고 하더라도 전면적으로 단체행동권이 제한되거나 부인되는 것이 아니라 법률이 정하고 있는 일정한 범위 내의 공무원인 근로자의 경우에는 단결권 · 단체교섭권을 포함하여 단체행동권을 갖는 것으로 해석되는 헌법 33조 2항의 규정에 저촉 · 충돌되고, 헌법 37조 2항의 일반적 법률유보 조항에 의해서도 정당화될 수 없다."는 이유로 그 위헌성을 인정하였다.[168] 다만, "헌법 33조 2항은 일부 공무원에게는 단체행동권을 주지 않는다는 것도 전제하고 있어 합헌적인 면도 포함되어 있으므로 단순위헌선언을 하여 무효화시킬 것은 아니고 입법자에게 헌법불합치인 현재의 상태를 제거하도록 입법을 촉구하면서 위 법률조항에 대한 헌법불합치 결정을 하되 1995. 12. 말까지 위 법률 조항이 그 효력을 지속한다."고 결정하였다. 한편 일부 위헌 또는 헌법불합치가 아니라 위헌선언하여 폐지시켜야 한다는 반대의견이 있었다.

이 조항에 대해서는 헌법재판소 결정이 있기 전에 이미 대법원이 쟁의행위가 금지되는 공무원의 범위에 사실상 노무에 종사하는 공무원은 제외하는 것으로 해석하고 있었기 때문에 그 의미가 반감되었다.[169] 위 결정은 1995년 말까지 국회로 하여금 헌법불합치 상태를 제거할 것을 요구하였는데, 1997. 3. 13. 법률개정 과정에서 위 조항을 삭제함으로써 비로소 헌법불합치 상태가 해소되었다.[170]

(3) 사립학교 교원의 노동3권 부정 조항의 위헌성 여부

사립학교법 55조는 "사립학교의 교원의 복무에 관하여는 국립학교 · 공립학교의 교원에 관한 규정을 준용한다."라고 규정하여, 사립학교 교원인 근로자에 대하여는 위 법률 조항에 의하여 공무원이 아니면서도 공무원에 관하여 규정하

---

168) 헌재 1993. 3. 11. 선고 88헌마5 결정.

169) 대법원 1991. 5. 24. 선고 91도324 판결은 "철도청 소속공무원으로서 기관사의 직무를 수행하는 자는 '사실상 노무에 종사하는 기능직공무원'에 해당하므로 노동쟁의조정법 12조 2항 소정의 쟁의행위의 주체가 될 수 없는 공무원이 아니다"라고 판시하였다.

170) 김선수c, 78면.

고 있는 국공법 66조 1항의 적용을 받게 되어 결과적으로 공무원과 마찬가지로 노동3권의 향유주체가 되지 못하였다. 위 법률 조항이 헌법 33조 1항의 규정에 의하여 근로자에게 노동3권을 보장하고 있는 것에 위반하여 위헌인 것은 아닌가 하는 문제가 제기되었다.

이에 관하여 헌법재판소는 "사립학교법의 위 법률 조항은 '… 교원의 지위에 관한 기본적인 사항은 법률로 정한다'고 규정한 헌법 31조 6항에 근거한 것이고, 교육의 본질에 따른 교육제도의 구조적 특성, 교원직무의 공공성·전문성과 자주성, 교육에 대한 우리나라의 역사적 전통과 국민의식 및 교육 현장의 여러 가지 사정 따위를 아울러 고려하여 제정된 것이므로 비록 위 법률 조항이 교원인 근로자의 근로기본권을 제한하고 있다고 하더라도 그것만으로 근로기본권에 관한 헌법 33조 1항의 규정을 내세워 바로 헌법에 위반된다고 단정할 수는 없다."고 판시하여 그 위헌성을 부정하는 견해를 취하였다.[171)]

다만, 위 결정에는 "사립학교 교원에 대한 단체교섭권 및 단체행동권 행사의 제한은 헌법 37조 2항의 공공복리에 필요한 제한으로 허용될 수 있지만, 더 나아가 단결권의 행사까지 제한하는 것은 단결권의 본질적인 내용을 침해하는 것으로서 헌법 37조 2항에 의하여 허용될 수 없다."고 하거나, "사립학교 교원은 근로자의 지위에서 영위하는 생활 영역에서 일반 근로자와 원칙적으로 똑같은 노동3권이 보장되어야 하며 일반 근로자와 정당한 이유 없이 차별하여 그의 노동3권을 전부 부정하고 있는 위 법률 조항은 헌법상의 법치주의 원리와 위 헌법 11조 1항, 33조 1항, 37조 2항에 정면으로 위배되고 아울러 10조, 6조 1항과도 조화될 수 없으므로 위헌이다."라고 하거나, "헌법 31조 6항을 내세워 헌법 33조 1항에 의하여 사립학교 교원에게도 당연히 그 향유 자격이 부여된 단결권, 단체교섭권, 단체행동권을 제한하거나 박탈해도 된다는 논리는 노동3권을 향유할 수 없는 근로자를 공무원에 한정한 헌법 33조 2항의 규정에 명백히 저촉되며, 헌법 37조 2항에 의한 제한이라 하더라도 사립학교 교원에 대하여 노동운동을 전면적으로 금지하고 있는 위 법률 조항은 헌법 33조, 37조 2항에 위반되어 위헌이다."라고 한 재판관 3인의 반대의견이 있었다.

현재 국립학교·공립학교 교원의 경우와 마찬가지로 사립학교 교원에 대하여도 교원노조법에 의하여 단결권 및 단체교섭권이 보장되고 있다. 그런데 구

171) 헌재 1991. 7. 22. 선고 89헌가106 결정.

교원노조법(2010. 3. 17. 법률 10132호로 개정된 것) 2조 본문은 "이 법에서 '교원'이란 초・중등교육법 19조 1항에서 규정하고 있는 교원을 말한다."라고 규정하고 있어서 고등교육법에서 규율하는 대학 교원 등의 단결권은 보장되지 않았다. 그런데 위 구 교원노조법 2조 본문에 대하여 헌법재판소는 대학 교원의 단결권을 침해하여 헌법에 위반된다는 이유로 헌법불합치 결정을 하였다.[172] 그 후 2020. 6. 9.자 교원노조법 개정(법률 17430호)으로 초・중등교육법에 의한 교원뿐만 아니라 유아교육법에 의한 교원, 고등교육법에 의한 교원(다만, 강사는 제외[173])도 교원노조법에 의한 교원이 되어 단결권 및 단체교섭권의 보장 대상이 확대되었다.

(4) 방위산업체 종사 근로자의 쟁의행위 금지 조항의 위헌성 여부

헌법 33조 3항은 주요방위산업체에 종사하는 근로자에 대하여는 법률에 의하여 노동3권 중 단체행동권의 향유 주체에서 제외할 수 있다고 규정하고 있으며, 이와 관련하여 구 노동쟁의조정법 12조 2항은, "… 방위산업에 관한 특별조치법에 의하여 지정된 방위산업체에 종사하는 근로자는 쟁의행위를 할 수 없다."고 규정하였다.

그런데 위 법률 조항의 문면상으로는 구 방위산업에 관한 특별조치법(2006. 1. 2. 법률 7845호 방위사업법 제정으로 폐지)에 의하여 지정된 방위산업체에는 주요방위산업체는 물론 일반방위산업체도 포함되는 것으로 볼 수 있어 헌법 33조 3항에 반하는 것이 아닌가하는 문제가 제기되었다.

이에 대하여 헌법재판소는 "구 방위산업에 관한 특별조치법 18조는 '주요방위산업체에 종사하는 근로자의 노동쟁의 행위에 관하여는 구 노동쟁의조정법이 정하는 바에 의하여 제한 또는 금지된다'라고 규정하고 있으므로 법률에 의하여 쟁의행위가 금지되는 방위산업체의 근로자는 주요방위산업체의 근로자에 한정되고 있음이 명백하고, 구 노동쟁의조정법 12조 2항에 의하여 쟁의행위가 금지되는 '방위산업체에 종사하는 근로자'의 범위를 방산물자의 생산이라는 실질적인 기준에 따라 주요방산물자를 직접 생산하거나 생산과정상 그와 긴밀한 연계성이 인정되는 공장에 속하는 근로자에 한정함으로써 해석상 그 범위의 제

172) 헌재 2018. 8. 30. 선고 2015헌가38 결정.

173) 강사는 교원노조법이 아니라 노조법에 의하여 노동3권의 적용을 받는 근로자에 해당한다(김장식, 110~111면).

한이 가능하다고 볼 것인바, 구 노동쟁의조정법 12조 2항은 단체행동권의 제한 또는 금지를 규정하고 있는 헌법 33조 3항을 직접 근거로 하고 있고, 단체행동이 금지되는 것은 주요방위산업체에 있어서 방산물자의 생산과 직접 관계되거나 그와 긴밀한 연계성이 인정되는 공장에 종사하는 근로자로 한정하는 것으로 해석상 그 범위의 제한이 가능하며, 단체교섭에 있어서 발생하는 노동쟁의에 대하여 노동위원회의 알선, 조정을 받을 수 있는 등 대상조치(代償措置)가 마련되어 있으므로, 위 조항이 평등의 원칙에 반한다거나 근로자의 단체행동권의 본질적 내용을 침해하고 과잉금지의 원칙에 위배된 규정이라고 볼 수 없다."고 판시하였다.[174)]

현행 노조법 41조 2항은 "방위사업법에 의하여 지정된 주요방위산업체에 종사하는 근로자 중 전력, 용수 및 주로 방산물자를 생산하는 업무에 종사하는 자는 쟁의행위를 할 수 없으며 주로 방산물자를 생산하는 업무에 종사하는 자의 범위는 대통령령으로 정한다."고 규정하여, 쟁의행위가 금지되는 주요방위산업체에 종사하는 근로자의 범위를 명백히 하고 있다.

(5) 청원경찰의 노동3권 부정 조항의 위헌성 여부

구 청원경찰법(2018. 9. 18. 법률 15765호로 개정되기 전의 것) 5조 4항은 청원경찰의 복무에 관하여 국공법 66조 1항을 준용하도록 하고 있고, 구 청원경찰법 11조는 청원경찰로서 국공법 66조 1항의 규정에 위반하여 노동운동 기타 공무 이외의 일을 위한 집단적 행위를 한 자를 형사처벌하도록 규정하여 청원경찰의 노동3권을 전면적으로 부정하고 있었다. 헌법상의 근거가 없이 청원경찰을 노동3권의 주체에서 배제한 것이므로 그 위헌 여부가 문제되었다.

종래 헌법재판소는 "청원경찰법 11조는 청원경찰의 근로3권을 제한함으로써 청원경찰들이 관리하는 국가 등의 중요 시설의 안전을 기하려고 하는 것으로서 그 입법 목적의 정당성과 수단의 적정성을 인정할 수 있다. 청원경찰 업무의 특성상 단결권행사나 단체교섭권의 행사만으로도 시설의 경비 업무에 지장을 초래할 가능성이 높고, 청원경찰에 대한 신분 보장과 그 업무의 공공성, 업무수행의 특수성 등을 고려할 때, 군인이나 경찰관과 마찬가지로 청원경찰에 대하여도 단체행동권뿐만 아니라 단결권과 단체교섭권도 제한할 필요성이 충분히

174) 헌재 1998. 2. 27. 선고 95헌바10 결정.

인정되므로, 제한의 필요성과 피해의 최소성도 갖추었다. 또한 청원경찰법 조항으로 인하여 입는 청원경찰의 불이익에 비하여 국가나 사회의 중추를 이루는 중요시설의 운영에 안정을 기함으로써 얻게 되는 국가안전보장, 질서유지 등의 공익이 매우 크므로 법익의 균형성도 갖추었고, 유사한 집단행위 또는 쟁의행위에 대한 처벌 규정에 비추어 볼 때 과잉형벌의 문제를 제기하지 아니하며, 형벌체계상의 균형을 상실하였다거나 책임과 형벌 간의 비례원칙에 위반된다고 보기도 어렵다."는 이유로 합헌 결정을 하였다.[175] 위 결정에는 재판관 총 5인의 반대의견이 있었으나 위헌정족수를 채우지는 못하였다. 그러나 그로부터 9년 정도가 지난 후 헌법재판소는 재판관 전원일치 의견으로 "청원경찰은 사용자인 청원주와의 고용계약에 의한 근로자일 뿐, 국민 전체에 대한 봉사자로서 국민에 대하여 책임을 지며 그 신분과 정치적 중립성이 법률에 의해 보장되는 공무원 신분이 아니다. 법률이 정하는 바에 따라 근로3권이 제한적으로만 인정되는 헌법 33조 2항의 공무원으로 볼 수는 없는 이상, 일반근로자인 청원경찰에게는 기본적으로 헌법 33조 1항에 따라 근로3권이 보장되어야 한다. 그런데 모든 청원경찰의 근로3권을 전면적으로 제한하는 것은 입법목적 달성을 위해 필요한 범위를 넘어선 것이므로 구 청원경찰법 5조 4항은 침해의 최소성 원칙에 위배되고, 위 조항으로 말미암아 청원경찰이 경비하는 중요시설의 안전을 도모할 수 있음은 분명하나, 이로 인해 받는 불이익은 모든 청원경찰에 대한 근로3권의 전면적 박탈이라는 점에서, 위 조항은 법익의 균형성도 인정되지 아니한다."라는 이유로 헌법불합치 결정을 하였다.[176]

청원경찰의 노동3권을 전면적으로 부정하는 것은 헌법의 명문 규정에 반한다. 청원경찰이 수행하는 업무가 경찰공무원에 준하는 정도로 공공성이 강하다면 청원경찰에게 경찰공무원의 신분을 부여하고 그 결과 노동3권을 전면적으로 제한하는 것이 바람직하다. 신분과 대우는 보장하지 않으면서 의무만 부과하는 것은 어느 모로 보더라도 합리화될 수 없다. 헌법재판소가 2008년에 원칙대로만 판단을 하였다면 정부나 관련 기관은 그에 맞추어 이미 대책을 수립했을 것이다. 그런데도 헌법재판소가 위헌적인 현상을 정당화시켜 줌으로써 개선 노력이 늦어지는 결과가 되었다.

---

175) 헌재 2008. 7. 31. 선고 2004헌바9 결정.

176) 헌재 2017. 9. 28. 선고 2015헌마653 결정.

헌법재판소의 위 헌법불합치 결정 이후 2018. 9. 18.자 청원경찰법 개정(법률 15765호)을 통해, 청원경찰법 5조 4항 중 국공법 66조 1항을 준용하도록 하는 부분은 삭제되었고, "청원경찰은 파업, 태업 또는 그 밖에 업무의 정상적인 운영을 방해하는 일체의 쟁의행위를 하여서는 아니 된다."라는 내용의 청원경찰법 9조의4가 신설되었으며, 청원경찰법 11조는 "9조의4를 위반하여 파업, 태업 또는 그 밖에 업무의 정상적인 운영을 방해하는 쟁의행위를 한 사람"에 대한 처벌규정으로 개정되었다.

그런데 헌법재판소가 위 헌법불합치 결정에서도 적절히 지적한 바와 같이, 청원경찰은 사용자인 청원주와의 고용계약에 의한 근로자일 뿐, 국민 전체에 대한 봉사자로서 국민에 대하여 책임을 지며 그 신분과 정치적 중립성이 법률에 의해 보장되는 공무원 신분이 아니다.[177] 법률이 정하는 바에 따라 노동3권이 제한적으로만 인정되는 헌법 33조 2항의 공무원으로 볼 수는 없는 이상, 일반근로자인 청원경찰에게는 기본적으로 헌법 33조 1항에 따라 노동3권이 보장되어야 한다. 따라서 공무원이 아닌 청원경찰로 하여금 단체행동권 행사의 가장 대표적인 유형인 쟁의행위권을 전면적으로 박탈한 현행 청원경찰법 조항은 여전히 헌법 33조 1항 위반의 소지가 있다. 이는 아래에서 보는 특수경비원의 쟁의행위 금지 조항의 위헌 여부와도 관련이 있다(현행 청원경찰법 9조의4는 경비업법 15조 3항과 거의 동일한 내용이다).

(6) 특수경비원의 쟁의행위 금지 조항의 위헌 여부

경비업법 15조 3항은 공항·항만 등 국가중요시설의 경비업무를 담당하는 특수경비원에게 경비업무의 정상적인 운영을 저해하는 일체의 쟁의행위를 금지하고, 28조 4항 2호는 위 15조 3항 위반에 대해 벌칙을 정하고 있다. 특수경비원의 쟁의행위를 금지하는 것은 단체행동권을 박탈하여 헌법 33조 1항에 위배되는지 여부가 문제로 되었다.

이에 대해 헌법재판소는 "특수경비원들이 관리하는 국가중요시설의 안전을

---

177) 구 청원경찰법 10조의6 1호 중 '5조 2항에 의한 국공법 33조 5호에 관한 부분'은 청원경찰이 금고 이상의 형의 선고유예를 받은 경우 당연 퇴직되도록 규정하고 있었는데, 이 조항에 대해 헌법재판소는 직업의 자유 침해를 이유로 위헌 결정을 하였다(헌재 2018. 1. 25. 선고 2017헌가26 결정). 그런데 그 위헌 결정에서도 헌법재판소는 "청원경찰은 국민 전체에 대한 봉사자로서 국민에 대하여 책임을 지는 공무원이 아니라 일반 근로자로서 신분 등의 보장 정도가 일반적인 공무원에 비하여 낮고, 그 업무의 공공성이나 사회적 파급력이 공무원과 비견될 정도라고는 할 수 없다."라고 지적하였다.

도모하고 방호 혼란을 방지하려고 하는 것이므로 그 목적의 정당성을 인정할 수 있고, 특수경비원의 쟁의행위를 금지함으로써 위와 같은 입법 목적에 기여할 수 있다 할 것이므로 수단의 적합성도 인정할 수 있다. 특수경비원 업무의 강한 공공성과 특히 특수경비원은 소총과 권총 등 무기를 휴대한 상태로 근무할 수 있는 특수성 등을 감안할 때, 특수경비원의 신분이 공무원이 아닌 일반 근로자라는 점에만 치중하여 특수경비원에게 근로3권 즉 단결권, 단체교섭권, 단체행동권 모두를 인정하여야 한다고 보기는 어렵고, 적어도 특수경비원에 대하여 단결권, 단체교섭권에 대한 제한은 전혀 두지 아니하면서 단체행동권 중 '경비업무의 정상적인 운영을 저해하는 일체의 쟁의행위'만을 금지하는 것은 입법목적 달성에 필요불가결한 최소한의 수단이라고 할 것이어서 침해의 최소성 원칙에 위배되지 아니한다. 이 사건 법률 조항으로 인하여 특수경비원의 단체행동권이 제한되는 불이익을 받게 되는 것을 부정할 수는 없으나 국가나 사회의 중추를 이루는 중요시설 운영에 안정을 기함으로써 얻게 되는 국가안전보장, 질서유지, 공공복리 등의 공익이 매우 크다고 할 것이므로, 이 사건 법률 조항에 의한 기본권제한은 법익의 균형성 원칙에 위배되지 아니한다. 따라서 이 사건 법률 조항은 과잉금지원칙에 위배되지 아니하므로 헌법에 위반되지 아니한다."고 합헌 결정을 하였다.[178)]

위 결정에는 "경비업무의 정상적인 운영을 저해하는 쟁의행위를 금지하는 것은 특수경비원의 단체행동권의 본질적인 내용을 침해하는 것이어서 헌법 37조 1항에 위반된다."는 재판관 1인의 반대의견과 "헌법이 인정한 일반 근로자의 단체행동권을 전면적으로 '박탈'하여 우리 헌법의 근로3권 보장 연혁 및 규정 문언에 비추어 볼 때 헌법 33조 1항 자체에 위반되고 나아가 일반근로자의 단체행동권을 전면적으로 금지함으로써 헌법 37조 2항이 금지하고 있는 기본권의 본질적 내용 침해금지원칙 내지 과잉금지원칙에 위반된다."는 재판관 2인의 반대의견이 있다.

헌법상 명문으로 보장된 기본권을 전면적으로 금지하기 위해서는 헌법에 개별적 법률유보가 있어야 하고, '본질적 내용을 침해할 수 없다'고 규정한 헌법 37조 2항의 규정에 비추어 일반유보조항을 그 근거로 할 수는 없다고 보아야 한다. 헌법 37조 2항에 의하여 단체행동권의 전면적 금지가 가능한 것으로

178) 헌재 2009. 10. 29. 선고 2007헌마1359 결정.

해석한다면 단체행동권에 대한 개별적 법률유보를 규정한 제5공화국 헌법 31조 1항 단서를 삭제한 의미가 없게 된다. 따라서 헌법상의 근거도 없이 특수경비원의 단체행동권을 전면적으로 박탈한 것은 헌법 33조 1항에 위반된다고 해석하는 것이 타당하다. 특수경비원의 업무가 경찰공무원에 준하는 공공성이 있어 단체행동권을 제한하여야 한다고 하면 공무원 신분을 인정해주는 것이 바람직하다.[179)]

다. 단결권 보장과 관련하여 법률조항의 위헌성 여부가 문제되는 사례

(1) 설립신고제도의 위헌성 여부

노조법상 노동조합은 그 설립요건을 갖추어 설립신고를 한 후 행정관청으로부터 노동조합설립신고증을 교부받아야 하고, 다만 신고증을 교부받은 경우 설립신고서가 접수된 때에 설립된 것으로 간주된다.

이러한 설립신고제도의 법적 의미를 설립신고증을 교부받은 노동조합에 한하여 노동3권의 주체로 인정되고, 그렇지 아니한 경우에는 노동3권의 주체로서 어떠한 권리도 인정되지 않는다는 취지를 정한 것이라고 한다면 단결권의 본질적 내용을 침해하는 규정으로 위헌이다.

그러나 설립신고제도는 노조법상 요건을 갖춘 노동조합에 한하여 행정관청에 의한 일정한 보호급부의 대상으로 삼기 위한 것으로 해석하는 것이 일반적이고(특히, 법 7조 2항 참조), 설립신고증을 교부받지 아니한 근로자단체라 하더라도 위와 같은 급부의 대상에서 제외될 뿐이고 노동3권의 주체로서 인정되어야 하는 일반적인 권리까지 보장받을 수 없는 것은 아니다.

그러나 현재 운영되고 있는 설립신고서 반려제도는 노동조합의 설립을 허가하기 위한 것이 아니라 노조법상 소정의 요건을 갖추도록 하기 위하여 필요한 것이라 하더라도 반려 사유가 광범하고 행정관청의 심사에 자의성이 개재될

179) 대법원은, 집행관 사무소 소속 사무원의 경우, 대법원규칙인 집행관규칙이 사무원의 복무에 관한 사항은 법원공무원에 준하도록 한다고 규정하고 있을 뿐, 집행관법 등 다른 법률에서 사무원에 대하여 공무원의 복무에 관한 규정을 준용한다거나 노동3권을 제한한다는 취지의 규정을 찾아 볼 수 없고, 집행관법 8조가 사무원의 수, 자격기준, 수행업무 등에 관한 사항을 대법원규칙에 위임하고 있으나, 이는 사무원의 채용과 관련된 실무적인 사항을 위임한 것에 불과하고 사무원의 기본권 제한에 대한 사항까지 위임한 것으로 볼 것은 아니므로, 결국 집행관 사무소 소속 사무원의 노동3권을 제한하는 법률의 근거 규정이 없는 이상, 이들 사무원에 대하여 국공법 66조 1항이 적용 내지 준용되어 노동3권이 제한된다고 할 수는 없다고 하였다(대법원 2011. 2. 24.자 2008마1753 결정).

우려가 있다는 점에서 단결권에 대한 부당한 침해로서 위헌의 소지가 있다.[180] 또한 노조법에 의하여 설립된 노동조합에게 인정되는 특별한 급부 형태인 노동쟁의 조정 및 부당노동행위 구제 등의 신청을 할 수 있는 권리는 노동3권의 구체적인 실현을 위한 실효성 있는 구제수단의 하나인 이상 설립신고증을 교부받지 않은 근로자단체라고 하여 이와 같은 급부 제공을 제한하는 것이 과연 타당한 것인가라는 입법론상의 비판도 있다.[181]

노동조합 설립신고서 반려를 규정한 노조법 12조 3항 1호에 대하여 헌법재판소는 전원일치 의견으로 합헌 결정을 하였다. 위 법률 조항은 "노동조합 설립에 있어 법상의 요건 충족 여부를 사전에 심사하도록 하는 구조를 취하고 있으나, 이 경우 법상 요구되는 요건만 충족되면 그 설립이 자유롭다는 점에서 일반적인 금지를 특정한 경우에 해제하는 허가와는 개념적으로 구분되고, 더욱이 행정관청의 설립신고서 수리 여부에 대한 결정은 재량사항이 아니라 의무사항으로 그 요건 충족이 확인되면 설립신고서를 수리하고 그 신고증을 교부하여야 한다는 점에서 단체의 설립 여부 자체를 사전에 심사하여 특정한 경우에 한해서만 그 설립을 허용하는 허가와는 다르므로, 노동조합 설립신고서 반려제도가 헌법 21조 2항 후단에서 금지하는 결사에 대한 허가제라고 볼 수 없다."고 한 후, 나아가 "노동조합 설립신고에 대한 심사와 그 신고서 반려는 근로자들이 자주적이고 민주적인 단결권을 행사하도록 하기 위한 것으로서 만약 노동조합의 설립을 단순한 신고나 등록 등으로 족하게 하고, 노동조합에 요구되는 자주성이나 민주성 등의 요건에 대해서는 사후적으로 차단하는 제도만을 두게 된다면, 법상의 특권을 누릴 수 없는 자들에게까지 특권을 부여하는 결과를 야기하게 될 뿐만 아니라 노동조합의 실질적 요건을 갖추지 못한 노동조합들이 난립하는 사태를 방지할 수 없게 되므로 노동조합이 그 설립 당시부터 노동조합으로서 자주성 등을 갖추고 있는지를 심사하여 이를 갖추지 못한 단체의 설립신고서를 반려하도록 하는 것은 과잉금지원칙에 위반되어 근로자의 단결권을 침해한다고 볼 수 없다."고 판단하였다.[182]

그러나 이에 대해서는 단결권은 헌법재판소도 인정하고 있는 바와 같이 결사의 자유에 비하여 특별한 보호를 예정하고 있는 점, 단결권의 가장 기본적인

180) 임종률, 28면.
181) 김유성, 73~74면.
182) 헌재 2012. 3. 29. 선고 2011헌바53 결정.

내용인 설립의 자유는 그 성립 여부를 행정관청의 사전적 심사에 의존해서는 안 된다는 것을 내포한다는 점, 법상 특권의 부여 여부는 그러한 특권을 누리고자 신청하는 단계에서 판단하여 그러한 특권의 부여 여부를 결정하면 충분하다는 점, 실질적 요건을 갖추지 못한 노동조합이 난립한다는 전제는 확인된 바 없고 또 설사 그러한 노동조합이 다수 설립된다고 하더라도 그것이 설립신고증 교부 단계에서 통제되어야 할 특별한 이유도 없다는 점 등에 비추어 부당하다는 비판이 가능하다.

한편 구 노조법 시행령(2021. 6. 29. 대통령령 31851호로 개정되기 전의 것) 9조 2항은 "노동조합이 설립신고증을 교부받은 후 법 12조 3항 1호에 해당하는 설립신고서의 반려사유가 발생한 경우에는 행정관청은 30일의 기간을 정하여 시정을 요구하고 그 기간 내에 이를 이행하지 아니하는 경우에는 당해 노동조합에 대하여 이 법에 의한 노동조합으로 보지 아니함을 통보하여야 한다."라고 하여 법외노조 통보 제도를 규정하고 있었다. 이에 대하여 대법원은 "법외노조 통보는 이미 법률에 의하여 법외노조가 된 것을 사후적으로 고지하거나 확인하는 행위가 아니라 그 통보로써 비로소 법외노조가 되도록 하는 형성적 행정처분이다. 이러한 법외노조 통보는 단순히 노동조합에 대한 법률상 보호만을 제거하는 것에 그치지 않고 헌법상 노동3권을 실질적으로 제약한다. 그런데 노동조합법은 법상 설립요건을 갖추지 못한 단체의 노동조합 설립신고서를 반려하도록 규정하면서도, 그보다 더 침익적인 설립 후 활동 중인 노동조합에 대한 법외노조 통보에 관하여는 아무런 규정을 두고 있지 않고, 이를 시행령에 위임하는 명문의 규정도 두고 있지 않다. 더욱이 법외노조 통보 제도는 입법자가 반성적 고려에서 폐지한 노동조합 해산명령 제도와 실질적으로 다를 바 없다. 결국 이 사건 시행령 조항은 법률이 정하고 있지 아니한 사항에 관하여, 법률의 구체적이고 명시적인 위임도 없이 헌법이 보장하는 노동3권에 대한 본질적인 제한을 규정한 것으로서 법률유보원칙에 반한다."라고 판단하였다.[183] 그 후 노조법 시행령(대통령령 31851호) 9조 2항은 "노동조합이 설립신고증을 교부받은 후 법 12조 3항 1호에 해당하는 설립신고서의 반려사유가 발생한 경우에는 행정관청은 30일의 기간을 정하여 시정을 요구할 수 있다."라고 개정되어 위헌적 제도였던 시행령에 의한 법외노조 통보 제도는 폐지되었다.

183) 대법원 2020. 9. 3. 선고 2016두32992 전원합의체 판결.

다만 법외노조 통보 제도가 폐지되었다고 하여 노동조합에 대한 행정관청의 심사와 관련한 노동법상 문제가 모두 해결되지는 않았다. 설립신고 제도가 법외노조 통보 제도보다는 침익성이 덜하다고는 하지만, 단결권 침해의 시비에서 자유로운 제도는 아니기 때문이다. 사법기관이 아닌 행정청이 노동조합의 자격을 심사할 수 있도록 하는 제도는 세계적으로 유래를 찾기 어려우며 국제노동기구(ILO) 87호 협약 2조[184] 및 이를 내포하는 우리 헌법 33조 1항에 위반된다고 볼 수 있기 때문이다.[185] 특히 국제노동기구(ILO) 87호 협약이 비준됨으로써 우리나라를 구속하는 법적 효력이 발생[186]하는 상황에서 위 협약과 상충되는 설립신고 제도는 재고의 필요성이 있다.

(2) 제3자 개입금지 조항의 위헌성 여부

구 노동조합법 12조의2는 "직접 근로관계를 맺고 있는 근로자나 당해 노동조합 또는 법령에 의하여 정당한 권한을 가진 자를 제외하고는 누구든지 노동조합의 설립과 해산, 노동조합에의 가입·탈퇴 및 사용자와의 단체교섭에 관하여 관계당사자를 조종·선동·방해하거나 기타 이에 영향을 미칠 목적으로 개입하는 행위를 하여서는 아니 된다."고 규정하는 한편, 같은 법 45조의2에 그 위반 행위에 대한 처벌규정을 두는 등 이른바 노동조합의 설립 등에 대한 제3자 개입금지 조항을 두었다. 근로자의 단결권 및 단체교섭권 등 기본권의 보장과 관련하여 이 조항의 위헌성 여부가 문제되었다.

이에 대하여 헌법재판소는 "위 법률 조항은 근로자들이 단결권을 적정하게 행사하기 위하여 필요한 법률적 지식 등에 관한 전문적 지식을 얻기 위하여 변호사·공인노무사 등 학식과 경험이 있는 전문가의 조력을 받는 등 노동관계당사자 이외의 제3자로부터 받아야 할 필요가 있는 도움의 기회를 차단하는 내용이 아니라 근로자들이 단결을 함에 있어 총연합단체인 노동조합 또는 당해 노동조합이 가입한 산업별 연합단체인 노동조합으로부터는 협조, 지원 또는 지도를 받을 수 있도록 하고 있고, 비록 제3자의 행위라고 하더라도 노동조합의

184) "근로자 및 사용자는 어떠한 차별도 없이 사전 인가를 받지 않고 스스로 선택하여 단체를 설립하고 그 단체의 규약에 따를 것만을 조건으로 하여 그 단체에 가입할 수 있는 권리를 가진다(Workers and employers, without distinction whatsoever, shall have the right to establish and, subject only to the rules of the organisation concerned, to join organisations of their own choosing without previous authorisation)."

185) 노동판례백선, 297면(강성태 집필 부분).

186) 이상윤a, 22면.

설립 등에 관하여 관계당사자를 조종·선동·방해하거나 기타 이에 영향을 미칠 목적으로 개입하는 행위만을 금지하는 것이며 이러한 조종·선동·방해 행위는 그 어느 것이나 근로자들을 단순히 조력한다는 범위를 넘어서는 것으로서 노동관계 당사자의 자주적 의사결정에 의한 단결을 왜곡·저해하는 행위에 해당하여 헌법상 보장된 단결권의 목적에서 도출되는 허용의 한계를 벗어날 뿐만 아니라 헌법상 보장된 표현의 자유 또는 행동의 자유에 의해서도 보호받을 수 없는 행위라 할 것이므로, 이를 규제하는 위 법률 조항은 근로자의 단결권 등 기본권을 제한하는 것이라고 볼 수 없다."고 판시하여, 위 법률 조항이 헌법에 위반되지 않는다고 하였다.[187)]

반면 재판관 3인은 한정합헌 의견을 냈고, 재판관 1인은 위헌 의견을 냈다. 재판관 1인의 위헌 의견은, "노동관계법상의 제3자 개입금지 조항은 국민의 표현의 자유를 제한하는 기능으로 작용할 것이 명백하고, 정당한 의견표명조차도 무조건 제3자 개입행위로 보아 처벌할 수 있게 되어 사상 표현의 자유의 본질적 내용을 침해할 우려가 있으므로 헌법 21조 1항, 37조 2항에 위반되며, 처벌대상으로 규정한 제3자 개입금지 조항은 노동운동에 관하여 '관계당사자를 조종·선동·방해하거나 기타 이에 영향을 미칠 목적으로 개입하는 행위'라고 하여 극히 애매모호하고 광범위한 표현을 쓰고 있어 명확성이 결여되어 있으므로 죄형법정주의와 적법절차를 규정한 헌법 12조 1항에 반한다."는 것이다.

1997년 제정된 노조법은 40조에서 구 노동조합법 12조의2 규정 내용과 달리, 당해 노동조합이 가입한 산업별 연합단체 또는 총연합단체, 법령에 의하여 정당한 권한을 가진 자뿐만 아니라 당해 노동조합이 지원을 받기 위하여 행정관청에 신고한 자 등으로부터 단체교섭과 관련하여 지원을 받을 수 있도록 규정하면서, 그러한 자 이외의 자에 대해서만 단체교섭에 간여하거나 이를 조종·선동하는 것을 금지시킴으로써, 노동조합이 단체교섭과 관련하여 지원받을 수 있는 제3자의 범위를 확대하였다가, 2006. 12. 30. 노조법 개정 시 40조를 삭제함으로써 제3자지원신고제도를 폐지하고 그 위반행위에 대한 처벌 규정도 삭제하였다.

187) 헌재 1993. 3. 11. 선고 92헌바33 결정.

(3) 복수노조설립금지조항의 위헌성 여부

구 노동조합법 3조 단서 5호에 의하면 기존의 노동조합과 조직 대상이 중복되는 경우 새로운 노동조합의 설립이 전면적으로 부정되어 복수노조의 설립이 금지되어 있었다. 종래 위 법률조항의 위헌성과 관련하여 학설상의 대립이 있었다.

합헌설은 복수노조설립금지는 근로자 개인이 노동조합 등 단체를 조직하고 그 중 어느 하나의 단체를 선택하여 가입할 수 있는 자유인 근로자 개인의 개별적·적극적 단결권을 제한하는 측면이 있으나, 복수노조의 설립이 허용될 경우 기존 노조와 조직 대상을 중복하여 제2, 제3의 노조가 조직됨으로 인하여 기존 노조의 자주적인 존립이나 활동이 위협받게 되는 등 근로자단체에게 인정되는 단결권·단체교섭권 및 단체행동권의 제약을 받게 되는 측면이 있고, 따라서 근로자단체의 존립과 활동의 적극적인 보장을 위하여 근로자 개인의 개별적·적극적 단결권의 범주에 속하는 복수노조 설립의 자유를 제한하는 것은 합리성을 부정할 수 없으므로 위헌이라고 할 수 없다는 의견이다.[188)]

위헌설은, 복수노조설립금지조항이 노동조합의 자주적·정상적인 운영을 보호하기 위한 목적을 가지고 있는 것이라고 하더라도 기존 노조의 조직대상에 포함되는 일체의 새로운 노조의 설립을 금지함으로써 경쟁적 복수노조의 가능성을 완전히 배제하는 것이 되어 근로자가 노동조합을 자유롭게 설립할 수 있는 자유 및 단결선택의 자유의 본질적인 내용을 침해하는 것으로서 위헌임을 면하기 어렵다는 견해이다.[189)]

현행법상으로는 본문에서 자유설립주의를 채택하여 이러한 논란을 입법적으로 해결하였다. 다만, 부칙에서 사업 또는 사업장 단위의 복수노조의 설립 금지 조항을 유지하고 그 적용시기를 5년, 5년, 3년, 그리고 다시 1년 6월 유예하였다가 2011. 7. 1.부터 복수노조설립금지가 완전히 해소되었다.

라. 단체교섭권 보장과 관련하여 법률조항의 위헌성 여부가 문제되는 사례

(1) 노조대표자의 배타적 단체협약 체결권 조항의 위헌성 여부

구 노동조합법 33조 1항은 “노동조합의 대표자 또는 노동조합으로부터 위임을 받은 자는 그 노동조합 또는 조합원을 위하여 사용자나 사용자단체와 단

188) 김형배b, 276면 이하.
189) 김유성b, 1991. 11. 11.자, 14면 및 1991. 11. 14.자, 10면; 오문완, 34면 이하.

체협약의 체결 기타의 사항에 관하여 교섭할 권한이 있다."고 규정하여 노동조합 대표자의 단체협약 체결권을 명시하지 않았다.

노동조합 대표자의 교섭 권한과 관련하여 조합원총회의 의결을 거쳐야만 단체협약을 체결할 수 있도록 정한 노동조합 규약상의 '총회 인준 투표제'의 효력이 문제되었다. 다수 학설은 노동조합 대표자는 교섭 권한을 가질 뿐 협약 체결권을 당연히 가지는 것은 아니라고 하거나, 단결 자치의 원칙상 노동조합은 규약이나 총회의 결정에 의하여 노동조합 대표자의 권한을 제한할 수 있다는 것을 근거로, 총회 인준 투표제를 유효한 것으로 보았다.[190)]

그런데 대법원은 위 법률 조항의 취지에 관하여 "위 조항이 규정하는 '교섭할 권한'이라 함은 사실행위로서의 단체교섭의 권한 외에 교섭한 결과에 따라 단체협약을 체결할 권한을 포함하는 것이고, 노동조합의 대표자 또는 수임자가 단체교섭의 결과에 따라 사용자와 단체협약의 내용을 합의한 후 다시 협약안의 가부에 관하여 조합원 총회의 의결을 거쳐야만 한다는 것은 대표자 또는 수임자의 단체협약 체결 권한을 전면적, 포괄적으로 제한함으로써 사실상 단체협약 체결 권한을 형해화하여 명목에 불과한 것으로 만드는 것이어서 위 법률 조항의 취지에 위반된다."고 해석하였다.[191)]

이와 관련하여 위 법률 조항의 취지를 위와 같이 해석할 경우에는 노동조합의 대표자나 수임자가 체결한 단체협약을 노동조합 총회의 결의로서도 제한할 수 없게 되어 위 법률 조항이 근로자 및 근로자단체인 노동조합의 자주적인 단체교섭권 또는 자주적인 결정에 의하여 단결할 수 있는 권리 등을 침해하는 것으로서 헌법 33조 1항에 위반되어 위헌인 것은 아닌지 문제되었다.

이에 대하여 헌법재판소는 "노동조합 대표자에게 최종적인 단체협약 체결권을 위임할 것인지 아니면 조합총회의 의결에 최종적인 체결권을 유보할 것인지는 입법자의 입법 형성의 자유에 속한다 할 것이나, 노사 간의 타협과 양보의 결과로서 합의가 도출되었더라도 다시 노동조합 총회의 의결을 거쳐야만 비로소 그 합의의 효력이 발생할 수 있도록 하는 것은 근로자의 의사를 존중하는 것이기는 하나, 사용자가 결정 권한이 없는 노동조합 대표자를 상대로 하여 성

190) 민변노동법Ⅱ, 157~158면.

191) 대법원 1993. 4. 27. 선고 91누12257 전원합의체 판결, 대법원 1993. 5. 11. 선고 91누10787 판결, 대법원 1995. 3. 10.자 94마605 결정, 대법원 1998. 1. 20. 선고 97도588 판결, 대법원 2002. 6. 28. 선고 2001다77970 판결, 대법원 2002. 11. 26. 선고 2001다36504 판결.

실하고도 진지하게 교섭에 임하리라는 것을 기대하기는 어렵게 되고, 이로 말미암아 노동3권의 헌법적 목적을 실현하기 위한 절차로서 단체협약 제도의 기능이 크게 저해되어 노동 영역에서의 산업평화가 위협받을 수 있다 할 것이므로, 이러한 이유로 위 법률 조항이 노동조합의 대표자 또는 노동조합으로부터 위임을 받은 자에게 단체교섭권만이 아니라 단체협약 체결권도 부여한 것이라 할 것이고, 따라서 위 법률 조항은 입법자가 근로자에게 노동3권을 실질적으로 보장하기 위한 법적 제도와 법규범을 형성함에 있어서 단체협약 제도의 기능 확보라는 중요한 공공복리를 위하여 노동조합의 활동의 자유를 제한한 것이고, 그 제한의 내용 또한 노동3권의 본질적인 내용을 침해한 것으로 볼 수 없으며, 더욱이 입법자가 구 노동조합법 14조, 19조 등을 통하여 노동조합의 내부조직을 민주적으로 구성하고 의사형성이 민주적으로 이루어질 수 있도록 절차를 규율하고 있다는 점에 비추어, 총회에서 사전에 의결할 수 있는 길이 열려 있을 뿐만 아니라 노동조합 대표자에 의한 대의제도가 보장되어 있는 터이므로 노동조합 대표자에 의한 교섭의 결과를 노동조합과 노동조합원에게 귀속시키기에 충분한 정당성이 있기도 하다."고 판시하여, 위 법률 조항이 헌법에 위반되지 않는다는 견해를 취하였다.[192)]

위와 같은 견해에 대해서는 노사관계의 불안을 제거하고 산업평화를 확립하기 위하여 필요하다는 구실로 노동조합 대표자가 사용자와 체결한 단체협약은 노동조합 총회의 결의에 의하여도 영향을 받지 아니한다는 견해를 고수하기 위하여 무리한 법리 구성을 하였다는 인상을 지울 수 없으며 전체적인 노동법의 법리와는 조화되기 어렵다는 비판이 있어 왔다.[193)] 노동조합 대표자의 단체협약 체결권을 절대시하여 총회 인준 등을 통한 노동조합의 제한을 불가능하게 하고 노동조합 대표자가 스스로 조합원의 의사를 수렴하는 것조차 막는 것은 원활한 단체교섭을 촉진하는 듯이 보일지 몰라도 실제에서는 사용자에 의한 노동조합 대표자에 대한 매수나 회유를 조장하고 또한 체결된 단체협약과 관련한 분쟁을 촉발시킴으로써 장기적으로는 노사관계의 안정 및 산업평화에 역행한다는 지적이다.

1997년 노조법을 새로 제정하면서 29조 1항에 노동조합 대표자의 교섭 권

192) 헌재 1998. 2. 27. 선고 94헌바13 등 결정. 이 판례의 평석으로는, 강희원a, 102면 이하 참조.
193) 정진경b, 196면.

한과 함께 협약 체결 권한을 명시적으로 규정하였다. 그러나 현행 노조법하에서도 총회 인준 투표제를 무조건 무효로 볼 것은 아니다. 헌법재판소의 위 결정도 노동조합 대표자가 단체협약을 체결하기 이전에 조합원 총회에서 의결할 수 있는 길이 열려 있음을 부정하지 않고 있는 바와 같이 노동조합 대표자가 단체협약의 내용을 최종적으로 합의하기 전에 총회 인준 투표를 실시하여 부결된 경우 단체협약을 체결할 수 없도록 하는 것은 가능하다.[194] 대법원은, 헌법 33조 1항뿐만 아니라 "노동조합의 조합원은 균등하게 그 노동조합의 모든 문제에 참여할 권리와 의무를 가진다."라고 규정한 노조법 22조, 단체협약에 관한 사항을 총회의 의결사항으로 정하여 노동조합 대표자가 단체교섭 개시 전에 총회를 통하여 교섭안을 마련하거나 단체교섭 과정에서 조합원의 총의를 계속 수렴할 수 있도록 규정한 노조법 16조 1항 3호 등을 근거로 내세우며, "노동조합이 조합원들의 의사를 반영하고 대표자의 단체교섭 및 단체협약 체결 업무 수행에 대한 적절한 통제를 위하여 규약 등에서 내부 절차를 거치도록 하는 등 대표자의 단체협약 체결권한의 행사를 절차적으로 제한하는 것은, 그것이 단체협약 체결권한을 전면적·포괄적으로 제한하는 것이 아닌 이상 허용된다. 노동조합의 대표자가 위와 같이 조합원들의 의사를 결집·반영하기 위하여 마련한 내부 절차를 전혀 거치지 아니한 채 조합원의 중요한 근로조건에 영향을 미치는 사항 등에 관하여 만연히 사용자와 단체협약을 체결하였고, 그 단체협약의 효력이 조합원들에게 미치게 되면, 이러한 행위는 특별한 사정이 없는 한 헌법과 법률에 의하여 보호되는 조합원의 단결권 또는 노동조합의 의사 형성 과정에 참여할 수 있는 권리를 침해하는 불법행위에 해당한다고 보아야 한다."라고 판단하였다.[195] 한편 이러한 판단은 복수노조 상황, 즉 교섭대표노조가 아닌 소수노조에게도 적정한 절차참여권을 보장할 필요가 있는 상황에서도 그대로 적용될 수 있다.[196][197]

194) 민변노동법Ⅱ, 159~160면.

195) 대법원 2018. 7. 26. 선고 2016다205908 판결.

196) 노동판례백선, 313면(김인재 집필 부분).

197) 이와 같은 취지에서 대법원은 "단체교섭의 전 과정을 전체적·종합적으로 살필 때 소수노동조합에 기본적이고 중요한 사항에 대한 정보제공 및 의견수렴 절차를 충분히 거치지 않았다고 인정되는 경우와 같이 교섭대표노동조합이 가지는 재량권의 범위를 일탈하여 소수노동조합을 합리적 이유 없이 차별하였다고 평가할 수 있는 때에 절차적 공정대표의무 위반을 인정할 수 있다. 교섭대표노동조합이 절차적 공정대표의무에 위반하여 합리적 이유 없이 소수노동조합을 차별하였다면, 이러한 행위는 원칙적으로 교섭창구 단일화 절차에 따른 단체교섭과 관련한 소수노동조합의 절차적 권리를 침해하는 불법행위에 해당하고, 이로 인한 소수노동조합의 재산적 손해가 인정되지 않더라도 특별한 사정이 없는 한 비재산적 손해에 대하

이는 다음 항에서 다루는 공정대표의무와도 관련된다.

(2) 단체교섭창구단일화 강제 조항의 위헌성 여부

2010. 1. 1. 개정된 노조법은 사업 또는 사업장에 병립하는 복수의 노동조합이 있는 경우에 단체교섭 창구를 단일화하도록 강제하고 있다. 각 노동조합이 일정한 기간 내에 자율적으로 단일화하여 공동교섭대표단을 구성하고, 만일 자율적으로 단일화하지 못하면 전체 조합원의 과반수 노동조합이 교섭대표노동조합이 되고, 과반수 노동조합이 없는 경우에는 전체 조합원의 100분의 10 이상의 조합원을 가진 노동조합들이 공동교섭대표단을 구성하도록 하고 있다.

이렇게 될 경우 과반수 노동조합이 있는 경우에는 그렇지 않은 소수 노동조합의, 그리고 과반수 노동조합이 없는 경우에는 전체 조합원의 100분의 10 미만의 조합원을 가진 소수 노동조합의 단체교섭권을 사실상 완전히 박탈하는 결과로 된다. 따라서 이러한 교섭창구단일화강제제도는 소수 노동조합의 단체교섭권을 본질적으로 침해하여 위헌이라는 문제가 제기된다.

이에 대해서는 단체교섭권은 복수노동조합이 병립하는 경우 소수 노동조합도 반드시 이를 행사할 수 있어야 한다는 것을 의미하는 것은 아니며 각 노동조합이 직접 교섭권을 행사할 수 있도록 할 것인가 아니면 대표적인 노동조합을 통하여 간접적으로 교섭권을 행사할 수 있도록 할 것인가에 관하여는 입법을 수권한 것으로 보아야 하므로 합리적인 방법으로 교섭창구를 단일화하는 이상 위헌은 아니라는 견해[198]와, 헌법상 명문으로 단체교섭권을 보장하고 있는 이상 소수 노동조합의 단체교섭권을 아예 봉쇄하는 교섭창구단일화제도는 위헌이라는 견해가 있다.

이에 대해 헌법재판소는 전원일치 의견으로 합헌 결정을 하였다.[199] 위 결정은 교섭창구단일화제도는 복수 노동조합과 사용자 사이의 교섭절차를 일원화하여 효율적이고 안정적인 교섭체계를 구축하고 소속 노동조합과 관계없이 조합원들의 근로조건을 통일하기 위한 것으로, 교섭대표노동조합이 되지 못한 소수 노동조합의 단체교섭권을 제한하고 있다고 인정하면서도, 소수 노동조합도 교섭대표노동조합을 정하는 절차에 참여하게 하여 교섭대표노동조합이 사용자

여 교섭대표노동조합은 위자료 배상책임을 부담한다."라고 판시하였다(대법원 2020. 10. 29. 선고 2019다262582 판결).

198) 임종률, 30면.

199) 헌재 2012. 4. 24. 선고 2011헌마338 결정.

와 대등한 처지에 설 수 있는 기반이 되도록 하고 있고, 실질적 대등성의 토대 위에서 이뤄낸 결과를 함께 향유하는 주체가 될 수 있도록 하고 있으므로 노사 대등의 원리하에 적정한 근로조건의 구현이라는 단체교섭권의 실질적인 보장을 위한 불가피한 제도라고 볼 수 있으며, 교섭창구단일화를 일률적으로 강제할 경우 발생하는 문제점을 보완하여 노동조합의 단체교섭권 침해를 최소화하는 장치를 마련하고 있다고 판단하였다. 나아가 모든 노동조합에게 교섭권을 인정하는 자율교섭제도에 대해 이 경우 하나의 사업장에 둘 이상의 협약이 체결·적용됨으로써 동일한 직업적 이해관계를 갖는 근로자 사이에 근로조건의 차이가 발생될 수 있음은 물론, 자율교섭제도에서는 여러 노동조합이 일시에 혹은 유사한 시기에 자신과 먼저 교섭하자고 요구하는 경우 사용자는 자신이 선택한 특정 노동조합과 선(先) 교섭을 이유로 다른 노동조합과 교섭을 연기하는 등 사실상 장기적으로 교섭에 응하지 아니함으로써 교섭을 합법적으로 거부할 수 있게 되어 오히려 노동조합을 불리한 지위에 있게 할 위험이 있고, 복수의 노동조합이 유리한 단체협약 체결을 위해 서로 경쟁하는 경우 그 세력 다툼이나 분열로 교섭력을 현저히 약화시킬 우려도 있으므로 자율교섭제도가 교섭창구단일화제도보다 단체교섭권을 덜 침해하는 제도라고 단언할 수 없다고 판단하였다.

헌법재판소의 이러한 결정에 대해서는, 자율교섭제도가 일정한 문제점이 있다고 하더라도 교섭창구단일화를 법률로 강제함으로써 제도적으로 소수 노동조합의 단체교섭권을 박탈하는 것을 정당화하기는 어려운 측면이 있다는 비판이 제기될 수 있다. 단체교섭권 행사 절차의 조정이나 제한에 그치는 것이 아니라 실질적으로 박탈까지 하는 것은 본질적 내용의 침해라 하지 않을 수 없다. 또한 자율교섭제도를 채택한다고 해서 반드시 복수노동조합이 별도로 단체교섭을 진행해야만 하는 것은 아니고 자율적으로 교섭창구를 단일화하는 것은 얼마든지 가능하다. 이와 같은 취지에서 복수노조의 단체교섭창구를 단일화하도록 강제하는 법률의 위헌성에 대하여는 여전히 지속적인 문제 제기가 이루어지고 있다.[200)]

한편 헌법재판소가 위 2011헌마338 결정에서 교섭창구단일화를 일률적으로 강제할 경우 발생하는 문제점을 보완하기 위해 마련된 장치로서 제시한 것이

200) 교섭창구단일화 제도를 규정하는 법률인 노조법 29조 2항 등에 대해 위헌확인을 구하는 헌법소원이 2020년에 다시 제기되어 현재 헌법재판소에서 2020헌마237호로 심리 중이다.

바로 공정대표의무와 교섭단위분리 등이다. 즉 노조법은 교섭대표노동조합이 되지 못한 노동조합을 보호하기 위해 사용자와 교섭대표노동조합에게 교섭창구단일화 절차에 참여한 노동조합 또는 그 조합원을 합리적 이유 없이 차별하지 못하도록[201] 공정대표의무를 부과하고 있고(29조의4 1항), 노동조합 사이에 현격한 근로조건 등의 차이로 교섭단위를 분리할 필요가 있는 경우에는 당사자의 신청으로 노동위원회가 교섭단위를 분리하는 결정을 할 수 있도록 하고 있다(29조의3 2항). 그리하여 이처럼 공정대표의무와 교섭단위분리를 규정한 노조법 조항들을 해석함에 있어서는 교섭창구단일화 강제 조항의 위헌성 비판도 함께 고려하여야 한다. 공정대표의무와 관련하여, 대법원은 "공정대표의무는 단체교섭의 과정이나 그 결과물인 단체협약의 내용뿐만 아니라 단체협약의 이행과정에서도 준수되어야 한다. 또한 교섭대표노동조합이나 사용자가 교섭창구 단일화 절차에 참여한 다른 노동조합 또는 그 조합원을 차별한 것으로 인정되는 경우, 그와 같은 차별에 합리적인 이유가 있다는 점은 교섭대표노동조합이나 사용자에게 주장·증명책임이 있다."라고 판시하였으며,[202] 나아가 "교섭대표노동조합은 단체교섭 과정에서 절차적 공정대표의무를 적정하게 이행하기 위하여 소수노동조합을 동등하게 취급함으로써 단체교섭 및 단체협약 체결과 관련하여 필요한 정보를 적절히 제공하고 그 의견을 수렴할 의무 등을 부담한다."라고도 판단하였다.[203] 또한 교섭단위분리와 관련하여, 대법원은 "'교섭단위를 분리할 필요가 있다고 인정되는 경우'란 하나의 사업 또는 사업장에서 별도로 분리된 교섭단위에 의하여 단체교섭을 진행하는 것을 정당화할 만한 현격한 근로조건의 차이, 고용형태, 교섭 관행 등의 사정이 있고, 이로 인하여 교섭대표노동조합을 통하여 교섭창구를 단일화하는 것이 오히려 근로조건의 통일적 형성을 통해 안정적인 교섭체계를 구축하고자 하는 교섭창구단일화 제도의 취지에도 부합하지 않는 결과를 발생시킬 수 있는 예외적인 경우를 의미한다."라고 판시하였다.[204]

(7) 공기업 근로자의 단체교섭권 제한의 위헌성 여부

공기업 관련 법률에 인사, 보수 등 근로조건에 관한 사항에 대해 주무부처

201) 공정대표의무의 내용은 노조법 29조의4 1항의 문언에 충실하게 '교섭창구단일화 절차에 참여한 노동조합 또는 그 조합원 간'의 '차별금지의무'로 파악하여야 한다(김진석, 235면).

202) 대법원 2018. 8. 30. 선고 2017다218642 판결, 대법원 2019. 10. 31. 선고 2017두37772 판결.

203) 대법원 2020. 10. 29. 선고 2019다262582 판결.

204) 대법원 2018. 9. 13. 선고 2015두39361 판결.

장관의 승인을 얻어야 효력을 발생하는 것으로 규정하고 있는 경우가 있다. 공기업의 노사가 단체협약으로 체결한 내용도 인사, 보수 등에 관한 부분은 주무부처 장관의 승인을 얻어야만 효력이 발생하게 되므로 위와 같은 규정들이 단체교섭권을 침해하는지 여부가 문제로 되었다.

보건복지부장관의 승인을 얻어야만 국민건강보험공단의 인사, 보수 등에 관한 규정이 효력을 갖도록 한 국민건강보험법 27조가 헌법상 단체교섭권을 침해하는지 여부에 대하여, 헌법재판소는, "이 사건 법률조항은 공단 이사장의 권한 행사 및 공단 운영에 대한 적절한 규제를 통하여 국가사업을 대행하는 공법인의 원활한 사업추진을 도모하고, 국고와 연계되는 인사·보수 등에서 방만한 운영이 발생하지 않도록 공단에 대한 보건복지부장관의 지도·감독 권한을 확보하기 위한 것으로서 그 목적이 정당하며, 공단이 인사 및 보수 등에 관한 사항을 정함에 있어 공단의 공익성에 반하거나 예산 미확보 등 집행의 어려움을 이유로 보건복지부장관이 승인하지 않은 경우에 당해 내부 규정의 효력이 발생하지 않도록 하는 것은 이러한 입법 목적을 달성하기 위한 적정한 수단이다. 나아가 공단의 단체협약 중 보수, 인사 등에 관한 사항은 단체협약 당사자 사이의 단순한 단체협약이라는 의미를 넘어 국고 부담의 증가를 초래함으로써 결과적으로 공단의 사업 계획과 예산의 변경을 수반할 수밖에 없으므로 보수, 인사 등에 관한 사항을 단체협약으로 정하는 경우에도 보건복지부장관의 승인을 얻도록 하는 것은 불가피한 제한이며, 단체협약상 인사, 보수 등에 관한 규정을 보건복지부장관이 승인하지 않는 경우에는 행정소송으로 다툴 수 있으므로 보건복지부장관의 자의적인 불승인에 대하여는 이를 시정할 방법이 있다. 그렇다면 이 사건 법률 조항으로 인한 단체교섭권에 대한 제한의 정도는 공단의 공익성에 비추어 볼 때 타당한 범위 내로서 헌법에 위반된다고 볼 수 없다."며 합헌결정을 하였다.[205)]

반면 위 결정에는 "단체교섭권의 본질은 사용자와 근로자의 공동결정인 단체협약의 체결 및 그 이행을 통한 근로조건의 향상이라 할 것이고, 이와 관련하여 헌법상 근로3권의 실질적 실현을 위하여 마련된 노조법은 단체협약 중 '근로조건' 기타 근로자의 대우에 관한 규정에 대하여 규범적 효력을 인정하고 있는바, 고도의 공익성을 띤 사업을 행하는 공단의 인사, 보수 등에 관한 사항에 대

205) 헌재 2004. 8. 26. 선고 2003헌바58 등 결정.

한 규제는 사실상 공단 임원에 대한 인사권 및 공단에 대한 관리·감독권 등을 통하여 이루어질 수 있고, 공단의 노사 간에 발생하는 분쟁 역시 기본적으로는 현행 노사관계법이 마련하고 있는 제도로 해결하는 것이 바람직함에도 불구하고, 공단 노사 간의 자율적인 단체교섭을 통하여 체결된 단체협약 조항의 효력 유무를 노사관계의 제3자인 보건복지부장관의 승인 여부에 맡기는 것은 근로자의 단체협약체결권을 형해화시킨 것으로 헌법상 과잉금지원칙에 위배하여 단체교섭권을 침해한 것이다."라는 재판관 3인의 위헌의견이 있다.

건설교통부장관의 승인을 얻어야만 한국고속철도건설공단의 조직, 인사, 보수 및 회계에 관한 규정이 효력을 갖도록 한 구 한국고속철도건설공단법 31조가 헌법상 보장된 단체교섭권을 침해하는지 여부에 대하여 헌법재판소는 위와 같은 이유로 합헌 결정을 하였고, 역시 재판관 3인의 위헌 의견이 있다.[206)]

마. 단체행동권 보장과 관련하여 법률조항의 위헌성 여부가 문제되는 사례

(1) 제3자 개입금지 조항의 위헌성 여부

구 노동쟁의조정법 13조의2는 "직접 근로관계를 맺고 있는 근로자나 당해 노동조합 또는 사용자 기타 법령에 의하여 정당한 권한을 가진 자를 제외하고는 누구든지 쟁의행위에 관하여 관계당사자를 조정·선동·방해하거나 기타 이에 영향을 미칠 목적으로 개입하는 행위를 하여서는 아니 된다."고 규정하여 쟁의행위에 대한 제3자 개입금지 조항을 두고 있어, 역시 단체행동권의 보장과 관련하여 그 위헌성 여부가 문제되었다.

이에 대하여 헌법재판소는 위 법률 조항은 헌법이 인정하는 단체행동권의 범위를 넘어 분쟁 해결의 자주성을 침해하는 행위를 규제하기 위한 입법일 뿐이고 근로자가 전문가로부터 단순한 상담이나 조력을 받는 것을 금지하고자 하는 것은 아니므로, 근로자의 단체행동권을 제한하는 내용이라고 할 수 없다고 하여 그 위헌성을 부정하였다.[207)]

노조법은 40조에서 노동조합이 쟁의행위와 관련하여 지원받을 수 있는 제3자의 범위를 확대하였다가, 2006. 12. 30. 법 개정 시 위 조항 및 그 위반 행위에 대한 처벌 규정을 삭제하였다.

206) 헌재 2004. 8. 26. 선고 2003헌바28 결정.
207) 헌재 1990. 1. 15. 선고 89헌가103 결정.

(2) 필수공익사업의 직권중재제도의 위헌성 여부

구 노동쟁의조정법은 4조에서 공중운수사업, 수도 · 전기 · 가스 및 정유사업, 공중위생 및 의료사업, 은행사업, 방송 · 통신사업을 공익사업으로 정의하고, 같은 법 30조 3호에서 이러한 공익사업에 있어서는 노동위원회가 그 직권 또는 행정관청의 요구에 의하여 중재에 회부한다는 결정을 한 때에는 강제로 중재가 개시된다고 하여, 이른바 직권중재제도를 규정하고 있었다. 위 법률 조항이 헌법상 단체행동권 등 기본권을 침해하는 위헌 법률이 아닌지 여부가 문제되었다.

이에 대하여 헌법재판소는 1996년에는 재판관 5인이 위헌 의견을, 재판관 4인이 합헌 의견을 제시하여 위헌 의견이 다수였으나 헌법재판소법상 위헌 결정의 정족수인 6인의 위헌 의견에 이르지 못하여 위 법률 조항은 헌법에 위반되지 않는다고 선고하였으나,[208] 2003년에는 견해의 분포가 바뀌어 재판관 4인이 위헌 의견을, 재판관 5인이 합헌 의견을 제시했다.[209]

합헌 의견은 "구 노동쟁의조정법 4조 소정의 공익사업은 질서유지나 공공복리를 위하여 노동쟁의가 쟁의행위로 나아가지 아니하고 원만하고 신속히 타결되어야 할 필요성이 일반사업에 비하여 현저히 높고, 노사 쌍방의 대립이 격화되어 당사자가 중재신청에 나아가지 아니하는 경우 노사 양측에서 냉각기간을 가지게 하면서 노사분쟁 해결에 전문지식을 가지고 있는 중립적 기관인 노동위원회로 하여금 중재에 회부하도록 하는 것은 목적 수행을 위한 부득이한 조치이며, 노동위원회와 중재위원회의 구성이나 운영절차, 대상(代償)조치의 존부 등 여러 가지 점을 고려하면 강제중재제도가 도모하는 목적을 달성하기 위한 방법이 상당성을 갖추었다고 하지 않을 수 없으므로 같은 법 30조 3호는 과잉금지의 원칙이나 비례의 원칙에 위배되지 아니한다."는 견해를 개진했다.

반면 위헌 의견은 "공익사업에 있어서의 쟁의행위가 국가경제나 국민의 일상생활에 위해를 가할 우려가 있으므로 이를 제한하는 것이 타당하다고 하더라도, 위 법 30조 3호의 강제중재제도가 없어도 위 법 40조 이하에 규정된 긴급조정과 이에 따른 강제중재제도에 의하여 공익사업에서의 쟁의행위를 필요한 경우에 봉쇄할 수도 있으므로 공익사업의 쟁의가 바로 국민경제나 국민의 일상생활에 위해를 미칠 가능성은 없으며, 긴급조정을 하여야 할 정도의 심각성이 없

208) 헌재 1996. 12. 26. 선고 90헌바19 등 결정.
209) 헌재 2003. 5. 15. 선고 2001헌가31 결정.

는 경우까지 단순히 공익사업이라는 이유만으로 강제중재에 회부하도록 되어 있는 위 법 30조 3호는 공익사업 근로자들의 단체행동권을 필요 이상으로 제한하는 것"이라는 견해였다.

2006년 12월 30일 법 개정을 통해 직권중재제도를 폐지하였다. 개정법은 기존의 필수공익사업에 항공운수사업과 혈액공급사업을 추가하는 한편, 필수공익사업의 업무 중 그 업무가 정지 또는 폐지되는 경우 공중의 생명·보건 또는 신체의 안전이나 공중의 일상생활을 현저히 위태롭게 하는 업무를 필수유지업무로 규정하고 쟁의행위기간 중에도 정당한 유지·운영 의무를 부과하는 등의 필수유지업무제도를 도입하였다. 위 관련 조항들은 2008. 1. 1.부터 시행되고 있다. 그런데 필수유지업무의 유지·운영 수준이 사실상 필수유지업무 종사 근로자의 단체행동권을 박탈하는 정도로 운영되고 있어 다시 위헌논란이 제기되었다.

필수유지업무제도에 대해 헌법재판소는 전원일치로 합헌결정을 하였다.[210] 위 결정은 필수유지업무는 필수공익사업별로 산업적 특성에 따라 구체화될 수밖에 없기 때문에 일반 공중의 생명이나 건강 등에 직접적으로 영향을 미치는 핵심적 업무인 필수유지업무를 사전에 전부 법률로써 일률적으로 정하는 것이 불가능한 점, 대통령령에 위임된 '업무가 정지되거나 폐지되는 경우 공중의 일상생활을 현저히 위태롭게 하는 업무'란 그 업무의 정지나 폐지로 '일반 사람들이 인간으로서 최소한으로 유지하여야 할 일상생활을 할 수 없을 정도로 영향을 미치는 업무'로서 그 대강의 내용을 예측할 수 있다는 점에서 노조법 42조의 2 1항이 포괄위임금지원칙에 위배된다고 볼 수 없다고 판단하였다. 필수유지업무제도는 쟁의행위에 대한 사전적 제한이라는 성격을 가진다는 점을 인정하면서도, 필수유지업무제도를 통해 보호하려는 공중의 생명이나 건강은 그 침해가 현실화된 이후에는 회복이 어렵다는 점에서 사전제한이라는 이유로 과잉금지원칙을 위반한다고 볼 수 없으며, 필수유지업무는 공중의 생명·건강 또는 신체의 안전이나 공중의 일상생활을 현저히 위태롭게 하는 업무이므로 이에 대한 쟁의권 행사는 그 영향이 치명적일 수밖에 없다는 점에서 다른 업무 영역의 근로자보다 쟁의권 행사에 더 많은 제한을 가한다고 하더라도 그 차별의 합리성이 인정되므로 평등원칙을 위반한다고 볼 수 없다고 판단하였다.

---

210) 헌재 2011. 12. 29. 선고 2010헌바385 등 결정.

그러나 이에 대해서는 헌법에서 단체행동권에 대해 개별적 법률유보로 제한할 수 있음을 명백히 규정하지 않은 업무에 대해 단체행동권의 제한을 넘어서 사전적으로 박탈하는 형태를 취하고 있고, 또한 그 박탈의 구체적인 범위가 노사가 합의하지 못하는 경우 노동위원회라는 행정기구에 의해 결정되는 필수유지업무제도는 기본권 제한의 한계를 벗어난다는 지적이 있을 수 있다.[211)]

(3) 집단적 노무제공 거부의 쟁의행위에 대한 업무방해죄 적용의 위헌성 여부

기왕에 대법원은 정당행위로 인정되지 않는 근로자들의 집단적 노무제공 거부의 쟁의행위를 형법상 위력에 의한 업무방해죄로 형사처벌할 수 있다고 해석해왔다.[212)] 이 견해에 의하면 비록 정당성이 없는 쟁의행위이기는 하지만 폭행·협박 기타 다른 근로자에 대한 위력의 행사 등의 적극적인 위법행위를 수반하지 않는 쟁의행위에 대해서까지 형사처벌이 가능하게 되고, 이 경우 정당성의 판단기준에 관한 전문지식이 없는 근로자들의 단체행동권의 행사를 위축시키고 사실상으로 의사에 반하는 노동을 강요하는 결과에 이르게 되므로, 위와 같은 경우에 대해서까지 형법상 위력에 의한 업무방해죄의 구성요건을 정하고 있는 형법규정을 적용하는 것은 근로자의 단체행동권 등 기본권을 보장하는 헌법규정에 위반되는 것은 아닌가 하는 문제가 제기되었다.

이에 대하여 헌법재판소는 "파업 등의 쟁의행위는 본질적·필연적으로 위력에 의한 업무방해의 요소를 포함하고 있어 폭행·협박 또는 다른 근로자들에 대한 실력행사 등을 수반하지 아니하여도 그 자체만으로 위력에 해당하므로, 정당성이 인정되어 위법성이 조각되지 않는 한 업무방해죄로 형사처벌할 수 있다는 대법원 판례는 비록 단체행동권의 행사가 본질적으로 위력성을 가져 외형상 업무방해죄의 구성요건에 해당한다고 하더라도 그것이 헌법과 법률이 보장하고 있는 범위 내의 행사로서 정당성이 인정되는 경우에는 위법성이 조각되어 처벌할 수 없다는 것으로 헌법이 보장하는 노동3권의 내재적 한계를 넘어선 행위(헌법의 보호영역 밖에 있는 행위)를 규제하는 것일 뿐 정당한 권리행사까지 처벌함으로써 본인의 의사에 반하여 강제노역을 강요하거나 근로자라는 신분만으로 불합리한 차별을 하는 것은 아니라고 판단되므로, 위 대법원의 해석방법이 헌법상

211) 김선수f, 293~295면.

212) 대법원 1991. 1. 29. 선고 90도2852 판결, 대법원 1991. 4. 23. 선고 90도2771 판결, 대법원 2006. 5. 12. 선고 2002도3450 판결 등.

의 강제노역금지원칙, 노동3권 및 평등권 등을 침해하지 않는다"고 하였다.[213]

다만, 위 헌법재판소 결정에서는 방론으로 연장근로의 거부, 정시출근, 집단적 휴가의 경우와 같이 일면 근로자들의 권리행사의 성격을 갖는 쟁의행위에 관하여도 정당성이 인정되지 않는다고 하여 바로 형사처벌할 수 있다고 해석하는 대법원 판례[214]의 태도는 지나치게 형사처벌의 범위를 확대하여 근로자들의 단체행동권의 행사를 사실상 위축시키는 결과를 초래하여 헌법이 단체행동권을 보장하는 취지에 부합하지 않고 근로자들로 하여금 형사처벌의 위험하에 노동에 임하게 하는 측면이 있어 형법상 위력에 의한 업무방해죄를 규정한 처벌 규정의 적용상 위헌의 문제가 있을 수 있음을 지적하였다.

나아가 헌법재판소는 "노동관계 당사자 간에 근로조건의 결정에 관한 주장의 불일치로 인하여 발생한 분쟁상태에 있어서, 헌법이 보장한 근로자의 단체행동권 행사로서 파업·태업 등 근로자가 그 주장을 관철할 목적으로 행하는 업무의 정상적인 운영을 저해하는 쟁의행위는 원칙적으로 위력에 의한 업무방해를 구성하지 않는다고 봄이 상당하다. … 헌법상 기본권 행사에 본질적으로 수반되는 것으로서 정당화될 수 있는 업무의 지장 초래가 당연히 업무방해에 해당하여 원칙적으로 불법한 것이라 볼 수는 없다"고 하여 쟁의행위의 형사 면책을 규정한 노조법 4조의 성질에 관하여 구성요건해당성 조각설의 견해를 취하고, 노조법 4조를 위법성 조각설의 견해에서 해석하는 것은 "헌법상 기본권의 보호영역을 하위 법률을 통해 지나치게 축소시키는 것이며, 위 조항은 쟁의행위가 처벌의 대상이 되어서는 안 된다는 점을 강조한 것으로 이해해야 할 것"이라고 밝혔다.[215] 구성요건해당성 조각설의 견해를 취한다고 하더라도 형사 면책은 쟁의행위의 정당성이 인정되는 경우에만 허용된다는 한계가 있다.

그 후 대법원은 전원합의체 판결로 근로자들의 파업이 언제나 업무방해죄에 해당하는 것은 아니고 사용자의 사업계속에 관한 자유의사가 제압·혼란될 수 있다고 평가할 수 있는 제한된 경우에 한정하여 업무방해죄의 성립을 인정하고 근로자들의 단순파업의 경우에도 당연히 위력에 해당하여 업무방해죄의 구성요건을 충족한다는 전제하에 노동관계 법령에 따른 정당한 쟁의행위로서

213) 헌재 1998. 7. 16. 선고 97헌바23 결정. 이 결정의 평석으로는 정인섭a, 343면 이하 참조.

214) 대법원 1991. 11. 8. 선고 91도326 판결, 대법원 1996. 2. 27. 선고 95도2970 판결, 대법원 1996. 5. 10. 선고 96도419 판결 등 참조.

215) 헌재 2010. 4. 29. 선고 2009헌바168 결정.

위법성이 조각되는 경우가 아닌 한 업무방해죄로 처벌해 온 종래 대법원 판결들을 변경하였다.[216] 이 판결에 대해서는 집단적 근로제공 거부인 파업의 업무방해죄 성립 여부와 관련하여 형법상 업무방해죄의 구성요건요소 중 '위력'의 개념을 분명히 함과 동시에 위법한 쟁의행위가 된 파업의 경우 만연히 업무방해죄로 처벌하여 오던 종래의 관행에 제동을 걸고, 구체적인 사안에서 파업이 위에서 제시한 '위력'의 개념에 해당하는지 여부를 살펴 업무방해죄의 성립 여부를 판단하여야 한다고 선언한 것으로 평가된다.[217] 반면 이 판결의 소수의견은 폭력이 수반되지 않는 단순파업의 경우에는 업무방해죄의 구성요건인 '위력'에 해당하지 않으므로 어떤 경우에도 업무방해죄가 성립되지 않는다는 견해를 밝혔다.

단순한 집단적인 노무 제공의 거부에 국가가 형벌권을 가지고 개입하는 것은 헌법이 보장하고 있는 노동3권의 근본 취지를 무시하는 것으로서 노사자치의 대원칙을 무너뜨리는 것이라는 지적이 있다.[218] 나아가 유엔(UN) 경제적 · 사회적 · 문화적 권리위원회(사회권규약위원회)와 국제노동기구(ILO)가 우리나라를 상대로 이미 수십 년 전부터 단순한 집단적인 노무 제공의 거부에 대하여 업무방해죄 등의 형벌권을 적용하지 않을 것을 지속적으로 권고하고 있을 뿐만 아니라[219] 앞서 본 바와 같이 우리나라에서도 최근 국제노동기구(ILO)의 결사의 자유와 단결권에 관한 87호 협약의 비준[220]이 이루어진 점 등을 고려하면, 단순

216) 대법원 2011. 3. 17. 선고 2007도482 전원합의체 판결.

217) 그 밖에도 이 판결에 대해서는, 근로자들의 파업이 원칙적으로 적법하다는 점을 분명히 하여 노동조합의 교섭력을 부분적으로나마 회복하게 해주었다는 평가(도재형b, 206면)와 파업의 자유 보장이라는 점에서 종전보다는 상당히 진전된 것이기는 하지만, 폭력이나 파괴행위를 수반하지 않는 단순 파업이 여전히 업무방해죄로 처벌될 수 있다는 점에서 한계가 있다는 평가(강성태c, 191면) 등이 있다. 한편 이 판결에 대하여 국제노동기구(ILO) 결사의 자유위원회는 평화적인 파업에 대하여도 여전히 업무방해죄가 적용될 수 있다고 지적한 바 있다(국가인권위원회b, 178면).

218) 정진경a, 243면은 "시대착오적인 업무방해죄와 법상의 각종 처벌규정을 정비하는 것이 헌법상의 노동3권을 보장하기 위한 가장 효과적인 방법이 될 것이나 그 전이라도 법원은 합리적인 법해석을 통하여 헌법과 노동법의 정신이 구현되도록 노력하여야 한다. 노동조합이 형벌의 위협 없이 단체행동권을 담보로 하여 근로조건의 유지 개선을 위한 단체교섭을 하고 단체협약을 체결하며 이러한 단체협약을 중심으로 노사 간의 관계가 규율되도록 하는 것이 단결자치의 진정한 의미이고, 그러한 헌법과 노동법이 정한 원칙이 현실 속에서 실현될 수 있도록 법을 합리적으로 해석하고 적용하는 것이 법원의 역할임을 깊이 인식하여야 한다"고 하여 법원의 적극적 역할을 주문하고 있다.

219) 국가인권위원회a, 244~256면; 국가인권위원회b, 92~93, 249~250면.

220) 위 국제노동기구(ILO) 87호 협약의 비준은 국제노동기구(ILO)뿐만 아니라 유엔(UN) 경제적 · 사회적 · 문화적 권리위원회(사회권규약위원회)도 최근까지 우리나라 정부에 권고하였던

한 집단적인 노무 제공의 거부를 업무방해죄로 형사처벌하는 것에 대하여는 전면적으로 재검토할 필요가 있다.

한편 제3자가 쟁의행위의 실행을 용이하게 한 경우 업무방해방조죄의 성립이 문제될 수 있다. 이에 대해 대법원은 "쟁의행위가 업무방해죄에 해당하는 경우 제3자가 그러한 정을 알면서 쟁의행위의 실행을 용이하게 한 경우에는 업무방해방조죄가 성립할 수 있다. 다만, 헌법 33조 1항이 규정하고 있는 노동3권을 실질적으로 보장하기 위해서는 근로자나 노동조합이 노동3권을 행사할 때 제3자의 조력을 폭넓게 받을 수 있도록 할 필요가 있고, 나아가 근로자나 노동조합에 조력하는 제3자도 헌법 21조에 따른 표현의 자유나 헌법 10조에 내재된 일반적 행동의 자유를 가지고 있으므로, 위법한 쟁의행위에 대한 조력행위가 업무방해방조에 해당하는지 판단할 때는 헌법이 보장하는 위와 같은 기본권이 위축되지 않도록 업무방해방조죄의 성립 범위를 신중하게 판단하여야 한다."라고 판시하여,[221] 노동3권의 실질적 보장 등을 위해 업무방해방조죄의 성립 범위를 엄격하게 판단해야 함을 강조하고 있다.

[김 선 수·유 동 균]

사항이다(국가인권위원회b, 250면).

221) 대법원 2021. 9. 16. 선고 2015도12632 판결, 대법원 2023. 6. 29. 선고 2017도9835 판결.

총설: 집단적 노동관계에 관한 ILO 기본협약 내용과 국내법적 적용*

〈세 목 차〉

* 이 글은 김동현·이혜영, 결사의 자유에 관한 국제노동기구(ILO) 기본협약 비준과 노동법의 쟁점, 사법정책연구원(2022)의 일부를 수정한 것이다.

[참고문헌]

경제사회노동위원회, “노사관계 제도관행 개선위원회 중간활동보고서(2018. 7. 20. ~ 2019. 7. 19.)”, (2019. 12.); 국제노동기구a, 결사의 자유, 결사의 자유 위원회 결정 요약집(6판), 한국노동연구원(2018); 국제노동기구b, ILO 노동입법 가이드라인, 한국노동연구원(2003); 권중동, ILO와 국제노동기준, 중앙경제(2000); 김근주 · 이승욱, ILO 결사의 자유 핵심협약과 사회적 대화, 한국노동연구원(2018); 김대순, 국제법론(18판), 삼영사(2014); 김동현 · 이혜영, 결사의 자유에 관한 국제노동기구(ILO) 기본협약 비준과 노동법의 쟁점, 사법정책연구원(2022); 김성수, “국제노동기준의 국내법적 적용”, 노동법실무연구 제1권, 노동법실무연구회(2011); **김인재**, "노동조합 설립신고제도와 법외노조 통보의 법적 문제", 노동법논총 29호, 한국비교노동법학회(2013. 12.); **김태천**, "재판과정을 통한 국제인권협약의 국내적 이행", 국제법평론 20호(2004. 9.); **류성진**, "헌법재판에서 국제인권조약의 원용 가능성", 아주법학 7권 1호(2013. 6.); **박배근**, "국내법의 국제법 합치해석에 관한 일고", 국제법평론 46호 (2017. 2.); **박제성**, "필수공익사업의 쟁의행위에 대한 새로운 규율: 필수유지업무와 대체근로", 노동정책연구 7권 3호(2007. 9.); **박찬운**, "국제인권조약의 국내적 효력과 그 적용을 둘러싼 몇 가지 고찰", 법조 609호(2007. 6.); **신윤진**, "국제인권규범과 헌법: 통합적 관계 구성을 위한 이론적 · 실천적 고찰", 서울대학교 법학 61권 1호(2020. 3.); **오문완**, "정치파업의 정당성 —판례분석을 중심으로—", 노동법학 35호(2010. 9.); **윤애림a**, "국제인권법의 국내 적용과 사법부 —결사의 자유와 관련된 판결 · 결정 검토를 중심으로—", 노동법학 65호(2018. 3.); **윤애림b**, "ILO 결사의 자유 원칙의 국내법적 수용과제: 결사의 자유 위원회 권고 이행을 중심으로", 노동법학 64호(2017. 12.); **원유민**, "헌법재판소 위헌결정과 국제인권법", 국제법학회논총 65권 2호(2020. 6.); **이근관**, "국제인권규약상의 개인통보제도와 한국의 실행", 국제인권법 3권(2000. 10); **이명웅**, "국제인권법과 헌법재판", 저스티스통권 3호(2005. 2.); **이승욱**, "국제노동기준의 동요: 결사의 자유와 파업권의 관계", 노동법학 62호(2017. 6.); **이승택**, "기본권과 국제인권법의 관계에 관한 헌법적 접근", 법학논총 25권 3호(2013. 2.); **이혜영a**, "법원의 국제인권조약 적용 —판결문 전수조사를 통한 현황 진단 및 적용단계별 논증 분석—", 국제법학회논총 65권 1호(2020. 3.); **이혜영b**, 법원의 국제인권조약 적용 현황과 과제, 사법정책연구원(2020); **장태영**, "자유권규약의 효력, 적용, 해석 —대법원 2016도10912 전원합의체 판결에 대한 평석을 중심으로—", 국제법학회논총 65권 2호(2020. 6.); **전종익**, "헌법재판소의 국제인권조약 적용", 저스티스 통권 170-2호(2019. 2.); **전학선**, "국제인권법과 헌법재판", 미국헌법연구 19권 1호(2008. 2.); **정인섭a**, 신국제법강의: 이론과 사례(11판), 박영사(2021); **정인섭b**, "조약의 국내법적 효력에 관한 한국 판례와 학설의 검토", 서울국제법연구 22권 1호(2015. 6.); **조용만**, "ILO '결사의 자유' 핵심협약 관련 노조법상의 쟁점 해결 방안", 노동법학 68호, 한국노동법학회(2018. 12.); **최준섭 · 이수영**, ILO와 국제노동기준, 중앙경제(1992); **한국노동연구원(연구책임자: 문무기)**, 공익사업실태 및 필수유지업무의 범위에 관한 연구, 노동부 학술연구 용역보고서(2006); **Edoardo Ales et al.**, International and European Labour Law, Hart Publishing (2018); **Ignacio A. Donoso Rubio**, "Economic Limits on International Regulation: A Case Study of ILO Standard-Setting", Queen's Law Journal, Vol. 24 (1998); ILO, Freedom of Association —Compilation of Decisions of the Committee on Freedom of Association (6th ed, 2018) [이하 '**ILO Compilation(2018)**'이라 한다]; ILO, Rules of the Game: An Introduction to the Standards-Related Work of the International Labour Organization (Centenary Edition, 2019)[이하 '**ILO Rules of the Game(2019)**라 한다]; **Jean-Michel Servais**, International

Labour Law(Six ed.), Wolters Kluwer (2020); **Malcolm N. Shaw**, International Law(4th ed.), Cambridge University Press (1997); **Philip Alston & Ryan Goodman**, International Human Rights, Oxford University Press (2013); **Steve Charnovitz**, "The ILO Convention on the Freedom of Association", 102 American J. Int'l L. 90 (2008); **Xavier Beaudonnet (ed.)**, International Labour Law and Domestic Law: A Training Manual for Judges, Lawyers and Legal Educators, International Training Centre of the ILO (2010).

Ⅰ. 서　　론

우리나라는 2021. 2. 26. 결사의 자유에 관한 국제노동기구(ILO) 기본협약인 87호, 98호 협약[1])을 비준하기로 하는 국회 동의를 통과하고 2021. 4. 20. 비준서를 기탁하였다. 기탁일부터 1년이 지난 2022. 4. 20. 해당 협약들은 발효하여 국내법적 효력을 가지게 되었다. 이로써 집단적 노동관계법 분야에는 일대 혁신이 일어날 전망이다.

결사의 자유에 관한 ILO 기본협약들은 집단적 노사관계에 있어 핵심적인 내용들을 다루며, 각 조항의 의미는 ILO 산하 이행감독기구들의 권고와 해석에 의해 구체화되어 왔다. ILO 이행감독기구들의 해석은 권고적 효력을 갖는 것이지만, 그 해석적 권위는 결코 무시되어서는 안 된다. 법해석자가 국제법을 해석함에 있어서는 국제기구의 권고와 해석을 존중하여야 하며, 이를 배척하기 위해서는 합당한 이유를 제시할 필요가 있다.

결사의 자유에 관한 ILO 기본협약 비준에 앞서 노사간 핵심 쟁점들에 대해서는 위와 같은 국제법상의 논의와 국제기구가 제시하는 기준에 맞추어 미리 국내법 개정작업을 거치기는 하였으나, 그러한 법개정이 협약 비준으로 새롭게 생겨날 법적 쟁점들을 모두 아우르는 것은 아니다. 개정법은 국제노동기준과의 격차라는 측면에서 이전에 비해 상당히 진전된 모습이기는 하지만, ILO 감독기구들의 입장과 차이를 보이는 부분이 여전히 존재하는 것이 사실이다. 대법원 판례들 중에서는 법개정으로 인해 당연히 입장을 변경하여야 하는 사항들도 있거니와 개정법이 담아내지 못한 국제노동기준과의 차이 부분까지도 변경을 고

1) 강제노동금지에 관한 29호 협약도 함께 비준하였으나, 이 글이 다루고자 하는 주제에서 벗어나므로 이에 관하여는 별도 언급을 생략한다.

민해야 하는 지점들이 있을 것이다.

이를 염두에 두면서 이 글은 ILO와 국제노동기준, 이행감독절차 및 기구에 대한 개괄적 설명을 바탕으로(Ⅱ), 결사의 자유에 관한 ILO 기본협약인 87호, 98호 협약의 내용과 구체적 쟁점에 대한 ILO 이행감독기구들의 견해를 살펴본다(Ⅲ, Ⅳ). 우리나라와 직접적으로 관계되었던 쟁점들에 대해서는 각 조문 해설에서 다루기에 앞서 간략하게라도 쟁점의 대략을 설명하기로 한다. 더불어서 지금까지 우리나라에 대하여 제기된 ILO 결사의 자유 위원회 이의제기 사건들의 요지를 살펴본다(Ⅴ). 또한 ILO 기본협약을 국내법원에서 적용해야 할 경우에 판단단계별로 고려해야 할 주요 쟁점에 대해서 고찰한다(Ⅵ).

Ⅱ. ILO와 국제노동기준, 이행감독절차

보편적인 근로조건에 관한 국제적 기준 마련을 위해 1919년에 설립된 ILO는, 100년이 넘는 기간 동안 400개가 넘는 국제노동기준을 채택하고 이 기준들이 각국에서 이행되도록 감독하기 위한 여러 기구를 설치·운영해 왔다. 지난 100여 년 동안 ILO의 여러 이행감독기구들은 각국의 법제도 및 노동 관련 실태가 국제노동기준에 부합하는가에 관한 견해를 내려 왔는데, 이 과정에서 국제노동법의 해석 및 적용에 관한 법리발전이 풍부하게 이루어졌다. ILO 이행감독기구에 의해 국제노동기준의 해석 및 적용에 관한 정치한 법리가 발전해감에 따라, 그러한 해석기준이 ILO 체제를 넘어서서 유엔을 비롯한 각종 국제기구, 지역기구, 국가 간의 자유무역협정(FTA), 국제재판소, 나아가 개별국가의 국내법원 등에서도 관철되어 침투·확산되는 경향이 두드러져 왔다.[2] 이로써 ILO 이행감독기구의 해석이 가지는 권위는 갈수록 중요해지고 있다.

대한민국은 1991년에 ILO에 가입하고, 2021년 4월에 결사의 자유에 관한 ILO 기본협약(87호 및 98호)을 비준함으로써, ILO 헌장에 명시된 결사의 자유 원칙뿐만 아니라 비준 협약을 국내적으로 이행할 국제법적 의무를 부담한다.[3] 그

2) 이승욱, 113~116면.

3) 한국은 1996년부터 25년 연속 ILO 이사회로 선출되었고, 비교적 빠른 기간 내에 이사회 의장직(2003~04년)을 역임함으로써 ILO의 주요활동에 기여해 왔다. 또한, 2006년에는 14차 ILO 아·태지역 총회를 부산에서 개최한 바 있으며, 2017~2018년간 ILO 정부그룹 의장을 수임하는 등 ILO 활동에 적극 참여하고 있다. 현재 ILO 회원국 중 한국의 분담금 납부 규모는 열한 번째(2020~21년)이며, 한국-ILO 기술협력사업에 매년 130만 달러 규모로 아시아 및 아

런데 그러한 의무를 국내적으로 제대로 이행하기 위해서는 먼저 부담하는 의무의 내용에 관한 정확한 이해가 선행되어야 할 것인데, 현재 ILO 헌장 및 협약상 의무에 대한 구체적인 해석은 ILO 이행감독기구에 의해 발전해 왔다는 점에서 이는 결국 ILO 및 국제노동기준, ILO의 이행감독기구에 대한 이해를 요구한다. 이에 다음은 먼저 노동기준에 관한 가장 권위 있는 국제기구인 '국제노동기구(ILO)'와, ILO가 채택 · 발전시켜온 실체규범인 '국제노동기준', 그리고 각국이 국제노동기준을 이행하도록 감독하기 위해 구축된 절차적 장치인 '이행감독절차'에 대한 기본적 내용을 개괄적으로 살펴본다.

1. 국제노동기구(ILO)

가. 설립목적 및 지도원칙

ILO는 1919년 1차 세계대전 강화조약인 「베르사유 조약」 13편(노동 편)에 의거하여 설립되었다. 이후 「ILO 헌장」으로 호칭되게 된 「베르사유 조약」 13편 전문은 ILO의 설립목적을 천명하고 있는데, 이에 따르면 ILO는 세계평화를 위협하는 열악한 근로조건을 개선하고자 근로조건에 대한 국제적 기준 마련을 목적으로 하는 기구로서 설립되었다.[4] 또한 설립 조약 2부는 ILO의 핵심 지도원칙으로, 노동의 비상품성, 결사의 자유 원칙, 상당하다고 인정되는 생활수준을 유지하기에 적절한 임금 보장, 1일 8시간 노동(1주 48시간)의 원칙, 주휴제 보장, 아동노동금지 및 연소근로자 보호, 남녀동일임금원칙, 외국인 근로자에 대한 공평한 처우보장, 여성이 참여하는 근로감독 보장원칙을 명시하였는데, 상기한 원칙들은 모두 이후 ILO 선언 및 협약으로 구체화되었다.[5]

프리카 국가 등의 노동시장 정책 발전을 지원하고 있다.

4) Treaty of Peace between the Allied and Associated Powers and Germany (Versailles, signed on June 28, 1919), part ⅩⅢ, section I, preamble. ILO의 설립배경에는 인도주의적 동기뿐만 아니라 열악한 근로조건 개선을 통해 사회주의 혁명 가능성을 차단하고 민주주의적 가치를 지켜내고자 했던 서구유럽 국가들의 정치적 동기와, 더불어서 국제적 무역경쟁이 치열해지는 상황에서 특정 국가가 근로조건을 저하시킴으로써 생산비용을 낮춰 덤핑을 하는 것을 막아 공정 무역경쟁을 촉진하고자했던 경제적 동기도 있었다. ILO 설립배경은 Jean-Michel Servais, pp.19~25; 최준섭 · 이수영, 29~34면 참조.

5) 노동의 비상품성 원칙은 이후 1944년 필라델피아 선언에서 재확인된 이래 ILO 헌장상 기본원칙을 이루고 있다. 둘째, 결사의 자유 및 단결권 승인은 ILO 87호 협약(1948년) 및 98호 협약(1949년)으로 구체화되었다. 셋째, 임금보장 원칙은 이후 ILO 29호 협약(1929년) 및 131호(1970년) 협약으로 구체화되었다. 넷째, 1일 8시간(1주 48시간) 노동시간 원칙은 같은 해인 1919년에 ILO 1호 협약으로 바로 채택되었다. 다섯째, 주휴제 보장 원칙은 ILO 14호 협약(1921년)으로 구체화되었다. 여섯째, 아동노동금지 및 연소근로자보호 원칙은 ILO 5호 협약

2차 세계대전이 막을 내릴 즈음인 1944년 ILO 총회는 「ILO의 목표 및 목적에 관한 필라델피아 선언」(이하 '필라델피아 선언'이라 한다)을 채택하여 ILO의 목적과 지도원칙을 재규정하였고, ILO의 임무범위를 단지 노동권을 보호하는 것에서 사회정의 전반에 걸친 주제를 포괄하는 국제기구로 확장 · 승격시켰다.[6] 이후 1946년에 몬트리올에서 개최된 ILO 총회에서 ILO 헌장을 개정하는 결정이 채택되었는데, 당시 총회 결정으로 1944년 필라델피아 선언이 개정된 ILO 헌장에 부속되게 되었다.[7] 이로써 필라델피아 선언은 ILO 헌장의 불가분의 일부를 이루게 되었으며, 모든 ILO 회원국은 이를 준수할 헌장상 의무를 부담하게 되었다.[8]

(1919년) 및 6호 협약(1919년)으로 구체화되었다. 일곱째, 남녀동일임금원칙은 ILO 100호 협약(1951)으로 구체화되었다. 여덟째, 외국인 근로자에 대한 공평한 처우보장은 ILO 102호 협약(1952년), 157호 협약(1982년)으로 구체화되었다. 아홉째, 근로감독에 관한 원칙은 ILO 81호 협약(1947년)에 의해 구체화되었다. 권중동, 43~44면 참조.

6) Edoardo Ales et al., p.373; The Declaration of Philadelphia, International Labour Conference, 26th (Philadelphia, 1944) [이하 'The Declaration of Philadelphia (1944)'라 한다] 참조. 필라델피아 선언 1조는 ILO의 기본원칙을 다음의 4가지로 천명하고 있다. 첫째, "노동은 상품이 아니다." 둘째, "표현 및 결사의 자유는 지속적인 발전에 필수적이다." 셋째, "일부 지역의 빈곤은 모든 지역의 번영에 위험을 준다." 넷째, "결핍과의 전쟁은 각국 안에서는 불굴의 의지로, 국제적으로는 정부대표와 동등한 지위를 향유하는 근로자 및 사용자 대표가 일반복지 증진을 위한 자유 토론과 민주적 결정에 정부대표와 함께 참여하도록 지속적이고 조화된 노력을 기울여 수행할 것을 요구한다." 또한 필라델피아 선언 3조는 구체적으로 ILO의 새로운 의무범위를 다음과 같이 열거하였다: (a) 완전고용 및 생활수준의 향상, (b) 근로자가 기술 및 기능을 최대한도로 발휘하여 만족을 누릴 수 있고, 일반복지에 최대한으로 공헌할 수 있는 직업에 근로자의 고용, (c) 이러한 목적달성의 방편으로서 그리고 모든 관련자에 대한 적절한 보장하에, 훈련을 위한 시설제공과 고용 및 정착목적의 이민을 포함한 노동의 이동, (d) 모든 사람에게 발전과실의 공정분배를 보장하기 위한 임금 및 소득, 근로시간 및 다른 근로조건에 관한 정책, 또한 최저 생활급에 의한 보호를 요하는 자 및 모든 피고용자에 대한 최저생활급 지급, (e) 단체교섭권의 실효적인 인정, 생산능률의 지속적 향상을 위한 경영자 및 근로자간의 협력, 사회적 · 경제적 조치의 준비 및 적용에 관한 근로자와 사용자간의 협력, (f) 보호를 요하는 모든 사람에 대하여 기본소득과 이들에게 종합의료를 제공하는 사회보장조치의 확대, (g) 모든 직업에 있어서 근로자의 생명 및 건강의 적절한 보호, (h) 아동의 복지제공 및 모성의 보호, (i) 적절한 영양 · 주거 및 휴식 · 문화시설의 제공, (j) 교육 및 직업에 있어서 기회균등의 보장.

7) The Declaration of Philadelphia (1944); ILO Constitution, art. 1. & annex. 개정 ILO 헌장(1946년) 1조는 "이 헌장의 전문과 1944년 5월 10일 필라델피아에서 채택되어 이 헌장에 부속된 국제노동기구의 목적에 관한 선언에 규정된 목표를 달성하기 위하여 이에 상설기구를 설립한다"고 하여 필라델피아 선언이 ILO의 설립목적을 이루도록 하였다. 또한 1919년 헌장에서 ILO 운영의 지도원칙(general principles)으로 열거되었던 규정은 1946년에 필라델피아 선언으로 대체되어 오늘날에 이르고 있는데, 이는 필라델피아 선언이 1919년 채택된 일반원칙보다 더 광범위한 목표를 포괄하게 되었기 때문이었다.

8) Edoardo Ales et al., p.374.

나. 주요 연혁 및 현황

ILO는 설립 이래 100년이 지나는 동안 수많은 변화를 거쳐 왔으며, 다양한 활동과 기능으로 국제노동기준 및 사회정의 향상을 통한 국제적 평화구축에 이바지하여 왔다. 주요 연혁 및 현황을 살펴보면 다음과 같다.

2차 세계대전이 끝나고 국제연합(United Nations, 이하 '유엔'이라 한다)이 설립되던 1946년, ILO는 유엔의 전문기구(special agencies)로 편입되었다.[9] 이로써 ILO는 기존에 베르사유 체제 하에서 서구 유럽국가들 중심의 지역기구적 성격에서 출발했던 것을 넘어서서, 전 세계적 범위의 영향력을 가지는 국제기구로 거듭나게 되었다. 설립 50주년을 맞이하였을 때인 1969년, ILO는 노동기준 수립 및 사회정의를 통해 세계평화와 화합에 기여한 그간의 공로를 인정받아 노벨평화상을 수상하였다.[10]

1990년대 냉전이 종식되고 경제 세계화가 급격하게 진행됨에 따라, ILO는 지금까지의 활동을 비판적으로 돌아보고 앞으로의 운영방향을 재수립해야 할 필요성을 느끼게 되었다.[11] 즉 당시 ILO 협약에 대한 회원국들의 비준율이 계속 감소하는 것과 협약의 국내적 이행이 미진한 점에 대한 문제의식을 바탕으로, 새로운 협약을 추가적으로 계속해서 제정하는 것뿐만 아니라, ILO 헌장상의 기본적 권리 및 원칙들이 모든 회원국에서 제대로 이행되도록 하는 방향으로 운영방향을 재정립하기로 하였다.[12] 이는 1998년 총회에서 「노동에서의 기본원칙과 권리에 관한 ILO 선언」(ILO Declaration on Fundamental Principles and Rights at Work, 이하 '1998년 ILO 선언'이라 한다)의 채택으로 표명되었다. 1998년 ILO 선언의 가장 특기할 만한 내용은, 모든 ILO 회원국들이 ILO 헌장에 비준·가입하여 ILO 회원국이 되었다는 사실 자체만으로(ILO 기본협약에 대한 비준 여부와 무관하게), 헌장에 명시된 결사의 자유 및 단결권·단체교섭권의 보장, 강제노동 금지,

---

9) ILO, Agreement between the United Nations and the International Labour Organization, Offficial Bulletin Vol. XXIX, No. 6 (1946. 12. 20), https://www.ilo.org/wcmsp5/groups/public/---dgreports/---jur/documents/genericdocument/wcms_433792.pdf 참조.

10) UN, "1969 - The International Labor Organization (ILO)", https://www.un.org/en/about-us/nobel-peace-prize/ilo-1969#:~:text=The%20International%20Labour%20Organization%20was,justice%2C%20the%20Nobel%20Committee%20said (2022. 2. 22. 확인).

11) Ignacio A. Donoso Rubio, pp.221~224.

12) ILO Director of General, "Report of the Director General to the 81st Session of the International Labour Conference, Defending Values, Promoting Change: Social Justice in a Global Economy — An Agenda for the ILO", International Labour Office (1994), pp.42~51.

아동노동 금지, 차별금지에 관한 기본원칙을 존중하고 촉진하며 실현할 책임이 있다고 선언한 부분이다.13)

이후 ILO는 중요한 시대적 전환기에 2개의 중요한 선언을 추가적으로 채택하였는데, 모두 ILO의 지도원칙 및 운영방향의 변화를 상징적으로 보여준다. 즉 ILO 총회는 2008년 급속한 세계화의 물결에 발맞추어 「공정한 세계화를 위한 사회정의를 위한 ILO 선언」(ILO Declaration on Social Justice for a Fair Globalization)을 채택하였다. 이 선언은 근로기본권, 고용, 사회보호 및 사회적 대화가 보장되는 '일다운 일'(decent work)을 통하여 사회정의를 달성하고 공정한 세계화를 이룩하는 비전을 천명하였다.14) 또한 2019년 ILO 설립 100주년을 맞이하여 「일의 미래를 위한 ILO 100주년 선언」(ILO Century Declaration for the Future Work)을 채택하였는데, 이 선언은 디지털 시대를 맞이한 ILO의 현재와 미래의 지도원칙을 천명한 선언이다.15) 이 선언은 기술변화뿐 아니라 인구구조 변화, 기후 변화, 세계화 같은 '일의 미래 변화'에 '인간중심 전략'으로 대응하겠다는 구상을 펼쳤다. 이를 위해 모든 근로자들의 기술·역량·자격습득 촉진, 양질의 일자리 창출을 위한 민간부문 역할 지원, 남녀 동일노동 동일임금, 비공식경제의 공식경제 전환, 노동력의 국제이동 확대를 제안했다.

2022년 2월 기준, ILO는 설립 103주년을 맞이하였다. ILO의 회원국 수는 설립 당시인 1919년엔 42개국이었고, 2차 세계대전 종전 이후인 1948년에는 58개국이었으나, 2022년 2월 현재를 기준으로 187개국을 회원국으로 하고 있다.16) 유엔 회원국 수가 193개국임을 감안할 때에 현재의 ILO 회원국의 범위는 전 세계의 거의 모든 국가를 포괄하는 수준으로, 이로써 ILO에서 채택된 국제노동기준은 명실상부 노동분야에 관한 국제적 합의를 대변하는 보편성 및 대표성을 가진다고 할 수 있다. ILO는 설립 시로부터 지금까지 국제노동기준 수립과 사

13) ILO Declaration on Fundamental Principles and Rights at Work, International Labour Conference, 86th (Geneva, 1998), art. 2 [이하 'ILO Declaration on Fundamental Principles and Rights at Work (1998)'이라 한다].

14) ILO Declaration on Social Justice for a Fair Globalization, International Labour Conferene, 97th (Geneva, 2008), https://www.ilo.org/wcmsp5/groups/public/---dgreports/---cabinet/documents/genericdocument/wcms_371208.pdf (2022. 2. 22. 확인).

15) ILO, "ILO Centenary Declaration for the Future of Work, 2019", https://www.ilo.org/global/about-the-ilo/mission-and-objectives/centenary-declaration/lang－en/index.htm (2022. 2. 22. 확인).

16) 187개의 회원국 명단은 ILO, "Member States", https://www.ilo.org/global/about-the-ilo/how-the-ilo-works/member-states/lang－en/index.htm (2022. 2. 22. 확인).

회정의 신장을 위하여 총 402개의 국제노동기준을 채택해 왔는데, 이 중 협약(conventions)이 190개, 의정서(protocols)가 6개, 권고(recommendations)가 206개이다.[17] 또한 이러한 국제노동기준이 잘 준수되고 있는지 감독하기 위하여, 국제기구 중에서 가장 정치하고 효율적인 감독시스템과 운영시스템을 갖추고 있다고 평가받고 있다.

다. 조직 및 구성원칙

(1) 주요 기관

ILO는 ① 의회에 해당하는 총회(International Labour Conference), ② 집행기관인 이사회(Governing Body), ③ 위 기관을 행정적으로 지원하는 사무국(International Labour Office)을 상설기구로 한다.[18]

㈎ 총 회

총회의 구성 및 업무는 헌장 2조에서 5조까지 규정하고 있다. 노동에 관한 국제의회로서 기능하는 ILO 총회는 회원국의 대표단으로 구성되며, 적어도 매년 1회 개최된다.[19] 통상 스위스 제네바에서 매년 6월에 소집하여 국제노동기준을 수립 · 채택하고, 사회 및 노동 정의 관련 주요 의제에 관한 담론의 장으로서 기능한다. 그뿐만 아니라 ILO의 예산을 채택하고, 집행기관인 이사회를 선출한다.

의회에서 각 회원국은 정부 · 근로자 · 사용자의 3자에 의해 대변된다. 대표단은 총 4명의 대표(정부 대표 2명, 근로자 대표 1명, 사용자 대표 1명)와 각각의 자문관으로 구성된다.[20] 정부 대표는 대개 자국의 노동문제를 담당하는 각료가 맡는 한편, 사용자 및 근로자 대표는 자국을 대표할만한 사용자 및 근로자 조직과 합의하여 지명한다. 모든 대표의 발언권 및 투표권은 동등하며, 근로자 대표나 사용자 대표는 정부 대표의 의견에 반하는 의견을 개진하거나 서로 반대하는 투표를 할 수 있다.[21]

총회 산하에는 여러 분과위원회가 있어서 총회의 기능을 보좌하는데, 각 분과위원회는 총회와 마찬가지로 노사정 3자 원칙에 따라 구성된다. 또한 총회는

---

17) ILO NORMLEX 홈페이지는 https://www.ilo.org/dyn/normlex/en/f?p=1000:12000:0::NO::: (2022. 2. 22. 확인) 참조.

18) Treaty of Versailles (1919), part XIII, section I, chapter I, art. 388.

19) ILO Constitution, art.3.

20) ILO Constitution, art.3.

21) ILO Constitution, art.4.

산하에 총회기준적용위원회(Conference Committee on the Application of Standards)를 두고 있다. 기준적용위원회는 매 회기별로 설치되는 노사정 3자 위원회로, ILO 협약의 이행을 감독하는 대표적 기구인 '협약 및 권고의 적용에 관한 전문가위원회'(Committee of Experts on the Application of Conventions and Recommendations)가 제출한 보고서를 검토하여 추가적 논의가 필요한 심각한 위반 사례를 약 25건 선정하여 별도 심의하는 기능을 담당한다.[22)]

㈏ 이 사 회

ILO의 집행기구인 이사회는 헌장 2조 및 7조에 의거하여 설치·구성되었다. 이사회는 매년 3회(3월, 6월, 11월) 소집한다. 주요 기능으로, ILO의 주요 정책을 결정·집행하고, 의회에 제안될 의제를 결정하며, 의회에 제출할 ILO의 예산안을 마련하고, ILO 사무국의 수장인 사무총장을 선출한다.

이사회는 3년 임기 단위로 선출된다.[23)] 이사회의 구성도 총회와 마찬가지로 정부·근로자·사용자의 3자 구성 원칙에 따라 이루어진다. ILO 헌장 및 의사규칙의 관련 규정에 따르면, 이사회는 정규위원 56명(정부 28명, 사용자 14명, 근로자 14명)과 부위원 66명(정부 28명, 사용자 19명, 근로자 19명)으로 구성된다.[24)] 정부측 정규위원 의석(28석) 중에서 10석은 주요 산업국가(브라질, 중국, 프랑스, 독일, 인도, 이탈리아, 일본, 러시아, 영국, 미국)가 영구적으로 보유하며, 나머지 18석은 총회에서 3년마다 선출한다.[25)] 사용자측 및 근로자측 위원은 총회의 사용자 대표 및 근로자 대표에 의해 각각 개별자격으로 선출된다.[26)]

이사회는 그 임무 수행을 위하여 여러 개의 위원회, 소위원회, 실무반을 임

22) ILO, The Committee on the Application of Standards of the International Labour Conference: A Dynamic and Impact Built on Decades of Dialogue and Persuasion (2011), https://www.ilo.org/wcmsp5/groups/public/---ed_norm/---normes/documents/publication/wcms_154192.pdf (2022. 2. 22. 확인), pp. 11~12. 총회절차규정(Standing Orders) 7조에 규정된 기준적용위원회의 임무범위는 전문가위원회의 임무범위와 매우 유사하다. 양자는 업무방식에 차이가 있을 뿐이다. 전문가위원회가 회원국의 정부보고서를 직접 검토한다면, 총회기준적용위원회는 정부보고서를 직접 볼 수는 없고 다만 전문가위원회의 보고서를 검토대상으로 한다. 총회기준적용위원회는 전문가위원회의 일반조사에 대해서도 논의한다.

23) ILO Constitution, art.7(5).

24) ILO Constitution, art.7; Standing Orders of the International Labour Conference, arts. 49~50.

25) ILO Constitution, art. 7; ILO, "Governing Body", https://www.ilo.org/global/about-the-ilo/how-the-ilo-works/governing-body/lang－en/index.htm#:~:text=The%20Governing%20Body%20is%20the,in%20March%2C%20June%20and%20November (2022. 2. 22. 확인).

26) ILO Constitution, art.7(4).

명하여 운영할 수 있다.[27] 이사회 산하의 대표적인 위원회로, '결사의 자유 위원회'(Committee on Freedom of Association)가 있다.[28]

㈐ 사 무 국

ILO 사무국은, 이사회의 감독 하에 ILO의 모든 활동 및 사무를 수행・지원하는 행정조직이다. 사무국은 스위스 제네바에 있는 본부와 세계 각지의 약 40개국에 소재하는 현장사무소에 걸쳐 약 3,000명이 넘는 직원으로 구성되며, 이사회에 의해 임명되는 사무총장의 지휘로 운영된다.

(2) 정부・근로자・사용자 3자주의 원칙

ILO는 근로자・사용자・정부의 3자 구성을 특징으로 하는 기구이다. ILO 헌장에 따라, ILO의 상설조직 중 의사결정권이 있는 총회와 이사회 및 산하 위원회들은 3자 구성 원칙에 따라 구성되는 한편, 의결권이 없는 행정조직인 사무국에는 3자주의 원칙이 적용되지 않는다.[29]

국제기구 중에서 기구의 구조 내에서 정부대표 이외의 민간대표를 정규 구성원으로 인정하여 의결권을 포함한 참가권을 인정하고 있는 곳은 ILO가 유일하다.[30] 이런 측면에서 ILO는 정부간 국제기구인 동시에 민간대표가 참여하는 비정부조직의 성격을 동시에 가진다고 할 수 있다. 현재까지 유엔의 전문기관으로 승인된 국제기구 중에서 ILO처럼 정부대표와 민간대표가 함께 구성원이 되어 의결권을 행사하는 기구가 없다는 점을 생각한다면, 100년도 더 전인 1919년에 이러한 3자 구성 원칙에 입각한 국제기구를 창설한 것은 분명 획기적・이례적인 선택이었다.[31]

다만 ILO가 창설되던 당시에 3자 구성 원칙을 구체적으로 어떻게 실현할

27) ILO, "Compendium of Rules Applicable to the Governing Body of the International Labour Office", https://www.ilo.org/wcmsp5/groups/public/---ed_norm/---relconf/documents/meetingdocument/wcms_586687.pdf (2019), pp.21~22(paras.4.2~4.3).

28) ILO, "Compendium of Rules Applicable to the Governing Body of the International Labour Office", https://www.ilo.org/wcmsp5/groups/public/---ed_norm/---relconf/documents/meetingdocument/wcms_586687.pdf (2019), p.11(para.38).

29) 김근주・이승욱, 128~129면.

30) 국제민간항공기관(ICAO)나 국제전기통신연합(ITU)와 같이 기구의 업무 성격상 민간대표의 참가가 유의미할 수 있을 것으로 여겨지는 국제기구에서조차 ILO처럼 민간대표에게 의결권을 포함한 참가권을 보장한 예는 아직까지 없다.

31) ILO가 다른 국제기구와 달리 3자 구성을 그 원칙으로 한 배경에 관해서는 김근주・이승욱, 127면 참조.

것인가에 대해서는 의견의 대립이 있었다. 즉, ① 국가 단위의 회원을 구성원으로 하는 국제기구의 특성상, 회원국 정부는 노사의 의견을 모두 수렴한 후에 국가 단위로 하나의 통일된 의결권을 행사하여야 한다는 입장(1회원국 1표제), ② 노사정이 모두 동일하게 1개의 의결권을 행사하여야 한다는 입장(노사정 1:1:1표제), ③ 회원국 정부와 민간대표(노사 대표자)는 노동정책 결정 및 이행에 있어서 대등한 주체라고 보기 어려우므로, 회원국 정부에 2석, 해당 회원국의 노사 대표에게 각각 1석을 배분해야 한다는 입장(노사정 1:1:2표제)이 대립하였다.[32] 결과적으로 ILO 헌장은 이 중에서 세 번째 안, 즉 노사정 1:1:2표제를 최종 채택하여 이를 총회의 구성(3조 1항) 및 이사회 배분(7조 1항)의 원칙으로 삼았다. 정부는 국민 전체의 이익을 대표하기 때문에 그 속에는 노사 쌍방의 이익이 포함되며 국제노동기준에 대한 이행책임을 국내외적으로 부담하는 것은 정부라는 점에서, 정부가 노사보다 의결권에서 우위를 갖도록 가중적 의결권을 주는 현행의 1:1:2표제 방식이 합리적이라는 것이 일반적인 평가이다.[33]

2. 국제노동기준

가. 개념 및 종류

국제노동기준 수립은 ILO의 설립목표이자 가장 중요한 임무이다. 1919년 베르사유 조약 13편으로 편입된 ILO 헌장의 전문은 “부정의, 고난, 궁핍을 초래하는 근로조건”을 개선하기 위한 국제적 노동기준을 수립하는 것을 ILO의 설립목표로 선언하였고, 1944년 필라델피아 선언에 의해 ILO의 국제기준 설정권한은 사회정의 전반에 걸친 사항을 포괄하는 것으로 확대되었음은 앞서 살펴본 바이다.

ILO에서 채택되는 국제노동기준에는 법적 구속력이 있는 조약과 법적 구속력이 없는 것이 있다. 법적 구속력 있는 조약의 예로, ILO가 채택해 온 ‘협약’(Conventions) 및 ‘의정서’(Protocols)가 있는데, 이들은 국제법상 조약에 해당하므로 회원국의 비준을 요하며, 비준한 국가에 대해서는 법적 구속력을 가진다. 조약을 비준한 회원국 내에서 해당 조약은 각국의 헌법이 정한 절차에 따라 국내법적 효력을 가진다.[34]

32) 김근주 · 이승욱, 67~68면.
33) 김근주 · 이승욱, 128~129면; 최준섭 · 이수영, 67~68면.
34) ILO Rules of the Game (2019), p.18.

한편, '권고'(Recommendations)는 법적 구속력은 없지만, 회원국이 정책수립을 하는 데 고려해야 할 지침을 제공하는 기능을 한다. ILO가 채택한 권고들은 보통 관련 협약들의 내용을 구체화하거나 확장하는 내용을 담고 있다.[35] 권고는 조약이 아니기에 비준을 요하지 않으며, 회원국들의 자발적 수용을 기대하면서 국제적 공감대의 확산을 기대하는 의미로 채택된다. ILO는 이 외에도 '행동준칙'(codes of conduct), '결의'(resolution), '선언'(declaration) 등을 채택하기도 한다.

총회에서 채택된 협약/의정서 및 권고는 채택된 순서에 따라 일련번호가 붙여진다. ILO 총회는 설립 시부터 지금까지(2022. 2. 기준) 190개의 협약과 206개의 권고, 6개의 의정서를 채택하였다. 국제노동기준을 이루는 이들 협약(또는 의정서) 및 권고의 전문 및 비준 현황 등에 관한 정보는, ILO의 국제노동기준 데이터베이스인 NORMLEX(Information System on International Labour Standards)에서 실시간으로 업데이트 상황을 확인할 수 있다.[36]

나. 8개 기본협약

ILO 이사회는 ILO 협약 중에서 8개의 협약을 '기본협약'(fundamental Conventions)으로 지정해 왔다.[37] 1998년 ILO 선언에 따르면, 기본협약에 대한 비준 여부와 무관하게 모든 ILO 회원국들은 회원이라는 사실 자체로 인하여 8개 기본협약상 기본권 및 기본원칙을 준수할 법적 의무를 부담한다.[38] 준수해야 할 4개 범주의 원칙과 권리는 결사의 자유 및 단결권·단체교섭권의 보장, 강제노동 금지, 아동노동 금지, 차별 금지이다. 이로써 ILO 회원국들은 이러한 4개 분야에 관한 기본협약을 비준하지 않았음을 이유로, ILO 헌장 및 필라델피아 선언에서 규정하고 있고, 또한 위 기본협약에서 구체적으로 보장하고 있는 기본권리 및 원칙에 대한 준수를 회피할 수 없다.[39] 다음의 [표]는 8개 기본협약의 비준현황을 보여준다.

---

35) ILO Rules of the Game (2019), p.18.

36) ILO NORMLEX 홈페이지는 https://www.ilo.org/dyn/normlex/en/f?p=1000:12000:0::NO::: (2022. 2. 22. 확인) 참조.

37) ILO Rules of the Game (2019), p.18.

38) ILO Declaration on Fundamental Principles and Rights at Work (1998), art. 2.

39) Jean-Michel Servais, p.41(para.68); Edoardo Ales et al., p.364; 국제노동기구b, 1~2면.

[표] ILO 기본협약 내용 및 현황[40)]

주된 내용	기본협약	비준국 수	한국의 비준현황(연도)
결사의 자유와 단체교섭	87호(1948년)	157	2021
	98호(1949년)	168	2021
강제노동폐지	29호(1930년)	179	2021
	105호(1957년)	176	-
고용차별금지	100호(1951년)	173	1997
	111호(1958년)	175	1998
아동노동금지	138호(1973년)	173	1999
	182호(1999년)	187	2001

또한, ILO 이사회는 4개의 협약을 '거버넌스(우선)협약'[governance(priority) Conventions]으로 지정해서 회원국들이 이를 비준할 것을 적극 권장하고 있다.[41)] 2008년에 채택된 '공정한 세계화를 위한 사회정의를 위한 ILO 선언'(ILO Declaration on Social Justice for a Fair Globalization)에서도 거버넌스(우선)협약의 중요성은 특별히 강조되었다.[42)] 다음의 [표]는 4개 거버넌스(우선)협약의 내용 및 비준현황을 보여준다.

[표] ILO 거버넌스(우선)협약 내용 및 현황[43)]

주된 내용	기본협약	비준국 수	한국의 비준현황(연도)
노동감독	81호(1947년)	148	1992
	129호(1969년)	54	-
3자협의	144호(1976년)	156	1999
고용정책	122호(1964년)	115	1992

40) ILO NORMLEX, "Ratifications of Fundamental Conventions by Country", https://www.ilo.org/dyn/normlex/en/f?p=NORMLEXPUB:10011:0::NO::P10011_DISPLAY_BY,P10011_CONVENTION_TYPE_CODE:1,F (2022. 2. 22. 확인).

41) ILO Rules of the Game (2019), p.19.

42) ILO Rules of the Game (2019), p.19.

43) ILO NORMLEX, "Ratifications of Governance (Priority) Conventions by Country", https://www.ilo.org/dyn/normlex/en/f?p=NORMLEXPUB:10013:::NO:10013:P10013_DISPLAY_BY,P10013_CONVENTION_TYPE_CODE:1,G (2022. 2. 22. 확인).

다. 채택 및 효력

(1) ILO 총회에서의 채택: 노사정 3자 합의 결과

국제노동기준은 노사정 3자의 대표로 구성된 총회에서 채택된다. 노사정 3자가 기준의 마련 및 채택의 전 과정에 관여한다는 점에서 ILO 총회에서의 국제노동기준 채택과정은 다른 어떤 국제기구와도 구별된다. 총회에서의 국제노동기준의 채택과정은 크게 2차에 걸친 토론절차로 전개되는데, 이를 시간 순서대로 개괄하면 다음과 같다.[44)]

먼저 ILO 이사회가 차기 총회 회의의 의제에 노동 및 사회정의에 관한 현안 중에서 어떤 쟁점을 올릴지를 합의하면, 사무국이 해당 쟁점에 대한 각국의 법제도 및 관행을 분석한 보고서를 준비한다. 사무국은 이 보고서를 모든 회원국의 정부와 사용자 및 노동 단체에 송부하여 이에 대한 각 그룹의 의견을 수렴한 후에, 수렴 결과를 총회에 제출하여 총회에서 노사정 대표들 간에 이에 대한 '1차 토론'이 열릴 수 있도록 한다.

1차 토론 후에 사무국은 토론의 결과를 반영하여 2차 보고서를 마련하는데, 2차 보고서에 협약 또는 권고의 초안이 첨부된다. 해당 초안은 다시 각 회원국의 정부 및 사용자, 근로자 단체에 송부되어 2차 의견 수렴 절차를 거치게 되고, 위원회는 의견 수렴 결과를 다음 총회 회기에 제출하여 총회에서 '2차 토론'이 열릴 수 있도록 한다. 2차 토론에서 초안에 대한 심도 있는 토론이 이루어지고, 토론 결과 필요하다고 판단될 때에 초안은 수정된 후에 채택 여부를 결정하는 단계로 회부된다.

이러한 '이중 토론'(double discussion) 제도는, 총회의 노사정 참가자들이 충분한 시간을 들여 해당 쟁점 및 초안을 검토하고 의견을 개진·교환할 수 있도록 하는 기능을 한다. 최종안이 협약 또는 권고로 채택되기 위해서는 2/3 이상의 찬성이 필요하다.

(2) 국제노동기준의 비준 또는 수락에 따른 효력

협약 및 의정서는 ILO 총회에서 채택되었다고 해서 바로 모든 회원국에 대하여 법적 효력을 가지는 것은 아니고, 이를 비준한 회원국만이 해당 협약 및 의정서를 준수할 법적 의무를 부담하게 된다.[45)] 다만 권고는 조약이 아니므로

44) ILO Rules of the Game (2019), p.20.

45) 다만 ILO는 이러한 조약법상 원칙에 대한 예외를 허용하고 있는데, 즉 1998년에 채택된

비준이 요구되지 않으며, 권고를 수락한다 하더라도 국내조치의 지침이 될 수 있을 따름이다.

ILO 총회에서 새로운 협약이나 권고가 채택되면 이는 모든 회원국에게 즉시 통보된다. 회원국은 총회 회기 종료 후 늦어도 1년 이내에 또는 가능한 한 빨리 신속하게 협약을 비준하거나 권고를 수락하기 위하여 이를 권한 있는 국내기관에 제출하고, 이에 관하여 ILO 사무총장에게 보고할 의무를 부담한다.46) 협약의 경우, 회원국이 국내 의회 등의 동의를 얻어 협약을 비준하기로 한 경우라면 공식 비준을 ILO 사무총장에게 통보하고 협약 규정의 시행을 위해 필요한 조치를 취할 것이다. 만약 비준을 위한 국내 동의를 얻지 못하여 비준하지 않게 된 경우라면, 회원국은 협약이 취급하고 있는 사항에 관하여 자기 나라 법률 및 관행의 입장을 이사회가 요구하는 적당한 기간마다 ILO 사무총장에게 보고하는 것 외에는 어떠한 추가의무도 지지 아니한다.47)

라. 성격 및 특징

(1) 최소기준

국제노동기준의 성격과 관련해서 유념해야 할 특징으로, ILO 국제노동기준은 최소기준이지, 최대기준이 아니라는 점이다.48) ILO 헌장 19조 8항은 "어떠한 경우에도, 총회에 의한 협약이나 권고의 채택 또는 회원국에 의한 협약의 비준이 협약 또는 권고에 규정된 조건보다도 관련 근로자에게 보다 유리한 조건을 보장하고 있는 법률, 판정, 관습 또는 협정에 영향을 주는 것으로 인정되지 아니한다"고 함으로써, ILO 협약 및 권고상 기준이 국제사회가 보편적으로 합의할 수 있는 수준의 최소기준임을 확인해주고 있다.49) 따라서 회원국의 국내법제도가 협약보다 더 많은 권리를 보장하고 있는 경우에는, 국제기준을 이유로 국내 기준을 하향조정해서는 안 된다.

'노동에서의 기본원칙과 권리에 관한 ILO 선언'(ILO Declaration on Fundamental Principles and Rights at Work)에 따라, 기본협약상 기본권 및 기본원칙은, 회원국의 비준 여부와 무관하게 모든 ILO 회원국들에게 적용된다[ILO Declaration on Fundamental Principles and Rights at Work (1998), art. 2].

46) ILO Constitution, art.19(5)(b) & 6(b).

47) ILO Constitution, art.19(5)(e). 이 보고에는 입법, 행정조치, 단체협약 또는 다른 방법으로 협약의 규정이 시행되어 왔거나 또는 시행될 범위를 적시하고, 또한 협약의 비준을 방해하거나 지연시키는 어려운 사정을 기술한다.

48) 권중동, 106~107면.

49) ILO Constitution, art.19(8).

결사의 자유에 관한 87호 협약 및 98호 협약을 예로 들면, 결사의 자유 위원회도 “87호 협약 및 98호 협약의 조항 및 원칙으로부터 도출되는 노동권 행사에 대한 보호 수준은 보충이 가능한 최소한의 기준에 해당하며, 소정 국가의 헌법제도 및 법제도, 노사관계에 관한 전통, 노동조합 활동 또는 당사자 사이의 단체교섭에서 도출한 다른 보충적인 보장장치가 추가되어야 한다”고 강조해 왔다.[50)]

(2) 보편성과 유연성의 조화

국제노동기준은 모든 국가에 보편적으로 적용되는 기준임을 전제로 채택된다. 따라서 유보가 허용되지 않는다. 그러나 국가들이 처한 문화적·역사적 배경이나 법체제, 경제적 발전의 정도가 상이하기 때문에, 경우에 따라서는 국제노동기준을 당장 적용하는 것이 특정 국가에는 부당하거나 불가능한 경우가 있을 수 있다. 이에 ILO 총회는 국제노동기준의 일반적 원칙을 규정하는 한편, 구체적인 기준설정에 있어서 국가들이 재량을 가질 수 있는 유연성을 허용하기도 한다.

예를 들어, 최저임금의 기준에 관한 협약은 회원국들에게 특정 최저임금을 설정하도록 요구하지는 않는다. 다만 경제발전 수준에 적합하게 최저임금 비율을 정할 수 있는 제도를 구축할 것을 요구한다.[51)] 또 다른 예로, 이른바 ‘유연성 조항’(flexible clause)을 포함하는 협약들도 있는데, 이 유연성 조항은 당사국으로 하여금 정상적으로 요구되는 기준보다 더 낮은 기준을 임시적으로 채택할 수 있도록 허용하거나, 특정 유형의 근로자들이 협약의 적용을 받지 않도록 예외를 설정할 수 있는 재량을 허용한다.[52)] 유연성 조항이 있는 협약의 예로, 노동시간에 관한 1호 협약, 최저연령에 관한 5호 및 33호, 59호, 60호 협약, 연소자 야간업무에 관한 77호 협약, 여성의 야간업무에 관한 4호, 41호, 89호 협약 등이 있다.[53)] 다만 유연성 조항이 포함된 협약을 비준한 회원국은, 노사단체와 협의하여 유연성 조항을 활용할지 여부를 결정하여 대개 ILO 사무총장에게 미리 선언해야 한다.[54)]

---

50) ILO Compilation (2018), para. 56.

51) ILO Rules of the Game (2019), p.22.

52) ILO Rules of the Game (2019), p.22.

53) 권중동, 105~106면.

54) ILO Rules of the Game (2019), p.22. 여기서 선언의 의미에 대해서는 다음의 문서에서 ‘선언’ 참조: https://www.ilo.org/wcmsp5/groups/public/---dgreports/---dcomm/documents/genericdocument/wcms_712708.pdf (2022. 2. 22. 확인).

그러나 ILO 협약에 대한 이외의 유보는 허용되지 않는다.[55]

3. 이행감독절차 및 기구

ILO는 국제노동기준을 채택·수립해 왔을 뿐만 아니라, 회원국들이 이를 잘 준수·이행하는지를 감독하기 위하여 현존하는 국제기구 중에서도 가장 정치하고 효율적인 감독절차를 갖추고 있다고 평가받고 있다. ILO의 이행감독절차는 회원국에게 위반에 대한 제재를 가하기 위한 목적으로 고안된 것이 아니며, ILO와 각국정부 및 노사단체들 간의 건설적 대화를 촉진시키고 각국이 국제노동기준을 스스로 준수할 수 있도록 역량강화를 돕기 위한 방향으로 설계되었다.[56]

ILO 헌장 37조는 "헌장의 해석 또는 회원국이 헌장의 규정에 따라 앞으로 체결할 협약의 해석과 관련된 문제나 분쟁은 결정을 위하여 국제사법재판소에 회부된다"고 함으로써, ILO 헌장 및 협약의 해석에 관한 최종 사법해석 권한을 유엔 산하의 국제사법재판소에 부여하고 있다.[57] 그러나 지금까지 국제사법재판소에 ILO 협약의 해석이 공식적으로 부탁된 적은 없으며,[58] 실제로는 ILO 이행감독기구들이 협약의 해석 및 적용 임무를 담당해 왔다. ILO 이행감독기구들이 발전시켜 온 풍부한 해석 및 적용에 관한 법리들은 ILO 협약에 관한 가장 중요한 해석자료로 활용되어 오고 있으며, 이행감독기구들의 해석은 ILO 협약 해석에 관한 가장 권위 있는 해석으로 여겨진다.

ILO의 이행감독절차는 정기절차와 특별절차로 이루어진다. 정기절차는 회원국들이 정기적으로 ILO에 제출하는 국가보고서를 바탕으로 각국의 법제도 및

---

55) ILO Rules of the Game (2019), p.22.

56) Xavier Beaudonnet(ed.), p.63.

57) 한편, 헌장 37조 2항은 "1항의 규정에 불구하고, 이사회는 이사회에 의하여 또는 협약의 조항에 따라 회부되는 협약 해석과 관련된 분쟁이나 문제를 신속히 해결하기 위하여 재판소의 설치를 규정하는 규칙을 제정하고, 이를 승인받기 위하여 총회에 제출할 수 있다. 국제사법재판소의 판결이나 권고적 의견은 적용이 가능할 경우 이 항에 따라 설치되는 모든 재판소를 구속한다. 이러한 재판소가 행한 재정은 회원국에 회람되며, 이에 관한 회원국의 의견서는 총회에 제출된다."고 규정하고 있다.

58) 협약 해석과 관련한 국제사법재판소에의 제소는 1919년 4호 야간노동(여성)협약에 대해 1932년 국제사법재판소의 전신인 상설국제사법재판소(Permanent Court of International Justice: PCIJ)의 권고적 의견(advisory opinion)을 구한 것이 현재까지 유일한 사례이다[Permanent Court of International Justice, XXVIth Session, Advisory Opinion of November 15th, 1932, Series A.|B, Fascicule No.50, pp.373~380; 이승욱, 94면].

관행에 대하여 포괄적인 심사를 하는 절차인 한편, 특별절차는 ILO 회원국에 대하여 특정 사안과 관련한 진정제기(representations) 또는 이의제기(complaints)가 있는 때에 진행되는 절차이다. 다음은 정기절차 및 특별절차를 개괄적으로 살펴보고, 각 절차에 관여하는 이행감독기구 중심으로 절차의 구체적 운용과정을 살펴본다.

가. 정기절차—전문가위원회 및 총회기준적용위원회—

(1) 국가의 보고의무

정기절차는 각 회원국이 ILO에 국내상황에 대한 정기적 보고를 하는 것으로 개시된다. 국가의 정기 보고는 비준협약의 이행에 대한 보고 절차와, 미비준 협약이나 법적 구속력 없는 권고와 관련하여 국가가 취한 조치에 대한 보고 절차로 구별된다.

㈎ 비준협약 이행에 대한 보고

헌장 22조는 "회원국은 자기 나라가 당사국으로 되어있는 협약의 규정을 시행하기 위하여 취한 조치에 관하여 국제노동사무국에 연례보고를 하는 것에 동의한다"고 하여, 협약 비준국에게 협약 이행에 대한 보고서를 정기적으로 제출할 의무를 가하고 있다. 이 헌장에 의거한 이사회의 결정에 따라, ILO 회원국들은 8개의 기본협약과 4개의 거버넌스(우선)협약에 대한 보고서는 매 3년 주기로, 그 외의 협약에 대해서는 매 5년 주기로 이행보고서를 제출하고 있다.[59] 실무상 이 보고서는 각 비준국의 정부가 작성·제출하는데, 이 보고서에는 반드시 각국 법원의 관련 판례에 관한 내용도 포함되어야 한다.[60]

헌장 23조 1항에 따라 "사무총장은 …(중략)… 22조에 따라 회원국이 통보한 자료와 보고서의 개요를 총회의 다음 회의에 제출한다." 또한 2항에 따라 각국의 노사단체들은 "22조에 따라 사무총장에게 통보된 자료와 보고서의 사본을 송부"받을 권리가 있으며, 정부보고서에 대하여 자신들의 별도 의견을 개진하거나 비준협약의 적용에 관한 노사단체의 견해를 ILO에 직접 전달할 수 있다.[61]

---

59) ILO Governing Body, "The Standards Initiative: Joint Report of the Chairpersons of the Committee of Experts on the Application of Conventions and Recommendations and the Committee on Freedom of Association", GB.326/LILS/3/1 (2016), para. 19.

60) Xavier Beaudonnet(ed.), p.64.

61) Xavier Beaudonnet(ed.), p.64.

㈏ 미비준협약 및 권고 관련 보고

헌장 19조 5항은, 총회에서 채택된 협약에 대하여 회원국들이 신속하게 비준 등의 조치를 위하여 국내 권한 있는 기관에 협약을 제출할 것을 요구하는 한편, 권한 있는 기관의 동의를 얻지 못해 비준을 하지 않는 경우에도 "그 회원국은 협약이 취급하고 있는 사항에 관하여 자기 나라 법률 및 관행의 입장을 이사회가 요구하는 적당한 기간마다 사무총장에게 보고"할 의무를 부담하도록 하고 있다.[62] 이 보고에는 "입법, 행정조치, 단체협약 또는 다른 방법으로 협약의 규정이 시행되어 왔거나 또는 시행될 범위를 적시하고, 또한 협약의 비준을 방해하거나 지연시키는 어려운 사정을 기술"해야 한다.[63] 헌장 19조 6항은 권고에 대해서도 유사한 의무를 부과하고 있다. 즉 "회원국은 권고가 취급하고 있는 사항에 관하여 자기 나라 법률 및 관행의 입장을 이사회가 요구하는 적당한 기간마다 사무총장에게 보고"할 의무를 지는데, "이 보고에는 권고의 규정이 시행되어 왔거나 또는 시행될 범위 및 이 규정을 채택하거나 적용함에 있어서 필요하다고 인정된 또는 인정될 수 있는 수정사항을 적시"해야 한다.[64]

상기한 헌장 규정에 의거하여, 이사회는 매년 특정 주제에 관한 협약 및 권고를 한 개 또는 두 개 이상 지정하여, 해당 해에는 이와 관련된 자국의 법제도 및 관행을 보고하도록 하고 있다. 협약의 경우, 해당 협약에 대한 비준을 방해하는 장애요인에 대해서도 더불어 보고해야 한다.[65]

(2) 후속절차: 이행감독기구 심의

제출된 국가보고서는 ILO 이행감독기구들의 심의대상이 될 수 있다. 첫째로 '협약 및 권고의 적용에 관한 전문가위원회'(Committee of Experts on the Application of Conventions and Recommendations, 이하 '전문가위원회'라 한다)의 심의를 거치게 되고, 경우에 따라서는 '총회기준적용위원회'(Conference Committee on the Application of Standards)에 의한 추가 심의를 거치게 될 수 있다.

㈎ 전문가위원회

전문가위원회는 1926년에 총회 결의에 의거하여 이사회가 설립하였다. 설

62) ILO Constitution, art.19(5)(e).
63) ILO Constitution, art.19(5)(e).
64) ILO Constitution, art.19(6)(d).
65) Xavier Beaudonnet(ed.), p.65.

립 이래 지난 100여 년 동안 전문가위원회는, ILO에 제출되는 국가보고서 등을 검토하여 ILO 협약 및 권고의 적용에 관한 매우 광범위한 법리(jurisprudence)를 발전시켜왔다. 전문가위원회의 주요 결정 및 의견들은 ILO 협약 및 권고의 적용에 관한 가장 권위 있는 자료로 여겨진다.

① 구성 및 임무

전문가위원회는 20명의 국제적 수준의 독립적 지위의 법률가들로 구성되는데, 구성원을 보면 국제사법재판소의 판사 또는 전직 판사, 각국의 대법관, 저명한 국제법·노동법 교수를 포괄한다. 전문가들은 전문성과 온전한 독립성, 공정성을 감안하여, 사무총장의 추천에 따라 이사회가 임명한다. 위원회의 임기는 3년마다 갱신할 수 있다.[66] 위원회는 국가들의 상이한 법제도를 대변하기 위해 가능한 한 다양한 전문가를 포괄할 수 있도록 구성되는데, 이는 노동기준의 이행에 대해 심사할 수 있는 전문성이 보장되도록 하기 위함이다.

전문가위원회는 1년에 한 번 3주 동안 모여서 정부가 제출한 보고서 및 노사단체에서 제출한 견해를 검토한다.[67] 전문가위원회의 심의절차는 당사자주의 원칙 등 사법절차에 적용되는 일반원칙에 바탕을 둔다. 예를 들면, 전문가위원회는 노사단체로부터 비준협약의 적용에 관한 일정 견해를 수리하여도 이에 대한 정부의 견해를 듣지 않고는 최종결정을 내리지 않는다. 또한 각 전문가위원은 국적국에 대한 심의에는 참여하지 않음으로써 심의의 객관성과 공정성을 담보한다.

② 비준협약 이행에 관한 심의

전문가위원회는 협약비준국이 협약의 이행에 관해 정기적으로 제출한 보고서를 심사한 후, 이를 '전문가위원회 연례보고서'[68]에 '의견'(observation)의 형태

---

66) 실제로 위원회 심사과정에 대한 숙련도 신장과 안정성을 위해서 위원들의 임기는 일반적으로 여러 번에 걸쳐 갱신되는 것이 통상적이다. 그러나 최근 위원들은 위원회의 활력을 위하여 자발적으로 자신들의 임기를 최대 15년으로 제한하고 있다.

67) Xavier Beaudonnet(ed.), pp.65~66.

68) 「전문가위원회 연례보고서」는 다음의 3부로 구성된다. 제1부는 '일반보고'(General Report), 제2부는 '의견'(observation), 제3부는 '일반조사'(General Survey)로 구성된다. 전문가위원회 연례보고서는 매년 3월에 출판되며, ILO 웹사이트에서 다운로드 받을 수 있다. 1932년~1997년 보고서는 https://www.ilo.org/public/libdoc/ilo/P/09661/ (2022. 2. 22. 확인) 참조; 2018년 이후 보고서는 https://ilo.primo.exlibrisgroup.com/discovery/search?query=any,exact,REPORT%20III%20(Part%20A),AND&pfilter=lang,exact,eng,AND&pfilter=cdate,exact,20180101,AND&pfilter=cdate,exact,21001231,AND&tab=ILO_Documents&search_scope=ILO_ILC&sortby=date_d&vid=41ILO_INST:41ILO_V2&lang=en&mode=advanced&offset=0 (2022. 2. 22. 확인) 참조.

로 발표한다. 위원회는 대개 이 의견을 통해 회원국에 대하여 비준협약의 적용에 관하여 심각하거나 지속적인 어려움의 존재가 있음을 알리고, 협약 이행에 있어서 개선된 사항이 있으면 이에 대해서도 언급한다.[69] 전문가위원회는 국가의 법제도 및 관행이 비준협약에 부합하는지를 포괄적으로 심사함에 있어서 해당 국가의 국내법원의 판결을 특히 주목하여 검토하며, 법원의 특정 판결로 인하여 비준 협약상 의무에 부합하지 않는 결과가 초래된 경우 이에 대한 의견을 설시한다.[70]

③ 일반조사

헌장 19조 5항 및 6항에 따라, ILO 회원국은 미비준한 협약 및 권고에 대해서도 이사회가 요구하는 적당한 기간마다 협약이 취급하고 있는 사항에 관한 자국의 법제도 및 관행을 ILO 사무국에 보고할 의무를 부담한다. 이 규정에 의거하여 이사회가 매년 특정 주제에 관한 협약 및 권고를 한 개 또는 두 개 이상을 선정하여, 해당 해에는 이에 대해서 보고하도록 하고 있음은 앞서 살펴본 바와 같다.[71] 이사회가 그해에 선정한 것이 협약이라면, 협약을 미비준한 국가들만 헌장 19조에 따른 절차상의 보고서를 제출하면 된다. 협약을 비준한 국가들은 헌장 22조에 따른 절차(비준협약의 당사국들의 이행상황 보고 절차)에 따라 보고서를 이미 제출할 것이기 때문이다.

전문가위원회는 이렇듯 이사회가 매해 선정한 특정 주제에 관해 제출된 보고서들(헌장 19조에 따른 미비준 회원국들의 보고서와 22조에 따른 비준 당사국들의 보고서 포함)을 검토하여, 매년 해당 주제에 관한 '일반조사'(general survey)를 발간한다.[72] 일반조사에서 위원회는 해당 협약이나 권고의 내용 및 이에 대한 전 세계적인 이행상황을 검토하고, 해당 기준을 이행함에 있어서 어려움으로 작용하는 주요 요인을 파악하여 이를 해결하기 위해 채택할 수 있는 다양한 방법을 제시한다. 일반조사에서 위원회는 분석대상이 된 기준의 조문별 의미와 요구되

69) 예를 들어 ILO, "Report of the Committee of Experts on the Application of Conventions and Recommendations", Report III (1A), International Labour Conference, 93rd session (2005) 참조.

70) Xavier Beaudonnet(ed.), pp.66~70.

71) Xavier Beaudonnet(ed.), pp.70~72.

72) 일반조사에 대한 개괄적 설명은 Xavier Beaudonnet(ed.), pp. 70-72 참조. 1985년 이래 발간된 일반조사는 ILO 웹페이지를 통해 다운로드 받을 수 있다: https://www.ilo.org/global/standards/applying-and-promoting-international-labour-standards/general-surveys/lang－en/index.htm (2022. 2. 22. 확인) 참조.

는 의무의 범위를 구체화한다. 이러한 이유로 일반조사는 각국의 국내법이 국제노동기준에 부합하는지를 판단하는 데에 있어서 매우 유용한 참조자료가 된다.

㈏ 총회기준적용위원회

① 구성 및 임무

총회기준적용위원회는 ILO 총회 매 회기에 설치되는 노사정 3자로 구성되는 위원회이다. 1926년에 총회는 산하에 노사정 3자 구성 원칙에 바탕을 둔 기준적용위원회를 신설하여, 전문가위원회에서 진행된 1차 심의에 대한 2차 심의를 담당하도록 하였다. 전문가위원회가 국제적 수준의 국제법 및 노동법 전문가로 구성된 데에 반해, 기준적용위원회는 노사정 3자 구성 원칙에 바탕을 둔다는 점에서 구별된다. 이러한 구성상 차이로 인하여, 전문가위원회의 활동이 보다 전문성 및 법원칙에 기반한 것이라면, 상대적으로 총회기준적용위원회의 활동에서는 그 조직구성의 특성상 보다 정치적 고려가 개입될 가능성이 있다.[73] 즉 ILO 이행감독 메커니즘의 설계자들은 전문성과 객관성, 공정성에 기반을 두고 준사법적 절차로 운영되는 전문가위원회에 의해 1차적 이행감독이 이루어진 후에, 보다 정치적 고려가 가능한 노사정 3자대표로 구성된 총회기준적용위원회가 실제적 이행의 문제를 재차 감독하게 함으로써 회원국들의 온전한 이행을 담보하고자 했다.[74]

② 절　　차

총회기준적용위원회의 노사정 대표들은 전문가위원회의 보고를 바탕으로 회원국들이 어떻게 국제노동기준상 의무를 준수하고 있는지에 관하여 공동의 심의를 수행한다.[75] 특히 전문가위원회가 비준협약의 당사국이 협약상 의무를 잘 준수하고 있는지에 관하여 표명한 ‘의견’을 집중적으로 검토한 후에, 이를 바탕으로 비준협약상 의무가 잘 준수되지 않고 있는 가장 심각한 사례 목록을 작성한다.[76] 이 목록은 총회기준적용위원회의 노사대표에 의해 작성되는데, 이는 심의대상이 될 국가를 대표하는 정부가 자신이 관여될 수도 있는 사례에 대해 객관적이기 어렵기 때문이다. 매년 약 25개의 사례가 선정되고 있다.

73) Xavier Beaudonnet(ed.), pp.72~73.

74) 전문가위원회와 총회기준적용위원회의 권한 및 기능, 임무의 성격에 대한 긴장과 해결에 관해서는 이승욱 참조.

75) Xavier Beaudonnet(ed.), pp.72~73.

76) 총회기준적용위원회는 전문가위원회의 일반조사에 대해서도 논의한다.

목록의 대상이 된 사례에 관하여 각국 정부는 총회기준적용위원회에 서면 답변을 제출할 수 있다. 정부측 답변을 바탕으로 위원회는 특정 정부의 대표에게 필요하다면 추가 구두질문을 할 수 있다. 해당 정부대표는 반드시 총회기준적용위원회의 질문에 답변해야 하며, 노사정 대표들의 질문이나 의견에 대해서도 답변해야 한다. 이러한 과정을 거쳐 총회기준적용위원회는 최종적으로 '결론'(conclusions)을 채택하여 회원국의 협약준수 여부와 어떠한 조치가 요구되는지에 관한 의견을 표명한다. 또한 위원회는 회원국에게 협약의 이행을 위하여 ILO 사무국으로부터의 기술적 지원을 요청할 것을 권고한다.

나. 특별절차—노사정 임시·특별위원회 및 조사위원회, 결사의 자유 위원회—

특별절차는 ILO에 회원국에 대하여 특정 사안에 대한 진정이나 이의가 접수될 때에 진행되는 절차로, 크게 3가지 유형으로 나눠진다. 3개 유형 중에서 2개의 유형은 진정이나 이의가 수리될 때마다 임시적 성격의 위원회를 설치하여 심사하는 절차로, 헌장 24조에 따른 진정제기(representations)와 헌장 26조에 따른 이의제기(complaints) 절차이다. 나머지 1개 유형은 이사회 산하 특별기관인 결사의 자유 위원회(Committee on Freedom of Association) 심사절차이다. 다음은 3개 유형의 특별 감독절차를 순서대로 살펴본다.

(1) 헌장 24조 진정제기: 노사정 임시·특별위원회

헌장 24조에 따르면, "어느 회원국이 관할권의 범위 안에서 자기 나라가 당사국으로 되어있는 협약의 실효적인 준수를 어느 면에서 보장하지 아니한다고 사용자 또는 근로자의 산업단체가 국제노동사무국에 진정한 경우에, 이사회는 이 진정을 진정의 대상이 된 정부에 통보하고, 이 사항에 관하여 적절한 해명을 하도록 그 정부에 권유할 수 있다." 이 규정상 요건에 부합하게 제기된 진정이라면, 이사회는 진정을 수리하고, 노사정 3자로 구성된 임시·특별위원회(ad hoc committees)를 임명하여 해당 진정에 대하여 심의하도록 한다.[77]

노사정 임시·특별위원회는 접수된 진정에 대하여 진정을 제기한 측과 정

77) 상세 절차는 ILO Standing Orders Concerning the Procedure for the Examination of Representations under Articles 24 and 25 of the Constitution of the International Labour Organisation, https://www.ilo.org/wcmsp5/groups/public/---dgreports/---jur/documents/genericdocument/wcms_429625.pdf (2022. 2. 22. 확인) 참조.

부 측에서 제출한 서면증거를 바탕으로, 협약에 대한 (주장된) 위반이 있었는지에 관한 결론을 내리고, 비준협약의 준수를 위해 해당 국가가 취할 수 있는 조치를 설시한다. 위원회의 최종 결론 및 권고는 이사회의 승인을 받아야 하며, 이사회는 이에 대한 발표 여부를 결정한다.

ILO의 다양한 이행감독 메커니즘은 모두 국제노동기준의 온전한 준수라는 목적을 위해 상호 긴밀히 협력하기 때문에, 노사정 3자로 구성된 임시·특별 위원회는 필요한 경우에 사안을 다른 위원회에 회부하기도 하고, 다른 위원회의 전문성을 참조자료로 활용하기도 한다. 예를 들어, 만약 해당 진정이 노동조합권의 침해에 관한 것이라면, 이사회는 이 사안을 결사의 자유 위원회에 회부할 수 있다. 또한 임시·특별 위원회는 해당 진정이 주장하는 것처럼 협약 위반이 있었는지를 결정함에 있어서, 전문가위원회의 관련 보고서에 상당부분 의존한다.

임시·특별 위원회의 진정에 대한 심사보고서는 이후 후속조치를 위해 전문가위원회에 회부되며, 전문가위원회는 이후 임시·특별 위원회의 권고가 잘 이행되는지를 감독할 책임을 가진다. 만약 임시·특별 위원회의 권고를 해당 국가가 전혀 이행하지 않는다면, ILO 헌장 26조에 따라 다음의 조사위원회가 임명될 수 있다.

(2) 헌장 26조 이의제기: 조사위원회

㈎ 이사회: 헌장 26조 이의제기 수리적격 판단

헌장 26조~29조, 31조~33조는 '이의제기'(complaint)라는 유형의 감독절차에 대해 규정하고 있다. 헌장 26조 1항은 "어느 회원국도 다른 회원국이 두 나라에 의해 비준된 협약의 실효적인 준수를 보장하지 아니한다고 인정하는 경우에 위의 조항에 따라 국제노동사무국에 이의를 제기할 권리를 가진다"고 하여 회원국이 다른 회원국에 대하여 협약상 의무의 미준수에 대한 이의를 제기할 수 있도록 하고 있다. 또한 4항에 따라, 이사회도 직권으로 이의를 제기할 수 있다. 이 절차는 ILO 이행감독 메커니즘 중에서도 가장 심각하고 공식적인 문제제기 절차라 할 수 있고, 절차 운용도 사법적 성격을 가진다. ILO 역사를 되돌아보면, 이 절차는 매우 드물게 활용되었다.

이의제기가 접수되면, 우선 이사회는 이의제기의 수리가능성에 대하여 판단한다. 유념할 것은, 이의제기의 수리가능성에 대한 결정기준과 진정제기

(representations)의 수리가능성에 대한 결정기준이 뚜렷하게 다르다는 점이다. 헌장 24조상 제기된 진정에 대하여 이사회는 규정상의 요건에 부합하게 제기된 진정인지에 관한 법적 판단만을 하여 수리 여부를 결정하는 데 반해, 26조상 제기된 이의를 수리할지에 대해서는 법적 요건 충족 여부 이외에도 다양한 정황을 고려하여 이의제기 절차가 가장 적절한 절차일지를 재량껏 판단할 수 있다.[78] 실제 이사회는 결사의 자유에 관하여 제기된 이의에 대하여 이를 수리하지 않고 결사의 자유 위원회에 종종 회부하기도 하였다.[79]

이사회가 이의제기를 수리하기로 결정하면, 이사회는 조사위원회(commission of inquiry)를 임명할 수 있다. 관련해서 헌장 26조 3항은 “이사회가 이의를 해당 정부에 통보할 필요가 없다고 생각하거나 또는 통보를 하여도 만족스러운 회답을 합당한 기간 안에 접수하지 못하는 경우에, 이사회는 그 이의를 심의하고 이에 관하여 보고할 조사위원회를 설치할 수 있다”고 규정하고 있다.

㈏ 조사위원회 절차

조사위원회는 3인의 독립전문가로 구성되는데, 최고 수준의 공정성과 국제법 및 노동법 영역에서 국제적 수준의 전문성을 갖춘 자 중에서 임명된다.[80] 이 점에서 전문가위원회의 구성조건과 유사하며, 실제 조사위원회는 전문가위원회의 전문가 중에서 종종 임명된다.[81]

헌장은 조사위원회에 의한 조사절차에 대하여 상세한 규정을 두고 있지 않다. 이에 실무에서 조사위원회의 위원들은 스스로 절차규칙을 수립하고 이를 관련 당사자들에게 알리고 있다. 조사위원회는 지금까지 조사위원회에서의 절차는 사법적 성격을 가진다는 점을 여러 차례 강조해 왔다.[82] 위원회는 관련 당사자들이 제출한 서면보고를 심사하는데 그치지 않고 구두변론을 실시하기도 하였고, 해당 국가에 방문하는 것이 필요하다고 판단한 경우에는 해당 국가를 직접 방문하기도 하였다.[83]

---

78) Xavier Beaudonnet(ed.), p.81.

79) 예를 들어 ILO CFA, 332nd Report (2003), Case No. 2090 (Belarus) 참조.

80) Xavier Beaudonnet(ed.), p.82.

81) Xavier Beaudonnet(ed.), p.82.

82) 예를 들어, ILO, Official Bulletin, Vol. LXXXVII, 2004, Series B; Xavier Beaudonnet(ed.), p.82.

83) 물론 조사위원회의 방문 요청에 대하여 해당 국가가 허용한 경우에 한한다[Xavier Beaudonnet (ed.), p.82].

헌장 28조에 따라, “조사위원회는 이의를 충분히 심의한 후, 당사자간의 쟁점 확인과 관련된 모든 사실 조사 결과를 수록하고, 또한 이의를 해결하기 위하여 취할 조치 및 조치 시행 기한에 관하여 적절한 권고사항을 포함한 보고서를 준비한다.” 조사위원회의 최종보고서는 이사회에 송부되나, 보고서의 권고가 효력이 있기 위해서 이사회의 승인이 필요한 것은 아니라는 점에서 진정절차와 구별된다.

㈐ 조사위원회 결론 및 권고의 구속적 효력

헌장은 조사위원회의 최종결론 및 권고에 대하여 특별한 중요성을 부여하고 있다. 이에 前 ILO 국제노동기준부서장이자 유럽인권법원 및 국제사법재판소의 재판관을 역임한 Nicolas Valticos는, 헌장에 비추어볼 때에 조사위원회의 결정 및 권고는 회원국에 대해 구속력을 가지는 것으로 보아야 한다고 설명하였는데, 이는 타당하다고 여겨진다.[84] Nicolas Valticos가 특별히 강조한 헌장 규정은 다음과 같다.

첫째, 헌장 28조는 조사위원회의 최종보고서에 회원국이 이의를 해결하기 위하여 취할 조치의 시행 기간을 특정하여 포함시키도록 구체적으로 요구하고 있다.

둘째, 헌장 29조 2항에 따라, “(조사위원회의 권고를 송부받은 정부는) 조사위원회의 보고서에 포함된 권고사항을 수락할지 여부와, 만약 수락하지 않는다면 이에 대하여 국제사법재판소에 이의를 회부할지 여부를 3개월 이내에 ILO 사무국에 통지”해야 한다. 헌장 31조에 따라 “29조에 따라 국제사법재판소에 회부된 이의 또는 사항에 관한 재판소의 판결은 최종적”이며, 32조에 따라 “국제사법재판소는 심사위원회의 조사결과 또는 권고사항을 확인 변경 또는 파기할 수 있다.”

셋째, 헌장 33조는 최종적으로 “회원국이 조사위원회의 보고서 또는 국제사법재판소의 판결에 포함된 권고사항을 지정기간 내에 이행하지 아니하는 경우에, 이사회는 그 이행을 보상하기 위하여 현명하고 합당한 조치를 총회에 권고할 수” 있도록 하고 있다. 이러한 헌장 규정으로 미루어볼 때, Nicolas Valticos는 조사위원회의 결정 및 권고는 법적 효과를 창출하는 것이며 단지 권고적인 성격의 것으로 볼 수 없다고 하였다. 특히 헌장 33조는 회원국이 조사위원회의 권

84) Xavier Beaudonnet(ed.), p.83.

고사항을 이행하지 않는 경우에(국제사법재판소에 회부하는 옵션을 제공하는 조건으로) 이행보장을 위하여 조치의 대상이 될 수 있다고 하고 있는데, 이는 조사위원회의 결정이 회원국들에 대하여 법적인 구속력을 가짐을 보여준다는 것이다.

헌장 33조에 따른 조치를 ILO가 처음으로 취한 예는, 2000년에 미얀마를 대상으로 한 조치를 채택한 때였다. 조치가 취해지기 2년 전에, 미얀마에 대한 조사위원회 보고서는 미얀마가 체계적으로 강제노동금지에 관한 29호 협약상 의무를 위반하였으며, 그러한 위반행위를 즉각적으로 중단할 것을 촉구하였다. 그러나 미얀마 정부가 조사위원회의 권고를 이행하지 않자, ILO 총회는 모든 회원국에 대하여 미얀마가 조사위원회의 권고를 온전히 이행하도록 하기 위하여 미얀마와의 양자관계에 대한 재검토를 할 것을 촉구하는 조치를 취하였다.85)

(3) 결사의 자유 위원회

㈎ 설립 및 구성

1951년 ILO와 유엔은 회원국이 결사의 자유 원칙을 준수하도록 감독하기 위한 특별절차 설치에 관한 협정을 체결하였고, 이에 의거하여 ILO 이사회가 결사의 자유 위원회를 신설하였다.86)

결사의 자유 위원회는 노사정 3자 구성원칙에 바탕을 둔 노사정 3자기구로, 이사회의 정부, 사용자, 근로자그룹을 동등한 비율로 대표하는 9명의 정위원과 9명의 부위원으로 구성된다.87) 모든 위원은 개인 자격으로 임명되어 참가하며, 특정 국가나 단체의 이익을 대변하지 않는다. 심리과정의 객관성 및 독립성을 담보하기 위해서, 이의제기의 대상이 된 국가의 대표나 국민 또는 이의제기한 개별 국가의 노사단체에서 공식적인 직책을 차지하고 있는 자는 위원회 심리에 참여할 수 없으며, 심문 중에 출석할 수도 없다. 마찬가지로 해당 사건에 관한 문서는 이들에게 제공되지 않는다.

---

85) ILO Resolutions, International Labour Conference, 88th session (2000), https://www.ilo.org/public/english/standards/relm/ilc/ilc88/resolutions.htm#II (2022. 2. 22. 확인).

86) 설립 당시에 결사의 자유 위원회는, 유엔 경제사회이사회의 결의에 기하여 ILO-유엔의 공동기관으로 설치된 사실조사조정위원회(Fact-Finding and Conciliation Commission on Freedom of Association)에서의 정식절차에 회부할 근거가 충분히 있는 사건인가를 조사하는 사전심의 기구로서 설치된 것이었다. 그런데 사실조사조정위원회가 본래의 기능을 제대로 수행하지 못하자, 결사의 자유 위원회가 그 임무범위를 빠르게 확장하여 사건의 본안에 대한 심사까지 담당하게 되었으며, 이후 사실조사조정위원회는 예외적인 경우에만 절차에 관여하고 있다.

87) IILO Compilation (2018), p.307.

㈏ 임무 및 권한

결사의 자유 위원회는 이의제기 대상이 된 국가가 결사의 자유에 관한 협약을 비준하였는지와 무관하게 심사할 임무를 부여받고 있다.[88] 이는 결사의 자유 위원회 절차가 ILO 헌장에 의거한 것이지, 개별 협약에 의거한 것이 아니기 때문이다.[89] 결사의 자유 위원회의 임무범위가 ILO 헌장상의 결사의 자유 원칙에 대한 위반 여부에 대한 심사라는 점에서 전문가위원회의 임무범위와 구별된다. 전문가위원회는 협약비준국이 특정 비준협약(이를 테면 87호 협약 및 98호 협약) 조문상의 구체적인 의무를 위반하였는지 여부를 판단하는 반면, 결사의 자유 위원회는 (이들 협약에 대한 비준여부와 무관하게) 모든 ILO 회원국에 대하여 헌장 상의 결사의 자유 '원칙'을 위반하였는지 여부를 판단한다는 점에서 양자의 판단근거 및 임무범위에 차이가 있다.[90]

입법부, 행정부, 사법부를 포함한 모든 국가기관이 ILO 헌장상의 결사의 자유 원칙을 보장하고 존중하며 촉진시킬 의무를 준수할 수범자이므로, 위원회는 모든 정부기관의 작위/부작위가 헌장상 결사의 자유 원칙에 부합하는지 판단한다. 관련해서 위원회는 개별 국가의 노사관계의 연혁과 사회경제적 맥락과 같은 국내 상황을 고려하지만, 결사의 자유 원칙은 모든 국가에 대해 보편적이고 일관적으로 적용되어야 한다는 입장이다.[91]

순수하게 정치적 주장은 위원회의 심사권한 밖의 문제이다.[92] 그러나 위원회가 판단컨대 노동조합의 권리행사에 직접적으로 관련된 문제라면 (설사 정치적 성격을 가진 문제라 할지라도) 위원회에 실질내용에 대해서는 심사할 권한이 있다고 본다.[93] 이뿐만 아니라, 위원회는 법률안에 대해서도 심사할 권한이 있다는

88) ILO Compilation (2018), p.6.

89) ILO Compilation (2018), pp.7~8. 위원회의 임무는 독자적인 후속 메커니즘을 가지고 있는 '1998년 노동에서의 기본원칙과 권리에 관한 ILO 선언'과 연계된 것이 아니라, 오히려 ILO 헌장에서 규정된 근본 목적과 목표로부터 직접 도출되는 것이다.

90) 김근주·이승욱, 10-11면. 결사의 자유 위원회와 전문가위원회의 임무범위의 규범적 근거에 차이가 있다고 해서, 각 위원회에서 판단한 구체적인 쟁점에서 특기할 정도의 다른 적용 결과가 나오는 것은 아닌 것으로 보인다. 전문가위원회는 특정 국가에서의 결사의 자유와 관련해서 제기된 문제에 관한 결사의 자유 위원회의 의견을 자주 원용하고 있으며, 결사의 자유 위원회도 조사대상인 사건의 법적 측면에 대해 전문가위원회가 확립해 온 법리에서 근거를 찾고 있기 때문에, 양자의 입장은 수렴해가는 경향이 있다.

91) ILO Compilation (2018), p.8.

92) ILO Compilation (2018), p.9(para. 24).

93) ILO Compilation (2018), p.9(para. 24); Special Procedures for the Examination in the

입장을 취해왔는데, 즉 시행되지 않은 법안의 내용과 관련된 주장이라고 해서 그 자체로는 위원회가 그 실체적 내용에 대한 견해를 밝히는 것을 방해하지 않는다고 본다.94) 위원회는 오히려 정부와 이의제기자가 법률안이 실제로 시행되기 전에 위원회의 견해를 미리 알 수 있어서 이를 바탕으로 법률안을 수정할 수 있는 기회를 가지게 된다는 점에서 바람직할 수 있다고 보았다.95)

해당 국가에서 결사의 자유 원칙이 준수되고 있는지 여부를 판단하기 위해 필요하다면 사법부의 판결 및 결정을 분석하는 것도 위원회의 소관사항이 된다.96) 물론 위원회는 개별국가의 국내법령에 대한 해석권한을 보유하는 국내법원이 아니기에 개별 국내법령에 대한 해석의 타당성을 심사하지 않는다. 즉 위원회는 개별 국가의 법원에 속하는, 국내법령의 적용대상 범위를 해석할 권한을 가지지 않는다.97) 그러나 위원회는 여전히 위원회의 임무에 해당하는 권한범위 내의 판단, 즉 개별 국가가 결사의 자유 원칙을 보장하고 존중하며 촉진시킬 의무를 다하였는지에 대한 판단을 함에 있어서, 국가의 주요 조직인 사법부의 판결 등의 결과로서 결사의 자유 원칙이 침해될 수 있는지를 판단하여 이에 대한 권고를 내릴 수 있다.98)

또한 결사의 자유 위원회에 이의제기된 사건이 동시에 국내법원에서 재판계류 중인 경우, 위원회는 국내법원에서 위원회의 결정을 충분히 고려해줄 것을 희망하면서 해당 사건에서 적용하여야 하는 원칙을 명시하여 결정하기도 한다.99) 예를 들어, 위원회는 한국에 대한 사건 1865호에서 "2004년에 체결된 단

International Labour Organization of Complaints Alleging Violations of Freedom of Association (Annex I), https://www.ilo.org/dyn/normlex/en/f?p=NORMLEXPUB:62:0::NO:62:P62_LIST_ENTRIE_ID:4046805:NO (2022. 2. 22. 확인), para. 25.

94) ILO Compilation (2018), pp.8~9(para. 19).

95) Special Procedures for the Examination in the International Labour Organization of Complaints Alleging Violations of Freedom of Association (Annex I), https://www.ilo.org/dyn/normlex/en/f?p=NORMLEXPUB:62:0::NO:62:P62_LIST_ENTRIE_ID:4046805:NO (2022. 2. 22. 확인), para. 27.

96) ILO Compilation (2018), p.8(para. 17); Xavier Beaudonnet(ed.), p.75.

97) ILO Compilation (2018), p.9(paras. 20~21)("20. The Committee does not have the authority to interpret the scope of national legislation, which falls to the national competent authorities and ultimately the courts... 21. Where specific allegations have been examined by the national judiciary, including the Supreme Court, which has rendered a final decision, the Committee wishes to emphasize that it is not taking a position as to whether the interpretation of the national legislation by the courts is founded in light of particular circumstances.").

98) ILO Compilation (2018), p.9(para. 22); Xavier Beaudonnet(ed.), p.75.

99) Xavier Beaudonnet(ed.), p.76.

체협약이 하청업체에 의해 고용된 근로자에게는 적용되지 않는다는 것을 확인한 법원의 결정에 대한 항소의 결과가 나오는 대로 정부가 이를 위원회에게 알려줄 것을 요청한다"면서, "위원회는 항소법원이 이 위원회의 결정에 언급된 결사의 자유 원칙을 충분히 고려하리라 믿는다"고 설시하였다.[100]

㈐ 절　차

위원회는 1년에 3차례(3월, 5~6월, 11월) 소집한다.[101] 위원회의 노사정 3자 구성원들은 배당된 사건에 대하여 동등한 비율로 논의한 후, 최종 결정은 만장일치로 내리고 있다. 만장일치 결정방식은 위원회 결정의 정당성을 강화하는 기능을 한다.[102]

결사의 자유 위원회는 구속력 있는 판결을 선고하는 국제법원이 아님에도 불구하고, 위원회가 채택하고 있는 절차적 공정성을 담보하기 위한 제도들로 인하여 최소 준사법적 성격을 가지는 절차로 여겨지고 있다.[103] 대표적 예로, 당사자주의 원칙이 적용되며, 제출된 문서 및 비공개 회의에 대한 기밀이 보장되고, 이의제기 대상 국가와 같은 국적을 가지거나 관련 단체의 직책을 맡고 있는 위원을 절차에서 배제시키는 등 절차적 공정성이 보장된다. 위원회의 심사는 서면심사로 진행되나, 필요한 경우에는 당사자들의 구두변론이 허용되기도 한다. 현장방문 등도 필요할 경우 이루어진다.

근로자나 사용자단체, 정부만이 결사의 자유 위원회에 이의를 제기할 수 있는 주체가 될 수 있으며, 개인은 이의를 제기할 수 없다.[104] 이의제기 주체가 기관인 경우, 다음의 3가지 요건 중 하나에 해당해야 한다. 첫째, 관련 사안에 직접적으로 이해관계가 있는 기관이거나, 둘째, ILO와 자문적 지위에 있는 국제

100) ILO CFA, 340th, Report (2006), Case No. 1865 (Republic of Korea), para.781(i)("The Committee requests the Government to inform it of the outcome of the appeal lodged against the court decision which found that the collective agreements signed in 2004 did not apply to workers hired by subcontractors; it trusts that the appellate court will take due account of the freedom of association principles mentioned in the Committee's conclusions."). 이 이의제기, 즉 한국에 대한 1865호 이의제기는, 위원회에 당시 계류 중이었던 138건의 사건 중에서 위원회가 콜롬비아에 대한 1787호 이의제기, 에티오피아에 대한 2516호 이의제기, 베네수엘라에 대한 2254호 이의제기 건과 함께, 이의제기 사안이 다루고 있는 문제의 극도의 심각성과 위급성으로 인해 이사회가 특별히 주목할 필요가 있는 심각하고 위급한 사건으로 선정되었다.

101) Xavier Beaudonnet(ed.), p.74.

102) Xavier Beaudonnet(ed.), p.74.

103) Xavier Beaudonnet(ed.), p.77.

104) Xavier Beaudonnet(ed.), p.77.

기구이거나(예를 들면, International Organization of Employers, the International Trade Union Confederation, the Organization of African Trade Union Unity and the World Federation of Trade Unions), 셋째, 자신들이 제휴관계를 맺고 있는 기구에 직접적 영향을 주는 사안과 관련된 협의일 경우에 그러한 국제기구들이어야 한다.[105) 위원회는 수리가능성에 대한 판단을 하면서, ILO 헌장에 따른 의미 내에서 사용자단체나 근로자단체로 여길 수 있는 기관인지를 결정하는 데에 완전한 자유재량을 가진다.[106)]

이의제기는 서면으로 이루어져야 하며, 해당 기관의 대표자에 의해 서명되어야 하고, 노동조합의 권리 침해에 관한 협의의 증거가 가능한 한 온전하게 첨부되어야 한다.[107)] 이의제기의 대상은 ILO 회원국이겠지만, 이의제기는 해당 국가의 정부의 조치와 관련하여서만 아니라 노동권 행사를 저해하는 일체의 공공당국이나 민간당국의 조치에 대해서도 제기될 수 있다.[108)]

결사의 자유 위원회 절차의 수리적격 요건으로 국내구제를 완료하였을 것이 요구되지 않는다. 따라서 국내법원에서 재판이 진행 중인 경우에도 결사의 자유 위원회에 제소할 수 있다.[109)] 다만 국내법원에서의 판결을 기다려서 그로부터 추가정보를 얻는게 필요하다고 판단될 경우에는 위원회는 심의절차를 합리적 기간 동안 중단시킬 수 있다.[110)]

결사의 자유 위원회에서 이의제기를 수리하면, 해당 사건의 지위는 ‘계류중’(active) 지위를 가진다. 결사의 자유 위원회는 매년 3회 소집하여 정부의 의견을 고려하면서 정부에 대해 제기된 이의제기를 심사한 후에, 다음의 3가지 유형 중 하나의 보고서(reports)를 채택한다.[111)]

105) Special Procedures for the Examination in the International Labour Organization of Complaints Alleging Violations of Freedom of Association (Annex I), https://www.ilo.org/dyn/normlex/en/f?p=NORMLEXPUB:62:0::NO:62:P62_LIST_ENTRIE_ID:4046805:NO (2022. 2. 22. 확인), para. 31.

106) Special Procedures for the Examination in the International Labour Organization of Complaints Alleging Violations of Freedom of Association (Annex I), https://www.ilo.org/dyn/normlex/en/f?p=NORMLEXPUB:62:0::NO:62:P62_LIST_ENTRIE_ID:4046805:NO (2022. 2. 22. 확인), para. 32.

107) Xavier Beaudonnet(ed.), p.77.

108) ILO Compilation (2018), p.7.

109) Xavier Beaudonnet(ed.), p.78.

110) Xavier Beaudonnet(ed.), p.78.

111) ILO Compilation (2018), p.1.

첫째, 최종보고서(definitive report 또는 final report)를 채택할 수 있다. 최종보고서에서 위원회는 해당 이의에서 제기된 혐의에 대한 위반사실이 없다는 최종결론을 내릴 수도 있고, 반대로 혐의를 인정하여 정부에게 문제점을 시정하기 위한 적절한 조치를 취할 것을 요청하는 권고를 내리거나 특정 원칙의 중요성에 대한 주의를 환기시키는 것으로 결론을 내릴 수도 있다. 해당 사건에 대하여 더 이상의 후속조치가 필요없다는 판단이 있는 경우에 최종보고서가 채택되며, 이로써 해당 사건은 종결된다.

둘째, 중간보고(interim report)를 채택할 수도 있는데, 이는 최종보고를 채택하기에는 아직 정부나 관련 단체로부터 추가정보를 받을 필요성이 있거나, 정부에게 적절한 구제조치를 취할 것을 요청한 후에 관련 정보를 들어볼 필요가 있다고 판단한 경우에 채택한다. 정부로부터 받아야 할 정보나 조치를 기다리는 한편, 중간보고서의 내용은 최종결론과 더불어서 중간결론을 모두 포함할 수도 있다.

셋째, 후속보고(follow-up report)를 채택할 수도 있는데, 이 보고는 사안의 진행상황을 위원회가 계속 지켜볼 필요가 있다고 생각하는 경우에 채택한다. 즉, 위원회는 이 보고를 통해 사안의 진행상황과 회원국이 결사의 자유 원칙을 준수하기 위해 취한 조치에 관하여 계속 위원회에게 보고할 것을 요청한다. 위원회가 요청하는 정보는 사실정보일수도 있고, 새로운 법령의 개폐와 같은 법률정보일 수도 있다.

결사의 자유 위원회가 내린 권고에 대한 후속조치 관련 정보를 계속 받아볼 필요가 있다고 판단한 경우에, 사건의 지위는 후속조치(follow-up) 지위로 전환된다. 후속조치 지위로 분류된 사건에 대해서, 위원회는 국가들의 반응 및 시정 여부를 검토하여 '위원회와 이사회의 권고에 대한 효과'라는 보고서를 채택하기도 한다. 이 보고에서 위원회는 이 전에 위원회가 내린 권고에 대하여 어떠한 이행이 있었는지에 관한 보고에 대한 [illegible] 준다. 사안에 대한 최종결론 및 최종권고가 내려졌고, 더 이상의 후속조치가 필요 없는 경우라면, 사안은 종료된다.

㈑ 이후 절차 및 효과

결사의 자유 위원회의 보고서는 이사회에 제출되며, 이사회는 대개 위원회

의 보고를 수정 없이 그대로 승인해 왔다.[112)]

결사의 자유 위원회는 (기본협약에 대한 비준 여부와 무관하게) 모든 ILO 회원국을 대상으로 제기된 이의제기를 심리하여 결정 및 권고를 채택하기 때문에, 위원회의 결정 및 권고를 받은 모든 회원국은 이를 앞으로 어떻게 이행할지에 관하여 결사의 자유 위원회에 보고해야 한다. 그렇다고 해서 기본협약 미비준국에 대해 결사의 자유 위원회가 내린 결정 및 권고로 인하여 해당 국가가 기본협약을 준수할 국제법상 의무를 부담하게 되는 것은 아님에 유의하여야 한다.[113)]

만약 결사의 자유 위원회가 내린 결정 및 권고의 대상국가가 87호 및 98호 협약을 비준한 당사국인 경우라면, 결사의 자유 위원회는 해당 사건을 전문가위원회에 송부해서 이후 당사국의 이행상황을 감독하도록 할 수 있다.[114)] 또한 만약 결사의 자유 위원회 및 전문가위원회의 거듭된 권고에도 불구하고 협약 위반행위가 지속될 경우, 사안은 헌장 26조에 따라 조사위원회 절차로 회부될 수도 있다. 이 경우에 조사위원회의 권고를 받은 협약의 당사국 정부는 조사위원회의 보고서에 포함된 권고사항을 수락할지 여부와, 만약 수락하지 않는다면 이에 대하여 국제사법재판소에 이의를 회부할지 여부를 3개월 이내에 ILO 사무국에 통지해야 하는데, 만약 사안이 국제사법재판소에 회부된다면 이에 대한 재판소의 판결은 최종적이다.

즉, 결사의 자유 위원회는 협약 87호 및 98호를 비준하였는지와 무관하게 모든 회원국에 대한 결사의 자유 침해 사안을 판단해 왔지만, 협약을 비준하게 되면 위원회 결정 및 권고의 함의는 더 중대해진다. 기본협약 비준국은 전문가위원회에 의한 강화된 감독을 받게 되며, 위반행위를 지속할 경우에 조사위원회 절차로 회부될 수 있는 가능성이 열리기 때문이다. 당사국이 조사위원회의 권고를 수락하지 않는 경우에 해당 사안은 국제사법재판소로 회부될 수 있다는 점에서, 당사국이 해당 협약에 관한 해석을 국제사법재판소에 제기하여 이에 관한 국제사법재판소의 상반된 해석을 받지 않는 한, 이행감독기구들의 해석 및 견해

112) ILO Compilation (2018), p.1. 또한 결사의 자유 위원회는 사실조사조정위원회에 사건을 회부하기 위하여 관련 정부의 동의를 얻고자 노력하는 것이 적절한지 확인하기 위하여 소집될 수 있다. Xavier Beaudonnet(ed.), p.78.

113) Steve Charnovitz, p.92.

114) Steve Charnovitz, p.92.

는 유효하며 일반적으로 승인되는 것으로 볼 수 있다.[115)]

Ⅲ. 87호 협약:「결사의 자유 및 단결권 보호에 관한 협약」

87호 협약은 전문과 4개의 부(Part)로 구성되어 있다. 1부(1조~10조)는 결사의 자유를, 2부(11조)는 단결권 보호를 위한 국가의 적극적 의무를 규정하고 있다. 3부(12조~13조)는 비본토지역에 적용되는 기타 부칙이고, 4부(14조~21조)는 표준최종규정(비준등록, 효력발생, 폐기, 통보, 개정, 정본 등)이기에, 여기서는 실체적 내용에 관한 1부와 2부의 내용을 조문별로 검토한다.

각 조문별 구체적 의미 및 적용에 관한 내용을 파악하는 데에는, ILO 결사의 자유 위원회의 결정례를 요약·정리하여 발간한「Freedom of Association, Compilation of Decisions of the Committee on Freedom of Association(6th ed., 2018)」를 가장 주된 참고자료로 삼고, 그밖에 전문가위원회 및 조사위원회의 견해 등도 참조한다.[116)]

1. 1조: 비준국의 이행의무

1조

이 협약의 적용을 받는 국제노동기구의 회원국은 다음의 규정을 이행할 것을 약속한다.

1조는 헌장에 규정된 ILO 협약을 비준한 회원국의 의무를 재확인하고 있다.

2. 2조: 자유로이 단체를 설립하고 가입할 노사의 권리

2조

근로자 및 사용자는 어떠한 차별도 없이 사전 인가를 받지 않고 스스로 선택하여 단체를 설립하고 그 단체의 규약에 따를 것만을 조건으로 하여 그 단체에 가입할 수 있는 권리를 가진다.

115) ILO, "Report of the Committee of Experts on the Application of Conventions and Recommendation", Report III (1A), International Labour Conference, 77th session (1990), para. 7.

116) 국문 번역은「결사의 자유, 결사의 자유 위원회 결정 요약집(6판)」, 한국노동연구원(2018)」과 김근주·이승욱 관련 부분을 참조하였다.

가. 협약의 적용범위와 "차별 없이" 단체를 설립하고 가입할 노사의 권리

(1) ILO의 일반론적 입장

2조는 근로자와 사용자의 단결권과 관련한 차별금지 원칙을 표현한 것으로, 결사의 자유는 민간 부문뿐만 아니라 공무원과 일반적인 공공 부문 근로자도 포함하여, 직업, 성별, 피부색, 인종, 신념, 국적, 정치적 견해 등에 기한 일체의 차별 없이 보장되어야 함을 의미한다.117) 이에 따라 이주근로자도 합법체류인지 불법체류인지와 관계없이 동일하게 결사의 자유를 보장받는다.118)

단결권의 적용대상이 되는 자를 결정하는 기준은 고용관계에 근거하지 않으므로, 고용형태나 계약의 유형, 사용자에 대한 근로자의 지위와 무관하고, 심지어는 고용계약을 맺지 않은 근로자도 결사의 자유를 누린다.119)

직업범주에 기한 차별도 금지되므로, 공무원도(협약 9조에 따른 유일한 예외인 군인과 경찰만 제외) 다른 모든 근로자와 마찬가지로 어떠한 차별도 없이 결사의 자유를 보장받아야 한다.120) 따라서 군대의 민간인력,121) 판사와 검사,122) 지방자치단체 공무원,123) 소방관,124) 교도관,125) 세무공무원 및 출입국공무원,126) 근로감독관,127) 교사를 비롯한 교원(계약직 강사, 교직원, 조교),128) 대사관의 현지 채용 직원,129) 고위공무원130)도 결사의 자유를 보장받는다. 이 외에도 안전요원,131) 농업근로자(플랜테이션 근로자를 포함하여 고용관계의 존재 여부 무관),132) 항

117) ILO Compilation (2018), para. 315; ILO CFA, 362nd Report (2011), Case. No. 2620 (Republic of Korea), para. 595.

118) ILO Compilation (2018), paras. 320~325; ILO CFA, 353rd Report (2009), Case No. 2620 (Republic of Korea), para. 788. 대법원 2015. 6. 25. 선고 2007두4995 전원합의체 판결은 미등록 이주근로자가 포함된 노동조합의 합법성을 인정하였다. 해당 판결은 외국인이 체류자격 유무와 무관하게 우리 노동법상 단결권의 주체라는 점을 최종적으로 확인하였다는 점에서 의의를 갖는다.

119) ILO Compilation (2018), paras. 327~331.

120) ILO Compilation (2018), paras. 332~343.

121) ILO Compilation (2018), paras. 348~350.

122) ILO Compilation (2018), paras. 351~352.

123) ILO Compilation (2018), para. 353.

124) ILO Compilation (2018), paras. 354~356.

125) ILO Compilation (2018), para. 357.

126) ILO Compilation (2018), paras. 358~359.

127) ILO Compilation (2018), para. 360.

128) ILO Compilation (2018), paras. 361~366.

129) ILO Compilation (2018), paras. 367~368.

130) ILO Compilation (2018), paras. 369~371.

131) ILO Compilation (2018), paras. 372~373.

공운송 및 해상운송 근로자,[133] 항만근로자,[134] 병원직원,[135] 관리감독직 근로자,[136] 자영근로자와 자유직업인(고용관계의 존재 여부 무관),[137] 계약직 근로자,[138] 시용기간 중의 근로자,[139] 직업훈련 중의 근로자,[140] 실업자,[141] 실업구제 프로그램에서 근로하는 자,[142] 협동조합 근로자,[143] 유통업자 및 판매대리상, 하청근로자, 파견근로자,[144] 수출자유지역 근로자,[145] 가사근로자,[146] 재택근로자,[147] 해고근로자,[148] 퇴직근로자,[149] 프로축구선수,[150] 10명 이하의 소규모사업체 근로자[151]에 대한 결사의 자유도 보장된다.

연령에 기한 차별도 부인되므로, 미성년 근로자도 단결권을 누린다.[152] 근로자가 단 1명의 사용자에 대해서만 근로자일 것을 요건으로 하지도 않는다.[153]

협약이 인정하는 차별금지 원칙의 유일한 예외는 군대 및 경찰이다(협약 9조).[154] 이에 따라 군인과 경찰에 대하여 이 협약상 권리를 인정하는 범위는 각 국가가 재량껏 결정할 수 있다.[155]

다만, 87호 협약의 적용에서 배제될 수 있는 군인과 경찰은 엄격한 방식

132) ILO Compilation (2018), paras. 374~376.
133) ILO Compilation (2018), paras. 377~378.
134) ILO Compilation (2018), para. 379.
135) ILO Compilation (2018), para. 380.
136) ILO Compilation (2018), paras. 381~386.
137) ILO Compilation (2018), paras. 387~389.
138) ILO Compilation (2018), para. 390.
139) ILO Compilation (2018), paras. 391~392.
140) ILO Compilation (2018), paras. 393~394.
141) ILO Compilation (2018), para. 395.
142) ILO Compilation (2018), para. 396.
143) ILO Compilation (2018), paras. 397~400.
144) ILO Compilation (2018), paras. 401~402.
145) ILO Compilation (2018), paras. 403~405.
146) ILO Compilation (2018), paras. 406~407.
147) ILO Compilation (2018), paras. 408~409.
148) ILO Compilation (2018), paras. 410~411.
149) ILO Compilation (2018), paras. 412~413.
150) ILO Compilation (2018), para. 414.
151) ILO Compilation (2018), paras. 415~416.
152) ILO Compilation (2018), para. 417.
153) ILO Compilation (2018), para. 418.
154) "9조 1. 이 협약에 규정된 보장사항을 군대 및 경찰에 적용하여야 하는 범위는 국내 법령으로 정하여야 한다. 2. 국제노동기구 헌장 19조 8항에 명시된 원칙에 따라, 회원국이 이 협약을 비준하는 것이 군대 또는 경찰의 구성원이 이 협약에서 보장하는 권리를 누릴 수 있도록 하는 기존의 법률, 판정, 관행 또는 단체협약에 영향을 미치는 것으로 간주되어서는 안 된다."
155) ILO Compilation (2018), paras. 345~346.

으로 정의되어야 하므로, 의문이 있는 경우 근로자는 민간인으로 판단되어야 한다.156)

이런 이유로 군대의 민간인력이나 소방관, 교도관, 세무공무원 및 출입국공무원, 근로감독관, 안전요원은 9조가 의미하는 군대 및 경찰에 포함되지 않는 것으로 해석해 왔다. 민간경비원과 같은 안전요원은 “그 업무의 성질을 이유로 성질상 무기를 휴대할 필요가 있는” 근로자이지만, 역시 단결권이 보장되어야 한다.157)

(2) 우리나라에 관련된 문제

㈎ 해고자 및 실업자의 단결권

87호 협약 비준 전 우리나라는 해고자와 실업자의 노조 가입자격이 문제되고 있었다. 우리나라의 구 노조법 2조 4호 라목 단서158)는 해고자 및 실업자에 대하여 대법원 판례159)를 통해 초기업노조의 가입자격을 인정하고 있었지만, 기업별 노조 가입자격은 인정하지 않고 있었다.160)161) 이 조문의 개정과 관련하여

---

156) ILO Compilation (2018), para. 347; ILO, “Giving Globalization a Human Face: General Survey of the Committee of Experts on the Application of Conventions and Recommendations”, Report III (1B), International Labour Conference, 101st session (2012), paras. 54, 67.

157) ILO Compilation (2018), paras. 372~373.

158) 구 노동조합법 2조(정의) 이 법에서 사용하는 용어의 정의는 다음과 같다.
1. “근로자”라 함은 직업의 종류를 불문하고 임금·급료 기타 이에 준하는 수입에 의하여 생활하는 자를 말한다.
4. “노동조합”이라 함은 근로자가 주체가 되어 자주적으로 단결하여 근로조건의 유지·개선 기타 근로자의 경제적·사회적 지위의 향상을 도모함을 목적으로 조직하는 단체 또는 그 연합단체를 말한다. 다만, 다음 각목의 1에 해당하는 경우에는 노동조합으로 보지 아니한다.
라. 근로자가 아닌 자의 가입을 허용하는 경우. 다만, 해고된 자가 노동위원회에 부당노동행위의 구제신청을 한 경우에는 중앙노동위원회의 재심판정이 있을 때까지는 근로자가 아닌 자로 해석하여서는 아니 된다.

159) 대법원 2017. 6. 29. 선고 2014도7129 판결 등.

160) 초기업노조의 경우에 해고자 및 실업자도 가입대상이 될 수 있다는 점을 최초로 밝힌 대법원 2004. 2. 27. 선고 2001두8568 판결(서울여성노조 사건)은 기업별 노조에 대하여는 어떻게 의율해야 하는지 명확한 입장을 밝혔다고 보기는 어렵다. 다만, 판례의 입장을 본문과 같이 설명하는 문헌으로는 조용만, 90면이 있고, 정부의 판례 이해도 이와 같다. 고용노동부, 「개정 노동조합 및 노동관계조정법」 설명자료(2021. 3.), 24면.

161) 판례 법리가 반드시 기업별 노조 가입대상에서 해고자와 실업자를 배제하고 있다고 단언적으로 볼 수 없다는 견해도 있다. 이 견해는, 규약으로 해고자와 실업자를 가입대상으로 포함하고 있는 기업별 노조의 경우 라목 단서와 상관없이 이들을 조합원으로 받을 수 있으며, 라목 단서는 규약상 해당 기업과의 고용관계를 전제로 하고 있는 경우에만 적용된다는 것이 판례의 취지라고 새겨야 한다고 본다. 강성태, “실업자와 단결권”, 노동법연구 16호, 서울대학교 노동법연구회(2004. 6.), 29면 이하 참조. 다만 ILO는 한국의 노조법이 해고자 및 실업자의 조합원 자격을 인정하지 않는다는 전제를 취하고 있으므로, 여기서는 본문과 같은 설명

근로자 개념 확대에 반대하는 경영계와 해고자 및 실업자의 노조 가입자격을 인정하자는 노동계의 입장이 대립되었다.

결사의 자유 위원회는 1865호 사건에서, 해고된 근로자 및 실직자의 조합원 자격 유지를 부정하고 있는 우리나라 노조법 2조 4호 라목에 대하여 "조합원 자격요건의 결정은 노동조합이 그 재량에 따라 규약으로 정할 문제이고 행정당국은 노동조합의 이러한 권리를 침해할 수 있는 어떠한 개입도 하여서는 아니 된다"[162]고 하면서 "조합원이 해고됨으로써 그 자가 자신의 단체 내에서 조합활동을 계속하지 못하도록 함은 반조합적 차별행위의 위험성을 내포하는 것이며, 노동조합 임원이 조합원이 아니라는 이유로 노동조합의 유효성을 문제 삼거나 노동조합설립신고를 거부하는 결과를 초래하고 있으므로, 해당 법규정을 폐지함으로써 결사의 자유 원칙 위반상황을 신속하게 종결할 것"[163]을 권고하였다.

종래의 판례 법리가 비록 노조법 2조 4호 라목 본문의 초기업노조의 근로자 개념에 실업자와 구직자를 포함시켜 개념의 확대를 꾀하고 있기는 하나, 기업별 노조에서는 여전히 실업자와 구직자를 배제하고 있으므로, 이는 ILO의 입장과 차이가 컸다.[164] ILO 결사의 자유 위원회는 앞서 본 바와 같이 우리나라의 이 부분 법제가 87호 협약 2조에 반한다는 점을 수차례에 걸쳐 명확히 하고 있다.

이에 개정 노조법은 사업 또는 사업장에 종사하지 아니하는 근로자의 기업별 노동조합 가입을 허용하였다(2조 4호 라목 단서 삭제).

을 기본으로 채택한다.

162) ILO CFA、327th Report (2002), Case No. 1865 (Republic of Korea), para. 490.

163) ILO CFA, 307th Report (1997), Case No. 1865 (Republic of Korea), paras. 224, 333; ILO CFA, 353rd Report (2009), Case No. 1865 (Republic of Korea), para. 749(c)(v).

164) 경제사회노동위원회, 201면(이승욱 발제 부분).

구 노조법	개정 노조법
2조(정의) 이 법에서 사용하는 용어의 정의는 다음과 같다. 4. "노동조합"이라 함은 근로자가 주체가 되어 자주적으로 단결하여 근로조건의 유지·개선 기타 근로자의 경제적·사회적 지위의 향상을 도모함을 목적으로 조직하는 단체 또는 그 연합단체를 말한다. 다만, 다음 각목의 1에 해당하는 경우에는 노동조합으로 보지 아니한다. 라. 근로자가 아닌 자의 가입을 허용하는 경우. <u>다만, 해고된 자가 노동위원회에 부당노동행위의 구제신청을 한 경우에는 중앙노동위원회의 재심판정이 있을 때까지는 근로자가 아닌 자로 해석하여서는 아니된다.</u>	2조(정의) 이 법에서 사용하는 용어의 정의는 다음과 같다. 4. "노동조합"이라 함은 근로자가 주체가 되어 자주적으로 단결하여 근로조건의 유지·개선 기타 근로자의 경제적·사회적 지위의 향상을 도모함을 목적으로 조직하는 단체 또는 그 연합단체를 말한다. 다만, 다음 각목의 1에 해당하는 경우에는 노동조합으로 보지 아니한다. 라. 근로자가 아닌 자의 가입을 허용하는 경우 <단서 삭제>

정부는 위 대법원 판결의 취지를 인용하여 새로운 입법 내용을 설명하고 있다. 즉, 위 대법원 판례에 의해 기업별 노조에 해고자 등의 노조 가입을 제한하는 것으로 반대해석되는[165] 노조법 2조 4호 라목 '단서'를 삭제하여, 종래 일시적 실업자나 구직자도 포함하는 것으로 해석되고 있었던 라목 본문의 "근로자"만을 남김으로써 기업별 노조에도 규약에서 정하는 바에 따라 해고자 등이 가입할 수 있도록 노조원 자격을 확대했다는 것이다.[166]

다만, 개정법은 2조 4호 라목 본문에서 노동조합으로 보지 않는 사유로 "근로자가 아닌 자의 가입을 허용하는 경우"를 존치하였는데, 정부는 이에 대하여 '프랜차이즈 점주' 등 순수한 자영업자들로 구성된 노동조합을 노조법상의 노조로 보지 않겠다는 취지라고 설명한다.[167] 프랜차이즈 점주 등 순수 자영업자는 협회 등 일반적 결사체 결성은 당연히 가능하지만, 근로자가 주체가 되어 근로조건의 개선을 목적으로 하는 노조법상의 노동조합에 가입하거나 설립할 수는 없다는 것이다.

165) 해당 단서가 구제절차를 밟고 있는 해고자만을 근로자로 보고 있으므로, 구제절차에 있지 않은 해고자는 근로자로 보지 않음을 의미하는 것이다.
166) 고용노동부, 「개정 노동조합 및 노동관계조정법」 설명자료(2021. 3.), 23면 이하.
167) 고용노동부, 「개정 노동조합 및 노동관계조정법」 설명자료(2021. 3.), 25면.

그러나 개정 입법의 내용은 ILO의 기본 입장과 여전히 차이가 있다.

개정법 2조 4호 라목의 “근로자가 아닌 자”의 개념이 프랜차이즈 점주 등 순수 자영업자를 의미한다는 정부의 입장에 따르면, 기업별 노조의 조합원 중 순수 자영업자가 일부라도 포함되어 있는 경우에는 조합 전체에 대한 노조법상 보호가 배제될 수 있다. 그리고 이는 노동조합의 가입대상과 범위는 노동조합이 자율적으로 정하여야 한다고 보는 ILO의 입장과는 차이가 있는 만큼 87호 협약 2조 및 3조에 합치된다고 볼 수 있을지 의문이다.

㈏ 특수형태근로종사자의 단결권

ILO 결사의 자유 위원회는 2009년 우리나라의 노동당국이 화물트럭 차주 겸 기사 등 특수형태근로종사자가 조합원에 포함된 전국건설노동조합, 전국운수산업노동조합에 대하여 규약이 시정되지 않을 경우 법외노조통보를 하겠다는 입장을 보인 것과 관련한 2602호 이의제기 사건에서, 우리 정부에 대하여 화물트럭 기사 등 자영근로자(self-employed workers)를 포함하여 모든 근로자들이 완전한 결사의 자유를 누릴 수 있도록 하는 조치를 취하라고 권고하였다.[168)]

이른바 재능교육 사건 이전의 종래 대법원 판례들은 대부분의 특수형태근로종사자들을 노조법상의 근로자로 인정하지 않았다. 우리 정부는 위의 이의제기 사건에 관하여 2010. 10. 7. 결사의 자유 위원회에 제출한 답변에서, 레미콘·화물트럭 차주 겸 기사는 자신들의 이익을 대표하는 단체를 결성하고 가입할 수 있으나 이들은 근로자가 아니므로 노동조합 설립은 허용되지 않는다는 입장을 제출하였다.[169)] 정부는 이러한 주장을 뒷받침하는 근거로 레미콘 또는 화물트럭의 차주 겸 운전자의 근로자성을 부인한 일련의 대법원 판결들[170)]을 인용하였다. 이에 따르면, 정부는 노조법이 근로계약관계가 인정되는 근로자와 사용자 사이에만 적용될 수 있다고 주장하였다.

이러한 정부의 입장에 따라, 종래 행정관청은 노조설립신고제도 운영과정에서 특수형태근로종사자들로 구성된 단체의 노조설립신고서를 반려하거나 이들의 조합원 자격을 인정하는 노동조합에 대하여 노조법 시행령 9조 2항에 근

168) ILO CFA, 359th Report (2011), Case No. 2602 (Republic of Korea), para. 370(b).

169) ILO, 359th Report (2011), Case No. 2602 (Republic of Korea), paras. 346, 347.

170) 대법원 2000. 10. 6. 선고 2000다30240 판결, 대법원 2006. 5. 11. 선고 2005다20910 판결, 대법원 2006. 6. 30. 선고 2004두4888 판결, 대법원 2006. 9. 8. 선고 2003두3871 판결 등. 여기서 대법원 2000다30240 판결은 근로기준법상의 근로자성이 쟁점이 된 사건이다.

거하여 노동조합으로 보지 않음을 통보하는 등의 제도 운영 관행을 유지해 왔다.

ILO 결사의 자유 위원회는 이러한 정부 측 주장에도 불구하고, 자영근로자들이 87호, 98호 협약에 따라 응당 누려야 할 단결권과 단체교섭권을 누리지 못하고 있음을 지적하면서, 이들이 자신들의 이익을 증진하고 수호하기 위한 단결권과 단체교섭권을 완전히 누릴 수 있도록 정부가 함께 대화에 나서야 한다고 거듭 권고하고 있었다.[171)]

우리 대법원은 2018. 6. 15. 선고 2014두12598, 12604(병합) 판결(이른바 '재능교육 사건')에서 학습지 교사의 근로자성을 인정한 것을 비롯하여, 이후로도 방송연기자,[172)] 자동차 판매대리점 카마스터(용역계약을 맺은 판매원)[173)] 등을 노조법상의 근로자로 인정하면서 특수형태근로종사자의 근로자성 인정을 확대하고 있다.

나. "사전 허가 없이" 단체를 설립할 노사의 권리

2조에 따라, 근로자 및 사용자는 사전허가 없이 단체를 설립할 권리를 가진다.[174)]

"사전 허가"에 해당하는지 여부는 권한 있는 당국이 단체의 등록을 거부할 재량권을 가지고 있는지 여부에 달려 있다. 재량권이 있다면 이는 사실상 사전 허가와 크게 다르지 않다.[175)]

단체 설립을 지연시키거나 저해할 정도로 단체 등록의 요건을 지나치게 어렵고 엄격하게 하는 경우에도 자유롭게 단체를 설립할 권리를 침해한다고 본다.[176)]

노동조합 활동에 대한 일반적인 통제는 사후적으로, 사법당국에 의해 이루어져야 한다.[177)]

우리나라의 노조 설립신고제도(노조법 10조) 및 그에 따른 실질적 심사[178)]가

171) ILO CFA, 359th Report (2011), Case No. 2602 (Republic of Korea), paras. 367, 370(d); ILO CFA, 363rd Report (2012), Case No. 2602 (Republic of Korea), paras. 461, 467(e).

172) 대법원 2018. 10. 12. 선고 2015두38092 판결.

173) 대법원 2019. 6. 13. 선고 2019두33712 판결.

174) 관련해서 구체적 내용은 ILO Compilation (2018), paras. 419~471 참조.

175) ILO Compilation (2018), para. 419.

176) ILO Compilation (2018), paras. 423~434.

177) ILO Compilation (2018), para. 461.

178) 대법원은 설립신고서 기재와 실제가 일치되는지 여부에 관한 실질적 심사가 가능하다고 본다. 대법원 1979. 12. 11. 선고 76누189 판결, 대법원 1993. 2. 12. 선고 91누12028 판결, 대

87호 협약의 취지에 부합하지 않는다는 지적이 제기되고 있으나,[179] 대법원[180]과 헌법재판소[181]는 행정당국에 재량권이 없다는 이유로 이를 허가제로 보지는 않고 있다.

이와 관련하여 한-EU FTA의 전문가패널은 우리나라의 설립신고제도를 규정한 노조법 12조 등이 ILO 협약 준수의무를 규정한 FTA 조항을 위반하였다고 볼 증거는 없다고 판단한 바 있다.[182] ILO 결사의 자유 위원회 역시 전교조 등이 제기한 1865호 사건에 관한 371차 보고서 등에서 해직근로자가 노동조합에 가입하는 것을 금지하는 조항을 개정하거나 폐지할 것을 촉구한 바 있기는 하지만,[183] 아직 우리나라의 설립신고 제도 자체를 명시적으로 문제 삼은 적은 없다.[184]

다만, 설립신고에 관한 실질적 심사 과정에서 허가제로 변질되어 운용될 위험이 있는 것은 사실이며,[185][186] ILO가 이를 장래에도 문제 삼을 가능성이 없다는 것은 아니므로, 법실무 적용에 유의가 필요하다.

법원 1990. 10. 23. 선고 89누3243 판결 등.

179) 김인재, 299~302면; 김선수, "노동조합 설립신고와 관련한 행정관청의 권한 및 그 한계", 결사의 자유 관련 ILO 핵심협약 비준 방안 토론회, 국가인권위원회·이인영의원실(2015. 9. 30.), 23면.

180) 대법원 2014. 4. 10. 선고 2011두6998 판결.

181) 헌재 2012. 3. 29. 선고 2011헌바53 결정.

182) ILO, "Giving Globalization a Human Face: General Survey of the Committee of Experts on the Application of Conventions and Recommendations", Report III (1B), International Labour Conference, 101st session (2012), para. 257.

183) ILO CFA, 371st Report (2014), Case No. 1865 (Republic of Korea), para. 53.

184) ILO 사무국의 국제노동기준국도 한국노총과 민주노총이 공동으로 보낸 질의사항에 대한 회신(Technical Memorandum)에서 우리나라의 설립신고제도가 결사의 자유 원칙에 반하는 재량적 승인(discretionary certification)에 해당하는지 여부는 명확하지 않다고 답변한 바 있다. ILO Normes, Technical Memorandum (11. April. 2019), para. 4. http://inochong.org/storehouse/226445 (2021. 12. 20. 확인).

185) 김인재, 301면.

186) 이와 관련하여 대법원 2014. 4. 10. 선고 2011두6998 판결의 다음과 같은 판시는 행정당국이 자주성과 민주성이라는 평가적 개념을 심사할 수 있다고 보고 있어 이러한 염려를 가중시킨다. "그런데 설립신고를 한 단체가 노조법 2조 4호 각 목에 해당하여 노동조합의 개념에 반하거나 노동조합으로서의 자주성 또는 민주성을 갖추지 못한 것으로 인정되는 경우에도 그 설립신고를 무조건 수리하여야 하고 자주성 등의 요건에 대해서는 사후적으로 시정을 요구할 수 있을 뿐이라고 본다면, 노동조합으로서의 실질적 요건조차 갖추지 못한 노동조합의 난립을 방지할 수 없어 오히려 노동조합이 가져야 할 자주성과 민주성이 침해될 우려가 있고, 이는 앞서 본 신고제도의 취지에도 부합하지 않는다."

다. “자신이 선택한” 단체를 설립하고 가입할 노사의 권리

근로자 및 사용자가 스스로 선택하여 단체를 설립하고 가입할 수 있는 권리를 가진다는 의미는, 단체의 구조 및 구성을 자유롭게 선택할 수 있고, 하나의 기업 내에도 한 개 또는 여러 개의 단체를 자유로이 설립할 수 있으며, 활동의 직종이나 부서를 자유로이 결정할 수 있고, 연합단체 및 총연합단체를 자유로이 설립할 수 있어야 한다는 의미이다.[187]

따라서 복수노조의 금지는 “자신이 선택한” 단체를 설립하고 가입할 권리를 침해하는 것이지만,[188] 근로자들이 자발적으로 노조를 단일화하는 것은 허용되어야 한다.[189]

단체의 구조와 조직에 대한 선택의 자유도 인정되어야 하므로, 기업별 노조를 조직하든 지역별 노동조합을 조직하든 그것은 근로자의 자유로운 선택에 달려 있고, 가입대상도 자유롭게 정할 수 있다.[190] 탈퇴 역시 자유로워야 한다.[191]

단체협약에 기하여 조직강제(union security)를 허용할 것인지 여부는 비준국의 재량에 맡겨져 있다.[192] 그러나 법에 의해 조직강제 조항을 강제하는 것은 노동조합독점제도를 초래하는 것으로 결사의 자유 원칙을 침해한다.[193]

3. 3조: 자유로운 단체 운영 및 활동권

3조

1. 근로자단체 및 사용자단체는 그들의 규약과 규칙을 작성하고, 완전히 자유롭게 대표자를 선출하며, 운영 및 활동을 조직하고, 계획을 수립할 권리를 가진다.
2. 공공기관은 이 권리를 제한하거나 이 권리의 합법적인 행사를 방해하는 어떠한 간섭도 삼가야 한다.

3조는 근로자단체 및 사용자단체의 규약과 규칙을 작성할 권리, 대표자를

187) ILO Compilation (2018), paras. 472~560 참조.
188) ILO Compilation (2018), paras. 475~501.
189) ILO Compilation (2018), para. 498.
190) ILO Compilation (2018), paras. 502~512, 546~548.
191) ILO Compilation (2018), para. 549.
192) ILO Compilation (2018), para. 552.
193) ILO Compilation (2018), para. 551.

자유롭게 선출할 권리, 단체의 운영을 조직할 권리, 활동 조직 및 계획 수립 권리를 보장하며, 공공기관이 이 권리를 제한하거나 이 권리의 합법적인 행사를 방해하는 간섭을 하지 못하도록 하고 있다. 다음은 3조가 보장하는 구체적 권리를 순서대로 살펴본다.

가. 적용범위의 확장: 근로자단체 및 사용자단체

3조는 협약의 인적 적용범위를 근로자 및 사용자 개인뿐 아니라, 근로자 및 사용자가 자유로이 설립한 근로자단체 및 사용자단체로까지 확장시키고 있다.[194] 여기서 '단체'의 의미는 협약 10조에 의한 정의에 따라 이해해야 한다. 10조는 "이 협약에서 '단체'라는 용어는 근로자 또는 사용자의 이익을 증진・옹호하는 것을 목적으로 하는 모든 근로자단체 또는 사용자단체를 의미한다"고 하였다.

나. 규약과 규칙을 작성할 단체의 권리

(1) ILO 결사의 자유 위원회 입장

87호 협약에 따라 노동조합은 조합원의 권리와 이익 옹호를 위하여 필요하다고 판단하는 평화적인 목적을 그 규약에 포함시킬 권리를 가져야 한다.[195]

법조항이 노사단체의 내부 운영에 대해 상세하게 규율하는 경우 공공당국의 개입이라는 중대한 위험을 야기한다. 그러므로 공공당국이 그러한 조항의 필요성을 인정하더라도 형식적 요건만을 규정하는 데 그쳐야 하며, 사전 허가의 대상이 되어서는 안 된다.[196] 여기서 "형식적 요건만을 규정"한다는 것은, 예를 들어, 노동조합의 헌장과 규칙이 지나치게 추상적인 내용으로 구성되어 구성원들의 권리를 충분히 보장하지 못할 수 있는 상황을 염려하여 헌장이 포함하여야 할 사항들을 열거하는 일종의 모델 헌장과 규칙을 마련하는 경우 등을 이르는 것이며, 만약 이를 넘어 헌장과 규약의 내용을 통제하는 법조항이라면 협약 위반의 소지가 있다.[197]

---

194) Edoardo Ales et al., pp.1496~1497(para. 16), p.1498(para. 24).

195) ILO Compilation (2018), para. 561.

196) ILO Compilation (2018), paras. 563, 566.

197) ILO CFA, 318th Report (1999), Case No. 2038 (Ukraine), para. 530; ILO, "Freedom of Association and Collective Bargaining: General Survey of the Committee of Experts on the Application of Conventions and Recommendations", Report III (4B), International Labour Conference, 81st session (1994), paras. 109~111.

이러한 원칙에 대한 제한은 조합원의 이익 보호와 단체의 민주적 운영 보장을 유일한 목적으로 하여야 하며,[198] 과도하거나 자의적인 개입의 위험을 피할 수 있도록 공평하고 독립적인 사법기구에 대한 제소절차가 존재하여야 한다.[199]

노동조합의 존속이나 구조 또는 조합원의 핵심적 권리와 관련되는 기본적 사항(규약 또는 목적의 변경, 합병 등)을 조합원 과반수의 투표로 결정하도록 규정하는 경우, 그러한 규정으로 인해 사실상 대부분의 경우에 결정이 불가능해질 정도로 노동조합의 운영을 심각하게 저해하지 않고, 규정의 목적이 조합원의 민주적 권리를 보장하기 위한 것이라면, 87호 협약에 반한다고 볼 수는 없다.[200]

(2) 우리 노조법의 문제

그런데 우리 노조법 21조는 노동조합의 규약이 위법한 경우와 결의 또는 처분이 위법하거나 규약에 위반하는 경우에는 행정관청이 시정을 명할 수 있도록 하고 있다. 이러한 시정명령에 따르지 않는 경우 형사처벌을 받을 수도 있다(93조 2호).

따라서 규약 등 시정명령에 관한 노조법 21조는 노조운영에 대한 과도한 개입과 통제수단으로 이용될 가능성이 커서 노조의 자주성을 침해한다는 지적이 제기된다.[201]

이와 관련하여 단체협약 체결에 관한 총회 인준권을 규정한 규약에 대한 시정명령을 위법하지 않다고 본 대법원의 판례가 문제로 지적된다.

노동조합의 대표자 또는 수임자가 사용자와 단체협약의 내용을 합의한 후 다시 협약안의 가부에 관하여 조합원 총회의 의결을 거치도록 한 조합규약을 통상 '총회 인준권 조항'이라 부른다.

대법원은 이러한 총회 인준권 조항이 노조법 29조 1항이 규정하는 노동조

198) ILO Compilation (2018), para. 563.
199) ILO Compilation (2018), para. 563.
200) ILO Compilation (2018), para. 576; 김근주 · 이승욱, 49면.
201) 조경배, "결사의 자유 관련 ILO 핵심협약 비준을 위한 법제개선 과제 및 실천방안", 결사의 자유 관련 ILO 핵심협약 비준 방안 토론회, 국가인권위원회 · 이인영의원실(2015. 9. 30.), 52면; 김선수, "한국의 노동기본권 현실과 국제노동기준에 부합하는 노동법 개정", ILO 가입 25주년 · OECD 가입 20주년 국제심포지움 『국제노동기준에 비춰본 한국의 노동기본권 ―결사의 자유를 중심으로―』, 한국노동조합총연맹 · 전국민주노동조합총연맹 · 국회환경노동위원장(2016. 11. 15.), 44면.

합 대표자의 교섭권한[202])을 침해하여 위법하다고 보고 조합규약의 위법성을 이유로 한 행정관청의 규약변경 명령을 적법한 행정처분이라고 판단하였다(대법원 1993. 5. 11. 선고 91누10787 판결). 이 판결은 이후 후속 대법원 판례들을 통해 그 의미가 다소 제한되기는 하나,[203]) 조합 규약의 위법성을 이유로 한 행정관청의 규약 변경명령이 실제로 현장에서 위력을 발휘하고 있음을 보여주는 좋은 예가 될 수 있을 것이다.

헌법재판소도 노조대표자에게 단체협약 체결권을 인정한 구 노조법 33조 1항이 노조의 자주성 및 단결자치의 원칙에 반하게 되어 위헌의 소지가 있다는 주장에 대하여 산업평화의 유지라는 공익을 위해 필요 적정한 것으로 인정하여 합헌으로 판단하였다(헌재 1998. 2. 27. 선고 94헌바13 · 26, 95헌바44 결정).

그러나 ILO의 입장을 보면, 당국이 노동조합 규약의 형식적 요건 규정을 넘어 내용을 통제하는 것에 대해 매우 엄격한 태도를 가지고 있으며, 특히 87호 협약 3조 위반 여부를 판단함에 있어 중요한 기준을 ① 그러한 내용 통제가 행정당국의 사전허가에 해당하는지 여부와 ② 형식적인 요건을 넘어 내용에 관한 통제가 있는지 여부에 두고 있다.

노조법 21조의 규정은 노조 규약에 대한 사전허가를 요구하는 것은 아니지만, 사실상 내용에 대한 통제를 허용하고 있어 노동조합의 자율성을 침해할 염려가 있다.

총회인준권 규약에 대한 시정명령이 적법하다고 본 대법원 1993. 5. 11. 선

202) 구 노동조합법(1996. 12. 31. 법률 5244호로 폐지되기 전의 법) 33조 1항 본문은 "노동조합의 대표자 또는 노동조합으로부터 위임을 받은 자는 그 노동조합 또는 조합원을 위하여 사용자나 사용자단체와 단체협약의 체결 기타의 사항에 관하여 교섭할 권한이 있다."고 규정하고 있었는데, 대법원은 이 규정을 두고 대표자에게 단체협약 체결권한을 부여하는 규정으로 해석하였다. 이는 현행 노조법 29조 1항에 해당하는 규정인데 위 구 노조법이 노조 대표자의 단체협약체결권한에 관하여 모호한 규정을 가지고 있었던 반면, 현행 노조법 29조 1항은 "노동조합의 대표자는 그 노동조합 또는 조합원을 위하여 사용자나 사용자단체와 교섭하고 단체협약을 체결할 권한을 가진다."라고 규정하여 대표자의 단체협약 체결권한을 명확히 했다.

203) 후속 대법원 판례들은 단체협약 체결에 있어 조합원 의견수렴절차를 규정하는 규약의 효력을 인정하는 데 보다 관대한 입장을 보인다. 즉, 단체협약 체결에 관하여 조합원들의 의견수렴절차를 거치도록 하는 내용의 규약 자체는 유효하다고 보되, 노조대표자의 체결권을 전면적 · 포괄적으로 제한하는지 여부에 따라 유효성이 결정된다. 예컨대 단체교섭 개시 전에 총회를 통해 교섭안을 마련하거나 단체교섭 과정에서 총회를 거칠 수 있다고 해석되는 경우에는 유효하다고 보고 있다(대법원 2013. 9. 27. 선고 2011두15404 판결, 대법원 2014. 4. 24. 선고 2010다24534 판결, 대법원 2018. 7. 26. 선고 2016다205908 판결 등 참조). 이러한 규약을 지키지 않은 채 독단적으로 단체협약을 체결한 대표자는 조합원들에게 손해배상책임을 부담할 수도 있다.

고 91누10787 판결 역시 ILO 87호 협약의 취지에 맞지 않는다고 판단될 소지가 있다. 법 적용과 해석에 있어 주의가 필요한 부분이다.

다. 완전히 자유롭게 대표자를 선출할 단체의 권리

결사의 자유 원칙에 따라 근로자 및 그 단체는 완전히 자유롭게 대표를 선출할 권리를 가진다.[204] 따라서 공공당국은 임원의 자격요건 결정 또는 선거 실시에 관하여 자유로운 대표자 선출권을 저해할 수 있는 일체의 개입을 자제하여야 한다.[205]

노동조합 임원 선출의 절차나 방법에 대한 규제는 기본적으로 노동조합 규약을 통해 이루어져야 한다.[206] 따라서 노동조합 선거과정에 대한 지나치게 세부적인 규제는 완전히 자유롭게 대표를 선출할 권리에 대한 침해이다.[207]

노동조합 임원 자격요건으로 선출 당시 또는 임기 동안 고용을 유지할 것을 강제해서는 안 된다.[208] 연령 요건을 두거나,[209] 모든 임원이 조직에 6개월 또는 1년 이상 소속되어야 한다고 규정하는 것,[210] 특정 정치적 신념이나 정당 가입을 이유로 조합 임원 자격을 박탈하는 것,[211] 임원 후보자에게 당국의 신원조사를 받을 것을 요구하는 것,[212] 국적 요건,[213] 전과 요건,[214] 재선출 금지 요건,[215] 투표참가의무 규정[216]을 두는 것은 모두 87호 협약 취지에 부합하지 않는다.

204) ILO Compilation (2018), paras. 585~587.

205) ILO Compilation (2018), paras. 588~589; ILO CFA, 346th Report (2007), Case No. 1865 (Republic of Korea), para.789; ILO CFA, 365th Report (2012), Case No. 2829 (Republic of Korea), para. 575.

206) ILO Compilation (2018), para. 592.

207) ILO Compilation (2018), para. 594. 예컨대 노동조합 내부 선거절차 및 집행위원회의 구성을 세부적으로 규정하고 회의 개최 일자, 연차총회일 및 노동조합 임원의 임기 종료일을 정하는 법률은 87호 협약에 의해 노동조합에게 부여된 권리와 양립할 수 없다(para. 595). 노동조합 임원선출에 과반수 득표를 의무화하는 것을 정하는 것은, 노동조합의 규약이나 규칙으로 근로자단체가 스스로 하도록 하여야 한다(para. 602). 마찬가지로 임원의 수도 노동조합 스스로 결정해야 한다(para. 603).

208) ILO Compilation (2018), para. 609~614.

209) ILO Compilation (2018), para. 615.

210) ILO Compilation (2018), paras. 616~617.

211) ILO Compilation (2018), paras. 618~621.

212) ILO Compilation (2018), para. 622.

213) ILO Compilation (2018), paras. 623~624.

214) ILO Compilation (2018), paras. 625~629.

215) ILO Compilation (2018), paras. 630~631.

216) ILO Compilation (2018), para. 632~633.

공공당국에 의한 노동조합이나 사용자단체 선거에 대한 일체의 개입은 3조와 상충된다.[217] 예를 들어, 행정부처 결정에 의한 선거 소집,[218] 선거 준비를 담당하는 준비위원회 위원의 임명,[219] 노조 집행위원회 위원의 정부 지명,[220] 선거에 대한 정부의 의견표명,[221] 지방자치단체장의 후보자 승인,[222] 후보자 인적사항 제출요구,[223] 선거결과의 당국 승인 요건[224] 등은 모두 자유로운 선출권을 침해한다.

선거에 대한 이의신청은 행정당국이 아닌 사법당국에 하도록 하여야 하며,[225] 재판결과가 나올 때까지 선거 유효성을 중단해서는 안 된다.[226]

정부가 노동조합 지도부를 해임하거나 임명하는 것은 결사의 자유에 부합하지 않으며,[227] 정부가 노동조합을 정부의 통제 하에 두는 것도 결사의 자유 원칙 위반에 해당한다.[228]

우리나라의 구 노조법(2021. 1. 5. 법률 17864호로 개정되기 전의 것, 이하 “구 노조법”으로 약칭) 23조 1항은 노동조합의 임원을 조합원 중에서 선출하도록 규정함으로써,[229] 조합원이 아닌 자는 임원이 될 수 없도록 제한하고 있었다. 임원의 임기도 3년을 초과할 수 없게 되어 있었다(2항). 공무원노조법 17조 2항[230]과 교원노조법 14조 1항[231]도 위 구 노조법 규정을 준용하고 있었다.

---

217) ILO Compilation (2018), para. 634.
218) ILO Compilation (2018), para. 635.
219) ILO Compilation (2018), para. 636.
220) ILO Compilation (2018), para. 639.
221) ILO Compilation (2018), paras. 640, 642.
222) ILO Compilation (2018), para. 643.
223) ILO Compilation (2018), para. 644.
224) ILO Compilation (2018), para. 647.
225) ILO Compilation (2018), paras. 648, 649, 651.
226) ILO Compilation (2018), paras. 650, 652.
227) ILO Compilation (2018), paras. 654~660.
228) ILO Compilation (2018), paras. 661~665. 이때 통제의 의미는 임원의 해임 및 임명 등 노동조합에 대한 전권 행사를 의미한다.
229) 노동조합법 23조(임원의 선거등)
①노동조합의 임원은 그 조합원 중에서 선출되어야 한다.
②임원의 임기는 규약으로 정하되 3년을 초과할 수 없다.
230) 공무원노조법 17조(다른 법률과의 관계) ② 공무원(6조 1항 4호에 해당하는 사람을 포함한다)에게 적용할 노동조합 및 노동관계 조정에 관하여 이 법에서 정하지 아니한 사항에 대해서는 3항에서 정하는 경우를 제외하고는 「노동조합 및 노동관계조정법」에서 정하는 바에 따른다. (이하 생략)
231) 교원노조법 14조(다른 법률과의 관계) ① 교원에 적용할 노동조합 및 노동관계조정에 관하여 이 법에서 정하지 아니한 사항에 대하여는 2항에서 정하는 경우를 제외하고는 「노동조합

ILO 결사의 자유 위원회는 우리나라의 조합원 임원 자격을 조합원으로 한정하는 법률 규정이 위 협약에 위배된다고 보고 우리나라에 이 규정을 폐지할 것을 지속적으로 권고한 바 있다.[232] 개정 노조법 23조 1항은 초기업노조의 경우에는 임원의 자격을 조합원으로 한정하지 않지만, 기업별 노조의 경우 임원이나 대의원 자격을 종업원인 조합원으로 한정하였다. 기업별 노조 임원을 종사자로 한정하는 개정 입법은 조합원 아닌 자에게도 조합 임원 자격을 부여하라는 ILO 결사의 자유 위원회의 거듭된 권고와는 여전히 차이를 보인다.[233]

라. 운영을 조직할 단체의 권리

결사의 자유는 근로자 및 사용자가 그들 단체의 운영과 내부 선거를 규율하는 규칙 등을 스스로 결정할 수 있는 권리를 포함한다.[234] 따라서 근로자단체 및 사용자단체가 내부운영을 자유롭게 하지 못하도록 하는 법률이나 조치 등은 협약 3조상 권리에 부합하지 않는다.

조합원 총회를 금지하거나,[235] 노동조합단체가 노사관계전문가, 변호사 또는 사법절차나 행정절차에서 노동조합을 대표할 수 있는 대리인 등 선출된 임원이 아닌 전문가의 서비스를 이용하지 못하는 방법으로 법을 적용하거나,[236] 노동조합 임원이 어떤 종류의 보수도 받지 못하도록 금지하는 법규정을 제정하는 것은 3조의 요건에 부합하지 않는다.[237] 노조 전임자에 대한 사용자의 임금지급 금지,[238] 노사단체 내부 문제에 대한 행정당국의 재량적 조사 및 해산명령 등도 결사의 자유 원칙에 반하며,[239] 노동조합 내부 또는 연합단체 단계에서 민주주의를 존중하도록 하는 것이 유일한 목적인 경우에만 제한이 허용된다.[240]

및 노동관계조정법」에서 정하는 바에 따른다. (이하 생략)

232) ILO CFA, 346th Report (2007), Case No. 1865 (Republic of Korea), para. 761; ILO CFA, 353rd Report (2009), Case No. 1865 (Republic of Korea), para. 126.

233) 이승욱, 「ILO 핵심협약 비준을 위한 입법 방안의 모색」, ILO 핵심협약 비준과 입법적 쟁점 토론회, 한국노동연구원(2019.6.18.), 33면도 같은 의견이다.

234) ILO Compilation (2018), paras. 666~667.

235) ILO Compilation (2018), para. 669.

236) ILO Compilation (2018), para. 670.

237) ILO Compilation (2018), para. 671.

238) ILO Compilation (2018), para. 672; ILO CFA, 307th Report (1997), Case No. 1865 (Republic of Korea), para. 225.

239) ILO Compilation (2018), para. 674.

240) ILO Compilation (2018), para. 676. 그러나 연합단체에서 총회와 대의원회 투표의 경우 해운노조에 배정된 표결권은 해당 조합원수에 따르지 않고 전체 표결권의 10분의 1을 넘을 수 없다는 규정은 민주적 절차의 보장을 넘어서는 것이다[ILO CFA, 211th Report (1981), Case

사용자 및 근로자가 스스로 선택한 단체를 설립할 권리 및 그러한 단체가 자체규약과 내부규칙을 마련하고 그 운영과 활동을 조직할 권리는 재정적 자주성을 전제로 한다. 따라서 노동조합 재정에 대한 규율이 정부의 재량을 허용하는 것이어서는 안 된다.[241] 예를 들어, 노동조합이 외부인으로부터 기부금을 받음에 있어 당국의 승인을 받도록 하는 것은 곤란하다.[242]

노동조합에 의한 교육훈련은 장려되어야 하지만 노동조합 자체에 의해 실시되어야 하며, 물론 노동조합은 정부가 제공하는 물질적, 정신적 지원을 이용할 수 있다.[243]

노동조합 자체 예산 및 연합단체와 총연합단체 예산과 관련된 노동조합 및 사용자단체의 재정조달 문제는 노동조합, 연합단체 및 총연합단체의 규약에 의해 규정되어야 한다. 따라서 조합비의 납부,[244] 배분[245] 등은 관련 노동조합이 독자적으로 결정할 사항이다. 노동조합에 재정적 어려움을 야기할 수 있는 노동조합비 원천공제제도를 폐지하는 것은 곤란하다.[246] 사용자에 의한 노동조합비 공제 및 노동조합으로의 조합비 이체는 법에서 정할 사항이 아니라 사용자와 노동조합 사이의 단체교섭을 통해 다루어져야 하는 사항이다.[247]

노동조합이 정상적이고 합법적인 노동조합 목적을 위해 원하는 바에 따라

No. 1057 (Greece), para 174].

241) ILO Compilation (2018), paras. 680, 682, 686; ILO CFA 304th Report (1996), Case No. 1865 (Republic of Korea), para. 248; ILO CFA 306th Report (1997), Case No. 1865 (Republic of Korea), para. 326.

242) ILO Compilation (2018), para. 680. 따라서 노동조합이 공공기구에 재정적으로 의존하도록 만드는 노동운동에 대한 재정지원제도와 관련하여, 위원회는 모든 형태의 국가 통제는 결사의 자유 원칙에 부합하지 않으며 폐지되어야 한다고 판단하였다. 이는 노동조합의 재정관리에 대한 당국의 개입을 허용하기 때문이다(para. 681).

243) ILO Compilation (2018), para. 685.

244) ILO Compilation (2018), para. 687.

245) ILO Compilation (2018), para. 689.

246) ILO Compilation (2018), para. 690; ILO CFA, 346th Report (2007), Case No. 1865 (Republic of Korea), para. 788; ILO CFA, 363rd Report (2012), Case No. 1865 (Republic of Korea), para. 122. 다만 조합원이 조합비를 임금에서 공제하도록 하기 위해 조합가입승인 또는 증거를 제출할 것을 의무화하는 법과, 조합비 공제를 위해 노동조합이 조합원 명부를 제출하도록 하는 법 양자는 87호 협약과 135호 협약에 부합한다(para. 691). 또한 노동조합비가 임금에서 공제되도록 하기 위해 근로자가 노동조합원 자격을 서면으로 확인하는 요건도 결사의 자유 원칙에 위배되지 않는다(para. 692). 즉 조합비 공제에 대한 서면동의 요건은 결사의 자유 원칙에 반하지 않는다(para. 693). 따라서 조합비 상당액 납부를 명시적으로 거부한 비조합원 근로자에 대해 기업이 조합비 상당액을 공제하지 않은 것은 결사의 자유 원칙에 부합한다(para. 694).

247) ILO Compilation (2018), para. 701.

기금을 운영하고 사용할 자유를 제한할 수 있는 권한을 당국에 부여하는 규정은 결사의 자유 원칙과 양립할 수 없다.[248] 공정하고 객관적인 절차를 보장하기 위해 직업단체의 내부 관리에 대한 사법통제가 있어야 한다는 일반원칙은 노동조합의 재산 및 재정운영과 관련하여 특히 중요하다.[249]

정부에 노동조합기금 감사권을 부여하는 규정은 87호 협약 3조에 일반적으로 위반된다.[250] 공공당국이 노동조합 재정에 대해 행사하는 통제는 정기보고서 제출의무 이상이어서는 안 되며, 수시로 감독을 실시하고 자료를 요청할 수 있는 당국의 재량권은 노동조합 내부 운영에 개입할 수 있는 위험을 수반한다.[251]

우리나라의 노조전임자 급여 금지 규정과 근로시간면제제도가 운영을 조직할 단체의 권리와 관련하여 문제되어 왔다. 1865호 이의제기 사건과 관련하여 ILO는 1998년부터 최근까지 여러 차례에 걸쳐 노조전임자에 대한 사용자의 급여지급 사항은 입법적 개입 대상이 아니며 노사 당사자들이 그에 관하여 자유롭고 자주적인 교섭을 할 수 있도록 결사의 자유 원칙에 따라 신속하게 문제를 해결할 것을 우리 정부에게 권고하였다.[252] 사실상 ILO는 노조전임자 급여 금지 규정의 폐지를 반복적으로 권고하고 있었던 것이다.

노조전임자 급여 금지제도를 사실상 대체하고 있는 근로시간면제제도에 대하여도, ILO는 같은 사건에 관한 2012년 363차 보고서에서, 근로시간면제제도(time-off)의 도입 의도 자체는 이해한다고 하면서도, ① 우리 정부가 여전히 정부가 급여 지급에 대한 전반적인 금지를 유지하고 있으며, ② 근로시간 면제자가 수행할 수 있는 활동의 유형에 대한 입법적 개입이 있는 점과 ③ 노사관계가 노조에서 지명한 적절한 인물이 아닌 전임자에 의해서만 이루어지게 하는 점 등에 대해 유감과 우려를 표명하였다(para. 110).

이와 관련하여 개정 노조법은 다음과 같은 내용을 담고 있다.

---

248) ILO Compilation (2018), para. 706.

249) ILO Compilation (2018), para. 713.

250) ILO Compilation (2018), para. 708.

251) ILO Compilation (2018), para. 711.

252) ILO CFA Case No. 1865 (Republic of Korea): 309th Report (1998), para. 160(a)(x); 311th Report (1998), para. 339(a)(ix); 320th Report (2000), para. 530(b)(vi); 327th Report (2002), para. 506(a)(iv); 331st Report (2003), para. 356(b)(iii); 335th Report(2004), para. 841(a)(iii); 340th Report(2006), para. 781(b)(ii); 346th Report(2007), para. 806(c)(ii); 353rd Report(2009), para. 749(c)(ii); 363rd Report (2012), para. 110; 371st Report (2014), para. 47; 382nd Report (2017), para. 47.

① 노동조합의 업무에만 종사하는 근로자에 대한 급여지급 금지 규정을 삭제하고, 사용자가 노동조합의 업무에만 종사하는 근로자에게 급여를 지급하는 경우, 해당 근로자는 근로시간 면제 한도를 초과하지 아니하는 범위에서 노동조합의 업무를 수행하도록 하였다(24조 2항).

② 개정 전의 법은 전임자에 대한 급여지급을 요구하거나 법이 정한 근로시간면제제도를 위반한 급여지급을 요구하는 쟁의행위를 금지했는데(24조 5항), 개정법은 쟁의행위 금지규정(5항)을 삭제하고, 법이 정한 근로시간면제 한도를 초과한 부분의 단체협약 또는 사용자의 동의를 무효로 하는 것으로 변경됐다(24조 4항).

③ 근로시간면제 한도를 정하는 근로시간면제심의위원회를 종전 고용노동부에 두었던 것을 「경제사회노동위원회법」에 따른 경제사회노동위원회의 특별위원회로 설치하고, 위 위원회는 노동단체, 경영자단체, 경제사회노동위원회에서 추천한 위원들로 구성하게 하였다.

④ 부당노동행위가 되는 사항 중 “노조전임자에 대한 급여지급”을 “근로시간면제 한도를 넘어선 급여지급”으로 변경함으로써(81조 1항 4호), 노조전임자 급여지급에 대한 처벌은 삭제하였지만 근로시간면제 한도를 넘어선 급여지급을 여전히 처벌하도록 하고 있다.

ILO의 거듭된 권고에 따라 전임자 급여지급을 금지하는 규정과 근로시간면제제도를 위반하는 사항을 요구하는 쟁의행위 금지규정을 삭제한 점에 비추어 볼 때, 개정 입법에 의해 ILO의 입장과 간격이 일정 부분 좁혀졌다고 볼 여지도 있다.[253]

그러나 개정 노조법이 근로시간면제 한도에 강제력을 부여하고 있고 이를 위반하는 행위를 부당노동행위로 처벌하고 있는 점, 근로시간면제제도에 의해 급여를 지급받는 노조전임자가 수행할 수 있는 활동에 여전히 제한을 두고 있는 점 등 ILO의 입장과 여전히 차이가 유지되고 있는 부분도 있어 문제의 소지

253) 이는 사실 ILO가 근로시간면제제도를 긍정하면서 그 입장이 다소 모호해진 데 따른 것이라고 볼 수도 있다. 우리 제도는 노조전임자 급여금지 제도를 두고 있기는 했지만 이를 보완하기 위하여 근로시간면제제도를 두면서 사실상 노조전임자 급여를 일정 부분 지급할 수 있도록 여지를 열어두고 있었다. ILO가 전임자 급여에 관한 입법적 개입을 금해야 한다고 하면서도 근로시간면제제도나 그 밖의 가이드라인을 두는 것을 이해할 수 있다는 입장을 취하면서 사실상 노조전임자 급여금지 제도에 대한 반대도 일정 부분 힘을 잃고 있다고 볼 수도 있다.

를 안고 있다.

마. 자유롭게 활동을 조직하고 계획을 수립할 수 있는 단체의 권리

결사의 자유는 근로자단체 및 사용자단체가 직업상 이익을 보호하기 위해 정치적 활동이나 기타 활동(항의활동, 구성원 대표, 연좌농성, 대중시위 등)을 추구할 권리도 의미한다.254)

그러므로 노동조합은 직업적 이익과 노동조합을 위한 목적 등 특정한 목적을 촉진하기 위하여, 경제사회적 문제에 관한 정치적 입장을 정하는 등의 정치활동을 할 수 있으며,255) 일체의 정치적 활동을 금지하는 것은 결사의 자유 원칙에 부합하지 않는다.256)

그런 측면에서, 순수 정치파업인지 경제사회적 문제에 관한 정치파업인지를 구별하지 않고 일체의 정치적 파업을 금지하고 있는 우리 대법원의 태도257)는 ILO의 입장과 일정한 차이가 있다고 볼 수 있다.

또한 공무원노조와 교원노조 및 그 조합원들의 정치활동을 금지하고 있는 공무원노조법 4조 및 교원노조법 3조도 같은 맥락에서 문제가 있다. ILO 결사의 자유 위원회는 우리나라에 대하여도 공무원노조가 조합원의 이익에 직접적 영향을 미치는 경제 및 사회 정책 문제에 발언하는 것을 허용할 것을 권고한 바 있다.258) 따라서 ILO의 입장에 부합하는 방식으로 해석을 시도해 본다면, 공무원노조법 4조와 교원노조법 3조의 문언이 정치활동의 포괄적 금지로 해석될 여지가 있음에도 불구하고, 조합원의 경제·사회적 이익에 관련된 정치적 견해

---

254) ILO Compilation (2018), paras. 716~750. 노사단체는 압력, 위협, 괴롭힘, 협박 또는 문서위조를 포함하여 단체와 그 지도부를 불신하도록 하는 시도 등으로부터 자유로운 분위기 속에서 그 활동을 허용받아야 한다(para. 731).

255) ILO Compilation (2018), paras. 721, 725, 730, 731.

256) ILO Compilation (2018), para. 728.

257) 대법원 1991. 1. 29. 선고 90도2852 판결은 구속근로자에 대한 구형량에 대한 항의와 석방촉구를 목적으로 한 근로자들의 집단조퇴, 월차휴가신청에 의한 결근 및 집회 등이 노동쟁의조정법의 규제대상인 쟁의행위에 해당하지 않는다고 보고, 업무방해죄의 성립을 인정하였다.
대법원 2012. 4. 26. 선고 2009도3972 판결은 한미FTA 체결을 저지하기 위한 파업에 대하여 "이 사건 쟁의행위가 국가기관으로 하여금 일정한 행위를 하거나 하지 못하게 함을 목적으로 하여 노동관계 당사자인 사용자가 법률적, 사실적으로 처리할 수 있는 사항의 범위를 벗어나고"라고 판시하여 정치파업의 정당성을 부정하였다. 한편, 위의 판례들 외에 대법원 2001. 11. 27. 선고 99도4779 판결도 노동법 개정을 저지하려는 목적의 쟁의행위가 정당하지 않다고 본 판례라고 설명하는 경우도 있으나[예를 들어 오문완, 152면], 위 판례는 정치파업의 정당성 문제를 정면으로 지적하고 있다고 보기 어렵다.

258) ILO CFA, 346th Report (2007), Case No. 1865 (Republic of Korea), para. 749.

표명은 허용하는 것이 바람직해 보인다. 금지되는 정치활동이란 조합원의 경제·사회적 이익과 무관한 순수한 정치활동에 한정하는 것이 좋을 것이다.

노동조합 역시 정치활동의 한계를 지킬 필요가 있으며, 순전히 정치적 이익만을 좇는 남용적 정치활동은 바람직하지 않다.[259] 한국의 사례에서, 결사의 자유 위원회는 사회경제적 사항을 넘어 국가안전 문제에 대해 다루는 활동은 결사의 자유 원칙 보호범위를 벗어난다고 밝혔다.[260]

한편, 정부는 노동조합의 기능에 개입하는 것을 자제하여야 한다.[261] 정부는 노동운동을 정치적 목적 달성을 위한 수단으로 바꾸려는 시도를 하여서는 안 되고 특정 정당과 자유롭게 설정한 관계를 이유로 노동운동의 정상적인 기능에 개입하려는 시도를 하여서는 안 된다.[262]

그 밖에도 노동조합은 직업적 이익을 보호하기 위한 다양한 활동을 할 수 있다. 청원권을 행사할 수 있으며,[263] 사용자에 대한 요구,[264] 당국에 대한 비판,[265] 최저임금 캠페인,[266] 법원 판결에 대한 의견표명,[267] 연좌농성,[268] 근로조건 관련 구제절차에서 노조 임원에 의한 대표행위,[269] 노동조합 교육훈련 대상 조합원 선정[270] 등을 자유롭게 할 수 있어야 한다.

다만, 최고법원 소송절차에서의 변호사 의무대리 도입,[271] 노동조합의 보이콧 금지[272] 등은 부당한 개입에 해당하지 않는다.

바. 파 업 권

(1) 파업권의 인정 여부

파업권은 87호 협약 문언에 명시되어 있지는 않지만, ILO 전문가위원회와

259) ILO Compilation (2018), para. 727.
260) ILO CFA, 346th Report (2007), Case No. 1865 (Republic of Korea), para. 778.
261) ILO Compilation (2018), para. 721.
262) ILO Compilation (2018), para. 724.
263) ILO Compilation (2018), para. 735.
264) ILO Compilation (2018), para. 736.
265) ILO Compilation (2018), para. 737.
266) ILO Compilation (2018), para. 739.
267) ILO Compilation (2018), para. 740.
268) ILO Compilation (2018), para. 741.
269) ILO Compilation (2018), para. 745.
270) ILO Compilation (2018), para. 749.
271) ILO Compilation (2018), para. 747.
272) ILO Compilation (2018), para. 748.

결사의 자유 위원회 등에서는 결사의 자유 원칙에서 파생되는 당연한 권리로서 항상 인정되어 왔다.273) 1959년 전문가위원회는 결사의 자유와 관련한 최초의 일반조사(General Survey)에서 처음으로 파업권에 대한 87호 협약상의 명문의 근거를 "운영 및 활동을 조직하고, 계획을 수립할" 권리를 규정한 87호 협약 3조에서 찾으면서, 파업권의 금지는 87호 협약 8조와 10조에도 반한다고 보았다.274)

1983년 일반조사에서 전문가위원회는 "파업권은 근로자와 그 단체가 자신의 사회적·경제적 이익 증진을 위해 이용할 수 있는 필수적 수단의 하나이다"라고 하여 파업권을 일반적으로 인정하였는데, 파업권에 대한 일반적 승인을 하였음에도 불구하고 1983년 일반조사는 당시 사용자 측의 반대 없이 채택되었다.275)

결사의 자유 위원회도 근로자와 그 단체에 의한 파업권을 그 경제적·사회적 이익을 옹호하는 정당한 수단으로서 항상 인정해 왔는데,276) 여러 사건에서 87호 협약 3조를 파업권에 대한 근거로 제시하였다.277) 결사의 자유 위원회가 중립적인 전문가로 구성되는 전문가위원회와 달리 노사정 3자 구성으로 위원이 지명되고, 만장일치 원칙으로 결정을 채택해 오고 있음을 감안한다면, 파업권에 대한 결사의 자유 위원회 결정례가 일관된 입장으로 나오고 있다는 것은 사용자 측도 파업권에 대한 동일한 이해를 오랫동안 전제하고 있었음을 보여준다. 다만 2012년에 총회기준적용위원회의 사용자 측은 파업권이 87호 협약에 명시되지 않았음에도 불구하고 그동안 이를 인정해 온 전문가위원회 등의 의견에 동의할 수 없다며 총회기준적용위원회를 보이콧하였고, 이에 따라 ILO 체제 내에서 굳건하게 확립된 파업권에 관한 법리에 대한 도전이 제기되기도 하였다.278) 그러나 이러한 사용자 측의 도전에도 불구하고 파업권이 87호 협약에 의

273) ILO Compilation (2018), para. 752; ILO CFA, 363rd Report (2012), Case No. 2602 (Republic of Korea), para. 465; ILO CFA 365th Report (2012), Case No. 2829 (Republic of Korea), para. 577.

274) ILO, "Report of the Committee of Experts on the Application of Conventions and Recommendations", Report III (Part I), International Labour Conference, 43rd session (1959), pp.114~115.

275) ILO, "Freedom of Association and Collective Bargaining: General Survey of the Committee of Experts on the Application of Conventions and Recommendations", Report III (Part 4B), International Labour Conference, 69th session (1983), p.62.

276) ILO Compilation (2018), para. 752.

277) ILO, Committee on Freedom of Association, Digest of Decisions (2006), paras. 135, 555 & 669.

278) 관련 논의는 이승욱 참조.

해 도출되는 내재적 귀결이라는 해석이 타당하다는 것은 ILO 내에서나 국제노동법학계에서 흔들림 없는 지지를 받는 것으로 보인다.[279] 파업권이 근로자와 그 단체가 그 경제적·사회적 이익을 촉진하고 옹호할 수 있는 핵심적 수단의 하나라는 것은 ILO 체제 내에서 굳건하게 확립된 원칙이다.[280]

파업권을 전제로 하지 않는다면 단체교섭권은 근로자의 처지에서는 아무런 실제적 효과를 가질 수 없다. 독일 연방노동법원은 "이익충돌의 상황에서 일반적으로 파업권이 없는 단체교섭권은 집단적 구걸(kollektives Betteln)에 다름 아니게 될 것"이라고 판시하였다.[281]

이를 염두에 두면서, 다음은 파업권에 관한 결사의 자유 위원회 결정례의 주요 내용을 간략히 살펴본다.

(2) 파업의 목적

우리 대법원은 전통적으로 정당성을 인정받을 수 있는 쟁의행위의 목적은 단체교섭사항에 한하는 것으로 좁게 해석해 왔다(단체교섭사항설). 대법원에 의하면, 쟁의행위는 그 목적이 '근로조건의 향상을 위한 노사간의 자치적 교섭을 조성하기 위한 것'이어야 한다고 하면서, '여기서 그 목적이 근로조건의 향상을 위한 노사간의 자치적 교섭을 조성하기 위한 것이라 함은 그 쟁의에 의하여 달성하려는 요구사항이 단체교섭사항이 될 수 있는 것을 의미한다'고 판시하고 있다.[282]

---

279) Edoardo Ales et al., p.1500(para. 34) 참조.

280) ILO Compilation (2018), para. 753; ILO CFA, 346th Report (2007), Case No. 1865 (Republic of Korea), para. 780; ILO CFA, 350th Report (2008), Case No. 2602 (Republic of Korea), para. 681.

281) 독일 연방노동법원 1980년 6월 10일 판결 (1 AZR 822/70). 영국의 경우 1942년 Crofter Hand Woven Harris Tweed v Veitch 사건 판결([1942] AC 43, Lord Wright, p.463.)에서 "근로자의 파업권은 단체교섭 원칙에 필수적인 요소이다"라고 판시하고 있고, 남아프리카공화국 헌법재판소는 "단체교섭은 사용자가 개별 근로자보다 더 많은 사회적·경제적 힘을 향유하고 있다는 사실에 대한 승인에 근거하고 있다. 따라서 근로자는 사용자와 효과적인 교섭을 하기 위해 충분한 교섭력을 가지고 집단적으로 행동하는 것이 필요하다. 근로자는 주로 파업메커니즘을 통해 교섭력을 행사하고 있다"고 판시하고 있다(In re Certification of the Constitution of South Africa 1996 (4) SA 744, at para. 66). 캐나다 연방대법원도 "근로자로부터 파업권을 박탈하는 것은 단결권과 단체교섭권의 혜택을 심각하게 박탈하여 그러한 권리 행사를 거의 무의미한 것으로 만들어 버린다"고 판시한 바 있으며(SEIU, Local 204 and Broadway Manor Nursing Home (1983) 44 O.R. (2d) 392 (SC)), 2015년에는 파업권을 헌법상 권리로 최초로 명시적으로 인정하는 역사적 판결을 내렸다(Saskatchewan Federation of Labour v. Saskatchewan, 2015 SCC 4) 참조; 이승욱, 98면에서 재인용.

282) 대법원 1994. 9. 30. 선고, 94다4042 판결, 대법원 2001. 10. 25. 선고 99도4837 전원합의체

이때의 단체교섭사항은 의무적 단체교섭사항만을 의미한다. 근로자 측에서 단체교섭을 요구하였을 때 사용자가 이에 응할 의무가 있는 사항에 한정된다. 여기에는 임금, 근로시간, 복리후생 등 근로조건에 관한 사항과 조합활동 등 노동조합 및 당해 노사관계에 관련된 사항들이 포함된다. 반면, 임의적 교섭사항을 요구하는 쟁의행위는 정당성을 인정받지 못한다.[283] 임의적 교섭사항은 사용자가 교섭에 응할 의무는 없지만 이를 단체협약으로 체결할 경우에는 효력을 발휘하는 사항으로 조직 운영 및 경영 일반에 관한 사항[284]이 이에 해당한다. 정리해고의 제한과 같은 고용안정 협약 규정이 대표적이다. 임의적 교섭사항에 대해서는 사용자가 교섭에 응할 의무가 없기 때문에 쟁의행위를 통해 이를 강제해서는 안 된다는 것이다.

그러나 ILO의 입장은 우리 대법원과 달리 쟁의행위의 목적을 단체교섭사항에 한정하지 않는다. 결사의 자유 위원회에 따르면, 파업권은 단체협약 체결을 통해 해결할 수 있는 노동분쟁에 한정해서는 안 된다고 본다. 즉, 근로자와 그 단체는 필요하다면 그 조합원의 이익에 영향을 미치는 경제적 사항과 사회적 사항에 관한 자신의 불만을 더 넓은 맥락에서 표현할 수 있어야 한다.[285] 게다가 경영사항에 관한 파업 등 임의적 교섭사항에 관한 파업도 허용하여야 한다고 본다. 우리나라에 대한 1865호 사건 382차 보고서에서 구조조정과 민영화 반대를 위한 코레일 파업이 근로자의 이익에 영향을 미치는 사안으로 보고 파업이 허용되어야 한다고 본 바가 있다.[286]

ILO는 순수 정치파업은 결사의 자유 원칙에 따른 보호범위 밖이라고 보지만,[287] 조합원의 이익에 영향을 미치는 경제적 · 사회적 사항에 대한 의견을 표

판결 등 참조.

283) 대법원 1996. 2. 23. 선고 94누9177 판결: “노조전임제는 노동조합에 대한 편의제공의 한 형태로서 사용자가 단체협약 등을 통하여 승인하는 경우에 인정되는 것일 뿐 사용자와 근로자 사이의 근로계약관계에 있어서 근로자의 대우에 관하여 정한 근로조건이라고 할 수 없는 것이고, 단순히 임의적 교섭사항에 불과하여 이에 관한 분쟁 역시 노동쟁의라 할 수 없으므로 특별한 사정이 없는 한 이것 또한 중재재정의 대상으로 할 수 없다.”

284) 대법원 2014. 3. 27. 선고 2011두20406 판결. 대법원은 헌법 23조 1항의 재산권보장 조항, 119조 1항의 경제질서 조항, 15조의 직업선택의 자유 조항 등을 근거로 하여, 경영권이 헌법적으로 보장되는 권리라고 보고 있다(대법원 2003. 7. 22. 선고 2002도7225 판결).

285) ILO Compilation (2018), para. 766.

286) ILO CFA, 382nd Report (2017), Case No. 1865 (Republic of Korea), para. 90.

287) ILO Compilation (2018), paras. 760~763, 779. 순수하게 정치적인 파업은 결사의 자유 원칙의 범위에 속하지 않지만, 노동조합은 특히 정부의 경제정책과 사회정책을 비판하기 위한 목적을 가진 경우에는 항의파업을 할 수 있음은 물론이다(para. 763).

명하기 위한 파업은 정당하다고 본다.[288] 그 밖에도 ILO 결사의 자유 위원회는 우리 대법원의 단체교섭사항설과 배치되는 동정파업(연대파업), 경영사항 목적 파업[289]도 결사의 자유 보호범위에 속한다고 본다.

그러나 순수하게 정치적 성격의 파업,[290] 법령, 단체협약 또는 고용계약의 해석에 관한 권리분쟁에 관한 파업[291]은 원칙적으로 결사의 자유 원칙의 보호범위에 속하지 않는다. 법령의 해석에 관한 문제는 법원에 권한이 있고, 이에 대한 쟁의행위를 금지하더라도 결사의 자유 원칙에 배치되는 것은 아니다.[292] 단체협약 또는 고용계약 등에 관한 권리분쟁도 파업행위가 정당하다고 보지 않을 수 있다. 분쟁 당사자가 적용 가능한 조정 절차에 따라 분쟁을 최종적으로 해결하기 위해 노동법원 등 관련 기관에 결정을 의뢰할 것이 기대되기 때문이다.[293]

다만, 하청근로자 노조가 원청 사업주에 대하여 노조의 인정을 요구하면서 벌이는 쟁의행위는 법령의 해석에 관한 권리분쟁의 일종으로 볼 여지도 있지만, ILO는 그 정당성을 인정해야 한다고 본다.[294]

단체협약 해석이나 적용에 관한 권리분쟁의 경우 공정하고 신속한 분쟁 해결 메커니즘이 마련되어 있는 경우라면 파업의 금지도 용인될 수 있지만, 그러한 메커니즘이 없다면 이는 이익분쟁에 해당된다고 보아 쟁의행위를 허용하여야 한다고 본다.[295]

(3) 파업의 방법

ILO는 대체로 비공인파업(wildcat strike), 작업거부, 태업(go-slow), 준법투쟁(working to rule) 및 직장점거파업(sit-down strikes) 등 다양한 유형의 파업 자체를 금지해서는 안 된다는 입장을 취하며, 다만, 비공인파업, 작업거부, 태업, 준법투쟁 및 직장점거 파업이 평화적으로 이루어지지 않게 된 경우에만 금지가 정당

288) ILO Compilation (2018), paras. 758, 759, 76[illegible], 766, 779, 780.
289) ILO CFA, 382nd Report (2017), Case No. 1865 (Republic of Korea), para. 90.
290) ILO Compilation (2018), para. 760.
291) ILO Compilation (2018), para. 767.
292) ILO Compilation (2018), para. 767.
293) 국제노동기구b, 80면.
294) 우리나라에 대한 직접 권고이기도 하다. ILO Compilation (2018), para. 772; ILO CFA, 355th Report (2009), Case No. 2602 (Republic of Korea), para. 662; ILO CFA, 363rd Report (2012), Case No. 1865 (Republic of Korea), para. 118.
295) ILO CFA, 367th Report (2013), Case No. 2907 (Lithuania), para. 898.

화될 수 있다고 보았다.[296] 파업권의 행사가 사용자의 기업시설 출입권 및 파업 불참근로자의 근로 자유를 침해해서는 안 된다고도 한다.[297]

즉, 쟁의행위의 유형을 통제해서는 안 된다는 것이며, 그것이 평화로운 방법으로 이루어지지 않은 경우에만 금지할 수 있다고 본다.

(4) 파업의 요건

파업이 합법적이기 위해서 국내법령상 충족되어야 하는 요건은 합리적이어야 하고 어떤 경우에도 노동조합단체가 사용할 수 있는 행동수단에 실질적 제한을 부과하는 것이어서는 안 된다.[298] 따라서 파업을 선언하는 법적 절차가 합법적인 파업 선언을 실제적으로 불가능하게 할 정도로 너무 복잡해서는 안 된다.[299]

파업의 전면 금지는 중대한 국가 비상사태시에 한정된 기간에 한하여 정당화될 수 있으며, 이 경우 국가안보나 공중보건을 이유로 파업을 중지할 책임은 정부가 아니라 모든 관련 당사자의 신뢰를 받는 독립적 기구에 있어야 한다.[300]

결사의 자유 위원회에 따르면, 파업권은 "국가의 이름으로 권한을 행사하는 공무원이 행하는 공공서비스"에 있어서 제한되거나 금지될 수 있는데,[301] 이 의미는 지나치게 광범위하게 정의되어서는 안 된다.[302] 예컨대 법무부와 사법부에서 근무하는 공무원,[303] 관세청 공무원,[304] 내국세의 관리, 감독 및 징수와 관련된 업무를 수행하는 공무원은 '국가의 이름으로 권한을 행사하는 공무원'에 해당할 수 있을 것이다.[305] 우리나라는 공무원의 쟁의행위를 금지하고, 위반시 형사처벌하고 있다(공무원노조법 11조, 18조). 결사의 자유 위원회는 우리나라 정부에 대하여 공무원노조법상의 파업권 제한은 국가의 이름으로 권한을 행사하는 공

296) ILO Compilation (2018), para. 784.
297) ILO Compilation (2018), para. 940.
298) ILO Compilation (2018), para. 789.
299) ILO Compilation (2018), para. 790.
300) ILO Compilation (2018), paras. 824~825; ILO CFA, 346th Report (2007), Case No. 1865 (Republic of Korea), para. 757; ILO CFA, 353rd Report (2009), Case No. 1865 (Republic of Korea), para. 713.
301) ILO Compilation (2018), para. 830.
302) ILO Compilation (2018), para. 829. 예컨대 국가소유 기업에 종사하는 공무원은 단체교섭권을 가져야 하며 반조합적 차별행위로부터 적절한 보호를 향유하여야 하고, 서비스의 중단이 인구의 전부 또는 일부의 생명, 개인적 안전 또는 건강을 위태롭게 하지 않는 한 파업권을 향유하여야 한다(para. 831).
303) ILO Compilation (2018), para. 832.
304) ILO Compilation (2018), para. 833.
305) ILO Compilation (2018), para. 834.

무원 및 엄격한 의미에서 필수서비스에 종사하는 자에 한정하는 것을 보장하도록 요청한 바 있다.[306]

결사의 자유 위원회가 인정하는 파업권이 제한되거나 금지될 수 있는 또 다른 경우로, 필수서비스(즉 그 중단이 인구의 전체 또는 일부의 생명, 개인의 안전 또는 건강을 위태롭게 할 수 있는 서비스)가 있다. 필수서비스의 의미는 특정 국가에 지배적인 특정한 상황에 따라 개별 판단이 필요하며, 절대적 개념은 아니다.[307] 파업이 금지될 수 있는 상황을 결정하기 위해서 확립되어야 하는 기준은 인구의 전부 또는 일부의 생명, 개인적 안전 또는 건강에 대한 명백하고 긴박한 위협의 존재이다.[308] 따라서 특정 사업에서의 파업으로 인해 무역과 통상에 악영향을 미친다고 하여도 그러한 결과가 그 사업을 엄격한 의미의 필수서비스로 만드는 것은 아니다.[309]

결사의 자유 위원회가 엄격한 의미의 필수서비스로 판단한 사업은 다음과 같다.[310] 병원사업,[311] 전기사업, 수도공급사업, 전화사업, 경찰 및 군인, 소방서비스, 공영 또는 민영 교도서비스, 학생에 대한 급식제공 및 학교청소, 항공관제 업무 등이다.

한편, 결사의 자유 위원회가 엄격한 의미의 필수서비스에 해당하지 않는다고 판단한 사업은 다음과 같다.[312] 라디오 및 텔레비전, 석유사업 및 정유시설, 항공기주유, 가스채취사업, 가스통 충전 및 판매, 항만, 은행, 중앙은행, 보험사업, 사회보험료 징수 및 조세징수를 위한 컴퓨터서비스, 백화점 및 놀이시설, 금속 및 광산사업, 도시운송을 포함한 운송일반, 항공기 조종사, 연료의 생산, 운송 및 유통, 철도사업, 대도시 대중교통, 우편사업, 쓰레기 수거사업, 냉동기업, 호텔사업, 건설, 자동차제조, 농업활동, 식료품의 공급 및 유통, 차, 커피 및 코코넛 농장, 조폐사업, 정부인쇄사업 및 술·소금 및 담배의 국가 전매, 교육사

---

306) ILO CFA, 346th Report (2007), Case No. 1865 (Republic of Korea), para. [illegible].
307) ILO Compilation (2018), para. 837.
308) ILO Compilation (2018), para. 836.
309) ILO Compilation (2018), para. 848; ILO CFA, 353rd Report (2009), Case No. 1865 (Republic of Korea), para. 715; ILO CFA, 363rd Report (2012), Case No. 2602 (Republic of Korea), para. 465; ILO CFA, 365th Report (2012), Case No. 2829 (Republic of Korea), para. 577.
310) ILO Compilation (2018), para. 840.
311) 위원회는 필수서비스에 해당하는 병원사업의 경우에도 병원 노무자와 조경사와 같은 일부 범주의 근로자는 파업권을 박탈당하여서는 안 된다고 하였다(para. 849).
312) ILO Compilation (2018), para. 841.

업, 광천수 병입회사, 항공기 수리, 엘리베이터 사업, 수출서비스, 민간보안사업(공영 또는 민영 교도사업 제외), 공항(항공관제 제외), 약국, 제빵, 맥주생산, 유리산업 등이다.

위원회는 교육부문도 필수서비스에 해당하지 않는다고 판단하였으나, 교장과 교감의 파업권은 제한 또는 금지될 수 있다고 판단하였다.313) 우리나라는 교원의 쟁의행위를 금하고 있는데(교원노조법 8조, 15조 1항), ILO는 특히 우리나라와 관련된 2569호 사건에서, 공공 및 민간 부문의 교사가 시위, 공개회의 및 파업에 대한 권리를 향유할 수 있도록 국내법을 개정하기 위해 사회적 파트너와 협의하여 필요한 조치를 취하도록 하라고 우리 정부에 촉구하였다.314)

공무서비스 또는 엄격한 의미의 필수서비스를 제공하여 파업이 제한되거나 금지되는 경우에는 그 대상조치가 근로자에게 제공되어야 한다.315) 그러한 대상조치로는 알선절차, 공평한 중재기구, 양 당사자에 대해 구속력 있는 중재재정의 존재 등을 예로 들 수 있고,316) 파업권 박탈에 상응하는 직장폐쇄권 부정317) 등도 예로 들어진다.

최소서비스(minimum service)는, 필수서비스의 경우를 포함하여 필수서비스가 아니지만 해당 국가에 매우 중요한 사업의 경우에도 파업을 하는 경우 유지되도록 강제할 수 있는 최소한의 서비스로서, 파업으로 공중의 정상적인 생활이 위태롭게 된다거나 공중의 일상생활에 필수적인 공공서비스라는 등의 이유로 파업기간 중 제공하도록 할 수 있는 업무를 의미한다.318)

최소서비스 설정이 허용되는 역무는, ① 그 중단이 인구의 전부 또는 일부의 생명, 개인적 안전 또는 건강을 위태롭게 할 수 있는 업무(즉 엄격한 의미의 필수서비스), ② 엄격한 의미의 필수서비스는 아니지만 파업의 범위와 기간이 국민의 정상적인 생활조건을 위태롭게 하는 중대한 국가적 위기를 초래할 수 있는 서비스, ③ 근본적인 중요성(fundamental importance)을 가진 공공서비스에 한정

313) ILO Compilation (2018), para. 844.
314) ILO CFA, 351st Report (2008), Case No. 2569 (Republic of Korea), para. 646(b).
315) ILO Compilation (2018), para. 853.
316) ILO Compilation (2018), paras. 856, 857. 알선 및 중재절차에서 이런 업무를 위탁받은 기구의 구성원은 철저히 공정해야 할 뿐만 아니라 강제중재의 성공 여부가 달려있는 양측의 신뢰를 얻고 유지하려면 또한 관련 사용자 및 근로자 양자에 대해 공평한 것으로 보여야 한다(para. 858).
317) ILO Compilation (2018), para. 860.
318) 한국노동연구원(연구책임자: 문무기), 17면.

된다.[319)]

필수서비스와 최소서비스의 관계를 어떻게 이해할 것인가는 문제인데, 우리 노조법상의 필수유지업무(42조의2)는 필수서비스에 보다 가깝고, 노사의 협정 또는 노동위원회의 결정에 따라 구체적으로 유지되어야 할 업무(42조의3, 4)가 최소서비스 개념에 가깝다고 설명되기도 한다.[320)] 규정 형식으로 보면, 노조법상의 필수유지업무의 규율은 ILO 결사의 자유 위원회가 규정하는 최소서비스 설정의 형식을 취한다고 보는 것이 간이한 이해에 도움이 될 듯하다.

우리 노조법이 규정하는 필수유지업무는 ILO의 개념인 필수서비스를 포함하고 있고, 그 밖에 엄격한 의미의 필수서비스는 아니지만 최소서비스 개념으로 접근할 필요가 있는 서비스들까지도 포함하고 있는 것이라고 본다. 즉, 우리 법은 필수서비스에 대해서도 쟁의행위의 전면적 금지보다는 최소서비스 제도를 통해 쟁의행위의 부분적 허용 방식을 취하고 있다.[321)]

이러한 최소서비스는 최소서비스의 범위가 파업을 무력화시키지 않도록 보장하면서 해당 서비스의 최소한의 요구 또는 국민의 기본적 필요를 충족시키는데 필요한 운영으로 한정되어야 한다.[322)] 이 경우 노동조합단체는 사용자 및 공공당국과 함께 최소업무를 정의하는 데 참여할 수 있어야 한다.[323)]

최소서비스에 대한 합의가 이루어지지 않은 경우에 사용자가 일방적으로 결정하는 것은 결사의 자유 원칙에 부합하지 않는다.[324)] 그 경우에는 행정당국이 아니라 법원이나 기타 독립적인 기구에 의해 해결되어야 한다.[325)]

---

319) ILO Compilation (2018), para. 866. 결사의 자유 위원회는 선박운송사업, 국영항만기업과 항만에 의해 제공되는 서비스, 여객 및 상품의 운송(지하철운송사업, 철도운송사업), 우편서비스, 조폐, 은행사업 및 석유업종, 교육서비스, 전염성이 높은 질병이 발생한 경우 동물보건부서, 엘리베이터 유지업무, 항공관제를 위해 제공되는 기상서비스, 알루미늄 생산, 보일러와 압력용기 허가, 사립탐정 및 경비 허가, 공공당국에 부속된 주거시설의 세탁업무와 운전업무 등에 대해서 필수서비스에 해당하지 않더라도 중요한 공공서비스에 해당하여 파업 시 최소서비스가 설정될 수 있다고 하였다.

320) 한국노동연구원 박제성 연구위원에 따르면 결사의 자유위원회가 "필수서비스"라는 용어를 services essentiels라는 용어로 표현하고 "최소서비스"를 service minimum으로 표현하는 점에 비추어, 필수서비스는 이러저러한 서비스들을 아우를 때 쓰는 유형적 표현이고 최소서비스는 어떠어떠한 제도적 틀을 지칭할 때 쓰는 개념적 표현이라고 본다. 박제성, 148면.

321) 박제성, 148면.

322) ILO Compilation (2018), para. 874.

323) ILO Compilation (2018), para. 871.

324) ILO Compilation (2018), para. 883.

325) ILO Compilation (2018), paras. 876, 879 & 882.

우리나라는 파업권 제한의 문제와 관련하여 긴급조정과 강제중재의 문제가 거론된다. ILO 결사의 자유 위원회는 1865호 사건에서 우리나라에 대하여, 관련된 모든 당사자의 신뢰를 받고 있는 "독립된 기구"에 의해서만 긴급조정을 할 수 있고 결사의 자유 원칙에 따라 "파업이 제한될 수 있는 경우에만"[326] 긴급조정이 행해질 수 있도록 노조법상의 긴급조정 조항(76조 내지 80조)을 '개정'할 것을 지속적으로 권고하고 있다.[327]

위 사건에서 정부는 고용노동부장관이 중립적이고 독립적인 기구인 노동위원회의 의견을 들어서 긴급조정 여부를 결정하기 때문에 중립성이 확보된다고 답변하였으나,[328] ILO는 이에 동의하지 않았다.[329]

또한 위 사건에서 노동당국을 통한 강제중재 제도는 그 활동을 조직할 근로자단체의 권리를 상당히 제한하는 결과를 초래할 수 있으며 결사의 자유 원칙을 위반하여 파업의 절대적 금지에도 해당할 수 있다고 보았다.[330]

(5) 파업 시 대체고용 등

파업 중인 근로자는 ① 법이 파업을 금지하고 있는 엄격한 의미의 필수서비스에서의 파업의 경우 및 ② 파업이 중대한 국가 긴급사태를 초래할 수 있는 경우에만 대체될 수 있다.[331] 이 요건에 해당하지 않는 상황에서 파업을 와해시키기 위한 근로자 대체는 결사의 자유에 대한 심각한 위반에 해당한다.[332]

다만, 경제의 핵심 산업에서의 장기간 총파업이 인구의 생명, 건강 또는 개인적 안전을 위태롭게 할 수 있는 상황을 초래할 수 있는 경우에, 업무복귀명령은 그러한 상황을 야기할 수 있는 특정 범주와 기간의 인원에 대하여 적용된다

326) 필수서비스 또는 국가의 이름으로 권한을 행사하는 공무원이 행하는 공공서비스 등을 의미한다.

327) ILO CFA, 346th Report (2007), Case No. 1865 (Republic of Korea), para. 806(c)(iii); ILO CFA, 353rd Report (2009), Case No. 1865 (Republic of Korea), para. 749(c)(iv); ILO CFA, 363rd Report (2012), Case No. 1865 (Republic of Korea), para. 103.

328) ILO CFA, 353rd Report (2009), Case No. 1865 (Republic of Korea), para. 662.

329) ILO CFA, 353rd Report (2009), Case No. 1865 (Republic of Korea), para. 779 (c)(iv).

330) ILO CFA, 346th Report (2007), Case No. 1865 (Republic of Korea), para. 757; ILO CFA, 353rd Report (2009), Case No. 1865 (Republic of Korea), para. 713. 더불어서 ILO Compilation (2018), para. 822 참조.

331) ILO Compilation (2018), para. 917.

332) ILO Compilation (2018), para. 918; ILO CFA, 306th Report (1997), Case No. 1865 (Republic of Korea), para. 336; ILO CFA, 335th Report (2004), Case No. 1865 (Republic of Korea), para. 826; ILO CFA, 346th Report (2007), Case No. 1865 (Republic of Korea), para. 757.

면 정당할 수 있다. 그러나 그러한 경우 외의 업무복귀 요구는 결사의 자유 원칙에 반한다.[333)]

ILO 기본협약 비준 전 노사관계법 개정에 관한 사회적 대화를 진행한 경제사회노동위원회 산하 노사관계 제도·관행 개선위원회에서는 대체고용을 허용할 것인가의 문제도 논의하였으나, 입법에는 반영되지 않았다.[334)]

(6) 파업기간 중 경찰 개입

근로자 및 그 단체는 국내법을 존중할 의무가 있고, 파업시 경찰력의 개입은 공공질서 유지에 엄격히 제한되어야 한다.[335)] 파업시 당국은 법과 질서가 심각하게 위협받는 중대한 상황에서만 물리력을 사용해야 한다.[336)] 파업을 분쇄할 목적으로 경찰을 이용하는 것은 노동권에 대한 침해이다.[337)]

(7) 파업기간 중 임금 공제

파업기간 중 임금 공제는 결사의 자유 원칙에 상충되지 않는다.[338)] 그 경우 임금 공제는 파업에 참가한 근로자에게만 적용되어야 한다.[339)] 그러나 파업기간에 상응하는 액수보다 더 많은 액수의 임금을 공제하는 것과 같은 추가적인 제재는 정당한 쟁의행위 행사에 대한 제재에 상당한다.[340)]

또한 모든 노동조합이 파업에 참가하였으나 임금 삭감을 특정 노동조합활동가에게만 적용하는 것은 결사의 자유 원칙에 영향을 미치는, 관련 노동조합에 대한 사실상의 차별적 대우에 해당한다.[341)]

반면에 파업기간 중 임금을 지급할 의무를 법에 의해 사용자에게 부과시키는 것도 결사의 자유 원칙에 상충될 수 있다. 이 문제는 당사자들 사이에 해결

---

333) ILO Compilation (2018), para. 920.

334) 경제사회노동위원회, 466면, 501면.

335) ILO Compilation (2018), para. 933. 즉 근로자 및 그 단체는 국내법을 존중할 의무가 있지만, 파업 참가자에게 영향을 미치는 법원 판결을 집행하기 위한 경찰의 개입은 기본적인 공적 자유를 존중하는 모든 체제에서 적용될 수 있는 기초적인 보장을 준수해야 한다(para. 934; ILO CFA, 350th Report (2008), Case No. 2602 (Republic of Korea), para. 697).

336) ILO Compilation (2018), para. 932.

337) ILO Compilation (2018), para. 931.

338) ILO Compilation (2018), para. 942; ILO CFA, 363rd Report, Case No. 1865 (Republic of Korea), para. 110.

339) ILO Compilation (2018), para. 950.

340) ILO Compilation (2018), para. 943.

341) ILO Compilation (2018), para. 946.

하여야 할 문제이다.342)

(8) 파업에 대한 책임

㈎ 정당한 파업

정당한 파업을 주도한 노동조합에 제재를 부과하는 것은 결사의 자유 원칙에 대한 중대한 위반이다.343) 정당한 파업 참가를 이유로 어떠한 자도 처벌받아서는 안 되며, 특히 평화적 파업에 참가한 것을 이유로 형사처벌이 이루어져서는 안 된다.344) 어느 누구도 평화적인 파업을 조직하거나 참가하였다는 사실만으로 그 자유가 박탈되거나 형사제재를 받아서는 안 된다.345)

정당한 파업에 대해 노동조합 사무실을 폐쇄하거나,346) 파업을 이유로 근로자를 해고하고,347) 재고용을 거부하는 등 불이익을 주는 것은 결사의 자유에 대한 침해이다. 파업 참가의 결과로서 해고된 근로자는 기업에서 근속한 연수에 상응하여 합법적으로 취득한 기득의 퇴직급여를 박탈당하여서는 안 된다.348) 파업불참자에 대해 상여금을 지급하는 차별관행은 조합원의 활동을 조직할 권리에 대한 중요한 장애이다.349)

결사의 자유 위원회는 다음과 같이 민사책임에 관한 법규정은 결사의 자유 원칙에 반한다고 판단하고 있다. ① 실질적으로 모든 쟁의행위를 이에 참가한 자 측의 계약위반으로 취급하는 것, ② 그 행위의 결과로 사용자에게 발생한 일체의 손해에 대한 책임을 그러한 계약 위반을 주동한 노동조합이나 그 임원에게 부과하는 것, ③ 그러한 행위에 직면하고 있는 사용자가 불법행위의 개시(또

342) ILO Compilation (2018), para. 949.

343) ILO Compilation (2018), para. 951.

344) ILO Compilation (2018), paras. 953~954; ILO CFA, 351st Report (2008), Case No. 2569 (Republic of Korea), para. 640. 그러나 파업의 틀 내에서 일반 형법상 사람과 재산에 대한 폭력이 행해지고 이것이 그러한 행위를 처벌하는 법령에 근거하고 있는 경우에만 형사처벌이 부과되어야 한다[ILO Compilation (2018), para. 955; ILO CFA, 353rd Report (2009), Case No. 1865 (Republic of Korea), para. 716].

345) ILO Compilation (2018), para. 971; ILO CFA, 353rd Report (2009), Case No. 1865 (Republic of Korea), para. 715.

346) ILO Compilation (2018), para. 952.

347) ILO Compilation (2018), para. 957; ILO CFA, 350th Report (2008), Case No. 2602 (Republic of Korea), para. 681; 355th Report (2009), Case No. 2602 (Republic of Korea), para. 662. 해고가 파업 중 또는 파업 후에 일어났는지는 무관하며, 논리적으로 볼 때 해고의 목적이 파업권 행사를 방해하거나 처벌하기 위한 것이라면 해고가 파업 전에 발생해도 무방하다(para. 959).

348) ILO Compilation (2018), para. 964.

349) ILO Compilation (2018), para. 976.

는 계속)를 방지하기 위한 가처분을 구하는 것을 허용하는 것은 결사의 자유 원칙에 반한다.[350)]

종래 우리 법원의 실무는 정당성이 인정되지 않는 쟁의행위를 형법 314조의 위력에 의한 업무방해죄로 처벌해 왔다. 폭력이 수반되지 않는 평화로운 파업도 마찬가지였다.[351)]

이러한 실무에 대하여는 노동계를 중심으로 지속적인 비판이 제기되어 왔다.

대법원 2011. 3. 17. 선고 2007도482 전원합의체 판결은 평화적인 파업에 대해 업무방해죄가 성립할 수 있다는 종전의 입장을 유지하면서도 "시기의 전격성"과 "심대한 혼란과 막대한 손해"가 인정되는 경우에 한정함으로써 업무방해죄 성립 범위를 상당히 좁혔다.

위 전원합의체 판결 이후로 정당성이 없는 쟁의행위라 하더라도 시기상 전격적으로 행해지지 않았다는 이유로,[352)] 또는 심대한 혼란과 막대한 손해가 없었다는 이유로[353)] 무죄 판단이 이루어지는 경우가 속속 등장하게 되었다.

다만, 평화적 파업에 업무방해죄를 적용하는 사례가 줄어들고 있기는 해도 완전히 사라진 것은 아니고 여전히 기소가 이루어지고 있으며, 일선 법원에서는 대부분 무죄가 선고되고 있으나[354)] 유죄 판결이 선고되는 예도 드물지만 발견된다.[355)]

ILO 결사의 자유 위원회는 우리나라에 대하여, 대법원의 새로운 전원합의체 판결이 업무방해죄 성립을 대폭 좁게 해석하고 있다는 점을 긍정적으로 평

350) ILO Compilation (2018), para. 960.

351) 대법원 1991. 4. 23. 선고 90도2771 판결, 대법원 1991. 11. 8. 선고 91도326 판결, 대법원 2004. 5. 27. 선고 2004도689 판결, 대법원 2006. 5. 12. 선고 2002도3450 판결, 대법원 2006. 5. 25. 선고 2002도5577 판결 등 다수. 이러한 판례는 뒤에서 보듯 대법원 2011. 3. 17. 선고 2007도482 전원합의체 판결을 통해 일부 변경되었다고는 하나 위력에 의한 업무방해죄 성립의 인정요건이 보다 엄격해졌을 뿐 업무방해죄 성립이 가능하다고 보는 기본 방향은 변하지 않았다.

352) 대법원 2017. 2. 3. 선고 2016도1690 판결 등.

353) 대법원 2011. 11. 13. 선고 2011노393 판결 등.

354) 무죄가 선고되었지만 기소에 이른 사건들로는 대전지법 2018. 5. 11. 선고 2017고단843 판결(항소기각 확정), 수원지법 평택지원 2018. 8. 17. 선고 2017고단1651 판결(항소기각 확정), 대전지법 2018. 5. 11. 선고 2017고단843, 2017고단1790(병합) 판결, 광주지법 2017. 11. 16. 선고 2017노789 판결(1심에서는 유죄 선고), 대구지법 2017. 9. 22. 선고 2017노1002 판결(1심에서는 유죄 선고), 청주지법 2017. 9. 7. 선고 2014고단302 판결, 서울서부지법 2017. 8. 30. 선고 2014고단523, 2147(병합) 판결, 대전지법 2017. 8. 25. 선고 2014고단1030 판결 등이 있다.

355) 청주지법 2016. 7. 19. 선고 2016고정191 판결(항소심 및 상고심에서도 유죄가 유지됨).

가하면서도, 여전히 평화적인 파업에 대하여 업무방해죄 성립이 가능하다는 점에 대하여 부정적 입장을 유지하고 있다.

특히 위원회는 설령 장기간의 재판절차 끝에 법원이 형법 314조 1항을 좁게 해석하여 무죄를 선고하더라도 기소와 재판, 체포와 구금의 과정을 거친다는 사실 자체가 해당 근로자의 결사의 자유를 심각하게 침해하는 것임을 지적하고 있다.[356)]

위원회는 1865호 사건 382차 보고서에서 "사업을 지속하려는 사용자의 자유의사가 억압되거나 혼란스럽게 되지 않은 경우에는 불법 파업의 경우에도 업무방해 혐의로 처벌되지 않을 것임을 정부가 시사한 것에 주목한다."라고 하여 정당성 없는 파업에 대하여도 업무방해죄를 적용하지 않는 경우가 있음을 긍정적으로 평가하면서도,[357)] 이로써 충분하다고 보지 않고 평화적인 파업에 대하여 업무방해죄 적용을 배제하지 않는다는 점에 우려를 표시한다. 즉, "파업 행위에 대한 제한을 거래 및 사업의 방해와 연계하는 경우 정당한 파업이 광범위하게 제약될 수 있음"을 지적하고 있다. 평화적 파업에 대하여 업무방해죄로 기소하지 말 것과 기소를 취하할 것을 촉구하기도 하였다.[358)]

한편, 쟁의행위에 대한 보복으로서의 손해배상청구도 문제된다. 결사의 자유 위원회는 1865호 사건에서 우리나라 정부에 대하여, 철도노조의 파업과 관련하여 행사되고 있는 거액의 손해배상소송이 노동조합의 자유로운 운영에 중요한 영향을 미칠 수 있음을 우려하면서 정부에 대한 답변을 요청하고, 판결문 사본을 포함하여 사법절차에 관한 후속정보를 요청한 바 있다.[359)]

㈏ 파업권 행사 중 남용이 있는 경우

결사의 자유 원칙은 파업권 행사 중 일어나는 범죄행위를 구성하는 남용을 보호하지는 않는다.[360)] 결사의 자유 원칙에 부합하는 파업금지 위반인 경우에만

---

356) ILO CFA, 382nd Report (2017), Case No. 1865 (Republic of Korea), para. 93.

357) 이러한 ILO 결사의 자유 위원회의 이해는 불법 파업의 경우에도 전격성과 심대성 요건이 결여될 경우 업무방해죄가 적용되지 않을 것이라는 정부의 설명에 따른 것으로 보이나, 정부의 이러한 대법원 판례 취지에 관한 설명이 정당한지는 의문의 여지가 있다.

358) ILO CFA, 382nd Report (2017), Case No. 1865 (Republic of Korea), para. 93. 유사한 취지로 ILO CFA, 363rd Report (2012), Case No. 1865 (Republic of Korea), para. 93; ILO CFA, 355th Report (2009), Case No. 2602 (Republic of Korea), para. 667.

359) ILO CFA, 382nd Report (2017), Case No. 1865 (Republic of Korea), para. 95.

360) ILO Compilation (2018), para. 965; ILO CFA, 355th Report, Case No. 2602 (Republic of Korea), para. 666.

파업과 관련하여 형사처벌이 부과될 수 있고, 파업과 관련한 불법행위와 관련한 모든 형사처벌은 이루어진 위반 또는 과실에 비례적이어야 하며 당국은 평화적인 파업을 조직하거나 참가하였다는 이유만으로 구금조치를 하여서는 안 된다.[361] 필수사업 수행을 보장하기 위한 정부조치가 추구하는 목적에 비례해야 하며 과도해서는 안 된다.[362] 불법파업을 이유로 노동조합에 부과될 수 있는 벌금은 노동조합의 해산으로 이어질 가능성이 있거나 노동조합에 대해 위협적 효과를 가지고 그 정당한 조합활동을 금지시킬 가능성이 있을 정도의 액수가 되지 않아야 한다.[363]

4. 4조: 단체의 해산 및 활동의 정지

4조

근로자단체 및 사용자단체는 행정당국에 의하여 해산되거나 활동이 정지되어서는 안 된다.

행정당국에 의한 노동조합 해산 및 활동정지 조치는 결사의 자유 원칙에 대한 심각한 침해에 해당하며, 행정조치에 의한 해산은 협약 4조에 대한 명백한 위반에 해당한다.[364]

일정한 상황에서 노동조합 법인격 철회와 노동조합 기금사용 금지가 정당화될 수 있기는 하지만, 이는 자의적 결정의 위험을 피하기 위하여 행정조치가 아니라 법원의 조치에 의해 이루어져야 한다.[365]

또한 법원이 관여한다 하더라도, 노동조합단체의 해산은 극히 중대한 경우에만 이루어져야 하는 조치이며 그러한 해산은 방어권이 완전히 보장될 수 있어야 한다.[366] 그 경우 방어권은 적법절차 보장을 통해서만 완전하게 보장될 수

361) ILO Compilation (2018), para. 966; ILO CFA, 363rd Report (2012), Case No. 2602 (Republic of Korea), para. 463; 363rd Report (2012), Case No. 2829 (Republic of Korea), para. 577.

362) ILO Compilation (2018), para. 967. 필수사업 분야에서 파업의 결과로 당국이 취한 임시조치(노동조합 활동 금지, 노동조합비 원천징수 중지 등)는 87호 협약 3조에서 규정한 보장에 반한다(para. 967).

363) ILO Compilation (2018), para. 969.

364) ILO Compilation (2018), paras. 986~987.

365) ILO Compilation (2018), para. 1005; ILO CFA, 363rd Report (2012), Case No. 2602 (Republic of Korea), para. 463.

366) ILO Compilation (2018), para. 1002.

있다.367)

또한 직업단체는 행정결정에 의한 정지나 해산의 대상이 되어서는 안 된다는 원칙이 적절하게 적용되려면, 법원에 대한 제소권을 부여하는 것만으로는 충분치 않다. 제소가 이루어지지 않은 경우에는 제소기간 도과 이전까지 또는 그러한 행정결정이 사법당국의 결정으로 확정될 때까지는 그 효력이 발생하여서는 안 된다.368)

87호 협약 4조 위반 소지가 있다는 지적을 받았던369) 우리나라의 법외노조(노조 아님) 통보제도는 2021. 6. 29. 노조법 시행령 9조 2항 개정으로 폐지되었다.

5. 5조: 노사단체의 연합단체 및 총연합단체를 설립할 권리와 근로자 및 사용자의 국제단체에 가입할 권리

5조

근로자단체 및 사용자단체는 연합단체와 총연합단체를 설립하고 이에 가입할 권리를 가지며, 이러한 단체, 연합단체 또는 총연합단체는 국제적인 근로자단체 및 사용자단체와 연합할 권리를 갖는다.

근로자와 사용자는 스스로 선택하는 단체를 설립하고 가입할 권리를 가져야 한다는 협약 2조에서 규정한 원칙은, 단체 자체에 대해서는 (5조에 규정된 것처럼) 스스로 선택하는 연합단체와 총연합단체를 자유로이 설립하고 가입할 권리를 의미한다.370) 이는 연합단체 또는 총연합단체가 국제적인 근로자단체 및 사용자단체와 연합할 권리를 의미하기도 한다.371)

6. 6조: 노사단체의 연합단체 및 총연합단체에 대한 협약의 적용

6조

이 협약 2조, 3조 및 4조의 규정은 근로자단체 및 사용자단체의 연합단체 및 총연합단체에도 적용된다.

367) ILO Compilation (2018), para. 1003.

368) ILO Compilation (2018), para. 1006; ILO CFA, 363rd Report (2012), Case No. 2602 (Republic of Korea), para. 463.

369) 김인재, 311면.

370) ILO Compilation (2018), para. 1014.

371) Edoardo Ales et al., p.1501(paras. 37~38).

6조에 따라, 이 협약 2조(어떠한 차별도 없이 사전 인가를 받지 않고 스스로 선택하여 단체를 설립하고 그 단체의 규약에 따를 것만을 조건으로 하여 그 단체에 가입할 수 있는 권리), 3조(그들의 규약과 규칙을 작성하고, 완전히 자유롭게 대표자를 선출하며, 운영 및 활동을 조직하고, 계획을 수립할 권리), 4조(행정당국에 의하여 해산되거나 활동이 정지되지 않을 권리)에 보장된 권리는 근로자단체 및 사용자단체의 연합단체 및 총연합단체에도 적용된다.[372]

7. 7조: 단체의 법인격 취득 관련

7조

근로자 및 사용자의 단체, 연합단체 및 총연합단체의 법인격 취득은 이 협약 2조, 3조 및 4조 규정의 적용을 제한하는 성질을 가진 조건의 적용을 받아서는 안 된다.

법인격의 취득요건으로 단체의 내규를 기탁하는 등의 요식행위를 요구하는 것 자체는 (등록의 거절이 있을 경우에 이를 독립적 사법기관에 제소할 수 있는 한) 협약에 부합할 수 있다. 그러나 이렇듯 일견 무해해 보이는 법적 요건도 결사의 자유를 침해하는 방식으로 운영될 수 있기에, 7조는 법인격 취득이 사실상 단체 설립을 위한 사전허가를 받는 것과 다름없이 운영되지 않도록 할 것을 명시하고 있다.[373] 이런 점에서 7조의 해석 및 적용은 2조상의 권리의 향유와 밀접하게 관련이 있다.[374]

8. 8조: 노사 및 단체의 국내법 존중의무와 한계

8조

1. 이 협약에 규정된 권리를 행사하는데 있어서 근로자 및 사용자 그리고 그 단체는 다른 개인이나 조직된 집단과 마찬가지로 국내법을 존중하여야 한다.
2. 국내법은 이 협약에 규정된 보장사항을 저해하거나 저해할 목적으로 적용되어서는 안 된다.

372) 구체적 내용은 ILO Compilation (2018), paras. 1014~1071 참조.
373) Edoardo Ales et al., p.1501(para. 40).
374) Edoardo Ales et al., p.1502(para. 40).

8조는 노사 및 단체의 국내법 존중의무를 확인하는 한편, 그러한 국내법이 결사의 자유의 적법한 행사를 저해해서는 안 된다고 강조하고 있다. 이와 관련하여 87호 협약에 국가긴급상황에서 협약상 의무에 대한 이행정지를 정당화할 수 있다는 내용의 명시적 조항이 없다는 점을 주의할 필요가 있다.[375] 이는 다른 주요 국제인권조약(예를 들면 시민적 및 정치적 권리에 관한 국제규약 4조[376])에서 국민의 생존을 위협하는 국가 비상사태에는 조약상 의무에 대한 이행정지가 정당화될 수 있다는 규정을 명시적으로 두는 것과 비교된다. 이를 감안하면서 8조의 함의를 도출할 경우, 87호 협약상 권리들은 각 권리에 내재한 한계 및 제약을 제외하고는, 국가 비상상태 시에도 원칙적으로 준수되어야 하는 것으로 보아야 할 것이다.

또한, 8조는 파업권을 금지하는 국내법이나 조치가 협약에 반하는 근거조항으로도 4조 및 10조와 함께 원용되어 왔다. 최초로 이를 원용한 것은 1959년으로, 당시 전문가위원회는 결사의 자유와 관련한 최초의 일반조사(General Survey)에서 처음으로 파업권에 대한 87호 협약상의 명문의 근거를 "운영과 활동을 조직하고 자신의 방침을 형성할" 권리를 규정한 87호 협약 3조에서 찾으면서, 파업권의 금지는 87호 협약 8조와 10조에도 반한다고 하였다.[377]

9. 9조: 협약 적용의 예외로서 군대 및 경찰

9조

1. 이 협약에 규정된 보장사항을 군대 및 경찰에 적용하여야 하는 범위는 국내법령으로 정하여야 한다.
2. 국제노동기구 헌장 19조 8항에 명시된 원칙에 따라, 회원국이 이 협약을 비준하는 것이 군대 또는 경찰의 구성원이 이 협약에서 보장하는 권리를 누릴 수 있도록 하는 기존의 법률, 판정, 관행 또는 단체협약에 영향을 미치는 것으로 간주되어서는 안 된다.

---

375) Edoardo Ales et al., p.1502(para. 42).

376) "1. 국민의 생존을 위협하는 공공의 비상사태의 경우에 있어서 그러한 비상사태의 존재가 공식으로 선포되어 있을 때에는 이 규약의 당사국은 당해 사태의 긴급성에 의하여 엄격히 요구되는 한도 내에서 이 규약상의 의무를 위반하는 조치를 취할 수 있다."

377) ILO, "Report of the Committee of Experts on the Application of Conventions and Recommendations", Report III (Part I), International Labour Conference, 43rd session (1959), pp.114~115.

가. 일 반 론

9조는 군대 및 경찰에 대해서는 이 협약 적용에 대한 예외를 인정하고 있다. 이에 따라 이 협약의 적용을 받는 권리를 군인과 경찰에게 인정하는 범위는 각 국가가 재량껏 결정할 수 있다.[378] 다만 결사의 자유 위원회는 "87호 협약의 적용에서 배제될 수 있는 군인과 경찰은 엄격한 방식으로 정의되어야 한다"는 입장이고, 전문가위원회도 "협약의 이 조항은 일반적인 원칙에 대한 예외만을 규정하고 있으므로 의문이 있는 근로자는 민간인으로 판단되어야 한다"는 견해이다.[379] 이런 이유로 군대의 민간인력이나 소방관, 교도관, 세무공무원 및 출입국공무원, 근로감독관, 안전요원은 9조가 의미하는 군대 및 경찰에 포함되지 않는 것으로 해석해 왔다. 민간경비원과 같은 안전요원에 대해서는 "그 업무의 성질을 이유로 성질상 무기를 휴대할 필요가 있는 근로자에 대해서도 단결권이 보장되어야 한다"고도 하였다.[380]

또한 2항은 헌장 19조 8항을 언급하고 있는데, 이 조항은 ILO 국제노동기준이 최소기준임을 나타내는 조항이다.[381] 즉, ILO 헌장 19조 8항은 "어떠한 경우에도, 총회에 의한 협약이나 권고의 채택 또는 회원국에 의한 협약의 비준이 협약 또는 권고에 규정된 조건보다도 관련 근로자에게 보다 유리한 조건을 보장하고 있는 법률 판정 관습 또는 협정에 영향을 주는 것으로 인정되지 아니한다"고 함으로써, ILO 협약 및 권고상 기준이 국제사회가 보편적으로 합의할 수 있는 수준의 최소기준임을 확인해주고 있다.[382]

이는 군대 및 경찰에 대한 결사의 자유 보장에 관해서도 각 회원국이 법률과 관행으로 보다 유리한 보장을 제공하는 방향으로 발전시켜 나가는 것이 얼마든지 가능함을 보여준다.

나. 우리나라의 문제

결사의 자유 위원회는 1865호 사건에서 우리 정부에 대하여, 공무원의 세

---

378) ILO Compilation (2018), paras. 345~346.

379) ILO Compilation (2018), para. 347; ILO, "Giving Globalization a Human Face: General Survey of the Committee of Experts on the Application of Conventions and Recommendations", Report III (1B), International Labour Conference, 101st session (2012), paras. 54, 67.

380) ILO Compilation (2018), paras. 372~373.

381) 권중동, 106~107면.

382) ILO Constitution, art.19(8).

급과 기능에 무관하게, 즉 5급 이상의 공무원, 소방관, 교도관, 근로감독관 등 모든 공무원이 자신의 선택에 따라 노동조합을 설립하고 가입할 권리를 완전히 누리도록 보장할 것을 2006년 이후 여러 차례에 걸쳐 권고한 바 있다.383)

공무원의 노동기본권과 관련한 위와 같은 ILO 결사의 자유 위원회 권고의 주요 내용을 정리해 보면 다음과 같다.384)

○ 원칙: 결사의 자유 원칙에 따라 단결권 등을 보장받아야 하는 모든 공무원에게 노조 결성과 가입의 권리를 인정하여야 하고, 모든 공무원은 스스로의 선택에 따라 노조를 설립하고 가입할 수 있도록 보장하여야 한다.
○ 모든 직급에 대하여 업무 및 기능과 무관하게 이익 보장을 위한 단체 결성권을 예외 없이 보장하여야 한다.
○ 5급 이상 공무원, 소방관, 교도관, 교원, 교육 관련 기관 공무원, 지방공무원, 근로감독관 등 모든 공무원의 단체 결성을 허용하여야 한다.
○ 고위 관리직이나 정책결정 업무를 수행하는 자에 대하여는 다른 근로자를 대표하는 노동조합에 가입하는 것을 금지할 수 있지만, 그러한 제한을 받는 근로자를 엄격하게 한정하여야 하고, 고위 관리직 공무원들 스스로의 단체를 설립할 권리가 주어져야 한다.
○ 전공노 설립신고 반려와 전교조의 법외노조화 관련하여 해직근로자의 노동조합원 자격 유지를 금지하는 법규정은 결사의 자유 원칙에 반한다.

ILO 결사의 자유 위원회는 우리나라의 공무원과 교원의 단결권 문제를 다루고 있는 1865호 사건을 “심각하고 급박한 사건(serious and urgent case)”으로 바라보고 있으며, 이사회에 이 문제에 대한 관심을 촉구한 바 있다.385)

개정 공무원노조법은 ① 5급 이상 공무원의 노조 가입을 허용(6조 1항 1~3호), ② 소방 및 교육공무원(조교, 교육전문직원)의 노동조합 가입을 허용(6조 1항 2호), ③ 퇴직공무원에 대해서도 노동조합 가입을 허용(6조 1항 4호)하였으나, 교정공무원과 근로감독관은 여전히 노동조합 가입 대상에서 제외되었다(6조 2항 2호, 3호).

교정공무원은 총기를 휴대하는 경우가 있고, 보안과 질서유지의 임무를 부

383) ILO CFA, 340th Report (2006), Case No. 1865 (Republic of Korea), paras. 751~752; ILO CFA, 346th Report (2007), Case No. 1865 (Republic of Korea), paras. 738~741; ILO CFA, 382nd Report (2017), Case No. 1865 (Republic of Korea), para. 42.
384) 경제사회노동위원회, 88면.
385) ILO CFA, 353rd Report (2009), Case No. 1865 (Republic of Korea), para. 749(m).

여받고 있어서 사실상 경찰 기능을 수행하고 있으며, 통상적인 경찰보다 오히려 치안 위험성이 더 높은 분야를 담당하고 있다고 볼 수 있다. 근로감독관은 우리 법제상 특별사법경찰관의 직무를 수행하기 때문에 일정 부분 경찰 기능을 수행하고 있다고 볼 측면이 있다.

그러나 결사의 자유 위원회는 이러한 측면까지 고려하면서도 교정공무원과 근로감독관의 단결권 부인이 결사의 자유 원칙에 부합하지 않는다고 보고 있음을 주의할 필요가 있다. ILO 결사의 자유 위원회의 일관된 입장으로서, 87호 협약 적용의 배제가 가능한 군인과 경찰은 엄격한 방식으로 정의되어야 한다는 것[386]과 업무의 성질상 총을 휴대할 필요가 있는 근로자의 단결권을 부정해서는 안 된다는 것[387]을 상기할 필요가 있다.

사실 교정공무원이나 근로감독관이 단결권을 인정받더라도 그들 역시 공무원으로서 공무원노조법 11조에 의해 쟁의행위가 금지되고 단체행동권에 제약을 받는 것은 당연하고, ILO 역시 국가의 이름으로 권한을 행사하는 공무원에 대하여는 파업을 금지하는 것도 허용하고 있다.[388]

즉, 현 제도 하에서도 교정공무원과 근로감독관 기능의 유지라는 목표는 단체행동권의 제약을 통해 ILO의 입장에도 어긋나지 않으면서 달성이 가능하기 때문에, 아예 이들의 단결권 자체를 부인하는 것은 그 근거가 다소 취약해 보이는 것이 사실이다.

10. 10조: 단체의 의미

10조

이 협약에서 '단체'라는 용어는 근로자 또는 사용자의 이익을 증진·옹호하는 것을 목적으로 하는 모든 근로자단체 또는 사용자단체를 의미한다.

10조는 이 협약에서 사용되는 '단체(organisation)'라는 용어의 의미를 정의하고 있다. 따라서 이 협약의 다른 규정상 권리의 향유주체가 단체인 경우, '단체'

386) ILO Compilation (2018), paras. 344, 347; ILO, "Giving Globalization a Human Face: General Survey of the Committee of Experts on the Application of Conventions and Recommendations", Report III (1B), International Labour Conference, 101st session (2012), paras. 54, 67. 의문이 있는 경우에는 민간인으로 판단되어야 한다고 한다.

387) ILO Compilation (2018), para. 373.

388) ILO Compilation (2018), paras. 826~835.

의 의미는 협약 10조에 의한 정의에 따라 이해해야 한다. 10조는 “모든 근로자단체 또는 사용자단체”로 의미를 한정시킴으로써, 직업적 성격(occupational)을 가지지 못하는 다른 비정부기구(NGO)가 협약상 단체의 의미에 포섭되지 못하도록 하였다.[389] 또한, “근로자 또는 사용자의 이익을 증진·옹호하는 것을 목적으로 하는”이라고 목적요건을 추가한 것은, 파업권과 같은 결사의 자유의 보호범위를 파악하는 데에 중요한 의미가 있다.[390]

11. 11조: 단결권의 보호

11조

이 협약의 적용을 받는 국제노동기구의 회원국은 근로자 및 사용자가 단결권을 자유롭게 행사할 수 있도록 보장하기 위해서 필요하고 적절한 모든 조치를 취할 것을 약속한다.

11조는 이 협약을 비준한 ILO 회원국에 대하여 이 협약상의 단결권 보장을 위한 적극적 보호의무를 부과하고 있다.[391] 이에 따라 비준국들은 단결권을 침해하지 않을 뿐만 아니라 모든 근로자 및 사용자가 단결권을 자유롭게 행사할 수 있도록 보장하기 위해 “필요하고 적절한 모든 조치를 취할” 의무를 부담한다.

Ⅳ. 98호 협약: 「단결권 및 단체교섭권 협약」

98호 협약(1949년)은, 87호 협약에서 충분히 다루지 못한 단결권의 특정 주제영역(반조합적 차별로부터의 보호 및 개입행위에 대한 보호)과 단체교섭권을 보완하기 위해 체결되었다. 98호 협약은 전문과 16개의 조문으로 구성되어 있다. 1조부터 6조까지는 단결권과 단체교섭권에 관한 실체적 내용이고, 7조 이하는 표준최종규정(비준등록, 효력발생, 폐기, 통보, 개정, 정본 등)과 비본토지역에 적용되는 기타 부칙이다. 여기서는 실체적 내용에 관한 1조 내지 6조의 내용을 조문별로 검토한다.

각 조문별 구체적 의미 및 적용에 관한 내용을 파악하는 데에는, ILO 결사

---

389) Edoardo Ales et al., p.1502(para. 45).
390) Edoardo Ales et al., p.1503(para. 45).
391) Edoardo Ales et al., p.1503(para. 47).

의 자유 위원회의 결정례를 요약·정리하여 발간한 「Freedom of Association, Compilation of Decisions of the Committee on Freedom of Association(6th ed., 2018)」를 가장 주된 참고자료로 삼고, 그밖에 전문가위원회 및 조사위원회의 견해 등도 참조한다.[392)]

1. 1조: 반노조적 차별로부터 보호

1조

1. 근로자는 고용과 관련된 반노조적 차별행위에 대하여 적절한 보호를 받아야 한다.
2. 이러한 보호는 다음 각호의 행위에 대하여 보다 특별히 적용되어야 한다.
   ㈎ 노동조합에 가입하지 않거나 노동조합으로부터 탈퇴할 것을 조건으로 한 근로자 고용 행위
   ㈏ 노동조합원이라는 이유, 근로시간외 또는 사용자 동의하에 근로시간 내에 노동조합 활동에 참여하였다는 것을 이유로 근로자를 해고하거나 기타 불이익을 초래하는 행위

가. 협약의 적용범위 및 일반원칙

1조 1항의 인적 적용대상인 “근로자”(worker)는 협약 87호상의 근로자와 동일한 개념이나, 98호 협약 6조에 따라 “국가행정에 종사하는 공무원”은 포함하지 않는다.[393)] 87호 협약의 적용범위의 유일한 예외가 군대와 경찰이었던 것에 비할 때 98호 협약의 적용범위의 예외는 공무원으로 좀 더 넓지만, 결사의 자유 위원회는 적용범위의 예외로서 공무원의 의미를 엄격하게 해석해 왔다.[394)]

1조는 “고용과 관련된 반노조적 차별행위”로부터의 근로자 보호에 관하여 규정하고 있는데, 이는 고용계약의 형태나 기간과 상관없이 모든 근로자의 전 고용단계(고용될 때부터 해고 시까지)에 걸쳐 적용된다.[395)] 반조합적 차별은 노동

---

392) 국문 번역은 「결사의 자유, 결사의 자유 위원회 결정 요약집(6판)」, 한국노동연구원(2018)」과 김근주·이승욱 관련 부분을 참조하였다.

393) 6조는 다음과 같다; “이 협약은 국가행정에 종사하는 공무원은 다루지 않으며 어떤 방식으로든 그 권리 및 지위에 불리하게 해석되어서도 안 된다.”

394) Xavier Beaudonnet(ed.), p.123; Edoardo Ales et al., p.1503(para. 49). 이에 대해서는 이하 6조 부분에서 상세히 설명한다.

395) Edoardo Ales et al., pp.1503~1504(para. 50).

조합의 존속 그 자체를 위태롭게 할 수 있기 때문에 결사의 자유에 대한 가장 심각한 위반의 하나이다.[396]

나. 보호 대상

반조합적 차별로부터의 보호는 현직의 노동조합 지도부뿐만 아니라, 조합원과 전직 노동조합 임원에게도 적용된다.[397] 소수노조 가입자나 하청근로자도 반조합적 차별로부터 실효적 보호를 받을 수 있어야 한다.[398]

다. 차별형태

반조합적 차별행위로부터의 보호는 고용 및 해고뿐만 아니라, 특히 전근, 강등, 정직, 근무의 단축과 종료 및 정직 등 근로자에 대한 기타 불이익 조치 등 고용기간 중 모든 차별조치에도 적용되어야 한다.[399]

반노조 차별에 활용되는 유형은 반복적인 기간제 계약을 이용한 근로자 고용,[400] 상여금의 차별적 지급,[401] 사업주 변경을 통한 단체교섭권 박탈,[402] 노동조합 간부의 해고가 수반되는 하도급,[403] 정리해고 및 기업구조조정,[404] 노조 파괴를 목적으로 한 회사의 청산[405] 등 다양하다.

라. 노동조합단체의 임원 및 대표자

결사의 자유에 의한 보호는 노동조합 업무를 완전히 자주적으로 수행하기 위해 노동조합의 임무를 이유로 불이익을 받지 않을 것이라는 보장을 필요로 하는 노동조합 임원에게 특히 필요하다.[406]

---

396) ILO Compilation (2018), para. 1072.

397) ILO Compilation (2018), para. 1080.

398) ILO Compilation (2018), paras. 1081~1082. 하청근로자가 노동조합 참여를 이유로 고용상 불이익을 얻었다는 주장에 대한 판단의 예로 ILO CFA, 355th Report (2009), Case No. 2602 (Republic of Korea), para. 654.

399) ILO Compilation (2018), paras. 1087, 1088, 1104, 1109.

400) 신분상 불안을 이용하여 노동권 행사를 제약할 의도로 이루어진다. ILO Compilation (2018), paras. 1093, 1094, 1095. 1096; ILO CFA, 350th Report (2008), Case No. 2602 (Republic of Korea), para. 671; 355th Report (2009), Case No. 2602 (Republic of Korea), para. 654.

401) ILO Compilation (2018), para. 1099.

402) ILO Compilation (2018), para. 1101.

403) ILO Compilation (2018), para. 1105; ILO CFA, 350th Report (2008), Case No. 2602 (Republic of Korea), para. 671.

404) ILO Compilation (2018), paras. 1111~1113.

405) ILO Compilation (2018), para. 1115.

406) ILO Compilation (2018), para. 1117.

노동조합 임원은 조합활동을 이유로 해고,[407] 전근,[408] 블랙리스트 등재[409] 등의 불이익을 당해서는 안 된다.

마. 신속하고 효과적인 보호의 필요성

1조의 효과적 적용을 보장하기 위하여 법은 반조합적 차별행위에 대한 구제와 처벌을 명시적으로 규정하여야 한다.[410]

정부는 고용과 관련하여 근로자에 대한 반조합적 차별을 유도할 가능성이 있거나 이를 목적으로 할 가능성이 있는 행위를 자제해야 할 뿐만 아니라,[411] 반조합적 차별행위를 예방, 근절할 책임이 있고, 반조합적 차별에 관한 제소는 신속하고 공평한 절차 내에서 심사되도록 보장하여야 한다.[412]

바. 조합활동가의 원직복귀

결사의 자유 원칙에 대한 존중은 근로자가 정당한 조합 활동에 참여한 것을 이유로 해고되지 않아야 한다는 것이며, 반노동조합적 차별로 해고된 자에 대한 우선적 해결책은 원직복귀가 되겠지만,[413] 사법당국 또는 독립된 권한 있는 기구가 객관적이고 설득력 있는 이유에 의해 조합원의 복직이 가능하지 않다고 결정하거나[414] 근로자가 복직을 원하지 않는 경우, 반노동조합적 차별행위의 반복을 예방·억제하기 위하여 적절한 보상이 명해져야 한다.[415]

2. 2조: 개입행위에 대한 보호

2조

1. 근로자단체 및 사용자단체는 그 설립, 운영 및 관리에 있어서 상호간 또는 상대의 대리인이나 구성원의 모든 간섭 행위로부터 충분한 보호를 받아야

---

407) ILO Compilation (2018), paras. 1117, 1118, 1122~1133.
408) ILO Compilation (2018), paras. 1117, 1120.
409) ILO Compilation (2018), para. 1121.
410) ILO Compilation (2018), para. 1134.
411) ILO Compilation (2018), para. 1136.
412) ILO Compilation (2018), paras. 1137, 1138.
413) ILO Compilation (2018), paras. 1163~1164. 그 경우 복직은 임금의 손실 없이 이루어져야 한다(paras. 1168~1169).
414) 예를 들어, 원직 복귀를 불가능하게 하는 법규정이 존재하는 경우를 상정할 수 있다. Xavier Beaudonnet(ed.), p.157.
415) ILO Compilation (2018), paras. 1175~1177; ILO CFA, 350th Report (2008), Case No. 2602 (Republic of Korea), para. 672; ILO CFA, 363rd Report (2012), Case No. 2602 (Republic of Korea), para. 459.

한다.

2. 특히, 근로자단체를 사용자 또는 사용자단체의 지배하에 둘 목적으로 사용자 또는 사용자단체에 의하여 지배되는 근로자단체의 설립을 촉진하거나 근로자단체를 재정적 또는 다른 방식으로 지원하기 위한 행위는 이 조가 의미하는 간섭행위로 간주된다.

근로자단체는 그 활동을 수행함에 있어서 사용자로부터의 완전한 자주성을 확보하여야 하고, 사용자에 의한 일체의 개입행위로부터 보호되어야 한다.[416] 결사의 자유 위원회에서 문제되었던 개입행위의 유형은 다양하다. 주된 예를 들어보면, 노조 가입 억제, 탈퇴 유도 및 어용노조 설립 시도,[417] 노조 전임자에 대한 활동 설명 요구,[418] 사용자의 반노동조합적 의견표명,[419] 특정 노조 선호행위,[420] 정당한 파업에 대항한 노조 사무실 폐쇄,[421] 노동조합 집행위원회 구성 개입,[422] 노동조합에 대한 수권 철회 설득 시도,[423] 단체협약을 억제하기 위한 급여 제공,[424] 조합원 자격을 상실시키기 위한 승진,[425] 감시카메라 운용,[426] 조합 가입 유지 여부에 대한 의견 표명 종용,[427] 소속 노동조합을 밝히도록 요청하는 회람 발행,[428] 장관 등 정부 구성원의 국가 고용 근로자 노동조합의 회장 겸직,[429] 사용자 지배하에 있는 교섭대표에 의한 노조 단체교섭[430] 등이 있다.

한편, 노사협력단체를 통한 개입이 문제되는 경우가 있다. 노사협력단체는 노동조합의 활동을 존중하고, 이에 개입하지 말아야 한다.[431]

---

416) ILO Compilation (2018), para. 1188. 근로자는 사용자로부터의 일체의 개입 없이 자신이 선택하는 단체에 가입할 권리를 가져야 한다(para. 1189).
417) ILO Compilation (2018), paras. 1194, 1195, 1198, 1199~1202.
418) ILO Compilation (2018), para. 1203; ILO CFA, 363rd Report (2012), Case No. 1865 (Republic of Korea), para. 110.
419) ILO Compilation (2018), paras. 1196, 1197.
420) ILO Compilation (2018), para. 1204.
421) ILO Compilation (2018), para. 1205.
422) ILO Compilation (2018), para. 1206.
423) ILO Compilation (2018), para. 1207.
424) ILO Compilation (2018), para. 1208.
425) ILO Compilation (2018), para. 1209.
426) ILO Compilation (2018), para. 1210.
427) ILO Compilation (2018), para. 1211.
428) ILO Compilation (2018), para. 1212.
429) ILO Compilation (2018), para. 1213.
430) ILO Compilation (2018), para. 1214.
431) ILO Compilation (2018), paras. 1221~1230.

3. 3조: 국내 사정에 적합한 기관 설립을 통한 단결권 보장

3조

필요한 경우에는 상기 조항에서 정한 단결권의 존중을 보장하기 위하여 국내 사정에 적합한 기관을 설립하여야 한다.

3조는 반노조적 차별 및 개입행위로부터 근로자 및 사용자 개인과 노사단체를 보호하기 위한 목적을 가진다. 전문가위원회는 단결권 침해행위가 일어났을 때에 대응하기 위한 규정뿐만 아니라 예방적 조치의 필요성도 강조해 왔다.[432] 더불어서, ILO 총회와 이행감독기구들은 시민적 자유가 보장될 때에 진정한 의미의 노동조합권의 보장이 이루어질 수 있음을 강조해왔다.[433]

따라서 각국 정부는 사용자와 근로자의 권리가 폭력이나 억압, 위협이 없고 구속된 모든 자가 공정한 재판을 받을 권리가 보장되는 환경에서 행사될 수 있도록 보장할 책임을 가진다.[434] 이런 측면에서 반노조적 차별과 개입으로부터 단결권을 보장하기 위하여 필요한 경우 국내의 사정에 적합한 기관(machinery appropriate to national conditions)을 설립할 것이 요구된다.

4. 4조: 단체교섭

4조

필요한 경우에는 단체협약으로 고용조건을 규제하기 위하여 사용자 또는 사용자단체와 근로자단체 사이에 자발적 교섭을 위한 메커니즘을 충분히 발전시키고 이용하도록 장려·촉진하기 위하여 국내사정에 적합한 조치를 취하여야 한다.

가. 단체교섭권 일반론

근로조건에 관하여 사용자와 자유롭게 교섭할 권니는 결사의 자유의 핵심적인 요소에 해당하며, 노동조합은 단체교섭 또는 기타 합법적인 수단을 통하여

432) ILO, “Freedom of Association and Collective Bargaining: General Survey of the Committee of Experts on the Application of Conventions and Recommendations”, Report III (4B), International Labour Conference, 81st session (1994), n.26, 97~100, 103.

433) Edoardo Ales et al., pp.1503~1504(para. 56).

434) Edoardo Ales et al., pp.1503~1504(para. 56).

그 대표하는 자의 생활조건과 근로조건을 개선할 수 있는 권리를 가져야 한다.[435)]

단결권 행사에서 근로자의 주된 목적의 하나는 고용조건을 집단적으로 교섭하는 것이다. 따라서 노동조합을 단체교섭에 관여하지 못하게 하는 금지 조항은 노동조합이 설립된 주된 목적과 활동을 불가피하게 무산시킨다. 이는 98호 협약 4조만이 아니라, 노동조합은 완전히 자유롭게 그 활동을 행사하고 그 계획을 수립할 수 있는 권리를 가져야 한다고 규정한 87호 협약 3조에도 반한다.[436)] 따라서 단체협약을 통해 고용조건을 규율하기 위해 사용자 또는 그 단체와 근로자단체 사이의 임의적 협상제도의 완전한 발전과 이용을 장려하고 촉진하는 조치가 취해져야 한다.[437)]

4조가 보장하는 단체교섭권은 151호 '노동관계공무서비스협약'(1978년)과 154호 '단체교섭협약'(1981년), 91호 '자발적 조정 및 중재권고'(1951년)의 규정들과 관련이 있어서, 단체교섭권의 구체적 내용의 해석 및 적용과 관련하여 이 협약 및 권고의 관련 규정이 함께 고려되는 경우들이 있음을 염두에 둘 필요가 있다.

나. 단체교섭의 주체

모든 근로자는 차별 없이 단체교섭권을 누리는 한편, 98호 협약이 이 협약의 적용을 받지 않는 주체로 명시한 자들은 협약 5조 및 6조에 정한 군인, 경찰 및 국가 행정에 종사하는 공무원뿐이다. 공무원이라 할지라도 국가 행정에 종사하는 자 이외의 모든 공공부문 근로자는 단체교섭권을 향유하여야 하며, 공공서비스에서 근무조건 결정과 관련하여 발생하는 분쟁을 해결하는 수단으로서 단체교섭에 우선권이 부여되어야 한다.[438)] 이에 대해서는 이후 5조 및 6조 부분에서 상술하기로 한다.

435) ILO Compilation (2018), para. 1232. 공공당국은 이러한 권리를 제한하거나 그 권리의 합법적 행사를 방해하는 어떠한 개입도 해서는 안 된다. 이러한 개입은 노사단체가 활동을 조직하고 사업계획을 수립할 수 있는 권리를 가져야 한다는 원칙을 침해하는 것이 될 것이다 (ILO CFA, 350th Report (2008), Case No. 2602 (Republic of Korea), para. 676; ILO CFA, 363rd Report (2012), Case No. 1865 (Republic of Korea), para. 120.

436) ILO Compilation (2018), para. 1234.

437) ILO Compilation (2018), para. 1231. 연합단체와 총연합단체도 단체협약을 체결할 수 있어야 한다(para. 1236).

438) ILO Compilation (2018), para. 1241.

결사의 자유 위원회는 국영기업 근로자,[439] 우편 및 전화서비스 근로자,[440] 공기업체인 국영 라디오 및 텔레비전 방송국 직원,[441] 교원(공무원 지위를 가진 교사, 공립대학과 사립대학의 근로자, 대학원생 조교),[442] 공립병원에 고용된 직원,[443] 항공업종 직원(군대 관할 하에서 근무하는 민간항공기술자 포함),[444] 세관 직원,[445] 선원,[446] 협동조합 근로자,[447] 기간제 및 단시간 근로자,[448] 실업구제프로그램에 고용된 근로자,[449] 하청 및 파견근로자,[450] 자원봉사자,[451] 자영 근로자,[452] 비조합원인 근로자[453]의 단체교섭권을 인정하였다.

다. 단체교섭의 대상사항

교섭대상을 결정하는 것은 관련 당사자이다.[454] 교섭 대상사항을 제한하기 위해 당국이 일방적으로 취한 조치는 98호 협약에 상충하는 경우가 많다. 특히 단체교섭 가이드라인을 자발적으로 준비하기 위한 노사정 대화는 이러한 어려움을 해결하는 적절한 방법이다.[455]

결사의 자유 위원회가 예시하는 단체교섭사항은 임금, 복리후생 및 수당, 근로시간, 연차휴가, 정리해고 대상 선정, 단체협약의 적용범위, 법에서 규정된 것을 넘어서는 사업장 접근을 포함한 노동조합 편의제공, 종업원에게 청약되는 계약 유형, 장래 교섭 가능한 산업별 협약 유형 등이 있는데, 이러한 사항들은 제재와 불이익 때문에 배제되어서는 안 된다.[456] 그 밖에도 보이콧 조항,[457] 조

---

439) ILO Compilation (2018), para. 1261.
440) ILO Compilation (2018), para. 1262.
441) ILO Compilation (2018), para. 1264.
442) ILO Compilation (2018), paras. 1265~1268.
443) ILO Compilation (2018), para. 1269.
444) ILO Compilation (2018), paras. 1271~1272.
445) ILO Compilation (2018), paras. 1273~1274.
446) ILO Compilation (2018), para. 1275.
447) ILO Compilation (2018), para. 1276.
448) ILO Compilation (2018), paras. 1277~1278.
449) ILO Compilation (2018), paras. 1279~1282.
450) ILO Compilation (2018), para. 1283.
451) ILO Compilation (2018), para. 1284.
452) ILO Compilation (2018), para. 1285.
453) ILO Compilation (2018), para. 1286.
454) ILO Compilation (2018), para. 1289.
455) ILO Compilation (2018), para. 1290.
456) ILO Compilation (2018), para. 1291.
457) ILO Compilation (2018), para. 1294.

합비 징수제도의 단체협약 규정,458) 노조 전임자에 대한 사용자의 급여지급,459) 작업 배분,460) 선박의 정원461) 등도 단체교섭 대상으로 거론된다.

단체교섭 대상에서 제외될 수 있는 사항들도 있는데, 공공부문 단체교섭과 관련하여, 주로 또는 본질적으로 정부의 관리운영과 명백하게 관련되는 일정한 사항은 협상 범위 밖에 있는 것으로 간주할 수 있다.462) 이러한 사례로 재정적 어려움의 결과로 영향을 받는 공무원 정원이나 부서의 문제를 들 수 있다. 최저임금 결정은 노사정 대화의 대상이 될 수 있고,463) 법정 최저근로기준은 입법당국이 결정할 수 있다.464) 그러나 일반적인 고용보장과 관련된 해고 전 절차, 보상 등과 같이 근무조건과 주로 또는 핵심적으로 관련되는 문제는 교섭대상에서 배제되어서는 안 된다.465) 퇴직 및 연금 제도 역시 교섭대상이 되어야 한다.466)

다만, 교육부문과 관련하여, 교육정책의 전체적 기준 결정과 핵심적으로 관련되는 사항,467) 교육정책의 기본방향에 대한 결정468) 등은 단체교섭 대상에서 제외될 수 있으나, 교육정책에 관한 결정이 근무조건에 미치는 효과에 대해서는 자유로운 단체교섭이 인정되어야 한다.469)

사용자의 경영특권사항(업무할당, 채용 등)은 교섭 대상에서 제외될 수 있으며, 차별적 조항, 노동조합보장조항(trade union security clauses, 조직강제조항),470) 법률이 보호하는 최저기준에 반하는 조항과 같은 특정 사항은 공서(public order)를 이유로 금지될 수 있다고 한다.471)

---

458) ILO Compilation (2018), para. 1295.

459) ILO Compilation (2018), para. 1296; ILO CFA, 353rd Report (2009), Case No. 1865 (Republic of Korea), para. 701.

460) ILO Compilation (2018), para. 1297.

461) ILO Compilation (2018), para. 1298.

462) ILO Compilation (2018), para. 1300; ILO CFA, 346th Report (2007), Case No. 1865 (Republic of Korea), para. 747; ILO CFA, 353rd Report (2009), Case No. 1865 (Republic of Korea), para. 704.

463) ILO Compilation (2018), para. 1311.

464) ILO Compilation (2018), para. 1312.

465) ILO Compilation (2018), para. 1301.

466) ILO Compilation (2018), paras. 1305~1310.

467) ILO Compilation (2018), para. 1303.

468) ILO Compilation (2018), para. 1302; ILO CFA, 351st Report (2008), Case No. 2569 (Republic of Korea), para. 631.

469) ILO Compilation (2018), para. 1304.

470) 예를 들어, 신규 종업원은 조합원 중에서만 채용할 수 있도록 하는 클로즈드숍 조항 등 노동조합의 유지, 강화를 위한 조항을 말한다. 신규 종업원은 반드시 노동조합에 가입해야 한다고 하는 유니언 숍 조항도 이에 속한다. 조직강제 조항이라고도 한다.

471) ILO, “Giving Globalization a Human Face: General Survey of the Committee of Experts on

라. 자유롭고 임의적인 교섭 원칙과 단체교섭의 촉진

단체협약에 대한 임의적 교섭 그리고 교섭당사자의 자치는 결사의 자유 원칙의 기본적 측면이다.[472] 단체교섭은 임의적 성격을 유지해야 하고 강요적인 수단을 이용하여서는 안 된다.[473]

우리나라 코레일노조와 회사 측의 단체협약 개정 과정에서 노조 측은 회사가 징계조치의 엄격한 시행, 추가 손해배상청구, 강제전직 조치 등을 들면서 사측의 제안을 받아들일 것을 위협했다고 주장하였고, 결사의 자유 위원회는 이에 대하여 우려를 표시한 바 있는데, 자유롭고 임의적인 교섭 원칙에 대한 이해에 도움이 될 만하다.[474]

단체교섭 실시와 관련하여 정부가 단체교섭의 임의적 성격을 변형시킬 강제적 수단을 사용해서는 안 되지만, 그렇다고 하여 정부가 단체교섭제도를 확립하기 위하여 아무런 조치도 하지 않아야 하는 것은 아니다.[475] 자유로운 단체교섭을 촉진할 수 있는 제도를 마련하는 것도 가능하다. 정부는 알선 또는 조정제도를 통해 또는 당사자가 신뢰하는 독립기구에 의한 중재를 통해 의견불일치를 극복하는 방법을 당사자들과 함께 고려하여야 한다.[476] 단체교섭 당사자 사이의 분쟁 해결을 위해 지명된 기구는 독립적이어야 하고, 이러한 기구를 이용하는 것은 임의적으로 이루어져야 한다.[477]

마. 성실교섭원칙

사용자와 노동조합 양자는 성실하게 교섭하고 합의에 도달하기 위하여 모든 노력을 다하여야 한다.[478] 따라서 교섭 개시에 부당한 지연이 있어서는 안 되며,[479] 일방적으로 협상 회의를 연기하거나 조정하는 행위는 이러한 원칙에

---

the Application of Conventions and Recommendations", Report III (1B), International Labour Conference, 101st session (2012), para. 216.

472) ILO Compilation (2018), para. 1313.

473) ILO Compilation (2018), para. 1315.

474) ILO CFA, 382nd Report (2017), Case No. 1865 (Republic of Korea), para. 96.

475) ILO Compilation (2018), para. 1318.

476) ILO Compilation (2018), para. 1322. 당사자가 신뢰하는 중립적이고 독립적인 제3당사자의 개입은 당사자들이 스스로 해결할 수 없는 집단적 분쟁에서 발생하는 교착상태를 타개하기에 충분할 수 있다(para. 1323).

477) ILO Compilation (2018), para. 1325.

478) ILO Compilation (2018), para. 1329.

479) ILO Compilation (2018), para. 1330.

부합하지 않는다.[480)]

단체협약은 당사자에게 구속력이 있어야 하며,[481)] 모든 단체협약에는 법적 이행강제가 보장되어야 한다.[482)]

바. 비조합원 근로자대표와의 단체교섭

조합원이 아닌 자 또는 노동조합에서 탈퇴한 자와 단체협약보다 더 유리한 내용의 집단적 합의를 체결하는 것은 단체교섭권을 저해하는 것으로 작용한다.[483)]

1951년 91호 단체협약 권고는 대표단체가 없는 경우 단체교섭의 한 당사자로 국내 법령에 따라 근로자들이 정당하게 선출하고 권한을 부여한 근로자대표를 세울 수 있도록 하고 있다.[484)] 대표단체가 존재하는 경우에 대표단체를 배제하고 기업과 그 종업원이 직접 협상하는 것은 일정한 상황에서 사용자와 근로자단체 사이의 교섭이 장려되고 촉진되어야 한다는 원칙에 불리하게 작용할 수 있다.[485)]

사. 가장 대표적인 단체에 대한 승인

가장 대표적 노동조합에게 배타적 권리를 부여하는 단체교섭제도(교섭창구단일화를 통한 교섭제도)와, 하나의 회사 내에서 복수의 노동조합에 의해 복수의 단체협약을 체결하는 것이 가능한 단체교섭제도(개별교섭제도) 양자는 모두 결사의 자유 원칙에 부합한다.[486)] 사용자 입장에 서는 정부 당국을 포함하여, 사용자는 자신이 고용한 근로자를 대표하는 단체를 단체교섭에서 승인해야 한다.[487)]

따라서 우리 노조법이 채택하고 있는 교섭창구단일화 제도(29조의2, 3)는 기본적으로 이러한 ILO의 입장에 부합한다.[488)] 그러나 교섭창구단일화 제도가 갖는 부작용으로 지적되는 사용자의 노조 차별 등의 문제는 시정될 필요가 있

---

480) ILO Compilation (2018), para. 1332.

481) ILO Compilation (2018), paras. 1334, 1336, 1340; ILO CFA, 346th Report (2007), Case No. 1865 (Republic of Korea), para.745; ILO CFA, 363rd Report (2012), Case No. 1865 (Republic of Korea), para.120.

482) ILO Compilation (2018), para. 1335.

483) ILO Compilation (2018), para. 1342.

484) ILO Compilation (2018), paras. 1343~1344.

485) ILO Compilation (2018), para. 1344.

486) ILO Compilation (2018), para. 1351.

487) ILO Compilation (2018), para. 1354.

488) ILO CFA, 384th Report (2018), Case No. 3262 (Republic of Korea), para. 321.

다.[489)]

아. 교섭할 자격이 있는 노동조합의 결정

근로자와 사용자는 단체교섭을 위해 어떠한 단체가 자신을 대표할 것인지를 실제로 자유롭게 선택할 수 있어야 한다.[490)] 유일교섭대표(가장 대표적인 교섭단체)에 근거한 제도, 모든 단체 또는 교섭할 자격이 있는 단체 결정을 위해 명확하게 사전에 정해진 기준에 따르는 가장 대표적인 단체를 포함하는 제도는 모두 98호 협약에 부합한다.[491)]

그러나 소정의 교섭단위에서 가장 대표적인 노동조합을 그 단위를 위한 배타적 교섭대표로 인준(certification)하는 경우에는 다음의 보호장치를 포함하는 것이 필수적이다. ① 독립된 기구에 의한 인준, ② 관련 교섭단위 내 종업원의 과반수 투표로 선출된 대표적인 단체, ③ 충분한 다수를 확보하지 못한 단체가 일정 기간이 경과한 후 새로운 선거를 요구할 수 있는 권리, ④ 정해진 기간(12개월인 경우가 많다) 이후에 인준된 단체 이외의 단체가 새로운 선거를 요구할 수 있는 권리가 그것이다.[492)]

우선적 교섭권 또는 배타적 교섭권을 갖는 가장 대표적인 단체에 관한 결정은 객관적이고 사전적으로 확립된 기준에 의해 이루어져야 한다.[493)] 단체협약의 단독 서명자가 되는 단체를 결정하는 데에는 대표성과 자주성이라는 두 가지 기준을 적용해야 하고, 이 기준 충족 여부에 관한 결정은 독립성과 객관성을 모두 보장받는 기관이 해야 한다.[494)]

대표교섭단체를 정하기 위한 투표절차에서 부정 의혹이 있을 경우 그 진상을 확인할 책임은 우선적으로 국가기관에 있으며, 당국은 새로운 투표절차에서의 부정을 방지하고, 평온하고 안전한 분위기 속에서 새 투표절차에 참여할 기회를 보장하는 데 필요한 안전장치를 제공하는 것이 중요하다.[495)]

---

489) ILO CFA, 384th Report (2018), Case No. 3262 (Republic of Korea), para. 328.
490) ILO Compilation (2018), para. 1359.
491) ILO Compilation (2018), para. 1360.
492) ILO Compilation (2018), para. 1379.
493) ILO Compilation (2018), para. 1369.
494) ILO Compilation (2018), para. 1374.
495) ILO Compilation (2018), para. 1381.

자. 소수노동조합의 권리

소수노조는 최소한 그 조합원들을 대변할 권리를 가지며, 개별적인 고충 사건에서 그 조합원을 대표할 수 있어야 한다.496) 대표적 교섭대표를 지명하는 제도 하에서 지명에 필요한 비율을 대표하고 있는 노동조합이 존재하지 않을 때는 이 교섭단위 내의 모든 노동조합에 대하여 최소한 자신의 조합원을 위한 단체교섭권이 인정되어야 한다.497)

우리 노조법은 복수노조 사업장에서 쟁의행위를 주도할 수 있는 주체를 교섭대표노동조합으로 제한하고 있다(29조의5, 37조 2항). 즉, 교섭대표노동조합이 사업장 내의 쟁의행위의 결정 여부를 주도하며 쟁의행위가 적법하게 수행될 수 있도록 지도·관리·통제할 책임을 부담한다(29조의5, 38조 3항).

교섭대표노동조합이 결정된 사업장의 경우 단일화 절차에 참여한 노동조합 전체 조합원(해당 사업 또는 사업장 소속 조합원으로 한정한다)의 직접·비밀·무기명 투표에 의한 과반수의 찬성으로 결정하지 아니하면 쟁의행위를 할 수 없다(41조 1항). 이를 위반하면 형사처벌을 받을 수도 있다(91조).

ILO 결사의 자유 위원회는, 노조법 규정이 교섭대표권이 없는 노동조합이나 교섭대표권은 있지만 다수가 아닌 노동조합이 파업권을 행사하지 못하게 하고 있다는 노조의 주장에 대하여, 파업행위의 정당성이 단체의 대표성 여부에 따라 결정되지 않도록 조치를 취할 것을 우리 정부에 요구했다.498)

이러한 소수노조는 독자적으로 단체협약을 체결할 능력이 없기 때문에 쟁의행위의 정당한 목적으로 단체교섭사항설을 취하는 우리 판례 법리 하에서는 이를 허용할 명분이 없다고 할 수도 있지만, ILO의 기본적 입장은 파업권이 반드시 단체협약 체결을 목표로 해야 하는 것이 아니라고 하므로 단체협약을 체결할 수 없다는 이유로 쟁의행위를 제약하는 것은 ILO의 입장에 합치된다고 보기 어렵다.

차. 교섭수준

산업별 교섭 또는 기업별 교섭 등 교섭수준의 결정은 본질적으로 당사자의

496) ILO Compilation (2018), para. 1387.

497) ILO Compilation (2018), para. 1389; ILO CFA, 363rd Report (2012), Case No. 1865 (Republic of Korea), para. 115.

498) ILO CFA, 363rd Report (2012), Case No. 1865 (Republic of Korea), para. 118.

재량에 맡겨야 할 사항이며, 따라서 교섭수준은 법률, 행정당국의 판단 또는 노동행정당국의 판정례에 의해 부과되어서는 안 된다.499) 다수 국가에서 관련 당사자로부터 독립된 기구가 교섭수준을 결정하도록 하는 경우가 있는데, 그 경우 그 기관은 진정으로 독립적이어야 한다.500)

카. 하청에서의 단체교섭

하청과 관련한 결사의 자유 위원회 권고는 모두 우리나라와 관련된 것들이다. 노동계는 이 문제와 관련하여 우리나라 정부를 상대로 ILO 결사의 자유 위원회에 여러 차례 이의제기하였는데, 1865호, 2602호, 3047호 사건이 바로 그것이다.

대체로 ILO는 하청근로자들이 고용조건을 실질적으로 결정할 권한이 있는 원청 회사에 대하여 단결권, 단체교섭권, 단체행동권을 누릴 수 있어야 한다는 입장을 취하고 있으며, 이를 불법화해서는 안 된다고 본다. 즉, ILO 결사의 자유 위원회는 간접고용 근로자들이 그들의 근로조건을 실질적으로 결정할 권한을 가진 원청 사업주에 대하여 단체교섭을 요구할 수 있고, 이를 위해 파업까지도 가능하다고 본다.501)

결사의 자유 위원회에 따르면, 정부는 하청이 법에서 규정된 결사의 자유 보장의 적용을 회피하는 수단으로 이용되지 않도록 하고 하청근로자를 대표하는 노동조합이 조합원들의 생활조건 및 근로조건을 효과적으로 개선할 수 있도록 보장하여야 한다.502)

사용자 및 원청은 하청업자에 의해 고용된 근로자를 대표하는 노동조합(또

---

499) ILO Compilation (2018), paras. 1404~1407. para. 1405는 "사용자에 의한 특정 수준에서의 교섭 거부를 결사의 자유에 대한 침해로 판단하지는 않는다."고 하고 있는데, 이러한 문장이 사용된 관련 결사의 자유 위원회 결정례들을 보면, 위 문장은 법률이나 정부, 제3자 등이 교섭수준을 결정하는 당사자의 재량을 제한하거나 교섭수준이 결정되는 데에 어떠한 영향력도 행사해서는 안 된다는 점을 강조하는 맥락에서 제시된 것이다. 그러므로 가령 위 문장을 사용자가 특정 교섭수준에 동의할 수 없음을 구실로 단체교섭을 거부 또는 해태하더라도 정당하다는 취지로 원용하기에는 맥락상 강조점에 차이가 있다. 관련해서 ILO CFA, 321st Report (2000), Case No. 1975 (Canada). para. 117; ILO CFA, 202nd Report (1980), Case No. 915 (Spain), para. 53 참조.

500) ILO Compilation (2018), para. 1410.

501) ILO CFA, 350th Report (2008), Case No. 2602 (Republic of Korea), para. 681; ILO CFA, 363rd Report (2012), Case No. 2602 (Republic of Korea), para. 457.

502) ILO Compilation (2018), para. 1413; ILO CFA, 350th Report (2008), Case No. 2602 (Republic of Korea), para. 677.

는 원청 근로자의 가입이 확인되지 않은 노동조합)과 교섭할 의무가 없을 수도 있지만, 어떠한 경우에도 그러한 사용자가 자발적으로 단체교섭을 하고 단체협약을 체결하는 것을 방해하여서는 안 된다.[503)]

이 문제에 관하여 우리 대법원 판례 중에는 지배·개입 사안에서 지배력설을 수용한 것으로 평가되는 것이 있지만 아직까지 단체교섭거부 사안에서 명시적으로 지배력설을 수용한 것으로 평가되는 사례는 보이지 않는다.[504)]

타. 자유롭고 임의적인 교섭원칙에 대한 제한

자유롭고 임의적인 교섭원칙은 일정한 경우에 제한이 가능하다.

다만, 당사자가 단체교섭을 통해 합의에 이르지 못한 경우 강제중재에 회부하는 것은 엄격한 의미에서 필수서비스(즉 그 중단이 인구의 전체 또는 일부의 생명, 개인적 안전이나 건강을 위태롭게 할 수 있는 서비스)의 상황에서만 허용될 수 있다.[505)]

자유롭게 체결한 단체협약의 내용을 변경하기 위한 개입이나 노사단체 사이의 자유로운 단체교섭에 대한 개입은 사회정의와 공공의 이익이라는 강력한 근거가 있는 경우에만 정당화될 수 있다.[506)] 단체협약안에 대한 공공당국 대표자의 개입은, 그것이 전적으로 기술적인 지원이 아닌 한 98호 협약 4조의 정신에 부합하지 않는다.[507)]

교섭이 장기간 교착상태에 빠진 상황이라면 당국이 개입하는 것이 정당화되는 경우도 있을 수 있지만, 중대한 국가위기가 있는 경우가 아니라면 단순한 교착상태의 존재만으로는 중재 회부를 정당화할 충분한 사유가 되지 않는다.[508)]

또한 자유롭게 체결된 단체협약의 효력발생요건으로 행정당국의 승인을 요구하는 것은 98호 협약에 위반된다.[509)]

---

503) ILO Compilation (2018), para. 1414; ILO CFA, 340th Report (2006), Case No. 1865 (Republic of Korea), para. 775.

504) 대법원 2010. 3. 25. 선고 2007두8881 판결, 대법원 2021. 2. 4. 선고 2020도11559 판결 등 참조. 다만, 대법원 2007두8881 판결에 직접적인 영향을 미친 일본 最高裁 1995. 2. 28. 判決(朝日放送事件)은 단체교섭거부 사안에서 노동조건을 부분적으로라도 결정할 수 있다면 사용사업주가 그 한도 내에서는 고용주와 동일시되어 단체교섭을 거부할 수 없다고 보았다.

505) ILO Compilation (2018), para. 1417.

506) ILO Compilation (2018), paras. 1424~1426.

507) ILO Compilation (2018), para. 1428.

508) ILO Compilation (2018), para. 1429~1430.

509) ILO Compilation (2018), paras. 1438, 1439, 1441~1445. 일정한 단체협약이 공공의 이익에 해로운 내용을 포함하는 경우 당사자의 주의를 환기시키는 절차가 필요할 수도 있으나, 그러

이미 체결 또는 서명된 단체협약 내용을 법률에 의해 중단시키거나, 일방적으로 수정하거나 재교섭할 것을 요구하는 법조항은 자유롭고 임의적인 단체교섭 원칙에 반한다.[510)]

단체협약 유효기간의 강제연장,[511)] 장래의 단체교섭에 대한 제한[512)] 등 기타 여러 모양의 제한들 역시 임의적 교섭 원칙을 침해할 수 있으므로 신중하게 접근할 필요가 있다.[513)]

우리 노조법 31조 3항은 단체협약이 위법한 경우 각 행정관청이 시정을 명할 수 있도록 하고 있다. 이러한 시정명령에 따르지 않는 경우 형사처벌을 받을 수도 있다(93조 2호). 이에 대하여 노동계를 중심으로 이러한 단체협약 시정명령 제도가 노사간 자율협약을 중시하는 ILO의 원칙에 반한다는 지적이 제기되고 있다.[514)]

한국노총과 민주노총 등은 고용노동부가 2015년 4월 15일「위법·불합리한 단체협약 개선 지도 계획」을 발표하는 등 단체협약의 자율성을 침해하고자 시도한 데 대하여 2015년 6월 18일 ILO 결사의 자유 위원회에 3138호 사건으로 이의제기를 하였다.

신청인들은 위 사건에서 조합원 친족의 특별채용 등 "위법한" 조항들에 관하여는 이를 제거하려는 정부의 노력에 이의하지 않는다는 입장을 피력하여, "위법한" 단체협약만을 대상으로 하는 시정명령 제도에 대한 직접적 판단은 이루어지지 않았다.

그러나 ILO 결사의 자유 위원회는 정부가 "부당(unreasonable)"하다고 여기는 조항들, 예를 들어 정리해고나 인력재배치 및 채용문제 등 노동조합과 사용자가 자유롭게 교섭한 사항들에 대하여 정부가 이를 개정하기 위해 인센티브(자발적으로 위법, 부당한 단체협약을 수정하는 당사자들에게는 지원프로그램을 제공하는

한 경우에도 최종 판단은 당사자들에게 달려 있어야 한다(para. 1441).

510) ILO Compilation (2018), paras. 1440~1449, 1452, 1453.

511) ILO Compilation (2018), para. 1455.

512) ILO Compilation (2018), paras. 1456~1461.

513) ILO Compilation (2018), paras. 1462~1470.

514) 김선수, "한국의 노동기본권 현실과 국제노동기준에 부합하는 노동법 개정", ILO 가입 25주년·OECD 가입 20주년 국제심포지움『국제노동기준에 비춰본 한국의 노동기본권—결사의 자유를 중심으로—』, 한국노동조합총연맹·전국민주노동조합총연맹·국회환경노동위원장 (2016. 11. 15.), 49~50면; 전국민주노동조합총연맹 법률원, "ILO 핵심협약 비준의 의미와 과제", 법률원 이슈페이퍼 2021-01 (2021. 4. 5.), 15~16면.

것 등)를 제공하는 등의 개입을 하고 있는 점에 대하여 유감을 표했다.[515] 이는 ILO가 일관되게 가지고 있는 단체교섭 및 단체협약에 대한 정부의 불개입 원칙을 확인한 것이다.

자유롭게 체결한 단체협약 내용을 변경하기 위한 개입을 자제하라고 권고하고 있으며, 개입이 있더라도 전적으로 기술적 지원에 그쳐야 한다는 결사의 자유 위원회 입장[516]도 다시 한 번 상기할 필요가 있다.

행정관청이 위법한 단체협약에 대하여 시정명령을 할 수 있도록 한 제도는 노사간에 자유로운 단체교섭을 보장하고 정부의 개입을 자제하도록 하고 있는 ILO의 기본입장과는 엄연히 차이가 있다. 게다가 법원과 같은 독립적 기구에 의하지 않고 행정관청이 노사간의 자율적 합의 결과인 단체협약을 임의로 시정할 수 있도록 하는 제도는 비교법적으로도 유례를 찾아보기 어렵다.[517] 우리 법제의 단체협약 시정명령이 본격적으로 문제가 되었을 때 ILO가 단체협약 시정명령 제도를 문제 삼을 가능성은 작다고 보기 어렵다. 이 부분에 대한 법 적용과 해석에 있어 신중한 자세가 필요한 이유이다.

파. 공공부문의 단체교섭

공공부문에서도 자유롭고 임의적인 교섭 원칙이 엄격하게 지켜져야 한다. 공공부문에서 정부는 행정당국으로서의 지위와 사용자로서의 지위를 동시에 갖는 특수성이 있다. 따라서 공공부문에서 정부의 개입은 다른 부문에 비해 보다 더 신중할 필요가 있다.

이 협약에서 적용의 예외로 명시하고 있는 것은 군인과 경찰, 국가행정에 종사하는 공무원뿐이므로, 국가행정에 종사하지 않는 공무원과 (사용자인) 공공당국의 단체협약 체결을 금지하는 법 조항은 자유롭고 임의적인 교섭원칙에 반한다.[518]

공공부문 단체협약에 관한 최종적인 해석의 권한은, 심판관으로서뿐만 아니라 당사자로서의 지위를 동시에 갖는 행정당국이 아니라 독립적인 사법당국

515) ILO CFA, 380th Report (2016), Case No. 3138 (Republic of Korea), para. 371.

516) ILO Compilation (2018), para. 1428.

517) 예를 들어, 독일의 해고제한법(KSchG) 1조 4항은 단체협약 등에 의해 마련된 해고자선정 기준은 중대한 하자가 있는 경우에만 “법원”의 심사를 받는다고 규정한다. 행정관청에 의한 즉각적 시정명령 제도는 찾아보기 어렵다.

518) ILO Compilation (2018), para. 1473.

에 있어야 하며,[519)] 단체협약의 남용적 조항에 대한 통제는 그 중에서도 극단적으로 중대한 사건의 경우로 한정된다.[520)] 또한 입법적 개입이라 해도 국가행정에 종사하지 않는 공무원의 근로조건에 대한 자유롭고 임의적인 교섭을 대체할 수는 없다.[521)]

사용자로서 공공당국은 자유로운 단체교섭을 촉진하여야 하며 자유롭게 체결된 단체협약의 적용을 방해하여서는 안 된다.[522)]

교섭과정에서 공공행정을 대표하는 사용자 측이 단체협약 초안의 재정적 영향을 검증하는 재무부의 의견 또는 경제·재정기관의 의견을 구하는 것은 용인될 수 있다.[523)]

하. 단체협약의 유효기간

단체협약의 유효기간은 기본적으로 관련 당사자가 정할 사항이지만, 정부의 조치가 고려중에 있다면 입법은 노사정 합의를 반영하여야 한다.[524)]

거. 단체협약과 개별 근로계약의 관계

기업이 노동조합과의 단체교섭 과정 중에 개별적 계약을 근거로 하여 비조합원인 근로자에게 더 나은 근로조건을 제공하는 경우, 이는 노동조합의 협상능력을 저해할 수 있으며, 비조합원인 직원에게 유리한 차별적 상황을 초래할 심각한 위험이 있다. 나아가 이는 조합원인 근로자가 노조에서 탈퇴하는 것을 장려할 수도 있다.[525)] 결사의 자유 위원회는 과테말라 정부에 대해 개별 근로자와의 협상이 노동조합단체와의 단체교섭에 불리하게 되지 않도록 보장할 것을 요청한 바 있다.[526)]

---

519) ILO Compilation (2018), paras. 1476~1477.
520) ILO Compilation (2018), para. 1477.
521) ILO Compilation (2018), para. 1474.
522) ILO Compilation (2018), paras. 1480, 1484; ILO CFA, 346th Report (2007), Case No. 1865 (Republic of Korea), para. 743; ILO CFA, 353rd Report (2009), Case No. 1865 (Republic of Korea), para. 703.
523) ILO Compilation (2018), para. 1491.
524) ILO Compilation (2018), para. 1502.
525) ILO Compilation (2018), para. 1510.
526) ILO Compilation (2018), para. 1511.

5. 5조: 협약 적용범위의 예외로서 군대 및 경찰

5조

1. 이 협약에 규정된 보장사항을 군대 및 경찰에 적용하여야 하는 범위는 국내 법령으로 정하여야 한다.
2. 국제노동기구 헌장 19조 8항에 명시된 원칙에 따라, 회원국이 이 협약을 비준하는 것이 군대 또는 경찰의 구성원이 이 협약에서 보장하는 권리를 누릴 수 있도록 하는 기존의 법률, 판정, 관행 또는 단체협약에 영향을 미치는 것으로 간주되어서는 안 된다.

이 조문은 87호 협약 9조와 동일하다. 이에 따라 98호 협약의 적용을 받는 근로자 범위에서 군대 및 경찰은 배제되며, 이 협약의 적용을 받는 권리를 군인과 경찰에게 인정하는 범위를 각 국가가 재량껏 결정할 수 있다.[527)]

다만 결사의 자유 위원회는 "군인과 경찰은 엄격한 방식으로 정의되어야 한다"는 입장이고, 전문가위원회도 "협약의 이 조항은 일반적인 원칙에 대한 예외만을 규정하고 있으므로 의문이 있는 경우 근로자는 민간인으로 판단되어야 한다"는 견해이다.[528)]

이런 이유로 군대의 민간인력이나 소방관, 교도관, 세무공무원 및 출입국공무원, 근로감독관, 안전요원은 9조가 의미하는 군대 및 경찰에 포함되지 않는 것으로 해석해 왔다. 민간경비원과 같은 안전요원에 대해서는 "그 업무의 성질을 이유로 성질상 무기를 휴대할 필요가 있는 근로자에 대해서도 단결권이 보장되어야 한다"고도 하였다.[529)]

또한 2항은 헌장 19조 8항을 언급하고 있는데, 이 조항은 ILO 국제노동기준이 최소기준임을 나타내는 조항이다.[530)] 즉, ILO 헌장 19조 8항은 "어떠한 경우에도, 총회에 의한 협약이나 권고의 채택 또는 회원국에 의한 협약의 비준이 협약 또는 권고에 규정된 조건보다도 관련 근로자에게 보다 유리한 조건을 보

527) ILO Compilation (2018), paras. 345~346.

528) ILO Compilation (2018), para. 347; ILO, "Giving Globalization a Human Face: General Survey of the Committee of Experts on the Application of Conventions and Recommendations", Report III (1B), International Labour Conference, 101st session (2012), paras. 54, 67.

529) ILO Compilation (2018), paras. 372~373.

530) 권중동, 106~107면.

장하고 있는 법률 판정 관습 또는 협정에 영향을 주는 것으로 인정되지 아니한다"고 함으로써, ILO 협약 및 권고상 기준이 국제사회가 보편적으로 합의할 수 있는 수준의 최소기준임을 확인해주고 있다.[531] 이는 군대 및 경찰에 대한 결사의 자유 보장에 관해서도 각 회원국이 법률과 관행으로 보다 유리한 보장을 제공하는 방향으로 발전시켜나가는 것이 얼마든지 가능함을 보여준다.

즉 5조가 군인과 경찰의 단체교섭권이 당연히 배제된다는 의미는 아니며, 다만 국내법에서 이를 배제하는 입법을 채택하여도 협약 위반은 아니라는 소극적 의미이다. 이는 1항에서, 이 협약에 규정된 보장사항을 군대 및 경찰에 적용하여야 하는 범위는 "국내 법령으로 정하여야 한다"고 한 점에서도 명확히 드러난다.

6. 6조: 협약 적용범위의 예외로서 국가행정에 종사하는 공무원

6조

이 협약은 국가행정에 종사하는 공무원은 다루지 않으며 어떤 방식으로든 그 권리 및 지위에 불리하게 해석되어서도 안 된다.

6조에 따라, 98호 협약은 국가행정에 종사하는 공무원에 적용되지 않는다. 그러나 국가행정에 종사하는 자 이외의 모든 공공분야 근로자는 단체교섭권을 향유하여야 하며 공공분야에서 고용조건 결정과 관련하여 발생하는 분쟁의 해결수단으로서 단체교섭에 우선권을 부여하여야 한다.[532]

그렇다고 국가행정에 종사하는 공무원은 단체교섭권을 당연히 향유하지 못하는 것은 아니고, 국내법에서 이들에 대해서는 단체교섭권을 배제시키려는 입법을 하여도 협약 위반은 아니라는 소극적 의미이다. 6조 후단도 이 협약이 어떤 방식으로든 국가행정에 종사하는 공무원의 권리 및 지위에 불리하게 해석되어서는 안 된다고 규정하여 그러한 의도를 명확히 하고 있다.

결사의 자유 위원회는 "국가행정에 종사하는 공무원"의 의미를 엄격하게 해석해 왔다. 위원회에 따르면, 업무상 국가행정에 직접 종사하는 공무원(즉 정부 부처 및 이와 유사한 기관에 고용된 공무원) 및 이런 활동에 대한 지원 역할을 하는

531) ILO Constitution, art.19(8).
532) ILO Compilation (2018), para. 1241.

공무원과, 정부나 공공기업체 또는 독립공공기관에 고용된 자는 구별되어야 하며, 이 중 전자에 속하는 자들만이 98호 협약의 적용범위에서 제외될 수 있다.[533)]

또한 결사의 자유 위원회는 1978년 151호 노동관계(공공부문)협약 7조가 "관련 공공당국과 공공부문 근로자단체 사이에 근무조건 또는 이러한 사항의 결정에 공공근로자의 대표를 참가할 수 있도록 하는 방법에 관한 교섭체제의 완전한 발전과 이용을 장려하고 촉진하는 데 필요하다면 국내 조건에 적합한 조치를 취하여야 한다"라고 규정하고 있는 것을 상기하는 것이 유용하다고 판단하였다.[534)] 위원회는 국내법에 교섭체제를 선택하고 있는 경우 국가는 그러한 제도를 적절하게 적용하도록 보장하여야 한다는 점을 강조하였다.[535)] 또한 151호 협약 7조가 근무조건 결정에 이용되기 위한 절차의 선택에서, 일정한 정도의 유연성을 허용하고 있다는 것을 인정하였다.[536)]

공무원이 사무직 근로자라는 사실만으로 국가 행정에 종사하는 근로자로서의 확정적인 자격이 당연히 있는 것은 아니다. 이렇게 보지 않는다면 98호 협약은 그 적용범위에서 다수를 배제하여 버릴 것이다.[537)]

사법부 법관에 대해서는 단체교섭권을 부여하지 않을 수 있으나, 사법부의 보조인력에 대해서는 단체교섭권을 부여하여야 한다.[538)] 이 외에도 위원회는 대사관에 현지 채용된 직원,[539)] 공항안전공무원,[540)] 은행 부문의 모든 근로자(국립은행 종사자 포함)에게 단체교섭권이 인정된다고 하였다.[541)]

Ⅴ. 우리나라와 관련된 ILO 결사의 자유 위원회 이의제기 사건들

1. 개 관

결사의 자유 위원회는 설립된 이래 결사의 자유에 관한 기본협약(87호 협약

533) ILO Compilation (2018), para. 1242.
534) ILO Compilation (2018), para. 1244.
535) ILO Compilation (2018), para. 1245.
536) ILO Compilation (2018), para. 1246; ILO CFA, 346th Report (2007), Case No. 1865 (Republic of Korea), para. 744.
537) ILO Compilation (2018), para. 1249.
538) ILO Compilation (2018), para. 1254.
539) ILO Compilation (2018), para. 1255.
540) ILO Compilation (2018), para. 1258. 공항안전공무원의 업무는 국가안전에 관한 정책결정권이 없기 때문에 단체교섭권을 가진다.
541) ILO Compilation (2018), para. 445.

및 98호 협약)의 비준 유무와 무관하게 헌장에 근거하여 모든 회원국에 대한 이의제기를 심사해 왔다. 이에 한국에 대한 제소에 대해서도 여러 차례 심의하였고, 이 과정에서 한국의 노동관계법제도 중에서 ILO 기준에 위배되는 쟁점들이 깊이 있게 다뤄졌다. ILO가 2018년에 발간한 「결사의 자유 위원회 결정모음집」에서는 대한민국의 노동관계법제도 중에서 ILO 기준에 위배되는 쟁점이 259차례나 지적되어 있을 정도이다.

이렇듯 결사의 자유 위원회는 협약 87호 및 98호를 비준하였는지와 무관하게 모든 회원국에 대한 결사의 자유 침해 사안을 판단해 왔지만, 협약을 비준하게 되면 위원회 결정 및 권고의 함의는 더 중대해진다. 기본협약 비준국은 전문가위원회에 의한 강화된 감독을 받게 되며, 위반행위를 지속할 경우에 조사위원회 절차로 회부될 수 있는 가능성이 열리기 때문이다. 당사국이 조사위원회의 권고를 수락하지 않는 경우에 해당 사안은 국제사법재판소로 회부될 수 있다는 점에서, 당사국이 해당 협약에 관한 해석을 국제사법재판소에 제기하여 이에 관한 국제사법재판소의 상반된 해석을 받지 않는 한, 이행감독기구들의 해석 및 견해는 유효하며 일반적으로 승인되는 것으로 볼 수 있다.[542)]

2022. 2. 기준으로, 현재까지 결사의 자유 위원회에서 한국을 대상으로 한 제소가 다루어진 사건은, 후속조치(follow-up) 단계인 사건이 1건, 종료(closed)된 사건이 15건으로, 총 16건이다.[543)]

2. 쟁점 및 위원회의 권고 요지

다음의 [표]는 지금까지 한국에 대하여 권고가 채택된 15개의 사건별 지위와 이의제기 요지, ILO 결사의 자유 위원회의 권고 요지를 개괄적으로 보여준다.

---

542) ILO, “Report of the Committee of Experts on the Application of Conventions and Recommendation”, Report III (1A), International Labour Conference, 77th session (1990), para. 7.

543) https://www.ilo.org/dyn/normlex/en/f?p=NORMLEXPUB:11110:0::NO::P11110_COUNTRY_ID:103123.

[표] 한국 사건에 대한 ILO 결사의 자유 위원회 권고요지[544)]

사건번호 (최초 진정 연월)	사건 지위	주요 이의제기 요지	해당 보고서	결사의 자유 위원회 주요 권고 요지
3371 (19.10.)	종료	• 전국기간제교사노동조합 설립신고 반려에 따른 결사의 자유 침해	393rd (Mar. 2021)	• 개정 노동법이 해고, 실직된 기간제 교사의 결사의 자유를 보장하게 되었기 때문에, 정부가 기간제교사노동조합이 개정법 시행 이후에 설립신고서를 제출하면 이를 수리할 것이라 믿음.
3237 (16.11.)	종료	• 철도・화물연대 파업 탄압 - 공공부문 급여 체계 변경의 일방적 부과 - 고용조건 및 자유로운 단체교섭과 파업권에 영향을 주는 제도 도입에 앞서 사회적 대화 부재	386th (June. 2018)	• 사회적 파트너의 이익에 영향을 미치는 모든 사안에 대해 장래에 의미 있는 대화를 보장할 것. • 파업중 최소서비스에 결사의 자유 원칙을 적용하는 판결에 대한 정부의 관심 촉구.
3227 (16.9.)	종료	• 발레오전장 노조 파괴 - 반노조 차별, 괴롭힘, 노조활동에 대한 고용주의 간섭 행위 등을 통한 산별노조 탈퇴 강요, 어용노조 설립	384th (Mar. 2018)	• 정부조사의 범위와 결과 및 부과된 제재에 대해 보고할 것 • 사용자와 컨설팅업체에 의해 저질러졌다고 주장되는 부당노동행위 관련된 사법절차의 결과 제공 • 신청인 측 주장에 대한 철저한 조사 촉구 • 증명될 경우 적절한 구제 보장, 추가 진행 상황에 대한 정보 제출 • 정부는 노조의 업무에 대해 개입하거나 언급하지 않도록 보장할 것
3238 (16.8.)	종료	• 2016년 발표된 정부의 "비정규직 종합대책" 등 반노동적 제도와 정책에 대한 항의 - 해고조건 완화 - 직무・성과급 중심의 급여체계 도입 - 취업규칙 개정에 관한 규율 완화	384th (Mar. 2018)	• 새 한국정부가 2016년 발표된 가이드라인을 폐지하기로 한 결정 환영 • 임금문제는 고용조건의 기본구성요소로서, 단체교섭의 대상이 되므로 정부는 단체교섭에서의 당사자들의 자율성 보장 • 시위 중 경찰개입으로 인한 사망사건의 피해자 구제를 위한 모든 조치 취할 것, 무력개입은 비례성과 책임성 원칙에 따라 이루어질 것 • 시위조직 및 평화적 참여로 구금된 자들의

544) 김동현・이혜영, 145~155면. 일부 정리는 윤애림b, 90~92면 참조.

		- 기간제 근로자의 임기상한 연장 - 파견근로자 허용 범위 확대 - 저성과자 해고 등		석방 등 조치 촉구
3262 (16.1.)	종료	• 세종호텔노조(소수노조) 결사의 자유 침해 - 회사 측이 어용노조 설립을 지원하고 소수노조에 대하여는 조합 탈퇴를 종용하는 등 차별 - 사용자가 교섭창구 단일화 제도를 이용해 소수노조와의 단체교섭을 거부	384th (Mar. 2018)	• 현행 교섭창구 단일화 시스템이 결사의 자유를 침해하는 효과를 낳지 않도록 재검토할 것
3138 (15.6.)	종료	• 부당한 단체협약 내용을 시정하겠다는 취지의 노동부 행정지침이 결사의 자유를 침해함	380th (Oct. 2016)	• 교섭 당사자간 자율에 맡겨두어야 할 단체협약에 대한 시정명령의 자제 • 단체협약 관련 지침은 노사정 협의의 결과물이어야 함
3047 (13.12.)	종료	• 삼성전자서비스 하청근로자 결사의 자유 침해 - 삼성그룹의 무노조 정책에 따른 하도급남용과 불안정한 고용 관계 - 노조 탈퇴를 강제하는 괴롭힘, 위협, 압력과 노조 간부들의 해고 - 단체교섭 불응과 체결 협약에 대한 미준수	381st (Mar. 2017)	• "S 그룹 노무관리 전략"에 대한 조사결과를 신속히 알려줄 것과 근로자들이 자신의 선택에 따라 기구를 조직하고 가입할 권리를 완전히 보장할 것. • 사회적 파트너들과의 협의 하에 하청 근로자들의 결사의 자유와 단체교섭 권리 보호를 강화하기 위한 적절한 제도를 개발할 것. • 노조 탈퇴 협박, 계약해지 등 부당노동행위에 대한 독립적 수사와 시정조치를 취할 것
2829 (11.1.)	종료	• 공공기관 단체협약 시정 요구 등 근로조건을 악화시키는 "공공기관 선진화방안" 시행	365th (Nov. 2012)	• 공공기관 경영평가·예산가이드라인 실행 전 노조와 사전협의를 거칠 것 • 공공기관 사측의 일방적 단체협약 해지에 따라 상호 신뢰와 존중에 바탕을 둔 새로운 단체협약 체결을 촉진하기 위한 적극적

		• 파업을 유도하기 위한 코레일의 일방적 단체협약 해지 • 화물트럭 기사 등 특수형태 근로자의 근로자성 부인하고 이들이 소속된 전국운수산업노조에 대하여 법외노조 통보 위협 • 정부정책에 반대하는 소극적 근로거부에 의한 파업을 업무방해죄로 유죄 판결		조치를 취할 것을 정부에 요청 • 정부의 각종 조치가 노조 운동에 미친 영향을 조사하여 적절한 구제조치를 실시할 것 • 98호 협약 4조에 따라 단체협약 일방해지 이전에 교섭을 촉진하기 위한 조치를 실행할 것 • 업무방해죄 규정을 결사의 자유 원칙에 부합하도록 개정하고, 파업에 대하여 업무방해죄를 적용한 기소를 취소할 것 • 공공부문에서 자율적 성실교섭을 촉진하기 위한 조치 실행 • '비합리적 단체협약' 시정 요구와 관련하여 당사자들의 자치를 존중하고 정부도 예산의 한계를 극복하려는 노력을 기울여야 함
2707 (09.4.)	종료	• 대학교수들의 단결권 보장을 배제하고 있는 교원노조법과 공무원노조법에 대한 이의제기	357th (Jun. 2010)	• 대학교수의 결사의 자유를 부정하는 관련 법규정 폐지 • 교수노조 설립신고 수리
2620 (07.12.)	종료	• 이주노조 설립신고 반려 • 강제추방	377th (Mar. 2016)	• 이주노조 설립신고 수리 촉구 • 이주노조 지도부에 대한 체포·추방 중단
			374th (Mar. 2015)	• 이주노조 사건에 대한 판결 지연에 대한 유감 표명 • 이주노조 설립신고 수리 촉구
			371st (Mar. 2014)	• 이주노조 설립신고 수리 촉구 • 이주노조 사건에 대한 판결 절차 신속 진행 촉구
			367th (Mar. 2013)	• 노조활동 방해 자제 • 이주노조 임원 선출을 이유로 한 체포 및 추방조치 자제 • 이주노조 설립신고 수리 촉구
			362nd (Nov. 2011)	• 노조활동 방해 중단 • 이주노조 임원 선출을 이유로 한 체포 및 추방조치 자제 • 이주노조 설립신고 수리 촉구
			358th (Nov. 2010)	• 이주노조의 설립신고 수리 촉구

			355th (Nov. 2009)	• 이주노조 설립신고 수리 촉구 • 이주노조 임원 선출을 이유로 한 체포 및 추방조치 자제
			353rd (Mar. 2009)	• 불복절차 진행 중 이주노조 임원 선출을 이유로 한 체포 및 추방조치 등 노조 활동에 대한 심각한 방해 자제
2602 (07.10.)	종료	• 사내하청·특수고용 결사의 자유 침해 • 쟁의행위에 업무방해죄 적용	374th (Mar. 2015)	• 하청 및 파견근로자의 결사의 자유 및 단체교섭권을 보장하고, 이들의 노조 권리를 회피하기 위하여 하청 방식을 남용하는 것을 금할 것 • 원청을 상대로 쟁의행위를 하였다는 이유로 해고된 하청 및 파견근로자들에 대하여 지체 없이 독립적 조사를 시행하고 쟁의행위를 이유로 한 것이 사실이라면 임금 손실 없는 원직 복귀 등 조치를 취할 것 • 화물트럭 운전자 등 자영근로자들의 단결권과 단체교섭권을 보장할 것 • 형법 314조 업무방해죄의 지나치게 광범위한 정의에 대하여 우려를 표명하고, 결사의 자유 원칙에 부합하도록 필요한 조치를 취할 것
			363rd (Mar. 2012)	• 하청 및 파견근로자의 결사의 자유 및 단체교섭권을 보장하고, 이들의 노조 권리를 회피하기 위하여 하청 방식을 남용하지 않도록 할 것 • 원청을 상대로 쟁의행위를 하였다는 이유로 해고된 하청 및 파견근로자들에 대하여 지체 없이 독립적 조사를 시행하고 쟁의행위를 이유로 한 것이 사실이라면 임금 손실 없는 원직 복귀 등 조치를 취할 것 • 자영근로자들의 노동조합 권리를 보장할 것 • 형법 314조 업무방해죄의 지나치게 광범위한 정의에 대하여 우려를 표명하고, 결사의 자유 원칙에 부합하도록 필요한 조치를 취할 것
			359th (Mar. 2011)	• 화물트럭 운전자 등 자영근로자들의 결사의 자유를 보장하는 조치를 취할 것 • 노조해산명령에 대한 불복절차를 사회적 당사자들과의 협의 하에 마련할 것 • 하청 및 파견근로자들의 결사 및 단체교섭의 자유를 보장하고, 이를 회피하기 위해 하청 방식을 남용하지 않도록 할 것 • 원청을 상대로 쟁의행위를 하였다는 이유

				로 해고된 하청 및 파견근로자들에 대하여 지체 없이 독립적 조사를 시행하고 쟁의행위를 이유로 한 것이 사실이라면 임금 손실 없는 원직 복귀 등 조치를 취할 것 • 형법 314조 업무방해죄가 근로자들과 노조운동가들을 위협하는 목적으로 남용되지 않도록 적절한 보호장치를 마련할 것
			355th (Nov. 2009)	• 노조차별 및 방해행위로 해임된 노동조합 임원들에 대한 복직 등 조치를 취할 것 • 하청 근로자들의 근로조건 개선을 위한 단체교섭을 촉진하는 조치를 취할 것 • 원청을 상대로 쟁의행위를 하였다는 이유로 해고된 하청 및 파견근로자들에 대하여 지체 없이 독립적 조사를 시행하고 쟁의행위를 이유로 한 것이 사실이라면 임금 손실 없는 원직 복귀 등 조치를 취할 것 • 형법 314조 업무방해죄가 근로자들과 노조운동가들을 위협하는 목적으로 남용되지 않도록 적절한 보호장치를 마련할 것
			350th (Jun. 2008)	• 원청을 상대로 쟁의행위를 하였다는 이유로 해고된 하청 및 파견근로자들에 대하여 지체 없이 독립적 조사를 시행하고 쟁의행위를 이유로 한 것이 사실이라면 임금 손실 없는 원직 복귀 등 조치를 취할 것 • 형법 314조 업무방해죄가 결사의 자유 원칙에 부합하도록 필요한 조치를 취할 것
2569 (07.5.)	종료	• 교원의 결사의 자유 침해 • 교원평가정책에 관해 전교조와의 교섭 거부	351st (Nov. 2008)	• 교원의 쟁의행위 · 정치활동 금지규정 폐지 • 집회 참석자에 대한 징계처분(감봉 등) 원상회복 • 평화적 노조활동에 대한 형사처벌 금지
2093 (00.7.)	종료	• 롯데호텔노조 단체교섭에 대한 중재회부 • 기간제 신규채용 통한 결사의 자유 제한 • 파업에 대한 공권력 투입 • 조합원에 대한 폭력 및 구속	324th (Mar. 2001)	• 파업 중 공권력 투입은 비례의 원칙에 따라 공공질서 유지를 위한 경우에 한하여 엄격히 제한되어야 함
1865	후속	• 민주노총, 전국자	382nd	• 해고된 공무원 및 교사의 노조 가입 금지

			(Jun. 2017)	규정 폐지 • 전임자 급여지급은 노사자율로 결정 • 공무원노조가 조합원 이익에 관련되는 경제 및 사회 문제에 발언하는 것을 허용할 것 • 형법 314조를 검토하여 결사의 자유 원칙에 부합하도록 조치를 취할 것 • 파업을 이유로 한 막대한 손해배상청구에 대한 우려 표명
			371st (Mar. 2014)	• 노조 전임자 급여에 관하여는 당사자들의 자율적 합의에 의하도록 할 것 • 교섭창구단일화 제도 관련 소수노조 권리 보장 • 해고된 근로자 노조 가입 제한 폐지
(95.12.)	조치	동차노조연맹 등의 불법단체화 • 현대자동차 및 공무원노조의 노조 활동과 관련한 해고와 형사처벌 • 공무원 · 교원의 결사의 자유 침해 • 건설노조에 대한 정부당국의 탄압	363rd (Mar. 2012)	• 노조 전임자 급여지급 금지에 관한 우려 표명 • 교섭창구단일화 관련, 소수노조 권리 보장 • 파업의 목적이 단체협약 체결로 해결될 수 있는 쟁의에 국한되지 않고, 조합원의 이익에 영향을 주는 경제적 · 사회적 문제에 대한 불만을 표현할 수 있도록 보장할 것 • 최소서비스 지정 시 주의할 사항 • 공무원노조가 조합원 이익에 관련되는 경제 및 사회 문제에 발언하는 것을 허용할 것
			353rd (Mar. 2009)	• 5급 이상 공무원, 소방관, 교육기관 종사자, 교정공무원, 지방공무원, 근로감독관 등에 대한 단결권 보장 확대 • 공무원 파업권 제한이 엄격한 의미의 필수서비스에 한정되도록 할 것 • 노조 전임자 급여지급 금지 문제 해결 촉구 • 정책 및 운영 결정에 관한 사항의 공무원노조 단체교섭사항 포함 • 공무원노조는 조합원의 이익에 영향을 주는 경제 · 사회적 사안에 의사를 표명할 수 있고, 다만 순수한 정치적 파업에 대해서만 협약의 보장을 받지 못함 • 복수노조 합법화 • 노조 전임자 급여지급 금지 문제 해결 촉구 • 최소서비스 지정 시 주의할 사항 • 긴급중재의 시행 요건 • 해고자 및 실업자의 조합원 자격 부인 및 비종사자의 조합 간부 자격 부인 조항 폐지 • 형법 314조 업무방해죄를 결사의 자유 원칙에 부합하게 할 것

			346th (Jun. 2007)	• 5급 이상 공무원, 소방관, 교육기관 종사자, 교정공무원, 지방공무원, 근로감독관 등에 대한 단결권 보장 확대 • 공무원 파업권 제한이 엄격한 의미의 필수서비스에 한정되도록 할 것 • 노조 전임자 급여지급 금지 문제 해결 촉구 • 정책 및 운영 결정에 관한 사항의 공무원노조 단체교섭사항 포함 • 공무원노조는 조합원의 이익에 영향을 주는 경제 · 사회적 사안에 의사를 표명할 수 있고, 다만 순수한 정치적 파업에 대해서만 협약의 보장을 받지 못함 • 복수노조 합법화 • 긴급중재의 시행 요건 • 해고자 및 실업자의 조합원 자격 부인 및 비종사자의 조합 간부 자격 부인 조항 폐지 • 형법 314조 업무방해죄를 결사의 자유 원칙에 부합하게 할 것
			340th (Mar. 2006)	• 5급 이상 공무원, 소방관 단결권 보장 • 공무원 파업권 제한이 엄격한 의미의 필수서비스에 한정되도록 할 것 • 복수노조 합법화 • 노조 전임자 급여지급 금지 문제 해결 촉구 • 최소서비스 지정 시 주의할 사항 • 해고자 및 실업자의 조합원 자격 부인 및 비종사자의 조합 간부 자격 부인 조항 폐지 • 형법 314조 업무방해죄를 결사의 자유 원칙에 부합하게 할 것
			335th (Nov. 2004)	• 5급 이상 공무원, 소방관, 교육기관 종사자, 교정공무원, 지방공무원, 근로감독관 등에 대한 단결권 보장 확대 • 공무원 파업권 제한이 엄격한 의미의 필수서비스에 한정되도록 할 것 • 공무원노조는 조합원의 이익에 영향을 주는 경제 · 사회적 사안에 의사를 표명할 수 있고, 다만 순수한 정치적 파업에 대해서만 협약의 보장을 받지 못함 • 복수노조 합법화 • 노조 전임자 급여지급 금지 문제 해결 촉구 • 최소서비스 지정시 주의할 사항 • 긴급중재의 시행 요건 • 해고자 및 실업자의 조합원 자격 부인 및 비종사자의 조합 간부 자격 부인 조항 폐지 • 형법 314조 업무방해죄를 결사의 자유 원칙에 부합하게 할 것

			331st (Jun. 2003)	• 공무원의 단결권 보장 확대 • 복수노조 합법화 • 노조 전임자 급여지급 금지 폐지 • 파업 제한·금지되는 공익사업 리스트 조항 개정 촉구 • 노동부에 신고하지 않은 사람의 단체교섭 및 노동분쟁 지원 금지 조항 폐지 • 형법 314조 업무방해죄를 결사의 자유 원칙에 부합하게 할 것
			327th (Mar. 2002)	• 공무원의 단결권 보장 확대 • 복수노조 합법화 • 파업 제한·금지되는 공익사업 리스트 조항 개정 촉구 • 단체교섭 및 노동분쟁에 지원 가능한 제3자 범위 제한 규정 폐지 • 노동부에 신고하지 않은 사람의 단체교섭 및 노동분쟁 지원 금지 조항 폐지 • 해고자 및 실업자의 조합원 자격 부인 및 비종사자의 조합 간부 자격 부인 조항 폐지
			324th (Mar. 2001)	• 공무원의 단결권 보장 확대 • 복수노조 합법화 • 형법 314조 업무방해죄의 광범위한 정의를 대법원의 해석과 결사의 자유 원칙에 맞추어 보다 좁게 할 것 • 단체교섭 및 노동분쟁에 지원 가능한 제3자 범위 제한 규정 폐지
			320th (Mar. 2000)	• 공무원의 단결권 보장 확대 • 복수노조 합법화 • 노동부에 신고하지 않은 사람의 단체교섭 및 노동분쟁 지원 금지 조항 폐지 • 파업 제한·금지되는 공익사업 리스트 조항 개정 촉구 • 노조 전임자 급여 지급금지 조항 폐지 • 해고자 및 실업자의 조합원 자격 부인 및 비종사자의 조합 간부 자격 부인 조항 폐지
			311th (Nov. 1998)	• 교사의 단결권 보장 및 전교조 설립신고 수리 촉구 • 공무원의 단결권 보장 확대 • 복수노조 합법화 • 노동부에 신고하지 않은 사람의 단체교섭 및 노동분쟁 지원 금지 조항 폐지 • 파업 제한·금지되는 공익사업 리스트 조항 개정 촉구

				• 노조 전임자 급여 지급금지 조항 폐지 • 해고자 및 실업자의 조합원 자격 부인 및 비종사자의 조합 간부 자격 부인 조항 폐지 • 한국노총 설립신고 수리 촉구
			309th (Mar. 1998)	• 교사의 단결권 보장 및 전교조 설립신고 수리 촉구 • 공무원의 단결권 보장 확대 • 복수노조 합법화 • 노동부에 신고하지 않은 사람의 단체교섭 및 노동분쟁 지원 금지 조항 폐지 • 파업 제한·금지되는 공익사업 리스트 조항 개정 촉구 • 노조 전임자 급여 지급금지 조항 폐지 • 해고자 및 실업자의 조합원 자격 부인 및 비종사자의 조합 간부 자격 부인 조항 폐지 • 한국노총 설립신고 수리 촉구
			307th (Jun. 1997)	• 공무원과 교사의 단결권 보장 및 전교조 설립신고 수리 촉구 • 근로자 조직의 재정 운영을 규율하는 규정이 공공 기관에 재량권을 부여하지 않도록 보장 • 복수노조 허용이라는 맥락에서, 한국노총, 전국자동차노조연맹 등 등록 허용 • 해고자 및 실업자의 조합원 자격 부인 및 비종사자의 조합 간부 자격 부인 조항 폐지
			306th (Mar. 1997)	• 공무원과 교사의 단결권 보장 및 전교조 설립신고 수리 촉구 • 복수노조 합법화 • 민주노총, 전국자동차노조 등 초기업노조 설립신고 수리 촉구 • 제3자 개입금지 폐지 • 필수서비스 파업 시 대체고용 제한
			304th (Jun. 1996)	• 민주노총, 전국자동차노조 등 초기업노조 설립신고 수리 촉구 • 교원의 정당한 단결권 행사로서의 전교조 합법화 촉구
1629 (92.3.)	종료	• 복수노조 금지 • 공무원·교원의 노동3권 금지 • 제3자 개입금지 • 전노협, 전노조에 대한 탄압	294th (Jun. 1994)	• 비필수서비스에 대한 긴급조정 자제 촉구 • 공무원 쟁의행위 금지규정 개정 • 결사의 자유 원칙에 부합하는 노동관계법의 조속한 개정
			291st (Nov.	• 전교조 교사 복직 촉구 • 노동조합의 권리 행사와 관련된 활동을 이

			1993)	유로 한 노조 지도자 및 조합원 체포 및 구금은 결사의 자유 원칙에 위반
			286th (Mar. 1993)	• 공무원 및 교사의 단결권 및 파업권 보장 요청 • 제3자 개입금지 조항 폐지 촉구

이 중에서 특히 장기 계류 중인 1865호 사건은 결사의 자유 기본협약과 충돌하는 국내 노동관계법제도의 제반 쟁점을 포괄적으로 다루고 있으며, 결사의 자유 위원회 역사상 두 번째로 장기간 다루어지고 있는 침해 사건이다.[545] 결사의 자유 위원회는 이 사건에 대해 25년이 넘는 긴 시간동안 위원회의 권고이행 여부에 대한 후속조치를 지속적으로 검토하면서, 이토록 오랜 시간이 지나도록 후속조치를 검토해 왔음에도 불구하고 여전히 한국의 노동관계법제도 및 관행이 변화하지 않자, 이를 여러 차례 "심각하고 급박한 사건"으로 분류하여 강한 우려를 표명해 왔다.[546]

Ⅵ. 국내법원에서의 ILO 협약 적용 관련 제 문제

대한민국은 1991년에 ILO에 가입하고, 2021년 4월에 결사의 자유에 관한 ILO 기본협약(87호 및 98호)을 비준함으로써, ILO 헌장에 명시된 결사의 자유 원

545) 지금까지 Case No. 1865 관련해서 발간된 보고서 목록은 다음과 같음: Effect given to the recommendations of the committee and the Governing Body - Report No 382, June 2017 (33 ~ 96); Effect given to the recommendations of the committee and the Governing Body - Report No 371, March 2014 (44 ~ 53); Effect given to the recommendations of the committee and the Governing Body - Report No 363, March 2012 (42 ~ 133); Report in which the committee requests to be kept informed of development - Report No 353, March 2009 (584 ~ 749); Interim Report - Report No 346, June 2007 (488 ~ 806); Interim Report - Report No 340, March 2006 (693 ~ 781); Interim Report - Report No 335, November 2004 (763 ~ 841); Interim Report - Report No 331, June 2003 (322 ~ 356); Interim Report - Report No 327, March 2002 (447 ~ 506); Interim Report - Report No 324, March 2001 (372 ~ 415); Interim Report - Report No 320, March 2000 (456 ~ 530); Interim Report - Report No 311, November 1998 (293 ~ 339); Interim Report - Report No 309, March 1998 (120 ~ 160); Interim Report - Report No 307, June 1997 (177 ~ 236); Interim Report - Report No 306, March 1997 (295 ~ 346); Interim Report - Report No 304, June 1996 (221 ~ 254). 윤애림b, 92면.

546) 예를 들어, ILO CFA, 304th Report (1996); 306th Report (1997); 307th Report (1997); 309th Report (1998); 311th Report (1998); 320th Report (2000); 324th Report(2001); 327th Report (2002); 331st Report (2003); 335th Report (2004); 340th Report (2006); 346th Report (2007); 353th Report (2009); 363rd Report (2012); 371st Report (2014); 382nd Report (2017) 등 참조.

칙과 비준협약을 국내적으로 이행할 국제법적 의무를 부담한다. 우리 헌법 6조 1항은 "헌법에 의하여 체결·공포된 조약과 일반적으로 승인된 국제법규는 국내법과 같은 효력을 가진다"고 정함으로써, 대한민국이 가입·비준한 ILO 헌장과 협약들이 그 자체로 국내법적 효력을 가지게 되는 규범적 근거가 되어주고 있다. 이에 따라 대한민국이 자유로이 가입·비준한 ILO 헌장 및 협약은 별도의 이행입법 없이도 그 자체로 국내 재판에서 직접적용되는 재판규범이 된다.

ILO에 의해 국제노동법의 법리가 지속적으로 발전해 왔다 하더라도, 각국의 국내법원에서 이를 적절히 원용·적용하여 재판에서 구현해내지 않으면, ILO가 발전시켜 온 국제노동기준과 이에 관한 법리들은 각 국가 내에서 실질적인 권리구제로 이어지지 않게 된다. 이런 이유로 ILO는 근로자 및 사용자가 노동관련 법제도나 행정결정에 의해 자신들의 결사의 자유가 침해되는 경우에 이를 국내 사법부에 제소하여 구제를 받을 것을 지속적으로 권고하는 한편, 각국의 사법부에 대해서는 ILO가 발전시켜 온 국제노동기준의 해석 및 적용에 관한 법리를 적절히 원용·적용하여 국제노동기준의 국내적 이행에 이바지할 것을 촉구해 왔다.[547]

그런데 국내법과 국내법리에 익숙한 대부분의 국내법관이나 국내법학자 및 실무가들로서는, 결사의 자유에 관한 ILO 기본협약이 비준되어 국내법적 효력을 가진다고 하더라도 이를 어떻게 해석하고 적용해야 하는지 어려움을 느낄 수 있다. 즉 ILO 이행감독기구들의 결정 및 권고의 규범적 가치에 대한 이해가 선행되지 않고는 ILO 기본협약을 국내재판에서 해석 및 적용하는 것이 막연한 과제처럼 느껴질 수 있다.

또한 국제노동법을 형성하는 국제노동기준은 국제인권법의 한 영역으로 이해되기에 국제노동기준의 국내적 적용을 이해할 때는 보다 일반적인 국제인권법의 국내적 적용에 관한 논의가 그대로 타당함을 유념하여야 한다.[548] 따라서 국제인권조약의 국내적 적용에 관한 규범적 근거와 국제인권조약과 국내법 충돌 시 해결기준이 되는 법리에 대한 이해, 국제인권조약의 해석 및 적용의 특수성에 대한 이해가 요구된다.

상기한 점들을 염두에 두면서, 다음은 ILO 협약이 국내법원에서 적용될 때

547) Xavier Beaudonnet(ed.), pp.111~112.
548) 김성수, 282면.

에 요구되는 판단의 단계, 즉 ① ILO 협약의 국내적 효력 판단, ② ILO 협약과 국내법의 충돌 해결, ③ ILO 협약의 해석 및 적용 판단단계별로 제기되는 주요 쟁점을 살펴본다.

1. ILO 협약의 국내적 효력

ILO 협약도 조약이기에, 이는 곧 조약의 국내적 효력을 정한 대한민국 헌법 조항에 대한 해석을 요구한다. 헌법 6조 1항에 따라 헌법에 의하여 체결·공포된 조약은 그 자체로 국내법적 효력을 가지므로 ILO 협약을 비롯한 국제인권조약의 국내법적 효력이 인정된다는 데 학설과 판례가 일치한다.[549] 즉 국가들이 조약을 국내적으로 적용하기 위해 취할 수 있는 방식은, 별도의 이행입법 없이도 조약 그 자체로 국내법이 되도록 하는 '수용방식'과, 별도의 이행입법을 통해 조약이 국내법으로 변형될 것을 요구하는 '변형방식'의 2가지가 있는데, 우리 헌법 6조 1항의 해석상 대한민국은 수용방식을 취하는 국가로 이해할 수 있다.

대법원도 우리나라가 비준·가입한 조약의 적용이 문제되었을 때에 국내법을 매개로 하지 않고 조약을 직접 근거로 판결을 선고해 왔다.[550] 특히 ILO 협약도 국제인권법의 한 영역으로 이해되고 있음을 감안할 때, 지금까지 법원에서 선고된 판결에서 주요 국제인권조약의 국내법적 효력이 부정된 적이 한 번도 없다는 점은 시사하는 바가 분명하다. 즉 대한민국이 비준·가입한 7대 주요 국제인권조약이 원용·적용된 판결문(1심, 항소심, 상고심 모두 포함)을 전수조사한 대법원 사법정책연구원의 선행연구에 따르면, 지금까지 법원에서 선고된 판결 중에서 국제인권조약의 국내법적 효력을 명시적으로 부정한 판결은 한 건도 없었으며, 모든 판결문에서 국제인권조약의 국내법적 효력은 명시적·묵시적으로 인정·전제되고 있었다.[551]

---

549) 이혜영a, 221면. 이는 국내법 체계에서의 지위와 관련해서, 헌법학계의 다수설은 헌법 60조 1항에 따라 국회로부터 체결비준에 대한 동의를 받은 조약은 헌법보다는 하위이지만 법률과는 동위의 효력을 가진다고 보고 있으며, 헌법재판소와 대법원도 국회 동의를 받은 조약에 대해서는 법률의 효력을 긍정한다는 입장인 반면, 국회 비동의 조약의 법률적 효력에 대해서는 아직 명확한 해석이 사법부 판례로 확립되었다고 보기 힘들다. 관련해서 정인섭b, 36~37면 참조.

550) 예를 들면, 대법원 2008. 12. 24. 선고 2004추72 판결, 대법원 2006. 4. 28. 선고 2005다30184 판결, 대법원 2005. 9. 9. 선고 2004추10 판결, 대법원 2002. 10. 22. 선고 2002다32523, 32530 판결, 대법원 1986. 7. 22. 선고 82다카1372 판결 등 다수.

우리나라가 가입한 인권조약의 국내법적 효력을 분명한 어조로 설시한 대표적인 예로, 2018년 11월 1일에 대법원에서 선고된 2016도10912 전원합의체 판결의 제2다수보충의견을 들 수 있다. 제2다수보충의견은 “우리나라가 가입한 자유권규약의 경우에는 헌법 6조 1항에 의해 국내법과 동일한 효력을 가지고 직접적인 재판규범이 될 수 있다는 점에서 차원을 달리한다 …(중략)… 자유권규약은… 헌법 6조 1항의 규정에 따라 국내법적 효력을 (가진다)”고 하였다.[552)]

2. ILO 협약과 국내법 충돌 해결

우리나라와 같이 일원론을 채택하고 있는 국가에서 비준협약과 관련 국내법이 상호모순 또는 저촉된다는 주장이 있는 경우에 이를 어떤 기준에 의해 해결해야 하는가가 문제 될 수 있다. 다음은 규범간 충돌이 문제되는 경우에 요구되는 판단단계별 고려사항을 살펴본다.

가. ILO 협약과 국내법 간 충돌의 인정

ILO 협약과 관련 국내법의 내용이 상호모순 또는 저촉된다는 주장이 있는 경우에, 우선적으로 그러한 주장을 수용하여 충돌상황의 존재를 인정할지 여부를 먼저 결정해야 할 것이다. 즉 규범 간 충돌을 어떻게 해결할 것인가를 모색하기에 앞서서, 규범 간 충돌 자체에 대한 인정이 선행되어야 한다.

그런데 ILO 협약을 비롯한 많은 인권조약 조항 문언들은 대개 헌법상 기본적 권리에 관한 내용을 규정하고 있다는 특수성으로 인하여 다소 추상적이고 포괄적인 언어로 규정되는 경우가 많다. 결사의 자유 및 단결권, 단체교섭권이라는 기본적 권리를 규정하고 있는 ILO 87호 협약과 98호 협약의 개별 조항도 조항의 문언 자체는 포괄적인 언어로 이루어져 있으며, 이에 대한 해석 및 적용

551) 이혜영b, 142면. 다만 손○○ 국가배상청구권 사건의 대법원 판결(1999. 3. 26. 선고)이 시민적 및 정치적 권리에 관한 국제규약 2조 3항의 자기집행성(self-executing)을 부인한 것으로 볼 수 있다는 해석이 학계에서 제기된 바는 있다. 이에 대해서는 이혜영a, 222~227면; 장태영, 281~290면.

552) 대법원 2018. 11. 1. 선고 2016도10912 전원합의체 판결의 제2다수보충의견. 다수의견(법정의견)은 시민적 및 정치적 권리에 관한 국제규약(자유권규약) 위반 여부에 대하여는 명시적으로 판단하지 않았다. 자유권규약 위반 여부에 대해서는 반대의견(대법관 김소영, 대법관 조희대, 대법관 박상옥, 대법관 이기택의 반대의견)과 제1다수보충의견(다수의견에 대한 대법관 권순일, 대법관 김재형, 대법관 조재연, 대법관 민유숙의 보충의견)과 제2다수보충의견(다수의견에 대한 대법관 박정화, 대법관 김선수, 대법관 노정희의 보충의견)이 명시적으로 판단하였다.

법리는 ILO 이행감독기구에 의해 구체화되어 왔다. 이런 특수성으로 인하여 관련 국내법이 문언상으로 협약의 개별조항 문언에 명백하게 배치되는 경우는 그리 많지 않다.

사실상 ILO 협약과 국내법 간의 충돌에 관한 논의가 보다 현실적인 문제로 자주 나타나는 경우는 대개 관련 국내법에 대한 국내법원의 기존의 해석이 ILO 협약 조문에 대한 ILO 이행감독기구의 해석과 상호모순 내지 저촉되는 경우일 것이다. 그리고 대개 ILO 협약상 의무와 관련 국내법이 충돌한다는 주장은 ILO 이행감독기구(결사의 자유위원회 및 전문가위원회 등)의 견해에 바탕을 둔 주장일 것이다. 따라서 그러한 주장을 받아들일 것인가의 문제는 실무상 ILO 이행감독기구의 견해를 존중할 것인가의 문제로 사실상 귀결된다. 이는 구체적으로는 ILO 이행감독기구의 관련 ILO 협약에 대한 해석을 받아들이는가와 관련된 문제라는 점에서, 충돌의 존재를 인정하는지 단계에서부터 이미 협약의 해석이 요구됨을 알 수 있다.

예를 들어 파업권은 87호 협약 문언에 명시되어 있지는 않지만, ILO 전문가위원회와 결사의 자유 위원회는 이를 결사의 자유 원칙에서 파생되는 당연한 권리로서 항상 인정해 왔다.[553] 만약 특정 국내법이 ILO 87호 협약이 보장하는 파업권에 저촉된다는 주장이 있는 경우에, ILO 87호 협약의 문언상 파업권이 명시되어 있지 않다는 이유로 파업권을 ILO 87호 협약으로부터 도출할 수 없다고 해석한다면 애초에 해당 협약과 국내법과의 충돌은 존재하지 않는 것이 됨으로써 갈등은 회피된다. 반대로 ILO 이행감독기구의 견해를 받아들여 양자 간 충돌의 존재를 인정하는 경우에야 비로소 이를 어떻게 해결해야 하는가가 문제될 수 있다.

다음은 ILO 협약상 의무에 국내법이 저촉된다는 ILO 이행감독기구의 견해에 바탕을 둔 주장이 있는 경우에 선택할 수 있는 2가지 상반되는 해결방식을

553) ILO Compilation (2018), para.752; ILO CFA, 363rd Report (2012), Case No. 2602 (Republic of Korea), para.465; ILO CFA, 365th Report (2012), Case No. 2829 (Republic of Korea), para. 577. 1959년 전문가위원회는 결사의 자유와 관련한 최초의 일반조사(General Survey)에서 처음으로 파업권에 대한 87호 협약상의 명문의 근거를 "운영과 활동을 조직하고 자신의 방침을 형성할" 권리를 규정한 87호 협약 3조에서 찾으면서 파업권의 금지는 87호 협약 8조와 10조에도 반한다고 본 이래, 지금까지 파업권을 단결권에 내재된 당연한 권리라고 선언해 왔다[ILO, "Report of the Committee of Experts on the Application of Conventions and Recommendations", Report III (Part I), International Labour Conference, 43rd session (1959), pp.114~115].

검토하고, 이 중 어느 방식이 국제법의 국내적 이행의 관점에서 더 바람직한지 고찰한다.

(1) ILO 이행감독기구의 견해를 존중하여 규범 간 충돌 인정 & 국제법존중주의적 해석으로 충돌 조정

ILO 협약상 의무와 관련 국내법이 상호모순 내지 저촉된다는 ILO 이행감독기구의 견해가 있는 경우, 법관은 그러한 ILO 이행감독기구의 견해를 존중하여 협약과 국내법의 충돌이 존재함을 인정할 수 있다. 이러한 태도는 ILO 이행감독기구가 협약의 해석 및 적용에 대해 가지는 권위를 존중하고 이행감독기구의 견해와 신의성실한 규범적 연계를 지향하는 태도라는 점에서, '신의성실한 규범적 연계에 기반한 해석'이라 할 수 있다.[554)]

유의할 것은, 협약과 국내법의 충돌을 인정하였다고 해서 법원이 반드시 협약과 국내법 중 어느 하나를 실효시키는 방식으로 양자의 충돌을 조정할 필요는 없다는 것이다. 왜냐면 양 규범 조항의 내용이 문언상으로 명백히 충돌하지 않는 한, 법관은 충돌이 주장되는 국내법에 대한 법원의 기존 해석을 이행감독기구의 해석에 따른 협약상 의무를 침해하지 않는 방식으로 변경하는 규범조화적 해석을 통하여 충돌을 조정할 수 있기 때문이다. 이 경우에 규범조화적 해석의 방향성이 국내법을 국제법에 합치되는 방향이라는 의미에서 이를 '국제법존중주의적 해석'이라 할 수 있다. 이러한 해석을 통해 법원은 국내법의 해석 및 적용이 국제조약에 관한 국제적 해석기준에 상응하도록 함으로써 국제법의 국내적 실현에 이바지할 수 있게 된다.

(2) ILO 이행감독기구의 견해를 배척하고 규범 간 충돌 부정 & 국제법의 국내법 역합치해석을 통한 충돌 회피

한편, 국내법에 대한 기존 사법부의 해석이 ILO 협약상 의무에 위배된다는 ILO 이행감독기구의 견해가 원용될 때에, 그러한 견해를 배척하고 국내법에 합치되도록 협약 조항을 해석함으로써 양자의 충돌을 회피할 수 있다. 국제법협회에서 '국내법원의 국제법 관여에 관한 조감'이란 제목으로 2016년에 채택한 최종보고서는, 국제법을 존중한 국내법 해석에 대한 역방향 해석의 예로서 이렇

554) 신윤진, "국제인권규범과 헌법: 통합적 관계 구성을 위한 이론적 · 실천적 고찰", 국제인권규범의 국내적 실현 학술대회, 서울대 공익인권법센터 · 법원국제인권법연구회 · 인권법학회 (2019. 12. 14. 발제), 17~18면.

게 국제법을 국내법에 합치되게 해석하는 기법을 '역합치해석'('reverse' consistent interpretation)이라고 이름 붙인 바 있다.[555] 이러한 역합치해석을 할 경우에 국제조약상 의무와 국내법에 대한 기존의 법원의 해석의 충돌은 회피됨으로써 해결된다.

ILO 이행감독기구는 ILO 협약에 관한 한 사실상 가장 권위 있는 해석기구라는 점을 고려할 때에 역합치해석이 이행감독기구의 해석이 가지는 권위를 존중하는 접근법이라 보기는 힘들다. 비록 해당 기구의 견해가 법적으로는 권고적 효력만을 가지기는 하지만, 그 사실이 이행감독기구의 견해가 규범적으로 무가치하다는 의미는 아니다. 만약 국내법원이 이행감독기구의 해석을 존중하려는 진지한 노력을 기울였음에도 불구하고 그 해석을 받아들일 수가 없다면, 최소한 어떤 이유에서 그 해석을 받아들일 수 없는지를 설명하고 국내법원의 해석이 이행감독기구의 해석보다 '국제법적으로' 타당한 이유를 설득력 있게 논증하고 설명해야 할 것이다.

국내법적 관점에서는 국내법 체계 내에서의 규범의 일관되고 통일된 해석을 담보하기 위해서 국제법을 국내법에 합치하도록 해석하는 것이 오히려 자연스럽게 느껴질 수도 있다. 그러나 ILO 협약을 포함한 국제인권조약의 보편적 성격을 감안할 때에, 국내상황의 특수성을 강조하는 해석이나 관련 국내법리를 우선시키는 해석이 최소 '국제법적으로' 타당한 해석으로 받아들여지기는 힘들다. 왜냐면 국제적으로 가장 권위 있는 해석기구의 해석을 배척하면서 아무런 논증을 하지 않는 것은, 사실상 국제조약에 대한 진지한 해석을 하고자 하는 노력, 즉 국제조약의 의미를 국제법적 해석원칙에 입각하여 국제적으로 권위 있는 해석 자료를 참조하여 밝히려는 노력을 포기한 것으로 여겨질 수 있는 측면이 있기 때문이다.

나. ILO 협약이 국내법 체계에서 점하는 규범적 지위 판단

ILO 협약과 국내법 충돌이 인정되는 경우라면, 이 경우에 가장 먼저 고려해야 할 사항은 충돌하는 규범 간의 위계일 것이다. 국내법 체계는 헌법을 최상위 규범으로 이하 단계적 구조를 이루고 있으므로, 둘 이상의 규범이 그 내용에

555) International Law Association, Final Report: Mapping the Engagement of Domestic Courts with International Law, Johannesburg Conference (2016), para. 58. 이 글에서는 편의상 이러한 해석을 '역합치해석'이라 부르기로 한다.

있어서 상호 모순되거나 저촉되는 경우에 상위규범이 하위규범에 우선한다는 원칙(상위법 우선의 원칙)에 따라 해결될 수 있는지를 우선적으로 검토해야 하는 것이다.

국제인권조약으로 분류되는 ILO 협약의 규범적 지위를 판단하기 위한 출발점은 결국 헌법 6조 1항의 해석으로부터이다. 헌법 6조 1항은, "헌법에 의하여 체결된 조약[은]··· 국내법과 같은 효력을 가진다"고 하고 있는데, 여기서 "국내법"이 정확하게 무엇을 의미하는가가 문제된다. 이는 곧 국내법질서로 수용된 국제법이 국내법질서 내에서 어떠한 규범적 지위를 차지하는가의 문제이다. 즉 대한민국 헌법 6조 1항 문언은 우리나라가 국제조약의 국내적 효력에 관하여 수용방식(일원론)을 채택하고 있음을 선언하고 있을 뿐, 국제조약의 법률동위설을 선언하고 있지 않다. 이렇듯 헌법이 국제법이 가지는 국내법적 지위를 구체적으로 특정하지 않는 사례는 다른 국가에서도 발견되는데, 이 경우에 결국 국제법이 가지는 구체적 지위는 해당 국가의 사법기구의 판례를 통해서 구체화된다.[556] 이에 다음은 우리 사법기구의 판례 입장을 통해 우리 법체계 내에서 ILO 협약이 점하는 규범적 지위를 헌법에 대한 위계와 법률에 대한 위계로 나누어 검토한다.

(1) 헌법에 대한 위계

지금까지 헌법재판소 및 법원의 판례를 살펴보면, 대체로 인권조약이 아닌 다른 조약의 효력이 문제 된 사안에서, 조약이 헌법보다 하위의 효력을 가진다는 점에 대해서는 분명한 법리를 확립해 온 것으로 보인다. 예를 들어 헌법재판소는 인권조약이 아닌 조약의 위헌성이 문제 된 사안에서, 해당 조약도 위헌법률심판의 대상에 포함된다고 선언함으로써 조약이 헌법에 대해서 하위의 효력을 가지는 규범임을 명확히 하였다.[557] 그런데 헌법재판소가 지금까지 국제인권

556) 예를 들어 필리핀 헌법은 국제법의 국내적 효력 및 지위에 대해 침묵하고 있다. 이에 대해서 필리핀 대법원은 판례로서 국제법이 국내법과 동위의 지위를 가진다고 판결해 왔다[관련해서 Secretary of Justice vs. Hon. Ralph C. Lantion and Marl B. Jimenez, G.R. No. 13946 5 (2000) 참조].

557) 헌재 2001. 9. 27. 선고 2000헌바20 결정["헌법재판소법 68조 2항은 심판대상을 "법률"로 규정하고 있으나, 여기서의 "법률"에는 "조약"이 포함된다고 볼 것이다. 헌법재판소는 국내법과 같은 효력을 가지는 조약이 헌법재판소의 위헌법률심판대상이 된다고 전제하여 그에 관한 본안판단을 한 바 있다([···]). 이 사건 조항은 각 국회의 동의를 얻어 체결된 것이므로 헌법 6조 1항에 따라 국내법적 효력을 가지며, 그 효력의 정도는 법률에 준하는 효력이라고 이해된다. 한편 이 사건 조항은 [···] 위헌법률심판의 대상이 된다고 할 것이다."].

조약의 국내적 지위와 효력에 관하여 명확하게 선언한 적은 없어서 추가적 분석이 요구된다.[558)]

헌법재판소가 지금까지 국제인권조약의 국내적 지위와 효력에 관하여 명확하게 선언한 적은 없지만, 그간의 결정례에 따르면 헌재가 최소한 인권조약이 아닌 국제조약과 인권조약을 규범적으로 달리 취급하고 있는 것은 분명해 보인다.[559)] 헌법재판소는 인권조약이 아닌 국제조약에 대한 판단이 필요하였던 여러 결정에서 이러한 조약들은 법률과 마찬가지의 효력을 가지므로 위헌심사의 척도가 될 수 없다고 판시하거나 실제로 그러한 조약이나 협정에 대하여 위헌법률심판 형태의 위헌심사를 진행한 바 있다.[560)] 반면 인권조약이 청구인의 위헌주장 근거 중 하나로 제시되었던 여러 사건에서 헌법재판소는 그러한 국제인권조약이 법률과 같은 효력을 가질 뿐이어서 위헌심사의 기준이 될 수 없다는 취지의 판시를 한 경우는 한 건도 없었으며, 오히려 다른 여러 사건에서 국제인권조약을 위헌심사의 실질적 판단기준으로 삼아왔다.[561)]

헌법재판소가 국제인권조약을 위헌심사의 판단기준으로 삼는 방식은 크게 두 가지로 관찰되는데, 하나는 심사 대상 법률이나 국가행위가 관련 인권조약을 위반하는지 여부를 직접적으로 판단하는 방식으로, 이는 비교적 초기에 내려진

558) 관련해서 학계에서의 논의를 살펴보면, 국내 헌법학자들 중에서 다른 조약들과 달리 '인권' 조약들에 대해서는 헌법에 준하는 효력을 부여하여야 한다는 주장들이 지속적으로 있어왔다. 대표적으로 이명웅, 류성진, 박찬운, 전학성, 이승택 등은 헌법과 마찬가지로 개인이 가지는 근본적인 자유와 인권을 보장하는 것을 내용으로 하는 국제인권조약은 헌법규범적 성격을 가지므로 이들에 대해서는 헌법에 준하는 효력을 인정해야 한다고 주장해 왔으며, 헌법재판소도 (명시적으로 선언하지는 않았으나) 사실상 국제인권조약을 헌법해석의 기준으로 간접적으로 활용하는 관행을 발전시킴으로써 인권조약의 특수성을 인정해 왔다고 지적해 왔다. 관련해서 이명웅, 184~186면; 류성진, 18~28면; 박찬운, 150~152면; 전학선, 202면; 이승택, 227~228면 참조. 국제법학계에서도 인권조약의 특수성은 일반적으로 인정되어 왔는데, 예를 들어 Lea Brilmayer 및 Louis Henkin에 따르면, 국가들의 동의에 기반을 두는 민법상 계약과 유사한 성격을 가지는 보통의 조약과 달리, 국제인권조약은 모든 국가가 지켜야 할 공통의 서약으로서 헌법적 성격을 가진다는 점에서 특수하다. 국내 국제법학자들 중에서도 이근관은 모든 국제조약이 국내적으로 동일한 법적 지위와 효력을 가지는 것으로 보아야 할 필요가 없음을 지적하면서, 다른 국제조약과 차별화되는 국제인권법의 보편적 근본적 가치지향성 및 국제인권규범의 성립 목적과 존재이유에 비추어 볼 때 여타의 국제조약보다 상위의 효력을 가지는 것으로 볼 수 있고 한국 법체계에서도 국제인권조약이 법률보다 우위의 효력을 가진다는 이론 구성이 가능하다는 견해를 제시하였다. 이근관, 64면; 신윤진, 212면 참조.

559) 이하 신윤진, 219~222면 참조.

560) 예를 들어, 헌재 2009. 2. 26. 선고 2007헌바35 결정, 헌재 2001. 3. 21. 선고 99헌마139 결정, 헌재 2001. 9. 27. 선고 2000헌바20 결정, 헌재 2003. 4. 24. 선고 2002헌마611 결정 참조.

561) 헌재 결정례에 관한 총망라적 연구결과로 전종익 참조.

소수의 결정들에서 발견된다.[562] 이 경우 관련 헌법조항에 대한 위반 여부를 먼저 검토한 뒤에 국제인권조약 위반 여부를 이어서 판단하면서 구체적인 검토는 생략한 채 "앞서 살펴본 헌법조항 위반여부 판단에서와 같은 이유로 국제인권조약 위반에도 해당되지 않는다"고 설시하는 모습을 보인다.[563] 다른 하나는 최근 보다 주류적인 방식이 되어가고 있다고 보이는 판단방식으로, 헌법 6조 1항이 '국제법존중원칙'이라는 헌법원칙을 선언하고 있다는 해석을 규범적 다리 내지 우회로로 삼아, 국제인권법에 배치되는 국내법률이나 국가행위는 헌법상 국제법존중원칙을 위반한 것이 되어 이를 근거로 위헌결정을 할 수 있다는 논리 전개를 보여왔다.[564]

다만 유의할 것은, 헌법재판소가 실상 단 한 번도 자신 있게 국제인권법을 위반하였음을 이유로 위헌결정을 선고한 적은 없다는 점이다.[565] 즉 헌법재판소는 국제인권규범에 기반한 청구인들의 주장을 배척하고 합헌 결정을 한 수많은 사안에서 '국제인권조약에 위배되는지 여부', 또는 '헌법 6조 1항에 위배되는지 여부' 등의 소목차를 사용하여 국제인권조약을 판단기준으로 적용할 수 있음을 보여주었으나, 위헌결정을 할 때는 단 한 번도 자신 있게 해당 법률이 국제인권조약에 위반된다고 선언하지는 않았다.[566] 즉 헌법재판소는 스스로 발전시켜 온 논리로서 국제인권법이 법률에 대한 위헌심사의 기준이 될 수 있는 가능성을 충분히 시사해 왔음에도 불구하고, 실상 국제인권법 위반을 이유로 위헌 결정을 하는 자신감을 보이지는 못하고 있는 것으로 보인다.[567]

562) 헌재 1998. 10. 29. 선고 98헌마4 결정, 헌재 1998. 7. 16. 선고 97헌바23 결정 참조.

563) 헌재 1998. 7. 16. 선고 97헌바23 결정 참조.

564) 전종익 참조. 헌법재판소가 국내법 규정이 관련 조약에 위배됨으로써 헌법상 국제법 존중주의에 대한 위반이 되는지 여부를 판단한 예로 헌재 1991. 7. 22. 선고 89헌가106 결정, 헌재 2001. 4. 26. 선고 99헌가31 결정, 헌재 2005. 10. 27. 선고 2003헌바50등 결정, 헌재 2014. 5. 29. 선고 2010헌마606 결정 참조.

565) 원유민, 147면.

566) 원유민, 147면.

567) 원유민, 148면["물론 그렇게 판시하게 된 헌법재판소의 실무상 고민도 이해 못할 바는 아니다. 헌법재판소는 어디까지나 헌법에 근거하여 규범통제를 하는 기관이다. 법률심사를 통해 위헌을 선언하는 가장 중요한 근거는 헌법상 기본권에 있다. 같은 성격의 권리를 보호하는 국제인권조약을 해석하면서도, 그리고 해당 조약기구의 권고 및 해석 등을 설득력을 강화하는 도구로서 원용하면서도 굳이 조약을 직접적인 근거로 하여 위헌선언을 할 필요는 없다. 실무적으로도 여러 가지 위헌의 근거가 있을 때 하나의 근거만 설시하여도 무방하다는 점도 관련이 있다. 즉 조약 위반을 선언할 필요 없이도 충분히 헌법상 근거를 바탕으로 위헌선언을 할 수 있으니, 굳이 한 발짝 더 나아갈 이유가 없는 것이다. 헌법재판소로서는 특정한 국내 법제도가 국제조약에 위반한다고 선언하는 것은 부담스러운 일이기도 하다. 헌법재판소가

이러한 헌법재판소의 태도로 인하여 우리 국내법 체계에서 인권조약의 지위는 불분명한 측면이 있다. 현재까지 헌재에서 국제인권조약을 여타의 다른 조약과 구별하여 전자에 대해서는 헌법적 효력을 인정할 수 있다고 명시적으로 선언한 적도 없기에, 상기한 결정례를 근거로 국제인권조약이 헌법적 효력을 가진다고 단언하기도 섣부를 것으로 보인다. 다만 헌재의 그간의 결정례에서 국제인권조약은 관련 헌법조항을 해석하는 데에 최소 간접적용되고 있다는 결론은 내릴 수 있을 것이다.[568] 즉 헌재가 국제인권조약의 헌법적 효력을 명시적으로 인정하고 있지는 않지만, 헌법 6조 1항상 국제법 존중주의 원칙을 규범적 매개로 하여 헌법을 해석하는 데 국제인권조약을 간접적용하고 있다고 볼 수 있다.[569]

한편 국제인권조약이 헌법상 기본권을 해석할 때에 고려되어야 한다는 입장은 최근 대법원 판결에서도 확인된 바 있다. 즉 양심적 병역거부권을 인정한 대법원 2018. 11. 1. 선고 2016도10912 전원합의체 판결에서 제2다수보충의견은 “법원은 헌법상 기본권을 해석할 때는 물론 법률을 해석할 때도 규약에 부합하도록 노력하여야 한다”고 설시함으로써 국제인권규약이 헌법상 기본권에 대한 해석 및 법률의 해석에 대한 기준이 될 수 있다는 입장을 보였다. 이는 인권조약이 엄격한 의미에서 국내법률과 동위의 규범이라고 전제할 경우에는 가지기 힘든 입장이다.

종합하면, 우리 헌법재판소와 법원이 인권조약을 다른 조약과 달리 취급한다고 볼 수 있다는 결론을 시사하는 선례들을 보여왔음은 부인하기 힘들다. 즉 인권조약이 아닌 다른 조약은 헌법에 대하여 하위의 효력을 가지는 규범으로

헌법에 근거하여 위헌결정을 선언하는 경우에도 그렇다. 헌법재판소가 법률이 헌법에 위반되는지 심사하는 권한은 명시적인 헌법상 근거를 갖추고 있는데, 헌법재판소가 국내법제도가 조약에 위반되는지 심사하는 권한은 명시적인 근거가 없다. 오히려 조약위배심사는 조약을 헌법재판의 재판규범으로 활용하는 것과 마찬가지이며 조약을 헌법과 같은 지위로 보는 것인지에 대한 의문을 가져와 그러한 판단을 회피하는 것이다. 그 외에도 국제인권조약은 다수의 국가가 당사국으로 있는 다자조약인데, 여러 당사국 중 한 국가의 재판기관이 적극적으로 조약을 해석하고 그 내용을 확정하는 것과 관련해서 자신감이 부족하거나 (본업이 아닌) 국제조약의 해석기관으로 활동하는 것에 대한 부담감이 있을 수 있다. 이러한 이유에서, 국제인권법을 인용하는 판례가 종종 나오고 있음에도 불구하고, 국제인권법을 본격적으로 적용하기 보다는 결정문의 설득력을 강화하기 위해 조약 내용을 언급하거나 참고하는 수준에 그치는 경우가 많다. 국제인권법과 헌법재판의 실무 사이에는 상당한 간극이 있다.”].

568) 전종익, 532면.

569) 전종익, 532면.

보는 한편, 인권조약에 대해서만큼은 헌법과 형식적으로 동위의 효력을 가진다고까지는 할 수 없더라도, 최소 헌법을 해석하는 기준이 될 수 있을 정도의 규범력을 가짐을 사실상 전제하고 있는 것으로 보인다.

(2) 법률에 대한 위계

그렇다면 국제인권조약의 국내법률과의 관계는 어떠한가? 법원의 조약의 효력에 관한 그간의 판례를 보면, 국회 비준을 받은 조약의 국내적 효력을 지칭하는 표현으로 "국내법과 같은 효력," "법률과 같은 효력," "법률적 효력," "법률에 준하는 효력," "국내 법령과 동일한 효력" 등 다양한 표현을 사용해오고 있는데, 그 의미하는 바가 명확하지 않은 측면이 있다.[570] 최소한 국회 비준을 받은 조약이 적어도 법률과 대등한 효력을 가지는 것은 긍정하고 있는 것으로 보인다.[571]

법원은 인권조약이 아닌 다른 조약의 적용이 문제된 사건에서, 해당 조약과 국내법률을 대등한 규범으로 보아 양자 간의 관계에는 특별법 우선, 신법 우선 원칙이 적용된다고 판시한 바 있다.[572] 또한 국내 각급 법원은 조세조약에 관한 사건을 판결하면서 "국회의 동의를 얻어 체결된 조세조약은 법률에 준하는 효력을 가지고, 나아가 조세조약에서 규율하고 있는 법률관계에 있어서는 당해 조약이 국내법의 특별법적인 지위에 있으므로 국내법보다 우선하여 적용된다"는 표현을 일률적으로 사용하고 있다. 이를 통해 법원이 국회의 동의를 받은 조세조약이 국내법률과 대등한 효력을 가진다고 보고, 조세조약에 특별법적 지위를 인정하여 이를 우선적용해 왔음을 알 수 있다.[573] 특별법 우선의 원칙은 양자가

570) 정인섭b, 33~36면.

571) 이에 대하여 헌법에 의하여 체결·공포된 조약이라면 국회의 동의 유무와 무관하게 국내법률과 같은 효력을 가진다는 해석을 지지하는 견해들이 있으며, 이에 대한 사법실행은 확립되어 있지 않은 것으로 보인다(정인섭b 참조).

572) 예를 들어 2006. 7. 27. 선고된 서울고등법원에서의 인도심사청구 사건에 대한 결정에서 법원은 "국내법으로서 1988. 8. 5. 공포되어 시행되고 있는 범죄인인도법과 조약으로서 대한민국과 청구국 사이에 2003. 9. 15. 체결하여 2005. 4. 19. 발효된 "대한민국과 베트남사회주의공화국 간의 범죄인인도조약"에 관련 규정이 있는데…[중략]… 이 사건 인도조약은 국회의 비준을 거친 조약으로서 법률과 동일한 효력을 가지는 것이라 할 것이고, 따라서 대한민국이 청구국에 대하여 범죄인을 인도할 의무가 있는지 여부를 판단함에 있어서는 신법 우선의 원칙, 특별법 우선의 원칙 등 법률해석의 일반원칙에 의하여 이 사건 인도조약이 범죄인인도법에 우선하여 적용되어야 한다"고 하였다[서울고법 2006. 7. 27.자 2006토1 결정(확정)]. 그런데 이 결정에 대해서도 범죄인인도법 3조의2에서 이미 "범죄인인도에 관하여 인도조약에 이 법과 다른 규정이 있는 경우에는 그 규정에 따른다"고 규정하고 있으므로 양자관계는 법률해석의 일반원칙이 적용될 사항이 아니라는 비판이 있었다(정인섭b 참조).

동등한 법원이라는 점이 전제될 때에야 적용될 수 있기 때문이다.

다만 대법원 판결 중에서 조약이 일반적으로 국내법률보다 우선적용된다는 취지의 설시를 하면서 이에 대한 구체적 이유를 설시하지 않은 판결들이 있다. 예로 2016년 대법원에서 선고된 2013다81514 판결을 들 수 있다. 해당 판결에서 적용 여부가 쟁점이 된 조약은 「국제항공운송에 있어서의 일부 규칙 통일에 관한 몬트리올 협약」이었는데, 대법원은 “우리나라가 가입한 국제조약은 일반적으로 민법이나 상법 또는 국제사법보다 우선적으로 적용되지만, 그 적용대상은 조약에서 정한 바에 따라 엄격하게 판단하여야 한다”고 하였다.[574] 다만 판결의 이유가 이 이상 자세히 설시되어 있지 않아서, 대법원의 논리가 한국이 가입한 조약이 국내법률보다 상위의 효력을 가지기 때문에 우선적용된다는 것인지, 아니면 조약이 국내법률과 대등한 규범임을 전제로 다만 이 사안에서 문제 된 조약이 일종의 특별법적 성격을 가지기에 일반법에 대하여 우선적용될 수 있다는 취지인지가 분명치 않은 측면이 있다.[575]

그런데 지금까지 법원에서 선고된 판결에서, 인권조약과 관련 국내법률 간에 신법 우선의 원칙이나 특별법 우선의 원칙을 적용하여 어느 한 쪽을 우선적용한 사례를 아직까지 찾아볼 수는 없다.[576] 오히려 양심적 병역거부권을 인정

573) 서울고법 2010. 2, 12. 선고 2009누8016 판결, 대전고법 2010. 10. 28. 선고 2010누755 판결, 대전고법 2011. 2. 17. 선고 2010누762 판결, 서울행법 2009. 2. 16. 선고 2007구합37650 판결, 서울행법 2009. 5. 29. 선고 2007구합43419, 2007구합16882(병합), 2007구합16899(병합), 2007구합16905(병합) 판결, 서울행법 2009. 6. 26. 선고 2008구합16889 판결, 서울행법 2009. 11. 12. 선고 2008구합24972 판결, 서울행법 2010. 5. 27. 선고 2009구합16442 판결, 서울행법 2011. 2. 18. 선고 2009구합3538 판결, 대전지법 2011. 11. 16. 선고 2010구합2649 판결 등.

574) 대법원 2016. 3. 24. 선고 2013다81514 판결.

575) 여하튼 해당 대법원 판결의 논리는 몬트리올 협약의 적용여부가 쟁점이 된 이후 다른 하급심에서 그대로 원용되어오고 있다. 예를 들어, 서울중앙지법 2021. 4. 23. 선고 2020가단5268428 판결(“우리나라가 가입한 국제조약은 일반적으로 민법이나 상법 또는 국제사법보다 우선적으로 적용된다.”).

576) 대구지법 2001. 4. 26. 선고 2001노56 판결을 규범충돌에 관한 신법우선의 원칙의 적용사례로 소개되고 있는 경우가 있는데, 이에 동의하기 힘든 부분이 있다[심태선 참조]. 해당 판결문은 “국제인권(B) 규약 19조 3항 b호에 의하더라도 국제인권규약 19조 소정의 표현의 자유는 국가안보 또는 공공질서를 위하여 필요한 경우 법률에 의하여 제한할 수 있는 것으로서 대한민국이 국제인권규약에 가입한 뒤인 1991. 5. 31. 법률 4373호로 개정된 국가보안법은 7조 1항, 3항, 5항에서 국가의 존립·안전이나 자유민주적 기본질서를 위하여 반국가단체의 활동을 찬양·고무·선전 또는 이에 동조한 행위, 이적단체에 가입한 행위, 이적표현물을 제작·반포·취득·소지하는 행위 등을 처벌한다고 규정하고 있으므로, 국가보안법이 국제인권규약의 규정에 위배된다고 볼 수 없다.”고 하고 있다. 이는 규범 충돌 시 신법우선의 원칙을 적용한 것이 아니라, 한국 정부가 국제인권규약에 가입한 후에 국가보안법을 규약에 위배되지는 않는 방식으로 개정하였으므로 양자 간의 규범 충돌이 없다고 해석한 것으로 읽는

한 대법원 2018. 11. 1. 선고 2016도10912 전원합의체 판결에서 제2다수보충의견은 자유권규약의 효력이 "적어도 법률에 준한다"라고 하면서, "자유권규약과 같은 국제인권규약의 경우, 법원은 헌법상 기본권을 해석할 때는 물론 법률을 해석할 때도 규약에 부합하도록 노력하여야 한다. 국제인권규약에 조화되도록 법률을 해석하는 것은 보편적 인권의 관점에서 사법부가 지켜야 할 책무이다. 특히 자유권규약의 경우 인권이 단순한 국내문제가 아니라 전세계적·보편적인 문제라는 당위성에서 만들어진 국제인권조약으로서, 대부분 개인에게 직접 권리를 부여하는 조항으로 규정되어 있다는 점에서 더욱 그러하다"고 한 바 있다.[577] 즉 자유권규약에 대하여 "적어도" 법률에 준한다고 함으로써 마치 규약이 국내법률보다 우위의 효력을 가지는 경우가 있음을 시사하고 있다. 또한 헌법상 기본권뿐만 아니라 법률을 해석할 때에 규약에 부합하도록 해석해야 한다고 함으로써, 규약이 일반법률 및 헌법의 해석기준이 되는 규범임을 인정하는 태도를 보이고 있다. 이는 인권규약이 국내법률에 대하여 마치 상위적 효력을 가지는 규범임을 전제로 하고 있는 것으로 해석될 수 있는 표현이다. 다만 상기한 내용은 대법원의 법정의견으로 선고된 것이 아니라 제2다수보충의견의 일부로서 설시된 것이어서 그 함의는 제한적일 수 있다.

(3) 소결 및 시사점

헌법 6조 1항 문언을 통해서 내릴 수 있는 결론은, 해당 조항이 일원론 및 국제법의 수용방식을 선언한 것이지, 반드시 조약의 법률동위설을 선언하고 있는 것은 아니라는 것이다. 헌법 문언은 "국내법적 효력"이라고만 하고 있을 뿐, 국내법 질서에서 국제법이 가지는 구체적 지위를 특정하지 않고 있다. 이 조항에서 "국내법적 효력"의 의미는 사법해석에 의해 구체화되어야 하는 사항이다. 그런데 지금까지 인권조약의 지위에 대해서 헌법재판소와 법원의 사법실행이

것이 타당하다. 이는 국가보안법에 따른 처벌의 위법성이 문제 된 유사 사건에서 반복적으로 인용된 설명에서 더 잘 확인된다(대전고법 2000. 1. 14. 선고 99노473 판결, 대전고법 2000. 1. 14. 선고 99노548 판결, 대전고법 1999. 11. 19. 선고 99노229 판결, 대전고법 1999. 11. 19. 선고 99노231 판결 참조). 또한, 다른 사건에서 소송 당사자가 신설된 국제조약에 저촉되는 국내법은 '신법 우선의 원칙'에 따라 저촉되는 범위 내에서 그 효력을 상실하므로 무효가 된 국내법의 적용은 위법하다는 주장을 제기한 적은 있으나, 법원이 그러한 주장을 받아들여 국내법과 국제법의 상호 충돌을 인정하고 이 경우에 신법 우선의 원칙에 의하여 해결해야 한다고 명시적으로 판단한 적은 없다(서울중앙지법 2006. 1. 11. 선고 2001노1474 판결 참조).

577) 대법원 2018. 11. 1. 선고 2016도10912 전원합의체 판결, 제2다수보충의견.

분명치 않은 측면이 있다.

지금까지 헌재는 인권조약이 아닌 조약에 대해서는 헌법에 대하여 하위의 효력을, 법률에 대하여 동위의 효력을 가진다고 일관되고 명확한 표현으로 선언해 왔다.[578] 그러나 인권조약의 국내적 지위와 효력에 관하여는 명확한 어조로 선언한 바가 없다. 헌재의 그간의 결정례를 보면 헌재가 최소한 인권조약이 아닌 국제조약과 인권조약을 규범적으로 달리 취급하고 있는 것은 분명해 보인다. 헌재는 헌법 6조 1항상 국제법 존중주의 원칙을 규범적 매개로 하여 국제인권법의 규정들과 각종 사례, 해석례 등을 단순한 참고자료적 가치를 넘어 위헌판단시 반드시 고려해야 할 중요한 자료로 보아왔다.[579] 즉 헌재는 국제인권조약이 단순히 법률적 지위만을 가지는 것으로 취급될 수 없는 내용적 특수성을 가짐을 헌법상 국제법 존중원칙을 매개로 인정해 왔다.[580]

한편, 대법원은 대체로 (국회의 비준동의를 받은 경우에) 조약의 법률적 효력을 긍정해 왔는데, 최근 대법원의 법정의견에 대한 제2다수보충의견은 자유권규약과 같은 국제인권규약은 적어도 법률에 준한다고 하면서, 법원은 헌법상 기본권을 해석할 때는 물론 법률을 해석할 때도 규약에 부합하도록 노력하여야 한다고 설시함으로써, 국제인권규약을 단순히 법률적 지위만을 가지는 규범 이상의 것으로 보는 태도를 보였다.

결사의 자유에 관한 ILO 기본협약은 결사의 자유라는 기본적 인권에 관해 규정하고 있는 대표적 국제인권조약이다. 현재까지의 국내 사법기구의 입장을 바탕으로 볼 때에, ILO 기본협약이 헌법을 재판규범으로 하는 헌법재판에서 직접적용되는 재판규범이 될 수는 없겠지만, 헌법상 원칙인 국제법 존중원칙을 매개로 하여 헌법상 결사의 자유 및 노동3권을 해석하는 데 반드시 고려되어야 할 중요한 규범이라고 할 수는 있을 것으로 보인다. 한편 국내법원에서 ILO 기본협약과 같이 국회의 비준 동의절차를 통과하여 가입한 인권조약은 최소/적어도 국내법률과 동위이므로, 법원에서 직접적용되는 재판규범이 된다. 다만 ILO 기본협약과 배치되게 해석될 수 있는 국내법률이 있어서 양자 간의 효력의 우위가 문제되는 경우가 있다면, 이 경우에 법원은 인권조약이 가지는 헌법적 성

578) 예를 들어, 헌재 2009. 2. 26. 선고 2007헌바35 결정, 헌재 2001. 3. 21. 선고 99헌마139 결정, 헌재 2001. 9. 27. 선고 2000헌바20 결정, 헌재 2003. 4. 24. 선고 2002헌마611 결정 참조.
579) 전종익, 534면.
580) 신윤진, 225면.

격과 국제법 존중원칙이 헌법상 원칙이라는 점을 염두에 두어, 가능한 한 인권조약에 부합하는 방향으로 국내법률을 해석하려고 노력해야 할 것이다. 즉, ILO 협약 및 관련 국내법률이 모두 원용된 사안에서, 법원은 ILO 협약에 대한 신의성실한 해석과 관련 국내법률에 대한 해석이 필연적으로 상호모순된다는 결론에 이를 수밖에 없는 경우가 아닌 한, 가능한 한 국제법 존중주의적 해석을 통하여 양 규범이 조화되게 해석을 하기 위해 노력해야 할 것이다. 이에 대해서는 아래에서 구체적으로 살펴본다.

다. 국제법 존중주의적 해석에 의한 충돌 조정

사실상 ILO 협약과 국내법 간의 충돌에 관한 논의가 보다 현실적인 문제로 나타나는 많은 경우는, 대개 관련 국내법에 대한 국내법원의 기존의 해석이 ILO 협약 조문에 대한 ILO 이행감독기구의 해석과 상호모순 내지 저촉되는 경우임은 앞서 살펴본 바이다. 만약 ILO 협약과 관련 국내법이 서로 문언상으로 명백히 충돌하지는 않는다면, 이 경우에 고려할 수 있는 선택지로 국내법률이 ILO 이행감독기구가 해석한 ILO 협약상 의무에 부합되도록 해석을 변경하는 것을 고려할 수 있다. 이 경우에 해석의 방향성이 관련 국내법률을 협약상 의무에 합치되도록 한다는 점에서, 이를 국제법 존중주의적 국내법률의 해석이라 할 수 있다.

국내법률을 해석함에 있어서 관련 국제조약에 부합하도록 해석하는 것은, 대한민국 헌법의 전문 및 6조 1항 등에서 도출되는 국제법 존중원칙에 부합하며, 조약법에 관한 비엔나 협약 27조가 긍정하는 "어느 당사국도 조약의 불이행에 대한 정당화의 방법으로 그 국내법규정을 원용해서는 아니된다"는 원칙에도 부합한다. 다음은 국제법 존중주의적 법률해석의 규범적·이론적 근거 및 관련된 여러 국가의 사법실행과 우리 법원에서의 활용방안을 검토한다.

(1) 규범적 근거: 헌법상 국제법 존중원칙

우리 법원이 국내법률을 해석함에 있어서 가능한 한 국제조약상 의무에 위배되지 않도록 해석해야 할 것이 요청되는 규범적 근거는 먼저 우리 헌법에서 찾을 수 있다. 즉 우리 헌법은 전문에서 국제협조주의를 표방하고 있으며, 헌법 6조 1항에서 국제법 존중주의를 규정하고 있고, 헌법 10조 후문 및 37조 1항에서 국가의 기본권 확인·보장 의무, 열거되지 않은 기본권 보장 원칙 등을 선언

하고 있어서 이로부터 국제법존중주의적 해석원칙을 도출할 수 있다.[581]

특히 헌법 6조 1항은 국제법을 존중하고 실현하겠다는 헌법의 지향을 표상한 것으로, '국제법 존중원칙'이 헌법상 원칙임을 선언하였다는 의미도 가지는 것으로 해석되어 왔다. 즉 이 조항은 국내 헌법학자들에 의해 '국제법 존중원칙'을 우리 헌법의 기본정신의 하나로 설명하는 근거조항이 되어왔다.[582] 헌법재판소도 그간에 국제인권조약이 그 자체로 헌법과 같은 효력을 가지지는 않으나 간접적으로 위헌판단에서 중요한 기준으로 작동할 수 있도록 하는 법리를 발전시켜 왔다. 즉 헌재는 지금까지 국제인권법을 원용하여 내린 많은 결정에서, 헌법 6조 1항으로부터 '국제법 존중주의'라는 헌법상 원칙을 도출할 수 있다고 보아왔으며, 이를 근거로 국제인권조약을 헌법재판에서 간접적용하는 판례를 발전시켜 왔다.[583]

헌법재판소가 설립된 이래 30년 동안(1988년~2018년)에 선고한 결정례 중에서 국제인권규범을 언급한 결정문을 대상으로 한 연구에 따르면, 헌법재판소는 비록 국제인권조약에 헌법에 준하는 효력을 인정하고 있지는 않지만, 헌법 6조 1항을 국제법 존중주의를 규정한 것으로 보고 이로부터 국제법상의 의무이행이 국내 헌법에 의하여 수용되어 규정되어 있는 것으로 해석해 왔다.[584] 즉 국제인권조약 규정의 위반은 국제조약상의 의무를 위반하는 것을 넘어 헌법 6조 1항에 규정되어 있는 국제법 존중주의를 위반하는 것이 된다는 것이다. 해당 연구는 "국제인권법의 규정들과 각종 사례, 해석례 등은 단순한 참고자료를 넘어 국제법 존중주의에 의해 우리가 존중하고 실현해야 할 의무가 있는 규범들의 지위를 가지게 되므로 위헌판단시 반드시 고려해야할 중요한 자료에 해당하며, 헌법재판소는 헌법 개별조항의 해석·적용시 이러한 국제규범과의 조화에 유의하지 않으면 안 된다"고 하였다.[585] 또한 "초기 일부 다른 판례들이 존재하기는 하나, 헌법재판소의 상당수 국제인권조약 관련 판례들이 국제법 존중주의를 중심으로 위헌여

581) 윤애림a, 197면.

582) 정인섭b, 28면.

583) 헌법재판소가 국내법 규정이 관련 조약에 위배됨으로써 헌법상 국제법 존중주의에 대한 위반이 되는지 여부를 판단한 예로 헌재 1991. 7. 22. 선고 89헌가106 결정, 헌재 2001. 4. 26. 선고 99헌가31 결정, 헌재 2005. 10. 27. 선고 2003헌바50등 결정, 헌재 2014. 5. 29. 선고 2010헌마606 결정 참조.

584) 전종익, 534면.

585) 전종익, 534면.

부를 판단하는 것은 이러한 입장에 의한 것으로 볼 수 있다"고 분석하였다.[586)]

'국제법 존중주의'를 헌법상 원칙으로 전제하는 태도는 최근 대법원 판결에서도 확인된다. 대법원은 2018년 11월 1일 전원합의체 판결에서 병역법위반의 유죄를 인정한 원심판결을 무죄 취지로 파기환송하였는데, 이 판결의 다수의견에 대한 제2다수보충의견(박정화, 김선수, 노정희 대법관)은 우리 헌법이 '국제법 존중주의'를 취하고 있음을 전제로 다음과 같은 의견을 설시한 바 있다.

> 유엔자유권규약위원회의 일반논평, 정부보고서 심의 결과에 따른 권고, 유엔자유권규약위원회가 우리나라 국민이 제기한 개인통보사건에서 채택한 견해 및 유엔인권이사회의 권고 등은 국제법 존중주의라는 헌법적 차원에서 병역법 제88조 제1항의 정당한 사유의 해석을 위한 유력한 규범적 근거가 된다고 보아야 한다. 국제법 위반상태를 해소하기 위해서라도 국제인권기구의 결정 또는 권고를 최대한 존중하고 그에 부합하도록 법률을 해석하는 것이 헌법상 국제법 존중주의에 합치되는 것이다. 인권은 보편적인 권리이고 시간이 지날수록 발전하는바, 국제사회에서 경제적으로 성공한 국가로 평가되는 우리나라가 그 특수성에 집착하여 자유권규약의 준수의무를 부정하는 해석을 하는 것은 국제법 존중의무를 외면하는 것이다.[587)]

헌법재판소와 법원이 이렇듯 국제법상의 의무이행이 국내 헌법에 의하여 수용되어 규정되어 있는 것으로 해석해 온 것은 비준국이 국제사회에 대하여 부담하는 국제법 준수의무에도 부합한다. ILO 사무국 국제노동기준국장인 Corinne Vargha는 비준국가가 국제법을 존중할 의무는 자국의 헌법해석에도 반영되어야 함을 다음과 같이 강조하였다.

> Ms. Vargha 국제노동기준국장: 조약을 비준하는 행위를 함으로써 한국 정부가 준수하기로 동의한 국제법적 의무는, 한국 헌법도 비준 협약을 존중하는 방식으로 이행되도록 할 의무를 포괄하는 것이다. 즉 한국 법관은 비준 행위로 인하여 한국이 지게 된 국제법적 의무를 고려하여, 비준협약에 의해 요구되는 구체적 의무에 부합되도록 헌법을 해석해야 할 것이다. 한국은 비준을 해놓고 비준협약을 헌법해석에 반영하지 않음으로써 이행을 거부하는 모순된 행보를 동시에 취할 수는 없을 것이다.[588)]

---

586) 전종익, 534면.
587) 대법원 2018. 11. 1. 선고 2016도10912 전원합의체 판결.
588) 김동현・이혜영, 210면.

(2) 이론적 근거

국내법을 가능한 한 국제조약상 의무에 위반되지 않도록 해석해야 할 이론적 근거는, 입법부가 국제법과 충돌되는 입법을 할 리 없다는 것에 기반한 '입법부의 국제법 존중 의사 추정'과, 행정부가 비준·가입한 조약을 존중하는 해석을 하여 행정부가 대외적으로 국제법 위반 책임을 지지 않도록 할 것이 사법부에 요청된다는 '권력 분립 원칙', 국내법원은 한 국가의 기관인 동시에 국제법 질서의 기관으로도 기능한다는 '국내법원의 국제주의'에 기반을 두는 것으로 설명되고 있다.589)

첫째, '입법부의 국제법 존중 의사 추정'은 미국을 비롯한 여러 나라에서 널리 수용되고 있다. 미국의 경우, 1987년 대외관계법 리스테이트먼트는 "충분히 가능한 경우에는 미국제정법은 국제법이나 미국의 국제협정과 저촉되지 않도록 해석되어야 한다"고 하면서 그 근거로 "의회는 국제법 규칙이나 국제협정을 국내법으로서 무효화함으로써 미국의 국제의무를 부정할 의사가 없는 것으로 일반적으로 추정된다"는 것을 들고 있다.590)

둘째, 행정부가 체결한 조약을 존중함으로써 행정부가 대외적으로 국제법 위반 책임을 지지 않도록 하기 위해서는 법원이 국내법을 국제법 위반결과가 발생하지 않도록 해석함으로써 사법자제를 해야 한다는 입장이 있는데, 이는 '권력 분립 원칙'을 이론적 논거로 제시한다. 대표적인 예로 미국의 브래들리(Bradley) 교수가 이러한 이론을 제시하여 왔다. 즉, 사법부는 대외관계 문제에 관해서는 행정부의 대외책임 부담을 발생시키지 않기 위하여 국내법을 "국제법에 부합되지 않도록 해석하는 것을 자제"할 것이 요청된다는 것이다.591)

셋째, 국내법원은 한 국가의 국내기관일 뿐만 아니라 국제법 질서의 기관이므로, 가능한 국제법이 국내적으로 실현되도록 해석을 할 것이 요구된다는 이론이다. 법관이 이러한 국내법원의 이중기능을 자각하고 재판을 수행하는 것은 '국내법원의 국제주의'라고 한다. 이러한 '국내법원의 국제주의'가 판례로서 드러난

589) 이하 이혜영b, 80~82면 참조.

590) Restatement(Third) of the Foreign Relations Law of the United States, §§ 114~115. 미국 이외에도 입법부의 국제법 존중 의사 추정에 기하여 국내법을 국제법에 합치되도록 해석하는 판례를 발전시켜 온 국가로 나이지리아, 케냐 등을 들 수 있다.

591) Curtis A. Bradley, "The Charming Betsy Canon and Separation of Powers: Rethinking the Interpretive Role of International Law," The Georgetown Law Journal, Vol. 86, No. 3(1998), pp. 525~526 참조, 박배근, 70~71면에서 재인용.

경우를 살펴보면, 의회 입법이 국제법으로부터 일탈하려는 의도가 매우 적극적이고 고도로 명확하게 드러나지 않는 한 국내법에 다소 모호한 면이 있다고 하더라도 이를 국제법에 합치시키는 방향으로 해석한다는 법리로 나타난다.[592)]

(3) 각국의 사법관행

두 가지 이상의 다른 국내법령 해석이 가능할 때 국제법에 부합하는 해석을 국제법에 위반하는 해석에 대하여 우위에 두어 선택하는 것이 바람직하다는 해석원칙은 상설국제사법재판소의 판례와[593)] 기타 국제법원의 판례에서도 수차례 확인된 바 있다.[594)]

또한 많은 국가의 국내법원은 판례에 의해 확립된 법리로서 국내법이 국제법상 의무에 위배되지 않도록 해석될 원칙을 발전시켜 왔다. 대표적인 예로, 미국은 1804년 연방 대법원이 선고한 *Murray v. The Schooner charming Betsy* 판결에서 당시 마셜 대법원장이 "의회의 법률은 다른 해석의 가능성이 남아 있는 한 결코 국제법에 위반하도록 해석되어서는 안 된다"고 선언한 이래, 국제법 존중주의적 해석원칙(위의 판례명을 따서 차밍벳시 원칙으로 불린다)을 확립해 왔다.[595)] 영국 법원도 "국내법을 제정하는 의회는 국가가 지는 국제의무에 반하도록 행동하려는 의도가 없다"고 추정해 왔다.[596)] 이 외에도 호주, 캐나다, 독일, 인도, 이스라엘, 네덜란드, 폴란드, 남아프리카 공화국 등의 많은 국가의 법원은 국내법률은 가능한 한 국제법상 의무에 위배되지 않는 방식으로 해석되어야 한다는 원칙을 판례법리로서 확립해 왔다.[597)]

최근 우리 대법원도 2018. 11. 1. 양심적 병역거부를 인정하는 판결의 제2

592) 박배근, 72~74면. 예를 들면, 1987년 US v. Palestine Liberation Organization 사건에서 뉴욕 남부지방법원이 1988년 테러방지법(Anti-Terrorism Act)이 1946년 유엔과 미국이 체결한 본부협정을 대체하지 않는다고 결정하면서 그 논거로 "조약이 나중에 제정된 법령과 양립하지 않고 의회가 법령을 제정해서 조약을 대체할 의도를 분명히 드러낸 경우에만 나중에 제정된 법령이 우선한다"고 판시한 것을 들 수 있다.

593) Treatment of Polish Nationals and Other Persons of Polish Origin or Speech in the Danzig Territory, P.C.I.J. Series A/B, No. 44 (1932), p.24; Free Zones of Upper Savoy and the District of Gex, P.C.I.J. Series A/B, No. 46 (1932), p.167 참조.

594) 예를 들면, Georges Pinson Claim Arbitration (France v Mexico), 5 RIAA 327 (French-Mexican Claim Commission, 1928), pp.393~394; Prosecutor v. Tihomir Blaškić, IT-95-14-AR 108 bis, Judgment on the Request of the Republic of Croatia for Review of the Decision of Trial Chamber II of 18 July 1997 (29 October 1997) 참조.

595) 박배근, 61면.

596) Malcolm N. Shaw, pp.110~113.

597) Philip Alston & Ryan Goodman, p.1061.

다수보충의견으로 “자유권규약과 같은 국제인권규약의 경우, 법원은 헌법상 기본권을 해석할 때는 물론 법률을 해석할 때도 규약에 부합하도록 노력하여야 한다. 국제인권규약에 조화되도록 법률을 해석하는 것은 보편적 인권의 관점에서 사법부가 지켜야 할 책무이다”라고 함으로써, 국제법 존중주의적 해석을 할 것이 사법부의 책무라고까지 설시한 바 있음은 앞서 살펴본 바와 같다.[598]

(4) 활용방안

한국 헌법 6조 1항의 국제법 존중주의로부터 국제법 존중주의적 해석원칙이 도출된다고 보는 경우에도 그러한 해석은 ‘일정한 조건 하에’ 이루어져야 할 것이다. 한국 헌법 해석론으로 이를 옹호한 김대순 교수는 “(사법기구는) 스스로 부과하는 일정 조건 하에서 합치해석을 의무로서 요구할 수 있을 것”이라고 함으로써, 합치해석이 의무로서 요구되는 경우에도 일정한 조건(제한)의 적용을 받음을 암시하였다.[599]

국제법 존중주의적 해석의 조건은 국내법의 복수의 해석 가능성이다. 즉, 국내법의 조항이 두 가지 이상의 의미로 해석 가능한 경우에, 국제법에 부합하는 해석을 국제법에 위반하는 해석에 대하여 우위에 두어야 한다는 것이 국제법 존중주의적 해석의 취지이다. 따라서 만약 국내법의 문언이 너무도 구체적이고 명확해서 한 가지 의미로밖에 해석할 수 없는 경우인데, 그러한 한 가지 의미로 해석하면 관련 국제조약상 의무에 부합하는 방식으로 해석할 수 없다면 어떻게 해야 할까? 이에 대해서는 다음에서 양 규범간의 충돌이 명백하여 규범조화적 법해석으로는 해결할 수 없는 경우에 고려할 수 있는 접근법을 살펴본다.

라. ILO 협약과 국내법 충돌의 해결

ILO 기본협약에 대한 신의성실한 해석결과와 국내법의 문언상 의미가 명백하게 상호모순되어 양자 간에 규범조화적 해석이 도저히 불가능한 경우가 있을 수 있다. 즉 양자 간의 충돌이 법해석으로 해결되지 않아서 어느 한 쪽을 우선 적용해야만 하는 경우가 있을 수 있다.

이 경우에 다음의 4가지 선택지를 고려할 수 있을 것이다. 즉 (1) 동위의 규범 간 충돌 해결 원칙인 신법우선의 원칙 및 특별법 우선의 원칙에 따른 해

598) 대법원 2018. 11. 1. 선고 2016도10912 전원합의체 판결, 제2다수보충의견.
599) 김대순, 290~291면.

결 방식, (2) 헌법상 국제법 존중주의에 따라 조약을 우선 적용하는 방식, (3) 조약에 충돌하는 국내법에 대한 위헌심판제청, (4) 조약에 위배되는 국내법률을 우선 적용하면서 조약에 부합되도록 국내법률이 개정되어야 할 것을 판결문에 권고하는 방식을 고려할 수 있다. 다음은 각 경우에 고려해야 할 사항을 살펴본다.

(1) 신법 우선의 원칙 및 특별법 우선의 원칙에 따른 충돌 해결

지금까지 국내 사법기관이 (국회의 비준동의를 받은) 조약에 대해서 최소/적어도 국내법률과 동위의 지위를 가짐을 인정해 왔음을 근거로, 조약과 국내법률의 충돌은, 대등한 규범 간 충돌에 대한 일반적 해결원칙인 신법 우선의 원칙 및 특별법 우선의 원칙에 따라 해결해야 한다는 것이 일반적인 설명이다.

그런데 ILO 협약과 같은 인권조약과 국내법률이 충돌할 때에 이를 대등한 규범간 충돌해결의 일반원칙인 신법 우선의 원칙, 특별법 우선 원칙에 따라 해결하는 것이 적절한지는 의문이다. 앞서 살펴본 바와 같이, 지금까지 인권조약의 지위에 대해서 우리 헌법재판소와 법원의 사법실행이 분명치 않은 측면이 있어서 양자를 대등한 규범으로 볼 수 있는지 자체에 의문의 소지가 있기 때문이다. 결국 ILO 협약과 국내법률이 명백하게 충돌한다는 주장이 재판과정에서 제기되는 경우 이를 어떻게 해결할 것인가는 앞으로 사법부가 구체화시켜 나가야 할 몫으로 남겨져 있다고 할 수 있다.

그럼에도 불구하고 현재까지 조약의 지위를 국내법률과 대등하게 보는 것이 통설이기에, 양자가 충돌될 때에는 대등한 규범 간 충돌해결 원칙인 신법 우선의 원칙, 특별법 우선의 원칙을 적용하여 해결하는 것이 형식적 측면에서는 불가피한 결론처럼 보일 수 있다. 만약 신법 우선의 원칙, 특별법 우선의 원칙을 적용한 결과, 인권조약을 국내법률에 대하여 우선적용하는 상황이라면 별다른 문제의 소지는 없을 수 있다. 그러나 인권조약에 배치되는 국내법률을 적용해야 되는 상황이라면, 이는 헌법상 국제법 존중주의에 따를 사법부의 책무에 반하는 결과를 초래하는 것임을 유념하여야 할 것이다. 또한 그러한 재판의 결과는 국제법상 국제위법행위를 구성하게 되는데, 비엔나조약법협약 27조에 따라 "어느 (조약의) 당사국도 조약의 불이행에 대한 정당화의 방법으로 그 국내법 규정을 원용해서는 아니된다"는 것이 조약의 이행에 관한 국제법상 대원칙이라는 사실도 함께 유념하여야 할 것이다.

(2) 국제법 존중주의에 따른 조약의 우선 적용

ILO 협약과 문언상으로 명백하게 배치되는 국내법률이 있는 경우에, 법원은 ILO 협약과 같은 인권조약이 사실상 국내법률에 대해 우위적 효력을 가짐을 인정하여 ILO 협약을 우선적으로 직접적용할 수도 있을 것이다.[600] 그 규범적 근거는 상기한 헌법상 국제법 존중주의와 인권조약의 특수성에서 찾을 수 있을 것이다.

관련해서 브라질 노동법원이 국내법률에 대하여 ILO 협약을 우선적용하여 계약기간이 1년 미만 남은 계약직 근로자에 대해서도 휴일급여(holiday pay)를 부여하라는 취지의 결정을 한 사례를 참조할 수 있다. 브라질 헌법이 국제인권조약에 우호적인 태도를 취하고 있기는 하지만,[601] 의회가 제정한 모든 법률에 대하여 모든 조약이 우위적 효력을 가진다고 명시하고 있지는 않다. 그럼에도 불구하고 해당 사례에서 브라질 노동법원은 휴일급여 지급요건으로 최소 12개월의 계약기간을 요구하는 국내법률의 적용을 배척하고, 그러한 제한이 없는 ILO 연차유급휴가에 관한 협약(132호)을 우선적용하면서, 다음과 같이 판시하였다. 즉 "가장 유리한 조항의 원칙이 노동법에 적용된다는 점에 유의해야 한다. 판사는 근로자에게 가장 유리한 규칙을 적용해야 한다. 그런 의미에서 11조를 앞서 언급한 협약 5조와 함께 해석하면, 계약 해지 사유에 관계없이 유급휴가를 받을 수 있는 기간을 6개월로 단축할 수 있다"고 하였다.[602]

이 외에도 우리나라와 같은 일원론 국가의 법원에서 협약과 국내법률의 내용이 상호모순되는 경우에 국내법률의 적용을 배제시키고 ILO 협약을 우선적용

600) Xavier Beaudonnet(ed.), p.38.

601) Constitution of Brazil, art.5 참조("(1) Norms that define fundamental rights and guarantees are immediately applicable. (2) The rights and guarantees expressed in this Constitution do not exclude other rights stemming from the system and principles adopted by this text or stemming from international treaties to which the Federal Republic of Brazil is a party. (3) International treaties and conventions on individual rights that are adopted by both houses of the Congress, in two rounds, by three fifths of the votes of the members of each house will be the equivalent of constitutional amendments."). 즉 브라질 헌법 5조 3항은 헌법 개정절차에 준하는 절차에 따라 의회의 승인을 받은 국제인권조약과 협약은 헌법 개정과 같은 효력을 가진다고 정하고 있다.

602) *Lacir Vicente Nunes v. Sandoval Alves da Rocha and Others*, Regional Labour Tribunal, 7 May 2003, TRT-RO-3951/03. 참고로 ILO 연차유급휴가에 관한 협약(132호 협약) 5조 1항은 "유급연차휴가를 받기 위해서는 최소 근무기간이 필요할 수 있다"고 하면서, 2항에서 "그러한 자격 기간은 권한있는 당국 또는 관련국의 적절한 기관을 통해 결정되지만, 6개월을 초과할 수는 없다"고 하고 있다.

한 사례들을 발견할 수 있다. 예를 들어, 산업재해를 당한 외국인 근로자가 프랑스 근로자와 같은 보상을 받을 수 있는가가 문제 된 사안에서, 프랑스 파기원은 반대되는 내용의 프랑스 국내법(1898년 산업재해법)의 적용을 배제시키고, ILO 근로자의 재해보상에 대한 내·외국인 근로자의 동등한 대우에 관한 협약(19호) 1조 1항을 직접적용하였다.[603)]

(3) 조약에 충돌하는 국내법에 대한 위헌심판제청

ILO 기본협약과 문언상으로 명백하게 모순되는 국내법률이 있는 경우, 그러한 사실 자체가 해당법률이 위헌일 수 있음을 시사하는 것일 수 있다. 기본협약이 규정하고 있는 결사의 자유 원칙 및 노동3권은 모두 헌법상의 기본권이기 때문이다.

법률의 위헌 여부에 관한 종국적인 심사권한은 헌법재판소에 있지만, 심사과정에서 법원과 헌법재판소는 역할을 분담하고 있다. 즉 법률의 위헌 여부가 재판의 전제가 되는 경우, 해당 사건을 담당하는 법원은 법률이 위헌이라고 판단할 때에 직권 또는 당사자의 신청에 의한 결정으로 헌법재판소에 위헌 여부 심판을 제청할 수 있다. 법원이 위헌 여부 심판을 제청하는 경우, 그 논거로서 관련 국내법률이 ILO 기본협약에 배치된다는 사실을 함께 원용할 수 있을 것이다.

조약위반을 근거로 위헌심판제청이 가능한가 하는 의문이 제기될 수 있다. 이에 대해서는 그동안 헌재가 헌법 6조 1항을 근거로 정립시켜 온 '국제법 존중 원칙'을 매개로서 원용할 수 있을 것이다. 헌재는 ILO 협약들에 대한 위반을 이유로 제기된 여러 위헌법률심판 사건에서 해당 법률이 ILO 협약을 위반함으로써 헌법상 국제법 존중원칙을 위반하였는지를 심사해 왔다.[604)] 법원도 그동안

603) *Castanié v. Dame veuve Hurtado*, Cour de cassation, Appeals Division, Req. 27 February 1934. ILO 19호 협약 해당 조항에 따르면, "이 협약을 비준하는 ILO 회원국은 이 협약을 비준한 다른 회원국의 국민으로서 자국의 영역 내에서 발생한 산업재해로 인하여 신체의 상해를 입은 자 또는 당해 근로자의 피부양자에 대하여 자국민에게 부여하는 것과 동일한 근로자의 보상에 관한 대우를 부여할 것을 약속한다." 관련해서 유의할 것은, 프랑스 헌법(44조 ~ 45조)은 국제조약에 대하여 헌법 하위적 효력을 부여하는 반면에 의회의 입법에 대해서는 상위의 효력을 명시적으로 부여하고 있다는 점이다. 따라서 조약과 국내법률이 충돌한 경우에 프랑스 법원이 조약을 우선적용할 헌법적 근거가 명확한 측면이 있다. 우리 헌법은 이 정도로 명확한 언어로 조약의 우선적 효력을 인정하고 있지는 않지만, 우리 헌법상 국제법 존중주의 원칙을 도출할 수 있는 점을 감안할 때에 프랑스 파기원의 위 사례도 향후 참조가 될 수 있을 것이다.

604) 대표적인 예로 헌재 2014. 5. 29. 선고 2010헌마606 결정 참조. 이 사건은 개정된 노동조합

병역법에 대한 위헌심판 제청신청을 인용한 여러 결정에서, 양심적 병역거부제도를 인정하지 않는 병역법이 자유권규약에 반한다는 자유권규약위원회의 권고를 원용해 왔다.605)

(4) 조약에 위배되는 국내법률을 우선적용할 경우에 법관의 책무

만약 어떠한 이유에서건 국제조약상 의무에 위배되는 방식으로 해석되는 국내법률을 적용할 수밖에 없는 상황이라면, 이 경우에도 법관은 판결문에 해당 법률을 국제조약상 의무에 부합하는 방식으로 개정할 것을 촉구하는 취지를 설시할 수 있음을 염두에 두어야 할 것이다.

뱅갈로어 법관행동준칙(Bangalore Principles of Judicial Conduct)에 따르면, 국내법원에서 국제조약상 의무에 위배되는 법률을 적용할 수밖에 없는 경우라 할지라

및 노동관계조정법 규정이 노조전임자가 사용자로부터 급여를 지급받는 것을 금지하고 일부 노동조합 업무에 대하여 일정한 한도 내에서 유급처리가 가능하도록 근로시간 면제를 인정한 것이 노조전임자들의 근로3권을 침해하였는지가 문제된 사건이었다. 해당 사건에서 청구인들은 이 사건 노조법 조항들이 ILO 결사의 자유위원회의 권고 및 우리나라가 가입한 ILO 135호 협약 2조 1항의 내용과 배치되어 헌법 6조 1항의 국제법 존중주의에 위배된다고 주장하였다. 이에 대하여 헌재는 죄형법정주의 위반 여부와 근로3권 침해여부를 판단한 이후 "헌법 6조 1항의 국제법 존중주의 위배 여부"를 판단하였다. 헌재는 먼저 "국제노동기구협약 135호 '기업의 근로자 대표에게 제공되는 보호 및 편의에 관한 협약'은 1971년 국제노동기구에서 채택된 것으로 2002. 12. 27. 우리나라도 가입하여 발효되었으므로 국내법과 마찬가지로 이를 준수할 의무가 있다"고 전제한 후, 구체적으로 위 협약 조항에 관련 법률이 위배되는지를 검토하였다. 비록 헌재가 결론적으로는 "이 사건 노조법 조항들은 헌법상 국제법 존중주의원칙에 위배되지 않는다"고 판단하였지만, 이 결정에 이르기까지의 헌재의 판단과정을 살펴보면, 헌재가 ILO 협약 등의 내용에 국내법률이 배치되는지를 판단하고 이를 토대로 국제법 존중주의원칙에 위배되는지 여부를 판단하고 있음을 알 수 있다. 즉 ILO 협약에 대한 위반 여부가 국제법 존중주의라는 헌법상 원칙에 위반되는지 여부의 판단을 위한 기초자료로 사용되었음을 알 수 있다. 이 외에도 헌재는 2005. 10. 27. 선고한 2003헌바50등 결정 등에서도, 문제 된 국내법률이 관련 ILO 협약에 위반하는지 여부를, 해당 법률이 헌법상 국제법 존중주의원칙에 위반여부를 판단하기 위한 논거로 사용하였다.

605) 다른 국가의 대법원이나 헌재에서 ILO 협약에 위배되는 국내법률의 효력을 무효화시키는 결정을 한 사례들도 어렵지 않게 찾을 수 있다. 예를 들어 *Antonio Blanco Rodríguez and others v. the President of the Republic, the Minister for Government and Policy, the Institute for Agrarian Development and the National Commission for Indigenous Affairs*, Supreme Court of Justice, Constitutional Division, 11 August 1999, Res. No. 06229-aa, Exp. No. 96-007361-007-CO-C; Constitutional Court of Colombia, 5 February 2000, Case C-385/2000 참조. 다만 그러한 사례들의 경우, 해당 국가들의 헌법이 이미 국제조약에 대해 법률보다 상위의 효력을 명시적으로 인정하고 있거나 헌법개정적 효력을 선언하고 있어서, 법원에서 조약위반을 이유로 법률의 효력을 배척할 수 있는 규범적 근거가 보다 확실한 측면이 있는 것은 사실이다. 예를 들어 코스타리카 헌법 7조 1항은 "Public treaties, international agreements and concordats duly approved by the Legislative Assembly shall have a higher authority than the laws upon their enactment or from the day that they designate."라고 하고 있다.

도 “법원은 (국내법률이 국제조약상 의무에 위배되는) 불일치에 대한 주의를 촉구해야 하는데, 왜냐하면 국내법률이 우위를 점한다는 것이 자국이 부담하는 국제법상 의무를 위반한다는 사실을 경감시켜줄 수 없기 때문이다.”[606] ‘국제인권법 적용에 관한 국내 법관의 역할에 대한 헌신의 아루샤 선언’(Arusha Declaration of Commitments on the Role of the Domestic Judge on the Appliation of International Human Rights Law at the Domestic Level)도 “일원론 및 이원론 법체제에서 법관은 입법기관에게 법과 정책의 개정에 관한 권고를 할 기회를 가진다”고 하면서, 법관은 “적절한 경우마다, 판결문에 어떻게 국내법 및/또는 정책이 국제협약상 국가의 의무에 부합하도록 개정될 수 있는가에 대한 권고를 할 것”을 선언한다고 하였다.[607]

3. ILO 협약의 해석 및 적용

ILO 87호 및 98호 협약을 비롯한 많은 국제노동기준은 노동에 관한 기본적 권리 및 원칙을 포괄적인 언어로 규정하고 있다는 특징이 있다. 이러한 특징으로 인하여 이에 대한 해석의 중요성은 더욱 커지게 된다. 해석을 어떻게 하는지에 따라서 해당 조항의 내용이 유연하게 형성될 수 있기 때문이다.

ILO 헌장 37조에 따라 ILO 헌장 및 협약에 대한 해석권한은 유엔 산하 국제사법재판소에게 있지만 지금까지 국제사법재판소에 ILO 협약의 해석이 공식적으로 부탁된 적은 없으며,[608] 실제로는 ILO 이행감독기구들이 협약의 해석 및 적용 임무를 담당해 왔다. ILO 이행감독기구들이 발전시켜 온 풍부한 해석 및 적용에 관한 법리들은 ILO 협약에 관한 가장 중요한 해석자료로 활용되어 오고 있으며, 이행감독기구들의 해석은 ILO 협약 해석에 관한 가장 권위 있는 해석으로 여겨지고 있다. 이에 다음은 ILO 이행감독기구들의 견해 및 결정의

---

606) The Bangalore Principles were drafted to summarize the debates at the legal colloquium on the domestic application of international human rights, Bangalore (India), 24~26 February 1988, para.8.

607) The Arusha Declaration of Commitments on the Role of the Domestic Judge on the Application of International Human Rights Law at the Domestic Level was adopted at the judicial colloquium on the application of international human rights law at the domestic level, held at Arusha (Tanzania), 9~11 Sep. 2003, para. 3.

608) 협약 해석과 관련한 국제사법재판소에의 제소는 1919년 4호 야간노동(여성)협약에 대해 1932년 국제사법재판소의 전신인 상설국제사법재판소(Permanent Court of International Justice: PCIJ)의 권고적 의견(advisory opinion)을 구한 것이 현재까지 유일한 사례이다(Permanent Court of International Justice, XXVIth Session, Advisory Opinion of November 15th, 1932, Series A.|B, Fascicule No.50, pp.373~380; 이승욱, 94면).

법적 효력 및 규범적 가치에 대해 살펴보고, 국내에서 이를 어떻게 활용하는 것이 바람직한지 고찰한다.

가. ILO 이행감독기구의 견해 및 결정의 법적 효력

ILO 헌장 37조에 따라 ILO 헌장 및 협약의 해석에 관한 최종 사법해석 권한은 유엔 산하의 국제사법재판소에 있으며, ILO 이행감독기구들(전문가위원회, 총회기준적용위원회, 결사의 자유위원회 등)의 견해 및 결정(권고)은 법적 구속력이 없으며, 권고적 효력을 가질 뿐이다.[609)]

이에 대해서는 한 가지 예외가 있다. 즉 ILO 헌장 28조~33조에 대한 합리적인 해석의 결과, 조사위원회는 사법기구로서의 성격을 가지며, 조사위원회의 최종결론 및 권고는 법적 구속력이 있는 것으로 볼 수 있다는 것이 ILO의 입장이다.[610)] 헌장 29조 2항에 따라, "(조사위원회의 권고를 송부받은 정부는) 조사위원회의 보고서에 포함된 권고사항을 수락할지 여부와, 만약 수락하지 않는다면 이에 대하여 국제사법재판소에 이의를 회부할지 여부를 3개월 이내에 ILO 사무국에 통지"해야 하며, 헌장 31조에 따라 "29조에 따라 국제사법재판소에 회부된 이의 또는 사항에 관한 재판소의 판결은 최종적"이다. 또한 헌장 33조는 최종적으로 "회원국이 조사위원회의 보고서 또는 국제사법재판소의 판결에 포함된 권고사항을 지정기간 내에 이행하지 아니하는 경우에, 이사회는 그 이행을 보장하기 위하여 현명하고 합당한 조치를 총회에 권고할 수" 있도록 하고 있다. 즉, 회원국이 조사위원회의 권고사항을 이행하지 않는 경우에(국제사법재판소에 회부하는 옵션을 제공하는 조건으로) 이행보장을 위하여 조치의 대상이 될 수 있다고 하고 있는데, 이는 조사위원회의 결정이 회원국들에 대하여 법적인 구속력을 가짐을 보여준다.

나. ILO 이행감독기구의 견해 및 결정의 규범적 가치

조사위원회를 제외한 다른 ILO 이행감독기구들의 견해 및 결정(권고)이 권

609) 한편, 헌장 37조 2항은 "1항의 규정에 불구하고, 이사회는 이사회에 의하여 또는 협약의 조항에 따라 회부되는 협약 해석과 관련된 분쟁이나 문제를 신속히 해결하기 위하여 재판소의 설치를 규정하는 규칙을 제정하고, 이를 승인받기 위하여 총회에 제출할 수 있다. 국제사법재판소의 판결이나 권고적 의견은 적용이 가능할 경우 이 항에 따라 설치되는 모든 재판소를 구속한다. 이러한 재판소가 행한 재정은 회원국에 회람되며, 이에 관한 회원국의 의견서는 총회에 제출된다."고 규정하고 있다.

610) Xavier Beaudonnet(ed.), p.83.

고적 효력을 가질 뿐이라고 해서, 그것이 아무런 규범적 가치가 없다는 의미는 아니다. ILO 이행감독기구의 해석은 다음의 3가지 특수성으로 인하여 가장 권위있는 해석으로 여겨져 오고 있다.

(1) ILO 이행감독기구 임무 및 권한의 특수성

첫째, ILO 회원국들이 ILO 이행감독기구들에게 부여한 임무와 권한이 협약의 이행을 감독하는 것이라는 점을 유념하여야 한다. ILO 헌장에 근거하여 설치된 이행감독기구들은 협약이 각국에서 제대로 이행되는지를 감독하기 위해 설치된 기관으로, 감독이라는 임무의 특성상 필연적으로 ILO 협약을 해석 · 적용하는 업무가 동반된다. 그런데 이러한 감독기구로서의 성격으로 인하여, 각 기구들의 구성 및 운영에 있어서 특별히 전문성과 독립성, 공정성이 보장되게 되며, 이는 기구들이 제공하는 해석의 권위 및 정당성이 높은 수준으로 보장되는 데 이바지한다.[611] 즉 ILO 감독기구를 구성하는 위원들은 이미 해당 분야에 관해 국제적 전문성을 인정받은 전문가들로 구성되는데, 그러한 전문가들은 특별히 ILO 이행감독기구 업무를 수행함에 있어서 높은 수준의 국제노동법에 관한 전문성을 갖춘 ILO 사무국의 지원까지 받는다. ILO 사무국은 감독기구들의 업무가 수행되는 데 필요한 전문성, 국제적 성격, 공정성, 법률적 역량이 계속해서 높은 수준으로 유지되도록 지원한다. 결과적으로 ILO 이행감독기구들의 고유한 임무 및 권한은 특별히 그들이 제공하는 해석이 높은 권위를 가질 수밖에 없게 되는 데 이바지한다.

(2) ILO 이행감독기구 해석의 유효성

둘째, ILO 헌장 체제 내에서 ILO 이행감독기구들의 해석은 달리 반대입증이 있지 않은 한 타당한 것으로 간주되는 해석이다.[612] ILO 헌장은 회원국들에게 ILO 협약에 관한 이행감독기구들의 해석을 수락할 수 없는 경우에 국제사법재판소에 사안을 가져가서 다툴 수 있도록 옵션을 주고 있다. 따라서 국제사법재판소에 사안을 가져가지 않는 한, 회원국이 이행감독기구의 해석을 수락한 것으로 간주한다.[613] 전문가위원회 또한 이 점을 명시적으로 강조해 왔다. 즉 전문가위원회는 1990년 보고서에서 “전문가위원회는 협약의 요구사항이 준수되고

611) Xavier Beaudonnet(ed.), p.85.
612) Xavier Beaudonnet(ed.), p.85.
613) Xavier Beaudonnet(ed.), p.85.

있는지를 결정하는 기능을 수행하기 위해서 협약 규정의 내용과 의미에 관한 견해를 숙고하여 표현하고, 적절한 경우 협약의 적용범위를 결정해야 한다. 전문가위원회는 국제사법재판소의 상반된 해석이 나오지 않는 한, 위원회의 견해가 유효하고 보편적으로 승인된 것으로 간주되어야 한다는 입장이다."[614]

ILO 국제노동기준국의 Corinne Vargha 국장도 ILO 이행감독기구들의 해석이 가지는 권위와 중요성을 다음과 같이 강조하였다.

> Ms. Vargha 국제노동기준국장: ILO 이행감독기구들의 해석이 그 자체로 법적 구속력이 없는 것은 사실이지만, 그들의 해석은 '권위 있는'(authoritative) 해석으로서 아무런 가치가 없는 그저 의견이 아니라는 점을 법관들은 염두에 두어야 할 것이다. 또한 협약의 해석에 관해 분쟁이 있으면, 국제사법재판소에 의해 법적 구속력 있는 결정을 구할 수 있는 절차도 갖춰져 있다는 점도 기억할 필요가 있다. 특히 전문가위원회의 해석이 권위 있는 해석이라는 점은 온전히 인정되어야 한다. 전문가위원회의 해석은 다른 모든 ILO 이행감독기구들이 참조하는 기준이라는 점에서 높은 권위를 가지는 해석이다. 특정 쟁점이 전문가위원회에 의해 다루어진 경우, 그 쟁점은 총회기준적용위원회에 의해 재차 다루어질 수도 있으며, 관련국이 지속적으로 ILO 이행감독기구들과의 건설적 연계를 해나가는 것에 실패할 경우에는 궁극적으로는 조사위원회 절차로까지 회부될 수 있는데, 조사위원회의 결정은 법적 구속력을 가지게 된다. 종합하면, 전문가위원회의 해석 그 자체는 법적 구속력이 없지만, 전문가위원회의 해석은 한국 정부와 법관에 대하여 권위 있는 해석기준이며, ILO의 다른 이행감독기구들의 후속조치로 이어질 수 있는 권위 있는 해석의 기초라는 점에서 매우 중요한 의미를 가진다. 즉 법적 구속력이 없다는 의미가 존중하지 않아도 괜찮다는 의미가 될 수는 없을 것이다.[615]

(3) ILO 이행감독기구 견해와 '성실한 규범적 연계를 할 의무'

셋째, ILO의 회원국 및 기본협약의 비준국은 ILO 헌장 및 기본협약을 자발적으로 비준·가입함으로써 ILO의 이행감독기구의 감독임무 및 심사권한을 존중하고 그 견해를 신의성실하게 고려할 의무를 부담한다. 즉 국내법원이 권고적 효력을 가지는 이행감독기구의 견해에 구속되는 것은 아니지만, 법원은 감독기구의 심사권한을 존중하고 그 견해를 신의성실하게 고려하고 존중할 의무는 부

---

614) ILO, Committee of Experts Report (1990), para. 7.
615) 김동현·이혜영, 228~229면.

담하는 것이다. 최근 세계 학계의 논의와 여러 국가의 실무에서도 국내법원을 포함한 당사국의 기관들은 국제인권조약기구의 견해가 설득적 권위(Persuasive Authority)를 가지며 이행감독기구와 '성실한 규범적 연계를 할 의무'(Duty to Engage)를 부담한다고 보고 있다.[616)]

우리 대법원도 2018. 11. 1. 선고된 2016도10912 전원합의체 판결의 제2다수보충의견에서 다음과 같이 판시함으로써 국제인권조약의 이행을 감독하는 임무 및 권한을 가지는 조약기구 결정의 사실상 기속력을 확인한 바 있다. 즉, "개인진정 제도를 규정한 선택의정서에 가입하였다는 것은 당사국 내에 있는 개인의 진정에 대한 유엔자유권규약위원회의 심사권을 인정한다는 것이고, 이는 그 심사결과에 따르겠다는 의미를 포함한다. 따라서 선택의정서 가입국은 보편적이고 다자간에 체결된 자유권규약에 따라 유엔자유권규약위원회가 내린 개인진정에 대한 견해를 받아들일 국제법상 의무를 진다고 보아야 한다"고 판시하였다.[617)]

이렇듯 조약의 이행감독기구와 '성실한 규범적 연계를 할 의무'는 구체적으로 2가지 의무를 수반하는 것을 내용으로 한다.[618)] 첫째 해석 대상이 된 권리에 대한 권위 있는 국제기구의 공식적 해석이 있는 경우 국내사법기관은 이러한 견해를 충실하게 숙지하고 최대한 이를 신의성실하게 존중할 의무를 가진다(duty to consider and respect). 둘째 진지한 존중의 노력에도 불구하고 국제기구 해석의 충실한 반영이 어렵다는 결론에 이를 경우, 국내 사법기관은 국제기구의 해석을 수용할 수 없는 이유 및 어떤 점에서 스스로의 해석이 국제기구의 해석보다 더 타당하고 우월한지를 설득력 있게 설명하여야 한다(duty to explain).

따라서 앞으로 국내법원은 ILO 기본협약의 해석 및 적용이 재판에서 문제되는 경우, 첫째로는 관련 협약에 대한 ILO 이행감독기구의 해석 견해가 있는지 찾아보고 최대한 이를 존중해야 할 것이다. 둘째, 만약 이행감독기구의 해석을 존중하려는 진지한 노력을 기울였음에도 불구하고 그 해석을 받아들일 수가 없다면, 최소한 어떤 이유에서 그 해석을 받아들일 수 없는지를 설명하고 다른 해석이 감독기구의 해석보다 '국제법적으로' 타당한 이유를 설득력 있게 논증하고 설명해야 할 것이다.

616) 신윤진, 227~228면.
617) 대법원 2018. 11. 1. 선고 2016도10912 전원합의체 판결, 제2다수보충의견.
618) 신윤진, 226~228면.

Ⅶ. 결 론

결사의 자유에 관한 ILO 기본협약 비준은 법원에 복잡하고 어려운 해석 과제를 안기고 있다. 우리 정부가 결사의 자유에 관한 ILO 기본협약인 87호, 98호 협약을 비준한 것을 계기로, 우리 집단적 노동관계법의 현실에는 혁신적 변화가 찾아올 것으로 예상된다.

협약 비준 이전에도 우리나라는 ILO 헌장에 따른 노동기본권 보장의 의무를 지고 있었고, 협약 비준으로 인해 그러한 법적 의무 자체에 본질적 변화가 생기게 된 것은 아니라고 말할 수도 있지만, 협약 비준 이후 우리나라가 국제노동기구의 강화된 이행감독체계 안에 편입된 이상 더 이상 국제노동기준에 무심한 태도는 가능하지 않게 되었다. 법해석의 실무를 맡은 이들에게 가장 시급한 과제는 국제노동기준을 당장 현실에 적용될 우리 노동법 체계의 일부로 받아들이는 것, 아니 정확하게 말해 우리 노동법이 크나큰 국제노동법 체계의 일부에 속해 있다는 엄연한 현실을 직시하는 것이다.

결사의 자유에 관한 ILO 기본협약들은 집단적 노사관계에 있어 핵심적인 내용들을 다루며, 각 조항의 의미는 ILO 산하 이행감독기구들의 권고와 해석에 의해 구체화되어 왔다. ILO 이행감독기구들의 해석은 권고적 효력을 갖는 것이지만, 그 해석적 권위는 결코 무시되어서는 안 된다.

본문에서는 이러한 ILO 이행감독기구의 견해들을 바탕으로 한 국제노동기준을 해설하였고, 우리나라와 구체적으로 관련된 쟁점들이 있는 경우 이에 관한 소개도 곁들였다.

노동권은 단순히 근로계약상의 권리에 불과한 것이 아니라 인권으로서의 본질을 지닌다는 점을 끊임없이 상기할 필요가 있다. 결사의 자유에 관한 ILO 기본협약 비준을 계기로 우리 노동법이 혁신이 국제노동기준에 부합하는 방향으로 발전하고, 나아가 국제노동기준을 선도하는 국가가 되기를 기대해 본다.

[김 동 현 · 이 혜 영]

제1장

총　　칙

제 1 장 총 칙

제 1 조(목적)

이 법은 헌법에 의한 근로자의 단결권 · 단체교섭권 및 단체행동권을 보장하여 근로조건의 유지 · 개선과 근로자의 경제적 · 사회적 지위의 향상을 도모하고, 노동관계를 공정하게 조정하여 노동쟁의를 예방 · 해결함으로써 산업평화의 유지와 국민경제의 발전에 이바지함을 목적으로 한다.

〈세 목 차〉

[참고문헌]

강성태a, 근로자의 개념, 서울대학교 대학원 박사학위논문(1994); 강성태b, “근로자 개념 문제에 대한 올바른 접근”, 판례실무연구 Ⅸ, 박영사(2010); 강성태c, “사무관리직 근로자의 단결권보장”, 법학논총 26권 3호, 한양대학교 법학연구소(2009); 강성태d, “노동조합법상 근로자를 판단하는 판례의 기준”, 노동법학 72호, 한국노동법학회(2019); 강성태e, “근로자, 포용적 접근”, 노동법연구 48호, 서울대학교 노동법연구회(2020); 국가인권위원회, 특수고용직 노동권침해실태조사보고서(2006); 권오성a, “택배기사의 노동조합법상 근로자성 긍정 판결”, 노동법률 344호, 중앙경제(2020); 권오성b, “학습지교사의 노동조합법상 근로자성의 재확인”, 노동법률 348호, 중앙경제(2020); 권오성c, “플랫폼 노동자의 근로자성”, 노동법포럼 32호, 노동법이론실무학회(2021); 권혁, “학습지교사의 근로자성 판단”, 법률신문 4691호(2019); 김기선, “노조법상의 근로자개념”, 노동법학 38호, 한국노동법학회(2011); 김린a, “방송연기자의 노동조합법상 근로자성 인정 여부”, 노동리뷰 165호, 한국노동연구원(2018); 김린b, “카마스터의 노동조합법상 근로자성 인정여부”, 노동법학 68호, 한국노동법학회(2018); 김린c, “매체운영기업의 노동조합법상 근로자성과 노동조합의 소극적 요건”, 노동판례리뷰 2019, 한국노동연구원(2020); 김선일, “취업자격 없는 외국인 근로자의 노동조합 설립신고”, 노동법실무연구 3권, 노동법실무연구회(2021); 김영문 · 김혜린, “노동조합법상 근로자 개념 확대와 그 후속문제에 대한 단상”, 노동법학 72호, 한국노동법학회(2019); 김재훈, “특수형태근로종사자의 법적 규율에 대한 일본에서의 사례”, 판례실무연구 Ⅸ, 박영사(2010); 김태현, “학습지교사 판결을 둘러싼 노동조합법상 근로자성 판단기준 및 구제방안에 대한 검토”, 노동법학 84호, 한국노동법학회(2020); 김

형진, "근로기준법상 근로자의 판단기준", 특별소송실무연구회, 특별법연구 5권(1997); **남궁준**, "대리운전기사의 노조법상 근로자성", 노동판례리뷰 2019, 한국노동연구원(2020); **노호창**, "골프장 캐디의 근로자성 인정 여부에 관한 법적 검토", 노동법학 75호, 한국노동법학회(2020); **박귀천**, "방송연기자 노동조합 사건으로 본 대법원 노조법상 근로자성 판단기준과 경향", 노동법률 331호, 중앙경제(2018); **박소민**, "프랜차이즈 가맹점주의 노동법상 근로자성 여부", 홍익법학 21권 1호, 홍익대학교 법학연구소(2020); **박수근**, "레미콘운송기사와 경기보조원의 근로자성에 관한 검토", 노동법학 14호, 한국노동법학회(2002); **박제성**, "디지털 플랫폼 근로자의 종속성 음식배달대행기사의 사례", 노동리뷰 161호, 한국노동연구원(2018); **박지순**, 독일의 유사근로자의 유형과 노동법상의 지위에 관한 연구, 한국노동연구원(2005); **박진환**, "순수한 노동조합 및 노동관계조정법상 근로자에 관한 부당노동행위 구제명령 중 수입상당액 지급명령의 가부 및 그 범위", 사법 51호, 사법발전재단(2020); **방준식**, "대리운전기사의 노동조합법상 근로자성 판단", 노동법률 353호, 중앙경제(2020); **변종춘**, "근로기준법상 근로자의 범위", 민사재판의 제문제 9권, 민사실무연구회(1997); **양승엽**, "독립사업자의 노조법상 근로자성 판단 기준", 노동법학 70호, 한국노동법학회(2019); **유성재 · 권오성**, "가맹점사업자의 노조법상 근로자성", 법학연구 29권 4호, 충남대학교 법학연구소(2018); **유성재a**, "골프장 캐디의 노조법상 근로자성", 중앙법학 16집 4호, 중앙법학회(2014); **유성재b**, "학습지교사의 노조법상 근로자성", 노동법률 327호, 중앙경제(2018); **윤애림**, "노동조합 및 노동관계조정법의 근로자", 노동법연구 36호, 서울대학교 노동법연구회(2014); **이다혜**, "공유경제(sharing economy)의 노동법적 쟁점", 노동법연구 42호, 서울대학교 노동법연구회(2017); **이은영**, "[ILO 국제종사상 지위 분류에] 노동시장 유연화 · 고용관계 다양화 담아", 매일노동뉴스(2019. 10. 7.); **임상민a**, "학습지교사의 근로자성", 대법원판례해설 115호, 법원도서관(2018); **임상민b**, "노동법상 근로자성 인정 범위와 판단 기준", 사법논집 69집, 사법발전재단(2019); **임상민c**, "골프장캐디의 근로자성", 인권과 정의 430호, 대한변호사협회(2012); **정준영**, "자동차 판매대리점 판매직원의 노조법상 근로자성", 노동법률 338호, 중앙경제(2019); **조현주**, "노동조합법상 근로자성 판단 표지", 2019 노동판례비평, 민주사회를 위한 변호사모임(2020); **정종철**, "특고직의 노동조합 및 노동관계조정법상 보호와 한계", 노동법률 346호, 중앙경제(2020); **조경배a**, "노동3권의 주체로서 근로자개념과 특수고용노동자", 노동법학 22호, 한국노동법학회(2006); **조경배b**, "노동조합법상의 근로자 개념에 관한 한일 최고 법원의 법리 비교", 법제연구 47호, 한국법제연구원(2015); **진창수**, "방송연기자도 노동조합법상의 노동자인가", 법률신문 4650호(2018); **최영호**, "계약근로형 노무공급자의 근로자성", 노동법연구 13호, 서울대학교 노동법연구회(2002); **최홍기**, "노조법상 근로자 개념에 대한 재검토", 고려법학 102호, 고려대학교 법학연구원(2021); **한국노동연구원**, 특수형태근로종사자에 대한 노동법적 보호방안의 사회경제적 효과분석(2007); **한광수**, "헌법상 노동3권 보장과 노조법상 근로자 개념의 재검토 시론", 노동법논총 52집, 한국비교

노동법학회(2021); **한지영**, “학습지교사의 근로자성 판단기준”, 이화젠더법학 5권 1호, 이화여자대학교 젠더법학연구소(2013); **野田 進**, “日本における労働組合法上の労働者概念”, 労働法律旬報 No 1742, 旬報社(2011); **水町勇一郎**, “オペラ歌手劇場合唱團員の労組法上の労働者性”, ジュリスト No 1372, 有斐閣(2009); **Adalberto Perulli**, Study on economically dependent work/Parasubordinate (Quasi-Subordinate) work: Legal, Social and Economic Aspects, Study for the European Commission(2003).

Ⅰ. 노조법의 목적

노조법은 헌법상 보장되고 있는 노동기본권을 구체적으로 실현시키기 위하여 만들어진 집단적 노동관계법의 대표적이고 기본적인 법률이다. 자본주의 경제체제에서 근로자와 사용자는 형식상으로는 대등한 계약 당사자이지만 실질적으로는 지배종속관계(비대등성)에 있는바, 거기서는 근로조건과 직장환경 등이 사용자에 의해 사실상 일방적으로 결정될 수밖에 없다. 집단적 노동관계법은 이와 같이 근로자 개인은 사용자와 사이에서 실질적으로 불평등한 지위에 놓여 있어서 근로자 개인으로서는 사용자와 사이의 관계에서 그 지위를 스스로 개선·향상시킨다는 것은 사실상 불가능하다는 인식 아래, 근로자들이 수적 우세를 이용하여 단결함으로써 사용자에 대하여 실질적 평등을 쟁취하는 것을 인정하고, 여기에서 더 나아가 헌법에서 기본권으로 이를 보장하기에 이른 역사적 결과로서 탄생한 법이다.

따라서 집단적 노동관계법의 가장 기본적인 목적은 근로자의 인간다운 생활을 보장하고 노사의 실질적 평등을 통하여 근로자들의 근로조건의 개선과 경제적 지위의 향상을 이루어내기 위하여 사용자의 단독 결정을 규제하는 데에 있다고 할 수 있다. 노조법은 1조에서 ① 근로자의 단결권·단체교섭권·단체행동권을 보장하여 근로조건의 유지·개선과 근로자의 경제적·사회적 지위의 향상을 도모하고, ② 공정한 노동관계의 조정을 통하여 노동쟁의를 예방하고 해결한다는 두 가지의 큰 근거로 입법 목적을 규정하고 있다.

노조법의 입법목적과 관련하여 판례는, “근기법은 ‘현실적으로 근로를 제공하는 자에 대하여 국가의 관리·감독에 의한 직접적인 보호의 필요성이 있는가’라는 관점에서 개별적 근로관계를 규율할 목적으로 제정된 것인 반면에, 노조법은 '노무공급자들 사이의 단결권 등을 보장해 줄 필요성이 있는가'라는 관점에서 집단적 노동관계를 규율할 목적으로 제정된 것"이라고 밝히고 있다.[1)]

판례는 또한 노조법상 근로자성,[2)] 노동조합의 설립요건과 설립무효확인의 소의 관계,[3)] 노동조합활동의 정당성[4)] 등 여러 측면에서 노조법의 입법목적을 고려하여 판단하고 있다.

[권 두 섭·임 상 민]

---

1) 대법원 2004. 2. 27. 선고 2001두8568 판결.
2) 대법원 2018. 6. 15. 선고 2014두12598 판결, 대법원 2018. 10. 12. 선고 2015두38092 판결, 대법원 2019. 6. 13. 선고 2019두33712 판결 등.
3) 대법원 2021. 2. 25. 선고 2017다51610 판결.
4) 대법원 2020. 7. 29. 선고 2017도2478 판결.

제 2 조(정의)*

이 법에서 사용하는 용어의 정의는 다음과 같다.

1. "근로자"라 함은 직업의 종류를 불문하고 임금 · 급료 기타 이에 준하는 수입에 의하여 생활하는 자를 말한다.

〈세 목 차〉

※ 이 조에 관한 각주의 참고문헌은 제1조 해설의 참고문헌을 가리킨다.

Ⅰ. 노조법상 근로자의 개념

1. 근로자의 개념 요소

노조법에서 '근로자'란 "직업의 종류를 불문하고 임금·급료 기타 이에 준하는 수입에 의하여 생활하는 자"를 말한다. 즉, 노조법이 적용되는 근로자의 개념은 '직업의 종류를 불문', '임금·급료 기타 이에 준하는 수입', '이에 의하여 생활하는 자'라는 세 가지 개념 요소로 구성되어 있다.

가. 직업의 종류를 불문

직업의 종류를 따지지 않으므로 정신노동과 육체노동의 구별은 문제가 되지 아니하며, 상용·일용·임시직·촉탁직 등의 근무형태나 직종·직급 등도 근로자 여부를 판단하는 기준이 되지 않는다.

나. 임금·급료 기타 이에 준하는 수입

먼저 '임금'이라 함은 "사용자가 근로의 대가로 근로자에게 임금·봉급 그 밖에 어떠한 명칭으로든지 지급하는 일체의 금품"을 말하는바(근기법 2조 5호), 계약의 형식을 불문하고 사용종속관계 아래에서 근로자가 제공하는 근로에 대하여 사용자가 그 근로의 대가로 지급하는 일체의 금품은 모두 임금에 해당한다. '급료'는 임금의 개념에 포함되는 것으로 해석하더라도 무방하다.[1)]

문제는 '기타 이에 준하는 수입'을 어떻게 볼 것인지 여부이다. 이것 또한 임금의 개념에 포함시켜 독자적 의미를 부여하지 않는 견해와, 집단적 노동관계법의 적용 대상인 근로자의 개념은 개별적 근로관계법상의 그것보다 넓게 파악해야 하는바, '기타 이에 준하는 수입'이 그러한 해석이 가능할 수 있는 근거가 되는 개념 요소로 작용하는 것으로 보는 견해도 있다. 근기법상 근로자 개념과의 비교 부분에서 상술한다.

다. 이에 의하여 생활하는 자

여기서 '생활'의 의미는 현실적으로 임금·급료 기타 이에 준하는 수입에 의하여 생활하고 있는 것뿐만 아니라 그에 의하여 생활할 수밖에 없는 경우도

---

1) 일본에서 생산직 근로자(블루칼라 근로자)가 제공한 노무의 대가를 임금, 사무직 근로자(화이트칼라 근로자)가 제공한 노무의 대가를 급료로 구분하여 입법화한 것을 우리 노조법에서 그대로 도입한 것이다(菅野, 781면).

포함하는 것으로 해석해야 하고, 경제적 의존관계가 있는 이상 반드시 인적 종속을 중심으로 한 근기법상 근로계약이 아니더라도 '이에 의하여 생활하는 자'에 포섭될 수 있다. 따라서 반드시 현실적으로 취업하고 있는 근로자뿐만 아니라 실업 중인 근로자나 해고된 근로자라고 하더라도 자신의 노동력을 제공하고 임금·급료·기타 이에 준하는 수입을 얻어 생활할 의사나 능력이 있는 자는 노조법의 적용 대상인 근로자에 해당하고, 취업자 또한 근기법상 근로계약이 아닌 유형의 계약관계를 체결하였더라도 경제적 의존관계가 인정되면 노조법상 근로자에 해당한다. 이 점에서 근기법 등 개별적 근로관계법상의 근로자 개념이 인적 종속을 중심으로 한 사용종속관계 아래에서 사용자에게 현실적으로 근로를 제공하고 있는 취업자만을 대상으로 하고 있는 것과 큰 차이를 보인다고 할 수 있다.

2. 근기법상 근로자와의 비교

가. 근기법상 근로자 개념과의 관계

근기법 2조 1항 1호는 "'근로자'란 직업의 종류와 관계없이 임금을 목적으로 사업이나 사업장에 근로를 제공하는 자를 말한다."라고 규정하고 있고, 노조법 2조 1호는 "'근로자'라 함은 직업의 종류를 불문하고 임금·급료 기타 이에 준하는 수입에 의하여 생활하는 자를 말한다."라고 규정하여 근로자 개념에 대하여 문언이 서로 다르게 규정되어 있다. 여기서 근기법상의 근로자 개념과 달리 실업자가 노조법상의 근로자 개념에 포함된다는 점에 대하여는 통설과 판례[2]가 이를 인정하고 있다.[3] 노조법상 근로자 정의 규정을 보면 근기법상 근로자 정의 규정과 달리 '사업이나 사업장에'라는 문구가 없는데, 이는 사업이나 사업장에 고용되어 있지 아니한 근로자를 노조법상 근로자로 포섭하겠다는 취지로 이해할 수 있다.[4] 나아가, 실업자뿐만 아니라 현실 노무제공자(취업자)의 관계에서도 그 범위가 다른 것인지에 관하여 논의가 있다.

2) 대법원 2004. 2. 27. 선고 2001두8568 판결.

3) 대법원 2019. 2. 14. 선고 2016두41361 판결(철도매점운영자 사건)은 "특정 사업자에 대한 소속을 전제로 하지 않을 뿐만 아니라 '고용 이외의 계약 유형'에 의한 노무제공자까지도 포함할 수 있도록 규정한 노조법의 근로자 정의 규정…"이라고 판시한다. 반대 견해로는 김형배, 1041~1042면.

4) 임종률, 36면.

나. 두 법의 근로자 개념이 동일하다는 견해(소수설)

근기법과 노조법은 모두 근로자들의 근로조건 유지·개선을 목적으로 하는 점에서 동일하고, 다만 근기법은 근로조건의 최저기준을 강행법규로 설정·강제함으로써, 노조법은 단결권, 단체교섭권, 단체행동권 등을 토대로 한 단체자치를 통해, 근로자들의 근로조건 개선을 도모하므로, 근로조건의 개선방법이 다를 뿐이고, 두 법률상의 근로자는 모두 근로계약관계에 있는 자일뿐만 아니라 두 법률의 제정 근거규정인 헌법 32조 3항과 33조 1항이 모두 동일한 의미의 근로자를 전제로 하고 있음을 논거로 들고 있다.[5] 위 견해에 의하면, 두 법상의 근로자는 모두 원칙적으로 인적 종속을 중심으로 한 사용종속성을 요건으로 한다.

다. 두 법의 근로자 개념이 구분된다는 견해(노조법상 근로자 개념이 더 넓다는 견해, 통설 내지 다수설)

논거로 들고 있는 것은 다음과 같다.

① 법체계 및 법문상 근로자에 대한 정의 규정이 서로 다르므로 두 법상 근로자는 독자적인 개념이다.[6] 노조법 2조 1호에서는 근기법상 근로계약의 목적인 임금에 더하여 굳이 '임금·급료 기타 이에 준하는 수입'이라는 말을 사용하고 있으므로, 근기법과 노조법의 적용이 서로 다를 수 있다.[7]

② 고용형태의 다양화 및 비전형적 근로관계의 등장을 감안할 때, '기타 이에 준하는 수입'을 보다 적극적으로 해석·활용함으로써 근로자성 판단에서 탄력성을 도모해야 한다.[8]

③ 노조법의 '기타 이에 준하는 수입'은 임금이 아니면서 임금과 유사한 수입, 예컨대 사업주가 아닌 개인에게 일시적으로 근로를 제공하거나, 종속적 근로는 아니지만 유사한 노무를 공급하는 등의 대가로 얻는 수입을 말한다.[9] 근기법상 근로자는 '임금에 의하여 생활하는 자'에 포함되고, 임금에 준하는 수입에 의하여 생활하는 자는 근기법상의 근로자는 아니지만 노조법상의 근로자에는 포함된다. 노조법상의 근로자는 임금에 준하는 수입에 의하여 생활하는 자와 노동 의사를 가진 실업자도 포함한다. 이 점에서 근기법상의 근로자가 협의의

5) 김형배, 1034~1049면; 김형진, 512면.
6) 박수근, 35면 이하.
7) 변종춘, 33면.
8) 김유성, 53면; 최영호, 145면.
9) 대법원 2004. 2. 27. 선고 2001두8568 판결(골프장캐디 사건 Ⅰ)도 같은 취지로 판시한다.

근로자라면 노조법상의 근로자는 광의의 근로자라 할 수 있고, 근기법상의 근로자가 인적 종속성을 중시한 개념이라면 노조법상의 근로자는 경제적 종속성을 중시한 개념이라고 할 수 있다. 노조법이 근로자를 넓게 정의한 취지는 사업(장)에 고용되어 있지 않거나 종속적 근로를 제공한다고 보기 어려워 근기법상의 보호는 받을 수 없더라도 사업(장)에 고용될 의사를 가진 자 또는 이에 준하여 생활하고 있거나 그렇게 할 의사를 가진 자들이 스스로 단결하여 그 노동·생활조건을 개선할 수 있는 길을 열어 줄 필요가 있기 때문이다.[10)]

④ 노조법상의 근로자 개념을 정할 때 가장 중요하게 고려하여야 할 것은 노조법의 목적과 근로자에 대한 정의 규정이다. 노조법은 1조에서 분명히 밝힌 바와 같이 '헌법에 의거하여 근로자의 자주적인 단결권, 단체교섭권과 단체행동권을 보장하는 것'을 제1차적인 목적으로 하고, 이러한 목적에 부합하도록 2조 1호에서 근로자를 '임금, 급료 기타 이에 준하는 수입에 의하여 생활하는 자'라고 간단하게 요건을 정하고 있다. 결국 노조법은 노동3권의 향유 주체가 될 수 있는 자의 범위를 '임금 등에 의하여 생활하는 자'로 규정함으로써 그 어떤 실정 노동법상의 근로자 개념보다 넓은 범위로 근로자를 파악하고 있다. 한편 근기법상의 근로자와 노조법상의 근로자가 상당한 범위에서 공통되더라도 양 법률에서 파악하는 근로자에 대한 기본적인 관점은 근기법이 주로 '국가의 직접적 개입에 의한 보호의 필요성이 있는 자인가'를 중심으로 한 것인 반면, 노조법은 국가의 직접적 개입이 아니라 '노무공급자들 사이의 단결 등을 보장해줄 필요성이 있는가'라는 관점에서 접근하고 있으므로, 근기법상의 근로자 해당성은 '특정 사업과 현실적으로 결합한 정도'에 의해서 결정할 수 있겠지만 노조법상 근로자 해당성은 특정 사업과 결합하였는지 여부와 상관없이 '단결 활동의 보장 필요성'에 의해서 결정되어야 한다. 실제로 문제가 많이 되는 현실적 노무공급자에 한정하여 양 법률의 근로자 범위를 볼 때, 노조법 2조 1호에서 말하는 '임금·급료'는 근기법상 '임금'으로 보아야 하지만 '기타 이에 준하는 수입'은 독자적인 의미를 가진 것이기 때문에 노조법상의 근로자 개념이 더 넓다. 그리고 '임금·급료'를 해석할 때에는 근기법상 '임금'에 상당하도록 사업과 결합한 정도에 의해서 판단하면 되고, '기타 이에 준하는 수입'을 해석할 때에는 근기법상 근로자에 준할 정도로 단결 활동 내지 노동조합 운동의 주체로서 보호할 필

10) 임종률, 36면.

요성이 있는 노무공급자에 대한 것으로 보아야 한다.[11)]

⑤ 노동법은 노무제공관계의 종속성에서 파생되는 문제점을 해결하는 것을 주된 목적으로 하는데, 개별법과 집단법이 완화 또는 극복하고자 하는 종속성은 다른 성질의 것이며, 개별적 근로관계법은 주로 노무급부과정 그 자체에서 발생하는 종속성에 주목하는 반면, 집단적 노동관계법은 노무급부과정 이전의 노무제공관계 형성 단계, 즉 노동시장의 종속성에 주목하는 것이어서 그 적용의 원인이 되는 종속성에 차이가 있어 근로자의 범위는 다를 수밖에 없다. 사적 자치에 대한 국가의 직접적 개입(내용과 결과의 규제)에 관한 개별적 근로관계법과 달리, 집단적 노동관계법은 사적 자치가 실질화되도록 집단적 자치의 조성(기회와 절차의 규제)에 그치기 때문에 이러한 권리이용자의 차이가 정당화될 수 있다. 따라서 노조법상 근로자에는 노무급부과정에서 종속성을 가진 자뿐만 아니라 노동시장의 사용종속성을 가져 근기법상 근로자와 유사한 정도의 사회적 보호 필요성이 있는 자도 포함된다.[12)]

⑥ 도급·위임 기타 여러 노무공급관계에 있는 자가 노조법상의 근로자에 해당하는지 여부는 그들이 생활 재료의 취득에 대해 개별적으로는 약한 입장에 있고 단결·단체교섭이 보장되어야 할 자인지 여부라고 하는 관점으로부터 근로계약관계에 어느 정도 접근하고 있는가(그 보수가 기타 이에 준하는 수입이라고 할 수 있을 정도로 임금·급료에 근사한 것인가)를 보아 판정해야 하며, 이 경우 노무 수행 방법에 대한 상대방의 지휘감독의 유무도 하나의 판단자료는 되지만, 근기법상 근로자와 달리 그 존재가 반드시 필요한 요건은 아니다.[13)]

라. 검 토

다음과 같은 이유로 노조법상 근로자 개념은 근기법상 근로자 개념과 구별되는 것으로서 노조법상 근로자 개념이 더 넓다는 견해가 타당하다.

① 근기법상 근로자 개념과 노조법상 근로자 개념을 달리 정의하고 있으므로 그 문언상으로도 구별하는 것이 타당하다. 근기법은 '근로의 제공'에 초점을 맞추고 있고 근로의 본질상 사용종속관계 특히 인적 종속성을 요구하는 한편, 노조법은 '기타 이에 준하는 수입에 의하여 생활하는 자'로 정의함으로써 생활

---

11) 강성태a, 173~176면.
12) 강성태b, 134~135면.
13) 김재훈, 210면.

상의 의존, 즉 경제적 종속(의존)에 초점을 맞추고 있다.

② 근기법과 노조법의 목적이나 취지가 서로 다르다. 근기법은 국가의 직접적 개입에 의한 제반 근로조건에 관한 보호를 목적으로 하는 한편, 노조법은 노동3권의 보호를 목적으로 한다. 따라서 목적론적으로 보면, 국가의 직접적 개입에 의하여 제반 근로조건에 관한 보호를 필요로 하는 자가 근기법상 근로자인 반면, 노동3권의 보호를 필요로 하는 자가 노조법상 근로자라고 말할 수 있다.

③ 아래에서 보는 바와 같이 노조법상 근로자는 경제적 종속성을 주된 판단기준으로 함으로써 인적 종속성을 주된 판단기준으로 하여 독립사업자와의 구별을 목적으로 하는 근기법상 근로자보다 그 인정범위를 넓게 보는 것이 판례의 입장일 뿐만 아니라 세계적 경향에도 부합한다.

Ⅱ. 판례의 입장

1. 판례의 변천 경위

노조법상 근로자성에 대한 판례의 변천 과정을 살펴보면, 대법원 1993. 5. 25. 선고 90누1731 판결(골프장캐디 사건 Ⅰ), 대법원 2004. 2. 27. 선고 2001두8568 판결(서울여성노동조합 사건), 대법원 2018. 6. 15. 선고 2014두12598, 12604 판결(학습지교사 사건) 등이 분기점을 이루고 있다고 볼 수 있는데, 이하에서는 일응 ① 대법원 90누1731 판결 이후 대법원 2014두12598, 12604 판결 이전, ② 대법원 2014두12598, 12604 판결 이후로 나누어 설명한다.

가. 대법원 90누1731 판결 이후 대법원 2014두12598, 12604 판결 이전

대법원 1993. 5. 25. 선고 90누1731 판결(골프장캐디 사건 Ⅰ)[14] 이전에는 근기법상 근로자성 판단기준에 관한 법리를 판시한 판례가 없었을 뿐만 아니라,[15] 근기법과 구별되는 의미로 노조법상 근로자성에 관한 법리를 판시한 적이 없고, 실제로 근기법상 근로자성과 노조법상 근로자성을 달리 판단한 판례도 보이지

14) 골프장캐디에 대하여 근기법상 근로자성과 노조법상 근로자 모두를 인정함이 타당하다는 취지로는 유성재a, 185~211면; 임상민c, 64~83면 참조. 법리(규범)적인 측면에서는 골프장캐디의 근기법상 근로자성을 인정함이 타당하나 캐디의 입장에서 사회적 보호 필요성이라는 정책적 관점을 고려하면 노조법상 근로자성만 인정함이 타당할 수 있다는 견해로는, 노호창, 124~137면.

15) 근기법상 근로자성 판단기준에 관한 법리를 최초로 판시한 것은 대법원 1994. 12. 9. 선고 94다22859 판결이다[근기법주해(2판) Ⅰ, 118면].

아니한다.

그러다가 대법원 90누1731 판결(골프장캐디 사건 Ⅰ)에서 최초로 “노동조합법 3조는 노동조합의 주체는 근로자임을 명시하고 있고, 같은 법 4조는 근로자라 함은 직업의 종류를 불문하고 임금, 급료 기타 이에 준하는 수입에 의하여 생활하는 자를 말한다고 규정하고 있는바, 노조법상 근로자란 타인과의 사용종속관계 하에서 노무에 종사하고 그 대가로 임금 등을 받아 생활하는 자를 말한다고 할 것이고, 타인과 사용종속관계가 있는 한 당해 노무공급계약의 형태가 고용, 도급, 위임, 무명계약 등 어느 형태이든 상관없다고 보아야 할 것이며, 그 사용종속관계는 사용자와 노무제공자 사이에 지휘 감독관계의 여부, 보수의 노무대가성 여부, 노무의 성질과 내용 등 그 노무의 실질관계에 의하여 결정된다 할 것이고, 그 사용종속관계가 인정되는 한 노동조합법상의 근로자로 보아도 무방할 것이다.”라면서 노조법상 근로자성에 관한 법리를 최초로 판시하였고, 이러한 법리에 따라 골프장캐디의 노조법상 근로자성을 인정하여 노동조합설립신고수리취소처분을 취소하여야 한다는 취지로 판단하였다.

대법원 90누1731 판결(골프장캐디 사건 Ⅰ)은, 노조법상 근로자성 판단기준으로, ① 지휘·감독관계의 여부, ② 보수의 노무대가성 여부, ③ 노무의 성질과 내용 등을 들고 있다. 그러나 지휘·감독관계는 인적 종속성을 의미하는 것으로서 노조법상 근로자성에 대한 주된 판단기준으로 삼기에 부적절하고, 이러한 기준에 의하면 오히려 실질적으로 근기법상 근로자와 노조법상 근로자 판단기준이 유사해진다고 볼 수 있다. 보수의 노무대가성 역시 근기법상 근로자 판단기준과 뚜렷이 구별되는 기준이라고 보기 어렵다. ‘노무의 성질과 내용’ 또한 무엇을 의미하는지 모호할 뿐만 아니라 이러한 판단기준이 근기법상 근로자성 판단기준과 다르다고 볼 수 있는지, 어떻게 다르다는 것인지 알 수 없다. 나아가 위 대법원 판단기준에는 경제적 종속관계(의존관계)가 판단기준이라고 볼 만한 내용이 구체적으로 드러나지 않는다는 한계가 있었다.[16)]

대법원 2014. 2. 13. 선고 2011다78804 판결(골프장캐디 사건 Ⅱ)의 원심(서울고법 2009나112116 판결)은 지휘·감독의 정도 및 노무제공자가 독립하여 자신의 위험과 계산으로 사업을 영위할 수 있는지 등 업무의 종속성 및 독립사업자성을 새로운 판단기준으로 제시하였고, 이에 대하여 상고심인 대법원 2011다

16) 임상민a, 357~360면.

78804 판결은 위 기준이 경제적 종속성을 중심으로 한 것이라고 평가한 다음 그 결론을 수긍하였다.[17] 그러나 위 판시에 의하면 여전히 업무의 종속성이 주된 판단기준이 될 것인데 이것이 근기법상 근로자성 판단기준인 인적 종속성과 구별된다고 볼 수 있는지 의문이 있고, 독립사업자성 역시 근기법상 근로자에 대비되는 지위에 있는 자라는 점에서 근기법상 근로자성 판단기준과 다르다고 보기 어려운 한편, 위 기준들이 과연 경제적 종속성을 중심으로 판단기준을 판시한 것이라고 볼 근거도 없다는 점에서, 그 판단기준의 타당성에 문제가 있을 뿐만 아니라 근기법상 근로자성 판단기준과 노조법상 근로자성 판단기준을 명확히 구분한 판단기준이라고 보기도 어렵다 할 것이다.

대법원 90누1731 판결에서 노조법상 근로자성에 대한 판단기준을 제시하였지만 이후에도 대법원은 2014두12598, 12604 판결 이전까지는 노조법상 근로자성을 대단히 협소하게 인정하였다고 평가할 수 있다. 그 이유는 취업 중인 근로자의 노동조합법상 근로자성이 문제된 사안에서는, 대법원 90누1731 판결과 마찬가지로 대법원 2014. 2. 13. 선고 2011다78804 판결(골프장캐디 사건 Ⅱ)과 대법원 2014. 3. 27. 선고 2011두23139 판결에서 골프장캐디에 대하여 노조법상 근로자성을 인정하였을 뿐(근기법상 근로자성은 부정하였다) 그 외에는 근기법상 근로자성과 사실상 동일하게 판단해 왔기 때문이다.[18] 대표적인 사례로는 아래와 같이 학습지교사 사건과 레미콘 지입차주 겸 기사 사건을 들 수 있다. 최근의 판례에 의하면, 학습지교사와 레미콘 지입차주 겸 기사에게 경제적·조직적 종속성이 있으므로 따라 위 사건들 모두에서 노조법상 근로자성을 인정할 수 있을 것으로 보인다.

① 학습지교사[19]

대법원 90누1731 판결이 존재함에도 불구하고 근로자성 판단기준을 별도로 설시하지는 않으면서, 학습지교사가 업무의 내용이나 수행방법 및 업무수행시간

17) 이 판결에 대하여 근기법상 근로자성과 노조법상 근로자성의 판단기준이 다를 수 있음을 보여주었다는 점에서 의의를 인정하면서도, 두 법상의 판단기준이 다를 수 있다는 것이 반드시 노동법의 보호를 받는 노무제공자의 범위를 넓히는 방향으로만 작동하는 것이 아니라, 근기법상 근로자로 인정될 수 있는 노무제공자에게 개별적 보호법규를 적용하지 않는 방향으로 작동할 수 있는 가능성도 보여주었다는 점에서 비판의 소지가 있다는 견해로는 윤애림, 265~300면 참조.

18) 임상민b, 191면.

19) 대법원 2005. 11. 24. 선고 2005다39136 판결.

등에 관하여 피고 회사로부터 구체적이고 직접적인 지휘·감독을 받고 있지 아니한 점, 회사에 전속되어 있다고 볼 수 없는 점, 지급받는 수수료가 근로제공의 대가인 임금이라고 보기 어려운 점 등을 이유로 학습지교사의 노조법상 근로자성을 부인하였다.

② 레미콘 지입차주 겸 기사[20)]

대법원 90누1731 판결이 제시하는 일반적인 판단기준을 인용하면서, 레미콘 지입차주 겸 기사는 업무의 내용이 사용자에 의해 일방적으로 정해진 것이라고는 볼 수 없고, 근무시간 및 근무장소에 관하여 원고의 지시에 따라야 하는 것은 레미콘 운송의 특성상 불가피한 것이며, 복장이나 차량관리를 통제하는 것은, 공사현장에 상시로 출입하는 지입차주의 안전을 위한 것이거나, 장기적이고 전속적인 레미콘운반도급계약에 수반되는 것에 불과하고, 이와 같이 업무수행과정 등에서 어느 정도 레미콘 회사의 지휘·감독을 받는 것은 레미콘 운송업무의 성질상 불가피하거나, 지입차주가 운송이익 증대를 위하여 스스로 감수한 결과라고 하면서 노조법상 근로자성을 부인하였다.[21)]

이 시기에 비록 취업 중인 근로자와 관련하여서는 노동조합법상 근로자성을 별로 넓히지 못하였으나, 그 외의 영역에서는 노동조합법상 근로자성을 넓히면서 관련 법리도 판시하였는데, 대법원 2004. 2. 27. 선고 2001두8568 판결(서울여성노동조합 사건)이 대표적이다.[22)] 위 판결은 일시적으로 실업 상태에 있는 자나 구직 중인 자를 근기법상 근로자로 볼 수는 없지만 노조법상 근로자로 인정할 수 있다는 취지로 판단하였다.[23)] 이후 대법원 2015. 6. 25. 선고 2007두4995 전원합의체 판결에서는 출입국관리법위반으로 체류자격(취업자격) 없는 외국인에게까지 확장하여 노조법상 근로자성을 인정하였다.[24)] 대법원이 위와 같

---

20) 대법원 2006. 5. 11. 선고 2005다20910 판결, 대법원 2006. 6. 30. 선고 2004두4888 판결.

21) 위 판결에서는 실질적으로는 근기법상 근로자성 판단기준을 그대로 사용하였고 볼 수 있다(박귀천, 143면).

22) 같은 취지의 판시는 이후 대법원 2013. 9. 27. 선고 2011두15404 판결, 대법원 2015. 1. 29. 선고 2012두28247 판결, 대법원 2015. 6. 25. 선고 2007두4995 전원합의체 판결 등으로 이어졌다. 한편 위 판결에 대하여, 구직자, 실직자의 노조법상 근로자성 인정범위가 초기업별 노조에 한정된다고 해석됨을 전제로, 노조의 형태에 따라 노조법상 근로자성 인정범위를 달리 할 합리적인 이유가 없다는 견해로는 김태현, 72면 참조.

23) 노동3권 보장 필요성 때문에 실업자나 구직자의 노조법상 근로자성을 인정하더라도, '근로의사를 가진 자' 또는 '해고가 확정되지 않거나 실업 상태가 일시적인 자'로 한정하여야 한다는 견해로는 한광수, 674~680면 참조.

24) 취업자격 없는 외국인 근로자의 노조법상 근로자성을 인정할 수 없다는 반대 견해도 있었

이 판단한 이유는 근기법과 노조법의 입법 목적이 서로 다르다고 보았기 때문이다. 근기법은 '현실적으로 근로를 제공하는 자에 대하여 국가의 관리 · 감독에 의한 직접적 보호 필요성이 있는가'라는 관점에서 개별적 근로관계를 규율할 목적으로 제정된 것인 반면에, 노조법은 '노무제공자들 사이의 단결권 등을 보장해 줄 필요성이 있는가'라는 관점에서 집단적 노사관계를 규율할 목적으로 제정된 것이다.[25)]

나. 대법원 2014두12598, 12604 판결 이후 — 최근의 판례

이러한 상황에서 대법원은 2014두12598, 12604 판결(학습지교사 사건)을 필두로 다음과 같이 판시하여 취업 중인 근로자에 대하여도 노조법상 근로자성이 근기법상 근로자성보다 넓음을 분명히 하였다.[26)]

"노조법상 근로자는 타인과의 사용종속관계하에서 노무에 종사하고 대가로 임금 기타 수입을 받아 생활하는 자를 말한다. 구체적으로 노조법상 근로자에 해당하는지는, 노무제공자의 소득이 특정 사업자에게 주로 의존하고 있는지, 노무를 제공 받는 특정 사업자가 보수를 비롯하여 노무제공자와 체결하는 계약 내용을 일방적으로 결정하는지, 노무제공자가 특정 사업자의 사업 수행에 필수적인 노무를 제공함으로써 특정 사업자의 사업을 통해서 시장에 접근하는지, 노무제공자와 특정 사업자의 법률관계가 상당한 정도로 지속적 · 전속적인지, 사용자와 노무제공자 사이에 어느 정도 지휘 · 감독관계가 존재하는지, 노무제공자가 특정 사업자로부터 받는 임금 · 급료 등 수입이 노무 제공의 대가인지 등을 종합적으로 고려하여 판단하여야 한다. 노조법은 개별적 근로관계를 규율하기 위

다. 다수의견의 타당성에 대한 논증으로는 김선일, 31~45면 참조.

25) 대법원 2004. 2. 27. 선고 2001두8568 판결.

26) 대법원 2018. 6. 15. 선고 2014두12598, 12604 판결(학습지교사 사건, 근기법상 근로자성 부정, 노조법상 근로자성 인정), 대법원 2018. 10. 12. 선고 2015두38092 판결(방송연기자 사건, 노조법상 근로자성 인정), 대법원 2019. 2. 14. 선고 2016두41361 판결(철도매점운영자 사건, 노조법상 근로자성 인정). 대법원 2019. 6. 13. 선고 2019두33712 판결(카마스터 사건, 노조법상 근로자성 인정), 대법원 2019. 6. 13. 선고 2019두33828 판결(카마스터 사건, 노조법상 근로자성 인정). 최근 판례들의 취지에 따르면 가맹점사업자의 노조법상 근로자성도 인정할 수 있다는 견해로는, 유성재 · 권오성, 63~94면 참조. 한편 일본에서도 최근에 편의점 가맹점주의 노조법상 근로자성이 문제되고 있다. 2014. 3. 14. 岡山縣 지노위가 세븐일레븐 점주에 대하여, 2015. 4. 16. 東京都 지노위가 패밀리마트 점주에 대하여 노동조합법성 근로자성을 인정하였다[岡委 2014. 3. 13. 平成22年(不)2号, 都労委 2015. 3. 17. 平成24年(不)96号]. 그러나 중노위에서는 두 건 모두 노조법상 근로자성이 부정되었다[中労委 2019. 2. 6. 平成26年(不再)21号].

해 제정된 근기법과 달리, 헌법에 의한 근로자의 노동3권 보장을 통해 근로조건의 유지·개선과 근로자의 경제적·사회적 지위 향상 등을 목적으로 제정되었다. 이러한 노조법의 입법 목적과 근로자에 대한 정의 규정 등을 고려하면, 노조법상 근로자에 해당하는지는 노무제공관계의 실질에 비추어 노동3권을 보장할 필요성이 있는지의 관점에서 판단하여야 하고, 반드시 근기법상 근로자에 한정된다고 할 것은 아니다."

2. 판례의 노조법상 근로자성 판단기준

학습지교사 사건 판결 등 최근 판례는 근기법상 근로자성 판단기준과 구별되는 노조법상 근로자성 판단기준을 다음과 같이 6가지로 구체적으로 적시한다.

① 노무제공자의 소득이 특정 사업자에게 주로 의존하고 있는지[27)]

② 노무를 제공 받는 특정 사업자가 보수를 비롯하여 노무제공자와 체결하는 계약 내용을 일방적으로 결정하는지[28)]

③ 노무제공자가 특정 사업자의 사업 수행에 필수적인 노무를 제공함으로써 특정 사업자의 사업을 통해서 시장에 접근하는지[29)]

④ 노무제공자와 특정 사업자의 법률관계가 상당한 정도로 지속적·전속적인지

⑤ 사용자와 노무제공자 사이에 어느 정도 지휘·감독관계가 존재하는지[30)]

⑥ 노무제공자가 특정 사업자로부터 받는 임금·급료 등 수입이 노무 제공의 대가인지

위 판단기준 중 소득 의존성(①), 보수 등 계약 내용의 일방적 결정성(②), 법률관계의 지속·전속성(④) 등은 경제생활상의 의존관계 즉 경제적 종속성에 대한 주요 판단요소라 할 것이고, 사업 수행상 필수적 노무 제공 및 특정 사업자를 통한 시장 접근성(③)은 조직적 종속성에 대한 주요 판단요소로 볼 수 있

---

27) 독일 단체협약법 12조의1이 특정 사업자로부터 전체 소득의 절반 이상을 지급받는 것을 유사근로자의 경제적 종속성(의존성)에 대한 주요 판단기준으로 입법하고 있는 점을 고려한 것으로 보인다.

28) 보수 등 노무제공계약의 내용을 일방적으로 결정하는 것이 경제적 종속을 표상하는 실질적이고 핵심적인 요소라고 볼 수 있다.

29) 노무제공자가 특정 사업자의 사업 수행에 필수적인 노무를 제공한다는 것은 조직적 종속을 표상하는 요소라고 볼 수 있다. 그러나 통상적으로 조직적 종속성의 판단요소로 '사용자의 사업에 대한 편입'이라는 용어를 사용하는데 이와 달리 표현하고 있다는 점에서 특징적이다.

30) 상당한 지휘·감독이라는 근기법상 근로자성 판단기준보다 완화된 판단기준이다.

을 것이다. 따라서 위 최근 판례는 경제적 종속성[31]을 노조법상 근로자성에 대한 주된 판단기준으로 하여 조직적 종속성 등을 함께 고려하고 있다고 평가할 수 있다.[32]

방송연기자 사건 판결(대법원 2015두38092 판결)은 일부 근로자의 경우에 위 6개의 판단요소 중 소득의존성(①), 지속·전속성(④) 요소가 약하더라도, 보수 등 계약 내용의 일방적 결정성(②), 사업 수행상 필수적 노무 제공 및 특정 사업자를 통한 시장 접근성(③) 등을 주된 판단요소로 하여 노조법상 근로자성을 인정함으로써 위 6개의 판단기준이 종합적 고려요소 중 일부일 뿐, 모두 갖추어야만 노조법상 근로자성을 인정할 수 있는 요건이 아님을 분명히 하였다.[33] 그렇다면 방송연기자 판결은, 6개의 판단요소가 모두 갖추어질 필요가 없다는 점만을 판시하고 있다고 볼 것인가? 아니면, 6개의 판단요소 중 일반적으로 보수 등 계약 내용의 일방적 결정성(②), 사업 수행상 필수적 노무 제공 및 특정 사업자

31) 사용종속관계 내지 종속노동의 의미나 본질에 관하여는 인적 종속성설, 경제적 종속성설, 법적 종속성설, 조직적 종속성설 등이 주장된다. 인적 종속성은, 근로자가 그 노동력을 자신의 신체·인격과 분리하여 제공할 수 없기 때문에 노동력 제공 과정에서 사용자의 지휘·감독을 받게 되는 것을 의미한다. 즉, 사용자가 근로자의 노동력 사용을 구체적으로 지배, 결정한다는 것이다. 경제적 종속성은, 근로자로서는 자신의 노동력을 유상으로 제공하지 않고서는 생활할 수 없으므로 사용자가 제시한 보수 기타 거래 조건을 받아들여 근로계약을 맺을 수밖에 없음을 의미한다. 법적 종속성은, 근로자는 근로의 제공에 관하여 사용자의 지시에 복종할 법률상 의무를 부담하는 것을 의미한다. 조직적 종속성은, 근로자가 사용자와의 근로계약관계를 통해 사용자의 지배영역인 경영조직에 편입되어 노무를 제공한다는 것을 의미한다[근기법주해(2판) Ⅰ, 112~113면]. 한편 방법론적 관점에서 사용종속관계의 상위표지를 근로자성 판단의 절대적 기준으로 삼지 않고, 징표적 기준으로 삼지 않으면서도 유형적으로 어느 하위의 기준이 충족되지 않아도 근로자성을 탄력적으로 판단하는 판례의 태도는, 고용형태의 다양화로 인한 노동법의 범주와 외연의 확대와 변화를 고려한 유연한 해석방법이라고 볼 수 있다는 견해로는, 김영문·김혜린, 143~148면 참조.

32) 위 대법원 판결들은 노조법상 근로자성 판단기준으로도 근기법상 근로자성 판단기준과 마찬가지로 '사용종속관계'라는 용어를 사용하고 있으나, 사용종속관계의 구체적인 의미는 다르다고 할 것이다(근기법은 인적 종속성이 주된 요소이고, 노조법은 경제적 종속성이 주된 요소이기 때문이다. 유성재b, 143면 참조), 이에 반하여 사용종속관계 판단방식을 그대로 따르면서도 그 지표를 경제적·조직적 종속성 위주로 바꾼 것은 타당하지 않다는 견해로는, 최홍기, 210면 참조.

33) 방송연기자 사건 판결에서는 방송연기자를 노조법상 근로자로 인정함으로써 방송연기자를 조합원으로 하는 노동조합을 노조법상 노동조합으로 인정하여 교섭단위 분리 신청적격이 있다고 판단하였다. 그런데 조합원인 방송연기자 중에는 일부 경제적·조직적 종속성이 없는 사람도 있음을 고려하면, 노조법 2조 4호 라목의 해석과 관련하여, 위 판결 법리를 관철하려면 노동조합의 자주성, 민주성을 침해하지 않는 한 일부 조합원을 노조법상 근로자로 볼 수 없는 경우에라도 소속 노동조합을 노조법상 노동조합으로 인정하는 해석이 필요하다 할 것이다. 진창수, 11면.

를 통한 시장 접근성(③)이 주된 판단요소임을 판시하고 있는 것인가? 방송연기자 판결의 문언만으로는 6개의 판단요소가 모두 갖추어질 필요가 없다는 점만을 판시하고 있는 것으로 볼 수도 있지만, 경제적 종속성의 핵심적인 판단기준이 보수 등 계약 내용의 일방적 결정성에 있다면 일반적으로 보수 등 계약 내용의 일방적 결정성(②), 사업 수행상 필수적 노무 제공 및 특정 사업자를 통한 시장 접근성(③)이 주된 판단요소임을 암묵적으로 판시하고 있다고 볼 수도 있을 것이다.[34] 이 부분에 대하여는 향후 판례와 학설의 축적이 필요할 것이다.

철도매점운영자 사건 판결(대법원 2016두41361 판결)은, 특정 사업자에 대한 소속을 전제로 하지 않을 뿐만 아니라 '고용 이외의 계약 유형'에 의한 노무제공자까지도 포함할 수 있도록 노동조합법이 근로자를 정의하고 있다고 판시하고 있는 부분이 특징적이다.

카마스터(car master, 자동차 판매원) 사건 판결(대법원 2019두33712 판결, 대법원 2019두28 판결)은 비록 근기법상 근로자가 아니라서 독립사업자에 해당한다고 하더라도[35] 노조법상 근로자성 판단기준에 부합하면 노조법상 근로자로 인정될 수 있다는 취지로 판시하였다.[36]

대법원 판례가 경제적·조직적 종속성을 중심으로 노조법상 근로자 인정범위를 근기법상 근로자 인정범위보다 넓힘으로써 특수형태근로종사자 중 상당 부분 내지 대부분이 노조법상 근로자로 인정되어 노동3권을 보호받을 수 있게 되었다 할 것이다.[37]

한편 근기법상 근로자가 아닌 노조법상 근로자의 경우에는 비록 근기법상 근로계약이 아닌 노무 제공 계약이라 하더라도 노조법상 근로계약으로 포섭되어야 하고, 그 노무 제공 조건(노조법상 근로계약의 근로조건)이 단체교섭의 주된 대상이 될 것이다.

---

34) 일본의 대표적인 노동법학자인 菅野和夫 교수도, 노무제공자가 당해 기업의 사업수행에 불가결한 노동력으로서 기업 조직에 속해 있는지, 계약의 내용이 일방적으로 결정되는지를 노조법상 주된 근로자성 판단기준으로 보고 있는데 같은 입장이라고 볼 수 있다(菅野, 785~786면).

35) 카마스터 사건 판결들은 "카마스터들이 현대자동차 이외의 다른 회사 자동차도 판매하는 등으로 독립사업자의 성격을 가지고 있다고 하더라도…"라고 표현하고 있다.

36) 카마스터 사건 판결들은 경제적·조직적 종속관계라는 표현을 명시적으로 사용하고 있다.

37) 최근의 판례를 긍정적으로 평가하면서도, ① 경제적·조직적 종속관계를 법리 모두에 기재함으로써 사용종속관계의 의미를 분명히 할 필요가 있고, ② 노조법상 근로자는 사업 또는 사업장을 기반으로 하지 않으므로 '특정 사업자'라는 용어는 부적절하다('타인' 또는 '사용자'라고만 기재하면 족하다는 의견이다)는 견해로는 강성태d, 98~110면.

3. 대법원 판례 사안에 대한 구체적 검토

가. 대법원 2014두12598, 12604 판결(학습지교사 사건)

학습지회사가 학습지교사들과의 위탁사업계약을 해지하자, 학습지교사들을 조합원으로 한 노조(전국학습지산업노조)가 위 해지를 부당해고 및 부당노동행위에 해당한다면서 구제명령을 신청하였는데, 지노위가 학습지교사가 노조법상 근로자가 아니므로 노조 또한 노조법상 노조가 아니라는 이유로 신청을 각하하였고, 중노위도 재심신청을 기각하여, 노조가 중노위의 재심판정취소를 구하는 사안이다. 대법원은 학습지교사 사건에서 다음과 같은 사정들을 들어 노조법상 근로자성을 인정하였다.[38)]

① 업무 내용, 업무 준비 및 업무 수행에 필요한 시간 등에 비추어 볼 때 학습지교사들이 겸업을 하는 것은 현실적으로 어려워 보여, 학습지회사로부터 받는 수수료가 학습지교사들의 주된 소득원이었을 것으로 보인다.

② 학습지회사는 불특정다수의 학습지교사들을 상대로 미리 마련한 정형화된 형식으로 위탁사업계약을 체결하였으므로, 보수를 비롯하여 위탁사업계약의 주요 내용이 학습지회사에 의하여 일방적으로 결정되었다고 볼 수 있다.

③ 학습지교사들이 제공한 노무는 학습지회사의 학습지 관련 사업 수행에 필수적인 것이었고, 학습지교사들은 학습지회사의 사업을 통해 학습지 개발 및 학습지회원에 대한 관리·교육 등에 관한 시장에 접근하였다.

④ 학습지교사들은 학습지 회사와 일반적으로 1년 단위로 위탁사업계약을 체결하고 계약기간을 자동연장하여 왔으므로 그 위탁사업계약관계는 지속적이었고, 학습지회사에게 상당한 정도로 전속되어 있었던 것으로 보인다.

⑤ 학습지회사는 신규 학습지교사들을 상대로 입사실무교육을 실시하고, 사무국장 및 단위조직장을 통하여 신규 학습지교사들을 특정 단위조직에 배정한 후 관리회원을 배정하였다. 일반 직원에게 적용되는 취업규칙과는 구별되지만 학습지교사들에게 적용되는 업무처리지침 등이 존재하였고, 학습지회사는 학

38) 학습지교사 사건 판결에 대한 긍정적 평석으로는 다음과 같은 것들이 있다. 권오성b, 64~68면; 권혁, 13면; 한지영, 109~124면; 조용만·김홍영, 474면. 학습지교사 사건에서 판시한 노조법상 근로자성 판단기준에 대하여 특정사업자의 존재를 전제로 하고 있어 실업자나 구직자의 노조법상 근로자성을 부정하는 취지로 이해될 수 있다고 비판하는 견해로는 김기선, 179~182면 참조.

습지교사들에게 학습지도서를 제작, 배부하고 표준필수업무를 시달하였다. 학습지교사들은 매월 말일 지국장에게 회원 리스트와 회비 납부 여부 등을 확인한 자료를 제출하고 정기적으로 학습지회사의 홈페이지에 로그인하여 회원들의 진도상황과 진단평가결과 및 회비수납 상황 등을 입력하며, 2~3달에 1회 정도 집필시험을 치렀다. 또한 학습지회사는 회원관리카드 및 관리현황을 보유하면서 때때로 학습지교사들에게 일정한 지시를 하고, 주 3회 오전에 학습지교사들을 참여시켜 지국장 주재 조회와 능력향상과정을 진행하기도 하였다. 이러한 사정에 비추어 보면 학습지교사들은 비록 근로기준법상 근로자에 해당한다고 볼 정도는 아니지만 어느 정도 학습지회사의 지휘·감독을 받았던 것으로 볼 수 있다.

⑥ 학습지교사들은 학습지회사로부터 학습지회원에 대한 관리·교육, 기존회원의 유지, 회원모집 등 자신이 제공한 노무에 대한 대가 명목으로 수수료를 지급받았다.

⑦ 비록 근기법이 정하는 근로자로 인정되지 않는다 하더라도, 특정 사업자에 대한 소속을 전제로 하지 아니할 뿐만 아니라 '고용 이외의 계약 유형'에 의한 노무제공자까지도 포함할 수 있도록 규정한 노조법의 근로자 정의 규정과 대등한 교섭력의 확보를 통해 근로자를 보호하고자 하는 노조법의 입법 취지를 고려할 때, 학습지회사의 사업에 필수적인 노무를 제공함으로써 학습지회사와 경제적·조직적 종속관계를 이루고 있는 학습지교사들을 노조법상 근로자로 인정할 필요성이 있다. 또한 경제적 약자의 지위에서 학습지회사에게 노무를 제공하는 학습지교사들에게 일정한 경우 집단적으로 단결함으로써 노무를 제공받는 특정 사업자인 학습지회사와 대등한 위치에서 노무제공조건 등을 교섭할 수 있는 권리 등 노동3권을 보장하는 것이 헌법 33조의 취지에도 부합한다.

나. 대법원 2015두38092 판결(방송연기자 사건)

방송연기자를 조합원으로 한 노조가 한국방송공사 사업장에서 교섭단위분리를 신청하였는데, 지노위가 이를 받아들였으나, 중노위가 방송연기자들의 노조법상 근로자성이 부정된다는 이유로 지노위 초심결정을 취소하고 노조의 신청을 각하하자, 노조가 중노위의 재심판정취소를 구하는 사안이다. 대법원은 방송연기자 사건에서 다음과 같은 사정들을 들어 노조법상 근로자성을 인정하였다.[39]

39) 실무적으로는 근로계약이 아니더라도 한시적 계약으로 특정 사용자에게 일시적·간헐적으로 종속된 관계에서 노무를 제공하는 근로자에게도 노동3권이 보장됨을 확인하였다는 점에

① 방송사(한국방송공사)는 방송제작비지급규정으로 제작비 최고 한도를 정하고 출장제작비의 가산 지급률을 규정하는 등으로 방송연기자의 출연료 등을 규율하고 있다. 등급을 적용받는 방송연기자의 경우에는 별도의 출연계약서 없이 방송사가 마련한 출연료지급기준표에 따라 출연료를 지급받는다. 자유계약연기자의 경우에도 대부분의 경우 방송사가 사전에 부동문자로 내용을 기재한 출연계약서를 이용하여 출연계약을 체결한다. 이러한 출연계약서는 주로 방송연기자의 의무 사항을 규정하면서 방송사에게 관련 프로그램에 관한 일방적인 변경, 폐지권을 부여하고 있고, 그에 따라 출연료도 조정하도록 규정하고 있다. 이러한 사정을 고려하면 방송사가 보수를 비롯하여 방송연기자와 체결하는 계약 내용을 일방적으로 결정하고 있다고 평가할 수 있다.

② 방송연기자가 제공하는 노무인 방송연기는 방송사의 방송사업 수행을 위한 필수적 요소 중 하나이다. 또한 방송연기자는 방송사 등 방송사업자의 방송사업을 통해서만 방송연기시장에 접근할 수 있다.

③ 방송연기자 업무의 기본적인 내용은 방송사가 지정하는 역할과 대본 등으로 결정된다. 방송연기자의 연기는 방송사가 결정한 시간과 장소에서 이루어지고 연출감독이나 현장진행자의 개별적이고 직접적인 지시를 받으며 진행된다. 연출감독은 대본연습 단계부터 연기자의 연기에 관여하고, 최종적으로 연기의 적합성이나 완성도 등을 판단하여 이에 적합하지 않을 경우 연기의 수정을 요구할 수도 있다. 이와 같은 점을 종합하면 방송사는 방송연기자들의 업무 수행과정에서 구체적이고 개별적인 지휘·감독을 하는 것으로 볼 수 있다.

④ 방송연기자가 방송사로부터 받는 출연료는 실연료 등 저작인접권의 대가가 일부 포함되어 있기는 하나 기본적으로는 방송연기라는 노무 제공의 대가에 해당한다.

⑤ 그동안 방송사는 방송연기자가 노조법상 근로자이고 방송연기자노조가 노조법상 노동조합에 해당함을 전제로 단체교섭을 통해 단체협약을 체결하여 왔다. 방송연기자노조도 방송사와 원활하게 단체교섭이 이루어지지 아니하였을 때에는 노동위원회에 노동쟁의조정을 신청함으로써 분쟁을 해결해 왔다.

⑥ 방송연기자 중에는 방송사에게 전속된 것으로 보기 어렵거나 그 소득이 방송사로부터 받는 출연료에 주로 의존하고 있다고 단정하기 어려운 경우도 있

서 이 판결의 의의를 찾는 견해로는, 김린a, 113면.

을 수 있다. 그러나 앞서 든 사정을 통해 알 수 있는 방송연기자와 방송사 사이의 노무제공관계의 실질에 비추어 보면, 방송연기자로 하여금 노조를 통해 방송사업자와 대등한 위치에서 노무제공조건 등을 교섭할 수 있도록 할 필요성이 크므로, 전속성과 소득 의존성이 강하지 아니한 측면이 있다 하더라도 이를 들어 방송연기자가 노조법상 근로자임을 부정할 것은 아니다.

다. 대법원 2016두41361 판결(철도매점운영자 사건)

철도매점운영자 등 철도 관련 산업 종사자를 조합원으로 한 노조(전국철도산업노조)가 철도 연계관광 상품판매 등을 하는 법인(코레일관광개발 주식회사)을 상대로 단체교섭을 요구하였으나 위 법인이 이를 공고하지 아니하자,[40] 위 노조가 시정명령을 신청하였는데, 지노위가 위 신청을 받아들여 시정명령을 하고 중노위도 재심신청을 기각하자, 위 법인이 중노위의 재심판정취소를 구하는 사안이다. 대법원은 철도매점운영자 사건에서 다음과 같은 사정들을 들어 노조법상 근로자성을 인정하였다(노조법상 근로자성을 부정한 원심을 파기환송함).[41]

① 코레일유통은 미리 마련한 정형화된 형식의 표준 용역계약서에 의해 매점운영자들과 용역계약을 체결하면서 보수를 비롯한 용역계약의 주요 내용을 대부분 일방적으로 결정한 것으로 보인다.

② 매점운영자들이 제공한 노무는 코레일유통의 사업 수행에 필수적인 것이었고, 매점운영자들은 코레일유통의 사업을 통해 상품 판매 시장에 접근하였다.

③ 매점운영자들은 코레일유통과 2년 이상의 기간 동안 용역계약을 체결하고 일정한 경우 재계약하는 등 용역계약관계가 지속적이었고, 코레일유통에 상

40) 판결문상으로 공고를 거부한 이유가 명백히 나와 있지는 않지만, 위 노조에 코레일유통 주식회사와 용역계약을 체결한 독립사업자들(철도매점운영자들) 즉 노조법상 근로자가 아닌 자들이 조합원으로 가입되어 있으므로 위 노조를 노조법상 노조로 볼 수 없다는 취지로 다툰 것으로 보인다. 그러한 이유로, 코레일유통 주식회사와 용역계약을 체결한 철도매점운영자들이 노조법상 근로자인지 여부가 쟁점이 되었다. 만일 철도매점운영자들의 노조법상 근로자성이 부정되더라도, 노조법 2조 4호 라.목의 해석과 관련하여 위 노조가 노조법상 노조인지 여부가 다투어질 여지가 있다.

41) 환송 후 원심에서 대법원의 파기환송 취지에 따라 원고(사용자) 패소 판결(서울고법 2019. 5. 10. 선고 2019누36300 판결)이 선고되고 이에 대하여 상고심에서 심불 기각이 됨으로써 확정되었다. 구체적인 기준보다 실질적인 노동3권 보장의 필요성 측면을 중시한 판결이라는 점에서 이 판결을 긍정적으로 평가하는 견해로는 양승엽, 333~336면 참조. 이 판결의 의의를 높게 평가하면서도, 노조법 2조 4호 라목에 대한 적극적 해석(노조의 주체성 및 자주성을 부인하는 예시에 불과한 것으로 해석)으로 동일한 결론에 도달할 수 있었다는 견해로는, 김린c, 6면 참조.

당한 정도로 전속되어 있었던 것으로 보인다.

④ 매점운영자들의 기본적인 업무는 용역계약에서 정한 특정 매점에서 물품을 판매하는 것으로, 용역계약에 의해 업무내용과 업무시간이 결정되었다. 매점운영자들은 코레일유통이 공급하는 상품을 코레일유통이 정한 가격에 판매해야 하고, 판매현황을 실시간으로 포스(POS) 단말기에 등록하도록 되어 있었다. 용역계약에 따라 휴점은 월 2일까지만 가능한데, 휴점을 하려면 별도로 신청을 하여 허가를 받도록 되어 있었다. 매점운영자들은 코레일유통이 실시하는 교육 및 연수를 받아야 하고, 코레일유통이 소집하는 회의에 정당한 사유가 없는 한 참석해야 했다. 코레일유통은 자신의 비용으로 매장 내에 웹카메라를 설치·운용하였고, 매점운영자들을 상대로 정기 또는 수시로 영업지도 및 재고조사 등을 하였다. 또한 코레일유통은 매점운영자들이 용역계약을 위반하거나 매점의 운영에 문제를 발생시킨 경우 등에는 경고를 하거나 계약을 해지할 수 있었다. 이러한 사정에 비추어 보면, 매점운영자들은 어느 정도는 코레일유통의 지휘·감독을 받았던 것으로 평가할 수 있다.

⑤ 매점운영자들은 코레일유통이 제공한 물품을 판매한 대금 전액을 매일 코레일유통 명의의 계좌에 입금하고, 매월 코레일유통으로부터 보조금과 판매대금의 일정 비율로 산정된 용역비를 지급받았다. 이는 매점운영자들이 제공한 노무인 매점 관리와 물품 판매 등에 대한 대가로서 지급된 것으로 봄이 타당하다.

⑥ 특정 사업자에 대한 소속을 전제로 하지 않을 뿐만 아니라 '고용 이외의 계약 유형'에 의한 노무제공자까지도 포함할 수 있도록 규정한 노조법의 근로자 정의 규정과 대등한 교섭력의 확보를 통해 근로자를 보호하고자 하는 노조법의 입법 취지 등을 고려하면, 코레일유통의 사업에 필수적인 노무를 제공함으로써 코레일유통과 경제적·조직적 종속관계를 이루고 있는 매점운영자들을 노조법상 근로자로 인정할 필요성이 있다.

라. 대법원 2019두33712 판결(카마스터 사건)[42]

현대자동차판매대리점주가 대리점 소속 카마스터들과의 자동차 판매용역계약을 해지하자, 위 카마스터들과 전국 자동차 판매대리점에 근무하는 카마스터를 조직대상으로 한 전국 단위 노조가 위 해지 등을 부당노동행위라고 하면서

42) 대법원 2019두33828 판결(카마스터 사건)도 같은 취지로 판시하고 있다.

구제명령을 신청하였는데, 지노위가 부당노동행위를 인정하고 중노위도 대리점주의 재심신청을 기각하자, 대리점주가 중노위의 재심판정취소를 구하는 사안이다. 대법원은 카마스터 사건에서 다음과 같은 사정들을 들어 노조법상 근로자성을 인정하였다.[43)]

① 카마스터들의 주된 소득원은 자동차판매대리점주로부터 받은 판매수당과 인센티브 등이다. 자동차판매대리점주와 카마스터들 사이에 작성된 자동차판매용역계약서는 카마스터들로 하여금 현대자동차가 정한 판매조건을 성실히 수행하도록 정하고 있다. 현대자동차와 자동차판매대리점주 사이에 작성된 판매대리점계약서는 다른 회사 자동차 판매행위, 현대자동차의 영업과 동종 영업을 목적으로 하는 업체에 이중 등록하는 행위 등을 금지행위로 정하고 있다. 설령 카마스터들이 실제로 다른 회사 자동차를 판매하는 경우 등이 있더라도 그로 인한 소득은 부수적인 것으로 보인다.

② 자동차판매대리점주는 미리 마련한 정형화된 형식의 자동차 판매용역계약서를 이용하여 카마스터들과 자동차 판매용역계약을 체결하였다. 카마스터들의 주된 소득원인 판매수당이 판매수수료에서 차지하는 비율, 인센티브 금액과 그 지급 조건 등도 자동차판매대리점주가 일방적으로 결정한 것으로 보인다.

③ 카마스터들이 제공하는 노무는 자동차판매대리점주의 현대자동차 판매대리점을 운영하는 데 필수적인 것이다. 위에서 보았듯이 카마스터들은 다른 회사 자동차 판매행위, 현대자동차의 영업과 동종 영업을 목적으로 하는 업체에 이중 등록하는 행위를 할 수 없으므로, 원칙적으로 자동차판매대리점주를 통해서만 자동차판매시장에 접근할 수 있다.

④ 카마스터들은 여러 해에 걸쳐서 자동차판매대리점주와 전속적 · 지속적으로 자동차 판매용역계약을 체결해 왔다.

⑤ 카마스터들은 직급체계가 현대자동차 직영점 근로자들과 유사하게 되어 있고, 자동차판매대리점주는 일정한 출퇴근 관리, 조회, 당직 등을 통해 카마스터들에 대한 근태관리를 하였다. 위와 같은 직급체계와 근태관리에다가 표준업무지침 하달, 판매목표 설정, 영업 관련 지시나 교육 등이 이루어진 사정을 종합

43) 카마스터 사건 판결들에 대한 긍정적 평석으로는 김린b, 152~156면(다만 위 판결들의 판시에 의하면 근로자에게 충분한 대가가 주어지면 노동3권을 부인해도 좋다는 논리로 귀결될 위험이 있으며, 급여나 보수의 고하를 노동3권 인정의 결정적 기준으로 삼는 듯한 인상을 준다면서 비판하고 있기도 하다); 정준영, 70~71면 참조.

하면, 자동차판매대리점주는 카마스터들을 지휘·감독해 왔다고 평가할 수 있다.

⑥ 카마스터들이 자동차판매대리점주로부터 받은 판매수당이나 인센티브는 카마스터들이 자동차판매대리점주에게 제공한 노무인 차량 판매행위의 대가라고 볼 수 있다.

⑦ 카마스터들이 현대자동차 이외의 다른 회사 자동차도 판매하는 등으로 독립사업자의 성격을 가지고 있다고 하더라도, 위에서 살펴본 바와 같이 자동차판매대리점주와 경제적·조직적 종속관계가 있는 이상, 카마스터들에게 대등한 지위에서 노무제공계약의 내용을 결정할 수 있도록 노동3권을 보장할 필요가 있다.

4. 최근 하급심 등의 경향

최근의 판례들이 선고된 이후 하급심 또는 노동위원회에서 노조법상 근로자성이 문제되는 직종으로는 택배기사, 배달기사,[44] 대리기사 등이 있다(주로 소위 플랫폼 노동자[45]가 이에 해당한다).

택배기사에 관하여는, 서울행법 2019. 11. 15. 선고 2018구합50888 판결(항소 취하로 확정), 서울행법 2020. 9. 24. 선고 2018구합50895 판결(항소 취하로 확정), 서울행법 2020. 9. 24. 선고 2018구합62867 판결(항소 취하로 확정), 서울행법 2021. 2. 18. 선고 2019구합58131 판결(미항소 확정), 서울행법 2021. 1. 15. 선고 2019구합67166 판결(미항소 확정) 등에서 노조법상 근로자성을 인정하였다.[46] 위 사안들은 모두 택배회사 대리점 소속 근로자들을 조합원으로 한 노조가 대리점을 상대로 노조법상 근로자성을 주장하거나, 택배회사 소속 근로자들을 조합원으로 한 노조가 택배회사를 상대로 노조법상 근로자성을 주장한 사안들이다.

대리점주에게 노무를 제공하는 택배기사를 조합원으로 한 노조가 대리점이 아닌 택배회사(원청)를 상대로 노조법상 근로자성을 주장한 사건에서 아직 판결이 선고된 것은 없다. 다만 택배대리점주에게 노무를 제공하는 택배기사의 노조법상 근로자성이 인정되고, 택배회사 또한 지배력이 있음을 들어 노조법상 사용

44) 음식배달기사의 근기법상 근로자성을 부정하면서 산재법상 특례 대상인 특수형태근로종사자로 인정한 대법원 2018. 4. 26. 선고 2017두74719 판결에 대하여 근기법상 근로자성을 인정함이 타당하다는 취지의 비판으로는, 박제성, 104~108면 참조.

45) 플랫폼 노동 종사자의 근로자성에 관하여는, 권오성c, 1~23면 참조.

46) 위 판결들에 대한 긍정적 평석으로는 권오성a, 58~61면 참조.

자성이 인정됨을 전제로, 택배회사가 택배대리점 택배기사를 조합원으로 한 노동조합의 단체교섭요구를 거부한 것을 부당노동행위로 본 중노위 판정이 있다(중노위 2021. 6. 2. 판정 중앙2021부노14).[47]

대리기사에 관하여 노조법상 근로자성을 인정한 판결(부산지법 동부지원 2019가합100867 판결, 부산고법 2019나58639 판결로 항소기각)이 현재 대법원 2020다267491호로 계속 중이다.[48]

이러한 판례 취지에 발맞추어 고용노동부는 2017. 11. 3. 특수형태근로종사자로 분류되던 택배기사들을 조직 대상으로 하는 전국택배연대노동조합에게 설립신고증을 교부한 이후 경마기수, 경륜기수, 정수기 판매 · 수리원, 방과후 강사, 대리기사나 배달기사와 같은 플랫폼 노동자 등 다양한 특수형태근로종사자들의 노동조합에게 설립신고증을 교부해 왔다.

5. 노조법상 근로자성이 문제되는 사안

판례에 의하면, 노조법상 근로자성이 문제되는 사안은, ① 노동조합설립신고수리 반려처분취소,[49] ② 계약해지 등에 대한 부당노동행위 구제,[50] ③ 교섭단위 분리,[51] ④ 교섭요구 사실 공고에 대한 시정[52] 등이다.

---

47) 택배회사(씨제이대한통운 주식회사)가 중노위위원장을 상대로 부당노동행위구제재심판정취소를 구하는 행정소송을 제기하였는데, 서울행법 2023. 1. 12. 선고 2021구합71748호로 청구가 기각됨으로써 서울행정법원에서도 지배력이 있는 원청(택배회사)의 노조법상 사용자성을 인정하였다. 이 판결의 자세한 내용은 법 2조 2호에 대한 해설 Ⅲ. 4. 다. 참조. 한편 택배회사 사건은 아니지만 원청이 하청 근로자로 이루어진 노동조합에 대하여 단체교섭의무가 있다는 중노위 판정으로 중노위 2022. 3. 2. 판정 중앙2021부노268(현대제철 사건)이 있다.

48) 이 판결에 대한 긍정적 평석으로는 방준식, 699~725면 참조. 대리기사의 경우 노조법상 근로자성을 부정할 만한 사실적 요소가 없으며, 위 판결이 향후 전형적 플랫폼 노동 종사자들의 노조법상 근로자성 판단에 어떠한 영향을 줄 것인지 주목된다는 견해로는 남궁준, 56~60면 참조.

49) 대법원 1993. 5. 25. 선고 90누1731 판결.

50) 대법원 2018. 6. 15. 선고 2014두12598, 12604 판결(학습지교사 사건), 대법원 2019. 6. 13. 선고 2019두33712 판결(카마스터 사건), 대법원 2019. 6. 13. 선고 2019두33828 판결(카마스터 사건). 부당노동행위에 대한 구제명령으로, 근기법상 근로자가 아닌 노조법상 근로자에 대하여도 다른 노무제공자들의 평균소득, 수수료 지급 실태 등을 참조하여 계약해지기간 동안 정상적으로 노무를 제공하였으면 받을 수 있었던 보수상당액을 합리적으로 산정할 수 있음을 들어, '보수상당액'의 지급을 명하면서 그 액수를 구체적으로 특정하지 아니한 구제명령도 적법, 유효하게 발령할 수 있다는 견해로는, 박진환, 200~273면 참조.

51) 대법원 2018. 10. 12. 선고 2015두38092 판결(방송연기자 사건).

52) 대법원 2019. 2. 14. 선고 2016두41361 판결(철도매점운영자 사건).

Ⅲ. 외국의 상황

1. 영 국

영국의 Employment Right Act(1996) §230은 아래와 같이 근로자(employee)와 노무제공자(worker)를 구별한다.[53)]

① 근로자: 근로계약을 체결하였거나 근로계약에 따라 노무를 제공하는 자[54)]

② 노무제공자(worker): (a) 근로계약을 체결하였거나 근로계약에 따라 근로하는 자(근로자)와 (b) 그 형태가 명시적으로든 암묵적이든, 구두든 문서든 상관없이 고용계약이나 기타의 계약을 체결하였거나 그 계약에 따라 노무를 제공하는 자로서, 그 지위가 계약상 고객이나 의뢰인이 아닌 계약상대방을 위하여 그 계약에 따라 직접 일이나 서비스를 수행하는 자[55)]

따라서 영국에서 노무제공자는 근로자 외에도 일정한 독립사업자까지 포함하는 개념이다. 근로자에게는 모든 노동보호법이 적용되지만, 노무제공자에게는 노동보호법 중 일부만 적용된다. 노무제공자에게도 보호가 이루어지는 영역으로는, 노동조합 및 노동관계법(Trade Union & Labor Relation Act)상 면책 파업권, 동일임금법(Equal Pay Act)상 동일노동 동일임금, 최저임금법(National Minimum Wage Act)에 의한 최저임금, 근로시간법(The Working Time Regulations)에 따른 근로시간 보호, 산업안전보건법(Health and Safety at Work Act)상 산업안전조항 및 산재보험 등이다.[56)]

---

53) http://www.legislation.gov.uk/ukpga/1996/18/section/230(최종방문: 2022. 3. 24.).

54) 230 Employees, workers etc.

(1) In this Act "employee" means an individual who has entered into or works under (or, where the employment has ceased, worked under) a contract of employment.

55) 230 Employees, workers etc.

(3) In this Act "worker" (except in the phrases "shop worker" and "betting worker") means an individual who has entered into or works under (or, where the employment has ceased, worked under)－

(a) a contract of employment, or

(b) any other contract, whether express or implied and (if it is express) whether oral or in writing, whereby the individual undertakes to do or perform personally any work or services for another party to the contract whose status is not by virtue of the contract that of a client or customer of any profession or business undertaking carried on by the individual;

and any reference to a worker's contract shall be construed accordingly.

56) 국가인권위원회, 194면.

2. 독 일[57)]

독일에서는 인적 종속성이 인정되는 자를 근로자(Arbeitnehmer), 인적 종속성이 없거나 낮지만 경제적 종속성이 인정되는 유사근로자(Arbeitnehmerähnliche Person)라고 한다.[58)]

유사근로자에 관하여 규정하는 법률로는 노동법원법,[59)] 연방휴가법,[60)] 단체협약법,[61)] 경영조직법, 산업안전법 등을 들 수 있다.

독일 판례는, 유사근로자의 판단기준으로 경제적 종속성과 사회적 보호 필요성(조직적 종속성 포함) 두 가지를 제시한다.[62)]

경제적 종속성의 판단기준으로는, ① 어느 정도 위탁자와 노무제공자 사이의 법률관계가 지속적일 것, ② 노무제공자의 경제적 존립이 위탁자로부터 받는 수입에 의존할 것 등을 들고 있다. 사회적 보호 필요성(조직적 종속성 포함)의 판단기준으로는, ① 노무제공자가 받는 보수액과 재산정도, ② 일신전속적 노무제공(자신의 고유한 사업조직이나 기업조직을 운영하거나 자신이 피용자를 채용하여 업무를 수행하는 것이 아님) 등을 들고 있다.

---

57) 자세한 내용은 집단적 노동관계법상 근로자 및 사용자 개념 보론(補論): 독일 참조.

58) 강성태a, 50~51면; 박지순, 192면.

59) 제5조 "유사근로자와 그 계약상대방과의 사이에 분쟁이 발생할 경우 그 분쟁은 노동법원에 의해 해결되어야 한다."

60) 제2조 "유사근로자는 연차휴가와 휴일의 최저기준에 관해서 근로자와 동일한 취급을 받는다."

61) 단체협약법 12조의1(유사근로자)

① 이 법률의 규정은 다음 각 호의 경우에 준용된다.

1. 다음의 경우에 해당하는 바와 같이 경제적으로 종속되어 있어 근로자와 유사하게 사회적 보호 필요성이 있는 자(유사근로자)로서, 고용계약 또는 도급계약에 의하여 노무를 제공하고, 이를 본인이 직접 또는 일반적으로 다른 근로자의 도움 없이 행하는 경우

가. 주로 한 사람을 위하여 노무를 제공하거나

나. 평균적으로 영리활동의 대가로 얻은 전체 소득의 절반 이상이 한 사람에 의하여 지급되는 경우. 이를 예측할 수 없는 경우에는, 단체협약에서 이와 다르게 정하지 않는 한 산정에 있어서 직전 6개월, 이보다 짧은 기간인 경우에는 그 기간이 기준이 된다.

2. 유사근로자를 고용한 제1호에 열거된 자 또는 이들과 유사근로자 간에 고용 또는 도급계약에 의하여 성립된 법률관계

② 유사근로자로부터 노무제공을 받는 복수의 자가 기업집단(콘체른)의 형태로 결합되어 있거나 또는 이들 간에 성립된 조직공동체 혹은 일시적이지 않은 공동사업체에 속해 있는 경우에 이들은 1인으로 본다.

③ 예술 · 저술 · 저널활동을 하는 자 및 그 기술 인력에 대하여는, 제1항 제1호 나.목 전단에서 정하는 바와 달리 평균적으로 영리활동의 대가로 얻은 전체 소득의 3분의 1이 한 사람에 의해 지급되는 경우에도 제1항 및 제2항이 적용된다.

62) LAG Mannheim, 8. 8. 1951, AP 51 Nr. 275.

유사근로자로 인정되는 주요 사례는 가내근로자, 전속적 대리상 등이라고 한다. 독일에서는 근로자가 아니면 독립사업자이므로, 유사근로자 역시 그 법적 지위는 독립사업자이다.63)

한편 단체협약법은 단체행동권에 대하여 명시적으로 규정하고 있지 아니하나, 유사근로자는 파업 등 단체행동을 통하여 단체협약의 체결을 관철할 수 있다는 점에 대해서 견해가 일치되어 있다. 단체행동권이 헌법상 기본권이기 때문이다.64)

3. 프 랑 스

프랑스에서는 근로자의 개념을 입법적으로 정의하지 않고 있으며 근로제공자와 수령자간 계약이 근로계약에 해당하면 근로자로 인정한다. 판례가 제시하는 지표로는 '타인을 위한 근로제공', '임금', '법적 종속' 등이다.65)

특수형태근로에 대하여 프랑스는 노동법전 7편에서 산업 및 직업별 특칙을 통해 규율하고 있다. 이 특칙의 적용대상이 되는 직업범주는 외무원 · 대리인 · 외판원 등 VRP(voyageur représentant placier)라 약칭되는 상업대리인, 연예인, 예술가, 모델, 가사사용인 등이다. 특칙은 "외무원, 대리인 또는 외판원과 그 사용자 사이에 대리를 목적으로 체결된 약정은 계약상 명시적 규정 유무와 관계없이 다음의 요건을 갖춘 경우에는 근로계약으로 본다."라고 하여 근로자로 의제하는 규정을 두고 있다.

노동법전이 적용되는 상업대리인의 법적 요건은, ① 하나 또는 둘 이상의 사용자를 위해 일할 것, ② 사실상 배타적이고 항상적으로 자신들의 대리 직업에 종사할 것, ③ 자신의 개인적 계산을 위해 어떠한 상업적 활동도 실제 하지 않을 것, ④ 판매나 구매에 제공되는 용역이나 상품의 종류, 활동지역, 방문해야 할 고객의 범주 및 보수율을 정하는 약정을 자신의 사용자와 체결할 것 등이다. 한편 연예인, 예술가, 모델 등에 대하여는 근로자로 추정하고, 가사사용인에 대하여는 노동법전을 부분적으로 적용한다.66)

위에서 서술한 각 직업별로 노무제공의 특성과 경제적 의존의 성질에 따라

63) 박지순, 192면.

64) 박지순, 145면.

65) 국가인권위원회, 198면.

66) 국가인권위원회, 199~200면.

일반 근로자에게 적용되지 않는 새로운 보호조항을 추가하거나, 일반 근로자와의 차이를 고려하여 적용제외 규정을 두기도 하고 노동법의 보호정도를 조정하는 내용의 규율을 두고 있다.

단결권 등 노동3권의 적용을 받는 자에 대하여 1946년 프랑스 헌법 전문 6조는 "모든 사람은 노동조합 활동을 통하여 자신의 권리와 이익을 방어할 수 있으며 자신의 선택으로 노동조합에 가입할 수 있다."라고 하여 형식상 모든 사람에게 단결의 자유를 보장하고 있다. 그러나 노동법전은 "동일한 직업, 유사한 직종 또는 특정 상품의 생산에 관련된 직종에 종사하는 자들 또는 동일한 자유직업을 수행하는 자들의 노동조합 또는 직업 단체는 자유롭게 조직될 수 있다" 라고 규정하여 직업활동을 수행하는 자를 전제로 누구에게나 노동3권을 인정하고 있다. 프랑스는 노동자는 물론이고 일반 자유 직업인인 의사, 변호사 등도 직업조합을 설립하여 단체교섭을 하고 또 파업권도 인정된다. 따라서 우리나라와 같은 특수형태근로종사자도 당연히 노동3권을 자유로이 행사할 수 있다.[67)]

4. 미 국

미국은 근로자의 개념에 대하여 통일적인 노동법 개념으로 파악하지 아니하고, 특정 법률의 정책목표, 입법목적을 고려하여 각 법률의 적용대상 확정기준으로서 개별적으로 접근한다는 점이 특징이다.[68)]

미국의 집단적 노동관계에 관한 일반법이라 할 수 있는 전국노동관계법 2조 (3)항은 근로자에 대하여, "모든 근로자를 포함하고 본법에서 특별히 정하고 있는 경우를 제외하고는 특정한 사용자에게 사용되는 근로자에 한정되지 아니한다."고 정하고 있고, "현재의 노동쟁의의 결과로서 혹은 그와 관련하여 또는 어떠한 부당노동행위를 원인으로 하여 그의 직무가 종료될 수 있거나, 통상적인 고용이나 실질적으로 동일한 다른 고용을 취득할 수 없는 자 모두를 포함한다." 고 하면서 일정한 예외를 열거하고 있다. 이 정의 규정의 특징으로는 특정상황에서의 실직자는 근로자에 포함하지만 일반적인 실업자는 배제하는 점, 독립계약자(독립사업자)는 동법 적용에서 명시적으로 배제하는 점, 감독자 또한 위 법상 근로자에서 명시적으로 배제하는 점 등을 들 수 있다.[69)]

---

67) 조경배a, 433면.

68) 강성태a, 12~23면.

69) 다만 단체교섭과 관련된 전국노동관계법상 보호로부터 배제된다는 의미일 뿐 노조결성 또

5. 일　　본[70]

일본의 경우 우리나라와 마찬가지로 노동기준법(우리나라의 근기법에 해당, 이하 ‘노기법’)상 근로자와 노조법상 근로자의 정의를 달리 하고 있는데, 우리나라와 규정 내용이 거의 동일하다.

그럼에도 불구하고 종래에는 실질적으로는 인적 종속성을 토대로 하여 동일한 기준을 적용해 왔는데,[71] 최근에는 노기법상 근로자성을 포함하면서 노동3권의 보호가 필요하고 적절한 유사 노무 제공자까지 외연을 확장하는 개념으로 이해하는 견해가 통설이고,[72] 최고재판소도 기존의 법리(노기법상 근로자성 판단기준을 동일하게 적용)에 따른 항소심 판결을 파기하면서 통설의 입장을 수용하였다.[73]

한편, 일본의 판례와 통설은 노조법상 근로자성 판단기준을 다음과 같이 제시한다.

① 그 자가 당해 기업의 사업수행에 불가결한 노동력으로서 기업 조직에 속해 있는지

② 계약의 내용이 일방적으로 결정되는지

③ 보수가 노무 대가의 성질을 가지는지

는 참가가 금지되는 것은 아니다(강성태c, 33면).

70) 자세한 내용은 집단적 노동관계법상 근로자 및 사용자 개념 보론(補論): 일본 참조.

71) 水町勇一郎, 782면(일본 노동조합법은, 제2차 세계대전 이전의 각종 노동조합법안과 그 배경으로 된 서구 노동조합법제를 참고로 하여 전쟁 직후인 1945. 12.에 제정된 것이고, 일본 노동기준법은 전쟁 전의 공장법, 전시 노동조건통제법령, ILO의 국제노동기준 등을 참고로 하여 1947. 4.에 제정된 것이다. 따라서 위 두 법은 입법경위, 입법목적, 입법내용 등 모든 면에서 독자적으로 검토되었고 적용대상인 노동자에 대한 정의규정 역시 통일적이거나 상호 관련이 있도록 의도된 것이 아니다. 노동조합법은 노사 대등화를 위한 단체교섭을 보장하여야 할 자라는 관점에서 노동기준법보다 앞서서 제정되었고, 노동자 정의 규정의 문언뿐만 아니라 입법목적, 경위, 배경 등을 고려하더라도, 노동기준법상 근로자와는 다른 독자적인 개념으로 파악하여야 한다. 그럼에도 불구하고 제2차 세계대전 종료 후 한동안은 독일 노동법학의 종속노동론의 영향으로 양 법상의 노동자개념을 종속노동의 개념을 축으로 통일적으로 파악하였지만, 결국 개념의 독자성을 인정하여 각각의 입법목적에 따라 노동자개념을 분명하게 해야 한다는 견해가 지배적으로 되었다). 한편 우리나라의 경우 노조법은 1953. 3. 8., 근기법은 1953. 5. 10.에 각 제정되었다.

72) 菅野, 784면; 西谷 敏, 459면.

73) 最高裁 2011. 4. 12. 判決 平成21年(行ヒ)第473号(INAX メンテナンス 事件). 最高裁 2011. 4. 12. 判決 平成21年(行)第226号(新国立劇場運営財団 事件). 중앙노동위원회를 중심으로 한 노동위원회의 견해(노동조합법상 근로자성 인정)와 동경지재, 동경고재를 중심으로 한 재판소의 판단(노동조합법상 근로자성 부정)이 대립하고 있었던 상황에서 최고재판소가 근로자성을 인정하는 방향으로 실무적으로 마무리 지었다는 점에서 그 의미가 크다(野田 進, 43~46면).

④ 업무의 발주에 대하여 승낙의 자유가 있는지

⑤ 업무수행의 일시, 장소, 방법 등에 대하여 지휘감독을 받는지 등

이러한 일본의 판례, 통설은 조직적 종속성이나 경제적 종속성을 주된 판단기준으로 삼고 있는 것으로 평가된다.[74]

최근에 편의점 가맹점주의 노조법상 근로자성이 문제되고 있는데, 지방노동위원회에서는 인정되었으나, 중앙노동위원회에서는 부정되었다.[75] 중앙노동위원회 판단의 근거를 요약하면, 조직적 편입의 대상이 노동력이 아니고(노무를 제공한 것이 아니고 자본을 제공한 것이고), 가맹점주가 본부로부터 받는 돈도 노무제공의 대가로 볼 수 없으며, 본부에 의하여 일방적·정형적으로 결정되는 것도 근로의 대가나 근로조건이 아니라 가맹점 경영에 관한 사항이라는 점 등이다.[76]

6. EU 국가들의 법률체계에 대한 보고서[77]

특수고용형태와 관련된 EU국가들의 법률체계에 대한 조사 작업을 담당했던 Perulli(2003)[78]에 따르면, 유럽에서 경제적 종속 근로자(economically dependent worker, 유사근로자)를 식별하는 기준은, 부정적 기준으로 인적 종속의 결여를,[79] 긍정적 기준으로 경제적 의존성(경제적 종속성)을 들고 있다. 위 보고서에서 기재

74) 判例タイムズ 1347号(2011), 84. 다만 VICTOR 판결[最高裁 2012. 2. 21. 平成22年(行ヒ)489号]을 계기로 '현저한 독립사업자성의 결여'를 추가적으로 요건으로 보고 있다. 한편 일본의 菅野和夫 교수는 위 5가지 요소 중 ①, ② 요소가 인정되는 노무공급관계가 노조법이 예정하는, 단체교섭에 의한 노동조건의 집단적 결정 시스템이 필요·적절한 전형적 노동관계라고 하면서(즉 ①, ② 요소가 핵심적인 판단기준이라고 보면서), 노조법상 노동자 정의규정을 고려할 때 보수의 계산, 지불방법 등이 노무대가성을 가지는지 여부 또한 필수적인 판단요소에 해당한다고 보고 있다(菅野, 785~786면).

75) 2014. 3. 14. 岡山縣지노위가 세븐일레븐 점주에 대하여, 2015. 4. 16. 東京都지노위가 패밀리마트 점주에 대하여 노조법성 노동자성을 인정하였다. 이후 중노위가 2019. 3. 15. 岡山縣지노위의 초심판정을 취소하고 세븐일레븐 점주에 대하여 노조법상 노동자성을 부정하였다[平成26年(不再)第21号].

76) 편의점 가맹점주의 노조법상 근로자성을 부정한 일본 중노위 재심판정은 철도매점운영자의 노조법상 근로자성을 인정한 대법원 2016두41361 판결과 대비된다. 실질적으로 직원을 채용하여 운영할 수 있었는지 등을 고려할 때 노무를 제공하는 자인지 자본을 제공하는 자인지 여부에 따라 판단하여야 할 것이다. 위 일본 중노위 재심판정이나 철도매점종사자 사건에서의 대법원 판결은 향후 프랜차이즈 가맹점주의 노조법상 근로자성 판단에 영향을 미칠 것으로 보인다(프랜차이즈 가맹점주의 노조법상 근로자성을 판단할 때 가맹점주의 '사업자성'에 대한 판단이 필요하다는 견해로는, 박소민, 420~423면 참조).

77) 한국노동연구원, 81~82면.

78) Adalberto Perulli, 20면.

79) 인적 종속이 인정되는 경우에는 근로자가 되므로 유사근로자가 될 수 없다. 즉 유사근로자의 요건 자체가 인적 종속이 부정되는 것이다.

하는 구체적인 기준은 아래 표와 같다.

	기준(criteria)
부정적 기준	인적 종속 결여(absence of subordination)
긍정적 기준	경제적 의존 상황(situation of economic dependence)
관련 지표	- 직접적 작업 수행(work performed personally) - 작업의 지속성과 조율(continuity and coordination of work) - 한 사용주로부터 얻은 소득이 소득의 전부나 대부분을 구성함 [income(all or greater part thereof) received from one principal]
법률적 보호	- 사회보장(social security) - 절차적 규칙(procedural rules) - 노조와 단체교섭권

특수고용형태란 전통적인 근로자들이 갖는 전형적인 특징인 사용종속성(subordination)이 (전형적인 종속근로자들에 비해 상대적으로) 결여되어 있는 반면, 종속근로자들이 갖고 있는 다른 특징인 경제적 의존성을 공유하고 있는 취업집단으로 간주되고 있는데, 이에 관한 지표로는 직접적인 노동서비스의 제공, 작업의 지속성과 조율성, 전속성 등이다. 또한 이들에 대한 사회적 보호로는 포괄적 사회보장, 계약해지의 규제 등 절차적 규칙의 적용, 단결권의 제공 등이 일반적이라고 할 수 있다.

Ⅳ. ILO 국제종사상 지위 분류의 개정과 그 시사점

1. 개정 내용

ILO는 1993년부터 직업을 임금직(paid employment jobs)과 자영업직(self-employment job)으로 이분한 후, 종사상 지위(status in employment)를 ① 근로자(employees), ② 사업주(employers), ③ 자영 종사자(own-account workers), ④ 협력업체 직원(members of producers's cooperatives), ⑤ 기여 가족종사자(contributing family workers), ⑥ 법령에 의하여 분류할 수 없는 종사자(workers not classifiable by status) 등 6가지로 분류해 왔다(ICSE-93).[80] 그러다가 2018년부터 취업자의 종사

80) http://www.ilo.ch/wcmsp5/groups/public/---dgreports/---stat/documents/normativeinstrument/wcms_087562.pdf(최종방문: 2022. 3. 24.).

상 지위를 독립종사자(independent workers)와 의존종사자(dependent workers)로 양분한 후 독립종사자로 A, B 2개의 그룹, 의존종사자로 C, D, E 3개의 그룹으로 분류하면서 각 그룹별로 정의를 하면서 다시 이를 세분화하고 있다(ICSE-18-A).[81)]

국제 종사상 지위의 국제 분류(international classification of status in employmnet)

[1] 독립종사자(independent workers)

A. 사업주(employers)

11. 법인 사업주(employers in corporations)
12. 개인 사업주(employers in household market enterprises)

B. 근로자 없는 독립종사자(independent workers without employees)

21. 근로자 없는 법인종사자(owner-operators of corporations without employees)
22. 근로자 없는 개인종사자(own-account workers in household market enterprises)

[2] 의존종사자(dependent workers)

C. 의존계약자(dependent contractors)

30. 의존계약자(dependent contractors)

D. 근로자(employees)

41. 기간의 정함이 없는 근로자(permanent employees)
42. 기간제 근로자(fixed-term employees)
43. 단기 임시 근로자(short-term and casual employees)
44. 유급 견습, 훈련생 및 인턴(paid apprentices, trainees and interns)

E. 기여 가족종사자(contributing family workers)

51. 기여 가족종사자(contributing family workers)

2. 시 사 점

ILO가 2018년에 개정한 종사상 지위에 의할 때 눈에 띄는 점은, 독립종사자(독립사업자)와 구별되는 의존종사자 중에서 근로자 외에 의존계약자라는 유형을 신설한 것이다.[82)] 의존계약자는 인적 종속 내지 지휘·감독을 주된 특징으로

---

81) https://ilostat.ilo.org/resources/concepts-and-definitions/classification-status-at-work(최종방문: 2022. 3. 24.).

82) 이은영, “[ILO 국제 종사상 지위 분류에] 노동시장 유연화·고용관계 다양화 담아”, 매일노

하는 근로자와 달리 경제적 의존(종속)을 주된 특징으로 한다는 점에서 우리나라에서는 소위 특수형태근로종사자 또는 근기법상 근로자가 아닌 노조법상 근로자가 이와 유사한 개념이라고 볼 수 있다. 독립종사자(독립사업자)와 구별되는 의존종사자의 한 유형으로 근로자와 구별되는 의존계약자를 신설하였다는 것은, 의존계약자 역시 독립종사자(독립사업자)가 아니라는 점에서 노동법적 보호가 필요함을 의미함과 동시에, 당초부터 독립사업자와 구별되는 근로자 즉 근기법상 근로자와도 구별되는 개념이므로 근기법상 근로자와 그 보호의 범위를 달리 할 수 있음을 시사하고 있다고 볼 수 있을 것이다. 다만 우리나라에서는 그 보호범위가 노조법상 보호에 그치도록 할 것인지 산업재해·산업안전 등으로 그 보호범위를 확대할 것인지에 대한 입법론 또는 해석론적 논의가 필요하다 할 것이다.

Ⅴ. 향후의 전망

학습지교사 사건 판결 이후 계속하여 대법원이 경제적, 조직적 종속성을 중심으로 노동조합법상 근로자성을 판단함으로써 향후 특수형태근로종사자 중 상당 부분 내지 대부분은 노조법상 근로자성을 인정받을 것으로 예상된다. 이는 헌법상 노동3권의 보장이라는 측면에서 볼 때 바람직한 방향이라 할 것이다. 그러나 경제적 종속성이나 조직적 종속성이라는 기준에도 불구하고 독립사업자 중 어느 범위까지 노조법상 근로자성을 인정하여야 할 것인지는 앞으로 계속 논의될 것으로 보인다.83)

[권 두 섭·임 상 민]

동뉴스(2019. 10. 7.).

83) 임상민b, 198면. 한편 공유경제(sharing economy)에서 [illegible] 노동법적 보호에 대한 [illegible] 재검토가 필요하다는 견해로는, 이다혜, 403면; 조현주, 206면 참조. 단결권과 단체교섭권을 나누어 단결권을 중심으로 살필 때와 단체교섭권을 중심으로 살필 때 노조법상 근로자의 범위가 다를 수 있다는 견해로는 강성태e, 27~29면 참조. 특수형태근로종사자에 대한 노조법상 근로자성 확대 경향 자체에는 공감하면서도 그 특수성을 고려하지 않고 노조법 법리를 그대로 적용해서는 안 된다는 견해로는 정종철, 104~106면 참조. 노조법 전반에 걸친 통일적 근로자 개념에 의문을 표시하면서 각 행위 유형 및 법적 성격이 다른 개별 영역들이 단일 근로자 개념의 형성과 어떻게 조응할 수 있는지 검토가 필요하며 적어도 노조법 3조의 근로자 개념과 부당노동행위의 보호대상인 근로자 개념을 구분하여야 한다는 견해로는 조경배b, 487~488면 참조.

제 2 조(정의)

이 법에서 사용하는 용어의 정의는 다음과 같다.

2. "사용자"라 함은 사업주, 사업의 경영담당자 또는 그 사업의 근로자에 관한 사항에 대하여 사업주를 위하여 행동하는 자를 말한다.

〈세 목 차〉

[참고문헌]

강성태a, "지금 왜 사용자인가?", 노동법연구 24호, 서울대학교 노동법연구회(2008); 강성태b, 근로자의 개념, 서울대학교 대학원 박사학위논문(1994); 강성태c, "사내하도급 근로자의 보호방안" 국회환경노동위원회 정책연구과제 — 용역노동자의 노동실태와 관련 법제도 고찰 및 정책제언(2007); **강주리**, "다면적 노무제공관계에서 단체교섭 응낙의무자-일본법의 논의를 중심으로", 서울법학 29권 4호, 서울시립대학교 법학연구소(2022); **권혁**, "실질적 지배력을 가지는 원청의 노조법 상 지위" 노동법논총 51집, 한국비교노동법학회(2021); **김선수**, "단체교섭 상대방으로서의 사용자 개념의 확대", 노동법의 쟁점과 과제 —김유성 교수 화갑기념 논문집, 법문사(2000); **김영문a**, "제3자관련 근로관계의 노동법적 문제와 해결방안", 기업법연구 21권 1호, 한국기업법학회(2007); **김영문b**, "사내하도급 근로자들의 원청기업에 대한 단체교섭 가부", 노동법학 36호, 한국노동법학회(2010); **김홍영 · 강주리**, "택배회사를 대리점 택배기사에 대해 단체교섭의무를 지는 사용자로 인정한 중앙노동위원회 판정의 의미", 노동법연구 51호, 서울대학교 노동법연구회(2021); **도재형**, "간접고용에서 부당노동행위 형사책임주체", 법학논총 28집 1호, 전남대학교(2008); **문무기**, "간접고용의 합리적 규율을 위한 법리", 노동정책연구 5권 1호, 한국노동연구원(2005); **박수근**, "간접고용근로자의 집단적 노동분쟁과 쟁점의 검토", 노동법연구 24호, 서울대학교 노동법연구회(2008); **박제성**, "사내하청의 담론과 해석", 노동법연구 40호, 서울대학교 노동법연구회(2016); **박지순**, "단체교섭의 당사자로서 사용자개념", 노동법논총 51집, 한국비교노동법학회(2021); **윤애림a**, 다면적 근로관계에서의 사용자의 책임, 서울대학교 대학원 박사학위논문(2003); **윤애림b**, "노동조합 및 노동관계조정법의 근로자와 사용자", 민주법학 56호, 민주주의법학연구회(2014); **윤애림c**, "지배기업의 단체교섭 응낙의무에 관한 한국과 일본의 법리 비교", 노동법연구 41호, 서울대학교 노동법연구회(2016); **윤애림d**, "헌법이 보장하는 단체교섭권 실현을 위한 '사용자' 찾기", 노동법연구 53호, 서울대학교 노동법연구회(2022); **이병희**, "사내하도급에서 수급인 근로자에 대한 도급인의 노조법상 사용자 책임", 사법논집 51집, 법원도서관(2011); **이승욱**, "다면적 노무제공관계에서 부분적 · 중첩적 사용자성 — 중앙노동위원회 결정의 의의와 과제", 노동법학 80호, 한국노동법학회(2021); **정영훈**, "기본권으로서의 단체교섭권에 관한 일고찰", 노동법연구 52호, 서울대학교 노동법연구회(2022); **조경배**, "사내하도급에 있어서 원청의 사용자성 — 현대중공업 부당노동행위 사건을 중심으로", 노동법연구 25호, 서울대학교 노동법연구회(2008); **최용근**, "공동사업주의 법리" 노동법연구 42호, 서울대학교 노동법연구회(2017); **한국고용노사관계학회**, 노동위원회 사건 분쟁유형과 향후 과제 최종보고서, 중앙노동위원회(2019).

Ⅰ. 의 의

노조법 2조 2호는 "'사용자'라 함은 사업주, 사업의 경영담당자 또는 그 사업의 근로자에 관한 사항에 대하여 사업주를 위하여 행동하는 자를 말한다"고 규정하고 있다. 노조법상 사용자는 근로계약의 당사자인 고용주(개인사업체의 경우는 대표자 개인, 법인사업체의 경우 법인 자체)를 포함함은 물론이나 이에 그치지 않고, 기업 내부적으로는 법인의 대표이사(사업경영담당자)나 인사과장(근로자에 관한 사항에 대하여 사업주를 위하여 행동하는 자, 이하에서는 편의상 '노무관리자'라 한다)까지도 아우르고, 기업 외부적으로는 고용주가 아니면서도 노동관계에 대하여 실질적인 지배력을 갖는 자에게까지 확장된다.

노조법은 법 전반에 걸쳐 '사용자'의 의무와 책임을 규정하고 있다. 사용자는 단체교섭 의무를 부담하고(30조), 노동조합의 정당한 쟁의행위를 감수하여야 하며(3조), 부당노동행위를 할 경우 노동위원회의 구제명령(84조)과 형사처벌(90조)을 받게 된다. 그런데 사용자 중 '사업주'는 이러한 의무와 책임을 모두 부담하지만, 사업경영담당자나 노무관리자의 경우에는 각 조항의 취지에 따라 달리 보아야 한다. 예를 들어 단체교섭 의무는 단체교섭의 당사자인 사업주만이 부담하나,[1] 부당노동행위에 대한 형사책임은 그 행위자인 사업경영담당자나 노무관리자에게도 부과될 수 있다.

Ⅱ. 사용자 개념의 구별[2]

1. 근로계약의 당사자로서 사용자

사용자의 노동력이용권(노무지휘권), 근로자의 임금청구권 등의 민사적 권리·의무는 기본적으로 근로계약의 체결이라는 당사자 간의 '약정'에 의하여 발생한다. 근로계약의 당사자인 사용자는 이러한 근로계약에서 약속한 근로조건을 이행하고 보장해야 하는 민사상의 의무를 부담하는 자이고, 따라서 근로계약에 따른 사용자 측 의무를 부담하는 자는 원칙적으로 '근로계약의 당사자'인 사용자이다. 노조법 2조 2호는 사업주 외에 사업경영담당자와 '그 사업의 근로자에 관한 사항에 대하여 사업주를 위하여 행동하는 자'도 사용자로 규정하고 있지만, 이 조항이 근로계약의 당사자를 사업주 외의 자까지 확대하는 것은 아니다. 한 예로, 근기법도 노조법과 마찬가지로 사업경영담당자를 사용자로 규정하고

1) 김유성, 131면; 임종률, 132면.
2) 이병희, 152~154면 참조.

있는데(2조 1항 2호), 회사가 법인인 경우 임금지급 의무가 있는 자는 법인 자체뿐이며, 사업경영담당자인 대표이사 개인은 체불임금에 대하여 형사적 책임을 부담하게 될지언정, 민사상 지급의무를 부담하지는 않는다. 이는 대표이사가 근기법상 사용자임은 분명하지만 임금지급 의무는 근기법이 아닌 근로계약에 의하여 발생하기 때문이고, 근기법이 새로운 계약당사자를 창설하는 것은 아니기 때문이다.

'근로계약의 당사자'인 사용자가 근로계약'서'상의 사용자만을 의미하는 것은 아니다. 오늘날 사용자가 근로자와 사이에 중간업자를 근로계약의 형식적인 당사자로 개입시키고 노동법상 사용자에게 부과되는 책임을 회피하려는 고용형태가 등장하고 있다.

이에 대응하기 위하여 판례는 외형상 근로계약 당사자가 아닌 경우에도 그 실질을 따져서 근로계약의 당사자인 사용자(사업주)에 해당한다고 판단한다. 현대미포조선 사건에서 대법원은 "원고용주가 사업주로서의 독자성이 없거나 독립성을 결하여 제3자의 노무대행기관과 동일시 할 수 있는 등 그 존재가 형식적, 명목적인 것에 지나지 아니하고, 사실상 해당 피고용인은 제3자와 종속적인 관계에 있으며, 실질적으로 임금을 지급하는 자도 제3자이고, 또 근로제공의 상대방도 제3자이어서 해당 피고용인과 제3자 간에 묵시적 근로계약관계가 성립되어 있다고 평가될 수 있"는 경우에는 그 제3자를 근로계약의 당사자인 사용자로 인정하였다.[3)]

한편, 형식적이지 아니한 실질적 사용자가 복수로 존재하더라도 이들 복수의 실질적 사용자 모두에게 근로관계상의 책임을 귀속시키기 위하여 나타난 법리로 공동사업주(공동사용자) 법리가 있다. 공동사업주(공동사용자) 법리는 서구, 특히 미국을 중심으로 전개되어 왔는데 이를 채택한 하급심 판결이 다수 있다.[4)]

3) 대법원 2008. 7. 10. 선고 2005다75088 판결.

4) 서울행법 2013. 3. 22. 선고 2012구합27404 판결("이 사건 3개 [illegible] 사원에서 [illegible] 것이 아니라 법인격만 3개의 회사로 구분하여 설립해 놓았을 뿐 실질에 있어서는 3개사 전체가 하나의 동일한 회사로 운영되어 왔다고 판단되고, … 원고를 포함한 이 사건 3개사 전체가 단일한 사업장으로 참가인들의 사용자라고 볼 것이다. 한편, 참가인들로서는 이 사건 3개사 자체를 단일한 사용자로 보아 구제신청을 제기하는 것이 그 실질에는 부합하겠지만, 이러한 3개 통합회사는 별도의 형식적 법인격이 없어 구제신청이나 소송 등의 상대방으로 하기에 적당하지 않은 점을 고려한다면 원고를 포함한 구성회사 각각을 구제명령을 이행할 사용자로 보아도 무방하다.", 항소기각 및 미상고 확정), 서울고법 2013. 5. 10. 선고 2011나87954 판결["구체적인 근로관계의 내용에 따라서는 근로자가 제공한 특정 근로가 일정한 관계에 있는 복수의 사업주 모두에 대하여 제공된 것으로 평가될 수 있는 경우

공동사업주(공동사용자) 법리가 적용될 수 있는 유형으로는, ① 복수의 법인이 하나의 기업집단을 이루어 소속 근로자들로부터 일체의 근로를 수령하는 경우, ② 복수의 법인이 모자회사인 경우, ③ 특수 사업 목적으로 별도 법인을 설립하면서 복수의 법인이 존재하게 된 경우 등이다.[5] 공동사업주 법리를 적용한 위 하급심 판결 중 임금이 문제된 사건에서 법원은 공동사업주들이 연대하여 지급할 의무를 부담한다고 판단하였다. 해고의 경우에는 공동사업주 중 해당 근로자가 소속된 특정 사업주가 폐업하는 경우에서 문제가 될 것인데, 존속하는 공동사업주를 상대로 해고무효 확인의 소나 부당해고 구제신청을 제기할 수 있다고 보았다(각주 4의 서울행법 2012구합27404 판결 참조).[6]

2. 근기법상 사용자

근기법은 노조법과 동일하게 '사용자'를 "사업주 또는 사업 경영 담당자, 그 밖에 근로자에 관한 사항에 대하여 사업주를 위하여 행위하는 자"라고 규정하고 있다(2조 2호).

근기법은 "헌법에 따라 근로조건의 기준을 정함으로써 근로자의 기본적 생활을 보장, 향상시키"는 것을 목적으로(1조), 근로조건의 최저기준을 설정하여 근로계약을 그 최저기준 이상으로 강제적·자동적으로 변경함과 동시에, 그 기준에 미달하는 근로계약을 근로자와 체결한 자와 그 밖에 근기법이 부과하는 의무를 이행하지 않는 자에 대하여 형사처벌을 부과하거나 근로감독을 통해 시정토록 함으로써 규범력을 확보하고 있다.[7] 근기법상 사용자란 이러한 근기법의

이는 이른바 공동고용으로서 복수의 사업주 모두가 (개별적으로 또는 연대하여) 당해 근로자에 대하여 근로기준법상의 임금 등 지급의무를 부담하는 것이 배제되지 않는다.", 대법원 2013. 8. 22.자 2013다44386 판결로 심리불속행 상고기각], 서울중앙지법 2014. 5. 23. 선고 2013가합521826 판결(항소심에서 강제조정으로 확정), 인천지법 2015. 2. 17. 선고 2012가단100615 판결("근로계약의 일방 당사자로서 특정 근로자로부터 노무를 제공받아 그에 따른 보수를 지급하여야 하는 사용자가 반드시 1인으로 한정되어야 하는 것은 아니고, 사업 또는 사업장 내에서의 구체적인 인력운용·관리의 실태, 해당 사업의 수행에 있어 사용자들 사이의 업무분담의 내용과 방식 등에 따라서는 복수의 사용자가 공동사업주로서 특정 근로자로부터 노무를 제공받고 그에 따른 보수를 공동의 책임하에 부담할 수도 있다.", 항소심에서 임의조정으로 확정), 대전지법 2015. 11. 11. 선고 2014가단219054 판결(항소기각 및 대법원 2016. 12. 15.자 2016다248240 판결로 심리불속행 상고기각) 등.

5) 최용근, 292면.

6) 최용근, 295~296면도 공동사업주 법리를 임금뿐 아니라 고용(해고) 책임이 문제되는 경우에도 적용될 수 있다고 한다.

7) 대법원 2001. 10. 30. 선고 2001다24051 판결은 "근기법 36조 소정의 금품청산제도는 근로

목적을 달성하기 위하여 누구에게 그 이행책임을 부과하는 것이 가장 효과적인가라는 정책적 고민의 산물이며,[8] 근기법이 사용자의 개념에 사업주 외에도 근로계약상의 권리 · 의무 주체가 아닌 사업의 경영담당자와 노무관리자를 포함시킨 것은 이러한 맥락에서 이해될 수 있다.[9]

이처럼 근기법상 사용자는 근로계약상 권리 · 의무가 귀속되는 '정적(靜的) 주체'가 아니라 이러한 행위책임을 부담하는 '동적(動的) 실체'로서 접근해야 하며, 사용자 해당 여부의 판단은 누구를 계약의 상대방으로 하려고 했는지 당사자의 의사를 추적해야 하는 근로계약상 사용자의 판단 방법과는 구분될 수밖에 없다.

근기법은 그 규범력의 확보를 위해 근로조건이 정해지는 '근로계약의 체결과정'뿐 아니라 '근로계약의 이행과정'도 규율하고 있는데,[10] 근로계약을 체결한 사용자가 그 근로자를 직접 사용하는 전통적인 근로관계에서는 근로계약의 체결과정을 관장하는 사용자와 근로계약의 이행과정을 관장하는 사용자는 일치하게 된다. 그러나 채용과 사용과정이 분리되는 근로자파견과 같은 고용형태에서는 근기법상 사업주가 근로계약을 체결하지 않은 사용사업주로 확장되어야만 근기법의 규범력이 확보된다. 파견법은 사용사업주에게 근기법상의 일부 책임을 부과함으로써 입법적으로 이를 분명히 하였다(파견법 34 · 35조).[11]

관계가 종료된 후 사용자로 하여금 14일 내에 근로자에게 임금이나 퇴직금 등의 금품을 청산하도록 하는 의무를 부과하는 한편, 이를 불이행하는 경우 형사상의 제재를 가함으로써 근로자를 보호하고자 하는 것이지 사용자에게 위 기간 동안 임금이나 퇴직금 지급의무의 이행을 유예하여 준 것이라고 볼 수는 없다"고 한다.

8) 강성태b, 148면.

9) 강성태b, 147면은, 근기법상 사용자를 사업주로 한정하지 않은 이유에 대하여, ① 근기법이 규제하는 사항에 관하여 실제상의 책임과 권한을 행사하는 자에 대하여 직접적으로 법률상의 의무를 부과함으로써 근기법의 실효성 있는 이행을 확보하기 위함이고, ② 근기법은 사법적 방법 뿐 아니라 공법적 방법에 의해서 그 실효성을 확보하고자 하는데, 사법적 방법에 의한 실효성 확보를 위해서는 근로계약의 당사자인 사업주에게 책임을 부과하는 것만으로 족하겠지만, 공법적 방법에 의한 실효성 확보를 위해서는 실제 행위자까지 사용자 개념에 포함시켜 그에게도 일정한 문제에 대해 공법상의 사용자책임을 부과하는 것이 효과적이기 때문이라고 한다.

10) 근로계약서는 휴게나 휴가 · 휴일에 대하여 법정최저기준대로 보장하고 있더라도, 사용자가 이러한 휴게 등을 실제로 부여하지 않으면 근기법 위반이 된다.

11) 다만, 파견법이 사용사업주의 사용자책임을 창설한 것인지 확인한 것인지는 견해가 나뉠 수 있다.

3. 노조법상 사용자

노조법은 "헌법에 의한 근로자의 단결권·단체교섭권 및 단체행동권을 보장하여 근로조건의 유지·개선"하는 것을 주된 입법 목적으로 하고 있는데(1조 전단), 노조법상 사용자는 이러한 입법 목적에 맞도록 해석되어야 하므로 그 개념과 범위는 근로계약의 당사자로서 사용자뿐만 아니라 근기법상 사용자와도 차이가 있을 수밖에 없다. 이에 대한 상세한 논의는 다음의 '사업주' 부분에서 다루기로 한다.

Ⅲ. 사 업 주

1. 의 의

일반적으로는 근로자와 근로계약을 체결한 고용주가 사업주에 해당한다. 그런데 근로자파견이나 사내하도급[12] 등의 중층적 고용관계에서는 사용사업주나 도급인이 파견사업주 또는 수급인 소속의 근로자와 사이의 관계에서 근로계약상 고용주가 아니면서도 이들 근로자의 근로조건과 노동조합 활동에 대하여 오히려 고용주보다도 더 큰 지배력과 결정권을 가지는 경우가 종종 존재한다. 이러한 근로계약 배후의 자도 노조법상 사업주로 보아 노조법상 사용자책임을 부과할 것인지는 그간 노동법에서 중요한 논쟁의 대상이었다.

과거 대법원은 근로계약의 당사자인 고용주와 노조법상 사업주가 동일하다고 판단해 왔고, 학계는 이러한 판례에 비판적이었는데, 2010년 대법원은 지배·개입으로 인한 부당노동행위가 문제된 사건(현대중공업 사건)에서 학계의 견해를 받아들여 노조법상 사용자개념을 이전보다 확대하는 판결(이하 '현대중공업 판결'이라 한다)을 선고하였다.[13] 그 후에는 위 판결의 법리가 '지배·개입의 주체'로서의 사용자뿐 아니라 '단체교섭 당사자'로서의 사용자에게도 적용되는지로 쟁점이 옮겨졌고, 2021년에 '택배회사가 택배근로자(택배회사와 별개의 사업자인 대리점과 근로계약을 체결하였다)의 단체교섭요구를 거부한 것이 부당노동행위

12) 도급계약 중 그 실질이 근로자파견이나 직접근로계약관계에 해당하는 소위 '위장도급'을 제외하고 '진정도급'인 경우만을 의미한다. 이하 같다.
13) 대법원 2010. 3. 25. 선고 2007두8881 판결, 대법원 2010. 3. 25. 선고 2007두9075 판결.

에 해당한다'는 중앙노동위원회 재심판정[14]이 나면서 위 논쟁이 더 치열하게 전개되고 있다.[15]

2. 학 설

가. 근로계약 외부의 자로 확대하는 견해

(1) 지배력설

통설은 노조법상 사용자(사업주)를 근로계약의 당사자인 사용자(고용주)보다 넓은 개념으로 보고 있다. 대부분의 학자들이 취하고 있는 지배력설은 근로조건이나 노동관계에 대하여 지배력을 가지는 자를 노조법상 사용자로 보는 견해이다. 구체적으로, 김형배 교수는 '실질적으로 사용자권한을 행사하는 자로서 근로조건의 전부 또는 일부에 대하여 구체적 영향력 내지 지배력(처분적 권한)을 미치는 자'를,[16] 임종률 교수는 '해당 근로자의 근로조건(고용 보장 · 안정 포함)에 대하여 실질적 지배력을 가지는 자'를,[17] 김유성 교수는 '근로조건 기타 노동관계상의 제 이익에 대해 실질적 영향력 내지 지배력을 행사하고 있는 자'[18]를 노조법상 사용자로 보아야 한다고 한다.[19][20]

지배력설은 노조법상 사용자가 근로계약의 당사자보다 넓어야 하는 근거로, 근로계약을 중심으로 하는 근기법상의 사용자와 집단적 노사관계를 중심으로 하는 사용자는 그 기능과 법률관계를 달리하는 당사자라거나,[21] 부당노동행

---

14) 중앙노동위원회 2021. 6. 2.자 중앙2021부노14 판정(부당노동행위 구제 재심신청 사건). 중앙노동위원회는 대리점주 외에 택배회사도 단체교섭의무를 부담하는 사용자로 인정하였고, 택배회사가 불복하여 서울행정법원 2021구합71748호로 계속 중이다.

15) 현재 이 쟁점이 정면으로 문제가 된 사건이 대법원의 판단을 기다리고 있다(대법원 2018다296229호).

16) 김형배, 1047면.

17) 임종률, 286면.

18) 김유성, 130면.

19) 이외에 지배력설을 취하는 견해로 [illegible]; [illegible] 336~337면; 박수근, 51면; 이병태, 396 · 495면; 조경배, 228면 등. 뒤에서 보듯이 박지순 교수와 권혁 교수는 지배력설에 대해서는 일정 정도 비판적 입장을 취하면서, 단체교섭의 당사자에 관하여는 이와 달리 묵시적 근로계약관계나 파견관계인 경우 등에 한하여 사용자가 된다는 입장인데, 그럼에도 원청 사용자가 지배 · 개입의 주체로서의 사용자에 해당한다는 현대중공업 판결을 지지하고 있다.

20) 김형배, 임종률 교수는 지배력의 대상사항을 '근로조건'에 한정하고 있음에 비하여(협의설), 김유성 교수는 근로조건을 포함한 '근로관계상의 제 이익'으로 넓히고 있다는 점(광의설)에서 차이를 발견할 수 있다. 김형배, 임종률 교수의 견해를 유사근로관계설로, 김유성 교수의 견해를 실질적 지배력설로 설명하기도 한다(강성태a, 6면).

21) 김형배, 1275면.

위는 근로계약상의 위법행위가 아니라 집단적 노사관계법에 특유한 위법행위이기 때문에 현실적인 근로계약의 당사자인가 여부로서 사용자개념의 기준을 정할 수 없다[22]는 점을 제시한다.

(2) 대향관계설

대향관계설은 지배력설을 비판, 발전시킨 것인데, 근로자가 노동3권을 행사할 때에 그 '대향관계(對向關係)'에 있는 자를 노조법상 사용자로 보아야 한다는 견해이다. 이에 따르면, 부당노동행위제도가 보호하려는 것이 일반적인 근로자의 단결활동인데도, 지배력설은 주로 근로조건과 같은 개별적 권리의 문제로 부당하게 협소화시킨다고 한다. 근로조건뿐 아니라 노동3권 행사와 관련된 노동관계 전반에 지배력을 가진 자까지도 포함하여야 하므로, 노조법상 사용자는 "근로자, 노동조합의 자주적 단결활동에 영향을 미침으로써 노동3권을 침해할 수 있는 지위에 있는 자"로 보아야 한다고 한다.[23]

(3) 지배력설과 대향관계설 간 논쟁의 의의[24]

대향관계설은 근로자가 노동3권을 행사할 때에 그 반대 위치에 있는 자를 노조법상 사용자로 보고 있는데, 이는 노동3권의 내용을 먼저 확정한 다음에 그 상대방이 누구인가를 정하는 구조로서, 노동3권을 권리로서 파악하고 기본권의 지위를 부여하고 있는 헌법에 보다 충실한 해석론이라 할 수 있다. 또한 대향관계설이 지배력설을 집단근로관계를 개별적 권리의 문제로 협소화시킨다고 비판하는 것도 올바른 지적이다.

그러나 어떤 자가 근로자 및 근로자집단에 대하여 대향관계가 있는지 그 구체적인 판단기준에 대해서는 대향관계설은 침묵하고 있으며, 노동조합이 지목하는 자를 곧이곧대로 사용자로 볼 것이 아니라면, 대향관계의 내용이 보다 구체화되어야 한다.[25] 국내에서 대향관계설을 주장하는 견해도 결국 그 내용에서

---

22) 김유성, 312면.

23) 윤애림a, 128면.

24) 이병희, 155~156면 참조. 한편 문무기, 174면은, '사실상의 사용종속관계', '실질적 지배력' 내지 '대향관계'가 존재하는 경우에는 실질적으로 집단적 노사관계의 사용자로 보아 노조법상 사용자책임을 부과하는 것이 바람직하다고 하여 지배력설과 대향관계설을 특히 구분하고 있지는 않고 있다.

25) 도재형, 536~537면(대향관계설에는 사용자 개념의 한계를 적절하게 설정할 수 없다는 약점이 있기 때문에 그 한계를 설정할 수 있는 기준을 찾아야 하는데, 그 기준은 '근로관계상의 제이익에 대한 실질적 영향력 내지 지배력의 행사 여부'가 되어야 한다고 한다).

는 지배력설을 받아들인 것으로 보인다.[26] 이 경우 대향관계설은 '근로조건' 외에 '근로관계상의 제 이익'에 지배력을 가지는 자까지도 사용자로 포괄하는 광의의 지배력설과 결과적으로 유사하게 된다. 이점에서 지배력설/대향관계설 논쟁은 지배력설 중 광의설/협의설 논쟁에 일정 부분 포개진다고 볼 수 있다.

나. 근로계약의 당사자에 한정하는 견해

이 견해는 노조법상의 사용자책임을 근로계약 외의 제3자에게 확대적용하는 것에 반대한다. 하청업체의 임금인상이나 근로시간 등의 단축은 하청업체를 통해 원청업체와 사이의 계약교섭을 통해 이루어져야 하는 것이지, 하청근로자들이 제3자인 원청업체를 직접 상대하여 단체교섭을 요구할 수가 없으며, 이를 허용한다면 계약에 의해 정해진 노임단가 등은 무의미하게 되고, 3각 관계의 당사자들 사이의 계약적 구속관계가 유지될 수 없으며, 이는 계약자유의 원칙을 부정하는 것이라고 한다. 이 견해에 따르면 원청사업주나 파견근로의 사용사업주가 하청근로자나 파견근로자에 대하여 연대책임을 부담한다고 해서 꼭 노조법상 사용자가 되는 것은 아니라고 한다.[27] 이 견해는 지배력 자체가 애매모호한 기준일 뿐 아니라, 지배력설에 따를 경우 사실관계에 기초하여 그때그때마다 해당 근로조건을 지배·결정하는지를 판단해야 하기 때문에 법적 불안정을 야기한다면서 지배력설을 비판한다.[28]

3. 판　　례

가. 기존의 대법원 판례

대법원은, 근로자공급에서 사용사업자의 단체교섭 의무 존부가 문제된 항운노조 사건에서 노조법상의 사용자라 함은 "근로자와의 사이에 사용종속관계가 있는 자, 즉 근로자는 사용자의 지휘, 감독 아래 사용자에게 근로를 제공하고 사용자는 그 대가로서 임금을 지급하는 것을 목적으로 하는 명시적이거나 묵시적인 근로계약관계가 있는 자"를 말한다고 하여[29] 노조법상 사용자는 근로

26) 대향관계설을 주장하는 윤애림b, 69면도 "해당 근로조건뿐만 아니라 노동3권 행사와 관련된 노동관계 전반에 지배력을 가진 자를 널리 노조법상 사용자로 보아야 한다"고 하여 지배력설의 내용을 원용하고 있다.

27) 김영문a, 37~40면.

28) 김영문b, 184면.

29) 대법원 1986. 12. 23. 선고 85누856 판결, 대법원 1993. 11. 23. 선고 92누13011 판결, 대법원 1995. 12. 22. 선고 95누3565 판결.

계약의 당사자인 사용자와 동일하다고 일관되게 판단해 왔었다.

또한 대법원은 항운노조원에 대한 불이익조치(해고)가 문제된 사건에서도, "수급업체의 근로자들이 도급업체의 근로자라고 볼 수 없어 이들에 대한 부당노동행위는 성립할 여지가 없다"고 판단한 바 있다.[30]

나. 현대중공업 판결

(1) 판결의 요지

현대중공업 사내협력사 근로자들로 구성된 사내하청노동조합이 결성된 후 노동조합원들이 소속된 협력사들이 연달아 폐업하여 조합원들이 실직하게 되자, 사내하청노동조합과 실직된 조합원들이 현대중공업을 상대로 부당해고 및 불이익취급(실질적인 해고에 해당한다고 주장)과 지배·개입의 부당노동행위로 구제신청을 한 사건이다.[31] 대법원은, 불이익취급 및 부당해고 주장에 대해서는, 원청업체와 사내협력사 근로자들 간에 묵시적 근로계약관계가 성립되어 있다고 평가할 수 없다는 이유로 이를 받아들이지 않았으나,[32] 지배·개입 부분에 대해서는, "지배·개입 주체로서의 사용자인지 여부는 당해 구제신청의 내용, 그 사용자가 근로관계에 관여하고 있는 구체적 형태, 근로관계에 미치는 실질적인 영향력 내지 지배력의 유무 및 행사의 정도 등을 종합하여 결정하여야 할 것"이라면서 "근로자의 기본적인 노동조건 등에 관하여 그 근로자를 고용한 사업주로서의 권한과 책임을 일정 부분 담당하고 있다고 볼 정도로 실질적이고 구체적으로 지배·결정할 수 있는 지위에 있는 자가, 노동조합을 조직 또는 운영하는 것을 지배하거나 이에 개입하는 등으로 노조법 81조 4호 소정의 행위를 하였다면, 그 시정을 명하는 구제명령을 이행하여야 할 사용자에 해당한다"고 판시하여 원청업체의 부당노동행위책임을 인정하였다.[33]

---

30) 대법원 1999. 11. 12. 선고 97누19946 판결.

31) 중앙노동위원회는 원청업체의 지배개입에 대하여 부당노동행위책임을 인정하면서 "사내협력업체들에 대한 실질적인 영향력과 지배력을 행사하여 사업폐지를 유도하는 행위와 이로 인하여 사내하청노동조합 활동을 위축 또는 침해시키는 행위를 하여서는 안 된다"는 내용의 구제명령을 하였다(중앙노동위원회 2005. 3. 3.자 2004부노68-1~6, 2004부해292-1~6, 2004부노94, 99, 2004부해430, 449 판정).

32) 대법원 2010. 3. 25. 선고 2007두9068 판결, 대법원 2010. 3. 25. 선고 2007두9136 판결, 대법원 2010. 3. 25. 선고 2007두9143 판결, 대법원 2010. 3. 25. 선고 2007두9150 판결.

33) 대법원 2010. 3. 25. 선고 2007두8881 판결, 대법원 2010. 3. 25. 선고 2007두9075 판결. 이 두 판결의 원심은 현대중공업의 지배력을 인정하는 근거로 ① 현대중공업은 작업시간과 작업일정을 관리통제하고 있기 때문에 하청 근로자의 노조활동 시간 보장 등에 대하여 실질적인 결정권을 행사하게 되는 지위에 있는 점, ② 작업 일시, 장소, 내용 등이 도급계약에 의해

대법원은 이 사건에서 원청업체와 하청근로자 사이에 묵시적 근로계약관계가 있다고 볼 수 없어 원청업체인 현대중공업이 근로계약상 고용주는 아니라고 판단하면서도, 노조법상 사용자에는 해당한다고 판단한 것이다.

(2) 판결의 의미

이 판결은 노조법상 사용자를 "근로자의 기본적인 노동조건 등에 관하여 그 근로자를 고용한 사업주로서의 권한과 책임을 일정 부분 담당하고 있다고 볼 정도로 실질적이고 구체적으로 지배·결정할 수 있는 지위에 있는 자"라고 하여, ① '사업주'의 판단기준으로 지배력설을 취하였고, ② 근로계약상 고용주가 아닌 자도 고용주와 함께 노조법상 사업주가 될 수 있음을 분명히 하였으며(중첩성), ③ '일정 부분'이라는 표현을 통해 고용주 외의 사업주는 고용주와는 달리 부분적으로 지배력을 행사하는 것만으로도 충분함을 명시하였다(부분성). ④ 이 판결은 지배력은 그 정도가 '실질적'이고 '구체적'이어야 하고, 그 성격이 '고용주의 권한'과 유사해야 할 것을 요구하고 있으나, ⑤ '근로관계'나 '근로조건 등'이라는 표현을 사용하고 있다는 점과 원청이 지배력을 가지는 대상으로 근로조건인 '작업시간, 휴식, 연장, 야간근로' 외에도 근로조건에 해당하지 않는 '노조활동 시간보장'이나 '노조간부의 유급노조활동시간 보장'을 적시하고 있다는 점에서 지배력이 미치는 대상을 근로조건으로 한정하지는 않았다.

한편, 대법원은 지배·개입으로 인한 노조법위반 형사사건에서 현대중공업 판결의 법리를 유지하였다.[34)]

4. 현대중공업 판결 이후 논쟁의 전개와 하급심 판결·결정례

가. 구 별 설

현대중공업 판결은 지배·개입의 부당노동행위 주체로서의 사용자에 관한 것인데, 단체교섭의 당사자로서의 사용자와 지배·개입 주체로서의 사용자의 범위는 달리 보아야 한다는 견해이다.

이 견해는 집단적 노사관계는 단체교섭을 중심으로 당사자의 이익이 조정,

확정되어 하청업체는 이미 확정된 업무에 어느 근로자를 종사시킬지만을 결정하고 있었던 것에 지나지 않은 점, ③ 하청 근로자가 원청업체가 계획한 작업 질서에 편입되어 원청 직영 근로자와 함께 선박건조업무에 종사한 점, ④ 현대중공업의 관리자들이 작업 진행방법, 작업시간 등을 실질적으로 지휘·감독한 점을 제시하였고, 대법원은 이를 수긍하였다.

34) 대법원 2021. 2. 4. 선고 2020도11559 판결.

실현되므로 근로계약관계를 기반으로 성립하는 것이 원칙이며, 최소한 근로계약관계와 동일시될 수 있는 관계를 기반으로 하여야 한다고 본다.[35] 특히 단체협약의 핵심적 효력이자 개념본질적 구성요소는 근로조건과 근로자의 대우에 관한 기준에 관하여 근로계약에 미치는 규범적 효력이고,[36] 단체교섭의 사용자란 교섭요구사항에 대하여 단지 영향력을 가지고 있어야 하여 인정될 수 있는 지위가 아니라 처분권이 있어야 하므로[37] 단체교섭 및 단체협약의 당사자인 사용자는 근로자에 대하여 근로계약관계에 있는 자이거나 적어도 근로계약관계와 실질적으로 동일시할 수 있는 관계에 있는 자에 한정된다고 한다.[38] 근로계약관계와 실질적으로 동일시할 수 있는 관계로는 ① 직업안정법에 따른 근로자공급, ② 파견법상 근로자파견, ③ 묵시적 근로계약관계가 성립하는 사내하도급, ④ 실질이 근로자파견인 사내하도급, ⑤ 모회사와 자회사 근로자 사이에 묵시적 근로계약관계가 성립하는 모자회사 관계가 있다고 한다.[39]

이 견해에 의하면, 사내하청 관계에서 원청 사용자가 하청노조의 교섭요구사항을 전면적으로 수용하면, 단체교섭에 따른 제반 의무는 하청사용자가 부담해야 하는데, 근로계약의 제3자에 불과한 원청 사용자가 계약당사자인 하청사용자에게 법적 의무를 부담시키는 결과가 되고, 이로써 근로계약 당사자 간의 협약자치질서가 제3자의 개입으로 침해받게 되어 부당하다고 한다.[40] 그리고 노동조합이 근로계약관계가 없는 제3자와 체결하는 협정은 채무적 부분에 대한 것일 수밖에 없는데, 단체협약의 규범적 부분이 전무한 협정은 단체협약의 성질을 가질 수 없다고 한다.[41]

다만 이 견해도 (단체교섭과 달리) 지배·개입에 관해서는, 근로계약관계나 이와 동일시할 수 있는 관계가 없는 제3자라도 노사관계에 영향을 미칠 수 있는 지위에 있는 자라면 지배·개입의 부당노동행위 주체가 될 수 있다고 한다.[42]

35) 박지순, 134면.
36) 박지순, 136~137면.
37) 권혁, 95면.
38) 박지순, 138면.
39) 박지순, 138~141면.
40) 권혁, 103면.
41) 박지순, 137면.
42) 권혁, 100면; 박지순, 142면.

나. 동 일 설

이 견해는 헌법이 보장하는 노동3권을 구체적으로 확보하고 집단적 노사관계의 질서를 파괴하는 사용자의 행위를 예방·제거한다는 부당노동행위 제도의 취지는 단결권과 관련된 지배·개입의 부당노동행위뿐 아니라 단체교섭권과 관련된 단체교섭 거부의 부당노동행위에도 마찬가지로 실현되어야 하고, 그렇기에 법 81조 1항은 '사용자는 다음 각 호의 어느 하나에 해당하는 행위(이하 "부당노동행위"라 한다)를 할 수 없다.'라고 하여 모든 부당노동행위의 유형에 대하여 동일한 사용자 개념이 적용됨을 밝히고 있다고 한다.[43)]

종래 전형적인 근로계약관계와 달리 '근로자를 고용한 사업주'(고용주)에 비해 거래상 우월한 지위를 가지는 제3자(근로자파견의 사용사업주, 도급사업주, 모회사, 플랫폼사업자 등)가 스스로의 사업상 필요에 의하여 고용주 소속 근로자의 노무를 자신의 지배 내지 영향 아래에서 이용하는 다면적 노무제공관계가 확산되고 있는 현실에서, 그 제3자가 노동조건 등을 일정 부분 지배, 결정함에도 불구하고 근로자는 그를 상대로 단체교섭권을 행사할 수 없다면 근로자의 단체교섭권이 본질적으로 제약되고, 고용주도 자신이 지배, 결정하지 아니하는 노동조건에 대해서까지 단체교섭의무를 전적으로 부담하게 되는 불합리한 결과를 가져온다고 한다. 이러한 다면적 노무제공관계에서 제3자가 고용주 소속 근로자의 기본적인 노동조건 형성, 사업장의 유해·위험요소 관리, 작업배치나 업무방법의 기준 설정 등에 대해 일정한 지배력·결정권을 보유·행사하는 경우에는 그 범위 내에서 단체교섭의무를 원사업주와 중첩적으로 분담하도록 하는 것이 헌법상 노동3권의 실질적 구현을 위해 요청된다고 한다. 이렇게 해석하여도 교섭의무를 부담하는 사용자는 노동조합의 요구내용을 그대로 수용할 의무까지 부담하는 것은 아니기 때문에 제3자의 계약의 자유나 기업활동의 자유를 침해하는 것은 아니라고 본다.[44)]

나아가 이 견해는 구별설에 대하여는, 단체교섭에 의해 체결된 단체협약이 근로계약에 대해 직접적, 강행적 효력을 미친다는 것은 당연하지만, 여기서 곧바로 단체교섭은 근로계약관계에 있는 자 사이에서만 이루어져야 한다고 결론

43) 김홍영·강주리, 395~396면. 이승욱, 117~118면도 같은 취지인데, 이에 덧붙여 우리 법체계에서 단체교섭제도는 부당노동행위제도와 적극적으로 연동되어 기능하고 있기 때문에 이들 제도에서 사용자 개념을 달리 파악하는 것은 노조법 체제의 정합성을 파괴하는 것이라고 한다.
44) 이승욱, 108면.

내리는 것은 논리의 비약이고, 이러한 결론은 산별 단체교섭과 같은 초기업별 단체교섭이 현행법상 허용되고 실시되고 있다는 점을 간과한 것이라고 반박한다.[45] 그리고 노동3권의 보장 목적은 '근로조건의 향상'에 있는데 여기서 근로조건의 향상은 개별 근로자가 개별 사업주와 맺은 근로계약의 내용을 보다 유리한 내용으로 변경하는 것에 국한되지 않으며, 단체협약의 규범적 효력은 협약자치를 위해 노조법이 보장하는 것으로 이해해야지, 이것이 헌법상 보장된 노동3권의 범위를 제한하는 것으로 해석되어서는 안 된다고 한다.[46]

이 견해를 취하는 학자나 실무가들은 대체로 고용주가 아닌 제3자는 그가 지배권한을 보유한 교섭사항에 대하여만 교섭의무를 부담한다는 의견을 취하고 있다.[47]

다. 하급심 판결 · 결정례

(1) 구별설(단체교섭의 당사자로서의 사용자는 명시적 또는 묵시적 근로계약관계에 있는 자에 한정됨)을 취한 판결 · 결정

광주지법 2015. 9. 9.자 2015카합50156 결정은 '노조법상 사용자는 명시적이거나 묵시적인 근로계약관계를 맺고 있는 자를 말한다'는 종전 대법원 판례를 인용하면서, ① 단체교섭 및 단체협약의 체결이 주로 임금 기타 근로자들의 근로조건을 정하기 위한 목적으로 이루어지는 점, ② 노조법 33조에서 단체협약의 규범적 효력이 취업규칙 또는 근로계약에 미치도록 규정하고 있는 점, ③ 근로자와 하청업체 사이에 근로계약관계가 존재하는 이상 이를 제3자인 원청업체가 개입하여 임의로 변경할 수 있다고 보기 어려운 점을 그 근거로 단체교섭 및 단체협약의 당사자에는 근로계약관계가 존재하는 사용자만이 포함되고, 묵시적인 근로계약관계조차 인정되지 아니하는 원청회사나 사용사업주는 여기에 포함되지 않는다고 판단하였다.

부산고법 2018. 11. 14. 선고 2018나53149 판결 역시 명시적 · 묵시적 근로계약관계를 요구하는 종전 대법원 판례를 인용하면서, ① 단체교섭제도는 단체협약을 통해 근로계약의 내용을 집단적으로 형성 · 변경할 수 있는 기능과 가능성을 본질로 하므로, 근로자와 사용자 사이의 개별 근로계약관계의 존재 여부와

45) 이승욱, 119면.
46) 윤애림c, 314, 323면.
47) 민변비정규직법, 265면; 박수근, 49면; 이승욱, 127면.

밀접한 관련성을 가질 수밖에 없다는 점과 ② 부당노동행위제도와 단체교섭제도가 각각 다른 목적과 기능을 가진다는 점(전자는 단체교섭에 대한 기본적인 절차와 방법론을 제공하며 근로조건을 형성·변경함으로써 단체교섭질서를 유지하는 것을 그 목적으로 하지만, 후자는 집단적 노사관계질서를 악의적으로 무력화하거나 침해하는 사용자의 행위를 규율함을 목적으로 한다)을 근거로 원청업체가 사내 하청업체 소속 근로자들과의 관계에서 단체교섭 의무가 있는 사용자에 해당하는지는 이들 사이에 적어도 묵시적 근로계약관계가 성립되어 있다고 평가할 수 있을 정도로 사용종속관계가 있는지 여부에 따라 결정된다고 판단하였다.[48)]

그 외에도 같은 취지의 것으로 광주지법 2020. 12. 23.자 2020카합50814 결정, 서울중앙지법 2021. 1. 21. 선고 2018가합582246 판결(확정)이 있다.

이러한 판결·결정들은 단체교섭의 당사자인 사용자를 명시적 또는 묵시적 근로계약관계로 한정해야 한다는 것인데, 이는 앞서 본 바와 같이 근로자공급에서의 사용사업자나 근로자파견(불법파견 포함)에서의 사용사업주에 대해서도 단체교섭에서의 사용자성을 긍정하는 구별설보다도 사용자의 범위를 좁게 인정하는 것이다.

(2) 동일설(단체교섭의 당사자로서의 사용자에도 지배력설 또는 현대중공업 판결 법리가 적용됨)을 따른 판결·결정

서울남부지법 2007. 12. 10.자 2007카합2731 결정은 "사용자(또는 사용자단체)는 단체교섭의 상대방으로서 신의에 따라 성실히 교섭하고, 정당한 이유 없이 단체교섭을 거부하거나 해태하여서는 아니되는 바, 이때 단체교섭 당사자로서의 사용자는 근로자와 근로계약을 체결한 근로계약의 당사자가 되는 것이 보통이고, 도급 또는 하청의 경우 원기업체는 하청업체의 근로자와 직접 근로계약을 체결하고 있지 아니하므로 원기업체가 단체교섭의 당사자가 될 수는 없을 것이나, 다만 하청업체의 근로자가 원기업체의 생산과정에 투입되어 원기업체의 지휘, 명령하에 근로를 제공하고 있고, 원기업체가 하청업체의 근로자에 대하여 실질적인 사용종속관계를 가지고 영향력 또는 지배력을 행사할 수 있는 경우에는 원기업체 역시 단체교섭의 상대방이 된다고 봄이 상당하다."고 판단하였다.

대구고법 2007. 4. 5. 선고 2006노595 판결은 "위와 같은 법규정[49)]에다가

48) 이 부분은 제1심 판결인 울산지법 2018. 4. 12. 선고 2017가합20070 판결을 그대로 인용하였다. 현재 대법원 2018다296229호로 계속 중이다.

49) 구 근기법(2007. 4. 11. 법률 8372호로 전부 개정되기 전의 것) 43조 1항(도급사업에서 직상 수급인의 임금 연대지급 책임), 93조 1항(도급사업에서 원수급자를 재해보상의 사용자로 간주),

노조법이 근로자의 단결권 등을 보호하기 위하여 근기법보다 근로자개념을 더욱 확대하고 있는 점, 단체교섭의 당사자로서의 사용자라 함은 근로계약관계의 당사자로서의 사용자에 한정되지 않고 비록 근로계약관계의 당사자가 아니더라도 단체교섭의 대상이 되는 근로조건에 관한 사항의 전부 또는 일부에 대하여 구체적·실질적 영향력 내지 지배력을 미치는 자도 단체교섭의 의무를 부담하는 사용자에 해당한다고 할 것인 점, 현장을 중심으로 이루어지는 건설근로의 경우 그 특성상 원청업체와 건설일용근로자들과의 사이에 직접적인 근로계약관계를 맺고 있지는 않지만 통상 원청업체는 이러한 근로자들의 노무 제공의 모습, 작업 환경, 근무시간의 배정 등을 실질적으로 결정하는 등으로 근로자들의 기본적인 근로조건 등에 관하여 고용주인 하도급업자, 재하도급업자 등과 동일시할 수 있을 정도로 현실적이고 구체적인 지배를 하는 지위에 있다고 볼 수 있는 점 등의 법리에 비추어 … 대구·경북지역에서 건설일용근로자들과 형식적인 근로계약을 맺지 아니한 원청업체들도 위 일용근로자들과 사이에 실질적인 사용종속관계를 맺고 있는 당사자로서 전문건설업체 등 하수급업체와 중첩적으로 사용자로서의 지위에 있다고 인정되고, 특히 법률상 원청업체의 책임이 인정되는 임금지급에 대한 연대책임, 산업안전·보건관리에 관한 조치의무와 산재보험의 적용, 퇴직공제가입 등에 대한 부분과 원청업체가 실질적인 권한을 행사하는 부분에 있어서는 최소한 원청업체에 단체교섭 당사자로서의 지위를 인정할 수 있다"고 설시하였다.[50]

그 외에도 동일설을 따른 것으로 군산지원 2006. 4. 12.자 2005카합411 결정, 대전지법 2011. 10. 6.자 2011카합782 결정, 대전지법 2012. 3. 15.자 2011카합1209 결정, 서울서부지법 2019. 11. 21. 선고 2019노778 판결,[51] 부산지법 서

구 산업안전보건법(2018. 4. 17. 법률 15588호로 개정되기 전의 것) 29조 1항(도급사업에서 도급인의 수급인 근로자에 관한 안전·보건관리 조치 의무), 건설근로자법 10조 1항(도급사업에서 원수급인의 수급인 근로자에 관한 퇴직공제 가입 의무)을 말한다.

50) 하청 건설사에 고용된 일용근로자이자 지역건설노조의 조합원들이 원청 건설사를 상대로 단체교섭을 요구하여 단체협약을 체결하고 단체협약에 따라 노조 전임비를 받은 것을 공갈죄 등으로 기소한 사건이다(제1심 유죄). 상고심은 노조법상 사용자개념에 대한 법리에 대하여는 별다른 판단을 하지 않은 채, 노조가 구성 및 실체에 관한 기본적인 사항을 밝히지 않고, 실제로 각 현장별로 조합원 수는 미미하고, 안전미비 사항을 사진촬영한 후 단협 체결을 거부한 사업장에 대해서는 실제 고발을 하기도 했지만 단협을 체결한 사업장은 별다른 조치를 하지 않은 점, 원청회사들로부터 노조 전임비를 타내는 것이 단협의 주목적이었던 것으로 보인다는 이유로 공갈죄의 해악의 고지로 판단하였다(대법원 2007. 9. 6. 선고 2007도3165 판결).

51) 이 판결은 현대중공업 판결의 법리를 원용하면서 "고용주가 아닌 사업주라 하더라도 근로

부지원 2021. 6. 8.자 2021카합100086 결정[52] 등이 있다.

최근 '택배기사의 고용주인 대리점주'가 아닌 택배회사가 택배기사 노동조합에 대하여 단체교섭의무를 부담하는지가 문제된 사건(CJ대한통운 사건)에서 중앙노동위원회는 동일설을 취하여 택배회사의 단체교섭의무를 인정하였고,[53] 서울행법 2023. 1. 12. 선고 2021구합71748 판결은 위 재심판정이 적법하다고 판단하였는데, 위 판결은 그 근거로 ① 원청 사업주의 복합적 노무관계 형성이라는 경영상 방침이나 사업구조의 설계에 의해 헌법에 따라 하청근로자에게 보장된 단체교섭권과 단체행동권의 효력이 실질적으로 제한되는 부당한 결과가 초래되어서는 안 되는 점, ② 사적자치가 존재하는 계약법 질서 하에서 계약관계의 존부에 따라 근로조건의 차이는 있을 수 있지만, 계약관계의 밀접성의 정도 또는 존부에 따라 기본권 행사 자격 여부를 결정하는 것은 그러한 자격을 가지지 못하는 하청 근로자에게는 해당 근로조건에 대한 기본권 행사 기회조차 박탈하는 것이어서 기본권의 본질적 내용을 침해할 소지가 큰 점, ③ 노조법 81조 1항이 부당노동행위의 유형 별로 사용자의 개념을 달리 규정하고 있지 않은데 동일한 법령에서의 용어는 법령에 다른 규정이 있는 등 특별한 사정이 없는 한 동일하게 해석·적용되어야 하는 점, ④ 노동3권은 법률이 없더라도 헌법의 규정만으로 직접 법규범으로서 효력을 발휘할 수 있는 구체적 권리이므로, 교섭창구 단일화 절차에 포섭될 수 있는지에 따라 노조법상 사용자의 개념이 달라진다고 해석하는 것은 본말이 전도된 것이고, 같은 이유에서 이러한 해석이 노조법 33조에 따른 단체협약의 규범적 효력에 반한다고 할 수 없는 점 등을 들었다.

5. 검 토

가. 노조법상 사업주의 개념과 범위

노동법에서 사용하고 있는 '사업주'라는 개념은 근로계약의 당사자인 고용

자의 기본적인 노동조건 등에 관하여 그 근로자를 고용한 사업주로서의 권한과 책임을 일정 부분 담당하고 있다고 볼 정도로 실질적이고 구체적으로 지배·결정할 수 있는 지위에 있는 경우에는 그러한 한도 안에서는 '단체교섭의 의무를 부담하는 사용자'에 해당한다고 할 것이다."고 판시하였다. 대법원 2020. 4. 9. 선고 2019도18524 판결로 상고기각되어 확정되었다.

52) 쟁의행위의 상대방이 문제된 사건이다.

53) 중앙노동위원회 2021. 6. 2.자 중앙2021부노14 판정. 현대제철 사내하청 사건에 대한 중앙노동위원회 2022. 3. 24.자 2021부노268 판정도 동일설에 따라 산업안전보건 의제에 관하여 원청 사용자의 단체교섭의무를 인정하였다.

주와 동일한 의미로 사용되고 있지 않다. 학자들 중에는 '사업주'를 설명하며 '사업의 경영주체로 근로자를 사용하여 사업을 경영하는 자를 말하는데, 일반적으로 근로자와 근로계약을 체결한 근로계약의 한 쪽 당사자이지만 반드시 근로계약을 체결한 당사자일 것을 요하지 않는다'거나,[54] '자기 이름으로 사업을 하는 자를 말하고 투자자 · 주주 · 소유자와 구별된다'고 하거나,[55] 또는 '근로계약의 주체인 고용주를 의미하는 것이라기보다는 일반적으로 근로자를 사용하는 사업의 운영주체를 뜻한다'[56]고 하여 일반적으로 고용주보다 넓은 개념으로 이해하고 있다. 또한 사업주를 '사업을 지배하는 자'라고 보면서 '사업' 의 범위를 동태적으로 파악하여 예를 들어 사내하청에서 그 배후에 있는 지배기업 차원이 아니면 노조법의 목적이 실현될 수 없다고 한다면 그 지배기업까지 통합하여 하나의 사업으로 파악하는 것이 필요하다는 견해도 있다.[57]

노동법에서 '사업주'는 이처럼 사업경영담당자나 노무관리자와 대비하여 사업의 주체(주인)라는 지점에서 문리적으로 고정되어 있을 뿐이므로, 나머지 실 내용은 노동법의 존재의의와 각 해당 법률의 입법목적에 따라 채우는 것이 바람직하고, 따라서 노조법상 사업주는 "헌법상 보장된 근로자의 권리를 보호하기 위하여 누가 책임을 부담하는 것이 가장 효과적인가"라는 관점에서 접근해야 할 필요가 있다.

노조법은 "헌법에 의한 근로자의 단결권 · 단체교섭권 및 단체행동권을 보장하여 근로조건의 유지 · 개선"을 주된 목적으로 하고 있는데(1조 전단), 노동3권을 부여하는 궁극적인 목적이 근로조건의 향상이라고 하더라도, 그러한 목적을 달성하는 과정에서 노조법은 단결활동, 단체교섭, 쟁의행위 등 근로계약에 한정되지 않는 다양한 부분을 다루게 된다. 집단적 노사관계 분쟁에서 근로계약과 가장 가까운 영역이라 할 수 있는 단체교섭에 관한 것이 차지하는 비중은 일부에 불과하며,[58] 단체교섭의 대상 중에서는 근로계약사항에 관한 것만이 포함되는 것이 아니라 노동조합의 일상적 활동과 관련된 사항도 상당수 포함되는 것

54) 이병태, 65면(결합기업에서 모회사는 자회사 근로자의 사용자가 될 수 있다고 한다).
55) 임종률, 44면.
56) 조경배, 218면.
57) 박제성, 25~27면
58) 2014년~2018년의 중앙노동위원회의 부당노동행위사건 유형별 비중을 보더라도, 단체교섭 거부 · 해태를 다투는 사건(법 81조 3호)은 전체 부당노동행위 심판사건의 1.3% ~ 6.7%를 차지하였을 뿐이다(한국고용노사관계학회, 48면).

이 일반적이다.[59] 결국 노동3권의 실질적 보장을 위해서는 집단적 노사관계가 근로계약관계에 한정되지 않는 사항을 다루어야 하고 이를 위해서는 '사업주'는 근로계약의 당사자로 고정되어서는 안 될 것이다.[60]

또한 노동쟁의 예방과 산업평화 유지라는 노조법의 또 다른 목적(1조 후단)은, 이렇게 분출되는 집단노사관계상의 다양한 요구사항을 방치하거나 억압하지 아니하고 제도적으로 수용하여 노사가 제도적 공간에서 자율적으로 해결하도록 할 때에 온전히 달성될 수 있을 것인데, 이는 노동관계에 대하여 실질적인 권한을 가지는 자에게 그 권한에 상응하는 책임을 부여할 때만이 가능할 수 있다.

이와 같은 노조법의 입법목적에 비추어 보았을 때 노조법상 사업주는 근로계약의 당사자인 고용주에 한정되지 않고 노동관계에 대하여 실질적인 지배력을 행사하는 자까지를 포괄하는 개념으로 이해하는 것이 바람직하다.

한편, 노조법상 사업주의 범위는 명시적·묵시적 근로계약관계, 적법 또는 위법한 근로자파견관계보다는 넓다는 점을 유의할 필요가 있는데, 그림으로 표현하면 아래와 같다.

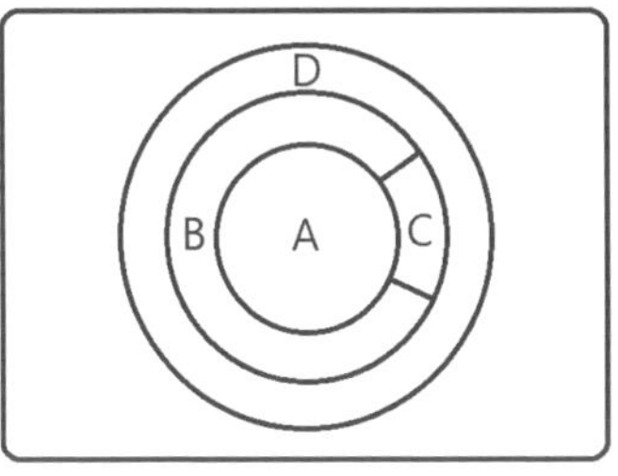

A : 명시적·묵시적 근로계약관계
B : 파견(불법파견 포함)
C : 근로자공급
D : A~C가 아닌 경우로서 지배력을 가지는 경우

노조법상 사용자 = A + B + C + D
(cf. 구별설에 따른 단체교섭 당사자로서의 사용자 = A+B+C)

	2014년	2015년	2016년	2017년	2018년
총 부노 심판사건 수(A)	269	310	316	318	255
81조 3호 사건 수(B)	12	10	4	11	17
B/A(%)	4.5	3.2	1.3	3.5	6.7

59) 단체교섭의 대상에는 통상 ① '근로조건의 결정에 관한 사항'과 ② '근로조건의 결정에 영향을 미치는 기타 노동관계에 대한 사항'이 포함된다고 하며 이 중 '근로조건의 결정에 관한 사항'에는 임금에 관한 사항(임금의 결정·계산과 지급방법, 임금의 산정기간·지급시기 및 승급에 관한 사항, 퇴직금·상여금에 관한 사항), 근무시간에 관한 사항(시업·종업의 시각, 휴게시간, 휴일, 휴가 및 교대근무에 관한 사항), 퇴직에 관한 사항, 근로자의 작업용품 등 부담에 관한 사항, 복지후생시설에 관한 사항, 근로자를 위한 교육시설에 관한 사항, 안전과 보건에 관한 사항, 재해보상·부조에 관한 사항, 상벌에 관한 사항(표창과 징계) 등이 있으며, '기타 노동관계에 관한 사항'에는 노동조합의 활동(조합비공제, Shop제도), 단체교섭의 절차와 방식, 단체협약 체결, 쟁의행위 개시절차 사적 조정·중재 등이 있다고 한다(사법연수원a, 162~171면.

60) 이병희, 154~155면.

나. 단체교섭 당사자로서의 사용자에 관하여

단체교섭 당사자로서의 사용자 역시 노조법 일반에 적용되는 사용자 또는 지배·개입 주체로서의 사용자와 같은 의미로 보는 것이 타당하다고 생각한다. 노조법은 정의(2조 2호)에서부터 단체교섭과 단체협약(29조 1항, 30조), 부당노동행위(80조 1항)에 이르기까지 단일한 문언을 사용하고 있는데, 구별설이 제시하는 논거들은 아래에서 살펴보는 바와 같이 각 조항별로 사용자의 개념과 범위를 다르게 해석할 충분한 근거가 되지 않기 때문이다.

(1) 단체교섭 제도는 근로계약과 밀접한 관계가 있다는 논거에 대하여

단체교섭 제도가 근로계약과 밀접한 관계가 있지만, 그렇다고 하여 근로계약 관계에 있지 않은 자와의 단체교섭이나 단체협약이 성립될 수 없다고 보는 것은 타당하지 않다.

우선 단체교섭 대상의 '규범적 부분'이나 단체협약의 '규범적 효력'이 근로계약의 존재를 반드시 전제하는 것이 아니라는 점을 유의하여야 한다. 법 33조 1항은 '단체협약에 정한 근로조건 기타 근로자의 대우에 관한 기준에 위반하는 취업규칙 또는 근로계약의 부분은 무효로 한다'고 규정하고 같은 조 2항은 '근로계약에 규정되지 아니한 사항 또는 제1항의 규정에 의하여 무효로 된 부분은 단체협약에 정한 기준에 의한다'라고 규정하고 있다. 1항에서 말하는 '근로조건 기타 근로자의 대우에 관한 기준'(이하 '근로조건등'이라 한다)을 통상 '규범적 부분'이라고 하고, 1항 및 2항에 따라 단체협약의 내용이 곧바로 근로조건 기타 근로자의 대우에 관한 기준이 되도록 하는 효력을 '규범적 효력'이라고 하는데, 2항은 근로계약에 규정되지 아니한 사항에 대해서도 규범적 효력이 미친다고 명시적으로 규정하고 있다. 임금, 근로시간 등 대표적인 근로조건등에 관해서는 근로계약에서 그 내용을 정할 것이지만, 근로자의 처우에 중요한 의미를 가지는 사항 중에서도 근로계약에서 정하기 어렵거나 적당하지 않은 것이 다수 존재한다. 작업환경, 작업속도, 공동시설의 이용방법,[61] 산업안전에 관한 사항 등이 여기에 해당하는데, 이러한 근로조건등에 대해서도 33조의 규범적 효력이 미칠 수 있다. 따라서 규범적 효력이 단체교섭의 당사자가 근로계약의 당사자로 한정되어야 하는 충분한 근거가 될 수는 없다.

---

61) 김유성, 167면; 임종률 162면.

근로계약이 정하지 아니하는 근로조건이 존재한다는 점은 사내하도급에서 매우 중요한 의미를 지닌다.[62] '사내하도급'이란 사업자가 자신의 사업의 일부를 자신의 사업장 내에서 다른 사업자에게 맡겨 처리하도록 하는 거래유형을 의미한다. 사내하도급에서 수급업체는 그 소속 근로자에 대하여 실질적인 사용지시를 하는 사업주에 해당한다. 그런데 수급업체가 도급업체의 '사업의 일부'를 도급업체의 '사업장'에서 처리한다는 것은 단순히 수급업체의 생산 활동의 장소가 도급업체 사업장 내에 위치한다는 공간적인 의미만을 가지는 것이 아니라, 도급업체의 생산 환경이 수급업체의 생산 환경이 되며, 더 나아가 도급업체의 생산 계획과 생산 방법이 수급업체의 그것을 구속하며, 도급업체가 자신의 작업장 및 노동조직에 대해 행사하는 사용자로서의 권한에 수급업체의 근로자들도 그대로 노출되거나 그 영향을 받게 됨을 의미한다.[63] 전통적인 근로관계에서는 근로계약이 포괄하지 못하는 근로조건의 결정권을 근로계약의 당사자인 사용자가 전적으로 행사하였다면, 사내하도급에서는 이 결정권의 상당 부분을 '근로계약의 당사자인 수급업체'가 아니라 도급업체가 행사하게 된다. 이러한 도급업체를 단체교섭의 당사자로 보아 단체교섭의 장으로 이끌어 내는 것은 근로조건의 유지·개선을 주된 목적으로 하는 단체교섭 제도의 취지에 어긋나는 것이 아니라 오히려 단체교섭권의 보장 취지를 실질적으로 구현하는 것이 된다. 고용주가 아닌 사업주가 근로조건을 일정 부분 지배·결정함에도 불구하고 근로자는 그 근로조건에 대해 단체교섭권을 행사할 수 없도록 한다면, 그 근로조건에 대한 근로자의 단체교섭권이 본질적으로 제약되며 또한 고용주로서도 자신이 지배·결정하지 아니하는 근로조건에 대해서까지 단체교섭 의무를 전적으로 부담하게 되는 불합리한 결과를 가져온다는 점에서도 그러하다.

게다가 노조법은 근로자 개념을 근기법상 근로자 개념보다 넓게 파악하여 근로계약관계가 아닌 위탁계약에 따른 노무제공자도 이미 근로자에 포함시키고 있고[64] 이러한 노무제공자에게 단체교섭권을 인정하고 있다. 대법원은 '근로자

---

62) 사내하도급과 같이 수급업체의 생산이 전적으로 도급업체 사업장 내에서 이루어지는 경우가 아니라, 수급업체의 작업이 상당 부분 도급업체의 사업장에서 이루어지는 경우에도 그 범위 내에서는 사내하도급과 동일한 논의가 적용될 수 있을 것이다.

63) 이병희, 132면.

64) 대법원 2018. 6. 15. 선고 2014두12598, 12604 판결, 대법원 2018. 10. 12. 선고 2015두38092 판결, 대법원 2019. 2. 14. 선고 2016두41361 판결, 대법원 2019. 6. 13. 선고 2019두33712 판결, 대법원 2019. 6. 13. 선고 2019두33828 판결 등. 이 중 2015두38092 판결, 2016

의 단체교섭권'에 관하여 근로계약관계의 존재보다 "노무제공관계의 실질에 비추어 노동3권을 보장할 필요성이 있는지"라는 관점에서 접근하고 있는데,[65] 그 동전의 뒷면에 해당하는 '사용자의 단체교섭의무' 또한 이와 같은 관점에서 판단되어야 한다.

그리고 단체교섭 단계에서 노동관계 당사자 간의 노동분쟁을 둘러싼 설명이나 설득 과정 그 자체가 노사간 신뢰를 구축하며 불필요한 분쟁을 방지하는 계기가 되는 점,[66] 통상적인 단체협약에는 근로계약이나 규범적 효력과 관계없는 노동조합 활동 등 집단적 노사관계에 관한 사항이 다수 포함되어 있는 점도 단체교섭의 당사자를 근로계약의 당사자로만 한정시킬 수 없는 현실적인 근거가 된다.

(2) '지배력'이라는 모호한 개념을 도입하여 법적 안정성을 해친다는 논거에 대하여

근기법이 부당해고의 제한에 관하여 '정당한 이유'라는 불확정 개념을 사용하고 있지만 학계의 논의와 판례에 의해 그 내용과 기준이 구체화[67]되었듯이 '지배력' 역시 학설과 판례에 의해 구체화될 수 있는 개념이다. 나아가 어떤 교섭사항에 대하여 누구에게 '지배력'이 있는지는 노사 당사자가 가장 잘 알고 있을 뿐만 아니라, 단체교섭의 경험이 축적되면서 자연스럽게 정리가 될 수 있을 것으로 보인다.

현대중공업 판결은 '지배력'에 관한 기준으로 '그 근로자를 고용한 사업주로서의 권한과 책임을 일정 부분 담당하고 있을 것'과 '실질적이고 구체적으로 지배·결정할 것'을 제시하였는데, 이는 도급업체의 지배력이 단지 도급계약상 우월적 지위에 기한 거래관계에서의 막연한 지배력에 머물지 않고 수급업체 '근로자'에 대한 '실질적이고 구체적'인 지배력일 것을 요구함으로써 지배력의 내

두41361 판결이 단체교섭권에 관한 판결이다.

65) 예를 들어 대법원 2015두38092 판결은 '방송사업자와 대등한 위치에서 노무제공조건 등을 교섭할 수 있도록 할 필요성'을 강조하고 있다.

66) 하청근로자의 산재 원인의 상당수가 원청과의 소통 부족에 기인한다는 점에서 산재 위험요소를 공유함으로써 산재 예방에 큰 역할을 할 수 있다.

67) 근기법 23조의 '정당한 이유'에 대하여 헌법재판소는 "이 사건 법률조항과 같이 법문상으로는 부당해고의 금지를 일반추상적으로 규정하고 구체적인 근로계약에서 어떤 유형이 부당해고에 해당하는지를 법원의 판례를 통하여 구체화하고 그 집적을 통하여 판단기준을 발전시켜 나가는 것이 반드시 부적절한 입법태도라고 할 수도 없다."고 판시한 바 있다(헌재 2005. 3. 31. 선고 2003헌바12 결정).

용이 지나치게 확장되지 않도록 하였다. 사내하도급에서는 도급의 대상이 된 업무가 (도급업체 근로자가 수행하는 공정과 완전히 분리되어 있는 경우라 하더라도) 도급인의 생산 과정의 일부를 구성함으로 인하여 수급업체 근로자는 도급업체의 생산 환경과 생산 질서를 직접 대면하거나 이에 노출되고, 그 결과 수급업체 근로자는 도급업체의 영향력 아래 직접 놓이게 된다. 이때의 영향력은 그 내용과 정도에 있어 외부 수급업체로부터 단순히 부품을 납품 받는 관계에서 도급업체가 행사하는 영향력과는 질적으로 다르다. 지배력설은 이러한 범위 내에서 구체적인 사실관계를 살펴 노조법상 사용자 여부를 판단하고자 하는 것이므로 일반 거래관계에서 드러나는 일반적인 지배력과는 쉽게 구분이 가능하다.

(3) 원청사업주와의 단체교섭(제3자와의 합의)이 고용주와의 협약자치를 훼손한다는 주장에 대하여

수급업체 근로자들의 근로조건등 중에는 수급사업주는 아무런 결정권이 없고, 도급사업주만이 처분권을 가지는 사항들이 있다. 도급사업주가 운용하는 컨베이어벨트 속도와 같은 작업강도의 문제나 설비개선을 통한 사업장 내 유해요소의 제거 · 저감, 도급사업주 사업장내 시설의 이용 · 제공 등이 그것이다. 이러한 사항들에 관하여 수급사업주에게 단체교섭을 요구하더라도 그가 결정할 수 있는 사항이 아니기 때문에 교섭이 진척될 수 없고, 도급사업주를 교섭상대방으로 삼아야만 실질적인 교섭이 가능하게 된다.

이와 달리 수급사업주가 근로계약이나 취업규칙에 따라 권한을 가지는 사항이지만 도급사업주의 결정에 영향을 받는 사항의 경우는 다음과 같이 해결할 수 있을 것이다. 우선 도급사업주가 실질적으로 단독으로 결정권을 가지는 사항(수급사업주는 형식적으로만 권한이 있는 것처럼 보일 뿐, 실제는 결정권이 없거나 미미한 경우)의 경우에는 도급사업주가 단체교섭의 당사자가 되어도 아무런 문제가 없다. 실질적으로도 도급사업주와 수급사업주가 공동으로 결정권을 가지는 사항이라면 둘이 모두 동의한 경우에만 단체협약의 효력이 발생한다고 해석할 수 있고, 둘의 권한 영역을 분리할 수 있다면 각자가 권한을 가진 범위 내에서 단체교섭의무를 인정할 수도 있을 것이다. 어느 방법을 취하든 도급사업주와의 합의가 수급사업주의 경영권을 침해한다고 보기는 어려울 것이다.

다. 불이익취급의 주체로서의 사용자에 관하여

불이익취급에는 법률행위와 사실행위가 모두 포함될 수 있으므로 고용주가 아니더라도 지배력설에 따른 사용자가 근로자에게 불이익을 가하는 사실행위를 하였다면 그는 불이익취급에 의한 부당노동행위의 주체가 될 수 있다. 원청업체가 노동조합원이라는 이유로 하청근로자의 사업장 출입을 막거나 원청업체가 하청업체에 노동조합에 가입한 근로자의 교체를 요구하는 행위가 이에 해당할 것이다. 이 경우에 노동위원회가 원청업체에게 출입금지나 교체요구를 못하도록 하는 구제명령을 내리는 것은 가능할 뿐 아니라 매우 필요하다. 현대중공업 사건에서 불이익취급에 관한 근로자 측의 주장이 받아들여지지 않은 것은, 근로자 측이 묵시적 근로계약관계가 성립함을 전제로 하청업체의 폐업이 원청업체가 한 '해고'라고 주장했기 때문이지, 법원이 불이익취급의 주체가 고용주로 한정된다고 판단하였기 때문은 아니었다.

라. 사용자 책임의 구체적인 내용

동일설과 구별설 중 어느 견해를 따를 것인지에 따라 단결권, 단체교섭권, 단체행동권과 관련하여 사용자가 부담하는 책임의 내용이 조금씩 다르게 되는데, 그 내용이 구체적으로 무엇인지는 'Ⅵ. 보론 — 근로자파견과 사내하도급에서 사용업체의 노조법상 사용자책임의 구체적인 내용'에서 상세히 다루기로 한다. 위 글은 근로자파견과 사내하도급만을 대상으로 한 것인데, 그 외의 경우로서 지배력을 행사하는 사업주에 대해서도 동일한 논의가 적용될 수 있을 것이다.

Ⅳ. 사업의 경영담당자

1. 개념과 범위

'사업의 경영담당자'는 사업의 경영 일반에 관하여 책임을 지는 자로서 사업주로부터 사업 경영의 전부 또는 일부에 대하여 포괄적인 위임을 받고 대외적으로 사업을 대표하거나 대리하는 사람을 말한다.[68] 이에 해당하는 자로서는, 주식회사의 대표이사(상법 389조 3항, 209조), 합명회사, 합자회사의 업무집행사원(상

68) 대법원 2022. 5. 12. 선고 2017두54005 판결. 사업주와 달리 사업경영담당자의 경우에는 노조법상 개념과 근기법상 개념이 일치하는데, 근기법상 사업담당자에 관한 판결로는 대법원 1988. 11. 22. 선고 88도1162 판결이 있다.

법 201조, 209조, 269조), 유한회사의 이사(상법 567조, 389조 3항, 209조), 회생회사의 관리인(채무자회생법 74조)을 들 수 있다. 학교법인이 설립, 경영하는 영조물의 대표자인 의료원장[69]이나 학교장[70]도 사업경영담당자에 해당한다.

주식회사의 이사는 대표이사와는 달리 업무집행에 관하여 회사를 대표하거나 대리하는 지위에 있는 것이 아니라 이사회의 구성원으로서 업무집행에 관한 의사결정에 참여하는 것에 불과하므로 여기서 말하는 사업의 경영담당자에는 해당하지 않는다. 그러나 주식회사의 이사로서 대표이사와 함께 근로자들을 고용하고 급료를 지급하는 노무 관련 직무를 수행해 온 경우라면 사업경영담당자가 아닌 노무관리자로서 사용자로 볼 여지가 있다.[71] 한편 형식상으로는 회사의 대표이사에서 사임하였으나 회장으로서 실질적으로 회사를 경영해 온 자는 사업경영담당자에 해당한다.[72]

2. 노조법상 의무와 책임

앞서 언급했듯이 사업경영담당자는 노조법에 규정된 사용자로서 지는 모든 의무와 책임을 부담하는 것은 아니며, 개별 규정의 취지에 따라 사용자책임 등이 인정되는 사항도 있고, 그렇지 않은 사항도 있다. 단체교섭 의무를 부담하는 사용자는 사업주에 한정된다는 점과 부당노동행위에 대한 형사책임은 사업경영담당자에도 부과된다는 점에는 이견이 없다.[73]

논란이 되는 부분은 노동위원회가 사업경영담당자에 대하여 부당노동행위 구제명령을 내릴 수 있는지 여부이다.[74] 이에 대해서는 이를 부정하는 견해[75]와 이를 긍정하는 견해,[76] 사업주가 아니더라도 지점장, 영업소장, 공장장과 같이

69) 대법원 2008. 4. 10. 선고 2007도1199 판결.
70) 대법원 1986. 7. 8. 선고 86도722 판결.
71) 대법원 1995. 12. 5. 선고 95도2151 판결.
72) 대법원 1997. 11. 11. 선고 97도813 판결.
73) 노조법 94조는 사용자의 대리인, 사용인, 종업원이 부당노동행위를 할 경우에는 행위자를 벌한다고 규정하여 사업경영담당자와 노무관리자도 부당노동행위의 형사책임을 진다는 점을 분명히 하였다.
74) 노조법 84조 1항은 노동위원회는 부당노동행위가 성립한다고 판정하는 경우 ‘사용자’에게 구제명령을 발하여야 한다고 규정하고 있다.
75) 임종률, 267면(사업주 이외의 자가 부당노동행위를 행했다 하더라도 그 행위는 사업주의 행위로 인정되고 그 행위로 인한 침해상태를 시정할 권한과 책임은 사업주에게 있기 때문이라고 한다); 김형배, 1325~1326면(법적 당사자와 현실의 행위자는 구별하여야 한다면서, 부당노동행위 구제신청의 피신청인은 원칙적으로 법적 당사자로서의 사용자, 즉 사업주를 말한다고 한다).
76) 박상필, 505면; 심태식, 224면.

해당 사업장의 소관사항을 처리할 권한이 있는 자에 대해서는 구제명령을 하는 것이 가능하다는 견해[77]가 제시되고 있다.

대법원은 부당노동행위 구제신청과 구제명령의 상대방인 사용자에는 사업주 외에도 사업경영담당자나 노무관리자도 포함된다고 판단하여 긍정설을 취하였는데,[78] 대법원이 든 근거는 ① 구제신청과 구제명령의 상대방인 사용자의 범위와 부당노동행위 금지의무를 부담하는 사용자의 범위와 같다고 해석하는 것이 논리적으로 일관되고, ② 노조법이 사용자를 사업주에 한정하지 아니하고 사업경영담당자나 노무관리자로 확대한 이유는 노동현장에서 노조법의 실효성을 확보하기 위함인데 이러한 취지를 부당노동행위 구제신청에서 피신청인적격의 존부를 판단할 때도 충분히 고려할 필요가 있으며, ③ 현실적으로 발생하는 부당노동행위의 유형이 다양하고 노사관계의 변화에 따라 그 영향도 다각적이어서 부당노동행위의 예방·제거를 위한 구제명령의 방법과 내용은 유연하고 탄력적일 필요가 있으므로, 구제명령을 발령할 상대방도 사업주에 한정하지 않고 구제명령을 실효적으로 이행할 수 있는 법률적 또는 사실적인 권한이나 능력을 가지는지 여부 등을 고려하여 결정하여야 한다는 것이다.

V. 근로자에 관한 사항에 대하여 사업주를 위하여 행동하는 자

1. 개념과 범위

'근로자에 관한 사항에 대하여 사업주를 위하여 행동하는 자'란 근로자의 인사, 급여, 후생, 노무관리 등 근로조건의 결정 또는 업무상의 명령이나 지휘감독을 하는 등의 사항에 대하여 사업주로부터 일정한 권한과 책임을 부여받은 자를 말한다.[79] 사업경영담당자와 마찬가지로 근기법의 '근로자에 관한 사항에 대하여 사업주를 위하여 행위하는 자'와 그 개념과 범위가 같다.

고용, 해고, 승진, 전보 등 인사관리를 담당하거나 임금, 근로시간, 휴게시간 기타 근로조건의 결정과 노무관리의 기획 또는 집행에 관여하는 자, 노동관계에 관한 기밀사무를 담당하는 자 등이 여기에 해당한다고 할 수 있다. 일반적

77) 김유성, 365면.
78) 대법원 2022. 5. 12. 선고 2017두54005 판결.
79) 대법원 2022. 5. 12. 선고 2017두54005 판결(대표이사의 아들이면서 사내이사 겸 지배인으로서 노무관리 업무를 담당해 온 자가 노무관리자에 해당한다고 보았다).

으로는 인사 · 노무부서의 부장 · 과장, 임금 등 인건비 예산을 기획하는 부서의 부장 · 과장, 다수의 부하 직원에 대한 지휘 · 감독과 인사고과 등을 담당하는 상급부서의 책임자 등이 여기에 속하겠지만,[80] 근로자에 관한 사항에 대한 권한과 책임의 유무는 직제상의 명칭에 의하여 형식적 · 획일적으로 판단할 것이 아니라 실질적 · 구체적으로 판단하여야 할 것이다.[81]

2. 노조법상 의무와 책임

사업경영담당자에서 이루어지는 논의가 여기에도 그대로 적용된다.

Ⅵ. 보론 — 근로자파견과 사내하도급에서 사용업체의 노조법상 사용자책임의 구체적인 내용

1. 들어가며

이하에서는 노조법상 사용자개념을 근로계약의 당사자보다 넓게 해석하는 견해(지배력설)를 따른다는 전제 위에, 노조법상 사용자(사업주) 여부가 구체적으로 문제가 되고 있는 부분에 관하여 서술한다.[82] 예전에는 항운노조와 같이 직업안정법상 근로자공급에서 노조법상 사용자 여부가 주로 논의되었지만, 최근에 문제되는 사례는 대부분 파견법에 따른 근로자파견계약이 체결된 경우(적법한 파견)와 도급계약이 체결된 경우이다.

외형적으로는 도급계약이 체결된 경우라도 그 실질에 따라(사후적인 법원의 판단에 의해) 직접근로계약관계, 근로자파견, 진정도급(외형뿐 아니라 실질도 도급인 경우)으로 구분되어 각각 다른 법률관계를 형성한다. 직접근로계약관계로 판정되면 도급인이 근로계약의 당사자로서 근기법과 노조법상 사용자책임을 전적으로 부담한다(따라서 노조법상 사용자성이 특별히 문제되지 않는다). 그렇지 않고 근로자파견이나 진정도급으로 판정될 경우에는 근로자들의 소속업체인 수급인이 여전

80) 임종률, 45면.

81) 대법원 1983. 6. 28. 선고 83도1090 판결(신축공사현장의 현장소장이라도 실제 다른 사람에 의해 공사감독이나 노임 지급 등이 이루어진 경우에는 현장소장을 사용자라고 볼 수 없다).

82) 다만, 노조법상 사업주와 근로계약상 고용주를 동일시하는 입장을 취하더라도, 다음에서 다루는 사항 중 사용사업주나 '도급인의 공간사용에 대한 수인 의무'나 '사용사업주가 파견법에 의해 근기법상 책임을 지는 사항에 대한 부당노동행위책임'에 대한 논의는 여전히 적용의 여지가 있을 수 있다.

히 유효한 근로계약의 당사자로 남게 되고, 도급인이 수급인 소속 근로자에 대하여 근로계약상 당사자가 되지는 않는다. 다만 근로자파견으로 인정되는 경우에는 파견법에 따라 사용사업주는 근기법의 일부 조항과 산안법의 대부분의 조항에 관하여 사용자로 간주된다(파견법 34 · 35조). 한편 진정도급에서 도급인의 사용자성 문제되는 사건들은 수급인이 도급인의 사업장에서 도급받은 업무를 수행하는 경우, 즉 '사내하도급'의 경우[83]가 대부분이다.

결국 노조법상 사용자 책임의 내용과 범위를 검토할 필요가 있는 유형은 ① 적법한 파견, ② 도급계약이 체결되었으나 실질이 파견인 경우, ③ 진정도급 중 사내하도급이라고 볼 수 있는데, 이 글에서는 근로자파견(①, ②)과 사내하도급(③)으로 구분하여 사용자책임의 구체적인 내용을 살펴보기로 한다.

2. 단결권 보장의무

근로자의 집단적 노사관계활동은 노동조합을 설립하는 데서 비로소 시작하므로 단결권은 노동3권 중 가장 근간을 이룬다. 이러한 단결활동은 사용사업주나 도급인의 사업장 내에서 이루어질 수밖에 없을 뿐 아니라, 전체 생산시설과 생산과정을 통제하고 있는 사용사업주와 도급인에 의해 많은 영향을 받게 된다는 점에서, 근로자의 단결권행사에 대하여 사용사업주와 도급인은 일정한 보장의무를 부담한다.[84] 여기서 보장의무를 부담한다는 것은 단체교섭대상이 된다는 것과는 다른 의미인데, 후자는 단체협약이 체결되어야만 보장되는 사항이나, 전자는 단체협약이 없더라도 당연히 보장되어야 하는 사항이다. 단체협약과 무관하게 노조법상 사용자가 보장의무를 지는 대표적인 예로 지배 · 개입 및 불이익취급 금지 의무와 공간사용에 대한 수인 의무를 들 수 있다. 동일설을 취하는 학자들뿐 아니라 구별설을 취하는 학자들도 고용주가 아닌 파견사업주나 사내하도급의 도급인이 지배 · 개입 금지 의무[85]와 공간사용에 대한 수인 의무[86]를 부담함은 대체로 긍정하고 있다.

가. 지배 · 개입 및 불이익취급 금지 의무

사용사업주나 도급인이 파견사업주나 수급인 근로자들의 노조결성 및 운영

83) 업무의 일부를 도급인의 사업장에서 하는 경우도 있을 것이다.
84) 이병희, 157면.
85) 권혁, 100면; 박지순, 142면.
86) 권혁, 101~102면.

에 지배·개입하는 경우나 노동조합 활동을 이유로 위 근로자들에게 불이익조치를 한 경우에는 부당노동행위책임을 진다.

부당노동행위가 인정될 경우 구제명령의 내용에 관해서는 노조법에 특별한 규정이 없고, 노동위원회의 재량에 맡겨져 있다. 대법원은 앞서 본 현대중공업 사건에서 "현실적으로 발생하는 부당노동행위의 유형은 다양하고, 노사관계의 변화에 따라 그 영향도 다각적이기 때문에 그에 대응하는 부당노동행위 구제의 방법과 내용도 유연하고 탄력적이어야 한다"면서 "실질적인 영향력과 지배력을 행사하여 사업폐지를 유도하는 행위와 이로 인하여 노동조합의 활동을 위축시키거나 침해하는 행위를 하여서는 아니 된다"는 내용의 부작위명령도 가능하다고 판단한 바 있다.[87)]

사용자의 부당노동행위가 법률행위라면 이를 취소하는 것만으로 효과적인 구제를 할 수 있지만, 근로자파견이나 사내하도급에서처럼 노조법상 사용자가 근로자들과 직접적인 법률관계를 맺지 않고 있는 경우에는 현실에서 존재하는 지배·개입이나 불이익취급은 대부분 사실행위일 가능성이 높고, 사실적인 침해상태를 제거하는 것이 구제의 내용이 되어야 할 것이다.

앞서 본 현대중공업 사건에서, 도급인인 현대중공업은 하청업체로 하여금 스스로 폐업하게끔 유도하여 하청업체 소속 노동조합원들이 해고되게 하는데, 이에 대하여 법원은 묵시적 근로계약관계가 인정되지 않는 현대중공업은 원직복직을 시킬 수 있는 권한이나 능력이 없다는 이유로 근로자의 구제명령신청을 받아들이지 않았다.[88)] 원청업체에게 원직복직의 구제명령을 내릴 수는 없다는 판단 자체는 타당하다고 보더라도, 그렇다고 하여 불이익취급의 부당노동행위가 불인정되어야 하는 것도 아니고, 어떠한 구제명령도 할 수 없다는 결론에 이르는 것도 아니다. 불이익취급에 해당하는지를 먼저 판단하고 불이익취급이 성립한다면 해당 사용자가 이행할 수 있는 내용으로 구제명령을 내리면 되는 것이기, 불이익취급의 구제명령으로 '원직복직'만을 상정한 후, 원직복직을 명할 수 없다는 이유로 구제신청을 기각하는 것은 올바른 판단이라고 할 수 없다. 구제명령은 재량행위이고, 노조법 84조 1항이 부당노동행위가 성립한다고 판정한 때에 사용자에게 구제명령을 발하여야 한다고 규정하고 있을 뿐, 구제명령의 유

87) 대법원 2010. 3. 25. 선고 2007두8881 판결.

88) 서울행법 2006. 6. 16. 선고 2005구합12213 판결(주32의 대법원 2010. 3. 25. 선고 2007두9143 판결의 1심판결이다).

형 및 내용에 관하여는 특별히 정하고 있지 아니한 것은 노동위원회가 전문적·합목적적 판단에 따라 개개 사건에 적절한 구제조치를 할 수 있도록 하기 위함이므로,[89] 노동위원회는 노동3권의 침해 상태를 실효적으로 제거하기 위하여 다양한 조치를 구제명령의 내용으로 형성할 수 있는 광범위한 재량을 가진다. 현대중공업 사건에서와 같이 원청업체가 노동조합 설립을 주도한 근로자들이 속한 하청업체의 폐업을 유도한 경우에는 "도급업체는 폐업으로 위탁종료된 업무에 대하여 직영할 경우에는 기존 근로자들을 직접 채용하고, 다른 협력업체에게 도급을 줄 경우에는 그 업체가 기존 근로자들의 고용을 승계한다는 것을 조건으로 하는 도급계약을 체결하라"는 구제명령이 가능하다고 보아야 한다.[90] 이는 부당노동행위 이전의 상태로 회복하는 가장 실효적인 구제의 내용이면서도, 폐업한 하청업체로 하여금 다시 사업을 계속하도록 강제하는 것도 아니고 원청업체로 하여금 하청 근로자들을 반드시 직접고용할 것을 강제하는 것도 아니어서 사용자의 영업의 자유를 과도하게 침해하는 문제를 야기하지 않기 때문이다.

나. 공간사용에 대한 수인 의무

(1) 홍보활동과 쟁의행위

사용사업주나 도급인은 파견업체 또는 수급업체에 설립된 노동조합의 활동이 자신의 사업장 내에서 이루어짐으로 인하여 발생하는 일정한 불이익이나 불편함을 수인할 의무를 부담한다. 사업장의 공간은 사용업체의 시설관리권이 전면적으로 미치기는 하지만, 이 공간은 동시에 노동조합의 활동공간이기도 하기에, 구체적인 이익형량 없이 그 사용을 원천적으로 금지할 경우에는 파견업체나 수급업체 근로자들의 노동조합 활동이 극도로 위축될 수밖에 없기 때문이다. 파견근로자들이나 수급업체 근로자들이 사용사업주나 도급사업주를 상대로 노동조합 활동을 하는 경우는 물론, 자신의 소속 고용주를 상대로 노동조합 활동을 하는 경우에도 사용사업주나 도급사업주는 합리적인 범위 내에서 이들의 공간사용을 수인하여야 하는데, 대표적인 경우가 사업장 내에서의 홍보활동(유인물 배포, 선전전 등)과 쟁의행위이다(유의할 점은 이러한 수인의무는 단체협약에 의하여 비로소 발생하는 것이 아니라 이와 무관하게 존재하는 것이다. 예를 들어 노동조합 사무

89) 대법원 2010. 3. 25. 선고 2007두8881 판결(현대중공업 판결).

90) 이병희, 162~163면.

실은 단체협약이 체결되어야만 보장되지만 사내 선전전은 단체협약이 없더라도 보장되어야 할 사항이다).

㈎ 쟁의행위

파견사업주나 수급인 소속의 근로자들이 소속 고용주와의 단체교섭이 결렬되자 사용사업주나 도급인의 사업장 내에서 쟁의행위를 하는 것 —쟁의행위의 상대방은 파견사업주나 수급인이지만 쟁의장소를 단지 사용사업주나 도급인의 사업장 내에서 하는 것— 이 허용되는지가 논쟁이 된 바 있다. 파견사업주와 파견근로자 노조 간에 단체교섭이 결렬된 경우에 사용사업주의 사업장에서 근무하는 파견근로자들은 파업에 참가할 수 없다는 견해가 있고,[91] 노조법이 "쟁의행위는 그 쟁의행위와 관계없는 자 또는 근로를 제공하고자 하는 자의 출입·조업 기타 정상적인 업무를 방해하는 방법으로 행하여져서는 아니 되며 쟁의행위의 참가를 호소하거나 설득하는 행위로서 폭행·협박을 사용하여서는 아니 된다"고만 규정하고 있다는 점(법 38조 1항)을 근거로 하여 사용사업주와 도급인 소속의 근로자나 다른 파견·수급업체 소속 근로자의 출입과 조업을 방해하는 방법으로 하는 것이 아니라면 사용사업주와 도급인은 이를 수인할 의무가 있다는 견해도 있었다.[92]

이에 관하여 대법원은 한국수자원공사(도급인)와 시설관리 계약을 체결한 용역업체(수급인) 소속 청소·미화 근로자들이 용역업체를 상대로 쟁의행위를 하면서 한국수자원공사 건물에서 집회를 개최한 것이 업무방해죄와 퇴거불응죄가 되는지가 문제된 사건에서 ① 수급인 소속 근로자들이 집결하여 함께 근로를 제공하는 장소로서 도급인의 사업장은 수급인 소속 근로자들의 삶의 터전이 되는 곳이고, 쟁의행위의 주요 수단 중 하나인 파업이나 태업은 도급인의 사업장에서 이루어질 수밖에 없는 점, ② 도급인은 비록 수급인 소속 근로자와 직접적인 근로계약관계를 맺고 있지는 않지만, 수급인 소속 근로자가 제공하는 근로에 의하여 발생한 이익을 누리고, 그러한 이익을 향수하기 위하여 수급인 소속

91) 김형배, 874~875면.
92) 이병희, 158면(다만, 이 경우에도 쟁의행위의 상대방은 고용주이므로, 노동조합으로서는 사용사업주나 도급인의 피해를 최소화하는 방법을 채택할 의무가 부과된다고 한다.); 노동부 질의회시 1990. 9. 3. 노사 32281-12279("의료원의 실내 청소를 하는 청소 용역 소속근로자는 자신들이 근로를 제공하는 의료원에서 쟁의행위를 할 수 있으나, 어떠한 경우에도 쟁의행위 과정에서 의료원의 정상적인 업무수행이나 쟁의행위에 참가하지 않는 근로자의 업무를 방해해서는 아니 된다").

근로자에게 사업장을 근로의 장소로 제공하였으므로 그 사업장에서 발생하는 쟁의행위로 인하여 일정 부분 법익이 침해되더라도 사회통념상 이를 용인하여야 하는 경우가 있을 수 있는 점을 근거로, 사용자인 수급인에 대한 정당성을 갖춘 쟁의행위가 도급인의 사업장에서 이루어졌다고 하여 항상 위법하다고 볼 것은 아니고, 법질서 전체의 정신이나 그 배후에 놓여있는 사회윤리 내지 사회통념에 비추어 용인될 수 있는 행위에 해당하는 경우에는 형법 20조의 '사회상규에 위배되지 아니하는 행위'(정당행위)로서 위법성이 조각된다고 판단하였다.[93]

㈏ 홍보활동

유인물 배포, 선전전 등의 홍보활동의 경우에는 업무저해성이 쟁의행위보다 약한데, 쟁의행위에 관한 위 대법원 판결 취지를 고려해 보면, 홍보활동에 관해서도 사용자의 수인의무를 인정할 수 있다.

(2) 타 사업장에서 근무하는 조합원의 사업장 출입권

파견업체나 수급업체가 여러 사용업체에 근로자를 파견하거나 사내도급 업무를 수행함으로써 파견업체·수급업체 소속 노동조합의 조합원 중에는 해당 사용업체 사업장에서 근무하지 않은 사람이 있게 되는데, 그 노동조합이 해당 사용업체 사업장에서 노동조합 활동을 할 경우 이들 조합원이 그 사업장을 출입할 수 있는지가 문제될 수 있고, 파견업체 또는 수급업체 노동조합이 속한 산별노조나 연합단체 간부 또는 산별노조 타 지부 소속 조합원이 해당 사업장에서 근무하지 않음에도 그 사업장에 출입할 수 있는지도 문제될 수 있다.

직접고용된 근로자들의 노동조합의 경우에는 노조법 5조 2항이 신설되기 전에도 판례는 비종사근로자인 산별노조·연합단체 간부나 산별노조의 타 지부 소속 조합원의 출입권을 긍정하였다. 대법원은 종사근로자가 아닌 산별노조 간부나 산별노조 타 지부 소속 조합원이 회사 내에서 개최되는 집회에 참가하였다는 이유로 폭력행위등처벌에관한법률위반(공동주거침입)죄와 업무방해죄 등으로 기소된 사건에서 '해당 사업장의 쟁의행위를 지원·조력하기 위한 산별노조

93) 대법원 2020. 9. 3. 선고 2015도1927 판결. 이 판결은 정당행위에 해당하는지는 '쟁의행위의 목적과 경위, 쟁의행위의 방식·기간과 행위 태양, 해당 사업장에서 수행되는 업무의 성격과 사업장의 규모, 쟁의행위에 참여하는 근로자의 수와 이들이 쟁의행위를 행한 장소 또는 시설의 규모·특성과 종래 이용관계, 쟁의행위로 인해 도급인의 시설관리나 업무수행이 제한되는 정도, 도급인 사업장 내에서의 노동조합 활동 관행 등 여러 사정을 종합적으로 고려'하여 판단한다고 한다.

의 조합활동으로서 성격을 가지고, 회사의 사업운영에 지장을 주었다고 보기 어려우며, 머무른 장소와 시간 등을 고려할 때 출입행위의 정당성을 부정할 정도로 수단과 방법의 상당성이 없다고 단정할 수 없다'는 이유로 이를 위법성이 조각되는 정당행위로 보았다.[94] 2021. 1. 5. 노조법이 개정되며 5조 2항으로 '비종사근로자인 조합원도 사용자의 효율적인 사업 운영에 지장을 주지 아니하는 범위에서 사업 또는 사업장 내에서 노동조합 활동을 할 수 있다'는 조항이 신설됨으로써 이러한 비종사근로자인 조합원의 사업장 출입권과 노동조합 활동권이 입법적으로도 인정받게 되었다.

이러한 개정 노조법 5조 2항의 취지와 위 (1)에서 살펴본 사용사업주 · 도급사업주의 공간사용 수인의무를 고려하면, 파견사업주나 수급업체 노동조합에 대해서도 직접고용된 경우와 마찬가지로 사업장 출입권과 노동조합 활동권이 보장된다고 보아야 할 것이다. 하급심 판결 중에도 산별노조의 사내하청 지회가 주최하는 집회에 비종사근로자인 산별노조 간부가 참석한 것에 대하여 폭력행위등처벌에관한법률위반(공동주거침입)죄로 기소된 사건에서, 하청노동자의 근로조건 개선 목적의 집회라는 정당한 조합활동을 위하여 원청업체 사업장에 출입한 것이고 원청업체의 기업운영이나 업무수행, 시설관리 등에 실질적으로 지장을 초래했다고 볼 수 없다는 이유로 정당행위로 본 것이 있다.[95]

3. 단체교섭 의무

지배력설 및 동일설을 따를 경우, 사용사업주와 도급인은 이들이 실질적 지배력과 결정권을 가진 사항에 한하여 단체교섭 의무를 부담한다. 이러한 사항들에 대하여 노사 간 의사합치가 이루어지지 않아 파견사업주나 수급인 소속의 근로자들이 사용사업주 및 도급인을 상대로 쟁의행위를 하게 된다면, 사용사업주와 도급인은 이를 정당한 쟁의행위로 받아들여야 한다.

94) 대법원 2020. 7. 9. 선고 2015도6173 판결(산별노조 타 지부 소속 조합원들이 회사 내 주차장에서 25분간 구호 및 파업가를 제창한 사건). 이외에도 종사근로자가 아닌 산별노조 또는 상급단체 조합원의 사업장 출입권을 긍정한 판결로는 대법원 2020. 7. 29. 선고 2017도2478 판결, 부산지법 동부지원 2008. 11. 14. 선고 2008고합97 · 106 · 107 판결(항소기각 확정), 수원지법 2010. 2. 19. 선고 2008고단4782 · 5949 판결(해당 부분 미항소), 서울고법 2022. 6. 9. 선고 2021누47754 판결(심리불속행 상고기각) 등이 있다.

95) 창원지법 2021. 12. 23. 선고 2021노1841 판결(대법원 2022. 6. 16. 선고 2022도497 판결로 상고기각 확정).

구별설에 따를 경우에는 근로자파견이 성립하는 경우에 한하여(근로자파견 허가를 받은 적법한 파견이든, 도급계약으로 위장한 위법한 파견이든) 사용사업주가 단체교섭 당사자가 되고, 이때의 교섭대상이 되는 범위는 '고용'의 영역이 아닌 '사용'의 영역, 즉 파견법 34조, 35조가 사용사업주를 사용자로 간주하는 사항 [아래 가. 의 (1)항]에 한정된다.[96]

다음은 동일설에 의할 경우 단체교섭 대상의 구체적인 내용이다. 유의할 점은 단체교섭의 대상이 된다는 것과 단체교섭의무를 부담하는 사항(규범적 부분)에 해당한다는 것은 구별된다는 것인데, 단체교섭 대상에 해당한다고 하여 사용자가 단체교섭의무를 부담하고 그 해태 시 부당노동행위가 되는 것은 아니고, 반대로 단체교섭의무 사항이 아니라고 하여 노동조합이 단체교섭을 요구하는 것 자체가 금지되는 것도 아닌 것이다.

가. 노동법이 일정한 책임을 부과하고 있는 사항

(1) 근로자파견의 경우

파견법은 근기법과 산안법의 일부 조항에 대하여 사용사업주를 그 법률상 사용자로 보아 사용자책임을 지우고 있다(34조 · 35조). 여기에 해당하는 근로시간, 연장근로, 휴게, 휴일에 관한 사항 등과 같이 사용사업주가 파견근로자를 직접 지휘 · 명령함으로 인하여 발생하는 근로조건과 관련하여서는 사용사업주는 단체교섭 의무를 부담한다.[97] 물론 파견법이 근기법상 책임을 부여하고 있다는 점만으로 자동적으로 노조법상 사용자로 인정되는 것이 아니지만, 이와 같은 근로조건은 사용사업주에 의해 지배 · 결정되기 때문에 파견법이 사용사업주를 근기법상 사용자로 규정한 것이라고 이해해야 할 것이므로 단체교섭의무를 부담한다고 해야 한다. 또한 파견법은 산안법상 사용자책임을 사용사업주에게 지우고 있는데, 안전 · 보건과 관련된 사항 역시 사용사업주에 의해 지배 · 결정되는 사항이므로 이에 대해서도 단체교섭 의무를 부담한다고 보아야 할 것이다.

(2) 사내하도급의 경우

도급인이 수급인 근로자에 관하여 부담하는 의무와 책임을 규정한 법률조항에는 근기법 및 최임법상의 도급인의 체불임금 연대지급의무(근기법 44조, 44조의 2; 최임법 6조 7항) 및 체불임금 직불의무(근기법 44조의3), 산안법상 안전보건총괄책

96) 박지순, 139면. 김형배, 881면도 같은 취지이다.
97) 김형배, 881면.

임자 지정(62조),[98] 안전·보건조치 및 산업재해 예방조치(63·64조), 근기법상 도급인의 재해보상의무(90조 1항), 고용보험 및 산업재해보상보험의 보험료징수 등에 관한 법률상 도급인의 산재 및 고용보험료 납부의무(5조·9조), 건설근로자법상 도급인의 퇴직공제 가입의무(10조), 임보법상 임금채권보장 부담금 납부의무(9조 4항) 등이 있다.

하급심 판결 중에는 "법률상 원청업체의 책임이 인정되는 임금지급에 대한 연대책임, 산업안전, 보건관리에 관한 조치의무와 산재보험의 적용, 퇴직공제가입 등에 대한 부분과 원청업체가 실질적인 권한을 행사하는 부분에 있어서는 최소한 원청업체에 단체교섭 당사자로서의 지위를 인정할 수 있다"고 판단한 것이 있고,[99] 이에 대하여 산안법 규정들을 제외한 임금에 대한 연대책임, 보험료·부담금 납부, 퇴직공제가입 등의 조항들은 도급인이 수급인의 지불능력을 보충해 주는 역할을 하는 것일 뿐이고, 이러한 책임 부여는 영세성과 의존성이라는 수급인의 특성에 근거한 것이지, 도급인과 수급인 근로자 사이에 맺어지는 실질적인 관계를 근거로 한 것은 아니므로 이러한 법률에서 규정한 사항이라고 하여 곧바로 교섭대상이 되는 것은 아니라는 비판이 있다.[100] 다만, 비판하는 견해도 산업안전과 보건에 관련된 사항은 단체교섭의 대상이 된다고 주장하는데, 그 근거로 ① 산안법을 제외한 다른 법률 조항들이 도급계약 일반을 그 적용대상으로 하고 있음에 비하여 산안법상 도급인의 책임부여 조항은 특별히 사내하도급에만 적용되는데 이는 입법자가 사내하도급에서 수급인 근로자의 안전과 보건의 문제는 도급인에 의해 좌우된다는 점을 인식했기 때문이고, ② 산업안전과 보건에 관한 사항은 근로자의 생명, 신체, 건강과 직결되는 것으로 근로권의 가장 중요하고 본질적인 부분을 이루며, ③ 정규직이 기피하는 위험업무의 외주화로 비정규직의 산재율이 정규직에 비해 높게 나타나고 있어 근로자의 의견개진의 필요성이 크다는 점을 들고 있다.[101]

---

98) 일정한 규모 이상의 도급사업에서 관계수급인 근로자가 도급인의 사업장에서 작업을 하는 경우에는 도급인은 그 사업장의 안전보건관리책임자를 도급인의 근로자와 관계수급인 근로자의 산업재해를 예방하기 위한 업무를 총괄하여 관리하는 안전보건총괄책임자로 지정하여야 한다.

99) 대구고법 2007. 4. 5. 선고 2006노595 판결(상고심: 대법원 2007. 9. 6. 선고 2007도3165 판결. 대법원은 노조법상 사용자개념에 대한 법리에 대하여는 별다른 판단을 하지 않았다).

100) 이병희, 159면.

101) 이병희, 160면.

나. 임 금

파견업체나 수급인 근로자들의 임금은 현실에서는 근로자파견계약이나 도급계약의 단가에 의해 크게 의존하지만, 파견사업주 또는 수급인의 경영능력, 노조의 교섭력 등이 중간에 개입하므로, 그 단가가 그대로 근로자들의 임금에 곧바로 연결되지 않는 경우가 많다.

원칙적으로 임금은 교섭대상이 되지 않는다는 견해[102)]가 있고, 임금 결정에는 하청업체의 경영능력, 하청사용자에 대한 노조의 교섭 등이 중간에 개입하지만 이러한 개입요소의 영향은 미미하다는 점과 인건비가 도급대금의 주요한 부분을 차지하는 점, 도급단가를 정할 때 세부적인 노무비용이 정해지기도 하고 시급 등 인건비 기준이 정해지기도 한다는 점을 들어 임금도 교섭대상이 될 수 있다는 견해[103)]도 있다.

현실에서는 다양한 모습이 존재하므로 구체적인 사실관계를 고려하지 않고 일률적으로 임금이 교섭대상이 아니라고 볼 수는 없고, 사용사업주나 도급인이 임금결정에 구체적인 지배력을 행사하는지 여부를 개별적으로 판단하는 것이 타당할 것이다. 수급업체 근로자에게 지급되는 임금액이나 그 산정기준의 전부 또는 상당 부분을 도급사업주가 직접 결정하고 수급사업주는 이를 제한적으로 조정할 권한밖에 없는 경우에는 지배력을 인정하기 용이할 것이나, 그렇지 않은 경우에는 도급대가의 구성(직접노무비가 차지하는 비중 등)과 산정 방법, 수급업체 근로자의 임금이 도급업체에 의해 결정되거나 영향을 받는 정도, 하청업체가 독자적인 임금정책을 시행할 규모와 능력이 있는지 여부 등을 중요한 요소로 하여 구체적 지배력이 존재하는지를 따져 보아야 한다.

하급심 판결·결정 중에는 시간 외 수당 지급, 적법한 기준에 의한 임금지급 등의 요구사항에 대해서 도급사업자가 단체교섭의무가 없다고 판단한 것이 있고,[104)] 택배기사(수급업체 근로자)들의 급지수수료[105)] 인상 요구에 대하여 그 기준표를 결정하는 택배회사(도급업체)에게 지배·결정권한이 있다고 보아 단체

102) 박수근, 49면. 이병희, 160면은 도급인이 임금결정에 직접적인 지배력을 행사하는 특별한 경우가 아닌 한 단체교섭 대상이 되지 않는다고 한다.

103) 민변비정규직법, 265면.

104) 서울남부지법 2007. 12. 10.자 2007카합2731 결정.

105) 택배기사에게 지급되는 급지수수료는 '급지수수료 기준표'상의 금액에 대리점주가 적용하는 수수료율을 곱하여 결정되는데, '급지수수료 기준표'는 택배회사(도급업체)가 일방적으로 결정한다.

교섭의무를 인정한 것이 있다.[106)]

다. 사용사업주나 도급사업주의 사업설비 · 작업환경에 관한 사항

파견근로자 또는 수급업체 근로자의 근로조건에 구체적으로 영향을 미치는 사용사업주 · 도급사업주의 사업설비 · 작업환경에 관한 사항은 단체교섭의무를 부담한다고 보아야 한다. 대표적인 경우가 산업안전과 관련된 사항(작업장 내 위험요소의 제거 요구 등)이다. 도급업체의 설비가 수급업체 근로자의 작업내용과 방법을 결정하는 경우도 마찬가지이다. CJ대한통운 사건의 제1심 판결은 ① 서브터미널에서 택배기사의 배송상품 인수시간 단축, ② 서브터미널에서 택배기사의 집화상품 인도시간 단축, ③ 택배기사 1인당 1주차장 보장 등 서브터미널의 작업환경 개선에 관한 사항은 서브터미널을 운용하는 권한과 책임을 갖고 있는 택배회사(도급업체)가 지배 · 결정권을 보유 · 행사할 수밖에 없다고 보아 택배회사에게 위 사항에 관한 단체교섭의무를 인정하였다.

라. 노동조합활동 장소의 제공[107)]

파견사업주 또는 수급인 소속 근로자들은 노동조합활동의 공간으로 사용사업주나 도급인의 사업장을 사용해야 할 필요가 매우 크다. 사용사업주와 도급인은 사업장 시설의 소유자 또는 관리자로서 이들이 총회나 교육장소, 노동조합 사무실, 게시판 기타 홍보공간 등으로 사업장 시설을 사용하는 것에 대하여 법적 허가권한을 가지기 때문에, 이러한 공간의 제공은 도급인 등의 구체적 결정권이 미치는 사항으로서 단체교섭의 대상이 된다.[108)] 노동조합활동을 보장해야 할 일차적인 의무는 파견사업주나 수급인에게 있기는 하지만, 공간사용은 사용사업주나 도급인이 허락하지 않으면 실현될 수 없는 사항이기 때문이다.

하급심 결정례를 보면, 노조의 조합사무실 제공, 게시판 설치, 사내통신망 중 노조공간의 개설요구에 대해서는 단체교섭 의무가 없다고 판단한 것과,[109)] 이와 상반되게 노동조합 사무실 제공과 휴게공간 개선에 대해서 단체교섭 의무가 있다고 판단한 것이 있다.[110)]

106) 서울행법 2023. 1. 12. 선고 2021구합71748 판결(CJ대한통운 사건).
107) 여기서 다루는 사항은 단체협약이 체결되어야 보장된다는 점에서 앞서 설명한 '공간사용에 대한 수인 의무'와 구분된다.
108) 최소한의 범위 내에서의 게시판 사용은 수인의무의 대상이 된다고 볼 여지도 있다.
109) 서울남부지법 2007. 12. 10.자 2007카합2731 결정.
110) 대전지법 2011. 10. 6.자 2011카합782 결정.

마. 그 외의 사항

그 외에도 사용사업주나 도급인이 직접적이고 구체적인 지배력을 행사하는 근로조건이나 노동사항에 관해서는 사용사업주나 도급인이 단체교섭 의무를 부담한다. 하급심 결정 중에는 작업일정 사전통보, 본사 조합원의 본사 출입카드 사용 보장, 비정규직 지부 조합원들이 근로하는 장소의 사무공간을 확장하고 컴퓨터 등 사무기기를 개선해 줄 것을 요구하는 사항, 구내식당 및 주차장 이용시 정규직원들과 동일한 처우를 해달라는 사항 등에 관해서 단체교섭 의무가 있다고 판단한 것이 있고,[111] 배치되는 수급인 근로자의 나이를 도급인이 도급계약에서 제한하고 이에 따라 수급인이 정년규정을 둔 경우에 정년연장은 도급인에 대한 단체교섭대상이 아니라고 본 것이 있다.[112]

[권 두 섭 · 이 병 희]

111) 서울남부지법 2007. 12. 10.자 2007카합2731 결정.
112) 대전지법 2011. 10. 6.자 2011카합782 결정.

제 2 조(정의)

이 법에서 사용하는 용어의 정의는 다음과 같다.

3. “사용자단체”라 함은 노동관계에 관하여 그 구성원인 사용자에 대하여 조정 또는 규제할 수 있는 권한을 가진 사용자의 단체를 말한다.

〈세 목 차〉

[참고문헌]

박제성a, “사용자단체의 법리”, 사용자단체의 법적 지위와 법률관계토론회 자료집, 금속법률원(2007); **박제성b**, “사용자단체의 법리 : 권한과 책임의 균형”, 노동정책연구 19권 4호, 한국노동연구원(2019); **박주영**, “정부위원회에 참여하는 사업자단체의 노사관계 당사자성”, 사업자단체의 사용자단체성 연구, 민주노총 정책연구원(2019); **정인섭**, “사용자단체 법리의 해석론과 정책론”, 노동법의 존재와 당위 — 김유성 교수 정년 기념, 박영사(2006).

Ⅰ. 의 의

노조법 2조 3호는 “노동관계에 관하여 그 구성원인 사용자에 대하여 조정 또는 규제할 수 있는 권한을 가진 사용자의 단체”라고 사용자단체의 개념을 정의하고 있다. 1953년 제정 노동조합법 33조에 따르면 “노동조합의 대표자 또는 조합의 위임을 받은 자는 노동조합 또는 조합원을 위하여 사용자 또는 그 단체와 단체협약의 체결 기타 사항에 관하여 교섭할 권한이 있다.” 한편 같은 법 34조에 따르면 “사용자 또는 그 단체는 전조에 규정 하는 단체협약 대표자와의 성실한 단체협약 체결을 정당한 이유 없이 거부 또는 해태할 수 없다.”고 규정하고 있었다. 그러나 사용자단체의 개념을 따로 정의하지는 않았다. 사용자단체의 정의는 1963. 4. 17. 개정된 구 노동조합법 33조 3항에서 최초로 규정하였는데, 이 법은 단체교섭과 관련하여 근로자의 상대방이 되는 사용자단체에 대해서 “노동관계에 관하여 그 구성원인 사용자에 대하여 조정 또는 규제할 수 있는 권한을 가진 사용자의 단체를 말한다”고 규정하였다. 그러다가, 1997. 3. 13. 노조법 2조 3호에서 위와 같은 규정을 두면서 현재에 이르고 있다.

초기업적 조직형태를 갖는 노동조합이 등장하면서 근로조건의 결정권이 있는 하나의 사업 또는 사업장을 단위로 하는 기업별 단체교섭과는 그 단위를 달리하는 단체교섭의 관행이 나타나고 노동조합이 이를 요구하는 일이 적지 않게 발생하면서, 그러한 초기업적 조직형태를 갖는 노동조합에 대응하는 사용자단체의 개념에 대한 논란이 발생하고 있다. 대표적인 산별노조인 전국금속노동조합에 대응하는 사용자단체인 금속산업사용자협의회가 2006년 4월 24일 출범하기도 하였다.[1] 그러나 금융산업노조에 대응하는 은행연합회, 보건의료노조에 대응하는 병원협회, 금속노조 완성차 사업장에 대응하는 자동차공업협회, 총연합단체인 노동조합에 대응하는 한국경영자총협회(경총) 등은 스스로 사용자단체가 아님을 주장하면서 산별교섭을 거부하고 있는데, 경총의 경우 산별교섭은 거부하면서도 노동위원회법, 최저임금법 등 각종 노동관계법의 사용자단체로서 가지는 권한은 행사를 하고 있어 의무는 회피하고 권한만 행사한다는 비판이 제기되기도 한다.

이러한 이유로 노동계에서는 단체교섭에 관련된 활동을 직접적으로 그 목적활동으로 상정하고 있지 않은 동종업종의 이익을 증진하기 위해 설치된 단체까지도 집단적 노동관계상의 사용자단체로 간주하도록 하는 입법을 요구하고 있다.[2]

Ⅱ. 사용자단체의 개념

1. 학 설

다수 견해는, 사용자단체는 노동관계에 관하여 그 구성원인 사용자에 대하여 조정 또는 규제할 수 있는 권한을 가진 사용자의 단체로서 그 정관이나 규약에서 개별 사용자를 위하여 통일적으로 단체교섭을 행하고 단체협약을 체결

1) 그러나 현대자동차 등 대기업이 참여하지 않고 있다는 점에서 과도기적인 형태라고 할 수 있다.
2) 정인섭, 58면.

할 수 있도록 규정되어 있으며 그 구성원들에 대하여 노사관계의 규제에 관하여 실질적인 통제력을 가져야 한다고 설명하고 있다.[3)]

그러나 이러한 다수 견해에 대하여는 “사용자는 근로관계를 맺기 위해서 기업경영을 한다고 볼 수는 없는 것과 마찬가지로 어떠한 사용자의 단체가 단체교섭·단체협약의 당사자가 될 것을 목적으로 결성되는 것이 아닌 것은 당연한 것이며, 사용자들이 단체를 결성하고 단체 구성원인 각 사용자의 근로관계, 노동관계가 존재하는 한 거기에 근로자의 노동3권 보장의 문제가 존재하게 되고 그 단체에 대응하는 노동조합 또는 그 연합단체의 단체교섭 요구가 있으면 그 단체교섭에 응해야 한다는 상황이 발생하는 것으로 보는 것이 타당하다”고 하면서 “사용자단체의 개념을 엄격하게 해석하고 있는 판례 법리를 재검토해야 한다”거나,[4)] “사용자단체에 요구되는 조정규제권한의 정도는 노동조합에 요구되는 그것과는 달리 판단되어야 한다. 사용자단체의 구성원인 각 기업들은 이미 경쟁관계에 있는 존재들로서 통일적 의사형성이 가능한 단체성이 노동조합에 비해 약할 수밖에 없다는 점을 고려해야 한다면서, 여기서 조정과 규제는 단체교섭과 단체협약의 체결을 위하여 노동쟁의의 조정이나 쟁의행위에 대한 대항수단의 마련을 위하여 노동관계에 영향을 미칠 수 있는 입법이나 정책에 개입하기 위하여 구성원인 사용자들의 의견을 수렴하여 단체의 통일적 입장을 만들어 내는 것을 의미하고 조정과 규제를 할 수 있는 권한이란, 그러한 것을 만들어 낼 수 있는 권한을 의미하는 것으로 이해해야 한다”고 하여,[5)] 엄격하게 판단하는 판례에 비판적인 견해가 제시되고 있다.

2. 판 례

긍정한 사례로 대법원은, 수산업협동조합 사건에서,

① “원고 수산업협동조합은 그 조합원들이 소정의 어업을 경영하는 자들로 구성되어”라고 하여 ‘사용자단체는 사용자의 단체’, 즉 노동조합의 조합원인 근로자의 사용자들로 구성되어야 하며,

② “조합원들과 그들이 고용한 선원 사이에 노동관계가 형성될 것이 예상되고 원고 조합과 선원노동조합이 임금이나 근로조건 등에 관한 단체협약을 체

3) 김유성, 133면; 이병태, 212면; 임종률, 131면.
4) 정인섭, 68~69면.
5) 박제성a, 72~73면.

결함으로써 조합원들의 경제적 이익을 도모할 수 있으며 원고 조합이 1956년경부터 1988년경까지 단체교섭에 관한 대표자를 선정하여 피고보조참가인 및 그 전신인 노동조합과 단체교섭을 한 다음 단체협약을 체결하고 조합원들은 위 협약에 따라 아무런 이의 없이 취업규칙을 작성하여 노동관청에 신고하여 온 점을 종합하면 위 원고 조합의 정관에 규정한 단체협약에는 노동조합법상의 단체협약이 포함된다고 보아야 할 것이므로 원고 조합은 단체교섭 기타의 단체협약의 체결을 그 목적으로 한다고 할 것"이라고 하여 '목적성'으로서 사용자단체는 노동조합과 단체교섭을 하고 단체협약을 체결할 것을 목적으로 하여야 한다고 판시하였다.[6)]

그리고 ③ "원고 조합의 정관 30조 1항에 조합원이 정관 기타 제 규약을 위반하거나 고의 또는 중대한 과실로 인하여 조합의 명예 또는 신용을 훼손할 때(3호) 및 조합의 사업을 방해한 때(4호)에는 총회의결로써 제명할 수 있도록 규정되어 있고…… 원고 조합은 그 구성원에 대하여 다수결 원리를 통한 통제력을 가지고 있는 점"이라고 하여 사용자단체는 구성원인 사용자에 대하여 통제력을 가지고 있어야 한다고 판시하였다.

반면 부정한 사례로 대법원은 한국음식업중앙회 사건에서 "노동조합과 단체교섭을 할 상대방인 사용자단체는 노동관계에 관하여 그 구성원인 사용자에 대하여 조정 또는 규제할 수 있는 권한을 가진 자이어야 하는데, 사용자단체가 이러한 권한을 갖기 위하여는 노동조합과의 단체교섭 및 단체협약을 체결하는 것을 그 목적으로 하고 또 그 구성원인 각 사용자에 대하여 통제력을 가지고 있어야 한다. ……참가인들은 일반음식점 허가를 받아 영업을 하는 자들을 구성원으로 하여 식품위생법 44조에 따라 조직된 동업자조합으로서, 회원들의 화합과 권익을 증진시키고 식문화 향상을 도모함으로써 국민보건향상에 이바지할 목적으로 소정의 사업을 수행할 뿐이고, 그 목적과 사업에 노동조합과의 단체교섭 및 단체협약의 체결에 관한 사항이나 노동관계 사항을 규정한 바 없으며, 1988년 이전에 참가인 여수시지부의 전신인 구 여수시조합 측과 노동조합 사이에 단체교섭이 이루어지고 단체협약이 체결된 적도 있으나, 위 단체협약은 구 여수시조합의 임원이 단체교섭 담당자로서 위임을 받아 요식업체의 대표로서 체결한 것으로서 그 당사자가 사용자단체인 구 여수시조합이라기보다는 개개의

6) 대법원 1992. 2. 25. 선고 90누9049 판결.

사용자라고 봄이 상당할 뿐만 아니라 참가인들은 그 설립 이래 구성원들에게 고용된 근로자들로 구성된 노동조합과 사이에 단체교섭을 하거나 그 구성원들로부터 단체교섭 권한을 위임받은 바도 없는 사실을 인정한 다음, 이러한 사실관계에 의하면 참가인들은 구성원들의 경제적 지위의 향상 등을 목적으로 하는 경제단체이지 노동조합에 대응하는 단체가 아니고, 그 정관 및 관행상으로 노동조합과 사이에 단체교섭 및 단체협약을 체결한 권한이 있다거나 이러한 권한을 구성원들로부터 위임받았다고 볼 수 없으므로 노동조합의 단체교섭요구에 응하여야 할 사용자단체에 해당하지 않는다"고 판시하였다.[7)]

판례는 기본적으로 노동조합과 단체교섭을 하고 단체협약을 체결하는 것을 목적으로 하고 있어야 한다는 목적성을 요건의 하나로 제시하고 있고, 다수결의 원리의 적용, 규약상 제명 가능성 등을 근거로 통제력을 가지고 있어야 한다고 판시하고 있다.

3. 다른 법령의 사용자단체

각종 정부위원회 구성과 관련하여 법령상 '사용자단체'를 명시하고 있는 경우(1유형), 법령에 '사용자단체'라고 명시되어 있지는 않지만 법령상 노사관계 양 당사자로서 노동조합과 함께 구성하도록 되어 있는 경우(2유형), 법령에 근거가 있는 것은 아니지만 실제로 사업자단체를 노사관계 양 당사자의 지위에서 노동조합과 함께 위원회에 참여하도록 하는 경우(3유형) 등 현실에는 다양한 형태로 사용자단체가 활동하고 있다. 사용자단체(또는 사업주단체)가 직접 참여하거나, 사용자단체가 전문가나 내부 임직원을 위원으로 추천하는 방식으로 참여한다. 1유형으로는 약 13개 법령, 37개 위원회가 있는데 주요한 것으로 경제사회노동위원회(산하 6개 위원회), 외국인력정책실무위원회, 최저임금위원회, 임금채권보장기금심의위원회, 근로복지공단 이사회, 산재보험 및 예방 심의위원회, 고용보험위원회, 건강보험공단 이사회, 국민연금공단 이사회, 국민연금심의위원회, 노동위원회, 산재보험심사위원회 등이 있다. 2유형으로는 일자리위원회,[8)] 고용정책심의회, 17개 산업별 인적자원개발위원회, 근로시간면제심의위원회, 사회보장위원회, 노동부 규제심사위원회, 화물자동차안전운임위원회 등이 있다. 3유형

7) 대법원 1999. 6. 22. 선고 98두137 판결.

8) 일자리위원회의 설치 및 운영에 관한 규정에 따라 문재인 정부에서 운영되었으며 2022년 5월 15일자로 활동을 종료하였다.

으로는 저출산고령사회위원회, 국가균형발전위원회, 조선업중대재해 조사위원회, 화학물질평가 실무위원회, 중앙 건설안전협의회, 자동차노사정포럼 등이 있다.[9] 주로 참여하는 사용자단체(사업주단체)로는 경총, 대한상의, 중소기업중앙회, 소상공인연합회, 은행연합회, 한국선주협회, 대한병원협회, 대한중소병원협회, 전국버스운송사업조합, 택시운송사업조합연합회, 대한건설협회, 전문건설협회, 벤처기업협회, 중견기업연합회, 전경련, 한국무역협회, 자동차산업협회 등이 있다. 이처럼 판례가 제시하는 사용자단체 요건을 충족하고 있는지와 무관하게 현실에서는 다양한 유형의 사용자단체가 초기업적 노사관계의 한쪽 당사자로서 기능하면서 일정한 권한도 행사하고 있다.

법령상 사용자단체를 명시하고 있는 대표적인 법령으로는 노동위원회법과 최저임금법을 들 수 있다. 노동위원회법에 따르면 근로자위원은 노동조합이 추천한 사람 중에서, 사용자위원은 사용자단체가 추천한 사람 중에서 위촉한다.[10] 공익위원은 해당 노동위원회 위원장, 노동조합 및 사용자단체가 각각 추천한 사람 중에서 위촉한다.[11] 한편, 노동위원회법 시행령 5조는 중앙노동위원회 위원을 추천하는 노동조합은 "총연합단체인 노동조합", 사용자단체는 "전국규모의 사용자단체"라고 정하고 있다. 그런데, 사용자단체에 대한 정의 규정은 없고 중앙노동위원회가 제정하는 노동위원회 규칙 5조에서 "사용자를 구성원으로 하는 단체나 그 연합단체이고 정관에 노사관련 업무를 주된 목적이나 사업으로 규정한 단체로서 노사관련 업무를 담당할 조직과 인원이 확보되어 있는 단체"일 것을 요구하고 있다. 그러나, 이 규칙이 효력이 있는지는 의문이다. 중앙노동위원회는 노동위원회의 내부 운영에 관한 사항에 관하여 규칙 제정권을 갖는 것일 뿐, 위원의 위촉권을 갖는 단체의 지정 등 위원 위촉을 포함하여 노동위원회의 구성 자체에 관해서는 규칙 제정권을 갖지 않는다. 그것은 법령의 관할에 속하기 때문이다.[12] 현재 한국경영자총협회가 사용자단체로서 노동위원회 공익위원, 사용자위원 추천을 하고 있고, 노동조합은 "총연합단체인 노동조합"인 한국노총과 민주노총이 추천을 하고 있다.

최저임금법 시행령 12조 3항은 "근로자위원은 총연합단체인 노동조합에서

9) 박주영, 83면 이하에서 정리한 내용을 참고하였다.
10) 노동위원회법 6조 3항 참조.
11) 노동위원회법 6조 4항 참조.
12) 박제성b, 169~170면.

추천한 사람 중에서 제청하고, 사용자위원은 전국적 규모의 사용자단체 중 고용노동부장관이 지정하는 단체에서 추천한 사람 중에서 제청한다"고 정하고 있다. 최저임금법 시행규칙 5조는 "① 대한상공회의소 ② 중소기업중앙회, ③ 소상공인연합회 ④ 그 밖에 전국적 규모를 갖는 사용자단체로서 고용노동부장관이 지정하여 고시하는 단체로 한국경영자총협회, 한국무역협회"를 사용자단체로 정하고 있다. 또 최저임금법 9조는 근로자를 대표하는 자나 사용자를 대표하는 자에게 이의제기권을 부여하고 있는데, 최저임금법 시행령 10조는 이에 관해서 "근로자를 대표하는 자는 총연합단체인 노동조합의 대표자 및 산업별 연합단체인 노동조합의 대표자로 하고, 사용자를 대표하는 자는 전국적 규모의 사용자단체로서 고용노동부장관이 지정하는 단체의 대표자[13]"로 정하고 있다.

4. 검　　토

판례는 노동조합과의 단체교섭 및 단체협약을 체결하는 것을 그 목적(목적성)으로 할 것으로 요구하고 있다. 그러나, 구 노조법[14]은 33조 단체교섭과 관련해서만 사용자단체를 정의하고 있었기 때문에 단체교섭과 단체협약 체결이라는 목적성을 제시할 수 있으나, 현행 노조법은 2조 정의 조항에서 '이 법에서'라고 하여 노동관계 일반이라는 차원에서 사용자단체를 정의하고 있다.[15] 그러므로 사용자단체의 개념요건으로 단체교섭 및 단체협약을 체결하는 것을 목적으로 할 것을 요구할 필요가 없고 좀 더 포괄적인 의미에서 '노동관계에 관한' 권한을 가지고 있으면 족하다. 또 판례는 그 구성원인 각 사용자에 대하여 통제력을 가지고 있어야 한다고 하면서 '제명 권한' 등을 정관에 두고 있는지를 보고 있다. 그러나, 노조법의 문언은 조정 '또는' 규제할 수 있는 권한으로만 되어 있다. 규제는 일정한 통제력을 요구하는 문언이지만, 조정은 말 그대로 구성원인 사용자들의 의견을 조율하고 타협점을 찾을 수 있도록 노력하는 것을 말한다, 법문언으로도 '또는'으로 되어 있기 때문에 조정할 권한만 가지고 있더라도 사용자단체에 해당할 수 있다.[16] 반드시 단체교섭과 단체협약 체결이라는 것에 국한하지 않고 다양한 노동관계 사항에 대하여 구성원인 사용자들 사이에 조정할

13) '최저임금법 시행규칙 5조의 사용자단체' 대표자로 되어 있다(최저임금법 시행규칙 4조).
14) 1997. 3. 13. 법률 제5310호로 제정되기 이전 구 노동조합법.
15) 박제성b, 168면.
16) 박제성b, 184면.

권한을 가지고 있는 경우에도 사용자단체에 해당할 수 있다. 위에서 본 바와 같이 현실에서는 다양한 유형의 사용자단체가 초기업적 노사관계의 한쪽 당사자로서 기능하면서 일정한 권한도 행사하고 있다는 점을 고려하면 권리 행사와 노사관계에서의 책임 사이의 균형, 형평성 차원에서도 타당한 해석이다.

노조법이 단체교섭 의무를 부여하고 단체교섭 의무를 위반하면 부당노동행위로 형사처벌하는 조항을 두고 있으나, 노조법 81조는 수규자를 '사용자'로 명시하고 있을 뿐이다. 사용자단체는 성실교섭 의무는 있지만, 부당노동행위는 적용되지 않는다. 사용자단체의 범주를 넓게 해석하더라도 예상치 못한 불이익을 입게 되는 경우는 없을 것이다.

산업별 노동조합은 다수 조직되어 있으나, 산별교섭이 이루어지지 못하여 여전히 단체교섭의 실질은 기업단위 노조체제가 유지되고 있는 현실을 고려하여 산별교섭을 촉진한다는 의미에서도 보다 적극적인 해석이 요구된다.

더구나, 개정 노조법은 30조 3항에서 국가 및 지방자치단체는 기업·산업·지역별 교섭 등 다양한 교섭방식을 노동관계 당사자가 자율적으로 선택할 수 있도록 지원하고 이에 따른 단체교섭이 활성화될 수 있도록 노력하여야 한다고 규정하였다. 이 조항의 취지인 기업별 교섭체제를 극복하고 다양한 초기업 단위 교섭을 활성화시키기 위해서라도 사용자단체의 개념을 확대할 필요가 있다.

이를 기초로 사용자단체의 개념을 넓게 인정할 경우에 사용자단체가 체결하는 단체협약과 그 효력도 다양할 수 있다. 판례가 설시하는 정도의 요건을 갖춘 사용자단체이거나, 그렇지 않더라도 개별 단체교섭에서 구성원인 사용자들의 위임을 받아 단체협약을 체결한 경우에는 구성원인 사용자에게 노조법의 단체협약으로서 효력이 전면적으로 인정될 수 있다. 만약 노동관계에 관하여 조정할 권한 정도를 보유하고 있는 사용자단체가 단체협약을 체결한 경우에는 구성원인 각 사용자들을 조정하여 체결된 단체협약을 이행하도록 사용자단체가 노력할 의무(채무)를 가진다고 볼 수 있다. 후자와 같은 경우에 무슨 의미가 있는가라고 의문을 제기할 수 있지만, 개별 사용자에게 법적 강제력이 없다고 하더라도 일정한 산업, 업종에서 표준적인 협약으로 기능할 수 있다는 점에서 상당한 의미가 있다.

[권 두 섭]

집단적 노동관계법상 근로자 및 사용자 개념 보론(補論): 일본

〈세 목 차〉

[참고문헌]

송강직, "일본 노조법상의 근로자 개념 — 최고재판소 판례법리를 중심으로", 법제연구 41호, 한국법제연구원(2011); 정종휴, "日本民法典의 編纂", 법사학연구 36호, 한국법사학회(2007); 최석환, "일본 노조법상 근로자성 판단의 새로운 기준", 노동법학 52호, 한국노동법학회(2014); 鎌田耕一, "労働者概念の生成", 日本労働研究雑誌 No. 624, 労働政策研究・研修機構(2012); 橋本陽子, 労働者の基本概念, 弘文堂(2021); 労使関係法研究会, 労使関係法研究会報告書：労働組合法上の労働者性の判断基準について(2011); 菅野和夫, 労働法(第九版), 弘文堂(2010); 米津孝司, "日本法における集団的労働法上の｢使用者｣", 노동법논총 28호, 한국비교노동법학회(2013); 西谷 敏, 労働組合法(第2版), 有斐閣(1998); 川口美貴, 労働者概念の再構成, 関西大学出版部(2012); 荒木尚志, 労働法, 有斐閣(2020).

Ⅰ. 서　　론

일본 노조법 3조는 "이 법률에서 '노동자'란, 직업의 종류를 불문하고 임금, 급료 기타 이에 준하는 수입에 의하여 생활하는 자를 말한다"라고 규정하고 있다. 일본 노기법상 노동자와 달리, 사용되고 있을 것을 요구하지 않고, 임금 등의 수입에 의하여 생활하는 자라면, 현재 임금을 얻고 있지 못하는 실업자도 포함될 수 있다고 해석된다는 점에서 우리나라의 노조법상 근로자에 대한 해석과 유사하다고 말할 수 있다.[1] 그러나 그 외연이 어디까지 이르는가에 대해서는 일본 노조법상 노동자 개념도 우리나라와 마찬가지로 명확하지 않다.[2] 우리나라의 경우 소위 특수고용노동자라는, 근기법상 근로자가 아니면서 근로계약이 아닌 노무제공계약을 체결하는 경우에도 노조법상 근로자에는 해당한다는 것이 어느 정도 합의된 사실이기는 하지만,[3] 그 외연이 어디까지 확장될 것인지에 대해서는 아직까지 분명하지 않다.

일본은 2011년부터 2012년까지의 3개의 판결[最高裁 2011. 4. 12 判決(新国立劇場運営財団事件, 이하 '신국립국장운영재단 사건'); 最高裁 2011. 4. 12. 判決(INAXメンテナンス事件, 이하 'INAX 사건'); 最高裁 2012. 2. 21. 判決(ビクターサービスエンジニアリング事件, 이하 '빅터서비스 사건')]에 의하여 노조법상 노동자의 범위 및 그 의미가 정립되어 있는 상태이다. 그리고 이러한 판결을 통해 극장의 악단원, 위탁계약을 통해 노무를 제공하는 자와 같은 사람들이 노조법상 노동자로서 단체교섭권을 갖는다는 것을 사례별로 접근하고 있을 뿐이다. 이하에서는 이 판결들을 중심에 두고 일본의 노조법상 노동자의 개념에 관한 논의에 대하여 살펴보고자 한다.

사전적으로 확인하여 둘 것은, 일본의 노조법상 노동자 개념에 대한 논쟁은 우리나라의 노조법상 근로자 개념에 대한 논쟁과 다소 결이 다르다는 것이다. 우리나라의 노조법상 근로자 개념에 대한 논쟁은 많은 경우 노동조합 설립과 관련하여 문제된다. 노조법에서 설립신고를 완료하여 설립신고필증을 받은 노동조합만이 노조법상 노동조합으로서의 권리를 획득할 수 있기 때문이다. 그러나

1) 우리나라는 노조법상 '근로자'라는 용어를 사용하고 있지만, 일본은 노조법상 '노동자'라는 용어를 사용하고 있다. 용어는 다르지만 그 개념적 범주는 상당히 유사하다고 볼 수 있고, 양 국가의 법문상 '노동자' 혹은 '근로자'라는 용어의 차이 이외에 각 개념을 설명하는 내용은 사실상 동일하다. 그렇기 때문에 일본 노조법상 '노동자'를 '근로자'로 번역하여 이용하는 경우도 있기는 하지만, 여기에서는 원문에 충실하게 '노동자'라는 용어를 사용하였다.

2) 荒木, 628면.

3) 최소한 2018년 대법원의 학습지교사에 대한 노조법상 근로자성을 인정한 판결(대법원 2018. 6. 15. 선고 2014두12598, 2014두12604 판결) 이후 노조법상 근로자 개념은 근기법상 근로자 개념과 일별하였다고 말할 수 있다는 것을 전제한 것이다. 이후 방송연기자(대법원 2018. 10. 12. 선고 2015두38092 판결), 자동차판매 대리점 카마스터(대법원 2019. 6. 13. 선고 2019두33712 판결) 등이 노조법상 근로자에 해당한다는 대법원 판결이 있기도 하였다.

일본에서 노조법상 노동자 개념에 대한 논쟁은 주로 노동조합의 설립이 아닌, 부당노동행위와 관련하여 문제가 된다. 일본은 노동조합 설립신고제도를 별도로 두지 않는 대신, 부당노동행위구제신청과 같은 일정한 행정서비스를 제공받기 위해 노동위원회에 의한 자격심사를 거쳐야 하는데, 이 단계에서 노조법상 노동자가 아닌 자가 노동조합을 결성하거나 노동조합에 가입하고 있다면 그 적격성에 문제가 제기될 수 있는 것이다.[4] 또한 노동조합 적격성 심사에서 노조법상 노동자가 아닌 자의 노동조합 결성 내지 가입이 문제되기보다는, 노동조합이 단체교섭을 신청하는 경우 상대방인 사용자가 이를 거절함으로써 발생하는 부당노동행위의 성립과 관련된 문제가 주로 발생한다(여기에서 노조법상 노동자 개념의 인정 여부에 대한 문제는 노조법상 사용자 개념과 연결된다).[5] 즉, 우리나라의 노조법상 근로자 개념은 노동조합 설립의 문제부터 출발하는 것이지만, 일본의 노조법상 노동자 개념은 그것과는 분리되어 있다고 말할 수 있다.

이 점은 일본과의 비교에서만 나타날 수 있는 문제는 아니고, 우리나라와 같은 노조설립신고제도를 두지 않고 단결권은 포괄적으로 다양한 형태의 노동자들에게 허용하되, 단체교섭권을 행사하는 경우에 비로소 노동조합의 자격을 판단하는 대부분의 다른 국가들의 노조법상 노동자 개념을 우리나라의 그것과 비교할 때 나타나는 문제이다. 이런 측면에서 노동조합 설립신고제도를 염두에 두고 노조법상 노동자 개념을 다른 국가와 비교하는 법제연구는 다소 무의미할 수 있는데, 그럼에도 불구하고 노조설립신고제도 개편을 전제로 다른 국가들에서 단결권을 행사하고 있는 노동자의 의미와 범위를 확인해본다는 점에서는 의미가 있을 것이다.

또한, 이하에서 일본의 노조법상 노동자 개념을 살펴보면서 확인할 수 있겠지만, 비교적 최근에서야 우리나라에서도 근기법상 근로자 개념과 노조법상 근로자 개념의 구분이 비교적 명확하게 이루어진 것과 마찬가지로, 일본에서도 노조법상 노동자 개념을 명확하게 노기법상 노동자와 다른 것으로 구분하고 그 의미를 부여한 것은 그리 오랜 일이 아니다. 실태적으로는 노기법상 노동자 이외의 다양한 영역에서 노동조합이 만들어지고 활동하기는 하였지만, 집단적 노동분쟁 사례가 워낙 드물고, 노조법상 노동자 개념이 사용자 개념과 함께 부당

4) 송강직, 341~342면.
5) 송강직, 342면.

노동행위제도의 적용 단계에서야 문제되기 때문에, 노조법상 노동자 개념에 대한 본격적인 논의가 고용형태의 다양화에 따라 위탁·도급 등의 계약 하에서 노무를 제공하는 노동자들의 단체교섭 시도가 이루어진 비교적 최근에서야 본격화된 것이라고 생각된다. 일본의 강한 기업단위 노사관계도 영향을 미쳤을 것이다. 이러한 의미에서 일본의 노조법상 노동자 개념에 대한 동향을 살펴보는 것은 어느 정도 의미가 있을 것으로 보인다.

Ⅱ. 일본에서 노동자 개념의 생성

본론에 앞서, 우리나라의 근기법과 노조법상 근로자 개념에 중요한 영향을 미쳤다고 할 수 있는, 일본의 노동관계법상 노동자 개념이 만들어지게 된 과정에 대하여 잠시 정리해두고자 한다. 이것은 주로 한 자료[6]를 바탕으로 한다.

1. '고용' 개념의 등장

일본에서 노동자 개념이 만들어진 것은 일본 근대법의 아버지라고 할 수 있는 귀스타브 에밀 보아소나드(Gustave Émile Boissonade)가 기초하여 1890년에 공포된 일본의 구민법전상 처음으로 규정된 고용계약에 관한 규정을 통해서인 것으로 보인다. 그 이전까지 일본에서 고용계약은 의사·변호사·학예 교사와 맺어지는 고급 노무공급계약, 쇼우기(娼妓)·게이기(芸妓)·메시모리[飯盛(り)]·챠다테(茶立) 등의 인신매매적인 계약부 봉공계약(年季奉公契約),[7] 그 이외의 보통 노무공급계약이라는 세 가지 종류로 구분되었다. 이 중 보통노무공급계약은 계약의 기간에 따라서 다시 계속적 노무공급계약과 비연속적 노무공급계약으로 나누어졌고, 계속적 노무공급계약에는 제자봉공계약(弟子奉公契約)과 평상봉공계약(平常奉公契約), 비연속적 노무공급계약에는 일용계약과 직인(職人)계약이 존재했다.[8] 이러한 노무를 제공하는 자들에 대한 용어는 통일되지 않았던 것으로 보이는데, 구민법전 '재산취득편' 12장에서 '고용 및 도급 계약'이라는 표제 하에 고용계약을 당사자 일방이 '연, 월 또는 일로써 정하는 급료 또는 임금을 받고 노무에 종사한다'(구민법전 260조)라고 정의하면서, 노동자를 '사용인, 지배인(番

6) 鎌田耕一, 10면 이하.

7) 사역 기간을 정한 봉공계약을 의미하고, 이때 '봉공'이란 주종적 고용노동관계를 의미한다.

8) 鎌田耕一, 10면.

頭), 대리(手代), 직공인 기타 고용인'이라고 하는 것처럼 당시의 구체적인 직업에 따라 규정하고, 이에 고용 규정을 적용하였다.[9)] 그리고 적용 대상 외의 사람을 '의사, 변호사, 학예 교사' 등 구체적으로 열거하기도 하였다(구민법전 266조).

위와 같은 일본의 구민법전은 소위 법전논쟁[10)]으로 시행되지 않았고, 새로운 민법전 편찬이 이루어져 1898년에 공포·시행되었는데, 여기에서 고용은 당사자 일방이 노무에 종사할 것을 약속하고, 상대방이 이에 대해 보수를 주는 것을 목적으로 하는 것으로 정의되며(623조), 도급, 위임과 같은 노무공급계약의 한 유형으로 규정되었다. 그리고 고급노무와 보통노무의 구분을 폐지하고, 노무에 종사하는 자를 모두 '노무자'라고 표현하게 된다(이 용어는 2005년 민법의 현대어화 작업으로 '노동자'로 변경되었다).[11)]

2. 노동보호법의 제정

일본 최초의 노동보호법인 공장법이 1911년에 제정되어 1916년에 시행된다. 공장법은 상시 15명 이상의 직공을 사용하여, 사업의 성질·위험 또는 위생상 유해의 우려가 있는 공장을 적용 범위로 하고, 12세 미만인 자의 취업 금지, 15세 미만인 자 및 여성의 1일 12시간을 넘는 초과노동과 오후 10시부터 오전 4시에 이르는 심야노동의 금지, 휴일·휴식 시간의 법정, 그리고 유해·위험 업무에 대한 취업 금지와 함께 업무상 재해로 인하여 사망한 경우 재해자 본인 또는 그 유족에 대한 부조 제도를 도입했다.[12)] 위에서 표현하였듯, 공장법 당시에는 노동자라는 표현 대신 '직공'이라는 단어가 사용되었는데, 행정해석 예규는 '직공이란 주로 공장 내에서 공장의 목적으로 하는 작업의 본체인 업무에 관하여 노역에 종사하는 자 및 직접 그 업무를 조성하기 위하여 노역에 종사하는 자를 말한다'(1922년 10월 16일 상업국 1182호)[13)]고 정의하였다. 일본의 노기법상 노동자라고 할 수 있는 공장법상 '직공'의 초기 개념상 핵심은 고용관계의 존재

9) 鎌田耕一, 10면.

10) 일본에서 보아소나드가 기초한 민법전과 독일인 법학자 뢰슬러가 기초한 상법전의 시행의 당부를 둘러싸고 행해진 대논쟁이다. 자세한 내용은 정종휴, "日本民法典의 編纂", 법사학연구 36호, 한국법사학회(2007), 114면 이하 참조.

11) 鎌田耕一, 10면.

12) 鎌田耕一, 10면.

13) 内務省社会局労働部編, 労働保護法規並解釈例規(1936), 25면 : 鎌田耕一, 11면의 각주 43번에서 재인용.

나 노무제공의 유상성이 필요조건이었던 것이 아니라, 그 업무가 공장이 목적으로 하는 작업에 해당하는지, 공장이 목적으로 하는 작업을 조성하는 업무였는지와 같은 것에 두어졌음을 볼 수 있다.[14] '공장 업무에 종사하는 사람으로서 그 조업이나 성질상 직공의 업무인 이상, 직접 공업주와 직공 간에 고용관계가 존재하는지, 직공 공급 도급자, 사업도급자 등이 개재하는지 등을 묻지 않고 일체 그 공업주가 사용하는 직공으로서 취급하는 것으로 한다'(1922년 11월 7일 상업국 1274호)는 것처럼 직접 고용관계가 없는 경우라 하더라도 사용관계가 인정되었다.[15]

3. 노조법과 노동자

일본에서 처음 노조법 제정이 시도된 것은 1926년이고, 이때 의회에 제출된 노조법 정부안에 대하여 한 의원(原惣兵衛門)이 제국의회 중의원 본회의 과정에서 은행원, 사무원, 신문기자 등의 정신노동에 고용되는 자, 철도·체신 종업원, 육해군의 직공, 관리, 학교의 교사, 배우 도구방(俳優道具方), 오케스트라의 멤버, 하인·하녀, 집사, 산타로(三太郎), 대리(手代), 공장법의 도제는 과연 노조법상의 노동자가 될 수 있느냐는 질문을 하였고, 이에 대하여 당시 내무대신은 '이 조합법에 따라 노동자라 칭하는 것은 고용계약 하에 있는 육체노동자를 말한다'고 답변하였다고 한다.[16] 이 의원은 중의원 특별위원회에서 다시 차부(車夫) 등 '도급계약과 같은 경우 또는 자유노동자', '토목건축의 하도급자와 같은 자'가 노동조합을 조직하고 있는 경우, 과연 그 노동조합이 노동조합이라고 할 수 있는지를 질문하였고, 당시 정부위원(長岡)은, 어떤 사람이 노동자인지는 사회 상식, 사회 통념에 의해 결정해야 하며, 현시점에서는 고용계약 하에 있는 육체노동자를 말한다는 것을 반복하였다고 한다.[17]

1926년의 노조법 제정 시도는 무산되었고, 이후 1931년에 다시 노조법 정부안이 의회에 제출되었는데, 여기에서도 노동자의 의미가 논의되었고, 스스로 차를 몰고 끄는 차부(車夫)는 노동자인가 하는 의원의 질문에, 정부위원은 '스스로 자신이 투자하여 일하는 자는 이른바 노동자의 정의에는 들어가지 못한다'고

14) 鎌田耕一, 11면.
15) 鎌田耕一, 11면.
16) 鎌田耕一, 12면.
17) 鎌田耕一, 12면.

답하였다.[18] 또, 소작인에 대해서는 '소작인은 지주로부터 토지를 빌린 후부터는 스스로 소작에 종사하는 자이므로, 지주에게 고용되어 있다는 개념이라고 생각할 수 없다'는 점에서 노동자가 아니라고 답변하기도 하였다.[19]

이후 1945년에 제정되어 다음 해에 시행된 구노조법 3조는 '본법에서 노동자는 직업의 종류를 따지지 않고 임금, 급료 기타 이에 준하는 수입에 의하여 생활하는 자를 말한다'고 규정하여[20] 처음으로 노조법상의 노동자를 명문으로 정의하였다. 이전까지의 법안 논의 과정에서 노조법상 노동자를 육체노동자를 의미하는 것으로 제한적으로 이해하였던 것과는 달리, 1945년 노조법에서는 노동자가 반드시 육체노동자만을 의미하는 것은 아닌 것으로 규정한 것이다. 이 노조법안은 정부가 의회에 제출한 것인데, 당시 중의원 본회의와 노동조합법안위원회에서 1945년 12월 10일부터 심의가 이루어져 12월 14일에 채택되어 귀족원으로 보내졌고, 귀족원에서는 본회의와 노동조합법안특별위원회에서 12월 15일부터 심의가 이루어져 12월 18일에 채택되어 1945년 12월 22일 법률 51호로 공포되었다. 이 심의 과정 가운데 중의원 노동조합법안위원회에서 여러 형태의 직업을 가진 자들에 대한 노동조합법상 노동자 포함 가능성에 관한 질의응답이 있었는데, 이 중 특히 ① 소작인과 관련하여, 머슴(作男)과 같이 임금, 급료에 따라 생활하는 형태의 농업노동자나 이에 준하는 수산업에 종사하는 노동자는 노동조합법상의 '노동자'에 포함되지만, 소작인은 공장이나 기타 일정한 장소에서 인력을 파는 입장에 있는 자와는 다르며 수입도 공장노동자와는 현저히 다르고, 또 지주로부터 일정 넓이의 토지를 임차하여 독립적인 경영을 영위하고 있기 때문에 '노동자'에는 포함되지 않는다는 답변이 있었다.[21] ② 수공업적 · 가내공업적 · 도급적 노무제공자와 같이 보수가 성과에 따라 결정이 되고 시간관리를 받지 않는 사람들이 노동조합법상의 노동자에 해당되는지와 관련한 질문이 있었는데, 여기에 대해서는 위원마다 의견을 달리하였지만, 노무공급장소가 공장

18) 鎌田耕一, 12면.

19) 鎌田耕一, 12면.

20) 이러한 규정 방식은 당시 노무법제심의위원회 위원 중 유일한 법률학자였던 스에히로 교수(末弘嚴太郎)가 제출한 노동조합입법에 관한 의견서에서 "노동조합의 정의로서는, … 조합원으로서 취할 수 있는 급료생활자의 종류…를 한정하는 취지로 정의할 수 없다"고 하여, 스에히로 교수의 제안에 따라 "노동자의 직업의 종류를 묻지 않고"라는 부분이 포함되었다고 한다(川口美貴, 216면 참조).

21) 川口美貴, 217~218면.

인지 주택인지, 보수계산방법이 성과급제인지 시간급제인지 및 노동시간관리를 받고 있는지 여부는 노동조합법상의 노동자성 유무에 영향을 미치지 않는 것으로 확인되었다.[22)]

그러나 일본의 구노조법은 곧 1949년 노조법으로 개편되는 과정을 거치는데, 1947년 12월 14일의 중의원 본회의에서 당시 중의원 노동조합법안특별위원회 위원장은 위원회의 논의를 총괄하여 보고하면서 "본법은 사용종속관계에 있는 피용자에게 적용"한다는 취지로 말하였다.[23)] 이후 노기법 제정 논의 과정에서 노기법의 적용 대상자는 사용종속관계를 기준으로 삼아야 하는 것으로 논의되었고, 그리하여 일본에서의 전후 노동입법은 그 적용대상자를 사용종속관계를 기준으로 개념화하게 된다.[24)] 그리고 이후 일본에서 노조법상 노동자 개념은 사례 적용상 노기법상 노동자 개념과 큰 차이가 없는 것으로 이해되어오다, CBC 관현악단 사건(Ⅳ-1 참조)에서 노조법상 노동자 개념을 노기법상 노동자 개념과 구분하는 계기가 마련되기는 하였지만 2000년대 중반까지도 큰 변화는 없었던 것으로 보인다.

4. 노조법상 노동자 개념에 대한 학설

노동자 개념이 재판상 문제되는 사례에서는 노기법상 노동자 개념과 노조법상 노동자 개념을 분명하게 구분하는 기준을 제시한 경우가 거의 나타나지 않았지만, 일본의 학설은 꾸준히 노조법상 노동자 개념에 대한 이해를 발전시켜 왔다.

일본의 학설상 노조법상 노동자에 관한 학설은, 서론에서 언급한 바 있는 노조법상 노동자에 대한 최고재판소의 3가지 판례가 나타나기 전까지, ① 공동경영자·기업자를 제외하는 설, ② 고용계약관계에 가까운 노무공급관계에 있는 자로 하는 설, ③ 사용종속관계 또는 사용종속성의 판단기준·판단요소에 의해 판단하는 설로서, ③-1 인적종속성을 핵심으로 하여 경제적 종속성과 조직적 종속성을 추가하는 설, ③-2 사용종속성을 부수적 고려요소·보조적 판단지표로 하는 설, ③-3 사용종속성을 완화하여 적용하는 설, ④ 노조법 3조의 노동자와 노조법 7조 2호의 '고용하는 노동자' 두 단계로 판단하는 2단계론, ⑤ '스스로

22) 川口美貴, 219면.
23) 鎌田耕一, 13면.
24) 鎌田耕一, 13면.

타인에게 유상으로 노무를 공급하고 노무를 공급받는 자와의 관계로 독립사업자 또는 독립노동자가 아닌 자'라는 설, ⑥ '노동력을 배치해 이용하는 권능'을 요건으로 하는 설 등으로 구분된다.[25]

이와 같이 노조법상 노동자와 노기법상 노동자를 구분하는 것이 대부분의 학설이기는 하지만, 노기법상의 노동자 개념을 노조법과 같은 범위로까지 확장해야 함을 전제로 노동자 개념의 통일적 형성을 주장하는 견해도 있다.[26]

Ⅲ. 일본에서 노조법상 노동자 개념에 대한 문제의식과 논의

서론에서 말한 바와 같은 일본의 노조법상 노동자성 판단에 관한 세 개의 최고재판소 판결을 살펴보기 전에 먼저 확인해야 할 것이 두 가지가 있다. 첫 번째는 소쿠하이(ソクハイ) 사건이고, 두 번째는 노사관계법연구회의 보고서이다.

소쿠하이 사건을 최고재판례들보다 먼저 확인하고자 하는 이유는, 아래에서 살펴보게 될 최고재판례들은 노조법상 노동자를 일본의 노기법상 노동자와 다른 것으로 판단하였다는 중요한 의미에도 불구하고 모두 개별 사례 판단만을 제공하였을 뿐, 노조법상 노동자가 누구인가에 대한 일반론은 제시하지 않았다는 한계가 있다. 노조법상 노동자가 누구인가에 대한 일반론은 위 최고재판소 판결이 아닌, 다음의 소쿠하이 사건에서 드러나는데, 소쿠하이 사건은 일본 노조법상 노동자성 판단 기준에 대하여 뚜렷한 획을 그었다고 평가되기도 한다.[27] 소쿠하이 사건에 대하여 일본의 중노위가 노조법상 노동자성 판단에 대한 기준을 제시한 후 제출된 2011년 일본 노사관계법연구회의 보고서는[28] 이러한 관점에 입각한 논의를 체계적으로 정리한 것이라고 한다.[29] 보고서에서는 서론에서 언급한 신국립극장운영재단 사건과 INAX 사건에 대한 하급심판결을 일부 검토하고 있기도 한데, 노사관계법연구회의 활동 시점과 이들 사건에 대한 최고재판소 판결이 내려지는 시점이 밀접하여 최고재판소가 판결을 내리면서 노사관계

---

25) 川口美貴, 230면 이하 참조.

26) 橋本陽子, 374면.

27) 최석환, 333면.

28) 労使関係法研究会, 労使関係法研究会報告書 : 労働組合法上の労働者性の判断基準について (https://www.mhlw.go.jp/stf/houdou/2r9852000001juuf-att/2r9852000001jx2l.pdf)(2011)(최종방문 2022. 3. 31.)를 의미한다.

29) 최석환, 333면.

법연구회의 논의 내용을 참조·반영하였을 것이라고 추측할 수 있기도 하다. 따라서, 이에 대해서도 노조법상 노동자성에 관한 최고재판례들을 살펴보기 전에 확인할 필요가 있다.

1. 소쿠하이 사건[30)]

소쿠하이 사건은 운송도급계약을 체결하고 자전거를 이용하여 서류 등의 배송업무를 하는 배송원이 노조법상의 노동자인지 여부가 다투어진 사건이다. 이 사건은 2009년 도쿄노동위원회에 제기되어, 중노위에서 2010년 판단하였다. 중노위 판정 시기를 기준으로 하였을 때, 신국립극장운영재단 사건, INAX 사건 및 빅터서비스 사건에 대한 최고재판소 판결이 나오기 전에 소쿠하이 사건에 대한 중노위 판정이 있었던 것이고, 이 점에서 일본의 노조법상 노동자성 판단에 관한 주요 최고재판례에 소쿠하이 중노위 판정이 영향을 미쳤음을 추측할 수 있다.

소쿠하이 사건에서 중노위는 먼저 노조법상 노동자 개념의 취지 혹은 의의를 다음과 같이 서술하였다.[31)]

> "헌법 28조는 국민의 기본적 권리의 하나로 노동자의 단결권, 단체교섭 기타 단체행동을 할 권리를 보장하고 있으며, 노조법은 이 헌법의 권리보장을 구체화하여 노동자가 사용자와의 교섭에 있어 대등한 입장에 설 것을 촉진함으로써 노동자의 지위를 향상시키는 것을 목적으로(1조) 노동자가 노동조합에 결집할 것을 조성하는 여러 종류의 보호를 행하고 있다."
>
> "노조법 3조의 노동자란 노동계약법이나 노기법상의 근로계약에 의해 노무를 공급하는 자 뿐 아니라 근로계약과 유사한 계약에 의해 노무를 공급하고 수입을 얻는 자로서, 근로계약 하에 있는 자와 마찬가지로 사용자와의 교섭상의 대등성을 확보하기 위해 노조법의 보호가 가해지는 것이 필요하고도 적절하다고 인정되는 자까

30) 사건경과에 대해서는 https://www.mhlw.go.jp/churoi/meirei_db/han/h10447.html (최종방문 2022. 3. 31.) 참조.

사건번호	명령구분	명령 일자
東京都労委平成19年（不）第94号·平成20年（不）第9号	전부구제	2009. 6. 2.
中労委平成21年（不再）第21号	일부변경	2010. 7. 7.

31) 이하의 소쿠하이 중노위 사건에서 중노위 판단에 관한 번역문은 최석환, 333~334면에 서술된 내용을 인용한 것이다.

지도 포함한다고 해석하는 것이 타당하다."

그리고 업무위탁방식에 따라 노무를 제공하는 자에 대한 노조법상 노동자성에 관한 구체적 기준을 다음과 같이 판단하고 있다.

"회사와의 업무위탁(도급)의 계약형식에 의해 노무를 공급하는 자의 경우에는, ① 당해 노무공급을 행하는 자들이 발주처의 사업활동에 불가결한 노동력으로서 항상적으로 노무공급을 행하는 등, 말하자면 발주처의 사업조직에 편입되어 있다고 말할 수 있거나, ② 당해 노무공급계약의 전부 또는 중요부분이 실제로 대등한 입장에서 개별적으로 합의되는 것이 아니라 발주처에 의해 일방적 · 정형적 · 집단적으로 결정되고 있다고 말할 수 있거나, ③ 당해 노무제공자에 대한 보수가 당해 노무공급에 대한 대가 내지는 이러한 대가에 유사한 것으로 볼 수 있는가 하는 판단요소에 비추어 단체교섭의 보호가 가해져야 한다는 필요성과 적절성이 인정된다면 노조법상의 노동자에 해당한다고 보아야 한다."

일본 헌법 28조의 노사대등주의 원리가 등장하는 것, 노조법상 노동자는 노기법상 노동자와는 다른 개념이라는 것, 노조법상의 노동자는 단체교섭의 보호가 필요하고 적절한지 여부에 따라 판단되어야 한다는 점 등은 이하에서 살펴보게 될 최고재판소 판결에서 찾아볼 수 없는 내용이다. 그리고 소쿠하이 사건에서 중노위는 '사업조직에의 편입'이 인정될 수 있기 위한 요소들에 대하여 다음과 같이 말하고 있다.

(a) 해당 노무를 제공하는 자들이 사업주로부터 개개의 업무의 위탁을 받는 것에 대해 계약상 승낙 여부권을 갖지 못하거나, 또는 계약상으로는 자유롭더라도 사실상 승낙 여부의 자유를 전혀 혹은 드물게 행사하는 경우.
(b) 사업주가 그 사업의 원활한 운영을 위해서 해당 노무를 제공하는 자들에 대해서 노무공급의 일시 장소 방법에 대해 구속 내지 지시를 하고 있을 것. 단, 노조법상의 노동자에게는 노동계약법 내지 노기법상의 노동자에 준하는 노무제공자도 포함되므로, 이 (b)에서의 구속성은 노동계약법 내지 노기법상의 노동자에 대한 정도일 필요는 없음.
(c) 해당 노무제공자가 사업주에 대해 전속적으로 노무를 공급하고 있어, 다른 사업주와의 계약관계가 전혀 또는 거의 존재하지 않을 것. 단, 전속성이 존재하지 않는다고 해서 즉시 사업조직에의 편입이 부정되는 것은 아니라는 점에 유의해야 함

(예를 들면 주 중 3일은 甲기업, 2일은 乙기업에서 일하는 노무제공자).

한편, 중노위는 노무제공자가 해당 사업에 필요한 설비·기계·자금 등을 보유하고 있고, 경우에 따라서는 타인을 사용하여, 해당 업무와 관련하여 스스로의 계산으로 이익을 취득할 기회가 상시적으로 존재하는 등 사업자성이 현저한 경우에는 노조법상의 노동자성은 부정된다고도 보았다. 위 사업조직에 대한 편입성 요소가 노조법상 노동자성을 인정하는 적극적 요소라면, 생산수단의 소유, 노무의 대체성, 스스로의 계산에 의한 이익추구 가능성 등은 노조법상 노동자성을 부정하는 소극적 요소가 될 것이다.

중노위는 위와 같은 노조법상 노동자성 판단에 관한 일반론을 제시하면서, 자전거 배달원의 노조법상 노동자성에 대해 ① 사업조직에의 편입성, ② 계약내용의 판단, ③ 노무제공에 대한 대가성 여부, ④ 개별 업무 의뢰에 대한 승낙의 성질, ⑤ 노무공급 시간·장소·방법, ⑥ 사업자성의 유무에 대한 판단을 내리며, 노동자성을 인정하였다.

2. 노사관계법연구회의 노조법상 노동자성 판단 기준

우리나라와 마찬가지로 일본에서도 2000년대 이후 일하는 방식의 다양화가 두드러지게 나타났다. 특히 업무위탁, 독립자영업자라는 노무제공형태가 두드러지게 증가하는 가운데, 그러한 노무제공자들이 노동조합을 결성하고 회사에 단체교섭을 요구하는 사례가 증가하였다. 그러나 최고재판례에서도 알 수 있듯 노조법상의 노동자성을 판단하는 일반적 기준이 존재하지 않는 가운데 노동위원회의 판정과 하급심 판결이 상이한 경우가 종종 나타났고(이하의 최고재판례들을 중심으로 살펴본 사건들에서도 노동위원회가 노조법상의 노동자성을 인정한 것을, 지방재판소나 고등재판소가 부정하였음을 확인할 수 있다), 법적 안정성이라는 관점에서도 문제가 되었다. 이에 따라 단체교섭에 대하여 사용자와 노동자 쌍방의 예측가능성을 높이기 위하여 2010년 11월 노사관계법연구회에서[32] 노기법과 노동계약법상의 노동자성과의 차이 등에 대한 다양한 과제가 있음을 인식하고 노조법상 노동자성에 대한 판단기준 등을 검토하기 시작하였고, 그 결과 보고서가

32) 일본 후생노동성 정책총괄관 산하 노동정책담당참사관실에서 실시하는 노동정책관계에 대한 검토회 중의 하나이다.

2011년 4월 제출되었다.[33] 이 보고서에서 노조법상 노동자성을 판단하는 기본적 판단요소 3가지, 보충적 판단요소 2가지 그리고 소극적 판단요소 1가지를 제시하였다.

<기본적 판단요소>

① 사업조직에의 편입

② 계약내용의 일방적 · 정형적 결정

③ 보수의 노무대가성

보고서에 따르면,[34] ①은 노기법상 노동자성 판단요소로서 일반적으로 이용되지는 않지만, 노조법상의 노동자성 판단에서는 노무제공자가 상대방의 업무수행에 불가결하거나 중요한 노동력으로 조직 내에 확보되어 있으며, 노동력의 이용을 둘러싸고 단체교섭으로 문제를 해결해야 하는 관계가 있음을 나타낸다. 과거 노동위원회 명령이나 재판례에서는 ⅰ) 계약의 목적(계약의 형식에도 불구하고 상대방과 노무제공자의 계약이 노동력을 확보하기 위한 목적으로 체결된 경우), ⅱ) 조직에의 편입 상황(업무수행의 양적 내지 질적인 면에서 불가결하거나 중요한 역할을 담당하는 노동력으로서 조직 내에서 자리잡고 있는 경우, 평가제도나 연수제도의 마련, 업무지역이나 업무일의 할당 등 상대방이 노무제공자를 관리하고 있는 경우, 인력이 충분할 때에는 다른 사업자에게도 위탁하지만 통상적으로는 노무제공자에게만 위탁하고 있는 경우 등), ⅲ) 제3자에 대한 표시(상대방의 이름이 기재된 제복의 착용, 명찰, 신분증 휴대 등이 요구되는 등 제3자에 대하여 상대방이 노무제공자를 자신의 조직의 일부로서 다루고 있는 경우), ⅳ) 전속성(상대방으로부터 위탁받고 있는 업무와 유사한 업무를 계약상 다른 상대방으로부터 위탁받을 수는 없는 경우, 상대방으로부터 위탁받고 있는 업무와 유사한 업무를 다른 상대방으로부터 위탁받는 것에 대하여 계약상 설정된 권리의무로서는 제약이 없지만 당사자의 인식이나 계약의 실제 운용상으로는 제약이 있어 곤란한 경우, 상대방으로부터 수탁하고 있는 업무와 유사한 업무에 관하여 다른 상대방과의 계약관계가 전혀 또는 거의 존재하지 않는 경우)과 같은 사정이 있는 경우, 사업조직에의 편입이 긍정적으로 해석되었다.[35] 다만 이러한 사정이 없는 경우

33) 労使関係法研究会, 1면.
34) 労使関係法研究会, 11면.
35) 労使関係法研究会, 12면.

라도 곧 사업조직에의 편입성이 부정되는 것은 아니다.

② 또한 노기법상 노동자성 판단요소로는 일반적이지 않지만, 노조법상 노동자성 판단에서는 상대방에 대하여 노무제공자 측에 단체교섭법제에 의한 보호를 보장하여야 하는 교섭력 격차가 있음을 나타내는 것으로서, 기본적 판단요소로 해석된다.[36] 과거 노동위원회 명령이나 재판례에서는 ⅰ) 계약체결이나 갱신 시 노무제공자가 상대방과 개별적으로 교섭하여 노동조건 등의 계약내용을 변경시킬 수 있는 여지가 실제로 없거나(다만 노동시간 등을 변경할 여지는 있더라도 그것이 노동조건 일부에 국한되는 경우에는 계약내용의 일방적·정형적 결정성이 부정되지 않음), ⅱ) 상대방과 노무제공자 간의 계약에 정형적인 계약서식이 이용되는 등의 사정이 있는 경우 계약내용의 일방적·정형적 결정성이 긍정적으로 판단되었다.[37]

③은 노조법 3조의 노동자의 정의규정에 명시된 "임금, 급료 기타 이에 준하는 수입"에 대응한 것으로 노무제공자가 스스로의 노동력을 제공하고 보수를 얻고 있음을 나타내기 때문에, 각각 노조법상의 노동자성 판단에 있어서 기본적 판단 요소가 되었다. 다만, 노조법상 노동자성의 판단요소로서의 보수의 노무대가성은 협의의 사용종속성을 판단하는 것은 아니고, 노기법상의 임금보다 넓은 '기타 이에 준하는 수입'도 포함하여 해석하는 것으로 보고 있다.[38] 또한 보수의 노무대가성은 노무제공의 양태와도 관련되어 있으므로, 노무제공에 대한 재량이 부여되지 않는 경우의 보수는 노무제공의 대가라고 보는 것이 통상적이다.[39] 과거의 사례에서는 ⅰ) 상대방의 노무제공자에 대한 평가에 응한 포상금 등 일의 완성에 대한 보수와는 다른 요소가 가미된 경우, ⅱ) 시간외수당이나 휴일수당과 유사한 것이 지급된 경우, ⅲ) 보수가 업무량이나 시간에 따라 산출되는 경우(단, 성과급이라고 하여 곧 보수의 노무대가성이 부정되는 것은 아님) 등에 보수의 노무대가성이 인정되었고, ⅰ) 일정액의 보수 지급이 보증된 경우, ⅱ) 보수가 일정기일에 정기적으로 지급되는 경우에는 그 보수의 성격에 기초하여 노무대가성이 인정되었다.[40]

36) 労使関係法研究会, 13면.
37) 労使関係法研究会, 13면.
38) 労使関係法研究会, 14면.
39) 労使関係法研究会, 14면.
40) 労使関係法研究会, 14면.

<보충적 판단요소>

④ 업무의 의뢰에 응해야 하는 관계

⑤ 넓은 의미에서의 지휘감독 하에서의 노무제공, 일정한 시간적·장소적 구속

보고서에 따르면,[41] ④는 노무제공자가 자기의 노동력을 상대방에게 제공하지 않는다고 하는 선택이 곤란하고, 노무제공자가 노동력의 처분권을 상대방에게 맡겨 취업해야 하는 관계에 있다고 하는 인식이 당사자 사이에 존재하는 것을 추인시켜, ①의 사업조직에의 편입 판단에 있어 이를 보강하는 것으로서 감안되는 요소이다. ④가 완전히 인정되지 않더라도 다른 사정으로 ①이 긍정되면 노동자성 판단에 소극적으로 영향을 주는 것은 아니다. ④의 판단에 있어서는 계약상 설정된 법적 권리의무 관계에만 국한되지 않고, 당사자의 인식이나 계약의 실제 운용을 중시하여야 한다. i) 계약상으로는 업무의뢰를 거부하는 것이 채무 불이행 등을 구성하지 않아도, 실제 계약의 운용상 노무제공자가 업무의뢰를 거부하면 계약의 해제나 계약 갱신의 거부 등 불이익취급이나 제재의 가능성이 있는 경우, ii) 실제 계약의 운용이나 당사자의 인식상 노무제공자가 상대방으로부터의 업무의뢰를 거부할 수 없는 경우, iii) 실제로 업무의뢰를 거부하는 노무제공자가 거의 존재하지 않고, 의뢰 거부 사례가 존재해도 예외적인 현상에 지나지 않는 경우 등은 ④의 요소가 긍정적으로 판단될 수 있도록 한다.[42]

⑤는 상대방에게 인적으로 종속되어 있음을 추인시키는 것으로, 노조법 3조의 노동자의 정의에는 노기법 9조에서와 같은 "사용된다"는 문언이 없기 때문에 기본적 판단요소라고는 생각할 수 없지만, 이러한 사정이 존재하면 노동자성을 긍정하는 방향으로 작용하는 보완적 판단요소이다. 최고재판소 판결에서는 반드시 노기법상의 노동자성을 긍정해야 할 정도에 이르지 않는 넓은 의미의 지휘감독 하에서 노무공급이나 노무공급의 일시·장소에 대한 일정한 구속이라도 노조법상의 노동자성을 긍정적으로 평가하는 요소로 감안되고 있다는 점을 반영한 것으로 보인다. i) 노무수행의 방법에 대한 상세한 지시, ii) 정기적인 보고 등의 요구, iii) 노무제공자에게 업무량이나 노무를 제공하는 일시·장소에

41) 労使関係法研究会, 11면.

42) 労使関係法研究会, 15면.

대한 재량의 여지가 없음, iv) 일정한 일시에 출근이나 대기를 요구하는 것, v) 노무제공자가 실제로 일정 정도의 시간을 해당 업무에 소비하고 있다는 것 등은 ⑤의 요소를 긍정적으로 판단할 수 있게 한다.[43)]

<소극적 판단요소>

⑥ 현저한 사업자성

보고서에 따르면,[44)] 원래 자기의 노동력을 제공하고 있지 않은 자 또는 항상 자기의 계산으로 이익을 얻을 기회를 갖고 스스로 위험을 인수하여 사업을 하는 자 등 사업자성이 현저한 자는 상대방의 사업조직으로부터 독립하여 그 노동력을 스스로를 위해 이용하고 있다고 할 수 있고, 계약내용 등에 대해 실제로 교섭할 수 있으며, 보수에 대해서도 상대방에게 노동력을 제공한 데 따른 대가라고는 할 수 없다는 점 등에서 단체교섭에 의한 보호의 필요성이 높지 않다고 해석된다. 따라서 현저한 사업자성이 인정되는 경우는 종합 판단에 있어서 노동자성을 소극적으로 해석할 수 있는 판단 요소로서 감안된다. i) 자신의 계산으로 이익을 얻을 기회가 있는 경우, ii) 업무로부터 발생하는 손해를 스스로 부담하는 경우, iii) 다른 사람을 사용하는 경우 혹은 계약상 및 실제상 위탁받은 업무를 타인에게 대행시키는 데 제약이 없는 경우, iv) 현실적으로 상대방으로부터 위탁받은 업무를 대행하는 타인이 존재하는 경우, v) 상대방으로부터 위탁받은 사업 이외에 주된 사업을 하고 있는 경우, vi) 노무제공자가 일정 규모의 설비·자금 등을 보유하거나, 업무에 필요한 기자재의 비용·교통비·보험료·수리비 등의 경비를 노무제공자가 부담하고 있는 경우 등의 사정은 ⑥의 요소를 강화하는 사유가 된다.[45)]

43) 労使関係法研究会, 16면.
44) 労使関係法研究会, 11면.
45) 労使関係法研究会, 17~18면.

Ⅳ. 노조법상 노동자성에 관한 최고재판례

1. CBC 관현악단 사건[46]

우리나라와 마찬가지로 일본에서도 노동자성에 대한 규범적 판단은 법원에 맡겨져 있다. 일본에서 노조법상 노동자 개념에 대한 1차적 리딩케이스는 CBC 관현악단 사건이다.

이 사건은 방송사업을 목적으로 하는 CBC가 1951년 회사의 방송 및 방송부대업무에 출연시키기 위하여 관현악단을 만들고 악단원과 방송출연계약을 체결하였는데, 처음에는 '전속출연계약'[47] 이었지만, 이 전속출연계약이 1년마다 갱신되던 중 1964년에 이르러 '우선출연계약'[48]으로 변경되었고, 이것이 다시 1965년 '자유출연계약'[49]으로 변경된 상황에서 악단원들이 노동조합을 결성하

---

46) 사건경과에 대해서는, https://www.mhlw.go.jp/churoi/meirei_db/mei/m10820.html (최종방문 2022. 3. 31.) 참조.

사건(소송)번호	명령(판결)구분	명령(판결) 일자
愛知地労委昭和40年（不）第4号	기각	1966. 2. 19.
名古屋地裁昭和41年（行ウ）第9号・第10号	전부취소	1971. 12. 17.
名古屋高裁昭和46年（行コ）第27号	기각	1974. 9. 18.
最高裁昭和49年（行ツ）第112号	상고기각	1976. 5. 6.

47) ① 계약기간(1년, 갱신가능) 중 악단원은 회사가 지정하는 일시, 장소, 프로그램 내용 등에 따라 회사의 방송 및 방송 부대업무에 출연할 의무를 지는 동시에 회사 이외의 방송 및 방송 관계 업무에 출연하는 것이 금지되고, ② 그 출연 보수로서 회사로부터 악단원에 대하여 매월 보장 출연료(회사가 월간 표준 출연 시간을 지정하여 현실 출연 시간이 이에 도달하는지 여부를 불문하고 지불되는 출연료)와 초과 출연료(우측 표준 출연 시간을 초과하여 출연했을 때에 1시간 단위로 지불되는 출연료)가 지급되지만, ③ 계약기간 중이라도 정당한 이유가 있을 때에는 1개월의 예고기간을 두고, 또 계약 위반이 있을 때에는 즉시, 양 당사자가 계약을 해제할 수 있도록 되어 있었다. 그리고 악단원에게는 연예인 취업규칙이 적용되어 보건위생이나 재해보상 등에 대해 회사의 일반 근로자에 관한 취급을 하고 있었다.

48) ① 악단원의 타사 출연 등은 자유로워졌지만, 회사로부터 출연 발주가 있는 경우 악단원은 지정된 프로그램에 우선적으로 출연할 의무를 지게 되고, ② 출연 보수 및 계약 해지에 대해서는 종전과 다르지 않았으며, ③ 악단원에 대하여 더 이상 연예인 취업규칙을 적용하지 않게 되었다.

49) ① 악단원의 타사 출연 등은 자유로우며, 악단원이 회사로부터의 출연 발주를 거절하는 것도 문구상 금지되어 있지 않으며, ② 그 출연 보수로서는 연액·월 할부로 악단원이 회사의 출연 발주에 응하지 않는 것이 있어도 감액되지 않는 계약금과 1시간 10엔의 비율에 의한 출연료를 지불하는 것으로 하였고, ③ 계약해지에 대해서는 종전과 같으며, ④ 악단원에 대한 연예인 취업규칙 적용 또한 없는 것으로 하였다.

여 회사에 단체교섭을 요구하였지만, 회사는 악단원들이 노조법상 노동자가 아님을 이유로 단체교섭을 거절한 사건이다. 회사가 악단원들과의 계약 형태를 수차에 걸쳐 변경한 이유는, 악단원의 출연을 요구하는 프로그램 자체가 줄어들게 되었던 데 있었던 것으로 보인다.

이 사건에서 일본 최고재판소는 다음과 같은 논리에 따라 악단원이 노조법상의 노동자임을 인정하였다.

- 자유출연계약은 회사에서 방송 때마다 연주자와 출연조건 등을 교섭하여 개별적으로 계약을 체결하는 것의 어려움과 번잡함을 줄이고, 악단원을 미리 회사의 사업조직으로 편입시킴으로써 방송사업의 수행상 불가결한 연주노동력을 항상적으로 확보하고자 하는 것이었음이 분명하고, 이 점에서 전속출연계약 및 우선출연계약과 차이가 없다는 것.
- 계약의 문언상 악단원이 회사의 출연 요구를 거절하는 것이 금지되어 있지는 않지만, 그로부터 곧 악단원이 출연에 대한 아무런 의무도 부담하지 않고 단지 그 임의적인 협력만을 기대한 것이라고는 해석할 수 없고, 오히려, 원칙적으로는 발주에 따라 출연해야 할 의무가 있는 것을 전제로 하면서, 단지 개개의 경우에 타사 출연 등을 이유로 출연하지 않는 것이 있어도, 당연히 계약위반 등의 책임을 묻지 아니한다는 취지의 계약이라고 보는 것이 상당하다는 것.
- 악단원은 연주라는 특수한 노무를 제공하는 자이기 때문에 반드시 회사로부터 매일 일정한 시간적 구속을 받는 것은 아니며, 출연에 소요되는 시간 이외의 시간은 사실상 그 자유에 맡겨져 있으나, 회사에서 필요로 하는 때에는 수시로 그 일방적으로 지정하는 바에 따라 악단원에게 출연을 요구할 수 있으며, 악단원이 원칙적으로 이에 따라야 할 기본적 관계가 있는 이상, 설령 회사의 사정에 의해 현실의 출연시간이 아무리 감소하더라도 악단원의 연주노동력 처분에 대하여 회사가 지휘명령의 권한을 갖지 아니한다고 할 수 없다는 것.
- 자유출연계약에 따라 악단원에게 지급되는 출연 보수 중 계약금이 불출연에 의해 감액되지 않기는 하지만, 악단원은 소위 유명 예술가와는 달리 연출에 대해 아무런 재량을 부여받지 못했기 때문에 그 출연 보수는 연주

에 의해 초래되는 예술적 가치를 평가한 것이라기보다는 연주라는 노무의 제공 그 자체의 대가라고 보는 것이 상당하고, 그 일부 계약금은 악단원에게 생활의 자금으로서 일단 안정된 수입을 부여하기 위한 최저보장급인 성질을 가진 것이라고 인정해야 한다는 것.

위와 같이 CBC 관현악단 사건에서 일본 최고재판소는 일반론을 전개하지 않고 사건에 대한 판단만을 하였다.[50] 그리고 법원이 악단원의 노조법상 노동자성을 판단하기 위해 사용한 기준은 노기법의 노동자 판단에서 사용되어 온 여러 사정들을 종합하여 판단하는 것이었다.[51] 이 판결에서는 사업조직으로의 편입을 비롯한 당해 노동의 불가결성 등을 기초로 악단원의 노조법상 노동자성을 긍정하기는 하였지만, 포괄적인 지휘명령(근로시간, 출연의 요청 등)의 요소로 판단될 수 있는 여러 문제에 대해서도 구체적으로 판단하였으며, 노조법과 노기법상 노동자성 판단이 구분될 수 있다는 사례로서는 기능하였지만 이에 관한 일반론을 제시하지는 못하였다는 한계가 있다.[52] 그리고 이 판결 이후 아래의 신국립극장운영재단 사건에 대한 최고재판례가 나오기 전까지 노조법상 노동자성 판단의 문제에 관한 논의는 별다른 발전을 이루지 못하였다.

2. 신국립극장운영재단 사건[53]

CBC 관현악단 사건 이후 별다른 변화를 보이지 않던 노조법상 노동자성

---

50) 荒木, 628면.
51) 송강직, 345면.
52) 최석환, 330면.
53) 사건경과에 대해서는 https://www.mhlw.go.jp/churoi/meirei_db/han/h10353.html (최종방문 2022. 3. 31.) 참조.

사건(소송)번호	명령(판결)구분	명령(판결) 일자
東京都労委平成15年（不）第56号	일부구제	2005. 5. 10.
中労委平成17年（不再）第41号・第42号	기각	2006. 6. 7.
東京地裁平成18年（行ウ）第459号（第1事件）・第499号（第2事件）	일부취소・기각	2008. 7. 31.
東京高裁平成20年（行コ）第303号	기각	2009. 3. 25.
最高裁平成21年（行ツ）第191号・第192号	상고기각	2011. 1. 25.
最高裁平成21年（行ヒ）第226号・第227号	상고수리	2011. 1. 25.
東京高裁平成23年（行コ）第138号	일부취소・기각	2012. 6. 28.

판단에 관한 논의에 전기를 마련한 것은, 다수의 오페라 공연을 주최하고 있는 재단법인(신국립극장운영재단)이 ① 합창단 멤버의 선발 절차에서 노동조합에 가입하고 있는 합창단원 1명을 불합격시킨 것, ② 이에 관한 노동조합으로부터의 단체교섭 신청에 응하지 않은 것이 부당노동행위(노조법 7조)에 해당하는지 여부가 문제된 신국립극장운영재단(新国立劇場運営財団) 사건에서의 중앙노동위원회 판정이었다. 재단의 합창단 멤버는 연간 시즌 모든 공연에 출연하는 것이 원칙적으로 가능한 '계약 멤버'와, 재단이 그때그때 지정하는 공연에 출연할 수 있는 '등록 멤버'로 구분되어 있으며, 재단은 매년 시청회를 열어 각 멤버를 선발하고 있었다. 이 중 계약 멤버 합격자와는 1년 기간의 '출연 기본 계약'이 체결된 후, 각 공연마다 개별 출연 계약이 체결되어 있었다. 이 사건에서 불합격된 합창단원은 1999년 8월부터 4시즌에 걸친 계약 멤버였는데, 2003년 8월부터의 시즌에 대해서는 계약 멤버로서는 불합격 처리되었기 때문에 단체교섭 신청이 있었던 것이다.

이 사건에서 먼저 도쿄 노동위원회는 ① 불합격 조치에 대해서는 부당노동행위를 인정하지 않았지만, ② 단체교섭 거부는 부당노동행위에 해당한다고 하여 재단에 단체교섭에 응하도록 명하였고, 중노위도 같은 취지의 명령을 내렸다. 이에 대하여 노동조합은 ①에, 재단은 ②에 불복하여 중노위 판정의 취소를 구하는 소송을 제기하였는데, 1심 도쿄지방재판소는 ②와 관련하여 오페라 가수가 노조법상의 노동자에 해당하지 않는다고 하여 중노위의 명령을 취소하였고, 이에 대하여 노동조합과 중노위가 함께 항소하였다. 2심 도쿄고등재판소는 '노동자성'에 대해 사용자와 노동자 간의 지휘명령 관계는 노동력이 배치되어 있는 상태를 전제로 한 업무 수행상의 지휘명령 내지 지배감독 관계라는 의미 외에, 업무 종사 내지 노무 제공 지시 등에 대한 승낙 여부의 자유라는 취지를 포함하는 다의적인 개념이며, 노조법상의 노동자에 해당하는지 여부를 논하는 경우에 그 일부분만을 추출해 내는 것은 타당하지 않다고 하였다. 또한 오페라 가수에게는 오페라 공연이 갖는 집단적 무대예술성에서 유래한 제약 이외에 지휘명령 내지 지배감독 관계의 성립을 인정할 여지가 없고, 또 공연마다 노무제공 승낙 여부의 자유가 있다는 점을 감안하면 노조법상의 노동자라고 할 수 없다고 하여 노동조합과 중노위의 항소를 기각하였다.

그러나 일본 최고재판소는 다음과 같은 사정들을 종합적으로 고려하면서,

계약 멤버인 조합원은 재단과의 관계에서 노조법상 노동자에 해당한다고 해석하는 것이 상당하다고 판단하면서, 원심 판결을 파기하였다.

- 출연 기본 계약의 체결로 계약 멤버는 각 공연의 실시에 불가결한 가창 노동력으로서 재단의 조직에 편입되어 있었다는 것(① 노동의 업무상 불가결성과 ② 조직편입성).
- 출연 기본계약서의 조항에 개별공연 출연계약의 체결을 의무화하는 취지를 명시하는 규정이 없고, 계약 멤버가 개별공연 출연을 사퇴한 것을 이유로 재단으로부터 재계약에서 불리한 취급을 받거나 제재를 부과받은 적이 없더라도 각 당사자의 인식이나 계약의 실제 운용에 있어서는 계약 멤버는 기본적으로 재단의 개별공연 출연 신청에 따라야 하는 관계에 있었다는 것(⑤ 업무 의뢰의 강제성).
- 출연 기본계약의 내용은 재단에 의하여 일방적으로 결정되며, 계약 멤버가 어떤 형태로 가창노무를 제공하는지에 대해서도 오로지 재단이 일방적으로 결정하고 있었다는 것(③ 계약 내용의 일방적 결정성).
- 계약 멤버는 재단의 지휘감독 하에서 가창노무를 제공하고 있었다는 것(⑥ 업무에 대한 지휘감독성).
- 계약 멤버는 시간적으로나 장소적으로 일정한 구속을 받고 있었다는 것(⑦ 업무에 대한 시간적 · 장소적 제약성)
- 계약 멤버의 보수는 가창 노무 제공 그 자체의 대가라고 보는 것이 상당하다는 것(④ 보수의 노무대가성).

이 판결 이후 이어진 INAX 최고재판소 사건 및 빅터서비스 최고재판소 사건 또한 기본적으로 위와 같은 ① 노동의 업무상 불가결성과 ② 조직편입성을 가장 먼저 판단하면서, ③ 계약 내용의 일방적 결정성, ④ 보수의 노무대가성, ⑤ 업무 의뢰의 강제성, ⑥ 업무에 대한 지휘감독성, ⑦ 업무에 대한 시간적 · 장소적 제약성에 대한 판단에 기초하여 각 사례에서 다투어지는 사람이 노조법상 노동자성에 해당하는지 여부를 판단하였다.

3. INAX 사건[54)]

이 사건은 주택설비기기의 수리보수 등을 업으로 하는 회사인 INAXメンテナンス(이하, 'INAX')가 회사와 업무위탁계약을 체결하고 그 수리보수 등의 업무에 종사하는 자[INAX 내부에서 고객엔지니어(customer engineer)라고 불림. 이하 'CE']가 가입한 노동조합으로부터 CE의 노동조건 변경 등을 의제로 하는 단체교섭 신청을 받고 CE는 노조법상 노동자가 아님을 이유로 그 신청을 거부한 것이 부당노동행위에 해당하는지 여부가 다투어진 사건이다. 오사카 노동위원회와 중앙노동위원회는 부당노동행위를 인정하였다. 회사가 중앙노동위원회의 구제명령에 대하여 소송을 제기한바, 1심인 도쿄지방재판소(東京地裁 2009. 4. 22.)는 노동위원회와 같은 결론을 내렸지만, 2심인 도쿄고등재판소(東京高裁 2009. 9. 16.)는 CE는 INAX와의 관계에서 노조법상의 노동자에 해당하지 않으며, 따라서 부당노동행위가 성립할 여지가 없다고 보았다. 그 근거로 든 것은 다음과 같다.

- CE는 회사와 업무위탁계약을 체결한 것인데, 개별 업무는 회사의 발주를 승낙함으로써 수행하고 있다는 것.
- 위탁계약과는 무관한 이유로 발주 승낙을 거절하는 것이 인정되고 있는 등 업무 의뢰에 대해 승낙 여부의 자유를 가지고 있으며, 업무를 실제로 언제 어떤 방법으로 할지에 대해서는 전적으로 그 재량에 맡겨져 있다는 것.
- 업무 수행에 있어 시간적 장소적 구속을 받지 않으며, 업무 수행에 대해 회사로부터 구체적인 지휘 감독을 받지 않는다는 것.

54) 사건경과에 대해서는 https://www.mhlw.go.jp/churoi/meirei_db/han/h10354.html (최종방문 2022. 3. 31.) 참조.

사건(소송)번호	명령(판결)구분	명령(판결) 일자
大阪府労委平成17年（不）第2号	전부구제	2006. 7. 21.
中労委平成18年（不再）第47号	기각	2007. 10. 3.
東京地裁平成19年（行ク）第44号	긴급명령신청 인용	2009. 4. 22.
東京地裁平成19年（行ウ）第721号	기각	2009. 4. 22.
東京高裁平成21年（行タ）第38号	긴급명령 집행정지	2009. 9. 16.
東京高裁平成21年（行コ）第192号	전부취소	2009. 9. 16.
最高裁平成21年（行ツ）第362号・平成21年（行ヒ）第473号	상고기각, 상고수리	2011. 2. 1.

- 그 보수도 CE의 재량에 의한 청구액의 증액을 인정한 후 그 실시한 업무의 내용에 따른 성과로 지급되고 있다는 것.
- 독자적으로 영업 활동을 하여 수익을 올리는 것도 인정되고 있다는 것.

위와 같은 이유에 따라 원심 판결에서는 CE의 기본적 성격은 INAX의 업무수탁자이며, 이른바 외주처로 보는 것이 실체에 합치하여 상당하다고 해야 하며, INAX와의 관계에서 노조법상의 노동자에 해당한다고 할 수 없다고 판단한 것이다.

그러나 최고재판소는 판단을 달리하였다. 그 이유는 다음과 같다.

- INAX의 종업원 중 INAX의 주된 사업인 INAX의 주택설비기기와 관련된 수리보수업무를 현실적으로 수행할 가능성이 있는 자는 극히 일부이며, INAX는 주로 약 590명이나 되는 CE를 라이선스 제도나 랭킹 제도 하에서 관리하고, 전국의 담당 지역에 배치를 할당하여 일상적인 수리 보수 등의 업무에 대응하게 하였으며, 각 CE와 조정하면서 그 업무일 및 휴일을 지정하고, 일요일 및 공휴일에 대해서도 각 CE가 교대로 업무를 담당하도록 요청하였다고 하니, CE는 INAX의 상기 사업 수행에 필수불가결한 노동력으로서 그 상시적인 확보를 위해 INAX의 조직에 편입되어 있었다고 보는 것이 상당하다는 것(① 노동의 업무상 불가결성과 ② 조직편입성).
- CE와 INAX 사이의 업무위탁 계약의 내용은 INAX가 정한 '업무위탁각서'에 의해 규율되어 있어 개별 수리보수 등의 의뢰내용을 CE측에서 변경할 여지가 없었음이 분명하므로, INAX가 CE와의 계약내용을 일방적으로 결정한 것이라고 해야 한다는 것(③ 계약 내용의 일방적 결정성).
- CE의 보수는 CE가 INAX에 의한 개별 업무위탁에 따라 수리보수 등을 한 경우에 INAX가 상품이나 수리내용에 따라 미리 결정한 고객 등에 대한 청구금액에 해당 CE에 대하여 INAX가 결정한 등급마다 정해진 일정률을 곱하고, 여기에 시간외수당 등에 상당하는 금액을 가산하는 방법으로 지불되었으므로 노무 제공의 대가로서의 성질을 갖는 것이라고 할 수 있다는 것(④ 보수의 노무대가성).
- INAX로부터 수리보수 등의 의뢰를 받은 경우, CE는 업무를 즉시 수행하

는 것으로 되어, 원칙적인 의뢰방법인 수리 의뢰 데이터를 송신받은 경우에 CE가 승낙거부 통지를 하는 비율은 1% 미만이었고, 업무위탁계약의 존속기간은 1년으로서 INAX에게 동의하지 않는 경우 갱신되지 않는 것으로 되어 있다는 점, 각 CE의 보수액은 해당 CE에 대해 INAX가 매년 결정하는 등급에 따라 차이가 발생하고 있으며, 그 담당지역도 INAX가 결정한 점 등에 비추어 볼 때, 설령 CE가 승낙 거부를 이유로 채무불이행책임을 추궁당하지 않았다 하더라도 각 당사자의 인식이나 계약의 실제 운용에 있어서 CE는 기본적으로 INAX에 의한 개별 수리보수 등의 의뢰에 따라야 하는 관계에 있었다고 보는 것이 상당하다는 것(⑤ 업무 의뢰의 강제성).

- 또한 CE는 INAX가 지정한 담당 지역 내에서 INAX가 의뢰를 받은 고객에 대하여 수리보수 등의 업무를 하는 것이며, 원칙적으로 업무일 오전 8시 반부터 오후 7시까지는 INAX로부터 발주 연락을 받게 되어 있고, 고객에게 가서 업무를 수행할 때, INAX의 자회사에 의한 작업임을 나타내기 위해 INAX의 제복을 착용하고, 그 명함을 휴대하며, 업무 종료 시에는 업무내용 등에 관한 소정의 양식의 보고서를 INAX에게 송부하는 것으로 되어 있으며, INAX의 브랜드 이미지를 손상시키지 않도록 전국적인 기술수준 확보를 위해 수리보수 등의 작업절차나 INAX에 대한 보고방법과 함께 CE로서의 마음가짐이나 역할, 접객태도 등이 기재된 각종 매뉴얼의 배포를 받아 이에 근거한 업무수행이 요구되고 있었으므로 CE는 INAX가 지정하는 업무수행방법에 따라 그 지휘감독 하에 노무의 제공을 하고 있으며, 그 업무에 대하여 장소적으로나 시간적으로 일정한 구속을 받고 있었던 것이라고 할 수 있다는 것(⑥ 업무에 대한 지휘감독성과 ⑦ 업무에 대한 시간적·장소적 제약성)
- 원심은 CE는 독자적으로 영업활동을 하여 수익을 올리는 것도 인정되고 있었다고 하나, 평균적인 CE에게 있어서 독자적인 영업활동을 할 시간적 여유가 없었을 것으로 추정되는 한편, 기록에 의해서도 CE가 스스로 영업주체가 되어 수리보수를 한 예는 거의 존재하지 않았다는 것을 알 수 있으므로, 그러한 예외적인 현상을 중시하는 것은 상당하다고 할 수 없다는 것.

최고재판소는 이상의 제반 사정을 종합 고려하여 CE는 INAX와의 관계에서 노조법상의 노동자에 해당한다고 해석하는 것이 상당하다고 판단하였다.

4. 빅터서비스 사건[55)]

이 사건은 음향제품 등의 설치·수리를 업으로 하는 회사인 빅터서비스(모회사인 일본빅터주식회사가 제조하는 음향제품 등의 설치, 수리 등을 업으로 하는 주식회사이다)와 위탁계약을 체결하고 그 수리 등의 업무에 종사하는 업자로서 개인영업형태의 사람들(개인대행점)이 가입하는 노동조합의 지방본부 및 지부와 빅터서비스지회가 빅터서비스에 대하여 개인대행점의 처우개선을 요구사항으로 하는 단체교섭을 신청하였고, 빅터서비스는 개인대행점은 독립된 자영업자이고 노동자가 아니라는 것 등을 이유로 단체교섭을 거부한 것이 부당노동행위에 해당하는지 여부가 문제된 사건이다.

이 사건에 대하여 오사카 노동위원회는 노동조합 지방본부 및 빅터서비스지회와의 단체교섭의무는 인정하는 한편, 노동조합 지부는 단체교섭 당사자로서의 자격이 인정되지 않음을 이유로 각하하였다. 빅터서비스와 노동조합 지부가 이에 불복하여 각각 재심판정을 중노위에 제기하였지만, 중노위는 오사카 노동위원회 판정을 유지하였다. 이에 불복하여 회사가 중노위 재심판정의 취소를 요구하는 소송을 제기하였는데, 1심 및 2심 법원에서는 개인대행점의 노조법상 노동자성 불인정을 근거로 회사에 단체교섭 의무가 없다는 것, 그러므로 부당노동행위가 성립하지 않는다고 판단하였던 것을, 최고재판소가 원심 파기하면서 다

55) 사건경과에 대해서는 https://www.mhlw.go.jp/churoi/meirei_db/han/h10395.html (최종방문 2022. 3. 31.) 참조.

사건(소송)번호	명령(판결)구분	명령(판결) 일자
大阪府労委平成17年（不）第11号	일부구제	2006. 11. 17.
中労委平成18年（不再）第68号・第69号	기각	2008. 2. 20
東京地裁平成20年（行ウ）第[illegible]号	전부취소	2009. 8. 6.
東京地裁平成20年（行ク）第242号	긴급명령신청 각하	2009. 8. 6.
東京高裁平成21年(行コ）第294号	기각	2010. 8. 26.
最高裁平成22年（行ツ）第454号、平成22年（行ヒ）第489号	상고기각 (22年（行ツ）454号), 상고수리(22年（行ヒ）489号)	2011. 12. 6.
東京高裁平成24年（行コ）第82号	원판결 전부취소	2013. 1. 25.
最高裁平成25年（行ツ）第179号・平成25年（行ヒ）第213号	상고기각・상고불수리	2014. 2. 20.

음과 같은 이유에 따라 출장수리업무를 하는 개인대행점은 독립사업자로서의 실태를 갖추고 있다고 인정할 만한 특별한 사정이 없는 한 빅터서비스와의 관계에서 노조법상의 노동자에 해당한다고 해석해야 한다고 보았다.

- 출장수리업무 중 빅터서비스 노동자에 의해 이루어지는 부분은 일부이고, 빅터서비스는 이 회사가 실시하는 연수를 마친 개인대행점에 출장수리 업무 중 많은 비율을 담당하게 하고 있다는 것(① 노동의 업무상 불가결성).
- 개인대행점이 담당하는 각 영업일별 출장수리 업무에 대해 빅터서비스가 1일당 수주 가능 건수를 원칙적으로 8건으로 정하고, 각 개인대행점과 영업일 및 업무 담당지역별 업무량을 조정하여 할당하고 있기 때문에 개인대행점은 빅터서비스의 상기 사업 수행에 필요한 노동력으로서 기본적으로 그 상시적인 확보를 위하여 빅터서비스의 조직에 편입되어 있다고 볼 수 있다는 것(② 조직편입성).
- 계약의 내용은 빅터서비스 작성의 통일서식에 근거한 업무위탁에 관한 계약서 및 각서에 의해 획일적으로 정해지고, 업무의 내용이나 조건 등에 대해 개인대행점 측에서 개별적으로 교섭할 여지가 없는 것이 분명하므로, 빅터서비스가 개인대행점 간의 계약내용을 일방적으로 결정하고 있다고 할 수 있다는 것(③ 계약 내용의 일방적 결정성).
- 개인대행점에 지불되는 위탁료는 형식적으로는 거래량에 따른 지급과 유사한 방식이 채택되고 있지만, 개인대행점은 1일당 통상 5건 내지 8건의 출장수리 업무를 하며 최종 고객 방문시간은 오후 6시 내지 7시경이 되는 경우가 많다는 업무수행 상황을 감안할 때, 수리공임 등이 수리시기나 수리내용에 따라 현저히 달라져 이를 전적으로 업무완성에 대한 대가라고 보지 않을 수 없다는 사정이 특별히 드러나지 않는다는 점을 고려하면, 실질적으로는 노무 제공의 대가로서의 성질을 가진다고 보는 것이 보다 실태에 입각하고 있다고 할 수 있다는 것(④ 보수의 노무대가성).
- 개인대행점은 특별한 사정이 없는 한 빅터서비스에 의해 배정된 출장수리 업무를 모두 수주해야 하며, 본건 계약의 존속기간은 1년으로서 빅터서비스로부터 신청이 있으면 갱신되지 않는다고 되어 있는 점 등에 비추어 볼 때, 각 당사자의 인식이나 본건 계약의 실제 운용에서는 개인대행점은 기

본적으로 빅터서비스에 의한 개별 출장수리업무의 의뢰에 따라야 하는 관계에 있다고 보는 것이 상당하다는 것(⑤ 업무 의뢰의 강제성).

- 개인대행점은 원칙적으로 영업일에는 매일 아침 업무개시 전에 빅터서비스센터에 가서 출장방문카드를 받아 빅터서비스 지정 업무담당지역에 소재한 고객의 집으로 순차적으로 찾아가 빅터서비스의 모회사 작성 서비스 매뉴얼에 따라 출장수리 업무를 수행하며, 이때 모회사의 로고 마크가 박힌 제복 및 명찰을 착용한 후 빅터서비스명이 인쇄된 명함을 휴대하고, 매일 저녁의 업무 종료 후에도 원칙적으로 서비스 센터로 돌아와 당일의 수리 진척 상황 등의 입력 작업 등을 실시하고 있기 때문에 위의 통상적인 업무에 소비되는 시간 및 양태도 고려하면 개인대행점은 기본적으로 빅터서비스가 지정하는 업무 수행 방법에 따라 그 지휘감독 하에 노무제공을 하고, 또한 그 업무에 대해 장소적으로나 시간적으로 상응하는 구속을 받고 있다고 할 수 있다는 것(⑥ 업무에 대한 지휘감독성 및 ⑦ 업무에 대한 시간적·장소적 제약성).

위와 같은 실태를 종합적으로 고려하면서 최고재판소는 “본건 출장수리업무를 하는 개인 대행점은 타사 제품의 수리 업무 수주 비율, 수리 업무에 있어서 종업원의 관여의 형태, 법인 등 대행점의 업무나 그 계약내용과의 동질성 등에서 독립사업자로서의 실태를 갖추고 있다고 인정할 만한 특별한 사정이 없으면 노조법상 노동자로서의 성질을 긍정해야 한다고 해석하는 것이 상당하며, 상기 특별한 사정이 있는지가 문제 된다. 그러나 ① 모회사 제품 이외의 제품의 수리 업무를 하는 개인 대행점이 2개 있는 한편, 그 업무의 내용이나 비율 등은 명확하지 않고, 또 ② 개인대행점은 그 종업원을 수리업무에 종사시키는 것이 금지되어 있지 않지만, 그 종업원의 유무 및 그 종업원이 실시하고 있는 업무의 내용이 일반적으로 보조적 업무의 범위를 넘어서고 있는지 여부 등은 명확하지 않으며, ③ 빅터서비스는 법인 등 대행점과도 업무위탁계약을 체결하고 있는바, 법인 등 대행점의 업무실태나 그 계약내용 등의 자세한 내용은 명확하지 않다. 이와 같이 개인대행점이 자신의 독립된 경영판단에 따라 그 업무내용을 관장하여 수익관리를 할 기회가 실태로서 확보되고 있는지는 반드시 명확하다고는 할 수 없으며, 개인대행점이 독립 사업자로서의 실태를 갖추고 있다고 인정할 만한 특별한 사정의 유무를 판단하는 데 필요한 여러 점에 대한 심리가 충분히 이루어지지 않고 있다. 또한 개인대행점은 출장 업무에 스스로 보유하는 자동차를 이용하여 제반 비용을 스스로 부담하고 있으나, 한편 고가로 특수한 계측기기 등은 빅터서비스로부터 무상대여되는 등의 사실에도 비추어 보면, 그것만으로는 상기의 기회가 확보되어 있다고 인정하기에 부족하다. 또한 개인대행점이 빅터서비스로부터 지급되는 위탁료에서 원천징수나 사회보험료 등의 공제를 받지 않으며, 스스로 확정신고를 하고 있는 점에 대해서도 실태에 입각하여 객관적으로 결정되어야 하는 노조법상 노동자로서의 성질이 그러한 사정에 따라 즉시 좌우된다고는 할 수 없다. 이러한 사정이 있음에도 불구하고 출장수리업무를 하는 개인대행점이 독립사업자로서의 실태를 갖추고 있다고 인정해야 하는 특별한 사정 유무를 판단하는 데 필요한 위의 여러 가지 사항에 대해 충분히 심리를 다하지 않고, 개인대행점은 빅터서비스와의 관계에서 노조법상의 노동자에 해당하지 않는다고 한 원심의 판단에는 판결에 영향을 미칠 것이 분명한 법령위반이 있어 원판결은 파기를 면할 수 없다."고 결론지었다.

5. 정　리

이상의 최고재판례에서 본 바와 같이, 현재 일본은 노조법상 노동자성 판단을 위한 핵심징표를 ① 노동의 업무상 불가결성과 ② 조직편입성에 두면서, ③ 계약 내용의 일방적 결정성, ④ 보수의 노무대가성, ⑤ 업무 의뢰의 강제성, ⑥ 업무에 대한 지휘감독성, ⑦ 업무에 대한 시간적·장소적 제약성을 보충적 요소로 사용하는 한편, 노무제공자의 사업자성을 소극적 요소로서 판단함으로써, Ⅲ에서 살펴본 노사관계법연구회의 노조법상 노동자성 판단 기준을 어느 정도 수용하고 있는 모습을 보인다.[56]

Ⅴ. 일본 노조법 7조와 사용자의 개념

앞에서 살펴본 바와 같이 일본 노조법상 노동자 개념은 주로 노동자들이 조직한 노동조합이 사용자에 대하여 단체교섭을 요구할 수 있는 권리를 갖는지,

56) 최석환, 356면에서는 "일본에서는 노사관계법 연구회 보고서에 의하여 제시된 일반이론이 판결의 전면에 등장하지는 않고 있으나 실제 사례판단에 있어서는 여기에서 제시된 기준들이 거의 그대로 사용되고 있음"을 알 수 있다고 말하고 있다.

그리고 그러한 노동조합의 단체교섭 요구를 사용자가 받아들이지 않았을 때 사용자에게 부당노동행위 책임이 발생하는지의 문제와 관련되어 있다.

우리나라 노조법과 달리 일본 노조법에서는 사용자 개념을 별도로 규정하지 않고 있다. 일본 노조법 6조에서는 노동조합의 대표자 또는 노동조합의 위임을 받은 자와 단체교섭을 하는 상대방으로서 '사용자 또는 그 단체'가 규정되고 있고, 노조법 7조에서 부당노동행위를 해서는 안 되는 주체로서 '사용자'가 규정되어 있을 뿐이다. 따라서 일본의 집단적 노사관계에서 사용자 개념은 전적으로 해석에 맡겨져 있다고 할 수 있는데, 노조법상 노동자성 판단에 대한 문제와는 조금 다른 측면에서 사용자성 판단의 문제에 대하여 접근해볼 수 있다. 특히 사용자성 판단 문제는 노조법 7조의 부당노동행위금지 규정의 수규자로서 사용자가 누구인가에 대한 논의가 주를 이루는 가운데, 논의의 한 축은 관리직이나 일반적인 노동자 등 '현실의 행위자'가 한 행위가 사용자의 부당노동행위로서 평가되는 것은 어떤 경우인지에 대한 문제로, 다른 한 축은 현재 시점에서의 노동계약상 사용자는 아니지만 과거에 사용자였던 자 또는 향후 사용자가 될 자(사용자 개념의 시간적 외연 문제), 자회사 노동자에 대한 지배회사인 모회사 또는 파견노동자에 대한 사용회사(사용자 개념의 공간적 외연문제)가 부당노동행위의 당사자인 사용자라고 할 수 있는지와 같은 문제로 구성된다.[57]

그런데 여기에서도 우리나라 노조법과 일본 노조법의 차이에 유의해야 하는데, 우리나라의 경우 부당노동행위 책임을 지는 사용자에 대해서는 노조법상 근로자와의 고용관계의 존재 여부가 법문상 명시되어 있지 않다. 그러나 일본 노조법 7조 2호에서는 "사용자가 고용하는 근로자의 대표자와 단체교섭을 하는 것을 정당한 이유없이 거절하는 경우"라고 규정하고 있어 부당노동행위 책임을 지는 사용자의 개념은 원칙적으로 "고용하는"의 개념적 범주에 포섭되는 경우를 전제할 수밖에 없다는 것이다. 다만, 노조법상 노동자 개념에 대한 해석에서와 마찬가지로 일본의 학설이나 판례 및 노동위원회는 모두 "고용하는"의 의미가 노동기준법상 노동계약의 범주보다 넓다는 것에 대해서는 긍정하고 있지만, 그 외연이 어디까지인지에 대해서는 분명하지 않고, 이러한 측면에서는 우리나라와 마찬가지이다.

57) 米津孝司, 24면.

1. 현실적인 행위자의 부당노동행위 책임

이 문제와 관련하여서는 일본 최고재판소가 제생회중앙병원 사건(済生会中央病院事件, 最高裁 1989. 12. 11)에서 부당노동행위 구제명령의 이행자는 법인 등 사업주임을 인정하는 입장을 분명히 하고 있는 한편[58], 노동위원회나 학설도 이를 어디까지나 사업주인 사용자에 대한 귀책의 문제로 이해하는데 큰 이견이 보이지 않는다. JR동해 사건(JR東海事件, 最高裁 2006. 12. 8.)에서는 사용자(회사 상층부)와 행위자 사이에 의사소통이 인정되는 경우는 물론 구체적인 의사소통이 인정되지 않는 경우라도 행위자가 사용자의 '의지를 기울여' 행했다고 할 수 있는 경우에는 사용자에 대한 귀책이 긍정된다고 하며, 이 경우 사용자의 의사는 반드시 구체적인 지배개입행위의 의욕 · 소망임을 요하지 않으며, 해당 조합에 대한 혐오의 의향으로도 충분하다고 보고 있다.[59]

2. 사용자 개념의 시간적 외연 문제

현재 시점에서의 노동계약상 사용자는 아니지만 과거에 사용자였던 자 또는 향후 사용자가 될 자가 노조법상 부당노동행위 책임을 지는 사용자인지 여부의 문제는 ① 해고된 조합원이 소속되었던 노동조합이 해고철회나 퇴직조건에 대하여 단체교섭을 신청하는 경우 해고된 조합원의 이전 사용자가 이 단체교섭을 거부하면 단체교섭거부의 부당노동행위가 되는지, ② 계속적으로 사용되고 있는 계절적 노동자의 재채용과 관련하여 해당 기업이 사용자로서 부당노동행위의 금지 대상이 되는지, ③ 기업변동시 부당노동행위 책임이 승계되는지의 문제 등과 관련되어 있다.[60]

먼저 ①과 관련하여서는, 해고 후 장기간 교섭대상이 되지 않고 경과된 경

58) 제생회중앙병원 사건은 사회복지법인 은사재단제생회(이하, '제생회')가 운영하고 있는 제생회중앙병원(이하, '병원')에서 발생한 부당노동행위가 문제된 사건으로서, 직장 내 집회에 대한 경고, 쟁의행위에 대한 경고, 탈퇴 권유, 체크오프 중지 등의 부당노동행위 해당성이 다투어지면서 부당노동행위 구제명령의 이행자가 제생회인지 병원인지가 다루어진 사건이다. 여기에서 최고재판소는 제생회 및 병원을 피신청인으로 하여 제기된 이 사건에서 노동위 등이 병원을 구제명령 이행자로서 구제명령을 내린 것에 대하여 "제생회를 수신인으로 한 것이라고 해석하는 것이 상당하다"는 결론을 내렸다. 판결 개요는 https://www.mhlw.go.jp/churoi/meirei_db/han/h00554.html (최종방문 2022. 3. 31.)에서 확인할 수 있다.

59) 米津孝司, 24면.

60) 荒木, 733~734면.

우에는 해고를 한 기업은 사용자의 지위에 서지 않는다는 경우들이 있는데(三菱電機事件, 東京地判 1988. 12. 22. 日立メディコ事件・中労委 1985. 11. 13. 등), 어느 정도의 기간이 경과해야 사용자가 단체교섭의 책임을 벗게 되는지에 대해서는 분명하지 않다. 해고 후 6년 10개월이 지나 신청된 단체교섭에 대해서도 사용자의 지위에 있다고 본 노동위원회의 명령이 적법하다고 본 사건도 있고(日本鋼管鶴見造船所事件, 最高裁 1986. 7. 15.), 퇴직 후 장기간이 경과된 이전의 노동자로부터의 노동조합에 의한 단체교섭 신청에 대하여 고용관계에 밀접하게 관련된 분쟁으로서 이전의 사용자에게 당해 분쟁을 처리하도록 하는 것이 가능하고 적정하며 단체교섭 신청이 고용관계 종료 후 사회통념상 합리적 기간 내에 이루어진 경우에는 이전의 사용자에게 단체교섭의무가 있다고 본 경우도 있다(住友ゴム工業事件, 大阪高判 2009. 12. 22.).[61]

②와 관련하여서는, 계속적으로 사용되고 있는 계절적 노동자의 재채용과 관련하여 해당 기업이 사용자로서 부당노동행위금지의 대상이 된 예가 있다(万座硫黄事件, 中労委 1952. 10. 15).[62]

③과 관련하여서는, 기업분할이나 합병, 사업양도 등 기업의 변동과 함께 사용자 책임의 이전도 이루어지고 있는 것으로 보는데 큰 이견이 없다. 예를 들어, 합병 후 사용자가 될 것이 예정된 회사가 흡수된 회사 노동조합이나 조합원에 대하여 체크오프규정 위반 등의 행위를 하면 그 합병한 존속회사가 부당노동행위법상 사용자로서 책임을 진다(日産自動車事件, 東京地労委 1966. 7. 26.).[63] 파견근로관계에서 사용사업주가 직접고용을 예정하고 있는 파견노동자와의 관계에서 노조법 7조의 사용자에 해당된다고 본 예도 있다(国・中労委（クボタ）事件, 東京地判 2011. 3. 17.).

3. 사용자 개념의 공간적 외연 문제

사용자 개념의 공간적 외연의 문제에 있어 가장 대표적인 사례는 아사히방송 사건(朝日放送事件・最高裁 1995. 2. 28.)일 것이다. 우리나라에도 매우 잘 알려진 이 사건은 방송사로부터 프로그램 제작을 위한 업무를 도급받아 운영하는 하청회사 노동자들로 구성된 노동조합의 임금인상, 일시금 지급, 직접고용 및

61) 荒木, 733면의 각주 12 사례 참조.
62) 荒木, 734면의 각주 14 사례 참조.
63) 荒木, 734면의 각주 15 사례 참조.

휴게실 설치 등에 대한 단체교섭 요구에 대하여 원청회사인 방송사가 사용자로서의 지위에 있는지 여부가 문제된 사건으로서, 노조법 7조 2호의 '고용하는'이라는 문구의 해석과 관련된 사건이다.[64)]

아사히방송 사건에서 최고재판소는 "일반적으로 사용자는 노동계약상의 고용주를 말하는 것이지만, 동조가 단결권의 침해에 해당하는 일정한 행위를 부당노동행위로서 배제, 시정하여 정상적인 노사관계를 회복하는 것을 목적으로 하고 있는 점에 비추어 보면 고용주 이외의 사업주라도 고용주로부터 종업원을 파견받아 자기의 업무에 종사시키고 그 종업원의 기본적인 노동조건 등에 대하여 고용주와 부분적이라고는 하여도 동일시할 수 있을 정도로 현실적이고 구체적으로 지배, 결정할 수 있는 지위에 있는 경우에 그 한도 내에서 위 사업주는 동조의 '사용자'에 해당한다고 해석하는 것이 상당하다"고 판시하면서, "실질적으로 볼 때 하도급회사들로부터 파견되는 종업원의 근무시간 할당, 노무제공의 양태, 작업환경 등을 결정하고 있었고, 종업원들의 기본적인 노동조건 등에 대하여 고용주인 하도급회사들과 부분적이기는 하지만 동일시할 수 있을 정도로 현실적이고 구체적으로 지배・결정할 수 있는 지위에 있었다고 해야 하므로, 그 한도 내에서 (원청회사는) 노동조합법 7조에서 말하는 '사용자'에 해당한다고 해석"해야 한다고 보았다. 방송사가 실질적으로 볼 때 노동조건의 결정에 있어 조합원들의 기본적인 근로조건 등에 관하여 실제 고용하고 있는 하청회사와 부분적으로나마 동일시할 정도의 현실적이고도 구체적으로 지배・결정할 수 있는 지위에 있는 자로 볼 수 있다고 보고, 그 범위 내에서 노조법상 부당노동행위 주체로서의 사용자 지위를 방송사에 대하여 인정한 것이다.[65)] 이 판결은 노동계약 당사자 이외 독립된 사업체로서의 실체를 갖는 기업에 대하여 복수적・중첩적・부분적인 사용자 개념을 긍정한 것으로 평가된다.[66)]

아사히방송 사건 이후 기업 재편이나 도급관계 해지에 따라 고용문제가 발생하고, 이에 대하여 실질적 해결 능력이 없는 사업주의 배후에 실질적인 당사자 능력을 가진 모회사나 원청회사 등을 상대방으로 하는 단체교섭거부 사건들

64) 사건개요에 대해서는 https://www.mhlw.go.jp/churoi/meirei_db/mei/m02192.html 참조.

65) 송강직, 354면 참조.

66) 이 사건은 수차의 하도급이 이루어진 관계에서 하청회사 근로자들과의 사용사업주의 단체교섭 응낙의무와 관련되어 있는데, 실질적으로는 사용자개념 외연의 확장에 관한 일반적 판례로 다루어지고 있는 것으로 보인다.

이 다수 발생하였는데, 아사히방송 사건에서 원청회사가 현실적이고 구체적인 지배력을 미치고 있는 하청회사 노동자들의 근로조건에 대하여 원청 회사의 단체교섭 당사자성을 인정하였음에도 불구하고 이어진 사건들인 츠무라화장품 사건(ツムラ化粧品事件, 大阪地労委 2000. 4. 11.),[67] 젠니혼공수・오사카공항 사건(全日本空輸・大阪空港事業事件, 中労委 2002. 7. 3.),[68] JR니시니혼(타이세에덴키) 사건[ＪＲ西日本(大誠電気)事件, 中労委 2003. 7. 16.],[69] 브라이트증권・지츠사카에 사건(ブライト証券・実栄事件, 東京地労委 2004. 7. 6.),[70] 고베시 수도서비스공사・고베시 사건(神戸市水道サービス公社・神戸市事件, 兵庫地労委 2004. 7. 20.),[71] 스마트스

67) 1) 회사가 해산됨으로써 조합원들이 해고 문제를 의제로 하는 단체교섭 석상에서 조합측 참석자가 회사측이 사죄를 거부하는 등의 태도에 항의하여 책상을 던지는 행동 등을 하였음을 이유로 회사가 단체교섭을 중단시키고, 그 후의 단체교섭을 거부한 것, 2) 회사의 모회사가 회사 해산과 관련된 단체교섭신청을 거부한 것이 각각 부당노동행위임을 이유로 신청된 사건으로서 오사카 지노위는 신속한 단체교섭 응낙을 명하면서도 모회사에 대한 신청은 각하한 사건이다. 오사카 지노위는 모회사가 자회사 노동자의 퇴직조건 등에 대하여 현실적이면서 구체적으로 지배결정하였다고까지는 인정할 수 없기 때문에, 모회사는 노동조합에 대하여 노동조합법 7조의 사용자에는 해당되지 않는다고 판단하였다. 사건개요는 https://www.mhlw.go.jp/churoi/meirei_db/mei/m03535.html (최종방문 2022. 3. 31.) 참조.

68) 젠니혼공수가 관련회사인 오사카공항사업에 대하여 경영개선 일환으로 위탁비 감축 등을 요청하였고, 이것이 계기가 되어 오사카공항사업이 하청업체와의 위탁계약을 해제하고, 경영악화에 빠진 하청업체가 사업폐쇄 및 종업원 해고를 한 것과 관련하여 1) 오사카공항사업이 하청업체와의 계약을 해지한 것, 2) 오사카공항사업의 불성실한 단체교섭 및 3) 젠니혼공수의 단체교섭 거부가 다투어진 사건이다. 여기에서 중노위는 젠니혼공수와 오사카공항사업이 하청업체 근로자의 근로조건을 현실적이고 구체적으로 지배・결정하는 입장에 있지 않고, 하청업체의 경영면에 강한 영향력을 갖고 있기는 하더라도 그 근로자의 근로조건을 결정하고 있다고까지는 말할 수 없음을 이유로, 노동조합법상 사용자로 인정될 수 없다고 판단하였다. 사건개요는 https://www.mhlw.go.jp/churoi/meirei_db/mei/m03592.html (최종방문 2022. 3. 31.) 참조.

69) 원청회사인 JR니시니혼이 하청회사인 타이세에덴키 노동조합 조합원들의 단체교섭 응낙의무를 부담하는 노조법상 사용자인지 여부와 관련하여, 도급업무가 수행되는 과정에서 원청회사가 업무 조정상 약간의 지시를 하였고, 영향력을 미쳤다는 사정은 인정하면서도, 하청회사 근로자들을 직접 지휘감독하였다고까지는 볼 수 없고, 고용주와 부분적으로 동일시할 수 있을 정도로 현실적이고 구체적으로 지배・결정할 수 있는 지위에 원청회사가 있었다고 보기는 어렵다는 이유로 원청회사의 사용자성을 부정한 사건이다. 사건개요는 https://www.mhlw.go.jp/churoi/meirei_db/mei/m03704.html (최종방문 2022. 3. 31.) 참조.

70) 모회사와 지주회사 간 단체교섭상 사용자성이 문제된 사건으로서, 지주회사인 지츠사카에는 브라이트증권에 대하여 상당한 영향력을 행사하고 있기는 하지만 그 근로자들의 근로조건에 대하여 고용주와 동일시할 수 있을 정도로 현실적이고 구체적인 지배력을 갖고 있다고 인정하기는 어렵다고 본 사건이다. 사건개요는 https://www.mhlw.go.jp/churoi/meirei_db/mei/m03797.html (최종방문 2022. 3. 31.) 참조.

71) 공사직원과 지방자치단체 간의 관계가 문제된 사건으로서, 공사직원의 임금이나 상여에 대하여 지방자치단체가 아닌 공사가 독자적이고 실질적인 결정권을 갖고 있기 때문에 고베시의 노조법상 사용자성을 인정하지 않은 사건이다. 사건 개요는 https://www.mhlw.go.jp/churoi/

테크 사건(スマートステック事件, 神奈川県労委 2021. 1. 16.),[72] 토미니모토공업소 사건(冨二本工業所事件, 神奈川県労委 2021. 1. 26.)[73]등에서는 모회사의 사용자성, 원청회사의 사용자성 등이 인정되지 않았다. 반면, 시마다야 사건(シマダヤ 事件, 中労委 2004. 12. 15.)은 자회사 노동조합에 대한 모회사의 단체교섭 의무가 인정되었다.[74]

원하청 관계에서 원청회사의 단체교섭응낙의무와 관련한 비교적 최근의 사건이 학교법인국제기독교대학(学校法人国際基督教大学) 사건이다.[75] 이 사건은 학교법인으로부터 보안경비업무를 위탁받은 용역회사에 취업한 A가 학교법인의 여성직원에게 성희롱 행위를 저질렀고, 학교법인은 보안경비회사에 이 사실을 전달하여 A가 해고가 되었다. 여기에서 노동조합 B가 A의 해고철회 및 사과를 요구하는 단체교섭을 실시하고 A가 지위확인소송을 제기하여 용역회사로부터의 해고는 철회되었지만 노동조합 B가 요구한 직장복귀나 사죄 등에 관한 단체교섭에서는 합의에 이르지 못했고, A는 노동조합 B로부터 탈퇴하여 노동조합 X에 가입하였다. 노동조합 X는 용역회사와 학교법인에 대해 A의 해고에 대한 금전적 보상 및 사죄(사건의 과정에서 다른 법인 근로자의 A에 대한 모욕적 행위가 존재하였다) 등에 대한 단체교섭을 신청했지만 용역회사 및 학교법인 모두로부터 교섭을 거부당했고, 특히 학교법인은 A의 사용자가 아님을 이유로 한 바, 이것이 정당한 단체교섭의 거부인지 여부가 문제되었는데, 특히 쟁점이 되었던 것은 원청 사업주의 하청회사 근로자에 대한 '지배력'의 범위였다.

먼저, 도쿄 노동위원회(都労委 2016. 9. 6.)는 용역회사의 단체교섭 거부에 대

---

meirei_db/mei/m03793.html (최종방문 2022. 3. 31.) 참조.

72) 원하청도급관계에서 하청근로자의 산재사고가 발생함으로써 그에 대한 보상이 문제된 사건으로서, 원청회사가 고용주와 부분적으로라도 동일시할 수 있을 정도로 현실적이고 구체적으로 지배·결정할 수 있는 지위에 있는 것으로 인정되기는 어렵다고 본 사건이다. 사건 개요는 https://www.mhlw.go.jp/churoi/meirei_db/mei/m12140.html (최종방문 2022. 3. 31.) 참조.

73) 원하청도급관계에서 원청회사가 하청회사 근로자의 해고문제, 휴게시간문제, 고용계약서 미교부문제, 연차유급휴가 미부여문제, 사회보험미가입문제 등에 대한 단체교섭 응낙의무를 지는 사용자라고 보기 어렵다고 본 사례이다. 사건 개요는 https://www.mhlw.go.jp/churoi/meirei_db/mei/m12142.html (최종방문 2022. 3. 31.) 참조.

74) 이 사건에서 중노위는 모자회사 관계에서는 자회사 근로자들의 노동조합에 대한 모회사의 단체교섭상 사용자성이 인정된다고 보기는 하였지만, 모자회사관계로부터 원·하청 위탁관계로 바뀌게 되면 모회사의 자회사 근로자에 대한 영향력과 같은 정도로 근로자들의 임금이 원청회사에 의하여 실질적으로 결정되는 등의 구조는 유지되기 어렵기 때문에 더 이상 단체교섭응낙의무를 부담하지 않는다고 보았다.

75) 사건개요는 https://www.mhlw.go.jp/churoi/meirei_db/mei/m11660.html 참조.

해서만 정당한 이유가 없다고 하여 성실하게 단체교섭에 응할 것을 명령하였고, 그 외의 청구에 대해서는 기각하였다. 중노위(中労委 2017. 11. 15.)는 노동조합 X의 청구를 기각하면서, 노동조합 X가 요구하는 단체교섭사항은 해고에 의한 A의 고용종료라는 고용문제와 관련된 것이기 때문에, 학교법인이 노조법 7조의 사용자에 해당한다고 할 수 있기 위해서는 채용, 배치, 고용의 종료에 관한 결정에 대하여 고용주와 동일시할 수 있는 정도로 현실적이고 구체적인 지배력을 가지고 있어야 한다고 보면서 학교법인의 단체교섭응낙의무를 인정하지 않았다. 1심법원인 동경지방재판소에서는 이 사건과 같이 고용종료에 관한 책임의 문제에서 학교법인이 A의 노조법 7조상 '사용자'라고 하기 위해서는 A의 해고 결정에 대하여 고용주와 동일시할 수 있을 정도로 현실적이고 구체적인 지배력을 가지고 있는 것이 필요하다고 하였다. 중노위가 노조법 7조의 사용자에 해당한다고 할 수 있기 위해서는 채용, 배치, 고용의 종료에 관한 결정에 대하여 고용주와 동일시할 수 있는 정도로 현실적이고 구체적인 지배력을 가지고 있어야 한다고 본 것과 달리, 동경지법은 이 사안에서 문제된 고용종료결정에 관해서만 고용주와 동일시할 수 있을 정도로 현실적이고 구체적인 지배력을 가지고 있는 것이 필요하다고 본 것이다. 그럼에도 불구하고 동경지법은 학교법인이 A의 고용종료에 대하여 현실적이고 구체적인 지배력을 가지고 있다고 인정할 수는 없다고 보았다. 동경지방재판소 판결에 대하여 노동조합이 항소하면서, 사용자성을 판단하는 것은 원청회사가 하청회사에 '실질적 지배력 내지 영향력'을 미칠 수 있는 지위에 있는지 여부에 달려있다고 주장하였지만, 이 사건 2심법원인 동경고등재판소(東京高裁 2020. 6. 10.)는 1심과 결론을 같이하면서 "노조법 7조의 '사용자'에 해당하는 사람은 성실히 단체교섭에 응할 의무를 지고, 이를 거부한 경우에는 구제명령의 수신인이 되어 부당노동행위의 책임주체로서 부당노동행위로 인하여 발생한 상태를 회복할 공법상의 의무를 지며, 구제명령이 법원의 확정판결로 지지된 경우에는 해당 명령을 위반한 사람에게는 형사처벌도 부과된다는 점 등을 고려하면, '사용자' 개념은 불명확해서는 안 된다고 해석해야 하는 바, 노조법 7조의 '사용자'는 해당 노동관계에 실질적인 지배력 내지 영향력을 미치는 지위에 있는 자를 가리킨다는 노동조합 X의 주장은 사용자의 개념이 지나치게 탄력적이게 되고, 기본이 되는 노동계약관계를 떠나 외연이 불명확하게 되어, 상당하지 않다고 해야 할 것이다. … (아사히방송 사건 판결)도 고용주를 기본형으로 하면서, 고용주와 부분적이라도 동일시할 수 있는 사람에 한해서 사용자로 취급하는 것으로 해석된다."고 하였다.[76]

위와 같이 일본에서 사용자개념의 외연적 확장은, '실질적 지배력 내지 영향력'이 아닌 '현실적이고 구체적인 지배력'의 범위에서 머무르는 것이라고 말할 수 있다. 학설 가운데에서는 스게노(菅野和夫) 교수가 이러한 입장에 서 있는 것으로 보인다.[77] 그러나 노조법 7조의 사용자는 실질적으로 판단해야 한다는 입장에 기초하여, '노동자의 고용관계…에 영향력 내지 지배력을 미칠 수 있는 지위에 있는 일체의 자'를 포함하는 것으로 폭넓게 해석하는 경우도 있다. 니시타니(西谷 敏) 교수도 "사용자 범위가 무한정 확대되는 것은 피해야겠지만, 노동조건에 관한 현실적이고 구체적인 지배력이라는 요건은 다소 지나치게 엄격하다"고 말한다.[78]

[박 은 정]

---

76) 最高裁 2021. 1. 19. 상고불수리로 사건 종료됨.
77) 菅野, 669면.
78) 西谷 敏, 150면.

집단적 노동관계법상 근로자 및 사용자 개념 보론(補論): 독일

〈세 목 차〉

[참고문헌]

박귀천, "최근 독일 단체협약법 변화의 내용과 의미", 노동법연구 44호, 서울대학교노동법연구회(2018); 오상호, "독일의 근로자개념과 근로자성 판단", 강원법학 44호, 강원대학교 비교법학연구소(2015); 이승현, "독일의 단체협약 체계와 단체행동 현황", 국제노동브리프 2015년 5월호, 한국노동연구원(2015); **Bernd Waas**, Decentralizing Industrial Relations and the Role of Labor Unions and Employee Representatives in Germany, Decentralizing Industrial Relations and the Role of Labor Unions and Employee Representatives - 2006 JILPT Comparative Labor Law Seminar JILPT REPORT No. 3(2006), **Deutscher Bundestag**, Tarifvertragliche Regelungen für arbeitnehmerähnliche Personen nach dem Tarifvertragsgesetz, WD 6-3000-123/16(2016); **Die Linke im Bundestag**, Beschäftigte zweiter Klasse? - Gute Arbeit auch für Freie, Rosa Luxemburg Stiftung(2019); **GKV-Spitzenverband · Deutsche Rentenversicherung Bund · Bundesagentur Für Arbeit**, Statusfeststellung von Erwerbstätigen(2021); **Günter Schaub(Hrsg.)**, Arbeitsrechtshandbuch, 14.Auflage(2011); **Heinrich Kiel, Stefan Lunk, Hartmut Oetker(Hrsg.)**,

Münchener Handbuch zum Arbeitsrecht, Band 1: Individualarbeitsrecht I, 5. Auflage(2021); **Heinrich Kiel, Stefan Lunk, Hartmut Oetker(Hrsg.)**, Münchener Handbuch zum Arbeitsrecht, Band 3, 4. Auflage(2019); **Martin Henssler, Heinz Josef Willemsen, Heinz-Jürgen Kalb**, Arbeitsrecht Kommentar, 3. Aufl.(2008); **Michael Martinek, Franz-Jörg Semler, Eckhard Flohr**, Handbuch des Vertriebsrechts, 4. Auflage(2016); **Rudi Müller Glöge, Ulrich Preis, Ingrid Schmidt(Hrsg.)**, Erfurter Kommentar zum Arbeitsrecht, 21. Auflage(2021); **Thomas Haipeter, Fabian Hoose**, Interessenvertretung bei Crowd- und Gigwork — Initiativen zur Regulierung von Plattformarbeit in Deutschland, IAQ-Report, Universität Duisburg Essen(2019); **Ulrich Preis**, Arbeitsrecht: Praxis-Lehrbuch zum Kollektivarbeitsrecht, Verlag Dr. Otto Schmidt Köln(2003); **Wolfgang Däubler, Michael Kittner, Thomas Klebe, Peter Wedde(Hrsg.)**, Betriebsverfassungsgesetz - Kommentarfür die Praxis mit Wahlordnung und EBR-Gesetz(2016); **Wolfgang Hromadka**, Arbeitnehmerähnliche Personen, NZA(1997), 1251.

Ⅰ. 독일 노동법 체계의 특징

독일에는 우리나라의 노조법이나 근기법과 같이 집단적 노동관계나 개별적 근로관계 전반에 대해 적용되는 법률은 없다. 다만 집단적 노동관계에 관한 유일한 법률로는 단체협약법(Tarifvertragsgesetz)이 있고, 개별적 근로관계에 관해서는 근로시간법(Arbeitszeitgesetz), 연방휴가법(Bundesurlaubsgesetz), 해고제한법(Kündigungsschutzgesetz) 등 여러 단행 법률을 통해 법적 문제를 규율하고 있다.

독일에서 노동관계 법령이 적용되는 근로자는 기본적으로 우리의 근기법상 근로자 개념과 유사한 개념으로 비교할 수 있는 종속적 근로자(Arbeitnehmer)를 의미하지만, 각 법률의 목적과 특징에 따라 인적 적용대상을 다르게 규정한다. 근기법이나 근로계약법과 같은 근로관계 일반에 관한 법률이 없다보니 근로자 내지 근로계약의 개념 및 판단에 관해서는 민법상 고용계약에 관한 규정이 적용된다. 특히 2017. 4. 1. 개정을 통해 민법 611조의a 1항은 근로계약의 법적 개념에 관한 내용을 규정하고 있다. 반면 사용자 개념에 관해서는 현행법상 명시적인 규정이 없다.[1)]

---

1) Heinrich Kiel, Stefan Lunk, Hartmut Oetker(Hrsg.), § 23 Begriff und Rechtsstellung des Arbeitgebers, Rn. 1.

단체협약법에서는 우리의 노조법상 근로자 및 사용자 개념과 같은 규정을 두고 있지 않고, 다만 "유사근로자(arbeitnehmerähnliche Person)"에 대해 단체협약법이 적용된다는 점을 규정하고 있다. 또한 개별적 근로관계에 관해 규율하는 여러 법률들은 원칙적으로 근로자(Arbeitnehmer)에게 적용되지만 경우에 따라서는 연방휴가법과 같이 유사근로자에게도 적용됨을 규정하고 있는 법률도 있다. 한편, 우리나라의 산재보험법, 고보법, 국민건강보험법, 국민연금법, 국민기초생활보장법 등 사회보장 관계 법령에 해당되는 내용을 총망라하고 있는 독일의 사회법전(Sozialgesetzbuch)은 독일 사회보장제도에 관해 광범위하고도 매우 상세한 내용에 대해 규율하고 있는데, 사회법전은 종속노동자보다 넓은 개념의 취업자(Beschäftigte)에게 적용되는 것으로 규정하여 전통적 의미의 근로자뿐만 아니라 경제적 종속성이 있는 노무제공자들이 포함되도록 하고 있다. 특히 재해보험법의 인적 적용 대상은 취업자뿐만 아니라 "취업자와 유사한 자",[2] 공익활동을 수행하는 자원봉사자 등 다양한 집단에 적용되는 것으로 규정되어 있다.

위에서 언급한바와 같이 독일의 경우 노조 설립, 쟁의행위, 부당노동행위 등에 대해 규율하는 별도의 단행 법률이 제정되어 있지 않다. 그러나 독일 기본법(Grundgesetz) 9조 3항에 의한 단결의 자유가 노동기본권의 근거규정이 된다고 해석되고 있다. 집단적 노동관계에 관한 유일한 법률은 단체협약법인데 동법은 단체협약의 당사자, 단체협약의 효력, 단체협약의 일반적 구속력, 복수의 단체협약 충돌시 적용관계 등에 대해 규정하고 있고, 노조 조직, 단체교섭, 단체협약 체결, 쟁의행위 등에 관해서는 독일 기본법 9조 3항에 의해 노동3권이 보장된다

2) 독일의 사회법전 7권(재해보험법) 2조 2항은 이른바 "유사취업자(Wie-Beschäftigte)"도 재해보험의 당연 가입 대상으로 규정하여 업무수행 과정에서 발생한 재해에 대해 보호하고 있다. 취업자와 유사한 자는 취업자는 아니지만 취업자처럼 일시적으로 다른 사람을 위하여 업무를 수행하는 자이다. 이와 관련하여 문제되는 쟁점은 어떤 노무제공자를 취업자와 유사한 자로 인정하여 산재보험 당연 적용 대상자로 보호해야 하는지, 사업주로 인정하여 당연 적용 대상자에서 제외할 것인지 여부이다. 1957년 5월 28일 연방사회법원이 취업자와 유사한 자에 관한 판결을 내린 이후(BSG 28.05.1957 - 2 RU 150/55), 판례에 따르면 취업자와 유사한 자의 활동은 문제되고 있는 기업을 지원하는 활동이고, 당해 기업의 진지하거나 실제적이거나 혹은 외견상 나타나는(추정되는) 의사에 상응하여 이루어지는 활동이어야 하며, 가족관계나 특정단체의 구성원관계와 같은 특별한 관계가 아닌 상황에서 이루어지는 활동이어야 한다. 또한 기업에 대해 인적·경제적 종속관계에 있는 자에 의해 수행될 수 있는 활동이어야 한다. 이러한 경우에 비로소 당해 기업에 대한 보험자로 하여금 재해의 위험을 부담하게 할 수 있다는 것이다. 그리고 취업자와 유사한 자에 해당되는지 여부를 판단하는 경우 문제된 기업과의 관계에서 지시권의 존재 등 인적 종속성의 존재를 필요로 하지 않음은 물론이고 경제적 종속성의 존재도 필요로 하지 않는다(BSG 31.05.2005 - B 2 U 35/04).

는 기본 원리하에 판례를 통해 오랫동안 축적된 다양한 법리가 적용된다. 집단적 노동관계에 대해서는 협약자치의 실현을 가장 중요하게 여기고, 국가의 개입은 최대한 자제한다는 것이 독일 집단적 노동관계 및 관련 법리의 중요한 원칙이자 특징이라고 할 수 있다.

한편 독일에서는 노동조합을 중심으로 하는 집단적 노동관계법과는 별도로 사업장조직법(Betriebsverfassungsgesetz), 공동결정법(Mitbestimmungsgesetz) 등의 법률을 통해 근로자의 경영참여에 관한 내용이 규율되고 있다. 사업장조직법은 노사가 공동으로 참여하여 사업장 내 근로조건, 인사 및 경영사항 등 여러 주요문제를 결정하거나 협의하는 기구인 사업장평의회(Betriebsrat)에 관하여 규율하고 있는데, 사업장평의회는 법적으로는 노조와 분명하게 구분되는 조직이지만 현장에서는 사실상 노조와 밀접한 관련 하에서 구성·운영된다. 노조가 기업단위를 초월하는 산별 내지 초기업적인 근로자 조직으로서의 의미를 갖는다면 사업장평의회는 사업장 내 근로자대표 조직으로서의 의미가 있다. 사업장조직법은 사회국가원리(Sozialstaatsprinzip)에 따른 경제질서를 배경으로 근로자와 근로자대표의 참여를 통해 기업가의 결정의 자유와 타인에 의해 결정되는 노동조직 내에서 일하는 근로자의 자기결정 간의 균형을 이루기 위한 토대를 마련하고 있다.[3)]

다른 나라들과 마찬가지로 독일에서도 오래전부터 근로자와 자영업자의 중간 영역에 위치하고 있는 자들의 근로자성 및 법적 보호 문제가 제기되어 왔는데, 독일의 경우에는 주로 개별적 근로관계 법령의 적용이나 사회보험의 적용을 통한 보호와 관련하여 문제된다는 특징이 있다. 노동조합 결성 및 활동과 관련하여서는 독일 기본법상 단결의 자유가 모든 사람의 기본권으로 규정되어 있다보니 우리와 같은 노조 가입자격이 있는 근로자성 여부가 다투어지는 사례는 발견하기 어렵다. 다만 노조 결성 이후 단체교섭이 실제 이루어지게 되는 경우에 당해 노조가 단체교섭 및 단체협약 체결의 능력이 있는 노조인지 여부에 대해 사후적으로 법적 평가를 받게 되는 사례들은 있다. 따라서 독일의 집단적 노동관계 관련 법리에 관해 살펴보는 경우 독일의 집단적 노동관계를 둘러싼 현황 뿐 아니라 법적으로 문제되는 쟁점들도 우리나라와는 차이가 있다는 점을 유의할 필요가 있다.

---

3) Wolfgang Däubler, Michael Kittner, Thomas Klebe, Peter Wedde(Hrsg.), 143면.

Ⅱ. 집단적 노동관계법의 구조와 주요 내용

1. 독일 기본법 9조 3항

독일의 집단적 노동관계를 규율하는 실정법은 독일 기본법 9조 3항의 단결의 자유에 관한 규정과 단체협약법이다. 독일 기본법 9조 1항은 "모든 독일인은 단체와 조합을 결성할 권리를 가진다."라고 하여 일반적인 결사의 자유에 대해 규정하고 있고, 9조 3항은 "노동 및 경제조건의 유지, 향상을 위하여 단체를 설립할 권리는 모든 사람과 모든 직업에 대해 보장된다. 이러한 권리를 제한하거나 또는 방해를 도모하는 합의는 무효이고 이를 목적으로 하는 조치는 위법하다."라고 하여 단결의 자유에 대해 규정하고 있다. 독일 기본법 9조 3항에 따르면 국적에 관계없이 모든 사람(jedermann)이 단결의 자유를 가진다는 점을 밝히고 있다는 특징이 있다. 즉, 독일 기본법상 단결의 자유는 독일인에게만 보장되는 것이 아니라 모든 사람에게 보장되고, 근로자만이 아니라 사용자에게도 보장된다.

2. 단체협약법

독일에서 집단적 노동관계에 관한 유일한 단행 법률인 단체협약법은 총 15개의 조항으로 구성된 법률이다. 즉, 1조(단체협약의 내용과 형식), 2조(단체협약 당사자), 3조(단체협약의 적용), 4조(단체협약의 효력), 4조의a(단체협약의 충돌), 5조(일반적 구속력), 6조(단체협약명부), 7조(송부 및 통지의무), 8조(단체협약의 공고), 9조(법적 효력의 확인), 10조(단체협약과 단체협약령), 11조(시행규칙), 12조(상급단체), 12조의a(근로자와 유사한 자), 13조(발효)가 조문의 전부이다.

단체협약법에서는 단체협약당사자에 대해 "노동조합, 개별 사용자 및 사용자단체"라고만 규정하고 있고(단체협약법 2조 1항), 다만 노동조합과 사용자단체의 연합체가 이에 가입된 단체로부터 수권을 받은 경우에는 이에 가입한 단체의 이름으로 단체협약을 체결할 수 있다고 규정하고 있다(단체협약법 2조 2항).

"단체협약법 2조 ① 단체협약당사자는 노동조합, 개별 사용자 및 사용자단체이다.
② 노동조합과 사용자단체의 연합체가 이에 가입된 단체로부터 수권을 받은 경우

에는 그에 가입한 단체의 이름으로 단체협약을 체결할 수 있다.
③ 단체협약의 체결이 연합단체의 정관에 따른 임무에 속하는 경우에, 연합단체는 그 자신이 단체협약당사자가 될 수 있다.
④ 2항 및 3항의 경우에는 연합단체뿐만 아니라 이에 속한 단체도 단체협약당사자의 쌍무적 의무이행에 대해 책임을 진다.”

그 밖에 단체협약법은 단체협약의 규범적 효력, 유리한 조건 우선의 원칙, 단체협약의 일반적 구속력, 단체협약당사자가 연방노동사회부에 단체협약 체결 또는 변경에 대해 송부할 의무 및 단체협약 실효시 통지할 의무, 단체협약 관련 법적 분쟁에 대한 노동법원의 관할, 유사근로자에 대한 단체협약법 적용 등에 관한 내용을 규정하고 있다.

3. 노동조합의 설립과 요건

가. 노동조합 성립의 역사와 현황

독일 노동조합의 역사는 일찍이 19세기로 거슬러 올라간다. 독일에서 최초의 노동조합은 19세기 중반에 단결금지가 해제된 후 등장했다. 1865년 담배노동자중앙연맹을 시작으로 1866년 서적인쇄중앙연맹, 1867년 재단사중앙연맹 등이 결성되었다. 초기에 이들은 본질적으로 직업동맹으로 조직되었다. 이후 육체노동자, 사무직노동자들이 다양한 노동조합을 결성했고, 1918년부터는 공무원도 노동조합에 가입했다. 노동조합은 조합원들의 이념적 경향에 따라 크게 세 가지 종류의 노동조합, 즉 자유주의 경향의 노동조합, 사회민주주의 경향의 노동조합, 기독교 경향의 노동조합으로 나뉘었다.[4] 1933년 나치정권이 들어서면서 노동조합들을 모두 해체시키기 직전인 1932년 당시 독일 전체의 노동조합 조직률은 약 40%에 이르렀다.[5]

2차 대전 종전 이후 재건된 독일의 산별 노동조합 체계는 오늘날 독일 노동조합 총연맹(Der Deutsche Gewerkschaftsbund, 이하 ‘DGB’) 소속 산별노조들을 중심으로 구축되어 있다. 절대 다수의 조합원들이 소속되어 있는 DGB 외에 독일 공무원노동조합 총연맹(Beamtenbund und Tarifunion)과 기독교 노동조합 연맹

4) Heinrich Kiel, Stefan Lunk, Hartmut Oetker(Hrsg.), § 222 Gewerkschaften und Arbeitgeberverbände in Deutschland, Rn. 1.
5) Heinrich Kiel, Stefan Lunk, Hartmut Oetker(Hrsg.), § 222 Gewerkschaften und Arbeitgeberverbände in Deutschland, Rn. 5.

(Christlicher Gewerkschaftsbund Deutschlands)이 있다. 참고로 DGB 소속 산별노조 및 그 조합원수 현황은 다음과 같다.

DGB 소속 산업별 노동조합(2019년 기준)[6]

노동조합	설립연도	조합원수(명)	주요 분야
금속산업노조 (IG Metall)	1949	2,262,571	금속, 전기, 철강, 섬유, 의류, 세탁, 목재가공, 자동차, 전자, 위생 등
통합서비스노조(Ver.di)	2001	1,955,080	공공서비스, 상업, 은행 및 보험, 보건, 교통, 항만, 미디어, 사회복지, 교육 서비스, 인쇄, 소방 등
광산/화학/에너지노조 (IG BCE)	1997	618,321	화학, 제약, 광산, 에너지 등
건설/농업/환경노조 (IG BAU)	1996	240,146	건설, 건물청소, 농업 등
교육/학술노조(GEW)	1948	280,343	교사, 보육교사, 대학교원
철도/교통노조(EVG)	2010	185,793	철도, 선로교통
식품/요식업노조(NGG)	1865	197,791	식품, 제분, 숙박, 식당
경찰노조 (Polizeigewerkschaft)	1950	194,926	경찰
DGB 전체	1949	5,934,971	

한편, 최근에는 독일에서도 다른 국가들과 마찬가지로 이른바 플랫폼노동에 대한 관심이 고조되고 있고, 특히 독일 노동계는 디지털 변화가 좋은 노동의 기회를 이용할 수 있도록 하면서 위험은 최소화되어야 한다는 점을 강조하고 있으며, 독일의 대표적인 노조들이 1인 자영업자와 프리랜서의 조직화를 위해 자영업자에게 노조 가입자격을 인정하는 것으로 규약을 변경하는 등의 노력을 하고 있는 상황이다. 즉, 2015년 10월 독일 최대 규모의 산별노조인 금속산업노조(IG-Metall)가 '1인 자영업자(Solo-Selbstständige)'도 금속산업노조의 조합원으로 가입할 수 있는 것으로 규약을 변경함에 따라 1인 자영업자는 금속산업노조에 가입할 수 있게 되었다. 금속산업노조는 이른바 플랫폼노동(앱기반 노동, Crowdwork,

6) DGB 자료[https://www.dgb.de/uber-uns/dgb-heute/mitgliederzahlen/2010(최종방문일: 2022. 1. 8.)] 및 이승현, 40면.

Clickwork, On-Demand Work 등)이 급증하는 등 노동세계의 급격한 변화에 대응하여 특히 1인 자영업자들의 노동조건 개선이 시급하게 필요하다는 점을 고려하여 규약을 변경하였다고 밝혔다.[7] 금속산업노조는 1인 자영업자들의 노조 가입과 활동을 돕기 위해 자문 등을 제공하는 인터넷 사이트(faircrowdwork.org)를 개설하고 있다. 전통적으로 독일의 산별노조들은 사업장단위로 조직되어 있는 사업장평의회를 통해 조합 가입 홍보가 이루어져 왔다는 점에서 사업장조직을 가지고 있지 않은 크라우드워커 내지 플랫폼노동자들에 대해서는 조합가입을 독려할 수 있는 기반이 없다는 문제가 있기 때문에 조합가입 홍보 또한 플랫폼을 통해 이루어져야 하고 금속산업노조는 이러한 점에 대해 노력하고 있는 상황이다.[8]

독일의 대표적인 일반노조인 통합서비스노조(ver.di) 역시 최근 1인 자영업자와 프리랜서(Freiberufler)가 가입할 수 있도록 규약을 변경하여 통합서비스노조는 IT 영역 종사자들을 위한 인터넷 사이트(ichbinmehrwert.de), 1인 자영업자를 위한 인터넷 사이트(mediafon.net)를 통해 자문을 제공하면서 조직화를 위해 노력하고 있다. 다만 단체교섭은 아직 이루어지지 않고 있다.[9]

나. 노동조합의 요건

독일 실정법에서는 노동조합의 성립요건에 대하여 아무런 규정을 두고 있지 않고, 다만 판례를 통하여 노동조합의 요건에 관한 법리가 발전되어 왔다. 이에 따르면 노동조합은 단결체로서 그들 구성원의 이익을 대표하여 행동할 것을 규약상의 과제로 삼아야 하고, 단결체는 자유롭게 결성되며 초경영적 내지 초기업적 토대 위에서 상대방의 참여를 배제하고 상대방으로부터 독립적으로 조직되어야 한다. 또한 단결체는 원칙적으로 어느 때라도 단체협약을 체결할 수 있을 정도로 상대방에 대하여 각 경우에 상당한 압력을 가할 수 있어야 하며, 압력을 가할 수 있기 위해서는 그 상대방이 근로조건의 집단적 규율의 체결에 관한 교섭에 응하여 단체협약을 체결하려고 스스로 노력하도록 영향력을 행사할 수 있을 정도로 자신에게 부과된 과제를 적절하게, 즉 힘과 능력을 가지고 수행할 수 있어야 한다.[10]

---

7) IG-Metall 자료[https://www.igmetall.de/ueber-uns/ig-metall-oeffnet-sich-fuer-solo-selbststaendige (최종방문일: 2022.1.8.)]

8) Thomas Haipeter, Fabian Hoose, 10면.

9) Thomas Haipeter, Fabian Hoose, 13면.

10) BAG 03.15.1977-1 ABR 16/75.

특히 노동조합과 사용자단체가 단체협약의 당사자가 되기 위해서는 각각 교섭능력(Tariffähigkeit)과 교섭권한(Tarifzuständigkeit)을 가지고 있어야 한다는 것이 중요하다.[11] 구체적으로 교섭능력과 교섭권한을 인정받기 위하여 어떤 요건을 갖추어야 하는지에 관한 법리는 실정법적 규정이 아닌 판례에 의해 형성되어 온 것으로서 일종의 법관법이라고 할 수 있다.

판례와 학설에 따르면 교섭능력을 인정받기 위한 전제조건으로는 일반적으로 ① 초기업적으로 독립되어 있을 것, ② 조직의 민주성, ③ 협약체결의사(Tarifwilligkeit), ④ 현행 단체협약법에 대한 인정, ⑤ 사회적 세력 등이 인정되어야 한다. 조직의 민주성을 인정받기 위해서 내부조직은 구성원들의 의사결정에 대하여 적정한 영향을 미치는 것을 보장하기 위하여 특정한 최소한의 조건을 충족하고 있어야 한다. 예컨대 정기적인 임원선거, 모든 조합원들에게 보장되는 동등한 참여권과 동의권, 소수파에 대한 적정한 보호 등을 민주성의 요건으로 볼 수 있다. 협약체결의사는 대개 노동조합이 단체협약의 체결을 규약에 의해 당해 조합의 임무로서 인정하고 있어야 함을 의미한다. 또한 연방노동법원은 노동조합이 현행 단체협약법을 비롯하여 쟁의행위와 조정에 관하여 인정되고 있는 법리들을 인정하여야 한다고 밝히고 있으므로, 이 또한 교섭능력의 요건으로 볼 수 있다.

연방노동법원[12]과 연방헌법재판소[13]는 사회적 세력의 존재를 교섭능력 인정의 요건으로 보고 있다. 이는 해당 조직이 자신의 구조에 의해 사회적 상대방에 대하여 일정한 힘을 내보일 수 있는 능력을 의미한다. 이 경우 적어도 한 조직이 사회적인 상대방에 대하여 협상 제안을 한 경우 이러한 제안이 상대방에 의해 무시될 수 없다는 것이 보장되어야 한다. 판례에 의하면 사회적 세력의 존재 여부를 판단하는 기준으로는 조합원수가 어느 정도인지, 해당 조직이 이미 단체교섭 타결에 성공한 바 있는지, 특히 지금까지 지속적으로 단체협약 체결이 이루어지고 있는지 등이 제시된다.

종종 독일기독교노동조합총연맹 산하의 노동조합들이 교섭능력을 가지는지, 특히 사회적 세력의 요건을 구비하고 있는지 여부가 다투어진다. 사회적 세

11) BAG 25.11.1986 - 1 ABR 22/85, BAG 16.01.1990 - 1 ABR 10/89, BAG 14.12.2004 - 1 ABR 51/03 등.
12) BAG 15.03.1977 - 1 ABR 16/75.
13) BVerfG, 20.10.1981 - 1 BvR 404/78.

력은 사용자단체가 노동조합을 단체협약 당사자로 인정함으로써 근로조건이 일방적으로 결정되지 않게 하고 노조의 교섭 제안을 최소한 무시할 수 없도록 보장해 주며, 사회적 세력이 인정되지 않는 노조는 교섭능력을 인정받지 못하게 된다. 기독금속노동조합(CGM: Christliche Gewerkschaft Metall)의 교섭능력 유무가 다투어진 사건에서 독일연방노동법원은 2006년 3월 28일 CGM을 교섭능력 있는 노동조합이라고 판단한 바 있다.[14] 이 사건은 마찬가지로 금속산업 종사 노동자들을 조직대상으로 하고 있는 산별노조인 금속산업노조(IG-Metall)가 기독금속노동조합은 노동법적 의미에서의 노동조합에 해당되지 않는다고 주장하면서 그 확인을 구한 사건이다. 원심인 바덴뷔르템베르크 주노동법원과 연방노동법원이 CGM의 교섭능력을 인정한 주요 근거는 ① 규약에서 노동자로서의 성격을 가진 조합원들의 이익을 보장하고 단체협약을 체결할 의사를 가지고 있다고 정하고 있으며 자유롭게 결성되었고 유효한 협약법을 인정하고 있다는 점, ② 초기업적으로 조직되어 있고 상대방으로부터 자유로우며 상대방으로부터의 독립성을 확보하고 있다는 점, ③ 사회적 세력 요건을 갖추고 있다는 점이었다. 특히 사회적 세력 요건에 대한 판단에 관하여 좀 더 살펴보면 다음과 같다. 먼저, 연방노동법원은 CGM의 조합원 수와 관련하여 CGM의 조직률은 약 1.6% 정도인데, CGM은 전국적으로 88,044명의 조합원이 있다고 주장하고 있고, 바덴뷔르템베르크 주노동법원은 약 50,000명의 조합원이 있다고 확인하는 등 조합원 수에 관한 주장에서 차이가 있으며 CGM의 특정한 지역적·분야별 영역이 있는지 여부가 확인되지는 않아 이 정도의 조직률만으로 CGM이 협약관철력을 가지고 있다고 긍정하기 충분한지 여부에 관해서는 의문이라고 설시하고 있다. 그러나 과거 CGM이 광범위한 영역에서 협약과 관련하여 적극적으로 참여하였다는 점, CGM에 의해 550개의 단체협약이 체결되었다는 점도 증명이 되었고, 이러한 단체협약들은 수공업 영역에서 CGM이 사용자와 독자적인 규율에 합의할 수 있음을 보여주는 것, 다시 말하면 CGM의 협약관철력을 보여주는 것이라고 판단하였다.

한편 과거 연방노동법원은 노동조합이 쟁의행위를 할 수 있는 준비가 되어 있는 상태가 되어 있을 것, 즉 이른바 쟁의행위준비성(Arbeitskamfbereitschaft)을 갖추고 있을 것을 교섭능력의 요건으로 보기도 하였으나, 연방헌법재판소는 이

14) BAG 28.03.2006 - 1 ABR 58/04.

러한 요건은 필요하지 않다고 보면서 협약당사자들은 자유롭게 자신들의 목적달성을 위한 수단, 즉 쟁의행위 이외의 수단을 선택할 수 있다고 밝힌바 있다.[15)]

교섭권한은 노조 내부 또는 사용자단체 내부에서 단체협약을 체결할 수 있는 영역을 결정한다. 이는 사업장별, 업종별, 장소별 영역 등을 의미한다. 지배적 견해에 따르면 협약당사자의 교섭권한은 단체협약 효력의 전제조건이 된다. 즉, 협약당사자들은 교섭권한 영역 밖에서 단체협약을 체결할 수 없다. 교섭권한은 협약체결 시점에 존재하고 있어야 한다. 단체협약 체결을 위해 교섭권한이 필요하다고 보는 근거는 교섭권한을 벗어나는 경우에는 협약상 규율의 무효를 야기하게 되고 이 경우 근로자와 사용자를 구속하게 되는 일종의 법규범인 단체협약을 인정하는 헌법적 정당성은 더 이상 존재하지 않게 된다는 점이다. 교섭권한은 노조와 사용자단체의 자치적인 규약에 따라 정해지게 된다. 이들은 자신의 교섭권한영역을 특정 지부, 특정 지역 또는 특정 근로자들에게만 한정해야 한다는 법적 제한을 받지 않는다. 즉, 교섭권한영역은 노조와 사용자단체의 자치적인 결정에 의해 정해질 뿐이다. 따라서 교섭권한의 구체적 내용을 알기 위해서는 각 노동조합 규약의 해석이 필요하다. 각 노조들은 각각 자치적으로 자신의 교섭권한을 산별조직원칙 또는 직업별조직원칙에 따라 정하게 되기 때문에 때로는 여러 노조들의 교섭권한이 중복되어 단체협약이 경합 또는 충돌하는 문제도 발생될 수 있다.[16)]

4. 노동조합의 조합원 가입자격이 문제되는 경우

독일에서 집단적 노동관계법 영역에서 우리나라의 노조법상 근로자 개념 문제에 대한 분쟁과 같은 사례는 발견하기 어렵다. 단결권의 기본법적 목적을 실현하기 위한 중심적 매개체가 되는 단결체, 즉 노동조합 조직 자체는 독일 기본법 9조 3항의 보호를 받는다.

노동조합의 요건에 관한 실정법적 규정이 존재하지 않듯이 조합원 자격에 관한 별도의 성문화된 규정도 존재하지 않고 일반적으로 근로자는 규약에 의한 가입 인정과 가입비 납부 등의 절차를 통해 노동조합에 가입할 수 있다. 실무적으로 노동조합 결성, 가입 자격과 관련하여 문제되는 대표적인 경우는 이른바

15) BVerfG 06.05.1964 - 1 BvR 79/62.

16) 이러한 쟁점에 관해서는 박귀천, 145면 이하 참조.

관리직사원(leitende Angestellte)의 경우이다. 이들은 자신들의 노동조합을 결성하여 활동하고 있는데, 예컨대 화학산업 종사 연구직사원 및 관리직사원 연합[Verband angestellter Akademiker und leitender Angestellter der chemischen Industrie e.V., Köln(VAA)], 간부사원 연합(Die Führungskräfte VAF VDF, Köln) 등 다수의 관리직 노동조합들이 존재한다. 다만, 관리직사원, 간부사원 등이 결성한 이러한 단체들이 법적으로 노동조합으로 인정되는지 여부에 대해서는 논쟁이 되기도 한다.

관리직사원의 개념 규정은 사업장조직법에 명시되어 있다. 관리직사원은 사업장조직법상 사업장평의회 위원의 선거권 및 피선거권이 없고, 대신 관리직사원에 대해서는 별도의 법률인 '관리직사원대표위원회법(Sprecherausschussgesetz)'에 따라 관리직사원대표위원회(Sprecherausschuss)를 설치하도록 하고 있다. '사업장조직법' 5조 3항에 따르면 관리직사원이라 함은 근로계약 및 기업 내지 사업내에서의 지위에 따라 다음 각 호와 같은 경우에 해당되는 자를 의미한다.

1. 사업이나 사업부분내에서 각 근로자의 채용이나 해고에 대해 독자적인 권한을 가지는 자
2. 포괄적 대리권 또는 지배권을 가지고 있는 자 또는 사용자와의 관계에서 중요한 의미를 갖는 지배권을 가지고 있는 자
3. 기업 또는 사업의 존속과 발전에 중요한 의미를 가지고 있고 또한 이러한 업무를 이행하는 데 특별한 경험과 지식이 요구되는 업무를 통상적으로 담당하고 있고, 그 경우에 본질적으로 지휘명령을 받지 않고 결정을 내리거나 또는 결정에 중요한 영향을 미칠 수 있는 자(이러한 업무에는 특히 법 규정, 계획 또는 지침, 다른 고위 관리직사원과의 협력에 의한 제한이 있을 수 있음).

연방노동법원은 관리직 단체 중 하나를 노동조합으로 인정한 바 있고[17] VAA의 경우 특히 연구직사원들을 위한 여러 개의 단체협약을 체결하고 있다. 연방노동법원은 관리직사원의 근로자성을 문제 삼은 것은 아니었고 VAA의 교섭능력 등 노동조합으로서의 요건을 판단한 것이었다. 그럼에도 불구하고 여전히 남는 문제는 관리직사원이 한편으로는 자신이 가입하고 있는 노동조합의 조합원으로서 활동하면서 다른 한편으로는 다른 근로자들에 대하여 사용자 측에

---

17) BAG 16.11.1982 - 1 ABR 22/78.

서의 단체교섭을 수행하는 자로서 활동하게 되는 경우가 발생된다면 이 두 가지 기능은 원칙적으로 양립할 수 없다는 것이다. 이 경우 이해관계의 충돌을 피하기 위해서는 엄격한 양립불가 규율을 통한 해결이 필요하다는 의견이 제시되기도 한다.[18]

Ⅲ. 독일 노동법상 근로자 개념

1. 근로자 개념 및 관련 개념의 구분

우리나라와 마찬가지로 독일에서도 근로자 개념의 판단은 노동법, 사회보장법, 세법 등 여러 법 분야에서 중요한 문제가 되고 있다. 다만, 독일의 경우 노동법 사건에 대해서는 노동법원이, 민법 및 상법 사건에 대해서는 일반법원이, 사회보장법 사건에 대해서는 사회법원이, 세법에 대해서는 재정법원이 각각 관할권을 가지기 때문에 근로자의 개념에 대한 각 법원의 입장에 차이가 있을 수 있다. 그럼에도 불구하고 근로자성 판단의 기본이 되는 것은 노동법상 근로자 개념이라고 할 수 있다.

독일 노동법상 근로자 개념은 근로자(Arbeitnehmer), 유사근로자(arbeitnehmerähnliche Person), 취업자(Beschäftigte), 자영업자(Selbstständige) 또는 위장자영업자(Scheinselbstständige) 등을 구별하기 위한 문제로서 논의된다. 이 중 특히 중요한 의미를 가지는 것은 근로자와 자영업자간의 구별인데, 원칙적으로 종속적 근로를 제공하는 자는 근로자로서 노동법상 보호를 받게 되고 그렇지 않은 자는 자영업자에 해당되어 노동법상 보호를 받지 못하게 된다. 위장자영업자는 형식적으로는 자영업자이지만 실질적으로는 종속성을 가지고 있는 자를 의미한다.

2. 근로자 개념

가. 근로자성 판단 기준의 역사적 전개

전통적으로 독일에서의 근로자 개념은 '인적 종속성(persönliche Abhängigkeit)'을 중심으로 하여 논의되고 있다. 학설과 판례 모두 인적 종속성이 근로자성 인정 시 핵심적인 기준이라고 보고 있다. 다만 구체적으로 어떠한 징표가 존재하여야 그러한 종속성이 인정되는가를 둘러싸고 논자에 따라 견해의 차이가 있다.

18) Martin Henssler, Heinz Josef Willemsen, Heinz-Jürgen Kalb, 2256면.

전통적인 독일 판례의 주요 내용을 요약하면 근로자성 인정에 대해 적극적으로 작용하는 징표는, 업무와 관련한 지시구속성, 시간적·장소적인 면에서의 지시구속성, 제3자의 기업으로의 편입, 자신의 기업조직의 부재, 고정적인 보수, 기업위험의 부재, 동일한 사업의 근로자와 동일한 활동 등이다. 그러나 구체적인 판단은 결국 개별 사건의 제반사정에 따라서 결정된다. 요컨대 경제적 종속성이 있더라도 인적 종속성이 없다면 근로자성은 부정되는 것이 독일의 전통적인 판례와 학설의 견해라고 할 수 있다.

먼저, 1975년 독일 연방노동법원 판결[19]은 근로자성 판단 기준에 관한 판결로서 그 기본적 내용은 지금까지 유지되고 있다고 할 수 있는데, 인적 종속성의 정도를 판단함에 있어 인적 종속성과 지시구속성이 동일한 가치가 있지 않음을 전제로 하였고, 근로자성을 판단하기 위한 본질적인 요소와 부수적인 요소로 구별하여 별도의 가치를 부여했다. 즉, 본질적 요소로는 다양한 하위기준(업무장소, 시간, 내용 등)과 관련한 지시구속성, 경영에의 편입, 시간적 구속성, 거래관념, 정규고용 근로자와의 비교 등을 제시했고, 부수적 요소로서는 보수의 형식, 소득세 및 각종 사회보험료 납입 여부, 신분서류의 작성 등을 제시했다. 한편, 1978년 독일 연방노동법원 판결[20]에서는 근로자가 자신의 노동력을 사업주와 같이 자기의 책임 아래 시장에서 위험을 부담하면서 스스로 정해둔 목적에 따라 투입하는 것이 아니라, 오히려 노무급부가 타인의 이익을 위하여 사용되는 점을 근로자성 판단의 새로운 요소로서 파악함으로써 경제적 종속성을 근로자성 판단의 기준으로 제시한 경우도 있지만 이후의 판결들에서는 다시 인적 종속성을 강조하는 경향을 보여 왔다.

일찍이 독일에서는 사회경제적으로 불평등한 근로자로서의 지위로 인해 계약체결의 단계에서 사용자에 의해 일방적으로 결정된 근로조건을 수용할 수밖에 없어 사용자와 평등한 입장에 설 수 없다는 관점이라고 할 수 있는 '경제적 종속성' 개념이 등장했지만, 20세기 초 독일 제국노동법원은, 예컨대 독립적인 상인의 경우에도 경제적 종속관계가 있을 수 있다는 점을 이유로 경제적 종속성은 근로자와 자영인을 구분하는 기준으로서 한계에 직면하게 되었다.[21] 이후 1920년대부터 독일에서는 근로자성 판단기준으로서 인적 종속성이 전면에 등장

19) BAG 03.10.1975 - 5 AZR 427/74. 이 판결에 대한 설명은 오상호, 366면 참조.
20) BAG 15.03.1978 - 5 AZR 819/76.
21) 오상호, 356면 이하.

하게 되었고, 인적 종속성을 중심으로 근로자성을 판단하는 이론을 정립한 대표적 학자는 Nikisch와 Hueck이다. Nikisch는 편입이론을 통해 조직적 종속성을 강조하였고, Hueck은 계약이론을 통해 인격적 종속성에 접근했다. Nikisch에 따르면, 근로관계는 근로계약이 아니라 근로자가 타인의 사업조직에 '편입'된 이후에 성립한다고 주장하였고, 계약적 요소는 인법적 공동체관계의 성립을 위한 필요조건은 아니라고 보기 때문에, 사업조직에 편입이라는 사실적 행위 그 자체가 근로자성을 판단하는 핵심적인 기준이 된다고 보았다. 반면에 Hueck에 따르면 근로관계는 사법상의 계약을 통해 성립되나, 근로관계를 판단하는 표지는 계약의 내용이 아니라, 계약당사자의 '인격'에 둠으로써 법률관계의 분류를 근로계약의 정의가 아니라 근로자 개념을 통해서 수행하게 된다고 보았다. Nikisch와 Hueck의 견해는 근로자가 인격적 종속성하에 노무를 제공함으로써 근로관계의 특수성이 나타난다고 보는 점에서는 일치한다고 볼 수 있다.[22)]

나. 근로자성 판단 기준

독일에는 근로계약법이 별도로 없기 때문에 근로계약의 법적 근거는 민법상 고용계약에 관한 조항이 된다. 민법 611조의a 1항은 근로자성 판단기준에 관해 규정하고 있다. 민법 611조의a 1항에 따르면 근로자는 타인의 고용에서의 근로계약을 통해 인적 종속 하에서 지시에 구속되고, 타인이 결정하는 바에 따른 노동 급부 의무가 있다(1문). 지시권은 업무의 내용, 이행, 시간, 장소에 관계될 수 있다(2문). 본질적으로 자신의 업무를 자유롭게 계획할 수 없고 자신의 근로시간을 결정할 수 없는 사람은 지시에 구속되는 것이다(3문). 인적 종속성의 정도(Grad)는 각각의 업무의 특성에도 좌우된다(4문). 근로계약이 존재하는지 여부를 확인하기 위해서는 모든 정황에 대한 종합적 검토가 이루어져야 한다(5문). 계약관계의 실질적인 이행이 근로관계를 보여주는 경우, 계약의 명칭은 중요하지 않다(6문).

근로관계는 인적 종속성의 정도에 의해 자영인의 법률관계와 구별된다. 근로자라 함은 타인의 업무에 있어 사법적인 계약을 근거로 지시에 구속되고, 타인에 의해 결정되는 노동을 인격적으로 종속되어 이행할 의무가 있는 자를 말한다. 근로자성을 판단하는 핵심적 요소인 '지시구속성(Weisungsgebundenheit)'과

22) 오상호, 359면.

'타인결정성(Fremdbestimmung)'은 서로 밀접하게 연관되고 부분적으로는 중복된다. 지시에 대한 구속은 보다 좁은, 사실상 계약의 유형을 특징짓는 판단기준이고, 이는 민법 611조의a 1항 2문 내지 4문을 통해 보다 상세하게 형성될 수 있다. 업무의 내용, 이행, 시간, 장소가 균일하게 관계될 수 있지만, 반드시 그러해야 하는 것은 아니다.[23] 그러나 본질적으로 자신의 업무를 자유롭게 계획할 수 없고, 자신의 근로시간을 결정할 수 없는 사람은 민법 611조의a 1항 3문에 따라 지시에 구속되는 것이다.

지시구속성은 다양한 형상(Erscheinungsform)으로 존재할 수 있다. 통상적으로 계약상 단지 일정한 틀만 정해진 근로의 의무, 다시 말해서 이미 정해진 취업자의 특정한 업무수행은 그 범위에 따라 지시권 행사를 통해 구체화된다. 사용자의 지시권(Weisungsrecht)에 대해 규정하고 있는 영업법(Gewerbeordnung) 106조 1문에 따르면, 근로계약, 근로자대표와의 서면합의, 적용 가능한 단체협약 또는 법률상 규정에 의해 정해지지 않는 한, 사용자는 재량에 의해 근로제공의 내용·장소 및 시기를 상세히 정할 수 있다. 영업법 106조 2문은 추가적으로 사업 내에서의 근로자의 규칙과 행동 역시 지시권의 대상으로 인정하고 있다. 근로자의 지시구속성은 이와 같은 사용자의 지시권에 상응한다. 영업법 106조 2문에 따른 지시권 행사를 통해 통상적으로 근로자들이 자신의 노동을 이행하고 법률관계가 실제적으로 이행될 수 있도록 하기 위한 전제조건들이 형성된다.[24]

한편, 연방노동법원은 최근 여러 국가에서 등장하고 있는 새로운 고용형태라 할 수 있는 이른바 '크라우드워커(Crowdworker)'가 민법 611조의a 소정의 근로자에 해당된다고 판단한 바 있다.[25] 즉, 연방노동법원은 노동법적인 지시권한

23) BAG 17.01.2006 - 9 AZR 61/05, BAG 01.12.2020 - 9 AZR 102/20.

24) BAG 21. 03. 2018 - 10 AZR 560/16, BAG 01.12.2020 - 9 AZR 102/20.

25) BAG 01.12.2020 - 9 AZR 102/20. 이 사건 원고는 크라우드소싱(Crowdsourcing) 기업 고객의 위탁업무(Aufträge)를 수행했다. 원고의 업무는 제품생산업체가 상점 등의 제품 진열 상태 등을 통제하는 것과 관련하여, 상점과 주유소의 제품진열장 사진을 찍거나[일부는 해당 장소에 미리 알리고 찍고, 일부는 말없이 미스테리 고객(Mystery Guest)으로서 찍음], 버스정류장에 붙어 있는 광고포스터에 대한 질문에 답을 하는 일이었다. 원고가 수행한 업무는 이른바 마이크로잡(Microjob)에 속하는 업무(임시적이고, 부과되는 과업 건별로 수행되는 업무)에 속했다. 원고는 스마트폰의 앱을 통해 업무를 수행했고, 업무의 투입은 원고의 스마트폰의 GPS를 통해 이루어졌다. 앱에서는 크라우드워커가 머물고 있는 곳으로부터 반경 50킬로미터 이내의 거리에 있는 일거리를 보여주었다. 노동자가 해당 업무수행을 수락하면 대체적으로 2시간 내에 업무를 수행했다. 보수는 페이팔(Paypal)을 통해 지급되었다. 원고와 같은 크라우드워커의 업무는 "기본 합의(Basis-Vereinbarung)"를 통해 이루어졌다. 특정한 업무량에 대해서는 합의되지 않았다. 또한 크라우드워커는 특정한 업무를 수행해야 할 의무도 없었다. 얼마

은 자영업자 및 도급업자에 대한 지시권과 구분될 수 있다고 하면서, 자영업자에 대한 지시는 전형적으로 일의 핵심과 관련되고(sachbezogen), 결과지향적이며, 이행될 서비스급부나 도급급부에 맞춰지는 반면, 이와 달리 근로계약상의 지시권은 사람에 관한 것이고(personenbezogen), 진행 및 과정을 지향한다는 특징이 있으며, 직원의 동기유발을 위한 행동양식에 관한 지도가 포함되고, 이는 도급계약상 지시권의 내용이 아니라고 판시했다. 구체적인 지시가 표명되지 않아도 취업자로 하여금 위임인이 바라는 행동을 하도록 유발하는, 위임인이 만든 조직구조를 통한 실질적인 강제도 근로계약상 지시에 해당될 수 있다고 밝혔다. 다만, '경제적 종속성'이 민법 611조의a 소정의 근로자로 인정하는 근거는 될 수 없음은 분명히 했다. 즉, 장기간의 지속적인 협업은 인적 종속성이 아니라 경제적 종속성으로 이어질 수 있는데, 이것을 근로관계의 근거로 삼을 수는 없고, 근로관계로 인정되기 위해서는 업무 위임인은 조직적인 수단을 취하고 있어야 하고, 이 수단에 의해 취업자는 비록 직접적으로 지시를 받는 것은 아니지만 지속적으로 주문을 받아들이고 이것을 특정된 시간 내에 정확한 기준에 따라 개인적으로 완성하도록 간접적으로 조종받는 것이 지속될 수 있다는 것이다. 그리고 이러한 방식으로 만들어지는 디지털 플랫폼의 동기유발시스템(Anreizsystem)을 통해서도 민법 611조의a에서 말하는 인적 종속성이 존재할 수 있다고 설시했다.[26)]

나 자주, 어떤 업무를 받을지와 업무를 수행할지 여부는 스스로 결정할 수 있었다. 플랫폼 고객과는 아무런 계약관계가 없었다. 또한 크라우드워커는 자기 자신의 직원을 투입시키는 것이 허용되었고, 하도급을 주는 것도 허용되었다. 원고는 평균적으로 1주일에 약 20시간 일했고, 월간 약 1,750유로를 벌었으며, 다른 업무위탁인의 업무를 함께 수행했다. 원고는 피고회사로부터 더 이상 업무를 제안하지 않겠다는 통보를 받기 전에 11개월간 2,978개의 위탁업무를 수행했다. 그렇지만 피고회사는 원고와의 관계를 종료하고자 했다. 진열대 체크(Bodenaufsteller-Check)를 둘러싼 다툼이 발생된 것을 이유로 원고에게 더 이상 업무를 제안하지 않겠다고 통보한 것이다. 그러나 원고는 자신은 기간의 정함이 없는 근로관계에 있는 근로자(Arbeitnehmer mit unbefristetem Arbeitsverhältnis)임을 주장했다. 이에 대해 지방노동법원(ArbG München, Endurteil vom 20. 2. 2019, Az: 19 Ca 6915/18)과 뮌헨 주노동법원(LAG München, Urteil vom 4. 12. 2019, Az: 8 Sa 146/19)은 원고는 근로자가 아니라고 보았다. 원고가 지시에 구속되지 않고, 사업조직 내에 편입되지 않았다고 판단했다. 그러나 1심 및 원심과 달리 연방노동법원은 원고와 플랫폼사업자의 관계를 근로관계라고 판단하면서 원심판결을 파기환송했다.

26) 원고는 피고가 제안하는 것을 받아들여야 할 계약상 의무는 없었다. 피고가 경영하는 온라인플랫폼의 조직구조는 계정을 통해 등록하고 들어가게 된 이용자가 지속적으로 단계별로 계약에 의해 제공되는, 개인적으로 달성해야 하는 쉽고 작은 과업들을 받아들이도록 되어 있다. 온라인플랫폼 이용자는 수행된 업무의 수에 따라 평가시스템에서 더 높은 레벨을 얻는

3. 유사근로자

가. 유사근로자 개념의 형성과 발전

경제적으로는 종속되지만 인적 종속성이 인정되지 않는다면, 독일의 학설과 판례는 근로자성을 부정하고 있다고 할 수 있다. 따라서 근로자성의 존부와 관련하여 독일 노동법체제는 원칙적으로 전부 아니면 전무의 양자택일적인 보호가 이루어진다.

독일에서는 과거 일찍부터 노동법적 규정을 근로자는 아니지만 경제적 종속성이 있다고 인정되는 자들에게도 적용했던 경우가 발견된다. 즉, 1869년 6월 21일 북독일연방의 영업령 136조는 생산직근로자에 관한 현물급여 금지규정을, 공장 밖에서, 즉 가내영업적으로 사업주를 위하여 활동하는 자에 대해서도 적용하고 있었다. 나아가 가내근로에 대해서도 1911년 12월 20일 가내근로법(Hausarbeitsgesetz)에서 특수한 보호규정을 두고 있었다. 그런데 이와 같은 경제적 종속성을 이유로 한 보호의 필요성은 가내근로에 대하여서만 인정되는 것이 아니라 자영업자인 대리상에 대해서도 요청되었다. 이와 같이 인적 종속성은 인정되지 않지만, 경제적 종속성이 인정되는 범주를 독일에서는 “유사근로자”라는 개념으로 포섭하고 있다. 따라서 유사근로자에는 자영업자의 일부가 포함된다. 유사근로자 개념에 대한 규정은 몇몇 법률에서 두고 있다. 최초로 유사근로자에 대한 정의규정을 두었던 1926년 12월 23일 노동법원법(Arbeitsgerichtsgesetz)은 근로자와, “근로관계에 있지 않고 위임에 기하여 특정한 다른 자의 계산으로 노무를 제공하는 자(가내사용인 기타 유사근로자)”를 동일하게 취급하였다.[27)]

나. 단체협약법상 유사근로자 개념

현행 단체협약법(Tarifvertragsgesetz) 12조의a는 유사근로자의 정의에 대해 “경제적으로 종속되고 근로자와 유사하게 사회적 보호의 필요성이 있는 자로서 고용계약 또는 도급계약에 의해 노무를 제공하고, 이를 본인이 직접 또는 일반적으로 다른 근로자의 도움 없이 행하는 경우”라고 하면서 이에 더하여 다음과

것이 가능해진다. 플랫폼 이용자는 하나의 경로를 통해 보다 많은 업무를 받아들이고 더 많은 시간당보수를 얻고자 한다. 이러한 시스템을 통해 원고는 자신의 거주지가 속한 지역에서 지속적으로 활동을 수행하는 동기가 유발되었다. 연방노동법원은 이러한 동기유발 시스템에 의해 인적 종속성이 발생된다고 본 것이다.

27) Wolfgang Hromadka, 1251면.

같은 a) 또는 b)의 요건을 갖추어야 한다고 규정하고 있다(12조의a 1항 1호).

"a) 주로 1인을 위하여 활동하거나 또는
b) 보수활동으로 취득하는 전체 보수의 평균 1/2 이상을 1인으로부터 받는 경우; 이를 예측할 수 없는 경우에는 단체협약에서 이와 다르게 정하지 않는 한, 산정시 직전 6개월, 이보다 짧은 기간인 경우에 그 기간이 기준이 된다."

다만, 연예활동, 학술활동 또는 언론활동에 기한 급부를 제공하는 자 또는 그러한 급부의 기술적 형성에 직접적으로 기여한 자에 대해서는 보수활동으로 취득하는 전체보수의 평균 최소한 1/3을 1인으로부터 받으면 된다(단체협약법 12조의a 3항). 또한 유사근로자로부터 노무제공을 받는 복수의 자가 기업집단의 형태로 결합되어 있거나 또는 이들 간에 성립된 조직공동체 내지는 일시적이지 않은 공동사업체에 속해 있는 경우에 이들은 1인으로 본다(단체협약법 12조의a 2항).[28]

한편, 상법 84조의 대리상에 대하여는 단체협약법 12조의a가 적용되지 않는다고 규정하고 있다(단체협약법 12조의a 4항). 상법 84조는 "독립적인 자영업자로서 다른 사업주를 위하여 상시 거래를 중개하거나 그 자의 이름으로 계약을 체결하는 자"를 대리상으로 정의하고,[29] 이 때의 자영업자는 본질적으로 활동을 자유로이 형성하고 자유로이 근로시간을 결정할 수 있는 자를 말한다고 규정한다. 따라서 자영업자에 관한 법적 판단기준은 활동의 자유로운 형성과 근로시간의 자유로운 결정이 된다. 그러므로 활동을 자유로이 형성하지 못하고 근로시간도 자유로이 결정할 수 없는 자는 근로자가 된다. 근로자성이 문제가 되는 대리상과 관련하여 독일 상법은 독립된 자영업자와 사무직 근로자의 두 가지 종류를 예정하고 있다. 실무상으로 전자는 주로 외근직에 종사하는 자이며, 후자는 내근직에 종사하거나 외근보험대리상을 지원하는 자를 의미한다. 또한 독일 상법 92조는 보험계약을 중개하거나 체결하는 자를 보험대리상으로 규정하고 이 자를 위 규정의 적용을 받는 대리상으로 본다. 따라서 보험대리상과 보험자 사

28) 이에 해당되는 대표적인 예로 독일공영방송조합[ARD(Arbeitsgemeinschaft der öffentlich-rechtlichen Rundfunkanstalten der Bundesrepublik Deutschland)]이 있다.

29) 상법 84조 1항 2문은 근로자와 구별되는 자영업자에 대한 정의규정을 두고 있다. 상법 84조 1항 2문은 자영업자를 "본질적으로 자유롭게 그 활동을 형성하고 근로시간을 결정할 수 있는 자"로 정의하고 있다. 통설은 동조항을 대리상과 사무직근로자를 구별하기 위한 조항으로 이해하고 있다. 따라서 동조항으로부터 근로자와 자영업자를 구별할 수 있는 법적 기준이 도출되는 것은 아니라고 보고 있다.

이의 계약관계에 대해서는 대리상과 사업주의 계약관계에 관한 규정이 적용되며, 다만 보험대리상은 자신의 활동에 의거한 거래에 대해서만 보수청구권이 있는 것으로 보고 있다(상법 92조 3항). 대리상 혹은 보험대리상이 자영업자에 해당되는지, 취업자에 해당되는지 여부는 종속성 유무에 관한 여러 기준들을 통해 판단된다.30)

한편, 단체협약법 소정의 유사근로자만을 위한 단체협약이 체결되는 사례는 실제로 그다지 많지는 않기 때문에 유사근로자에 대한 적용을 규정하고 있는 단체협약법 12조의a가 실무적으로 큰 의미는 없다고 한다. 유사근로자를 위한 단체협약(Tarifvertrag für arbeitnehmerähnliche Personen) 체결 사례로는 방송계 종사자 중 유사근로자나 프리랜서(freie Miearbeiter)에 대한 경우들이 있다. 현재 독일에서 유사근로자 내지 프리랜서만을 적용대상으로 하여 단체협약이 체결되는 사례는 사실상 방송 · 언론계에서 노무를 제공하는 작가 · 언론인 · 예술인 등에 대한 경우 밖에 없다.31)

바이에른주 방송(BR)의 유사근로자를 위한 단체협약, 독일중부공영방송(MDR)의 프리랜서를 위한 단체협약, 헷센주 방송(HR)의 프리랜서의 사회적 보호를 위한 단체협약 등이 있다. 각 단체협약의 사용자 측 당사자는 각 방송사이고, 근로자 측 당사자는 Ver.di(통합서비스노조), IG-Medien[인쇄 · 출판 · 예술산업노조(Industriegewerkschaft Medien - Druck und Papier, Publizistik und Kunst)] 등인데, 이들 노조에는 각 지역별 저널리스트 연합(예를 들어, 바이에른주 방송의 경우에는 바이에른 저널리스트 연합) 소속 저널리스트, 방송/영화 전문가그룹 소속 방송인 등이 속해 있다.

그런데 각 단체협약에서 규정하고 있는 단체협약의 적용 대상이 되는 유사근로자 개념은 약간씩 차이가 있다. 즉, 바이에른주 유사근로자 단체협약의 경우에는 6개월간 바이에른주 방송 및 독일공영방송조합(ARD)으로부터 번 수입이 33.3% 및 50%일 것을 요구하고 있고, 독일중부공영방송의 프리랜서 단체협약에서는 단체협약 적용 대상자가 '사회적 보호필요성'이 있어야 한다는 점을 규정하면서 사회적 보호필요성의 구체적 의미에 대해서는 전년도에 독일공영방송

30) 이는 독일의 의료보험조합중앙조직, 연금보험조합중앙조직, 연방고용청이 사회보험 피보험자 지위확인에 관하여 공동으로 작성하여 사용하고 있는 업무편람에서 소개하고 있는 내용이다(GKV-Spitzenverband, Deutsche Rentenversicherung Bund · Bundesagentur Für Arbeit).

31) Deutscher Bundestag, 6면.

조합에서 최소한 72일간 일했을 것과 해당 기간 동안 연소득이 73,000유로를 넘지 않을 것을 요구하고 있다.[32] 독일중부공영방송(MDR)의 프리랜서를 위한 단체협약의 경우에도, 독일공영방송조합(ARD)에 속하는 공법상의 방송기관에서 지난 6개월간 번 수입이 자신의 전체 소득의 2분의 1을 초과하는 경우를 단체협약법 12조의a에서 말하는 경제적 종속성이 있는 경우라고 규정하면서, 단 최소한 연간 72일간 독일공영방송조합(ARD)에 속하는 기관에서 일할 것과 해당 기간 동안 연소득이 73,000유로를 넘지 않는 자가 단체협약법 12조의a에 따른 사회적 보호필요성이 있는 자라고 규정하고 있다.[33] 한편 헷센주 방송의 프리랜서 단체협약에서는 최근 3년 중 최소한 2년 동안 105일 이상 헷센주 방송에서 일했거나 혹은 최근 3년 중 최소한 2년 간 헷센주 방송에서 번 소득이 최소한 20,000유로일 것, 또는 최근 3년 중 최소한 2년 간 총 소득의 절반 이상을 헷센주 방송에서 벌었을 것을 적용대상자의 요건으로 규정하고 있다.[34]

다. 기타 법령상 유사근로자 개념

유사근로자 개념에 대하여 규정하고 있는 또 다른 단행 법률인 연방휴가법 2조 2항은 "그 경제적 비독립성으로 인해 근로자와 유사한 자로 볼 수 있는" 자를 휴가권과 관련하여 근로자로서 취급하는 규정을 포함하고 있다. 즉, 유사근로자에 대해서는 연방휴가법이 적용된다. 또한 노동법원의 관할영역에 대해서는 노동법원법 5조 1항 2문에 별도로 규정되어 있다. 이에 따르면, 가내근로로 취업하는 자 및 이와 동일시할 수 있는 자와, "그 경제적 비독립성으로 인해 근로자와 유사한 자로 볼 수 있는 기타의 자"도 노동재판에서는 근로자로 취급하도록 하고 있다.

노동법원법상 유사근로자에 해당되는지 여부가 문제된 대표적인 사례로 프랜차이즈 가맹점주(Franchise-Nehmer) 사건이 있다. 프랜차이즈 가맹점주는 프랜차이즈 사업본부(프랜차이즈 제공자, Franchise-Geber)의 사업시스템에 편입(Einbindung)되어 있기는 하지만 원칙적으로 자영업자로 취급되는바, 독일에서는 프랜차이즈

32) Die Linke im Bundestag, 25면.

33) Tarifvertrag für Freie Mitarbeiterinnen des Mitteldeutschen Rundfunks, 2012, 3.2, 3.3. 이 단체협약은 독일중부공영방송(MDR), 통합서비스노조(Ver.di) 미디어·예술·언론산업 부문의 작센(Sachsen), 작센-안할트(Sachsen-Anhalt), 튀링엔(Thüringen) 지역지부, 작센지역 저널리스트연합, 작센안할트지역 저널리스트연합, 튀링엔지역 저널리스트연합이 체결하였다.

34) Die Linke im Bundestag, 25면.

가맹점주의 근로자성 여부가 다투어졌던 몇 개의 판례가 있었으나 일반적인 근로자성 판단 기준에 따라 근로자에 해당되지 않는다고 보았다.[35] 그런데 1990년대에 독일의 냉동식품 배달 서비스업체인 아이스만(Eismann)의 프랜차이즈 가맹점주가 노동법원을 통해 소를 제기할 수 있는지 여부가 다투어진 사건에서 독일연방일반법원(BGH)은 1998년 4월 11일 판결을 통해 프랜차이즈 가맹점주는 경제적 종속성으로 인해 노동법원법이 적용되는 유사근로자로 보아야 한다고 판시한바 있다.[36] 이 사건에서는 당사자들 간에 프랜차이즈 계약을 해지하면서 사업본부가 가맹점주에게 계약 관련 금전을 청구하는 소송을 일반법원에서 다룰 것인지, 노동법원에서 다룰 것인지 문제되었다. 피고였던 프랜차이즈 가맹점주는 자신이 지난 8개월간 평균 1,324마르크(마르크화 폐지 직전 기준으로 하면 약 650유로 정도에 해당됨) 정도밖에 벌지 못했기 때문에 노동법원을 통해 소송이 진행되어야 한다고 주장했다.[37] 이에 비해 사업본부는 가맹점주가 자영업자이기 때문에 일반법원에서 사건을 다루어야 한다고 주장했다. 한편, 이 사건에서 프랜차이즈 가맹점주와 프랜차이즈계약 사업본부 간의 관계가 사실상 근로관계에 해당되는지 여부에 대해서는 연방대법원이 판단할 필요가 없었기 때문에 이에 대한 판단은 이루어지지 않았다.

어쨌든 연방대법원이 프랜차이즈 가맹점주를 노동법원법이 적용되는 유사근로자로 본 주요 이유를 간략히 요약하면 프랜차이즈 가맹점주의 노무가 오직 사업본부만을 위해 이루어졌고, 가맹점주 그 자신의 노무가 근로자 없이 제공되었으며, 기업가로서 결정의 재량영역이 없었으며, 기회와 위험에 대한 공정한 조정(Ausgleich)이 없었다는 점이었다.[38] 연방대법원이 프랜차이즈 가맹점주가 유사근로자에 해당된다고 판단한 주요 근거는, 프랜차이즈 계약은 최소한 실질적인 형성을 통해 가맹점주가 사업본부를 위한 활동으로부터 벌어들이는 수입 외에 다른 방식에 의하여 소득을 얻는 것을 불가능하게 만들었다는 점, 가맹점주는 자신의 전체 노동력을 프랜차이즈 사업본부를 위해 투입할 의무가 있었다는

35) LAG Düsseldorf, Urteil vom 27.08.2010 - 10 Sa 90/10, LAG Hamburg, Urteil vom 27.02.2008 - 5 Sa 65/07.

36) BGH 04.11.1998 - VIII ZB 12/98.

37) 노동법원법 5조 3항에 따르면 상법상 대리상이 계약관계에 근거하여 지급받은 보수가 매월 평균 1,000유로가 넘지 않는 경우에는 노동법원법의 적용을 받을 수 있는 근로자에 해당된다고 규정하고 있다.

38) Michael Martinek, Franz-Jörg Semler, Eckhard Flohr, Rn. 11-17.

점, 프랜차이즈 계약에 따른 가맹점주의 활동은 가맹점주의 노동시간을 완전히 요구함을 겨냥했다는 점, 가맹점주가 자신을 위한 활동을 맡길 직원을 고용하는 것이 금지되었다는 점, 프랜차이즈 계약 및 프랜차이즈 핸드북에 의해 가맹점주의 판매활동이 개별적으로 규율되었고, 프랜차이즈계약에 따라 합의된 정산시스템에 따르면 사업본부는 가맹점주에게 경제적 독립성(wirtschaftliche Selbstständigkeit)을 열어주지 않고 있다는 점, 가맹점주는 근로자와 다름없이 사회적으로 보호가 필요했다는 점 등이다.

그 밖에 유사근로자에 대해서는 가족돌봄휴직, 일반동등대우법상 차별금지 규정에 의한 보호, 성적 괴롭힘 및 직장내 괴롭힘으로부터의 보호 등이 적용된다고 해석된다.[39] 반면 유사근로자에 대해 최저임금법은 적용되지 않는다.[40]

4. 취업자 개념

독일의 노동·사회보장 관련 법률에서는 '근로자' 대신 '취업자'라는 용어를 규정하고 있는 경우가 많다. 취업자는 특히 사회법전의 적용대상으로서 중요한 의미가 있다. 사회법전의 인적 적용 범위에 관한 규정의 중요한 특징 중 하나는 "근로자(Arbeitnehmer)", "근로관계(Arbeitsverhältnis)"라는 용어 대신 "취업자(Beschäftigte)", "취업관계(Beschäftigungsverhältnis)"라는 용어를 사용하여 노동법상의 근로관계보다 넓은 개념으로 설정하고 있다는 점이다. 따라서 노동법상의 근로자 개념이 부정되더라도 사회보장법상의 취업자 개념에는 포함되어 법의 보호를 받게 되는 경우가 가능하다. 사회법전 4권 7조에 따르면 "취업(Beschäftigung)"이라 함은 "비독립적인 노무, 특히 근로관계에서의 노무를 말한다. 취업의 근거는 지시에 따른 업무활동과 지시자의 노동조직에의 편입이다." 라고 규정하고 있다.

독일에서 비교적 최근에 제·개정된 노동·사회보장 관련 법에서는 적용 대상을 '근로자'가 아니라 '취업자'로 규정하고 있는 경우들이 많아지고 있다. 예컨대 독일의 포괄적 차별금지법에 해당되는 '일반동등대우법[Allgemeines Gleichbehandlungsgesetz(AGG)]', '돌봄휴직법(Pflegezeitgesetz)' 등에서는 적용대상을 '취업자'로 규정하고 있다. 예컨대, 일반동등대우법 6조에 따르면 "이 법에서 말

39) Bundesministerium für Arbeit und Soziales(Hrsg.), Rn. 29.
40) Bundesministerium für Arbeit und Soziales(Hrsg.), Rn. 185.

하는 취업자는 근로자(1호), 직업양성 교육 중인 취업자(2호), 경제적 종속성으로 인해 근로자와 유사한 자로 간주되는 자; 여기에는 가내근로자와 이에 준하는 자도(3호) 포함된다."라고 규정하고 있고, 우리나라의 산업안전보건법과 유사한 법률이라고 할 수 있는 노동보호법(Arbeitsschutzgesetz) 2조 2항에 따르면 "이 법에서 말하는 취업자는 근로자(1호), 직업양성 교육 중인 취업자(2호), 가내근로자 및 이에 준하는 자를 제외한 노동법원법 5조 1항의 의미에서 근로자와 유사한 자(3호), 공무원(4호), 법관(5호), 군인(6호), 장애인 작업장에 취업중인 자(7호)"라고 규정하고 있다.

독일 사회법전상 취업자 개념과 관련하여 사회법전 6권 2조 1문 9호나 사회법전 7권 2조 2항에 따르면 경제적 종속성과 사회적 보호필요성에 따라 보험보호가 가능하다고 정하고 있기 때문에, 대체적으로 사회법전상의 노무제공자는 노동법상 근로자에 유사근로자를 추가한 개념으로 이해된다.[41)]

그렇지만 실제 취업자 해당 여부를 판단하는 것은 결코 쉽지 않은 문제이고 오랫동안 다양한 해석론과 실무상의 처리지침 등이 제시되어 왔다. 사회법전 4권 7조 1항 소정의 취업자는 종속적으로 취업된 자라고 명시하여, 독립적인 노무를 수행하는 자(자영업자)와 구분하고 있고, 연방사회법원은 독립적 노무와 비독립적 노무(종속노동)를 구분하는 경우 "인적 종속성"이라는 용어를 사용하고 있다.[42)] 이를 판단하기 위한 주요 기준은 사용자의 지시와 지휘에 따른 업무수행, 타인에 의해 결정되는 노동, 타인의 사업조직으로의 편입 등이다. 단, 근로관계는 취업에 해당되기 위한 강제적 요건이 아니고, 근로자와 자영업자의 중간에 있는 사람이 취업자에 해당되어 재해보험을 비롯한 사회보험의 당연 적용대상자가 될 수 있다.

독일의 각 사회보험의 중앙관리조직들은 1999년 12월 20일 자립성촉진에 관한 법률에 따라 보험, 보험료, 신고관련 규정들에 미치는 영향에 관하여 공동으로 마련한 업무편람에서 설명하고 있다. 이 업무편람에서는 근로자, 자영업자, 위장자영업자 등을 구분하는 판단기준에 관한 관계 법령 및 사회법원 판결 등을 종합적으로 정리하여 이를 토대로 일반적인 판단기준과 각 직업별 특성에 따라 고려해야 하는 구체적 판단기준 등을 제시하고 있다.

41) BSG 27.03.1990 - 2 RU 32/89.
42) BSG 04.06.1998 - B 12 KR 5/97 R.

이에 따르면 취업관계와 자유로운 도급관계 내지 노무제공관계를 구분하는 것은 인적 종속성의 정도에 따라 판단된다. 취업관계의 개념은 근로관계가 존재하지 않는 경우(예를 들어 유한회사의 공동출자자인 경영인의 경우)도 포함한다. 사회법전 4권 7조 1항 2문은 취업의 전형적인 요소로서 소득활동을 하는 자의 지시구속성과 사업장 조직에의 편입을 규정하고 있다. 다만, 이러한 요소들은 취업관계의 존재를 위해 강행적으로 모두 요구되는 것은 아니고 최종적인 평가를 하지 않은 상태에서 단지 논거로서 언급될 뿐이다. 예를 들어, 취업관계에서 업무를 맡긴 자가 업무를 맡은 자에 대해 행사하는 지시권은 제한될 수 있는데, 특히 전문적인 업무 등 높은 수준의 능력과 활동을 요구하는 업무의 경우 지시권은 더욱 제한될 수 있다고 한다. 또한 업무를 맡은 자의 기능에 맞추어 노동과정에 참여하도록 하기 위해 지시권이 순화될 수도 있다고 한다.

취업관계는 위임업무 또는 도급업무 수행에서의 인적 종속성의 정도를 통해 자유로운 업무수임인 또는 도급인의 법률관계와 구분된다. 근로자는 지시에 구속될 계약상 의무가 있는 급부를 계약상대방에 의해 정해진 노동조직의 범위 내에서 이행하는 자이다. 인적 종속성의 인정 여부는 취업자가 수행하는 활동의 내용·수행시간·기간·장소 또는 기타 방식에 관련될 수 있는 계약상대방의 지시권에 종속된다는 점에서 보여질 뿐만 아니라 급부의무의 이행을 위한 자유재량의 여지를 강하게 제한하는 법적 계약의 형성 또는 실질적인 계약의 이행을 통해서도 밝혀질 수 있다.

인적 종속성의 정도는 각각의 활동의 특성에 의해서도 결정된다. 그러한 점에서 모든 활동에 대해 적용되는 추상적인 기준은 제시될 수 없다. 어떤 활동들은 취업관계의 범주 내에서 뿐만 아니라 자유로운 위임계약 또는 도급계약의 범주 내에서도 이루어질 수 있고, 다른 활동들은 통상적으로 단지 취업관계의 범주 내에서만 이루어질 수도 있다. 활동의 종류와 조직으로부터 취업관계의 존재가 구분될 수도 있다. 그 경우 경계획정을 위해서는 우선 의무이행의 실질적인 정황이 중요하다. 그러나 당사자들이 법적 관계에서 부여한 명칭이나 그들이 원하는 법적 효과는 중요하지 않다. 각각의 계약유형은 실질적인 업무내용으로부터 판명된다. 이는 다른 한편으로는 당사자 간에 성립된 합의와 계약의 실질적인 이행에 의해 이루어진다.

일반적으로 경영상 결정의 자유를 향유하고 경영상의 위험을 부담하며 경영상의 기회를 이용할 수 있고 이를 위해 자기광고를 할 수 있는 자는 자영업자이다. 급부가 업무위임자의 이름과 계산 대신 자신의 이름과 계산으로 이행되는 경영행위의 전형적인 요소에는 구매 및 판매가격, 상품구입, 직원 고용, 자본과 기계의 투입, 고객의 결제방식(예: 즉각적인 현금결제, 지급유예가능성, 할인 허가), 고객유치의 종류와 범위, 자신의 기업을 위한 광고조치의 종류와 범위(예를 들어 자신의 주소와 성명이 인쇄된 편지지 사용 등)와 같은 점들에 관한 독자적인 결정이 포함된다.

한편, 자영활동을 암시하는 요소로서의 공적인 등록 또는 허가, 회사의 형식 등이 문제될 수 있다. 종합적인 고려를 통해 단지 한 명의 업무위임자를 위해 일하고 직원을 고용하고 있지 않은 사람도 자영업자에 해당될 수 있다. 특히 자신의 기업 내지 자영활동을 위해 특별한 공적 허가나 승인을 필요로 하는 경우가 그러하다. 반면 영업신고 및 영업등기부 또는 상업등기부에의 등록은 단지 약한 정도의 간접적인 증거가 될 뿐이다.

업무수임인이 법인 형태의 회사인 경우, 원칙적으로 업무위임인에 대한 종속적인 취업관계는 배제된다. 그렇지만 종속적인 취업관계의 배제는 단지 업무위임인과 업무수임인간의 법적 관계에 관한 판단에 대해서만 영향을 줄 뿐, 이 회사에서 활동하는 자들이 이 회사의 근로자일 수 있는지 여부의 문제에 대해서는 영향을 주지 않는다.

업무수임인이 권리능력 있는 비법인사단(Personengesellschaft)인 경우, 일반적으로 업무위임인에 대한 종속적 취업관계는 배제된다. 그러나 개별 사례에서 지시권에 구속되는 종속적 취업의 요소가 자영활동의 요소를 압도하는 경우에는 그렇지 않다. 업무수임인이 1인 회사(Ein-Personen-Gesellschaft)인 경우에도 원칙적으로 동일한 판단이 적용된다.

Ⅳ. 사용자 및 사용자단체

1. 사용자의 개념 및 관련 논의

독일 현행법상 사용자의 개념에 대하여 규정하고 있는 조항은 없다. 사용자 개념에 관해서는 특별한 관심이 집중된 사례를 찾아보기 어렵고, 사용자 개념에 관해 문제된 판례도 별로 없다.[43] 다만, 노동법상 사용자는 근로자에 대한 상호

관계에서의 개념으로 이해된다. 판례는 사용자 개념에 대해 “근로관계의 타방 당사자, 즉 근로계약에 따라 근로자에게 노무를 요구할 수 있고 그에 따라 근로자가 수행한 작업을 처분하고 이용할 경제적·조직적 힘을 가진 사람”이라고 보고 있다.[44] 사용자는 자연인일 수도 있고, 사법(私法) 또는 공법상 법인일 수도 있으며 권리능력 있는 사단일 수도 있다.

판례는 단체협약의 적용을 받게 되는 사용자는 최소한 한 명의 근로자 또는 유사근로자를 고용하고자 하는 의도를 가진 자여야 한다는 입장을 설시한 바 있다.[45] 이 사안은 사용자단체와 산별노조 간에 체결된 단체협약의 적용을 받는 사용자들에 대해 각 사업장별로 직업훈련 관리를 위한 회비 납부의무를 부과하고 있는 단체협약의 규정이 근로자를 고용하고 있지 않은 1인 자영업자에게도 적용되는지 여부가 문제된 경우였다. 원고는 1인 자영업자로서 근로자를 고용하고 있지 않고 근로자를 고용할 의사가 없기 때문에 단체협약의 적용을 받지 않는다고 하면서 위 단체협약상 회비 납부 규정을 적용받지 않는다고 주장했다. 이에 대해 연방노동법원은 원고에게는 단체협약이 적용되지 않는다고 판단했다. 요컨대 연방노동법원에 따르면 근로자 또는 유사근로자를 고용하고자 하지 않는 1인 자영업자(Solo-Selbstständige)는 단체협약의 적용을 받는 사용자가 아니다.[46]

학설도 대체적으로 이러한 개념을 따랐는데 아울러 사용자는 최소한 한 명의 근로자를 고용하는 사람이라는 견해도 전개되었다.[47] 학설 중에는 사용자 개념을 잠재적 사용자, 즉 아직 근로자를 고용하지 않았지만 향후 근로자를 고용할 수도 있는 사업주에게 확장시키는 것이 의미있다는 견해가 제시되기도 한다. 예컨대, 독일에서 일반적으로 산별조합이 사용자단체와 체결하는[48] 기본협약

43) Frank Bayreuther, Olaf Deinert, 129면.

44) BAG 27. 12. 2012 - 2 AZR 838/11, BAG 09. 09. 1982 - 2 AZR, Felipe Temming, § 23 Begriff und Rechtsstellung des Arbeitgebers, Rn. 1.

45) BAG 31.01.2018 - 10 AZR 279/16.

46) BAG 31.01.2018 - 10 AZR 279/16.

47) Heinrich Kiel, Stefan Lunk, Hartmut Oetker(Hrsg.), § 23 Begriff und Rechtsstellung des Arbeitgebers, Rn. 1, Rudi Müller Glöge, Ulrich Preis, Ingrid Schmidt(Hrsg.), BGB § 611a, Rn. 183.

48) 독일의 집단적 노동관계는 산업별 노동조합(Industriegewerkschaft)과 사용자단체(Arbeitgeberverband)를 당사자로 하는 산업별 단체협약(Flächentarifvertrag)을 중심으로 운영되고 있다. 단체협약이 산업별 노동조합의 교섭을 통해 체결되지만 그 교섭 단위가 전체 연방과 전체 직종이 단일교섭 체계로 통합되어 진행되는 것은 아니다. 하나의 산업별 노동조합 내에서

(Manteltarifvertrag)[49]에 규정되어 있는 직원 임용 자격에 관한 조항이 근로관계에 관한 것이 아니라 추상적인 일자리에 관한 것이라면 근로자를 고용하고자 하는 사업주에게도 적용될 수 있다는 것이다. 단체협약 당사자인 사용자단체에 속하고 있는 사업주는 사용자단체의 정관 내지 규약에 의해 협약의 구속력범위에 속하게 되는데, 단체협약에서 사업주가 근로자를 고용하고자 하는 경우에 특정 일자리에 고용될 사람은 특정한 자격조건을 충족하고 있어야 한다는 조항을 두고 있다면, 아직 근로자를 고용하고 있지 않은 사업주라 하더라도 당해 조항을 준수하여 고용해야 한다는 것이다.[50] 이러한 견해는 기본단체협약상 임용자격에 관한 조항은 구체적인 근로관계에 관한 조항이 아니라, 일종의 경영상의 규범(betriebliche Normen)이고, 따라서 이와 같은 조항이 사용자의 채용의 자유를 침해하는 것은 아니라고 판시했던 연방노동법원의 입장[51]에 따른 해석이다.

다만, 근로자를 고용하고 있던 사용자가 더 이상 단 한 명의 근로자도 고용하지 않게 된 경우에도 지금까지 적용받고 있던 단체협약의 구속력이 당연히 종료되는 것은 아니다.[52]

한편, 사용자는 반드시 영업을 하고 있거나 사업장을 가지고 있거나 기업을 가지고 있어야만 하는 것은 아니다. 이는 사용자인지 여부를 판단함에 있어 중

도 지부(Ort)-지역(Bezirke)-주(Land)-연방(Bund)의 지역적 단위로 나뉘어진 중층적 조직구조로 구성되어 있어 지역별로 교섭 단위를 분리하기도 한다. 하나의 산업별 노동조합 내에서도 직종별로 별도의 교섭을 진행하여 단체협약을 체결하기도 하며, 단일 산업별 노조 내에서도 여러 개의 단체협약이 체결되는 경우가 발생하고 있다. 그런데 독일의 집단적 노동관계와 단체협약 체계에서 나타나고 있는 변화 중 하나는 기업 단위로 체결되고 있는 단체협약이 증가하고 있다는 것이다. 다만 독일의 기업별 단체협약상 당사자 관계는 반드시 기업별 노동조합이 전제가 되는 것은 아니다. 단일 기업, 즉 단일 사용자와 체결되는 단체협약이면 기업 단위 단체협약으로 인정되고, 해당 사용자가 사용자단체에 가입하고 있거나 노동자 측 당사자가 산업별 노동조합인 경우에도 기업별 단체협약으로 인정될 수 있다(이승현, "독일의 단체협약 체계와 단체행동 현황", 국제노동브리프 2015년 5월호, 한국노동연구원, 42면).

49) 독일의 단체협약은 그 내용의 측면에서 볼 때, 장기간 조합원들에게 공통적으로 적용될 수 있는 해고, 근로시간 등에 관한 기본적, 일반적인 근로조건에 관해 규정하는 '기본협약(Manteltarifvertrag)', 구체적 임금수준, 금액 등에 대해 규정하는 '임금협약(Vergütungstarifvertrag)', 기본적 근로조건에 관한 내용을 포함하는 단체협약(Tarifvertrag mit Mantelbestimmungen), 기존 단체협약의 내용 일부를 변경하는 것을 내용으로 하는 수정단체협약(Änderungstarifvertrag), 별개의 다수 노동조합이 동일한 사용자 또는 사용자단체와 동일한 내용의 단체협약을 체결하는 평행단체협약(Paralleltarifvertrag)으로 분류된다.

50) Frank Bayreuther, Olaf Deinert, 130면.

51) BAG 26.04.1990 - 1 ABR 84/87.

52) Günter Schaub(Hrsg), § 204. Tarifgebundenheit von Arbeitnehmern und Arbeitgebern, Rn. 4.

요하지 않다. 따라서 사용자는 기업가(Unternehmer)와는 구분되는 개념이다. 다만 사업(Betrieb)과 기업(Unternehmen)이라는 개념은 실무에서는 유사개념으로 자주 사용된다.[53] 또한 사용자이면서 근로자인 사람도 있을 수 있다. 사용자의 지위에 있으면서 동시에 근로자의 지위에서 타인에게 노무를 제공하는 경우가 있을 수 있고 이 경우 고용계약상 구체적인 내용에 따라 사용자인지 근로자인지 구별해야 하는 문제가 발생할 수 있다.

대표적으로 대표이사, 전무이사와 같은 경영책임자가 노동법상 근로자에 해당되는지 문제되는 경우도 있는데, 판례에 따르면 일률적으로 근로자 혹은 사용자 중 어느 하나에 해당되는 것으로 판단하지는 않고, 문제되는 노무제공계약의 구체적 내용 및 사용자의 지시권 행사의 정도 등을 고려하여 판단하는 경향을 보인다. 최근 연방노동법원 판결에 따르면 회사의 지분을 가지고 있지 않은 전무이사(Fremdgeschäftsführer)[54]는 조직에서의 지위를 고려하여 유사근로자(arbeitnehmerähnliche Person)가 아니라고 판시한바 있다.[55] 이 사안에서 원고는 유한회사의 전무이사로 근무했는데, 자신은 유사근로자에 해당되기 때문에 고용관계 종료에 대한 소송을 노동법원법에 따라 노동법원에서 제기할 수 있다고 주장했으나, 연방노동법원은 원고가 유사근로자가 아니라고 판단한 것이다. 연방노동법원은 유한회사의 전무이사는 일반적으로 근로계약이 아닌 독립적인 노무제공계약(freien Dienstvertrags)에 따라 근무하는바, 회사가 회사법에 근거한 지시권한 이상으로 전무이사에게 업무를 안내하고 업무수행과정에 관련되는 지시를 통해 업무수행의 구체적 방식이 결정되도록 하는 지시권을 행사하는 경우에만 근로관계로 볼 수 있다고 판시했다. 따라서 이 사건 원고의 소송은 노동법원이 아니라 일반 민사법원에서 제기되어야 하는 것이고 노동법원법에 따른 근로자 보호 규정의 적용은 받을 수 없다고 판단했다. 이 판결 판시내용에 따르면 노동법원법의 적용을 받는 유사근로자라 함은 계약상대방에게 경제적으로 의존하는 자연인으로서 전체적인 사회적 지위에 따라 근로자에 비견될 수 있을 정도의 사회적 보호 필요성이 있는 자를 뜻하며, 사회적 보호 필요성은 개별 사례의 종

53) Heinrich Kiel, Stefan Lunk, Hartmut Oetker(Hrsg.), § 23 Begriff und Rechtsstellung des Arbeitgebers, Rn. 1.

54) 독일에서 Geschäftsführer는 기업의 법률상 대리인으로서 기업에 대한 법적 책임을 부담하게 되는 자, 최고 경영책임자를 의미한다. 대표이사, 전무이사 등이 이에 속한다. Fremdgeschäftsführer는 회사의 지분을 가지고 있지 않은 경영책임자를 뜻한다.

55) BAG 21.01.2019 – 9 AZB 23/18.

합적인 상황과 거래의 외관을 고려할 때 종속의 정도가 일반적으로 근로관계에서 발생하는 수준에 이르고, 제공되는 노무는 사회적인 유형 분류체계(Typik)에 따라 근로자의 노무에 비견될 수 있는 경우에 비로소 인정될 수 있다.

2. 사용자단체의 개념 및 관련 논의

가. 사용자단체 형성의 역사

사용자단체(Arbeitgeberverbände)의 설립은 처음에는 노동조합의 설립에 뒤쳐져 있었다. 1869년에 비로소 독일서적인쇄협회가 설립되고 나서야 사용자들은 자신들을 근로자들의 대리인으로 인정하지 않은 노동조합의 요구에 대해 보다 효과적으로 자신을 방어할 수 있도록 각 산업 내에서 자신들의 협회를 점점 더 많이 결성하게 되었다. 1904년에 처음으로 사용자단체의 최상급조직 두 개가 만들어졌는데, 이 단체들은 모두 산업연맹에 기반을 두고 있었다. 1906년에 두 조직 산하에 211개의 사용자단체들이 속해있었고, 이들 소속 사용자들에게 고용되어 있는 근로자들은 약 160만 명이었으며 1929년에는 640만 명으로 늘어났다. 두 조직은 사회 평화를 유지하고 노동조합의 부당한 요구에 대응한다는 주요 목표에 동의했으며, 1913년 하나의 독일사용자단체연맹으로 결합하여 1933년까지 존속했다.[56] 1933년 나치정권이 들어서면서 사용자단체들과 상급조직들은 노동조합과 마찬가지로 강제로 해산되었고 사용자와 근로자는 정부가 만든 경제단체 가입이 강제되었다.[57]

1945년 2차 대전 종전 이후 새로운 사용자단체의 설립은 처음에는 점령군의 반대에 직면하게 되었다. 군정의 개별 명령은 경제적 목표를 추구하는 것 외에 노동조합과 교섭할 수 있는 권한이 부여된 같은 지부에 있는 기업들의 경제적인 연합만 허용했다. 1947년 영국 및 미국 점령 지역의 사용자단체에 의해 "서부 지역 사용자 작업공동체"가 결성되었고, 1949년에는 프랑스 점령지역의 사용자단체들이 합류한 "경제지역연합 사용자의 사회정책 작업공동체"가 군정의 승인을 받아 설립되었다. 이후 1950년에 이르러 오늘날 독일 사용자단체의 최상급 조직인 전국독일사용자단체연합[Bundesvereinigung der Deutschen Arbeitgeberverbände

56) Heinrich Kiel, Stefan Lunk, Hartmut Oetker(Hrsg.), § 222 Gewerkschaften und Arbeitgeberverbände in Deutschland, Rn. 8-9.

57) Heinrich Kiel, Stefan Lunk, Hartmut Oetker(Hrsg.), § 222 Gewerkschaften und Arbeitgeberverbände in Deutschland, Rn. 21.

(BDA)]이 탄생했다.[58] 전국독일사용자단체연합에는 49개의 전국단위의 사용자단체와 14개의 주단위의 사용자단체가 속해있다.

그런데 이미 오래전부터 사용자단체는 위기에 봉착하고 있었다. 이는 사용자단체와 산별노조 간에 체결한 단체협약의 구속력으로부터 벗어나고자 하는 사용자들이 지속적으로 증가하고 있는 현상과 관련된다.[59] 사업장조직법 77조 3항에 따르면 단체협약을 통해 규율되고 있는 임금 기타 근로조건은 사업장협정의 대상이 될 수 없다고 하면서 다만 단체협약에서 보충적인 사업장협정을 명시적으로 허용하고 있는 경우에는 그러하지 아니하다고 규정하고 있다. 따라서 원칙적으로는 단체협약은 사업장협정에 대하여 우선적으로 적용되고 단체협약이 사업장협정과 충돌할 여지는 없다. 그러나 실제로는 사업장협정 체결에 의해 산별협약 적용으로부터 벗어나고자 하는 경우가 계속 증가하고 있는 것이다. 예컨대 동법 77조 3항에 위반됨에도 불구하고 상당수의 기업에서는 사업장협정에서 단체협약과 달리 임금 기타 근로조건에 관한 내용을 규정하고 있다.[60]

또한 다수의 사용자단체들이 그 구성원인 사용자들로 하여금 사용자단체와 산별노조 간에 체결된 산별협약의 적용은 받지 않으면서도 사용자단체가 제공하는 다른 서비스는 받을 수 있도록 하는 특별한 회원제도인 이른바 “OT 회원”이라는 제도를 도입하는 경우가 증가하고 있다. 이는 특히 사용자들이 산별단체협약상의 근로기준에 따라야 할 의무에 대한 부담과 산별노조의 파업 실시 위협으로부터 벗어나고자 하는 경향과 관련된다.[61] 그러나 법적으로는 이러한 OT 회원제에 의하여 사업장협정에 대한 단체협약 우선의 원칙이 회피되는 것이 금지된다고 해석된다.[62]

나. 사용자단체의 일반적 구성원칙

사용자단체는 많은 수의 조직 형태를 가지고 있다. 특정 산업 분야 소속에 따라 가입이 제한되는 업종별 단체(Fachverbänden)는 특정 지역의 모든 사용자가 특정 업종을 초월하여 회원 자격을 취득할 수 있도록 하는 사용자단체 설립에

58) Heinrich Kiel, Stefan Lunk, Hartmut Oetker(Hrsg.), § 222 Gewerkschaften und Arbeitgeberverbände in Deutschland, Rn. 22.

59) Heinrich Kiel, Stefan Lunk, Hartmut Oetker(Hrsg.), § 222 Gewerkschaften und Arbeitgeberverbände in Deutschland, Rn. 25.

60) Bernd Waas, 26면.

61) Bernd Waas, 26~27면.

62) Martin Henssler, Heinz Josef Willemsen, Heinz-Jürgen Kalb, 1033면.

반대하는 입장이다.[63)]

사용자단체들 중 일부는 회원의 사회 정치적 이익, 즉 사용자의 지위와 관련된 이익을 대표하는 것으로 제한하고 있지만 일부 단체들은 과업의 범위에 영리 목적의 추구도 포함하고 있다.

한편으로는 업종에 따른 사용자단체와 다른 한편으로는 지리적 위치에 따른 사용자단체의 경계는 업종별 단체와 업종을 초월하는 지역단체라는 두 개의 단체가 개별 사용자에 대해 관할권을 가질 수 있음을 의미한다. 이러한 경우를 위해 두 개 단체의 회원 자격이 명시적으로 허용되거나 규정되는 경우가 있다.[64)] 많은 사용자단체들은 항상 업계 외부의 사용자 혹은 해당 지역에 기반을 두지 않은 사용자를 게스트(guest)회원으로 가입시킬 수 있는 있는 가능성을 제공하고 있다. 다만, 게스트회원의 권리와 의무는 일반적으로 정회원의 권리와 의무에 비해 제한적이다. 예를 들어, 쟁의행위 관련 결정에 대해 완전한 의결권이 없거나 쟁의 발생 시 연대기금(Solidaritätsfond)의 지원을 받지 못한다.[65)]

사용자단체는 노동조합과는 달리 아래로부터 위로 구성되는 구조라는 특징이 있다. 지역의 업종별 사용자단체들은 종종 결합하여 주단위의 사용자단체를 형성하며, 주단위의 사용자단체는 주 수준에서 결합하지 않은 지역수준의 업종별 단체들과 함께 연방 수준의 업종별 상급조직에 가입하기도 한다. 또한, 주단위의 업종별 단체는 업종을 초월하는 지역단체와 함께 주단위의 사용자단체를 결성하기도 한다. 업종별 최상급 사용자단체와 주단위 사용자단체는 모두 전국독일사용자단체연합(BDA)의 직접 회원이 된다.[66)]

다. 사용자단체의 임무

다양한 수준의 사용자단체들이 각각의 임무를 어떻게 나누어 맡을 것인지는 업종 수준의 관점과 지역적 수준의 관점에 의한 중요성에 따라 달라지게 된다. 단체교섭 정책에 대한 책임은 통상적으로 지역 및 주 수준의 업종별 사용자

63) Heinrich Kiel, Stefan Lunk, Hartmut Oetker(Hrsg.), § 222 Gewerkschaften und Arbeitgeberverbände in Deutschland, Rn. 51.
64) Heinrich Kiel, Stefan Lunk, Hartmut Oetker(Hrsg.), § 222 Gewerkschaften und Arbeitgeberverbände in Deutschland, Rn. 52.
65) Heinrich Kiel, Stefan Lunk, Hartmut Oetker(Hrsg.), § 222 Gewerkschaften und Arbeitgeberverbände in Deutschland, Rn. 53.
66) Heinrich Kiel, Stefan Lunk, Hartmut Oetker(Hrsg.), § 222 Gewerkschaften und Arbeitgeberverbände in Deutschland, Rn. 56.

단체에게 있다. 업종을 초월하여 결합한 사용자단체는 주로 직업교육이나 입법 정책 등에 관한 임무를 담당한다. 전국 수준의 사용자단체는 원칙과 관련되거나 최우선적으로 중요한 문제에 대해 일관된 접근 방식을 보장하거나 공동의 이익을 대표해야 하는 문제를 다룬다. 사용자단체들은 단체협약법 2조 2항에 따라 적절한 교섭권한을 가지고 있는 경우에만 단체협약을 체결할 수 있다. 최상급단체는 단체협약법 2조 3항에 따라 예외적인 경우에만 규약상 규정에 근거하여 단체협약의 당사자가 될 수 있다.67) 사용자단체는 이사회와 총회 외에 정기적으로 단체교섭정책 및 노동쟁의에 관한 특별업무를 담당하는 다른 위원회를 두고 있다.68)

사용자단체는 독일 기본법 9조 1항에 따른 단체로서 근로조건 및 경제적 조건을 정하는 기능 외의 기능도 수행한다. 특히, 다양한 교육시설을 운영하고 있으며 초중등교육 정책 및 대학 정책을 포함한 정치·경제·사회 문제에 대한 입장도 밝히고 있다.

라. 사용자단체의 법적 지위

노동조합과 사용자단체는 통상적으로 독일 민법 21조에 따른 권리능력 있는 사단으로 설립된다. "단체교섭공동체"로서의 기능에 집중하는 사용자단체들은 일반적으로 권리능력 없는 사단이지만 독일 민법 21조69)에 따라 등기를 하게 되면 그 결과 권리능력을 갖게 된다. 본래 사용자단체는 독일 민법 22조70)에 따른 허가를 필요로 하는 영리사단은 아니다. 또한 사용자단체는 다른 형태의 법인으로도 만들어질 수도 있는데, 예를 들어 유한회사나 주식회사 형태로 만드는 것도 가능하다.71) 사용자단체는 자산 관리 등을 위해 회사 형태로 만들어지기도 한다. 이러한 경우에는 물론 상법상 회사에 관한 규정의 적용을 받게 된다.

---

67) Heinrich Kiel, Stefan Lunk, Hartmut Oetker(Hrsg.), § 222 Gewerkschaften und Arbeitgeberverbände in Deutschland, Rn. 57.

68) Heinrich Kiel, Stefan Lunk, Hartmut Oetker(Hrsg.), § 222 Gewerkschaften und Arbeitgeberverbände in Deutschland, Rn. 58.

69) 민법 21조(비영리사단) 영리사업을 목적으로 하지 아니하는 사단은 관할 지방법원의 사단등기부에 등기함으로써 권리능력을 취득한다.

70) 민법 22조(영리사단) 영리사업을 목적으로 하는 사단은 연방법률에 특결한 규정이 없는 경우에는 공적인 허가를 얻음으로써 권리능력을 취득한다. 허가는 사단이 주소를 가지고 있는 주의 권한에 속한다.

71) Heinrich Kiel, Stefan Lunk, Hartmut Oetker(Hrsg.), § 223 Organisationsrecht der Koalitionen, Rn. 3.

한편, 노동조합과 사용자단체는 하부조직 및 상급조직을 구성할 수 있는 광범위한 자유가 있다. 하부조직은 하부조직 자체가 사용자단체로 설계될 수도 있고, 단체에 부속된 비독립적인 하나의 부서의 형태로 설계될 수도 있다. 다만, 노동조합은 중앙집중식의 조직으로 만들어지는 경우가 많다. 대표적으로 금속산업노조(IG Metall)의 경우, 지역조직은 중앙본부를 보조하는 기능만 가지고 있으므로 사단으로서의 성격이 부인된 바 있다.[72)]

[박 귀 천]

72) BAG 26. 02. 1964 - 5 AR 66/64.

제 2 조(정의)

이 법에서 사용하는 용어의 정의는 다음과 같다.

4. "노동조합"이라 함은 근로자가 주체가 되어 자주적으로 단결하여 근로조건의 유지·개선 기타 근로자의 경제적·사회적 지위의 향상을 도모함을 목적으로 조직하는 단체 또는 그 연합단체를 말한다. 다만, 다음 각목의 1에 해당하는 경우에는 노동조합으로 보지 아니한다.
   가. 사용자 또는 항상 그의 이익을 대표하여 행동하는 자의 참가를 허용하는 경우
   나. 경비의 주된 부분을 사용자로부터 원조받는 경우
   다. 공제·수양 기타 복리사업만을 목적으로 하는 경우
   라. 근로자가 아닌 자의 가입을 허용하는 경우
   마. 주로 정치운동을 목적으로 하는 경우

〈세 목 차〉

[참고문헌]

강성태, "실업자의 조합원 자격", 노동법률 155호, 중앙경제(2004. 4.); 강용현, "전국연합노동조합연맹의 법적 성격과 병원노동조합연맹의 설립 가부", 대법원판례해설 19-2호, 법원행정처(1993); 권오성a, "산업별 노동조합 조합원의 건조물침입죄 해당 여부", 노동법실무연구 3권, 노동법실무연구회(2021); 권오성b, "하청근로자의 도급인 시설에 대한 직장점거의 형사책임", 법학연구 23집 1호, 인하대학교 법학연구소(2020); 김영란, "해고의 효력을 다투는 근로자의 개별 근로계약상의 지위", 대법원판례해설 19-2호, 법원행정처

(1993); **박귀천 · 권오성**, "산별노조 임원 등 조합원의 개별 사업장 출입에 관한 법적 문제", 노동법학 72호, 한국노동법학회(2019); **박대준**, "지역별 노동조합의 구성원에 일시적인 실업자나 구직 중인 자가 포함되는지 여부(노동조합및노동관계조정법 제2조 제1호 소정의 노동자의 개념)", 대법원판례해설 48호, 법원도서관(2004); **박은정 · 박귀천 · 권오성**, "ILO 기본협약 비준을 위한 2020년 정부 노조법 개정안 분석과 평가", 노동법학 76호, 한국노동법학회(2020); **백재봉**, "샵(shop)제도와 단결권론", 노동법의 제문제—가산 김치선 박사 화갑기념논문집, 박영사(1983); **유성재**, "실업자 노조가입 허용판결의 문제점과 개선방향", 중앙법학 6집 1호, 중앙법학회(2004. 4.); **이미선**, "노동조합 가입이 제한되는 근로자의 범위", 노동법실무연구 1권, 노동법실무연구회(2011); **이승욱**, "복수노조설립금지제도의 위헌성", 노동법연구 23호, 서울대학교 노동법연구회(2007); **조상균**, "구직중인 자의 노조법상 근로자성: 서울여성노동조합사건", 인권과 정의 338호, 대한변호사협회(2004. 10.); **하경효**, "조직대상 중복을 이유로 한 노조 설립신고 반려처분의 취소", 노동판례평석집, 경총신서 45, 한국경영자총협회(1995); **현천욱**, "전국병원노동조합연맹과 연합노련의 조직대상 중복여부", 노동법률 27호, 중앙경제(1993. 8.).

Ⅰ. 총 설

노동조합은 근로자들이 주체가 되어 자주적으로 그들의 근로조건을 유지 또는 개선할 목적으로 조직한 단체를 말하는 것으로 사전적으로 정의되며,[1] 이러한 노동조합은 전 세계적인 노동운동의 역사를 통하여 자연발생적으로 발전해 온 것으로서 여러 가지 방식으로 개념을 정의할 수 있다. 그러나 법적인 의미에서 노동조합의 정의 및 요건은, 노조법이 부여하는 보호를 받을 수 있는 노동조합의 자격과 같은 의미를 가지는 것으로 이해된다.

헌법 33조 1항은 "근로자는 근로조건의 향상을 위하여 자주적인 단결권을 가진다."라고 규정하여 단결권을 보장하고 있으며, 이러한 헌법상의 단결권 보장에 근거하여 근로자들이 주체가 되어 근로조건의 향상을 위하여 자주적으로 결성한 단체가 헌법상의 근로자 단결체로서의 노동조합이라고 정의할 수 있다. 원칙적으로 이러한 헌법상의 단결체는 단체교섭권 및 단체행동권 등 헌법상의 단결권의 주체가 행사할 수 있는 권리를 가진다고 본다.[2] 한편으로 노조법은

1) 김형배, 792면.
2) 이병태, 100면; 사법연수원a, 49면.

헌법을 구체화하여 노동조합의 요건을 정하고, 이러한 노동조합에 대하여 헌법상 단결체에 대하여 부여되는 헌법상의 권리 외에 여러 가지 보호를 부여하고 있는데, 노조법의 요건에 따른 노동조합은 노조법상의 이러한 보호를 받을 자격을 가지는 것으로 본다.[3)]

노조법 2조 4호 본문은 노동조합을 근로자가 주체가 되어 자주적으로 단결하여 근로조건의 유지·개선 기타 근로자의 경제적·사회적 지위의 향상을 도모함을 목적으로 조직하는 단체 또는 그 연합단체를 말한다고 규정하고 있으며, 다만 그 단서에서 사용자 또는 항상 그의 이익을 위하여 행동하는 자의 참가를 허용하는 경우(가목), 경비의 주된 부분을 사용자로부터 원조받는 경우(나목), 공제·수양 기타 복리사업만을 목적으로 하는 경우(다목), 근로자가 아닌 자의 가입을 허용하는 경우(라목), 주로 정치운동을 목적으로 하는 경우(마목)에는 노동조합으로 보지 아니한다고 규정하고 있다.

한편으로 노조법 10조는 노동조합은 법에 의하여 설립을 신고하여야 하고 노조법 12조 4항은 노동조합이 설립신고 후 신고증을 교부받아야만 설립된 것으로 보고 있으며, 노조법 7조는 노조법에 의하여 설립된 노동조합에 한하여 특정한 보호를 부여하는 것으로 규정하고 있다. 따라서 노동조합이 노조법에 따른 보호를 받기 위해서는 노조법 2조 4호의 요건을 충족시키고, 설립신고 후 신고증을 교부받아야만 한다.[4)] 이와 관련하여 대부분의 학자들은 노조법 2조 4호의 요건을 노동조합의 실질적 요건으로 보고, 이 중 노조법 2조 4호 본문의 요건을 적극적 요건, 그 단서의 요건을 소극적 요건으로 분류하고 있으며, 노조법 10조에 의한 설립신고를 형식적 요건으로 분류하고 있다.[5)]

---

3) 노조법 7조. 노조법상 노동조합과 노조법의 요건을 갖추지 못한 헌법상 단결체의 권리보호 범위의 차이에 대하여는 법 7조에 대한 해설 Ⅱ. 참조.

4) 이러한 신고증 교부는 노조법 12조 3항에 의하여 주로 노조법 2조 4호 단서 각목의 소극적 요건 해당 여부를 심사하는 방식으로 이루어지므로, 실질적으로 노조법 2조 4호 본문의 적극적 요건의 중요성이 떨어지게 된다는 지적이 있다. 임종률, 41면.

5) 김형배, 793면 이하; 이병태, 106면; 이상윤a, 558~559면; 임종률, 47면 이하. 이상윤 교수는 실질적 요건에 대내적 민주성의 요건으로 노조법 11조의 규약의 구비를 들고 있기도 하다.

Ⅱ. 노동조합의 실질적 요건

1. 적극적 요건

노조법 2조 4호는 노조법에 의하여 보호를 받을 수 있는 노동조합의 실질적 요건을 정하고 있다. 노조법 2조 4호 본문은 노동조합이 기본적으로 갖추어야 할 적극적 요건을 규정한 것으로, 그 단서에서 정하고 있는 노동조합으로 인정되지 않는 경우의 소극적 요건과 대비된다. 노조법 2조 4호 본문에서 정하고 있는 노동조합의 적극적 요건은 ① 근로자가 주체가 되어야 하고(주체성), ② 자주적으로 단결하여야 하며(자주성), ③ 근로조건의 유지·개선 기타 근로자의 경제적·사회적 지위의 향상을 도모함을 목적으로 하여야 하고(목적성), ④ 단체 또는 그 연합단체(단체성)이어야 한다는 것이다.

가. 노동조합의 주체성

노동조합은 근로자가 주체가 되어 조직된 단체여야 한다. 근로자는 노조법 2조 1호에서 "직업의 종류를 불문하고, 임금·급료 기타 이에 준하는 수입에 의하여 생활하는 자를 말한다."라고 정의하고 있으므로, 노동조합은 노조법 2조 1호에서 정한 근로자의 요건을 충족하는 자들이 주체가 되어 조직되어야 한다.[6] 노조법에서 근로자를 정의하면서 특별히 국적을 구별요소로 하고 있지 아니하며, 오히려 노조법 9조에서 인종·신분 등에 의한 차별을 금지하고 있으므로, 외국인 근로자도 노동조합 결성의 주체가 될 수 있다.[7] 대법원은 출입국관리법령에 따라 취업활동을 할 수 있는 체류자격을 받지 않은 외국인에 관해서도 출입국관리 법령에서 외국인고용제한규정을 두고 있는 것은 취업활동을 할 수 있는 체류자격 없는 외국인의 고용이라는 사실적 행위 자체를 금지하고자 하는 것뿐이지, 나아가 취업자격 없는 외국인이 사실상 제공한 근로에 따른 권리나 이미 형성된 근로관계에서 근로자로서의 신분에 따른 노동관계법상의 제반 권리 등의 법률효과까지 금지하려는 것으로 보기는 어렵다면서 "노동조합법상의 근로자성이 인정되는 한, 그러한 근로자가 외국인인지 여부나 취업자격의 유무

6) 노조법상 근로자의 개념에 대하여는 법 2조 1호에 대한 해설 부분 참조.

7) 대법원 1995. 9. 15. 선고 94누12067 판결은 취업자격 없는 외국인이 구 출입국관리법상의 고용제한 규정을 위반하여 근로계약을 체결하였다 하더라도 근로자로서의 신분에 따른 노동 관계법상의 제반 권리 등의 법률효과까지 금지하려는 규정으로는 보기 어렵다고 판시한 바 있다.

에 따라 노동조합법상 근로자의 범위에 포함되지 아니한다고 볼 수는 없다.”라고 판단한 바 있다.8)

노조법상의 근로자 개념은 ‘직업의 종류’를 불문하므로, 공무원이나 교원의 경우에도 노무에 종사하고 그 대가로 임금 등을 받아 생활하는 것으로 인정된다면 노조법에 의한 근로자로서 노동조합을 결성할 권리가 인정될 것이다. 그러나 공무원과 교원에 대하여는 각각, 공무원노조법과 교원노조법에 의하여 단결권 및 단체교섭권이 인정되고 있으므로, 이에 따른다.

주체가 된다는 의미에 관하여는 노동조합의 조직·운영을 근로자들이 주도하여야 하며, 아울러 근로자들이 노동조합 구성원의 주요 부분을 차지하여야 한다는 의미로서, 근로자 아닌 자가 일부 조합에 참여하는 것도 가능하다는 견해9)와, 근로자 아닌 자의 조합 참여 및 가입은 허용되지 않는다는 견해10)가 있으나, 주체라는 의미가 노동조합의 조직원이 모두 근로자여야만 한다는 의미로 해석되는 것은 아니므로, 일부 근로자들로 인정되지 않는 자들이 노동조합에 참여하는 경우에도 노동조합의 조직·운영을 근로자들이 주도하는 것으로 인정되면 이 요건은 충족하는 것으로 보아야 한다. 다만, 이 경우 노조법 2조 4호 단서 라목은 근로자 아닌 자의 참여를 허용하는 경우 노동조합으로 인정될 수 없다는 소극적 요건을 정하고 있으므로, 이 소극적 요건을 충족시키지 못하는 것으로 보아야 하는지 여부의 문제가 발생한다. 이 문제는 적극적 요건은 갖춘 것으로 인정될 수 있음에도 소극적 요건을 갖추지 못한 경우에 노조법상 노동조합으로서 지위를 인정할 수 있느냐에 관한 문제로서 결국 소극적 요건과 적극적 요건의 상호관계를 어떻게 보는지에 따라 결정되어야 한다고 생각한다.11)

나. 노동조합의 자주성

노동조합이 자주적이어야 한다는 의미는 외부의 지배·개입 없이 근로자들이 자주적으로 조직한 단체여야 하며, 아울러 그 운영 역시 자주적으로 이루어져야 한다는 의미로 해석된다.12) 여기에서 외부라 함은 사용자뿐 아니라, 국

8) 대법원 2015. 6. 25. 선고 2007두4995 전원합의체 판결.

9) 김유성, 58면; 이병태, 107면; 임종률, 48면. 다만 이병태 교수는 이 경우 소극적 요건을 구비하지 못하여 결국 노동조합으로 인정되지 않는다고 한다.

10) 김형배, 793면; 이상윤a, 561면.

11) 자세한 내용은 본조에 대한 해설 ‘Ⅱ. 2. 가. 적극적 요건과 소극적 요건 사이의 관계’ 부분 참조.

12) 이병태, 108면; 이상윤a, 561면; 임종률, 51면.

가 · 정당 · 종교단체 등 노동조합의 조직 및 운영에 영향을 미치는 어떤 것이라도 될 수 있다. 이와 관련하여 자주성에 노동조합이 민주적으로 운영되어야 한다는 원칙이 포함된다는 견해가 있다.13) 노조법 2조 4호 단서는 노동조합이 자주성을 상실한 것으로 간주되는 경우로서 사용자 또는 항상 그의 이익을 대표하여 행동하는 자의 가입을 허용하거나(가목), 경비의 주된 부분을 사용자로부터 원조받는 경우(나목)를 들고 있으며, 아울러 근로자 아닌 자의 참여를 허용하는 경우(라목)도 이에 준하여 볼 수 있다. 이와 관련하여 노동조합이 그 자주성을 해치지 않는 범위에서 사용자의 이익을 대표하는 자의 가입을 허용하거나, 경비의 주된 부분을 원조 받는 경우 또는 근로자 아닌 자의 참여를 허용하는 경우 바로 노조법상 노동조합으로 인정되지 않는 것으로 보아야 하는지가 문제 될 수 있으나, 이 역시 소극적 요건과 적극적 요건의 상호관계를 어떻게 보는지에 따라 결정되어야 한다고 생각한다.14)

다. 노동조합의 목적성

노동조합은 근로조건의 유지 · 개선 기타 근로자의 경제적 · 사회적 지위의 향상을 도모하는 것을 목적으로 하여야 한다. 근로조건에 해당하는 대표적인 사항으로는, 임금 · 근로시간 · 유급휴가 · 휴일 · 취업의 장소와 종사하여야 할 업무의 내용, 그 외에 근기법 93조 1호 내지 13호에 규정한 사항 등을 들 수 있다(명시하여야 할 근로조건에 관하여 정하고 있는 근기법 17조, 같은 법 시행령 8조 참조). 기타 근로자의 경제적 · 사회적 지위라 함은 근로자의 물가 · 조세 · 주택 및 사회보장 등 근로조건 이외의 생활이익 전반이라는 견해15)와, 협의의 근로조건 외에 그에 영향을 미치는 인사 · 경영사항과 후생복리사항에 대한 제 조건과 조세법 · 사회보장법상의 지위를 포함한다는 견해16)가 있다. 한편으로 노조법에 노동조합의 목적으로서 병렬적으로 나열되어 있는 '근로조건의 유지 · 개선'과 '기타 근로자의 경제적 · 사회적 지위의 향상'의 관계에 대하여도 노동조합으로 인정되기 위해서는 전자를 주된 목적으로 하여야 한다는 견해17)와 전자가 후자에 포섭되는 것으로 보는 견해18)가

13) 이병태, 108면.
14) 자세한 내용은 본조에 대한 해설 'Ⅱ. 2. 가. 적극적 요건과 소극적 요건 사이의 관계' 부분 참조.
15) 임종률, 51면.
16) 김유성, 57면.
17) 김형배, 794면; 임종률, 51면.
18) 김유성, 56면.

대립하고 있다. 그러나 사전적 의미에서 '근로자의 경제적 · 사회적 지위의 향상'에는 '근로조건의 유지 · 개선'이 포함된다고 할 수 있으므로, 노동조합이 '근로자의 경제적 · 사회적 지위의 향상'만을 목적으로 한다고 하더라도 이러한 목적에 '근로조건의 유지 · 개선'이 포함된다고 한다면 그 노동조합의 목적성을 부인하기는 어려운 것으로 보인다. 노조법 2조 4호 단서는 노동조합의 목적성과 관련하여 노동조합이 공제 · 수양 기타 복리사업만을 목적으로 하는 경우(다목), 주로 정치운동을 목적으로 하는 경우(마목)에는 노조법상 노동조합으로 인정될 수 없다고 규정하고 있는바, 노동조합이 위 단서에 해당된다면 노동조합이 근로조건의 유지 · 개선 기타 근로자의 경제적 · 사회적 지위의 향상을 도모하는 것을 목적으로 하는 경우가 아님이 명백하므로, 노동조합의 목적성을 충족하지 못한 것으로 인정될 것이다.

라. 노동조합의 단체성

노조법상 노동조합으로 인정되기 위해서는 근로자로 조직된 '단체' 또는 그 '연합단체'이어야 한다.

구체적으로는 노동조합은 헌법상 노동3권의 보장에 따라 부여되는 권리의 주체이자 노조법에서 인정되는 여러 가지 권리의 귀속주체이므로 그 전제로서 최소한의 권리능력이 인정될 수 있는 단체성을 가져야 한다. 노동조합이 법인으로서 등기한다면 당연히 권리의 주체로서 단체성을 가질 수 있을 것이나, 법인이 아닌 경우라도, 민소법 52조에서 정하고 있는 민사소송의 당사자능력을 가질 수 있는 비법인사단 정도의 단체성은 보유하여야 한다.[19] 대법원은 소송에서 당사자능력을 가지는 단체인 비법인사단의 요건과 관련하여, "어떤 단체가 고유의 목적을 가지고 사단적 성격을 가지는 규약을 만들어 이에 근거하여 의사결정기관 및 집행기관인 대표자를 두는 등의 조직을 갖추고 있고, 기관의 의결이나 업무집행방법이 다수결의 원칙에 의하여 행하여지며, 구성원의 가입, 탈퇴 등으로 인한 변경에 관계없이 단체 그 자체가 존속되고, 그 조직에 의하여 대표의 방법, 총회나 이사회 등의 운영, 자본의 구성, 재산의 관리 기타 단체로서의 주요 사항이 확정되어 있는 경우에는 비법인사단으로서의 실체를 가진다."라고 보고 있다.[20] 따라서 노동조합이 법적인 의미에서 단체로 인정되기 위해서는 위 대법

19) 사법연수원a, 57면.

20) 대법원 1997. 12. 9. 선고 97다18547 판결, 대법원 1999. 4. 23. 선고 99다4504 판결 등.

원 판례에서 요구하는 규약·의사결정기관·대표자 등 비법인사단과 같은 정도의 실체를 가져야 한다. 또한 노동조합은 그 규약이 정하는 바에 의하여 등기를 필하여 법인으로 할 수 있으며(법 6조), 이렇게 등기를 필하여 법인으로 인정받기 위해서는 법인으로 등기를 하기 위한 요건을 갖추어야 하며, 이러한 요건은 위에서 본 규약·기관 등 비법인사단의 요건과 크게 다르지 않다.

노동조합의 단체성이 인정되기 위해서는 복수의 근로자들에 의한 인적 결합체로서 조직되어야 하므로 근로자 1인으로 구성된 노동조합은 성립할 수 없으며, 최소 2인 이상의 조합원이 구성원으로서 필요하다. 판례는 노동조합은 그 요건으로 단체성이 요구되므로 복수인이 결합하여 규약을 가지고 그 운영을 위한 조직을 갖추어야 하는바, 법인 아닌 노동조합이 일단 설립되었다고 할지라도 중도에 그 조합원이 1인밖에 남지 아니하게 된 경우에는, 그 조합원이 증가될 일반적 가능성이 없는 한, 노동조합의 단체성을 상실하여 청산목적과 관련되지 않는 한 당사자능력이 없다고 보고 있다.[21] 다만, 노동조합의 조합원이 중간에 1명만 남은 경우라고 하더라도 조합원 증가의 일반적 가능성이 있다면 단체성을 상실하지 않는 것으로 본다.[22] 단체성을 가지면 족하고 반드시 항구적 존속을 요하는 것은 아니므로, 청산 중인 회사에서도 근로자들이 노동조합을 설립할 수 있다고 본다. 그러나 당면한 요구나 불만의 해결을 목적으로 하는 쟁의단이나 일시적 단결체와 같은 우발적 집단의 경우, 그 구성원을 특정할 수 없는 등으로 단체성을 인정하기 어렵다면 노동조합으로 보지 않는다.[23]

연합단체는 단위노동조합을 구성원으로 하는 노동조합 형태를 말한다. 단위노동조합은 근로자가 개인 자격으로 가입하고 독자적인 규약과 기관을 가지고 활동하는 노동조합의 최소 단위이다. 노조법 2조 4호 본문에 의하면 연합단체인 노동조합의 조직형태에 대하여도 아무런 제한을 두고 있지 아니하므로, 원칙적으로 여러 가지 단위노동조합으로 구성되는 여러 가지 형태의 연합단체 역시 가능한 것으로 보아야 하며, 근로자 개인 및 노동조합 양자를 구성원으로 하는 혼합노조도 이에 포함된다고 본다.[24] 통상적으로 노동조합의 지위를 가지는

21) 대법원 1998. 3. 13. 선고 97누19830 판결.
22) 김유성, 59면; 이병태, 110면; 임종률, 49면.
23) 김유성, 59면; 이병태, 110면; 임종률, 49면; 사법연수원a, 59면은 단순히 쟁의단의 일시적 성격 때문에 단체성이 부인되는 것이 아니고, 비법인사단의 조직적 실체를 인정할 수 없기 때문에 단체성이 부인된다고 한다.
24) 이상윤a, 561면; 임종률, 48면.

연합체 조직과, 단위노동조합이나 연합단체가 상호 연락과 협의의 목적으로 구성한 협의체 조직으로 구별한다.[25)]

그러나 이와 관련하여 노조법 10조 2항은 같은 조 1항에 의한 설립신고에 관하여 "연합단체인 노동조합은 동종 산업의 단위노동조합을 구성원으로 하는 산업별 연합단체와 산업별 연합단체 또는 전국 규모의 산업별 단위노동조합을 구성원으로 하는 총연합단체를 말한다."라고 규정하여 '동종 산업의 단위노동조합을 구성원으로 하는 산업별 연합단체'와 '산업별 연합단체 또는 전국 규모의 산업별 단위노동조합을 구성원으로 하는 총연합단체'만이 노조법상의 연합단체로서 설립신고를 할 수 있는 것처럼 정하고 있으므로, 이 문언대로라면 '동종 산업'의 단위노동조합으로만 구성된 경우에만 연합단체로서 설립신고를 할 수 있고, '동종 산업'으로 포괄할 수 없는 여러 가지 산업의 단위노동조합으로 구성된 연합단체는 산업별 연합단체 또는 총연합단체로 설립될 수 없다는 문제가 생긴다.[26)] 이에 대하여 판례는 "건설업 · 요식업 · 의료업 등 전혀 이질적인 55개 업종이 포함되고 더구나 다른 산업별 연합단체에 속하지 아니하는 기타 업종까지 모두 포괄하는 업종을 대상으로 하는 단위노동조합으로 구성되는 산업별연합단체(전국연합노동조합연맹)는, 인정의 필요성도 적고 산업별 연합단체 본래의 기능을 하기도 어렵다고 보이며, 노조법 10조 2항 소정의 '동종 업종'의 단위노동조합으로 구성되었다고 볼 수도 없으므로, 위 법조 소정의 산업별 연합단체는 아니라고 보아야 한다."라고 하여 이러한 문언상의 해석이 타당한 것처럼 판시하고 있다.[27)] 그러나 노동조합의 조직형태는 근로자 및 노동조합이 스스로 선택할 수 있어야 한다는 점을 고려할 때, 노조법 2조 4호 본문에 따라 연합단체의 조직형태에도 아무런 제한이 없는 것으로 해석하여야 할 것이다.

지부 · 분회 등 노동조합의 산하조직이 그 운영규정을 가지고 의사결정기구나 집행기구를 두어 단체의 실체를 가진 경우 이를 독자적인 노동조합으로 볼 수 있는지에 대하여는 이를 독자적인 노동조합으로 보아야 한다는 견해[28)]와 이

25) 이병태, 108~109면.

26) 사법연수원a, 53~56면.

27) 대법원 1993. 5. 25. 선고 92누14007 판결. 이 판결의 평석으로는 강용현, 345면 이하; 현천욱, 14면 이하; 하경효, 141면 이하 등 참조.

28) 김유성, 131면. 대법원 2001. 2. 23. 선고 2000도4299 판결 등도 노동조합의 산하조직이 독자적인 규약 및 집행기관을 가지고 독립된 조직체로서 활동을 하는 경우에는 노조법 시행령 7조에 의한 설립신고를 했는지와 관계없이, 독자적인 노동조합으로 인정하고 있다.

경우에도 지부·분회는 노동조합의 효율적인 관리를 위한 내부기구에 불과하고, 그 자체로서 독자적인 노동조합은 아니라고 보는 견해[29]가 대립하고 있다. 이 문제는 당해 노동조합의 규약과 지부·분회의 운영규정, 실질적인 독자성 등에 따라 사안별로 달리 파악될 수밖에 없다고 본다.[30]

2. 소극적 요건

가. 적극적 요건과 소극적 요건 사이의 관계

노동조합 설립의 소극적 요건은 적극적 요건 중 노동조합의 주체성 및 자주성과 관련이 있는 경우로서, 사용자 또는 항상 그의 이익을 대표하는 자의 참가를 허용하는 경우(가목), 경비의 주된 부분을 사용자로부터 원조받는 경우(나목), 근로자가 아닌 자의 가입을 허용하는 경우(라목)와, 노동조합의 목적성과 관련이 있는 경우로서, 공제·수양 기타 복리사업만을 목적으로 하는 경우(다목), 주로 정치운동을 목적으로 하는 경우(마목)로 구성되어 있다. 이 중 노동조합의 목적성과 관련이 있는 소극적 요건은 노동조합의 목적성 요건과 양립할 수 없으므로 소극적 요건은 목적성 요건의 흠결을 확인하는 정도의 의미를 가질 수 있다고 볼 수 있다.[31]

노동조합의 주체성 및 자주성과 관련이 있는 소극적 요건의 경우에는 노동조합이 소극적 요건을 갖추지 못하고 있는 것으로 인정되는 경우에도 노동조합의 주체성 및 자주성이 인정될 수 있으므로, 이 경우 적극적 요건과 소극적 요건의 관계를 어떻게 볼 것인지가 문제로 된다. 이와 관련하여서는 소극적 요건을 독자적인 요건으로 파악하여 노동조합의 주체성 및 자주성이 인정되는 경우라고 하더라도 소극적 요건에 해당하는 경우에는 노동조합으로 인정될 수 없다는 견해[32]와, 소극적 요건은 노동조합의 주체성 및 자주성이 없는 경우를 단순

29) 임종률, 50면.

30) 자세한 내용은 '지부·분회의 법적 지위 보론(補論)' 해설 부분 참조.

31) 공제·수양 기타 복리사업만을 목적으로 하는 경우(다목), 주로 정치운동을 목적으로 하는 경우(마목) 등 목적성에 대한 소극적 요건 자체가 노동조합이 적극적 요건인 목적성을 결여한 경우를 규정하고 있으며, 적극적 요건인 목적성을 갖춘 상황이라면 노동조합이 공제·수양 기타 복리사업 및 정치운동을 하는 경우에도 소극적 요건을 갖춘 것으로 보아야 한다. 사법연수원a, 65·71면.

32) 이상윤a, 571면; 임종률, 52·53·55면. 이상윤 교수는 노조법 2조 4호 단서의 문언과 노동조합을 심사하면서 소극적 요건만을 심사하도록 하고 있는 노조법 12조 3항의 규정에 근거할 때 소극적인 요건에 독자적인 의미를 부여하여야 한다고 본다.

히 확인 · 부연하는 의미만을 가지는 것이므로, 형식적으로 소극적 요건에 해당하는 경우라고 하더라도 노동조합의 주체성 및 자주성이 인정되는 경우에는 노동조합으로 인정될 수 있다고 하는 견해[33]가 대립하고 있다. 노조법 2조 4호는 노동조합은 적극적 요건을 갖춘 경우 성립하고 단지 소극적 요건에 해당하는 경우 노동조합으로 보지 아니한다고 규정하고 있는바, 단결권의 구체적 권리성을 고려할 때 소극적 요건은 노동조합의 주체성 및 자주성이 없는 경우를 단순히 확인 · 부연하는 의미만을 가지는 것이므로, 형식적으로 소극적 요건에 해당하는 경우라고 하더라도 노동조합의 주체성 및 자주성이 인정되는 경우에는 노동조합으로 인정될 수 있다고 보는 것이 헌법합치적인 해석이다. 예를 들어 항상 사용자의 이익을 대표하여 행동하는 자를 노동조합에 가입시키는 경우, 이러한 조합 가입이 노동조합의 자주성을 해치는 정도까지 이른 것이라면 노동조합의 자격을 부인하는 것이 당연할 것이나, 사용자의 이익을 대표하여 행동하는 자 역시 근로자의 지위를 가지므로, 이러한 자의 조합 가입이 사용자의 이익을 위한 것이 아니라 스스로의 근로자의 지위에서 이루어진 것으로서 결과적으로 노동조합의 자주성과 별다른 관계없는 것으로 판단되는 경우까지 노동조합의 자격을 부인하는 것은 부당한 결과가 될 것이다. 이렇게 본다면, 노동조합의 주체성 및 자주성이 인정되는 경우 그와 관련된 소극적 요건에 해당하는 경우라고 하더라도, 노조법상 노동조합으로 인정되어야 할 것이다.

나. 사용자 또는 항상 그의 이익을 대표하여 행동하는 자의 참여

사용자 또는 항상 그의 이익을 대표하여 행동하는 자의 참가를 허용하는 경우에는 자주성이 없는 것으로 보아 노조법상 노동조합으로 인정되지 아니한다(법 2조 4항 가목). 이와 관련하여 여기서 말하는 '사용자' 또는 '항상 사용자의 이익을 대표하여 행동하는 자'를 어느 범위까지 인정할 것인지가 문제로 된다.

(1) 사 용 자

사용자에 관하여는 노조법 2조 2호가 "사업주, 사업의 경영담당자 또는 그 사업의 근로자에 관한 사항에 대하여 사업주를 위하여 행동하는 자를 말한다"고 규정하고 있고, 이러한 정의 규정은 근기법 2조 2호와 동일하므로, 그 개념

33) 이병태, 111~112면. 대법원 1971. 3. 30. 선고 71누9 판결은 설립총회에 미자격자가 참여하였다고 하여 노동조합의 해산을 명하는 것은 재량권 남용이라고 판단하고 있다.

은 근기법상의 사용자 개념과 동일하게 해석할 수 있다. 구체적으로 보면,

① '사업주'라 함은 사업 또는 사업장의 경영주체로서, 개인사업체에서는 사업자 등록을 한 개인, 그 밖의 법인체에서는 법인 자체를 의미한다.

② '사업의 경영담당자'란 사업주가 아니면서도 사업경영 일반에 관하여 책임을 지는 자로서 사업주로부터 사업경영의 전부 또는 일부에 대하여 포괄적인 위임을 받고 대외적으로 사업을 대표하거나 대리하는 자를 말한다.[34] 통상 주식회사의 대표이사, 합명회사나 합자회사의 업무집행사원, 유한회사의 이사, 회생회사의 관리인 등을 들 수 있다. 한편 주식회사의 이사는 대표이사와는 달리 업무집행에 관하여 회사를 대표하거나 대리하는 지위에 있는 것이 아니라 이사회의 구성원으로서 업무집행에 관한 의사결정에 참여하는 것에 불과하므로, 여기에서 말하는 사업의 경영담당자에는 해당하지 아니하나, '근로자에 관한 사항에 대하여 사업주를 위하여 행위하는 자'나 '항상 사용자의 이익을 대표하여 행동하는 자'에는 해당한다고 말할 수 있다.

③ '근로자에 관한 사항에 대하여 사업주를 위하여 행위하는 자'란 사업주 또는 사업경영담당자로부터 그 권한을 위임받아 자신의 책임 아래 근로자를 채용하거나 해고 등 인사처분을 할 수 있고, 직무상 근로자의 업무를 지휘·감독하며 근로시간이나 임금 등 근로조건에 관한 사항을 결정하고 집행할 수 있는 자를 말한다. 판례는 '근로자에 관한 사항에 대하여 사업주를 위하여 행위하는 자'라 함은 근로자의 인사·급여·후생·노무관리 등 근로조건의 결정 또는 업무상의 명령이나 지휘·감독을 하는 등의 사항에 대하여 사업주로부터 일정한 권한과 책임을 부여받은 자를 말한다고 하면서 여기에 해당하는지 여부를 가리기 위해서는 그가 근로자에 관한 어떤 사항에 대하여 사업주로부터 일정한 권한과 책임을 부여받고 있었는지의 여부를 심리하여야 한다고 하고 있다.[35] 학교법인 산하 사립학교의 교장,[36] 회사의 공장장, 현장소장,[37] 광업소장[38] 등 주로 일정한 영역 내에서는 소속 근로자에 대하여 근로조건의 전부 또는 일부에 관한 사항을 결정할 수 있는 권한을 부여받은 자로서 그 권한과 책임의 한도 내

34) 대법원 1988. 11. 22. 선고 88도1162 판결, 대법원 1997. 11. 11. 선고 97도813 판결 등.
35) 대법원 1989. 11. 14. 선고 88누6924 판결.
36) 대법원 1986. 7. 8. 선고 86도722 판결.
37) 대법원 1983. 11. 8. 선고 83도2505 판결.
38) 대법원 1976. 10. 26. 선고 76다1090 판결.

에서 그 근로자에 대한 관계에서 사용자로 인정되는 자가 이에 해당한다.

(2) 항상 사용자의 이익을 대표하여 행동하는 자

이렇게 사용자로 인정되는 경우 외에도 노조법상 근로자에 해당하나, '항상 사용자의 이익을 대표하여 행동하는 자'의 경우에는 사용자와 동일하게 취급된다.

판례는 '항상 사용자의 이익을 대표하여 행동하는 자'를 '근로자에 관한 사항에 대하여 사업주를 위하여 행위하는 자'와 특별히 개념구분하고 있지 않았으나,[39] 이후 대법원 판결은 '그 사업의 근로자에 관한 사항에 대하여 사업주를 위하여 행동하는 자'라 함은 근로자의 인사·급여·후생·노무관리 등 근로조건의 결정 또는 업무상의 명령이나 지휘감독을 하는 등의 사항에 대하여 사업주로부터 일정한 권한과 책임을 부여받은 자를 말하고, '항상 사용자의 이익을 대표하여 행동하는 자'라 함은 근로자에 대한 인사·급여·징계·감사·노무관리 등 근로관계 결정에 직접 참여하거나, 사용자의 근로관계에 대한 계획과 방침에 관한 기밀사항 업무를 취급할 권한이 있는 등과 같이 그 직무상의 의무와 책임이 조합원으로서 지는 의무와 책임에 직접적으로 저촉되는 위치에 있는 자를 의미한다고 하여 양자를 명확히 구분하고 있다.[40] 또한 위 판결은 이에 덧붙여 '항상 사용자의 이익을 대표하여 행동하는 자'에 해당하는지 여부는 일정한 직급이나 직책 등에 의하여 일률적으로 결정되어서는 아니 되며, 그 업무의 내용이 단순히 보조적·조언적인 것에 불과하여 그 업무의 수행과 조합원으로서의 활동 사이에 실질적인 충돌이 발생할 여지가 없는 자도 이에 해당하지 않는다고 하면서, 주임급 직원들의 경우 그들이 인사·노무·예산·경리 등의 업무를 담당한다거나 총장의 비서 내지 전속 운전기사, 수위 등으로 근무한다는 사정만으로 그들이 곧바로 '항상 사용자의 이익을 대표하여 행동하는 자'에 해당한다고 할 수 없고, 실질적인 담당 업무의 내용 및 직무권한 등에 비추어 볼 때 그 직무상의 의무와 책임이 노동조합원으로서의 의무와 책임에 저촉되는 것으로 평가할 수 있을 때에만 '항상 사용자의 이익을 대표하여 행동하는 자'에 해

39) 대법원 1998. 5. 22. 선고 97누8076 판결은 직책 및 직급상 그 부하직원을 지휘하고 그 휘하의 일정 직급 이하의 직원에 대한 1차적 평가를 하지만 그 상사인 부장이 2차 평정권자로서 그 평정의 권한 및 책임은 궁극적으로 부장에게 귀속되고, 부하직원의 지휘도 부장을 보조하는 데 지나지 않으며, 인사·급여·후생·노무관리 등 근로조건의 결정에 관한 권한과 책임을 사업주로부터 위임받은 사실이 없다면, 그는 법규 소정의 '사용자 또는 항상 그의 이익을 대표하여 행동하는 자'에 해당하지 않는다고 판시하고 있다.

40) 대법원 2011. 9. 8. 선고 2008두13873 판결.

당한다고 판시하고 있다.[41)]

이 판례를 근거로 노동조합 가입이 제한되는 '항상 사용자의 이익을 대표하여 행동하는 자'는 근로관계 결정에 직접 참여하거나 사용자의 근로관계에 대한 계획과 방침에 관한 기밀사항 업무를 취급할 권한이 있어, 그 근로자의 노동조합 가입을 허용할 경우 사용자의 영향력이 노동조합에 미쳐 노동조합의 자주성·교섭력이 약화될 우려가 있고, 다른 한편으로는 사용자의 노무관련 기밀이 누설되어 노사교섭력의 균형이 깨질 우려가 있는 자로 그 범위를 정하여야 하며, 근로관계 결정과 관련한 업무를 수행하더라도 그 업무의 내용이 보조적·조언적인 것에 불과한 자는 배제되어야 한다는 견해가 있다.[42)]

노동부 행정해석[43)]에서는 직원의 채용·면직·징계·포상 등 인사에 관한 중요사항을 심의·결정하는 인사위원회 위원과 인사·노무·예산을 담당하는 자, 경리·회계를 담당하는 자, 그리고 노사협의회 또는 단체교섭 시 사용자 측 교섭위원으로 참여하거나 그러한 업무를 지원하는 자와 그 직상급자 등이 '항상 사용자의 이익을 대표하여 행동하는 자'에 포함되는 것으로 보고 있으며, 그 외 다른 행정해석에서도 노동관계에 대한 계획과 방침의 결정 등과 관련하여 사용자를 지원하고 사용자의 기밀에 속하는 사항을 접할 수 있는 일정 직군에 해당하는 근로자를 일률적으로 '항상 사용자의 이익을 대표하여 행동하는 자'에 해당하는 것으로 보고 있으나,[44)] 위 대법원 판결에서와 같이 단순히 직책이나 직급만으로 '항상 사용자의 이익을 대표하여 행동하는 자'에 해당하는 것으로 보아서는 아니 되고, 실질적인 담당 업무의 내용 및 직무권한 등에 비추어 볼 때 그 직무상의 의무와 책임이 노동조합원으로서 지는 의무와 책임에 저촉되는 것으로 평가되는 경우에 한하여 '항상 사용자의 이익을 대표하여 행동하는 자'에 해당하는 것으로 인정될 것이다.

다. 경비의 주된 부분을 사용자로부터 원조받는 경우

노동조합이 '경비의 주된 부분을 사용자로부터 원조받는 경우'에는 그 자주성이 침해된 것으로 보아야 한다(법 2조 4호 나목). 노동조합의 경비로는 사무실유지비, 비품비, 전임자 급여 등 노동조합을 운영하기 위하여 소요되는 모든 비용

41) 대법원 2011. 9. 8. 선고 2008두13873 판결. 이 판결에 대한 평석은 이미선, 905면 이하 참조.
42) 이미선, 922, 923면.
43) 2001. 8. 25. 노조 68107-972.
44) 이미선, 919~921면.

을 포함하는 것으로 이해된다.[45] 여기에서 '주된'이라는 말은 사용자로부터의 원조를 조금도 받아서는 안 된다는 의미는 아니고 일부분은 받아도 된다는 의미로 해석된다.[46] 우리나라의 실상은 사용자가 조합사무실을 제공하고, 일정 경비를 보조받는 것이 일반적이어서 대부분의 사업장에서 노동조합이 경비의 상당 부분을 원조받는 것으로 인정될 가능성이 있다. 이러한 현실을 고려한다면, 결국 '주된' 경비를 원조 받았는지 여부는 그 원조의 액수와 관계 없이 사용자로부터의 원조로 인하여 노동조합의 자주성이 과연 침해되느냐 여부에 달려있다고 해석하여야 한다.[47] 사용자가 주된 경비를 원조하는 경우에는 노조법 81조 1항 4호에 따라 부당노동행위가 된다. 다만, 노조법 81조 1항 4호 단서에 따라 근로자의 후생자금 또는 경제상의 불행 기타 재해의 방지와 구제 등을 위한 기금의 기부와 최소한의 규모의 노동조합사무소의 제공은 정당한 것으로 인정된다.

라. 공제·수양 기타 복리사업만을 목적으로 하는 경우

노동조합이 '공제·수양 기타 복리사업만을 목적으로 하는 경우' 그 노동조합은 노조법상 노동조합으로서 그 요건을 갖추지 못하게 된다(법 2조 4호 단서 다목). 노동조합이 근로조건의 유지·개선 기타 근로자의 경제적·사회적 지위의 향상을 도모하는 것을 목적으로 하지 않고, 단순히 복리사업만을 목적으로 하는 경우 노조법상의 노동조합으로서 보호를 할 필요가 없는 것이므로, 이 부분 규정은 전술한 목적성을 결여한 단체를 노조법상의 노동조합으로 인정하지 않는다는 점을 다시 확인하는 의미밖에 없다. 한편으로 노동조합이 근로조건의 향상 등의 목적을 가지고 있으면서 부수적으로 복리사업 등을 행하는 경우라면 노조법상 노동조합으로서 인정될 수 있음은 당연하다. 노동조합이 복리사업만을 목적으로 하느냐의 여부는 형식적인 규약만으로 판단하여서는 아니 되고 실질적인 조합활동으로 판단하여야 한다.[48]

마. 근로자 아닌 자의 가입을 허용하는 경우

근로자 아닌 자의 가입을 허용하는 경우 역시 그 노동조합은 노동조합의 자주성이 침해되어 노조법상 노동조합으로서 자격이 부인된다(법 2조 4호 라목).

---

45) 김형배, 796면.
46) 이상윤a, 564면.
47) 김유성, 56면.
48) 이병태, 115면.

노조법상 근로자로 인정되기 위해 특정 사용자와의 근로계약 체결이 있어야만 하는가에 대해, 사용자와 근로계약이 필요하다는 견해와 필요 없다는 견해가 대립하고 있으나, 노조법상 근로자로 인정되기 위해서 특정 사용자와의 근로계약이 필요하지 않다고 보는 것이 다수설이다.[49] 과거 판례 중에는 노동조합의 구성원인 근로자와 사용주 사이에는 고용에 따른 종속관계가 있어야 하고 이러한 관계가 없는 자는 노동조합법이 정한 적법한 노동조합을 조직할 수 없다고 한 것이 있었으나,[50] 이후 판례는 "근기법은 '현실적으로 근로를 제공하는 자에 대하여 국가의 관리·감독에 의한 직접적인 보호의 필요성이 있는가'라는 관점에서 개별적 근로관계를 규율할 목적으로 제정된 것인 반면에, 노조법은 '노무공급자들 사이의 단결권 등을 보장해 줄 필요성이 있는가'라는 관점에서 집단적 노사관계를 규율할 목적으로 제정된 것으로 그 입법 목적에 따라 근로자의 개념을 상이하게 정의하고 있는 점, 일정한 사용자에의 종속관계를 조합원의 자격요건으로 하는 기업별 노동조합과 달리 산업별·직종별·지역별 노동조합 등의 경우에는 원래부터 일정한 사용자에 대한 종속관계를 조합원의 자격 요건으로 하는 것이 아닌 점에 비추어, 노조법 2조 1호 및 4호 라목 본문에서 말하는 '근로자'에는 특정한 사용자에게 고용되어 현실적으로 취업하고 있는 자뿐만 아니라, 일시적으로 실업 상태에 있는 자나 구직중인 자도 노동3권을 보장할 필요성이 있는 한 그 범위에 포함된다"고 판시하고 있다.[51] 이에 따른다면 해고자, 일시적 실업자, 구직자 등도 노조법상의 근로자로서 노동조합의 조직 및 가입이 허용된다.

한편, 특정 노동조합을 구성하는 근로자와의 근로계약이나 노무제공계약의 존재가 해당 노동조합이 단체교섭 요구권 및 단체협약 체결권 등을 행사할 수 있는 상대방으로서 사용자를 특정하는 데 필요한가에 대해서는 '단체교섭 당사자'로서의 사용자 개념의 확장 문제로 첨예하게 다투어지고 있다. 자세한 내용은 법 2조 2호에 대한 해설 Ⅲ. 참조.

한편, 화주들과 노동조합 간의 계약에 의하여 하역작업 및 운송작업을 하고 노조원들은 조합으로부터 작업에 따른 보수를 받는 구조를 취하고 있는 항운노

49) 김형배, 799면; 이병태, 115면; 이상윤a, 566면; 임종률, 53면; 사법연수원a, 68면.

50) 대법원 1992. 5. 26. 선고 90누9438 판결.

51) 대법원 2004. 2. 27. 선고 2001두8568 판결. 이 판결의 평석으로는 강성태, 21~26면; 조상균, 162~171면; 박대준, 851~870면; 유성재, 285~306면 등이 있다.

조, 운수노조 등의 경우에는 당해 조합들은 화주들에 대하여 적법한 노동조합으로 볼 수 없다는 대법원 판결들이 있다.[52]

한편, 2021. 1. 5. 개정으로 노조법 2조 4호 단서 라목의 단서 '해고된 자가 노동위원회에 부당노동행위의 구제신청을 한 경우에는 중앙노동위원회의 재심판정이 있기 전까지는 근로자가 아닌 자로 해석하여서는 아니된다'는 규정은 삭제되었고, 대신에 노조법 5조 3항으로 종사근로자인 조합원이 해고되어 노동위원회에 부당노동행위의 구제신청을 한 경우에는 중앙노동위원회의 재심판정이 있을 때까지는 종사근로자로 본다는 조항이 신설되었다.

이러한 개정 전의 노조법 2조 4호 라목 단서를 근거로 기업별 노동조합의 경우 특정 사용자와의 근로관계가 있어야만 노조법상의 근로자로 인정될 수 있다는 견해가 있었고,[53] 그 이후에도 '근로자가 아닌 자의 가입을 허용하는 경우'를 노동조합의 결격사유로 규정한 노조법 2조 4호 라목에 따라 기업별 노동조합에는 종사근로자만 가입자격이 인정된다는 견해가 있다.[54] 이 견해는 기업별 노동조합에 가입하는 목적은 그 노동조합이 체결한 단체협약의 유리한 근로조건의 기준을 적용받으면서 노동조합의 보호를 받기 위한 것인데 해당 사업 또는 사업장의 종사근로자가 아닌 사람이 자신과 아무 관계가 없는 기업별 노동조합에 가입하여 조합원이 된다는 것은 본래적인 노동조합 가입 목적에 합치하지 않는다는 점, 해당 기업 또는 사업장과 근로계약 관계에 있지 않은 사람이 단순히 조합활동을 하기 위하여 그 기업별 노동조합에 가입한다는 것은 해당 기업의 종사근로자들이 기업별 노조를 설립하고 이에 가입하는 기본적 목적에 부합하지 않는다는 점, 조합활동은 사용자와 근로관계에 있는 조합원들이 노동조합을 통해서 근로조건 개선에 관하여 교섭하고 단체협약을 체결함으로써 자신들의 근로조건을 향상시키는 것을 기본적인 출발점으로 한다는 점을 근거로 사용자와의 근로계약 관계에 있지 않은 사람은 기업별 노동조합에 가입할 수 없다고 한다.[55]

---

52) 대법원 1992. 5. 26. 선고 90누9438 판결, 대법원 1997. 11. 14. 선고 97누8908 판결, 대법원 1996. 6. 11. 선고 96누1504 판결 등.

53) 임종률, 58면은 "2021. 7. 5.까지는 개정 전의 규정이 적용되므로, 해고자는 기업별 단위노조에는 가입할 수 없다고 해석"된다고 기술하고 있는바, 임종률 교수는 2021년 개정법 시행 이후에는 규약의 정함에 따라 해고자나 퇴직자도 기업별 단위노조에 가입할 수 있다는 입장으로 보인다.

54) 김형배, 1120면.

55) 김형배, 1120면.

그러나, 2021년 개정의 기본 방향이 결사의 자유를 제고하기 위한 것이라는 점 및 그 개정 전에도 특정 사용자와의 근로관계를 노조법상 근로자성의 필요요소로 인정하지 않고 있었던 판례 및 다수설의 입장을 고려할 때, 적어도 개정 전 노조법 2조 4호 라목의 단서가 삭제된 이후에는 해고자는 기업별 노동조합에 가입할 수 없다는 주장은 법 개정의 취지에 부합하기 어렵다고 생각한다. 물론, 기업별 노동조합에 종사근로자 이외의 자가 가입하는 것이 기업별 노동조합의 본래의 취지에 부합하지 않는 측면도 있으나, 노동조합의 가입대상을 어떻게 정할 것인가는 조합자치에 따라 노동조합 스스로 결정할 문제이고, 노조법상 어디에도 노동조합의 조직을 강제하는 규정은 존재하지 않으므로 기업별 노동조합이 규약으로 해고자를 조직대상으로 규정한 경우에는 노동조합의 의사를 존중하여 해고자도 조합원이 될 수 있다고 보는 것이 개정법의 취지에 부합할 것이다. 또한, 노동조합이 부수적으로 조합원을 대상으로 공제사업을 하는 경우 등 해고자나 퇴직자가 퇴직 이후에도 조합원 지위를 계속 유지할 실익이 있는 경우도 있을 수 있음을 고려할 때, 기업별 노동조합에 해고자 등이 가입할 수 있는가의 문제는 해당 노동조합이 그 규약으로 스스로 결정할 수 있다고 해석하는 것이 개정취지에 부합할 것이다. 나아가 현행 노조법은 1980년 개정 노동조합법처럼 기업별 노조라는 법형식을 강제하고 있지는 않으므로, 기업별 노조가 그 규약으로 해고자나 퇴직자를 조직대상에 포함시킨다고 하더라도 이들이 노조법상 근로자에 해당하기만 하면 노조법 위반의 문제는 생기지 않을 것이다.

바. 정치운동을 주된 목적으로 하는 경우

노조법 2조 4호 단서 마목은 노동조합이 '주로 정치운동을 목적으로 하는 경우'에도 노조법상 노동조합의 요건을 갖추지 못한 것으로 간주하고 있다. 이러한 경우는 노동조합의 실질적 요건으로서 근로조건의 유지·개선 기타 근로자의 경제적·사회적 지위의 향상을 도모하는 것을 목적으로 하여야 한다는 목적성의 요건을 흠결한 때에 해당될 것이므로, 이 조항은 노동조합의 실질적 요건으로서 목적성을 다시 한번 확인하고 있는 것이다.

노동조합의 실질적 요건인 목적성을 충족시키고 있는 상황에서 부수적으로 정치운동을 하는 것은 이 조항에 위배되지 않는다.[56] 따라서 노동조합은 정치운

56) 김형배, 803면. 구법에서는 노동조합의 정치활동을 제한하는 규정이 있었으나, 현재는 폐지된 상태이다.

동을 일반적으로 규제하는 정치자금법이나 공직선거법 등의 규정에 위반되지 않는 범위 내에서 각 정당과 정책협의, 정책에 대한 지지 및 비판, 선거와 관련한 공명선거 추진, 후보자 토론회 개최 등의 정치운동을 자유로이 할 수 있다. 다만, 노동조합의 특정 정치활동이 주된 목적활동인지 아니면 종된 부수적 활동인지를 판단하는 기준과 관련하여서는 노동조합의 규약에 의하여 형식적으로 판단할 수밖에 없다는 견해와, 노동조합의 운영 실태와 관련시켜 실질적으로 판단하여야 한다는 견해가 대립되고 있으나, 현실적으로 노동조합의 구체적인 활동의 내용에 따라 실질적으로 판단할 수밖에 없다는 견해가 다수이다.[57]

Ⅲ. 노동조합의 형식적 요건

법 10조, 12조에 대한 해설 부분 참조.

[이 정 한·권 오 성]

57) 김형배, 803면; 이상윤a, 569면.

제 2 조(정의)

이 법에서 사용하는 용어의 정의는 다음과 같다.

5. “노동쟁의”라 함은 노동조합과 사용자 또는 사용자단체(이하 “노동관계 당사자”라 한다)간에 임금·근로시간·복지·해고 기타 대우등 근로조건의 결정에 관한 주장의 불일치로 인하여 발생한 분쟁상태를 말한다. 이 경우 주장의 불일치라 함은 당사자간에 합의를 위한 노력을 계속하여도 더이상 자주적 교섭에 의한 합의의 여지가 없는 경우를 말한다.

〈세 목 차〉

[참고문헌]

권혁, “사용자 개념 확대론에 대한 재검토”, 노동법논총 26집, 한국비교노동법학회(2012. 12.); **김선수a**, “노동쟁의조정신청에 대한 행정지도와 쟁의행위의 정당성”, 노동법률 123호, 중앙경제(2001. 8.); **김선수b**, “2003년 주요노동사건 판례평석”, 2003 노동판례비평, 민주사회를 위한 변호사모임(2004. 9.); **김성진**, “권리분쟁과 쟁의행위대상”, 노동법학 60호, 한국노동법학회(2016. 12.); **김영문**, “사내하도급 근로자들의 원청기업에 대한 단체교섭 가부”, 노동법학 36호, 한국노동법학회(2010. 12.); **김홍영a**, “노동위원회의 노동쟁의조정 대상의 확대”, 노동법연구 19호, 서울대학교 노동법연구회(2005. 12.); **김홍영b**, “노동쟁의조정에서의 조정전치주의의 검토”, 법학연구 13권 1호, 충남대학교 법학연구소(2002); **김홍영 외 4명**, “노동분쟁에서 당사자 적격의 판단기준에 관한 연구”, 중앙노동위원회(2020. 12.); **노동부**, "알기 쉬운 새 노동법 해설", 한국경영자총협회(1997. 6.); **노사관계제도선진화연구위원회**, 노사관계법 제도 선진화 방안, 한국노동연구원(2003. 11.); **도재형**, "사적조정의 기법", 노동법연구 10호, 서울대학교 노동법연구회(2001); **박제성 외 4명**, "사내하청 노동관계의 법해석론", 한국노동연구원(2015.); **손창희**, "노동쟁의의 범위와 중재재정에 있어서의 위법·월권에 관한 소론", 한양대 법학논총 7집, 한양대학교 법학연구소(1990); **이광범**, "노동관계행정소송의 현황과 쟁점", '98 특별실무법관연수 자료, 사법연수원(1998); **이광택**, "근무시간 중 노조활동과 노조전임제는 중재재정의 대상이 아닌가", 국민대 법학논총 8집, 국민대학교 법학연구소(1996. 2.); **이상윤d**, "노동쟁의조정제도의 범위 및 구조에 관한 소고", 연세대 법학연구 6권, 연세대학교 법학연구소(1996); **이상희**, "노동쟁의 조정대상 확대 논의 검토", 사회법연구 43호, 한국사회법학회(2021); **이승욱**, "노동쟁의조정 대상의 재검토", 법학논집 18권 4호, 이화여자대학교 법학연구소(2014); **임종률a**, "단체교섭 및 노동쟁의와 노동관계법", 노동관계법의 제문제, 한국노동연구원(1992); **장영석**, "간접고용과 노동쟁의 조정의 쟁점", 노동법학 75호, 한국노동법학회(2020); **정재성**, "노동쟁의의 개념과 쟁의행위의 대상(목적)", 노동판례 평석: 노동현장에서 부딪히는 노동사건 주요판례 평석, 인쇄골(1999); **최홍엽**, "중재의 대상이 되는 노동쟁의의 범위", 1996 노동판례비평, 민주사회를 위한 변호사모임(1997).

Ⅰ. 개 관

노조법은 노동쟁의의 개념을 노동조합과 사용자 또는 사용자단체 간에 임금·근로시간·복지·해고 기타 대우 등 근로조건의 결정에 관한 주장의 불일치로 인하여 발생한 분쟁상태라고 규정하고 있다(법 2조 5호). 이에 따라 노조법상 노동쟁의는 ① '노동조합과 사용자 또는 사용자단체 사이'에(노동쟁의의 당사자 문제), ② '근로조건의 결정'에 관한 것이고(노동쟁의의 대상성), ③ '주장의 불일치가 있는 분쟁상태'라고 그 구성요소를 구분하여 볼 수 있다.

노동관계 당사자 사이의 분쟁상태를 당 당사자가 아닌 제3자의 개입으로 해결하려는 노조법상 노동쟁의조정(調整)은 노사 간의 분쟁 중 노동쟁의의 개념 범위에 속하는 사항을 그 대상으로 하게 되는 것이므로, 노동쟁의조정과 관련하여서는 노동쟁의의 개념이 중요해진다.

이하에서는 노조법상 노동쟁의조정제도를 염두에 두고, 노사분쟁의 형태를 간략히 살펴본 후, 노조법상 노동쟁의의 개념을 위와 같은 3가지 구성요소 분류에 따라 차례로 살펴보기로 한다.

Ⅱ. 노동쟁의의 분류

노사분쟁은 다양한 주제에 대해 다양한 형태로 나타나고 있고, 조정(調整)의 대상으로 삼는 노동쟁의의 범위에 대한 각국의 태도 역시 상이하나, 노사분쟁은 크게 ① 개별분쟁(individual disputes)과 집단분쟁(collective disputes), ② 이익분쟁(interest disputes)과 권리분쟁(right disputes)으로 구분하여 볼 수 있다.[1)2)]

1. 개별분쟁과 집단분쟁

가. 의 의

노사분쟁의 주체가 누구인가에 따라, 근로자 개인과 사용자 사이의 분쟁을 '개별분쟁'이라 하고, 근로자단체인 노동조합과 사용자 또는 사용자단체 사이의 분쟁을 '집단분쟁'이라 한다.[3)]

나. 입 법 례

대표적으로 프랑스의 입법례가 이러한 기준에 의해 노동쟁의를 구분하여, 그 중 개별분쟁은 법원의 재판절차에 의하여 해결하도록 하고 집단분쟁에 해당하는 노동쟁의만을 노동쟁의조정의 대상으로 삼고 있다.

2. 권리분쟁과 이익분쟁

가. 의 의

노사분쟁의 원인 또는 노사분쟁에 의하여 추구하려는 목적이 무엇인가에

---

1) ILO, Conciliation and Arbitration in Labor Disputes(Geneva. 1980), 5~9면 참조.

2) 노동쟁의조정(調整)의 대상이 되는 노사분쟁을 어느 범위까지 포함할 것인지와 관련하여 노사분쟁을 노동관계 전반에 관한 분쟁과 근로조건에 관한 분쟁으로 구분하여 볼 수도 있다. 일본의 노동관계조정법 6조는 노동쟁의를 "노사관계의 당사자간에 노동관계에 관한 주장이 일치하지 아니하고 그 때문에 쟁의행위가 발생하고 있는 상태 또는 발생할 우려가 있는 상태"라고 정의하여 노동쟁의의 대상이 되는 노사분쟁을 노동관계 전반에 관한 것으로 광범위하게 정하고 있다.

3) 그 구별과 관련하여 이상윤d, 422면은, "한 명의 근로자에 관한 문제라도 노동조합이 문제를 제기하여 사용자와의 분쟁이 야기된 경우에는 '집단분쟁'에 해당하고, 반면 다수의 근로자와 관련된 경우라도 노동조합이 개입되지 아니하고 근로자 자신의 개인적 문제를 제기하는 경우에는 '개별분쟁'에 해당한다"는 견해를 제시하고 있다.

따라 노사분쟁을 권리분쟁과 이익분쟁으로 구분할 수 있다. 즉, 노동관계 당사자 사이에 그들의 권리의무를 이미 형성하고 있는 근거가 되는 기존의 근로계약·단체협약·노동법규의 해석·적용에 관하여 당사자 쌍방의 주장에 불일치가 생겨 발생한 분쟁을 권리분쟁이라 하고, 노동관계 당사자 사이에 그들의 권리의무를 새로이 형성하기 위한 단체협약의 체결 등의 과정에서 단체협약조항에 포함시킬 내용의 의사결정에 관하여 당사자 쌍방의 주장에 불일치가 생겨 발생한 분쟁을 이익분쟁이라 한다.

한편 집단분쟁은 이익분쟁이나 권리분쟁 모두에 해당할 수 있으나, 개별분쟁은 대부분 권리분쟁이다.[4)]

나. 입 법 례

대표적으로 독일의 입법례가 이러한 기준에 의하여 노동쟁의를 구분하여, 권리분쟁은 법원의 재판절차에 의하여 해결하도록 하고, 이익분쟁만을 노동쟁의조정의 대상으로 삼고 있다.

Ⅲ. 노조법상 노동쟁의 개념의 검토

전술한 바와 같이 노동쟁의를 분류할 수 있는 것을 전제로 하여 현행 노조법이 정의하고 있는 노동쟁의의 개념을 살피되, 이는 구체적으로 어떠한 사항이 노동쟁의조정의 대상이 될 수 있는지의 문제와 직접적으로 연관되어 있다.

1. 노동쟁의의 당사자

가. 노조법 규정 내용

노조법 2조 5호는 노동쟁의를 '노동조합과 사용자 또는 사용자단체 간에' 발생한 분쟁상태라고 정하고 있다.

나. 개별분쟁[5)]의 배제

조문 해석상, 개별 근로자와 사용자 등 사이에 발생한 분쟁인 개별분쟁은

4) 개별분쟁에서도 근로자가 사용자와 사이에 개별 근로계약을 체결하는 과정에서 주장의 불일치로 이익분쟁이 발생할 수 있으나, 이는 일반적인 계약관계에서 발생하는 주장의 불일치와 마찬가지여서 노동쟁의조정과 관련해서는 별도로 큰 의미를 가지지 못한다.

5) 앞서 본 노동쟁의의 분류에서 언급한 개념이다. 노사분쟁의 주체가 누구인가에 따른 분류로, 개별적 근로관계에 관한 분쟁을 의미하는 것이 아니다.

노동쟁의의 개념에서 제외되고 집단분쟁만이 노동쟁의에 해당한다고 볼 것이다. 개별분쟁은 이익분쟁은 물론이고 권리분쟁도 조정(調整)의 대상이 되는 노동쟁의에 해당하지 않는다. 즉, 개별 근로자와 사용자 사이에 개별 근로계약이나 노동법규의 해석·적용상 개별 근로자의 사용자에 대한 권리의무에 관하여 주장의 대립이 있는 경우(예를 들어, 해고된 개별 근로자가 근기법상 정당한 이유 없이 해고가 이루어졌다고 하여 그 무효를 주장하거나 근로계약상 약정한 임금이 체불되었다고 주장하여 사용자에게 그 지급을 구하고 있고, 사용자가 이를 다투는 경우 등)와 같은 개별분쟁은 노동쟁의조정의 대상이 아니다.[6]

이와 관련하여, 노동조합이 사용자 등과 체결한 단체협약조항을 해석·적용할 때 단체협약에 정한 조합원의 권리의무의 내용에 관하여 노동조합과 사용자 등 사이에 주장의 대립이 있는 경우(예를 들어, 노동조합이 그 조합원에 대한 해고가 단체협약에 정한 해고사유 및 절차에 위배하여 이루어졌다고 하여 그 철회를 주장하는 경우 등), 다툼이 있는 권리의무의 귀속 주체가 조합원인 개별 근로자와 사용자이므로 궁극적으로 그들 사이에 발생한 분쟁이라고 보아 개별분쟁에 해당한다고 할 것인지, 아니면 노동조합이 체결한 단체협약의 해석·적용에 관한 주장의 불일치가 있는 경우이므로 노동조합과 사용자 사이에 발생한 분쟁이라고 보아 집단분쟁에 해당한다고 할 것인지가 논란이 될 수 있겠지만, 후술하는 바와 같이 현행 노조법상으로 권리분쟁은 집단분쟁이라고 하더라도 조정의 대상이 되는 노동쟁의에서 제외되어 있다고 볼 것이므로 큰 논의의 실익은 없다.

다. 노동조합 이외의 근로자단체인 경우

노동쟁의의 근로자 측 당사자는 노동조합 즉, 노조법상 노동조합이어야 하므로 헌법상 근로자 단결체 등은 여기서 말하는 노동쟁의의 당사자가 될 수 없다.[7] 단체의 통일적 의사형성이 가능한 경우 반드시 노동조합에 한정되지 않고 일시적인 근로자단체나 쟁의단의 노동쟁의 당사자성을 부정할 이유가 없다는 견해[8]가 있다. 하지만 노조법 2조 5호는 '노동조합'이 노동쟁의의 당사자임을

---

6) 참고로, 앞서 본 바와 같이 노동쟁의를 "노동관계의 당사자 간에 노동관계에 관한 주장이 일치하지 아니하고 그 때문에 쟁의행위가 발생하고 있는 상태 또는 발생할 우려가 있는 상태"라고 정의하고 있는 일본 노동관계조정법 6조의 규정 해석과 관련하여, 일본 최고재판소는 개별분쟁을 노동쟁의의 범위에서 제외하는 해석을 하고 있다[最高裁 1949. 4. 5. 判決(最高裁判所刑事判例集 3권 4호, 437면)].

7) 김유성, 403면.

8) 이병태, 285~286면.

명시하고 있고, 노동쟁의 개념은 노조법상 쟁의조정의 대상이 되는 범위를 획정하기 위한 법상의 도구적 개념에 불과하며, 노조법 7조는 이 법에 의하여 설립된 노동조합이 아니면 노동위원회에 노동쟁의조정을 신청할 수 없다고 규정하고 있고, 나아가 노동쟁의 당사자성과 쟁의행위 주체성은 별개의 문제이므로, 일시적 근로자단체나 쟁의단 등 이른바 헌법상 근로자 단결체의 노동쟁의 당사자성은 부정하는 것이 타당해 보인다.[9)]

한편 노동조합이 아닌 노사협의회에서 노사의 합의노력이 실패한 상태 역시 노동쟁의가 아니다.

라. 사용자 개념의 확대 문제

하청업체(수급업체) 근로자로 조직된 노동조합이 근로조건에 영향을 미치는 원청업체(도급업체)를 상대방으로 조정신청을 할 수 있는지가 문제될 수 있다. 하청업체 노동조합에 대한 관계에서 원청업체가 노조법상 사용자로서 노동쟁의 당사자가 될 수 있는지가 쟁점이다. 그런데 종래 대법원은 근로자의 기본적인 노동조건 등을 실질적이고 구체적으로 지배·결정할 수 있는 지위에 있는 자가 근로자의 노동조합 조직 또는 운영을 지배하거나 개입하는 행위를 한 경우, 부당노동행위 구제명령의 대상인 사용자에 해당한다고 판단하였다.[10)] 학계에서는 이를 지배력설을 취하여 지배·개입의 부당노동행위 관련 사용자 개념을 확대한 것으로 평가하고 있고, 이후 이러한 논의에 기초하여 원청업체를 하청업체 노동조합에 대해 단체교섭의무를 부담하는 사용자로 인정할 수 있는지에 대해 논란이 계속 되어 왔다.[11)] 이 부분 쟁점인 노동쟁의조정의 피신청인적격으로서

9) 도재형, 11면; 민변노동법Ⅱ, 34~35면도 같은 취지로 보인다.

10) 대법원 2010. 3. 25. 선고 2007두8881 판결. 이후 형사사건에서 같은 취지로 판결한 사례로는, 대법원 2021. 2. 4. 선고 2020도11559 판결 참조.

11) ① 지배·개입 부당노동행위에서의 사용자 개념과 단체교섭 거부 부당노동행위에서의 사용자 개념을 달리 파악하여야 하므로, 실질적 지배력만으로는 사용자로서의 단체교섭의무를 인정할 수 없다는 견해로는, 김영문, 170~172면과 권혁, 112~114면 등이 있고, ② 실질적 지배력이 인정되는 원청업체에 대해서는 단체교섭의무를 인정할 수 있다는 견해로는, 장영석, 218면 등이 있으며, ③ 지배종속관계 유무에 따라 노조법상 사용자인지 여부를 결정하여야 한다는 견해(사용자의 정의를 사업을 지배하는 자로 넓게 해석하고, 사업을 원하청관계 등까지 포괄하는 개념으로 이해하며, 지배의 의미도 개입·수정·제지할 수 있는 권한을 유보하고 있는지를 기준으로 판단하여야 한다고 보아, 이러한 지배권을 행사하는 자가 사용자라고 보는 견해)로는 박제성 외 4명, 303~307면이 있다. 위 ①과 같은 취지에 따라 단체교섭의 이행청구를 기각한 하급심 판결(부산고법 2018. 11. 14. 선고 2018나53149 판결)에 대한 상고심이 대법원 2018다296229호로 소송 계속 중이다.

사용자 개념 확대와 관련하여 명시적인 대법원 판례는 존재하지 않는데, 최근 중앙노동위원회는 노동쟁의조정신청 사건에서 노동조합 조합원의 근로조건을 구체적이고 실질적으로 지배·결정하고 있는지 여부를 기준으로 피신청인적격을 판단한 바 있다.[12)][13)]

2. 노동쟁의의 대상

가. '이익분쟁'에 한정되는가

(1) 현행 노조법의 규정 내용

노조법은 노동쟁의를 근로조건의 '결정'에 관한 주장의 불일치로 인하여 발생한 분쟁이라고 규정하고 있다. 이러한 규정에 따라 집단적 쟁의 중에서도 권리쟁의(권리분쟁)는 제외되고 노동조합과 사용자 또는 사용자단체 사이에 단체교섭을 통하여 새로이 결정하여야 할 집단적 이익쟁의(이익분쟁)만을 노동쟁의의 범주에 포함시키고 있다고 해석하는 견해가 다수이다.[14)][15)]

(2) 구 노동쟁의조정법의 규정 내용 및 당시 판례의 태도

현행 노조법이 시행되기 전의 구 노동쟁의조정법은 "이 법에서 노동쟁의라 함은 임금·근로시간·후생·해고 기타 대우 등 근로조건에 관한 노동관계 당

---

12) 중노위 2020. 6. 1. 결정 중앙2020조정23, 중노위 2020. 6. 1. 결정 중앙2020조정24, 중노위 2020. 6. 4. 결정 중앙 2020조정25 등. 다만 위 사건들에서는 "노동조합 조합원의 근로조건을 구체적이고 실질적으로 지배·결정하고 있는지 여부를 사실조사 및 조정회의를 통해 다각적으로 확인하고자 하였으나, 노동조합의 주장에 대한 입증이 부족하여 이를 확인하기 어려웠다"거나, "사실상 지배·결정하는 사용자로 인정하기 어렵다."라는 이유로 노동관계 당사자 사이의 노동쟁의로 단정할 수 없다고 보아 행정지도 결정이 이루어졌다.

13) 이러한 중앙노동위원회의 결정례에 대해, ① 조정대상 확대를 위한 인위적 노력은 신중할 필요가 있다는 견해로는, 이상희, 447~448면, ② 이를 지지하는 견해로는, 장영석, 225~226면, ③ 노조법상 노동쟁의조정제도의 서비스적 성격, 노조법의 취지, 중층적 노동관계가 만연한 현실 등에 비추어 사용자 범위를 위 결정례보다 좀 더 넓게 설정하여야 한다는 견해(근로조건뿐만 아니라 노동3권 행사와 관련된 노동관계 전반에 지배력을 가진 자를 널리 노조법상 사용자로 보아야 한다는 대향관계설을 취하는 견해)로는, 김홍영 외 4명, 201, 203~206면 각 참조.

14) 김성진, 68면; 김유성, 403면; 김형배, 1449~1450면; 이병태, 286면; 이상윤a, 908면; 이상희, 429면; 임종률, 199면; 노동부, 78~82면; 사법연수원a, 320~321면; 장영석, 235면.

15) 노조법 제5장 제1절 통칙이 단순한 근로조건의 결정에 관한 불일치가 아니라 널리 노동관계에 관한 주장의 불일치에 대하여 조정제도가 가능한 것을 전제로 규정하고 있는 점과의 조화적 해석상 이익분쟁에 한정할 것이 아니라는 견해로는, 이승욱, 380~381면 참조; 권리분쟁은 원칙적으로 제외하되, 권리분쟁 해결이 구제 불능이거나 실효성에 문제가 있는 예외적인 경우에는 대체재로서 조정의 기회를 주는 것이 바람직하다는 견해로는, 이상희, 437~438면 참조.

사자 간의 주장의 불일치로 인한 분쟁상태를 말한다"라고 규정하여(2조), 현행 노조법에서 규정하고 있는 바와 같이 '근로조건의 결정에 관한' 주장의 불일치가 아니라 '근로조건에 관한' 주장의 불일치로 정하고 있었다.

종래 판례[16]는, 위와 같이 구 노동쟁의조정법에서 조정(調整)의 대상으로 삼는 노동쟁의의 범위에 관하여, "구 노동쟁의조정법 2조의 노동쟁의의 정의에서 말하는 '근로조건에 관한 노동관계 당사자 간의 주장'이란 개별적 노동관계와 단체적 노동관계의 어느 것에 관한 주장이라도 포함하는 것이고, 그것은 단체협약이나 근로계약상의 권리의 주장(권리쟁의)뿐만 아니라 그것들에 관한 새로운 합의의 형성을 꾀하기 위한 주장(이익쟁의)도 포함된다"라고 해석하여, 근로조건에 관계되는 사항인 이상 권리분쟁이거나 이익분쟁이거나 불문하고 노동쟁의의 범위에 속한다는 입장을 취하였다.

그러나 구 노동쟁의조정법상의 노동쟁의의 개념과 관련하여 권리분쟁을 노동쟁의의 범주에 포함시켜 놓았던 종래 판례의 이러한 태도는 바뀐 현행 노조법의 해석상 더 이상 유지되기 어려워 보인다.[17]

나. '근로조건'의 범위

(1) 일 반 론

노조법 규정은 노동쟁의를 '근로조건'에 관한 사항의 결정과 관련한 분쟁이라고 규정하고 있다. 따라서 집단적 이익분쟁에 해당하는 노동쟁의 중에서도 근로조건에 관한 사항이 아니라 그 밖의 사항을 결정할 목적으로 발생한 분쟁은 노동쟁의에서 제외되어 있고, 노사간의 주장의 불일치로 인하여 발생한 분쟁 중에서 조합원인 근로자의 근로조건의 결정에 관한 사항만이 원칙적으로 조정(調

---

16) 대법원 1990. 5. 15. 선고 90도357 판결, 대법원 1990. 9. 28. 선고 90도602 판결, 대법원 1991. 3. 27. 선고 90도2528 판결. 다만 대법원 1994. 1. 11. 선고 93누11883 판결은 휴직 및 해고자의 복직 요구에 관한 분쟁은 권리분쟁으로 노동위원회의 중재에 의한 해결방법은 적절하지 아니하므로 위 분쟁사항에 대하여 노동위원회가 사법적 절차에 의하여 해결하라는 취지의 재정을 할 수 있다고 판단하기도 하였다.

17) 이러한 노동쟁의의 대상을 이익분쟁으로 한정하는 듯한 입법의 변경에 대해 바람직한 입법이라고 보아 찬동하는 견해(김형배, 1450면), 비판하는 견해[다른 나라에서도 볼 수 있는 것처럼 두 분쟁 사이에 뚜렷한 한계가 없고, 권리분쟁이라고 하여도 권리의 내용에 관한 해석과 관련하여 단체교섭이 진행되고 그것이 이익분쟁으로 발전하기도 하며, 사용자의 위법·위약 행위로 인해 근로자의 지위나 노동운동에서 회복할 수 없는 손해가 염려될 경우 자구행위를 부정한다는 것은 부당한 입법이라고 보는 견해로, 이병태, 287면; 노동쟁의조정을 통한 쟁의행위 회피 기회의 부여라는 노동쟁의조정의 목적을 달성하기 위해서는 노동쟁의조정 대상을 넓혀 권리분쟁도 포함되어야 한다는 견해로, 장영석, 240면]가 있다.

整)의 대상이 되는 것이다.

판례도, "사용자와 근로자 사이의 근로계약관계에 있어서 근로자의 대우에 관하여 정한 조건인 근로조건 이외의 사항에 관한 노동관계 당사자 사이의 주장의 불일치로 인한 분쟁상태는 근로조건에 관한 분쟁이 아니어서 … 노동쟁의라고 할 수 없다"라고 하여[18] 이를 명백히 하고 있다.

판례가 근로조건에 관한 사항에 해당한다고 본 사례로는, "면직기준은 근로계약관계의 종료사유를 결정하는 것이므로 근기법 소정의 퇴직에 관한 사항에 해당하는 것으로서 근로조건에 해당하여 이에 관한 주장의 불일치는 노동쟁의라 할 것"이라고 한 것,[19] "상벌위원회의 설치 및 그 구성 등 상벌위원회 관련 사항도 그것이 사업장에서의 합리적이고 공정한 인사나 제재를 도모하기 위하여 필요한 범위 내에서는 근기법 소정의 표창과 제재에 관한 사항에 속하는 것으로서 근로조건에 해당"한다고 본 것[20] 등이 있고, 부정한 사례로는 병원인 사업장에서 "입원절차의 공정화 및 진료대기시간의 단축요구에 관한 분쟁은 경영조직 구성원이 협력하여 해결할 문제로서 근로조건에 관한 분쟁이 아니다"라고 한 것[21]이 있다.

(2) 집단적 노동관계에 관한 사항의 포함 여부

㈎ 서 설

노조법 규정에서 말하는 '근로조건'에 관한 사항을 어느 범위까지 인정할 것인가가 문제된다. 특히 노동조합 전임자, 유니언 숍, 조합비 공제제도, 노동조합 사무실과 게시판 제공, 취업시간 중 조합활동 등 노동조합활동을 위한 편의제공에 관한 사항, 단체교섭의 절차와 방식 및 단체협약의 체결에 관한 사항, 쟁의행위 개시절차에 관한 사항, 조정·중재에 관한 사항 등 집단적 노동관계의 운영에 관한 사항이 위 근로조건에 포함되어 조정(調整)의 대상이 되는지가 문제된다.

㈏ 학설의 태도

① 근로조건의 개념을 엄격히 해석하여 노동쟁의의 정의 규정에서 말하는

18) 대법원 1996. 2. 23. 선고 94누9177 판결, 대법원 1997. 10. 10. 선고 97누4951 판결, 대법원 2003. 7. 25. 선고 2001두4818 판결.
19) 대법원 1996. 2. 23. 선고 94누9177 판결.
20) 위 94누9177 판결.
21) 대법원 1994. 1. 11. 선고 93누11883 판결.

근로조건은 임금, 근로시간, 복지, 해고 등 개별근로자의 대우에 관한 기준 즉 개별적 근로관계에 관한 사항을 의미하는 것으로, 따라서 단결권·단체교섭권 등 집단적 노동관계에 관한 사항은 여기서 제외된다는 부정설[22](부정설 가운데는 조문 해석상으로는 집단적 노동관계가 배제된 것으로 해석되나 이는 부당하므로 개정될 필요가 있다는 견해[23]도 있다), ② 집단적 노동관계에 관한 사항 중에서 조합활동 등 노동3권의 행사에 관련된 사항은 의무적 교섭대상으로서 노동쟁의의 대상이 되나, 노조전임 등 편의제공에 관한 사항은 사용자의 임의적인 재량에 달려 있는 임의적 교섭대상으로서 노동쟁의의 대상에 해당하지 않는다는 절충설,[24] ③ 법문상의 근로조건은 예시적인 것으로 보아야 하고, 집단적 노동관계에 관한 사항도 쟁의조정의 전 단계인 단체교섭의 단계에서는 구별 없이 교섭의 대상이 됨에도 쟁의조정의 단계에서는 이를 배제하는 것은 단체교섭의 촉진 및 노동분쟁의 예방이라고 하는 노동쟁의조정제도의 취지에도 부합하지 않으며, 근로조건과 불가분의 관계에 있는 집단적 노동관계를 노동쟁의에서 제외하는 것은 쟁의조정제도의 실효성을 기대할 수도 없는 점, 종래 판례[25]가 구 노동쟁의조정법상

---

22) 김유성, 403면; 김형배, 1450면(명시적인 언급은 없으나, 각주 18에서 언급한 2001두4818 판결에 찬동하고 있으므로, 부정설로 판단된다); 이광범, 120~122면(법문상의 규정과 달리 근로조건 이외의 사항에 관한 주장의 불일치를 노동쟁의로 확대해석하게 되면 결국 노조법위반죄의 처벌 범위도 확대되므로 형벌법규의 해석에 있어서 금지되는 유추확대해석을 하는 것이 되어 허용될 수 없다고 주장한다).

23) 김홍영b, 244~245면(실제의 노사분쟁에서는 임금 등 근로조건뿐만 아니라 구조조정, 유급 전임자 설정 등 다양한 사항이 상호연계되어 문제되는데 노동위원회 조정에서는 극히 제한적으로 다룰 수밖에 없어 분쟁해결 성공률이 저하되는 문제가 있는바, 조정신청대상에 대한 제약을 두지 않는 것이 바람직한 노동쟁의조정제도의 모습이다); 이병태, 286면(노동쟁의의 전단계인 단체교섭에서는 집단적 노동관계나 개별적 근로관계 구별없이 교섭의 대상이 됨에도 주장의 불일치를 해결하는 노동쟁의에서는 집단적 노동관계를 배제하는 것은 집단적 노동관계를 목적으로 하는 쟁의행위를 일시적으로 제한할 수 있을지는 모르나 집단적 노동관계에 대한 당사자의 주장이 묵살된 노사안정이 기대될 수 있을 것인가에는 적지 않은 의문이 제기된다); 노사관계제도선진화연구위원회, 83~86면(노조전임자 제도 등을 포함한 조합활동관련사항이 배제되게 됨에 따라 노동쟁의의 개념이 협소해지고, 이로 인해 노동위원회는 [illegible] 주 근로조건 외에는 조정능력을 발휘하지 못함으로써 조정제도의 분쟁해결 기능이 약화되고 있다. 노동쟁의의 개념을 '노동관계에 관한 주장의 불일치로 인하여 발생한 분쟁상태'로 개정하여 그 외연을 확대할 필요가 있다).

24) 이상윤c, 516~517면. 다만, 노조전임제 문제가 임의적 교섭대상에 해당하는지는 논란의 여지가 있다.

25) 대법원 1990. 5. 15. 선고 90도357 판결, 대법원 1990. 9. 28. 선고 90도602 판결, 대법원 1991. 3. 27. 선고 90도2528 판결[서울지하철공사와 노동조합 간에 1998. 10. 5. 체결된 합의각서 10개 항 중 공사 측의 미이행사항의 이행을 촉구하며 노조가 무임운행투쟁을 전개하자 중노위가 중재에 회부하는 결정을 하였고, 그럼에도 노조가 파업을 전개한 것에 대하여 노조 간부들인 피고인들을 업무방해 및 중재회부 기간 중 쟁의행위를 이유로 한 법위반죄로 기소

노동쟁의의 개념에 관하여 '근로조건에 관한 노동관계 당사자 간의 주장'이란 개별적 근로관계와 집단적 노동관계에 관한 사항의 어느 것에 관한 주장이라도 포함하는 것이라고 보고 있었는바, '근로조건에 관한' 사항에 한하여 이 부분 해석은 현행법상으로도 달리 보아야 할 이유가 없는 점 등에 비추어 집단적 노동관계에 관한 분쟁도 노동쟁의의 대상이 된다고 보는 긍정설[26]이 대립하고 있다.

㈐ **판례의 태도**

애초 판례는 앞서 언급한 바와 같이 집단적 노동관계에 관한 주장도 '근로조건'에 관한 노동관계 당사자의 주장에 포함된다는 법리 설시를 하여 왔다.[27] 다만 이후 판례는, 근로조건은 사용자와 근로자 사이의 근로관계에서 근로자의 대우에 관하여 정한 조건을 말하고, 구체적으로는 근기법에 정하여진 임금·근로시간·후생·해고뿐만 아니고 근기법 94조 1호 내지 11호,[28] 구 근기법 시행령 7조 1호, 3호[29] 소정의 사항이 포함될 것이나, 한편 '근무시간 중의 노조활동'이나 '노조전임제'는 사용자와 근로자 사이의 근로계약관계에 있어서 근로자

한 사건에서 피고인들은 권리분쟁에 대한 중재회부결정은 부적법하여 무효이므로 법위반이 아니라고 주장하였다. 이에 대하여 대법원은 "노동쟁의조정법 2조의 노동쟁의의 정의에서 말하는 '근로조건에 관한 노동관계 당사자간의 주장'이란 개별적 노동관계와 단체적 노동관계의 어느 것에 관한 주장이라도 포함하는 것이고, 그것은 단체협약이나 근로계약상의 권리의 주장(권리쟁의)뿐만 아니라 그것들에 관한 새로운 합의의 형성을 꾀하기 위한 주장(이익쟁의)도 포함된다"라고 설시하면서 위 주장을 배척하였다. 구체적 사실관계와 관련하여서는 이광택, 224~225면을 참조].

26) 손창희, 22~24면; 이상희, 438~439면; 이승욱, 380~383면; 최홍엽, 242~247면; 민변노동법 Ⅱ, 35~36면; 다만, 임종률a, 59~60면은 논란의 여지가 있으므로, 근로조건 이외의 단체교섭 사항에 관한 주장의 대립도 포함되도록 명문화하는 것이 바람직하다고 한다.

27) 위 각주 25번 판결들 참조. 다만 이러한 법리 설시에도 불구하고 당해 사안에서의 쟁점은 권리분쟁이 중재의 대상이 되는지 여부이었고, 집단적 노동관계에 관한 사항이 중재의 대상이 되는지가 쟁점이 된 것은 아니다.

28) 현행 근기법 93조 1 내지 7, 9, 10, 12, 13호를 의미한다. 즉, 업무의 시작과 종료 시각, 휴게시간, 휴일, 휴가 및 교대 근로에 관한 사항(1호), 임금의 결정·계산·지급 방법, 임금의 산정기간·지급시기 및 승급에 관한 사항(2호), 가족수당의 계산·지급 방법에 관한 사항(3호), 퇴직에 관한 사항(4호), 근퇴법 8조에 따른 퇴직금, 상여 및 최저임금에 관한 사항(5호), 근로자의 식비, 작업 용품 등의 부담에 관한 사항(6호), 근로자를 위한 교육시설에 관한 사항(7호), 안전과 보건에 관한 사항(9호), 업무상과 업무 외의 재해부조에 관한 사항(10호), 표창과 제재에 관한 사항(12호), 그 밖에 해당 사업 또는 사업장의 근로자 전체에 적용될 사항(13호)을 말한다.

29) 현행 근기법 시행령 8조 1항 1, 3호를 의미한다. 즉, 취업의 장소와 종사하여야 할 업무에 관한 사항(1호), 사업장의 부속 기숙사에 근로자를 기숙하게 하는 경우에는 기숙사 규칙에서 정한 사항(3호)을 말한다.

의 대우에 관하여 정한 근로조건이라 할 수 없어 이에 관한 분쟁은 노동쟁의라고 할 수 없고, 따라서 특별한 사정이 없는 한 중재재정의 대상이 될 수 없다고 판시하여,[30] 부정설의 입장을 취한 것으로 보인다.[31]

한편 판례에 의하면, 중재절차는 노동쟁의의 자주적 해결과 신속한 처리를 위한 광의의 노동쟁의조정절차의 일부분이므로 노동관계 당사자 쌍방이 합의하여 단체협약의 대상이 될 수 있는 사항에 대하여 중재를 해줄 것을 신청한 경우이거나 이와 동일시할 수 있는 사정이 있는 경우에는 근로조건 이외의 사항에 대하여도 중재재정을 할 수 있다고 봄이 상당하다고 한다.[32] 이는 노동쟁의의 대상이 되지 아니하는 사항에 대해서도 예외적으로 중재의 가능성을 인정하는 것인바, 이러한 판례에 대해 단체교섭의 실태에 비추어 이를 중재의 대상으로 인정함으로써 구체적 타당성을 도모하였다는 점에 큰 의미가 있다고 평가하는 견해가 있다.[33]

3. 주장의 불일치로 인한 분쟁상태

가. 주장의 불일치

(1) 의 의

'주장의 불일치'란 당사자 간에 합의를 위한 노력을 계속하여도 더 이상 자주적 교섭에 의한 합의의 여지가 없는 경우를 말한다(법 2조 5호 후문). 이는 노동쟁의의 자주적 해결 원칙에 비추어 제3자의 개입시기를 제한하기 위한 취지이다.[34] 주장의 불일치 상태는 노사 간의 협의 또는 단체교섭을 통하여 쌍방의 주장을 충분히 밝히고 서로 양보를 거듭하였음에도 불구하고 쌍방의 의견이 대립된 상태를 의미하나, 다만, 사용자가 노동조합이나 단체교섭 자체를 인정하지 않거나 거부하는 경우에는 단체교섭이 없었을지라도 실질적으로 단체교섭을 통한 해결의 전망이 없는 경우에 해당하여 단체교섭의 결렬로서 주장의 불일치

30) 대법원 1996. 2. 23. 선고 94누9177 판결, 대법원 1997. 10. 10. 선고 97누4951 판결, 대법원 1997. 12. 26. 선고 96누10669 판결(이상 판결들은 구 노동쟁의조정법 적용 사례이다), 대법원 2003. 7. 25. 선고 2001두4818 판결.
31) 위 94누9177 판결에 대한 비판적 입장의 판례평석으로는, 이광택, 211~228면; 정재성, 227~233면; 최홍엽, 237면 이하.
32) 대법원 2003. 7. 25. 선고 2001두4818 판결.
33) 김선수b, 32~34면.
34) 김유성, 404면.

상태에 있다고 볼 수 있다.[35)36)]

(2) 교섭미진과 행정지도

한편 종래 노동위원회는 노동쟁의조정신청을 받고 조정절차를 진행하는 과정에서 당사자 간에 교섭이 미진하다고 인정되는 경우 조정신청을 각하하거나 또는 노조법 시행령 24조 2항[37)]을 근거로 하여 실질적인 교섭을 더 진행하라는 취지의 행정지도를 하여왔다. 이러한 행정지도는 법에 근거규정이 없어 위임입법의 한계를 벗어나 그 효력을 인정하기 어렵고, 교섭미진을 이유로 실질적 교섭을 촉구하는 행정지도가 노조법 시행령 24조 2항이 예정하고 있는 '다른 해결방법을 알려주는' 경우에 해당한다고 할 수 있는지도 의문이라는 비판이 있다.[38)39)]

나. 분쟁상태

'분쟁상태'란 쟁의행위가 발생할 우려가 있는 상태 또는 쟁의행위가 발생한 상태를 말한다. 주장의 불일치로 인한 분쟁상태에 있는지 여부는 당해 조정이 개시될 당시를 기준으로 하여 객관적으로 판단해야 한다.[40)]

다. 조정범위의 한정

노동쟁의는 '주장의 불일치로 인하여 발생한 분쟁상태'이기 때문에 조정의 대상은 당연히 주장의 불일치로 인하여 분쟁을 야기한 문제에 한정되고, 당사자

35) 같은 취지로, 이병태, 287면; 임종률, 200면.

36) 쟁의조정 서비스의 대상이 반드시 교섭결렬에 이르러야 한다는 논리적인 근거는 없고, 오히려 노동분쟁의 예방이라는 측면에서 보면 교섭결렬에 이르기 전에 쟁의조정 서비스가 제공되는 것이 더 바람직하고 더 나아가 예방적 조정도 가능할 수 있도록 할 필요가 있음을 이유로 들어, 입법론적으로 '주장의 불일치'에 관한 정의 부분은 삭제하는 것이 타당하다는 견해로는, 이승욱, 367면 참조.

37) 1항의 규정에 의한 신청을 받은 노동위원회는 그 신청내용이 노조법 5장 2절 또는 3절의 규정에 의한 조정 또는 중재의 대상이 아니라고 인정할 경우에는 그 사유와 다른 해결방법을 알려주어야 한다.

38) 김선수a, 36면.

39) 노동위원회의 이러한 행정지도에 위배한 채 조정기간 도과 후 이루어진 쟁의행위의 절차적 정당성을 긍정한 판결로는, 대법원 2001. 6. 26. 선고 2000도2871 판결 참조. 이후 판례는, 노동조합이 노동위원회에 노동쟁의조정신청을 하여 조정절차가 마쳐지거나 조정이 종료되지 아니한 채 조정기간이 끝나면 노동위원회의 조정결정이 없더라도 조정절차를 거친 것으로 보아야 한다고 판시하면서, 조정기간 도과 후 이루어진 쟁의행위의 절차적 정당성을 긍정하거나(대법원 2003. 12. 26. 선고 2001도1863 판결), 조정전치주의 위반에 따른 노조법위반죄 성립을 부정하고 있다(대법원 2003. 4. 25. 선고 2003도1378 판결, 대법원 2008. 9. 11. 선고 2004도746 판결).

40) 김유성, 404면.

간에 분쟁의 대상이 되지 않았거나 분쟁의 범위를 벗어나는 부분에 대해서는 원칙적으로 조정을 할 수 없게 된다.[41]

Ⅳ. 쟁의행위 개념 및 쟁의행위 목적의 정당성 등과의 관계

1. 노조법 2조 6호(쟁의행위 정의규정)와의 관계

노조법 2조 6호는 쟁의행위를 '파업 · 태업 · 직장폐쇄 기타 노동관계 당사자가 그 주장을 관철할 목적으로 행하는 행위와 이에 대항하는 행위로서 업무의 정상적인 운영을 저해하는 행위'라고 정의하고 있다. 여기에서 말하는 '그 주장'이 노조법 2조 5호에서 규정하고 있는 '임금 · 근로시간 · 복지 · 해고 기타 대우 등 근로조건의 결정에 관한 주장'을 의미하는지가 문제된다. 이는 노조법 2조 5호와 6호의 관계를 어떻게 이해할 것인지 문제로, 노조법에 따른 보호 및 규제가 이루어지는 쟁의행위 개념을 어떻게 획정할 것인지와 관련된다. 노조법 2조 6호를 같은 조 5호와 독립적인 것으로 보아 노조법 2조 6호에서 말하는 '그 주장'이 노조법 2조 5호에서 말하는 '근로조건의 결정에 관한 주장'에 한정되지 않는다고 보는 견해도 상정 가능할 것이다.[42] 이와 관련하여 대법원은, 노조법 2조 5호와 6호를 연계하여 노조법 2조 6호에서 말하는 '그 주장'을 같은 법 2조 5호에 규정된 '임금 · 근로시간 · 복지 · 해고 기타 대우 등 근로조건의 결정에 관한 노동관계 당사자 간의 주장'을 의미한다고 보고 있다.[43] 나아가 대법원은 이러한 법리에 기초하여 근로조건의 유지 또는 향상을 주된 목적으로 하지 않는 쟁의행위는 노조법의 규제대상인 쟁의행위에 해당하지 않으므로, 이러한 경우 쟁의행위 찬반투표 미실시로 인한 노조법위반죄나 쟁의행위 금지 규정 위반으로 인한 교원노조법위반죄 등이 성립하지 않는다고 판단하였다.[44] 이

41) 당사자 사이에 분쟁의 대상이 되어 있지 않은 사항이나 정당한 이유 없이 당사자 간의 분쟁범위를 벗어나는 부분에 대하여 이루어진 중재재정에 대하여 '월권'에 해당하여 불복사유가 된다는 판결로는, 대법원 2007. 4. 26. 선고 2005두12992 판결, 대법원 2009. 8. 20. 선고 2008두8024 판결 등 참조.

42) 실제로 같은 취지로 판단한 하급심 판결로, 부산고법 1990. 11. 22. 선고 90노785 판결 참조(아래 대법원 90도2582 판결의 원심판결인데, 다만 대법원은 이러한 법적 견해에 대해 법리오해의 위법이 있다고 보았다).

43) 대법원 1991. 1. 23. 선고 90도2852 판결, 대법원 1993. 1. 29. 선고 90도450 판결, 대법원 2008. 3. 14. 선고 2006도6049 판결, 대법원 2014. 8. 20. 선고 2011도468 판결 참조. 같은 취지의 헌법재판소 결정례로는, 헌재 2004. 7. 15. 선고 2003헌마878 결정.

44) 대법원 1991. 1. 23. 선고 90도2852 판결, 대법원 1993. 1. 29. 선고 90도450 판결, 대법원

러한 판례의 태도는 위와 같은 법 문언 및 규정 체계뿐만 아니라 노조법 2조 5호와 6호가 노조법상 형사처벌의 구성요건규정으로 기능하고 있다는 점도 고려한 해석으로 이해된다. 한편 이러한 판례 법리에 비추어 볼 때, 노동쟁의 정의규정에 따른 노동쟁의조정의 대상이 되는 범위와 쟁의행위의 목적이 되는 쟁의행위 대상사항 및 단체교섭 대상사항과의 관계를 어떻게 이해할 것인지가 더욱 문제된다.

2. 쟁의행위 대상사항 및 단체교섭 대상사항과의 관계

(1) 견해의 대립

현행 노조법은 노동쟁의 및 쟁의행위에 대한 정의규정을 두고 있지만, 쟁의행위 대상사항 및 단체교섭 대상사항에 대한 별도의 규정을 두고 있지는 않다. 한편 집단적 노동관계에서 쟁의행위 대상성은 쟁의행위의 목적 측면에서 쟁의행위의 정당성을 한계 짓는 역할을 수행하고 있다. 이러한 3자의 관계를 어떻게 이해할 것인지와 관련하여 아래와 같이 학계의 견해가 대립한다. 이 부분 논의는, 노조법상 노동쟁의 정의규정에 대한 판례 법리나 일부 해석론에 따르면 노동쟁의조정 대상에서 '집단적 노동관계에 관한 사항'이나 '권리분쟁' 등이 제외되게 되는데, 쟁의행위 대상성(쟁의행위 목적) 또는 단체교섭 대상성을 판단할 때도 이와 동일하게 볼 것인지와 관련 있다.

㈎ 우선 노동쟁의에 관한 정의규정을 의무적 단체교섭 대상성 및 쟁의행위 대상성까지 획정하는 개념으로 이해하고 단체교섭 · 노동쟁의조정 · 쟁의행위 대상을 노조법 2조 5호 문언에 따라 '근로조건의 결정에 관한 사항'에 한정되는 것으로 보는 견해[45)]가 있다. 이러한 견해에 따르면, 의무적 단체교섭 · 노동쟁의조정 · 쟁의행위 대상은 '사용자와 근로자 사이의 근로관계에서 근로자의 대우에 관하여 정한 조건'에 대한 '이익분쟁'에 한정되고, 권리분쟁 및 근로조건의 결정에 영향을 미치는 기타 집단적 노동관계에 관한 사항은 모두 의무적 단체교섭 대상성 및 쟁의행위 대상성에서도 배제되는 결과가 되고, 결국 이러한 목적으로 이루어진 쟁의행위는 정당성을 인정받지 못하게 된다.

㈏ 이와 달리 현행 헌법 및 노조법 해석상 노동쟁의조정 대상성을 단체교

2008. 3. 14. 선고 2006도6049 판결.

45) 노사관계제도선진화연구위원회, 83~84면; 노동부, 79~81면.

섭 대상성과 쟁의행위 대상성까지 확대하여 상호 포섭 범위가 일치한다고 할 수는 없고, 결과적으로 단체교섭 대상성과 쟁의행위 대상성(쟁의행위 목적)을 노동쟁의조정 대상성보다 더 넓게 보는 견해가 있다.[46] 즉 ① 노동쟁의 개념은 쟁의조정의 범위를 획정하기 위한 도구적 개념으로, 노동쟁의조정 대상이 단체교섭 및 쟁의행위 대상과 반드시 규범적으로 일치할 필요가 있는 것은 아닌 점, ② 단체교섭 대상성은 헌법상 단체교섭권 및 노조법 29조에서 단체교섭권을 보장한 취지에 더하여, 노동조합은 "근로조건의 유지·개선 기타 근로자의 경제적·사회적 지위의 향상을 도모함을 목적"으로 한다는 노조법 2조 4호 규정 내용, 그리고 노동쟁의의 조정에 관한 규정이 노동관계 당사자가 직접 단체교섭에 의하여 근로조건 그 밖의 노동관계에 관한 사항을 정하는 것을 방해하지 아니한다는 자주적 조정의 노력에 관한 노조법 47조, 노동관계 당사자는 단체협약에 노동관계의 적정화를 위한 단체교섭의 절차와 방식을 규정하고 노동쟁의가 발생한 때에는 이를 자주적으로 해결하도록 노력하여야 한다는 노조법 48조의 규정 등을 고려하여 해석될 필요가 있는 점, ③ 쟁의행위 목적의 정당성과 관련 있는 쟁의행위 대상성 역시 노조법 정의 규정뿐만 아니라 헌법상 단체행동권과 관계 등을 고려해 노동쟁의조정의 대상 범위에 한정하지 않고 독자적으로 판단할 필요성이 존재하는 점 등을 근거로 삼는다.

㈐ 한편 위 두 견해를 비판하면서 노동쟁의조정 대상의 범위를 집단적 노동관계 등에도 확대할 필요가 있음을 전제로 하여, 노동쟁의조정 대상과 단체교섭의 대상이나 쟁의행위의 목적이 관련성을 가질 수밖에 없고, 집단적 노동관계에 관한 사항에 대해 정당한 파업은 할 수 있다고 하면서도 노동위원회에 의한 쟁의조정서비스는 제공할 수 없다는 결론은 노동쟁의조정제도의 본질이나 전체적인 집단적 노동관계 시스템에 비추어 보면 비현실적이고 불합리하므로, 단체교섭·노동쟁의조정·쟁의행위 대상을 동일하게 보는 것이 기본적으로 타당하다는 견해도 있다.[47]

46) 같은 취지로, 김유성, 140면; 김홍영a, 33~34면; 임종률, 143, 200~201면; 김형배, 1221~1222, 1450면도 단체교섭 대상과 노동쟁의조정 대상이 상이함을 전제하고 있고, 1452면은 쟁의행위의 정당성과 노동쟁의의 조정대상성 여부는 구별하여 판단하여야 한다고 서술하고 있다.

47) 이승욱, 375~376면; 김성진, 70~71면. 한편 김성진, 71면은 노조법 47조, 49조를 통해서 노동쟁의 대상을 노조법 2조 5호에도 불구하고 근로조건에 한정하여 해석하지 않을 수 있다는 논의를 전개하고 있으나, 노조법 47조는 단체교섭의 대상을 노조법 2조 5호보다 넓게 해석하는 근거 규정이 될 수 있을 뿐 노동쟁의조정 대상을 정한 규정으로 해석하기는 어려워 보이

(2) 판례의 태도와 이해

우선 판례는, 쟁의행위가 정당행위가 되기 위하여 목적이 근로조건의 향상을 위한 노사간의 자치적 교섭을 조성하기 위한 것이어야 하는데, 이는 그 쟁의행위에 의하여 달성하려는 요구사항이 단체교섭사항이 될 수 있는 것이어야 함을 의미한다고 판시하고 있고, 단체교섭사항이 될 수 없는 사항을 달성하려는 쟁의행위는 그 목적의 정당성을 인정할 수 없다고 판단하고 있다.[48] 이처럼 판례는 쟁의행위 목적의 정당성 인정을 위한 쟁의행위의 대상과 단체교섭 대상을 동일하게 파악하고 있다. 그리고 판례는, 근로자의 노동조건 기타 근로자의 대우뿐만 아니라 당해 집단적 노동관계의 운영에 관한 사항이라 할 수 있는 노동조합의 활동, 단체교섭의 절차와 쟁의행위에 관한 절차 등에 관한 사항 등도 단체교섭 사항이라고 보고 있다.[49] 그런데 이러한 판례의 태도를 앞서 언급한 집단적 노동관계에 관한 사항에 대한 분쟁을 노동쟁의라 할 수 없어 중재재정의 대상이 될 수 없다고 본 판례[50]와 비교해 보면, 대법원은 결과적으로 노동쟁의 조정 대상과 단체교섭 및 쟁의행위 대상(목적)을 달리 파악하고 있음을 알 수 있다. 결국 판례는 이 쟁점과 관련하여 위 ㈎항이 아닌 위 ㈏항과 같은 견해를 취하고 있음을 알 수 있다.

한편 여기서 나아가 학계에서 구체적으로 논의되고 있지는 않지만, 이러한 일련의 판례 태도와 위 1항에서 본 노조법 2조 5호와 6호를 연계하여 노조법상 쟁의행위 개념을 이해하고 있는 일련의 판례의 태도를 상호 어떻게 이해할 것인가의 문제가 남는다. 이와 관련하여 다음과 같은 논의가 가능해 보인다.

① 우선 전자의 판례(=노동쟁의조정 대상과 쟁의행위 대상을 결과적으로 달리 포섭하고 있는 일련의 판례)에 대한 변경이 필요하다는 견해이다. 즉 노조법상 노동쟁의와 쟁의행위 개념을 연관지어 이해하는 후자의 판례 태도에 따르면 노동쟁

고, 노조법 49조는 국가의 조력의무를 확인하는 규정으로 명확한 정의 규정에도 불구하고 이를 들어 노동쟁의조정 대상을 확정하기는 곤란해 보인다.

48) 대법원 1994. 9. 30. 선고 94다4042 판결, 대법원 2001. 4. 24. 선고 99도4893 판결, 대법원 2012. 5. 24. 선고 2010도9963 판결 등 참조.

49) 대법원 2003. 12. 26. 선고 2003두8906 판결(한편 이 판결이 지지하고 있는 제1심 판결 등이 노조전임제를 임의적 교섭사항으로 보면서도 노동조합활동, 노동조합에 대한 편의제공 등은 의무적 교섭사항으로 보는 것에 대해, 양자의 차이가 어디에 있는지 의문스럽다고 지적하는 견해로는, 임종률, 143면 참조), 대법원 2022. 12. 16. 선고 2015도8190 판결.

50) 각주 30번 판결 참조.

의조정 대상과 쟁의행위 대상을 동일하게 보는 것이 논리적이고 자연스러우므로, 노동쟁의조정 대상성과 쟁의행위 대상성을 달리 보는 전자의 판례와는 모순이 존재한다는 입장이다. 따라서 위 ㈐항 견해와 같이 집단적 노동관계에 관한 사항에 대해 노조법 2조 5호에서 말하는 '근로조건'이 아니라는 취지의 전자의 판례 중 일부 태도를 변경하여 '근로조건'에 포함시키는 해석을 함으로써[51] 노동쟁의조정 대상성과 쟁의행위 대상성(=단체교섭 대상성)을 서로 일치시킬 필요가 있다는 것이다.

② 다음으로 양자를 모순된다고 볼 것은 아니고 조화적 해석이 가능하다는 입장이다. 즉 다음 ㉠ 내지 ㉢과 같은 사정을 고려할 때, 후자의 판례들은 노조법상 규제대상으로서 쟁의행위 개념을 노조법 2조 5호와 6호 문언에 따라 한정적으로 판시한 것인 반면, 전자의 판례들은 노조법상 노동쟁의조정 대상의 문제와 별개로, 헌법상 단체행동권 행사 차원에서 이해되는 쟁의행위가 어떠한 경우에 정당화되어 업무방해죄 등 일반 형사범죄를 구성하지 않고 민사상으로도 면책되는 것인지의 관점에서 쟁의행위 목적(=단체교섭 대상)을 폭넓게 판단한 것으로 상호 구분하여 이해할 수 있다는 것이다.[52] 따라서 양자를 일치시킬 필요가 있다고 보지 않는다.

㉠ 후자의 판례도 분명히 하고 있듯이 노조법 2조 5호와 6호는 노조법이 규율하고자 하는 노동쟁의와 쟁의행위 개념을 정의한 것이다. 반면 전자의 판례와 관련하여 보면, 노동쟁의조정은 단체교섭과의 일정한 관련성에도 불구하고 종국에는 노조법 차원의 문제이나, 단체교섭 및 쟁의행위 대상성은 노동조합이 어떠한 사항에 대해 단체교섭을 요구할 수 있고 정당하게 쟁의행위를 하여 민형사상 면책될 수 있는지의 문제로, 노조법 규정뿐만 아니라 헌법상 노동3권에

51) 물론 노동쟁의조정 대상의 범위가 아닌 단체교섭 대상 및 쟁의행위 대상 범위를 축소하는 쪽으로 판례 변경이 필요하다는 주장도 있을 수 있다.

52) 헌법재판소 2022. 5. 26. 선고 2012헌바66 결정의 재판관 5인 위헌의견 판시 중 일부 논증 부분(노조법 2조 6호는 노조법상 조정·중재대상 및 규율대상으로서의 쟁의행위의 개념을 정의한 것으로 헌법상 단체행동권의 행사인 쟁의행위보다는 좁은 개념으로 보아야 하는 반면, 쟁의행위의 '정당성' 문제는 헌법상 쟁의행위의 개념 내지 범위에 관한 문제가 아니라 법률에서 정한 쟁의행위의 요건을 준수하였는지 여부에 관한 문제, 즉 쟁의행위 제한의 문제이므로, 따라서 어떠한 쟁의행위가 법률에서 정한 쟁의행위의 요건을 갖추지 못하여 정당성이 인정되지 않는다고 하더라도 이를 이유로 곧바로 헌법상 단체행동권의 행사인 쟁의행위가 아니라거나 헌법상 단체행동권의 보호대상에서 벗어난 행위라고 볼 수 없다)도 노조법 2조 6호에 대한 해석론과 쟁의행위 대상성(목적) 여부가 서로 다른 측면의 논의임을 전제하고 있는 것으로 보인다.

기초한 해석이 반드시 필요하다. 이처럼 양자는 규율의 방향도 다르고, 규율의 근거도 동일하지 않다. ㉡ 노조법상 쟁의행위 개념에 포섭되지 않더라도 헌법상 단체행동권 행사 관점에서 해당 행위의 정당성 평가가 별도로 이루어져야 한다. 이러한 면에서 양자는 규율의 대상·범위도 다를 수밖에 없다. ㉢ 한편 노조법 2조 5호와 6호 정의규정을 통해 쟁의행위 관련 노조법위반죄의 형사처벌 범위가 결정된다. 이를 고려할 때, 노조법 2조 5호를 통한 조정서비스 대상 확대만을 염두에 두고 그 대상 범위를 확장하고, 양자의 범위를 동일시하는 해석은 신중할 필요가 있다.

[김 희 수]

제2조(정의)

6. “쟁의행위”라 함은 파업 · 태업 · 직장폐쇄 기타 노동관계 당사자가 그 주장을 관철할 목적으로 행하는 행위와 이에 대항하는 행위로서 업무의 정상적인 운영을 저해하는 행위를 말한다.

〈세 목 차〉

[참고문헌]

강희원, “대법원 노동판례에 나타나 있는 용어사용의 문제: 쟁의행위의 ‘정당성’ 또는 ‘정당한’ 쟁의행위라는 용어를 중심으로”, 판례연구 12집, 서울지방변호사회(1999. 1.); 권창영, “선장의 직무명령과 선원 쟁의행위의 정당성”, 인권과 정의 339호, 대한변호사협회(2004. 11.); 김기덕a, “쟁의행위에 대한 형사면책법리의 재구성과 업무방해죄”, 노동과 법 3호 쟁의행위와 형사책임, 금속법률원(2002. 9.); 김기덕b, “초기업단위노조 하부조직의 단체교섭 당사자 지위의 판단기준”, 2000 노동판례비평, 민주사회를 위한 변호사모임(2001); 김순태, 업무방해죄에 관한 연구 — 쟁의행위와 관련하여, 인하대학교 대학원 박사학위논문(1993); 김진, “쟁의행위의 목적”, 서울대학교 대학원 박사학위논문(2018); 노재관, “단체협약”, 재판자료 40집 근로관계소송상의 제문제(하), 법원행정처(1987); 박재필a, “쟁의행위의 정당성의 요건과 노동위원회의 조정절차와 관련된 쟁의행위의 정당성”, 대법원 판례해설 36호, 법원도서관(2001 상반기); 박재필b, “쟁의행위의 목적 및 절차의 정당성”, 안암법학 14호, 안암법학회(2002. 4.); 박제성a, “정치 파업의 개념과 정당성”, 노동법률 208호, 중앙경제(2008); 박제성b, 21세기 노동삼권, 무빈다방(2022); 성상희, “준법투쟁의 법적 성질과 직장폐쇄의 정당화 요건”, 노동법률 110호, 중앙경제(2000. 7.); 손동권, "노동쟁의행위의 가벌성에 관한 연구 — 우리나라 대법원판례를 중심으로", 일감법학 3권, 건국대학교 법학연구소(1998); 신권철, "쟁의행위와 민사책임 — 판례분석을 중심으로", 법조 657호, 법조협회(2011. 6.); 신쌍식, "조합원 개인의 자발적 행위가 정당한 조합활동에 해당되는지 여부", 노사정보 10호, 산업노동연구원(1992. 2.); 신인령a, "비노조 파업에 따른 법적 문제", 노동법학 3호, 한국노동법학회(1991); 오윤식, "쟁의행위 개념의 체계적 이해", 사법 39호, 사법발전재단(2017); 윤승진, "노동조합의 성립요건과 법외조합", 재판자료 40집 근로관계소송상의 제문제(하), 법원행정처(1987); 이상덕, "노조업무복 착용행위의 정당한 조합활동 여부", 노동법률 64호, 중앙경제(1996. 9.); 이영희, 노동기본권의 이론과 실제, 까치(1990); 이흥재, "대법원의 근로관계 인식에 대한 조명: 민주헌정이후 시민법적 인식으로의 '회귀' 및 '지속'의 평가", 법학 43권 3호(124호), 서울대학교 법학연구소(2002. 9.); 정기남, "단체교섭의 주체와 대상", 노동법학 3호, 한국노동법학회(1991); 정인섭a, 쟁의행위의 개념, 서울대학교 대학원 박사학위논문(1997); 정인섭b, "쟁의행위의 개념", 노동법학 9호, 한국노동법학회(1999. 12.); 정인섭c, "준법투쟁 판례법리의 특징", 노동법강의, 법문사(2002); 조경배, "형사면책법리와 쟁의행위 정당성론의 논의구조", 노동법학 9호, 한국노동법학회(1999. 12.); 주석형법 각칙(1)(제4판), 한국사법행정학회(2006).

Ⅰ. 의 의

1. 쟁의행위 개념의 기능

노조법은 쟁의행위를 "파업 · 태업 · 직장폐쇄 기타 노동관계 당사자가 그 주장을 관철할 목적으로 행하는 행위와 이에 대항하는 행위로서 업무의 정상적인 운영을 저해하는 행위를 말한다"라고 정의하고 있다. 이는 1953년 제정된 구 노동쟁의조정법 3조의 정의 규정을 거의 그대로 현재까지 유지하고 있는 것으로, 쟁의행위를 주체 · 목적 · 성격의 측면에서 정의하고 있다.

한편, 헌법 33조는 근로조건의 향상을 위한 자주적인 단결권 · 단체교섭권 및 단체행동권을 근로자의 권리로 보장하고 있고, 노조법은 '이 법에 의한 쟁의행위'에 대하여 민사상 면책규정(3조)과 '폭력이나 파괴행위가 아닌 정당한 쟁의행위'에 대하여 형사상 면책규정(4조)을 정하고 있다.

쟁의행위와 관련하여 노조법 4장 37조 내지 46조는 쟁의행위에 대한 여러 제한 · 금지 규정을 두고 있고, 이러한 제한 · 금지 규정에 위반한 행위는 노조법

88조 내지 91조에 따라 형사처벌의 대상이 된다.

한편, 노조법 45조 2항에 의하여 쟁의행위에는 조정전치주의가 적용된다. 또한, 노조법 2조 6호, 46조는 노동조합이 쟁의행위를 개시한 이후에 사용자의 대항행위로서 직장폐쇄를 허용하고 있으며, 노조법 81조 1항 5호는 "근로자가 정당한 단체행위에 참가한 것을 이유로 하거나 또는 노동위원회에 대하여 사용자가 이 조의 규정에 위반한 것을 신고하거나 그에 관한 증언을 하거나 기타 행정관청에 증거를 제출한 것을 이유로 그 근로자를 해고하거나 그 근로자에게 불이익을 주는 행위"를 부당노동행위로 규정하여 제한하고 있다.

위와 같이 쟁의행위의 개념은 ① 헌법상 단체행동권 보장, ② 노동쟁의조정제도와 밀접한 관련을 맺고 있으면서, ③ 민·형사책임이 면제되는 요건과 범위, 특히 노조법상의 벌칙 규정이 적용되는 구성요건, ④ 사용자의 쟁의행위(직장폐쇄)의 개시요건으로서 역할을 하고 있고, ⑤ 부당노동행위의 구성요건으로서 '정당한 단체행위'의 개념과도 관련되어 있다.[1] 위 각 규정 항목마다 쟁의행위 개념은 서로 구분된다고 볼 수 있다.

2. 쟁의행위 개념과 쟁의행위의 정당성

쟁의행위의 개념에 관하여는 헌법상 단체행동권의 행사로서 1) 민·형사상 면책효과가 인정되는 쟁의행위와 노조법상의 쟁의행위를 구분하는 견해,[2] 2) 쟁의행위와 단체행동을 같은 의미로 이해하는 견해,[3] 3) 단체행동이 쟁의행위와 집단적 조합활동을 포함한다는 견해,[4] 4) 노조법 2조 6호의 내용은 쟁의행위의 정의를 규정한 데 지나지 않으므로 그 적법성의 한계는 별도의 시각에서 판단하여야 한다는 견해[5] 등이 있다.

---

1) 쟁의행위 개념의 이해를 위해서 그 인접개념인 노동쟁의, 단체행동, 조합활동을 비교하여 학설과 판례를 분석한 글로는 오윤식, 322~333면.

2) 김유성Ⅱ, 210면; 정인섭a도 같은 입장에서 쟁의행위를 '① 집단성을 갖는 근로자의 단결체가 ② 근로조건과 관련이 있는 목적을 위해서 ③ 구성원인 근로자의 민주적인 의사결정을 통한 쟁의의사 형성을 통하여 ④ 집단적인 노무중단에 의해 업무를 저해하는 행위'로 정의하고 있다; 김순태, 76면(구 노조법상의 쟁의행위 개념은 노동관계의 공정한 조정을 도모하고, 노동쟁의를 예방 또는 해결할 목적 내지 취지에 따라 정의된 개념으로서 조정·중재의 대상을 확정짓기 위한 것으로 보아야 한다고 한다).

3) 임종률, 217면.

4) 김형배, 1326면.

5) 이병태, 298면(한편, 이병태 교수는 "노조법 2조 6호의 쟁의행위는 노동위원회가 조정할 대상인 쟁의행위에 해당하는 규정이므로 실제로는 이에 해당하지 않지만 실질적으로는 쟁의

이러한 견해의 차이는 하나의 노동분쟁이 시간과 상황의 흐름에 따라 여러 모습으로 변화·발전하게 되는 데 그 중 어느 것을 포착(절차, 행위수단, 업무저하나 손해의 결과)하느냐에서 비롯된다. 또한 노동분쟁에서 근로자의 집단행동 양상이 다양하게 나타나면서 특정한 상황에서의 구체적인 집단행동을 노조법상의 쟁의행위로 포섭하는 것은 간단한 문제가 아니다.

쟁의행위 개념은 쟁의행위의 정당성 기준을 정초할 뿐만 아니라 노조법이 규율하는 쟁의행위에 관한 절차와 제한 규정이 적용되고, 헌법상 보장된 단체행동권의 범주를 설정하는 바탕이 된다.[6] 예컨대 쟁의행위 개념(주체, 목적, 대상 등) 자체를 통하여 쟁의행위의 '정당성' 요건을 엄격하게 한정하고, 쟁의행위의 '정당성'이 없으면 바로 민·형사상 위법성을 인정하게 되면, 쟁의행위에 대한 민·형사 면책효과는 매우 제한된 범위에서만 인정되는 결과를 낳게 된다.

이러한 쟁의행위 개념을 통한 민·형사상 위법성 판단 방식을 피하기 위해 일부 견해는 1) 노조법 2조 6호의 쟁의행위의 개념을 정당성과 결부시키지 않고서 포괄적으로 정의하거나,[7] 2) 쟁의행위를 헌법상 단체행동권의 하나로 보아 그 주체나 목적 범위를 확대하거나,[8] 3) 쟁의행위 자체의 본질은 노사의 집단적 투쟁행위로 보아 노조법 2조 6호가 규정하는 쟁의행위 개념 속에 있는 '업무저해성'이라는 그 행위의 결과를 포함시키지 않는 해석을 한다.[9]

쟁의행위에 대해서는 그 정당성 판단이 민·형사상 면책 여부를 가르기 때문에 대체로 그 개념조차 정당성 판단과 결부시켜 판단하는 경우가 많은데, 그러한 판단 구조 속에서는 쟁의행위란 결국 정당한 쟁의행위만으로 한정하는 것이 된다. 다만 노조법이 적용되는 조정전치의 대상이 되는 쟁의행위의 경우에는

행위에 유사한 성질을 갖는 행위가 있다"고 한다).

6) 조경배, 325면(조경배 교수는 쟁의행위는 업무의 정상적인 운영을 저해하는 행위인데, 형법이 업무방해행위를 처벌하고 있으므로 쟁의행위는 정당한 범죄행위가 되는 셈인데, 이는 헌법상 권리가 곧 범죄행위를 한다는 뜻이 되어 논리적으로 도저히 성립할 수 없는 것이라 한다).

7) 정인섭a, 146면; 조경배, 325면(쟁의행위의 개념을 근로자가 근로조건 등에 관한 자신의 주장을 관철할 목적으로 행하는 집단적 행위로 순화할 것을 제시하고 있다); 신권철, 201면(근로자 측 쟁의행위의 본질을 부작위인 집단적 노무제공의 거부행위로 보고, 업무저해는 쟁의행위의 본질이 아니라 쟁의행위로부터 수반될 수 있는 결과로 본다).

8) 박제성b, 78~81면(헌법상 단체행동권에 근거하여 단체행동권의 주체를 노동조합으로 한정하지 않고, 그 상대방도 사용자로도 한정하지 않고, 그 목적 또한 단체협약 체결 목적이 아닌 정부를 상대로 한 근로조건 개선도 단체행동의 목적으로 삼을 수 있다고 해석한다).

9) 신권철, 201면(근로자 측 쟁의행위의 본질을 집단적 노무제공의 거부행위로 보고, 업무저해는 행위의 본질이 아니라 쟁의행위로부터 수반될 수 있는 결과로 본다).

그 정당성 여부를 따지지 않고서 그 조정 대상적격이 있는 쟁의행위인지 여부만을 판단할 수 있지만 그 부분 판단은 대체로 엄격한 개념 규정 없이, 그리고 노사 당사자의 첨예한 논쟁 없이 넘어갔다. 이러한 사유도 종래 쟁의행위에 관한 논의가 쟁의행위의 정당성론에 집중되고, 쟁의행위 개념론이 발달하지 못한 원인이기도 하다. 예컨대 우리 판례는 근로조건의 유지 또는 향상을 주된 목적으로 하지 않는 쟁의행위는 노조법의 적용대상인 쟁의행위에 해당하지 않는다고 보아 정당성 여부를 따지지 않은 채 바로 형사상 업무방해죄에 해당한다고 판단하였다.[10] 그런데 쟁의행위의 개념이 아니라 그 정당성 판단에서 그 목적의 정당성 여부를 따지는 판례들도 있어[11] 쟁의행위 개념 설정과 그 정당성 여부의 판단을 구분하지 않는 경우도 있다.

현실적으로 쟁의행위를 둘러싼 주된 관심은 특정한 집단행동이 민·형사 면책 효과를 인정받는지 여부에 있다. 그런데 그 적용범위를 보면, 노조법 4조는 '쟁의행위 기타의 행위'로서 정당한 경우에 형법 20조(정당행위)가 적용된다고 하여, 형사 면책의 범위를 좁은 의미의 '쟁의행위'에 한정하지 않고 있다.

또, 노조법 3조는 "이 법에 의한 단체교섭 또는 쟁의행위로 인하여 손해를 입은 경우에" 사용자의 손해배상청구를 인정하지 않고 있는데, 이때 '쟁의행위'는 노조법에 따른 쟁의행위이며, 정당성 여부가 아니라 법에 따랐는지 여부만을 면책 기준으로 하여 노조법 4조와는 문언 차이가 있다. 따라서 법 문언만으로 본다면 민사상 불법행위 여부에 대한 면책은 정당성 여부가 아니라 노조법 준수 여부가 면책의 고려요소라 할 수 있다.

쟁의행위의 본질은 대법원이 지적하고 있는 것과 같이 '근로자의 사용자에 대한 투쟁행위'이며, 그 구체적 방법은 기본적으로 근로자집단이 노무제공을 거부하는 것이고, 이로 인해 사용자는 법적으로나 현실적으로 노무지휘권을 행사할 수 없게 된다.[12] 쟁의행위는 사용자와의 종속관계를 노무거부를 통해 근로관

10) 대법원 1991. 1. 23. 선고 90도2852 판결.

11) 대법원 2002. 2. 26. 선고 99도5380 판결, 대법원 2003. 12. 11. 선고 2001도3429 판결, 대법원 2003. 12. 26. 선고 2001도3380 판결 등.

12) 대법원 1995. 12. 21. 선고 94다26721 전원합의체 판결(근로자의 쟁의행위는 근로조건에 관한 노동관계 당사자 간의 주장의 불일치로 인하여 생긴 분쟁상태를 유리하게 전개하기 위하여 사용자에 대하여 집단적·조직적으로 노무를 정지하는 투쟁행위로서, 쟁의행위 기간 동안 근로자는 사용자에 대한 주된 의무인 근로 제공 의무로부터 벗어나는 등 근로계약에 따른 근로자와 사용자의 주된 권리·의무가 정지됨으로 인하여 사용자는 근로자의 노무 제공에 대하여 노무지휘권을 행사할 수 없다).

계를 정지시켜 사용자와 대등한 관계로 합법적으로 변모시킨다.[13] 쟁의행위는 사실행위로서 위와 같은 법적 효과가 부과되며, 그 행위의 정당성이나 노조법 준수 여부에 따라 근로자는 민·형사상 책임과 징계책임이 면제될 수도 있고, 거꾸로 민·형사 및 징계책임을 부담할 수도 있다. 이하에서는 이러한 쟁의행위와는 일응 구분되는 것으로 헌법상의 단체행동, 노조법상의 노동쟁의와 조합활동을 차례로 살펴본다.

Ⅱ. 쟁의행위와 구별 개념

1. 헌법 33조의 단체행동

헌법 33조가 근로자의 단체행동권을 보장하는 근본 취지는 근로자들의 경제적·사회적 지위향상을 위한 실력행사를 보장하는 것뿐만 아니라, 시민법상 계약 위반이나 업무방해죄 등의 구성요건에 해당하는 실력행사라도 법적 효과로서 민·형사 면책을 포함하여 쟁의행위 참여 근로자에 대한 해고 등 불이익 처분을 금지하는 데에 있다. 그러므로 노조법 3조, 4조의 민·형사 면책규정, 81조 1항 5호의 불이익취급 금지 규정 등은 헌법상 단체행동권 보장에 의한 당연한 효과를 확인한 것이다. 판례도 "노조법 3조, 4조에 의하여 노동조합의 쟁의행위는 헌법상 보장된 근로자들의 단체행동권의 행사로서 그 정당성이 인정되는 범위 내에서 보호받고 있다"고 하여 쟁의행위가 헌법상 단체행동의 하나임을 확인하고 있고,[14] 헌법재판소도 "쟁의행위는 업무의 저해라는 속성상 그 자체 시민 형법상의 여러 가지 범죄의 구성요건에 해당될 수 있음에도 불구하고 그것이 정당성을 가지는 경우에는 형사책임이 면제되며, 민사상 손해배상 책임도 발생하지 않는다. 이는 헌법 33조에 당연히 포함된 내용이라 할 것이며, 정당한 쟁의행위의 효과로서 민·형사 면책을 규정하고 있는 현행 노조법 3조와 4조 및 구 노동쟁의조정법 8조, 구 노동조합법 2조 등은 이를 명문으로 확인한 것이라 하겠다"라고 하고 있다.[15]

이러한 의미의 헌법상 단체행동은 집단적 실력행위를 말하는 것으로, 같은 목적을 추구하는 다수 근로자의 의식적이며 의욕적인 공동행위를 말한다. 쟁의

---

13) 신권철, 201면.

14) 대법원 2007. 12. 14. 선고 2007다18584 판결.

15) 헌재 1998. 7. 16. 선고 97헌바23 결정.

행위인 파업・태업・피케팅 등은 물론이고, 가두시위, 집회 등도 모두 이에 속한다.[16)]

근로자의 쟁의행위와 단체행동의 관계에 관하여, 단체행동을 ① 업무의 정상적 운영을 저해하는 쟁의행위와 같은 개념으로 이해하는 협의설,[17)] ② 업무의 정상적 운영을 저해하는 쟁의행위는 물론 완장 착용 등과 같이 반드시 업무의 정상적 운영을 저해하지는 않는 단체 과시(예컨대 가두시위・집회・완장착용・피케팅 등)도 포함한다는 광의설,[18)] ③ 쟁의행위 및 단체과시는 물론 조합활동도 포함한다는 최광의설[19)] 등이 있다.

협의설에 의하면, 단체행동은 시민법상 채무불이행 또는 불법행위로서 위법한 것으로 인정되다가 최근에야 그 정당성이 인정된 것으로, 근로자의 단순한 집단적 행위는 시민적 자유 내지 단결권에 속하는 것으로 이해할 수 있기 때문에 단체행동은 시민법적으로는 위법한 쟁의행위만을 의미한다고 본다.[20)]

그러나 노조법 4조가 '쟁의행위 기타의 행위'에 대해 형사책임 면책을 규정하고 있는 등 법이 민・형사책임 면책효과가 인정되는 행위를 쟁의행위로 한정하고 있지 않다는 점에서 헌법상 단체행동을 쟁의행위와 같은 개념으로 이해하는 것은 해석상으로도 타당하지 않을 뿐만 아니라, 협의설에 따르면 근로자가 헌법상 단체행동권에 근거하여 행하는 모든 집단행동에 대하여 노조법 규정을 적용해야 한다는 점에서 부당하다.

광의설에 의하면 단체행동에는 쟁의행위 외에 단체과시를 포함시키지만 조합활동은 제외한다. 그러나 조합활동에는 단순히 노동조합의 운영을 위하여 이루어지는 대내적 활동만이 있는 것이 아니라, 사용자에 대하여 노동조합의 주장

16) 김유성Ⅱ, 209면; 김형배, 1325면; 이상윤b, 766면.

17) 임종률, 217면; 石井照久, 207면; 헌재 1998. 7. 16. 선고 97헌바23 결정(단체행동권이라 함은 노동쟁의가 발생한 경우 쟁의행위를 할 수 있는 쟁의권을 의미하며, 이는 근로자가 그의 주장을 관철하기 위하여 업무의 정상적인 운영을 저해하는 행위를 할 수 있는 권리라고 할 수 있다).

18) 신인령, 99~101면.

19) 김유성Ⅱ, 209면; 김형배, 1326면; 이상윤b, 766면; 菅野和夫, 573면; 대법원 1990. 5. 15. 선고 90도357 판결[근로자가 노동조합을 조직하거나 가입했을 때에는 단체행동권으로서 쟁의권과 조합활동권이 있음은…분명할 뿐만 아니라 실제상으로도 쟁의권과 단체교섭 이외의 단결체의 행동(전형적으로 삐라 첩부나 배포, 완장착용, 집회, 머리띠, 연설 등의 활동)을 일정한 범위 내에서 보장할 필요성이 있기 때문에도 이를 인정하여야 한다. 그런데 이러한 조합활동권도 쟁의권과 함께 정당성이 있는 범위 내에서 형사 면책이 되는 것임은 위에서 본 바에 의하여 명백하고…].

20) 임종률, 217면.

을 관철하기 위한 대항행위로 이루어지는 집단행동도 있다는 점에서 조합활동 전부를 헌법상 단체행동의 범주에서 제외하는 것은 타당하지 않다. 한편, 최광의설에 의하면, 단체행동은 업무의 정상적인 운영을 저해하는 쟁의행위와 그 밖의 단체행동으로 구별된다.

생각건대, 헌법이 단결권과 단체교섭권을 별도로 보장하고 있고, 쟁의행위와 사용자 대항적 조합활동의 구분이 명확하다고 보기 어려우므로 헌법상 단체행동에는 쟁의행위뿐만 아니라 단체과시와 조합활동(특히 사용자 대항적 조합활동)을 포함하는 것으로 이해하는 것이 타당하다.

2. 노동쟁의

가. 노동쟁의의 의의

노조법은 '노동쟁의'를 '노동조합과 사용자 또는 사용자단체 사이에 임금·근로시간·복지·해고 기타 대우 등 근로조건의 결정에 관한 주장의 불일치로 인하여 발생한 분쟁상태'로 정의하고 있다(법 2조 5호 1문).[21] 이 경우 '주장의 불일치'라 함은 당사자 간에 합의를 위한 노력을 계속하여도 더는 자주적 교섭에 의한 합의의 여지가 없는 경우를 말한다(법 2조 5호 2문). 그러므로 평화적인 단체교섭이 단체협약의 체결에 이르지 못하고 멈춘 경우에는 노사 당사자가 어떠한 형태의 실력행사를 하지 않더라도 노동쟁의는 발생한 것으로 된다.[22] 따라서 노동쟁의는 파업·태업 또는 직장폐쇄와 같은 투쟁행위 내지 대항행위를 전제하지는 않는다. 즉 우리 노조법상 '노동쟁의'는 노사 간 잠재적 분쟁(노동분쟁)상태를 표현한다면, '쟁의행위'는 노사 간 현실적 투쟁행위를 의미한다. 위 용어로 표현하면 공무원노조나 교원노조는 쟁의행위는 할 수 없지만 노동쟁의(노동분쟁)는 가능한 것이다. 법적으로 본다면 상태는 행위를 포섭할 수 없기 때문에 두 용어의 해석과 적용은 달라야 한다.

엄밀히 말하면 노동쟁의는 노조법상 노동쟁의의 조정제도가 마련되어 있기 때문에 필요한 개념이다.[23] 모든 노동쟁의(노사 당사자간 분쟁상태)는 쟁의행위의 전제가 된다. 반면에, 쟁의행위는 단체교섭이 진행되는 과정에서도 이루어질 수 있고, 특히 정치파업이나 동정파업 등이 쟁의행위에 포함된다고 보는 경우에는

21) 노동쟁의와 쟁의행위 개념의 입법과정과 그 내용에 대한 비판으로는 강희원, 39~48면.
22) 김형배, 1325면.
23) 박홍규a, 767면.

사용자와의 사전적 분쟁상태인 '노동쟁의'는 존재하지 않게 된다.[24] '쟁의'란 단어로 '노동쟁의'와 '쟁의행위'가 연결되어 있지만, 실질적으로 그 개념을 보면 전자는 상태를, 후자는 행위를 표현하고 있다.

나. 구별의 실익

노동쟁의와 쟁의행위를 구별하는 실익은 평화적인 단체교섭이 결렬되어 분쟁상태가 발생한 다음 다시 실력행사인 투쟁상태에 돌입하게 되는 시기를 확정하여 노조법상의 여러 규정을 적용하는 데 있다.[25]

노동쟁의는 평화적인 단체교섭이 실패하면 사실상 발생하는 것이지만, 노조법은 노동관계 당사자 일방이 상대방에게 서면으로 통보를 하게 함으로써 노동쟁의의 발생 시기를 객관적으로 명확하게 확정할 수 있도록 하고 있다(법 45조 1항). 노조법상 적법한 쟁의행위가 행해지기 위해서는 먼저 조정을 신청해야 하고(법 45조 2항 1문, 53조), 그로부터 일정한 조정기간이 경과되지 않으면 안 된다(법 54조).

3. 조합활동

가. 조합활동의 개념

조합활동은 일반적으로 노동조합이 단결력을 유지·강화하기 위하여 행하는 일상적 모든 활동을 의미하고,[26] 단체교섭·단체행동 및 이와 직접적으로 관련된 활동을 제외한 좁은 의미로 사용되고 있다.[27] 이러한 좁은 의미의 조합활동에는 대체로 조합원의 모집·가입권유, 노동조합 방침의 결정·홍보·집행, 게시판·조합사무소 등의 회사 시설물의 사용, 각종 현수막·유인물 등 홍보물의 배포·부착, 조합비의 징수, 공제·수양·기타 복리사업 등이 포함된다.[28]

좁은 의미의 조합활동도 주로 내부 단결력을 유지·강화하기 위해 이루어지지만, 단결력의 유지·강화는 근로조건의 유지·개선, 사회·경제적 지위 향상을 위한 것이고, 근로자의 집단적 활동이라는 점에서는 쟁의행위와 그 목적과 주체가 유사하다. 다만, 좁은 의미의 조합활동은 사용자의 노무지휘권 및 시설

---

24) 임종률, 218면.
25) 김형배, 1326면.
26) 김유성Ⅱ, 96면; 김형배, 1136면; 박홍규a, 917면; 이병태, 184면; 임종률, 112면.
27) 이상윤b, 613면.
28) 이상윤b, 613면.

관리권과 충돌하기도 하지만 일반적으로 사용자의 업무를 저해하지 않는 범위에 머무르고, 그 태양이 사용자에 대항하는 행위가 아니라 조합 내부의 활동이라는 점에서 쟁의행위와 구별된다.

따라서 쟁의행위와의 구별이 문제되는 조합활동은 근로자나 노동조합 등 근로자단체가 노동3권을 행사하는 과정에서 이루어지는 일련의 활동을 총칭하는 넓은 의미의 조합활동이다.[29)]

이러한 조합활동은 노동3권에 터 잡은 것이기도 하지만 집회·결사의 자유에 근거한 것이기도 하다. 일부 학설과 판례는 단체행동권에는 쟁의행위를 할 수 있는 쟁의권과 함께 조합활동을 할 권리가 포함된다고 하면서 조합활동을 할 권리의 근거를 단체행동권에서 찾고 있고,[30)] 그 근거는 쟁의행위가 아닌 조합활동을 단체행동으로서 보호하지 않을 경우 쟁의행위의 개념을 흐리게 할 우려가 있기 때문이라고 한다. 그러나 결사의 자유 내지 단결권은 단결체를 형성할 권리뿐만 아니라 그 단체를 운영할 권리도 포함한다고 보아야 하기 때문에 넓은 의미의 조합활동의 권리와 이에 대한 민·형사책임의 면책효과도 기본적으로 집회·결사의 자유 및 노동3권 중 단결권, 나아가 포괄적으로 노동3권 모두에 근거하여 보장되는 것이라고 보아야 한다.[31)]

나. 조합활동과 쟁의행위의 구별

(1) 구별의 실익

넓은 의미의 조합활동은 근로자의 결사의 자유 또는 포괄적으로 노동3권에 바탕을 둔 것이고, 그 중에도 쟁의행위는 다른 조합활동과 구별하여야 할 필요가 있다.

첫째, 노조법은 쟁의행위에 대하여 그 시기·절차 등에 관하여 특별 규정을 두고 이를 규율하지만 조합활동에 관하여는 원칙적으로 특별한 규율을 하고 있지 않다.

둘째, 쟁의행위에 대한 시기·절차 관련 규정 위반만으로 쟁의행위의 정당성이 반드시 부정되는 것은 아니지만 그 준수 여부는 쟁의행위의 정당성 판단의 근거 중 하나가 되기도 한다. 하지만, 조합활동은 노조법의 제한을 받지 않

29) 사법연수원a, 112면.
30) 김유성Ⅱ, 31면; 이병태, 86면; 대법원 1990. 5. 15. 선고 90도357 판결.
31) 김형배, 1137면; 박홍규a, 669면; 사법연수원a, 113면; 이상윤b, 613면; 임종률, 112면.

으므로 쟁의행위와는 정당성 판단 기준이 달라진다.

셋째, 교원 노동조합과 공무원 노동조합은 쟁의행위를 할 수 없고(교원노조법 8조; 공무원노조법 11조), 주요 방위산업체에 종사하는 근로자 중 특정한 업무에 종사하는 근로자는 쟁의행위를 할 수 없지만(법 41조 2항), 조합활동은 그러한 제한을 받지 않는다.

(2) 구별의 기준

사용자에 대항하는 대외적 의사표현 형태로 이루어지는 조합활동, 예를 들어, 집회 · 연설, 유인물 배포 · 부착, 리본 달기, 머리띠 기타 복장 착용 등과 쟁의행위의 구별이 문제된다. 특히 위와 같은 조합활동이 취업시간 내에 이루어져 사용자의 노무지휘권과 충돌하거나, 기업 시설 내에서 이루어져 사용자의 시설관리권과 충돌하는 경우가 문제된다.

노조법 2조 6호는 쟁의행위의 개념적 징표로 '주장 관철 목적'과 '업무저해성'을 요구하고 있으므로, 조합활동과 쟁의행위는 그 행위의 목적과 태양(성격, 수단)을 기준으로 구별하는 것이 일반적이다.[32] 즉 근로자의 집단적 행동으로서, 행위의 직접적인 목적이 사용자에 대하여 근로조건의 결정에 관한 주장의 관철을 위한 것이고, 행위의 태양 면에서 사용자 업무의 정상적인 운영을 저해하는 것이라는 두 가지 요건을 갖추고 있으면 쟁의행위에 해당하고, 그 밖에 조합원으로서 단결력의 유지 · 강화를 위해 행하는 여러 가지 활동을 포괄하여 조합활동이라고 볼 수 있다.

그러나 노사관계의 현실에서는 양자 중 어디에 속하는 행위인지가 불분명한 경우가 적지 않게 발생한다. 파업이나 태업 등 주된 쟁의행위에 수반하여 다양한 부수활동이 이루어지는 것이 일반적이고, 이러한 부수 활동은 주된 쟁의행위를 수행하기 위한 것이기도 하지만, 내부 단결력의 유지 · 강화를 위한 것이기도 하다. 또, 반대로 시기적으로 쟁의기간이 임박한 시기에 이루어지는 유인물 배포 및 부착, 조합 집회, 평상복 근무, 집단적인 리본 패용 등의 조합활동은 단순히 내부 단결력의 유지 · 강화만을 목적으로 하지 않고, 사용자에 대한 단체과시나 압박의 목적이 있는 경우가 있다. 경우에 따라서는 정시 출 · 퇴근 · 휴가사용 · 시간외근로거부의 집단적 행사 및 안전투쟁과 같이 외견상 통상적인 업무

32) 김유성Ⅱ, 213면; 사법연수원a, 114면.

의 저해를 수반하는 형태로 조합활동이 이루어지기도 한다(준법투쟁에 대해서는 Ⅲ.항에서 후술한다).

따라서 쟁의행위와 그 밖의 조합활동을 구별하는 핵심 표지는 '업무저해성' 여부에 있다고 봄이 상당하다. 조합활동이 정상적인 업무 운영을 방해한 것이라면 쟁의행위에 해당하고, 방해한 것이 아니라면 단순 조합활동에 불과하다(보다 구체적 내용은 법 2조 6호에 대한 해설 Ⅲ. 3. 가. 참조).

이에 대하여, 쟁의행위의 핵심적 징표를 주관적으로 '쟁의의사'와 객관적으로 '집단적인 노무중단'으로 보는 견해에서는 위와 같은 조합활동에는 쟁의의사와 집단적인 노무중단이 존재하지 않으므로 이를 쟁의행위로 보는 것은 부당하고, 통상의 조합활동 또는 쟁의기간 중의 조합활동으로 보아야 한다고 한다.[33] 물론, 이 견해도 그것이 정당한 조합활동으로 평가될 것인지는 조합활동의 정당성 판단 여하에 달린 문제라고 한다.

판례는 택시 회사 노동조합의 조합장이 설날 연휴 기간에 연차휴가를 사용할 것을 조합원들에게 교육하고, 조합원 합계 45명이 연차휴가를 이유로 결근함으로써 택시 90대가 결행된 사안에서, 노동조합은 회사로부터 거부당한 요구 사항을 관철하고 회사의 정상적인 업무수행을 저해할 의도로 근로자들에게 집단적으로 연차휴가를 사용할 것을 선동하고 이에 따라 근로자들의 집단적 연차휴가 사용 및 근로제공 거부행위가 이루어졌으므로 쟁의행위에 해당한다고 보는 등,[34] 일관하여 집단행동의 실질적인 목적과 집단행동으로 인한 업무저해 여부를 기준으로 조합활동과 쟁의행위를 구별하고 있다.

Ⅲ. 쟁의행위의 개념 요소

쟁의행위의 개념 요소를 노조법 2조 6호의 규정에 따라 주체 · 목적 · 방법 등으로 나누어 본다.

1. 주체: 노동관계 당사자

쟁의행위의 주체는 쟁의행위를 할 수 있는 법적 자격을 갖추고 있는 자를

33) 정인섭a, 144~145면.

34) 대법원 1996. 7. 30. 선고 96누587 판결.

말한다. 헌법상 단체행동(헌법 33조 1항)의 주체는 개별 근로자 및 근로자 단결체라고 해석되지만, 개별 근로자는 노조법의 규정에 따라 근로자단체인 노동조합을 통해서 쟁의행위를 할 수 있다고 풀이된다.[35]

노조법 2조 6호는 쟁의행위의 주체를 '노동관계 당사자'로 규정하고 있고, 5호에 의하면 노동관계 당사자는 노동조합과 사용자 또는 사용자단체에 한정된다. 쟁의행위가 단체협약의 당사자가 될 수 있는 자에 의해서 이루어지는 것이어야 한다는 것이 다수설이지만,[36] 소수설에 의하면 헌법상 단체행동권의 주체는 근로자 개인이 될 수 있고, 노동조합으로 한정하여 해석할 것은 아니라 한다.[37]

쟁의행위는 노동조합의 조직적·통일적 의사결정에 따라 노동조합 자신의 활동이라는 점에서 집단적이고, 다수 근로자의 공동행위로 실현된다는 점에서 집단적이다. 따라서 다수 근로자 개개인이 우연히 동시에 작업을 중단하는 것은 쟁의행위가 아니고, 다수 근로자 중 일부만 작업을 중단하더라도 노동조합의 지시에 따라서 이루어진 부분 파업 또는 지명 파업은 쟁의행위에 해당한다.[38]

가. 노동조합

(1) 노조법상의 노동조합

노조법상의 노동조합, 즉 노동조합의 실질적 성립 요건과 형식적 성립 요건을 모두 구비한 노동조합이 쟁의행위의 주체가 될 수 있음은 의문의 여지가 없다.

노조법상의 노동조합이 쟁의행위의 주체라도, 노동조합의 조합원인 근로자가 사용자와 사이에 현실적인 근로관계가 존재하여야 하는지 여부가 문제될 수 있다. 일반적으로 근로관계가 존재하는 경우가 대부분일 것이지만, 형식적으로는 근로관계가 소멸되거나 없다고 판단되는 경우가 있을 수 있다.[39] 예컨대 상당 기간 단기 근로계약이 반복 갱신되어 왔고, 앞으로도 고용의 존속을 기대할 수 있는 상황에 있는 근로자의 경우 일시적으로 반복 갱신이 중단되었다 하더라도 실질적인 근로관계는 존재한다고 보아야 할 것이므로 이러한 근로자들의

35) 사법연수원a, 256면.
36) 김헌수, 106면; 김형배, 3128면; 헌재 1990. 1. 15. 선고 89헌가103 결정.
37) 박제성b, 78~80면.
38) 임종률, 215면.
39) 정인섭a, 72면.

노동조합도 쟁의행위가 주체가 된다.[40] 또, 해고된 조합원의 경우 해고의 정당성 등을 다투고 있다면 아직 근로관계는 소멸하지 않은 것이므로 그 근로자의 노동조합 역시 쟁의행위의 주체가 될 수 있다(법 5조 3항).

한편, 쟁의행위는 기본적으로 근로자의 단체교섭이 실패하는 경우 그 주장을 관철하기 위하여 행하는 것이므로 쟁의행위의 주체는 단체교섭의 주체가 된다는 것이 다수설이다.[41]

이에 대해서 헌법상 단체행동은 노동조합에만 인정된 것이 아니므로 일시적인 근로자단체도 쟁의행위의 주체가 될 수 있다고 하거나, 쟁의행위의 주체를 단체교섭의 주체 또는 단체협약 체결능력이 있는 근로자단체로 한정하는 것은 쟁의행위의 정당성 판단을 개념론과 결부시키는 것으로 받아들이기 어렵다는 견해가 있다.[42]

(2) 설립신고를 하지 않은 노동조합

노동조합의 실질적 요건을 갖추었으나 설립신고를 하지 않아 형식적 요건을 갖추지 못한 노동조합(헌법상의 단결체)이 노조법상 쟁의행위의 주체가 될 수 있는지 여부에 관하여 학설상 다툼이 있다.

먼저, 긍정하는 견해는 설립신고를 하지 않는 노동조합도 헌법상의 단결권 보장의 대상이 되고, 노조법이 인정하는 법적 보호를 받지는 못하지만 헌법상의 단체교섭권·단체협약체결권과 함께 민·형사 면책권을 인정받을 수 있다고 한다.[43] 이에 따르면 노조법 2조 6호의 '노동조합'은 근로자 개인이 주체가 될 수 없다는 점을 강조하기 위한 예시규정이고,[44] 다만 노조법 37조 2항에 따라 노조법상의 노동조합에 의하여 주도되지 않은 쟁의행위가 금지되어 있을 뿐이라고 한다.[45]

이에 대하여, 노동조합에 인정되는 노조법의 보호조치는 법이 요구하는 최소한의 요건을 갖춘 노조법상의 노동조합에만 인정된다고 보는 것이 법의 근본

40) 이병태, 299면.
41) 김형배, 1328면; 이상윤b, 772면; 대법원 1995. 10. 12. 선고 95도1016 판결, 헌재 1990. 1. 15. 선고 89헌가103 결정.
42) 이병태, 298면; 정인섭a, 76면.
43) 김유성Ⅱ, 219면; 김형배, 996면; 박홍규a, 771면; 윤승진, 277면; 이병태, 298면; 임종률, 215면.
44) 임종률, 199면.
45) 이병태, 298면.

취지라는 이유에서 형식적 요건을 갖추지 못하는 노동조합은 노조법상의 쟁의행위 주체가 될 수 없다는 부정설이 있다.[46] 부정설에 의하면 설립신고를 하지 않은 '근로자단체'는 설립요건을 구비하여 노조법상의 노동조합이 되기 위한 활동 등 일부 제한된 범위 내에서만 헌법상 단결권을 행사할 수 있을 뿐이라 한다.[47]

판례는 노동조합 설립신고를 하지 않은 근로자단체를 '근로자들의 단결권의 결합체', 신고서가 반려된 근로자단체를 '인적 집합체'라고 하여 노조법상의 노동조합과 구별하면서[48] 쟁의행위의 당사자능력을 단체교섭의 주체로서 단체협약 체결능력이 있는 노동조합이라고 보고서, 설립신고를 마치지 않은 단결체는 노조법상의 노동조합이 아니라고 보고 있다.[49]

생각건대, 헌법상 단체교섭권 및 단체행동권은 근로자가 그들의 단결체를 통하여 사용자 또는 사용자단체와 교섭하고, 그 교섭의 결과 합의된 사항에 관하여 단체협약을 체결하며, 단체교섭이 결렬된 경우 이를 강제하기 위하여 단체행동에 나아가는 권리를 말하므로, 노동조합이 그 실질적 요건을 갖추어 권리능력이 있는 단체로서 인정할 수 있는 근로자단체에 해당하면, 헌법상 단체교섭권 및 단체행동권의 주체가 될 수 있다고 할 것이다.[50]

앞서 본 설립신고를 하지 않은 노동조합을 포함하여 설립신고가 반려되거나 설립신고 후 '노조 아님' 통보를 받은 노동조합을 통상 '법외노조(法外勞組)'라 하여 단체교섭이나 쟁의행위의 주체가 될 수 있는지 여부가 논의되어 왔다. 이 문제는 1) 전국 공무원 노동조합의 설립신고 반려 사건,[51] 2) 이주(외국인)노동자 설립신고 반려 사건,[52] 3) 전교조 법외노조 통보 사건[53] 등에서 법외노조의 법적 지위가 어떠한 것인지에서 문제되었다. 대법원은 노조법상 노동조합이 아닌 '근로자 단결체라도 무조건 단체교섭권 등이 없는 것은 아니다'라고 한 적이 있으나[54] 실제 법외노조의 적법한 쟁의행위 능력을 구체적으로 인정한 사례는 없다.

46) 김헌수, 106면; 이상윤b, 772면; 정기남, 24면.
47) 이상윤b, 583면.
48) 대법원 1996. 6. 28. 선고 93도855 판결, 대법원 1979. 12. 11. 선고 76누189 판결.
49) 대법원 1991. 5. 24. 선고 91도324 판결 등 다수.
50) 사법연수원a, 256면.
51) 대법원 2016. 12. 27. 선고 2011두921 판결.
52) 대법원 2015. 6. 25. 선고 2007두4995 전원합의체 판결.
53) 대법원 2020. 9. 3. 선고 2016두32992 전원합의체 판결.
54) 대법원 1997. 2. 11. 선고 96누2125 판결(전국기관차협의회 사례).

생각건대, 단체교섭과 단체협약이 협약의 체결능력, 즉 권리의무를 담지할 수 있는 법적 주체가 있어야 하고, 그 행위가 법률행위로서의 성격을 내포하고 있다는 점에서 법적 주체가 필요한 반면, 쟁의행위는 교섭이나 협약과 달리 사실행위로서의 성격을 내포하고 있어 그 행위능력은 다른 관점에서 접근할 필요가 있다. 쟁의행위가 적법한 노동조합만의 전유물로 된다면 그와 다른 노동단체들의 행위들은 불법이 되어 합법적 공간이 아닌 영역을 더 확장시키는 문제가 발생한다.

(3) 노동조합의 지부·지회

노동조합의 지부·지회가 노조법상의 노동조합은 아니지만, 독자적인 단체교섭권이 있는 경우 지부·지회의 쟁의행위가 노조법상의 쟁의행위인지 여부가 문제된다. 이는 쟁의행위의 주체인 하나의 근로자단체 내부에 소수 근로자 또는 지부·지회가 독립하여 쟁의행위의 주체가 될 수 있는지 여부에 관한 문제로서, 노조법상 노동조합이 아닌 노동조합 또는 근로자단체가 쟁의행위의 주체가 될 수 있는지의 문제와 다르다.

노동조합 내부의 소수 조합원 또는 지부·지회가 쟁의행위를 하는 경우는 1) 노동조합의 의사에 반하여 하는 비공인 쟁의행위(살쾡이파업 등)가 있고, 2) 지부·지회·분회 등 산하 조직이 그 자체로서 독자적인 규약과 의결기관을 갖는 등 단체로서 그 실체를 갖추고 있는 경우에 쟁의행위를 하는 경우가 있다. 후자는 주로 노동조합이 산업별 또는 초기업별로 조직되어 있고 하부 조직으로 지부·지회·분회 등을 두는 경우에 발생하는데, 이들 하부 조직이 노조법상 노동조합의 하부 조직이지 노동조합 자체는 아니기 때문에 쟁의행위의 주체가 될 수 있는지 문제된다. 그러나 판례와 학설은 주로 단체교섭의 당사자가 될 수 있는지 여부와 연결하여 논의되고 있다.

단체교섭 체결능력에 국한해서 보면, 학설은 ① 지부·지회가 단위노조의 하부 조직으로서 단위 노조로부터 단체교섭 권한을 할양받은 경우에는 단체교섭 당사자의 지위를 갖는 것으로 보아야 한다는 견해,[55] ② 단위 노조의 지부·분회 등 산하 조직은 그 자체 독자적인 노동조합이 아니기 때문에 원칙적으로 단체교섭권이 없다는 견해,[56] ③ 단위 노조의 지부나 분회도 독자적인 규약 및

55) 김형배, 1198~1199면; 박상필, 422면.

56) 임종률, 124면.

집행기관을 가지고 독립된 단체로서 활동을 하는 경우에는 당해 조직에 특유한 사항에 대하여 단체교섭의 당사자가 될 수 있고, 다만 지부나 분회는 상부조직인 노동조합의 통제에 따라야 한다는 견해,[57] ④ 노동조합의 실질적 요건과 형식적 요건을 충족하지 못한 하부 조직은 단체교섭의 주체 또는 당사자는 될 수 없고 단체교섭의 담당자가 될 뿐이라는 견해[58] 등이 있다.

판례는 노동조합의 하부 단체인 분회나 지부가 독자적인 규약 및 집행기관을 가지고 독립된 조직체로서 활동을 하는 경우 당해 조직이나 그 조합원에 고유한 사항에 대하여는 독자적으로 단체교섭하고 단체협약을 체결할 수 있고, 이는 그 분회나 지부가 그 설립신고를 하였는지 여부에 영향받지 아니한다고 하여 기본적으로 ③설과 입장을 같이하고 있다.[59]

위와 같은 학설과 판례는 ④설을 제외하고는 규약 및 집행기관 등 객관적 실태에 따라 판단할 것인지 아니면 단위 노조의 단체교섭 권한의 할양·수권 등 주관적 의지에 따라 판단할 것인지로 크게 구분된다.[60] 즉 전자는 지부·지회가 단체교섭의 당사자가 될 조직적 실체와 독립성을 갖추었는지를 기준으로 판단하지만, 후자는 독립적 단체로서 실체를 갖춘 하부 조직이 단위 노조 등의 규약 등에 의해 구체적으로 하부 조직으로 하여금 단체교섭을 할 수 있도록 허용하고 또 단체교섭을 할 의사를 갖추었는지 여부를 기준으로 판단한다.

이와 관련하여 하부 조직의 단체교섭 당사자 지위가 인정되기 위해서는 우선 비법인 사단의 요건을 갖추어 사단성이 획득되어야 하고, 유효한 규약 등으로 단체교섭을 목적으로 하고 있어야 하는 것인데 ③설과 판례는 하부 조직이 비법인 사단인지 여부만을 중시해 판단하고 있다고 비판하며, 이러한 견해는 단결자치의 원칙을 훼손할 우려가 있다며 비판한다.[61]

위의 경우는 모두 노동조합 지부·분회의 단체교섭 및 단체협약 체결 능력에 관한 것이어서 쟁의행위 주체가 될 수 있는지와는 다소 거리가 있다. 판례는 산별노조의 총파업이 아닌 사내하청 지회에서 그 지회에 한정한 쟁의행위 찬반투표를 실시해 그 찬성을 얻어 한 쟁의행위를 절차적으로 적법한 것이라 하

57) 김유성Ⅱ, 123면; 노재관, 186면.
58) 이상윤b, 668면.
59) 대법원 2008. 1. 18. 선고 2007도1557 판결, 대법원 2001. 2. 23. 선고 2000도4299 판결.
60) 김기덕b, 229면.
61) 김기덕b, 229면.

여[62] 지부·분회의 쟁의행위 능력을 긍정하고 있다.

나. 비노조파업

(1) 일시적 쟁의단

법내노조(노조법상의 노조) 또는 법외노조가 설립되어 있지 않은 사업장에서 미조직 근로자가 근로조건에 관한 일정한 주장을 관철하기 위하여 일시적으로 결성한 조직체에 해당하는 경우 이러한 일시적 단결체가 쟁의행위의 주체가 될 수 있는지 여부에 관하여도 견해가 나뉜다.

① 긍정설: 쟁의행위의 주체성을 단체교섭이나 단체협약 체결능력의 유무에 따라 결정할 것은 아니고, 헌법상 개별 근로자가 쟁의권의 주체로 인정되는 이상 개별 근로자들이 결성한 단결체가 일시적이라 하더라도 이를 통하여 쟁의행위를 할 수 있다고 보아야 한다는 견해이다.[63] 이 견해 중에는 일시적 쟁의단이 한 쟁의행위가 목적과 수단에서 정당하다면 일시적 조직체라는 이유만으로 쟁의행위의 정당성이 부인되어서는 안 된다는 입장, 쟁의단은 단체협약의 주체는 될 수 없지만, 단체교섭의 주체는 될 수 있으므로 쟁의행위의 주체가 될 수 있다는 입장,[64] 쟁의단은 일시적인 존속을 전제로 하므로 일반적으로 쟁의행위의 주체가 될 수 없지만, 이를 이유로 일률적으로 쟁의행위의 주체에서 배제하는 것은 부당하고, 예외적인 경우, 예컨대 노동조합의 결성과정에서 노동쟁의가 발생하였거나 다수의 해고 근로자 또는 해고 대상 근로자의 복직 또는 해고 조건을 둘러싸고 노동쟁의가 발생하여 근로자 측이 집단적으로 실력행사를 하는 경우처럼 사안의 성격상 일시적 쟁의단이 주체가 될 수밖에 없다고 인정되는 경우에는 단체교섭이나 단체협약 체결능력이 없다고 하더라도 쟁의행위의 주체성을 인정할 수 있다는 입장 등이 있다.[65]

② 부정설: 일시적 쟁의단이 사단의 조직적 실체를 갖추고 있지 않으면 노조법 2조 4호 본문의 노동조합의 개념에 합치하지 않고 근로자단체로서의 법적 보호를 받을 수 없으므로 단체교섭의 정당한 당사자가 될 수 없고 따라서 쟁의행위의 주체도 될 수 없다고 보거나, 일시적 쟁의단은 노동조합의 실질적 요건

62) 대법원 2009. 6. 23. 선고 2007두12859 판결: 같은 취지의 대법원 2004. 9. 24. 선고 2004도4641 판결.

63) 이병태, 298면.

64) 신인령, 154면; 임종률, 244면.

65) 김유성Ⅱ, 217면.

을 갖추고 있지 않으므로 쟁의행위의 주체가 될 수 없다는 견해이다.[66)]

(2) 비공인 쟁의행위(살쾡이파업)

비공인 쟁의행위는 법내노조 또는 법외노조, 즉 정당한 쟁의행위의 주체가 별도로 설립되어 있는 사업장에서 조합원 중 일부가 근로조건에 관한 주장을 관철하기 위해 쟁의행위를 하는 경우이다. 위와 같은 사업장에서 조합원이 아닌 비조합원이 쟁의행위를 하는 경우에는 일시적 쟁의단에 준하여 판단하면 될 것이다.

소수 조합원이 노동조합의 지시·통제를 벗어나 쟁의행위를 하는 경우 노동조합의 내부 통제 위반 문제에 해당할 뿐 쟁의행위의 정당성에는 영향을 미치지 못하므로 소수 조합원도 쟁의행위의 주체성이 부정되는 것은 아니라는 견해도 과거 있었으나,[67)] 노조법은 노동조합이 결성된 사업장에서 조합원 중 일부가 노동조합이 주도하지 않는 쟁의행위를 하는 것을 금지하는 37조 2항을 두어 입법적으로 해결하였다.[68)] 판례는 노동조합의 승인 없이 또는 지시에 반하여 쟁의행위를 하는 일부 조합원의 집단을 정당한 쟁의행위 주체로 인정하지 않고 있다.[69)]

2. 목 적

가. 노동관계 당사자 주장의 관철

(1) '주장'의 관철

노조법 2조 6호는 근로자 쟁의행위의 태양(수단·방법) 요소로서 사용자 업무의 정상적 운영을 저해하는 행위로 규정하고 있다. 그러나 사용자의 업무는 근로자들의 취업규칙 위반 행위나 범죄행위, 단순한 기업 내 질서 위반 행위 등 다양한 원인에 의해서 저해될 수 있다. 또 업무의 저해행위가 실제로 업무저해의 결과를 가져온 행위만으로 한정되는 것이 아니라 업무의 저해를 가져올 위험성이 있는 행위를 포함한다고 보면, 업무저해행위의 범위는 매우 확대될 수 있음을 알 수 있다. 이와 같은 광범위하고 추상적인 업무저해행위의 개념을 노사당사자의 '주장의 관철'이라는 요소를 통해 한정함으로써 쟁의행위의 개념을

66) 김형배, 1345면; 이상윤b, 336면.
67) 신인령a, 154면.
68) 사법연수원a, 260면; 이병태, 334면.
69) 대법원 1995. 10. 12. 선고 95도1016 판결, 대법원 1997. 4. 22. 선고 95도748 판결.

어느 정도 객관화하는 기능을 하고 있다고 볼 수 있다.[70] 즉 업무저해행위가 직접적으로 사용자가 받아들이지 않는 노동조합의 주장을 관철할 의도 하에 행해져야 함을 의미한다. 따라서 예컨대 노동조합의 주장을 관철하려는 목적 없이 또는 그러한 목적이 있다 하더라도 그러한 목적보다는 더 지배적인 다른 목적을 이루기 위해 노무제공을 거부하거나 불완전하게 제공함으로써 결과적으로 사용자의 업무저해를 가져오더라도 그러한 집단행동은 쟁의행위가 아니다.[71]

(2) 주장의 '관철'

주장의 '관철'이란 문언 그대로의 의미만을 보면, 상대방으로 하여금 그 주장을 전면적으로 수용하게 하는 것을 말하지만, 현실적으로 이는 불가능한 경우가 많고 실제로 노동조합이 이를 목적으로 하는 경우도 드물다. 따라서 주장의 '관철'은 그 주장을 되도록 수용하도록 상대방의 의사결정에 영향력을 미치는 것으로 보아야 한다.[72]

이와 관련하여 경고 · 항의를 위한 파업이 쟁의행위의 목적에 포섭될 수 있는지 여부가 문제된다. 경고 · 항의파업은 직접 근로조건에 관한 구체적인 주장을 관철할 것을 목적으로 하지 않고, 특정한 사항에 대한 경고 · 항의와 같은 의사표현을 목적으로 한다는 점에서 특징적이다. 이러한 경고 · 항의파업은 경고 · 항의의 내용이 정치파업 또는 동정파업의 내용과 동일하거나 그에 유사한 것이라면 경고 · 항의파업 역시 그에 준하여 판단하면 충분하다. 문제는 경고 · 항의의 내용이 근로조건의 유지 · 개선과 관련되어 있을 뿐만 아니라 경고 · 항의의 상대방이 당해 사용자인 경우, 즉 사용자가 경고 · 항의의 내용을 받아들일 수 있고, 그 결과 근로조건을 유지 · 개선할 수 있는 경우이다.

그러나 경고 · 항의파업은 상대방의 의사결정에 영향력을 미치려는 쟁의행위인 이상 주장의 표명(시위)이나 상대방의 행위를 중단하거나 시정하게 하려는

70) 이러한 목적 기능은 형사법에서 목적범과 유사하다고 볼 수 있다. 예컨대 형법상 내란죄의 행위는 '폭동'인데, 폭동은 다수인이 결합하여 폭행 · 협박하는 것이다. 그러나 이러한 '폭동'은 목적 개념과 분리해서 생각하면 다양한 이유에서 야기될 수 있고, 그 정도 또한 추상적이다. 이러한 다양하고 추상적인 폭동 개념을 형법은 '국토를 참절하거나 국헌을 문란할 목적'에 의해 객관화하고 있다. 즉 목적 개념은 폭동이 위와 같은 목적으로 직접적으로 야기되어야 할 뿐만 아니라 위와 같은 목적을 달성하는 데 충분한 정도로 다수인이 폭동 · 협박을 하여야 한다는 해석을 가능하게 하는 기능을 수행한다[주석형법 각칙(1), 63면].

71) 대법원 1994. 5. 10. 선고 93누15380(지부 결성을 목적으로 집단적으로 월차휴가를 사용한 것은 쟁의행위가 아니라 조합활동이라고 한 사례이다).

72) 임종률, 216면.

항의도 주장의 '관철'에 포함된다. 따라서 파업의 준비가 되었음을 알리는 경고파업이나 상대방의 행위에 항의의사를 표명하는 항의파업도 쟁의행위의 개념에 포섭된다고 본다.[73]

(3) 여러 주장의 경합

일반적으로 하나의 쟁의행위에서 제기되는 요구 주장은 여러 가지이고, 그 중 일부가 쟁의행위의 목적이 될 수 없는 경우가 있다. 이러한 경우 주된 목적 내지 진정한 목적의 당부에 의하여 그 쟁의행위 목적의 당부를 판단하여야 할 것이고, 부당한 요구 사항을 뺐더라면 쟁의행위를 하지 않았을 것이라고 인정되는 경우에만 그 쟁의행위 전체가 정당성을 가지지 못한다.[74]

무엇을 주된 목적 내지 진정한 목적으로 볼 것인지는 단체교섭의 내용 및 경과, 쟁의행위에 이르게 된 경위, 쟁의행위 전후의 노동조합과 사용자의 상황 등 여러 사정을 종합적으로 고려하여 객관적으로 판단해야 할 것으로 본다.

나. 근로조건

쟁의행위는 헌법상 단체행동권의 행사이므로 쟁의행위의 목적은 단체행동권을 보장한 목적에 의해서 규정된다.[75] 헌법 33조 1항은 단체행동권의 목적이 근로조건의 향상에 있음을 명시하고 있으므로 쟁의행위의 목적도 근로조건의 향상에 있다고 보는 것이 타당하다.[76] 이 점에서 쟁의행위의 목적 개념은 쟁의행위가 헌법상 단체행동의 하나로서 보장된다는 것을 확인하는 계기를 제공한다. 그런데 근로조건의 구체적인 의미를 해석하는 데에 크게 두 가지 입장이 대립하고 있다.[77]

하나는 단체교섭 대상사항 한정설이라고 할 수 있다. 즉 헌법에서 노동3권의 목적을 근로조건의 향상으로 명시하고 있는 이상 쟁의행위도 유리한 단체협

73) 임종률, 216면.

74) 대법원 1992. 1. 21. 선고 91누5204 판결, 대법원 2001. 6. 26. 선고 2000도2871 판결, 대법원 2003. 12. 26. 선고 2001도3380 판결, 대법원 2006. 5. 25. 선고 2002도5577 판결, 대법원 2007. 5. 11. 선고 2006도9478 판결, 대법원 2008. 9. 11. 선고 2004도746 판결 등.

75) 김유성Ⅱ, 219면.

76) 김유성Ⅱ, 219면. 판례는, 근로자공급사업자인 기존 항운노동조합이 신규 항운노동조합의 하역작업을 저지한 행위에 대해 그 주된 목적이 근로조건의 향상이 아니라 신규 항운노동조합을 배제하고 자신의 독점적 지위를 유지·강화하는 데 있는 것으로 보이는 점 등을 고려할 때 노조법상 쟁의행위의 실질을 갖추었다고 보기 어렵다고 판단하였다(대법원 2023. 7. 13. 선고 2022두62888 판결).

77) 김유성Ⅱ, 219면.

약의 체결 또는 단체교섭에서 유리한 지위를 획득하는 것을 목적으로 행사되어야 한다고 한다.[78] 쟁의행위는 사용자에게 손해를 가하는 경우에도 면책효과가 인정되는 권리행사이므로 사용자에게 처분권한이 있고, 단체협약을 통하여 개선될 수 있는 근로조건에 관한 사항을 목적으로 하여야 하고, 그렇지 않은 경우에도 쟁의행위의 개념에 포섭하게 되면 사용자는 자신에게 처분 권한이 없거나 단체협약을 통하여 개선될 수 없는 사항을 목적으로 하는 쟁의행위에 의해서 발생한 손해까지도 수인하여야 하는 결과가 되어 타당하지 않다고 한다.

다른 하나는 단체교섭대상사항 한정부정설이라고 할 수 있다. 이 견해에서는 헌법상 노동3권의 보장 취지가 협의의 근로조건 향상에 국한되지 않는다는 것을 강조한다. 이에 따르면, 헌법 33조의 근로조건을 단체협약을 통해 획득할 수 있는 경제적인 근로조건에 한정하여야 할 근거는 없고, 헌법상 노동3권의 목적도 헌법 10조의 인간의 존엄성과 34조 1항의 인간다운 생활을 할 권리를 구체화하는 데 있으며, 노조법 1조도 그 목적을 근로조건의 유지·개선과 근로자의 경제적·사회적 지위의 향상에 있다고 밝히고 있으므로 근로조건 향상의 의미를 넓게 사회적·경제적 지위의 향상과 관련한 사항이라고 이해하는 것이 타당하다고 한다. 더 나아가 정치·사회문제 등 근로자의 권익 증진에 도움이 되는 사항은 모두 쟁의행위의 목적이 될 수 있다고 하는 견해도 있다.[79]

위와 같은 두 입장의 차이는 쟁의행위의 목적이 ① 사용자에게 처분 권한이 있는 사항에 국한되어야 하는지 여부(처분권한성), ② 단체교섭의 대상 사항에 국한되어야 하는지 여부(단체교섭대상성)에 대한 차이에서 비롯된다.

판례는 쟁의행위가 근로조건의 향상을 위한 노사 간의 자치적 교섭을 조성하기 위한 것, 즉 그 쟁의행위에 의하여 달성하려는 요구 사항이 단체교섭 사항이 될 수 있는 것이어야 한다고 하여 처분권한성 및 단체교섭대상성을 모두 구비하여야 한다고 보고 있다.[80]

다. 사용자의 처분권한성

사용자의 처분권한성 존부가 문제되는 쟁의행위로 종래 정치파업과 동정파업이 쟁의행위의 목적으로 포섭될 수 있는지 여부가 논의되었다.

78) 김형배, 900면; 박상필, 532면.

79) 이영희, 174면.

80) 대법원 2002. 2. 26. 선고 99도5380 판결, 대법원 1994. 9. 30. 선고 94다4042 판결 등 다수.

(1) 정치파업

정치파업이란 행정부 · 입법부 · 사법부 기타 공공단체 등으로 하여금 그 권한에 속하는 일정한 법령 · 정책을 입안 · 입법하게 하거나 이를 저지할 목적으로, 또는 이에 대한 의견을 표명하거나 여론을 노동조합에 유리하게 형성할 목적으로 행하는 파업을 말한다. 정치파업은 쟁의행위의 상대방은 사용자가 아닌 국가 또는 공공단체이면서 쟁의행위로 인한 손해는 그 요구에 대하여 아무런 사실상 · 법률상 처분 권한이 없는 사용자가 입는다는 데 그 특징이 있다.

이러한 정치파업에 대하여 긍정설(정치파업이분설 포함)과 부정설이 있다.

긍정설에는 모든 정치파업이 쟁의행위의 목적으로 정당하다는 견해[81]와, 정치파업을 경제적 정치파업과 순수 정치파업으로 구분하여, 전자, 즉 노동법과 관련된 입법적 요구 또는 사회보장제도의 확충과 같이 그 구체적인 내용이 근로자의 사회적 · 경제적 지위와 관련된 경우에는 쟁의행위의 목적으로 할 수 있지만, 그렇지 않은 경우에는 쟁의행위의 목적이 될 수 없다고 하는 견해가 있다.[82]

부정설은 헌법상 단체행동권은 사용자와의 단체교섭을 위한 수단으로서 보장되는 것이라고 이해하는 단체교섭중심설의 입장에서 사용자의 처분권한을 벗어난 주장의 관철을 목적으로 하는 쟁의행위는 쟁의행위의 목적 범위를 벗어난 것이라고 한다. 따라서 정치파업은 그 목적이 특정한 행정부 요인의 퇴진을 주장하는 것이든 임금 가이드라인의 조정이나 노동법령의 제 · 개정을 주장하는 것이든 모두 허용되지 않는다고 한다.[83]

판례는 쟁의행위가 주로 구속 근로자에 대한 항소심 구형량이 1심보다 무거워진 것에 대한 항의와 석방 촉구를 목적으로 이루어진 것이라면 그것은 쟁의행위로 볼 수 없거나 쟁의행위의 정당한 목적이 아니라고 하여 경제적 정치파업을 포함한 정치파업을 쟁의행위의 목적이 될 수 없다고 하고 있다.[84] 보다 구체적으로 보면, 파업 등 쟁의행위의 목적을 사용자에게 처분 권한이 없는 정책적 · 사법적인 것으로 한 경우에는 그 정당성을 부정하고 있는데, 이를 쟁의행위 자체가 아닌 것으로 볼지 아니면, 쟁의행위이기는 하지만 목적의 정당성이 없다고 볼 것인지는 논란의 여지가 있다.

---

81) 이영희, 194면.
82) 김유성Ⅱ, 222면; 이병태, 323면; 임종률, 246면; 박제성b, 80면.
83) 김형배, 1349면; 박상필, 532면; 이상윤b, 785면.
84) 대법원 1991. 1. 19. 선고 90도2852 판결.

예컨대 1) 구속 근로자의 항소심 구형량에 대한 항의와 석방을 위한 집단 조퇴 및 휴가를 통한 결근과 집회는 구 노쟁법의 규제 대상인 쟁의행위가 아니어서 노조법위반죄는 성립하지 않지만 업무방해죄가 성립한다고 본 사례,[85] 2) 1996년 말 노동법 개정에 반대하는 파업에 대해서도 쟁의행위의 당사자인 사용자를 상대로 한 것이 아니라 정부를 상대로 한 정치적 문제에 관한 의사표시여서 쟁의행위의 범위에 포함되지 않는다고 한 사례,[86] 3) 1996년 말 노동관계법 개정에 반대하는 연대파업을 한 사건에서는 파업이 사용자를 상대로 근로조건의 유지 또는 향상을 도모하기 위하여 행해진 것은 아니지만 노동관계법은 근로자 내지 노동조합의 경제적 이익과 밀접하게 관련된 것이어서 순수한 정치적 목적의 쟁의행위와는 구별되는 측면이 있는 점 등을 고려해 근로자에 대한 징계면직이 재량권 남용이라고 한 사례,[87] 4) 2008년 한미 FTA 반대 등을 이유로 한 금속노조의 총파업은 사용자가 법률적·사실적으로 처리할 수 있는 사항의 범위를 벗어나 그 목적의 정당성을 인정할 수 없다고 한 사례[88]가 있다.

헌법재판소에서도 전국교직원 노동조합이 교육행정정보시스템(NEIS) 반대를 위한 집단 연가 신청 후 무단결근 등을 한 형사사건에서 검찰의 기소유예에 대한 헌법소원 사건에서 교원노조법의 쟁위행위 개념은 노조법에 따라 규정되므로 쟁의행위가 근로조건의 유지·향상을 주된 목적으로 하지 않는 경우 노조법의 규제대상인 쟁의행위라 볼 수 없어 교원노조법의 처벌조항을 적용할 수 없다고 하였다.[89]

위와 같이 정치적 목적의 파업에 대해 법원이나 헌법재판소는 쟁의행위 개념 자체에 포함시키는 것 자체를 주저하는 것처럼 보이는데, 이는 쟁의행위의 주체와 상대방을 노사로 한정짓고, 쟁의행위를 기업(사업) 내의 분쟁해결 수단으로 이해하는 데서 비롯된 것으로 보인다. 이러한 법원의 협소한 인식을 지적하며 쟁의행위는 노동관계 당사자가 행하는 행위이지, 노사 간에 행하는 행위여야 하는 것은 아니며,[90] 기업별 노조가 아닌 산별 노조가 주를 이루는 서구의 경우 정치파업이나 아래에서 볼 동정파업에서 쟁의행위를 바라보는 시각 자체가 달

85) 위 판결.
86) 대법원 2000. 9. 5. 선고 99도3865 판결.
87) 대법원 2002. 4. 26. 선고 2000두4637 판결.
88) 울산지법 2009. 4. 17. 선고 2008노404 판결(상고심에서 그대로 확정됨).
89) 헌재 2004. 7. 15.자 2003헌마878 결정.
90) 박제성a, 49면.

라질 수 있다는 점을 제시하는 견해[91]가 있다.

예컨대 프랑스는 사용자가 노동자들의 요구를 만족시킬 수 있는 능력이 있는지 여부와 상관없이 '직업상 요구(이익)'와 관련이 있으면 민영화 반대나 노동입법 반대를 위한 파업도 그 적법성을 인정받고, ILO 결사의 자유 위원회가 최저임금, 물가 · 실업 관련 정책에 관한 파업이라도 24시간 총파업으로 그친 경우 노동조합 활동범위 내라고 판단한 예를 고려하여 정당한 쟁의행위의 요건(주체, 목적, 수단 · 방법, 절차)의 엄격성을 해체하고, 유동적으로 고려하는 종합적 판단을 할 것을 제안한다.[92] 또 다른 견해는 헌법상 노동3권은 근로자에게 단결권, 단체교섭권, 단체행동권을 가진다고 하여 이를 사용자에 대한 권리로만 한정해석하지 않고 정부를 상대로 한 근로조건 개선도 쟁의행위의 목적이 될 수 있다고 본다.[93]

(2) 동정파업

동정파업 또는 연대파업이란 다른 노동조합이 행하는 쟁의행위를 지원하기 위하여 행하는 파업을 말한다. 동정파업이란 다른 노동조합이 행하는 원래의 파업이 있어야 존재할 수 있는 부수적인 성격의 파업이다.

동정파업에 대해서도 사용자가 처분권한을 가지고 있지 않다는 점에서 정치파업과 유사하게 그 정당성을 긍정하는 견해와(제한적 긍정설 포함) 부정하는 견해가 있다.

긍정설은 기업의 근로조건은 다른 기업 또는 산업 전체와 유기적으로 관련되어 있으므로 어떤 기업의 파업 결과는 당연히 다른 기업 또는 산업의 근로조건에 영향을 미치기 때문에 동정파업은 결과적으로 자기의 근로조건에 대한 쟁의행위로 인정될 수 있다고 한다.[94]

제한적 긍정설은 당해 산업의 특성, 노동조합 사이의 조직 관계 또는 사용자 사이의 결합관계 등에 비추어 원파업과 동정파업 사이에 노사관계의 관련성을 인정할 수 있는 경우, 예컨대 당해 산업의 근로조건이 통일되어 있는 등 원파업 사업장과 동정파업 사업장의 근로조건이 서로 실질적으로 연관되어 있는 경우, 원파업 노동조합과 동정파업 노동조합 사이에 긴밀한 조직적 결합관계가 있는 경우, 사용자 상호간에 자본의 결합 등 긴밀한 연관성이 있어 동정파업의

91) 김진, 180~186면.
92) 김진, 187면.
93) 박제성b, 80면.
94) 박상필, 532면; 박홍규a, 865면.

사용자가 원파업의 사용자에게 또는 그 반대로 영향을 미칠 수 있는 경우 등에는 동정파업도 쟁의행위의 목적에 포섭될 수 있다고 한다.[95]

부정설은 동정파업은 노동조합이 자신의 사용자에 대해서는 직접적이고 구체적인 주장이 없고, 그 사용자가 처분할 수 없는 사항을 목적으로 하고 있다는 점에서 동정파업이 쟁의행위의 목적이 될 수 없다고 한다.[96] 대체로 노동조합의 목적이 단체교섭과 단체협약을 중심으로 한 근로조건 향상에 있다고 보는 부정설의 입장에서는 단체교섭 대상이 아니거나 협약체결 능력이 없는 단체의 쟁의행위는 정당하지 않거나 쟁의행위 자체가 아니라고 본다.

하급심 판례 중에는 공장 내 산별노조의 사내하청 지회가 8개 협력업체의 사용자들과 대각선 교섭을 하다가 A 협력업체 문제로 B 협력업체 근로자들이 쟁의행위를 한 사안에서, 같은 산별노조에 속한다고 하더라도 B 협력업체 근로자들의 파업은 다른 기업(A 협력업체)에 영향력을 행사하는 동정파업이어서 그 목적이 정당하지 않다고 판단한 사례가 있다.[97]

위와 같은 동정파업과 관련해서도 정치파업과 유사하게 사용자의 처분권한이 없다는 추상적 판단으로 배척할 것이 아니라 쟁의행위 목적의 범위를 개방적으로 구성하고, 쟁의행위의 양태를 함께 고려하여 개별적으로 판단하자는 견해들이 있다.[98]

라. 단체교섭대상성

(1) 의무적 교섭사항

단체교섭의 대상에는 근로조건의 향상과 관련된 것으로서(헌법 33조 1항) 조합원을 위한 사항과 노동조합을 위한 사항(법 29조 1항)이 포함된다. 한편, 노동조합은 근로조건의 유지·개선 기타 근로자의 경제적·사회적 지위의 향상을 도모함을 목적으로 하고(법 2조 4호), 노동쟁의의 조정에서는 노동관계 당사자가 직

---

95) 김유성Ⅱ, 224면; 이병태, 323면.

96) 김형배, 1350면; 박상필, 532면; 이상윤b, 790면; 임종률, 247면.

97) 1심은 서울행법 2006. 9. 19. 선고 2006구합13381 판결, 2심은 서울고법 2007. 5. 11. 선고 2006누29838 판결로 다른 기업의 쟁의행위에 영향을 행사하려는 동정파업이어서 목적이 정당하지 않다고 하면서 불법쟁의에 참가한 근로자들의 징계는 정당하다고 하여 사용자 측이 승소하였으나 3심인 대법원 2009. 6. 25. 선고 2007두10891 판결에서는 쟁의행위의 절차 등을 적법하게 거친 점 등을 고려하여 단순히 동정파업이어서 목적이 정당하지 않다고 한 원심이 위법하다고 보아 파기환송하였다.

98) 정치파업이나 동정파업의 정당성 판단에 대한 구체적 견해들에 대한 소개는 김진, 186~187면.

접 단체교섭에 의하여 근로조건 기타 노동관계에 관한 사항을 정하는 자주적 교섭이 우선하며(법 47조), 이를 위하여 노동관계 당사자는 단체협약에 노동관계의 적정화를 위한 단체교섭의 절차와 방식을 규정하도록 되어 있다(법 48조). 이러한 규정들을 종합해 보면, 사용자가 단체교섭의 의무를 부담하는 교섭대상사항은 '근로조건의 결정에 관한 사항'과 그 밖에 근로자의 경제적·사회적 지위의 향상을 위하여 필요한 노동조합의 활동이나 단체교섭의 절차와 방식, 단체협약의 체결 등 '근로조건의 결정에 영향을 미치는 기타 노동관계에 관한 사항'으로 볼 수 있다.[99)]

근로조건이란 근로계약상의 조건 내지 약속 사항 및 노동관계상 근로자에 대한 그 밖의 대우를 말하고, 구체적으로 임금·근로시간·휴식, 안전·보건·작업환경, 보상, 복리후생 등이 이에 속한다. 노동의 내용과 밀도·방법·장소·환경도 원칙적으로 근로조건에 속한다.[100)] 이에 관하여 사용자의 경영권에 속하는 사항[101)]에 대해서도 쟁의행위가 가능한지 문제된다. 이는 단체교섭 사항에 해당하는지 여부와도 연결되어 있다.

먼저, 경영권에 속하면서 동시에 근로조건에 관한 사항인 경우에는 사용자가 소유권 내지 영업권에 기하여 일방적으로 결정할 수 있는 사용자의 고유 권한에 해당한다는 이유로 단체교섭의 대상에서 제외하여야 한다는 견해가 있다.[102)] 또 기업의 영업 목적을 실현하기 위한 핵심적 사항, 경제상의 창의와 투자에 관한 사항, 기업의 존립에 관한 사항, 기업조직의 변경, 기업재산의 취득·관리·처분에 관한 사항은 단체교섭의 대상이 될 수 없고, 그 이외의 사항에서는 해당 사항이 근로자의 근로조건 및 기타 대우에 관한 사항인지, 경영권의 행사 대상인지를 구체적으로 판단하여 결정하여야 한다는 견해도 있다.[103)]

판례는 기업의 구조조정의 실시에 관하여 긴박한 경영상의 필요나 합리적인 이유 없이 불순한 의도로 추진되는 등의 특별한 사정이 없는 한 쟁의행위의

99) 사법연수원a, 171·262면.
100) 임종률, 141면.
101) ILO 협약에는 구체적 경영(권)사항에 관한 구체적인 조항이 없으나 154호 협약에서 단체교섭을 근로조건이나 고용조건 외에 노사관계의 규율 전반에 관한 모든 협상을 그 대상으로 하고 있다고 한다. 주요 외국에서의 경영(권)사항에 대한 단체교섭 여부에 대해서는 김진, 104~112면.
102) 이상윤b, 781면.
103) 김형배, 179~181면.

목적이 될 수 없다고 하고 있으나,[104] 운수업체에서 조합원의 차량별 고정 승무 발령, 배차시간, 대기기사 배차순서, 일당기사 배차 등에 관한 사항은 경영권에 속하면서 다른 한편으로는 근로자들의 근로조건과도 밀접한 관련이 있으므로 단체협약의 대상이 될 수 있다고 하였다.[105]

일반적으로는 사용자의 경영권에 속한 사항도 근로조건에 직접적으로 관련되거나 중대한 영향을 미칠 정도로 밀접하게 관련되어 있는 경우에는 사용자의 경영권을 근본적으로 제한하지 않는 범위에서는 단체교섭의 대상 및 쟁의행위의 목적이 된다고 본다.[106] 따라서 해고, 전직·전적 등 인사이동, 징계 등 인사의 기준이나 절차에 관한 사항도 단체교섭의 대상이 된다는 점에 학설은 대체로 일치하고 있고 판례도 같은 입장이다.[107]

경영해고의 경우 그것이 근로조건에 관한 사항인지 순수한 경영주체의 의사결정에 관한 사항인지, 경영해고 자체를 실시하지 말 것을 주장하거나 이미 실시된 경영해고의 무효를 요구하는 것이 쟁의행위의 목적이 될 수 있는지, 경영해고의 범위나 조건에 관한 요구 주장이 쟁의행위의 목적이 될 수 있는지 등에 관하여 견해의 대립이 있다(이 부분에 대한 자세한 설명은 단체교섭 전론(前論) 2: 단체교섭의 대상 Ⅲ. 3. 참조).

(2) 권리분쟁에 관한 사항

단체협약에 근로조건에 관한 새로운 합의의 형성을 꾀하기 위한 요구 주장(이익분쟁) 이외에 근로조건을 규율하는 규범인 법령·단체협약·근로계약 등에 의하여 정해진 근로자의 권리에 관한 해석·적용에 관한 요구 주장(권리분쟁)도

---

104) 대법원 2006. 5. 12. 선고 2002도3450 판결, 대법원 2003. 7. 22. 선고 2002도7225 판결, 대법원 2003. 12. 26. 선고 2001도3380 판결, 대법원 2002. 1. 11. 선고 2001도1687 판결(한편, 대법원 1992. 5. 12. 선고 91다34523 판결을 근거로 판례가 경영권에 속한 사항도 쟁의행위의 목적으로 이해하고 있다고 하는 견해가 있으나, 위 사안은 노동조합이 요구한 연구소 소장의 퇴진은 부차적인 목적이고 주된 목적이 연구자율 수호운동을 주동한 조합원에 대한 파면 철회를 요구하는 것이었다고 본 사안이다), 대법원 1994. 3. 25. 선고 93다30242 판결, 대법원 1999. 6. 25. 선고 99다8377 판결(이상 쟁의행위의 목적이 사업부 폐지 백지화나 지점 폐쇄 자체의 철회인 사안이다).

105) 대법원 1994. 8. 26. 선고 93누8993 판결.

106) 김유성Ⅱ, 225면; 이병태, 229면; 임종률, 146면; 사법연수원a, 173면. 다만, 특정 근로자의 채용, 이동, 징계 또는 해고에 관한 사항은 그것이 집단적 성격을 갖지 않는 한 원칙적으로 단체교섭의 대상이 될 수 없다고 보는 견해가 있다(김형배, 1225면).

107) 대법원 1995. 3. 10. 선고 94다33552 판결. 반대취지의 노동부 행정해석 1995. 5. 29. 노조 01254-614.

쟁의행위의 목적이 될 수 있는지 문제된다.

이에 대하여, ① 쟁의행위는 단체교섭, 즉 단체협약의 체결을 유리하게 전개하기 위한 수단이므로 법령·단체협약의 이행 및 해석은 법원 또는 노동위원회를 통하여 해결하는 것이 원칙이고, 이를 쟁의행위를 통해 실현하는 것은 허용되지 않는다는 부정설,[108] ② 쟁의행위는 단체협약의 체결만을 위하여 보장된 것이 아니고 법원 또는 노동위원회에 의한 사법적 해결이 가능한 사항이라도 당사자 사이에서 자주적으로 해결하는 것이 바람직하므로 권리분쟁에 관한 사항도 쟁의행위의 목적이 될 수 있다는 긍정설[109]이 대립하고 있다.[110]

판례는 1997년 폐지되기 전 구 노동쟁의조정법 2조의 노동쟁의 정의 규정에 대한 해석상 여기서 말하는 '근로조건'에 관한 노동관계 당사자의 주장이란 개별적 근로관계와 집단적 노동관계의 어느 것에 관한 주장이라도 포함하는 것이고, 그것은 단체협약이나 근로계약상의 권리(권리쟁의)와 그것들에 대한 새로운 합의의 형성을 꾀하기 위한 주장(이익쟁의)을 모두 포함하는 것이라고 해석하였다.[111] 1997년 법 개정 후의 2조 5호의 노동쟁의('근로조건'에서 '근로조건의 결정'으로 내용 변경)의 의미 해석에 관하여는 일부 하급심[112]을 제외하고 아직 대법원 판례는 찾아볼 수 없으나,[113] 법 개정으로 인하여 노동쟁의의 개념에 권리

108) 김형배, 1222면; 이상윤b, 783면(법 2조 5호가 노동쟁의의 개념을 근로조건의 결정에 관한 분쟁으로 정의하고 있다는 점을 근거로 한다); 임종률, 249면.

109) 박홍규a, 771면; 이병태, 229·299면.

110) 학설과 외국 사례의 구체적 소개와 내용에 대해서는 김진, 133~139면.

111) 대법원 1990. 5. 15. 선고 90도357 판결, 대법원 1990. 9. 28. 선고 90도602 판결, 대법원 1991. 3. 27. 선고 90도2528 판결.

112) 하급심 중에 권리분쟁을 명시적으로 언급한 사건으로는 서울남부지법 2014. 1. 17. 선고 2012가합16200 판결이 있다. 사안의 내용은 방송사 노조의 조합원들이 기존에 합의된 방송의 공정성과 관련된 단체협약의 준수를 요구하기 위한 쟁의행위를 한 것에 대하여 그 쟁의행위가 방송의 공정성을 확보하기 위한 것이라며 정당성을 인정하며, 사용자의 징계를 위법하다고 보았다. 그 구체적 내용을 보면, "기존에 합의된 단체협약을 사용자가 지키지 않는 경우 그 준수를 요구하기 위한 행위는, 단순히 기존의 단체협약의 해석, 적용에 관한 사항을 주장하는 것이 아니라 단체협약의 이행을 실효적으로 확보할 수 있는 방안을 강구하기 위한 것으로서 어디까지나 근로조건의 결정에 관한 사항을 목적으로 한 쟁의행위에 해당한다고 할 것이다. 만약 그와 같이 보지 않고 기존 단체협약의 준수를 요구하는 쟁의행위를 근로조건의 '결정'에 관한 것이 아닌 소위 권리분쟁으로서 목적의 정당성을 인정할 수 없다고 보는 경우에는, 사용자가 기존의 단체협약을 이행하지 아니하여 저해된 근로조건을 원상으로 회복하기 위한 쟁의행위는 노동조합법상 금지되는 결과가 되는데, 이는 '근로조건의 향상을 위하여' 단체행동권을 인정한 헌법 33조 1항을 부당하게 제한하는 해석"이라고 하였다. 위 판결의 2심(서울고법 2015. 4. 29. 선고 2014나11910 판결. 이 판결은 대법원에서 상고 취하로 확정되었다)에서도 같은 취지로 판단되었다. 이에 관한 학자들의 구체적 논의는 김진, 141~146면.

113) 다만, 대법원 2003. 7. 25. 선고 2001두4818 판결은 "중재절차는 원칙적으로 노동쟁의가 발

분쟁이 제외되었고, 따라서 권리분쟁에 해당하는 주장을 관철할 목적은 쟁의행위의 목적에서 제외되었다고 해석하는 것이 타당하다는 견해가 있다.[114)]

그러나 1) 노조법이 조정전치주의를 둔 취지[115)] 및 다수설과 판례가 조정전치절차를 거치지 않았다는 이유만으로 쟁의행위의 정당성을 상실하는 것은 아니라고 보는 점,[116)] 2) 노동쟁의에 관한 정의 규정은 노동쟁의조정제도의 운영을 위한 것으로 쟁의행위의 목적을 반드시 노동쟁의의 정의 규정을 통해 한정할 법적 필요가 없다는 점, 3) 권리분쟁이라 하더라도 사용자에 의한 복직처분 등 인사권한과 징계권한 내에서 협상이 가능한 점에 비추어 보면, '노동쟁의의 정의' 규정이 개정된 것을 근거로 쟁의행위의 목적 범위가 달라지는 것은 수긍하기 어렵다.

또한, 권리분쟁을 단체교섭 및 쟁의행위가 아닌 사법적 쟁송절차에 의해 해결가능하다고 하더라도 그 기간이 장기화되어 신속한 해결이 어렵고, 현실에서는 권리분쟁 사항인지 이익분쟁 사항인지를 구별하는 것이 명확하지 않은 경우도 있고,[117)] 권리분쟁 사항도 당사자의 평화적, 자주적 해결을 통해 해결되는 것이 바람직한 것이기도 하다.[118)] 보다 근본적으로는, 쟁의행위가 가진 역할을

생한 경우에 노동쟁의의 대상이 된 사항에 대하여 행하여지는 것이고, 노조법 2조 5호에서는 노동쟁의를 '노동조합과 사용자 또는 사용자 단체 간에 임금·근로시간·복지·해고 기타 대우 등 근로조건의 결정에 관한 주장의 불일치로 인하여 발생한 분쟁상태'라고 규정하고 있으므로 근로조건 이외의 사항에 관한 노동관계 당사자 사이의 주장의 불일치로 인한 분쟁상태는 근로조건의 결정에 관한 분쟁이 아니어서 현행법상의 노동쟁의라고 할 수 없고, 특별한 사정이 없는 한 이러한 사항은 중재재정의 대상으로 할 수 없다"고 하면서, 근로조건 이외의 사항인 근무시간 중 조합활동, 조합전임자, 시설 편의제공, 출장취급 등을 중재재정의 대상으로 할 수 없다고 하였다. 이 판례는 구 노동쟁의조정법 2조에 대한 판례(대법원 1996. 2. 23. 선고 94누9177 판결, 대법원 1997. 10. 10. 선고 97누4951 판결)를 참조하고 있으나, 모두 노동쟁의가 권리분쟁을 포함하고 있다고 명시한 사안은 아니다.

114) 사법연수원a, 268면.

115) 대법원 2000. 10. 13. 선고 99도4812 판결(조정전치주의를 취하고 있는 것은, 노동관계 당사자가 노동쟁의가 발생하였을 때 곧바로 쟁의행위를 통한 실력행사에 들어가기에 앞서 조정절차를 거치도록 함으로써 평화적이고 합리적인 방법으로 노동쟁의를 해결할 기회를 갖도록 함으로써 쟁의행위로 인하여 초래될 수 있는 경제적 손실을 최소화하고 노동관계의 불안정을 예방하려는 노동쟁의조정제도의 실효성을 확보하는 데 그 취지가 있다).

116) 김유성Ⅱ, 244면; 임종률, 253면; 사법연수원a, 319면; 대법원 2001. 6. 26. 선고 2000도2871 판결. 다만, 김형배 교수는 쟁의행위의 최후수단의 원칙 또는 과잉침해금지의 원칙을 근거로 조정절차를 거치지 않은 쟁의행위의 정당성을 부정하고 있다.

117) 예컨대 해고 근로자의 복직을 요구하는 경우 그 주장의 본질이 해고가 법령 등에 위반하여 무효라는 것이라면 권리분쟁이지만, 사용자가 복직 내지 재채용의 인사권을 행사하라는 데 있다면 이는 이익분쟁이라고 보아야 할 것이다(임종률, 144면 각주 1).

118) 김진 변호사는 그의 박사학위논문에서 노조법상 쟁의행위의 목적에는 권리분쟁도 포함된

어떻게 볼 것인가의 문제인데, 쟁의행위는 노사 당사자들 사이의 대립과 투쟁이라는 사실적 행위를 통해 법적 권리의무 관계를 형성해 나가는 과정을 전제하므로 기존의 권리의무 관계를 변화시키는 것을 당연히 포함한다. 권리분쟁이 무엇이 옳은지를, 이익분쟁은 무엇을 나눌지를 따지는 과정이지만 쟁의행위 속에는 당연히 기존의 관계를 깨뜨리고, 새로운 관계를 형성하는 과정이 전제되어 있다. 쟁의행위 자체는 단체교섭이나 단체협약이라는 틀에 의해 제약될 수 없는 사실의 행위들이며, 쟁의행위는 노사 간 새로운 법률관계를 구현하기 위한 수단이다. 다만, 모든 쟁의행위가 정당한 것은 아니듯, 권리분쟁이 쟁의행위의 목적에 포함된다고 하더라도 그 정당성 여부는 또 다른 관점에서 접근하여야 할 것이다.

(3) 평화의무 위반

노동조합이 평화의무에 위반하여 단체협약에 규정된 사항의 개폐를 목적으로 쟁의행위를 할 수 있는지 여부가 문제된다(이는 쟁의행위의 시기·절차의 문제이기도 하다).

이에 대하여, 평화의무의 법적 근거를 단체협약에 본질적으로 내재하는 것으로 보는 견해는 평화의무 위반의 쟁의행위는 허용되지 않는 것으로 보지만,[119] 평화의무의 법적 근거를 협약 당사자 사이의 합의 내지 계약에서 구하는 견해는 평화의무는 쟁의행위를 할 수 있는 권리를 합의 내지 계약으로 제한하는 것이므로 평화의무 위반의 쟁의행위는 당연히 허용되며, 단지 그 위반에 대하여 협약 불이행의 책임을 부담할 뿐이라고 한다.[120]

우리 판례는 단체협약 유효기간 중 단체협약에서 정한 근로조건 등의 변경이나 폐지를 요구하는 쟁의행위를 하지 아니할 평화의무를 인정하고 있고,[121] 이를 위반하여 1) 일부 조합원들이 그 협약이 불리하다는 이유로 단체협약의 무효화를 주장하며 쟁의행위를 한 경우,[122] 2) 단체협약이 새로 체결된 직후부터

다는 의견을 개진하며, 그 논거로 1) 노동분쟁에서 권리분쟁도 노사간의 자주적 분쟁해결의 대상으로 삼을 수 있고, 2) 권리의무관계를 법적으로 옳은지를 판단해야 한다는 권리분쟁 또한 현실의 법적 절차에서는 조정과 화해, 교섭 등의 자주적 해결방식이 이루어지고 있으며, 3) 1997년 개정 노조법에서 '근로조건의 결정'이 노동쟁의 개념에 포함되었다고 하더라도 이로 인해 쟁의행위를 배경으로 하는 조정과 타협의 자주적 분쟁 해결 기능을 제약하는 의미로 해석할 수 없다고 한다(김진, 147~153면).

119) 박상필, 534면.

120) 김유성Ⅱ, 234면; 이병태, 268면.

121) 대법원 1994. 9. 30. 선고 94다4042 판결.

122) 대법원 2007. 5. 11. 선고 2005도8005 판결.

뚜렷한 무효사유를 내세우지도 아니한 채 단체협약의 전면 무효화를 주장하면서 평화의무에 위반되는 쟁의행위를 행하는 것은[123] 각각 정당성을 결여한 것이라 보고 있다.

(4) 그 밖의 경우

판례는 단체협약에서 인센티브의 지급을 노사협의로 결정한다고 규정하여 인센티브의 지급 여부나 지급방법 등에 관한 근로조건은 노사협의회 결정사항으로 정하고 이를 단체교섭대상에서 제외하는 노사 간의 협약이 이루어졌다면, 인센티브의 지급에 관해서는 쟁의행위의 목적으로 할 수 없다고 한다.[124] 또한 판례는 공정방송을 위한 단체협약 이행을 실효적으로 확보할 수 있는 방안을 강구하는 것을 목적으로 한 방송사 근로자들의 쟁의행위는 근로조건의 결정에 관한 사항을 목적으로 한 것이어서 목적의 정당성이 인정된다고 한다.[125]

3. 방 법

가. 업무저해행위

쟁의행위는 업무의 정상적인 운영을 저해하는 행위이어야 한다. 업무를 '저해하는 행위'란 반드시 업무저해의 결과가 발생할 것을 요하지 않고 업무 저해의 위험성이 있으면 족하다고 해석된다.[126]

'정상적인 업무저해'에서 '정상적인 업무'가 무엇을 의미하는지에 관하여는 사실(관행)정상설, 법률정상설, 절충설의 대립이 있다(구체적 설명은 노조법 42조에 대한 해설 Ⅲ. 8. 참조).

한편, 업무의 '저해'가 무엇을 의미하는지에 관하여는 학설에서도 별다른 논의가 이루어지지 않았고, 판례도 이를 명확히 밝히고 있지 않다. 다만, 판례는 쟁의권의 행사 방법에 관하여는, 노무의 제공을 전면적 또는 부분적으로 정지하는 것이어야 함은 물론 공정성의 원칙에 따라야 할 것임은 노사관계의 신의칙상 당연하며, 사용자의 기업시설에 대한 소유권 기타의 재산권과도 조화를 기해야 하고, 폭력의 행사는 신체의 자유, 안전이라는 법질서의 기본 원칙에 반하는 것이므로 허용될 수 없다고 하였다.[127]

---

123) 대법원 1991. 1. 15. 선고 90누6620 판결, 대법원 1992. 9. 1. 선고 92누7733 판결.

124) 대법원 1994. 9. 30. 선고 94다4042 판결.

125) 대법원 2022. 12. 16. 선고 2015도8190 판결.

126) 임종률, 216면.

쟁의권에 의하여 보호되는 행위로서 '쟁의행위'는 근로자집단이 그 주장의 시위나 그 주장을 관철할 목적으로 노무의 제공을 완전 또는 불완전하게 정지하거나, 필요에 따라 이 노무 정지를 유지하기 위한 피케팅이나 사용자와의 거래를 거부하라고 호소하는 행위를 의미하는 것이라고 하거나, 소극적으로 근로의 제공을 전면적 또는 부분적으로 정지하여 사용자에게 타격을 주는 것이어야 하고, 노사관계의 신의성실의 원칙에 비추어 공정성의 원칙에 따라야 하며, 사용자의 기업시설에 대한 소유권 기타의 재산권과 조화를 이루어야 함은 물론 폭력이나 파괴행위를 수반하거나 기타 고도의 반사회성을 띤 행위가 아닌 정당한 범위 내의 것이어야 한다고 한다.128)

따라서 판례에 따르면, '업무저해'의 구체적인 의미 내용은, '근로 제공의 전면적·부분적 정지를 통한 경제적 압력 또는 타격'이고, 노무 정지에 부수하여 이를 유지하기 위한 피케팅과 사용자와의 거래를 거부하라고 호소하는 행위를 포함하고 있다. 한편, 판례는 업무저해의 방법이 소극적인지 아니면 적극적인지 여부는 불문하지만, 소극적인 노무제공의 정지에서 나아가 직장의 점거농성과 폭력적인 방법의 피케팅 등이 수반된 경우에는 쟁의행위의 수단·방법의 정당성을 부정하고 있다.129)

(1) 노무제공의 정지·불완전 이행(파업과 태업)

다수의 근로자가 노무제공의 의무가 있음에도 상호 의사연락하에 집단적으로 작업장을 이탈하거나 조퇴·지각·결근을 하여 사용자의 정상적인 업무수행을 저해하는 것을 의미한다.

127) 대법원 1990. 5. 15. 선고 90도357 판결.

128) 대법원 1990. 5. 15. 선고 90도357 판결, 대법원 1990. 10. 12. 선고 90도1431 판결, 대법원 1994. 9. 30. 선고 94다4042 판결, 대법원 1998. 1. 20. 선고 97도588 판결 등.

129) 대법원 1996. 2. 27. 선고 95도2970 판결("쟁의행위는 근로자가 소극적으로 노무제공을 거부하거나 정지하는 행위만이 아니라 적극적으로 그 주장을 관철하기 위하여 업무의 정상적인 운영을 저해하는 행위까지 포함하는 것이므로…", 이 사안은 조합원 일부가 회사의 중요시설을 점거하고, 그 가동을 중단시켜 회사의 모든 작업을 불가능하게 하고, 쇠파이프 등을 휘두르면서 관리사원들의 출입을 저지한 사안이다). 다만, 대법원 1991. 7. 9. 선고 91도1051 판결(조합원이 공장을 점거하고 회사 측 경비원과 차량을 통제한 사안에서는 적극적인 업무방해행위임을 이유로 업무방해죄의 성립을 긍정한 사안), 대법원 1992. 5. 8. 선고 91도3051 판결(조합원이 사무실 일부를 점거하고, 정상적으로 근무하는 직원들에게 야유와 협박을 하며, 기기의 작동을 중단시키는 등의 행위를 하였다는 이유로 업무방해죄의 성립을 긍정한 사안) 등 일련의 사안에서 점거농성과 폭력, 협박에 의한 피케팅 등이 수반된 경우에는 그 정당성을 부정하고 있다.

어느 정도의 업무저해행위가 있는 경우에 사용자의 정상적인 업무수행을 저해하였는지 여부에 관하여, 판례는 전체 근로자 50명 중 근로자 29명이 조합원인 회사에서 노조위원장이 다른 2명의 조합원과 함께 약 3시간 정도 조기퇴근한 것을 업무저해행위가 아니라고 한 사례,[130] 쟁의행위에 대한 찬반투표 실시를 위하여 전체 조합원이 참석할 수 있도록 근무시간 중에 노동조합 임시총회를 개최하고 3시간에 걸친 투표 후 1시간의 여흥 시간을 가진 것이 업무저해행위가 아니라고 한 사례[131] 등이 있다.

한편, 저해되는 업무는 회사의 주된 업무뿐만 아니라 이와 불가분의 관계에 있는 부수적인 업무도 포함된다.[132]

(2) 준법투쟁

㈎ 의 의

준법투쟁이란 근로자들이 그 주장을 관철하기 위하여 집단적으로 평소 잘 지켜지지 않는 법령이나 단체협약 또는 취업규칙 등을 엄격히 지키거나 근로자가 가진 권리를 일제히 행사함으로써 사용자의 일상적인 업무 운영을 저해하는 행위를 말한다.[133] 안전·보건에 관한 법규를 철저히 준수하는 '안전 투쟁'이나 근로시간이나 휴가 등에 관한 근로자 개인의 권리를 동시에 또는 관련 법령이나 규정에 맞게 행사하는 '권리행사 투쟁' 등이 있다.

준법투쟁은 법령이나 단체협약 등에서 쟁의행위를 제한하는 규정이 있는 경우에 그 적용을 회피하기 위하여 고안된 것으로서, 노동조합이 자기의 주장을 관철할 목적으로 사용자의 일상적인 업무 운영을 저해하는 행위인 점에서는 쟁의행위와 그 성격이 같지만, 쟁의행위는 외형적으로 근로계약상 노무제공의무의 불이행이나 불완전 이행 또는 이에 부수되는 행위로 나타나는 데 반하여, 준법투쟁은 근로계약상의 의무를 관계 법령에 따라 이행하거나 또는 그 권리를 행

130) 대법원 1991. 4. 23. 선고 90도2961 판결(쟁의행위의 목적이 없이 노동관계 집회에 참석하기 위하여 조퇴를 한 사안이다).

131) 대법원 1994. 2. 22. 선고 93도613 판결(조합활동의 정당성과 업무방해죄의 성부에 관한 사안이다).

132) 대법원 1992. 2. 11. 선고 91도1834 판결(주간에 공장조업이 끝난 상황에서 야간에 10여 명의 근로자가 회사의 공장 정문을 봉쇄하고 출입자를 통제하며 공장 관리직 사원들과 이사를 밖으로 나가지 못하게 함으로써 회사의 건물 및 기자재 관리, 공장출입자에 대한 야간 통제, 전체 직원들의 출퇴근 업무를 방해한 사안이다).

133) 대법원 1991. 11. 8. 선고 91도326 판결.

사하는 점에서 다르다.

이 점에서 준법투쟁을 쟁의행위의 일종으로 볼 것인지 여부가 문제된다.

㈏ 준법투쟁의 쟁의행위성

준법투쟁이 쟁의행위에 속하는지 여부에 관하여 이를 긍정하더라도, 준법투쟁에 대해서 노조법상의 쟁의행위 제한 규정이 적용된다고 해석하기는 어렵다. 예컨대 준법투쟁에 대해 노조법상 조정 개시를 진행할 것은 아닐 수도 있기 때문이다. 나아가 준법투쟁의 정당성 여부 또한 쟁의행위와는 다른 정당성 판단 기준이 적용되어야 한다. 특히 근로자의 단체행동에 대한 형사사건에서 노동조합의 활동이 시민법상의 자유나 권리행사에 해당하기 때문에 구태여 노동법에 따른 위법성 조각사유가 없더라도 형사책임을 지지 않을 수 있는지 여부도 문제된다.

다수설과 판례에 따르면, 준법투쟁의 쟁의행위성은 준법투쟁으로 행해지는 구체적인 행위의 태양이 노조법상의 '업무의 정상적인 운영을 저해하는 행위'에 해당하는지 여부에 따라 개별적으로 결정될 수밖에 없다. 이때 '정상적인' 업무 운영의 의미에 따라 준법투쟁의 쟁의행위성에 대한 견해가 달라지고, 이와 관련하여 종래 긍정설(사실정상설), 부정설(법률정상설), 절충설의 대립이 있다.

① 긍정설: 쟁의행위 해당설

긍정설은 준법투쟁을 쟁의행위라고 보아 쟁의행위와 구별되는 준법투쟁의 개념 자체를 부정한다. 즉 쟁의행위의 수단에서 말하는 '업무의 정상적인 운영'은 반드시 법령·단체협약·취업규칙에 의한 적법한 운영을 의미하는 것이 아니라 사실상 평상의 운영을 의미하는 것이므로 준법투쟁으로 한 행위는 쟁의행위로 취급하여야 한다는 것이다.[134)]

판례는 명백한 근거를 제시하지는 않고 있으나 일반적으로 준법투쟁이 근로조건의 결정에 관한 주장을 관철할 목적으로 집단적인 의사연락 하에 이루어졌다면 그 집단적인 노무제공 거부행위로 인하여 사용자의 '통상적인 사실상의' 업무 운영에 저해를 가져오는 것이므로 쟁의행위에 해당한다는 입장에 서 있다.[135)] 판례는 택시 회사 근로자들이 평소 해 온 과속·신호위반·합승·부당요금 징수 등 교통법규 위반을 중단한 경우,[136)] 평소 해 온 연장근로를 거부한 경

134) 박상필, 524면.
135) 사법연수원a, 278면.
136) 대법원 1991. 12. 10. 선고 91누636 판결.

우,[137] 연・월차 휴가를 일제히 사용한 경우[138] 등을 모두 정당성이 없는 업무방해행위로 보았다.[139]

이에 대해 헌법재판소는 연장근로의 거부, 정시출근, 집단적 휴가의 경우와 같이 일면 근로자들의 권리행사로서의 성격을 갖는 쟁의행위에 관하여도 정당성이 인정되지 않는다고 하여 바로 형사처벌할 수 있다는 대법원 판례의 태도는 지나치게 형사처벌의 범위를 확대하여 근로자들의 단체행동권의 행사를 사실상 위축시키는 결과를 가져와 헌법이 단체행동권을 보장하는 취지에 부합하지 않고 근로자들로 하여금 형사처벌의 위협 하에 노동에 임하게 하는 측면이 있음을 지적하고 있으나,[140] 이는 준법투쟁의 쟁의행위 해당성의 문제가 아니라 쟁의행위의 정당성과 형사상 위법성 평가의 관계에 관한 문제이다.

② 부정설: 쟁의행위해당 부정설

부정설은 준법투쟁을 시민법상의 자유 또는 권리행사로 보아 노조법상의 쟁의행위가 아니므로 어떠한 이유로도 이를 제한할 수 없다고 본다. 즉 노조법상 쟁의행위의 요건인 '업무의 정상적인 운영의 저해'에서 '정상'은 '일상'이나 '평상'과는 다른 뜻으로 '적법 내지 정당한 업무운영 상태'이고, 적법하지 않은 부당한 업무 운영을 저해하는 준법투쟁은 시민법상 자유 또는 권리의 행사에 지나지 않는다고 한다.[141] 부정설은 개인이 자유롭게 할 수 있는 행위가 집단적으로 이루어진다고 해서 그것을 위법이라고 할 수 없고, 어떤 법령이나 단체협약 또는 취업규칙에 근거하여 이루어진 행위나 이를 준수할 것으로 요구하는

137) 대법원 1991. 10. 22. 선고 91도600 판결, 대법원 1994. 2. 22. 선고 92누11176 판결 등.

138) 대법원 1991. 1. 23. 선고 90도2852 판결, 대법원 1994. 6. 14. 선고 93다29167 판결, 헌재 2004. 7. 15. 선고 2003헌마878 결정.

139) 집단적인 연・월차휴가의 사용에 관한 사례로는 대법원 1991. 1. 19. 선고 90도2852 판결, 대법원 1991. 12. 24. 선고 91도2323 판결, 대법원 1992. 3. 13. 선고 91누10473 판결, 대법원 1993. 4. 23. 선고 92다34940 판결, 대법원 1994. 6. 14. 선고 93다29167 판결, 대법원 1996. 7. 30. 선고 96누587 판결이 있다. 집단적인 휴일・연장근로 등의 거부에 관한 사례로는 대법원 1991. 7. 9. 선고 91도1051 판결, 대법원 1991. 10. 22. 선고 91도600 판결, 대법원 1991. 11. 8. 선고 91도326 판결, 대법원 1994. 2. 22. 선고 92누11176 판결, 대법원 1995. 4. 7. 선고 94다27342 판결, 대법원 1996. 2. 27. 선고 95도2970 판결이 있다. 집단적인 정시 출퇴근에 관한 사례로는, 대법원 1996. 5. 10. 선고 96다419 판결이 있다. 안전투쟁에 관한 사례로는 대법원 1991. 2. 10. 선고 91누636 판결 등이 있다.

140) 헌재 1998. 7. 16. 선고 97헌바23 결정.

141) 김유성Ⅱ, 253면; 박홍규a, 875면; 심태식, 233면; 이상윤b, 832면(이상윤 교수는 사실정상설, 즉 긍정설에 따르면서도 통상적으로 제공되는 업무가 법령 등에 명백히 위배되는 경우 업무제공의 거부가 쟁의행위에 해당하지 않는다고 하여, 실질적으로 절충설을 취하고 있다); 대법원 1979. 3. 13. 선고 76도3657 판결.

행위를 제한할 수는 없다고 한다.

③ 절충설: 쟁의행위 일부 해당설

절충설은 쟁의행위가 아닌 준법투쟁이 있음을 인정하되, 그 범위를 일정한 한계에서 제한하려고 한다. 즉 업무운영에서 관행적으로 이루어진 사실과 근로자의 권리나 안전을 고려하여 준법투쟁의 쟁의행위 여부를 판단한다.[142] 준법투쟁으로 방해받은 사용자의 업무 운영이 법률상 정상적인 것, 즉 적법한 것인지 여부에 따라 쟁의행위인지 여부를 판단하여야 한다는 견해도 있다.[143]

이 견해에 따르면, 안전 · 보건 관련 규정을 철저히 준수하는 경우는 일반적으로 쟁의행위가 아니지만, 당해 규정이 객관적으로 요구하는 정도와 내용을 벗어나는 방법으로 법령을 준수함으로써 작업의 능률을 저하시키는 경우에는 쟁의행위라고 보게 된다.[144] 마찬가지로 연장근로나 휴일근로를 거부하는 경우 평소 해 온 연장근로나 휴일근로가 적법한 경우에는 쟁의행위가 되지만, 위법한 연장근로나 휴일근로에 대해서는 쟁의행위가 되지 않는다고 본다.[145]

④ 검 토

준법투쟁은 노조법이 쟁의행위의 개념을 '주장 관철 목적'과 '업무저해성'으로 규정하고 있어 위와 같은 성격을 갖는 근로자의 집단행동은 쟁의행위로 쉽게 포섭되는 상황에서 쟁의행위에 대한 엄격한 규정의 적용을 피하기 위해 일어난 현상으로, '준법투쟁'이라는 용어 자체에 일정한 쟁의행위성이 내포되어 있다. 하지만, 준법투쟁의 양상은 상당히 다양한데, 준법투쟁 중 안전 · 보건에 관한 규정을 엄격하게 준수함으로써 간접적으로 사용자의 업무에 영향을 미치는 이른바 '안전투쟁'은 노무제공을 전제로 하고 있고, 정해진 출퇴근 시간의 준수, 의무 없는 시간 외 근로의 거부, 휴가의 사용을 집단적으로 함으로써 사용자의 업무에 영향을 미치는 이른바 '권리행사투쟁'은 노무제공의 거부를 전제로 하고 있다. 즉 안전투쟁은 쟁의행위 중 태업과 유사하고, 권리행사투쟁은 쟁의행위 중 파업과 유사하다. 하지만, 쟁의행위는 노무제공의무를 전제로 노무제공을 거부하거나 불완전하게 제공함으로써 사용자의 업무를 저해하는 행위인데 비하여, 준법투쟁은 근로자에게 노무제공의무가 없는 상황에서 노무제공을

142) 김형배, 1332면.
143) 임종률, 219면.
144) 김형배, 1332면; 임종률, 203면.
145) 임종률, 219면.

거부하거나 불완전하게 제공함으로써 사용자의 업무에 영향을 미친다는 점에서 양자를 구별할 수 있다.[146)]

먼저, 안전투쟁에 관하여 보면, 안전투쟁은 법령이나 취업규칙 등에 정한 안전 · 보건에 관한 규정을 철저히 준수할 것을 요구하거나 사용자가 이러한 요구에 응하지 않는 경우 근로자 스스로 안전 · 보건에 관한 규정을 준수함으로써 자신의 생명 · 신체를 보호하려는 측면이 있고, 이러한 자구노력이 근로자 집단의 의사형성 과정을 거쳐 집단적으로 실행되었다고 해서 위와 같은 안전 · 보건에 관한 규정 준수행위가 결과적으로 업무방해의 범죄행위가 된다는 것은 수긍하기 어렵다.[147)] 더구나 근로자는 산안법 6조에 따라 관련 법령에 정하는 산업재해예방을 위한 기준을 준수하여야 할 의무를 부담하고 있다. 나아가 사용자가 산업재해예방을 위한 기준을 준수하지 않은 점은 형법상 업무상과실치상 또는 치사죄의 성립을 위한 중요한 판단 기준이 되기도 한다.

이렇듯 한편으로는, 사용자가 산업재해예방에 관한 기준을 준수하지 않는 경우 손해배상책임 또는 형사처벌이 되는 상황에서 동일한 산업재해예방에 관한 기준이 적용되는 일정한 범위의 근로자 다수가 그 준수를 요구하거나 스스로 이를 준수하는 행위를 사용자의 '업무를 저해하는 행위'라고 보기는 어렵다.[148)] 즉 근로자의 안전투쟁으로 인하여 저해되었거나 저해될 위험이 있는 사용자의 업무는 사용자의 법령 위반의 결과로서 위법에 터 잡은 것이므로 근로자의 안전투쟁과 사용자 업무의 저해 또는 그 위험성은 규범적으로 연관성을 인정하기가 어렵다.

따라서 안전투쟁은 위험예방을 위한 법준수의 요구와 실현이어서 원칙적으

146) 정인섭a, 81면.

147) 사용자는 근로관계에 있는 근로자가 근로를 제공하는 과정에서 생명 · 신체 · 건강을 해치는 일이 없도록 물적 환경을 정비하고 필요한 조치를 강구할 보호의무 내지는 산안법 23조 소정의 안전상의 조치의무를 부담하고, 이러한 보호의무를 위반함으로써 피용자가 손해를 입은 경우 이를 배상할 책임이 있다(대법원 2002. 11. 26. 선고 2000다7301 판결 등). 한편, 대법원 1979. 3. 13. 선고 76도3657 판결은 "근기법상 기준 근로시간을 연장함에는 당사자 사이의 합의를 요하는데, 이를 인정할 자료가 없는 가운데 시간 외 근로를 시켰다면 이는 근기법과 단체협약에 위배되는 위법한 업무지시라 할 것이고, '업무의 정상한 운영'에서 업무란 적법하고 정당한 업무를 지칭하므로 … 이러한 지시에 따르지 않음으로써 설사 사용자 측의 업무집행에 지장이 있었다 하더라도 법적 평가에 있어 업무의 정상한 운영이 저해되었다고 볼 수 없으며, 시간 외 근로가 '관행화' 되었다 하더라도 그것은 근로자들의 자발적 봉사적 노무제공에 불과하고 그것이 합의의 성립을 의미하는 것이 아니어서 근로자는 언제라도 개별적 · 집단적으로 이를 거부할 수 있다"고 하였다.

148) 성상희, 46면.

로 쟁의행위에 해당한다고 보기 어렵다. 다만, 산업안전보건 관련 법령의 규정이 이미 사문화되었거나 당해 규정을 준수하는 것이 근로자의 생명, 신체에 대한 위험을 예방하는 것과 실질적으로 관련이 없는 경우, 또는 작업환경의 변화로 당해 규정을 준수하는 것이 또 다른 생명, 신체에 대한 위험을 가져올 우려가 있는 경우 등에는 안전투쟁의 업무저해성을 인정할 여지가 있을 것이다.

다음, 권리행사투쟁에 관하여 보면, 정시 출·퇴근이나 시간 외 근로의 거부, 연차휴가의 사용 등은 원칙적으로 쟁의행위가 아닌 시민법상의 자유나 권리의 행사에 지나지 않으므로 법상 어떠한 제한도 받지 않고 민·형사상의 책임도 물을 수 없다.[149] 특히 시간 외 근로의 경우 근로시간의 연장에는 당사자 간의 합의 또는 근로자의 동의를 요하고(근기법 53조), 이를 위반하는 경우 형사처벌을 하도록 규정하고 있는데(근기법 110조), 근로시간 연장의 동의가 명시적으로 있지 않은 가운데 시간 외 근로를 시키는 것은 근기법 위반의 범죄행위이고, 이러한 범죄행위 내지 위법한 지시에 따르지 않고 집단적으로 시간 외 근로를 거부하는 것을 '업무의 정상적인 운영'을 저해하는 행위라고 할 수는 없을 것이다. 설사 시간 외 근로를 한 관행이 있다 하더라도 그러한 관행은 근로조건에 명시되어야 하며(근기법 17조), 나아가 근로자가 이를 명시적으로 거부한 이상 그러한 관행에 의해 노무제공의무가 발생한다고 볼 수도 없다. 휴일근로나 정시 전 출근·정시 후 퇴근에 대해서도 동일한 설명이 가능할 것이다.

다만, 이러한 권리행사도 노사관계 법령의 취지에 따라 행해져야 함은 물론이다. 즉 준법의 범위는 법이 객관적으로 요구하는 취지 이상으로 법을 지키거나 신의성실의 원칙에 반하여 행사할 수 없다. 또, 권리행사의 하나로 행해지는 준법투쟁에는 권리남용의 일반 원칙이 적용된다. 따라서 근로자가 위와 같은 자유나 권리의 행사를 통해 그 주장을 관철할 목적으로 회사 업무의 정상적인 운영을 저해하였다면 쟁의행위에 해당한다고 보아야 할 것이다.[150]

헌법재판소 또한 연장근로의 거부, 정시출근, 집단적 휴가의 경우와 같이 일면 근로자들의 권리행사로서의 성격을 갖는 쟁의행위에 관하여 정당성이 인정되지 않는다고 하여 바로 형사처벌할 수 있다는 대법원 판례[151]의 태도는 지

149) 대법원 1979. 3. 13. 선고 76도3657 판결.
150) 대법원 1991. 12. 10. 선고 91누636 판결.
151) 대법원 1991. 11. 8. 선고 91도326 판결, 대법원 1996. 2. 27. 선고 95도2970 판결, 대법원 1996. 5. 10. 선고 96도419 판결 등.

나치게 형사처벌의 범위를 확대하여 근로자들의 단체행동권의 행사를 사실상 위축시키는 결과를 초래하여 헌법이 단체행동권을 보장하는 취지에 부합하지 않고 근로자들로 하여금 형사처벌의 위협 하에 노동에 임하게 하는 측면이 있음을 지적하고 있다.[152)]

대법원은 주요방위산업체에 종사하는 근로자와 관련하여, 연장근로의 집단적 거부와 같이 사용자의 업무를 저해함과 동시에 근로자들의 권리행사로서의 성격을 아울러 가지는 행위가 노동조합법상 쟁의행위에 해당하는지는 해당 사업장의 단체협약이나 취업규칙의 내용, 연장근로를 할 것인지에 대한 근로자들의 동의 방식 등 근로관계를 둘러싼 여러 관행과 사정을 종합적으로 고려하여 엄격하게 제한적으로 판단하여야 하고, 이는 휴일근로 거부의 경우도 마찬가지라고 하였다.[153)]

(3) 직장점거 · 소란 · 출입

직장점거는 쟁의기간 중에 근로자가 기업시설에 머물면서 파업과 같은 주된 쟁의행위의 실효성을 확보하기 위해 기업시설을 점거하는 형태의 쟁의행위이다. 종래 노동조합의 조직형태가 기업별 노조인 경우가 많고, 구 노동쟁의조정법이 쟁의행위의 장소를 사업장으로 제한하는 규정을 두고 있었으며, 파업 참가 근로자들의 단결을 유지하기 위해서 자연스럽게 파업과 동시에 직장점거가 이루어지는 경우가 많다.

노조법 38조 1항은 “쟁의행위는 그 쟁의행위와 관계없는 자 또는 근로를 제공하고자 하는 자의 출입 · 조업 기타 정상적인 업무를 방해하는 방법으로 행하여져서는 아니 되며…”라고 하고 있고, 42조 1항은 “생산 기타 주요업무에 관련되는 시설과 이에 준하는 시설로서 대통령령이 정하는 시설을 점거하는 형태로 이를 행할 수 없다”라고 하여 직장점거가 허용되지 않는 범위를 규정하고 있다.

판례는 직장점거를 유형별로 판단하고 있다. 즉 사용자 측의 점유를 배제하지 않고, 그 조업도 방해하지 않는 부분적 · 병존적 직장점거는 그 정당성은 인정하고, 그렇지 않은 전면적 · 배타적 직장점거는 그 정당성을 부정하고 있다.[154)] 방송국 노조원들이 파업에 들어가면서 사무실 일부를 점거한 후 텔렉스

152) 헌재 1998. 7. 16. 선고 97헌바23 결정.
153) 대법원 2022. 6. 9. 선고 2016도11744 판결.
154) 대법원 1992. 2. 11. 선고 91도1834 판결, 대법원 2023. 6. 15. 선고 2019다38543 판결 등.

기기의 작동을 중단시킨 경우,[155] 병원 노동조합 간부와 조합원 80여 명이 병원 복도를 점거하고 철야 농성을 하면서 노래와 구호를 부르고, 다른 직원들의 출입을 통제한 경우,[156] 노동조합 간부가 조합원 50여 명과 함께 임원실 앞 복도를 점거한 후 고함과 꽹과리를 치면서 직원들의 업무를 방해한 경우[157] 등에 업무저해행위를 인정하고 있다.

학설은 판례와 마찬가지로 전면적·배타적인 직장점거의 정당성을 부인하고, 부분적·병존적 직장점거만을 긍정하는 견해[158]와, 사용자의 조업 강행을 저지하여 파업의 효과를 확보하기 위해서 일정한 한도에서 기업시설의 점거가 필요하다는 직장점거의 목적과 수단의 상당성이 인정될 수 있는지 여부에 따라 직장점거의 정당성을 판단해야 한다는 견해[159]가 있다.

한편, 사내하청업체인 수급인의 근로자들이 자신들이 일하는 도급인의 사업장에서 사용자인 수급인을 상대로 쟁의행위를 하는 경우 도급인인 원청업체에 대해 불법행위나 범죄가 되는지 여부와 관련해 대법원은 하청업체 근로자들의 사용자가 아닌 원청업체에 대해서는 노조법상 면책을 인정할 수는 없지만 형법상 사회상규에 위배되지 않는 행위로서 위법성이 조각될 수는 있다고 본다.[160]

---

155) 대법원 1992. 5. 28. 선고 91도3051 판결.

156) 대법원 1992. 4. 10. 선고 91도3044 판결.

157) 대법원 1991. 7. 12. 선고 91도897 판결.

158) 김형배, 1375면; 이상윤b, 842면.

159) 김유성Ⅱ, 239면.

160) 대법원 2020. 9. 3. 선고 2015도1927 판결(쟁의행위가 정당행위로 위법성이 조각되는 것은 사용자에 대한 관계에서 인정되는 것이므로, 제3자의 법익을 침해한 경우에는 원칙적으로 정당성이 인정되지 않는다. 그런데 도급인은 원칙적으로 수급인 소속 근로자의 사용자가 아니므로, 수급인 소속 근로자의 쟁의행위가 도급인의 사업장에서 일어나 도급인의 형법상 보호되는 법익을 침해한 경우에는 사용자인 수급인에 대한 관계에서 쟁의행위의 정당성을 갖추었다는 사정만으로 사용자가 아닌 도급인에 대한 관계에서까지 법령에 의한 정당한 행위로서 법익 침해의 위법성이 조각된다고 볼 수는 없다. 그러나 수급인 소속 근로자들이 집결하여 함께 근로를 제공하는 장소로서 도급인의 사업장은 수급인 소속 근로자들의 삶의 터전이 되는 곳이고, 쟁의행위의 주요 수단 중 하나인 파업이나 태업은 도급인의 사업장에서 이루어질 수밖에 없다. 또한 도급인은 비록 수급인 소속 근로자와 직접적인 근로계약관계를 맺고 있지는 않지만, 수급인 소속 근로자가 제공하는 근로에 의하여 일정한 이익을 누리고, 그러한 이익을 향수하기 위하여 수급인 소속 근로자에게 사업장을 근로의 장소로 제공하였으므로 그 사업장에서 발생하는 쟁의행위로 인하여 일정 부분 법익이 침해되더라도 사회통념상 이를 용인하여야 하는 경우가 있을 수 있다. 따라서 사용자인 수급인에 대한 정당성을 갖춘 쟁의행위가 도급인의 사업장에서 이루어져 형법상 보호되는 도급인의 법익을 침해한 경우, 그것이 항상 위법하다고 볼 것은 아니고, 법질서 전체의 정신이나 그 배후에 놓여있는 사회윤리 내지 사회통념에 비추어 용인될 수 있는 행위에 해당하는 경우에는 형법 20조의 '사회상규에 위배되지 아니하는 행위'로서 위법성이 조각된다).

(4) 피 케 팅

피케팅은 파업참가자의 파업 이탈을 감시하고 파업에 참가하지 않은 근로자들이 사업장에 출입하는 것을 저지하거나 파업에 동참할 것을 요구하며, 일반인들에게 노동조합의 요구를 이해하고 지지하도록 문건을 작성하여 이를 게시·비치·배부하는 쟁의행위이다. 피케팅 자체는 파업 등을 효과적으로 수행하기 위한 보조적 행위이나, 피케팅 자체가 단체과시로서 독자적으로 수행되는 경우도 있다.[161)]

피케팅의 정당성에 관하여 평화적 설득론[162)]과 실력행사용인론(조합통제권력론)[163)]의 대립이 있으나, 판례는 파업에 가담하지 않고 조업을 계속하려는 자에 대한 평화적 설득, 구두와 문서에 의한 언어적 설득의 범위 내에서 정당성이 인정된다고 한다.[164)]

(5) 그 밖의 경우

사용자의 업무를 저해할 가능성이 없는 집단적 행위는 쟁의행위가 아니다. 즉 폐업한 회사 내 농성,[165)] 중식의 거부, 근무시간 외에 사업장 밖 집회·시위, 리본·완장·머리띠·가면의 착용, 규정된 복장 대신 간소복을 착용하는 것, 노래를 부르면서 작업을 하는 것 등은 특별한 사정이 없는 한 그 자체로는 업무저해성이 없으므로 쟁의행위에 해당하지 않는다. 다만, 병원 간호사들이 규정된 복장을 입지 않는 것,[166)] 호텔 등에서 고객을 대하는 종업원이 공포감을 주는 가면을 착용하는 것 등은 업무의 특수성 때문에 업무저해성을 갖게 되는 경우가 있다.

나. 업무저해의 정도와 범위

(1) 개 관

업무저해의 정도와 범위에 관하여, 판례는 공정성, 재산권과 사이의 조화,

---

161) 이상윤b, 838면.
162) 김형배, 1373면; 이상윤b, 839면.
163) 김유성Ⅱ, 243면; 임종률, 258면(사용자 측이 파업 감시를 폭력으로 방해하려는 데 대하여 방어하기 위해 또는 대체근로자를 투입하거나 외부 도급을 위하여 원자재를 반출하는 것에 대해서는 실력 저지를 용인한다).
164) 대법원 1990. 10. 12. 선고 90도1431 판결, 대법원 1992. 7. 14. 선고 91다43800 판결.
165) 대법원 1991. 6. 11. 선고 91도204 판결.
166) 대법원 1994. 6. 14. 선고 93다29167 판결.

사회질서에 반하지 말 것, 폭력·파괴행위의 금지 등을 요구하고 있고, 학설도 과잉금지의 원칙(가해 목적의 쟁의행위, 과다 요구의 쟁의행위 금지), 공정성, 재산권과 사이의 균형·조화 등을 쟁의행위의 내재적 한계로서 논의하고 있다.

(2) 과잉금지의 원칙

과잉금지의 원칙은 쟁의행위라는 수단이 헌법상 보장된 단체교섭의 목적 달성에 적합하고 필요한 것이어야 하며, 그 정도를 초과하지 않도록 비례적이어야 한다는 것을 말하고, 이는 헌법상 쟁의행위에 내재하는 본질적 요소라고 한다.[167)]

이와 관련하여 근로조건의 유지·개선 등의 목적을 달성하기 위한 것이 아니라 전적으로 사용자 등에게 손해를 끼칠 목적의 쟁의행위는 정당성이 부정된다고 한다.[168)] 그러나 이는 쟁의행위의 정당성 판단 문제가 아니라 쟁의행위의 목적이 없는 경우로 보아 민사상 불법행위 또는 형사상 업무방해죄 등의 성부 문제로 보는 것이 타당하다.

한편, 노동조합이 사용자가 객관적으로 수용할 수 없는 과다한 요구를 하고 그 주장을 관철하기 위해 쟁의행위를 하는 경우 그 정당성이 문제되지만, 이는 단체교섭의 단계에서 조정할 문제로서 이것만으로 과다한 요구로 인한 업무저해행위 자체가 정당하지 않다고 볼 것은 아니라고 본다.[169)]

(3) 재산권과 사이의 균형

업무저해행위는 사용자의 재산권과 균형·조화를 이루면서 행사되어야 하는 헌법상 내재적 한계를 갖는다. 쟁의행위는 종료 후 근로자가 다시 정상적으로 업무에 복귀하는 것을 전제로 하고 있는데, 생산시설의 파괴 등은 쟁의행위 종료 후에 업무복귀 자체를 곤란하게 함으로써 쟁의행위의 본질적 개념에 부합하지 않는다. 따라서 업무저해행위는 주된 업무의 기본적인 토대를 이루는 사용자의 재산을 손괴·파괴하는 것을 의미하지 않는다고 본다.

[신 권 철·이 용 구]

167) 김형배, 1361면; 이상윤b, 792면.
168) 김유성Ⅱ, 229면; 이상윤b, 792면.
169) 김유성Ⅱ, 230면; 임종률, 251면; 대법원 1992. 1. 21. 선고 91누5204 판결.

제 3 조(손해배상 청구의 제한)

사용자는 이 법에 의한 단체교섭 또는 쟁의행위로 인하여 손해를 입은 경우에 노동조합 또는 근로자에 대하여 그 배상을 청구할 수 없다.

〈세 목 차〉

[참고문헌]

강현주·이승욱·조용만, 쟁의행위 정당성의 국제 비교, 한국노동연구원(2000); **강희원a**, "노동조합및노동관계조정법 제3조를 어떻게 이해해야 할까? — 단체교섭 및 쟁의행위의 「이른바 민사면책」의 법리", 노동법학 70호, 한국노동법학회(2019); **권창영**, "선원의 쟁의행위", 노동법연구 15호, 서울대학교 노동법연구회(2003); **김기덕a**, "쟁의행위에 대한 형사면책법리의 재구성과 업무방해죄", 노동과 법 3호 쟁의행위와 형사책임, 금속법률원(2002); **김기덕b**, "위법쟁의행위에 대한 손해배상책임의 주체 —노조간부, 조합원 등의 개인책임을 중심으로—", 2006 노동판례비평, 민주사회를 위한 변호사모임(2007); **김선수a**, "노사갈등의 현황과 쟁점", 노동법학 8호, 한국노동법학회(1998); **김선수b**, "최근 노동판례의 경향과 대책", 민주사회를 위한 변론 4호, 민주사회를 위한 변호사모임(1994); **김일수·서보학**, 형법총론(제11판), 박영사(2006); **도재형**, "전임비 약정에 대한 공갈죄 적용의 당부", 2005 노동판례비평, 민주사회를 위한 변호사모임(2006); **박주현**, "쟁의행위와 형사책임", 노동법연구 1권 1호, 서울대학교 노동법연구회(1991); **박훈**, "준법투쟁과 업무방해죄", 노동과 법 3호 쟁의행위와 형사책임, 금속법률원(2002); **송강직**, "쟁의행위와 민사책임", 노동법학 9호, 한국노동법학회(1999); **신권철**, "쟁의행위와 민사책임", 법조 657호, 법조협회(2011. 6.); **우희숙**, "쟁의행위의 형사면책법리에 관한 해석론 —노동조합 및 노동관계조정법 제4조와 형법 제20조의 관계를 중심으로—", 법학 53호, 서울대학교 법학연구소(2012. 9.); **윤성천**, "쟁의행위와 손해배상", 노동법률 창간호, 중앙경제(1991. 6.); **윤영석**, "노조위원장의 단체교섭 및 단체협약 체결과 업무상 배임죄", 2000 노동판례비평, 민주사회를 위한 변호사모임(2001); **이광택**, "쟁의행위의 정당성에 관한 몇 가지 고찰", 노동법학 11호, 한국노동법학회(2000); **이재상**, 형법총론(제7판), 박영사(2011); **임웅**, "가벌적 위법성론", 한국형사법학회편 형사법강좌, 박영사(1981); **임종률a**, 쟁의행위와 형사책임, 경문사(1982); **장동환**, "지역별 노동조합이 개별 사업장을 상대로 단체교섭을 요구하여 노조전임비를 수령한 사실과 형법상 공갈죄와의 관련성", 인권과 정의 333호, 대한변호사협회(2004. 5.); **전영식**, "조합원 투표에 의한 과반수의 동의를 얻지 않고 한 쟁의행위의 정당성 여부", 1999 노동판례비평, 민주사회를 위한 변호사모임(2000); **정인섭**, "파업주도행위와 업무방해죄", 1996 노동판례비평, 민주사회를 위한 변호사모임(1997); **정종섭**, 헌법학원론(제8판), 박영사(2013); **조경배a**, "형사면책법리와 쟁의행위 정당성론의 논의구조", 노동법학 9호, 한국노동법학회(1999); **조경배b**, "쟁의행위와 민사책임에 관한 영국법리", 노동법학 24호, 한국노동법학회(2007); **조경배c**, "쟁의행위와 민사책임에 관한 프랑스법리", 노동법학 19호, 한국노동법학회(2004); **한경식**, "쟁의행위에 따른 손해배상책임론", 청주대 우암논총 15집, 청주대학교 대학원(1996); **허영**, 한국헌법론(전정 18판), 박영사(2013).

Ⅰ. 근로자의 단결과 민·형사 면책

노조법 3조와 4조는 노동조합의 단체교섭과 쟁의행위, 그 외 활동에 대해 민·형사상 면책을 규정하고 있다.[1)]

노동조합 활동, 특히 쟁의행위에 대한 민·형사 면책은 헌법 33조가 정한 노동3권에서 당연히 도출되는 것으로서 노조법 3조와 4조는 이를 확인하는 규정에 불과하고, 이 규정으로 비로소 민·형사 면책이 되는 것은 아니다.[2)] 즉,

1) 강희원a 131면은, 노조법 3조와 4조를 '노동자의 기본권으로서 노동3권의 대사인적인 효력과 대국가적인 효력을 구체화하는 조항으로서 노조법 1조 소정의 입법목적을 직접적으로 구현하고 있는 가장 중요한 노조법의 근간규정'으로 보고 있다.

2) 김유성, 25면; 김형배, 1033면; 이병태, 354면; 이상윤a, 815면; 임종률, 24·29·33·222·

헌법이 정한 노동3권만으로 근로자들의 단결과 단결체 활동, 단체교섭, 단체행동은 민·형사상 면책이 된다. 따라서 이 규정과 노조법 4조로 비로소 노동조합의 여러 활동이 민·형사상 면책이 된다거나, 노동조합이 아닌 근로자들의 단결체 활동이 민·형사상 면책이 되지 않는다고 볼 것은 아니다.

결국 노조법 3조와 4조의 적용 범위, 요건 등에 관한 논의는 노동3권에 관한 설명으로 대체가 가능하다(노동3권의 주체, 내용, 효력 등에 관한 자세한 논의는 '총설: 노동3권'에 대한 해설 부분 참조).

노동법이 형성되기 전, 19세기 중반 유럽에서 근대법 질서가 성립될 당시 지배적인 법원리는 인격의 자유와 평등을 기초로 한 재산권의 절대성과 계약자유의 원칙이라는 시민법 원리였다. 이에 따르면 노동관계 역시 독립·대등한 당사자가 자유로이 계약을 맺음으로써 근로자가 사용자에게 노동력을 제공하고 임금을 얻는 관계가 형성된다는 것이었다.

하지만 형식적으로 평등한 당사자가 자유로운 의사로 계약을 맺는다는 시민법 원리에서는 개별 근로자와 사용자 사이에 경제적 실력이 차이가 나고 거래 과정에서 실질적으로 불평등이 있다는 점이 간과되었다. 저임금·장시간 노동·연소자와 여성의 혹사·건강 파괴 등도 계약 자유의 이름 아래 용인되고 방치되었다. 근로자가 열악한 작업 환경과 장시간 노동에 따른 피로로 재해를 당해도 과실책임 원리 때문에 보상을 받기 어려웠다. 또한 해고의 자유 때문에 곧잘 실업 상태에 빠졌고, 근로자의 구직과 취업을 둘러싸고 영리 직업소개에 따른 중간 착취와 강제 노동이 횡행하였다. 또한 전적으로 사용자가 사업 경영에 관한 의사를 결정하였고, 실제 작업을 행하는 근로자는 자신의 능력을 창의적이고 능동적으로 발휘하지 못한 채 노동에서 소외되고, 노사 불신과 대립이 체제 안에서 해소되지 못하여 사회의 공공 안녕과 산업 평화가 심각하게 위협받는 상황을 맞이하게 되었다.

이 과정에서 근로자들은 자연스럽게 자구행위로 단결체 특히 노동조합을 결

223면. 이 점에 관하여 김헌수, 140면은, "이 법 규정에 따르지 않은 단체교섭이나 쟁의행위에 대하여는 손해배상을 청구할 수 있다는 반대해석이 가능하다"고 하나, 노동3권의 형성 배경과 '법률이 정하는 바에 따라' 노동3권이 보장된다는 4공화국 헌법과 '단체행동권의 행사는 법률이 정한 바에 의한다'고 규정하던 5공화국 헌법과 달리 현행헌법 33조는 개별적 법률 유보 조항을 두지 않고 있다는 점에서 이 견해는 받아들이기 어렵다. 이 견해를 제외하고는 노조법 3, 4조에 의해 비로소 노동조합 활동과 쟁의행위에 대해 민·형사상 면책이 된다는 견해를 찾아볼 수 없다.

성하였다. 국가는 초기에는 가능한 모든 수단을 동원하여 이러한 노동조합 결성과 노동조합 활동을 억압하였다. 시민법의 시각에서 이러한 노동조합 활동은 자발적인 의사에 터잡은 자유로운 노동력 거래를 위협하는 것으로 파악되었고, 국가는 단결을 금지하는 법을 만들어 형벌로 노동조합 결성과 노동조합 활동을 억압하였다(영국의 단결금지법, 독일의 1845년 프로이센 일반 영업령). 또한 노동조합 결성이 허용된 후에도 파업은 시민법상 노동력의 자유로운 거래를 제한하는 위법한 행위로 간주되어 파업을 행한 근로자에게 형벌을 지우고 손해배상책임을 지웠다.[3)]

하지만 19세기 중반에 들어 노동조합은 빠르게 성장하였고, 노동조합 억압 정책을 비판하는 다양한 이론이 주장되었다. 이러한 움직임 속에 노동조합의 형사적 제재는 19세기 중에 대부분 폐지되었다. 이 시기 단결 활동에 대해 형사면책이 이루어지기는 했지만 그것은 개인 근로자가 가지는 시민적 자유의 단순한 총화(總和) 수준에 한정되었고, 노동조합 활동은 여전히 폭행·협박·업무방해·명예훼손 등의 범죄로 취급되었다. 그리하여 독일에서는 공갈죄가 성립될 수 있었고, 영국에서는 노동조합이 '거래의 제한'을 목적으로 하는 위법한 단체가 되어 공모죄 등 보통법(Common Law)상의 민·형사 책임이 추급되었다.

노동조합에 대한 입법정책이 소극적 용인에서 적극적 보호로 변화하게 된 때는 제1차 세계대전 전후였다. 제1차 세계대전 기간 동안 서유럽 국가들은 한편으로는 전시 정책에 대한 노동계의 협력을 얻기 위해, 다른 한편으로는 러시아에서 인류 역사상 처음으로 노동자·농민이 권력을 가진 국가가 세워지자 사회주의 혁명이 국내에 전파되는 것을 막기 위해 노동조합을 법으로 승인하고 노동조합을 체제 안으로 편입시키려 하였다.

우리나라 역시 이러한 시대적 조류에 맞추어 1948년 제헌헌법에서 노동3권 조항을 두었고, 관련 입법으로 노동조합법을 제정하기에 이르렀다.

결국 이러한 노동조합의 생성과 발전 역사를 거치면서 근로자의 단결 활동은 형벌로 다스리지 않게 되었고, 민사상으로도 책임을 물을 수 없게 되었다.

하지만 이러한 노동법의 형성과 발달, 노동3권의 헌법상 기본권 보장 취지와 다르게 지금까지 우리나라는 대법원 2011. 3. 17. 선고 2007도482 전원합의체 판결이 있기 전까지 오랜 기간 집단적 노무 제공 거부 그 자체를 업무방해죄로 보고 다만 예외적으로 정당성이 있는 경우에 한하여 위법성이 조각된다고

3) 도재형, 325면; 임종률, 5면 등.

하였고,[4] 정당성 기준을 엄격히 제한하고서 민사상 손해배상 책임을 물리는 경우가 허다하다. 근로자 단결에 대한 민·형사상 면책이 우리나라에서 과연 실제 작동하는가에 관해서는 현실을 비판적으로 볼 필요가 있다.[5]

Ⅱ. 민·형사 면책 법리의 형성

서술의 편의상 노조법 4조 형사 면책의 법리 형성도 여기서 함께 서술한다.

1. 영 국

가. 형사 면책 법리의 형성

영국에서는 쟁의행위에 대해 1875년 공모죄 및 재산보호법(Conspiracy and Protection of Property Act, 이하 '1875년 법')으로 형사 면책이 이루어지고, 이어 1906년 노동쟁의법(Trade Disputes Act)에 의해 민사 면책이 이루어졌다.[6]

근로관계가 신분관계에서 계약관계로 전환된 후 쟁의행위에 대해 형사처벌을 하기 위한 논리적 근거는 '노동의 자유론'이었다. '노동의 자유론'의 논리적 근거는 노동력의 개별 거래와 자유 경쟁이었고, 이에 따라 집단적 행동인 쟁의행위는 모두 범죄로 취급되었다. 초기 영국에서 쟁의행위를 규제하는 법형식으

4) 대법원 1991. 4. 23. 선고 90도2771 판결(변경), 대법원 2004. 5. 27. 선고 2004도689 판결(변경), 대법원 2006. 5. 25. 선고 2002도5577 판결(변경) 등. 대법원 2011. 3. 17. 선고 2007도482 전원합의체 판결의 다수의견은 이러한 태도를 바꾸어, "근로자는 원칙적으로 헌법상 보장된 기본권으로서 근로조건 향상을 위한 자주적인 단결권·단체교섭권 및 단체행동권을 가지므로(헌법 33조 1항), 쟁의행위로서 파업이 언제나 업무방해죄에 해당하는 것으로 볼 것은 아니고, 전후 사정과 경위 등에 비추어 사용자가 예측할 수 없는 시기에 전격적으로 이루어져 사용자의 사업운영에 심대한 혼란 내지 막대한 손해를 초래하는 등으로 사용자의 사업계속에 관한 자유의사가 제압·혼란될 수 있다고 평가할 수 있는 경우에 비로소 집단적 노무제공의 거부가 위력에 해당하여 업무방해죄가 성립한다고 보는 것이 타당하다"고 하여 집단적 노무 제공 거부 그 자체가 곧바로 업무방해죄를 구성하지는 않고, 일정한 요건(사용자가 예측할 수 없는 시기에 전격적으로 이루어져 사업 운영에 혼란, 손해를 초래하는 등 사용자의 자유 의사가 제압·혼란될 수 있다고 평가할 수 있는 경우)에 해당하면 집단적 노무 제공 거부가 업무방해죄가 된다고 하였다. 하지만 위 전원합의체 판결의 반대의견이 말하고 있다시피, 이와 같은 다수의견 역시 쟁의행위 자체를 범죄로 본다는 학계의 지적에서 완전히 벗어났다고 말하기는 어렵다(위 전원합의체 판결의 반대의견 참조).

5) 우리나라에서 형사상 쟁의행위 자체를 처벌하는 것을 포함하여 형사책임을 물리는 것에 대해 전반적으로 문제점을 지적하는 문헌으로는 김선수a, 73면 이하; 박주현, 101면 이하 등 참조. 그리고 민사상 손해배상 책임을 묻는 것의 문제점에 관한 언급으로는 김선수b, 114면 이하; 송강직, 218면 이하; 윤성천, 97면 이하; 한경식, 13면 이하 등.

6) 이하 이 항에서 설명하는 영국의 형사 면책 법리는 조경배a, 326면 이하를 주로 인용하였다.

로는, ① 쟁의행위를 개별적인 구성요건으로 열거하여 직접 금지하는 단결금지법(Combination Act), ② 주종법(Master and Servant Act)과 같이 계약위반행위를 범죄행위로 처벌하는 간접적인 쟁의행위 금지, ③ 구체적인 구성요건 없이 포괄적으로 쟁의행위를 규제하는 보통법(Common Law)상 공모 법리가 있었다. 형사 면책 법리의 형성은 바로 이 세 메커니즘의 해체 과정이었다.[7)]

(1) 단결금지법의 폐지

㈎ 단결금지법의 내용과 그 변천

19세기를 전후하여 제정된 일련의 단결금지법은 근로자들이 단결하여 파업 등 쟁의행위를 하는 행위를 구체적이고 개별적인 태양으로 열거하면서 이를 모두 금지하였다. 근로자의 자발적이고 개별적인 근로 제공 거부는 물론이고 다른 근로자와 공동으로 또는 상호 영향을 미치면서 근로 제공을 정지하는 행위는 모두 범죄로 취급되었다.

그후 1824년 노동조합법(Trade Union Act)은 모든 단결금지법을 폐지하였고, 노동단체는 합법화되었다. 이 법은 쟁의행위에 대한 형사 면책 규정을 신설하고, 폭력이나 협박으로 강제하지 않는다면 다른 사람을 유인하여 그 사람으로 하여금 취업 시간 또는 고용 기간 종료 전에 근로를 중지하게끔 하는 행위에 대해서도 처벌할 수 없다고 규정하였다. 하지만 이 법은 실제로는 매우 엄격하게 적용되었다.

이 법에 대한 반동으로 1825년 노동조합법이 제정되었다. 이 법은 1824년법보다 쟁의행위 면책 범위를 훨씬 제한하였다. 면책되는 쟁의행위는 '임금 및 근로시간'의 개선 목적에 한정되었고, 다른 사람에 대해 근로 제공을 거절할 것을 유인하는 행위는 면책 대상에서 제외되어 다른 근로자와 공동으로 노동력 거래의 자유(근로 제공의 거절)를 행사하거나 그러한 자유의 행사를 호소하는 방법으로 행하는 파업이 금지되었다. 또한 폭력·협박 외에 '방해(molestation or obstruction)'라는 모호한 행위 유형이 쟁의행위가 금지되는 수단·방법으로 추가되었다.

1825년 노동조합법은 1871년 노동조합법으로 폐지되었다. 1871년법은 단결권을 시민법적 이념인 '노동의 자유론'의 연장선이 아닌 '특별한' 권리로 승인

7) 조경배a, 327면 이하.

하였다. 이 법과 동시에 1871년 형법 수정법(Criminal Law Amendment Act)이 제정되었는데, 이 법은 피케팅에 대해 극히 제한적인 태도를 취했다. 다만, 1825년 법에 비하여 협박 · 폭력 · 방해의 개념을 보다 구체적으로 명시하였다는 점에서 어느 정도 발전이 있었다. 하지만 1871년 형법 수정법도 실무에서 위법적 수단이 넓게 해석되어 형사 면책 규정은 사실상 무력화되었다.

㈏ 형사 면책 법리의 확립과 쟁의권의 승인

1875년 제정된 공모죄 및 재산보호법(Conspiracy and Property Protection Act 1875)으로 쟁의행위는 일반적 금지에서 포괄적 승인으로 근본적으로 전환된다. 이 법은 쟁의행위를 단독으로 행할 경우 범죄가 되지 않으면 그 행위를 다수인이 단결하여 행해도 형사 공모로서 소추할 수 없다고 규정하였다(3조). 이에 따라 쟁의행위는 일반 형법 법리와는 다른 '특별한' 권리로서 면책되었다. 그리고 쟁의권은 '거래 제한'이라는 예외적인 경우에만 승인되는 것에서 벗어나 모든 범죄 행위에서 자유로워졌다.

1875년 법으로 쟁의행위에 대한 규제는 포괄적 성격이 제거되고 구체적이고 개별적인 형태로 전환되었다. 또한 이 법은 1871년 법이 언급한 폭력 · 협박 · 방해라는 막연한 개념 대신 구체적인 상황과 결합하여 금지되는 행위 유형을 열거하였다.

(2) 주종법의 폐지

단결금지법과 함께 주종법(Master and Servant Act)은 쟁의행위를 주로 규제하는 수단이었다. 원래 주종법의 입법 취지는 근로자의 계약 위반 행위를 범죄로 처벌함으로써 근로계약의 이행을 담보한다는 것이었다. 하지만 '노동의 자유론'에 따라 근로자의 집단 행위가 개별적 자유의 단순한 집합으로서 이해되고 단결금지법이 폐지되자 주종법이 쟁의규제법으로서 기능을 맡게 되었다. 근로자의 근로계약 위반 행위를 처벌하는 주종법은 당연히 쟁의행위를 범죄로 취급하였다.

1867년 주종법 폐지를 둘러싸고 노동자 측은 일반 계약 법리에 따라 노사를 동등하게 취급해야 하므로 쟁의행위에 대한 형벌을 폐지해야 한다고 주장하였고, 사용자 측은 노동자는 손해배상 책임을 질 경제적 능력이 없으므로 민사책임을 묻는 것만으로는 충분하지 않고,[8] 주종법의 진실한 목적은 사전 예방과

8) 헌법재판소가 위력에 의한 업무방해죄를 쟁의행위에 적용하는 것이 합헌이라고 한 헌재 1998. 7. 16. 선고 97헌바23 결정("정당성을 결여한 쟁의행위에 대하여는 민사책임의 추궁만

복종 · 규율 확립이므로 형벌 제도를 유지해야 한다고 주장하였다.

입법 투쟁 결과 1875년 주종법이 폐지되고 사용자 · 근로자법(Employers and Workmen Act)이 제정되었다. 이 법률은 근로계약관계를 완전히 일반 계약법리와 동일한 위치에 두고자 하였다. 아래에서 살피는 형사 공모 법리의 배제와 함께 주종법의 폐지로써, 가장 기본적인 쟁의행위인 단순 근로 제공의 거절은 이제 단독으로 행하든 다수인이 공동으로 행하든 형사책임을 지지 않게 되었다.

(3) 형사 공모 법리의 배제

보통법상 공모 법리는 본래 쟁의행위를 억압하기 위하여 형성된 것은 아니었다. 그러나 그 구성요건의 포괄적 성격과 실행 행위가 없어도 공모 사실 자체를 처벌할 수 있다는 법 적용의 편리함 때문에 보통법상 공모 법리는 쟁의행위의 탄압 수단으로 자주 이용되었고, 특히 단결금지법이 폐지된 후에는 거의 모든 쟁의행위에 무차별적으로 적용되었다.

보통법상 형사 공모죄(criminal conspiracy)의 구성요건은 2인 이상의 자가 불법한 행위를 할 것을 합의하거나 또는 합법적인 행위를 불법적인 수단을 이용하여 할 것을 합의하는 것이고 이러한 합의가 존재하는 한 어떠한 표현행위도 필요하지 않았다. 그리고 여기서 '불법(unlawful)'의 의미는 범죄행위(crime)를 의미하는지 불법행위(tort)를 의미하는지 또는 계약위반(breach of contract)을 의미하는지 명확하지 않아, 범죄와 불법행위의 구별이 이루어지지 않았고 민사책임과 형사책임의 한계가 분명하지도 않았다.

또한 공모죄의 특징은 다른 사람을 해하기 위한 공모 그 자체를 처벌할 수 있고, 달리 공모에 따른 실행 행위가 없어도 처벌이 가능하였다는 점이다. 그리하여 공모죄는 범죄, 불법행위, 공공정책(public policy) 위반, 심지어 비도덕적 행위를 위한 공모도 모두 포괄하는 것으로 발전하였다. 그리하여 쟁의행위의 경우 다수인이 합의했다는 사실만으로 처벌이 가능하였다.

으로 충분하다는 주장은 실정법과 노동현실을 도외시한 탁상공론에 불과하다. 위법한 쟁의행위를 주도한 노동조합이나 조합원이 그로 인하여 사용자가 입은 손해를 배상할 만한 충분한 자력을 가지고 있지 않은 예를 많이 보아 왔다. 오히려 사용자가 노동조합이나 조합원을 상대로 위법한 쟁의행위로 인한 손해배상을 청구하는 민사소송을 제기한 경우 근로자들이 그 소송의 취하를 요구하며 새로운 쟁의행위를 하는 예도 적지 않다. 위법한 쟁의행위에 대하여 민사책임만 물으면 충분하다는 주장은 현실적으로 아무런 책임을 추궁할 수 없다는 주장에 다름이 아니다라고 말할 수도 있는 것이다")에서도 이 논리가 등장한다. 조경배a, 335면의 각주 32) 참조.

1875년 공모죄 및 재산보호법은 앞서 본 바와 같이 공모 법리의 적용 자체를 배제함으로써 쟁의행위를 공모 법리에서 해방시켰다.

나. 민사 면책 법리의 형성

1875년 공모죄 및 재산보호법은 쟁의행위에 대해 민사책임까지 면제시킨 것은 아니었다. 파업 참가로 고용계약을 위반하는 것이나 다른 사람에 대해 파업 참가를 권유하는 행위는 사용자에 대한 방해 행위로 간주되었다. 근로자가 스스로 사용자에게 파업을 통보하는 것은 적법한 행위이지만 다른 근로자에게 파업에 참가하도록 설득하고 권유하는 행위는 '계약 위반의 유인'으로서 보통법(Common Law)상 불법행위가 된다는 법리가 적용되었다. 그리고 형사상 공모죄를 본받은 민사 공모 법리가 형성되어 아무런 위법한 수단을 사용하지 않더라도 쟁의행위의 공동성과 집단성 자체에 불법행위 책임을 물었다.[9)]

이와 함께 법원은 종래 노동조합의 법인격을 부인하여 노동조합의 법적 책임을 인정하지 않았던 원칙을 깨고 노동조합에게 위법한 쟁의행위에 따른 손해배상책임을 묻기 시작하였다. 그 최초 판결인 1901년 타프・벨 사건(The Taff Vall Railway Company v. The Amalgamated Society of Railway Servants) 판결은 영국 노동운동 역사상 재판상 쿠데타(Judical Coupd'etat)로 불린다. 노동조합은 재정적인 위기를 맞았고, 이를 계기로 영국의 노동운동은 본격적으로 정치에 참여하기 시작하였다.[10)]

노동자와 노동조합은 '노동당'을 만들고 1906년 총선에 참가하였고, 그 결과 노동자 대표가 의회에 진출하였다. 1906년 노동조합 및 노동쟁의의 규율을 위한 법률(An Act to provide for the Regulation of Trade Unions and Trade Disputes 1906, 이하 '1906년 노동쟁의법'이라 한다)이 제정되어, 고용 계약 위반의 유인, 민사 공모 등의 법리로써 쟁의행위에 대해 민사상 불법행위 책임을 묻는 행위를 금지하였고, 평화적인 피케팅과 동정 파업을 합법화하였으며, 노동조합에 대해 손해배상책임을 묻는 것을 전면 금지하였다.

이 법을 계기로 영국에서는 노동쟁의에 대한 민사책임의 면제가 임의주의(voluntaryism)라고 부르는 특유의 불간섭주의 원칙과 함께 오랫동안 노사관계의

9) 이하 이 항에서 설명하는 영국의 민사 면책 법리에 관한 설명은 조경배b, 135면 이하를 주로 참조하였다.
10) 윤성천, 101면.

전통으로 이어졌다. 노동조합의 기금은 손해배상으로부터 보호되었다.

그후 1970년대 전반적인 경기 침체로 노사는 빈번하게 충돌하였고, 이 과정에서 노동조합의 완전한 면책 특권을 수정하려는 일단의 움직임이 있었다. 또한 법원도 노동조합의 단체 책임을 인정하고 개인 책임의 엄격한 제한을 완화하는 판결들을 내놓았다. 그러나 이때마다 노동조합은 의회를 통해 판례를 부정하는 법률을 제정하는 것으로 대응하였다.

그러나 1980년대 보수당 정부는 노동조합과 근로자에 대한 광범위한 민사면책을 수정하여 쟁의행위를 제한하는 법률들을 잇달아 제정하였고, 쟁의행위에 대한 불법행위 법리들을 법률로 구체화하였고, 이로써 노동조합에 대한 민사상 책임을 묻는 것이 현실로 나타났다. 나아가 조합 임원의 선거, 쟁의행위의 찬반투표 등 노동조합의 내부 영역에 속하는 문제까지 개혁하려는 움직임 속에 적어도 법적으로는 쟁의행위에 대한 노동조합의 민사책임은 무거워졌다.[11)] 한편 이러한 영국법의 움직임에 대해 UN 사회권 위원회와 ILO 결사의 자유 위원회 등 국제 사회는 우려스러운 태도를 보인 바 있다.

2. 프 랑 스

가. 형사 면책 법리의 형성

(1) 르 샤플리에 법과 단결 금지

프랑스는 18세기 공장 근로자와 동업 조합 소속 근로자들의 열악한 근로조건에 대한 불만을 억누르기 위해 1720년 단결금지령으로 근로자의 단결을 금지하였다.[12)]

1789년 프랑스혁명 이후 1791년 제정된 르 샤플리에 법(lois Le Chapelier)은 '계약의 자유', '경제 활동의 자유'를 위해 모든 결사를 금지하였다. 근로자와 사용자 모두 단결은 금지되었고, 노사에 대한 협박, 특히 근로자가 가지는 노동의 자유와 노무 수행에 대한 폭행·협박 행위를 금지하고, 노사에 대한 쟁의단의 선동·폭행·협박을 금지하였다.

1803년 4월 2일 법은 나아가 쟁의를 위한 일시적인 단결의 금지에 대해 근로자가 위반한 경우 형사 제재를 강화하였다. 1810년 나폴레옹 형법전 420조는

11) 자세한 입법 내용과 판례에 관하여는 조경배b, 138면 이하.
12) 이하 프랑스, 독일의 형사 면책 법리의 형성 부분은 김기덕a, 206면 이하; 조경배c, 388면 이하에서 주로 인용하였다.

21명 이상의 결사를 금지하였고, 414조는 사용자의 단결에 대해서는 임금 인하의 강제를 위해 불법적으로 남용된 경우에만 이를 금지하였으며, 415조는 쟁의행위 내지 임금·근로조건의 개선을 위한 근로자의 단결을 사용자보다 더 무겁게 처벌하였다.

1848년 2월 혁명 후 1849년 개정 형법은 근로자와 사용자의 처벌에 관한 차별 규정을 수정하여 노사를 같이 처벌하게 하였으며, 사용자 측에 대한 '불법적 남용' 규정을 삭제하는 등 법 조항을 정비하였으나, 범죄로 될 수 있는 행위 수단에 관해서는 종전 법 체제를 존속시켰다.

(2) 1864년 개정 형법과 근로자 단결의 승인

단결 금지는 1864년 5월 25일과 27일 법률로 폐지되었다. 1864년 프랑스 개정 형법 414조는 '임금 인상이나 임금 인하를 강요할 목적으로, 또는 산업이나 노동의 자유로운 수행을 방해할 목적으로, 폭력·폭행·협박·위계로써 노동의 조직적(공동) 정지의 결과를 발생케 하거나 그 정지를 유지·존속케 하거나 또는 그 실행에 착수한 자'를 처벌하였고, 415조는 "414조의 행위가 공모에 의해 행해진 경우에는 고등경찰의 감시하에 둔다"고 하였으며, 416조는 '산업 또는 노동에 종사하는 개인의 자유를 미리 공모에 의한 사적 제재(위약금 등의 부과 또는 금지의 고지)로써 방해한 자'를 처벌하였다. 이 규정들은 ① 종래 법률과 달리 단결 그 자체의 처벌을 폐지하여 단결권을 승인한 점에서 중요한 의의가 있고, ② 단결체의 가해 행위에 대해서는 단결체 구성원들 자신의 노동 정지와 개인의 노동 자유에 대한 침해로 구분하여, 전자에 대하여는 그 목적을 한정하고 수단으로서는 폭력·폭행·협박·위계로 한정하고 있으며, 후자에 대하여는 공모에 의한 사적 제재에 한하여 이를 처벌한다는 점이 특징이다.

(3) 1946년 제4공화국 헌법과 파업권

이후 1864년 개정 형법과 1884년 개정 형법으로 쟁의행위의 자유가 인정되었고, 제2차 세계대전 후 1946년 제4공화국 헌법이 "파업권은 법률이 규율하는 범위 안에서 행사된다"고 규정함으로써 근로자의 특별한 권리로서 쟁의권이 보장되었다.

나. 프랑스의 쟁의행위에 대한 민사 책임

(1) 파업과 근로계약의 정지

프랑스는 제2차 세계대전 전까지 파업을, 근로자가 근로계약을 파기한 것으로 보거나 곧바로 해고할 수 있는 사유가 되는 것으로 보았다. 그러나 제2차 세계대전 이후부터는 파업은 근로계약을 파기시키는 것이 아니라 정지시킬 뿐이라고 하는 정지설이 주장되기 시작하였고, 1950년 법이 “파업은 근로계약을 파기시키지 않는다. 그러나 근로자에게 중대한 과실이 있는 경우에는 그러하지 아니하다”고 규정하여 그 견해는 입법적으로 확립되었다.[13)]

(2) 1982년 손해배상청구 제한 입법에 대한 헌법원의 헌법 불합치 결정과 현 상황

1970~80년대에 들어 프랑스에서는 사용자가 빈번하게 노동조합이나 근로자들에게 파업을 이유로 손해배상을 청구하였다. 1982년에는 그러한 손해배상 소송을 억제하기 위한 입법적 시도가 있었으나 헌법원(Conseil constitutionnel)의 위헌 결정으로 중단되었다.

헌법원 결정 이후 사용자의 손해배상청구에 대한 더 이상의 입법적 제한 시도는 없었다. 따라서 파업과 관련한 손해배상청구 소송에는 민법상의 불법행위에 따른 민사 책임 법리가 적용된다. 그렇지만 프랑스 법원은 이러한 소송에 대해 사실상 매우 엄격한 제한을 하고 있다.

현재도 파업에 대한 크고 작은 손해배상 소송이 사라진 것은 아니지만 과거에 비해 줄어들었다. 사용자들의 이러한 소송은 파업 종료 협정에 의해 취하되는 경우가 많으며, 법원에서 인정하는 경우에도 노동조합에 대해 실제 집행된 사례는 없고 개별 근로자의 경우에도 역시 많지 않다. 이러한 소송은 대부분이 실제 집행을 목적으로 하는 것이 아니라 노동조합이나 조합원에 대한 압력 수단 내지는 억제 수단으로 이용되고 있으며, 이러한 점에서 그 적법성이 격렬한 논쟁의 대상이 되어 왔다.

(3) 프랑스의 파업권 특징

프랑스는 쟁의행위가 헌법이 인정하는 파업권의 정당한 행사 범주에 해당

---

13) 이하 이 항에서 프랑스의 쟁의행위에 대한 민사 책임에 관한 설명은 조경배c, 385면 이하; 강현주 · 이승욱 · 조용만, 140면 이하에서 주로 인용하였다.

하는지 여부로 쟁의행위에 대한 면책 여부를 정하고 있다. 쟁의행위에 대한 민사 책임과 관련하여 다음과 같은 특징이 있다.

첫째, 헌법이 파업권에 대한 제한 가능성을 예정하고 있음에도 공공 부문을 제외하고는 파업권을 제한하는 입법이 없다. 노동분쟁의 평화적 해결을 위한 절차로 알선·조정·중재 등의 절차를 규정하는 법률이 있지만 사전적 분쟁 조정을 반드시 거쳐야 한다는 의미는 아니다.

둘째, 법원은 파업을 '직업상의 요구를 관철할 목적으로 단결하여 집단적으로 노무 제공을 중단하는 것'으로 파악하고, 모든 형태의 파업은 원칙적으로 합법이라는 원칙을 세우고 있다. 다시 말해 직업적 요구를 관철하기 위해 노무 제공을 집단적으로 거절하는 경우 어떠한 방식으로 이를 행하든 적법한 권리 행사로 본다.

셋째, 파업권은 원칙적으로 근로자 개인의 권리로 본다. 그리고 파업은 예외적인 경우가 아닌 한 집단적으로 행사되어야 한다고 보아 파업은 집단적 행위라고 한다. 하지만 파업은 집단법 영역에서 다루지 않고 개인적 권리 또는 자유의 영역으로 본다. 노동조합이 주도하지 않는 파업도 인정되고, 노사 간의 사전 단체교섭을 전제로 하지도 않아 파업권을 최후 수단으로 보지도 않는다. 기업 단위를 초월하는 총파업 참가도 전적으로 근로자 개인의 결정 사항으로 본다. 근로자들은 노동조합을 전제로 하지 않고 파업을 통해 근로조건의 유지·개선, 사회·경제적 지위 향상을 추구할 수 있다.

넷째, 노무 제공의 완전한 정지 내지 거부에 해당하지 않는 쟁의 수단, 즉 태업은 허용되지 않는다. 직장점거, 피케팅도 파업의 경우와 다르게 보아 원칙적으로 사용자의 영업 자유와 근로 제공을 하려는 파업 불참 근로자의 노동의 자유를 침해하거나 적어도 그에 대한 장애가 될 수 있는 행위로 보고 예외적으로 정당성을 인정하는 방식을 취하고 있다.

다섯째, 파업의 목적도 노사 간의 자치적 교섭을 조성 내지 촉진하기 위한 것으로 한정되지 않는다. 쟁의 대상도 단체교섭 사항에 한하지 않는다. 전형적인 근로조건 유지·개선뿐 아니라 고용보장 등 근로자들의 집단적 직업 이익의 옹호를 위한 것이라면 사용자의 인사·경영권에 관한 사항도 쟁의 대상이 된다. 그리고 구체적 이익을 획득하기 위한 것이 아니더라도 집단적 이익 옹호를 위해 사용자의 결정 내지 조치에 대한 반대, 항의 또는 불만 표출을 위한 파업도 허용된다. 사용자의 인사권 행사가 정당한지 여부를 불문하고 사용자의 인사 조치에 반대하는 파업도 가능하다.

여섯째, 민간 부문과 공공 부문에서 파업권 행사는 큰 차이가 존재한다. 공공 부문에는 파업의 개시절차 · 형태에 대한 입법적 제약이 있다.

3. 독　　일

가. 형사 면책 법리의 형성

(1) 독일의 형사 면책 법리의 형성 과정

독일도 1845년 프로이센 일반 영업령(Allgemeine Preußische Gewerbeordnung)으로 쟁의행위를 원칙적으로 금지하였다. 이 법령은 1869년 북독일연방영업령(Gewerbeordnung für den Norddeutschen Bund)으로 폐지되었고, 이로써 명문의 법규정으로는 근로자의 쟁의행위에 대한 형사책임이 면제되었으나, 쟁의행위는 법원에 의해 확대 해석된 다른 금지 · 처벌 규정으로 계속 제약되었다. 즉, 법원은 독일 형법상 강요죄, 공갈죄, 치안 법령의 단속 규정을 쟁의행위에 적용하였다.[14]

1918년 11월 혁명 후 1919년 바이마르 헌법에서 단결권이 규정되면서 쟁의권이 보장되었다. 하지만 나치 이후 1934년 국가노동질서법으로 근로 거부를 호소하는 행위는 종업원 선동죄로 금지되었다. 제2차 세계대전 후 단결권이 다시 회복되었고, 1949년 기본법 9조 3항은 "근로조건 및 경제조건의 유지 · 향상을 위해 단결체를 결성할 권리는 모든 사람, 모든 직업에 대해 보장된다. 이러한 권리를 제한하거나 저해하는 모든 합의는 무효이고, 이를 도모하기 위한 조치는 위법이다"라고 규정하여 단결권을 보장하였다.

현재 독일에서 쟁의행위에서 형사처벌이 문제되는 경우는 쟁의행위 기간 중 개별 참가자가 저지른 모욕 · 상해 · 기물손괴 등이고 쟁의행위 자체는 형사처벌의 대상이 아니다.

(2) 강요죄, 공갈죄 등 개별 형법 규정의 적용

강요죄[15]를 규정한 독일 형법 240조는 1항에서 "중대한 해악의 위협이나 폭행으로써 다른 사람에게 위법하게 작위 · 수인 · 부작위를 강요"하는 행위를

14) 이하 독일의 형사 면책 법리에 관한 설명은 김기덕a, 208면 이하; 이광택, 110면 이하를 주로 인용하였다.

15) 협박죄로 번역되기도 한다.

처벌하고, 2항에서는 "달성하려는 목적을 위해 폭행을 행사하거나 해악을 위협하는 것이 비난할 수 있는 것으로 인정될 때 그 행위는 위법하다"고 규정하고 있다. 이러한 규정 내용은 공갈죄(Erpressung) 규정인 253조 2항에도 등장한다. 이 규정으로 쟁의행위가 강요죄·공갈죄에 해당하기 위해서는, 그 쟁의행위가 노동법상 부당(위법)하다고 뜻하는 '사회적 불상당성' 또는 '양속 위반'보다는 형법상 더 위법한 정도에 이르러야 한다는 것이 통설·판례이다.[16] 1항의 구성요건을 해석할 때 단순한 근로 제공 거부는 이에 해당하지 않는다.

나. 독일의 민사 면책 법리

독일은 강력한 산업별 노동조합이 사용자단체와 산업별 교섭을 하는데 이 과정에서 한번 발생한 쟁의행위의 파급력은 대단히 위력적이다. 독일은 이러한 쟁의행위를 규율하는 명문의 법률이 없고 판례법으로 쟁의행위를 규율한다.[17]

연방노동법원은 1955년 판결에서 '사회적 상당성'이라는 개념으로 쟁의행위를 제한하려 하였고, 1971년 판결에서는 이에 대신하여 비례성 원칙으로 파업의 정당성을 판단하였는데, 판례에 내재된 기본적 관점은 쟁의행위가 '공공의 복지'에 반해서는 안 된다는 것이다. 한편 흐름을 볼 때 판례는 쟁의행위의 보호 영역을 확대해 왔다고 말할 수 있다.

독일은 쟁의행위의 민사 책임 문제와 관련하여 바이마르 공화국 이래 많은 논란이 있었다가 1950년대 중반에 들어오면서 다음의 두가지 기본 원칙이 확립되었다. 하나는 적법한 파업에 참가하는 것은 근로계약 위반이 아니라는 원칙이다. 다른 하나는, 1955년 연방노동법원이 판시한 것으로서, 쟁의행위가 사회적 상당성을 가지는 한 그 쟁의행위는 사용자의 영업권을 침해하는 불법행위가 아니라는 원칙이다. 쟁의행위는 영업권 침해를 구성하지만, 사회적 상당성의 유무에 따라 위법성 여부가 결정되고, ① 단체협약 체결 능력이 있는 당사자 간의 투쟁일 것, ② 단체협약에 의하여 규율될 수 있는 목적을 추구할 것, ③ 최후의 수단으로 사용될 것, ④ 공평한 투쟁 수단으로 행해질 것 등의 요건이 충족되면 사회적 상당성이 있다고 본다.

그러나 1990년대 들어 쟁의행위의 적법성 판단 기준으로 사회적 상당성 대

16) 임종률a, 92면, 124~125면.

17) 이하 독일의 민사 면책 법리에 관한 설명은 강현주·이승욱·조용만, 37면, 83면 이하를 발췌하였다.

신 과잉 금지 원칙을 기초로 해야 한다는 견해가 지배적 견해로 등장하고 있다. 여기에서 과잉 금지 원칙이란 쟁의행위가 그 목적 달성을 위해 필요 이상 과잉성을 수반하지 않아야 하고, 투쟁 방법과 투쟁 목적 사이에 균형이 유지될 것을 요구하는 원칙을 뜻한다.[18)]

4. 미 국

가. 보통법상 공모죄 법리의 폐기

미국은 처음에는 쟁의행위를 보통법상 공모죄로 처벌하다가 1842년 Commonwealth v. Hunt 사건에서 "단결의 목적이 정당하고 수단도 적법하면 공모죄가 성립하지 않는다"는 이른바 목적 수단 심사(Means-Ends Test) 법리가 제시된 이래, 목적과 수단 중 어느 하나의 불법성이 인정되는 쟁의행위에 대하여만 형사상 공모죄가 성립한다고 보았다. 이 판결을 기점으로 쟁의행위와 관련하여 보통법상 공모죄를 통해 노동조합에 책임을 묻는 것은 민사 책임의 문제로 전환되었다.[19)]

나. 쟁의행위 관련 입법

미국은 노동3권이 법률로 보장되는 대표적인 나라이다.

미국도 처음에는 1890년 셔먼 법(Sherman Antitrust Act)으로 쟁의행위를 범죄로 보았고, 민사상으로도 거래 제한 금지 조항에 따라 손해배상 책임을 물었다. 그리고 근로자의 단결 활동은 법원의 금지 명령(Injunction) 대상이었다.

1914년 제정된 클레이튼 법(Clayton Act)은 노동조합에게 반트러스트 책임을 면제하였지만, 법원은 이를 좁게 해석하였다. 여론의 비판이 비등해지자 의회는 1932년 노리스 라가디아 법(Norris-Laguardia Act)을 제정하여 비폭력적 쟁의행위에 대해 법원이 일시적 · 영구적 금지 명령을 할 수 없게 하였다. 이로써 쟁의행위의 민사 면책이 이루어졌다.[20)]

대공황 이후 1935년 와그너(Wagner) 법으로 불리는 전국노동관계법(National Labor Relation Act, NLRA)이 제정되어 단결권, 단체교섭권, 단체행동권이 보장되었다. 그리고 이 노동3권을 저해하는 사용자의 행위를 부당노동행위로 금지하였다.

---

18) 이상 윤성천, 102~103면.

19) 이하 미국의 쟁의행위 면책 법리에 관한 설명은 강현주 · 이승욱 · 조용만, 144면 이하를 주로 인용하였다.

20) 윤성천, 102면.

제2차 세계대전 후 NLRA는 1947년 이른바 태프트-하틀리(Taft-Hatley) 법으로 개정되어 노동3권의 내용이 일부 축소되었고, 단결활동 등 참가를 거부할 수 있는 근로자의 소극적 권리가 추가되었다. 그리고 노동조합의 일정 행위가 부당노동행위에 추가되었다.

위 법은 1959년 이른바 랜드럼-그리핀(Landrum-griffin) 법으로 다시 개정되어 이른바 핫카고(Hot-Cargo) 협정[21] 등을 사용자와 노동조합 공통의 부당노동행위로 추가하였다. 그리고 이러한 협약 체결을 위한 파업도 노동조합의 부당노동행위에 추가하였다.

미국에는 가몬(Garmon) 법리로 대표되는 선점 또는 전점(專占, preemption) 법리가 확립되어 있는데, 연방대법원의 1959년 San Diego Bldg. Trades Counsil v. Garmon 사건 판결로써 민사 면책은 더욱 강화되었다.[22]

Ⅲ. 면책의 요건[23] — 근로자 단결 · 쟁의행위 개념과 정당성

1. 근로자의 단결과 단결체 활동(단체교섭, 쟁의행위)

노조법 3조는 사용자가 노동조합 또는 근로자에 대해 손해배상을 청구할 수 없는 행위를 '이 법에 의한 단체교섭 또는 쟁의행위'로 표현하고 있다.

하지만 노조법 3조는 헌법 33조 1항에 따라 보장된 노동3권에 따른 민사상 면책을 확인하는 규정에 불과하다. 그리하여 노조법 3조로 민사상 면책이 되는 행위는 '이 법에 의한 단체교섭 또는 쟁의행위'로 한정되지 않는다.

즉, 헌법 33조 1항에 따라 보장된 근로자의 단결, 단체교섭, 단체행동 모두가 손해배상 청구의 대상이 되지 않는다. 그와 같이 보장되는 근로자의 단결,

---

21) 노동조합의 기본방침에 반하는 행위를 하는 사용자와는 거래를 하지 않기로 하는 협정을 말한다.

22) 노동조합이 유니언 숍 협정 체결을 요구하며 평온한 피케팅을 한 것에 대해 주 법원이 'NLRA 보호 대상이 아니고 주 법의 노동법규상 불법행위가 된다'고 한 것에 대해 연방대법원은, "노동조합 활동이 연방법의 적용을 받는 경우에는 연방노동위원회에 우선적 · 배타적 관할이 인정된다"는 선점 법리로써, 연방노동위원회 관할에 대하여 주 법의 개입을 배제하였다. 아울러 NLRA가 보호하거나 금지하는 행위는 물론, 그 해당 여부가 분명하지 않은 행위에 관하여도 이에 대한 연방노동위원회의 1차적 판단권이 존중되어야 한다고 하였다.

23) 강희원a, 118면은, 노동3권에 관한 헌법상의 보장에 의해 정당한 집단적 활동에 대하여는 민법 및 형사법상의 책임을 추궁당하지 않는데, 시민법적 관점에서 '면책'은 위법하지만 책임만이 면제된다는 의미로 받아들여지고 있으므로 '면책'이라는 용어는 노동3권의 정확하고 타당한 표현이라 할 수 없다고 한다.

단체교섭, 단체행동이 바로 민사상 면책의 대상이 된다. 그 자세한 내용은 '총설: 노동3권'에 대한 해설 참조.

또한 노조법 3조는 면책이 되는 대상을 '이 법에 의한' 단체교섭 또는 쟁의행위라 표현하고 있으나, '이 법을 준수한' 쟁의행위만 면책이 된다고 해석할 수 없음은 물론이고, '이 법에서 정의하는 노동조합, 노동쟁의, 쟁의행위'에 해당하지 않더라도 헌법상 기본권으로 보장되는 근로자의 단결과 단결 활동, 쟁의행위는 모두 면책의 대상이 된다.[24]

면책이 되기 위하여는 먼저 그 행위가 근로자의 단결, 단결체 활동(단체행동)이어야 한다. 그러기 위해서는 다음과 같은 요건이 필요하다.

가. 주체 — 근로자

민사상 면책이 되는 활동은 먼저 '근로자'의 단결, 단결체 활동이어야 한다. 노동관계에서 근로자의 단결체 활동, 특히 쟁의행위에 대항하는 사용자의 행위(예를 들어 직장폐쇄)는 민사 면책의 대상이 아니다.

선원인 근로자의 쟁의행위에 관하여는 선원법에 특별 규정이 있는바,[25] 선원의 쟁의행위가 실제 선박에서 이루어지는 경우 노동조합에 의해 주도되지 않는다는 점에서 선원법이 예정하는 쟁의행위는 선원노동조합에 의해 주도되는 경우는 극히 예외적이고 대부분은 선박에 승무 중인 선원들을 중심으로 이루어

---

24) 노조법 4조에 관한 판시이기는 하나, 판례 또한 '근로자가 노동조합을 조직하거나 가입했을 때에는 단체행동권으로서 쟁의권과 조합활동권이 있음은 구 노동조합법 2조(현행 노조법 4조)가 노동조합의 단체교섭 기타의 행위로 1조의 목적을 달성하기 위하여 한 정당한 행위에 대해 형사면책을 할 것을 확인하고 특별히 쟁의행위로서 정당한 것이라고 한정하지 않고 있음에 의해서도 분명할 뿐만 아니라 실제상으로도 쟁의권과 단체교섭 이외의 단결체의 행동(전형적으로 삐라 첩부나 배포, 완장착용, 집회, 머리띠, 연설 등의 활동)을 일정한 범위 내에서 보장할 필요성이 있기 때문에도 이를 인정하여야 한다'라고 하여 쟁의행위에 해당하지 않는 노동조합 활동에 대해서도 면책 조항이 적용된다는 입장이다(대법원 1990. 5. 15. 선고 90도357 판결).

25) 선원법 25조는, 선박이 외국 항에 있는 경우나 여객선이 승객을 태우고 항해 중인 경우, 그 밖에 쟁의행위로 인명이나 선박의 안전에 현저한 위해를 줄 우려가 있는 경우 등에는 선원으로 하여금 '선원근로관계에 관한' 쟁의행위를 하여서는 아니 된다"고 규정하고 있다(한편 현행 노조법이 시행되기 전의 구 노동쟁의조정법 2조는 '근로조건에 관한' 노동관계 당사자 간 주장의 불일치로 인한 분쟁상태를 '노동쟁의'로 정의하였으나, 현행 노조법은 2조 5호에서 노동쟁의의 대상이 되는 분쟁상태를 '근로조건의 결정에 관한' 것으로 한정하였다). 선원법 165조 2항은 25조를 위반하여 쟁의행위를 한 사람을 처벌하면서 165조 3항에서 같은 조 2항의 쟁의행위에 대한 면책 규정을 두어, 쟁의행위가 선박소유자가 선원의 이익에 반하여 법령을 위반하거나 정당한 사유 없이 선원근로계약을 위반한 것을 이유로 한 것일 때에는 벌하지 않도록 하였다.

지는 경우이므로 선원법이 예정하는 쟁의행위에는 노동조합이 주도하지 않는 쟁의행위와 노동조합과 무관한 다수 선원들이 행하는 쟁의행위도 포함된다고 하는 견해가 있다.[26)]

판례는 쟁의행위가 면책되기 위하여는 그 주체가 단체교섭과 단체협약을 체결할 능력이 있어야 한다고 하면서 쟁의행위의 주체를 노동조합에 한정한다.[27)] 하지만 헌법 33조 1항은 단체행동권을 포함하는 노동3권의 주체를 노동조합이 아닌 개별 근로자로 천명하고 있고, 비조직 근로자들의 헌법상 단결체도 쟁의권을 행사하려는 집단적인 통일 의사가 있으면 정당한 쟁의행위의 주체가 될 수 있는 점, 헌법상 단체행동권은 원칙적으로 근로자 단결체에 의하여 행사되는 것을 전제로 하는 것이지 근로자 개인의 쟁의행위 자체를 금지하는 소극적 규정이 아닌 점 등에 비추어 볼 때 노동조합이 아니라도 근로조건 향상 내지 사회·경제적 지위 향상을 위한 단결체(헌법상 단결체. 예를 들어 일시적 쟁의단)가 한 쟁의행위는 면책된다고 본다.[28)] 이에 관한 논의는 노조법 37조에 대한 해설 Ⅱ. 참조.

나. 목적—근로조건 유지·개선 내지 근로자의 사회·경제적 지위 향상

목적이 '근로조건의 유지·개선 내지 근로자의 경제적·사회적 지위 향상을 관철하기 위한 것'(법 1조 참조) 내지 '근로조건의 향상을 위한 것'(헌법 33조 1항 참조)이어야 한다.

근로자의 근로조건이나 사회·경제적 지위 향상과 관련이 있는 한 단결체의 활동이 정치적인 성격을 띠더라도(예를 들어 노동관계 법령 개폐, 국가 정책, 노사정위원회에서 이루어지는 노사정 협의, 사회적 대타협 등) 그에 따른 쟁의행위나 그 밖의 노동조합 활동에 대하여는 민·형사상 책임을 면한다고 보아야 한다.[29)]

---

26) 권창영, 344면 이하.

27) 대법원 1999. 6. 25. 선고 99다8377 판결, 대법원 2001. 6. 12. 선고 2001도1012 판결, 대법원 2003. 12. 26. 선고 2003두8906 판결 등 민·형사, 징계 등 책임에 관한 쟁의행위 정당성 일반론을 설시한 여러 판결들 참조. 김형배, 1031~1032면; 이상윤a, 663~664면, 772~775면도 견해가 같다.

28) 권창영, 347면; 김유성, 225면; 이병태, 285~286면, 316면; 임종률, 244면. 쟁의단에 관하여 김유성 교수는 쟁의행위 주체성에 관하여 단체협약체결능력에 따라 결정할 것은 아니라 하면서 일정한 사안(노동조합 설립 과정 등)에서 쟁의단이 주체가 될 수밖에 없다고 인정되는 경우 쟁의행위의 정당성을 긍정해야 한다고 한다(김유성, 226면).

29) 김유성, 231~232면; 이병태, 313~314면; 임종률, 245~246면; 임종률a, 25면; 정종섭, 724~725면; 허영, 581면 등.

'근로조건'이란 근로계약상의 조건 내지 약속사항과 노동관계에서 근로자의 대우에 관한 사항을 말한다(자세한 내용은 단체교섭 전론(前論) 2: 단체교섭의 대상 Ⅱ. 4. 및 Ⅲ.과 법 33조에 대한 해설 Ⅱ. 3. 참조). 유의할 것은 근로조건은 반드시 개별적 근로관계의 당사자 사이에 정해지는 것에 한정되지 않고, 직접 근로관계 존재 여부와 상관없이 그 사항을 결정할 수 있는 지위에 있는 자와 교섭하여 정할 수 있는 것으로서 근로자의 대우에 관한 사항이라면 모두 근로조건에 해당한다는 점이다.

다. 내용 — '단결' 내지 '단결체 활동'

근로자의 행위가 면책이 되기 위하여는 그 행위가 근로자의 '단결' 내지 '그 단결체의 활동'이어야 한다.

(1) 단　　결

'단결'은 노동조합 결성이 대표적일 것이다.

노동조합 결성만이 노동3권 중 하나인 단결권의 내용이 되는 것은 아니다. 노동조합 결성이 아니라도 근로자가 근로조건 향상을 위하여 한 단결체 결성(예를 들어 어용 노동조합에 대항하는 단결체, 일시적 쟁의단 등) 또한 면책된다. 즉, 노동조합만이 쟁의행위를 할 수 있는가의 문제와 단결체(노동조합) 결성은 다른 차원의 문제로서 노동조합이 아닌 단결체를 결성하는 것 역시 그 자체로 노동3권의 행사로서 면책된다.

노조법 10조에 따른 노동조합 설립신고를 마치지 않은 노동조합이나 노조법 11조에 정한 규약을 만들지 않은 노동조합, 노조법 12조에 정한 신고증을 교부받지 못한 노동조합의 결성 역시 근로자의 단결에 해당함은 물론이다.

노동3권으로서 단결권으로 보장되는 경우가 아니라도 일반적으로 자유권적 기본권으로 결사의 자유가 인정되므로 단결 자체가 손해배상책임을 지는 불법행위가 되는지 또는 형사상 책임을 지는지 여부가 문제되는 경우는 거의 없다. 범죄단체 조직 등 형사상 문제에 관한 자세한 내용은 법 4조에 대한 해설 Ⅳ. 3. 부분 참조.

(2) 단결체 활동

'단결체의 활동'으로 대표적인 것은 노동조합의 조합활동과 단체교섭·쟁의행위이다. 그 외 일시적 쟁의단의 활동도 여기에 해당한다(본조에 대한 해설 Ⅲ.

1. 가. 참조).

2. 정 당 성

가. 통설 · 판례

현재 학계와 실무계는 거의 일치하여 위와 같은 근로자의 단결체 결성 내지 단결체 활동이 민 · 형사상으로 면책되기 위해서는 그 활동에 정당성이 있어야 한다고 보고 있다. 그리하여 그 활동이 '정당한 조합활동', '정당한 쟁의행위' 이어야 민 · 형사상 면책이 된다고 논하고 있다.

대법원도 "민사상 배상책임이 면제되는 손해는 정당한 쟁의행위로 말미암은 손해에 국한되고, 정당성이 없는 쟁의행위는 불법행위를 구성하며, 이로 말미암아 손해를 입은 사용자는 손해배상을 청구할 수 있다"고 한다.[30)]

정당성의 구체적 내용은 주로 문제되는 부분인 '조합활동의 의의/정당한 조합활동 보론(補論)' 해설 Ⅱ. 및 Ⅲ.과 노조법 37조, 42조에 대한 각 해설 참조. 이하에서는 개략적인 내용만 소개한다.

나. 조합활동의 정당성

대법원 1990. 5. 15. 선고 90도357 판결, 대법원 1992. 4. 10. 선고 91도3044 판결, 대법원 1994. 2. 22. 선고 93도613 판결 등 판례가 드는 조합활동의 정당성은 다음과 같이 요약된다.

첫째, 주체의 측면에서 조합원이 노동조합의 결의나 구체적인 지시에 따라서 한 노동조합의 조직적인 활동 또는 그와 같은 결의나 지시 없이 개인적 · 자발적으로 한 행위라도 성질상 노동조합의 업무를 위한 활동으로 볼 수 있거나 묵시적으로 노동조합의 수권이나 승인을 받았다고 볼 수 있는 것이어야 한다(미조직 근로자의 단결체 활동에 대해서도 정당성을 인정해야 한다는 반대 견해 있음).

둘째, 목적의 측면에서 근로조건의 유지 · 개선과 근로자의 경제적 · 사회적 지위의 향상을 도모하기 위하여 필요하고 근로자의 단결 강화에 도움이 되는 행위이어야 한다.

셋째, 시기의 측면에서 취업규칙이나 단체협약에 별도의 허용규정이 있거나 노동관행 · 사용자의 승낙이 있는 경우 외에는 근무시간 외에 행해져야 한다.

30) 대법원 1994. 3. 25. 선고 93다32828, 32835 판결 등.

넷째, 수단·방법의 측면에서, 사업장 내의 조합활동을 할 때에는 사용자의 시설관리권에 바탕을 둔 합리적인 규율이나 제약에 따라야 하고 폭력과 파괴행위 등의 방법에 의하지 않는 것이어야 한다.

다. 쟁의행위의 정당성

대법원 2009. 6. 23. 선고 2007두12859 판결, 대법원 2005. 4. 29. 선고 2004두10852 판결 등 판례는 쟁의행위가 정당성을 가지기 위해서는, "그 주체가 단체교섭의 주체로 될 수 있는 자이어야 하고, 그 목적이 근로조건의 향상을 위한 노사 간의 자치적 교섭을 조성하는 데에 있어야 하며, 사용자가 근로자의 근로조건 개선에 관한 구체적인 요구에 대하여 단체교섭을 거부하였을 때 개시하되 특별한 사정이 없는 한 조합원의 찬성결정 등 법령이 규정한 절차를 거쳐야 하고, 그 수단과 방법이 사용자의 재산권과 조화를 이루어야 함은 물론, 폭력의 행사에 해당되지 아니하여야 한다는 여러 조건을 모두 구비하여야 하며, 쟁의행위에서 추구되는 목적이 여러 가지이고 그중 일부가 정당하지 못한 경우에는 주된 목적 내지 진정한 목적의 당부에 의하여 그 쟁의 목적의 당부를 판단하여야 한다"고 한다.

라. 반 대 설

한편 파업 등의 쟁의행위는 근로계약의 불이행에 지나지 않는 행위이고 이것이 집단적으로 행해졌다고 하여 손해배상책임을 져야 할 불법행위가 되는 것은 아니라고 하는 견해가 있다.[31]

헌법상 근로자의 단체행동권이 기본권으로 보장되었고 강제노동의 금지가 헌법상 확인되었으며, 무엇보다도 단순한 계약의 불이행을 불법행위로 파악하지 않는데 근로자의 노무 제공 의무의 불이행만을 불법행위로 볼 이유가 없다는 점 등을 논거로 들고 있다.[32]

또 다른 견해로서, 영국의 쟁의행위 형사 면책 법리의 형성 과정과 논리 구조를 볼 때 우리나라의 쟁의행위 정당성론은 단결금지 법리 시대에서만 가능한 것이고 형사 면책이 확립된 경우에는 전혀 불필요한 논의라는 견해가 있다. 쟁

---

31) 김기덕b, 247면.

32) 또한 이 견해는 더 나아가 쟁의행위에서 입은 손해액에 관하여도, 파업 등 노무 제공 거부로 행해지는 쟁의행위에서 사용자의 손해는 임금을 지급하지 않음으로써 보전되고, 더 이상 손해는 인정되지 않는다고 한다.

의행위가 포괄적으로 금지되고 제한된 범위 내에서만 허용될 때는 그러한 범위 내에 해당하는지 여부를 판단하기 위하여 그 조건을 하나하나 따져 보지 않으면 안 되었지만 쟁의권이 법적 권리로서 승인된 이상 논의 구조는 그 반대가 되어야 한다고 한다.[33)]

Ⅳ. 민사 면책의 효과

1. 민사 면책의 일반론

손해배상 책임을 면한다는 것이 민사 면책의 기본적인 내용이다. 면하는 손해배상 책임은 근로(고용)계약상의 채무불이행에 따른 손해배상 책임과 불법행위에 따른 손해배상 책임 모두이다.[34)]

민사상 면책의 효과로서 노동3권을 행사한 근로자 개인은 물론 노동조합도 민사상 책임을 면한다.

그리고 노동조합이 한 행위가 민사상 면책이 되지 않더라도 그 행위에 참가한 노동조합의 임원이나 조합원 개인이 면책이 되는 경우도 있다. 예를 들어 위법한 쟁의행위가 있었을 때 조합원 개인에게 그 쟁의행위에 따른 책임을 묻기 위하여는 그 쟁의행위의 의사 결정에 주도적으로 관여한 경우에 한정되어야 한다. 다만, 그 조합원이 책임을 지는 작업 영역에서 발생한 손해에 대하여는 책임을 지는 경우가 생길 수 있다.[35)]

한편 노조법 3조의 문언상으로는 '사용자'만이 손해배상청구가 제한되는 것으로 되어 있어 사용자 아닌 제3자가 위 규정에 따라 손해배상청구가 제한되는 주체에 포함되는지 문제될 수 있으나, 헌법상 권리는 그 권리 행사의 상대방

---

33) 조경배a, 333면.

34) 정당한 노동조합 활동 등에 참여한 근로자는 사용자에 대해 징계 책임 또한 부담하지 않는다고 보아야 한다. 사용자가 정당한 노동조합 활동 등을 이유로 근로자에게 해고 등 불이익을 줄 경우 노조법 81조 1항 1호에 따른 부당노동행위가 성립할 수 있다.

35) 대법원 2006. 9. 22. 선고 2005다30610 판결은 "일반조합원이 불법쟁의행위 시 노동조합 등의 지시에 따라 단순히 노무를 정지한 것만으로는 노동조합 또는 조합 간부들과 함께 공동불법행위책임을 진다고 할 수 없다"고 하였고, 다만 "근로자의 근로내용 및 공정의 특수성과 관련하여 그 노무를 정지할 때에 발생할 수 있는 위험 또는 손해 등을 예방하기 위하여 그가 노무를 정지할 때에 준수하여야 할 사항 등이 정하여져 있고, 당해 근로자가 이를 준수함이 없이 노무를 정지함으로써 그로 인하여 손해가 발생하였거나 확대되었다면, 그 근로자가 일반조합원이라고 할지라도 그와 상당인과관계에 있는 손해에 대하여는 이를 배상할 책임이 있다"고 하였다.

뿐만 아니라 제3자에 대해서도 보장되어야 할 것이므로 제3자 또한 근로자의 노동3권 행사로 인한 피해에 대해 일정한 한도 내에서 수인의무가 있다고 보아야 한다.[36)]

그 밖에 손해배상책임의 주체 · 범위에 관한 문제, 즉 노동조합 활동 내지 쟁의행위에 대해 책임을 지는 주체가 노동조합에 한정되는지, 조합 임원이나 조합원까지 그 책임을 져야 하는지에 관한 문제, 그 책임의 범위가 어디까지인지에 관한 자세한 내용은 '위법쟁의행위와 책임 보론(補論)' 해설 V. 참조.[37)]

2. 민사상 면책에 관한 특수한 문제 — 위법한 쟁의행위에 따른 손해배상 청구권을 피보전권리로 한 근로자 개인과 신원보증인에 대한 가압류

위법한 쟁의행위로 말미암아 사용자가 손해를 입었다고 하면서 노동조합이나 소속 조합원을 상대로 그 손해배상 청구권의 집행을 보전하기 위해 노동조합, 소속 조합원, 신원보증인의 재산에 대하여 가압류를 신청하고 이를 인용하여 가압류가 이루어지는 일이 일반화되고 있다.

이에 관해서는 보전처분 일반론의 관점에서, 피보전권리의 소명, 보전의 필요성에 관해 적지 않은 논의가 가능하다. 대표적으로 들 수 있는 것은, 조합원이 사용자에 대해 가지는 급여 채권을 가압류하는 것은, 그 조합원이 해고되거나 퇴직할 구체적인 개연성이 없을 경우 보전의 필요성이 없다는 것이다. 다시 말해 본안 판결 등 집행권원을 얻었을 때 그때부터 발생하는 급여 채권을 본압류해도 채권을 실현하는 것에 어려움이 없으므로 보전의 필요성이 인정되지 않는다.

근로자의 단결, 단체교섭, 단체행동에 대한 민사상 면책이라는 특유한 관점에서 이러한 가압류를 보면, 이것이 보전처분의 원래 목적으로 사용되는 것이 아니라 노동조합과 조합원의 근로조건 개선과 사회 · 경제적 지위 향상을 위한 단결 활동에 압박을 가하기 위한 것으로 쓰인다는 점에서, 이러한 가압류 신청에 대하여는 신중하고 엄격하게 요건을 심사해야 한다. 즉, 사용자의 가압류 신

36) 신권철, 227면. 강희원a, 150면 또한, '사용자와의 거래관계에 있는 제3자도 노조법 3조의 사용자의 범위에 포함되므로, 그 제3자는 노동조합 또는 근로자에 대해 제3자에 의한 채권침해를 이유로 불법행위에 기한 손해배상을 청구할 수 없다'라고 하여, 같은 입장이다.

37) 관련 문헌으로는 신권철, 197면 이하가 있고, 이 문헌에서는 나아가 사용자와 거래관계에 있는 업체 또는 그 업체 소속 근로자, 소비자, 파업불참근로자들이 쟁의행위로 인한 손해의 배상을 청구할 수 있는지에 관한 문제도 논하고 있다. 위 문헌, 227~228면 참조.

청이 근로자의 단결과 노동조합 활동 위축을 꾀하는 것이라면 그 신청은 보전처분의 요건 구비 여부를 떠나 부당노동행위로서 부적법한 것으로서 각하되어야 하고, 가압류로 말미암아 그 근로자의 단결 활동과 쟁의행위가 위축될 개연성이 있다면 부당노동행위가 아니라는 점을 소명할 책임은 신청인이 진다.

[최 은 배·성 준 규]

제 4 조(정당행위)

형법 제20조의 규정은 노동조합이 단체교섭 · 쟁의행위 기타의 행위로서 제1조의 목적을 달성하기 위하여 한 정당한 행위에 대하여 적용된다. 다만, 어떠한 경우에도 폭력이나 파괴행위는 정당한 행위로 해석되어서는 아니된다.

〈세 목 차〉

Ⅰ. 근로자의 단결과 형사 면책

근로자 단결에 대한 형사상 면책의 의의에 관하여는 민사상 면책에 관하여 기술한 '노조법 3조 해설 Ⅰ. 근로자의 단결과 민 · 형사 면책' 부분에서 민사상 면책의 의의와 함께 기술하였다. 자세한 내용은 해당 부분 참조.

※ 이 조에 관한 각주의 참고문헌은 제3조 해설의 참고문헌을 가리킨다.

노조법 3조와 마찬가지로 본 조항도 헌법 33조가 정한 노동3권 조항을 확인하는 것에 불과하고, 본 조항으로 면책 효과가 비로소 주어지는 것이 아니다.

Ⅱ. 형사 면책 법리의 형성

법 3조에 대한 해설 중 'Ⅱ. 민·형사 면책 법리의 형성' 부분에서 기술하였다. 자세한 내용은 해당 부분 참조.

Ⅲ. 형사 면책의 법적 구성

1. 서 설

노조법 4조가 면책된다고 하는 '단체교섭, 쟁의행위 기타의 행위', 특히 쟁의행위는 그 행위 유형이 다양하여 그중 어떤 행위는 시민법상 불법행위 내지 범죄에 해당할 수 있다. 하지만 그 행위가 정당성을 가지면 형사상 면책이 된다. '정당한' 쟁의행위에 형사 면책이 되는 것을 범죄체계상 어떻게 이론 구성할 것인가에 관해 다음과 같은 견해가 대립된다.

한편 이러한 견해 대립에 대하여는 '정당성' 없는 쟁의행위에 대해 형사책임을 진다고 하는 결론에는 차이가 없어 논의의 실익이 없다고 하는 견해가 있다.[1)]

2. 구성요건해당성 조각설

구성요건해당성 조각설은 정당한 쟁의행위는 권리행사로서 처음부터 범죄행위의 성격을 갖지 않으며 불법행위나 채무불이행을 구성하지도 않는다는 견해이다.[2)][3)] 쟁의행위의 면책은 계약법, 불법행위법, 형법 등에서 면책 근거를 개

---

1) 김기덕a, 232면.

2) 박홍규a, 830면. 한편 김형배 교수는 '노동법 제22판(전면개정판), 박영사(2013), 960면'에서 구성요건해당성 조각설에 찬동한다고 하였으나, 제23판(2014)부터는 어느 견해에 찬동한다는 언급 없이 "(쟁의행위의) 정당성이 부정된다는 것은 책임의 구성요건 중 하나인 위법성이 존재한다는 데에 지나지 않으므로 형사책임이 발생하기 위해서는 해당 구성요건의 구비와 유책성이 있어야 한다"고 하여 구성요건해당성 여부는 해당 구성요건에 따라 개별적으로 살펴야 한다고 하고 있다(김형배, 1340면). 이상윤 교수도 '노동법(제6판), 법문사(2011), 763면'에서 구성요건해당성 조각설을 지지하였으나, 제13전면개정판(2013)부터는 특정 견해 지지 여부를 말하지 않고, 정당성을 상실한 모든 파업이 당연히 업무방해죄에 해당하는지 여부에 관

별적으로 볼 것이 아니라 통일적으로 파악하여야 하는데, 노동3권이 보장된 오늘날에는 쟁의행위는 원칙적 위법에서 원칙적 적법으로 되었으므로 원칙적으로 적법하게 된 쟁의행위에 대하여는 형식적으로라도 시민법상 위법의 평가를 내릴 여지가 없다는 점 등을 근거로 한다.

3. 위법성 조각설

위법성 조각설은 정당한 쟁의행위는 범죄론 체계상 구성요건에는 해당할 수 있고, 다만 위법성을 조각함으로써 범죄가 성립되지 않아 형사책임이 면제된다고 하는 견해이다.[4] 기존 법체계와 합치하는 방향으로 형사 면책의 법리가 구성되어야 한다는 점, 노조법 4조가 위법성 조각 사유의 하나인 형법의 정당행위 규정인 형법 20조를 적용한다고 규정하는 점 등을 근거로 한다.

4. 가벌적 위법성론

가벌적 위법성론은, 쟁의행위가 범죄로 되지 않는 것은 보통은 위법성이 조각되기 때문이지만, 형법상 구성요건은 원래 형벌을 필요로 하는 정도의 실질적 위법성이 있는 행위를 예상하여 이를 유형화한 것이므로, 원래 형벌을 과할 만한 정도의 위법을 갖추지 않은 행위, 즉 가벌적 위법성을 구비하고 있지 않은 행위, 예컨대 법익침해의 정도가 극히 경미하고 법익침해의 목적·수단이 사회적으로 상당하다고 인정되는 경우에는 구성요건에 해당하는 행위로 볼 수조차 없고, 이에 따르면 쟁의행위 또한 실질적 위법성이 가벌적인 정도에 이르지 않

한 견해 대립을 소개하고, 일반 형법 이론에 따른 범죄성립요건을 충족시키는 경우에 한하여 형사책임이 인정된다고 하고 있다(이상윤a, 822~824면).

3) 헌재 2010. 4. 29. 선고 2009헌바168 결정은 쟁의행위의 형사면책에 관하여 다음과 같이 판시한 바 있다. "헌법 33조 1항은 근로자의 단체행동권을 헌법상 기본권으로 보장하면서, 단체행동권에 대한 어떠한 개별적 법률유보 조항도 두고 있지 않으며, 단체행동권에 있어서 쟁의행위는 핵심적인 것인데, 쟁의행위는 고용주의 업무에 지장을 초래하는 것을 당연한 전제로 하므로, 헌법상 기본권 행사에 본질적으로 수반되는 것으로서 정당화될 수 있는 업무의 지장 초래의 경우에는 당연히 업무방해죄의 구성요건에 해당하여 원칙적으로 불법한 것이라고 볼 수는 없다. 단체행동권의 행사로서 노동법상의 요건을 갖추어 헌법적으로 정당화되는 행위를 범죄행위의 구성요건에 해당하는 행위임을 인정하되, 다만 위법성을 조각하도록 한 취지라는 해석은 헌법상 기본권의 보호영역을 하위 법률을 통해 지나치게 축소시키는 것이기 때문이다."

4) 김유성, 268면; 김일수·서보학, 342면; 이재상, 279~280면; 이병태, 346면; 임종률, 223면 등. 대법원 2011. 3. 17. 선고 2007도482 전원합의체 판결 이전의 대법원 판례(대법원 1991. 11. 8. 선고 91도326 판결 등)도 위 견해를 따랐다고 평가된다.

은 경우에는 구성요건해당성 자체를 부정할 수밖에 없다고 하는 견해이다.[5]

5. 검 토

가. 학설 대립의 연원과 쟁의행위의 본질

이 견해 대립은 업무저해성을 개념 요소로 하는 쟁의행위가 업무방해죄를 구성하는지, 만일 구성한다면 쟁의행위가 면책되는 근거가 무엇인지에 관해 견해를 달리하는 것에 연유한다.

생각컨대 쟁의행위는 개념상 사용자의 업무를 저해하는 것이 필연적이다.[6] 그런데 쟁의행위로서 집단적 노무 제공의 거부는 헌법이 보장하는 노동3권의 전형적인 행사 형태이다. 그리고 다른 불법 요소가 들어가지 않는 쟁의행위는 근로자가 단결하여 노무 제공을 거부 또는 불성실하게 이행함으로써 사용자의 업무를 저해하고, 이로써 근로자에게 유리한 내용으로 단체협약을 체결하기 위해 사용자를 압박하는 행위를 말하는데, 이를 사법상 계약의 관점에서 보면 그 본질은 채무불이행에 불과하다.[7] 이런 두 가지 이유에서 쟁의행위는 그 자체로 업무방해죄를 구성하지 않는다고 보아야 한다.

이는 민·형사 면책 법리가 형성된 역사적 경과를 보아도 그러하고, 노무 제공의 거부를 형사상 죄로 볼 경우 국가가 강제하여 근로자에게 강제노역을 시키는 결과가 되기도 하여 그러하다. 쟁의행위로서 노무 제공의 거부는 그것이 설령 집단적으로 행해졌더라도 업무방해죄를 구성하지 않는다고 보아야 한다.

나. 2011년 대법원 전원합의체 판결의 취지

대법원 2011. 3. 17. 선고 2007도482 전원합의체 판결은, 쟁의행위로서의 파업도 근로자의 주장을 관철하고자 집단적으로 노무 제공을 중단하는 실력행사이므로 업무방해죄에서 말하는 위력에 해당하는 요소를 포함하고 있으나, 근로자는 원칙적으로 헌법 33조 1항이 보장하는 기본권으로서 근로조건 향상을 위한 자주적인 단결권·단체교섭권 및 단체행동권을 가짐을 전제로, "쟁의행위

5) 가벌적 위법성론이 언급된 문헌은 임웅, 210면 이하(임종률a, 90면에서 재인용).

6) 노조법 2조 6호도 쟁의행위를 "파업·태업·직장폐쇄 기타 노동관계 당사자가 그 주장을 관철할 목적으로 행하는 행위와 이에 대항하는 행위로서 업무의 정상적인 운영을 저해하는 행위"라고 정의하여 업무저해성을 쟁의행위의 개념필연적 요소로 삼고 있다.

7) 참고로, 우리나라 형사법상 채무불이행 그 자체를 처벌하는 경우는, 형법 103조 1항·2항의 (전시, 비상시)군수계약불이행(이행방해)죄와 형법 117조 1항·2항의 (전시, 비상시)공수계약불이행(이행방해)죄가 거의 유일하다.

로서 파업이 언제나 업무방해죄에 해당하는 것으로 볼 것은 아니고, 전후 사정과 경위 등에 비추어 사용자가 예측할 수 없는 시기에 전격적으로 이루어져 사용자의 사업운영에 심대한 혼란 내지 막대한 손해를 초래하는 등으로 사용자의 사업계속에 관한 자유의사가 제압·혼란될 수 있다고 평가할 수 있는 경우에 비로소 집단적 노무 제공의 거부가 위력에 해당하여 업무방해죄가 성립한다고 보는 것이 타당하다"고 판시하였다(다수의견). 이 판결은 '정당성이 없는' 노무 제공의 거부가 업무방해죄에 해당한다는 판시가 아니고, 일정한 경우(전격성, 사용자의 혼란과 손해 초래의 심대성 등) 노무 제공의 거부가 비로소 위력에 해당하여 업무방해죄가 될 수 있다고 하였다.

다시 말해 위 판결은 설령 근로자들이 쟁의행위로써 집단적으로 노무 제공을 거부하더라도 그러한 행위가 전격적으로 이루어지거나 사업운영에 심대한 혼란 내지 손해를 초래하지 않았다면 업무방해죄가 성립하지 않을 수 있음을 밝힌 것이고, 나아가 노무 제공의 거부가 면책이 되는 것은 쟁의행위가 형법상 정당행위에 해당하기 때문이 아니라 위력의 행사라는 업무방해죄의 구성요건 자체에 해당하지 않기 때문이라는 점을 웅변하고 있다.

다. 과거 판례와 다수 학설의 부당성

한편 위 대법원 2007도482 전원합의체 판결 이전의 판례[8]와 다수 학설은 쟁의행위의 정당성을 논하면서 정당성이 없는 쟁의행위(집단적 노무 제공의 거부)에 대해 업무방해죄의 성립을 긍정하였다. 이 점에 관해서는 앞서 본 바와 같이 대립하는 여러 견해들도 일치하여 업무방해죄 성립을 긍정하고 있었다. 하지만 정당성이 없는 집단적 노무 제공의 거부 또한 그 본질은 노무 제공의 거부이고, 그에 따른 책임은 민사상 책임에 불과하고(고용계약상 근로자의 채무불이행), 형사상 책임은 없다고 보아야 한다. 설령 헌법이 보장하는 노동3권의 행사가 아니라도 형사상 책임은 지지 않는 것이다. 위 대법원 2007도482 전원합의체 판결과 그 판시의 영향을 받은 학자들이 정당성 없는 쟁의행위가 곧바로 업무방해죄를

8) 대법원 1991. 11. 8. 선고 91도326 판결(변경. 근로자의 단체행동권은 단결권, 단체교섭권과 함께 헌법에 의하여 보장된 권리이므로 단체행동권에 속하는 노동쟁의행위가 형식적으로는 업무방해죄의 구성요건에 해당하는 경우에도 그것이 근로자의 근로조건의 유지, 개선 기타 근로자의 정당한 이익을 주장하기 위한 상당한 수단인 경우에는 정당행위로서 위법성이 조각된다). 대법원 1991. 4. 23. 선고 90도2771 판결(변경), 대법원 2003. 12. 26. 선고 2001도1863 판결 등.

구성하는지에 관해 과거 견해를 바꾸기 시작한 것도 이와 같은 맥락이라고 봄이 타당하다.

위 대법원 2007도482 전원합의체 판결의 반대의견[9]은 "근로자가 사업장에 결근하면서 근로 제공을 하지 않는 것은 근로계약상의 의무를 이행하지 않는 부작위임이 명백하고, 근로자들이 쟁의행위의 목적에서 집단적으로 근로 제공을 거부한 것이라는 사정이 존재하다고 하여 개별적으로 부작위인 근로 제공의 거부가 작위로 전환된다고 할 수는 없다", "단순 파업이 쟁의행위로서 정당성의 요건을 갖추지 못하고 있더라도 개별적 근로관계의 측면이나 집단적 근로관계의 측면에서 모두 근본적으로 근로자 측의 채무불이행과 다를 바 없으므로, 이를 위력의 개념에 포함시키는 것은 무엇보다 죄형법정주의의 관점에서 부당하다", "근로자들이 단결하여 소극적으로 근로 제공을 거부하는 파업 등 쟁의행위를 하였으나 폭행·협박·강요 등의 수단이 수반되지 않는 한, 같은 법의 규정을 위반하여 쟁의행위로서 정당성을 갖추지 못하였다고 하더라도 당해 쟁의행위를 이유로 근로자를 형법상 업무방해죄로 처벌할 수는 없고, 근로자에게 민사상 채무불이행 책임을 부담시킴과 함께 근로자를 노조법 위반죄로 처벌할 수 있을 뿐이며, 그것으로 충분하다"고 하여, 근로자의 집단적 노무 제공 거부는 어떠한 경우에도 업무방해죄를 구성하지 않는다고 하였다.

이러한 대법원 판결의 다수의견과 반대의견 모두를 보더라도 앞서 본 견해 대립에 관하여는 구성요건해당성 조각설을 취하는 것이 타당하다고 생각한다.

라. 형사 면책에 관한 다른 차원의 법적 문제

한편, 앞서 본 견해 대립이 다른 차원에서 논해지는 일정한 경우를 다음과 같이 상정할 수 있다. 즉, 노조법 4조는 노동3권 행사에 대한 형사 면책 규정을 두면서도 그 단서에서 어떠한 경우에도 폭력이나 파괴행위는 정당한 행위로 해석될 수 없다는 점을 분명히 하였던바, 노동3권의 행사라도 그 행위가 범죄를 구성하는 일정한 경우가 있다.[10] 예를 들어 근로자가 노동조합이나 그 밖에 일정한 단체를 결성하거나 그 단체에 가입했는데, 그것이 형법 등에서 말하는 범

---

9) 대법관 박시환, 김지형, 이홍훈, 전수안, 이인복.

10) 헌재 1998. 7. 16. 선고 97헌바23 결정 또한 "단순한 노무 제공을 거부함에 그치지 아니하고 폭행·협박 등 별도의 위법행위가 수반된 때에는 해당 범죄의 구성요건이 충족되는 한도에서 형사책임을 면할 수 없음은 명백하다."고 하였다.

죄단체 구성죄의 구성요건을 충족시키는 경우[11]가 있고, 사용자를 압박한 결과에 따른 단체협약 체결, 단체교섭 과정에서 사용자를 압박하기 위해 행한 쟁의행위, 쟁의행위의 일환으로 행한 피케팅이나 직장점거, 조합활동으로 행한 집회 또는 표현 행위 등이 형법상 강요, 공갈, 배임, 교통방해, 건조물침입, 퇴거불응, 명예훼손, 모욕, 폭행, 협박, 재물손괴 등 죄 또는 집회 및 시위에 관한 법률 위반죄, 도로교통법 위반죄의 구성요건을 충족시키는 경우가 있을 수 있다.

이 경우는 앞서 본 바와 같이 쟁의행위가 업무방해죄를 구성하는가 하는 문제와 차원을 달리한다.[12] 이러한 경우는 구성요건 단계에서 범죄를 일단 구성하고, 나아가 그것이 정당한 쟁의행위였는지 여부를 심사하여 노조법 4조에 따라 형사상 책임을 묻지 않는다는 논리 구조를 취한다. 이 문제에 관해서는 앞서 본 견해 대립에서 당연히 위법성 조각설을 취한다.

Ⅳ. 형사상 면책의 내용 일반

1. 서　　설

노조법 4조 본문은 "형법 제20조의 규정은 노동조합이 단체교섭 · 쟁의행위 기타의 행위로서 제1조의 목적을 달성하기 위하여 한 정당한 행위에 대하여 적용된다"고 규정하고 있고, 이어서 단서로 "다만, 어떠한 경우에도 폭력이나 파괴행위는 정당한 행위로 해석되어서는 아니된다"고 규정하고 있다.

노조법 4조는 헌법이 정한 노동3권을 확인하는 규정에 불과하고, 이 규정으로 비로소 형사 면책이 이루어지지는 것은 아님은 앞서 '노조법 3조 해설 Ⅰ. 근로자의 단결과 민 · 형사 면책' 부분에서 언급한 것과 같다.

아래에는 2항에서 형사상 면책의 요건으로 일반적 내용을 설명하고, 3항 이하에서 형사상 면책의 요건 · 효과로서 단결체 조직과 운영, 단체교섭, 단체협

---

11) 가령 형법 114조의 범죄단체조직(가입)죄, 국가보안법 3조의 반국가단체의 구성 등 죄, 국가보안법 7조 3항의 이적단체 구성 등 죄.

12) 노무 제공의 거부가 업무방해죄를 구성하는가 하는 문제는 업무방해죄 규정의 해석, 다시 말해 법 해석 문제이다. 반면 어떤 쟁의행위가 범죄단체 구성 · 폭행 · 명예훼손 · 모욕 등 일정한 형사처벌 규정상 구성요건을 충족한 후 그것을 면책으로 보아야 할 것인가 하는 문제는 범죄 구성요건을 규정한 형벌 규정의 해석 문제가 아니라, 구성요건을 충족한 일정한 행위에 대해 위법하다고 볼 것인지 내지 책임을 물을 것인지, 형벌을 과할 것인지 하는 등의 문제이다.

약 체결, 쟁의행위와 관련하여 구체적으로 문제되는 형사상 문제를 더 언급한다.

2. 요 건

민사상 면책의 요건과 같다. 즉, 근로자의 근로조건 유지·개선과 사회·경제적 지위향상을 위한 단결, 단결체 활동에 해당하여야 하고, 정당성 있는 단결체 활동이어야 한다. 그 구체적 내용은 법 3조에 대한 해설 Ⅲ. 참조. 다만, 이에 관하여는 민사상 위법성과 형사상 위법성의 판단은 정도를 달리해야 한다는 견해도 가능하다.[13]

한편 근로조건의 유지·향상과 경제적·사회적 지위 향상을 달성하기 위한 행위로서 노동조합이 한 단체교섭·쟁의행위 기타의 행위 중 '폭력·파괴행위'는 정당한 행위로 해석되지 않아야 한다. '폭력·파괴행위'는 정당성의 내용 일부이다. 이에 관한 자세한 내용은 법 42조에 대한 해설 Ⅱ. 부분 참조.

한편 민사상 면책과 형사상 면책은 그 요건을 달리보아야 한다는 견해가 있다. 즉, 이 견해는, 헌법 33조 1항이 노동3권에 관하여 '정당한 행위'라고 하지 않고 '근로조건의 향상을 위하여'라는 표현만으로 근로자들의 단결권 등을 보장하고 있다는 점, 노동3권 규정에 개별적 법률 유보를 두지 않은 점을 고려하면, 대(對) 국가권력 관계에서 면책이 인정되는 단결체 활동은 근로조건 향상을 위한 근로자의 단결이기만 하면 되고, '정당성'의 논의는 적어도 형사상 면책에서는 논할 필요가 없다고 한다.[14]

3. 단결체의 조직과 운영

가. 단결체 조직과 단결체 가입

단결권 가운데 노동조합이 자주적으로 근로조건의 향상과 근로자의 사회·경제적 지위 향상을 위하여 단결체를 조직하는 것은 단결권에 따르지 않더라도

13) "불법행위에 따른 형사책임은 사회의 법질서를 위반한 행위에 대한 책임을 묻는 것으로서 행위자에 대한 공적인 제재(형벌)를 그 내용으로 함에 비하여, 민사책임은 타인의 법익을 침해한 데 대하여 행위자의 개인적 책임을 묻는 것으로서 피해자에게 발생된 손해의 전보를 그 내용으로 하는 것이고 따라서 손해배상제도는 손해의 공평·타당한 부담을 그 지도원리로 하는 것이므로, 형사상 범죄를 구성하지 아니하는 침해행위라고 하더라도 그것이 민사상 불법행위를 구성하는지 여부는 형사책임과 별개의 관점에서 검토되어야 할 것이다."(대법원 2008. 2. 1. 선고 2006다6713 판결).

14) 김기덕a, 227면 이하.

헌법상 기본권 중 하나인 결사의 자유이다. 따라서 근로자가 단결체를 결성하거나 그 단결체에 가입한 것에 대해 형사상 면책 여부가 문제되는 경우는 상정하기 힘들다.

근로자들이 결성한 단체가 근로조건 향상 등을 목적으로 하는 노동조합 또는 헌법상 단결체이면서, 동시에 그 목적으로 내건 것이 형사처벌의 대상이 되는 일정한 단체인 경우가 있다면, 그 노동조합 또는 헌법상 단결체의 성격과 별개로 그 형벌 규정이 정한 범죄단체 해당 여부를 판단하면 족하다. 따라서 원칙적으로 이와 같은 단결체 결성에 노조법 4조 내지 헌법상 단결권 조항을 적용하여 형사 면책의 효과를 부여할 수는 없다. 근로조건 향상이라는 노동조합 내지 단결권 행사에 형사 면책을 인정하는 결사체의 목적에 범죄 수행이라는 형사벌 대상이 되는 범죄단체 목적이 포섭될 수 없기 때문이다. 다시 말해 근로조건 향상 등 노동조합 본연의 목적에는 개념적으로 범죄 실현을 목적으로 하는 형법상 범죄단체 · 국가보안법상 반국가단체 · 이적단체의 목적이 들어갈 여지가 없으므로 위와 같은 형법 내지 국가보안법상의 단체에 대해서는 노조법 3조, 4조가 적용되는 경우는 없을 것이다.

다만, 현행 국가보안법상 이적단체 규정은 표현의 자유 중 하나인 결사의 자유를 심각하게 침해한다고 학계와 실무계가 많이 지적하고 있다. 그리하여 어떤 근로자의 단결체가 국가보안법상 이적단체에 해당하는지 여부가 문제되는 경우를 상정해 볼 수 있다(전국 학생 조직을 표방하는 한국대학총학생회연합이 대법원 판례로 국가보안법상 이적단체로 규정된 사례 등). 하지만 이 경우에도 국가보안법상 이적단체 조항의 위헌성 내지 해석론을 들면서 문제된 근로자의 단결체가 이적단체에 해당하지 않음을 주장하는 것은 가능하겠지만 헌법상 단결권 또는 노조법 4조의 형사 면책을 들어 그 노동조합의 이적단체 해당성을 부인하기는 어려울 것이다.

다시 말해 국가보안법 7조 1항 · 3항이 정한 이적단체의 구성요건인 '국가의 존립 · 안전이나 자유민주적 기본질서를 위태롭게 한다는 정을 알면서 반국가단체나 그 구성원 또는 그 지령을 받은 자의 활동을 찬양 · 고무 · 선전 또는 이에 동조하거나 국가변란을 선전 · 선동할 것을 목적으로 하는 단체의 구성 또는 가입'이 '근로조건의 유지 · 개선과 근로자의 경제적 · 사회적 지위 향상'과 관련이 있는 경우도 상정할 수 있는바(예를 들어 근로자의 사회 · 경제적 지위 향상을 위하는 방법으로 내란 등 폭력적 방법에 의한 사회주의 경제 체제 도입을 포함하는 국가 변란을 조직의 강령·노선으로 채택한 근로자 단결체), 국가보안법상 이적단체 규정의 적용·해석은 국가의 존립·안전과 자유민주적 기본질서에 실질적 해악을 끼치는 경우에 한하여 가능하므로,[15] 그러한 실질적 해악성이 인정된다면 단결체 조직 행위 등의 정당성을 인정하기는 어려울 것이다.

나. 단결체 운영 영역(조합활동 내지 근로자 단결체 활동)

정당한 노동조합 활동(내지 근로자 단결체의 활동)에 대하여는 형사상 책임을 물을 수 없다.[16]

어떤 행위가 노동조합 활동에 해당하고, 특히 쟁의행위와 구별되는 노동조합 활동이 무엇인지,[17] 노동조합 활동 중 형사 면책의 대상이 되지 못하는 노동조합 활동에는 어떤 것이 있는지 등에 관한 자세한 내용은 노조법 2조 6호에 대한 해설 Ⅱ. 3. 및 '조합활동의 의의/정당한 조합활동 보론(補論)' 해설 Ⅰ. 3. 및 Ⅲ. 참조.

학계와 실무에서 법리적인 문제로 노동조합 활동의 정당성 여부가 문제되는 경우로는 리본·머리띠·조끼 착용, 벽보 부착, 유인물 배포, 집회·시위 등이 있고, 각각 이에 대하여는 명예훼손, 모욕, 협박, 재물손괴 여부가 문제된다. 역시 이에 관한 자세한 논의는 '조합활동의 의의/정당한 조합활동 보론(補論)' 해설 Ⅱ, Ⅲ. 참조.

4. 단체교섭, 단체협약 체결

가. 일 반 론

근로자의 노동3권 중 하나인 단체교섭과 그 결과로서 단체협약의 체결과 그 이행 또한 민·형사 책임을 면한다.

단체교섭 태양으로서 문제되는 것이라고 생각해 볼 수 있는 것으로는 면회를 강하게 요구하거나 퇴거 요구에 응하지 않은 경우를 들 수 있다. 이 경우 교

15) 대법원 2008. 4. 17. 선고 2003도758 전원합의체 판결 등 참조.

16) 대법원 2011. 7. 14. 선고 2009도11102 판결은, 집단적 노무 제공 거부 행위를 수반하는 노동조합의 체육대회 개최에 대해서도 앞서 본 대법원 2007도482 전원합의체 판결의 법리에 따라 업무방해죄의 성립 여부(무죄)를 판단하였다.

17) 노동조합 활동이냐, 쟁의행위이냐에 따라 쟁의행위에 대하여 적용되는 여러 노조법 조항들(조합원 찬반 투표, 쟁의발생신고 등)의 적용이 있느냐 없느냐가 결정된다.

섭단체 내지 교섭을 행한 근로자는 민·형사 책임을 지지 않는다.[18] 그리고 교섭현장에서 한 언동도 폭행·협박·감금 등 개별 행위에서 정당성을 일탈하는 태양에 이르지 않는 한 민·형사 책임을 지지 않는다. 그리고 그 책임을 지는 부분도 그 정당성을 일탈한 개별 행위에 국한되지 그 단체교섭 전체가 위법하게 되는 것은 아니다.

나. 공갈죄의 성부

단체교섭 과정에서 안전시설 미비에 관한 고발 등을 내세워 임금 등 근로자에게 유리하게 근로조건을 정하는 단체협약을 이끌어내는 것이 공갈죄에 해당하는지 여부가 문제될 수 있다. 어떠한 경우 폭력적 방법을 사용한 노동조합 활동 내지 쟁의행위가 정당성을 상실하는가에 관한 논의와 같은 차원에서 단체교섭과 이에 따른 단체협약이 공갈죄에 해당하는지가 논해질 것이다.

판례 가운데는 건설노동조합의 조합 임원에 대한 전임자 인정과 관련하여 공갈죄 성부가 논해진 것이 있었다. 아래에서 본다.

(1) 사안 및 판결 이유[19]

피고인들은 대전충청지역건설산업노동조합 위원장 내지 노동조합 임원들로서, 대전 소재 아파트 신축공사를 시행하던 회사의 담당자에게 '노조원이 없어도 상관없으니 단체협약을 체결하자. 노조 전임자 활동비로 매달 40만 원을 송금해달라. 만약 거절하면 공사 현장 안전 시설의 미비점을 찾아 노동청에 고발하겠다'는 취지로 협박하여 매월 노조 전임자 활동비 명목의 돈을 받기로 하는 내용의 단체협약을 체결하는 등 위 활동비 명목의 돈을 갈취하였다는 내용으로 기소되었다.

이에 대해 대법원은 ① 피고인들이 위 노동조합의 핵심 간부로서 단체협약 체결을 위한 단체교섭 과정에서 원청 회사들로부터 이 사건 노동조합 조합원의 수, 명단 등에 관하여 밝힐 것을 요구받았음에도 그 요구를 거부하였고, 그 외에 조직의 구성 및 실체에 관한 기본적인 사항도 밝히지 않았으며, 실제로 각 현장별 조합원의 수는 미미하였고, 심지어 조합원이 없는 현장도 있었던 것으로

18) 임종률, 노동법(제9판), 박영사(2011), 23면. 하지만 임종률, 노동법(제11판), 박영사(2013)와 노동법(제12판), 박영사(2014)에서는 이 부분에 관한 언급이 없다.
19) 대법원 2006. 5. 25. 선고 2004도6579 판결에 관한 것으로서, 대법원 2007. 9. 6. 선고 2007도3165 판결도 같은 취지이다.

보이는 점, ② 피고인들은 일부 현장에서 단체협약 체결이 지연되자 안전 시설 미비, 환경 법규 위반 사항 등에 대하여 사진을 촬영하여 이를 관계 당국에 고발하겠다는 태세를 보여 원청 회사를 압박하였고, 단체협약 체결에 대한 거부 의사를 표시한 곳에 대해서는 실제 고발을 하기도 하였는데, 고발이 이루어진 현장의 경우 회사정리 절차 중에 있었던 회사 등을 제외하고는 대부분 단체협약이 체결되었고, 일단 단체협약을 체결한 현장의 경우에는 별다른 조치를 취하지 않은 점, ③ 원청 회사들로서는 위와 같은 고발을 당할 경우 관계 기관의 점검 및 시정 조치 등을 당하고 벌금 등의 처벌을 받는 것 외에도 추후 국가기관으로부터 입찰 수주 등에서 불이익을 당할 수 있어 피고인들의 고발 위협을 동반한 위와 같은 요구에 대하여 수세적인 입장에 있을 수밖에 없었던 점 등 단체협약 체결의 경위, 전·후의 정황에 비추어 보면 피고인들이 안전시설 미비에 관한 고발 등을 내세워 원청 회사들에 대하여 단체협약 체결을 종용한 것은 공갈죄가 말하는 해악의 고지가 될 수 있고, 이에 해를 입을 것을 두려워한 원청 회사들이 피고인들의 요구에 응하여 사실상 노동조합 전임자 활동비 지급을 핵심적인 내용으로 하는 단체협약을 체결하였다고 봄이 상당하며, 또한 피고인들의 위와 같은 수법을 사용한 단체교섭과 금전 수령은 일용 근로자의 작업 환경 개선 등 피고인들이 내세우는 명분에도 불구하고 그 목적에 대한 수단이 상당하다고 할 수 없어, 이를 통상적인 노동조합의 단체교섭 기술로 보아 사회상규에 위배되지 않는다고 할 수도 없다고 하였다.[20]

(2) 비 판

이러한 대법원과 그 원심의 판단에 대하여는, 지역 건설노동조합의 특성이나 단체교섭의 기법을 오해한 것에 따른 것으로서, 그와 같이 노동조합의 단체교섭에 대해 공갈죄를 적용함으로써 우리나라가 19세기의 노사관계와 법원을

20) 서울남부지법 2016. 6. 2. 선고 2015고합505 판결 또한 건설노조가 타워크레인임대업체로 하여금 조합원(타워크레인 조종사)을 채용할 것을 요구한 행위가 협박 등에 해당하는지가 문제된 사안에서, '근로자의 노동환경 개선을 위하여 노동조합이 건설현장의 문제점을 산업안전보건법 위반혐의로 고발하는 것이 일상적인 활동이라고 하더라도, 피고인들이 자신들의 채용요구에 응하지 않을 경우 산업안전보건법 위반혐의로 고발을 하는 등으로 건설현장 등에 불이익을 줄 것처럼 고지한 행위는 권리행사를 빙자하여 협박을 수단으로 상대방을 겁을 먹게 한 행위로 보이고, 이러한 행위가 정당한 조합활동에도 해당하지 않는다'라고 하였다(위 판결의 항소심은 피고인들의 일부 행위에 대해 무죄를 선고하면서도 나머지에 대해서는 같은 이유로 유죄판결을 선고하였고, 위 항소심판결은 대법원 2019. 10. 31. 선고 2017도9474 판결로 상고가 기각되어 확정되었다).

가진 국가가 되고 말았다는 비판이 있다.[21)]

그리고 2006. 3. 29. 국제노동기구(ILO) 이사회가 채택한 결사의 자유 위원회 권고문은, 이와 같은 건설산업노동조합연맹 간부의 형사 기소와 벌금형, 징역형 선고에 대해 깊은 유감(deep regret)을 표시하였다.[22)] 이는 ILO가 각국의 사법 제도를 존중해 온 관례에 비추어 볼 때 매우 이례적인 것으로서 ILO로서도 이 사건이 매우 심각한 노동3권 침해로 파악하거나 합법적인 노동조합에 대한 중대한 제재로 보았기 때문이라고 하는 지적이 있다.[23)]

다. 배임죄 해당 여부

대법원 2000. 11. 10. 선고 99도5463 판결은 명예퇴직금 지급을 내용으로 하는 노사 간의 단체협약 체결이 업무상 배임죄에 해당한다고 한 서울고법 1999. 11. 17. 선고 98노3478 판결을 그대로 수긍한 바 있다. 사안은, 퇴출을 앞둔 증권회사[24)]의 대표이사와 그 회사 소속 근로자들이 가입한 노동조합이 구조조정에 관한 협상을 진행하다가 '인력구조 개선을 위해 전직원이 희망명예퇴직을 실시하고 퇴직위로금은 임금 12개월분으로 하며 고용조건 유연성 제고를 위해 회사가 필요로 하는 직원은 계약직으로 전환한다'는 내용의 합의를 한 후 해

---

21) 도재형, 325 · 349면. 그 밖에 이 사건의 제1심 판결(대전지법 2004. 2. 16. 선고 2003고단3996 판결)에 대한 비판으로는 장동환, 164면 이하.

22) Reports of the Committee on Freedom of Association, 340th Report of the Committee on Freedom of Association(2006), para 698~708, 721~725, 768~780, 781(h). 마지막 권고 부분 {para 781(h)}은 다음과 같다. "With regard to the new allegations made by the IFBWW, the Committee expresses its deep regret at the intervention of the police and the criminal prosecution and sentencing of officials of the Korea Federation of Construction Industry Trade Union (KFCITU) to fines and imprisonment. The Committee requests the Government to issue appropriate instructions so that all actions of intimidation and harassment against the KFCITU officials cease immediately. It requests the Government to review all convictions and prison sentences, and to compensate the KFCITU officials for any damages suffered as a result of their prosecution, detention and imprisonment. It further requests the Government to inform it of the outcome of the trial of the three officials of the Kyonggido Subu local trade union and of the current situation of Park Yong Jae, President of the Chunahn local trade union who was convicted to one year imprisonment. The Committee requests to be kept informed on all of the above."

23) 도재형, 346면. 노동조합이 근로조건 등에 관한 주장을 관철할 목적으로 한 파업 등 업무저해행위가 정당한 쟁의행위로 평가될 수 있는 것과 같이, 노동조합이 주장을 관철할 목적으로 한 산업안전보건법 위반혐의에 대한 고발 행위 등도 경우에 따라 그 정당성을 인정할 여지가 있을 것이다.

24) 장은증권으로서 장기신용은행이 최대 주주였다. 1997년 말 외환위기 상황에서 구조조정 방침에 따라 퇴출될 운명에 있었다.

당 직원에게 퇴직위로금을 지급한 것이었고, 이에 대해 서울고법은 '위 대표이사와 노동조합 위원장이 공모하여 회사에 손해를 가하고 재산상 이득을 취득하였다'는 내용으로 공소사실을 유죄로 인정하였다.25)

이에 대하여는 단체교섭에 대해 형벌을 가한 것이고 정당성 기준으로 보아도 근로조건으로서 퇴직금 지급에 관한 단체교섭을 벌인 것이며, 평화적으로 진행된 결과(폭력·협박 등의 방법을 사용했다는 언급이 그 판결에 전혀 없고 관련되는 언급은 오로지 '적극적인 방법으로'라는 표현 뿐이다) 맺어진 단체협약에 따라 퇴직금이 지급된 것으로서, 배임에 해당한다는 결과만으로 헌법에서 보장하는 단체교섭권의 행사에 형사처벌을 가한 것으로 헌법에 어긋난 해석이라는 비판이 가능하다.26)

5. 쟁의행위

가. 형사 면책의 법리에 관한 견해 대립과 쟁의행위 그 자체에 대한 형사 책임의 가부

앞서 'Ⅲ. 형사 면책의 법적 구성'에서 보았다시피, 형사 면책의 법리 구성에 관한 구성요건해당성 조각설, 위법성 조각설, 가벌적 위법성론 등의 견해는 정당한 쟁의행위의 면책 근거에 대해서는 입장을 달리하나, 쟁의행위가 정당성이 없으면 형사 면책이 될 수 없다는 점에 대해서는 일치한다.

하지만 쟁의행위의 본질적 개념 요소인 업무저해성만을 가진 쟁의행위는 민사상 채무불이행에 불과할 뿐 형사상 죄(업무방해죄)를 구성하지 않는다고 보는 견해(근거는 쟁의행위는 헌법상 노동3권의 단체행동권에 따른 행위로서 헌법상 기본권 행사를 형벌로 구성할 수 없다는 것과 본질적으로 고용계약의 채무불이행에 불과하다는 것이다)에 따르면, 쟁의행위가 정당성을 갖는지 여부와 상관없이 쟁의행위 그 자체로는 쟁의행위를 행한 근로자에게 형사 책임을 물을 수 없다.

25) 원심판결이 든 해당 부분 이유 요지는 다음과 같다. "… 퇴직위로금에 관한 사항은 … 단체교섭의 대상이 되는 것"이라 하면서 "… (노동조합 위원장)이 … 당시 적극적으로 … (대표이사)에게 …을 요구했고 … 요구하는 등 적극적인 방법으로 … (대표이사)의 배임행위를 이끌어 내었고 (노동조합 위원장)이 … (대표이사)이 배임행위를 하고 있다는 점에 대하여도 이를 인식하고 있었다고 인정되므로 … 공모하였다고 인정하기에 충분하고, 위와 같이 적극적으로 배임행위를 초래하는 단체교섭은 그 정당성을 인정할 수 없으므로 정당행위로 볼 수 없다."

26) 자세한 내용은 윤영석, 271면 이하.

대법원 2011. 3. 17. 선고 2007도482 전원합의체 판결은 앞서와 같이 쟁의행위로서 파업은 전격성 및 심대성이 인정되는 경우에 비로소 집단적 노무 제공의 거부가 위력에 해당하여 업무방해죄가 성립한다고 하여 일정 범위의 쟁의행위만 업무방해죄의 구성요건을 충족하고(나아가 그 쟁의행위가 정당하다면 형법 20조에 따라 면책), 그렇지 않은 쟁의행위는 구성요건 해당성을 결한다고 하고 있다.

나. 쟁의행위에 수반되는 범죄와 형사상 면책

쟁의행위 그 자체가 범죄를 구성하는지, 나아가 그 쟁의행위가 어떤 경우 형사상 면책이 되는지와는 다른 차원의 문제로서 쟁의행위에 수반되는 각종 행위가 범죄에 해당하는 경우 그 행위가 형사상 면책이 되는가 하는 문제 또한 형사상 면책의 중요한 논점이다.

가령, 쟁의행위에 수반하는 피케팅이나 직장 등 시설물 점거 행위, 사용자에게 행한 각종 압박 행위, 유인물 배포, 조끼·머리띠·리본 등 통일된 부착물 착용 행위, 집회·시위 등 표현 행위가 형법상 강요, 공갈, 배임, 교통방해, 건조물침입, 퇴거불응, 명예훼손, 모욕, 폭행, 협박, 재물손괴 등 죄 또는 집회 및 시위에 관한 법률 위반죄, 도로교통법 위반죄의 구성요건을 충족시키는 경우가 있다.

이런 행위는 만일 업무저해성이 있다면 쟁의행위로서 그 정당성을 논하여 면책 여부를 가릴 것이다. 그 행위의 업무저해성으로 말미암아 업무방해죄를 구성하는지 여부는 앞서 본 견해 대립에 따라 결론이 달라질 것이고, 정당성 여부에 따라 형사상 면책 여부가 달라질 것이다. 하지만 업무저해성 외에 다른 사람의 신체, 평온, 명예, 재산이나 공공질서, 안전 침해 등 형사상 다른 불법 요소로 말미암아 형사상 범죄를 구성할 때 그것이 노조법 4조에 따라 형사상 면책이 되는지 여부를 가리는 법적 도구는 조합활동의 정당성 내지 쟁의행위의 정당성이다.[27][28] 이에 관한 구체적인 논의는 조합활동의 정당성과 쟁의행위의 정

27) 사용자가 당해 사업과 관계없는 자를 쟁의행위로 중단된 업무의 수행을 위하여 채용 또는 대체하는 경우, 쟁의행위에 참가한 근로자들이 위법한 대체근로를 저지하기 위하여 상당한 정도의 실력을 행사하는 것은 쟁의행위가 실효를 거둘 수 있도록 하기 위하여 마련된 사용자의 채용제한 규정의 취지에 비추어 정당행위로서 위법성이 조각된다(대법원 2020. 9. 3. 선고 2015도1927 판결). 그러나 쟁의기간 중 그 쟁의행위로 중단된 업무의 수행을 위하여 당해 사업과 관계 없는 자를 채용 또는 대체하는 사용자에게 채용 또는 대체되는 자의 행위에 대하여는 사용자를 처벌 대상으로 규정한 노조법 91조, 43조 1항을 바로 적용할 수 없고 일반적인 형법 총칙상의 공범 규정을 적용하여 처벌할 수도 없으므로, 대체근로자를 저지하는 과정에서 (상당한 정도의 실력행사를 초과한 - 괄호 안의 내용은 필자가 보충함) 상해 등을 가한 경우에는 위 행위를 적법한 현행범인 체포로서 정당행위에 해당한다고 볼 수 없다(대법원

당성에서 이루어지므로, 그 관련 부분인 '조합활동의 의의/정당한 조합활동 보론(補論)' 해설 Ⅱ, Ⅲ.과 노조법 37조, 42조 각 해설 참조.

Ⅴ. 형사상 면책과 관련한 그 외 문제

1. 준법투쟁과 업무방해죄

판례는 일시에 연월차휴가를 사용하거나 정시에 출퇴근하고 관행상 해오던 시간외 근로를 집단적으로 거부하는 등 이른바 '준법투쟁'[29]은 쟁의행위에 해당하고, 쟁의행위인 이상 정당성이 없다면 역시 업무방해죄의 책임을 진다고 한다.[30]

방해되는 업무를 사실상 행해지는 업무 운영의 상태 또는 일상적·관행적으로 행해지는 업무 운영 상태로 파악하여 업무를 반드시 법령, 단체협약, 취업규칙 등에 의한 적법한 운영에 한정되는 것이 아니라고 보는 견해(이른바 현실평가설)[31]에 따르면 이와 같은 준법투쟁이 업무 저해 행위로서 쟁의행위에 해당한다고 볼 수 있으나, 업무의 정상적인 운영은 적법 내지 정당한 업무 운영만을 의미하고 법령이나 단체협약 등에 위반되는 업무상의 지휘·명령을 거부하거나 방해하는 행위 또는 권리 행사는 업무 저해 행위에 해당하지 않는다고 보는 견해(이른바 법적평가설)에 따르면 이러한 준법투쟁은 업무를 저해한 것이 아니어서 쟁의행위에 해당하지 않는다고 본다.[32]

2020. 6. 11. 선고 2016도3048 판결).

28) 대법원은 쟁의행위의 정당성 판단 기준이 쟁의행위의 목적을 알리는 등 적법한 쟁의행위에 통상 수반되는 부수적 행위가 형법상 정당행위에 해당하는지 여부를 판단할 때에도 동일하게 적용된다고 한다(대법원 2022. 10. 27. 선고 2019도10516 판결).

29) 준법투쟁이라고 말해지는 것에는, 안전 등 관련 법령 내지 규칙을 엄격하게 준수함으로써 간접적으로 조업에 영향을 미쳐 업무저해를 시도하려는 안전투쟁도 있으나, 여기서는 위에서 본 바와 같은 정시출퇴근, 시간외 근로 등의 거부, 연월차 휴가의 집단 사용과 같이 노무 제공의 거부를 내용으로 하는 준법투쟁을 말한다.

30) 대법원 1996. 2. 27. 선고 95도2870 판결, 대법원 1996. 5. 10. 선고 96도419 판결 등. 다만 대법원 2014. 6. 12. 선고 2012도2701 판결은 '피고인들을 비롯한 일부 조합원들의 잔업 및 특근 거부가 사용자가 예측할 수 없는 시기에 전격적으로 이루어져 그 사업운영에 심대한 혼란 내지 막대한 손해를 초래하였다고 보기 어려워 잔업 및 특근 거부가 사용자측의 사업계속에 관한 자유의사를 제압·혼란케 할 수 있는 위력에 해당한다고 단정할 수 없다'라고 하여 업무방해죄의 성립을 부정한 바 있다.

31) 판례도 이러한 입장에 서 있다. 김형배, 1331~1332면; 이상윤a, 831~832면도 같은 견해이고, 김유성, 255~256면 역시 일정한 경우 준법투쟁에 대해 업무저해성을 긍정하고, 정당성 심사를 거쳐야 하고, 다만 그 정당성 심사 때 준법투쟁은 적법한 권리의 행사라는 점을 고려해야 하고, 처음부터 정당성을 부인할 것은 아니라고 한다.

32) 임종률, 219면도 같은 견해라고 할 수 있다. 이 견해가 소개된 것으로는 전영식, 266면.

시간외 근로를 의무라고 볼 수 없고 휴가를 쓰는 것이 근로자의 자유이고 권리인 이상 이를 집단적으로 거절하였거나 집단적으로 사용하였다고 하여 사용자의 적법한 업무를 저해했다고 평가할 수 없어 쟁의행위에 해당하지 않는다고 봐야 한다.[33)]

그리고 설사 쟁의행위로 본다 하더라도 앞서 본 바와 같이 노무 제공의 거부가 업무방해죄에 해당하지 않는 이상 준법투쟁 역시 당연히 업무방해죄에 해당하지 않는다.[34)]

준법투쟁에 관한 자세한 내용은 법 2조 6호에 대한 해설 Ⅲ. 3. 가. (2) 및 42조에 대한 해설 Ⅳ. 8. 참조.

2. 노조법상 제한 규정을 위반한 쟁의행위와 형사 면책

가. 노조법상 쟁의행위 제한 규정

노조법의 개별적 형벌 조항으로 처벌되는 쟁의행위로서 주요한 것으로는 다음과 같은 것이 있다.

① 주요방위산업체에 종사하는 근로자 중 전력, 용수, 주요방산물자 생산업무 종사자의 쟁의행위(법 41조 2항)

② 노동조합에 의하여 주도되지 않은 쟁의행위(법 37조 2항)[35)]

③ 쟁의행위와 관계없는 자 또는 근로를 제공하고자 하는 자의 출입·조업 기타 정상적인 업무를 방해하는 방법으로 행해진 쟁의행위, 쟁의행위의 참가를

33) 박훈, 271면 이하; 이병태, 296면. 헌재 1998. 7. 16. 선고 97헌바23 결정에서도 '연장근로의 거부, 정시출근, 집단적 휴가의 경우와 같이 일면 근로자들의 권리행사로서의 성격을 갖는 쟁의행위에 관하여도 정당성이 인정되지 않는다고 하여 바로 형사처벌할 수 있다는 대법원 판례의 태도는 지나치게 형사처벌의 범위를 확대하여 근로자들의 단체행동권 행사를 사실상 위축시키는 결과를 초래하여 헌법이 단체행동권을 보장하는 취지에 부합하지 않고 근로자들로 하여금 형사처벌의 위협하에 노동에 임하게 하는 측면이 있음'을 지적한 바 있다. 한편 대법원 2022. 6. 9. 선고 2016도11744 판결은 '연장근로의 집단적 거부가 노동조합법상 쟁의행위에 해당하는지는 해당 사업장의 단체협약이나 취업규칙의 내용, 연장근로를 할 것인지에 대한 근로자들의 동의 방식 등 근로관계를 둘러싼 여러 관행과 사정을 종합적으로 고려하여 엄격하게 제한적으로 판단하여야 한다'면서, '회사는 노동조합의 사전 동의를 얻고 필요시 근로자의 신청을 받아 연장근로·휴일근로를 실시해 왔을 뿐 일정한 날에 연장근로·휴일근로를 통상적 혹은 관행적으로 해 왔다고 단정하기 어려우므로, 단체협상 기간에 노동조합의 지침에 따라 연장근로·휴일근로가 이루어지지 않았더라도 조합원들이 통상적인 연장근로·휴일근로를 집단적으로 거부함으로써 쟁의행위를 하였다고 볼 수 없다'고 하였다.

34) 정인섭, 376면 이하.

35) 교섭창구 단일화 절차를 통해 교섭대표노동조합이 정하여진 경우, 하나의 사업 또는 사업장에서의 쟁의행위는 교섭대표노동조합에 의하여 주도되어야 한다(법 29조의5).

호소하거나 설득하는 행위로서 폭행·협박을 사용한 행위(법 38조 1항)

④ 폭력이나 파괴행위 또는 생산 기타 주요업무에 관련되는 시설과 이에 준하는 시설로서 대통령령이 정하는 시설을 점거하는 행위(법 42조 1항)

⑤ 필수유지업무의 정당한 유지·운영을 정지·폐지 또는 방해하는 행위(법 42조의2 1항)

⑥ 쟁의행위 기간에 대한 임금의 지급을 요구하여 관철하기 위한 쟁의행위(법 44조 2항)

⑦ 중재재정, 긴급조정 결정에 따르지 않은 쟁의행위(법 69조 4항, 77조)

⑧ 작업시설의 손상이나 원료·제품의 변질 또는 부패를 방지하기 위한 작업을 수행하지 않은 쟁의행위(법 38조 2항)

⑨ 조합원의 직접·비밀·무기명투표에 의한 조합원 과반수의 찬성으로 결정하지 않고 한 쟁의행위(법 41조 1항)

⑩ 사업장의 안전보호시설에 대하여 정상적인 유지·운영을 정지·폐지 또는 방해하는 행위(법 42조 2항)

⑪ 노조법이 정한 조정절차를 거치지 않고 한 쟁의행위(법 45조 2항)

⑫ 노조법이 정한 중재에 회부된 날부터 15일이 되기 전에 한 쟁의행위(법 63조)

⑬ 노동조합 전임자의 급여를 요구하여 관철하기 위한 쟁의행위(법 24조 5항)

⑭ 단체협약 중 쟁의행위에 관한 사항을 위반하여 한 쟁의행위(법 92조 2호 바목)

나. 노조법상 제한 규정 위반 행위의 면책 여부

쟁의행위의 시기·절차 등에 관한 위와 같은 노조법상 제한 규정에 위반하였다고 하더라도 이로써 바로 쟁의행위로서의 정당성이 상실된다고 볼 것은 아니고, 그 위반행위로 말미암아 국민생활의 안정이나 사용자의 사업운영에 예기치 않은 혼란이나 손해를 끼치는 것과 같은 부당한 결과를 초래하는지 여부, 그 절차를 따를 수 없는 납득할 만한 객관적인 사정이 인정되는지 여부 등 구체적 사정을 살펴서 정당성 유무를 판단하여야 한다.[36]

다만 노조법상 제한 규정을 위반한 쟁의행위 자체의 정당성 여부와는 별개

36) 대법원 1991. 5. 14. 선고 90누4006 판결, 대법원 1992. 12. 8. 선고 92누1094 판결 등.

로 제한 규정을 위반한 부분에 대해서는 원칙적으로 노조법상 벌칙 규정이 적용될 것이다. 예를 들어 노조법 45조 2항에 따른 조정절차를 거치지 않고 쟁의행위가 이루어졌더라도 이로써 사용자의 사업운영에 예기치 않은 막대한 손해가 발생하지 않는 등의 사정이 있다면 해당 쟁의행위 자체의 정당성이 곧바로 상실된다고는 볼 수 없으나, 노조법 45조 2항 위반 행위에 대해 같은 법 91조에 따른 벌칙이 적용될 수 있다.

노조법 45조 2항 등 제한 규정을 위반한 행위 또한 일반 범죄론체계에 따라 위법성 내지 책임조각사유에 해당하는 경우 처벌을 면하게 됨은 물론이다. 이에 대해 노조법 4조는 노조법상 제한 규정과의 관계에서 재해석되어야 함을 주장하며, 쟁의행위가 노조법 37조의 기본원칙인 '법령 기타 사회질서'에 위반되지 않는 경우에는 노조법상 제한 규정을 위반하더라도 노조법 4조에 의해 위법성이 조각될 수 있다는 견해가 있으나,[37] 노조법 4조에 따라 형사 면책의 대상이 되는 '정당한 행위'에의 해당 여부를 쟁의행위의 정당성 판단법리와 동일한 기준으로 이해할 경우, 과연 노조법 4조를 노조법상 제한 규정을 위반한 행위에 대한 면책의 근거 조항으로 곧바로 적용할 수 있는지 의문이다.[38][39]

3. 사용자의 쟁의행위와 형사 면책

이 법 조항은 '노동조합'의 단체교섭, 쟁의행위에 대한 면책을 규정한 것으로서 사용자의 쟁의행위에 대하여는 이 법 조항에 따른 면책을 받을 수 없다.

37) 우희숙, 261면. 우희숙, 262면에서는, 예를 들어 노동조합이 조직되어 있는 상황과 조직되어 있지 않은 상황에 따라 전자의 경우에는 노동조합이 주도하지 않은 쟁의행위는 '주체' 위반으로서 형사처벌될 수 있으나, 후자의 경우에는 노조법 4조에 따라 위법성이 조각될 수 있으며, 직장점거를 수반한 쟁의행위도 사용자의 대체노동을 저지하기 위해 이루어졌다면 노조법 4조에 따라 위법성이 조각될 수 있다고 한다.

38) 쟁의행위의 정당성 판단 법리는 쟁의행위의 주체, 목적, 절차, 수단과 방법 등을 종합적으로 검토하여 정당성이 인정되는 쟁의행위에 대하여 민·형사 책임을 지지 않는 것으로 구성하는 논의구조이지 노조법상 개개 처벌규정위반에 대한 판단이 아니며, 이는 노조법상 조정절차, 찬반투표 등 쟁의행위절차규정의 위반이 있더라도 일정한 경우 쟁의행위의 정당성이 인정된다는 논의구조로서 이미 쟁의행위절차규정 등 노조법 위반에 따른 처벌규정의 적용을 전제로 하고 있다고 볼 수 있는데, 그렇지 않고 다시 쟁의행위의 정당성 판단 법리에 따라 절차규정 등 위반행위가 정당한지를 판단하게 된다면 순환론에 빠지게 된다[노조법주해(초판) Ⅱ, 541면].

39) 쟁의행위 과정에서 폭력이나 파괴행위가 수반된 경우, 폭력·파괴행위는 노조법 42조 1항을 위반한 행위로서 (쟁의행위와는 별개로) 같은 법 89조 1호의 벌칙규정이 적용되는데, 그 단서에서 '어떠한 경우에도 폭력이나 파괴행위는 정당한 행위로 해석되어서는 아니된다'는 내용을 포함한 노조법 4조를 근거로 해당 폭력·파괴행위가 면책될 수 있다고 보기는 어렵다.

헌법 33조로도 면책이 되지 않음은 당연하다.

쟁의행위가 그 자체로 업무방해죄의 구성요건에 해당하고 정당성이 있는 경우에 한하여 면책이 된다고 하는 전통적 견해에 따른다면 회사라는 조직에 터잡아 조직적으로 이루어지는 사용자의 쟁의행위 역시 노동조합 내지 근로자들의 헌법상 보호받는 업무를 위력으로 방해하는 것으로서 마찬가지로 정당성 여부를 따져 형사처벌을 할 수 있는데, 그러한 처벌례가 없는 것은 이중적 태도라고 하는 견해가 있다.[40]

[최 은 배 · 성 준 규]

40) 김기덕a, 244면.

제 2 장

노동조합

제 2 장 노동조합

제 1 절 통　　칙

제 5 조(노동조합의 조직 · 가입 · 활동)

① 근로자는 자유로이 노동조합을 조직하거나 이에 가입할 수 있다. 다만, 공무원과 교원에 대하여는 따로 법률로 정한다.

② 사업 또는 사업장에 종사하는 근로자(이하 "종사근로자"라 한다)가 아닌 노동조합의 조합원은 사용자의 효율적인 사업 운영에 지장을 주지 아니하는 범위에서 사업 또는 사업장 내에서 노동조합 활동을 할 수 있다.

③ 종사근로자인 조합원이 해고되어 노동위원회에 부당노동행위의 구제신청을 한 경우에는 중앙노동위원회의 재심판정이 있을 때까지는 종사근로자로 본다.

〈세 목 차〉

Ⅰ. 노동조합의 조직형태

1. 총 설

노조법에서는 노동조합의 조직형태를 전혀 제한하고 있지 않으며, 자유로이 노동조합을 조직할 수 있으므로, 어떠한 형태의 노동조합도 설립 가능하다.[1] 먼저 노조법에서 노동조합은 개개의 근로자가 주체가 되어 조직하는 '단위노동조합'과 단위노동조합이 주체가 되어 조직하는 '연합단체'로 나눌 수 있다(법 2조 4호, 10조). 또한 단위노동조합은 조합원의 가입 자격에 따라 기업별 노조, 직종별 노조, 산업별 노조, 일반 노조 등으로 구분될 수 있으나, 각각의 조합의 성격이 혼재되어 있는 경우도 있으며, 조직형태에 제한이 없으므로 필요에 따라 조직형태는 계속해서 발전해 갈 여지가 있다.

2. 조직형태에 관한 규정의 변천

1953년 구 노동조합법 제정 시에는 조직형태에 관한 규정은 두지 않았으나 단체협약의 체결을 '공장 · 사업장 기타 직장 단위'로 하도록 규정함에 따라 대부분의 노동조합이 기업별로 조직되었다. 1961년 근로자의 단체활동에 관한 임시조치법에 의하여 16개 산업노조와 한국노동조합총연맹이 설립되었고, 1963년 구 노동조합법을 전문 개정하면서 산업별 노조 체제로 전환하였으며, 공장 · 사업장 단위의 노동조합은 산업별 노조의 지부가 되었다. 다만, 당시 단체협약 체결을 규약에 의하여 산하 지부에서 체결할 수 있도록 하였기 때문에 형식적으로는 산별 노조 체제였으나 실질적으로는 기업별 노조 체제로 운영되었다. 1980년 다시 구 노동조합법을 개정하면서, '근로조건의 결정권이 있는 사업 또는 사업장 단위로 근로자 30인 이상 또는 5분의 1 이상의 찬성을 얻어' 단위노동조합을 설립토록 함으로써 기업별 노조형태를 강제하게 되었다. 그러나 그 후 1987년 노조법 개정 시 이 부분이 삭제되고, 노조설립이 자유롭게 되었다. 한편 1987년 노조법 개정 전에는 '조직이 기존 노동조합의 정상적인 운영을 방해하는 것을 목적으로 하는 경우'에는 노조법상 노동조합의 자격을 부인하는 것으로

※ 이 조에 관한 각주의 참고문헌은 제2조 제4호 해설의 참고문헌을 가리킨다.

1) 다만, 부칙 7조에 의하여 2011. 6. 30.까지 복수노조의 설립은 금지되었으나, 현재는 조직형태에 아무런 제한이 없다.

하였고, 이는 사업주가 노동조합의 활동을 방해하기 위하여 어용인 제2노동조합을 조직하는 것을 예방하기 위한 규정으로 이해되었으나,[2] 1987년 노조법 개정 시에 3조 단서 5호로 그 앞에 '조직이 기존 노동조합과 조직대상을 같이하거나' 라는 부분을 추가하여, '조직대상의 중복'을 노동조합의 결격사유로 추가하였다. 그 취지는 기존 노동조합의 조직대상과 중복되는 신규 노동조합의 설립을 배제함으로써 동일한 사용자를 대상으로 하는 수 개의 노동조합의 난립을 방지하기 위한 것이었다.[3] 여기에 대하여는 기존 노조의 조직대상에 포함되는 새로운 경쟁적 복수노조의 설립가능성을 완전히 배제하는 것으로 헌법이 보장하고 있는 근로자의 단결권의 한 내용인 노동조합 설립의 자유의 본질적 내용을 침해하는 것으로서 위헌이라는 견해[4]와, 적어도 기업별 단위노조에서 복수노조의 설립을 허용하게 되면 노조끼리의 선명경쟁, 조직분규, 어용노조의 출현 등 많은 문제점이 야기될 것이므로 이를 제한하는 것은 입법정책의 문제일 뿐 단결권의 본질적 내용을 침해하는 것은 아니라고 보는 견해가 대립하였다.[5] 1997년 노조법 제정 시에는 복수노조의 금지에 관련한 구 노동조합법 3조 단서 5호 부분을 삭제하여 입법적으로 문제를 해결하되, 현장의 혼란을 방지하기 위하여 그 시행을 2001. 12. 31.까지 유예하며 그 기간 동안 교섭창구단일화를 위한 방안을 강구하도록 하였으나,[6] 그 유예기간이 2006. 12. 31.까지로 연장되었다가 다시 2009. 12. 31.까지 연장되었으며, 2010. 12. 30. 노조법 개정 때 최종적으로 교섭창구단일화와 관련한 규정이 마련되어 2011. 7. 1.부터 효력이 발생하게 되고, 아울러 그동안 이어져 온 복수노조 금지 규정의 효력이 최종적으로 상실되게 되었다. 위와 같은 과거의 법제도 때문에 우리나라 대부분의 노동조합은 기업별 노조 형태를 취할 수밖에 없었으며, 그 후 조직형태에 대한 제한이 사라지면서 산업별 노조 등 초기업 노조로 조직형태가 점진적으로 이행하고 있는 상황이다.

---

2) 김헌수, 128면.
3) 김헌수, 128면.
4) 이승욱, 226면.
5) 사법연수원a, 75면.
6) 노조법 부칙 5조 3항은 노동부장관은 2009. 12. 31.까지 1항의 기간이 경과된 후에 적용될 교섭창구단일화를 위한 단체교섭의 방법, 절차, 기타 필요한 사항을 강구하여야 한다고 규정하고 있었다.

3. 조합원의 자격 범위에 의한 단위노동조합의 유형

가. 기업별 조합

일정한 사업 또는 사업장에 근무하는 근로자들에 의하여 결성되는 노동조합의 형태이며 우리나라의 전통적인 노동조합 형태이다.

기업별 조합은 근로자들의 공동의식이 아직 성숙되지 못하고, 동종 산업 또는 직종 안에서 그 단위기업 사이의 시설규모나 지급능력 등의 차이가 심한 곳에서 일반적으로 활용되고 있다.[7] 이 조직 유형의 장점은 단위기업체 내의 근로자들의 근로조건을 통일적으로 정할 수 있고, 사용자와 관계가 긴밀하여 노사협조가 잘 이루어질 수 있다는 점을 들 수 있고, 단점으로는 사용자에 의한 지배・개입이 용이하며, 각 직종의 근로자들의 지위 개선에 공평을 기하기가 어렵고, 유니언 숍 조항과 결합할 경우 특정 노조가 조직을 독점할 가능성이 있다는 점 등을 들 수 있다. 우리나라에서는 개별적인 통제가 쉽고 어용화가 가능한 기업별 노조가 법적으로 강제되다가, 그러한 제한이 풀린 후로는 상급 단체인 연합단체를 중심으로 초기업 노조 형태로 조직형태가 변화하는 과정을 겪고 있다.

나. 직종별 조합

직종별 조합은 동일한 직종에 속하는 근로자들이 자신이 소속된 기업 또는 산업과 상관없이 직종을 중심으로 하여 결합한 노동조합 형태이다. 노동운동에서 가장 일찍 발달한 노동조합 형태로서 유럽에서는 숙련 근로자의 조직적 독점체가 등장하였으며, 초기의 것들은 길드(동업조합)적 색채를 띠고 있었다.[8] 이 조직 유형의 장점으로는 임금 기타 근로조건에 관한 제안을 명확하게 할 수 있으며, 단결력이 강고하여 어용화의 위험성이 적고, 직장 단위의 조직이 아니므로 실업 근로자도 조합원 자격을 유지할 수 있다는 점을 들 수 있으며, 단점으로는 근로자인 조합원과 사용자 사이의 관계가 희박하고, 직종의 배타적이고 독점적인 특수성이 없다면 성립하기 어려우며, 배타적인 성격으로 근로자 전체의 지위 개선을 기할 수 없다는 점 등을 들 수 있다.[9] 기계의 발달로 숙련 근로자와 미숙련 근로자의 차이가 거의 없어져 직종의 독점력이 사라진 현대에 와서

7) 이상윤a, 546면.
8) 이병태, 106면.
9) 이병태, 102면.

는 직종별 조합을 거의 찾아볼 수 없게 되었다.

다. 산업별 조합

산업별 조합은 동종의 산업에 종사하는 근로자들이 직종과 기업을 초월하여 조직한 노동조합 형태이다.

산업별 조합은 대량의 미숙련 근로자들이 노동시장에 유출되면서 발달한 것으로 오늘날 대규모의 산업 시설을 갖춘 구미 각국에서 일반적으로 채택되고 있는 조직 유형이다.[10) 산업별 조합은 산업 단위로 노동자의 숙련도와 관계없이 조직함으로써 노동조합의 역량을 최고조로 결집시키고 동종 산업에 종사하는 근로자의 지위를 통일적으로 개선할 수 있다는 점에 장점이 있으나, 조합 의식이 낮은 산업에서는 조직화가 어렵고 조합원의 조합 참여 의식이 미약하며, 상부단체와 하부단체의 마찰 가능성이 있고, 각 기업 또는 직종의 특수성에 적합한 근로조건을 확립하기 어렵다는 단점이 있다.[11) 또한 산업별 노조에 속한 기업들의 경제적 · 재정적 능력의 격차로 인하여 산업별 단체협약을 일률적으로 정하는 데도 문제가 있을 수 있으며, 이를 조정하기 위한 방안들(예컨대 단체협약의 개방 조항)이 마련되기도 한다.

라. 일반 조합 및 지역별 조합

직종과 산업을 구분하지 않고 초기업 단위로 조직된 노동조합 형태이다. 일반 조합은 기업별 · 산업별 조합을 조직하기 어려운 근로자들이 산업이나 기업을 초월하여 조직한 노동조합이다. 서구에서는 산업별 노조가 다른 산업분야에 조직을 확대하는 경우에 거대한 일반 노조가 조직되기도 한다. 일반 조합은 대개 특정 지역을 기준으로 조직되며, 이러한 경우를 구분하여 지역별 조합이라고 하기도 한다. 일반 조합의 장점은 단일 기업 또는 단일 산업 내에서 노동조합을 설립하기 어려운 중소기업의 근로자들이 광범위하게 하나의 노동조합을 조직할 수 있다는 점을 들 수 있으며, 단점으로는 단체교섭이나 쟁의행위에서 각 직종이나 기업의 특수성을 고려하기 어렵고, 조합원들의 기업이나 산업의 다양성으로 인해 조합원들이 연대 의식을 갖기 어려우며 통일적인 행동을 하기 어렵다는 점을 들 수 있다.[12)]

---

10) 이병태, 102면.
11) 이병태, 102면.
12) 이병태, 103면.

4. 구성원이 개인 또는 단체인가에 따른 구분

가. 단위노동조합

단위노동조합은 근로자가 직접 개인 자격으로 노동조합에 가입하고, 독자적인 단체로서 규약과 기관을 가지고 활동하는 노동조합을 말한다.

단위노동조합은 기업별 차원에서 구성될 수도 있고, 초기업적 차원에서 구성될 수도 있다. 초기업적 단위노조에서는 각 기업이나 지역별로 지부 또는 분회를 둘 수 있으며, 기업별 단위노조에서도 기업 내부의 사업장 또는 작업장 단위에서 지부 또는 분회를 둘 수 있다. 그러나 이 지부나 분회는 단위노조가 아니기 때문에 단위노조의 위임이 없이는 독자적인 단체교섭활동을 할 수 없는 것이 원칙이다. 그러나 구체적인 규약이나 운영 과정에서 달리 판단될 여지도 있다.[13)]

나. 연합단체

연합단체는 단위노동조합이 그 구성원이 되는 단체를 의미한다(법 2조 4호, 10조). 연합단체는 개별 단위조합인 기업별 노동조합이나 산업별 노동조합이 각 지역별 또는 산업별로 조직하거나, 이들 연합조직이 다시 전국적으로 결합한 연맹 노동조합이 된다. 단위노동조합이 이러한 연합단체에 가입할지 여부는 자유이다.[14)]

다. 혼합 노조

노동조합의 구성원이 근로자 개인과 단위노조로 된 노동조합을 말한다. 노조법 10조 2항의 해석과 관련하여 이러한 노조가 허용되는지 여부가 문제되나, 노조법 10조 2항은 조합의 형태를 구속하는 조항이 아니므로, 이러한 노조도 허용된다고 보는 것이 일반적인 해석이다.[15)]

라. 그 이외의 조직

그 이외에도 여러 단위조합 또는 전국적 단일조합이 상호 연락·협의할 목

---

13) 노조법 시행령 7조는 산하조직 중 근로조건의 결정권이 있는 독립된 사업 또는 사업장에 조직된 노동단체는 지부·분회 등 명칭 여하에 불구하고 노조법 10조 1항의 규정에 의한 노동조합의 설립신고를 할 수 있다고 규정하고 있으며, 대법원 2002. 7. 26. 선고 2001두5361 판결 등은 독자적인 단체교섭이나 단체협약 체결 능력을 가진 단위노조의 지부나 분회의 존재를 인정하고 있다.

14) 대법원 1992. 12. 22. 선고 91누6726 판결.

15) 자세한 내용은 법 2조 4호에 대한 해설 Ⅱ. 1. 라. 참조.

적으로 결성한 협의체 조직이 있으며, 전국적 노동조합총연맹으로 한국노동조합총연맹과 전국민주노동조합총연맹이 있다. 이 총연맹에는 기업별 노조, 지역별 노조, 산업별 노조, 산업별 연맹 등이 가입되어 있다.

Ⅱ. 조합원 자격의 취득 및 상실

1. 개 설

노조법 5조 1항은 근로자는 자유로이 노동조합을 결성하거나, 이에 가입할 수 있다고 규정하고 있다. 근로자가 노동조합을 결성하거나, 기존의 노동조합에 가입함으로써 조합원의 자격을 취득할 수 있으며, 개개의 근로자로 하여금 조합원의 자격을 취득할 자유를 보장하는 것이 단결권 보장의 요체이다. 노조법 9조는 "노동조합의 조합원은 어떠한 경우에도 인종, 종교, 성별, 연령, 신체적 조건, 고용형태, 정당 또는 신분에 의하여 차별대우를 받지 아니한다."라고 규정하고 있으므로, 조합원의 자격 취득과 관련하여서도 차별대우가 있어서는 아니된다. 노동조합은 민법상 사단과 유사한 성질을 가진 단체로 보므로, 이에 따라 조합원의 지위 취득에서도 민법에서 정한 사단이나 법률행위에 관한 규정이 적용되나,[16] 그 성질상 배제되는 규정도 있다. 조합원 자격의 상실 역시 동일한 법리들이 적용될 것이다.

2. 조합원 자격의 취득

가. 노동조합 결성

노동조합의 결성이란 근로자들이 합동으로 노동조합을 설립하는 것을 말한다.[17] 근로자가 노동조합을 결성한 경우, 그 근로자들은 노동조합의 구성원으로서 조합원이 되므로, 조합의 결성은 조합원의 지위를 취득하는 원인이 된다. 노조법에서 노동조합의 설립에 대하여 2조 4호에서 정한 요건을 갖추어 10조에서 정한 신고를 거치도록 하고 있으며, 노동조합이 신고증을 교부받은 경우에는 설립신고서가 접수된 때에 설립된 것으로 본다(12조 4항). 노동조합이 설립된 시점에서 조합의 설립 근로자들 역시 조합원의 자격을 취득하게 된다.

---

16) 노조법 6조 3항은 법인인 노동조합에 대하여는 노조법에 규정된 것을 제외하고는 민법 중 사단법인에 관한 규정을 적용한다고 명시적으로 규정하고 있다.
17) 노동조합 결성행위가 합동행위임은 다툼이 없다. 이병태, 133면.

나. 노동조합 가입

노동조합 가입은 근로자가 기존 노동조합의 구성원이 되는 것을 말한다. 노동조합 가입은 근로자가 조합원의 지위를 취득하는 전형적인 원인이다. 근로자의 조합 가입 행위는 가입을 희망하는 근로자의 청약과 조합의 승낙이라는 의사표시의 합치에 의한 것으로 계약에 준하여 보고 있다.[18] 노동조합은 자치단체로서 그 규약에 조합원의 가입요건이나 절차에 관한 사항을 정할 수 있으며, 조합원의 가입은 이러한 규약이 정한 바에 따르게 된다. 노동조합 규약이 노조법에 위반되는 것으로 인정되는 경우에는 그 효력을 가질 수 없는 것으로 보아야 한다. 노조법에서는 조합 가입에 대하여 5조 1항에서 가입의 자유를 정하여 놓고 있으므로, 이러한 가입의 자유를 침해하는 조합 규약은 효력을 가질 수 없다. 한편, 노조법 9조는 '조합원'에 대한 차별금지를 규정하고 있지만, 이 규정은 조합 가입에서도 적용되는 것으로 해석되고 있으므로, 이를 위반한 규약도 그 효력을 가질 수 없다.[19]

이와 관련하여 노동조합이 조합 가입 자격이 있는 근로자의 조합 가입을 총회 결의 등에 의하여 임의로 거부할 수 있는가가 문제된다. 판례는 유니언 숍 규정이 있는 경우이기는 하나, "노조탈퇴의사를 철회하고 노조에 다시 가입하려는 근로자에 대하여 이를 거부하고 해고되게 한 것은 노조 자체가 단결권의 정신을 저버리고 실질상 제명과 같은 효과를 발생시킨 것으로서 허용되지 않는다."라고 하고,[20] "노조가입 신청인에게 제명에 해당하는 사유 등 특단의 사정이 없는 한 그 가입에 대하여 승인을 거부할 수 없고, 따라서 조합 가입에 조합원의 사전 동의를 받아야 한다거나 탈퇴 조합원이 재가입하려면 대의원대회와 조합원총회에서 각 3분의 2 이상의 찬성을 얻어야만 된다는 조합 가입에 관한 제약은 그 자체가 위법 부당하므로, 특별한 사정이 없는 경우에까지 그와 같은 제약을 가하는 것은 기존 조합원으로서의 권리남용 내지 신의칙 위반에 해당된다."라고 하고 있다.[21] 결국 조합원 자격이 있는 근로자의 조합 가입을 거부할 수 있는 경우는 당해 근로자에게 조합 규약상 제명에 해당하는 사유가 있는 경우 등으로 한정되어야 할 것이다.

---

18) 이병태, 135면.
19) 이병태, 135면.
20) 대법원 1995. 2. 28. 선고 94다15363 판결.
21) 대법원 1996. 10. 29. 선고 96다28899 판결.

노조법 2조 4호는 근로자가 아닌 자,[22] 사용자 또는 항상 그의 이익을 대표하여 행동하는 자[23]가 노동조합에 가입하는 경우 노동조합으로 보지 아니한다고 규정하고 있는바, 노동조합이 규약에 의하여 이러한 자들을 조합원으로 가입시켰다면 노동조합 가입을 계약에 준하여 본다는 입장에서 이들의 가입 자체의 효력을 부인할 수는 없을 것이다. 다만, 이 경우 문제는 노동조합이 주체성과 자주성의 요건을 가지고 있는지, 또는 노조법 2조 4호의 소극적 요건에 해당하는지 등의 노동조합의 법적 요건에 관한 문제로 귀결될 것이다.

노동조합 가입은 노조법에 저촉되지 않는 범위 내에서 당해 노조 규약에 규정하면 되고, 성질상 노사의 자율적 합의사항을 명시하는 단체협약에 규정할 사항은 아니며, 단체협약에 규정하였다고 하더라도, 그 규정이 조합원의 범위를 정하는 효력을 가질 수는 없다.[24] 다만, 판례는 노조법 35조의 일반적 구속력이 적용되는 '동종의 근로자'를 당해 단체협약의 규정에 의하여 그 협약의 적용이 예상되는 자를 가리키는 것으로 해석하면서, 단체협약의 조합원 범위 규정에 의하여 조합원의 자격이 없는 자는 단체협약의 적용이 예상된다고 할 수 없어 단체협약의 적용을 받지 아니한다는 취지로 단체협약의 조합원 범위 규정을 수정하여 해석하고 있다.[25]

다. 노동조합 가입의 강제

노동조합이 그 조직력을 강화하기 위하여 사용자와 단체교섭에 의하여 조합 가입에 관하여 일정한 규제 또는 강제를 하는 경우가 있으며, 이를 흔히 숍(shop)제라고 부른다. 숍제에는 고용의 단계에서 조합원의 자격을 고용의 조건으로 하는 클로즈드 숍(closed shop), 고용의 단계에서는 조합원이 아닐지라도 고용된 뒤에는 일정한 기간 내에 반드시 조합에 가입하여 조합원이 되어야 하고, 만일 그 기간 내에 조합에 가입하지 않거나, 조합원이 된 뒤에도 탈퇴 또는 조합원의 자격을 상실한 경우에는 해고되는 유니언 숍(union shop)제도가 있다.[26] 우리나라는 노조법 81조 1항 2호에 의하여 일반적으로 이러한 숍제를 허용하지 않고 있다. 다만, 그 단서에서 노동조합이 '당해 사업장에 종사하는 근로자의 3

22) 노조법 2조 4호 라목.
23) 노조법 2조 4호 가목.
24) 노동부 행정해석 1983. 4. 14. 노조 1454-0507.
25) 대법원 2003. 12. 26. 선고 2001두10264 판결, 대법원 2004. 1. 29. 선고 2001다6800 판결.
26) 이병태, 137면.

분의 2 이상을 대표하고 있을 때에는 근로자가 그 노동조합의 조합원이 될 것을 고용조건으로 하는 단체협약의 체결은 예외'로 한다고 하여 유니언 숍제를 인정하고는 있으나, 이 경우에도 "사용자는 근로자가 그 노동조합에서 제명된 것 또는 그 노동조합을 탈퇴하여 새로 노동조합을 조직하거나 다른 노동조합에 가입한 것을 이유로 근로자에게 신분상 불이익한 행위를 할 수 없다."라고 하여 제한된 형태의 유니언 숍만을 허용하고 있다.[27]

3. 조합원의 지위 상실

가. 개 설

조합원의 지위는 조합원의 사망, 조합원 자격 상실, 탈퇴, 제명 및 조합의 해산에 이은 청산절차의 종료에 따른 조합의 소멸 등의 경우에 상실된다. 조합원이 사망하거나, 조합이 소멸하는 경우 조합원이 자격을 상실하는 것은 당연하다.

나. 조합원 자격의 상실

노동조합이 규약으로 조합원의 자격을 정하고, 조합원 자격이 상실되는 경우 별다른 절차 없이 조합원의 지위를 잃는 것으로 규정하고 있다면, 조합원 자격의 상실로 바로 조합원의 지위가 상실될 것이다.

노조법 2조 4호에서는 '사용자 또는 항상 그 이익을 대표하는 자'와 '근로자가 아닌 자'가 조합에 참여하였을 경우 노조법상 노동조합으로 인정하지 아니하고 있으므로, 조합원이었던 자가 이러한 자로 지위가 변경되었을 경우 바로 조합원의 지위를 상실하게 되는지가 문제로 된다. 이와 관련하여 조합원이 사용자 또는 항상 그 이익을 대표하는 자 또는 근로자가 아닌 자로 지위가 변경되는 경우 자동적으로 조합원 지위를 상실하게 하는 것으로 볼 것인지에 대하여 대부분의 학설은 이를 긍정하고 있으나,[28] 법문상 사용자 또는 항상 그 이익을 대표하는 자 또는 근로자가 아닌 자의 참여를 배제하는 규정은 노동조합의 자격 요건으로 규정되어 있을 뿐, 조합원 지위의 요건으로 규정되어 있는 것은 아니므로, 조합이 규약상 이들에 대하여 조합원 자격을 부여하고 있음에도 바로 조합원의 자격이 없는 것으로 처리할 수 있는지는 분명하지 않다. 예를 들어 조합에서 이들에 대하여 바로 자격을 상실하는 것으로 규약에 정하였거나, 이들을

---

27) 자세한 내용은 법 81조 1항 2호에 대한 해설 부분 참조.
28) 이병태, 138~139면; 이상윤a, 591~592면.

제명하거나, 이들이 탈퇴하는 경우에는 문제가 없으나, 노동조합에서 조합의 자주성에 문제가 없는 상태에서 이들에 대하여 조합원 자격을 인정하고 있음에도 사용자가 이들의 조합원 자격을 거부할 수 있도록 하는 것은 문제가 있다. 조합원 자격을 거부한다고 하는 것도 이를 이유로 단체교섭을 거부할 수 있는 것인지, 이들의 교섭 참여만을 거부할 수 있는 것인지 등 그 단계를 정하기도 어렵다. 결국 법문상으로 본다면 이러한 자격 변경 시 당사자가 탈퇴하거나, 조합에서 알아서 제명 등의 방법으로 처리하는 것은 별문제로 하고, 조합에서 이에 대하여 자격을 유지하고 있는 경우 조합의 자주성이 침해되어 노조법 2조 4호에 의한 노동조합으로 인정되지 않는 경우라면 몰라도, 그렇지 않은 경우라면 사용자가 일방적으로 이를 다툴 수 없도록 하는 것이 노동조합의 자주성이나, 법적 안정성 등에 비추어 올바른 해석이 될 것이다.

다. 조합원의 탈퇴

탈퇴는 조합원이 자신의 일방적인 의사표시에 의하여 조합원의 지위를 버리는 법률행위를 말한다. 근로자는 조합 가입의 자유를 가지므로 탈퇴의 자유도 가진다. 따라서 조합규약에서 탈퇴에 관하여 특별한 정함이 없다고 할지라도 때와 사유와 관계없이 자유로이 탈퇴할 수 있다.

이와 관련하여 근로자가 노동조합 중 어느 것에도 가입하지 아니할 자유, 즉 소극적 단결권이 인정되는지 여부에 대하여는 세 가지 정도로 견해가 갈리고 있다. 첫째, 소극적 단결권이 헌법상 단결권에 의하여 보장되고 있다는 견해[29]가 있으며, 이에 의하면 근로자는 원하지 아니하는 경우 노동조합에 가입하지 아니할 자유가 있으므로 탈퇴의 자유는 무제한이 될 것이다. 둘째, 헌법상 단결권에 의한 것은 아니지만 근로자의 일반적 행동의 자유의 내용으로서 단결하지 아니할 자유가 인정되어야 한다는 견해[30]가 있으며, 이에 의하면 일반적 행동의 자유보다 우월한 생존권적 기본권으로서 헌법상 단결권을 보장하기 위한 권리로서 근로자단체에 허용된 조직 강제의 범위 안에서 이루어지는 탈퇴의 제한은 허용된다고 본다. 셋째, 헌법상 단결권이나 일반적 행동의 자유의 내용 중 어떠한 것에 의하여도 근로자 개인의 소극적 단결권은 인정될 수 없고, 근로자의 단결력 강화를 위한 기본권으로 근로자단체의 적극적 단결권이 인정되어

29) 이상윤, 65면.
30) 헌재 2005. 11. 4. 선고 2002헌바95 등 결정.

야 하고 이와 모순되는 근로자 개인의 소극적 단결권은 전면 부정되어야 한다는 견해[31]가 있으며, 이에 의하면 근로자의 탈퇴의 자유는 이러한 범위에서 제한될 것이다. 그러나 노조법에서 근로자의 탈퇴의 자유를 제한하는 규정은 전혀 없으며, 오히려 노조법 81조 1항 2호는 조직강제와 관련한 숍제를 일반적으로 금지하고 있고, 유니언 숍을 채택하는 경우에도 탈퇴의 자유를 제한할 수 없다는 취지로 규정하고 있으므로, 노조법상으로는 일반적인 탈퇴의 자유가 인정된다고 보아야 할 것이다.

조합원이 노동조합을 탈퇴하려면 민법의 일반원칙에 따라 노동조합에 탈퇴의 의사를 표시하여야 한다. 노동조합이 탈퇴의 의사표시를 명확히 하기 위하여 조합 규약에 그 방식을 정한 때에는 이에 따라야 한다. 서면으로 탈퇴신청을 하여야 한다거나 일정 기간 전에 탈퇴 예고를 하여야 한다는 규정이 있는 때에는 이에 따라 탈퇴의 의사표시를 하여야 한다. 다만, 그 예고 기간은 조합 운영상 필요하고도 합리적인 기간이어야 한다. 탈퇴의 효과는 원칙적으로 조합원의 탈퇴의 의사표시가 노동조합에 도달한 때 발생하게 되며, 탈퇴의 효과가 발생하면 조합원으로서 가지는 권리를 상실하게 되나, 민사상의 채권·채무 관계는 별도의 정산이 필요하다.

라. 조합원의 제명

노동조합은 근로자의 자주적인 단결체로서 조직을 유지하고 목적을 달성하기 위하여 조합원에 대하여 일정한 규제와 강제를 행사하며, 이러한 통제에 복종하지 않는 조합원에 대하여 제재를 가할 수 있다. 제명은 이러한 제재권의 행사의 최종 단계로 조합원에 대하여 자격을 박탈하는 것이다. 제명은 제명을 위한 정당한 사유가 인정되어야 하고, 아울러 제명을 위한 규약상의 절차에 의하여야 하며, 그러한 절차가 규약에 규정되지 않은 경우라도 사회통념상 공정한 징계 절차에 의하여야 한다. 또한 징계와 관련한 일반법 원리에 따른 형평성의 원칙, 개인책임의 원칙, 상당성의 원칙 등이 관철되어야 한다. 조합원의 제명 등 징계는 법원의 사법심사 대상이 된다.[32]

---

31) 백재봉, 102~103면.

32) 대법원 1993. 3. 9. 선고 92다29429 판결. 다만 노동위원회에 의한 행정적 구제방법으로 다툴 수는 없다고 한다.

Ⅲ. 종사근로자가 아닌 조합원의 사업장 내 조합활동

1. 종사근로자 개념의 도입

2021년 개정 노조법은 '사업 또는 사업장에 종사하는 근로자'라는 의미로 종사근로자의 개념을 도입하고, 종사근로자인 조합원과 종사근로자가 아닌 조합원을 달리 취급할 것을 내용으로 하는 몇몇 조항을 신설하였다.[33] 여기서 종사근로자란 사업 또는 사업장에 종사하는 노조법상 근로자로서 사용자와 노무제공관계에 있는 자를 말한다.[34] 따라서 종사근로자가 반드시 근기법상 근로자이어야만 하는 것은 아니다.

2021년 개정법 중 종사근로자인 조합원과 비종사근로자인 조합원을 달리 취급하는 조항으로는, 먼저 종사근로자가 아닌 조합원은 사용자의 효율적인 사업 운영에 지장을 주지 않는 범위에서 사업 또는 사업장 내에서 노동조합 활동을 할 수 있다(5조 2항)는 조항이 있다. 종사근로자가 아닌 조합원의 사업장 내 노동조합 활동을 허용하면서도, 이러한 조합활동이 사용자의 효율적인 사업 운영에 지장을 주지 않는 범위에서 이루어지도록 그 한계를 설정한 것이다.[35] 다음으로, 기업별 단위노조의 대의원과 임원은 종사근로자인 조합원 중에서 선출하도록 하였다(17조 3항, 23조 1항). 따라서 종사근로자가 아닌 조합원은 기업별 단위노조의 대의원이나 임원이 될 수 없다.[36] 이외에도, 2021년 개정법은 근로시간 면제 한도의 결정이나 교섭창구 단일화 절차, 쟁의행위 찬반투표 등 노조법상 조합원의 수를 산정해야 하는 경우 종사근로자인 조합원 수를 기준으로 하도록 하였다(24조 2항, 29조의2 10항, 41조 1항).

2. 비종사자인 조합원의 사업장 출입권

사업장(事業場)은 말 그대로 생산활동의 마당인 동시에 근로자들의 삶의 장소이다. 노동법은 광산 · 공장 · 상점 또는 사무실에서 신체적으로 근접하여 근무하거나 적어도 노동조합 사무실에서 정기적으로 접촉하던 사람들을 위한 것이

33) 임종률, 71면.
34) 김형배 · 박지순, 467면.
35) 임종률, 71면.
36) 임종률, 71면.

었다. 같은 물리적 공간에서 근무한다는 근접성은 근로자들이 개인적 유대를 형성하고, 잠재적인 지도자를 인식하며, 공동의 운명에 대하여 반추하고, 공유된 불만에 대해 '집단적'으로 대응할 수 있도록 하였다. 따라서 사업장은 생산활동의 마당인 동시에 근로자의 연대(連帶)의 장소이기도 하다.

우리나라의 종래의 기업별 노조 체제에서는 통상 특정 사업의 종사자인 조합원이 해당 사업의 사업장 내에서 조합활동을 하는 것이 일반적이었기 때문에 비종사자인 조합원의 사업장 출입권이 크게 문제가 되지 않았다. 그러나 산업별 노동조합 기타 초기업별 노동조합에서는 서로 다른 사업에 종사하는 근로자들이 함께 조합활동을 전개해 나가는 것을 필연적인 전제로 한다는 점에서 특정 기업의 종사자가 아닌 조합원도 초기업별 노동조합의 목적을 위하여 일정 정도의 한도 내에서는 자신이 소속되지 않은 기업의 사업장에 출입하여 그 구내에서 조합활동을 할 필요가 있다.[37] 또한, 기업별 노동조합이든, 산업별 노동조합이든 그 조합원은 그들이 가입한 노동조합으로부터 필요한 정보를 제공받을 권리가 있다.[38] 이러한 권리 실현의 전제조건으로 노동조합의 임원 등의 사업장 출입은 당연히 전제되어야 할 것이다.[39] 물론, 이러한 출입권은 사용자의 소유권 등과의 조화를 위하여 어느 정도 제한될 필요가 있지만, 단지 특정 기업의 종사자가 아니라는 이유로 산업별 노동조합 임원 등의 개별 사업장 출입이 당연히 금지된다고 보기는 어렵다.[40] 오히려 산업별 노동조합 임원 등의 개별 사업장 출입 문제는 해당 노동조합의 조합원들이 노동조합으로부터 적절한 보호를 받기 위해 노동조합 임원 등의 사업장 출입이 필요하다는 인식에서 출발할 필요가 있다.[41] 결국 초기업별 노동조합에서 비종사자인 조합원의 사업장 출입 문제는 노동조합의 권리와 사용자의 권리를 조화롭게 고려하여 어떠한 기준으로 개별 사업장 출입이 허용되는 경우와 금지되는 경우를 가려낼 것인가의 문제라고 할 것이다.[42] 예를 들어 호주의 Fair Work Act 2009가 규정한 것처럼 노동조합 임원의 사업장 출입에 관해서는 ① 노동조합이 사업장에서 그 조합원과 대화함으로써 그들을 대표할 권리, ② 근로자가 사업장에서 노동조합으로부터

37) 권오성a, 301면.
38) 권오성a, 311면.
39) 권오성a, 311면.
40) 권오성a, 312면.
41) 권오성a, 312면.
42) 권오성a, 312면.

정보와 진술을 받을 권리 및 ③ 사용자가 부당한 간섭 없이 사업을 수행할 권리 사이의 적절한 균형점을 찾는 것이 필요할 것이다.[43)]

이러한 맥락에서 대법원은 산별노조의 조합원들이 해당 노조 산하 지부가 조직된 사업장에서 실시되던 파업을 지지하기 위해 자신들의 소속 사업장이 아닌 사업장에 출입한 행위가 주거침입죄에 해당하는지 여부가 문제 된 사안에서 이러한 출입을 정당한 조합활동으로 보아 주거침입죄가 되지 않는다고 판단한 바 있다.[44)] 이 판결에서 대법원은 비종사자인 조합원의 활동이 공장 출입방식과 절차를 정한 노사합의를 위반한 것으로 보기 어렵고, 해당 기업의 사업 운영에 지장을 주었다고 보기 어렵다고 판단하였다.

ILO는 노동조합 대표가 자신이 고용되어 있지 않은 사업장이지만 당해 노조의 조합원들이 고용되어 있는 사업장에도 접근할 수 있도록 보장되어야 한다고 밝히고 있다.[45)] 해외 입법례 중에서는 주로 산별노조 중심의 노사관계를 구축하고 있는 독일 · 호주 · 뉴질랜드 등의 국가에서 일정한 조건을 전제로 하여 종사자가 아닌 노조 대표자와 조합원의 사업장 출입을 인정하는 법 규정을 두고 있다.[46)]

---

43) 호주의 Fair Work Act 2009의 관련 내용의 상세는 박귀천 · 권오성, 25~27면 참조. Fair Work Act 2009는 사업장 출입권에 대한 상세한 규정을 두고 있는바(Chapter 3, Part 3-4 Right to Entry, §480 §521 총52개 조문), 이 권리는 노동관계법 위반을 감독하기 위한 공정노동감독관의 권한을 위한 것이기도 하지만, 노동조합원이나 노동조합 간부가 사업장 내에서 예비조합원과의 협의, 사업장 내에서의 노동관계법제 등 위반에 대한 조사 등을 위해 사업장에 들어갈 수 있는 권리이기도 하며, 또한 상대적으로 권리의 침해를 받게 되는 사용자가 부당한 불이익을 받지 않도록 하기 위한 목적도 갖고 있다. 한편, 공정노동위원회(Fair Work Commission, 이하 “FWC”라고 한다)에 등록된 노동단체만이 사업장 출입권에 관한 공정노동법의 적용을 받을 수 있는바, FWC 등록 절차는 Fair Work (Registered Organisations) Act 2009에서 규정하고 있다. FWC에 등록된 노동단체의 노조 관리(union official)는 근로자와 대화하거나 사용자의 공정노동법 등 노동관계법 위반 혐의의 조사를 위하여 사업장에 출입할 수 있는바, 노조 관리가 사업장에 출입하기 위하여는 FWC로부터 출입허가(entry permit)를 받아야 한다. FWC로부터 출입허가를 받은 사람을 출입권자(permit holder)라고 하는바(§12), FWC는 노동조합의 신청에 따라 조합 관리가 출입허가를 받기에 적합하다고 판단되는 경우에 출입허가를 발급할 수 있다(§512). 이 경우 FWC는 조합 관리가 출입권자의 권리와 책임에 관하여 적절한 교육을 받았는지, 노동관계법에 관한 범죄로 유죄판결을 받은 사실이 있는지 등의 사항을 고려하여야 하며(§513), 출입허가에 조건을 붙일 수도 있다(§515). 출입허가는 FWC에 의해 취소되지 않는 한 출입허가가 발급된 날부터 3년이 되는 날과 출입허가자가 노조 관리를 그만 둔 날 중 먼저 도래한 날에 종료하되, FWC는 노조의 신청이 있는 경우 허가기간을 연장할 수 있다(§516).

44) 대법원 2020. 7. 9. 선고 2015도6173 판결.

45) ILO, Freedom of association, Compilation of decisions of the Committee on Freedom of Association(6thed.)(2018), para. 297.

46) 이에 관한 상세한 내용은 박귀천 · 권오성, 19면 이하 참조.

한편, 2021년 개정 노조법 5조 2항은 "사업 또는 사업장에 종사하는 근로자(이하 "종사근로자"라 한다)가 아닌 노동조합의 조합원은 사용자의 효율적인 사업 운영에 지장을 주지 아니하는 범위에서 사업 또는 사업장 내에서 노동조합 활동을 할 수 있다."라고 규정하고 있는바, 이러한 개정 규정의 시행으로 산업별 노동조합의 임원도 위 조항에 근거하여 사용자의 효율적인 사업 운영에 지장을 주지 아니하는 범위에서 사업 또는 사업장 내에서 노동조합 활동을 할 '권리'가 있다고 해석할 필요가 있다. 따라서 개정법의 시행 이후에는 산업별 노동조합 임원의 개별 사업장 출입에 관한 해석론도 실정법상 근거가 없던 과거보다 적극적으로 변화되어야 할 것이다.[47]

3. 노조법 5조 2항의 해석론

2021년 개정 노조법은 5조 2항을 신설하여 종사근로자가 아닌 조합원도 사용자의 효율적인 사업 운영에 지장을 주지 아니하는 범위에서 사업 또는 사업장 내에서 노동조합 활동을 할 수 있다고 규정하고 있다. 여기서 '종사근로자가 아닌 조합원'을 종사근로자였던 조합원이 해고되었거나 퇴직한 경우를 의미하는 것으로 제한적으로 이해하는 것처럼 보이는 견해가 있으나,[48] '종사근로자가 아닌 조합원'을 해고자나 퇴직자로 한정하여 볼 근거는 없다. 반대로, 노조법 5조 2항을 종사근로자가 아닌 산업별 또는 지역별 노동조합의 조합원은 사용자의 효율적인 사업 운영에 지장을 주지 아니하는 범위에서 사업 또는 사업장 내에서 조합활동을 할 수 있다는 취지로 제한적으로 해석하고, 기업별 노동조합의 조합원에게는 노조법 5조 2항이 적용되지 않는다는 견해가 있다.[49] 이 견해는 해고자나 퇴직자는 기업별 노조에 가입할 수 없음을 전제로 한 것이다.

노동조합의 가입대상을 어떻게 정할 것인가는 조합자치에 따라 노동조합 스스로 결정할 문제이다. 또한 현행 노조법은 1980년 개정 노동조합법처럼 기업

---

47) 권오성a, 312면.

48) 김형배 · 박지순, 467면은 "종사근로자가 아닌 노동조합의 조합원(이른바 '비종사조합원'으로서 해고되었거나 퇴직한 조합원을 의미한다)도 사용자의 효율적인 사업 운영에 지장을 주지 아니하는 범위에서 사업 또는 사업장 내에서 노동조합 활동을 할 수 있다"라고 하여, 비종사조합원을 해고되었거나 퇴직한 조합원으로만 제한적으로 이해하는 듯한 태도를 보인다.

49) 김형배 교수는 김형배 · 박지순, 467면에서는 '비종사조합원'을 해고되었거나 퇴직한 조합원이라고 하였으나, 김형배, 1121면에서는 기업별 노동조합의 조합원에게는 노조법 5조 2항이 적용되지 않는다고 한다.

별 노조라는 법형식을 강제하고 있지는 않으므로, 기업별 노조가 그 규약으로 해고자나 퇴직자를 조직대상에 포함시킨다고 하더라도 이들이 노조법상 근로자에 해당하기만 하면 노조법 위반의 문제는 생기지 않는다. 따라서 노조법 5조 2항의 '종사근로자가 아닌 조합원'은 노동조합의 조직형태와 관계없이 특정 사업 또는 사업장과의 관계에서 해당 사업 또는 사업장의 종사근로자가 아니지만 노동조합의 규약에 따라 조합원 지위에 있는 자를 말하는 것으로 노조법 5조 2항의 문언 그대로 해석하면 충분할 것으로 생각한다.

한편, 노조법 5조 2항은 비종사자인 조합원은 '사용자의 효율적인 사업 운영에 지장을 주지 아니하는 범위'에서 사업 또는 사업장 내에서 노동조합 활동을 할 수 있다고 규정하여, 비종사자인 조합원의 사업장 내 조합활동을 원칙적으로 긍정하면서도 그 범위를 '사용자의 효율적인 사업 운영에 지장을 주지 아니하는 범위'로 제한하고 있다. 이는 비종사자인 조합원은 사용자와 구체적인 취업관계에 있지 아니하므로 사용자의 시설관리권이 종사근로자보다 엄격하게 적용되기 때문이라는 견해가 있다.[50] '사용자의 효율적인 사업 운영에 지장을 주지 아니하는 범위'는 결국 문제가 된 사안의 구체적인 사실관계를 기초로 조합활동을 위하여 사업장에 출입해야 하는 필요성과 사용자가 부당한 간섭 없이 사업을 수행할 이익 사이의 적절한 균형을 고려하여 판단할 수밖에 없을 것이다. 대체적으로는 비종사자인 조합원들의 출입목적 및 출입할 수 있는 공간의 범위, 출입하고자 하는 비종사자인 조합원의 수 등을 고려하여 판단하여야 할 것이다.[51]

Ⅳ. 해고된 종사근로자인 조합원의 종사근로자 간주

2021년 개정 전 노조법 2조 4호 라목 단서는 해고된 근로자가 노동위원회에 부당노동행위의 구제신청을 한 경우에는 중앙노동위원회의 재심판정이 있을

50) 김형배 · 박지순, 511면.

51) 박은정 · 박귀천 · 권오성, 24면은 2021년 개정 노조법의 입법 이전인 2020년에 정부가 국회에 제출한 노조법 개정안 중 "사용자는 합리적 이유 없이 종사근로자가 아닌 조합원의 사업장 출입 등을 거부해서는 아니 된다."라는 조항(개정안 5조 4항)에서 '합리적 이유'는 각 사례별로 해석에 맡겨질 수밖에 없으며, 대체적으로는 비종사조합원들의 출입목적 및 출입할 수 있는 공간의 범위, 출입하고자 하는 비종사조합원의 수 등을 고려하여 사용자가 거부할 수 있는 합리적 이유 유무를 판단해야 할 것이라는 견해를 제시한다. 이러한 개정안 5조 4항은 2021년 개정 노조법에는 반영되지 못하였지만, 개정 노조법 5조 2항의 '사용자의 효율적인 사업 운영에 지장을 주지 아니하는 범위'도 유사하게 판단할 수 있을 것이다.

때까지는 '근로자가 아닌 자로 해석하여서는 아니 된다'고 규정하였으나, 개정법은 이러한 단서 조항을 삭제하고, 노조법 5조 3항을 신설하여 "종사근로자인 조합원이 해고되어 노동위원회에 부당노동행위의 구제신청을 한 경우에는 중앙노동위원회의 재심판정이 있을 때까지는 종사근로자로 본다."라고 규정하고 있다. 이 규정은 사용자가 해고라는 수단을 악용하여 그 비위에 거슬리는 자를 노동조합 대의원이나 임원에서 배제하거나,[52] 교섭창구 단일화 절차에 영향을 주는 것을 어느 정도 방지하려는 취지에서 설정한 규정이다.

여기서 '종사근로자로 본다'는 의미는 종사근로자가 해고되지 않은 것으로 본다는 취지가 아니라 종사근로자인 조합원으로 본다는 것을 의미한다.[53] 따라서, 해고된 근로자가 종사근로자로 간주되는 경우에는 노동조합의 대의원 및 임원자격이 유지되고(17조 3항, 23조 1항), 근로시간 면제 한도의 결정에 반영되며(24조 2항), 교섭창구 단일화 절차 관련 조합원 수 산정에 포함되고(29조의2 10항), 쟁의행위 찬반투표에 참가할 수 있다(41조 1항).[54] 그러나 사용자와의 근로계약(근기법상 근로자인 경우)이나 근로계약 이외의 노무제공계약(근기법상 근로자가 아닌 노무제공자의 경우)의 유효성이 간주되는 것은 아니다.

한편, 해고되어 노동위원회에 부당노동행위의 구제신청을 한 자가 종사근로자인 조합원으로 간주되는 기간은 '중앙노동위원회의 재심판정이 있을 때까지'이므로, 중앙노동위원회의 재심판정이 있을 때까지는 지방노동위원회의 초심의 판정 결과에 상관없이 종사근로자인 조합원으로 간주된다.[55] 재심에서 부당노동행위가 성립하지 않는다는 취지로 판정된 경우에는 근로자가 재심판정취소의 소를 제기하더라도 해고자가 종사근로자인 조합원으로 간주되지 않으며, 반대로 재심에서 부당노동행위가 성립된다는 취지로 판정된 경우에는 재심판정취소의 소를 제기하더라도 이러한 소 제기로 재심판정의 효력이 정지되지 않으므로(86조) 법원의 판결로 재심판정이 취소될 때까지는 종사근로자인 조합원으로 간주된다.[56]

[이 정 한·권 오 성]

52) 임종률, 71면.
53) 임종률, 71면.
54) 김형배·박지순, 467면.
55) 임종률, 71면.
56) 임종률, 72면.

제 6 조(법인격의 취득)

① 노동조합은 그 규약이 정하는 바에 의하여 법인으로 할 수 있다.

② 노동조합은 당해 노동조합을 법인으로 하고자 할 경우에는 대통령령이 정하는 바에 의하여 등기를 하여야 한다.

③ 법인인 노동조합에 대하여는 이 법에 규정된 것을 제외하고는 민법중 사단법인에 관한 규정을 적용한다.

〈세 목 차〉

Ⅰ. 개 설

노조법 6조 1항에 따라 노동조합은 그 규약이 정하는 바에 따라 법인으로 할 수 있다. 노동조합은 노동3권의 행사를 위하여 반드시 법인격을 갖출 필요가 없으며, 노동조합의 실체는 자주성과 민주성을 갖추는 것으로 인정되고, 노동조합은 그 조직적 실체에 의하여 비법인사단으로 인정된다. 노동조합의 성립요건에 형식적 법인격은 필요하지 않다. 노동조합은 비법인사단으로 인정되기 때문에 비법인사단으로서 최소한의 거래 행위를 할 수 있으나, 그 이상의 거래 행위를 하거나, 그 거래 행위를 보다 편리하게 하기 위해서는 법인격을 취득하는 것이 필요하다. 법인격의 취득은 강제적인 사항이 아니고, 노동조합이 원하는 경우 규약에 정하여 법인격을 취득할 수 있다.

Ⅱ. 법인 설립의 절차

노동조합이 법인이 되고자 할 때에는 노동조합의 대표자가 주된 사무소의 소재지를 관할하는 등기소에 등기하여야 한다.[1)] 등기에는 명칭, 주된 사무소의 소재지, 목적 및 사업, 대표자의 성명 및 주소, 해산사유를 정한 때에는 그 사유

※ 이 조에 관한 각주의 참고문헌은 제2조 제4호 해설의 참고문헌을 가리킨다.

1) 노조법 시행령 2조, 4조 1항.

등을 기재하여야 한다.[2] 등기신청서에는 조합규약 및 설립신고증 사본을 첨부하여야 한다.[3] 등기신청 시 설립신고증을 첨부하여야 하므로 법인이 될 수 있는 노동조합은 노조법 2조 4호에서 정한 연합단체인 노동조합과 연합단체의 구성원인 단위노동조합으로서 설립신고증을 교부받는 경우에 한한다. 따라서 설립신고증을 교부받지 못한 헌법상 단결체, 단위노동조합의 지부나 분회는 원칙적으로 법인격을 취득할 수 없다.[4]

Ⅲ. 법인인 노동조합의 지위

노동조합이 법인격을 취득한 경우에는 노조법에 규정된 것을 제외하고는 민법의 사단법인에 관한 규정이 적용된다. 따라서 노동조합이 법인등기를 마친 경우에는 민법상의 사단법인에 준하여 재산의 소유와 거래에서 권리의무의 주체가 될 수 있다. 이 경우 조합원 역시 민법상 사단법인의 사원(社員)과 같이 총회를 통하여 의사결정에 관여할 뿐, 직접 노동조합의 재산에 대하여 지분권을 갖거나, 재산의 처분에 관여할 수 없다.

노동조합이 노동3권을 행사하기 위해서는 법인격이 필요하지 않으므로 법인격은 재산상의 거래 관계의 편의를 얻기 위하여만 취득되는 것이다. 따라서 민법의 사단법인에 관한 규정도 재산상의 거래관계에만 준용되고, 노동3권의 행사와 관련되거나, 이를 제약할 우려가 있는 부분은 준용되지 않는다.[5]

한편, 법인등기를 하지 않는 노동조합은 민법상 비법인사단이므로 이러한 노동조합의 조합재산은 조합원 전원의 총유(민법 275조)에 속한다. 따라서 개별 조합원은 조합재산에 대해 지분권을 갖지 못한다.[6]

[이 정 한 · 권 오 성]

---

2) 노조법 시행령 3조.

3) 노조법 시행령 4조 2항.

4) 노동부 행정해석 1969. 1. 28. 법무 810-1032.

5) 이병태, 128~129면; 이상윤a, 587면. 특히 이병태 교수는 노동조합의 기본활동인 단체교섭과 단체활동에서는 민법상 기관이론을 도입할 수 없다고 한다.

6) 하갑래, 147면.

제 7 조(노동조합의 보호요건)

① 이 법에 의하여 설립된 노동조합이 아니면 노동위원회에 노동쟁의의 조정 및 부당노동행위의 구제를 신청할 수 없다.

② 제1항의 규정은 제81조 제1항 제1호·제2호 및 제5호의 규정에 의한 근로자의 보호를 부인하는 취지로 해석되어서는 아니된다.

③ 이 법에 의하여 설립된 노동조합이 아니면 노동조합이라는 명칭을 사용할 수 없다.

〈세 목 차〉

Ⅰ. 노조법에 의해 설립된 노동조합의 법적 지위

노조법에 의한 실질적·형식적 요건을 갖추어 설립된 노동조합은 노조법에 의하여 노동조합에게 특별히 인정되는 권리의 향유 주체가 된다. 노조법 12조 4항에 의하여 노동조합은 설립신고증을 받아야 설립된 것으로 보기 때문에 노조법에 의해 설립된 노동조합은 실질적 요건을 갖추어 설립신고증을 교부받은 노동조합이라야 한다. 즉, 노동쟁의의 조정 및 부당노동행위의 구제를 신청할 수 있으며(법 7조 1항), 법인격의 취득이 가능하고(법 6조), 세법이 정하는 바에 따라 조세의 면제혜택을 받을 수 있다(법 8조). 그 밖에 단체협약의 해석 또는 이행방법에 관하여 관계 당사자 간의 의견의 불일치가 있을 때 노동위원회에 그 견해의 제시를 요청하여 중재재정과 동일한 효력이 있는 노동위원회의 견해를 제시받을 수 있고(법 34조), 단체협약의 일반적 구속력, 지역적 구속력에 의한 효력 확장이 인정되며(법 35조, 36조), 노동위원회에 근로자위원을 추천할 수 있는 자격(노위법 6조 3항) 등이 인정된다.

※ 이 조에 관한 각주의 참고문헌은 제2조 제4호 해설의 참고문헌을 가리킨다.

Ⅱ. 노조법의 요건을 갖추지 못한 헌법상 단결체의 법적 지위

노조법 2조 4호에 규정된 실질적 요건은 갖추었으나, 노조법 12조 4항에 따른 설립신고증을 교부받지 못하거나, 또는 헌법상 요건[1]을 갖추었으나, 노조법상의 형식적인 요건을 갖추지 못한 헌법상 단결체[2]가 어느 정도까지 노조법에 의하여 설립된 노동조합의 권리 및 법적 보호를 향유할 수 있는지가 문제로 된다.[3]

이에 대하여는 헌법상 단결체가 노조법상의 실질적 요건을 갖춘 조직을 결성한 때에는 설립신고와 관계없이 노조법에서 정한 각종 법적 보호를 받는다고 보는 견해[4]와, 헌법상 단결체가 실질적 요건을 갖추고 있을지라도 형식적 요건을 구비하지 못하는 이상 노조법에 정하여진 보호를 받지 못함은 물론 그 밖에 헌법상 단결체로서 가지는 헌법적 보호도 받지 못한다는 견해,[5] 그리고, 노조법상의 실질적 요건을 구비한 경우 형식적 요건을 구비하지 못하였을지라도 노조법 7조에서 정한 불이익만을 받을 뿐 그 밖의 사항은 헌법 33조 1항에 따라 헌법상 단결체로서 보호를 받는다는 견해가 있다.[6] 근로자의 단결권은 헌법에서 보장하는 것이고 하위 법률에서 이를 구체적으로 정함으로써 효력을 갖게 되는 것은 아니며, 헌법상 단결체가 노조법상 아무런 보호를 받지 못한다면 구태여

1) 노조법상의 실질적 요건인 주체성, 자주성, 단체성, 목적성은 헌법상의 단결체 요건과 동일하므로, 노조법상의 실질적 요건과 헌법상의 요건을 구분할 실익은 없다.

2) 이병태 교수는 설립신고증을 교부받아 형식적 요건은 갖추었으나, 노조법 2조 4호에서 정한 실질적 요건을 구비하지 못한 노동조합도 무자격조합에 해당한다고 본다. 이병태, 124면.

3) 여기에서 노조법상의 형식적인 요건을 갖추지 못한 헌법상 단결체를 노조법 2조 4호에 규정된 적극적 요건은 갖추었으나, 소극적 요건을 갖추지 못한 경우와 노조법 2조 4호에 규정된 적극적 요건 및 소극적 요건을 모두 갖춘 경우로 구분할 필요가 있는가 하는 문제가 있으나, 두 경우 모두 노조법상의 노동조합으로 인정되지 않는다는 점에는 다름이 없고, 앞에서 논의한 것과 같이 소극적 요건은 적극적 요건을 가지고 있는지 불명확한 경우에 이를 보충하기 위한 보완적인 의미를 가진 것으로 해석하여야 하고, 일부 소극적 요건을 갖추지 못한 경우라고 하더라도, 노동조합의 자주성과 주체성 등 적극적 요건을 갖춘 것으로 인정되는 경우에는 노조법상의 실질적인 요건을 갖춘 것으로 보아야 한다는 전제에서 보면 그 구별의 실익은 없을 것으로 보이며, 노조법상 요건을 갖추지 못한 헌법상 단결체를 요건의 충족 정도를 고려하여 단계별로 나누어 그 권리의 보호범위를 나누는 것도 부적절한 것으로 보인다. 자세한 내용은 법 2조 4호에 대한 해설 Ⅱ. 2. 가. 부분 참조.

4) 김유성, 42면.

5) 이상윤a, 582면, 다만, 설립요건을 갖추어 노조법상의 노동조합이 되기 위한 활동 등 일부 제한된 범위에서 단결권의 행사가 인정된다고 한다.

6) 이병태, 125면.

노조법 7조에서 그 불이익 대우를 제한적으로 열거할 필요가 없다는 점 등에 근거하여 대부분의 학자들이 마지막 견해를 취하고 있으며, 이는 일본의 통설이기도 하다.[7)]

근로자의 단결권, 단체교섭권 및 단체행동권은 헌법에 의해서 보장되는 것으로서 하위 법률에 의하여 그 본질적인 부분을 침해할 수 없다는 점에 근거하여 본다면, 노조법상 노동조합의 실질적 요건을 갖추고 다만 설립신고 등의 형식적인 요건만을 갖추지 못한 헌법상 단결체도, 노조법 7조에서 구체적으로 정하고 있는 사항을 제외하고는 노조법에 규정하고 있는 노동조합에 대한 보호규정의 적용을 받는다고 생각한다.

마지막 견해를 취하는 경우에도 구체적으로 이러한 헌법상 단결체에 대하여 어느 범위까지 노조법상의 법적 보호가 인정되는지에 대하여는 견해가 일치되지 않는다. 노조법 7조 1항에서 정하는, 노동위원회에 노동쟁의의 조정 및 부당노동행위의 구제를 신청할 수 있는 권리가 이러한 헌법상 단결체에 대하여 인정되지 않음은 법문상 명백하나, 그 외 권리들의 경우 어느 범위까지 이러한 헌법상 단결체에 대하여 인정될 수 있을 것인가가 문제이다. 노동조합의 명칭 사용(법 7조 3항), 법인격의 취득(법 6조), 조세의 면제 혜택(법 8조)까지는 이러한 헌법상 단결체에게 인정되지 않는 것으로 대부분 이해되고 있으나,[8)] 단체협약의 해석 또는 이행방법에 관하여 관계 당사자 간의 의견의 불일치가 있을 때 노동위원회에 그 견해의 제시를 요청하여 중재재정과 동일한 효력이 있는 노동위원회의 견해를 제시받을 수 있는 권한(법 34조), 노동위원회에 근로자위원을 추천할 수 있는 자격(노위법 6조 3항), 단체협약의 일반적·지역적 구속력에 관한 사항(법 35조, 36조) 등에 대하여는 이러한 헌법상 단결체에 대하여 효력을 인정할 수 있다는 견해[9)]와 인정할 수 없다는 견해[10)]가 대립하고 있다. 현실적으로는 노동위원회나 정부기관에 의하여 특별한 보호가 요구되는 위와 같은 사항들에 대하여는 이러한 헌법상 단결체에 대하여 효력을 인정하기 어려울 것이라고 생각한다.

한편으로 이러한 헌법상 단결체에 대하여 일부 노조법에 정하여진 보호가

7) 이병태, 125면; 대법원 1997. 2. 11. 선고 96누2125 판결도 간접적으로 이러한 결론을 지지하고 있다.
8) 이병태, 125면; 사법연수원a, 89면; 헌재 1993. 3. 11. 선고 92헌바33 결정.
9) 사법연수원a, 89면.
10) 이병태, 125면.

인정되지 않는다고 하더라도, 노조법 7조 2항은 이것이 노조법 81조 1항 1호·2호 및 5호의 규정에 의한 근로자의 보호를 부인하는 취지로 해석되어서는 아니된다고 규정하고 있다. 따라서 근로자가 이러한 헌법상 단결체의 가입이나 조직 기타 이러한 헌법상 단결체의 업무를 위한 정당한 행위를 하였음을 이유로 사용자로부터 해고 등 불이익처분을 받거나(1호 위반), 근로자가 이러한 헌법상 단결체에 가입하지 아니할 것 또는 탈퇴할 것 또는 이러한 헌법상 단결체가 아닌 특정한 노동조합의 조합원이 될 것을 사용자가 고용 조건으로 하거나(2호 위반), 근로자가 이러한 헌법상 단결체의 조합원으로서 정당한 단체행위에 참가한 것 등을 이유로 하여 사용자로부터 해고 등 불이익 처분을 받는 경우(5호 위반)에는 당해 근로자는 부당노동행위의 구제신청을 할 수 있으며, 그 외 사용자의 부당노동행위에 따른 법률효과를 주장할 수 있을 것이다.

한편, '이 법에 의하여 설립된 노동조합이 아니면 노동조합이라는 명칭을 사용할 수 없다.'라고 규정한 노조법 7조 3항과 관련하여 헌법재판소는 노동조합설립 신고주의를 기초로 하는 노조법 7조 3항은 노조법에 따른 적법한 노동조합의 설립을 유도하기 위한 것으로 입법목적이 정당하고, 형식적인 요건을 갖추지 못한 단결체에 대하여 노동조합이라는 명칭 사용을 금하고 위반 시 형사상 제재를 가함으로써 합법적인 노동조합의 설립을 촉진하고자 하는 것으로 입법목적을 달성하기 위한 적정한 수단으로 볼 수 있으며, 그로 인하여 근로자들이나 단결체가 입는 손해는 노동조합의 명칭을 사용하지 못하고 명칭사용을 위하여 노동조합 설립신고를 해야만 하는 불편함 정도인데 반하여, 실질적인 요건을 갖추지 못한 여러 단결체의 난립을 막고 노동조합의 공신력을 줄 수 있어 근로자의 단결권을 강화하는 효과도 있고, 노동행정에 편의를 기할 수 있는 등 공익이 매우 커서 법익의 균형성도 갖추었다는 이유로 합헌으로 판단한 바 있다.[11] 다만, 위 결정은 복수노조가 전면적으로 허용되기 이전인 2008년에 선고된 사건으로 복수노조가 전면적으로 허용된 현재 상황에서는 다른 판단이 나올 여지도 있다고 생각한다.[12]

11) 헌재 2008. 7. 31. 선고 2004헌바9 결정.

12) 헌재 2008. 7. 31. 선고 2004헌바9 결정은 그 이유에서 "만일 모든 근로자들의 단결체에 대하여 실질적인 요건을 갖추었음을 전제로 노동조합이라는 명칭을 사용할 수 있게 한다면 현재와 같이 복수노조가 전면적으로 허용되지 않는 현실에서는 기존에 적법하게 설립된 노동조합의 활동을 저해하게 될 것이고, 이 경우 하나의 기업내에 노동조합의 명칭을 가진 다수의 단체가 존재하는 것을 허용함으로써 노동조합들과 사용자에 대한 관계는 물론 근로자

[이 정 한·권 오 성]

들 사이에서도 혼란이 야기될 수 있으며, 또 노동조합 설립신고주의 자체를 형해화시킬 수도 있다."고 설시하는 한편, "복수의 노동조합이 허용되는 단계에 이르더라도 설립신고를 하지 않은 단결체에 대하여 노동조합이라는 명칭을 사용하게 할 것인지는 여전히 별개의 문제로 남게 되므로, 복수의 노동조합을 허용한다고 하여 명칭을 사용하는 데 대하여 규제를 가하게 될 필요성이 없어진다고 단정할 수도 없다."라고 판시하였다.

제 8 조(조세의 면제)

노동조합에 대하여는 그 사업체를 제외하고는 세법이 정하는 바에 따라 조세를 부과하지 아니한다.

노동조합에 대한 조세의 면제와 관련하여 구 노동조합법 10조는 노동조합에 대하여는 그 사업체를 제외하고는 조세를 부과하지 아니한다고 규정하고 있었으나, 1997. 3. 13. 제정된 노조법 8조는 '세법이 정하는 바에 따라'라는 문구를 추가하였고, 이렇게 변경된 조항이 현재까지 유지되고 있다. 따라서, 현행 노조법 8조의 문언상 세법에서 명시적으로 노동조합을 과세대상에서 제외하는 특례조항을 두지 않는 한 노동조합도 조세의무를 부담하는 것으로 해석해야 할 것이다.[1]

노동조합이 운영하는 소비조합이 조합원을 위하여 물품을 원가로 구입하여 그 가격으로 판매하거나, 조합원의 복리후생용으로 구입한 자가용버스를 조합원의 출퇴근 등을 위하여 운행하는 것은 영리를 목적으로 하는 사업이 아니므로 세금이 면제되나, 운수노동조합에서 운수회사의 화물을 도급받아 운반하여 이익을 얻은 경우에는 세금이 부과된다.[2] 노동조합이 법인의 등기를 하는 경우에는 등록세법의 규정에 의해서 부과되는 등록세도 납부하지 않아도 되나, 등기해태에 대한 벌칙으로 부과되는 과태료는 제재를 목적으로 하는 공과금으로서, 수입을 직접 목적으로 하는 조세가 아니므로 납부하여야 한다.[3] 한편 노동조합이 그 임원 또는 직원에게 지급하는 급여에 대한 소득세 납세 의무는 그 임원 또는 직원에게 있으므로, 이 의무는 면제되지 않는다.[4]

[이 정 한·권 오 성]

※ 이 조에 관한 각주의 참고문헌은 제2조 제4호 해설의 참고문헌을 가리킨다.

1) 노사관계법제팀-2785, 2007. 8. 30. "조세면제 규정이 관련 세법에 대해 특별법적인 지위에 있다고 볼 수 없으므로, '조세특례제한법, 지방세법' 등의 개별규정에 조세감면 특례규정이 있는 경우에 한하여 노동조합의 조세가 면제되는 것으로 보아야 할 것임. 따라서, 해당 자치단체에서 지방세법에 따라 노동조합에 지방세(주민세, 지방교육세등)를 부과하는 경우, 노동조합을 과세대상에서 제외하는 특례조항이 없는 한 지방세를 납부하여야 할 것으로 판단됨"

2) 이병태, 163면.

3) 이병태, 164면.

4) 하갑래, 147면.

제 9 조(차별대우의 금지)

노동조합의 조합원은 어떠한 경우에도 인종, 종교, 성별, 연령, 신체적 조건, 고용형태, 정당 또는 신분에 의하여 차별대우를 받지 아니한다.

노조법 9조에 따라 노동조합의 조합원은 어떠한 경우에도 인종, 종교, 성별, 연령, 신체적 조건, 고용형태, 정당 또는 신분에 의하여 차별대우를 받지 아니한다.[1)]

인종이란 피부색, 모발, 용모 등 신체의 특성에 따라 분류한 사람의 집단을 말하는 것으로서 이러한 인종의 차이에 따른 차별은 허용되지 않는다. 근기법 6조와는 달리 국적에 따른 차별금지를 정하지 않았으나 외국인의 경우에도 내국인과 차별되어서는 아니 된다.[2)]

종교는 넓게 신앙은 물론 정치적 신조 그 밖의 모든 신념을 포함하는 개념으로 이해되며, 성별은 남녀의 구별에 의한 차별, 연령은 미성년자나 노령자 등 연령 소수자에 대한 차별을 막고자 하는 것이며, 고용형태는 단시간 근로, 기간제 근로 및 파견근로와 같이 비정규직 근로 등의 형태 및 사무직, 생산직 등의 근무 형태의 경우까지를 포함하는 것으로 본다. 신분은 사람이 태어나면서 생래적으로 가지고 있는 지위 또는 후천적으로 가지게 된 지위로 자신의 의사로서 피할 수 없는 것을 말한다.[3)]

차별할 수 없는 균등한 대우의 내용에는 선거권 및 피선거권의 보장 등 조합 활동에서 균등한 대우를 말하며, 조합이 하는 공제 활동에서 경제적 이익을 누리거나, 조합의 복지 활동에 균등하게 참가하거나 이용할 권리 등 모든 수익권에서 균등하게 대우받는 것도 포함한다.[4)] 나아가, 법문상으로는 조합원에 대한 균등처우를 규정하고 있으나, 조합원이 되기 위해 조합에 가입할 때에도 이 규정이 적용되는 것으로 보므로, 이 때에도 위와 같은 차별대우가 있어서는 아니 된다는 견해가 있다.[5)] 다만, 노조법 9조의 법문은 조합원에 대해서만 차별

※ 이 조에 관한 각주의 참고문헌은 제2조 제4호 해설의 참고문헌을 가리킨다.

1) 2008년 노조법 개정으로 기존 차별사유 외에 연령, 신체적 조건, 고용형태 등을 추가하였다.

2) 노동부 1985. 5. 21. 노조 01254-9408. 외국인임을 이유로 규약상 조합원자격을 제한한 것은 위법하다는 취지이다.

3) 이병태, 141~142면.

4) 이병태, 142면.

5) 이병태, 135면.

대우를 금지하고 있으므로 조합원 신분을 획득하기 이전 단계까지 확대하여 해석하기는 어렵다는 반론이 있다.[6]

한편, 조합의 규약으로 조합비를 납부하지 아니하는 조합원의 권리를 제한하거나, 조합 임원의 선거에서 합리적인 요건을 들어 그 입후보자격을 제한하는 것은 차별 대우로 보지 않는다.[7]

[이 정 한·권 오 성]

---

6) 하갑래, 123면.
7) 이병태, 142면.

제 2 절 노동조합의 설립

제10조(설립의 신고)

① 노동조합을 설립하고자 하는 자는 다음 각호의 사항을 기재한 신고서에 제11조의 규정에 의한 규약을 첨부하여 연합단체인 노동조합과 2 이상의 특별시·광역시·특별자치시·도·특별자치도에 걸치는 단위노동조합은 고용노동부장관에게, 2 이상의 시·군·구(자치구를 말한다)에 걸치는 단위노동조합은 특별시장·광역시장·도지사에게, 그 외의 노동조합은 특별자치시장·특별자치도지사·시장·군수·구청장(자치구의 구청장을 말한다. 이하 제12조 제1항에서 같다)에게 제출하여야 한다.

1. 명칭
2. 주된 사무소의 소재지
3. 조합원수
4. 임원의 성명과 주소
5. 소속된 연합단체가 있는 경우에는 그 명칭
6. 연합단체인 노동조합에 있어서는 그 구성노동단체의 명칭, 조합원수, 주된 사무소의 소재지 및 임원의 성명·주소

② 제1항의 규정에 의한 연합단체인 노동조합은 동종산업의 단위노동조합을 구성원으로 하는 산업별 연합단체와 산업별 연합단체 또는 전국규모의 산업별 단위노동조합을 구성원으로 하는 총연합단체를 말한다.

〈세 목 차〉

[참고문헌]

강성태, "행정관청의 노동조합 심사제도", 노동법연구 31호, 서울대학교 노동법연구회(2011, 하반기); **강용현**, "'전국연합노동조합연맹'의 법적 성격과 '병원노동조합연맹'의

설립 가부", 대법원판례해설 19-2호, 법원행정처(1993); 고용노동부, 집단적 노사관계 업무매뉴얼(2016. 9.); 김기덕a, "초기업단위 노조 하부조직의 단체교섭 당사자 지위의 판단기준", 2001 노동판례비평, 민주사회를 위한 변호사모임(2002); 김기덕b, "노동조합의 조직형태 변경 법리에 관한 재검토", 노동법연구 19호, 서울대학교 노동법연구회(2005, 상반기); 김진석, "노동조합의 조직형태 변경", 노동법연구 13호, 서울대학교 노동법연구회(2002, 하반기); 김홍영, 노동조합의 설립신고 제도에 대한 고찰, 서울대학교 대학원 석사학위논문(1990); 박종희a, 산별노조 운영 및 활동에 관한 법 해석상의 문제점과 개선방안, 노동부(2003. 12.); 박종희b, "노조조직형태변경에 관한 소고", 노동법학 18호, 한국노동법학회(2004); 신상렬, "노동조합의 설립요건과 법외노조", 재판자료 108집 행정재판실무연구집, 법원도서관(2005); 유성재a, "초기업별 노동조합 지부 · 분회의 노동법적 지위", 중앙법학 8집 1호, 중앙법학회(2006. 4.); 유성재b, "단체협약의 경합 · 병존과 단일 단체협약의 원칙", 노동법학 29호, 한국노동법학회(2009): 이승욱a, 산별노조 운영 및 활동에 관한 법 해석상의 문제점과 개선방안, 노동부(2003. 12.); 이승욱b, "기업별노조와 산업별 노조의 기업별 지회가 병존하는 경우 법률관계", 노동법률 207호, 중앙경제(2008. 8.); 이승욱c, "산별노동조합의 노동법상 쟁점과 과제", 노동법연구 12호, 서울대학교 노동법연구회(2002, 상반기); 이용우, "노동조합 설립무효의 확인 또는 노동조합으로서 법적 지위가 부존재한다는 확인을 구하는 민사상 소가 허용되는지 여부", 사법 57호, 사법발전재단(2021): 이원희 외, 교원노사관계의 합리적 개선방안에 관한 연구, 한국노동법학회(2010); 이철수a, "하부조직과 상부연합단체의 단체교섭 당사자성", 노동법의 쟁점과 과제 — 김유성 교수 화갑 기념 논문집, 법문사(2000); 이철수b, "산별체제로의 전환과 법률적 쟁점의 재조명", 노동법연구 30호, 서울대학교 노동법연구회(2011); 정인섭a, "지부 단위의 조직변경 결의", 노동법연구 18호, 서울대학교 노동법연구회(2005, 상반기); 정인섭b, "노동조합 결격요건의 심사", 노동법연구 21호, 서울대학교 노동법연구회(2006, 하반기); 조용만, "ILO 결사의 자유 핵심협약 관련 노조법상의 쟁점 해결 방안", 노동법학 68호, 한국노동법학회(2018. 12.); 홍일표, "노동조합설립신고증교부처분취소소송에 있어서 사용자의 원고적격", 대법원 판례해설 29호, 법원도서관(1998).

Ⅰ. 설립신고의 의의

근로자는 자유로이 단결된 조직, 이른바 헌법상 단결체를 조직할 수 있다. 이는 헌법에서 보장하고 있는 단결권의 당연한 귀결이다. 그렇지만 헌법상 단결체가 노조법에 규정되어 있는 권한을 행사하거나 노조법에 따른 보호를 받기 위해서는 노조법에 따라 노동조합으로 설립될 필요성이 있다.[1] 구체적으로는 노조법이 정하고 있는 절차에 따라 노동조합의 설립신고를 해야 한다. 이를 '신고주의'라 한다. 대법원은 노조법이 노동조합의 설립에 관하여 신고주의를 택하고 있는 취지는 소관 행정당국으로 하여금 노동조합에 대한 효율적인 조직체계의 정비·관리를 통하여 노동조합이 자주성과 민주성을 갖춘 조직으로 존속할 수 있도록 노동조합을 보호·육성하고 그 지도·감독에 철저를 기하게 하기 위한 노동정책적인 고려에서 마련된 것이라고 보고 있다.[2][3]

이러한 신고주의가 국제노동기구(ILO)의 핵심 협약인 '87호 결사의 자유 및 단결권 보호 협약'과 '98호 단결권 및 단체교섭 협약'에 저촉되는 것이 아닌지 의문이 제기될 수 있다. 우리 국회가 2021. 2. 26. 위 두 협약에 관한 비준동의안을 의결하였기 때문에 그런 의문이 시급히 해소될 필요성이 있다.

이와 관련 ILO의 전문가위원회는 일정한 설립절차를 거치도록 요구하는 법적 규율 자체는 87호 협약에 위배되지 않지만, 그러한 규율이 실질적으로는 87호 협약 2조에 반하는 '사전승인' 요건을 강제하거나 관할 기관에 단체의 설립을 거부할 수 있는 재량권을 부여하는 것이라면 87호 협약에 부합하지 않는다고 보았다.[4] ILO 결사의 자유 위원회는 노동조합의 등록 내지 설립신고 요건이 노동조합의 설립이나 운영에 대하여 공공당국으로부터 사전승인을 받는 것과 다를 바 없다면 이는 명백히 87호 협약에 위배되지만, 노동조합의 등록 내지 설립신고 요건이 87호 협약에 규정된 보장을 침해하지 않도록 되어 있어서 노동조합의 등록 내지 설립신고가 단지 형식적인 것에 불과한 경우에는 87호 협약에 반하지 않는다고 밝혔다.[5] 이처럼 ILO가 문제 삼은 내용은 신고제도 그 자

1) 헌법재판소는 노동조합법상 설립신고를 마쳤는지 여부를 기준으로 노동조합이라는 명칭의 사용 여부를 결정함으로써 노조법상 설립신고를 마친 노동조합과 실질적인 요건을 갖추었으나 형식적인 요건을 갖추지 못한 헌법상 근로자들의 단결체를 차별 취급하는 것에는 합리적인 이유가 있으므로 노조법 7조 3항이 설립신고를 마친 노동조합과 그렇지 아니한 헌법상 근로자들의 단결체를 자의적으로 차별하여 청구인들의 평등권을 침해한다고 할 수 없다고 판단하였다(헌재 2008. 7. 31. 선고 2004헌바9 결정).

2) 대법원 1996. 6. 28. 선고 93도855 판결, 대법원 1997. 10. 14. 선고 96누9829 판결.

3) 일본 노동법에는 우리 노조법에서와 같은 설립신고 제도가 없다. 그러나 일본에는 자격심사제도라고 하는 것이 있다. 노동조합이 노동위원회에 증거를 제출하여 노조법 2조(우리 노조법으로는 2조 4호가 여기에 해당한다)와 5조 2항(우리 노조법으로는 11조가 여기에 해당한다)의 규정에 적합한 것을 입증하지 않으면 노조법에서 규정하는 절차에 참여할 자격이 없고 또한 노조법에서 규정하는 구제를 받지 못하는데, 이것을 자격심사제도라고 한다.

4) ILO, General Survey 2012, para. 82, pp.30~31(조용만, 95~96면에서 재인용).

5) ILO, Freedom of Association 2018, para. 448, p.81(조용만, 96면에서 재인용).

체는 아니고 그 운용방식이라고 할 수 있다. 따라서 현행 노조설립신고제도가 행정관청의 자의적 심사로 인해 사실상의 허가제로 변질되지 않도록 운용된다면 위 규약들에 저촉되는 것으로 평가되지는 않을 것으로 보인다.[6)]

Ⅱ. 설립신고의 절차

1. 신고의 주체

노동조합을 설립하고자 하는 자는 노동조합 설립신고서를 소관 행정관청에 제출하여야 한다. 여기서 노동조합을 설립하고자 한다는 것은, 노동조합이 되기를 희망하는 근로자들의 단체가 노조법에 따라 노동조합 설립신고를 하려고 하는 것을 의미한다. 따라서 노동조합 설립신고의 주체는 위와 같은 단체이다. 그러나 노조법에서는 '노동조합을 설립하고자 하는 자', 즉 개인이 노동조합 설립신고서를 제출할 수 있도록 허용하고 있으므로 노동조합 설립신고서의 제출자는 위와 같은 단체의 대표자 또는 대표자로부터 위임을 받은 자이다. 노조법 시행규칙 별지 1호 서식에도 노동조합의 대표자가 설립신고서를 제출하도록 되어 있다.

위와 같이 설립신고를 할 수 있는 '노동조합'의 형태로는 '단위노동조합'뿐만 아니라 '연합단체인 노동조합'도 있다. 노조법은 노동조합 설립신고서의 제출 대상을 규정하면서 그 점을 명시적으로 나타내고 있다. 그리고 노조법 10조 2항에는 위와 같은 설립신고를 할 수 있는 '연합단체인 노동조합'에 관하여 구체적으로 규정하고 있다. 즉, 노동조합 설립신고를 할 수 있는 연합단체인 노동조합은 '동종산업의 단위노동조합을 구성원으로 하는 산업별 연합단체'와 '산업별 연합단체 또는 전국규모의 산업별 단위노동조합을 구성원으로 하는 총연합단체'라고 규정되어 있다. 이로 인해 노조법 10조 2항에서 정한 '연합단체인 노동조합'에 해당하지 않는 그 밖의 '연합단체인 노동조합'은 노동조합 설립신고를 할 수 없는가 하는 의문이 생긴다. 대법원은 노조법 10조 2항에서 정한 '연합단체인 노동조합'에 해당하지 않는 그 밖의 '연합단체인 노동조합'은 노동조합 설립신고를 할 수 없는 것처럼 판단한 적이 있다.[7)] 그러나 노동조합의 정의

6) 조용만, 98면.

7) 대법원 1993. 5. 25. 선고 92누14007 판결. 이 판결에서 대법원은 "노동조합법(이하 '법'이라 한다) 13조(현행 10조를 의미함 — 필자 주) 2항이 산업별 연합단체를 노조법상의 노동조

를 규정한 노조법 2조 4호에서는 '연합단체인 노동조합'의 범위에 대해 아무런 제한을 두지 않았는데 설립신고를 할 수 있는 '연합단체인 노동조합'은 제한된다고 보는 것이 자연스럽지 않은 점, 노조법 10조 2항에서 규정하지 않은 다른 형태의 '연합단체인 노동조합'에 대해서도 설립신고를 통해 노조법상의 보호를 받게 할 필요성을 부정할 이유가 없는 점, 그리고 애초 위 조항은 1980년에 노동조합의 설립을 제한하려는 취지로 규정되어[8] 그 이후에 위와 같은 방식으로 존속하게 되었던 것으로서 그 취지를 제한적으로 해석할 필요성이 큰 점 등에 비추어 볼 때, 위 조항은 설립신고를 할 수 있는 연합단체의 대표적인 유형을 예시적으로 규정해 놓은 것으로 보는 것이 타당하다. 따라서 위 조항에서 예시하지 않은 다른 형태의 '연합단체인 노동조합'도 설립신고를 할 수 있다고 보아야 한다.

위와 같은 설립신고를 할 수 있는 '노동조합'에 단위노동조합의 지부나 분회도 포함되는가? 노조법 시행령 7조에는 "산하조직 중 근로조건의 결정권이 있는 독립된 사업 또는 사업장에 조직된 노동단체는 지부·분회 등 명칭이 무엇이든 상관없이 법 10조 1항의 규정에 따른 노동조합의 설립신고를 할 수 있다"고 규정되어 있다. 이 규정이 의미하는 바는 근로조건의 결정권이 있는 독립된 사업 또는 사업장에 조직된 노동단체는 어떤 단위노동조합의 지부·분회의 형태를 띠고 있더라도 사실상 독립된 단위노조에 해당하므로 노조법상의 설립신고를 할 수 있다는 것이다. 이 규정은 구 '노동조합법' 시행령이 1973. 7. 2.

합의 한 형태로 인정하고 있는 이유는 동종 업종의 단위노동조합은 동일 또는 유사한 근로조건하의 근로자들로 조직되고 또 사용자와의 관계에 있어서도 동일 또는 유사한 사회, 경제적 지위에서 활동하고 있기 때문에 서로 연합하여 하나의 조직체를 형성할 수 있도록 함이 근로자 측의 교섭력을 증대시켜 근로자의 근로조건 개선이나 사회적, 경제적 지위 향상에 효율적이라고 보기 때문이라 할 것인바, 동일 업종이 아닌 전혀 이질적 업종의 단위노동조합에 의하여 산업별 연합단체를 구성한다는 것은 그 필요성도 적고 위 조항이 상정하지 아니한 것이라 할 것"이라고 하면서, "건설업, 요식업, 의료업 등 전혀 이질적인 55개 업종이 포함되고, 더구나 다른 산업별 연합단체에 속하지 아니하는 기타 업종까지 모두 포괄하는 업종을 대상으로 하는 단위노동조합으로 구성되는 산업별 연합단체라는 것은 그 인정의 필요성도 적을 뿐 아니라 산업별 연합단체 본래의 기능을 하기도 어렵다고 보여지고 또 위 법조 소정의 '동일 업종'의 단위노동조합으로 구성되었다고 볼 수도 없으므로 위 법조 소정의 산업별 연합단체는 아니라고 보아야 할 것이다"라고 판단하였다. 이 판결은 이와 같이 판단하면서도 위 노동조합이 기존 노조법 3조(현행 노조법 2조 4호) 소정의 연합단체의 정의에는 합치되고 1980. 12. 31. 개정 노조법 부칙 2조에 기존의 노동조합은 법에 의한 노동조합으로 간주되었으므로 동조 소정의 연합단체인 노동조합에는 해당한다고 보았다.

8) 1980. 12. 31. 법률 3350호로 개정된 노동조합법.

대통령령 6747호로 개정될 때 신설된 조항인데,[9] 초기업별 단위노조를 약화시키고 기업별 단위노조의 설립을 유도하기 위해 신설된 것으로 평가되고 있다. 이 규정의 의미는 단위노동조합의 지부나 분회의 지위와 성격을 어떻게 보는지에 따라 달리 파악되고 있다. 이에 대한 자세한 내용은 '지부·분회의 법적 지위 보론(補論)' 해설 참조.

2. 신고할 곳

설립신고서를 제출할 행정관청은 노조의 조직형태 및 규모에 따라 다르다. 구체적으로 보면, 연합단체인 노동조합과 2 이상의 특별시·광역시·특별자치시·도·특별자치도에 걸치는 단위노동조합은 고용노동부장관에게, 2 이상의 시·군·구(자치구를 말한다)에 걸치는 단위노동조합은 특별시장·광역시장·도지사에게, 그 외의 노동조합은 특별자치시장·특별자치도지사·시장·군수·구청장(자치구의 구청장을 말한다)에게 제출하여야 한다(법 10조 1항). 일부 도의 경우에는 2 이상의 시·군·구(자치구를 말한다)에 걸치는 단위노동조합에 관한 업무를 주된 사무소 소재지 관할 시·군에서 처리하도록 위임하고 있다(경기도, 전라남도 등). 고용노동부장관은 노조법 87조에 따라 노동조합 설립신고의 수리에 관한 권한을 노동조합의 주된 사무소의 소재지를 관할하는 지방고용노동관서의 장에게 위임하였다(영 33조 1항 본문 1호). 다만, 연합단체인 노동조합과 전국규모의 산업별 단위노동조합에 대한 권한은 지방노동관서의 장에게 위임되지 않았고 고용노동부장관이 그대로 관장한다(영 33조 1항 단서).

3. 신고할 사항

행정관청에 제출하는 설립신고서에는 명칭, 주된 사무소의 소재지, 조합원 수, 임원의 성명과 주소, 소속된 연합단체가 있는 경우에는 그 명칭, 연합단체인 노동조합에 있어서는 그 구성노동단체의 명칭, 조합원 수, 주된 사무소의 소재지 및 임원의 성명·주소를 기재해야 한다. 그리고 규약을 첨부해야 한다(법 10조 1항).

노조법 시행규칙 2조에 따른 서식(노동조합 설립신고서)에는 위와 같은 사항 외에 2 이상의 사업 또는 사업장의 근로자로 구성된 단위노동조합의 경우에는

9) 이때는 지금과 달리 설립신고가 의무 사항이었다. "7조(신고) 근로조건의 결정권이 있는 독립된 사업 또는 사업장에 조직된 노동단체는 지부·분회 등 명칭여하에 불구하고 법 13조의 규정에 의한 신고를 하여야 한다."

사업 또는 사업장별 명칭, 대표자의 성명, 소재지, 조합원 수도 기재해야 한다고 규정되어 있는데, 상위 법령에는 이에 대한 내용이 규정되어 있지 않으므로(노조법 시행규칙이 2010. 8. 9. 고용노동부령 2호로 개정되기 이전에는 노조법 시행규칙 2조 4호에 규정되어 있었다) 그와 같은 사항을 기재하지 않았다고 해서 노동조합 설립신고서를 반려하는 것은 위법한 조치이다.[10)]

설립신고서에 조합원 수 외에 조합원의 성명까지 모두 기재해야 할 의무가 있는지도 논란이 될 수 있다. 법령에는 조합원 수를 기재하라고만 규정되어 있고 조합원의 성명까지 기재하라고 규정되어 있지는 않으며 개인정보 보호법(23조)에도 노동조합의 가입·탈퇴에 관한 개인정보가 민감정보로 분류되어 있으므로 조합원의 성명까지 기재할 의무는 없다고 보는 것이 타당하다. 따라서 노동조합에 대하여 조합원 명부의 제출을 요구하고, 그 보완요구에 대한 거절을 이유로 노동조합 설립신고서를 반려하는 것은 위법하다.

주된 사무소의 소재지는, 노조법상 특별한 규정이 없으므로 노동조합의 조직형태, 단체교섭의 당사자와 관계, 노조활동의 주된 장소, 사무실 확보 가능 여부 등 여러 사정을 종합적으로 감안하여 노동조합이 결정하면 된다.[11)] 성명과 주소를 기재해야 할 임원은, 대표자를 포함한 광의의 임원이다. 노조법이 규약 기재 사항으로 대표자와 임원을 구분하고 있지만(법 11조 8호·13호), 여기서 말하는 임원에는 대표자도 포함되는 것으로 보아야 한다(노조법 시행규칙 2조에 따른 서식에는 대표자와 임원을 기재하는 란이 각각 마련되어 있다).

연합단체의 기재는 소속된 연합단체가 있는 경우에만 하면 된다. 구 '노동조합법'에서는 설립신고서 및 규약에 기재할 사항으로 '소속된 연합단체의 명칭'이라는 항목이 있어서 노동조합의 설립요건으로 상위연합단체에 가입하는

---

10) 대법원 2015. 6. 25. 선고 2007두4995 전원합의체 판결. 이 판결은 이주노동자들이 구성한 노동조합(서울경기인천이주노동자노동조합)에 대해 고용노동부가 설립신고서를 반려한 것은 부당하다고 본 판결이다. 그 주된 내용은 다음과 같다. 노조법 10조 1항, 12조 2항, 3항 2호, 구 노조법 시행규칙(2007. 12. 26. 노동부령 286호로 개정되기 전의 것, 이하 '구 노동조합법 시행규칙'이라고 한다) 2조의 내용이나 체계, 취지 등을 종합하면, 구 노동조합법 시행규칙이 2조 4호(2010. 8. 9. 고용노동부령 2호로 삭제되었다)에서 설립신고의 대상이 되는 노동조합이 '2 이상의 사업 또는 사업장의 근로자로 구성된 단위노동조합인 경우 사업 또는 사업장별 명칭, 조합원 수, 대표자의 성명'에 관한 서류를 설립신고서에 첨부하여 제출하도록 규정한 것은 상위 법령의 위임 없이 규정한 것이어서, 일반 국민에 대하여 구속력을 가지는 법규명령으로서의 효력은 없다. 따라서 행정관청은 구 노동조합법 시행규칙 2조 4호가 정한 사항에 관한 보완이 이루어지지 아니하였다는 사유를 들어 설립신고서를 반려할 수는 없다.

11) 노동부 행정해석(노조 68107-13, 2002. 1. 5.).

것이 강제되어 있는 것이 아닌가 하는 의문이 있었으나, 대법원은 그렇게 볼 수 없다고 판단하였다.[12] 지금은 조항 자체에서 '소속된 연합단체가 있는 경우'에만 적도록 되어 있기 때문에 상위연합단체에 가입하는 것이 강제된다고 볼 여지는 없다. 그러나 소속된 연합단체가 있는 경우에는 그 명칭을 반드시 기재해야만 한다. 소속된 연합단체의 명칭을 기재하지 않거나 허위 기재한 경우에는 노동조합 설립신고서가 반려될 수 있다.[13]

[강 문 대]

12) 대법원 1992. 12. 22. 선고 91누6726 판결. 대법원은 이 판결에서 근로자가 자유로이 노동조합을 조직하거나 이에 가입할 수 있는 것과 마찬가지로 노동조합도 대외적으로 자주적이고 대내적으로 민주적인 의사결정에 따라 연합단체에 가입하거나 소속된 연합단체로부터 탈퇴할 수 있는 것이라고 봄이 상당하고, 노동조합법이 노동조합의 설립과 존속의 요건으로 상위연합단체에의 가입을 강제하고 있다고 보기는 어려우며, 따라서 노동조합법 13조 1항 5호나 14조 5호는 노동조합이 산업별 연합단체 또는 총연합단체인 노동조합의 인준을 얻어 그 노동조합에 가입한 경우에는 반드시 그 사실을 노동조합설립신고서 및 노동조합의 규약에 기재하여야 한다는 의미에서는 강제적 규정이라고 할 수 있을지 몰라도, 위 규정들이 막바로 모든 노동조합에 대하여 연합단체에의 가입을 강제하고 있는 취지라고는 해석할 수 없다고 판단하였다.

13) 대법원 1993. 2. 12. 선고 91누12028 판결.

제11조(규약)

노동조합은 그 조직의 자주적·민주적 운영을 보장하기 위하여 당해 노동조합의 규약에 다음 각 호의 사항을 기재하여야 한다.

1. 명칭
2. 목적과 사업
3. 주된 사무소의 소재지
4. 조합원에 관한 사항(연합단체인 노동조합에 있어서는 그 구성단체에 관한 사항)
5. 소속된 연합단체가 있는 경우에는 그 명칭
6. 대의원회를 두는 경우에는 대의원회에 관한 사항
7. 회의에 관한 사항
8. 대표자와 임원에 관한 사항
9. 조합비 기타 회계에 관한 사항
10. 규약변경에 관한 사항
11. 해산에 관한 사항
12. 쟁의행위와 관련된 찬반투표 결과의 공개, 투표자 명부 및 투표용지 등의 보존·열람에 관한 사항
13. 대표자와 임원의 규약위반에 대한 탄핵에 관한 사항
14. 임원 및 대의원의 선거절차에 관한 사항
15. 규율과 통제에 관한 사항

〈세 목 차〉

[참고문헌]

권창영, "노동조합원의 권리와 의무", 사법논집 39집, 법원도서관(2004); **김선수**, "노동조합 자치규범의 효력과 한계 — 대상판결: 대법원 2002. 2. 22. 선고 2000다65086 판결", Jurist 403호(2004); **김인재a**, 노동조합 내부문제의 법적 규율, 서울대학교 대학원 박사학위논문(1996); **김인재b**, "노동조합에 있어서 단결자치와 조합민주주의", 1998 노동판례비평, 민주사회를 위한 변호사모임(1999); **박종희**, "노동조합의 통제권의 법적 기초와 사법심사의 범위", 노동법학 9호, 한국노동법학회(1999); **질의회시집**, 고용노동부, 2013년도판 노동조합 및 노동관계조정법 질의회시 모음집(2013).

Ⅰ. 의 의

헌법 33조 1항은 근로자 개인의 단결권만이 아니라 근로자단체 자체의 단결권도 보장하고, 이에는 근로자단체의 조직 및 의사형성절차에 관하여 규약의 형태로 자주적으로 결정하는 것(단체자치의 권리)이 포함된다.[1)]

노동조합의 규약이란 노동조합이 그 조직·운영·활동에 관한 기본 사항을 정한 자치규범을 말한다. 명칭이 '규약'인 것에 한정되지 않고,[2)] 노조법이 규약에서 정해야 하는 것으로 규정하고 있는 사항이나 조합운영의 기본적인 내용을 정한 것이면 모두 규약에 해당하나, 이러한 규약의 위임을 받아 세부적인 절차만을 정한 내부규정은 위 법에서 말하는 규약에는 해당하지 않는다.[3)] 다만 규약 자체에는 해당하지 않더라도 이러한 내부규정도 일종의 자치적 법규범으로서 소속 조합원에 대하여 법적 효력을 가진다.[4)]

노조법은 노동조합의 자주적·민주적 운영을 보장하기 위하여 일정한 사항을 기재한 규약을 작성할 것을 요구하고 있고(11조), 행정관청에 노동조합 설립신고 시 규약을 첨부해야 하며(10조 1항), 설립신고를 받은 행정관청은 규약에 필요적 기재사항이 누락된 경우에 보완요구를 할 수 있고(12조 2항), 노조는 규약의

---

1) 대법원 2016. 5. 27. 선고 2016다5429 판결, 헌재 1999. 11. 25. 선고 95헌마154 결정, 헌재 2013. 7. 25. 선고 2012헌바116 결정.

2) 김유성, 84면.

3) 대법원 1998. 3. 24. 선고 97다58446 판결 참조(규약의 위임에 따라 작성된 선거관리규정이 문제된 사건). 그러나 이러한 내부규정도 소속 조합원에 대하여 구속력을 가지며, 다만 개정절차 등과 관련하여 규약과 차이가 있을 뿐이다.

4) 대법원 2002. 2. 22. 선고 2000다65086 판결(신분보장대책기금관리규정에 대한 판결이다).

변경이 있는 경우에는 그 내용을 행정관청에 통보해야 하며(13조 2항 1호), 행정관청은 규약이 법령에 위반될 경우 시정명령을 할 수 있다(21조 1항)고 규정하고 있다.

또한 노조법은 규약의 제정 및 변경은 총회에서 직접·비밀·무기명투표에 의하여 재적조합원 과반수의 출석과 출석조합원 3분의 2 이상의 찬성이 있어야 할 것을 요구하여(16조 2항·4항), 투표방법과 가결요건을 다른 사항보다 엄격히 정하고 있다.

Ⅱ. 규약의 법적 성격

노동조합 규약의 법적 성격을 어떻게 볼 것인가에 관하여 (자치)규범설과 계약설이 제시되고 있다. 규약의 성격에 관한 논의는 규약이 소속 조합원에 대해 구속력을 가지는 근거가 무엇인지에 관한 것으로, 노동조합의 통제권 행사와 관련하여 규약에 기재되지 않은 통제처분의 허용 여부, 사법심사의 가부 및 그 정도 등에서 논의의 실익이 있다. 견해에 따른 구체적인 차이가 무엇인지에 관해서는 '노동조합의 통제 보론(補論)' 해설 Ⅱ. 참조.

1. (자치)규범설[5)]

통설인 이 견해는 노조규약을 내부적인 법적 규범력을 가지는 자치규범으로 이해하면서, 규약은 조합원의 권리·의무를 정하는 법원(法源)이 되며, 모든 조합원에 대해 구속력을 가진다고 한다.

규범설은, 규약이 추상적 조문으로 성립하고, 구성원의 교체와 장래 구성원에 대한 적용을 전제로 하며, 가입 조합원과 그 내용에 대한 교섭이 이루어지는 것이 아니고, 집단의 법적 확신에 의하여 유지되는 등 단체(노조)가 설립된 후의 규약의 형식이나 현실적 기능이 일반 계약과는 다르다는 것을 그 주된 근거로 한다.[6)]

---

5) 김선수, 69면; 김유성, 84면; 이병태, 132면; 이상윤a, 598~599면.

6) 권창영, 163면.

2. 계 약 설[7)]

이 견해에 따르면, 단체의 결성과 단체 가입에 따라 발생되는 구성원의 지위에 관한 법적 기초는 사법상(私法上) 계약으로, 단체 내부에 적용되는 법률관계란 대등한 사법적(私法的) 관계이고, 구성원의 단체에 대한 종속·복종관계가 아니라고 한다. 조합원은 노조설립 또는 노조가입 시에 규약(또는 규약안)에 따라 행동할 것과 이를 위반한 경우 규약에서 정한 바의 제재를 받겠다는 것을 약정한 것이라고 한다.

계약설은, 규범설이 '단체설립은 계약적 관계에 기초하는 것이지만 단체가 설립되자마자 곧 단체의 법적 기초는 계약적인 기초에서 단체법적인 기초로 전환된다'고 보는 것은 부자연스럽고, 계약의 법적 효력이 규범의 성질을 갖는다는 것은 국가의 승인을 필연적으로 요청하게 되는데, 민법상 사단에 대해서는 그러한 승인이 있다고 볼 여지가 없다고 비판한다.

3. 판 례

대법원은, 노동조합은 근로자들이 자신들의 이익을 옹호하기 위하여 자주적으로 결성한 임의단체로서 그 내부의 운영에 있어 조합규약 등에 의한 자치가 보장되므로 노동조합이 조합규약에 근거하여 자체적으로 만든 신분보장대책기금관리규정은 조합규약과 마찬가지로 일종의 자치적 법규범으로서 소속 조합원에 대하여 법적 효력을 가진다고 판시하여,[8)] 규범설을 따르고 있다.

Ⅲ. 규약의 내용 및 한계

1. 내 용

가. 필요적 기재사항

노조법은 조합규약에 반드시 기재하여야 하는 15가지 사항을 열거하고 있

---

7) 박종희, 202~203 · 209면. 박종희 교수는 독일에서의 논의를 소개하며 그 중 계약설을 지지하였다.

8) 대법원 2002. 2. 22. 선고 2000다65086 판결. 같은 취지로 대법원 1998. 2. 27. 선고 97다43567 판결(이에 대한 평석으로는, 김인재b, 268면 이하), 대법원 2000. 4. 11. 선고 98두1734 판결 등.

다(11조). 명칭(1호), 목적과 사업(2호), 주된 사무소의 소재지(3호), 조합원에 관한 사항(연합단체인 노동조합에 있어서는 그 구성단체에 관한 사항)(4호), 소속된 연합단체가 있는 경우에는 그 명칭(5호), 대의원회를 두는 경우에는 대의원회에 관한 사항(6호), 회의에 관한 사항(7호), 대표자와 임원에 관한 사항(8호), 조합비 기타 회계에 관한 사항(9호), 규약변경에 관한 사항(10호), 해산에 관한 사항(11호), 쟁의행위와 관련된 찬반투표 결과의 공개, 투표자 명부 및 투표용지 등의 보존·열람에 관한 사항(12호), 대표자와 임원의 규약위반에 대한 탄핵에 관한 사항(13호), 임원 및 대의원의 선거절차에 관한 사항(14호), 규율과 통제에 관한 사항(15호)이 그것이다.[9] 각 사항별 구체적 내용은 노동조합의 자치에 맡겨져 있다.

노동조합 설립신고 시 첨부하는 규약에 위와 같은 필요적 기재사항이 누락되면 행정관청은 보완을 요구하게 된다(12조 2항).

나. 임의적 기재사항

노동조합은 노조법 11조에서 열거된 것 외에도 필요한 사항을 규약에 기재할 수 있다. 이를 임의적 기재사항이라 한다. 이를 '법정임의적 기재사항'과 '자치임의적 기재사항'으로 나누기도 한다.[10]

(1) 법정임의적 기재사항

조합규약에 기재하지 아니하여도 무방하나, 조합규약에 기재되지 않으면 법적 효력이 부여되지 않는다고 노조법 등에서 명시된 사항을 말한다. 법정임의적 기재사항은 조합규약에 반드시 기재할 법적 의무가 없다는 점에서 필요적 기재사항과 구별되며, 조합규약에 기재하는 경우에만 그 법적 효력이 부여된다는 점에서 자치임의적 기재사항과 구별된다. 여기에는 노동조합의 법인격 취득(법 6조 1항), 대의원회 설치(법 17조 1항), 총회 및 대의원회 소집공고기간 단축(법 19조) 등이 있다.

---

9) 이 중 1~4, 7~11호는 1953년 제정 노동조합법에서부터, 5·6·13~15호는 1987. 11. 27. 개정 노동조합법에서부터 규정되었고, 12호의 경우 1987. 11. 28. 개정 노동조합법에서는 '쟁의에 관한 사항'으로만 규정되어 있다가 2006. 12. 30. 개정 노동조합법에서 현행 조항과 같이 개정되었다.

10) 이상윤a, 599~600면. 한편, 이 견해는 필요적·임의적 기재사항 외에 금지적 기재사항이라는 별도 범주를 두고 있으나, 필요적 기재사항이나 임의적 기재사항 중에도 그 내용이 법령에 위반하면 효력이 없기 때문에 따로 금지적 기재사항을 구분할 필요는 없다고 생각한다.

(2) 자치임의적 기재사항

조합규약에 기재하는 경우 그 사항에 관하여 법적 효력이 인정되는 것은 물론이나 조합규약에 기재하지 않았다고 하여 법적 효력이 부인되는 것은 아닌 사항을 말한다. 조합이 공제사업을 하고자 하는 경우 이를 조합규약에 기재하여도 무방하며, 이를 조합규약에 기재하지 않고도 공제사업을 할 수 있다.

2. 한 계

노동조합은 규약의 내용을 자치적으로 결정할 수 있으나, 이러한 자치는 무제한적으로 인정되는 것은 아니며, 법령 기타 강행법규에 위반되지 않아야 할 한계를 가진다. 이러한 한계를 넘어선 조합규약은 무효이다. 판례는, 노동조합의 규약은 소속 조합원의 기본적 인권을 필요하고 합리적인 범위를 벗어나 과도하게 침해 내지 제한해서는 안 되고 그 내용이 강행법규에 위반되어서는 안 된다는 제한을 받으며, 그 제한에 위반할 경우 무효라고 보았다.[11]

노조 재가입 시 탈퇴기간 동안의 조합비를 납부하도록 하는 규약은 근로자가 자유롭게 노동조합에 가입 또는 탈퇴할 수 있도록 규정한 노조법 5조의 취지에 위배되어 무효이나, 조합비 미납을 이유로 피선거권을 제한하는 규약은 노조법 22조 단서가 조합비를 납부하지 아니하는 조합원의 권리를 규약으로 제한할 수 있다고 규정하고 있으므로 유효하다.[12]

한편, 산업별 연합단체에 가입한 기업별 노조의 규약이 산업별 연합단체 규약과 배치되는 경우, 단위노동조합 자체의 조합활동에 관한 사항에 대해서는 기본적으로 단위노동조합의 규약이 적용된다.[13]

---

11) 대법원 2002. 2. 11. 선고 2000다65086 판결(노조의 규약 및 그 규약에 따라 신분보장대책기금관리규정은 조합원이 조합업무 및 활동으로 인하여 부상을 입은 경우 치료비 및 위로금을 지급하도록 하면서 이에 대해서는 법적 소송을 제기할 수 없다고 규정하고 있었는데, 노조 체육행사에서 부상을 입은 근로자들이 노조를 상대로 위로금의 지급을 구한 사건이다. 대법원은 '위 규정의 제소금지조항은 조합원의 재산권에 속하는 위로금의 지급을 둘러싸고 생기게 될 조합원과 조합 간의 법률적 쟁송에 관하여 헌법상 보장된 조합원의 재판을 받을 권리를 구체적 분쟁이 생기기 전에 일률적으로 박탈한 것으로서, 국민의 재판을 받을 권리를 보장한 헌법 및 법원조직법의 규정과 부제소합의 제도의 취지에 위반되어 무효'라고 판단하였다. 이 판결에 대한 평석으로는 김선수, 84면 이하 참조).

12) 질의회시집, 112면(노사관계법제팀-3469, 2006. 11. 22.).

13) 질의회시집, 134면(노사관계법제팀-1373, 2008. 12. 12.).

Ⅳ. 규약의 효력

1. 대내적 효력

조합규약은 노동조합의 기본법으로 조합원과 조합기관을 구속하는 자치법으로서의 효력을 가지며, 조합기관과 조합원의 행동의 당부를 판단하는 기준이 된다. 조합원총회의 결의도 그 절차나 내용이 조합규약을 위반하면 무효이며, 노동조합의 규약에 반하는 노동조합 내의 관행도 무효이다.[14] 규약에 위반되는 노동조합의 결의나 처분은 시정명령의 대상이 되고(법 21조 2항), 경우에 따라서는 조합원에 대한 불법행위가 성립될 수 있다.[15]

노조법 11조에서 규정되지 않은 사항을 조합규약에서 정할지라도(임의적 기재사항) 조합의 자주성과 조합민주주의 원칙, 공공질서에 반하지 않는 사항이면 조합기관이나 조합원을 구속한다.[16]

---

14) 대법원 2000. 4. 11. 선고 98두1734 판결[A회사의 기업별 노동조합의 규약은 회사 소속 근로자들만이 조합원이 될 자격이 있다고 규정하고 있었는데, A회사의 한 사업부분이 별도의 법인으로 독립되어 설립되고, 신설법인(B)의 근로자들의 일부가 A회사 노조의 B지부를 결성하여 활동하였다. 그 후 B회사에 새로운 노동조합이 설립되자, A회사 노동조합은 새 노조가 조직대상을 같이 하는 복수노조에 해당한다면서 지방노동사무소장을 상대로 설립신고증교부처분의 취소를 구하였다. 대법원은 A회사 노동조합이 B회사에 지부를 설치하고 그 소속 근로자를 조합원으로 받아들였다 하더라도 이러한 지부설치와 관행은 'A회사 소속 근로자들에게만 조합원 자격을 부여한 노동조합의 규약'에 반하여 효력이 없으므로 새 노조는 복수노조에 해당하지 않는다고 판단하였다]; 대법원 1997. 7. 25. 선고 95누4377 판결.

15) 대법원 2018. 7. 26. 선고 2016다205908 판결[조합규약이 단체협약 체결에 관한 사항을 조합원 총회의 의결사항으로 정하고 노동조합의 대표자로 하여금 조합원 총회의 의결을 거친 후 단체협약을 체결하도록 정하고 있었는데, 노동조합의 대표자가 조합원 총회 의결을 거치지 아니한 채 사용자와 단체협약을 체결한 사안이다. 대법원은 노동조합이 조합원들의 의사를 반영하고 대표자의 단체교섭 및 단체협약 체결 업무 수행에 대한 적절한 통제를 위하여 규약에서 내부 절차를 거치도록 하는 등 대표자의 단체협약체결권한의 행사를 절차적으로 제한하는 것은, 그것이 대표자의 단체협약체결권한을 전면적·포괄적으로 제한하는 것이 아닌 이상 유효하다고 판단하면서, 위 대표자의 행위는 조합원의 단결권 또는 노동조합의 의사 형성 과정에 참여할 수 있는 권리를 침해하는 불법행위에 해당한다고 보았다. 즉 대법원은 위 규약 조항이 '사용자와 단체협약의 내용에 잠정적으로 합의한 후 단체협약을 체결하기에 앞서 협약안의 가부에 관하여 조합원 총회 의결을 거쳐야 한다'는 의미로만 한정하여 해석하지 않고(그렇게 해석할 경우 노조법 29조 1항에 반하여 무효가 될 것이다) 잠정 합의에 이르기 전까지의 과정에서라도 총회 의결을 거쳐 조합원의 의사를 수렴할 것을 요구하는 의미로 해석하였다고 이해된다].

16) 이병태, 132면.

2. 대외적 효력

규약은 노동조합 구성원이 아닌 제3자에게는 구속력을 가지지 않는다. 또한 조합규약을 위반하는 행위가 그 노동조합의 내부적인 문제로 그치지 아니하고 외부에 영향을 미치는 경우라 하더라도—조합규약을 위반하여 제3자(주로 사용자가 될 것이다)를 상대로 노동3권을 행사하는 경우가 대표적인 예가 될 것이다—규약 위반 여부는 노동3권 행사의 적법성 또는 정당성 판단에 아무런 영향을 미치지 않는다. 헌법 및 법률에 따라 합법성과 정당성을 충족하고 있는 노동3권 행사를 조합의 내부규범에 불과한 조합규약으로 그 효력을 개폐할 수 없기 때문이다.[17]

Ⅴ. 규약의 제정과 변경

노조법은 규약의 제정 및 변경은 총회에서 직접·비밀·무기명투표에 의하여 재적조합원 과반수의 출석과 출석조합원 3분의 2 이상의 찬성이 있을 것을 요하는 특별결의사항으로 규정하고 있다(16조 2항·4항). 이 조항은 강행규정이므로[18] 이를 완화하는 것은 허용되지 않는다. 결의요건을 그보다 엄격하게 정하는 것은 조합자치의 원칙상 허용된다는 견해가 있으나,[19] 노조법 16조 2항은 '총회는 재적조합원 과반수의 출석과 출석조합원 과반수의 찬성으로 의결한다. 다만, 규약의 제정·변경, 임원의 해임, 합병·분할·해산 및 조직형태의 변경에 관한 사항은 재적조합원 과반수의 출석과 출석조합원 3분의 2 이상의 찬성이 있어야 한다.'고 규정하여 정족수를 확정적으로 정하고 있을 뿐, 이보다 가중할 수 있는 명시적인 근거를 두고 있지 않은 점, 조합이 위 규정보다 더 높은 동의율을 요구하는 것은 자칫 '과거의 다수'가 '현재의 다수'를 질곡하여 오히려 조합민주주의를 해치는 측면이 있는 점 등을 고려할 때, 특별정족수의 가중 역시 허용되지 않는다고 해석하는 것이 타당하다.[20][21]

17) 이상윤a, 602면.

18) 대법원 1995. 8. 29.자 95마645 결정.

19) 사법연수원a, 78면.

20) 전주지법 2020. 10. 29. 선고 2017가합2297 판결(확정)은 주주총회의 합병승인 결의 정족수와 관련하여, 정관에서 상법(522조 3항, 434조)이 정한 '출석 주주의 2/3 이상과 발행주식 총수의 1/3 이상'보다 높은 '출석 주주의 90/100 이상과 발행주식 총수의 70/100 이상'으로 정한 것이 무효라고 보았다.

21) 동의율 요건의 완화 또는 강화가 허용되는지는 해당 규정의 취지를 살펴 판단하여야 한다.

총회에 갈음하는 대의원회가 설치되어 있는 경우 규약의 개정을 대의원회에서도 할 수도 있으나,[22] 규약에 '규약 개정'이 총회의 권한으로 규정되어 있으면 대의원회 결정으로 할 수 없다고 보아야 한다.[23] 규약이 이를 대의원회의 의결사항으로 정하였다면, 이로써 총회의 규약개정권한이 소멸된다고 볼 수 없고, 총회는 여전히 재적조합원 과반수의 출석과 출석조합원 3분의 2 이상의 찬성으로 '규약의 개정에 관한 사항'을 의결할 수 있다.[24]

연합단체(상급단체)를 규약에 기재할지 여부는 노조가 임의로 정할 수 있으나, 일단 규약에 기재할 경우에는 연합단체(상급단체)를 변경하려면 규약 개정의 정족수를 요한다.[25] 한편, 조합규약인 분회운영세칙의 위임에 따라 그 세부적인 선거절차와 방법을 규정하고 있는 선거관리규정은 규약의 변경에 해당하지 않아 일반결의로 변경할 수 있다고 한다.[26]

노동조합이 규약을 변경한 때에는 그 내용을 행정관청에 통보해야 한다(법 13조 2항 1호).

Ⅵ. 규약에 대한 시정명령

노조법 21조 1항은 '행정관청은 노동조합의 규약이 노동관계법령에 위반한 경우에는 노동위원회의 의결을 얻어 그 시정을 명할 수 있다.'고 규정하고 있고, 이러한 시정명령을 위반한 자(주로 노동조합 대표자가 될 것이다)와 노동조합[27]은 500만 원 이하의 벌금에 처해진다(법 93조 2호, 94조).

참고로 고용노동부는, 임시총회(대의원회) 소집 요구 및 소집권자 지명 요구 규정(법 18조 2항, 3항은 조합원 또는 대의원의 1/3 이상의 요구가 있어야 한다고 규정하고 있다)은 노조에 대한 노동조합 대표자의 독단적 운영을 방지하고 노조운영에 대한 일반조합원들의 참여를 보장하여 노동조합 운영의 민주성을 확보하기 위한 최소한의 요건을 규정한 것이므로 조합원(대의원)들의 총회(대의원회) 소집 요구 및 소집권자 지명 요구를 용이하게 하기 위해 규약으로 법적 요건을 완화시키는 것은 가능하나, 보다 엄격하게 규정하는 것은 법상 보장된 조합원들의 노조운영에 대한 참여권을 부당하게 제한하는 것으로 노조법 18조 2항, 3항에 위배되어 무효라는 입장이다[질의회시집, 71면(노조 68107-761, 2001. 7. 5.)].

22) 김유성, 84면.
23) 질의회시집, 60면(노사관계법제과-35, 2011. 1. 5.).
24) 대법원 2014. 8. 26. 선고 2012두6063 판결.
25) 서울고법 2012. 7. 6. 선고 2011나94099 판결(상고취하 확정).
26) 대법원 1998. 3. 24. 선고 97다58446 판결.
27) 다만 노동조합이 그 위반행위를 방지하기 위하여 상당한 주의와 감독을 게을리하지 아니한 경우에는 노동조합은 형사처벌을 받지 않는다.

노조법 93조 2호에 따른 시정명령위반죄로 처벌하기 위해서는 시정명령이 적법하여야 하고, 시정명령이 당연무효가 아니더라도 위법하다고 인정되는 한 위 죄가 성립하지 않으며, 시정명령이 절차적 하자로 인하여 위법한 경우에도 이와 마찬가지이다.[28)]

[이 병 희]

28) 대법원 2017. 9. 21. 선고 2014도12230 판결(「개발제한구역의 지정 및 관리에 관한 특별조치법」상 시정명령 사건); 대법원 2020. 5. 14. 선고 2020도2564 판결(소하천정비법상 시정명령 사건).

제12조(신고증의 교부)

① 고용노동부장관, 특별시장 · 광역시장 · 특별자치시장 · 도지사 · 특별자치도지사 또는 시장 · 군수 · 구청장(이하 "행정관청"이라 한다)은 제10조 제1항의 규정에 의한 설립신고서를 접수한 때에는 제2항 전단 및 제3항의 경우를 제외하고는 3일 이내에 신고증을 교부하여야 한다.

② 행정관청은 설립신고서 또는 규약이 기재사항의 누락등으로 보완이 필요한 경우에는 대통령령이 정하는 바에 따라 20일 이내의 기간을 정하여 보완을 요구하여야 한다. 이 경우 보완된 설립신고서 또는 규약을 접수한 때에는 3일 이내에 신고증을 교부하여야 한다.

③ 행정관청은 설립하고자 하는 노동조합이 다음 각호의 1에 해당하는 경우에는 설립신고서를 반려하여야 한다.

1. 제2조 제4호 각목의 1에 해당하는 경우
2. 제2항의 규정에 의하여 보완을 요구하였음에도 불구하고 그 기간내에 보완을 하지 아니하는 경우

④ 노동조합이 신고증을 교부받은 경우에는 설립신고서가 접수된 때에 설립된 것으로 본다.

〈세 목 차〉

Ⅰ. 설립신고증의 교부 의무

고용노동부장관, 특별시장 · 광역시장 · 특별자치시장 · 도지사 · 특별자치도지사 또는 시장 · 군수 · 구청장(이하 '행정관청'이라 한다)은 노조법 10조 1항의 규정에 의한 설립신고서를 접수한 때에는 노조법 12조 2항 전단 및 3항의 경우를 제외하고는 3일 이내에 신고증을 교부하여야 한다(법 12조 1항). 설립신고서 또는

※ 이 조에 관한 각주의 참고문헌은 제10조 해설의 참고문헌을 가리킨다.

규약이 기재사항의 누락 등으로 보완이 필요하여 행정관청이 보완을 요구한 경우에는 보완된 설립신고서 또는 규약을 접수한 날부터 3일 이내에 신고증을 교부하여야 한다(법 12조 2항 후문). 그 기간 내에 설립신고서의 반려 또는 보완지시가 없었어도 설립신고증의 교부가 없었다면 노조법상 노동조합이 성립된 것으로 볼 수는 없다.[1] 만약 설립하고자 하는 노동조합이 노조법 12조 3항 각호의 1에 해당하는 경우, 즉 노동조합의 소극적 요건에 해당하고 있는 경우나 노조법 12조 2항에 의하여 행정관청이 보완을 요구한 사항을 정해진 기간 내에 보완을 하지 않은 경우에는 행정관청은 설립신고서를 반려하여야 한다(법 12조 3항). 노동조합이 신고증을 교부받은 경우에는 설립신고서가 접수된 때에 설립된 것으로 본다(법 12조 4항). 설립신고서가 반려되었다가 적법하게 재접수되어 설립신고증이 교부된 경우에는 재접수된 때에 설립된 것으로 본다.[2] 행정관청은 노동조합에 설립신고증을 교부한 때에는 지체 없이 그 사실을 관할 노동위원회와 당해 사업 또는 사업장의 사용자나 사용자단체에 통보하여야 한다(영 9조 3항).

노동조합이 설립신고를 마쳐 설립신고증을 교부받았다고 하더라도 그것만으로 노동조합이 적법하게 성립한 것으로 간주되는 것은 아니다. 설립신고증을 교부받은 노동조합이라고 하더라도 노동조합으로서 실질적 요건을 갖추지 못하고 있다면 적법한 노동조합으로 인정되지 아니한다.[3] 노동조합의 조직이나 운

1) 대법원 1990. 10. 23. 선고 89누3243 판결. "행정관청이 노동조합의 설립신고서를 접수한 때에는 3일 이내에 설립신고증을 교부하도록 되어 있다 하여 그 기간내에 설립신고서의 반려 또는 보완지시가 없는 경우에는 설립신고증의 교부가 없어도 노동조합이 성립된 것으로 본다는 취지는 아니므로 행정관청은 그 기간 경과 후에도 설립신고서에 대하여 보완지시 또는 반려처분을 할 수 있다 할 것이고, 또한 노동조합설립신고서의 보완을 요구하거나 그 신고서를 반려하는 경우에는 노동위원회의 의결이 필요없는 것이므로 노동부장관인 피고가 이 사건 노동조합설립신고서에 대하여 노동위원회의 의결없이 보완요구를 하고 반려처분하였다 하여 이를 위법하다고 할 수는 없다."

2) 고용노동부, 37면.

3) 대법원 1996. 6. 28. 선고 93도855 판결. 이 판결은 삼성중공업 주식회사 노동조합이 적법한 노동조합이 아니라고 판단한 내용이다. 이 판결에서 대법원은, 행정관청에 설립신고가 되어 있는 노동조합이 회사에서 유일하게 형식적 요건을 갖추기는 하였지만, 이는 법외 노조가 행정관청에 설립신고를 하려고 하자 그 전에 급히 노동조합 설립신고를 하고 신고증을 교부받아 형식적 요건을 갖춘 것으로서 그 조합원의 숫자조차 불분명하여 실체가 확실하지 아니하고, 그 설립 이래 조합비의 징수, 총회의 개최, 단체교섭 등의 노조활동을 한 실적이 없는 반면, 실제로는 그 회사의 노동자협의회가 사용자를 상대로 단체교섭, 쟁의행위를 하여 왔으며, 가입 대상 근로자들이 우편으로 노조 가입 신청을 하면 이를 수취하지 아니하고, 근로자들이 사무실로 직접 방문하여 위 노조에 가입하려고 하는 것까지 사실상 막는 등 근로자들의 자유로운 가입 시도까지 방해하고 있는 사정이 있다면 위 노동조합은 단순히 노동조합 설립 후 노동조합 활동을 하지 않고 있는 경우라고 보기보다는 노동조합으로서의 실질을 갖

영을 지배하거나 개입하려는 사용자의 부당노동행위에 의해 노동조합이 설립된 것에 불과하거나, 노동조합이 설립될 당시부터 사용자가 위와 같은 부당노동행위를 저지르려는 것에 관하여 노동조합 측과 적극적인 통모·합의가 이루어진 경우 등과 같이 해당 노동조합이 헌법 33조 1항 및 그 헌법적 요청에 바탕을 둔 노조법 2조 4호가 규정한 실질적 요건을 갖추지 못하였다면, 설령 그 설립신고가 행정관청에 의하여 형식상 수리되었더라도 실질적 요건이 흠결된 하자가 해소되거나 치유되는 등의 특별한 사정이 없는 한 이러한 노동조합은 노조법상 그 설립이 무효로서 노동3권을 향유할 수 있는 주체인 노동조합으로서의 지위를 가지지 않는다고 보아야 한다.[4)]

Ⅱ. 설립신고의 심사

행정관청은 노동조합이 설립신고서를 제출하였을 경우 그 반려 여부를 결정하기 위하여 노동조합과 설립신고서가 적법한지를 살펴보아야 한다. 이를 설립신고의 심사라고 한다. 고용노동부는 행정관청에 제출된 설립신고서와 규약을 기초로 심사하되, 이해관계인의 진정, 이의신청 등이 있는 경우에는 사실조사를 병행할 수 있다는 입장을 취하고 있다.[5)] 이러한 설립신고의 심사제도에 대해서는, 이 제도가 노조 설립에 대한 허가제를 인정한 것이나 마찬가지라고 하는 이유로 결사에 대한 허가제를 금지하고 있는 헌법 21조 2항과 근로자에 대해 단결권을 보장하고 있는 헌법 33조 1항에 위반되어 위헌이라는 견해가 있다.[6)] 이에 대해 헌법재판소는, 노조법이 노동조합의 자유설립주의를 원칙으로 하면서도 노동조합 설립 이전에 설립신고서를 제출하여 행정관청의 그 요건에 대한 실질적인 심사를 거쳐 신고증을 교부 또는 설립신고서를 반려하도록 하는 것은 노동조합의 본질적 요소인 자주성 등을 확보하도록 하기 위한 부득이한 조치로서,

---

추지 못하여 적법한 노동조합이 아닌 것으로 보아야 한다고 판단하였다.

4) 대법원 2021. 2. 25. 선고 2017다51610 판결. 이 사건은 복수 노동조합 중 어느 한 노동조합이 다른 노동조합을 상대로 노조법 2조 4호가 규정한 주체성과 자주성 등의 실질적 요건을 흠결하였음을 들어 설립무효의 확인을 구하거나 노동조합으로서의 법적 지위가 부존재한다는 확인을 구하는 소를 제기한 것인데, 대법원은 이런 내용의 소도 적법하다고 보았다.

5) 고용노동부, 15면.

6) 강성태, 222면("현행 노동조합 심사 제도는 그 실질은 국가에 의한 허가제이거나 그것에 가까운 제도이기 때문에 위헌이라고 보는 것이 맞다").

단체의 설립 여부 자체를 사전에 심사하여 특정한 경우에 한해서만 그 설립을 허용하는 '허가'와는 다르므로 노동조합 설립신고서 반려제도가 헌법 21조 2항 후단에서 금지하는 결사에 대한 허가제는 아니라고 보고 그 조항이 위헌은 아니라고 판단하였다.[7)][8)]

행정관청은 설립신고서에 규약이 첨부되어 있지 아니하거나 설립신고서 또는 규약의 기재사항 중 누락 또는 허위사실이 있는 경우나 임원의 선거 또는 규약의 제정절차가 노조법 16조 2항부터 4항까지 또는 노조법 23조 1항에 위반

7) 헌재 2012. 3. 29. 선고 2011헌바53 결정. 헌법재판소는 이 결정에서 설립신고의 심사제도에 관한 규정이 과잉금지의 원칙을 위반하여 근로자의 단결권을 침해한다고 할 수 없다고 보았다. 그 내용을 요약하면 다음과 같다. "노조법이 노동조합의 설립에 관하여 신고주의를 채택하고 있는 것은 소관 행정관청으로 하여금 노동조합의 조직체계에 대한 효율적인 정비·관리를 통하여 노동조합이 자주성과 민주성을 갖춘 조직으로 존속할 수 있도록 보호·육성하고 그 지도·감독에 철저를 기하기 위함이고, 노동조합 설립신고에 대한 심사는 단순히 행정관청에 신고하는 것만으로 그 설립을 허용할 경우 민주성 및 자주성이라는 실질적인 요건조차 갖추지 못한 노동조합이 난립하는 것을 허용함으로써 노동조합이 어용조합이 되거나 조합 내부의 민주성을 침해할 우려가 있으므로 이를 방지하여 근로자들이 자주적이고 민주적인 단결권을 행사하도록 하는 데 그 취지가 있으므로 설립신고의 심사제도에 관한 규정의 입법 목적의 정당성이 인정된다. 아울러 노동조합 설립신고서를 반려하게 되면 노동조합의 개념에 부합하지 않거나 자주성 등을 갖추지 못한 노동조합의 설립을 미연에 방지할 수 있다는 점에서 그 입법목적을 달성하는 적절한 수단이 된다. 그리고 노동조합의 설립단계에서는 단순한 신고나 등록 또는 보고로써 족하도록 하고, 노동조합에 요구되는 자주성 등의 요건들에 대해서는 이를 사후적으로 차단하는 제도만을 두게 된다면, 노동조합으로 인정될 수 없는 단체를 일단 노동조합으로 인정하게 되어 노조법상의 특권을 누릴 수 없는 자들에게까지 특권을 부여하는 결과를 야기하게 될 뿐만 아니라 노동조합의 실체를 갖추지 못한 노동조합들이 난립하는 사태를 방지할 수 없게 되므로 노동조합이 그 설립 당시부터 노동조합으로서 자주성 등을 갖추고 있는지를 미리 심사하여 이를 갖추지 못한 단체의 설립신고서를 반려하도록 함으로써 노조법상의 노동조합으로 보호하지 않는 것이 기본권제한의 최소침해성 원칙을 위반하고 있다고 볼 수 없다. 또한 노동조합 설립신고제도는 법상 요건을 갖춘 노동조합에 한하여 노동위원회에 노동쟁의의 조정 및 부당노동행위의 구제를 신청할 수 있도록 하는 등 일정한 보호의 대상으로 삼기 위한 것이므로 비록 설립신고증을 교부받지 아니한 근로자 단체라 하더라도 노동조합법상 인정되는 보호의 대상에서 제외될 뿐이고, 노동기본권의 주체에게 인정되어야 하는 일반적인 권리까지 보장받을 수 없는 것은 아니라는 점에서 기본권제한의 최소침해성 원칙에 위반된다고 볼 수 없다. 나아가 노동조합 설립신고서 반려제도는 자주성 등의 실질적인 요건조차 갖추지 못한 노동조합의 난립을 방지할 수 있고, 노조법상 노동조합의 명칭을 사용하는 단결체는 법이 정한 요건을 모두 갖춘 노동조합이라는 공신력을 줄 수 있어 근로자들의 단결권을 강화하는 효과도 있다는 점에서 이로 인해 달성할 수 있는 공익은 매우 큰 데 비하여 이로 인해 제한되는 근로자의 이익은 노조법상 인정되는 보호대상에서 제외될 뿐 노동기본권의 주체로서 인정되어야 하는 일반적인 권리는 보장된다는 점에서 법익균형성도 갖추었다고 할 수 있다."

8) 대법원도 "심사 결과 해당 사항이 없으면 의무적으로 설립신고서를 수리하여야 한다는 점에서 단체의 설립 여부 자체를 사전에 심사하여 특정한 경우에 한해서만 그 설립을 허용하는 허가와는 다르다"는 점 등을 근거로 같은 취지로 판단하였다(대법원 2014. 4. 10. 선고 2011두6998 판결).

되는 경우에는 20일 이내의 기간을 정하여 보완을 요구하여야 한다(법 12조 2항 전문, 영 9조 1항). 주어진 기간 내에 보완을 하지 아니한 경우에는 설립신고서를 반려하여야 한다(법 12조 3항 2호). 이러한 절차는 신고사항의 형식이 규정에 적합한지를 살펴보는 것인데, 노동조합이 사무소를 구비하고 있는지, 노동조합에 가입한 조합원이 존재하고 있는지, 노동조합에서 선출한 임원이 존재하고 있는지 등 노동조합이 민주적 절차에 따라 설립되었는지를 심사하는 것으로 이해된다.[9]

행정관청은 설립하고자 하는 노동조합이 노조법 2조 4호 단서 각목의 1에 해당하는 경우에는 설립신고서를 반려하여야 한다(법 12조 3항 1호). 이 경우에는 사전에 보완요구를 할 의무는 없다. 이러한 심사는 노동조합이 실질적 요건을 갖추고 있는지를 살펴보는 것인데, 노동조합의 실질적 요건은 '자주성'에 있기 때문에 위 심사는 노동조합의 '자주성'의 요건에 관한 심사로 이해되고 있다.[10][11]

노동조합의 설립신고에서 심사 수단과 정도가 광범위하게 인정될 경우 노동조합의 설립신고 제도가 허가주의로 운영될 우려가 있으므로 심사권의 한계를 명확히 할 필요성이 있다.[12] 이는 특히 노동조합의 '자주성'에 관한 심사에서 문제된다.

먼저, 심사의 범위가 문제될 수 있다. 법률상 허용되는 심사의 범위는 노동조합이 노조법 2조 4호 단서 각목의 1에 해당하는지 여부이다. 즉, 노동조합의 소극적 요건에 대한 심사만 허용돼 있다. 노동조합의 적극적 요건에 대한 심사는 법령에 허용돼 있지 않다. 따라서 행정관청이 설립신고서를 반려하기 위해서는 노조법 2조 4호 단서 각목에 해당하는 사유를 구체적으로 제시해야 한다.[13]

---

9) 이를 '보완 요건 심사'라고 부르는 견해도 있다(강성태, 218면).

10) 이를 '결격 요건 심사'라고 부르는 견해도 있다(강성태, 218면).

11) 행정관청의 심사 수단과 정도에 따라 제출된 서류만을 통해 기계적으로 검토하는 것을 형식 심사로, 그것을 넘어서 진위까지도 확인하는 것을 실질 심사라고 표현하는 견해도 있는데, 이러한 표현은 심사 대상에 대한 위와 같은 표현과 유사하여 혼란을 야기한다. 이러한 혼란을 없애기 위해, 심사의 수단과 관련해서는 '법정 서류 심사'와 '법외 사실 심사'로, 심사의 정도와 관련해서는 '오류 심사'와 '진위 심사'로 구분하여 부르자는 견해가 있다(강성태, 219면).

12) 고용노동부도 "노동조합의 설립 사실의 신고와 심사가 노동조합의 자유설립에 대한 실질적인 제한으로 작용하지 않도록 하고, 노동조합의 대외적 자주성과 대내적 민주성을 확보할 수 있도록 운영하는 것이 중요"하다는 견해를 가지고 있다(고용노동부, 3면).

13) 설립신고를 한 노동조합에 근로자가 아닌 자가 가입해 있는지를 심사하는 것이 적법한지 여부가 다투어진 적이 있다. 대법원은 전국공무원노동조합의 설립신고에 대한 사건에서 "피고로서는 구 전공노의 조합원이었던 해직 공무원이 합병의 효력으로 원고 조합원의 자격을 취득하여 여전히 조합원으로 남아있는지에 대하여 심사를 할 수 있다고 볼 것이고, 이처럼

행정관청이 그 외 사유를 이유로 노동조합의 자주성의 상실 여부를 판단하여 설립신고서를 반려해서는 안 된다.[14)]

다음, 심사의 정도가 문제될 수 있다. 이는 행정관청이 노동조합이 소극적 요건을 갖추고 있는지 여부를 실질적으로 심사할 수 있는지에 관한 것이다. 이에 대해서는 행정관청에 실질적 심사권한을 부여할 경우 노동조합의 설립이 허가주의로 변질될 우려가 크고 노동조합의 설립 사실이 사용자에게 누설될 우려도 있으므로, 행정관청에 그런 정도의 권한을 부여하는 것은 온당치 않고 행정관청은 노동조합이 제출한 규약과 기타 서류를 토대로 해서만 심사를 해야 한다는 견해가 있다.[15)][16)] 대법원은 이와 달리 노조법에 이런 심사를 하도록 되어 있는 취지가 노동조합으로서의 실질적 요건을 갖추지 못한 노동조합의 난립을 방지함으로써 근로자의 자주적이고 민주적인 단결권 행사를 보장하려는 데 있다는 점을 근거로 행정관청이 해당 단체가 노조법 2조 4호 각목에 해당하는지 여부를 실질적으로 심사할 수 있다고 보았다.[17)]

대법원은 그렇게 보면서도 행정관청에 광범위한 심사권한을 인정할 경우

피고가 이 사건 설립신고 당시 이미 파악하고 있던 해직 공무원에 관한 정보를 기초로 해직 공무원의 가입 여부를 심사한 것은 조합원 전부를 대상으로 광범위하고 전면적인 심사를 한 것과는 달리 평가하여야 하므로, 피고가 설립신고서와 규약 내용 외에 실제 해직 공무원이 원고 조합원으로 가입되어 있어 노동조합법 2조 4호 ㈑목에 해당하는지를 실질적으로 심사한 것은 적법하다."고 보았다(대법원 2014. 4. 10. 선고 2011두6998 판결).

'청년유니온'에 대해서도 이 점이 논란이 된 적이 있는데, 법원은 "적어도 원고와 같은 초기업적 노동조합의 경우에는 일시적으로 실업상태에 있거나 구직 중인 사람이라고 하더라도" 노동조합의 조직 주체가 될 수 있다는 점을 전제로 "원고의 조합원, 특히 임원 중 다수가 재직근로자가 아니"라는 이유로 설립신고를 반려한 것은 노조법상 근로자의 개념을 오해한 것으로서 위법하다고 보았다(서울행법 2010. 11. 18. 선고 2010구합28694 판결). 다만, 법원은 이 사건에서 "행정관청으로서는 노조법 10조 1항에서 규정하는 설립신고서 기재사항 중 허위사실이 있다고 판단될 경우에는 이에 대한 보완을 요구하는 등으로 그 진위 여부를 가려내야 할 실질적인 심사권한이 있다"는 점을 전제로 "조합원 수에 관하여 허위가 개입되어 있다고 의심되는 경우"에는 보완을 요구하여야 하고, 노동조합이 이에 응하지 아니할 경우에는 설립신고를 반려할 수 있다고 보았다(대법원 2015. 1. 29. 선고 2012두28247 판결로 확정됨).

14) 강성태 교수는 결격 요건 심사와 관련하여 심사 대상에 법에도 없는 '단체교섭의 가능성' 또는 '단체협약의 체결 가능성'과 같은 요건을 추가하려는 해석은 자유설립주의에 정면으로 반하는 매우 위험한 발상이라고 보고 있다(강성태, 219면).

15) 같은 취지 강성태, 29면.

16) 국가인권위원회는 2010. 9. 30. 노동부장관에게 "행정관청은 노동조합 설립을 위해 제출된 설립신고서와 규약에 한정하여 심사하되, 관련 법령에서 규정하고 있는 것 이외의 자료를 제출할 것을 임의적으로 요구하는 등의 광범위한 재량권을 행사하는 관행을 개선할 것"을 권고했다.

17) 대법원 2014. 4. 10. 선고 2011두6998 판결(이 판결은 전국공무원노동조합의 설립신고에 대한 것이다).

행정관청의 심사가 자의적으로 이루어져 신고제가 사실상 허가제로 변질될 우려가 있는 점, 노조법은 설립신고 당시 제출하여야 할 서류로 설립신고서와 규약만을 정하고 있고(법 10조 1항), 행정관청으로 하여금 보완사유나 반려사유가 있는 경우를 제외하고는 설립신고서를 접수받은 때부터 3일 이내에 신고증을 교부하도록 정한 점(법 12조 1항) 등을 고려하면, 행정관청은 일단 제출된 설립신고서와 규약의 내용을 기준으로 노조법 2조 4호 각목의 해당 여부를 심사하되, 설립신고서를 접수할 당시 그 해당 여부가 문제된다고 볼 만한 객관적인 사정이 있는 경우에 한하여 설립신고서와 규약 내용 외의 사항에 대하여 실질적인 심사를 거쳐 반려 여부를 결정할 수 있다고 보아 심사권한을 일부 제한하고 있다.[18] 이처럼 법원은 행정관청의 심사권한의 정도를 절충적으로 인정하고 있는데, 노동조합의 설립이 허가제로 변질되지 않도록 운영되어야 할 것이다.

Ⅲ. 설립신고증 반려 시 당사자의 쟁송수단

설립신고서 반려처분이 행해진 경우 그 처분의 취소를 구할 수 있는 당사자(원고)적격이 누구에게 있는지 문제가 된다. 설립신고서를 제출한 개인에게 당사자적격이 있는 것인지, 아니면 설립신고서를 제출하기로 의결한 노동조합에 당사자적격이 있는 것인지 논란이 될 수 있다. 그러나 앞에서 살펴본 것처럼 설립신고를 하는 주체는 실질적인 노동조합이므로 노동조합에 당사자적격이 있다고 보아야 한다. 따라서 구성원인 근로자 개인에게는 특별한 사정이 없는 한 당사자적격이 있다고 볼 수 없다.[19] 다만, 설립신고서를 제출한 개인이라고 하더라도 행정기관의 반려처분에 의해 직접적인 침해를 받은 경우 그 근로자는 행정기관의 위 처분으로 인하여 직접 권리를 침해받았다고 볼 수 있으므로 당사자적격을 가진다.[20]

한편, 노동조합이 제출한 설립신고서가 반려되었으므로 설립신고를 한 노동조합이 '노동조합'의 이름으로 소를 제기할 수는 없는 것이 아닌가 하는 의문

18) 대법원 2014. 4. 10. 선고 2011두6998 판결.
19) 대법원 1979. 12. 11. 선고 76누189 판결.
20) 대법원 1988. 11. 22. 선고 87누727 판결. 이 판결은 이미 설립된 노동조합에서 노동조합장으로 선출된 자가 한 노동조합설립 변경신고를 반려한 처분에 대한 것이지만 설립신고의 경우에도 동일하게 볼 수 있다.

이 제기될 수 있는데, 이에 대해 대법원은 그러한 소송의 당사자는 '노동조합'이 아니고 바로 노동조합설립신고서를 행정관청에 제출하였다가 반려를 받은 사람들이 구성한 인적 집합체라고 하는 점을 근거로 노동조합이 자신의 명칭으로 소송을 제기하는 것이 가능하다고 보았다.[21)]

다른 한편, 노동조합 설립신고서의 수리 및 반려를 적법한 권한 있는 상급행정청이 하지 아니하고 그 상급행정청으로부터 내부위임을 받은 데 불과한 하급행정청이 권한 없이 한 경우에도 행정처분의 취소 또는 무효확인을 구하는 행정소송은 다른 법률에 특별한 규정이 없는 한 그 처분을 행한 행정청(=하급행정청)을 피고로 하여야 하고 그 처분을 행할 적법한 권한 있는 상급행정청을 피고로 해서는 안 된다.[22)]

Ⅳ. 설립신고증 교부 시 제3자의 쟁송수단

행정관청이 설립신고증을 교부한 경우 사용자 및 다른 노동조합이 행정관청의 설립신고증 교부처분이나 설립신고 수리처분의 취소를 구할 수 있는지 논란이 될 수 있다. 사용자의 취소 청구에 대해 대법원은 사용자는 행정관청의 설립신고증 교부처분으로 인해 사용자의 법률상의 이익이 침해되었다고 할 수 없다고 보아 부적법하다고 보았다.[23)] 노동조합이 주체성 및 자주성을 흠결한 경우

---

21) 대법원 1979. 12. 11. 선고 76누189 판결. 이 판결의 요지는 다음과 같다. "이건 행정소송을 제기한 당사자는 노동조합으로서가 아니고 바로 노동조합설립신고서를 피고에게 제출하였다가 반려를 받은 한국일보사 기자 31명이 그 대표자를 원고 000으로 하고 노동조합법에 따라 제정한 규약에 의하여 전국출판노동조합 한국일보지부(동 명칭 사용이 부적법하다함은 별 문제로 하고)의 명칭으로 조직된 인적 집합체라고 할 것이므로 이렇듯 동 명칭의 원고는 동 명칭을 사용하고 위와 같이 조직되어 활동하고 있는 인적인 조직체(노동조합 설립과정에 있는 근로자의 조직체)가 그의 사회적인 실체라고 할 것이고 동 조직체가 노동조합으로 설립하기 위하여 노동조합 설립신고서를 피고에 제출하였다가 그것이 반려되어 그 반려가 위법하다고 하고 이건 소송을 제기한 것이라고 할 것이니 이건에 있어서 동 원고가 노동조합으로 설립이 되지 못하여 노동조합으로서 단체성이 없다고 하고(단체성이 없다는 취지도 명확하지 아니하여 그 취지가 노동조합으로서 설립되지 못하였다는 취지인지 또는 단체로서의 실체를 갖추지 못하였다는 것인지 불분명하며 그 취지가 만약 후자라면 이는 당사자 능력에 관한 문제일 것이다) 그 이유만으로 곧 당사자 적격이 없다고 논단한 것은 좀처럼 납득할 수 없다고 아니할 수 없다(동 원고는 노동조합의 명칭만 사용하고 있을 뿐 노동조합으로서 이건 소송을 제기한 것도 아니고 또 노동조합으로서는 이건과 같은 소송을 제기할 여지는 없다 할 것이다)."

22) 대법원 1989. 11. 14. 선고 89누4765 판결.

23) 대법원 1997. 10. 14. 선고 96누9829 판결. 이 판결의 요지는 다음과 같다. "노동조합의 설립에 관한 법의 규정이 기본적으로 노동조합의 설립의 자유를 보장하면서 위와 같은 노동정

에는 그 설립을 무효로 돌릴 수 있는 길이 폭넓게 인정되어야 한다는 주장도 있지만, 신고증의 교부 그 자체가 바로 사용자에게 어떤 의무를 부담시키거나 사용자의 어떠한 이익을 침해한다고는 볼 수 없고, 노동조합이 신고증을 받은 후 사용자에게 어떤 요구를 하고 사용자가 이를 거절하여 노동위원회에 구제신청을 하여 노동위원회가 구제명령을 발하는 단계에서야 비로소 사용자의 공의무가 나타나므로 이렇게 보는 것이 타당하다. 그리고 행정관청은 노동조합에 설립신고증을 교부한 때에는 지체 없이 그 사실을 해당 사업 또는 사업장의 사용자나 사용자단체에 통보해야 하지만(노조법 시행령 9조 3항), 이것은 사용자가 노사관계에 있어서 노동조합과 대립하는 반대 당사자라는 이유 때문이지 사용자의 어떤 이익의 보호를 위한 것이라고 보기는 어렵다. 무자격조합이 신고증을 받고 특정 사용자의 노동조합이라는 명칭을 사용하면 사용자가 그로 인해 명예를 침해당할 수는 있지만 그러한 침해로부터 보호받을 이익이 노조법이 보호하고 있는 이익이라고 볼 수도 없다.[24)]

다른 노조의 취소 청구에 대해서는 그 다른 노조에게 설립신고증 교부처분이나 설립신고 수리처분의 취소를 구할 법률상의 이익이 있는지 여부에 따라 그 적법 여부가 나뉘게 된다. 초기업별 노조의 지회가 조직형태 변경을 통해 기업별 노조로 전환하여 노동조합 설립신고증을 교부받은 사안에서 법원은 그 초기업별 노조가 노동조합 설립신고 교부처분의 취소 청구를 다툴 법률상 이익이 있다고 보았다. 초기업별 노동조합의 조합원이 설립신고증을 교부받은 기업별 노조의 조합원이 됨으로써 그만큼 조합원의 수가 감소될 뿐만 아니라 두 노동조합이 노동조합의 재산관계 및 단체협약의 주체로서 가지는 지위 면에서 양립할 수 없는 관계에 있다는 점이 그 근거였다.[25)] 2011. 7. 1. 이전에 노조법 부칙

책적 목적을 달성하기 위해 설립신고주의를 택하여 조합이 자주성과 민주성을 갖추도록 행정관청으로 하여금 지도·감독하도록 하게 함으로써, 사용자는 무자격조합이 생기지 않는다는 이익을 받고 있다고 볼 수 있을지라도 그러한 이익이 노동조합의 설립에 관한 법 규정에 의하여 직접적이고 구체적으로 보호되는 이익이라고 볼 수는 없고, 노동조합 설립신고의 수리 그 자체에 의하여 사용자에게 어떤 공적 의무가 부과되는 것도 아니라고 할 것이다. 따라서 이 사건에서 피고가 노동조합의 설립신고를 수리한 것만으로는 원고의 어떤 법률상의 이익이 침해되었다고 할 수 없으므로 원고는 신고증을 교부받은 노동조합이 부당노동행위구제신청을 하는 등으로 법이 허용하는 절차에 구체적으로 참가한 경우에 그 절차에서 노동조합의 무자격을 주장하여 다툴 수 있을 뿐 노동조합 설립신고의 수리처분 그 자체만을 다툴 당사자 적격은 없다고 할 것이다."

24) 홍일표, 409면.

25) 창원지법 2009. 4. 16. 선고 2008구합2154 판결(미항소 확정).

5조 1항에 의하여 조직대상을 같이 하는 새로운 노동조합의 설립이 금지되던 시기에, 대법원은 신설 노동조합이 기존 노동조합과 조직대상을 같이 하는 복수 노동조합에 해당하는 경우에는 기존 노동조합이 법 부칙 5조 1항에 의하여 직접적이고 구체적으로 보호되는 법률상 이익을 침해받게 된다고 보아 신설 노동조합에 대한 설립신고증 교부처분의 취소를 구할 법률상의 이익이 있다고 본 반면, 조직대상을 달리하여 그 설립이 금지되는 복수 노동조합에 해당하지 않는 노동조합에 대해서는 그 취소를 구할 법률상의 이익이 없다고 보았다.[26] 조직대상을 달리하여 복수 노동조합이 아닌 경우에는 기존 노조와 새로 신설된 노조가 동시에 존립할 수 있으므로(교섭창구 단일화 제도도 적용되지 않았다) 기존 노동조합이 신설노조와 동일한 기업 내의 노조로서 간접적이거나 사실적·경제적 이해관계를 가진다 하더라도, 설립신고주의를 취하는 법제하에서는 신설 노동조합의 설립 여부에 의하여 침해될 법률상 이익을 가지지 않는다는 것이 그 논거였다.

2011. 7. 1. 이후 복수노조의 설립이 허용되고 교섭창구 단일화 제도가 적용되고 있는 현재 상황에서 기존 노동조합이 신설 노동조합에 대한 설립신고증 교부 처분이나 설립신고 수리처분의 취소를 구할 법률상의 이익이 있는지에 대해 논란이 될 수 있다. 그에 대해 법원이 양 대척점에 놓인 사용자와 노동조합 사이에서 사용자가 노동조합의 설립신고 수리처분의 취소를 구할 원고적격이 부정된 것을 근거로(위 대법원 1997. 10. 14. 선고 96누9829 판결), 복수노조 중 어느 한 노동조합이 경쟁관계에 있을 뿐인 다른 노동조합을 상대로 그 설립신고 수리처분의 취소를 구할 수 있는 원고적격은 더욱 인정되기 어려울 것이라고 보는 입장도 있지만[27] 아래에서 보는 것처럼 기존 노동조합이 신설 노동조합을 상대로 설립무효 등의 확인을 구하는 소송도 허용되므로 기존 노동조합이 신설 노동조합에 대한 설립신고증 교부처분의 취소를 구하는 것도 허용된다고 보는 것이 타당해 보인다.

노동조합이 다른 노동조합을 상대로 해당 노동조합이 설립될 당시부터 노조법 2조 4호가 규정한 주체성과 자주성 등의 실질적 요건을 흠결하였음을 들어 설립무효의 확인을 구하거나 노동조합으로서의 법적 지위가 부존재한다는

26) 대법원 2003. 12. 12. 선고 2002두7975 판결.
27) 이용우, 687면.

확인을 구하는 소를 제기할 수 있는지도 논란이 될 수 있는데, 대법원은 가능하다고 보았다.[28] 복수 노동조합의 설립이 현재 전면적으로 허용되고 있을 뿐 아니라 교섭창구 단일화 제도가 적용되고 있는 현행 노조법하에서 복수 노동조합 중의 어느 한 노동조합은 원칙적으로 스스로 교섭대표노동조합이 되지 않는 한 독자적으로 단체교섭권을 행사할 수 없고, 교섭대표노동조합이 결정된 경우 그 절차에 참여한 노동조합의 전체 조합원의 과반수 찬성 결정이 없으면 쟁의행위를 할 수 없게 되며, 쟁위행위는 교섭대표노동조합에 의해 주도되어야 하는 등 법적인 제약을 받게 되므로, 단체교섭의 주체가 되고자 하는 노동조합으로서는 위와 같은 제약에 따르는 현재의 권리 또는 법률상 지위에 대한 위험이나 불안을 제거할 필요성이 있다는 것을 그 이유로 들었다. 한편, 이러한 확인청구소송의 인용판결은 사실심 변론종결 시를 기준으로 노동조합의 설립이 무효인 하자가 해소되거나 치유되지 아니한 채 남아 있음으로써 해당 노동조합이 노동조합으로서의 법적 지위를 갖지 아니한다는 점을 확인하는 것일 뿐 이러한 판결의 효력에 따라 노동조합의 지위가 비로소 박탈되는 것이 아니다. 그러므로 노동조합의 설립이 무효인 하자가 해소되거나 치유되지 아니한 채 존재하는지에 관한 증명은 판단의 기준 시점인 사실심 변론종결 당시까지 할 수 있고, 법원은 해당 노동조합의 설립 시점부터 사실심 변론종결 당시까지 사이에 발생한 여러 가지 사정들을 종합적으로 고려하여 노동조합이 설립 과정에서 노조법 2조 4호가 규정한 주체성과 자주성 등의 실질적 요건을 흠결한 하자가 여전히 남아 있는지, 이에 따라 현재의 권리 또는 법률관계인 그 노동조합이 노동조합으로서의 법적 지위를 갖는지 여부를 판단하여야 한다. 이러한 판결에 대세효가 인정되는 것은 아니다.

위 판결로 인해 종전까지 허용되는지가 불분명하였던 노동조합 설립무효 확인의 소 내지 노동조합 지위부존재 확인의 소가 명문의 법규정이 없이도 민사상 '확인의 소'로서 허용됨이 명확히 확인되었다. 또한, 위 판결은 현재 우리나라의 부당노동행위제도가 사용자에 의해서만 부당노동행위가 성립할 수 있도록 되어 있어 생기는 법적 공백 내지 흠결을 어느 정도 보완하였다고 할 수 있다.[29]

28) 대법원 2021. 2. 25. 선고 2017다51610 판결.
29) 이용우, 704면.

V. 설립신고증 교부 후의 시정요구

노동조합이 그 설립신고증을 교부받아 적법하게 설립된 후에 노조법 12조 3항 1호에 해당하는 설립신고서의 반려사유, 즉 노동조합이 노조법 2조 4호 각목의 1에 해당하는 사유가 발생한 경우에는 행정관청은 30일의 기간을 정하여 시정을 요구할 수 있다(영 9조 2항). 이러한 '시정요구'는 노동조합에 대해 자율적 개선 기회를 부여하는 것으로서 그 불이행시 별도의 제재 수단이 마련되어 있지 않다. 이것을 행정처분이라고 하기는 어렵다. 따라서 그 취소를 구하는 소송을 제기하는 것은 허용되지 않는다. 이전에는 정해진 기간 내에 시정요구를 이행하지 아니하는 경우에는 행정관청이 당해 노동조합에 대하여 법에 의한 노동조합으로 보지 아니함을 통보할 수 있었지만(구 시행령 9조 2항. 2021. 6. 29. 대통령령 제31851호로 개정되기 전의 것), 노조법 시행령의 개정으로 위와 같은 통보 조항은 삭제되었다.

시행령이 개정되기 전에 노조법에 근거 규정이 없는 위와 같은 '노조 아님 통보 조항'이 위헌 또는 위법이 아닌지 논란이 되었다. 합법설은, 노조법 12조 3항이 행정관청에 노동조합의 설립신고서 반려 의무를 부담시키고 있으므로 그 구체적인 절차를 모법에서 위임하지 않았다고 하더라도 법률규정의 시행목적을 위하여 당연히 후속적으로 절차를 만들어야 하며 시행령 9조는 그러한 요구에 부응하는 것이기 때문에 위 규정이 합헌이라고 보았다.[30)]

30) 서울행법 2014. 6. 19. 선고 2013구합26309 판결. 이 판결은 전국교직원노동조합에 대한 법외노조 통보 처분의 취소 청구 사건의 판결이다. 이 판결에서 법원은, "노조법 시행령 9조 2항은 노조법 2조 4호 단서의 범위 내에서 노조법 2조 4호 각목에 해당하는 경우 단서에 따라 노동조합으로 보지 아니하는 효과가 발생하였음을 알려주는 것이고, 노조법 2조 4호 단서에서 규정한 사항 이외에 새로운 법률 사항을 정한 것으로 보기는 어렵다. 노조법 시행령 9조 2항은 노조법 2조 4호 단서에 의하여 발생한 법적 효과를 명확하게 하고 노동조합에 시정할 기회를 제공하기 위한 규정으로서 집행명령의 일종이다. 따라서 노조법 2조 4호 단서가 노조법 시행령 9조 2항에 구체적인 사항에 관하여 위임을 하지 않았다고 하더라도 노조법 시행령 9조 2항이 법률의 수권없이 규정하였거나 새로운 법률사항에 해당하는 것을 규정하여 헌법상 위임입법의 한계를 일탈하였다고 볼 수 없으므로 헌법 37조 2항, 75조에 위배되어 무효라고 할 수 없다"라고 판단하였다.

대법원 2020. 9. 3. 선고 2016두32992 전원합의체 판결의 별개의견과 소수의견도 이런 취지로 판단하였다. "법률이 노동조합의 개념을 정의하고 그 적법 요건과 함께 결격사유를 명백히 규정하면서 이를 관철하기 위하여 설립신고 제도를 두고 있는 이상, 입법자가 법률상 노동조합 해산명령 제도를 폐지한 채 별도로 법외노조 통보에 관한 법률 규정을 두지 않았

반면 위법설은, 이 규정이 설립신고서 발급에 관한 노조법 12조 3항의 집행절차에 관한 내용을 규정하고 있는 조항이 아니고 그에 관한 법률의 위임규정이 없으므로 위헌이라고 보았다. ILO 결사의 자유 위원회는 행정관청에 의한 노조설립신고의 취소 또는 노조등록부에서의 삭제는 행정관청에 의한 노동조합의 해산과 다를 바 없고,[31] 노조설립신고의 취소는 오직 사법채널을 통해서만 가능하여야 하며, 법원에 제소할 권리를 부여함이 없이 노조설립신고의 취소를 명할 수 있는 완전한 재량권을 장관이나 행정관청에 인정하는 법령은 결사의 자유 원칙에 위배된다[32]고 밝혔다. 대법원은 위와 같은 법외노조 통보는 적법하게 설립된 노동조합의 법적 지위를 박탈하는 중대한 침익적 처분으로서 원칙적으로 국민의 대표자인 입법자가 스스로 형식적 법률로써 규정하여야 할 사항이고, 행정입법으로 이를 규정하기 위하여는 반드시 법률의 명시적이고 구체적인 위임이 있어야 하는데, 구 시행령 9조 2항은 법률의 위임 없이 법률이 정하지 아니한 법외노조 통보에 관하여 규정함으로써 헌법상 노동3권을 본질적으로 제한하고 있으므로 그 자체로 무효라고 보았다.[33]

더라도, 결격사유의 발생이 인정되는 한 노동조합 설립신고 수리처분의 직권취소·철회로서 법외노조 통보를 할 수 있다고 보아야 한다. 다만 노동조합 설립신고의 수리는 수익적 행정처분이므로 수익적 행정행위 직권취소·철회 제한 법리에 따라 일정한 제한이 가해질 뿐이다."(안철상 대법관의 별개의견). "행정관청은 행정법의 일반 법리에 따라 법률에 명시적 근거 규정이 없더라도 결격사유가 있는 노동조합에 대하여 설립신고의 수리를 사후적으로 취소·철회할 수 있고, 이를 주의적·확인적으로 규정한 노동조합법 시행령 9조 2항은 모법인 노동조합법의 구체적 위임이 없더라도 적법·유효하다고 보아야 한다."(이기택 대법관, 이동원 대법관의 반대의견).

31) ILO, Freedom of Association 2018, para. 988, p.184(조용만, 97면에서 재인용).

32) ILO, Freedom of Association 2018, paras. 990 and 992, p.185(조용만, 97면에서 재인용).

33) 대법원 2020. 9. 3. 선고 2016두32992 전원합의체 판결. 대법원이 위와 같은 판단의 구체적 이유로 든 내용은 다음과 같다. 법외노조 통보는 이미 법률에 의하여 법외노조가 된 것을 사후적으로 고지하거나 확인하는 행위가 아니라 그 통보로써 비로소 법외노조가 되도록 하는 형성적 행정처분이다. 이러한 법외노조 통보는 단순히 노동조합에 대한 법률상 보호만을 제거하는 것에 그치지 않고 헌법상 노동3권을 실질적으로 제약한다. 그런데 노조법은 법상 설립요건을 갖추지 못한 단체의 노동조합 설립신고서를 반려하도록 규정하면서도, 그보다 더 침익적인 설립 후 활동 중인 노동조합에 대한 법외노조 통보에 관하여는 아무런 규정을 두고 있지 않고, 이를 시행령에 위임하는 명문의 규정도 두고 있지 않다. 더욱이 법외노조 통보 제도는 입법자가 반성적 고려에서 폐지한 노동조합 해산명령 제도와 실질적으로 다를 바 없다. 결국 노동조합법 시행령 9조 2항은 법률이 정하고 있지 아니한 사항에 관하여, 법률의 구체적이고 명시적인 위임도 없이 헌법이 보장하는 노동3권에 대한 본질적인 제한을 규정한 것으로서 법률유보원칙에 반한다.

이에 대해 반대의견으로 제시된 내용은 다음과 같다. 법은 사회의 보편타당한 규범이므로 원칙적으로 문언에 따라 객관적 타당성과 일관성을 유지하여 해석하여야 한다. 노동조합법은 노동조합을 근로자로 구성된 단체로 정의하고 있고, 노동조합법의 특별법인 교원의 노동조합 시행령 개정 전에 '노조로 보지 아니한다는 통보'의 법적 성격도 논란이 되었는데, 대법원은 법외노조 통보는 적법하게 설립되어 활동 중인 노동조합에 대하여 행정관청이 더 이상 노조법상 노동조합이 아님을 고권적으로 확정하는 행정처분으로서, 단순히 법률에 의하여 이미 법외노조가 된 것을 사후적으로 고지하거나 확인하는 행위가 아니라 그 통보로써 법외노조가 되도록 하는 형성적 행위라고 보았다.[34] 즉, 이러한 통보는 행정관청이 노동조합에 대해 설립신고증 교부처분이 철회되었음을 알리는 단순한 사실의 통지 또는 관념의 통지에 불과한 것이 아니라 노동조합이 노동조합의 지위에서 가지는 권리·의무에 직접 영향을 미치는 행위로서 행정처분에 해당하는 것이라고 판단하였다. 헌법재판소도 '교원의 노동조합 설립 및 운영 등에 관한 법률' 2조의 위헌확인 사건에서, 교원이 아닌 사람이 교원노조에 일부 포함되어 있다는 이유로 이미 설립신고를 마치고 활동 중인 노동조합을 법외노조로 할 것인지 여부는 법외노조통보 조항이 정하고 있고, 법원이 법외노조통보 조항에 따른 행정당국의 판단이 적법한 재량의 범위 안에 있는 것인지 충분히 판단할 수 있다고 판단하여, '노조아님 통보'가 법원의 판단대상이 되는 행정처분에 해당한다고 보았다.[35]

[강 문 대]

설립 및 운영 등에 관한 법률은 교원 노동조합의 조합원이 될 수 있는 '교원'을 정의하면서 해직 교원을 명시적으로 배제하고 있다. 나아가 노동조합법 2조 4호 단서는 근로자가 아닌 자의 가입을 허용하는 경우 "노동조합으로 보지 아니한다"라고 규정하고 있고, 이는 설립 중인 노동조합은 물론 설립 후의 노동조합의 경우에도 마찬가지이므로, 이미 설립신고를 마친 노동조합이라 하더라도 근로자가 아닌 자의 가입을 허용하게 되면 더 이상 적법한 노동조합으로 보지 아니하는 법적 효과가 위 규정 자체로 인하여 발생한다.

34) 위 같은 판결.

35) 헌재 2015. 5. 28. 선고 2013헌마671, 2014헌가21 결정.

제13조(변경사항의 신고등)

① 노동조합은 제10조 제1항의 규정에 의하여 설립신고된 사항중 다음 각호의 1에 해당하는 사항에 변경이 있는 때에는 그 날부터 30일 이내에 행정관청에게 변경신고를 하여야 한다.

1. 명칭
2. 주된 사무소의 소재지
3. 대표자의 성명
4. 소속된 연합단체의 명칭

② 노동조합은 매년 1월 31일까지 다음 각호의 사항을 행정관청에게 통보하여야 한다. 다만, 제1항의 규정에 의하여 전년도에 변경신고된 사항은 그러하지 아니하다.

1. 전년도에 규약의 변경이 있는 경우에는 변경된 규약내용
2. 전년도에 임원의 변경이 있는 경우에는 변경된 임원의 성명
3. 전년도 12월 31일 현재의 조합원수(연합단체인 노동조합에 있어서는 구성단체별 조합원수)

노동조합이 설립신고를 마쳐 신고증을 교부받은 후, 노조법 10조 1항의 규정에 의하여 설립신고된 사항 중 그 명칭, 주된 사무소의 소재지, 대표자의 성명, 소속된 연합단체의 명칭의 변경이 있을 때에는 그 날부터 30일 이내에 행정관청에 변경신고를 하여야 한다(법 13조 1항). 기업별 노조가 지역별·산업별 등 초기업노조의 지부·분회 등으로 조직형태를 변경하는 경우에는 설립신고사항 변경신고 대상이 아니다. 이런 경우 기업별노조는 해산되는 것으로 보기 때문이다.[1] 초기업노조 산하의 지부·분회가 기업별 노조로 조직형태 변경을 결의한 경우[2]에도 설립신고사항 변경신고 대상이 아니다. 새로 규약을 제정하고 임원을 선출하여 행정관청에 노동조합 설립신고를 하여야 한다.[3]

※ 이 조에 관한 각주의 참고문헌은 제10조 해설의 참고문헌을 가리킨다.

1) 고용노동부, 45면. 고용노동부는 기업별노조에 대해 해산신고를 하도록 행정지도 하거나 직권으로 해산조치 한다.

2) 지부·분회가 이러한 조직형태 변경을 할 수 있는지는 논란의 대상이다. 이에 대해서는 "지부·분회의 법적 지위 보론(補論)"의 'Ⅳ. 지부·분회가 독자적으로 조직형태 변경을 하는 것이 가능한지 여부' 참조.

3) 고용노동부, 57면.

이 경우 설립신고증이나 그 전에 교부받은 변경신고증을 첨부하여야 하고, 주된 사무소의 소재지를 다른 관할 행정관청의 관할구역으로 이전하는 경우에는 새로운 소재지를 관할하는 행정관청에 변경신고를 하여야 한다(영 10조 1항, 2항). 행정관청은 변경신고서를 받은 때에는 3일 이내에 변경신고증을 교부하여야 한다(영 10조 3항). 변경신고는 설립된 노동조합의 지위 그 자체에는 아무런 영향을 주지 않으며 일부 사실관계의 변화를 확인하는 의미를 가지는 데 불과하다. 그러나 위 변경신고에 대한 행정관청의 반려처분 역시 행정처분의 성격을 가지므로 행정쟁송의 대상이 될 수 있다.[4)]

노동조합은 신고서 기재사항 중 기타의 사항, 즉 전년도에 규약의 변경이 있는 경우에는 변경된 규약내용, 전년도에 임원의 변경이 있는 경우에는 변경된 임원의 성명, 전년도 12월 31일 현재의 조합원수(연합단체인 노동조합에 있어서는 구성단체별 조합원수)를 매년 1월 31일까지, 행정관청에 통보하여야 한다. 다만, 전년도에 변경신고된 사항은 통보대상에서 제외된다(법 13조 2항). 이렇게 조합원수를 통보할 때 2이상의 사업 또는 사업장의 근로자로 구성된 단위노동조합의 경우에는 사업 또는 사업장별로 구분하여 통보하여야 한다(영 10조 4항).

[강 문 대]

4) 대법원 1988. 11. 22. 선고 87누727 판결. 대법원은 이 판결에서 행정관청이 노동조합의 조합장으로서 적법한 자격을 보유한 사람을 조합장결격자로 인정하여 노동조합설립신고사항 중 변경신고를 반려하였다면, 위 사람은 위 노동조합의 조합장으로 취임할 수 있었을 것인데도 행정관청이 그 변경신고를 수리하지 아니하고 반려하는 바람에 조합장에 취임할 수 없게 된 것이므로 단지 사실상이며 간접적인 이해관계를 가지는 데 불과한 것이 아니라 그 처분으로 인하여 직접 권리를 침해받았다고 보았다.

지부 · 분회의 법적 지위 보론(補論)

〈세 목 차〉

Ⅰ. 서　　론

구 '노동조합법' 아래에서는 우리나라의 노조들이 대부분 기업별 노조였던 관계로 노조의 하부조직인 지부나 분회가 존재하는 경우가 드물었고, 설령 존재하는 경우에도 그 규모가 작고 독립적인 활동을 하는 경우가 드물어 지부나 분회의 법적 지위가 문제되는 경우가 거의 없었다. 그러나 2000년대 들어 우리나라에 산업별 노조나 지역별 노조를 비롯한 초기업별 노조가 속속 설립되고 단일 기업별 노조도 그 규모가 전국화 되면서 그 하부조직인 지부나 분회의 법적 지위가 중요한 문제로 부각되었다. 초기업별 노조가 설립된 경우에도 기업별 노조를 중심으로 노조활동이 이루어져 왔던 관행과 각 사업장의 특성을 반영해야 할 필요성 때문에 지부나 분회를 설치하는 경우가 대부분이어서 지부나 분회를 둘러싼 법률문제는 지속적으로 제기될 것으로 보인다.

우리나라에서 노동조합의 하부 조직은 주로 사업장별이나 지역별로 구성되고 있다. 그 하부조직을 부르는 명칭은 통일되어 있지 않다. 다만, 단위노조 중앙을 기점으로 바로 아래 조직은 본부, 그 아래 조직은 지부, 그 아래 조직은 분회라고 부르는 경우가 가장 흔하다. 여기에서도 노동조합의 하부 조직을 '지부 · 분회'로 표시하겠다.

※ 이 보론에 관한 각주의 참고문헌은 제10조 해설의 참고문헌을 가리킨다.

Ⅱ. 지부 · 분회에 관한 법적 규율

노동조합 관련 법령 중 지부 · 분회에 관한 사항을 포함하고 있는 것은 노조법 시행령뿐이다. 노조법 시행령 7조에 "산하조직 중 근로조건의 결정권이 있는 독립된 사업 또는 사업장에 조직된 노동단체는 지부 · 분회 등 명칭이 무엇이든 상관없이 법 10조 1항에 따른 노동조합의 설립신고를 할 수 있다."라고 규정되어 있다. 그 외 다른 규정은 전혀 없다. 결국 지부 · 분회에 관해서는 노조법 시행령에 설립신고와 관련된 내용만이 규정되어 있을 뿐이다.

'근로조건의 결정권이 있는 독립된 사업 또는 사업장'인지 여부는 근로자의 채용 · 전보 · 승진 · 교육 · 해고 등의 인사노무관리와 임금 · 근로시간 · 휴가 · 복리후생 등 일체의 근로조건에 대한 결정권을 독립적으로 행사하는 사업 또는 사업장인지 여부 등 구체적인 사실관계에 따라 판단된다.[1] 지부 · 분회가 노동조합설립 신고를 할 경우 그 운영규정을 규약으로 보게 되므로 그 운영규정에는 노조법 11조의 규정에 의한 의무적 기재사항이 기재되어야 한다.[2]

위 규정에 따라 지부 · 분회가 노동조합의 설립신고를 한 경우에는 일응 적법한 노동조합으로 취급되어 지부 · 분회에 대해서도 노조법상의 보호조항이 적용된다. 즉, 지부 · 분회 명의로 노동위원회에 노동쟁의 조정신청 및 부당노동행위 구제신청 등을 제기할 수 있다. 그러나 설립신고를 하였다고 하여 당연히 적법한 노조가 되는 것은 아니며, 단체교섭권과 단체행동권을 당연히 보유한다고도 볼 수 없다. 이러한 권리는 실질적이고 독립적인 노조에 대해 허용되는 것이기 때문이다. 한편, 노동조합의 설립신고를 하지 않은 지부 · 분회에 대해서는 노조법상의 보호조항이 적용되지 않는다. 그러나 설립신고를 하지 않은 지부 · 분회도 단체교섭권이나 단체행동권을 보유할 수 있는데, 실질적이고 독립적인 노조는 그 형식과 관계없이 이러한 권리를 행사할 수 있기 때문이다.

---

1) 고용노동부, 36면.
2) 고용노동부, 36면.

Ⅲ. 지부 · 분회의 지위와 권한에 대한 검토

지부 · 분회를 독자적인 노동조합으로 인정할 수 있는지에 대해 견해가 대립된다. 부정설은 지부 · 분회가 '단위노동조합'의 내부조직으로서 존재하는 측면, 즉 그 형식적 측면을 중시하여 지부 · 분회를 독자적인 노동조합으로 볼 수 없다는 견해이다. 이 견해는 "지부 · 분회 등 노동조합의 산하조직은 노동조합의 효율적인 관리를 위한 내부기구에 불과하"기 때문에 그 자체로서 독자적인 노동조합이 될 수 없다고 본다.[3] 이 견해는 나아가 "설령 지부로서의 독자적인 설립신고를 한다고 하더라도 노조법상의 노동조합으로서의 지위는 인정하지 않는 것을 원칙으로 하여야 한다"고 보고 있다.[4] 부정설은 그 당연한 귀결로 지부 · 분회의 독자적인 단체교섭 및 단체협약체결 권한을 인정하지 않는다. 지부 · 분회가 독자적인 단체교섭권을 가진다고 하면 단위노조의 단체교섭권이 형식에 불과한 것이 된다고 본다. 물론 상급단위노조가 지부 · 분회에 교섭 권한을 위임한 경우에는 달리 보아야 하는데, 그것은 지부 · 분회의 지위와는 별도의 문제이다.

긍정설은 지부 · 분회도 근로자가 주체가 되어, 자주적으로 단결하여 근로조건의 향상을 목적으로 활동하고 있으면 노동조합의 실질적 요건을 충족한 것이기 때문에 그 자체로 노동조합으로 보아야 한다는 견해이다. 이 견해는, "하부조직이라도 노동조합의 실질을 갖추고 있다면 내부 조직체계에 관계없이 독립된 노동조합의 지위가 인정될 수 있다"고 보면서 "지부 · 분회라는 명칭이 그 조직의 독립성과 그에 기한 노동조합성을 부정할 수 있는 근거로는 될 수 없다"[5]고 보고 있다. 현행 노조법 시행령 7조는 이러한 견해를 전제로 하는 조항

---

3) 이승욱b, 76면("단위노동조합의 지부 등은 노동조합의 내부 조직에 불과하기 때문에 독자적인 단체교섭의 주체가 될 수 없다. … 단체교섭의 당사자로서의 지위, 즉 노동조합으로서의 지위 그 자체는 엄연히 노동조합 그 자체에게만 인정되고 그 하부조직에 대해서는 인정될 수 없다").

4) 이승욱a, 365면. 이 견해는, 지부 · 분회가 독자적 활동을 하는 것은 노동조합 자체의 자주성을 침해하는 것으로 보아 "노조의 조직이나 운영이 헌법의 보장범위를 넘는 방식, 예컨대 헌법상 단결체 자체의 자살행위로 이어지거나 헌법상 단결체의 자주성을 침해하는 방식으로 이루어진다면, 노조법상 노조로서의 형식적인 요건을 갖춘다고 하더라도 독자적인 단체교섭권 등을 가지는 독립한 노조법상의 노조로서의 지위를 인정할 수 없다고 하여야 한다"고 보고 있다.

5) 박종희a, 281면; 유성재a, 574면; 정인섭 교수는 "어떤 근로자의 단결체가 독립적인 노동조합으로서의 실체를 갖는지 여부는 그 단결체의 조직형태, 그러한 단결체의 조직형태에 대한

이라고 보고 있다. 법원은 뒤에서 보는 것처럼 지부 · 분회가 독자적으로 단체교섭하고 단체협약을 체결할 수 있는 경우와 그렇지 않은 경우를 구분하고 있는데, 이는 긍정설의 입장을 전제로 한 것이라고 할 수 있다. 즉, 지부 · 분회의 독립성을 인정하는 것을 전제로 그 조직의 실질에 따라 독립성 여부를 판단하고 있다고 볼 수 있다.

긍정설의 입장에 서는 경우, 지부 · 분회가 어떤 경우에 독자적으로 단체교섭을 하고 단체협약을 체결할 수 있는지 그 요건이 문제된다. 대법원은 "노동조합의 하부단체인 분회나 지부가 독자적인 규약 및 집행기관을 가지고 독립된 조직체로서 활동을 하는 경우 당해 조직이나 그 조합원에 고유한 사항에 대하여는 독자적으로 단체교섭하고 단체협약을 체결할 수 있고, 이는 그 분회나 지부가 노조법 시행령 7조의 규정에 따라 그 설립신고를 하였는지 여부에 영향받지 아니한다"라고 판시하여,[6] '독자적인 규약 및 집행기관을 가지고 독립된 조직체로서 활동을 하는' 지부 · 분회의 경우 단체교섭권과 단체협약권을 가진다고 보았다. 대법원은 이러한 능력을 가진 지부 · 분회는 '기업별 노동조합에 준하는 실질'을 가진 것으로 보았고, 이러한 능력을 가지지 못하지만 법인 아닌 사단의 실질을 가지고 있는 지부 · 분회는 '기업별 노동조합과 유사한 독립한 근로자단체'로서의 실체를 가진 것으로 보았다.[7] 뒤에서 보는 것처럼 법원은 위 두 경우에 모두 지부 · 분회가 기업별 노조로 조직형태 변경 결의를 할 수 있다고 보았다.

지부 · 분회가 단위노동조합의 위임에 의해 단체교섭을 하고 단체협약을 체결한 적이 있는 경우 그 점이 그 지부 · 분회가 독립된 조직체로서 활동을 하고 있다는 것의 근거가 될 수 있는지에 대해 하급심 중에서는 이를 긍정한 것이 있으나[8] 대법원은 부정하였다.[9]

근로자의 자유선택, 단결체의 실질적인 관리 · 운영에서의 독립성 등 제반 요건을 종합적으로 고려하여 판단할 수밖에 없을 것이다"라고 보고 있는데(정인섭a, 319면), 이도 같은 견해라고 할 수 있다.

6) 대법원 2001. 2. 23. 선고 2000도4299 판결, 대법원 2008. 1. 18. 선고 2007도1557 판결, 대법원 2011. 5. 26. 선고 2011다1842 등 판결.

7) 대법원 2016. 2. 19. 선고 2012다96120 전원합의체 판결.

8) 서울행법 2005. 4. 21. 선고 2004구합35356 판결.

9) 대법원 2009. 2. 26. 선고 2006두7324 판결. "원심은 원고 지부가 설립신고라는 형식적 요건을 갖추지 아니하였다고 하더라도 산업별 노동조합인 원고 노조의 규약상 요건과 절차에 합치하는 위임이나 규약의 규정에 의한 권한부여가 있는 범위 내에서는 노동조합에 해당한다고 쉽게 단정하고 있다. 그러나 위 운영규정상 원고 지부는 원고 조합이 위임한 범위 내에

지부 · 분회가 단체교섭의 권한을 가지는 경우에도 지부 · 분회가 행사할 수 있는 권한범위에 대해서는 견해가 갈린다. 지부 · 분회가 상급단위노조의 지시나 결의에 위반하더라도 지부의 고유한 사항에 관한 단체협약의 성립에는 별다른 영향이 없는 것으로 보는 견해[10]도 있고, 그에 반해 지부 · 분회의 단체교섭권이 상급단위노조의 단체교섭권과 저촉될 수는 없으며 상급단위노조의 승인이나 지시를 준수하고 상급단위노조의 통제범위 내에서만 교섭권한을 가진다는 견해[11]도 있다. 대법원은 지부의 고유한 사항에 관해서는 지부가 독자적으로 교섭할 수 있다고 보고 있다.[12]

상급단위노조와 지부 · 분회가 각각 단체협약을 체결하였을 경우 어떤 단체협약을 적용하여야 하는지에 관한 문제도 발생한다. 이른바, 단체협약의 경합 문제이다. 우선, 단체협약의 규율 내용이 서로 다른 경우 또는 같더라도 유효기간이 상호 중첩되지 아니하는 경우에는 양자 간에 실질적인 경합은 발생하지 않을 것이다.[13] 다음, 동일한 근로관계의 내용을 동시에 상이한 내용으로 규율할 경우에는 실질적인 경합이 발생하게 될 것인데, 이에 대해서는 유리한 규정이 우선 적용되어야 한다는 견해도 있지만[14] '유리한 규정 우선의 원칙'이 노동법 전체에 적용되는 원칙은 아니라는 점 및 '유리한 규정 우선의 원칙'은 서로 다른 계위(階位)에 있는 법원(法源)들 사이에 적용되는 것인데 반해 단체협약의

서 단체교섭이나 노사협의 등을 하게 되어 있는 만큼 앞서 본 법리에 비추어 볼 때, 위 운영규정에도 불구하고 원고 지부를 노동조합으로 볼 수 있으려면 원고 지부가 실제로는 원고 조합의 위임이 없이도 독자적으로 단체교섭을 하고 단체협약을 체결하였는지를 비롯한 원고 조합과 원고 지부와의 실질적 관계가 더 밝혀져야 한다."

10) 유성재a, 583면; 박종희a, 283면. 박종희 교수는 "지부 · 분회의 독자적인 노동조합성이 인정된다면 그 자체만으로 완전한 단체교섭 당사자 지위와 단체협약 체결 능력을 가지는 것이므로 상급단위노조의 지시 내지 통제범위의 일탈의 이유로는 이미 성립한 단체협약의 효력에 영향을 미치지 않는 것으로 해석한다. 왜냐하면, 그와 같은 통제 내지 지시는 어디까지나 노조의 내부 조직상의 문제에 불과하기 때문이다(중략). 따라서 지부가 노동조합의 실질적 요건을 모두 갖추었다면 독자적인 협약체결능력을 가지며, 그 한도에서 성립한 단체협약은 지부 소속 조합원의 의사에 따른 것이므로 상급단위노조와 관계없이 유효하다"라는 견해를 보이고 있다.

11) 이철수a, 318면; 김기덕a, 220면 이하. 이철수 교수는 "지부 · 분회 등의 하부조직이 독자적 단체교섭 주체로 될 수 있는 길은 열려 있으며 그 판단은 하부조직이 조직으로서의 실체를 갖추고 있느냐의 여부에 달려있는바, 노동조합의 조직원리상 하부조직의 독자적 단체교섭권은 조합통제와의 관련상 내재적 제약을 받는다 할 것이다"라고 보고 있다(이철수b, 57면).

12) 대법원 2001. 2. 23. 선고 2000도4299 판결, 대법원 2008. 1. 18. 선고 2007도1557 판결, 대법원 2011. 5. 26. 선고 2011다1842 등 판결.

13) 박종희a, 293면.

14) Däubler, Tarifvertragsrecht, 3. Aufl., 1993, Rn. 1493 f.(유성재b, 271면에서 재인용).

경합의 경우에는 동일한 계위(階位)에 있는 법원들의 충돌이라는 점을 근거로 '유리한 규정 우선의 원칙'이 적용될 수 없다는 견해도 있다.[15] 개별 기업 차원에서 체결된 단체협약이 당사자의 의사 자치에 더 부합된다는 점과 단체협약 간에도 일반 법원칙인 특별법 우선 원칙을 적용할 수 있다는 점을 근거로 지부·분회가 체결한 단체협약이 우선한다는 견해가 유력하다.[16]

한편, 지부·분회의 노동조합성을 인정하고 단체교섭의 당사자 지위를 인정하는 견해에서는 당연히 지부·분회가 쟁의행위 능력을 갖는다고 보게 된다.[17] 지부·분회가 쟁의행위를 할 경우 찬반투표를 행하여야 하는 조합원의 범위에 대해 대법원은 지역별·산업별·업종별 노동조합의 경우에는 총파업이 아닌 이상 쟁의행위를 예정하고 있는 당해 지부나 분회 소속 조합원의 과반수의 찬성이 있으면 쟁의행위는 절차적으로 적법하고, 쟁의행위와 무관한 지부나 분회의 조합원을 포함한 전체 조합원의 과반수 이상의 찬성을 요하는 것은 아니라고 보고 있다.[18]

Ⅳ. 지부·분회가 독자적으로 조직형태 변경을 하는 것이 가능한지 여부

최근 산업별 노조나 지역별 노조의 기업별 지부·분회가 독자적으로 총회를 개최하여 기업별 단위노동조합으로 전환하는 사례가 많이 늘어나고 있는데, 지부·분회가 이러한 조직형태 변경을 할 수 있는지 논란이 되고 있다. 이에 대해서는 '전면긍정설', '전면부정설', '예외적 인정설' 등이 대립하고 있는데, 법원은 완화된 '예외적 인정설'의 견해를 가지고 있다고 볼 수 있다.[19] 이에 대한

---

15) 유성재b 273면.

16) 박종희a, 293면; 유성재a, 590면: 유성재b 274면(이를 '특별규정 우선의 원칙'이라고 지칭하고 있다). 하급심 판결 중에는, 사용자인 피신청인이 산별노조 지부와 체결한 2007년 임금교섭 임시협약이 그 상위 근거가 되는 산별협약인 2007년 단체협약의 실효로 함께 실효되었다고 주장한 것에 대해 법원이 지부협약의 근거가 산별협약이나 산별노조 본조의 위임에 있어 지부협약이 산별협약에 대한 관계에서 종속적 지위에 있다고 하더라도 산별협약과는 구분되어 별도로 교섭·체결된 독자적인 단체협약으로서의 성격 또한 인정되므로 일단 독자적인 단체협약으로 성립한 이상 지부협약의 유효기간은 산별협약의 유효기간과 별도로 정해진다고 판단한 것이 있다(광주지법 순천지원 2010. 9. 30.자 2010카합361 결정).

17) 이철수b, 59면.

18) 대법원 2004. 9. 24. 선고 2004도4641 판결.

19) 대법원 2016. 2. 19. 선고 2012다96120 전원합의체 판결. 대법원은 이 판결에서, 산업별 노동조합의 지회 등이더라도, 실질적으로 하나의 기업 소속 근로자를 조직대상으로 하여 구성되어 독자적인 규약과 집행기관을 가지고 독립한 단체로서 활동하면서 조직이나 조합원에

자세한 내용은 '조직형태의 변경 보론(補論)' 해설 참조.

[강 문 대]

고유한 사항에 관하여 독자적인 단체교섭 및 단체협약체결 능력이 있어 기업별로 구성된 노동조합에 준하는 실질을 가지고 있는 경우에는 노동조합법 16조 1항 8호 및 2항에서 정한 결의 요건을 갖춘 소속 근로자의 의사 결정을 통하여 종전의 산업별 노동조합의 지회 등이라는 외형에서 벗어나 독립한 기업별 노동조합으로 전환할 수 있다고 보았고, 나아가 산업별 노동조합의 지회 등이 독자적으로 단체교섭을 진행하고 단체협약을 체결하지는 못하더라도, 법인 아닌 사단의 실질을 가지고 있어 기업별 노동조합과 유사한 근로자단체로서 독립성이 인정되는 경우에도 노동조합법 16조 1항 8호 및 2항에서 정한 결의 요건을 갖춘 소속 근로자의 의사 결정을 통하여 종전의 산업별 노동조합의 지회 등이라는 외형에서 벗어나 독립한 기업별 노동조합으로 전환할 수 있다고 보았다.

제 3 절 노동조합의 관리

노동조합의 관리 전론(前論)

〈세 목 차〉

[참고문헌]

강선희, “대의원회 의결사항으로 규정하고 있는 ‘규약의 개정에 관한 사항’은 총회에서 의결할 수 있다”, 노동리뷰 116호, 한국노동연구원(2014. 11); **강희원a**, “노동3권의 법적 성격과 노동단체법”, 인권과 정의 286호, 대한변호사협회(2000. 6.); **결사의자유위원회결정요약집**, “결사의 자유, 결사의 자유 위원회 결정 요약집(제6판, 2018)”, 국제노동기구 사무국 편 · 이승욱 역, 한국노동연구원(2020. 6.); **고용노동부**, “개정 「노동조합 및 노동관계조정법」 설명자료”, (2021. 3.); **권오성**, “노조법 제17조 제1항 소정의 ‘총회에 갈음할 대의원회’의 의미”, 노동법학 52호, 한국노동법학회(2014); **권창영**, “노동조합원의 권리와 의무”, 사법논집 39집, 법원도서관(2004. 12.); **김교숙**, “노동조합의 관리와 자주성”, 노동법학 32호, 한국노동법학회(2009. 12.); **김기덕**, “노동조합 대의원회의 의결사항과 총회의 권한”, 2014 노동판례비평, 민주사회를 위한 변호사모임(2015); **김도형**, “조합원의 직접 선거에 의하지 않고 선출된 대의원으로 구성된 노동조합 대의원회 결의의 효력", 노동법률 106호, 중앙경제(2000. 3.); 김미영, "행정관청에 대한 노동조합의 자료제출의무와 과태료 부과에 대한 합헌 판단의 타당성", 노동리뷰 103호, 한국노동연구원(2013. 10.); 김선수, "노동조합 자치규범의 효력과 한계", Jurist 403호, 청림인터렉티브(2004. 4.); 김유성, "조합대표자의 단체교섭권한과 협약체결권한", 사법행정 34권 8호, 한국사법행정학회(1993. 8.); 김인재a, 노동조합 내부문제의 법적 규율, 서울대학교 대학원 박사학위논문(1996); 김인재b, "노동조합에 있어서 단결자치와 조합민주주의", 1998 노동판례비평, 민주사회를 위한 변호사모임(1999); 김인재c, "노동조합 내부관계의 법리", 노동법학 7호, 한국노동법학회(1997); 김인재d, "노동조합의 법적 성격과 내부문제의 법적 규율", 민주법학 13호, 민주주의법학연구회(1997); 민중기, "간접선거에 의한 대의원선출을 규정한 조합규약의 효력", 대법원판례해설 34호, 법원도서관(2000); 박승두, "단체협약체결권에 관한 고찰", 노동법학 4호, 한국노동법학회(1994); 박은정, "ILO 기본협약 비준과 한국 노동법의 과제", ILO 핵심협약 비준 이후 효과적 이행을 위한 과제 국제토론회, 한국노동조합총연맹 · 전국민주노동조합총연맹 · ILO노동자활동지원국(ACTRAV) 공동주최(2021. 4. 26. 발표); 박종희a, "노동조합 대의원회의 법적 지위, 권한과 선출상의 제문제", 노동법학 10호, 한국노동법학회(2000); 박종희b, "노동조합의 통제권의 법적 기초와 사법심사의 범위", 노동법학 9호, 한국노동법학회(1999); 이병태a, "노동조합대표의 단체협약 체결권 제한", 판례월보 277호, 판례월보사(1993. 10.); 이승길, "노동조합 재정의 투명성 논란에 대한 소고", 노동법률 167호, 중앙경제(2005. 4.); 정인섭, "지부 단위의 조직변경 결의", 노동법연구 18호, 서울대학교 노동법연구회(2005. 6.); 조용만a, "ILO '결사의 자유' 핵심협약 관련 노조법상의 쟁점 해결 방안 — 단결권에 관한 사항을 중심으로", 노동법학 68호, 한국노동법학회(2018.12.); 조용만b, "ILO 결사의 자유와 우리 법원의 과제", 대법원 노동법실무연구회 (2021. 3. 9. 발표); 최대권, "기본권의 제3자적 효력", 헌법학—법사회학적 접근, 박영사(1989); 최영진, "일본 노동조합 재정의 법적 규제에 관한 연구", 노동정책연구 6권 4호, 한국노동연구원(2006).

Ⅰ. 노동조합 조직 · 운영에 관한 규율 원리

1. 문제의 제기

현 노조법은 '3절 노동조합의 관리'에서 14조부터 27조까지 15개 조항을 두어 노동조합의 조직과 운영에 관하여 규정하고 있다.

일반적으로 노동조합의 내부관계는, ① 노동조합의 임원 선출, 기관 구성,

회의 절차, ② 노동조합의 운영 방침 또는 정책 집행, ③ 조합비 또는 조합 재정의 운영·지출 및 조합원의 권리·의무, ④ 노동조합의 조합원에 대한 통제처분, ⑤ 노동조합의 분할·합병에 따른 조직의 동일성, 조합 재산의 귀속 등으로 나누어 볼 수 있다.

역사적으로 볼 때 국가나 노동조합도 노동조합에 대한 규율과 관련하여 주로 대외적 측면인 국가 또는 사용자와의 관계에서 단결권, 단체협약, 쟁의행위 및 부당노동행위에 관하여 관심을 가져왔고, 상대적으로 노동조합의 내부적 측면인 노동조합의 조직·운영에 대해서는 크게 관심을 기울이지 않았다.

이는 노동조합의 역사적 발전 과정과 본질적 성격에 비추어 볼 때, 노동조합의 존립과 활동에 대한 합법성을 획득하고 국가 및 사용자에 대한 자주성을 확보하는 것이 보다 중요하였기 때문이었다고 할 수 있다.[1] 따라서 노동조합 내부관계의 규율에 관해서도 단결자치(자주성)의 관점이 더 큰 영향을 미쳐 왔다.

그러나 오늘날 노동조합은 근로자 및 조합원들의 생존권적 생활이익을 옹호하는 기능을 수행할 뿐만 아니라, 정치·사회·경제적으로도 커다란 영향력을 행사하고 있고, 그 역할과 실질적 권한이 증대됨에 따라 노동조합 운영에서 일부 임원의 부패 또는 조합원의 권리 침해 등이 문제가 되기도 하며, 투쟁의 효율성이라는 명목으로 운영의 관료화 현상뿐 아니라 근로자들 사이의 극단적인 의견 대립[2]이 나타나기도 한다.

노동조합의 궁극적 목적이 조합원인 근로자들의 생활이익 옹호에 있다고 볼 때, 노동조합의 운영에 조합원의 참여가 배제되고 그들의 권리가 침해되는 경우에는 오히려 그 단결 목적에 반한다고 할 수 있으므로, 노동조합의 조직·운영에서 민주주의가 요청되는 것은 당연하다.

이에 따라 대부분의 국가는 노동조합의 자주성과 단결자치를 법적으로 승인하는 한편, 노동조합의 민주적 운영과 조합원의 권리 보호를 위하여 노동조합의 내부관계를 사법심사의 대상으로 하고 실정법으로 이를 규율하고 있다.[3] 그러나 이러한 외부적 규율은 형식상 단결자치와 대립하는 것처럼 보이고, 과도한

---

1) 김인재a, 1면.

2) 1996년경 전국철도노동조합에서 조합비 징수 범위를 확대한 대의원회 결의의 효력을 둘러싸고 발생한 노조 집행부와 조합원들 사이에서 발생한 갈등이 대표적 사례이다. 이와 관련한 분쟁에 대해서는 대법원 2000. 1. 14. 선고 97다41349 판결 참조.

3) 김인재a, 2면.

규율은 단결자치의 본질을 침해할 우려가 있게 되므로, 그 적정한 한계의 설정(목적의 정당성, 수단의 적합성, 침해의 최소성, 법익의 균형성 등 과잉금지 원칙의 준수)이라는 어려운 문제가 발생한다.

2. 노동조합 내부관계의 규율에서 단결자치와 민주주의 원리

노동조합은 외부 세력으로부터 독립하여 스스로의 판단과 선택에 따라 자주적으로 운영되고, 또한 모든 조합원이 차별 없이 참가하고 조합원의 민주적인 토론을 거쳐 형성된 다수 의사에 따라 운영되어야 한다. 이러한 자주성과 민주성은 노동조합의 본질에서 요청되는 지도 이념 내지 원리로 이해되고 있다.[4] 일반적으로 노동조합의 자주성은 단결자치의 원칙에, 노동조합의 민주성은 조합민주주의의 원칙에 각각 대응한다고 볼 수 있다. 그렇지만 조합민주주의의 요청은 단결권 보장에 내재하는 것으로서 조합원의 기본적 인권 보장과 더불어 단결자치의 제약 원리로 기능하기도 한다.[5]

가. 단결자치의 의의와 내용

일반적으로 단결자치란 노동조합이 조직형태나 내부운영 및 대외적 활동과 관련하여 자주적으로 결정하고 행동하며 또 그에 대하여 외부로부터 간섭받지 않는다는 것을 의미한다.[6] 자본과 대립하고 동시에 국가권력에 의한 탄압과 간섭을 받아왔던 노동조합의 역사성과 본질에서 단결자치는 당연히 요청되는 원칙으로 단결권을 보장하고 있는 헌법 33조에 의하여 법원칙으로 승인되어 있다.[7]

(1) 국가에 대한 단결자치

단결자치는 일반적으로 노동조합의 내부운영에서 국가에 대한 자주성과 자본(사용자)에 대한 자주성을 의미한다. 즉, 먼저 국가(입법 · 행정 · 사법)가 노동조합의 조직 · 운영에 대한 개입을 자제해야 한다는 것이 단결자치의 핵심이 되며, 구체적으로 노동조합의 조직 · 운영에 관하여 법률이 직접적으로 간섭하지 않을 것을 요구한다. 이는 공공정책을 시행하거나 공익을 목적으로 하는 단체의 조직

4) 김인재c, 113면.
5) 西谷 敏b, 610~611면.
6) 김인재b, 274면.
7) 김인재b, 275면.

과 운영에 관하여 법률이 직접적인 규율을 하는 것과 대비되며, 또 민법상 사단법인에 대하여 거래의 안전과 제3자의 보호를 위하여 법률상 일정한 요건을 갖추도록 하고 행정관청의 감독권이 규정되어 있는 것과도 대비된다.[8)]

ILO 87호 협약(결사의 자유 및 단결권 보호에 관한 협약) 3조는 “1. 노동자단체 및 사용자단체는 그들의 규약과 규칙을 작성하고, 완전히 자유롭게 대표자를 선출하며, 관리 및 활동을 조직하고, 사업을 수립할 권리를 가진다. 2. 공공기관은 이 권리를 제한하거나 이 권리의 합법적인 행사를 방해하는 어떠한 간섭도 삼간다.”라고 규정하고 있다. 이러한 원칙에 따라 국가에 대한 단결자치가 구체적으로 실현되는 모습은 다음과 같다.

㈎ 규약 작성

근로자단체가 규약을 완전히 자유롭게 작성할 권리를 보장하기 위해 국내법은 노동조합 규약에 대한 형식적 요건만을 규정해야 하고, 규약은 공공당국에 의한 사전 허가의 대상이 되어서는 안 된다.[9)] 노동조합 규약이 국내법상 요건을 준수해야 한다는 규정은 그 법적 요건 자체가 결사의 자유 원칙을 침해하지 않고 권한 있는 당국에 의한 해당 규약의 승인이 그 당국의 재량권에 속하지 않는 경우에만, 근로자단체는 완전히 자유롭게 규약 및 규정을 제정할 권리가 있다는 원칙을 위반하는 것이 아니게 된다.[10)]

공공당국의 결정에 따라 규약에 ‘노동조합은 일련의 문서(참석자 명단, 회계감사인 보고서, 총회 회의록 등)을 매년 정부에 제출해야 하고, 소정의 기간 내에 이를 불이행한 경우에는 노동조합이 아닌 것으로 간주하는 조항’을 삽입하도록 하는 것은 규약을 작성할 권리 및 공공당국의 개입으로부터 자유롭게 노동조합의 운영과 활동을 조직할 권리와 상충된다.[11)]

㈏ 임원 선출

ILO 87호 협약 3조에 따라 근로자는 완전히 자유롭게 그 대표를 선출할 수 있는 권리를 가져야 하고, 임원 선출 조건을 정하는 것은 노사단체의 권리이며,

---

8) 민법 31조(법인성립의 준칙), 32조(비영리법인의 설립과 허가), 37조(법인의 사무의 검사, 감독), 38조(법인의 설립허가의 취소) 등 관련 규정 참조.

9) 결사의자유위원회결정요약집, 138면(565). 괄호 안의 숫자는 이 책의 사례 번호이다. 이하 각주에서 같다.

10) 결사의자유위원회결정요약집, 138면(567).

11) 결사의자유위원회결정요약집, 140면(577).

당국은 그러한 노사단체의 권리 행사에 부당한 개입을 자제해야 한다.[12)]

노동조합 임원의 자격 요건 결정은 규약에 따라 노동조합의 재량에 맡겨야 하며, 공공당국은 이 권리 행사를 저해할 수 있는 일체의 개입을 자제해야 하고,[13)] 특정 직종 또는 사업장의 구성원일 것을 임원의 자격 요건으로 하는 것은 그 대표를 완전히 자유롭게 선출할 수 있는 근로자의 권리와 부합하지 않는다.[14)] 임원 임기를 정하는 것도 노동조합 자신에게 맡겨야 하며, 임원의 임기 상한을 정하거나 재선출을 제한하는 법은 완전히 자유롭게 대표를 선출할 단체의 권리를 침해한다.[15)16)]

또한 정치적 신념이나 정당 가입을 이유로 노동조합 임원 자격을 박탈하는 법은 완전히 자유롭게 대표를 선출할 수 있는 조합원의 권리와 부합하지 않는다.[17)] 노동조합의 선거 결과에 대하여 이의가 제기된 사건은 공정하고 객관적인 절차를 보장하기 위해 사법당국에 의해 심사되어야 한다.[18)]

㈐ 조직 운영 활동

결사의 자유는 노동조합이 자유롭게 그 운영과 활동을 조직할 수 있는 권리를 포함한다. 따라서 노동조합의 최고기관인 조합원 총회를 금지하는 경우, 노동조합이 선출된 임원이 아닌 전문가(노사관계전문가, 변호사 또는 사법절차나 행정절차의 대리인)의 서비스를 이용하지 못하는 방법으로 법이 적용되는 경우, 연합단체가 가맹 조합으로부터 수령할 수 있는 금액에 대하여 법적 제한을 하는 것, 정부에 대해 노동조합 기금을 감사할 권리를 유보하는 조항 등은 결사의 자유 원칙과 충돌한다.[19)] 노동조합 재정에 대해 공공당국이 행사하는 통제는 일반적으로 정기적인 보고서 제출 의무를 초과하여서는 안 되고, 언제라도 검사를 하고 정보를 요청할 수 있는 당국의 재량적인 권리는 노동조합 내부운영에 대

12) 결사의자유위원회결정요약집, 143면(587, 588).
13) 결사의자유위원회결정요약집, 147면(606).
14) 결사의자유위원회결정요약집, 148면(609).
15) 결사의자유위원회결정요약집, 146면(598), 154면(631).
16) 노조법 23조에서는 노동조합의 임원 자격은 규약으로 정하되, 하나의 사업 또는 사업장을 대상으로 조직된 노동조합의 임원은 그 사업 또는 사업장에 종사하는 조합원 중에서 선출하도록 정해야 하고, 임원의 임기는 규약으로 정하되 3년을 초과할 수 없도록 규정하고 있어서, 위 각주 12)~15)의 ILO 결사의자유위원회의 결정 내용과 일정 부분 배치된다. 이 문제에 대해서는 노조법 23조의 해설 부분에서 다시 상설한다.
17) 결사의자유위원회결정요약집, 150~151면(618).
18) 결사의자유위원회결정요약집, 157면(648), 158면(651).
19) 결사의자유위원회결정요약집, 163면(669, 670), 170면(703), 171면(708).

한 개입의 위험을 수반한다.[20]

그러나 법에서 노동조합에게 부정 방지의 목적으로 노동부에 의해 날인되고 페이지 번호를 부여한 회계장부를 사용하도록 하는 것은 노동권 침해에 해당하지 않으며,[21] 매년 지정된 양식에 따라 재무제표를 당국에 제출하고 그 재무제표 중 명확하지 않을 수 있는 부분에 대해 기타 자료의 제출을 요구하도록 하는 법규정은 그 자체로는 노동조합의 자율성을 침해하지 않는다.[22]

(2) 사용자에 대한 단결자치

사용자로부터 보호되어야 할 단결자치는 주로 노동조합의 인적 구성과 재정 운영의 측면에서 문제가 된다.[23] 노조법은 노동조합에 사용자 또는 그 이익대표자의 참가를 허용하는 경우와 경비의 주된 부분을 사용자로부터 원조받는 경우를 노동조합의 결격 요건으로 규정하고(법 2조 4호 단서 가목 및 나목), 사용자가 노동조합의 운영비를 원조하는 행위를 원칙적으로 부당노동행위로 규정하여 금지하며(법 81조 1항 4호), 노동조합의 쟁의행위에 대한 손해배상 청구의 제한(법 3조)을 규정하고 있는데, 이는 사용자에 대한 노동조합의 자주성을 확보하기 위한 것이다.

그러나 이러한 규정들을 지나치게 형식적으로 해석할 경우 오히려 단결자치를 침해할 우려가 있으므로, 이를 해석하는 경우에도 실질적 자주성 확보에 유의해야 한다.[24]

(3) 단결자치에 대한 법적 규율

노동조합도 그 조직과 운영 과정에서 다른 인적 단체와 마찬가지로 제명 등 통제처분, 조합비 사용, 임원 선거 등의 내부문제와 관련하여 다양한 분쟁에 직면하게 되고, 그 과정에서 국가가 실정법이나 사법심사에 의하여 개입하게 되는 것은 불가피하다. 국가가 실정법을 통하여 노동조합의 내부문제에 대하여 단결자치를 어느 정도 제약할 수 있고, 법원은 어디까지를 사법심사의 대상으로

20) 결사의자유위원회결정요약집, 172면(711).
21) 결사의자유위원회결정요약집, 171면(708).
22) 결사의자유위원회결정요약집, 171~172면(710).
23) 김인재c, 118면.
24) 단체교섭의 결과로 사용자로부터 부족한 노동조합의 재원 중 일부를 받기로 한 경우도 상정할 수 있는데, 이를 노조법의 경비·운영비 원조 금지 규정을 위반한 것으로만 보는 것은 오히려 단결권 행사의 결과를 침해할 수 있다.

할 수 있는지가 단결자치의 한계로서 문제가 되는데, 개별 조합원의 생존권·단결권·근로권·시민적 자유를 구체적 내용으로 하는 조합민주주의라는 법적 보호이익이 국가 개입의 정당성과 한계로 작용한다.

나. 조합민주주의의 법적 근거와 내용

조합민주주의가 법적으로 요청되는 근거는 일반적으로 노동조합의 역사적 존립 근거, 노동조합의 규범 창조 권능, 헌법상 단결권 보장의 규범 내용, 민주사회의 조직윤리, 단결체의 권력 남용으로부터 구성원의 이익 보호, 노동조합과 구성원 사이의 이익 조정 원리, 조합원에 의한 조합간부 통제의 필요성 등을 들 수 있다.[25)]

노동조합은 노동력 상품의 매매를 위하여 사용자와 교섭하고 투쟁을 전개할 때 필연적으로 조합원의 직접 참가에 의한 집단행동을 매개로 하므로, 집단행동을 규율하고 보장하는 조직 원리로서 민주주의는 노동조합의 조직과 행동의 원리가 되어야 한다. 따라서 헌법 33조의 단결권 보장에서 조합민주주의의 헌법적 근거를 구할 수 있고,[26)] 나아가 헌법상 기본권의 제3자적 효력에서도 조합민주주의의 헌법적 근거가 도출될 수 있다.[27)]

이러한 민주성이 요청되는 근거로 위와 같은 노동조합이 가지는 본래의 조직적·기능적 측면 뿐 아니라 단체협약의 구속력과 관련된 측면에서 찾는 견해도 있다. 즉, 단체협약은 보통의 계약과는 달리 집단적 규범 계약으로서 특수성을 가지게 되므로 그 규범적 효력이 인정되기 위해서는 규범 수규자(즉 조합원인 근로자)의 수권적 동의가 있어야 하고, 노동조합 내부의 의사 형성 과정에서 전체 조합원의 참여가 보장되지 않는다면 노동조합의 대표성과 단체협약의 규범적 효력의 귀속을 정당화하지 못하며, 이와 같은 노동조합과 그 구성원의 자동성(自同性) 원리는 조합의 민주성, 즉 조직과 운영에서 조합원의 총의가 지배하고 조합원의 총의를 존중하는 노동조합 내부의 질서 원리임과 동시에 단체협약 규범적 효력의 귀속에 대한 정당성의 기초로 작용한다는 것이다.[28)]

---

25) 西谷 敏, “ドイツ労働法思想史論 — 集団的労働法”における個人·団体·国家”, 日本評論社(1987), 541~543면. 김인재b, 280면에서 재인용.

26) 近藤昭雄, “労働組合の統制機能と小数組合員の権利”, 日本労働法学会誌 37호, 131면. 김인재b, 280면에서 재인용.

27) 최대권, 155~174면.

28) 김형배, 1088~1089면.

조합민주주의의 내용은 학자에 따라 다양하게 표현되고 있지만 대체로 조합원의 권리 측면에서 평등권, 참여권, 선거·투표권, 언론·집회·결사의 자유 및 절차적 정의에 관한 권리 등으로 유형화할 수 있다.[29)]

다. 노동조합 내부관계의 규율과 법의 역할

최소한의 조합민주주의 확보를 위하여 법의 규율이 필요하다고 볼 때, 노동조합의 내부관계에 관한 국가의 권력작용이라는 점에서 외견상 또는 형식적으로 단결자치의 원리와 충돌하는 것처럼 보일 수 있다. 그러나 조합민주주의의 충분한 실현은 노동조합의 자기 교정·자율 능력을 강화하고 오히려 법의 과도한 간섭을 배제할 수 있다는 의미에서 단결자치를 증진시키며 실질적으로 단결권을 보장한다. 즉, 조합민주주의는 단결권 보장의 내재적 요청 또는 기본권의 제3자적 효력에 의하여 법적으로 요청되는 원리로서 단결자치와 조화를 이루면서 헌법상 보장되는 단결권과 단체교섭권, 단체행동권의 구체적 실현에 기여한다.

이와 관련하여 ILO 결사의 자유 위원회는 "노동조합의 내부운영에 대해 상세하게 규율하는 법조항은 공공당국의 개입이라는 중대한 위험을 제기한다. 공공당국이 그러한 조항이 필요하다고 간주하는 경우 그 조항에서는 운영과 관리에 관하여 노동조합에 최대한의 자율성을 부여하도록 하는 전체적인 제도의 틀만 확립해야 한다. 이러한 원칙에 대한 제한은 조합원의 이익 보호와 노동조합의 민주적 운영 보장을 유일한 목적으로 해야 한다. 나아가 노동조합의 자유로운 운영에 대해 과도하거나 자의적인 개입의 위험을 피할 수 있도록 공평하고 독립적인 사법기구에 대한 제소 절차가 존재해야 한다."라는 결정을 내린 바 있다.[30)]

따라서 국가가 노동조합 내부관계를 실정법을 통하여 규율한다고 할지라도 그 보호이익은 조합민주주의의 확보라는 목적에 한정되어야 하고, 그 개입의 정도도 조합민주주의라는 정당성을 달성하는 데 필요한 최소한도에 그쳐야 한다. 실정법이 규율할 수 있는 최소한의 전제 조건으로 노동조합 내 균등처우의 원칙, 조합 의사 결정·대표자 선임에 대한 참가권, 언론·표현의 자유, 노동조합 내 집회 및 결사의 자유와 적정 절차의 확보 등을 들 수 있다.

결론적으로 노동조합의 내부운영에서 중요한 가치인 자유·권리와 민주주

---

29) 김인재b, 283면.

30) 결사의자유위원회 결정요약집, 137면(563).

의를 위한 법적 규율은 그 이데올로기적 힘의 바탕이 되는 집단적 이익과 진정한 근로자의 참가를 촉진하는 방향으로 이루어져야 하고, 실정법은 그 이념, 원칙을 실현하기 위한 최소한의 규율만을 하며 구체적인 실천 내용은 노동조합 스스로가 자율적인 규범으로 정립할 수 있도록 하는 데 그쳐야 한다.[31)]

Ⅱ. 노동조합 내부관계에 관한 주요 국가의 입법례

노동조합의 내부관계, 즉 노동조합과 조합원의 관계는 법적으로 노동조합을 사단으로 보아 그 내부관계를 민법상 사단과 같이 노동조합과 조합원의 관계로 설명하는 견해(사단설)와 노동조합을 법적으로는 단체로 파악하지 않고 근로자 간의 합의(계약)로 파악하는 견해(계약설)가 있다. 나아가 노동조합의 내부관계를 민법상 사단 법리로 구성할 때도 그 법적 준거에 따라 임의단체설, 민법상 사단설, 헌법상 단결체설 등으로 견해가 나뉘며, 조합원과 노동조합의 관계에 대해 조합원이 노동조합의 권력에 복종하는 권력관계인가, 조합원과 노동조합이 대등하게 나타나는 계약관계인가에 대한 학설의 대립이 있다.

이러한 학설들은 노동조합 구성 원리의 양대 축인 단결자치와 조합민주주의가 구체적으로 어떻게 실현되어야 하는지, 더 나아가 노동법과 시민법의 관계에 대한 입장 차이에서 비롯된 것으로 볼 수 있고, 노동조합의 의사 결정 절차와 그 효력, 조합원의 권리·의무, 조합원에 대한 통제처분 등의 구체적인 법률문제에 대하여 상이한 결론을 도출하게 된다.

1. 영　　국

가. 노동조합의 법적 지위

전통적으로 영국에서는 노동조합을 임의사단(voluntary association)으로 파악하고 노동조합에 법인격을 인정하지 않았으므로, 법인격 없는 사단에 불과한 노동조합은 독립된 실재로서 계약당사자, 재산 소유의 주체 및 소송상의 주체가 될 수 없었다. 현행법에서도 노동조합은 법인격 없는 사단으로 되어 있다. 즉, 1992년 7월에 제정된 '노동조합 및 노사관계(통합)법[Trade Union and Labour Relations (Consolidation) Act, 이하 'TULRCA'라 한다]' 10조는 "노동조합은 법인이

31) 김인재a, 63면.

아니고 법인인 것처럼 취급되지도 않는다. 다만, 노동조합은 ① 계약을 체결할 수 있고, ② 재산목록을 자신의 수탁자(trustee)에게 부여함으로써 자신의 재산을 소유할 수 있고, ③ 자신의 이름으로 소송을 제기하거나 제기당할 수 있고, ④ 자신의 이름으로 기소될 수 있으며, 법인에 대한 것처럼 동일하게 판결의 효력이 인정될 수 있다"라고 규정하고 있다. 법은 이를 준법인적 지위(quasi-corporate status)라고 정의하고 있다. 이와 같이 노동조합은 법인격은 갖지 않지만 단체로서 대외적으로 활동을 하는 데에 준법인적 지위를 누릴 수 있다.[32)]

나. 노동조합 내부관계에 대한 법적 규율

노동조합의 내부관계는 단결권 및 노동조합에 대한 민·형사상 면책을 실정법으로 보장한 후에도 실정법과 법원의 간섭 없이 노동조합의 자치에 맡겨져 있었다.[33)] 이러한 실정법의 태도 아래에서 초기의 노동조합은 스스로의 경험과 목적에 근거하여 조합원의 자격, 조합원 사이의 관계 및 총회, 임원 선출의 방법 등에 관한 사항을 자유롭게 규정한 조합규약에 따라 조직·운영되었고, 법원도 이에 개입하지 않는 완전 자치(complete autonomy)를 누릴 수 있었다.

그러나 법원은 곧 정책 중심을 '완전 자치'에서 '규약 자치(constitutional autonomy)'로 이동시켜 근로자의 노동조합 가입·탈퇴, 징계·제명, 조합규약의 규율 등 노동조합의 내부관계에 대해 사법적 개입을 하였고, 보통법상 공정행위의무(duty to act fairly),[34)] 월권 무효(ultra vires)의 법리[35)] 등을 그 근거 법리로 삼았다.

이후 1970년부터 보통법상 사법적 개입의 법리를 실정법에 반영하기 시작하였는데, 1980년대의 실정법적 개입 정책은 1990년대에도 계속되어 노동조합, 노사관계 및 쟁의행위에 관한 일련의 실정법들을 모두 통합하는 것으로 귀결되어, 1992년 7월 TULRCA가 제정되었다. 이 법은 근로자 및 조합원의 개인적 권

---

32) 권창영, 147~148면.

33) 1824년의 단결금지법 폐지 후 1825년에 다시 입법된 단결금지법은 근로자의 일정한 행위를 범죄로 규정하는 규정 및 일정한 단결행위를 면책하는 규정 등으로 구성되어 있었고, 노동조합의 내부관계에 대해서는 아무런 규율이 없었다. 김인재a, 66면 이하 참조.

34) 재량권을 행사하는 법적 기관은 그 권한을 공정하게 행사해야 한다는 행정법 영역의 이론으로, 상대적으로 엄격한 절차적 요건을 요구하는 자연적 정의의 대안으로 사용되었다고 한다. 김인재a, 74면.

35) 월권 무효의 법리란 법인은 그것을 설립한 증서에 의하여 인정된 실정법상의 목적만을 추구할 것이 허용되고, 실정법상 인정되지 않는 모든 경우는 권한을 넘는 행위로 무효로 한다는 법리이다. 김인재a, 74면.

리 · 자유의 보호와 조합민주주의 실현이라는 정책 목표를 달성하는 데 그 입법 취지가 있다.

이에 따라 TULRCA에서는 개인이 노동조합의 구성원이거나 구성원이 아니라는 것을 이유로 고용을 거부하는 것을 위법으로 규정하고(137조), 조합원의 탈퇴권을 보장함으로써 유니언 숍 제도를 제한하는 한편, 실정법상 '허용된 이유(permitted reasons)'에 의하지 않고는 노동조합으로부터 가입 배제 또는 제명당하지 않을 일반적 권리를 규정함으로써 그 제한을 더욱 강화하였다.[36] 또한, TULRCA는 노동조합의 회계를 비롯한 내부 관리에 대하여 상세한 규정을 두고 있는데, 이에 따르면 노동조합은 조합원의 이름과 주소의 기록부를 작성 · 보관해야 하고(24조 1항), 회계장부 및 회계감사관의 보고서를 첨부한 조합 사무에 관한 연례보고서를 매년 확인관에게 제출해야 하며(32조), 이러한 회계장부 유지 의무를 해태한 경우에는 형사처벌하도록 규정하고 있다(32조A, 38조).

이러한 영국의 입법정책의 핵심은 영국 경제의 회복을 위해서 노동조합이 민주적으로 운영되고 조합원의 자유와 권리가 보호되어야 하며 이를 위하여 실정법이 노동조합의 내부관계에 직접적으로 개입할 필요가 있다는 것으로, 역으로 노동조합의 권력과 면책특권을 해체하는 것을 의미하였다.[37]

2. 미 국

미국에서도 상당 기간 동안 노동조합 내부관계에 대하여 실정법은 아무런 규정을 두지 않았다. 1935년 Wagner법[공식 명칭은 전국노동관계법(National Labor Relations Act)]은 부당노동행위제도와 배타적 교섭제도의 규정을 통해 노동3권을 확고하게 법적으로 보장하였으나, 노동조합의 내부관계에 대하여는 원칙적으로 아무런 규정을 두지 않았다. 그러나 2차 대전 이후 노동조합의 강력한 권한을 억제하려는 정책이 시행되어, 1959년 제정된 Landrum-Griffin법[공식 명칭은 노사보고공개법(Labor Management Reporting and Disclosure Act)]은 공적 권능과 특권을 부여받은 노동조합은 근로자 · 조합원과의 관계에서 공적 기능을 수행하는 공적

36) 1993년 노동조합 개혁 및 고용권법(Trade Union Reform and Employment Rights Act) 14조(TULRCA 174조의 개정).

37) 이러한 입법정책에 대해서는 노동관계법제에서 사용된 민주주의의 개념이 본질적으로 개인주의적 모델에 기초한 것이고, 근로권의 개념이 선별적으로 사용되고 있으며, 법이 단결자치를 위협할 정도로 노동조합 운영에 상세하게 개입한다는 비판이 제기되었다. 김인재a 92~93면.

단체이므로, 국가는 이를 확보하기 위하여 노동조합의 내부관계를 실정법적으로 규율해야 한다고 보아, 입법적으로 노동조합의 민주적 운영을 강제하는 규정을 두었다.

가. 평 등 권

Landrum-Griffin법 101조 a항 1호[29 U.S.C. §411 (a) (1)]는 "노동조합의 조합원은 노동조합에서 규약 및 세칙이 정하는 합리적인 규칙·규정에 따라 후보자를 지명하고, 선거 또는 전원 투표에서 투표하며, 조합원 집회에 출석하거나 집회의 의사 결의 및 투표에 참가하는 평등한 권리 및 특전을 가진다"라고 규정함으로써 조합원의 평등권을 보장하고 있다. 조합원은 평등권을 포기하거나 배제당할 수 없고, 조합원을 차별하거나 평등한 투표권·발언권을 제한하는 규약은 무효이다.[38]

나. 언론·집회의 자유

모든 조합원은 다른 조합원과 자유롭게 집회·회합을 하고, 견해·논의 또는 의견을 진술하며, 집회 운영에 관한 노동조합의 규약상의 합리적인 규칙에 따라 조합 집회에서 조합 선거후보자 또는 적정하게 부의된 의사 사항에 관하여 견해를 진술할 권리를 가진다.[39]

따라서 직장이나 공개된 장소에서 의견을 진술하거나 인쇄물을 배포하는 것도 통제처분의 대상이 되지 않으며, 조합 임원에 대한 비판은 통렬성 내지 비난성이라는 노동조합 내 논의의 성질상 진지하게 이루어지는 한 명예훼손이 성립하지 않는다.[40]

다만, 조합원의 표현의 자유가 무제한으로 허용되는 것은 아니며, 자유언론권의 행사에 대한 보복으로 조합 임원을 해임하는 것은 일반적으로 불법이지만,[41] 노동조합의 직원 또는 임명된 임원이 조합 정책을 반대하는 경우[42] 또는 조합 선거에서 후보를 사퇴시키는 경우에는 이를 이유로 합법적으로 징계할 수 있다.[43]

38) 권창영, 149면.

39) Landrum-Griffin법 101조 a항 2호[29 U.S.C. §311 (a) (2)].

40) Salzhandler v. Caputo, 316 F.2d 445 (2d. Cir., 1963). 김인재a, 109면 이하에서 재인용. 이하 각주 41) ~ 43)도 같다.

41) Wood v. Dennis, 489 F.2d 849 (CA 7, 1973).

42) Sewell v. Grand Lodge, ect., 445 F.2d 545 (5th Cir., 1971).

43) Wambles v. International Brotherhood of Teamsters, ect., 488 F.2d 888 (5th Cir., 1974).

다. 조합원의 정보 공개 요구권

노동조합의 위원장 또는 임원은 노동조합의 주사무소에 노동조합이 체결한 단체협약의 사본을 보관해야 하며, 당해 단체협약에 의하여 그 권리에 영향을 받는 조합원 또는 근로자가 열람할 수 있게 해야 한다(29 U.S.C. §411). 이 규정은 근로자들에게 단체협약상 그들에게 적용되는 근로조건 및 사회보장급여의 내용을 알 수 있게 함으로써 단체협약상의 권리를 실효성 있게 하려는 것이다.[44]

라. 조합원의 권리 보호

노동조합 또는 노동조합의 임원, 대리인, 직장위원 기타 대표자 또는 그 직원이 Landrum-Griffin법에서 조합원에게 보장된 권리를 행사한 것을 이유로 조합원에게 벌금, 자격정지, 제명 기타 징계를 하는 것은 불법이다(29 U.S.C. §529). 위 법에 보장된 권리를 침해받은 자는 연방지방법원에 민사소송을 제기하여 중지명령을 포함한 적정한 구제를 받을 수 있다(29 U.S.C. §412). 이 규정들에 의하여 보호되는 조합원의 권리는 절차적으로 부당한 조합 징계를 받지 않을 권리뿐만 아니라 노동조합의 정치적 과정에 대한 균등한 참가에 관한 권리, 언론·집회의 자유, 사법적·행정적 구제를 구할 권리 및 단체협약의 복사권 등도 포함된다.[45]

또한 노동조합은 규약상 합리적인 규정에 의하여 근로자를 징계할 수 있는 경우에도, ① 조합원에게 징계사유를 정확히 기재한 문서의 통지, ② 항변의 준비를 위한 합리적인 기간의 부여, ③ 완전하고 공정한 심문을 부여할 의무를 부담한다. 다만, 조합비를 미납한 조합원에게는 적용되지 않는다(29 U.S.C. §411).

마. 노동조합의 운영

노동조합은 규약과 규칙을 채택하고 그 사본을 노동부장관에게 제출해야 한다. 또 노동조합은 매년 지난 회계연도의 재정 상태와 재정 운영을 상세히 기재한 재정보고서를 노동부장관에게 제출해야 한다(29 U.S.C. §431).

노동조합의 임원과 직원은 자신 및 배우자 또는 미성년자녀가 직·간접적으로 소유한 재산 또는 기타 이익의 현황을 작성한 보고서를 매년 노동부장관에게 제출해야 한다(29 U.S.C. §433). 사용자도 노동조합 또는 그 임원·직원 등에

44) 김인재a, 111면.
45) 김인재a, 111~112면.

게 금품 기타 이익을 제공하거나 제공하기로 합의·약속한 경우에는 그 현황을 작성한 보고서를 매년 노동부장관에게 제출해야 한다(29 U.S.C. §433).

이상의 노동부장관에게 제출해야 할 보고서 또는 문서의 내용은 공개정보가 되며, 문서 및 보고서의 제출 의무를 위반한 자는 형사처벌된다[29 U.S.C. § 435(a), 439].

또한 Landrum-Griffin법은 법에서 정한 공정성 기준에 따라 노동조합의 임원을 정기적으로 선거하도록 규정하면서 지방조합의 경우에는 3년, 전국조합의 경우에는 5년, 그 외의 중간 기구는 4년마다 선거하도록 하고 있고(29 U.S.C. §481), 공고 등 선거 절차에 대해서도 법률로 규정하고 있다[29 U.S.C. §481 (c)~(g)].

이상과 같은 미국의 입법정책은 개인의 자유뿐 아니라 조합민주주의를 실현하기 위하여 실정법을 통하여 정부가 적극적으로 노동조합의 운영에 개입하도록 하고 있는데, 그 근거를 미국 노동법상 노동조합이 가지는 권력적 모습과 단체교섭의 기능과 권한에서 찾고 있다. 즉, 노동조합은 임금·근로시간 및 기타 고용조건을 협상하면서 근로자 개인의 취약성을 집단행동의 경제적 권력으로 대체하고, 조합원들의 직업 보장 수단으로서 역할을 하며 선택된 대표자를 통해 근로자들을 경영자로서 공동 참여하도록 하고 있으므로, 이처럼 조합원의 정부인 노동조합도 조합원의 요구에 민감히 대응해야 한다는 것이다. 이에 따라 미국에서는 민주적 기준을 강제하기 위하여 단결자치를 제약하는 것은 불가피한 현상이라고 받아들여 왔다.

3. 독 일

가. 노동조합의 법적 지위

독일에는 노동조합의 법적 지위에 관한 특별법 또는 특별규정은 존재하지 않고, 연혁적으로 노동조합을 민법상 사단, 특히 사용자단체와 함께 직업단체로 취급해 왔으며, 그 내부관계도 사단의 내부문제에 관한 일반론의 차원에서 논의되어 왔다. 그러나 사용자단체는 일반적으로 권리능력을 가지는 사단법인임에 대하여, 노동조합은 전통적으로 법인격의 취득을 기피함으로써 대부분 권리능력 없는 사단으로 남아 있었다. 구 민법 시대에는 노동조합이 국가의 간섭 가능성에 대한 의구심 때문에 권리능력 없는 사단으로 남아 있었는데, 현행 독일 민법에서도 사단에 대한 규율과 사단 임원에 대한 손해배상책임 부담 등의 규정의 적용을 우려하여 노동조합은 법인격을 취득하려 하지 않는다.

그 결과 권리능력 없는 사단에 관한 독일 민법 54조[46]의 규정에 따라 노동조합에 대해서는 원칙적으로 독일 민법의 조합(Gesellschaft)에 관한 규정이 적용되고 있었다. 그러나 법인격을 전제로 하는 규정을 제외하고 사단법인에 관한 규정을 권리능력 없는 사단에도 유추적용해야 한다는 견해가 통설이 됨으로써, 독일 민법 54조는 더 이상 노동조합에 대하여 적용되지 않게 되었다.

나. 노동조합 내부관계에 대한 법적 규율

노동조합의 내부관계에 대하여도 사단법 차원에서 사단 일반의 내부관계에 관한 법리가 그대로 적용된다. 노동조합의 설립·가입, 조합규약의 법적 성격, 통제처분의 법적 성격 및 사법심사의 근거 등 법 원리적인 문제는 사단 일반과 공통적인 문제로서 논의되고 그 법적 취급이 동일하게 이루어지고 있다.[47]

사단 정관의 법적 성격에 대하여는 법규범설과 계약설이 대립하고 있으나, 정관의 기능이 일반적인 계약과 다르다는 점과 독일 민법 25조의 수권 규정을 근거로 하여 법규범성을 승인하는 견해(국가수권설)가 다수설을 형성하고 있고, 판례도 정관의 법적 성격을 사단 내부의 법질서로 보고 구성원은 사단에 가입함으로써 사단 권력·정관에 복종하게 된다는 법규범설을 취하고 있다.[48]

이에 따라 법원은 일반 사단에서처럼 제명에 관한 사법심사에 관하여 상당히 소극적인 입장을 취하여, 사법심사를 인정하는 경우에도 제명이 규약상 사단자치의 범위 내인지 여부 또는 규약상 절차의 준수 여부에 관한 형식적 심사에 한정하고, 제명처분의 적정성에 관한 실질적 심사를 거부하였다.[49]

그러나 오늘날 독일 연방대법원은 사단에서 당한 제명에 대하여 형식적 심사 외에 제명이 법률 위반, 공서양속 위반 혹은 명백한 불공정성 여부에 관하여 실질적인 심사를 할 수 있다는 입장을 취하되, 명백히 부당한 사실 인정과 적용에 한하여 사법심사의 대상으로 한다는 태도를 유지하고 있다. 독일 연방대법원은 노동 사건에 대하여도 사실상의 실질적 심사를 인정하여, 사업장평의회

46) 독일 민법 54조. “권리능력 없는 사단에 관하여는 조합에 관한 규정을 적용한다. 이러한 사단의 명의로 제3자와 행한 법률행위에 대하여는 행위자가 책임을 진다. 행위자가 수인인 때에는 연대채무자로서 책임을 진다.”

47) 권창영, 151~153면.

48) BGH, Urt. v. 4. 10. 1956, BGHZ Bd.21, S.370. 판결 등. 김인재a, 139면에서 재인용.

49) RG, Urt. v. 23. 3. 1910, RGZ Bd, 73, 187. 판결. 권창영, 154면에서 재인용.

(Betriebsrat) 선거에서 조합 추천 명부에 반발하여 입후보한 조합원의 제명 사건에서 조합원이 '노동조합의 존립과 기본 목표의 설정에 적대적인 경우'에는 제명을 인정할 수 있다고 판단하였는데,[50] 이는 형식적 심사를 넘어 모든 사정을 종합적으로 판단해야 한다는 것을 의미한다.

한편, 2차 대전 이후 독일의 노동조합이 사업장 및 기업 단위에서 직접・간접적으로 경영에 참가하고 쟁의행위와 협약 교섭 과정을 통하여 산업 전체 또는 국민경제에 중대한 영향력을 행사하였으며, 국가적 행정・사법기관에 정식으로 관여할 권한을 부여할 정도로 일종의 공적 단체(öffentlicher Verband)로 그 성격이 변화함에 따라, 국가는 노동조합에 대하여 일정한 공적 통제(사회적 구속)를 가하는 정책을 전개하였다. 이는 구체적으로 노동조합의 조직・운영에 대하여 법원의 사후적 통제에 의한 노동조합 내부관계의 법률문제화 또는 조직 강제의 부정이라는 모습으로 나타났는데, 나아가 미국・영국의 예처럼 노동조합의 대외활동과 내부 조직에 대하여 보다 정밀하고 지속적인 감독을 가능케 하기 위하여 정당법의 모형에 따른 단결법(Koalitionsgesetz) 또는 노동조합법(Gewerkschaftsgesetz)이라는 법률을 제정하자는 의견이 제기되었다.

또한 정치권에서도 1970년대 중반부터 단체법(Verbandsgesetz)의 제정 문제가 제기되었는데, 이에 대하여 사회민주당(SPD)은 단체의 법적 규제에 대하여 각각의 단체의 특질・목표・기능에 대응한 개별적 규제가 필요하며 일반적인 단체법의 제정은 타당하지 않다고 결론을 내렸다.[51]

4. 일 본

일본에서는 단결권이 헌법 28조에 의하여 헌법상의 권리로 보장되어 있고, 이는 자유권적 기본권이라기보다는 생존권적 기본권으로 이해되고 있다. 또한 이러한 단결권이 구체화된 노동조합에 대하여 일본 노동조합법에서 법적으로 정의하고 일반 사단과 다른 법적 지위를 인정함으로써 노동조합은 시민법이 적용되는 일반 사단에 대한 특수성을 갖는다는 것이 강조되어 왔다. 따라서 노동조합의 법적 지위를 논할 때에는 시민법상 사단과의 관계에서 어떤 특수성을 가지는가, 즉 노동조합의 내부관계에 대하여 시민법 원리 내지 규정의 적용을

50) BAG, Beschluv, 2. 12. 1960, AP Nr.2 zu 19 BetrVG 1952 판결. 권창영, 154면에서 재인용.
51) 김인재a, 151면.

어디까지 배제할 것인가가 주된 논점이었다.[52)]

일본 노동조합법은 노동조합의 내부관계를 직접 규율하지 않고, 노동조합법상의 구제와 절차에 참여할 수 있는 자격을 가지는 노동조합의 규약 기재 사항으로 일정한 사항을 요구하고 있을 뿐이다. 형식적으로 보면 영국이나 미국처럼 실정법적 개입이 이루어지는 것처럼 보이나, 이는 일본 노동조합법이 정하는 각종 절차와 구제, 특히 부당노동행위에 대한 구제의 신청 자격을 규정한 것에 불과하여 단결자치를 우선하는 모델에 가깝다고 할 수 있다.

이와 같은 노동조합의 내부관계에 대한 일본 노동조합법의 특징은 실정법의 소극적 개입과 법원의 적극적 개입이라 할 수 있다. 즉, 일본 노동조합법에 조합규약의 내용을 직접 규율하는 규정은 존재하지 않으므로, 조합규약이 직접 실정법에 위반하여 무효가 되거나 조합원의 '권리장전'을 명시적으로 보장하고 있지 않다. 그러나 사법적 개입의 측면에서 보면, 판례는 조직 강제에 강력한 규제를 가하고 통제처분에 대하여도 절차뿐만 아니라 사유나 범위에 대하여 상당한 제약을 가하고 있으며, 임원 선거에 대하여도 적극적 개입이 이루어지고 있다.[53)] 따라서 일본의 노동조합 내부관계에 대한 법적 규율은 실정법적 규율보다 사법적 규율을 분석할 필요가 있다.

가. 실정법에 의한 규율

(1) 조합규약의 필수적 기재 사항

노동조합이 부당노동행위 구제절차에 참가하기 위해서는 노동위원회에 증거를 제출하여 노동조합법 2조 및 5조 2항의 규정에 적합하다는 것을 증명해야 한다. 이 중에서 노동조합법 5조 2항은 조합규약의 필수적 기재 사항으로, ① 명칭, ② 주된 사무소의 소재지, ③ 조합원의 평등 취급,[54)] ④ 조합원 자격에 관한 차별적 취급의 금지,[55)] ⑤ 조합원(또는 조합원의 직접 · 무기명 투표에 의하여 선출된 대의원)의 직접 · 무기명 투표에 의한 노동조합 임원의 선거, ⑥ 매년 1회 이상의 총회 개최, ⑦ 조합원에 의하여 위촉된 공인 회계감사인이 증명한 모든

52) 권창영, 155면.

53) 김인재a, 156~157면.

54) 일본 노동조합법 5조 2항 3호. "연합단체인 노동조합 이외의 노동조합의 조합원은 그 노동조합의 모든 문제에 참여할 권리 및 균등한 취급을 받을 권리를 가진다는 것"

55) 일본 노동조합법 5조 2항 4호. "누구도, 어떠한 경우라도 인종, 종교, 성별, 문벌(원문: 門地) 또는 신분에 의하여 조합원이 자격을 박탈당하지 아니한다는 것."

재원 및 용도, 주요 기부자의 성명과 현재의 경리 상황을 나타내는 회계보고의 작성 및 매년 1회 조합원에 대한 공표, ⑧ 조합원(또는 조합원의 직접·무기명 투표에 의하여 선출된 대의원)의 직접·무기명 투표의 과반수 결정에 의한 동맹파업의 개시, ⑨ 조합원의 직접·무기명 투표의 과반수에 의한 조합규약의 개정을 규정하고 있다.

(2) 노동조합의 기금 및 법인격

노동조합은 공제사업 기타 복리사업을 위하여 설치한 기금을 다른 목적에 유용하고자 할 때에는 총회의 결의를 거쳐야 하고(9조), 노동조합의 성립에는 법인격을 요건으로 하지는 않지만 노동조합법의 규정에 적합하다는 취지의 노동위원회의 증명을 받은 경우에는 주된 사무소의 소재지에 등기함으로써 법인이 될 수 있다(11조 1항). 법인인 노동조합에 대하여는 노동조합법과 그 시행령 규정 이외에 민법, 비송사건절차법 및 상업등기부법의 일부 규정이 준용된다.

위와 같이 일본 노동조합법은 단결자치의 원칙에 입각하여 노동조합의 결성과 가입의 자유가 보장된 것을 전제로, 노동조합의 내부운영에 대하여도 실정법이 가능한 한 직접적인 개입을 자제하고 있다고 할 수 있다.[56]

나. 판례에 의한 노동조합 내부관계의 규율

(1) 가입·탈퇴와 조직 강제

판례는 조합원 균등 대우의 원칙은 민주적인 노동조합의 기초를 이루는 것으로서 노동조합법 5조 2항 3호의 조합원 자격 차별 금지 규정은 이를 강행법적으로 선언한 것으로 보아야 한다고 판시하였다.[57] 그러나 노동자의 노동조합 가입 신청에 대해 노동조합이 규약에 정한 직업상 조직대상에 합치되지 않는다는 이유로 관리직이나 파트타임 노동자 등의 가입을 거부하는 것은 위법하지 않을 수 있다.[58]

일본에서는 노동조합의 조직 강제 방식으로 일반적으로 유니언 숍 협정의 형식을 취하고 있는데, 이를 규정한 단체협약의 조항이 유효한지에 대하여 학설과 판례의 대립이 있다. 학설 중에는 이를 위법·무효라고 해석하는 견해도 있지만, 대부분의 학설은 유니언 숍 제도가 가지는 효용성을 이유로 그것을 전부

56) 김인재a, 158면.
57) 大阪地裁 1965. 2. 4. 判決(関西電力労組事件, 労民集 16권 1호, 83면).
58) 横浜地裁 1989. 9. 26. 判決(全ダイエー労組事件, 労働判例 557호, 73면).

무효라고 하기보다는 단결 선택의 자유(소수자의 단결권)와의 조정을 꾀하면서 일정한 한도에서 그것을 유효로 하는 입장을 취하고 있다.

판례는 그 적용 범위를 상당히 제약하면서 적법성을 인정하고 있는데, 유니언 숍 협정을 체결한 조합 이외의 다른 조합에 가입해 있는 자 및 유니언 숍 체결 조합으로부터 탈퇴 또는 제명되어 다른 노동조합에 가입하거나 새로운 노동조합을 결성한 자에 대한 사용자의 해고 의무를 정한 부분은 일본 민법 90조(공서양속)에 의해 무효라고 보고 있다.[59] 그 이유는 근로자가 조합 선택의 자유를 가지는 것, 유니언 숍 협정을 체결하고 있지 아니한 노동조합의 단결권도 보장되어야 하는 것에서 찾고 있다. 이러한 경우에는 사용자가 유니언 숍 협정을 이유로 근로자를 해고하는 것은 무효로 되고, 경우에 따라서는 불법행위도 성립할 수 있다.[60] 결국 유니언 숍 협정을 체결한 노동조합이 존재하는 경우에도 근로자는 다른 노동조합(기업 내 소수조합이나 지역유니언 등)에 가입해도 되고, 조직강제는 그와 같은 의미에서만 허용된다고 할 수 있다.[61]

(2) 임원 선거

판례는 입후보제를 취하면서도 중간의결기관 기타 일정한 형식의 추천을 요구하는 추천제를 정하는 세칙(선거세칙)은 조합원의 피선거권을 침해하기 때문에 무효라고 하고 있다.[62] 입후보 서류에 소속 정당의 기재란이 있더라도 그것은 임의적 기재 사항이며, 이를 기재하지 않더라도 입후보 신고가 무효로 되지는 않는다.[63] 반대파를 배제하는 등 비민주적인 방법으로 선거가 이루어진 경우에도 마찬가지로 무효이다.[64]

임원 선거가 비민주적인 절차로 치러지려고 하는 경우에는 사전 구제로 그 선거의 금지 가처분이나 후보자인 지위를 임시로 정하는 가처분을 인정하고 있고,[65] 사후 구제로 선거 무효 확인의 소를 인정하고 있다.

59) 最高裁 1989. 12. 14. 判決(三井倉庫航運事件, 民集 43권 12호 2051면), 最高裁 1989. 12. 21. 判決(日本鋼管鶴見製作所事件, 労働判例 553호 6면).
60) 神戸地裁 2001. 10. 1. 判決(本四海峡バス事件, 労働判例 820호 41면).
61) 西谷 敏b, 608~609면.
62) 神戸地裁 1972. 9. 27. 判決(神鋼尼崎労組事件, 労働判例 163호, 37면).
63) 名古屋地裁 1974. 5. 27. 判決(中部電力労組事件, 判例時報 749호, 105면).
64) 東京地裁 2012. 1. 24. 判決(全日本海員組合事件, 労働判例 1046호 5면).
65) 大阪地裁 1981. 7. 9. 決定(ダイハツ労働組合事件, 判例タイムズ 450호, 136면), 東京地裁 1986. 8. 7. 決定(雪印乳業労働組合事件, 労働判例 481호, 46면).

(3) 통제처분

노동조합이 조합원의 규약 위반이나 결정 위반의 행동에 대해 제명, 권리정지, 경고 등의 통제처분을 할 수 있는 근거에 대하여는 단결권에서 근거를 찾는 설, 단체 일반에 고유한 권한이라고 인정하는 설, 규약에서 근거를 구하는 설 등이 대립하고 있는데, 최고재판소는 일본 헌법 28조의 단결권 보장의 효과로서 노동조합이 조합원에 대한 통제권을 가진다고 판시하여 단결권설의 입장을 취하고 있다.[66)]

또한 판례는 노동조합의 통제처분은 조합규약에서 정한 절차를 준수해야 한다고 판시하였는데, 예를 들어 ① 권한 있는 소집권자의 정식 소집에 의하지 않은 결의기관의 결의,[67)] ② 규약의 정함과 다른 기관의 결의 및 무기명투표라는 정함에 반한 거수에 의한 결의[68)] 등을 무효로 판단하고 있다.

Ⅲ. 우리나라의 노동조합 내부관계에 대한 법적 규율

우리나라의 경우 단결권 보장의 규범적 요청에 따라 헌법적 차원에서 노동조합의 존립·활동·내부운영에서 단결자치와 조합민주주의가 요청된다고 보고 있다.[69)] 그 실현을 위하여 노조법은 구체적으로 노동조합의 자주성과 민주성 요건, 민·형사상 면책 및 부당노동행위제도 등을 규정하고, 특히 노동조합의 민주적 운영을 담보하기 위하여 노동조합 내부관계에 관하여 2장 3절 '노동조합의 관리'에서 총회·대의원회의 개최, 소집 절차, 조합원의 권리와 의무, 회계감사에 관하여 14조부터 27조까지 15개의 조항을 두어 상세하게 규정하고 있다.

이러한 우리 헌법과 노조법에 의한 노동조합 내부관계에 대한 법적 규율은 다른 나라의 경우와 비교할 때 몇 가지 특성을 가진다.

첫째, 근로자의 단결권이 헌법상 기본적 인권으로 보장되어 있고, 이 단결권의 주체에는 근로자뿐만 아니라 단결체인 노동조합도 포함되며, 대(對)국가적 관계만이 아닌 사인(私人) 간에도 직접 효력이 있는 것으로 해석된다.[70)]

66) 最高裁 1970. 12. 4. 判決(三井美唄労組事件, 刑集 22권 13호, 1425면).
67) 札幌地裁 1981. 4. 22. 判決(三和交通事件, 労働判例 66호, 25면).
68) 秋田地裁 1953. 12. 23. 判決(秋北合乗自動車労組事件, 労民集 4권 6호, 493면).
69) 김인재a, 167면; 김형배, 1087~1088면.
70) 단결권을 포함한 노동3권에 관한 헌법 규정의 대사인적 효력에 대하여는 직접적용설과 간

이 점은 근로자의 단결권을 헌법상 기본적 인권으로 보장하고 있는 독일·일본과 유사하고, 법률의 차원에서 법률상의 권리로 보장하고 있는 영국·미국과 다르다. 이와 같은 우리나라, 독일, 일본에서 논의되는 단결권의 이념적 기초와 그 보장 수준은 영국, 미국과 단결자치와 조합민주주의의 실현을 위한 법정책의 전개에 차이를 가져오게 한다.

둘째, 단결권 보장의 구체적인 입법인 노조법은 노동조합의 내부관계에 관하여 비교적 상세하게 규율하고 있다. 독일은 그 동안 제정 논의는 있었지만 실정 노동조합법을 가지고 있지 않아 노동조합의 내부관계는 학설과 판례에 의한 민법상 사단 법리에 기초하여 해결하고 있고, 일본도 조합규약의 필수적 기재사항을 노동조합법에 규정하고 있는 정도이다.

셋째, 노동조합의 발전 과정이 다르고 조직형태가 기업별 조직이라는 특성이 있다. 이는 일본과 유사하고, 영국, 미국, 독일의 산업별·직종별 조직형태와는 그 기능, 현실 영향력, 구체적인 법률관계에서 차이가 있을 수밖에 없다.

넷째, 우리나라는 독일과 일본의 영향을 받아 노동조합 등 단체에 대한 사단 법리가 그 기초를 이루고 있는 반면, 영국과 미국은 계약 법리가 그 기초를 이루고 있다.

이러한 특색을 갖고 있는 우리나라 법의 노동조합 내부관계의 규율에 관한 규정과 관련해서는, 노동조합의 자주적 운영이라는 관점에서 총회·대의원회의 개최 및 의결 사항 등의 법정(법 15조, 16조, 17조), 행정관청의 임시총회 소집권자 지명(법 18조 3항·4항), 행정관청의 조합규약 및 조합 결의·처분에 대한 시정명령(법 21조), 행정관청의 자료 제출 요구권(법 27조) 등이 주요 쟁점으로 되고 있다.

[유 승 룡·김 도 형]

접적용설로 학설이 나뉘나, 두 학설 간에 효력의 적용에 관하여 실질적으로는 별 차이가 없어 논의의 실익은 크지 않은 것으로 보인다.

제14조(서류비치등)

① 노동조합은 조합설립일부터 30일 이내에 다음 각호의 서류를 작성하여 그 주된 사무소에 비치하여야 한다.

1. 조합원 명부(연합단체인 노동조합에 있어서는 그 구성단체의 명칭)
2. 규약
3. 임원의 성명·주소록
4. 회의록
5. 재정에 관한 장부와 서류

② 제1항 제4호 및 제5호의 서류는 3년간 보존하여야 한다.

〈세 목 차〉

Ⅰ. 의 의

노동조합 운영의 민주성을 확보하기 위해서는 먼저 그 운영에 관한 사항이 구성원 전체에게 공개되어야 한다. 이를 위하여 노조법 14조는 노동조합으로 하여금 일정한 서류를 노동조합의 주된 사무소에 비치하고 3년간 보존하도록 하고 있다. 이에 대하여 헌법상 보장된 단결권의 구체적인 작용인 노동조합은 근로자들에 의하여 자주적이고 민주적으로 관리·운영되어야 함에도 위 규정으로 인하여 행정관청의 노동조합에 대한 관리·감독을 초래하게 되므로, 위 규정은 폐지되어야 한다는 의견이 있다.[1]

위 규정이 노동조합의 민주적인 운영을 위해서 그 필요성이 인정된다 할지

※ 이 조에 관한 각주의 참고문헌은 '노동조합의 관리 전론(前論)'의 참고문헌을 가리킨다.

1) 김교숙, 294~295면.

라도 이는 어디까지나 헌법상 보장된 단결권을 실질적으로 보장하기 위한 것이지 행정관청의 관리·감독을 위한 것이 아니므로, 위 규정을 해석할 때에는 그 적용 범위에 관하여 신중하게 판단할 필요가 있다.

Ⅱ. 비치해야 할 서류

1. 조합원 명부

조합원 명부에 조합원의 개인정보를 어느 범위까지 기재해야 하는지 문제된다. 이에 관하여 조합원 명부에는 단순히 조합원의 성명만 나열할 것이 아니라, 조합원이 누구인가를 식별할 수 있도록 주민등록번호, 근무부서 등도 함께 표시되어야 한다는 견해가 있다.[2)]

그러나 개인정보 보호법은 개인의 성명과 주민등록번호를 보호대상인 개인정보로 분류하고, 개인정보처리자는 개인정보의 처리 목적에 필요한 범위에서 최소한의 개인정보만을 적법하고 정당하게 수집하고 이를 적합하게 처리해야 하며, 그 목적 외의 용도로 활용해서는 안 된다고 규정하고 있으며,[3)] 개인의 프라이버시와 관련된 중요한 정보로서 본인 동의 없이는 원칙적으로 공개할 수 없는 민감정보의 하나로 노동조합의 가입·탈퇴에 관한 정보를 규정하고 있다.[4)5)]

---

2) 김헌수, 328면.

3) 개인정보 보호법 2조(정의) 이 법에서 사용하는 용어의 뜻은 다음과 같다.
1. "개인정보"란 살아 있는 개인에 관한 정보로서 다음 각 목의 어느 하나에 해당하는 정보를 말한다.
가. 성명, 주민등록번호 및 영상 등을 통하여 개인을 알아볼 수 있는 정보
3조(개인정보 보호 원칙) ① 개인정보처리자는 개인정보의 처리 목적을 명확하게 하여야 하고 그 목적에 필요한 범위에서 최소한의 개인정보만을 적법하고 정당하게 수집하여야 한다.
② 개인정보처리자는 개인정보의 처리 목적에 필요한 범위에서 적합하게 개인정보를 처리하여야 하며, 그 목적 외의 용도로 활용하여서는 아니 된다.

4) 개인정보 보호법 23조(민감정보의 처리 제한) ① 개인정보처리자는 사상·신념, 노동조합·정당의 가입·탈퇴, 정치적 견해, 건강, 성생활 등에 관한 정보, 그 밖에 정보주체의 사생활을 현저히 침해할 우려가 있는 개인정보로서 대통령령으로 정하는 정보(이하 "민감정보"라 한다)를 처리하여서는 아니 된다. 다만, 다음 각 호의 어느 하나에 해당하는 경우에는 그러하지 아니하다.
1. 정보주체에게 15조 2항 각 호 또는 17조 2항 각 호의 사항을 알리고 다른 개인정보의 처리에 대한 동의와 별도로 동의를 받은 경우
2. 법령에서 민감정보의 처리를 요구하거나 허용하는 경우

5) 1995. 10. 24. 채택된 이른바 'EU 지침'으로 통칭되는 '개인정보의 처리와 자유로운 유통에 관한 개인정보 보호 지침'(Directive of the European Parliament and the Council on the

이러한 개인정보 보호법의 규정 취지와 노동조합이 비치해야 할 조합원 명부가 노동조합이 자율적으로 작성하여 스스로 사무실에 비치하는 것이라 할지라도 조합원 명부 등 서류의 비치 의무가 노동조합의 민주적인 운영을 위하여 규정된 것이라는 점 등에 비추어 볼 때, 개인정보 보호법에 따른 개인정보처리자[6]에 해당하는 노동조합으로서는 조합원 명부에 개인을 특정할 수 있을 정도의 최소한의 인적 사항만을 기재해야 하고, 일반적으로 성명과 근무부서만으로도 조합원의 특정이 가능하므로 조합원 명부에 개인의 주민등록번호까지 기재하는 것은 삼가야 할 것이다.

한편, 연합단체인 노동조합은 단위노동조합과 달리 그 구성원이 자연인인 근로자가 아니고 단위노동조합이므로 소속한 구성단체의 명칭을 기재한 서류를 비치하도록 하였다.

2. 규 약

행정관청에 노동조합 설립 신고를 할 때 첨부한 규약을 비치해야 하고, 설립 후 규약이 총회 또는 대의원회의 의결로 변경된 경우에는 변경된 규약을 비치해야 한다. 노조법 13조 2항의 규약 변경 신고는 규약의 효력 발생 요건이 아니므로 신고 여부와 관계없이 노동조합의 대표자는 규약의 변경이 있을 때 지체 없이 비치된 규약을 변경해야 한다.[7]

3. 임원의 성명 · 주소록

임원의 범위는 노동조합의 규약에 의하여 결정될 것이나, 노동조합의 대표자는 당연히 임원에 포함되므로 대표자의 성명과 주소도 기재하여 비치해야 한다.

4. 회 의 록

법의 규정 취지에 비추어 볼 때 비치해야 할 노동조합의 회의록에는 총회

---

protection of individuals with regard to the processing of personal data and on the free movement of such data)에서도 노동조합 회원 자격에 관련된 개인정보의 처리를 금지하도록 규정하고 있다[위 지침에서 규정한 8가지 원칙 중 (3)항].

6) 개인정보 보호법 2조(정의) 5. "개인정보처리자"란 업무를 목적으로 개인정보파일을 운용하기 위하여 스스로 또는 다른 사람을 통하여 개인정보를 처리하는 공공기관, 법인, 단체 및 개인 등을 말한다.

7) 김헌수, 328~329면.

의 회의록뿐 아니라 규약으로 총회에 갈음한 대의원회를 두고 있을 경우 대의원회의 회의록도 포함된다. 그러나 법에서 정한 노동조합 기관이 아닌 규약에서 정한 기관인 운영위원회 또는 집행위원회 회의록의 비치 여부는 규약이나 노동조합 총회 등의 의결 등을 통하여 자율적으로 정해야 할 것이다.[8)]

5. 재정에 관한 장부와 서류

재정에 관한 장부와 서류라 함은 노동조합의 수입과 지출에 관한 것과 노동조합이 소유하고 있는 동산·부동산 등 재산의 관리에 관한 것을 말한다.

노동조합의 자주적이면서도 민주적인 조직의 유지와 활동을 위해서는 그 전제로서 노동조합 재정의 민주성과 투명성이 확보되어야 한다. 이러한 노동조합 재정의 자주성·민주성을 위해서 재정에 관한 장부와 서류의 비치를 규정한 것이다.

노조법 시행규칙 8조에서는 비치해야 할 재정에 관한 장부와 서류로, ① 예산서, ② 결산서, ③ 총수입원장 및 총지출원장, ④ 수입 또는 지출결의서, ⑤ 수입관계장부 및 증빙서, ⑥ 지출관계장부 및 증빙서, ⑦ 자체회계감사 관계서류를 규정하고 있는데, 규약으로 비치해야 할 서류를 추가할 수 있을 것이다.

노조법 6조에 따라 노동조합이 법인으로 되었을 경우 노동조합은 민법 55조의 규정에 따라 법인으로 성립한 때 및 매년 3월 내에 재산목록을 작성하여 사무실에 비치해야 한다.

한편, 영국에서는 노동조합의 거래, 자산, 부채와 관련한 회계기록을 작성하고 조합원의 요구가 있을 경우에는 그 요구가 있은 때로부터 28일 내에 열람을 허용하도록 규정하고 있고,[9)] 일본에서는 노동조합의 규약의 필수적 기재 사항의 하나로 '모든 재원 및 용도, 주요 기부자의 성명 및 현재의 경리 상황을 표시한 회계보고는 조합원에 의해 위촉한 직업적 자격이 있는 회계감사인의 정확하다는 증명서와 함께 적어도 매년 1회 조합원에게 공표될 것'을 규정하고 있다.[10)]

8) 김헌수, 329면은 규약에서 정한 운영위원회나 집행위원회의 회의록도 모두 비치해야 한다고 해석하고 있으나, 노조법에 아무런 규정이 없는 이상 법에서 정한 기관의 회의록이 아니라면 노동조합이 자율적으로 그 범위를 정할 수 있다고 보는 것이 노동조합의 자주성을 제약하지 않게 된다고 할 것이다.

9) TULRCA[Trade Union and Labour Relations (Consolidation) Act] 28 내지 31조.

10) 일본 노동조합법 5조 2항 7호.

Ⅲ. 비치 시기

노조법 14조 1항 각 호의 서류는 노동조합 설립일부터 30일 이내에 주된 사무소에 비치해야 한다.

그런데 노조법 12조 4항에서 노동조합이 행정관청으로부터 신고증을 교부 받은 경우에는 행정관청에 설립신고서가 접수된 때에 설립된 것으로 본다고 규정하고 있으므로, 위 30일의 기간은 신고증을 교부 받은 날이 아니라 설립신고서를 접수한 날부터 산정해야 하는 것인지 문제가 될 수 있다.

후술하는 바와 같이 서류 비치 의무 위반은 과태료 처분의 사유가 되는데 (법 96조 1항 1호), 그 비치 시기의 기산점을 설립신고서 접수일로 보게 되면 노동조합에 아무런 귀책사유가 없음에도 행정관청의 처리 지연으로 신고증 교부가 30일 이상 늦어질 경우[11]에도 과태료 부과의 대상이 될 수 있다. 이러한 불합리한 결과가 생기지 않도록 하려면 노조법 14조 1항의 '조합설립일'을 '행정관청으로부터 설립신고증을 교부받는 날'로 바꾸는 법 개정이 필요하다고 본다.[12]

Ⅳ. 비치 서류의 열람 · 공개

노조법 14조의 취지가 조합원에게 조합의 운영 내용을 공개함으로써 조합 운영의 민주성을 확보한다는 데 있으므로, 비록 위 법규정에서 서류의 '비치'만을 정하고 '열람'에 대해서는 아무런 정함이 없다 할지라도 조합원에 대해서는 누구나 열람할 수 있도록 해야 한다.[13]

당해 노동조합의 조합원이 아닌 일반인에게도 열람이 가능한지 여부가 문제되나, 공적 기관이 아닌 노동조합에게 일반적인 정보 공개 의무가 있다고 볼 수 없으므로 원칙적으로 부정되어야 한다. 다만 개인정보 보호법에서 정한 정보주체의 동의를 받거나 법률에 특별한 규정이 있는 경우 등 일정한 경우에 한하

11) 노조법 12조 1항 · 2항은 행정관청은 설립신고서(또는 보완된 설립신고서)가 접수된 때로부터 3일 이내에 신고증을 교부해야 한다고 규정하고 있으나, 이와 같은 처리 기간에 관한 규정은 강행규정이 아니라 훈시규정인 것으로 해석된다.

12) 같은 취지로는 김헌수, 328면.

13) 김헌수, 330면.

여 노동조합은 조합원의 개인정보를 제3자에게 제공할 수 있을 뿐이다.[14][15]

Ⅴ. 서류의 보존 기간

노조법 14조 2항은 같은 조 1항에서 규정한 서류 중 회의록과 재정에 관한 장부와 서류를 3년간 보존하도록 규정하고 있다. 과거의 결정이나 재산 상황에 대하여 문제가 제기될 수 있으므로, 그 증거로 사용하기 위한 것으로 해석된다.

Ⅵ. 위반에 대한 벌칙

노조법 96조 1항 1호에서는 '14조의 규정에 의한 서류를 비치 또는 보존하지 아니한 자'에 대하여 500만 원 이하의 과태료에 처하도록 규정하고 있다. 노동조합이 법인격을 취득한 때에는 노동조합이, 법인격을 취득하지 아니한 때에는 노동조합의 대표자가 과태료의 부과 대상으로 된다.[16]

[유 승 룡·김 도 형]

---

14) 개인정보 보호법 17조(개인정보의 제공) ① 개인정보처리자는 다음 각 호의 어느 하나에 해당되는 경우에는 정보주체의 개인정보를 제3자에게 제공(공유를 포함한다. 이하 같다)할 수 있다.
1. 정보주체의 동의를 받은 경우
2. 15조 1항 2호·3호·5호 및 39조의3 2항 2호·3호에 따라 개인정보를 수집한 목적 범위에서 개인정보를 제공하는 경우

15) 한편 국회의원이 교원단체 및 노동조합에 가입한 교원의 수를 정확하게 공시하였는지 여부를 확인할 목적으로 교육과학기술부장관에게 요청하여 제출받은 '각급학교 교원의 교원단체 및 교원노조 가입현황 설명자료'를 인터넷 등을 통하여 공개한 사안에서, 대법원은 그러한 공개가 개인정보자기결정권 및 단결권에 대한 침해를 정당화할 정도로, 학생의 학습권이나 학부모의 교육권 및 이에 기초한 교육의 선택권 또는 알권리를 위하여 반드시 필요하거나 허용되어야 하는 행위라고 단정할 수 없고, 보전의 필요성도 소명된다는 이유로 정보공개금지 가처분신청을 인용한 원심결정을 수긍한 사례가 있다(대법원 2011. 5. 24.자 2011마319 결정).
또한 대법원은 위 '각급학교 교원의 교원단체 및 교원노조 가입현황 설명자료'를 인터넷을 통해 공개한 국회의원 갑 등을 상대로 전국교직원노동조합 등이 제기한 손해배상청구 사건에서, 위 정보는 개인정보자기결정권의 보호대상이 되는 개인정보에 해당하므로 이를 일반 대중에게 공개하는 행위는 해당 교원들의 개인정보자기결정권과 전국교직원노동조합의 존속, 유지, 발전에 관한 권리를 침해하는 것이고, 갑 등이 위 정보를 공개한 표현행위로 인하여 얻을 수 있는 법적 이익이 이를 공개하지 않음으로써 보호받을 수 있는 해당 교원 등의 법적 이익에 비하여 우월하다고 할 수 없으므로, 갑 등의 정보 공개행위가 위법하다고 판단하였다(대법원 2014. 7. 24. 선고 2012다49933 판결).

16) 구 노동조합법(1996. 12. 31. 법률 5244호로 제정된 노조법에 의하여 폐지되기 전의 것) 49조에서는 노동조합의 대표자를 20만 원 이하의 벌금에 처하도록 규정하였다.

제15조(총회의 개최)

① 노동조합은 매년 1회 이상 총회를 개최하여야 한다.

② 노동조합의 대표자는 총회의 의장이 된다.

〈세 목 차〉

Ⅰ. 노동조합의 기관

노조법은 노동조합의 민주적 운영을 위하여 총회, 대의원회, 임원, 회계감사원을 두도록 규정할 뿐, 그 밖에 어떤 기관을 둘 것인가는 노동조합의 자치에 맡기고 있다. 그러나 대부분의 노동조합은 사단으로서의 성질을 가지므로 단체의 의사를 결정하는 기관으로서 총회 또는 대의원회를 두고, 집행기관으로 위원장(대표자), 부위원장 등 집행위원과 집행위원회, 집행부를 보조하여 일상적인 사무를 처리하는 기관으로 사무부서를 두고 있다.

Ⅱ. 총회의 종류 및 개최 시기

총회는 노동조합의 최고의사결정기관으로서, 개최 시기에 따라 정기총회와 임시총회로 구분된다. 노조법 15조 1항은 노동조합은 매년 1회 이상 총회를 개최해야 한다고 규정하고 있는데, 이를 통상 정기총회라 부른다. 구 노동조합법[1]과 달리 연합단체인 노동조합도 단위노조와 마찬가지로 매년 1회 이상 총회를 개최해야 한다.[2] 이 규정은 총회가 장기간 열리지 않고 유명무실해지면 노동조합의 민주적 운영이 확보되지 않으리라는 고려에서, 일정기간 내에 정기적으로

※ 이 조에 관한 각주의 참고문헌은 '노동조합의 관리 전론(前論)'의 참고문헌을 가리킨다.

1) 1996. 12. 31. 법률 5244호로 제정된 노조법에 의하여 폐지되기 전의 것을 말한다. 이하 이 조의 해설에서 같다.

2) 민변노동법Ⅱ, 106면.

총회를 개최할 것을 요구한 정책적 규정이라고 할 수 있다.[3)]

1년 이상 총회 또는 이에 갈음하는 대의원회를 개최하지 않을 경우에는 노조법 28조 1항 4호의 노동조합 해산 사유에 해당할 수 있다. 다만, 뒤에서 서술하는 바와 같이 총회에 갈음한 대의원회를 두고 있는 경우에는 매년 1회 이상 총회를 개최하지 않아도 되지만, 이 경우에도 대의원회를 매년 1회 이상 개최해야 한다.[4)]

Ⅲ. 총회의 구성원

총회의 구성원은 그 노동조합에 가입한 모든 조합원이다. 조합원은 해당 노동조합의 조직 범위에 상응하는 노조법상 근로자의 신분을 가져야 한다. 그 동안 법원은 노조법상 근로자에는 특정한 사용자에게 고용되어 현실적으로 취업하고 있는 사람뿐만 아니라, 일시적으로 실업 상태에 있는 자나 구직 중인 경우를 비롯하여 노동3권을 보장할 필요성이 있는 사람도 그 범위에 포함된다고 판시하여 왔다.[5)] 따라서 노동조합의 조직형태를 불문하고 해고자나 실업자도 해당 노동조합의 규약에서 정한 바에 따라 조합원으로 가입되어 있으면 총회의 구성원으로 된다.[6)]

---

3) 김인재a, 189면. 한편 김헌수, 337면은 위 규정의 입법취지에 관하여 구 노동조합법에서 단체협약 중 임금에 관한 협약의 유효기간을 1년으로 하고 있어 정기총회의 개최 시기를 1년에 1회 이상으로 정하여 근로조건의 개선·단체교섭의 방향 등에 관한 논의를 하도록 한 것이라고 설명한다. 이에 대하여 노조법 15조 1항에 따라 매년 1회 이상 개최하도록 되어 있는 총회가 반드시 정기총회이어야 하는 것은 아니고, 예컨대 노동조합이 정기총회를 매 2년마다 개최하기로 하는 것도 가능하고, 정기총회가 없는 해에는 임시총회를 개최하면 노조법 15조 1항에 위배되지는 않을 것이라는 견해가 있다. 강희원, 149~150면; 권오성 74면.

4) 민변노동법Ⅱ, 106면.

5) 대법원 2004. 2. 27. 선고 2001두8568 판결, 대법원 2015. 1. 29. 선고 2012두28247 판결, 대법원 2017. 6. 29. 선고 2014도7129 판결 등.

6) 구 노조법(2021. 1. 5. 법률 17864호로 개정되기 전의 것)에서는 2조 1항 4호 ㈑목 단서의 해석상 기업별 노동조합의 경우에는 해고된 조합원이 노동위원회로부터 부당노동행위 구제명령을 받지 못하면 근로자성이 부인되어 조합원 자격을 가지지 못하는 것으로 해석되었다. 그러나 2021. 1. 5. 법률 17864호로 개정된 현행 노조법은 해당 사업 또는 사업장에 종사하지 않는 근로자에 대해서도 기업별 노동조합 가입을 허용하고, 다만 해고된 조합원이 노동위원회로부터 부당노동행위 구제명령을 받지 못하면 해당 사업 또는 사업장에 종사하는 근로자로서의 지위를 지니지 못하는 것으로 바꾸었다[법 2조 4호 ㈑목 단서 삭제, 5조 3항 신설]. 이에 따라 비종사근로자도 기업별 노동조합의 조합원이 될 수 있고, 다만 기업별 노동조합의 임원과 대의원은 종사근로자인 조합원 중에서 선출해야 하는 것으로 그 자격을 제한하였다(법 17조 3항, 23조 1항 후문). 자세한 내용은 위 각 조항에 대한 해설 참조.

연합단체인 노동조합은 구성원이 단위노동조합이므로 총회의 구체적인 구성원은 가입된 단위노동조합의 대표자가 된다.

Ⅳ. 총회의 의장

노동조합의 대표자가 총회의 의장이 된다. 따라서 노동조합의 대표자가 아닌 자를 총회의 의장으로 정한 규약 조항은 무효이다.[7] 다만, 노동조합의 대표자가 선출되기 전 또는 노동조합의 대표자를 선출하기 위해 소집된 총회의 의장은 규약으로 정하는 바에 의하거나 연장자가 임시의장을 맡을 수 있다. 노조법 18조 3항에 따라 행정관청의 소집권자 지명으로 임시총회가 소집된 경우에는 노동조합의 대표자가 아니라 소집권자로 지명된 사람이 의장으로 된다.[8]

Ⅴ. 총회의 개최 시간과 장소

총회는 근무시간 외에 개최함이 원칙이지만, 사용자의 승인을 받거나 사용자와 합의한 경우에는 근무시간 중에 회사의 시설을 이용하여 개최할 수 있다.[9] 또한 근무시간 중 집회의 필요성이나 노무지휘권 침해의 정도 등 여러 사정을 고려하여 예외적으로 근무시간 중 총회 개최의 정당성을 인정해야 할 경우가 있다.[10]

한편, 단체협약에서 사전 통보를 조건으로 근무시간 중의 집회를 허용한 경우 사전 통보만 하면 그 집회가 정당화되는 것은 아니다. 사전 통보를 조건으로

7) 같은 취지로는 민변노동법Ⅱ, 106면.

8) 김헌수, 338면.

9) 임종률, 86면.

10) 대법원 1994. 2. 22. 선고 93도613 판결. 노동조합 임시총회가 근무시간 중에 열렸고 4시간의 전체 총회 시간 중 찬반투표를 실시하고 남은 1시간을 여흥에 사용한 사안에서, 대법원은 "위 임시총회가 노동쟁의조정법상 쟁의행위를 하기 위한 필수적 요건인 조합원의 투표를 위한 것으로서 2회에 걸친 서면 통보를 거쳐 개최되어 회사가 이에 대비할 여유가 충분히 있었고, 일부 조합원들이 야간근무를 하는 회사의 근무형태 때문에 전체 조합원이 총회에 참석할 수 있게 하려면 비록 근무시간 중이기는 하지만 야간근무가 끝나고 주간근무가 시작되는 교대시간에 총회를 소집하는 것이 필요하였으며, 쟁의행위에 들어갈 것인지 여부를 결정하기 위하여는 의견 교환 등도 필요하였을 것이라는 사정 등과 위 조합원의 수 등에 비추어 보면, 위 총회가 근무시간 중에 열렸다는 사정만으로 위법하다고 할 수 없고, 4시간의 시간이 필요 이상의 시간이었다고 보기도 어렵다."는 이유로 조합원들에 대한 업무방해의 점에 대하여 무죄를 선고하였다.

근무시간에 개최할 수 있는 집회의 태양(종류나 소요시간 또는 횟수)을 엄격하게 한정한 경우에는 통보만으로 집회를 개최하더라도 정당하지만, 그러한 한정이 없는 경우에는 사전 통보가 있더라도 그 집회를 근무시간에 개최할 필요성이 있고 노무지휘권의 침해가 경미해야 정당성이 인정된다.[11)][12)]

대법원 판례 중에는 단체협약에서 '전임이 아닌 조합원의 조합활동은 취업시간 외에 행함을 원칙으로 하나 부득이한 사유 발생으로 취업시간 중에 조합활동을 하고자 할 경우에는 사전에 회사에 통보해야 하며 특별한 사유가 없는 한 허용해야 한다'고 규정한 경우, 전임이 아닌 조합원의 취업시간 중의 조합활동은 그것이 정당한 조합활동을 목적으로 행하여질 경우로 제한하는 것이 그 규정을 둔 취지에 부합하고, 또한 이는 위 단체협약 규정 자체에 의하여 예외적으로 허용되는 것일 뿐 아니라 더욱이 회사는 노동조합 측에서 전임이 아닌 조합원의 취업시간 중의 조합활동을 통보한 경우라도 특별한 사유가 있으면 허용하지 않을 수 있는 것으로 규정되어 있는 점 등에 비추어 위 규정 소정의 '부득이한 사유'는 제한적으로 해석해야 한다고 판시한 사례가 있다.[13)]

[유 승 룡·김 도 형]

11) 임종률, 115면.

12) 대법원 1995. 3. 14. 선고 94누5496 판결. 레미콘차량 운전기사로서 업무의 특수성과 단체협약에서 취업시간 중의 조합활동을 허용하는 점을 근거로 취업시간 중 총회 개최를 정당하다고 한 사례.

13) 대법원 1994. 9. 30. 선고 94다4042 판결. 정당하지 아니한 쟁의행위의 결행 여부를 결정하기 위하여 취업시간 중에 임시총회를 개최하는 것은 단체협약에서 전임이 아닌 조합원의 취업시간 중의 조합활동을 허용하도록 규정한 취지에 어긋날 뿐 아니라 단체협약 소정의 부득이한 사유에도 해당하지 않는다고 한 사례.

제16조(총회의 의결사항)

① 다음 각호의 사항은 총회의 의결을 거쳐야 한다.

1. 규약의 제정과 변경에 관한 사항
2. 임원의 선거와 해임에 관한 사항
3. 단체협약에 관한 사항
4. 예산 · 결산에 관한 사항
5. 기금의 설치 · 관리 또는 처분에 관한 사항
6. 연합단체의 설립 · 가입 또는 탈퇴에 관한 사항
7. 합병 · 분할 또는 해산에 관한 사항
8. 조직형태의 변경에 관한 사항
9. 기타 중요한 사항

② 총회는 재적조합원 과반수의 출석과 출석조합원 과반수의 찬성으로 의결한다. 다만, 규약의 제정 · 변경, 임원의 해임, 합병 · 분할 · 해산 및 조직형태의 변경에 관한 사항은 재적조합원 과반수의 출석과 출석조합원 3분의 2 이상의 찬성이 있어야 한다.

③ 임원의 선거에 있어서 출석조합원 과반수의 찬성을 얻은 자가 없는 경우에는 제2항 본문의 규정에 불구하고 규약이 정하는 바에 따라 결선투표를 실시하여 다수의 찬성을 얻은 자를 임원으로 선출할 수 있다.

④ 규약의 제정 · 변경과 임원의 선거 · 해임에 관한 사항은 조합원의 직접 · 비밀 · 무기명투표에 의하여야 한다.

〈세 목 차〉

※ 이 조에 관한 각주의 참고문헌은 '노동조합의 관리 전론(前論)'의 참고문헌을 가리킨다.

Ⅰ. 의　　의

노동조합의 총회는 당해 노동조합에 소속된 조합원 전체로 구성되는 최고의 의사결정기관으로서 노동조합 업무나 활동 전체에 관한 결정 권한을 가진다. 노조법은 노동조합을 자주적·민주적으로 운영하는 데에 필요한 9가지 주요 사항은 반드시 최고의사결정기관인 총회에서 의결해야 하는 것으로 규정하고 있다.[1] 총회의 필수적 의결 사항으로 정해진 사항에 대해서는 대의원회를 제외한 집행위원회 등 다른 기관에게 의사 결정을 위임할 수 없다.[2][3] 다만, 총회에서는 요강만 결정하고 세부적인 것은 중간 의결기관이나 집행기관에 위임할 수는 있다.

이러한 필수적 의결 사항 이외의 사항들에 대해서도 규약에서 총회의 의결사항으로 정할 수 있음은 물론이다(법 16조 1항 9호).

Ⅱ. 총회의 의결 사항

1. 규약의 제정과 변경에 관한 사항

노동조합의 설립과 존속을 위하여 노동조합의 조직 및 운영에 관한 주요사항을 정한 규약의 존재는 필수적이다. 노조법은 규약의 제정·변경은 재적조합원 과반수의 출석과 출석조합원 3분의 2 이상의 찬성으로 의결하도록 규정하여(법 16조 2항 단서), 총회의 일반적 의결정족수(재적조합원 과반수의 출석과 출석조합원 과반수의 찬성)보다 그 요건을 강화하고 있다.

조합원 총회에 의한 규약의 제정·변경 행위는 일종의 자치적 법규범을 창설하는 행위이므로, 조합민주주의를 실현하기 위한 강행법규에 적합한 범위 내

---

1) 총회의 의결 사항을 법으로 규정한 것에 대해서도, "노동조합의 의사결정기관인 총회나 대의원회에 관하여 법이 상세하게 규정하고 있는 것은 조합의 자치를 보장하고 있는 자주적인 단결권에 위반할 뿐만 아니라 노동조합의 규약작성권과 운영과 활동을 정할 권리를 보장하고 있는 ILO 87호 협약에도 위반되므로 폐지되어야 한다."는 비판이 있다. 김교숙, 299면.

2) 민변노동법Ⅱ, 107면; 김헌수, 342면.

3) 서울지법 2000. 1. 13. 선고 99가합2220 판결. "노동조합이 운영위원회를 개최하여 운영위원의 의결만으로 실질적으로 조합원의 피선거권에 관한 노동조합의 규약을 개정하는 내용의 결의를 하였다면 위 결의는 특별한 사정이 없는 한 총회의 의결 사항을 규정한 강행규정에 위반되어 무효이다."라고 판시하였다. 위 판결은 서울고등법원과 대법원에 항소와 상고가 제기되었으나 모두 기각되어 위 1심 판결이 확정되었다.

에서 유효하게 제정·변경된 것이라면, 이는 국가 법질서 내에서 법적 효력을 가지고 모든 조합원을 기속하여 그 규약에 따라 노동조합과 조합원 사이의 권리·의무관계가 결정된다.

대법원은 "노동조합의 선거관리규정에서 투표의 유·무효에 관한 기준 규정을 공식적으로 해석할 권한을 조합의 선거관리위원회에 부여한 이상, 그러한 유권해석 권한에 터잡아 행하여진 선거관리위원회의 해석은, 그 내용이 단체적 노사관계법에서 규제하는 선거의 기본원칙 및 정의의 관념에 부합할 뿐만 아니라 해석의 대상이 된 당해 규정의 문자적 의미에 명백히 반하지 아니하며, 그 해석에 따른 무효 사유를 객관적으로 명확히 하여 투표 실시 전에 선거인인 조합원들이 주지할 수 있도록 충분히 홍보한 것이라면, 조합원들의 투표 의사를 해할 우려가 없으므로 선거관리위원회가 사전에 정한 해석 내용에 따라 투표의 유효 여부를 판정함이 마땅하다."라고 판시하여, 노동조합의 내부운영에서 단결자치와 조합민주주의의 원칙을 확인하였다.[4)]

한편, 노동조합의 규약에 기초하여 제정된 규정에서 그 규정에 따른 위로금의 지급을 둘러싸고 벌어지는 노동조합과 조합원의 분쟁에 대하여 조합원은 노동조합을 상대로 전혀 소송을 제기할 수 없다는 제소 금지 규정을 둔 경우, 이는 헌법상 보장된 조합원의 재판을 받을 권리를 구체적 분쟁이 생기기 전에 미리 일률적으로 박탈한 것으로서 국민의 재판을 받을 권리를 보장한 헌법 및 법원조직법의 규정과 부제소 합의 제도의 취지에 위반되어 무효라고 판시한 사례도 있다.[5)]

노동조합 규약의 위임에 따라 세부적인 선거 절차와 방법을 규정하고 있는 선거관리규정을 개정하는 것이 규약의 변경에 해당하는지 여부가 문제된 사안에서, 대법원은 그와 같은 선거관리규정의 개정은 규약의 변경에 해당하지 않는다고 판시하였다.[6)]

2. 임원의 선거와 해임에 관한 사항

노동조합은 그 업무집행기관으로서 대표자 등 임원을 두어야 하는데, 노조법은 임원 자격은 규약으로 정하되, 하나의 사업 또는 사업장을 대상으로 조직

---

4) 대법원 1998. 2. 27. 선고 97다43567 판결(이 판결의 평석으로는 김인재b, 268면 이하 참조).
5) 대법원 2002. 2. 22. 선고 2000다65086 판결(이 판결의 평석으로는 김선수, 65면 이하 참조).
6) 대법원 1998. 3. 24. 선고 97다58446 판결.

된 노동조합의 임원은 그 사업 또는 사업장에 종사하는 조합원 중에서 선출되어야 하고, 임기는 규약으로 정하되 3년을 초과할 수 없도록 규정하고 있다(법 23조 1항 · 2항).

임원의 선거에 관한 사항, 즉 임원의 입후보, 투표 절차와 방법, 해임 사유 및 해임 절차 등에 관한 사항은 총회에서 결정해야 한다. 대표자와 임원에 관한 사항, 임원의 선거 절차에 관한 사항, 대표자와 임원의 규약 위반에 대한 탄핵에 관한 사항은 규약의 필수적 기재 사항이다(법 11조 8호 · 13호 · 14호).[7)]

3. 단체협약에 관한 사항

단체협약 체결의 일반적인 원칙 · 기준 및 범위 등에 관한 사항뿐 아니라 단체교섭을 거쳐 단체협약에 담아야 할 사항, 단체교섭과 협약 체결의 구체적인 방법 · 절차 등에 관한 사항도 여기에 포함된다.[8)]

구 노동조합법[9)]에서는 노동조합의 대표자 또는 수임자에게 주어지는 '교섭할 권한'의 범위에 단체협약 체결 권한이 포함되는지 여부에 관하여 해석상 논란의 소지가 있었고,[10)] 대법원 판례는 이를 긍정하는 입장이었는데,[11)] 현행 노조법 29조는 노동조합의 대표자 또는 수임자에게 단체교섭 권한 및 단체협약 체결 권한이 있음을 명시적으로 규정하였다.[12)]

이와 관련하여 총회의 의결 또는 규약으로 노동조합의 대표자 또는 수임자의 단체협약 체결 권한에 구체적인 제한을 가하는 내용을 정할 수 있는지 여부

---

7) 규약 또는 총회의 의결에 의한 임원의 자격 제한의 유효 여부에 대한 논의는 노조법 23조(임원의 자격 등) 해설 부분에서 서술한다.

8) 김인재a, 190~191면.

9) 1996. 12. 31. 법률 5244호로 제정된 노조법에 의하여 폐지되기 전의 것을 말한다. 이하 이 조의 해설에서 같다.

10) 구 노동조합법 33조 1항 본문은 "노동조합의 대표자 또는 노동조합으로부터 위임받은 자는 그 노동조합 또는 조합원을 위하여 사용자나 사용자단체와 단체협약의 체결 기타의 사항에 관하여 교섭할 권한이 있다"고 규정하고 있었다.

11) 대법원 1993. 4. 27. 선고 91누12257 전원합의체 판결 등.

12) 노조법 29조(교섭 및 체결권한) ① 노동조합의 대표자는 그 노동조합 또는 조합원을 위하여 사용자나 사용자단체와 교섭하고 단체협약을 체결할 권한을 가진다.

② 29조의2에 따라 결정된 교섭대표노동조합(이하 "교섭대표노동조합"이라 한다)의 대표자는 교섭을 요구한 모든 노동조합 또는 조합원을 위하여 사용자와 교섭하고 단체협약을 체결할 권한을 가진다.

③ 노동조합과 사용자 또는 사용자단체로부터 교섭 또는 단체협약의 체결에 관한 권한을 위임받은 자는 그 노동조합과 사용자 또는 사용자단체를 위하여 위임받은 범위안에서 그 권한을 행사할 수 있다.

가 문제된다. 대법원 판례는 “노동조합의 대표자 또는 수임자가 단체교섭의 결과에 따라 사용자와 단체협약의 내용을 합의한 후 다시 협약안의 가부에 관하여 조합원총회의 의결을 거쳐야만 한다는 것은 대표자 또는 수임자의 단체협약 체결 권한을 전면적·포괄적으로 제한함으로써 사실상 단체협약 체결 권한을 형해화하여 명목에 불과한 것으로 만드는 것이어서 노조법 29조 1항에 위반된다.”라고 판시하였다.[13)]

이러한 대법원 판례의 견해에 대하여는, 노조법 29조에 의하여 노동조합의 대표자 또는 수임자에게 단체협약 체결 권한이 인정된다 하더라도 위 법규정이 조합원 총회의 의결에 의하여 그 권한을 제한하는 것까지 금지한다고 해석할 수 없고, 단체교섭 및 단체협약의 체결 과정에서 노동조합의 자주성·민주성과 단체자치가 당연히 보장되어야 하는 이상 노동조합의 대표자 또는 수임자의 단체협약 체결 권한을 조합원 총회의 의결에 의하여 제한하는 것은 가능하므로, 이를 두고 위 법규정에 위반된다고 평가하는 것은 노동조합의 자주성과 민주성에 어긋나게 되어 부당하다는 비판이 다수 제기되었다.[14)15)]

한편 현행 노조법 29조 1항과 달리 노동조합 대표자의 단체협약 체결 권한을 명시하고 있지 않던 구 노동조합법 33조 1항의 위헌 여부에 관하여, 헌법재판소는 위 법규정의 단체교섭권에는 단체협약체결권이 포함되어 있다고 해석한 다음, “위 법규정으로 말미암아 노동조합의 자주성이나 단체자치가 제한되는 경우가 있다고 하더라도, 만약 단체교섭의 결과 합의가 도출된 다음에도 다시 노동조합 총회의 의결을 거쳐야만 비로소 그 합의의 효력이 발생할 수 있도록 하는 것이 허용된다면 사용자가 결정 권한이 없는 노동조합 대표자나 수임자를

---

13) 대법원 2002. 11. 26. 선고 2001다36504 판결, 대법원 2005. 3. 11. 선고 2003다27429 판결 등. 구 노동조합법 33조 1항에 관하여 같은 취지로 판시한 대법원 판례로는 대법원 1993. 4. 27. 선고 91누12257 전원합의체 판결, 대법원 1993. 5. 11. 선고 91누10787 판결, 대법원 2002. 6. 28. 선고 2001다77970 판결 등.

14) 대법원 1993. 4. 27. 선고 91누12257 전원합의체 판결의 반대의견; 강희원, 354~355면, 김유성, 5면 이하; 박승두, 39면 이하; 이병태a, 13면 이하 등.

15) 한편 취업규칙 변경과 관련하여 대법원은 “사용자가 취업규칙을 근로자에게 불리하게 개정하려면 근로자 과반수로 조직된 노동조합이 있는 경우에는 그에 대한 노동조합의 동의를 얻어야 하고, 이러한 노동조합의 동의는 법령이나 단체협약 또는 노동조합의 규약 등에 의하여 조합장의 대표권이 제한되었다고 볼 만한 특별한 사정이 없는 한 조합장이 노동조합을 대표하여 하면 되는 것이다.”라고 판시함으로써(대법원 2004. 7. 22. 선고 2002다59702 판결), 조합규약 등으로 노동조합 대표자의 대표권을 제한하는 것이 가능하다는 취지를 설시한 바 있다.

상대로 하여 성실하고도 진지하게 교섭에 임하리라는 것을 기대하기는 어렵게 되고, 이로 말미암아 노동3권의 헌법적 목적을 실현하기 위한 절차로서의 단체협약제도의 기능이 크게 저해되어 노동영역의 산업평화가 위협받을 수 있을 것이므로, 이와 같이 단체협약제도의 기능 확보라는 중요한 공공복리를 위하여 노동조합의 활동의 자유를 제한할 필요가 있고, 그 제한의 내용 또한 노동3권의 본질적인 내용을 침해한 것으로 볼 수 없으며, 더욱이 다른 법규정을 통하여 노동조합의 내부조직을 민주적으로 구성하고 의사 형성이 민주적으로 이루어질 수 있도록 절차를 규율하고 있다는 점에 비추어, 총회에서 사전에 의결할 수 있는 길이 열려 있을 뿐만 아니라 노동조합 대표자에 의한 대의제도가 보장되어 있는 터이므로 노동조합 대표자에 의한 교섭의 결과를 노동조합과 노동조합원에게 귀속시키기에 충분한 정당성이 있다."라고 판시하여, 위 법규정이 헌법에 위반되지 않는다고 결정한 바 있다.[16][17]

이후 대법원은 위와 같은 헌법재판소 결정의 취지를 반영하여, "노동조합이 조합원들의 의사를 반영하고 대표자의 단체교섭 및 단체협약 체결 업무 수행에 대한 적절한 통제를 위하여 규약 등에서 내부 절차를 거치도록 하는 등 대표자의 단체협약 체결 권한의 행사를 절차적으로 제한하는 것은, 그것이 단체협약 체결 권한을 전면적·포괄적으로 제한하는 것이 아닌 이상 허용된다."라고 해석하고 있다.[18] 이러한 대법원 판례의 취지에 따르면, 예를 들어 조합규약에서 단체협약 체결에 관한 사항을 총회의 의결 사항으로 정하고, 노동조합 대표자 또는 수임자가 사용자나 사용자단체와 잠정 합의한 단체협약안에 대하여 총회의 의결을 거친 다음에 정식으로 단체협약을 체결하도록 정하는 것은 적법·유효하다고 볼 수 있을 것이다.[19]

---

16) 헌재 1998. 2. 27. 선고 94헌바13 등 결정(이 판례의 평석으로는 강희원a, 101면 이하 참조).

17) 단체교섭 권한 및 단체협약 체결 권한에 대한 제한의 허용 여부에 관한 상세한 논의는 법 29조에 대한 해설 참조.

18) 대법원 2014. 4. 24. 선고 2010다24534 판결, 대법원 2018. 7. 26. 선고 2016다205908 판결 등.

19) 이와 같은 조합규약의 정함이 있는 경우 노동조합의 대표자가 총회의 의결을 통해 조합원들의 의견을 수렴하는 절차를 전혀 거치지 않은 채 단체협약을 체결한 것은 조합규약을 위반하여 노동조합의 의사 형성 과정에 참여할 수 있는 조합원들의 절차적 권리를 침해한 불법행위에 해당하여, 노동조합의 대표자는 조합원들에게 위자료를 지급할 손해배상 의무를 진다(대법원 2018. 7. 26. 선고 2016다205908 판결).

다른 한편으로 노동조합 대표자는 단체협약을 체결함에 있어 조합원들의 의사를 반영해야 할 의무가 있다고 하더라도, 노동조합 대표자는 노동조합의 위임에 따라 그 사무를 집행하고 노동조합을 대표하는 기관으로서 노동조합에 대하여 수임자로서 선량한 관리자의 주의의무

4. 예산 · 결산에 관한 사항

여기에는 조합비의 금액, 예산 및 결산의 편성 및 승인에 관한 사항이 포함되며, 조합재산의 취득 · 관리 · 처분에 관한 사항도 포함된다.[20] 조합비와 회계에 관한 사항은 규약의 필수적 기재 사항이다(법 11조 9호).

특별한 목적을 위하여 징수하는 특별조합비의 경우에도 원칙적으로 총회에서 의결되어야 할 것인데,[21] 일반조합비와 달리 조합원이 총회의 의결에 따라 특별조합비를 납입할 의무를 부담하는지 여부가 문제된다. 이는 특별조합비 징수 의결의 효력 유무에 따라 달라지나, 먼저 규약에 따른 권한 있는 기관의 결정이 선행되어야 하고, 2차적으로 특별조합비의 납입 목적이 노동조합의 목적 범위 내의 행위일 때에는 긍정될 수 있을 것이다.[22]

5. 기금의 설치 · 관리 또는 처분에 관한 사항

기금이란 일정한 원금을 두고 그 원금의 이자나 수익을 이용하여 특정 조합활동을 하는 것을 말한다. 이 기금의 설치는 곧 조합원의 부담에 의하는 것이므로, 이에 관한 사항은 총회에서 조합원 전체의 의사에 따라 결정해야 한다.[23]

6. 연합단체의 설립, 가입 또는 탈퇴에 관한 사항

단위노동조합에서 연합단체를 설립하거나 가입하는 경우에는 그 연합단체의 운영에 필요한 경비를 부담해야 하고, 일정한 사항에 대하여는 연합단체의 규약에서 정한 바에 따라야 하는 의무가 발생하게 되므로, 이에 관한 사항을 총회의 의결 사항으로 정하고 있다.

를 부담할 뿐, 개별 조합원에 대하여서까지 위임관계에 따른 선량한 관리자의 주의의무를 부담한다고 볼 수는 없다고 하여, 노동조합 대표자의 조합원들에 대한 선관주의의무 위반에 따른 손해배상책임을 인정하지 아니한 대법원 판례가 있다(대법원 2014. 4. 24. 선고 2010다24534 판결).

이러한 대법원 판례의 태도는 노동조합 대표자가 조합규약을 위반하여 개별 조합원의 권리를 침해할 경우, 개별 조합원들과의 관계에서 불법행위책임은 성립하지만 선관주의의무 위반의 채무불이행책임은 지지 않는다고 해석하는 것으로 이해된다.

20) 김헌수, 344면.

21) 규약으로 총회에 갈음하는 대의원회를 두는 경우에는 대의원회 의결 사항으로 된다.

22) 권창영, 199면.

23) 일반조합비와 특별조합비, 특별기금에 관한 상세한 논의는 법 22조(조합원의 권리와 의무)에 대한 해설 참조.

7. 합병·분할 또는 해산에 관한 사항

노동조합이 합병·분할 또는 해산하는 것은 종래의 조직과 구성에 변화를 가져올 뿐만 아니라, 이로써 그 동안 조합원의 부담에 의하여 취득한 조합재산의 처분 등의 문제가 발생하므로 이에 관한 사항을 총회에서 결정하도록 규정하였다.

합병은 두 개 이상의 노동조합이 합하여 하나의 노동조합이 되는 것이며, 이와 반대로 분할은 하나의 노동조합이 두 개 이상의 노동조합으로 나뉘는 것이다. 해산은 노동조합의 실체가 소멸하게 되어 청산 절차에 들어가게 되는 것으로, 노동조합의 해산 사유는 노조법 28조 1항에서 규정하고 있다.

8. 조직형태의 변경에 관한 사항

노조법 5조에서 근로자는 노동조합을 자유로이 조직할 수 있다고 규정하였으므로, 사업장에서 기업별 노동조합을 설립할 수도 있고, 지역별 노동조합 또는 산업별 노동조합의 지부 또는 분회를 설립할 수도 있다. 기존 기업별 노동조합이 산업별 노동조합의 분회가 되거나 지역별·산업별 노동조합의 분회, 지부로 있다가 탈퇴하여 독립적인 기업별 노동조합을 설립하는 것과 같은 조직형태의 변경은 총회의 의결을 거쳐야 한다.[24][25]

Ⅲ. 총회의 의결정족수와 의결 방식

1. 의결정족수

총회는 다수결의 원리에 따라 원칙적으로 재적조합원 과반수의 출석으로 성립하고 출석조합원 과반수의 찬성으로 의결이 이루어진다(법 16조 2항 본문). 의

---

24) 조직형태의 변경은 아니나 조합원의 범위를 변경하는 조직 변경에 대해서, 판례는 "노동조합이 존속 중에 그 조합원의 범위를 변경하는 조직 변경은 변경 후의 조합이 변경 전의 조합의 재산관계 및 단체협약의 주체로서의 지위를 그대로 승계한다는 조직 변경의 효과에 비추어 볼 때 변경 전후의 조합의 실질적 동일성이 인정되는 범위 내에서 인정되고, 노동조합은 구성원인 근로자가 주체가 되어 자주적으로 단결하고 민주적으로 운영되어야 하므로 어느 사업장의 근로자로 구성된 노동조합이 다른 사업장의 노동조합을 결성하거나 그 조직형태 등을 결정할 수는 없다."고 판시하였다(대법원 1997. 7. 25. 선고 95누4377 판결).

25) 자세한 내용은 '조직형태의 변경 보론(補論)', '지부·분회의 법적 지위 보론(補論)' 해설 참조.

결정족수 산정 기준으로서 출석 인원은 회의 초반 인원을 점검할 때를 기준으로 할 것이 아니라 해당 안건의 표결 시를 기준으로 계산함이 타당하다.[26] 출석조합원 과반수 찬성의 의결정족수는 기권표나 무효표를 제외한 유효투표 수가 아니라 총 투표 수를 기준으로 판단한다.[27]

그러나 의결정족수에 관하여는 다음 두 가지의 예외가 있다.

첫째, 규약의 제정·변경, 임원의 해임, 합병·분할·해산 및 조직형태의 변경에 관한 사항은 재적조합원 과반수의 출석과 출석조합원 3분의 2 이상의 찬성이 있어야 한다(법 16조 2항 단서). 이러한 사항은 노동조합에 매우 중요한 사항이므로 의결정족수를 가중하고 있는데, 구 노동조합법에 비하여 합병·분할 및 조직형태의 변경에 관해서는 의결정족수가 가중되었고, 노조의 해산에 관해서는 다소 완화되었다.[28]

한편, 소속된 연합단체가 있는 경우 그 명칭은 규약의 필수적 기재 사항으로 되어 있으므로 연합단체를 설립·가입·변경하는 경우에는 규약의 변경이 필요하다. 따라서 '연합단체의 설립·가입 또는 탈퇴에 관한 사항'도 결과적으로 특별의결정족수의 적용을 받게 된다. 다만 판례는 소속된 연합단체가 없었고 규약에도 연합단체를 정하고 있지 않았던 노동조합이 연합단체 가입에 관한 의결을 하는 경우에는 특별의결정족수가 요구되는 것은 아니라고 판단하였다.[29]

의결정족수에 관한 노조법 16조 2항 규정은 노동조합의 구성원인 조합원이 그 조직과 운영에 관한 의사 결정에 다수결의 원칙에 따라 관여할 수 있도록 함으로써 이른바 조합민주주의를 실현하기 위한 것이므로 강행규정으로 보아야 한다.[30] 따라서 규약으로 법에서 정한 것보다 의결정족수를 완화하는 것은 노조법 16조 2항에 위반되어 효력이 없다.[31]

---

26) 같은 견해로는 김헌수, 349면; 임종률, 87면.

27) 대법원 1995. 8. 29.자 95마645 결정.

28) 구 노동조합법 19조 2항 단서, 31조 1항 3호. 한편, 김형배, 1092면은 노동조합의 조직과 운영에 민주성을 확보하기 위해서는 적어도 노동조합의 정관 변경에 관하여 민법에서 일반 사단법인에 대하여 정한 총사원의 2/3 이상의 동의 요건 이상으로 엄격하게 정해야 하고, 임원의 해임에 대해서는 따로 규율해야 한다고 주장한다.

29) 대법원 2023. 11. 16. 선고 2019다289310 판결. 이와 관련하여 규약에 소속된 연합단체의 명칭이 기재된 경우 소속된 연합단체를 탈퇴하고 새로운 연합단체에 가입하는 의결은 소속된 연합단체의 명칭과 내용에 관한 규약을 실질적으로 변경하는 것으로 특별결의가 필요하다는 취지의 하급심 판결[서울고법 2012. 7. 6. 선고 2011나94099 판결(상고취하로 확정)]이 있다.

30) 사법연수원a 92면.

31) 총회의 의결정족수를 규정하고 있던 구 노동조합법 19조 2항에 관하여 판시한 대법원

둘째는 임원 선거에서 출석조합원 과반수의 찬성을 얻은 자가 없는 경우 규약이 정하는 바에 따라 결선투표를 실시하여 다수의 찬성을 얻은 자를 임원으로 선출할 수 있다(법 16조 3항). 이는 구 노동조합법에는 없던 규정인데 후보 난립의 경우 당선자의 대표성 확보를 위해 노조법에서 새로 규정하였다.

다만, 이 규정은 임의규정이므로 규약에서 결선투표의 경우에도 과반수 찬성을 얻어야 하는 것으로 정할 수 있다. 반면에 1차 투표에서 과반수 득표자가 없는 경우 결선투표를 거치지 않고 다수 득표자를 임원으로 선출하는 것으로 규약에서 정하는 것은 강행규정인 노조법 16조 2항 본문에서 정한 임원 당선에 필요한 의결정족수를 충족하지 못하므로 무효라고 보아야 한다.[32)]

2. 의결 방식

가. 평등 선거의 원칙

조합원은 원칙적으로 1인 1표의 평등한 표결권을 가진다. 이는 노동조합의 민주성 원칙에서 비롯되는 본질적 요청이나 그로 인한 합리적 제한은 허용된다. 노동조합 가입 후 일정 기간의 제한(대기 기간)이 그 예이고, 규약으로 조합비를 납부하지 아니하는 조합원의 선거권을 제한할 수도 있다(법 22조 단서). 한편, 사상이나 신조, 정당 가입 여부, 미성년자, 협약상의 단체행동 불참 등을 이유로 표결권 자체를 제한하는 것은 인정될 수 없다. 사상이나 신조를 이유로 하는 차별은 노동조합의 대중단체적 성격에 반할 뿐만 아니라 헌법상 평등의 원칙을 위반한 것이고, 미성년자의 재산거래상의 보호 요청은 선거권과 무관하며, 협약상 단체행동 불참은 노동조합 운영 참가권을 부정하는 근거로 될 수 없기 때문이다.[33)]

나. 직접·비밀·무기명투표의 원칙

총회의 의결 방식은 원칙적으로 규약에서 자율적으로 정해야 할 사항이지만, 노조법 16조 4항은 규약의 제정·변경과 임원의 선거·해임에 관한 사항은 조합원의 직접·비밀·무기명투표의 방식으로 하도록 강제하고 있다. 규약으로 총회에 갈음할 대의원회를 둘 경우 대의원 선출도 조합원의 직접·비밀·무기

1995. 8. 29.자 95마645 결정 참조. 한편 규약으로 의결정족수를 가중할 수 있는지에 대해서는 논란의 여지가 있다.

32) 같은 취지로는 민변노동법Ⅱ, 108면.

33) 같은 취지로는 권창영, 177면.

명투표로 해야 한다(법 17조 2항).

여기서 직접투표란 조합원이 직접 투표에 참가해야 한다는 의미이며, 비밀투표란 투표자가 어떤 내용의 투표를 하였는지 여부가 공개되지 않는 것을 말하고, 무기명투표는 투표용지에 누가 투표를 한 것인지 여부가 나타나지 않는 것을 말한다.

이는 강행규정이므로 총회에서 규약의 제정·변경과 임원의 선거·해임에 관한 안건을 거수 또는 기립에 의한 표결이나 박수로 통과시키면 무효이다. 조합장을 선거하는 투표를 실시하면서 조합원 개인 또는 특정 친목단체에 속한 조합원들이 후보자의 개별적인 주문에 따라 그 투표에 의하여 나타난 자신들의 의사 내용을 그 후보자가 알 수 있도록 의도적으로 투표용지를 특정한 방법으로 접어서 투표함에 투입한 경우, 그 투표는 조합의 선거관리규정에서 정한 유·무효에 관한 판정 기준의 내용을 따져볼 필요 없이 조합민주주의를 실현하기 위하여 규정한 강행법규인 무기명·비밀선거의 원칙에 위반되어 그 자체로 무효이다.[34)]

그 밖의 안건에 대하여는 규약으로 투표·기립·거수·박수 등의 방식으로 의결하는 것을 자유롭게 정할 수 있고, 관계 법령이나 규약에 특별히 제한하는 규정이 없다면 조합원은 서면에 의한 표결권 행사나 대리인에 의한 표결권 행사 등 간접적으로 의결권을 행사할 수 있다.[35)] 이 경우 의결권의 위임은 의안에 대한 명확한 의사표시가 확보되어야 하므로 구체적으로 특정된 조합원 1명에게 위임해야만 유효하다.[36)]

[유 승 룡·김 도 형]

34) 대법원 1998. 2. 27. 선고 97다43567 판결.

35) 김헌수, 348면; 임종률, 87면; 하갑래b, 125면.

36) 권창영, 192면.

조직형태의 변경 보론(補論)

〈세 목 차〉

[참고문헌]

강선희, “노동조합의 조직형태변경 ―노조 지부 · 분회의 조직형태 변경결의를 중심으로―”, 고려법학 71호, 고려대학교 법학연구원(2013. 12.); **고용노동부**, “집단적 노사관계 업무매뉴얼”, 고용노동부(2016. 9.); **고준기**, “조합원의 범위를 변경하는 조직변경의 요건”, 한양법학 8집, 한양법학회(1997. 9.); **권오성**, “노동조합의 조직형태 변경”, 노동법연구 45호, 서울대학교 노동법연구회(2018); **김기덕a**, “산별노조 전환에 따른 법률적 검토 ― 금속산별노조건설과정상 법률적 문제와 검토”, 노동과 법 2호 산별노조와 노동법, 금속법률원(2002); **김기덕b**, “노동조합의 조직형태변경 법리에 관한 재검토”, 노동법연구 19호, 서울대학교 노동법연구회(2005); **김선일**, “수족(手足)이 사람으로 변신할 수 있는가?”, 김신 대법관 재임기념 논문집, 사법발전재단(2018); **김진석**, “노동조합의 조직형태의 변경”, 노동법연구 13호, 서울대학교 노동법연구회(2002. 12.); **김태욱**, “산업별 노동조합의 하부조직이 조직형태 변경의 주체가 될 수 있는지”, 2016 노동판례 비평, 민주사회를 위한 변호사 모임(2017); **김희성**, “산업별 노동조합 지회와 기업별 노동조합간의 조직형태 변경에 관한 고찰 ―서울고등법원 2012. 9. 21. 선고 2011나79540 판결을 중심으로―”, 경영법률 25집 3호, 한국경영법률학회(2015); **노상헌**, “산업별 노동조합 지회의 조직형태 변경결의 유효요건 ―대법원 2016. 2. 19. 선고 2012다96120 전원합의체 판결―”, 노동리뷰 133호, 한국노동연구원(2016. 4.); **문무기 · 이승욱**, 노조 조직형태의 다양화와 노동법의 과제, 한국노동연구원(2004); **문영화**, “노동조합및노동관계조정법 부칙 제5조 제1항

소정의 '하나의 사업 또는 사업장에 노동조합이 조직되어 있는 경우'의 의미", 대법원판례해설 42호, 법원도서관(2003); 박종희a, "노동조합의 합병과 분할", 노동법률 77호, 중앙경제(1997. 10.); 박종희b, "노동조합의 조직변경과 그 효력", 인권과 정의 258호, 대한변호사협회(1998); 박종희c, "노조 조직형태변경에 관한 소고", 노동법학 18호, 한국노동법학회(2004. 6.); 박종희d, "조직형태 변경에 관한 대법원 전원합의체 판결의 검토—대법원 2016. 2. 19. 선고 2012다96120 판결—", 안암법학 50호, 안암법학회(2016); 박지순, "노동조합의 조직형태 변경에 관한 연구", 사법 34호, 사법발전재단(2015); 성상희, "노동조합 조직변경과 결사의 자유", 노동법률 131호, 중앙경제(2002. 4.); 송옥렬, 상법강의(제11판), 홍문사(2021); 이승욱a, "산별노동조합의 노동법상 쟁점과 과제", 노동법연구 12호, 서울대학교 노동법연구회(2002); 이승욱b, "조직형태변경과 산별노조의 하부조직", 노동법연구 42호, 서울대학교 노동법연구회(2017); 이철송, 회사법강의(제29판), 박영사(2021); 이철수a, "산별체제로의 전환과 법률적 쟁점의 재조명", 노동법연구 30호, 서울대학교 노동법연구회(2011. 3.); 이철수b, "산별노조 지부의 조직 형태 변경 결의", 노동법률 219호, 중앙경제(2009. 8.); 장상균 · 이욱래, "법인 아닌 사단에 준하는 지위를 가진 경우에도 조직형태 변경 결의의 주체가 될 수 있나?", 노동법률 298호, 중앙경제(2016. 3.); 정영태, "산업별 노동조합 지회의 기업별 노동조합으로의 전환결의의 유효성", 판례연구 28집, 부산판례연구회(2017); 정재성, "노동조합의 조직변경의 범위", 노동판례 평석: 노동현장에서 부딪히는 노동사건 주요 판례 평석, 인쇄골(1999); 최준선, 회사법(제16판), 삼영사(2021); 瀨元 美知男, "労働組合の組織變更", 「現代講座(2); 労働組合」, 總合労働研究所(1980).

Ⅰ. 노동조합의 조직형태 변경

1. 노동조합 조직형태의 의의

가. 개 념

(1) 실무상 쟁점

'조직형태의 변경에 관한 사항'을 노동조합 총회의 의결 사항으로 하는 규정이 1997년 3월부터 시행되었다. 위 규정 시행 초기에는 다수의 기업별 노동조합이 산업별 노동조합으로 전환하는 과정에서 조직형태 변경 결의가 많이 이루어졌는데, 어느 정도 시간이 지나면서 산업별 노동조합의 지회 · 분회 등이 기업별 노동조합으로 조직형태를 변경하는 경우도 꽤 생겼다. 조직형태 변경 결의의 효력 발생에 따라 재산관계의 승계나 단체협약의 주체로서의 지위가 승계되는 중대한 효과가 발생하므로 노동조합의 조직형태 변경 결의의 효력을 다투는 분쟁이 많이 생겨났다. 이하에서 조직형태 변경의 의의, 요건, 효과 등의 순으로 살펴본다.

(2) 조직형태 변경 규정에 관한 입법 경과[1]

구 노동조합법(1996. 12. 31. 법률 5244호에 의하여 폐지되기 전의 것)은 노동조합의 조직형태 또는 조직형태 변경이라는 용어가 포함된 규정을 두고 있지 아니하였다. 1996. 12. 31. 법률 5244호로 제정·공포된 노조법 16조 1항은 총회의 의결 사항으로서 8호로 '조직형태의 변경에 관한 사항'을 규정하고, 같은 조 2항은, "총회는 재적조합원 과반수의 출석과 출석조합원 과반수의 찬성으로 의결한다. 다만, 규약의 제정·변경, 임원의 해임, 합병·분할·해산 및 조직형태의 변경에 관한 사항은 재적조합원 과반수의 출석과 출석조합원 3분의 2이상의 찬성이 있어야 한다"고 규정하여, 조직형태의 변경에 관한 규정을 신설하였다. 위 법률의 국회 의결과정에 관한 논란으로 인하여 위 법률은 1997. 3. 13. 법률 제5306호로 폐지되었고, 1997. 3. 13. 법률 5310호로 다시 제정·공포된 노조법은 위 각 규정을 그대로 유지하였다.

1996. 12. 31. 법률 5244호로 제정·공포된 노조법과 관련하여 1996. 12. 10. 제출된 위 법률안 제안이유에는 '조직형태의 변경에 관한 사항'이 포함된 경위가 기재되어 있지 않다. 1996. 5. 9. 출범한 노사관계개혁위원회의 '노사관계 개혁백서' 등에 따르면, 여러 차례의 소위원회 회의 등을 거쳐 1996. 11. 7. 전체회의에서 '노동관계법 개정 요강'을 심의 및 최종 의결하였는데, 그 개정요강에 조직형태의 변경과 관련한 규정의 신설이 포함되어 있었다.[2] 위 전체회의 합의 내용으로 '노조 설립의 제한 완화 및 산별 노조로의 전환절차 간소화'라는 제목 아래 '노조 조직형태의 변경을 해산절차를 거치지 않고 총회 의결로 가능하도록 하고, 합병·분할 또는 해산·조직형태 변경에 관한 특별 의결정족수를 재적조합원 과반수 출석과 출석 조합원 2/3 찬성으로 통일하며, 그 외 연합 단체에 관한 설립신고서 및 규약 기재사항 등의 기업별 단위노조를 전제·유도하는 조항을 삭제함으로써 산별노조로의 전환 절차를 간소하게 하고 노조 조직 형태는 노조의 자율적 의사에 따라 다양하게 선택할 수 있도록 하였다'는

1) 입법 경위에 관한 상세한 내용은 권오성, 95~100면 참조.

2) 권오성, 97~98면.

내용이 기재되어 있고, '조직형태의 변경과 관련한 규정의 신설' 항목 아래 '현재 단위노조가 초기업적 단위노조의 지부로 조직형태를 변경하는 경우 또는 상부 연합단체가 단위노조로 조직형태를 변경하는 경우 등에 관하여 현행법상 관련규정이 없어 해석론에 맡겨져 있음'이라고 당시 사정을 기재하고 '개정내용'으로 '○ 조직형태의 변경을 총회의 의결사항으로 하고 특별의결정족수를 규정함, ○ 특별의결정족수는 규약 변경사항과 동일하게 재적조합원 과반수의 출석과 출석 조합원 3분의 2 이상의 찬성 수준으로 함 - 이와 더불어 현행법상의 특별정족수를 과반수의 출석과 3분의 2의 찬성결의로 통일함(규약변경, 임원의 해임, 합병 · 분할 또는 해산, 조직형태의 변경)'이라는 내용이 기재되어 있다.[3] 노사관계개혁위원회 이후 정부의 노동법 개정안을 마련하기 위하여 구성된 노사관계개혁추진위원회는 조직형태 변경 관련 규정 신설에 관하여는 노사관계개혁위원회의 위 개정안을 그대로 수용한 정부개정안을 만들었고 이를 토대로 조직형태 변경에 관한 규정이 신설되었다.[4] 노사관계개혁위원회의 논의 중 "단위노조가 초기업적 단위노조의 지부로 조직형태를 변경하는 경우 또는 상부연합단체가 단위노조로 조직형태를 변경하는 경우 등에 관하여 현행법상 관련 규정이 없어서", 노동조합이 "산별체제로 전환하는 경우에 해산절차를 밟고 별도의 설립절차를 거쳐야 하기 때문에 절차상 번거로움뿐만 아니라 조직이탈을 야기할 우려"가 있다는 내용이 있었던 것으로 보인다.[5] 위와 같은 논의와 개정의 경과에 따르면, 단위노조가 초기업적 단위노조의 지부로 조직형태를 변경하는 경우 또는 상부연합단체가 단위노조로 조직형태를 변경하는 경우 등에 관하여 규정이 없어서, 산별체제로 전환하는 경우에 해산절차를 밟고 별도의 설립절차를 거쳐야 하기 때문에 절차상 번거로움이 있을 뿐만 아니라 조직이탈을 야기할 우려가 있기 때문에 해산절차와 별도의 설립절차를 거치지 않고 단위노조가 초기업적 단위노조의 지부로 조직형태를 변경하거나 상부연합단체가 단위노조로 조직형태를 변경할 수 있게 하기 위하여 조직형태의 변경에 관한 규정을 신설하게 된 것으로 보인다.

---

3) 권오성, 98~99면.
4) 권오성, 99~100면.
5) 박종희c, 230면에서 재인용.

(3) 조직형태의 의의

노동조합의 조직형태 변경에 관하여 검토하려면 그 이전에 노동조합의 조직형태가 무엇인지, 어떠한 조직형태가 있는지에 관하여 살펴보아야 한다. 그런데 노조법은 조직형태에 관한 정의 규정을 두고 있지는 않다. 다만, 노조법 2조 4호로 "노동조합"이라 함은 근로자가 주체가 되어 자주적으로 단결하여 근로조건의 유지·개선 기타 근로자의 경제적·사회적 지위의 향상을 도모함을 목적으로 조직하는 단체 또는 그 연합단체를 말한다고 규정함으로써, '단체 또는 그 연합단체'라는 2가지 조직형태가 있을 수 있음을 전제로 하고 있고, 노조법 10조 2항으로 연합단체인 노동조합은 동종산업의 단위노동조합을 구성원으로 하는 산업별 연합단체와 산업별 연합단체 또는 전국규모의 산업별 단위노동조합을 구성원으로 하는 총연합단체를 말한다고 규정하여 연합단체인 노동조합의 조직형태에 관련된 규정을 두고 있을 뿐이다.

원칙적으로 어떠한 조직형태를 선택할 것인가는 노동조합을 설립하고자 하는 근로자의 자유이고, 이러한 조직형태 결정의 자유는 노동3권의 보장이념인 단체자치의 전제조건이 된다는 점에서 헌법 33조 1항이 보장하는 단결권의 내용에 속하는 것으로 파악되며,[6] 노조법 2조 4호의 '단체 또는 그 연합단체'도 상당히 다양한 단체 또는 그 연합단체를 포괄할 수 있는 용어이므로, 노조법이 노동조합의 조직형태를 특정한 유형들로 한정하여 규정하고 있는 것은 아니다.[7] 노동조합의 조직형태가 무엇을 의미하는지에 관하여 많은 부분이 해석론에 맡겨져 있다.[8]

형태의 사전적 의미는 '어떠한 구조나 전체를 이루고 있는 구성체가 일정하게 갖추고 있는 모양'이다. 아래의 조직형태의 유형에서 살펴보는 바와 같이 노동조합의 조직형태는 조직대상의 범위, 구성원의 성격(또는 결합방식)에 따라 다양한 조합에 의한 다양한 유형이 있다. 조직형태의 유형을 나누는 위와 같은 요소에 비추어 볼 때 조직형태를 '노동조합 구성원의 자격과 그 결합방식' 또는

6) 김유성, 78면; 김형배, 1050면.
7) 김유성, 78면; 김형배, 1067면의 '노조법 10조 2항에서 규정하고 있는 연합단체의 의미는 10조 1항의 설립신고서 작성과 관련한 사실적 유형으로서의 산업별 연합단체를 지칭할 뿐이고, 노동조합의 개념을 규정하는 2조 4호상의 연합단체를 구체적으로 정의한 것으로 볼 수 없다'는 견해도 같은 취지이다.
8) 강선희, 294면.

'노동조합과 그 구성원의 결합방식'으로 정의하는 견해[9]는 조직형태의 의미를 분석적으로 잘 파악하고 있다고 생각된다. 따라서 노동조합의 조직형태는 '노동조합이 그 구성원과 결합하고 있는 모양'으로 정의하는 것이 타당하다.

조직형태와 관련하여 노조법 10조 1항은 노조 설립 신고 시 '명칭, 조합원수, 소속된 연합단체가 있는 경우에는 그 명칭, 연합단체인 노동조합에 있어서는 그 구성노동단체의 명칭과 그 조합원수'가 기재된 신고서와 규약을 첨부하도록 하고 있고, 노조법 11조는 규약에 '명칭, 조합원에 관한 사항(연합단체인 노동조합에 있어서는 그 구성단체에 관한 사항), 소속된 연합단체가 있는 경우에는 그 명칭' 등을 기재하도록 하고 있는바, '명칭, 조합원수, 조합원에 관한 사항(연합단체인 노동조합에 있어서는 그 구성단체에 관한 사항), 연합단체인 노동조합에 있어서는 그 구성노동단체의 명칭과 그 조합원수' 등을 노동조합의 조직형태를 구분하는 중요한 지표로 볼 수 있다. 즉, 노동조합은 '명칭, 조합원수, 조합원에 관한 사항(연합단체인 노동조합에 있어서는 그 구성단체에 관한 사항), 연합단체인 노동조합에 있어서는 그 구성노동단체의 명칭과 그 조합원수' 등에 따라 다양한 조직형태를 가질 수 있다.

나. 조직형태의 유형

노조법이 노동조합의 조직형태를 특정하고 있지 않으므로, 앞에서 살펴본 노동조합 조직형태에 관한 여러 지표들을 토대로 실제 가능한 조직형태의 다양한 유형을 생각해 볼 필요가 있다. 노동조합의 조직형태는 조직대상의 범위를 기준으로 나눌 수도 있고, 구성원의 성격에 따라 나눌 수도 있다.[10]

(1) 조직대상의 범위를 기준으로 한 분류

아래와 같이 조직대상의 범위를 기준으로 기업별 노동조합과 기업 단위를 넘어서는 초기업별 노동조합으로 구분할 수 있고, 초기업별 노동조합은 직종별 노동조합, 산업별 노동조합, 일반 노동조합 등으로 세분할 수 있다.

---

9) 강선희, 304면; 고용노동부, 50면; 박지순, 89 · 96면. 강선희, 박지순의 견해는 조직형태의 변경을 정의할 때는 '노동조합 구성원의 자격과 그 결합방식'을 변경하는 것이라고 하므로, 조직형태를 '노동조합 구성원의 자격과 그 결합방식'으로 보는 것으로 이해되기도 하지만, '조직형태' 자체에 대하여 언급할 때는 '노동조합과 그 구성원의 결합방식'으로 쓰고 있다.

10) 김유성, 77면.

구분	노동조합 분류	의 의
1	기업별 노동조합	특정한 기업 또는 사업장에서 일하는 근로자를 직종의 구별 없이 조직하는 조직형태
2	직종별 노동조합	하나 또는 수 개의 동일한 직종에 속하는 근로자들이 기업의 범위를 넘어 조직하는 조직형태
3	산업별 노동조합	하나 또는 수 개의 동일한 산업에 종사하는 근로자들이 기업의 범위를 넘어 조직하는 조직형태
4	일반 노동조합	직종이나 산업의 종류를 가리지 아니하고 기업의 범위를 넘어 널리 근로자를 조직하는 조직형태

(2) 구성원의 성격에 의한 분류(결합방식에 의한 분류)

㈎ 단위노동조합

개인 근로자들이 직접 구성원이 되는 조직형태이다. 초기업적 단위노동조합의 경우 흔히 각 지역 또는 지구별로 지부 또는 분회를 두기도 하고 각 사업장별로 지회를 두기도 한다(이하 이 보론에서 지부·분회·지회 등의 하부조직을 함께 부를 필요가 있을 경우에 '지회 등'이라 한다). 이때 초기업적 단위노동조합의 각 지회 등은 그 단일조직의 구성원이 아니고 개개의 근로자들이 중앙조직인 노동조합의 구성원이 되기 때문에 각 지회 등은 자주적인 결정권을 행사할 수 없는 것이 보통이다. 다만, 각 지회 등이 독자적인 규약과 집행기관을 가지고 단체교섭 및 단체협약체결 능력이 있어 기업별 노동조합에 준하는 실질을 가지고 있는 경우 또는 독자적으로 단체교섭을 진행하고 단체협약을 체결하지는 못하더라도 법인 아닌 사단의 실질을 가지고 있어 기업별 노동조합과 유사한 근로자단체로서 독립성이 인정되는 경우의 각 지회 등의 지위, 각 지회 등의 조직형태 변경 가능 여부에 관하여는 아래에서 살펴보는 바와 같이 여러 논의가 있다.

㈏ 연합단체 노동조합 및 총 연합단체 노동조합

연합단체 노동조합은 단위노동조합을 구성단체로 하는 조직형태이다. 각 기업별 단위노조, 직종별 단위노조, 산업별 단위노조 또는 일반 단위노조가 독립된 노동조합의 자격을 가지면서 그 구성단체가 되어 조직된 노조이다. 이 연합단체 노조의 구성원은 개개의 근로자가 아니라 이 근로자들을 조직하고 있는 독자적인 노동조합이다. 앞에서 본 단위노조 중에서 초기업적인 산업별 단위노조나 직종별 단위노조가 단위노조를 구성원으로 하는 산업별 연합단체 노조 또는 직종별 연합단체 노조와 다른 점은 초기업적인 산업별 노조의 각 지부나 분회는 자주적인 결정권을 행사할 수 없지만 산업별 연합단체 노조 또는 직종별 연합단체 노조의 구성원인 단위노조는 자주적인 결정권을 행사할 수 있다는 점이다.

한편, 총 연합단체 노동조합은 연합단체들 또는 전국규모의 산업별 단위노동조합들을 구성단체로 하는 조직형태이다.

㈐ 혼합 노동조합

개인 근로자와 노동조합이 모두 구성원이 될 수 있는 조직형태이다.

(3) 조직대상의 지역적 범위를 기준으로 한 분류

위 양 범주에 의한 분류방식 외에도 지역적 범위를 기준으로 하여 ① 전국 규모의 노동조합, ② 전국 규모가 아닌 노동조합(이는 다시 ②-㉮ 1개 특별시 · 광역시 · 도 내의 노동조합, ②-㉯ 2개 이상의 특별시 · 광역시 · 도에 걸치는 노동조합으로 나눌 수 있다)으로 분류할 수도 있다. 노조법 10조에 의하여 위와 같은 분류에 따라 설립신고서를 제출할 행정관청이나 총연합단체의 구성원이 될 수 있는지 여부가 달라지지만, 설립신고를 제출할 행정관청이 어떠한 것인지는 행정절차에 관한 문제일 뿐인 점, 전국 규모의 산업별 단위노동조합과 전국 규모의 기업별 노동조합을 전국 규모라는 공통점만으로 동일한 조직형태로 파악하여 살펴볼 실익이 적은 점 등에 비추어 볼 때, 규모를 기준으로 한 분류는 크게 중요하지 않다고 생각된다.[11)]

(4) 조직대상의 범위를 기준으로 한 분류와 구성원의 성격에 의한 분류의 결합방식

실제 존재하는 노동조합은 위와 같은 양 범주로 분류한 조직형태의 성격 중 하나씩을 가지고 있으므로 그 두 가지 성격을 서로 연관 지어 보면 다음 표 기재와 같은 다양한 조직형태가 가능하다.[12)] 여기에 더하여 직종별 단위노조,

---

11) 임종률, 50면.

12) 앞서 언급한 것처럼, 조직대상을 지역적 범위를 기준으로 구분한다면, 직종별 노조, 산업별 노조, 일반 노조를 각각 전국 규모 직종별 노조, 전국적이지 아니한 규모의 직종별 노조, 전국 규모 산업별 노조, 전국적이지 아니한 규모의 산업별 노조, 전국 규모 일반 노조, 전국적이지 아니한 규모의 일반 노조로 세분할 수 있을 것이다.

산업별 단위노조 산하의 기업별 지부·분회 등도 일정한 요건을 갖춘 경우 하나의 조직형태로 인정될 수 있다.

구분	단위노조	연합단체 노조	혼합 노조
기업별 노조	기업별 단위노조	기업별 연합단체 노조(기업별 단위노조가 구성원인 노조)	기업별 혼합 노조(개인 근로자와 기업별 단위노조가 구성원인 노조)
직종별 노조	직종별 단위노조	직종별 연합단체 노조(직종별 단위노조가 구성원인 노조)	직종별 혼합 노조(개인 근로자와 직종별 단위노조가 구성원인 노조)
산업별 노조	산업별 단위노조	산업별 연합단체 노조(산업별 단위노조가 구성원인 노조)	산업별 혼합 노조(개인 근로자와 산업별 단위노조가 구성원인 노조)
일반 노조	일반 단위노조	일반 연합단체 노조(일반 단위노조가 구성원인 노조)	일반 혼합 노조(개인 근로자와 일반 단위노조가 구성원인 노조)

우리나라에서는 1990년대 후반까지도 '기업별 단위노조 — 산업별 연합단체 노조'를 주된 조직형태로 하고 있었다.[13] 그러나 1997년 금융위기 이후 산별조직화가 가속화되어 2020년 12월말 현재 조직형태별 조합원 수는 산업별 노조를 포함하는 초기업 노조 소속이 60.4%, 기업별 노조 소속이 39.6%이다.[14]

위와 같은 조직형태의 분류는 이론적인 기준에 따른 구별일 뿐이고 노조법이 노동조합의 조직형태를 위와 같은 유형에 한정하여 규정하는 것은 아니므로 다른 기준에 따른 조직형태의 구별도 얼마든지 가능할 것이다. 다만, 위와 같은 분류는 조직형태의 속성을 가장 적절하게 파악할 수 있는 방법이라고 생각된다.

다. 조직형태에 관한 제한

앞에서 본 바와 같이 노동조합은 원칙적으로 조직형태를 선택할 자유를 가지고 있다. 다만, 일정한 조직형태는 제한되고 있는 것으로 볼 여지가 있으므로 아래에서 살펴본다.

현행 노조법상 조직형태 결정의 자유를 제한하는 것으로 해석될 여지가 있는 부분은 다음과 같다. 노조법 2조 4호 본문은 "노동조합이라 함은 근로자가

13) 김유성, 77면.
14) 고용노동부, 2021. 12. 30.자 보도자료.

주체가 되어 … 조직하는 단체 또는 그 연합단체를 말한다"고 규정하여 연합단체인 노동조합의 조직형태에 아무런 제한을 두고 있지 않다. 그러나 노조설립신고에 관한 노조법 규정 중 10조 2항은 "연합단체인 노동조합은 동종 산업의 단위노동조합을 구성원으로 하는 산업별 연합단체와 산업별 연합단체 또는 전국규모의 산업별 단위노동조합을 구성원으로 하는 총연합단체를 말한다"고 규정하고 있다. 위 규정을 표로 만들면 다음과 같다.

구 분	연합단체인 노동조합		
종 류	㉮ 산업별 연합단체	㉯ 총연합단체	
구성원	동종 산업의 단위노동조합	산업별 연합단체	전국규모의 산업별 단위노동조합

① 위 표의 '㉮ 동종 산업의 단위노동조합을 구성원으로 하는 산업별 연합단체'의 '동종 산업'은 하나의 동일한 업종을 뜻하고, 여러 가지 업종의 단위노동조합을 구성원으로 하는 산업별 연합단체는 노조법상의 산업별 연합단체에 해당한다고 볼 수 없는지, 아니면 위 '동종 산업'이라 함은 반드시 하나의 동일한 업종만을 뜻하는 것은 아니므로 여러 가지 업종의 단위노동조합도 같은 조항 소정의 산업별 연합단체를 구성할 수 있는지, ② 위의 조항이 한정적·열거적인 것인지(즉 연합단체의 조직은 오직 산업별로만 가능한 것인지) 아니면 예시적인 것인지(즉 그 외의 조직형태도 가능한지)가 문제된다.[15]

먼저 ①에 관하여 살펴본다. 대법원은 "현대 산업사회에 있어서 업종의 다양화와 복합화로 인하여 동일 업종의 범위를 한정하는 것이 용이하다고는 할 수 없고, 과거에는 동일 업종에 속하였던 것이 산업의 고도화로 인하여 서로 다른 업종으로 분화되기도 하고, 그 산업기술의 혁신에 의하여 그 반대 현상이 나타날 수도 있겠지만 동일 업종 여부는 위의 입법목적의 관점에서 판단할 수 있을 것이며, 경우에 따라서는 예컨대 은행업과 보험업과 같이 동일하지는 아니하나 유사하거나 상호관련성이 있는 2개 이상의 업종이 함께 복합적 산업별 연합단체를 구성하는 것도 가능하다고 보아야 할 것이나, 전혀 이질적인 55개 업종이 포함되고, 더구나 다른 산업별 연합단체에 속하지 아니하는 기타 업종까지

15) 사법연수원a, 44~47면.

모두 포괄하는 업종을 대상으로 하는 단위노동조합으로 구성되는 산업별 연합단체(전국연합노동조합연맹)라는 것은 그 인정의 필요성도 적을 뿐 아니라 산업별 연합단체 본래의 기능을 하기도 어렵다고 보이고 또 위 법조 소정의 동일 업종의 단위노동조합으로 구성되었다고 볼 수도 없으므로 위 법조 소정의 산업별 연합단체는 아니라고 보아야 할 것"이라고 하여 전자의 견해를 취하고 있다.[16)]

다음으로 ②에 관하여 살펴본다. 위 대법원 판결은 "구 노조법 13조 2항(현행 법 10조 2항과 같다)이 산업별 연합단체를 법상의 노동조합의 한 형태로 인정하고 있는 이유는 동종 업종의 단위노동조합은 동일 또는 유사한 근로조건하의 근로자들로 조직되고 또 사용자와의 관계에 있어서도 동일 또는 유사한 사회, 경제적 지위에서 활동하고 있기 때문에 서로 연합하여 하나의 조직체를 형성할 수 있도록 함이 근로자 측의 교섭력을 증대시켜 근로자의 근로조건 개선이나 사회적, 경제적 지위 향상에 효율적이라고 보기 때문이라 할 것인바, 동일 업종이 아닌 전혀 이질적 업종의 단위노동조합에 의하여 산업별 연합단체를 구성한다는 것은 그 필요성도 적고 위 조항이 상정하지 아니한 것이라 할 것이다. … 구 노조법이 3조(현행 법 2조 4호 본문) 소정의 연합단체이면서 산업별 연합단체나 총연합단체가 아닌 형태의 노동조합을 예상한 것은 아니지만, … 독립한 산업별 연합단체를 구성할 수 있을 정도의 세력을 형성하지 못한 여러 업종의 단위노동조합들이 연합단체를 구성함으로써 어느 정도 세력을 형성하여 사회적, 경제적 지위향상을 도모할 수 있겠고, 총연합단체의 산하 단체가 됨으로써 총연합단체의 지원을 받을 수 있는 이점이 있으므로 이러한 형태의 연합단체를 인정하는 것이 전혀 무의미한 것은 아니다"라고 판시하여, 위의 조항이 한정적 · 열거적인 것이라는 견해에 가깝지만 어느 한 쪽의 입장을 명확히 하고 있지 아니하다.[17)]

그러나 노조 조직형태 결정의 자유는 헌법상 보장되는 단결권의 하나로서 최대한 보장되어야 하는 점, 노조법 또한 헌법의 취지에 따라 조직결성 자유의 원칙을 선언하고 있는 점(법 5조 1항, 11조 4호), 위의 연합단체 조항이 총칙 용어 정의의 장이 아니라 설립신고의 장에 위치하고 있는 점, 노조법 10조 2항에 정한 산업별 연합단체 이외의 형태의 연합단체도 그 설립 및 존속을 보호할 만한 충분한 이유가 있어 이를 노조법상 노동조합의 보호대상에서 제외시키는 것이

16) 대법원 1993. 5. 25. 선고 92누14007 판결.
17) 사법연수원a, 46면.

헌법상 노동3권의 보장취지나 입법목적에 비추어 합리적인 근거가 있는지 의문이 있는 점, 그리고 연합단체 조항은 설립신고 대상 행정관청을 구분하기 위하여 마련되었던 점 등을 종합하여 보면, 다음과 같이 해석하는 것이 타당하다. 위 ②에 관하여는, 연합단체인 노동조합은 위 표의 '㉮ 동종 산업의 산업별 연합단체'나 '㉯ 산업별 연합단체 또는 전국규모의 산업별 단위노동조합을 구성원으로 하는 총연합단체'의 형태에 제한되는 것으로 해석할 수 없고, 위 ①에 관하여는, 그 조직의 기초 역시 단위노동조합의 경우와 마찬가지로 동종 산업뿐만 아니라 이종 산업의 단위노동조합, 일정 직종의 단위노동조합, 일정 지역의 단위노동조합, 기업그룹 내의 단위노동조합 등을 구성원으로 하는 등 아무런 제한이 없다고 해석하여야 할 것이다.[18)]

2. 노동조합 조직형태 변경의 의의

가. 관련 법령의 규정

앞서 본 바와 같이 구 노동조합법(1996. 12. 31. 법률 5244호에 의하여 폐지되기 전의 것)은 노동조합의 조직형태 변경에 관한 규정을 두고 있지 아니하였다. 1996. 12. 31. 법률 5244호로 제정·공포된 노조법 16조 1항은 총회의 의결 사항으로서 8호로 '조직형태의 변경에 관한 사항'을 규정하고, 같은 조 2항은, "총회는 재적조합원 과반수의 출석과 출석조합원 과반수의 찬성으로 의결한다. 다만, 규약의 제정·변경, 임원의 해임, 합병·분할·해산 및 조직형태의 변경에 관한 사항은 재적조합원 과반수의 출석과 출석조합원 3분의 2이상의 찬성이 있어야 한다"고 규정하여, 조직형태의 변경에 관한 규정을 신설하였고, 1997. 3. 13. 법률 5310호로 제정·공포된 노조법은 위 각 규정을 그대로 유지하였다.

나. 조직형태 변경의 의의

(1) 조직형태 변경의 필요성

앞서 본 표에 의한 분류에서 산업별 단위노조가 기업별로 지부·분회 등의 산하조직을 두고 있는 경우와 기업별 단위노조가 산업별 연합단체 노조에 가입하고 있는 경우를 비교하여 볼 때 양자 사이에 실질적으로는 별로 차이가 없는 것처럼 보이기도 한다. 그러나 단체교섭, 활동지침의 결정과 집행, 재정 기타 조

---

18) 김유성, 80면; 사법연수원a, 47면.

합운영의 주도권을 하부조직이 갖느냐, 아니면 상부조직이 갖느냐에 따라 단체교섭력, 단결력의 강화 등에서 큰 차이가 발생할 수 있고, 노동조합으로서는 자연스럽게 그 목적에 맞게 단체교섭력, 단결력을 최대한 강화할 수 있는 조직형태를 갖추려고 시도하게 될 것이다.

(2) 조직형태 변경의 의의

㈎ 학설과 판례

노동조합 조직형태의 변경이 무엇을 의미하는지는 문언 그대로 해석하면 되고 다툼의 여지가 없어 보이지만 그 의의가 반드시 명백한 것은 아니다. 이에 관하여 학계와 실무계에서 많은 논의가 있었고, 대법원 2016. 2. 19. 선고 2012다96120 전원합의체 판결의 다수의견, 반대의견, 보충의견 등에서 조직형태 변경의 의의, 취지, 기능 등에 관하여 다양한 견해가 개진되었으며, 이에 대한 학계의 논의 등에 따라 조직형태 변경에 대한 보다 깊이 있는 검토가 이루어졌다.

1) 조직형태 변경의 개념에 관한 논의

조직형태의 변경 개념에 '실질적 동일성' 또는 '동일성'을 포함시키는 견해와 이를 포함시키지 않는 견해로 크게 구별할 수 있다.

전자에는 "'그 동일성을 유지하면서' '조직형태 등'을 변경하는 것",[19] "노동조합이 그 존속 중 그 실질적 동일성을 유지하면서 그 조직형태를 변경하는 것",[20] "노동조합이 존속 중에 그 실질적 동일성은 유지하면서 조직의 외형을 바꾸는 경우",[21] "존속 중에 합병이나 분할이 없이 실질적 동일성을 유지하면서 그 조직형태를 변경하는 것",[22] "노동조합이 그 실체의 동일성을 유지하면서 그 조직의 형태를 변경하는 것",[23] "조합의 존속 중에 그 동질성을 유지하면서 조직을 변경하는 것",[24] "노동조합이 그 존속 중에 실질적 동일성을 유지하면서, 조직범위의 확대나 조직형태의 변경 등 그 태양에 관계없이, 사용자 또는 제3자

19) 김유성, 121면. 김형배, 1167면은 노동조합의 조직변경에 대해서 학설과 판례가 '노동조합이 그 동일성을 유지하면서 조직형태를 변경하는 것을 의미하는 것'으로 정의하고 있다고 보고 있다.

20) 김진석, 357면; 이철수a, 74면.

21) 임종률, 106면. 이 견해는 조직형태의 변경을 포함한 '조직변경'에 대하여 위와 같이 정의하고 있고, 조직변경을 조직대상의 변경과 조직형태의 변경으로 나누어 설명하며, 조직형태의 변경에 대하여는 별도로 정의를 하고 있지 않다.

22) 이승욱a, 184면.

23) 이병태, 187면.

24) 이상윤a, 664면.

와의 법률관계에 영향을 미치거나 미칠 가능성이 있는 효과를 초래하는 노동조합 조직의 일체의 변경",[25] 또는 "노동조합이 그 실질적 동일성을 유지하면서 그 조직형태를 변경하는 것",[26] "노동조합이 그 존속 중에 변경 전후 실질적 동일성을 유지하면서 구성원의 자격과 단결체와 조합원의 결합방식을 변경하는 것",[27] "노동조합이 그 실체의 동일성을 유지하면서 노동조합의 종류를 변경함으로써 구성원의 자격과 그 결합방식을 바꾸는 것"[28] 등이 있다. 조직형태의 변경 개념에 '실질적 동일성' 또는 '동일성'을 포함시키지 않는 후자의 견해에는 "해산절차를 거치지 않고 노조가 존속 중에 조직형태를 변경하는 것",[29] "노동조합이 그 조직형태를 변경하는 것",[30] "노동조합을 이루고 있는 구성원이 일정하게 결합하고 있는 구조의 변경을 의미하는 것으로 구성원의 자격과 그 결합방식을 변경하는 것"[31] 등이 있다.

특히, 후자의 견해 중 "노동조합의 조직형태 변경에 있어서 실질적 동일성은 조직형태 변경의 개념 요소 내지 요건이 아니고 사용자와의 단체협약관계, 제3자와의 법률관계 등 노동조합의 대외적인 법률관계가 유지되기 위한 요건으로 검토될 여지가 있는 것에 지나지 않는다."라는 견해[32]와 "법적 효과는 말 그대로 조직형태가 변경되었다는 효과를 부여하면 되고, 그 다음 단계에서 그 변경의 효과로서 실질적 동일성이 유지되었는지 여부를 판단하여 재산관계 및 단체협약의 주체로서의 지위 승계 여부를 판단하면 될 문제"라는 견해[33]는 종래의 학설과 판례에 대하여 새로운 관점을 제시하고 있다.

2) 조직형태 변경의 본질 또는 기능에 관한 논의

가) 조직형태 변경의 본질 또는 기능에 대한 소극적 해석론

조직형태 변경의 본질을 청산절차의 생략과 새로운 조직 설립으로 보는 견해이다.[34] 위 견해에 따르면, 실질적으로 노동조합의 합병이나 분할에 해당하는

25) 이승욱b, 323~324면.
26) 사법연수원a, 127면.
27) 박지순, 89면.
28) 고용노동부, 50면.
29) 박종희c, 240면.
30) 김기덕b, 441면.
31) 강선희, 304면.
32) 김기덕b, 441면.
33) 강선희, 322면.
34) 박종희d, 342면.

것은 조직형태 변경으로 볼 필요성이나 타당성이 없고 기존 노조의 해체와 청산절차의 생략 그리고 새로운 노조의 설립이라는 요소를 모두 갖춘 경우에 조직형태 변경으로 인정될 수 있다.[35] 일본과 달리 우리나라의 경우 노동조합의 합병이나 분할에 대한 규정이 마련되어 있으므로 기업별 단위노조와 산별노조의 지회 상호간의 조직형태 변경은 그 실질에 따라 노동조합의 합병이나 분할로 취급함이 옳다는 견해[36]도 같은 취지로 이해된다.

나) 조직형태 변경의 본질 또는 기능에 대한 적극적 해석론

학계의 다수 의견은 위와 같은 소극적 해석론에 대하여 깊이 있는 논증을 통하여 의견을 제시하고 있지는 않은 것으로 보이고, 조직형태 변경을 '기존 노조의 해체와 청산절차의 생략 그리고 새로운 노조의 설립이라는 요소를 모두 갖춘 경우'에 한정하지 않고 넓게 인정하는 것을 전제로 조직형태 변경의 유효성에 관하여 검토하고 있다.

3) 판　　례

가) 조직형태 변경 결의 규정 시행 전의 조직변경에 관한 판례

조직형태 변경 결의 규정이 시행되기 이전에 위 규정에 관한 판례는 아니지만 '조직변경'에 관하여 언급한 판례들이 있었다. 복수노조금지규정 실효 전의 사안에 관한 것으로 복수노조에 해당하는지 여부가 쟁점이 되어 조직대상 중복 여부가 주로 문제되었다.

조직형태 변경과 관련된 조직변경에 관하여 최초로 언급한 판결은 대법원 1997. 7. 25. 선고 95누4377 판결이다. 위 판결은 '노동조합이 존속 중에 그 조합원의 범위를 변경하는 것'을 조직변경의 한 유형이라고 보아 조직변경의 요건과 효과를 설시하면서, "노동조합이 존속 중에 그 조합원의 범위를 변경하는 조직변경은 변경 후의 조합이 변경 전의 조합의 재산관계 및 단체협약의 주체로서의 지위를 그대로 승계한다는 조직변경의 효과에 비추어 볼 때 변경 전후의 조합의 실질적 동일성이 인정되는 범위 내에서 인정된다 할 것이고, 노동조합은 구성원인 근로자가 주체가 되어 자주적으로 단결하고 민주적으로 운영되어야 하므로 어느 사업장의 근로자로 구성된 노동조합이 다른 사업장의 노동조합을 결성하거나 그 조직형태 등을 결정할 수는 없다 할 것인바, 이 사건에서와 같이

35) 박종희d, 342~344면.
36) 권오성, 120~121면.

원고가 조직을 변경하여 그 조합원의 자격을 대한상의의 근로자에 대하여까지 확장하는 것은, 우선 조합의 인적 구성에서 실질적 동일성이 유지되지 아니하여 허용될 수 없을 뿐만 아니라, 원고 총회의 결의에 의하여 대한상의 노동조합이 결성되고 그 조직형태나 가입자격 등이 결정되는 결과로 되어 노동조합의 자주성 및 민주성에도 반하게 되므로, 어느 모로 보나 허용될 수 없다."라고 판시하였다.[37] 그 후 대법원 1999. 4. 9. 선고 97누19731 판결, 대법원 2000. 4. 11. 선고 98두1734 판결도 조직변경은 실질적 동일성이 인정되는 범위 내에서 허용된다는 취지로 판시하였다. 위 판결들은 노동조합 존속 중에 그 조합원의 범위를 변경하는 것을 조직변경의 한 유형으로 보고 있는데, 조직형태 변경 결의 규정이 시행되기 전의 사안에 관한 것으로서 조직형태 변경의 개념 등에 관하여 직접 언급하고 있지는 않다.

나) 조직형태 변경 결의 규정 시행 후의 판례

조직형태 변경 결의 규정 시행 후의 사안에 관한 판례를 살펴본다.

대법원 2002. 5. 10. 선고 2000다31649 판결은 「노동조합이 조합원 임시총회를 개최하여 조직형태에 관한 토의를 실시하고, 노동조합 조직형태 변경에 따른 투표를 실시하여 A회사를 퇴사하고 신설된 B회사로 전적된 A회사의 종전 근로자들을 피고의 조합원으로서의 자격을 유지하는 내용의 '조직형태 유지' 결의를 하여 이른바 2사 1노조 체제로 운영키로 한」 사안에서, "이러한 결의는 앞서 본 바와 같이 어느 사업장의 노동조합이 조직을 변경하여 그 조합원의 자격을 별도 독립법인의 근로자에 대하여까지 확장하는 것으로서 조합의 인적 구성에서 실질적인 동일성이 유지되지 아니하여 허용될 수 없다. 다만, 신설된 B회사의 근로자들 중 A회사의 종전 근로자들이 기존 노동조합 조합원들과 함께 단

37) 위 판결의 사실관계는 다음과 같다.

서울상공회의소 노조 (원고)	대한상공회의소: 노조 없음
서울상공회의소 고유: 61명 규약 개정 명칭: 서울상공회의소노조 ⇒ 대한상공회의소 노조 조합원 범위: 서울상공회의소 ⇒ 서울상공회의소 + 대한상공회의소	서울상공회의소 겸직: 103명 대한상공회의소 고유: 22명
설립신고사항 변경신고	
서울특별시 중구청장: 신고반려	
원고: 신고반려처분취소청구의 소	

위기업의 범위를 넘어 널리 근로자를 조직하는 노동조합으로서 이른바 일반노조를 결성할 수는 있을 것이지만, 위 결의에 A회사의 종전 근로자들은 전혀 참가하지 않았다는 것이므로, 이러한 일반노조가 설립되었다고 하더라도 A회사의 종전 근로자들은 그 구성원이라고 볼 수 없을 뿐만 아니라, 그 일반노조는 기존 노동조합과는 조합의 인적 구성에서 실질적인 동일성이 유지되지 않는 새로운 노조일 뿐"이라고 판시하였다.

대법원 2002. 7. 26. 선고 2001두5361 판결은 "노동조합이 존속 중에 그 조합원의 범위를 변경하는 조직변경은 변경 후의 조합이 변경 전 조합의 재산관계 및 단체협약의 주체로서의 지위를 그대로 승계한다는 조직변경의 효과에 비추어 볼 때 변경 전후의 조합의 실질적 동일성이 인정되는 범위 내에서 인정되고, 노동조합은 구성원인 근로자가 주체가 되어 자주적으로 단결하고 민주적으로 운영되어야 하므로, 어느 사업장의 근로자로 구성된 노동조합이 다른 사업장의 노동조합을 결성하거나 그 조직형태 등을 결정할 수는 없으며(대법원 1997. 7. 25. 선고 95누4377 판결 참조), 여기에서 말하는 노동조합에는 근로조건의 결정권이 있는 독립된 사업 또는 사업장에 조직된, 산업별 · 지역별 · 직종별 단위노동조합의 지부 또는 분회도 포함된다."라고 같은 취지로 판시하였다. 이 사건에서는 1998. 2. 27. 이루어진 조직형태 변경 결의의 효력이 문제된 것이 아니라 1999. 3. 2. 이루어진 조직변경 결의의 효력이 문제되었다.[38]

38) 사실관계는 다음과 같다.

연월일	전국보건의료산업노조 (전국보건의료노조)	중앙적십자혈액원 노조	대한적십자사 노조(원고 조합)
1989. 3. 7.경		설립, 기업별 단위노조	
1998. 2. 27.		**조직형태 변경 결의** ⇒ '전국보건의료노조 서울지역본부 중앙혈액원지부'	
1998. 3. 9.	설립신고 조직형태 ⇒ 전국 규모 산업별 단위노조 조직대상 ⇒ 보건의료산업 근로자들		
1999. 3. 2.		중앙혈액원지부의 조직대상 확대 조직변경결의(이 사건 **조직변경 결의**) ⇒ 동부적십자혈액원, 남부적십자혈액원, 서부적십자혈액원 소속 보건의료산업 노동자: 동부적십	

위 가)항의 판결들과 2001두5361 판결은 복수노조의 설립이 금지되고 있는 상황에서, 갑 회사 노동조합이 을 회사 노동조합의 근로자들까지 조직대상에 포함시키면 을 회사 근로자들이 노동조합을 설립하지 못하게 되므로, 조합원의 자격을 별개 기업체의 근로자에게까지 확장하는 것이 노동조합의 자주성 및 민주성에 반한다는 점을 고려하여 부득이하게 위와 같은 조직변경을 제한한다는 취지이므로, 2011. 7. 1.부터 복수노조가 허용된 상황에서는 판례의 입장이 달라질 수 있다.[39)]

조직형태 변경 결의에 관한 다양한 내용을 판시한 대법원 2016. 2. 19. 선고 2012다96120 전원합의체 판결도 조직형태 변경의 개념을 명시적으로 정의하지는 않았다.

㈏ 검 토

조직형태 변경의 개념을 어떻게 파악할 것인지 살펴본다. 조직형태 변경의 개념을 어떻게 이해할 것인지는 다양한 조직형태 변경의 유형과 관련하여 조직형태 변경 결의의 가능 여부, 조직형태 변경의 요건, 조직형태 변경의 효력 등의 쟁점과 연결된다. 실무상으로는 기업별 노조에서 산업별 단위노조의 지회 등으로의 조직형태 변경 또는 그 반대의 경우의 조직형태 변경 개념을 인정할 것인지와 관련하여 많이 문제 된다.

		자혈액원 근로자는 참석 않음 명칭 '전국보건의료노조 서울지역본부 서울적십자기관지부'로 변경	
1999. 3. 6.			설립신고
1999. 8. 24.경		동부적십자혈액원 근로자 7명 '～서울적십자기관지부'에 가입	
1999. 9. 1.			동부적십자혈액원에 지부 설치 결의(이 사건 결의) 지부 조합원 9명
1999. 9. 8.			동부적십자혈액원 지부 창립총회
2000. 3. 7.			서울지방노동청장 ⇒ 이 사건 결의 시정을 명하는 시정명령(동부적십자혈액원에 이미 서울적십자기관지부 설립되어 있음 ☞ 부칙 5조 1항 위반)

39) 강선희, 305면.

1) 조직형태 변경의 개념에 관한 검토

가) 조직변경과 조직형태 변경의 개념을 구별할 것인지

조직변경은 단체의 대내적 조직요소와 대외적 조직요소를 변경하거나, 그것들의 구성 방법을 변경한 경우를 포괄하는 매우 광범위한 개념이다. 따라서 노조법에 조직형태의 변경에 관하여 새로운 규정을 둔 이상, 노동조합의 조직형태의 변경을 노동조합의 조직변경과 구별하지 않거나 묵시적으로 이를 동일시하는 견해[40]는 개념의 혼동을 불러일으키기 쉬우므로 조직변경과 조직형태 변경의 개념을 구별해야 한다.[41] 조직변경을 '조직형태의 변경과 협의의 조직변경(조직형태의 변경이 아닌 조직변경)'을 포괄하는 개념으로 이해하는 것이 타당하다. 다만, 앞에서 본 바와 같이 조직형태를 제한적 또는 열거적으로 규정하기 어려우므로, 조직형태의 변경 역시 매우 포괄적인 개념으로 보아야 할 것이다.

나) '그 동일성을 유지하면서' 또는 '그 실질적 동일성을 유지하면서'를 조직형태 변경의 개념 요소로 보아야 할 것인지

노조법상 조직형태 변경의 개념을 특별히 규정하고 있지 않고, 문언 해석에 따르면 조직형태 변경이라는 것은 조직형태를 변경하는 것이라고 평이하게 해석하는 것이 자연스러우므로, 개념 자체에 동일성이나 실질적 동일성을 포함시키는 것은 타당하지 않다는 이유로 '그 동일성을 유지하면서' 또는 '그 실질적 동일성을 유지하면서'는 조직형태 변경의 개념 요소나 조직형태 변경이 인정되기 위한 요건이 아니라 조직형태 변경의 효과로 보아야 할 것이라는 견해가 있다.[42] 조직형태의 변경에 의하여 완전히 별개의 단체가 되는 것은 아니라는 측면에서 조직형태 변경 전의 노조와 조직형태 변경 후의 노조가 실질적으로 동일해야 한다는 것은 조직형태의 변경이라는 개념 속에 내재하는 개념적 징표로

40) 이병태, 187면은, "조직변경에 관하여 학자에 따라 ① 조합원의 범위를 일부 변경하는 경우, ② 조합내부의 기구를 개편하는 경우, ③ 단위노조가 연합체에 가입하거나 탈퇴하는 경우, ④ 노동조합의 독립된 실체를 가진 하부조직이 단위노조로부터 탈퇴하는 경우 등을 그 유형으로 드는 견해가 있으나, 일반적으로 조직변경이라고 할 때는 산업별 노조가 기업별 노조로 개편하거나 기업별 노조가 산업별 노조로 개편하는 경우, 단위노조가 연합체조직으로 변경하거나 연합체조직이 단위노조로 변경하는 것과 같이 구성원의 자격과 결합의 방식에 따른 노동조합의 종류를 변경하는 조직변경을 말한다."라고 하고 있는바, 조직변경과 조직형태의 변경을 동일시하고 있다. 한편 김형배, 1066면; 이상윤a, 664면도 조직형태의 변경이라는 용어를 사용하지 아니하고 조직변경이라는 용어를 사용하고 있다.

41) 김기덕b, 436면; 김진석, 354면.

42) 김기덕b, 447면; 박종희c, 256면은 "실질적 동일성은 단체협약관계 기타 제3자와의 법률관계의 유지 여부에 대한 노동조합에 요구되는 조건이라고 위치지울 수 있을 것"이라 한다.

봄이 상당한 점, 실질적으로 동일하지 아니한 형태로 변경하는 것을 노조법상 조직형태 변경의 개념 속에 포함시킬 실익은 없는 것으로 보이는 점, 단체협약의 유지 또는 승계, 재산관계의 유지 또는 승계 등이 조직형태 변경을 도입한 취지인 점 등에 비추어, 실질적 동일성 유지를 조직형태 변경의 개념 요소로 봄이 타당하다.[43)]

다) '조합의 존속 중' 변경

조직형태 변경은 노동조합 존속 중의 변경이다. '조합의 존속 중' 조직형태를 변경한다는 것은, 노동조합이 해산 · 소멸하면서 2개 이상의 노동조합으로 분할 · 독립되는 '노동조합의 분할' 또는 2개 이상의 노동조합이 일정한 절차에 따라 그 당사자로 된 노동조합의 일방 또는 전부가 청산절차 없이 해산하여 소멸되고 1개의 노동조합으로 존속 또는 신설되는 '노동조합의 합병'과 구별되는 요소이다. 대법원 2016. 2. 19. 선고 2012다96120 전원합의체 판결은 조직형태 변경 결의에 관한 규정이 '노동조합의 해산 · 청산 및 신설 절차를 거치지 아니하고 조직형태의 변경이 가능하도록' 한 규정이라고 판시함으로써 위와 같은 조직형태 변경의 성격을 명확히 하였다.

2) 조직형태 변경의 본질 또는 기능에 대한 검토

노동조합법 16조 1항 7호가 '합병 · 분할에 관한 사항'을 총회의 의결사항으로 규정하고 있는 것은 맞으나, 조직형태 변경의 개념상 포괄성, 조직형태 변경에 관한 규정의 입법 경위 등에 비추어 조직형태 변경 결의와 이에 따른 관련 절차의 진행에 따라 결론적으로 합병 · 분할과 유사한 결과가 나온다고 하여 합병 · 분할로 해결할 수 없는 경우에만 조직형태 변경을 할 수 있다고 보기는 어렵다. 조직형태 변경은 어떠한 노동조합의 조직형태 변경 결의만으로 바로 이루어질 수 있는 경우에 한정된다고 해석할 필요는 없고, 조직형태 변경의 유형에 따라, 예를 들어 기업별 노동조합의 산업별 노조의 지부 또는 지회로의 조직형태 변경 결의와 해당 산업별 노조의 창립총회의 결의(여러 기업별 노동조합의 조직형태 변경 결의에 따라 새로운 산업별 노조를 설립하는 경우) 또는 해당 산업별 노조의 승인(기존 산업별 노조의 지부 또는 지회로 되는 경우)이 결합하여 조직형태 변경의 결과가 발생하는 경우도 조직형태 변경의 한 유형이라고 충분히 볼 수 있다. 따라서 어떠한 노동조합의 조직형태 변경 결의와 다른 노동조합의 조직형

---

43) 김진석, 357면; 이철수a, 74면.

태 변경은 합병 · 분할과 같은 결과를 얻는 경우를 포함하여 조직형태 변경에 관한 다양한 경우를 포괄하는 것이라고 봄이 타당하다.[44] 즉, 합병 · 분할과 같은 절차를 거쳐서 같거나 유사한 결과를 낳을 수 있는 경우에도 조직형태 변경 결의에 의하는 것이 효율적일 경우에는 조직형태 변경에 의할 수 있도록 하기 위한 규정이라고 볼 수 있다. 대법원 2016. 2. 19. 선고 2012다96120 전원합의체 판결의 다수의견과 반대의견 모두 기업별 단위노조와 산별노조의 지회 상호간에 '조직형태의 변경에 관한 사항'의 의결이 이루어질 수 있음을 전제로 하고 있다. 대법원 2016. 12. 29. 선고 2015두1151 판결은 '단위노동조합이 총회의 의결을 거쳐 산업별 노동조합의 하부조직으로 편입되는 것은 노동조합법이 예정하고 있는 조직형태 변경의 한 유형이다.'라고 명시적으로 판시하고, 이어서 '이처럼 조직형태가 변경된 경우 산업별 노동조합은 특별한 사정이 없는 한 단위노동조합의 권리 · 의무나 법률관계를 승계하므로 조직형태 변경 전의 단위노동조합이 수행하던 소송절차를 수계할 수 있다.'라고 판시하였다.

한편, 민법상 법인에 관하여는 조직형태의 변경에 관한 규정이 없으나, 상법에는 회사의 조직변경에 관한 규정이 있다.[45] 상법에서 말하는 회사의 조직변경은 '회사가 그 인격의 동일성을 유지하면서 다른 종류의 회사로 전환되는 것',[46] '회사가 동일한 법인격을 유지하면서 그 법률상의 조직을 변경하여 다른 종류의 회사로 되는 것',[47] 또는 '회사가 법인격을 그대로 유지하면서 다른 종류의 회사로 변경하는 것'[48]을 말한다. 조직변경 전의 회사는 해산등기를, 변경

---

44) 정영태, 777~778면.

45) 상법 242조 내지 244조, 286조, 604조 내지 608조 참조. 주된 규정을 살펴보면,

242조(조직변경) ① 합명회사는 총사원의 동의로 일부사원을 유한책임사원으로 하거나 유한책임사원을 새로 가입시켜서 합자회사로 변경할 수 있다.

286조(조직변경) ① 합자회사는 사원전원의 동의로 그 조직을 합명회사로 변경하여 계속할 수 있다.

604조(주식회사의 유한회사에의 조직변경) ① 주식회사는 총주주의 일치에 의한 총회의 결의로 그 조직을 변경하여 이를 유한회사로 할 수 있다. 그러나 사채의 상환을 완료하지 아니한 경우에는 그러하지 아니하다.

607조(유한회사의 주식회사로의 조직변경) ① 유한회사는 총사원의 일치에 의한 총회의 결의로 주식회사로 조직을 변경할 수 있다. 다만, 회사는 그 결의를 정관으로 정하는 바에 따라 585조의 사원총회의 결의로 할 수 있다, ③ 1항의 조직변경은 법원의 인가를 받지 아니하면 효력이 없다.

46) 이철송, 133면.

47) 최준선, 116면.

48) 송옥렬, 1326면.

후의 회사는 설립등기를 하여야 하나, 실제 청산절차와 설립절차를 밟아야 한다는 뜻이 아니며,[49] 변경 후의 회사가 설립등기를 한 때에 조직변경의 효력이 생긴다고 보는 것이 통설이다.[50] 회사는 조직변경 후에도 법률상 권리·의무의 주체로서 동일성을 유지한다는 점에서 타 회사가 권리·의무를 포괄적으로 승계하는 합병과 다른 것으로 이해되고 있다. 기업 내부의 사정변화나 기업 외부의 경제적 환경의 변화, 법률의 개정 등이 있는 때에는 기업규모의 확대나 축소를 위하여 기업형태의 변경이 필요하게 되는데, 회사를 해산하고 곧 다시 다른 종류의 회사를 설립한다는 것은 절차상 번거로울 뿐만 아니라 경제적·조세적으로 많은 비용이 들기 때문에 이러한 비효율을 막기 위해 조직변경을 인정할 필요가 있다.[51] 회사의 조직변경은 그 성격이 유사한 인적회사와 물적회사 사이에만 인정되고 있는데, 성질이 전혀 상이한 인적회사와 물적회사 사이의 조직변경을 허용하는 경우에는 사원의 책임의 변경 때문에 법률상 번잡한 결과를 가져오고 회사채권자 보호의 취지에 반하는 결과를 낳기 때문이다.[52] 이에 대하여는 '어차피 사업의 전개에 따라 회사의 형태가 부적합해졌다는 것을 전제로 한다면 굳이 이렇게 비슷한 종류의 회사 사이에서만 가능하도록 제한할 필요가 있는지는 의문'이라는 견해[53]가 있다. 회사와 노동조합은 질적으로 상이한 조직이기는 하지만, 위와 같은 회사의 조직변경에 관한 규정은 구체적 규정이 없는 노동조합의 조직형태 변경에 관하여 살펴볼 때에 참고할 만한 부분이 있다.[54] 그러나 회사와 노동조합은 질적으로 상이한 조직이므로 노동조합의 조직형태 변경을 회사의 조직변경과 동일한 것으로 보아서는 안 된다. 노동조합은 노동자들의 단결권 보장을 위한 조직체라는 점, 노동조합의 조직형태는 회사보다 훨씬 다양하다는 점, 기업별 노조에서 산업별 노조로의 전환을 쉽게 할 수 있도록 하는 것이 노동조합의 조직형태 변경 규정을 신설하게 된 중요한 배경인 점 등을 고려할 때 노동조합의 조직형태 변경은 회사의 조직변경보다 훨씬 다양한 경우를 포괄할 수 있는 개념으로 보는 것이 타당하다.

---

49) 이철송, 137면.
50) 송옥렬, 1328면; 이철송, 137면; 최준선, 119면.
51) 송옥렬, 1326면; 최준선, 116면.
52) 최준선, 117면.
53) 송옥렬, 1327면.
54) 김기덕b, 433면; 김진석, 356~357면; 박종희c, 239면도 같은 취지.

3) 소 결 론

앞에서 노동조합의 조직형태를 '노동조합이 그 구성원과 결합하고 있는 모양'으로 정의하였다. 따라서 노동조합 조직형태의 변경은 '노동조합이 존속 중 그 실질적 동일성을 유지하면서 그 구성원과 결합하고 있는 모양을 변경하는 것'이라고 정의하는 것이 타당하다. 여기서 주의할 점은 '조직형태 변경 결의'와 '조직형태 변경의 효력 발생'은 구별하여야 한다는 것이다. 조직형태 변경의 유형에 따라 조직형태 변경 결의만으로는 바로 조직형태 변경의 효력을 발생시키기 어려운 경우가 있다. 예를 들어 기업별 노동조합이 산업별 노동조합의 지회 등으로 편입되는 조직형태 변경의 경우는 기업별 노동조합의 조직형태 변경 결의에 더하여 해당 산업별 노동조합의 승인, 편재 등이 이루어져야 비로소 조직형태 변경의 효력이 발생할 수 있다. 또한 어느 한 노동조합의 '조직형태 변경 결의'만으로 조직형태 변경의 효력이 발생하지 않을 수도 있다. 예를 들어 연합단체가 산업별 단위노조로 조직형태를 변경하고자 하는 경우 그 총회에서 조직형태 변경 결의를 한 것만으로 조직형태 변경의 효력이 발생하지는 않고, 연합단체 소속의 각 단위 노조별로도 같은 취지로 조직형태 변경 결의를 하여야 한다.

다. 조직형태 변경의 유형

조직형태 변경의 유형을 나누는 방식은 학설마다 다르다. 앞에서 살펴본 바와 같이 조직변경과 조직형태의 변경을 구별하지 아니하고 조직변경의 유형을 조직형태 변경의 유형으로 파악하는 경우도 적지 아니하다. 결론적으로 조직형태 변경의 유형을 제한적, 열거적으로 파악하는 것은 가능하지도 않고 그 필요성도 없다. 다만, 조직형태 변경의 여러 가지 유형을 상정하여 그 요건을 살펴보는 것은 다양한 조직형태 변경의 요건과 효과를 검토할 때 의미가 있다. 어떠한 조직형태의 변경이 있을 수 있고 또한 실제로 이루어지고 있는지를 검토하여 본다.

학설은, '연합단체를 단일노조로 변경하는 것과 그 역의 경우, 그리고 조직범위를 확대하는 등의 다양한 모습'으로 나누는 견해,[55] '연합노조에서 단위노조로 개편하는 경우와 역으로 단위노조에서 연합노조로 개편하는 경우, 단위노조에서 기업별 지부로 개편하는 경우와 역으로 기업별 지부에서 단위노조로 개

55) 김유성, 121면.

편하는 경우’ 등으로 나누는 견해,[56] ‘산업별 노조가 기업별 노조로 개편하거나 기업별 노조가 산업별 노조로 개편하는 경우, 단위노조가 연합체조직으로 변경하거나 연합체조직이 단위노조로 변경하는 경우’로 나누는 견해[57] 등이 있다. 위 각 견해 모두 조직형태 변경의 유형을 위와 같은 경우로 제한하는 것이 아니라 대표적인 유형을 든 것으로 보인다. 한편 조직형태 변경을 ‘단위노조와 연합단체 상호간의 변경을 지칭하는 것’으로 파악하고, 조직형태 변경의 유형을 ‘연합체를 단일조합으로 하는 경우, 단일조합을 연합단체로 하는 경우’로 나누는 견해[58]가 있는바, 위 견해는 ‘조합원 가입범위를 변경하는 경우, 기업별 단위노조가 산업별 조합의 하부조직으로 편입되는 경우 혹은 그 반대의 경우’는 조직형태 변경에 해당하지 않는다고 한다. 기업별 단위노조가 산업별 조합의 하부조직으로 편입되면서 종전의 독립된 조직이나 지위를 그대로 유지하는 경우에는 단순히 기업별 단위노조에 가입한 조합원들이 산업별 노조에 조합원으로 추가 가입하는 경우가 대부분이고, 기업별 노조가 해체되고 산업별 노조가 신설되는 것이 아니라, 기업별 노조가 해체됨이 없이 산업별 노조의 지부로 되는 것에 불과하기 때문에 기존 노동조합의 소멸과 새로운 노동조합의 설립이란 조직형태의 변화가 전제되지 않기 때문이라고 한다.[59] 또한 산업별 노조의 하부조직에서 기업별 단위노조로 분리되는 경우 종전 하부조직의 소멸과 새로운 기업별 노조의 설립이라는 현상은 일어나지 않으며 종래 독립된 하부조직이 여전히 독립된 기업별 노조로 명칭만 변경하여 유지되기 때문이거나 산업별 단위노조의 구성부분에 지나지 않는 지부 또는 분회가 기업별 단위노조로 변경되는 경우에는 변경 전후의 조직체 사이에 동일성이 인정될 수 없기 때문이라고 한다.[60]

(1) 조합원의 범위를 변경하는 것이 조직형태의 변경에 해당하는지 여부

앞서 본 바와 같이 조합원의 범위를 변경하는 경우를 조직형태의 변경의 유형으로 파악하는 견해가 많고, 판례도 동일한 입장이다.

그러나 ‘조합원의 범위를 변경하는’ 경우를 조직형태 변경의 유형으로 파악

56) 임종률, 107~108면.
57) 이병태, 187면.
58) 김형배, 1168면.
59) 김형배, 1169면.
60) 김형배, 1170~1171면.

하는 견해에는 동의하기 어렵다.[61] 문언 자체로 보아 조합원의 범위를 변경하면 조직의 변경이 있다고 볼 수는 있어도 조합원의 범위를 변경하는 모든 경우가 조직형태의 변경에 해당한다고 볼 수는 없다. 즉, 조직형태의 변경이 따르는 조합원의 범위 변경도 있겠지만 조직형태의 변경에 이르지 않는 조합원의 범위 변경도 있을 수 있다. 조합원의 범위가 변경되면 당연히 조직에 변경이 있는 것이라고 생각할 수 있으나, 조직에 관한 모든 요소에 관한 변경이 있을 때마다 이를 조직형태의 변경이라고 볼 수는 없다. 기업별 노조에서 생산직 근로자만을 조직대상으로 하였다가 사무직 근로자까지 조직대상으로 하기로 규약을 변경하여 조합원의 범위를 변경하는 것, 산업별 노조에서 특정 산업(예를 들어 신문산업)에 종사하는 근로자를 조직대상으로 하였다가 다른 산업(예를 들어 방송산업)에 종사하는 근로자도 조직대상으로 하기로 규약을 변경하여 조합원의 범위를 변경하는 것은 동일한 조직형태인 기업별 노동조합 또는 산업별 노동조합을 유지하면서 그 조합원의 범위만 변경하는 것으로서 조직형태의 변경이라고 보기 어렵다.[62]

앞서 본 조직형태 변경 결의에 관한 규정 시행 전의 판례는 "노동조합이 존속중에 그 조합원의 범위를 변경하는 조직변경은 변경 후의 조합이 변경 전의 조합의 재산관계 및 단체협약의 주체로서의 지위를 그대로 승계한다는 조직변경의 효과에 비추어 볼 때 변경 전후의 조합의 실질적 동일성이 인정되는 범위 내에서 인정된다."라는 입장이다.[63] 판례에 따르면 '조합원 범위의 확대의 경우 구성원의 인적 동일성에 변화가 있어서 실질적 동일성이 인정되지 아니하게 되고, 따라서 조합원 범위의 확대는 항상 허용되지 아니한다'는 결론에 이르게 되는 것으로 비판받을 여지가 있다.[64] 그러나 위 판례의 입장은 복수노조의 설립이 금지되고 있는 상황에서, 갑 회사 노동조합이 을 회사 노동조합의 근로자들까지 조직대상에 포함시키면 을 회사 근로자들이 노동조합을 설립하지 못하게 되므로, 조합원의 자격을 별개 기업체의 근로자에게까지 확장하는 것이 노동조합의 자주성 및 민주성에 반한다는 점을 고려하여 부득이하게 위와 같은

61) 김진석, 358면; 박종희b, 101면.
62) 강선희, 304면; 김진석, 358면; 김형배, 1168면; 박종희b, 101면.
63) 대법원 1997. 7. 25. 선고 95누4377 판결.
64) 위 판결의 결론에 대하여 비판적인 견해로는 고준기, 79면; 김진석, 360면; 박종희b, 106면; 성상희, 42~43면; 정재성, 171면.

조직형태 변경을 제한한다는 취지이므로, 복수노조가 허용된 상황에서는 판례의 입장이 달라질 수 있다.[65)]

(2) 조직형태 변경의 유형

조직형태 변경의 유형으로서 앞에서 본 분류 표의 여러 조직형태에서 각각 서로 다른 형태로 변경하는 것이 가능하다. 그러나 위 각 조직형태에서 서로 다른 형태로 조직형태를 변경하는 것이 실제로 흔히 발생하지는 않는다. 혼합 노조는 드물기도 하거니와 단위노조나 연합단체 노조에 준하여 생각하면 될 것이므로 조직형태 변경에 관하여 별도로 논의할 실익은 적다.

앞으로 다양한 조직형태 변경이 발생할 수 있겠지만, 이미 실제로 발생하였거나 앞으로 발생할 것으로 예상할 수 있는 조직형태 변경의 전형적인 유형은 산업별 단위노조, 기업별 단위노조, 산업별 연합단체 노조, 기업별 연합단체 노조의 4가지 조직형태를 기준으로 한 다음의 경우들이다.

1) 기업별 단위노조에서 산업별 단위노조의 기업별 지회 등으로 변경하는 경우, 2) 산업별 단위노조의 기업별 지회 등에서 기업별 단위노조로 변경하는 경우, 3) 산업별 단위노조에서 산업별 연합단체 노조로 변경하는 경우, 4) 산업별 연합단체 노조에서 산업별 단위노조로 변경하는 경우, 5) 산업별 연합단체 노조에서 기업별 연합단체 노조로 변경하는 경우, 6) 기업별 연합단체 노조에서 산업별 연합단체 노조로 변경하는 경우, 7) 기업별 단위노조에서 기업별 연합단체 노조로 변경하는 경우, 8) 기업별 연합단체 노조에서 기업별 단위노조로 변경하는 경우, 9) 산업별 단위노조에서 기업별 연합단체 노조로 변경하는 경우, 10) 기업별 연합단체 노조에서 산업별 단위노조로 변경하는 경우 등[66)]이 있다.

65) 강선희, 305면.

66) 이승욱a, 183면은, 조직형태를 변경하여 산업별 노조를 결성하는 유형에 관하여, ㉮ 산업별 연합단체 자체를 산업별 단위노조로 변경하는 경우(산하의 기업별 단위노조가 상부조직의 조직형태 변경 이전에 산별 노조의 해당 조직으로 조직형태 변경을 할 수도 있고, 그 이후에 조직형태 변경을 할 수도 있다. 이 경우 연합단체가 먼저 산별 노조로 조직형태 변경 결의를 하고, 그 이후에 종전 연합단체 산하의 기업별 단위노조가 산별 노조의 규약에 따른 해당 조직으로 조직형태 변경 결의를 하는 방법이 일반적이라고 할 수 있을 것이라고 한다), ㉯ 기존의 산업별 연합단체는 그대로 둔 상태에서 따로 산업별 노조를 결성하는 경우(이 경우 산업별 노조를 먼저 별도로 설립하고, 가입하는 기업별 단위노조가 조직형태 변경의 절차를 거칠 것이라고 한다. 이때도 시간적으로 기업별 노조의 조직형태 변경이 먼저 이루어지고 산별 노조가 이후에 설립되는 경우가 있을 수 있다)로 나누어 설명한다. 위 ㉮의 유형은, 위 본문의 4)유형과 1)유형의 결합을 의미하고, 위 ㉯의 유형은, 별도의 산업별 노조의 설립과 위 본문의 1)유형의 결합을 의미한다.

(3) 조직형태 변경 절차에 대한 이해

앞서 본 바와 같이 조직형태 변경은 여러 유형이 있을 수 있다. 그 유형에 따라 조직형태 변경 절차는 다를 수 있다. 어느 한 노동조합의 조직형태 변경 결의에 따라 바로 조직형태 변경의 결과가 발생하는 경우도 있을 수 있지만, 여러 노동조합의 조직형태 변경 결의와 다른 노동조합의 설립 절차 또는 승인 절차 등을 거쳐 조직형태 변경의 결과가 발생하는 경우가 대부분일 것이다.

이하에서는 위 (2)항에서 살펴본 조직형태 변경의 각 유형 중에서 위 1) 내지 4) 기재 각 유형을 중심으로 하여 조직형태 변경의 요건, 절차, 효과 등에 대하여 살펴보기로 한다.

3. 노동조합 조직형태 변경의 요건

가. 실체적 요건

(1) 조직형태 변경의 주체

조직형태 변경의 주체는 원칙적으로 노동조합이다. 노동조합에 준하는 단체가 조직형태 변경의 주체가 될 수 있는지에 관하여 산업별 단위노조의 기업별 지회 등이 조직형태 변경의 주체가 될 수 있는지가 문제 된다. 이하 해당 유형에 관한 논의에서 상세하게 살펴본다.

(2) 실질적 동일성

실체적 요건으로서 변경 전의 노동조합과 변경 후의 노동조합 사이에 실질적 동일성이 있어야 한다는 것이 다수설이다.[67] 이에 대하여 실질적 동일성은 조직형태 변경의 요건이 아니고 사용자와의 단체협약관계, 제3자와의 법률관계 등 노동조합의 대외적인 법률관계가 유지되기 위한 요건으로나 검토될 여지가 있다는 견해[68]가 있다. 실질적 동일성은 노조법상 조직형태 변경의 요건으로 규정되어 있지 않은 점, 실질적 동일성 요건을 실체적 요건으로 주장하는 견해도 실질적 동일성이 무엇을 의미하는지 명확하게 정의하고 있지도 않은 것으로 보이는 점, 경우에 따라 다소 다를 것이기는 하나 조직형태가 변경되는 경우 원칙적으로 그 전의 노조와는 조직형태가 달라졌다는 것만으로도 동일하지는 아니

67) 김유성, 121면; 이병태, 188면; 이상윤a, 664면(이상윤 교수는 '실질적'이라는 표현을 사용하지 않고 '동질성 유지'라는 표현을 사용한다); 이승욱a, 184면; 사법연수원a, 127면.

68) 김기덕b, 441면.

한 것이므로 동일성 또는 실질적 동일성이라는 요건을 생각하기 어려운 점, 노조의 동일성이 법률적으로 문제되는 경우, 예를 들어 조직형태 변경 전의 노조와 조직형태 변경 후의 노조가 동일한지 여부가 문제된다면, 여러 가지 사정을 종합하여 노조의 동일성을 검토하면 충분할 것이고, 실질적 동일성을 조직형태 변경의 요건으로 보는 것은 불필요한 개념상 혼란을 불러일으킬 수 있는 점 등에 비추어 실질적 동일성을 조직형태 변경의 요건으로 보지 않는 견해는 상당히 설득력이 있다. 그러나 조직형태의 변경에 의하여 완전히 별개의 단체가 되는 것은 아니라는 측면에서 조직형태 변경 전의 노조와 조직형태 변경 후의 노조가 실질적으로 동일해야 한다는 것은 조직형태의 변경이라는 개념 속에 내재하는 개념적 징표로 봄이 상당한 점, 조직형태 변경의 법률효과는 조직형태 변경의 요건이 충족되었을 때 발생하는 것으로서 법률효과와 요건을 분리해서 생각하는 것은 기교적인 점, 법률효과를 낳지 않는 조직형태의 변경 또는 법률효과가 다른 조직형태의 변경을 인정하는 것은 조직형태 변경을 도입한 취지와 부합하지 않는 것으로 보이는 점에 비추어 실질적 동일성을 조직형태 변경의 요건으로 봄이 타당하다.[69]

실질적 동일성은 조직형태 변경에 따라 형식적으로는 동일하지 않게 된 노동조합 사이의 비교를 전제로 한다. 실질적 동일성이 있어야 한다는 의미는 극히 예외적으로 전혀 동일하다고 볼 수 없는 정도의 조직형태 변경은 인정될 수 없다는 의미에서, 즉 전혀 동일하다고 볼 수 없는 형태로 조직형태를 변경하는 것은 아예 조직형태 변경이라는 범주에 포함시킬 수 없다는 의미에서 동일성이 있어야 한다는 정도로 이해하는 것이 타당하다. 즉, 조직형태의 변경과 관련하여 생각할 때, 실질적 동일성은 '조직형태의 변경에 의하여 외관상으로는 변화가 있으나, 질적으로는 변화가 없어서 새로운 노동조합에까지는 이르지 아니한 것'이라고 정의함이 타당하다. 실질적 동일성이 있는지 여부에 관하여 판단할 때에는, 노동조합의 정책, 노선 등 주관적 요소와 변경 전후의 노동조합의 조직, 조합원의 범위 등 객관적 요소의 양 측면을 종합적으로 고려하여 판단하되,[70] 조직형태의 변경 없이도 주관적 요소의 변경은 가능하다는 점을 고려하면, 객관적 요소가 중요한 기준이 된다.

69) 김진석, 357면; 박지순, 97면; 이철수a, 74면.
70) 이승욱a, 186면.

산업별 단위노조의 기업별 지회 등이 조직형태 변경의 주체가 될 수 있는지에 관한 대법원 2016. 2. 19. 선고 2012다96120 전원합의체 판결에서는 '실질적 동일성' 여부는 쟁점으로 되지 않았다. 앞서 본 바와 같이 실질적 동일성이 있어야 한다는 점을 '극히 예외적으로 전혀 동일하다고 볼 수 없는 정도의 조직형태 변경은 인정될 수 없다는 의미에서, 즉 전혀 동일하다고 볼 수 없는 형태로 조직형태를 변경하는 것은 아예 조직형태 변경이라는 범주에 포함시킬 수 없다는 의미에서 동일성이 있어야 한다'는 정도로 이해한다면, 실질적 동일성을 조직형태 변경의 요건으로 볼 것인지 여부는 실무상 큰 실익은 없다고 판단된다.

이하에서 조직형태 변경의 유형별로 판례 등에 나타난 사례를 통하여 조직형태 변경의 실체적 요건에 관하여 살펴본다.

(3) 유형별 검토

㈎ 기업별 단위노조에서 산업별 단위노조의 기업별 지회 등으로 변경하는 경우

1) 개　　요

산업별 노조의 설립이 많아지는 과정에서 많이 채택되어 온 유형이며, 앞으로도 가장 흔하게 발생할 수 있는 경우이다. 기업별 단위노조에서 산업별 단위노조의 지회 등으로 변경하는 경우는 여러 기업별 단위노조의 조직형태 변경 결의를 통하여 새로운 산업별 노조를 설립하는 경우(이하 '산업별 노조 창립 유형'이라고 부르기로 한다)와 기업별 단위노조의 조직형태 변경 결의를 통하여 기존 산업별 노조의 지회 등으로 편입되는 경우의 두 가지 형태(이하 '기존 산업별 노조 가입 유형'이라고 부르기로 한다)로 구분될 수 있다. 둘 중 어느 형태인지에 따라 조직형태 변경이 이루어지는 절차가 달라질 수 있다.

2) 조직형태 변경 해당 여부

앞에서 살펴본 실질적 동일성의 개념에 비추어 기업별 단위노조에서 산업별 단위노조의 기업별 지회 등으로 변경하는 경우 실질적 동일성을 충분히 인정할 수 있다. 다수설과 판례[71]도 이러한 유형을 조직형태 변경의 한 형태로 보고 있다. 다만, 이에 대하여 이러한 유형은 조직형태 변경에 해당하지 않는다는 견해가 있다. 해산과 청산 과정도 없을 뿐만 아니라 새로운 노조의 설립이라는 과정도 없으므로 조직형태 변경에 해당하지 않는다는 견해,[72] 기업별 단위노조

---

71) 대법원 2016. 12. 29. 선고 2015두1151 판결, 대법원 2016. 12. 29. 선고 2015두1175 판결.
72) 박종희d, 343면.

가 다른 산업별 노조의 하부조직으로 편입되면서 종전의 독립된 조직이나 지위를 그대로 유지하는 경우에는 기업별 노조가 해체되고 산업별 노조가 신설되는 것이 아니라, 기업별 노조가 해체됨이 없이 산업별 노조의 지부로 되는 것에 불과하기 때문에 조직형태의 변경에 해당하지 않는다는 견해[73] 등이 그것이다. 한편 대법원 2016. 2. 19. 선고 2012다96120 전원합의체 판결 중 다수의견에 대한 보충의견은 '기업별 단위노조에서 산업별 단위노조의 기업별 지부로 변경하는 경우는 합병이고, 그 역의 경우는 분할이라 할 것이나, 이를 조직형태 변경으로 규율하는 것이 정립된 관행이라면 이를 문제 삼고 싶지는 않다'는 견해를 제시하고 있다. 위 견해는 원칙적으로 조직형태 변경은 그 전후에 걸쳐서 단체의 단위가 여전히 하나인 경우에 한정되는 개념이라는 것을 전제로 하고 있으나, 상법상 회사의 조직변경의 경우와는 달리 노동조합의 조직형태 변경의 경우는 그 전후에 걸쳐서 단체의 단위가 여전히 하나인 경우에 한정된다고 볼 필요는 없다고 판단된다. 상법상 회사와 달리 노동조합의 조직형태는 훨씬 다양하고, 노동조합의 조직형태 변경에 관한 규정은 기업별 단위노조에서 산업별 노조로의 전환을 쉽게 할 수 있도록 하기 위해 입법되었으므로 그 입법 취지를 충분히 살려야 하기 때문이다.

따라서 '산업별 노조 창립 유형'의 경우 각 기업별 노조에서 새로 창립될 산업별 노조의 지회 등으로 조직형태를 변경하겠다는 취지의 조직형태 변경 결의를 하고, 산업별 노조가 창립총회에서 그와 같이 조직형태 변경 결의를 한 기업별 노조의 조합원들을 조합원으로 하는 결의를 함으로써 최종적으로 산업별 노조를 설립할 수 있고, 얼마든지 그 과정에서 필요한 조직형태 변경 결의를 할 수 있다고 봄이 타당하다. 또한 '기존 산업별 노조 가입 유형'의 경우 기업별 노조에서 기존에 설립되어 있는 산업별 노조의 지회 등으로 조직형태를 변경하겠다는 취지의 조직형태 변경 결의를 하고, 해당 산업별 노조가 그 기업별 노조의 지회 등으로의 편입을 승인하거나 이를 승인하는 취지의 하부조직으로의 편재 등을 결정하는 경우 해당 산업별 노조의 지회 등이 될 수 있고, 얼마든지 그 과정에서 필요한 조직형태 변경 결의를 할 수 있다고 봄이 타당하다.

3) 산업별 단위노조의 수용 절차 필요

기업별 단위노조가 조직형태 변경을 통하여 산업별 단위노조의 하부조직으

73) 김형배, 1169면.

로 변경하는 경우 해당 기업별 단위노조가 조직형태 변경 결의를 하는 것만으로는 부족하고 산업별 단위노조에서 이를 수용하여야 한다. 조합 가입의 법적 성질에 대하여 대법원은 기본적으로 계약[74]으로 보고 있으므로, 조직형태 변경을 통한 집단적 가입 시에도 계약의 성격이 유지되고 있다고 보는 것이 타당하다. 따라서 기업별 단위노조가 조직형태 변경을 통하여 산업별 노조의 하부조직이 되려는 것을 청약이라고 본다면, 산업별 단위노조가 이에 대한 승낙의 의사표시를 해야 하는 것이다.

그런데 산업별 단위노조가 조합원들이 개별적으로 가입하는 것에 대해서는 승인[75] 절차를 두면서도 기업별 노조가 조직형태 변경을 통하여 집단적으로 가입하는 것에 대해서는 승인 절차를 별도로 두지 않고 있는 경우가 있다. 기업별 노조가 조직형태 변경을 통하여 산업별 단위노조의 하부조직으로 편입되려는 신청을 한 데 대하여 그 산업별 단위노조가 별도의 가입 승인 절차를 거치지 않은 상태에서 가입을 전제로 한 조직 편재(즉, 하부조직 중 어떤 형태의 조직으로 편재할 것인지 여부)에 대한 의결을 하는 경우가 있는 것이다. 그런데 기업별 노조가 산업별 단위노조로 집단 가입하는 것 자체에 대해서 산업별 단위노조 내부에서 이견이 발생하는 경우는 거의 없으나, 편재에 대해서는 이견[76]이 발생하여 편재에 대한 의결이 장기간 보류되는 경우가 있는바, 이러한 보류 기간 중에 해당 기업별 노조 조합원이 산업별 단위노조 조합원으로서의 권리를 온전히 행사할 수 있는지가 문제되는 경우가 발생하게 된다.[77] 이는 조직형태 변경을 통한 집단가입의 효력 발생 시점에 관한 문제이기도 하다.

이에 대해서는 산업별 단위노조의 규약에서 기업별 노조의 조직형태 변경을 통한 집단 가입 절차에 대하여 별도로 정함이 있다면 그에 따르되,[78] 산업별 단위노조 규약에서 명확히 정하지 않았다면 해당 기업별 노조의 조직편재에 대한 의결이 있는 시점까지 집단 가입 효과도 발생하지 않는다고 해석하는 것이

74) 대법원 2004. 11. 12. 선고 2003다264 판결.

75) 하부조직(지부장, 지회장)의 전결 사항으로 하고 있는 경우가 많다.

76) 어느 조직으로 편재되는지, 그 형태는 어떤지에 따라서 기존의 산업별 단위노조 조직 내의 질서에 영향을 미칠 수 있기 때문이다.

77) 하부 조직 편재가 어떻게 되는지에 따라서 조합원 개개인이 행사할 수 있는 선거권 및 피선거권의 범위에도 차이가 발생할 수 있다.

78) 개별가입과 동일한 절차를 통하여 가입 승인을 하는 것으로 규약에서 정하는 것도 가능할 것이다.

타당하다.

조직형태 변경은 그 효과로서 재산관계 및 단체협약이 승계되고 조직형태 변경에 반대하는 조합원도 일단은 산업별 단위노조의 조합원이 되는 등 조직의 실질적 동일성이 유지된다는 점에서 개별 가입과는 큰 차이가 있고, 산업별 단위노조 내에서 해당 기업노조를 어떤 방식으로 편재할 것인지에 따라 위와 같은 효과(재산관계 및 단체협약 승계 등)가 유지될 수도 있고 상실될 수도 있다. 따라서 조직형태 변경을 통한 집단 가입(청약)에 대하여 해당 조직을 산업별 단위노조 내에서 어떻게 편재할 것인지에 대한 산업별 단위노조의 승인(승낙)까지 이루어져야 집단 가입의 효과가 온전히 발생한다고 보는 것이 타당하다.

(나) 산업별 단위노조의 기업별 지회 등에서 기업별 단위노조로 변경하는 경우[79)]

1) 견해 대립의 배경

산업별 노조의 설립이 많아지면서 산업별 노조 내부의 집행부와 강령, 노선의 차이 또는 다른 갈등을 이유로 산업별 노조의 기업별 지부가 산업별 노조에서 분리하는 방식으로서 기업별 단위노조로 조직형태를 변경하고자 하는 경우도 많이 발생하였다. 특히 종전에 기업별 단위노조에서 산업별 단위노조의 기업별 지부로 조직형태를 변경하였던 경우에는 산업별 노조로 전환하여 가는 과도기에 있기 때문에 그 성격상 상당한 기간 동안 산업별 단위노조로서 가지는 통일성보다 기업별 지부로서 독립성이 강한 경우가 많아서 다시 기업별 단위노조로 쉽게 조직형태를 변경할 여지가 있다. 그로 인하여 산업별 단위노조의 기업별 지부를 조직형태 변경의 주체로 인정할 수 있느냐에 관하여 첨예하게 견해가 대립하고 있다.[80)]

2) 조직형태 변경 인정 여부에 관한 학설

산업별 단위노조의 기업별 지부를 조직형태 변경의 주체로 인정할 수 있는지, 산업별 단위노조의 기업별 지부에서 기업별 단위노조로 조직형태를 변경하는 경우에 실질적 동일성이 인정되는지에 관하여 대법원 2016. 2. 19. 선고 2012다96120 전원합의체 판결 전까지 아래와 같이 ① 전면 긍정설, ② 예외적 인정설, ③ 전면 부정설이 대립되어 왔다.

---

79) '지부 · 분회의 법적 지위 보론(補論)'과 관련됨.

80) 강선희, 294면; 이철수a, 75면; 이철수b, 68면.

'전면 긍정설'은 고용노동부 유권해석의 견해이다. '산별 노조 분회 탈퇴 후 해산 결의 없이 기업별 단위노조를 설립'한 사안[81)]에서 고용노동부는 "근로조건의 결정권이 있는 독립된 사업(장)에 조직되어 있는 산업별 노조의 분회가 노조법 16조 2항의 규정에 의한 의결정족수 이상의 결의에 의해 기업별 노조로 조직형태를 변경하고, 그 후속조치로서 기업별 노조로서의 규약 제정 및 임원 선출을 적법하게 한 후 행정관청에 설립신고서를 제출하였다면 비록 기존 산업별 노조의 분회에 대한 명시적인 해산결의가 없다 하더라도 기존 산업별 노조의 분회가 그 조직적 동일성을 유지하면서 기업별 노조로 전환되었다고 보는 것이 타당할 것이므로 신규로 설립되는 기업별 노조를 복수노조로 보기는 어려울 것"이라고 하였다. 고용노동부 질의 회시의 요지는 "근로조건의 결정권이 있는 독립된 사업(장)에 조직되어 있는 산업별 노조의 분회는 분회 소속 조합원들의 독자적 결의에 의하여 조직적 동일성을 유지하면서 기업별 노조로 조직형태를 변경할 수 있고, 기업별 노조의 설립신고를 하여야 조직형태 변경의 효력이 발생한다."라는 것이다. 실제로 문제되는 대부분의 경우 '근로조건의 결정권이 있는 독립된 사업장에 조직'되어 있는 경우일 것이므로, '전면 긍정설'이라 부를 수 있다. 이는 "산하조직 중 근로조건의 결정권이 있는 독립된 사업 또는 사업장에 조직된 노동단체는 지부·분회 등 명칭여하에 불구하고 노조법 10조 1항의 규정에 의한 노동조합의 설립신고를 할 수 있다."(영 7조)라는 규정에 따라 '근로조건의 결정권이 있는 독립된 사업 또는 사업장에 조직된 노동단체'를 노동조합에 준하는 것으로 보는 견해에 근거하고 있다. '조직형태 변경 제도는 단순히 산업별 노동조합 체제로의 전환을 도모하기 위한 규정으로 해석하기보다는 오히려 근로자의 적극적 단결권을 실질적으로 보장하기 위한 것으로 이해하여야 하고, 따라서 노동조합이 어떠한 조직형태를 통해 노동조합 본래의 역할을 충실히 수행할 것인가는 그 조합원들의 자율적인 의사에 따르도록 하는 것이야말로 노동조합 자유주의 원칙을 실현하는 것이며, 조직형태 변경에 관한 절차적 흠 유무와 상관없이 이러한 적극적 단결의사를 존중하는 방식으로 조직형태 변

---

81) 해당 사안의 질의 내용은 다음과 같다. 고용노동부 질의회시(노조 68107-325, 2001. 3. 19).

> 전국규모 산업별 노동조합의 분회에서 탈퇴한 후 해산결의 없이 임시총회에서 비상대책위원회를 구성하여 비대위 주최로 노동조합 신규설립 총회를 거쳐 기업별 단위노동조합 신규설립 신고를 하였을 경우 복수노조에 해당하는지

경을 인정하는 것이 헌법합치적 법률 해석'이라는 취지의 견해[82]도 전면 긍정설에 가까운 것으로 보인다.

'예외적 인정설'은, 원칙적으로 노조의 조직형태 변경은 독립적인 노조의 결의에 의하여 가능한 것이고, 산업별 노조의 분회는 기본적으로는 단위노동조합인 산업별 노조의 산하 조직으로서 독립성이 없으므로, 근로조건의 결정권이 있는 독립된 사업(장)에 조직되어 있는 산업별 노조의 분회라고 하여 무조건 변경되는 기업별 노조와 사이에 '실질적 동일성'이 있다고 보기는 어려운 점에 비추어, 위 분회 자체가 독자적인 규약을 가지고 그에 따른 내부 조직을 갖추었으며, 당해 조직이나 그 조합원에 고유한 사항에 대하여 독자적으로 단체교섭하고 단체협약을 체결하는 등 독립적 조직체로서 인정될 수 있는 경우에 한하여 예외적으로 분회 구성원들의 독자적 결의에 의하여 조직형태 변경을 결의한 경우 기업별 노조와 사이에 '실질적 동일성'을 인정할 수 있다는 견해이다.[83] "노동조합의 하부단체인 분회나 지부가 독자적인 규약 및 집행기관을 가지고 독립된 조직체로서 활동을 하는 경우 당해 조직이나 그 조합원에 고유한 사항에 대하여는 독자적으로 단체교섭하고 단체협약을 체결할 수 있고, 이는 그 분회나 지부가 노조법 시행령 7조의 규정에 따라 그 설립신고를 하였는지 여부에 영향받지 아니한다."[84]라는 판례의 취지에 따라 독립된 조직체로서 인정할 수 있는 경우에 한하여 조직형태 변경을 인정할 수 있다는 견해이다. 산업별 노조의 규약상 분회의 총회 개최에 관하여 산업별 노조의 합리적 절차에 따른 승인을 받도록 되어 있다면 그러한 절차를 밟았을 때에 한하여 유효한 총회 결의로 볼 수 있다. 위와 같이 해석하지 않으면 산업별 노조의 분회가 언제나 쉽게 다시 기업별 노조로 조직형태를 변경할 수 있게 되어 단결력 강화라는 산업별 노조의 취지를 상당 부분 훼손하게 될 것이기 때문이다. 전면 긍정설이나 예외적 인정설에 의하여 산업별 단위노조의 기업별 지회 등에서 기업별 단위노조로 변경이 이루어진 경우 새로운 기업별 노조의 설립신고를 할 것이 아니라 조직형태의 변경에 관한 변경신고를 함으로써 족하다.

---

82) 김희성, 417~418면.

83) 강선희, 311~312면; 김진석, 369면; 이승욱a, 198면은 '독자적인 규약 및 집행기관을 가지고 독립한 단체로서 활동'하는 것에 더하여 '해당 지부·분회와 조합원간에 구성원 관계가 있음을 확인할 수 있어야 하고 지부·분회가 독자적으로 의사결정을 하는 실체가 있어야' 그 지부·분회는 조직형태를 변경할 수 있다고 한다.

84) 대법원 2001. 2. 23. 선고 2000도4299 판결, 대법원 2008. 1. 18. 선고 2007도1557 판결.

이에 대하여 ‘전면 부정설’은 “노동조합의 조직형태 변경은 어디까지나 ‘노동조합’에 인정되는 것이고, 노조법상 노조의 조직형태 변경은 노조법상 노동조합에게 허용된 것이라고 보아야 할 것이므로, 노동조합이 아닌 그 하부조직이 조직형태 변경을 통해 단위노조로 변경하는 것은 허용되지 않는다.”[85)]라고 한다. 전면 부정설은, 지부나 분회 등이 독자적인 규약을 가진다는 것이 무엇을 의미하는 것인지 분명하지 않고, 지부나 분회 등이 단체교섭 및 체결 권한을 행사하더라도 노동조합의 규약상의 제한을 받는 한에서 그 규약이 허용하는 범위 내에서 인정되는 것이라고 볼 수밖에 없는데 이러한 경우에 실질적 동일성이 인정될 수 있다고 보아 조직형태 변경이 허용된다는 것은 타당하지 않다는 것을 논거로 한다.

3) 조직형태 변경 인정 여부에 관한 판례

대법원은 2016. 2. 19. 선고 2012다96120 전원합의체 판결에서 “산업별 노동조합의 지회 등이라 하더라도, 그 외형과 달리 독자적인 노동조합 또는 노동조합 유사의 독립한 근로자단체로서 법인 아닌 사단에 해당하는 경우에는, 자주적・민주적인 총회의 결의를 통하여 그 소속을 변경하고 독립한 기업별 노동조합으로 전환할 수 있다고 보아야 하고, 이와 같이 노동조합 또는 법인 아닌 사단으로서의 실질을 반영한 이 사건 규정[86)]에 관한 해석이 근로자들에게 결사의 자유 및 노동조합 설립의 자유를 보장한 헌법 및 노동조합법의 정신에 부합한다.”라고 판시하여 예외적 인정설의 입장을 명확히 하였다. 다만 위 전원합의체 판결은 위에서 살펴본 예외적 인정설의 입장에 비하여 예외적 인정의 범위를 넓힌 판결이다. ‘독자적으로 단체교섭하고 단체협약을 체결하는 등 독립적 조직체로서 인정될 수 있는 경우’에 한정하지 않고 ‘독자적으로 단체교섭을 진행하고 단체협약을 체결하지는 못하더라도, 법인 아닌 사단의 실질을 가지고 있어 기업별 노동조합과 유사한 근로자단체로서 독립성이 인정되는 경우’까지 조직형태 변경의 주체가 될 수 있다고 보았다. 위 전원합의체 판결의 논거의 요지는 다음과 같다. ‘대법원은 사단법인의 하부조직이라 하더라도, 이와 같은 사단의 실질을 갖추고 독자적인 활동을 하고 있다면, 그 사단법인과는 별개의 독립된 법인 아닌 사단으로 볼 수 있다고 밝혀 왔다(대법원 2003. 4. 11. 선고 2002다59337

85) 김기덕b, 443면.

86) 노조법 16조 1항 8호 및 2항을 가리킨다. 이하 이 전원합의체 판결 인용 부분에서 같다.

판결 등 참조). 또한 대법원은 산업별 노동조합 등 초기업적 노동조합의 지회 등이라 하더라도, 관행 또는 해당 초기업적 노동조합의 규약에 따라 독자적인 규약 및 집행기관을 가지고 독립한 단체로 활동하면서 그 조직이나 조합원에 고유한 사항에 관하여 독자적인 단체교섭 및 단체협약체결 능력이 있는 경우에는 노동조합법 시행령 7조 규정에 의한 산하조직의 설립신고 여부와 관계없이 그 지회 등을 기업별 노동조합에 준하여 볼 수 있음을 긍정함으로써(대법원 2002. 7. 26. 선고 2001두5361 판결 등 참조), 산업별 노동조합의 지회 등의 성격은 외형이 아닌 실질을 기준으로 가려야 하며, 독자적인 단체교섭 및 단체협약체결 능력 유무와는 상관없이 독립한 단체로서의 활동이 이루어질 수 있음을 인정하여 왔다. 따라서 산업별 노동조합의 지회 등이라 하더라도, 위와 같이 독립한 단체로서 활동하거나 독자적인 단체교섭 및 단체협약체결 능력을 갖춘 경우에는 법인 아닌 사단인 근로자단체로서의 지위 내지는 기업별 노동조합에 준하는 지위를 가지고 있다고 평가할 수 있다. 이처럼 산업별 노동조합의 지회 등이 그 형식과 달리 실질적으로 법인 아닌 사단인 근로자단체로서의 지위 내지는 기업별 노동조합에 준하는 지위를 가지고 있다고 평가되는 경우에, 이는 근로자들의 선택에 따른 것으로서 근로자들의 결사의 자유와 노동조합 설립의 자유를 보장할 필요가 있으므로, 그 실질에 적합하게 독립하여 의사를 결정하고 법률적으로 활동할 수 있다고 보아야 한다. 따라서 위에서 살펴본 노동조합의 설립 및 조직형태의 변경에 관한 노동조합법의 관련 규정들과 재산상 권리·의무나 단체협약의 효력 등의 법률관계를 유지하기 위한 조직형태의 변경 제도의 취지와 아울러 개별적 내지 집단적 단결권의 보장 필요성, 산업별 노동조합의 지회 등의 독립한 단체성 및 독자적인 노동조합으로서의 실질에 관한 사정 등을 종합하여 보면, 이 사건 규정은 노동조합법에 의하여 설립된 노동조합을 그 대상으로 삼고 있어 노동조합의 단순한 내부적인 조직이나 기구에 대하여는 적용되지 아니하지만, 산업별 노동조합의 지회 등이라 하더라도, 실질적으로 하나의 기업 소속 근로자를 조직대상으로 하여 구성되어 독자적인 규약과 집행기관을 가지고 독립한 단체로서 활동하면서 해당 조직이나 그 조합원에 고유한 사항에 관하여 독자적인 단체교섭 및 단체협약체결 능력이 있어 기업별 노동조합에 준하는 실질을 가지고 있는 경우에는, 산업별 연합단체에 속한 기업별 노동조합의 경우와 실질적인 차이가 없으므로, 이 사건 규정에서 정한 결의 요건을 갖춘 소속 조합원의 의사 결정을 통하여 산업별 노동조합에 속한 지회 등의 지위에서 벗어나 독립한 기업별 노동조합으로 전환함으로써 그 조직형태를 변경할 수 있다고 보아야 한다. 또한 산업별 노동조합의 지회 등이 독자적으로 단체교섭을 진행하고 단체협약을 체결하지는 못하더라도, 법인 아닌 사단의 실질을 가지고 있어 기업별 노동조합과 유사한 근로자단체로서 독립성이 인정되는 경우에, 그 지회 등은 스스로 고유한 사항에 관하여 산업별 노동조합과 독립하여 의사를 결정할 수 있는 능력을 가지고 있다. 이러한 의사 결정 능력을 갖춘 이상, 그 지회 등은 소속 근로자로 구성된 총회에 의한 자주적·민주적인 결의를 거쳐 그 지회 등의 목적 및 조직을 선택하고 변경할 수 있으며, 나아가 단결권의 행사 차원에서 정관이나 규약 개정 등을 통하여 단체의 목적에 근로조건의 유지·개선 기타 근로자의 경제적·사회적 지위의 향상을 추가함으로써 노동조합의 실체를 갖추고 활동할 수 있다. 그리고 그 지회 등이 기업별 노동조합과 유사한 독립한 근로자단체로서의 실체를 유지하면서 산업별 노동조합에 소속된 지회 등의 지위에서 이탈하여 기업별 노동조합으로 전환할 필요성이 있다는 측면에서는, 단체교섭 및 단체협약체결 능력을 갖추고 있어 기업별 노동조합에 준하는 실질을 가지고 있는 산업별 노동조합의 지회 등의 경우와 차이가 없다. 이와 같은 법리와 사정들에 비추어 보면, 기업별 노동조합과 유사한 근로자단체로서 법인 아닌 사단의 실질을 가지고 있는 지회 등의 경우에도 위에서 본 기업별 노동조합에 준하는 실질을 가지고 있는 경우와 마찬가지로 이 사건 규정에서 정한 결의 요건을 갖춘 소속 근로자의 의사 결정을 통하여 종전의 산업별 노동조합의 지회 등이라는 외형에서 벗어나 독립한 기업별 노동조합으로 전환할 수 있다고 봄이 타당하다.'

위 전원합의체 판결의 다수의견에 대하여 "산업별 노동조합 내에서 산업별 노동조합의 지회 등이 차지하는 위치 내지 산업별 노동조합과의 관계, 근로자와의 조합원관계, 독자적인 단체교섭 및 단체협약체결 능력 등 노동조합으로서의 실질에 관한 여러 사정에 비추어 보면, 산업별 노동조합에서 조직형태의 변경을 결의할 수 있는 주체는 단위노동조합인 산업별 노동조합일 뿐이고, 그 하부조직에 불과한 산업별 노동조합의 지회 등이 산업별 노동조합의 통제를 무시한 채 독자적으로 조직형태의 변경을 결의하는 것은 원칙적으로 불가능하다고 보아야 한다. 그러한 결의는 개별 조합원들의 산업별 노동조합 탈퇴의 의사표시에 불과하거나 새로운 노동조합의 설립 결의일 뿐이어서, 여기에 노동조합의 조직형태의 변경이나 그에 준하는 법적 효과를 부여할 수는 없다. 다만 산업별 노동조합의 지회 등이 산업별 노동조합과는 별도로 근로자와 조합원관계를 형성하고 산업별 노동조합이나 다른 하부조직과 구별되는 독자적인 규약 및 의사결정기관과 집행기관을 갖춘 독립된 조직체로 활동하면서 해당 지회 등이나 조합원의 고유한 사항에 관하여 독자적으로 단체교섭을 진행하고 단체협약을 체결할 능력을 보유하여 노동조합으로서의 실질이 있는 경우에는, 그러한 산업별 노동조합은 외형과 달리 개별 노동조합과 다름없는 지회 등의 연합단체로서의 성격이 혼합되어 있다고 할 수 있는 만큼, 이러한 산업별 노동조합의 지회 등은 자체 결의를 통하여 연합단체에서 탈퇴할 수 있고, 그것이 조직형태의 변경 결의 형식으로 이루어졌다고 하더라도 탈퇴의 효과가 발생한다고 해석할 여지는 있다."는 반대의견이 개진되었다.

위 전원합의체 판결에 대하여 학설은 대체로 위와 같은 반대의견의 논거를 지지하면서 비판적인 입장을 취하나,[87] '조직형태변경 가능 여부는 헌법상 단결권이 최대한 보장되는 방향으로 판단이 이뤄져야 하고, 그러한 방향에 부합하는 길은 바로 근로자에게 조직형태변경의 자유를 최대한 부여하고 단결권의 자주성과 민주성을 최대한 보장해야 하는 것'이라는 취지로 위 판결을 지지하는 견해[88]도 있다.

위 전원합의체 판결 이후 대법원 2016. 3. 24. 선고 2013다53380 판결도 '기업별 지회가 비록 단체교섭 및 단체협약체결 능력을 가지고 있지 않더라도 그 설치 경위, 정관·규약 내용, 관리·운영 실태 및 구체적인 활동 내용에 비추어 기업별 노동조합과 유사한 근로자단체로서 법인 아닌 사단으로서의 실질을 가지고 있어 독립성이 있었다고 인정되는 경우에는 조직형태 변경 결의에 의하여 기업별 노동조합으로 조직형태를 변경할 수 있다'는 취지로 판시하였다. 또한 대법원 2018. 1. 24. 선고 2014다203045 판결은 '산업별 노동조합의 지회 등이 기업별 노동조합에 준하는 실질이나 기업별 노동조합과 유사한 근로자단체로서 법인 아닌 사단의 실질을 갖추지 못하여 조직형태를 변경할 수 없는 경우에 결의를 통해 산업별 노동조합을 탈퇴하고 조합비 등 기존 재산 전부를 새

---

87) 권오성, 122면; 김선일, 21~22면; 김태욱, 182~187면; 노상헌, 88면; 임종률, 108면.
88) 장상균·이욱래, 81~82면.

로 설립한 기업별 노동조합에 포괄적으로 이전하는 것을 허용한다면, 조직형태 변경의 주체가 될 수 없는 지회 등이 우회적인 방법으로 사실상 조직형태를 변경하는 것과 마찬가지의 결과에 이를 수 있게 되어 조직형태 변경 제도의 취지가 잠탈될 수 있다.'고 판시하였다.

4) 산업별 노조의 규약이나 기업별 지회의 규칙 등에서 조직형태 변경을 금지하는 취지의 규정을 둔 경우

산업별 단위노조의 기업별 지회가 조직형태 변경을 통하여 기업별 단위노조로 변경하는 경우 산업별 노조의 입장에서는 해당 기업별 지회가 집단 탈퇴[89]하는 것과 유사하다. 그런데 산업별 노조의 규약에서 기업별 지회의 집단 탈퇴를 금지하거나 해당 기업별 지회의 규정, 규칙[90]에서 조직형태 변경을 금지하는 경우 해당 기업별 지회의 조직형태 변경의 효력은 어떻게 되는 것인지 문제가 되는 경우가 있다.

대법원 2016. 2. 19. 선고 2012다96120 전원합의체 판결 사안에서 산업별 단위노조인 금속노조의 규정[91]에는 지부, 지회 단위의 총회를 통한 집단 탈퇴는 불가능하다고 규정하고 있었고, 이러한 규정은 환송 전 판결[92]에서는 이 사건 지회의 조직형태 변경이 무효라는 판단의 근거 중 하나로도 인정되었다. 그러나 대법원 전원합의체 판결에서는 금속노조의 규정에서 집단 탈퇴를 금지하고 있는 사정은 별도로 고려하지 않았다. 또한 위 사안에서 발레오만도 지회 규칙에 조직형태 변경이 가능한 것처럼 해석 혹은 오인될 조항[93]이 있었고, 해당 조항

89) 산별노조 규약·규정에서 산별노조 하부조직의 집단 탈퇴란 개별 탈퇴의 총합이 아니라 조직형태 변경을 통한 탈퇴를 의미하는 용어로 사용하는 경우가 많다. 이처럼 산업별 단위노조에서 조직형태 변경을 통한 탈퇴를 집단 탈퇴라고 표기하는 경우가 많은 것은 하부조직의 조직형태 변경 자체를 허용하지 않거나 자제시키려는 의도로 보인다.

90) 산업별 단위노조 산하 지부, 지회 규약은 보통 산업별 단위노조의 규약의 하위 규범이라는 의미에서 규정, 규칙 등으로 표기하는 경우가 많다.

91) 규약에 근거하여 제정된 조합원 가입절차 전결규정이다.

92) 서울고법 2012. 9. 21. 선고 2011나79540 판결.

93) 아래에서 보는 바와 같이 기업별 노조 규약이 지회 규칙으로 변경되는 과정에서 조직형태 변경에 관한 사항이 여전히 21조 2호로 남아있었으나, 1심과 환송 전 원심은 본문에 이를 받아 규정하고 있는 내용이 전혀 없고, 본문에서 지회의 합병, 분할에 대하여는 지부 운영위원회 승인을 얻도록 규정하고 있는 것에 비추어 2호의 문구를 근거로 지회의 조직형태 변경에 관하여는 지회의 특별결의만 있으면 된다고 해석할 수는 없다고 판단하였다. 그러나 환송 후 원심은 21조 2호에서 조직형태 변경에 관한 사항이 삭제되지 않은 점을 근거로 지회 규칙은 총회의 특별결의라는 엄격한 요건을 통하여 조직형태를 변경할 수 있는 가능성을 유보해두었다고 봄이 타당하고, 21조가 단순한 오류 조항에 불과하다거나, 지회 규칙 자체가 조직형태 변경 결의를 금지하고 있다고 보기는 어렵다고 판단하였다.

의 의미에 대하여 1심(서울중앙지법 2011. 7. 26. 선고 2010가합124798 판결)과 환송 전 원심(서울고법 2012. 9. 21. 선고 2011나79540 판결)은 그 조문 형식과 내용상 지회의 조직형태 변경이 가능하다고 해석될 수 있는 조항이 아니어서 조직형태 변경의 근거가 될 수 없다고 본 반면, 환송 후 원심(서울고법 2016. 11. 30. 선고 2016나4909 판결)은 조직형태 변경의 근거가 될 수 있다고 보았다. 그러나 대법원 전원합의체 판결은 지회 규칙 해당 조항에 대해서도 어떤 식으로든 별도로 언급하지 않았다.

대법원 전원합의체 판결이 산업별 단위노조의 하부조직이 조직형태 변경 주체가 될 수 있는지에 관하여 민법상 비법인 사단에 관한 법리를 대폭 차용하였으므로, 비법인 사단의 권리능력 판단 시에 중요한 판단 기준인 정관(규약)의 해석 역시 중요하게 고려하는 것이 타당하다. 따라서 산업별 단위노조의 규약에서 하부조직의 조직형태 변경이나 집단 탈퇴를 금지하고 있는 경우 혹은 해당 하부조직의 규정·규칙 등에서 조직형태 변경을 금지하고 있는 경우[94]에는 하부조직이 조직형태 변경의 주체가 될 수 없는 사유 중 하나로 고려하는 것이 타당하다. 이러한 점에서 대법원 전원합의체 판결이 조직형태 변경에 관한 산업별 단위노조의 규약·규정이나 지회의 규칙을 판단의 자료로 삼지 않은 것은 다소 아쉽다.

㈐ 산업별 단위노조에서 산업별 연합단체 노조로 변경하는 경우

산업별 단위노조에서 그 산하 각 지부, 분회를 구성단체로 하는 산업별 연

발레오만도 노동조합 규약	금속노조 경주지부 발레오만도 지회 규칙
제21조 (회의성립과 결의) 1. 조합규약의 변경과 조직형태 변경에 관한 사항 및 임원의 불신임은 조합원(대의원대회)이 직접, 비밀, 무기명 투표에 의하여 재적인원 과반수의 출석과 출석인원 2/3이상의 찬성으로 의결된다. 2. 각종 회의는 규약에 명시되지 않는 한 재적인원 과반수의 출석으로 성립되고, 출석인원 과반수의 찬성으로 의결된다.	제21조 (특별결의) 지회 규칙의 제정 및 변경은 재적 과반수의 참석과 참석인원 2/3이상의 찬성으로 결의하되, 지회 규칙 제정 및 개정사항은 지부 운영위원회의 승인을 얻어야 한다. 지회의 합병, 분할에 관한 사항은 재적조합원 과반 수 이상의 참석에 의한 직접, 비밀, 무기명투표에 의하여 2/3이상의 찬성으로 결의하되 지부 운영위원회의 승인을 얻는다. 1. 임원 불신임에 관한 사항. 2. 조직형태 변경에 관한 사항.

94) 다만, 이 경우 해당 하부조직이 총회를 통하여 조직형태 변경을 금지하고 있는 규정·규칙 등을 개정하면서 조직형태 변경 결의를 하는 것을 금지하기는 어려울 것이다.

합단체 노조로 조직형태를 변경하는 경우 산하 각 지부, 분회가 기업별 노조로 변경하는 결의와 산업별 단위노조 차원에서 연합단체로 변경하는 결의가 모두 필요하다. 전자의 결의에 관하여는 위 ㈏항에서 살펴본 내용이 적용될 수 있고, 후자의 결의에 관하여는 조직형태 변경에 관한 일반론이 적용된다. 다만, 위 각 결의에 더하여 각 기업별 노조가 기존의 산업별 단위노조에서 변경된 산업별 연합단체에 가입한다는 결의가 추가로 필요할 것이다.

㈑ 산업별 연합단체 노조에서 산업별 단위노조로 변경하는 경우

산업별 연합단체 노조에서 산업별 단위노조로 조직형태를 변경하는 경우는 학설이 전형적인 조직형태 변경의 유형으로 드는 것으로서 대부분 실질적 동일성이 인정될 것이다. 산업별 연합단체 노조의 구성원인 기업별 단위노조는 앞에서 본 ㈎유형과 같이 산업별 단위노조의 기업별 지부로 조직형태를 변경하여야 할 것이다.

나. 절차적 요건

(1) 조합원 총회 또는 대의원회의 의결(법 16조 1항 8호, 17조 1항)

의결 정족수는 재적 조합원(또는 대의원) 과반수의 출석과 출석 조합원(또는 대의원) 3분의 2 이상의 찬성이다(법 16조 2항 단서, 17조 4항). 직접 조직형태의 변경을 의결하지 않더라도 규약의 조직형태에 관한 사항을 변경하는 것을 의결하는 방법(법 16조 1항 1호, 16조 2항 단서 참조)에 의해서도 조직형태의 변경이 가능하다.[95]

조합원 총회 의결과 관련하여, 투표 방식에 관하여 문제가 제기될 여지가 있다. '규약의 제정·변경과 임원의 선거·해임에 관한 사항'에 대해서는 직접·비밀·무기명투표 방식에 의하도록 하고 있을 뿐이고(법 16조 4항), 조직형태 변경 의결 방법에 대하여는 별도의 규정을 두고 있지 않기 때문이다. 조직형태 변경은 노동조합의 조직이나 정책의 근본적인 변경을 초래하는 중대한 사안이라는 점, 조직형태 변경은 필연적으로 규약의 변경을 초래하기 때문에 규약변경을 요한다는 점(법 16조 4항 참조)을 고려하면 조합원의 직접·비밀·무기명투표에 의하여 의결하도록 하여야 할 것이라는 견해[96]가 있으나, 노조법에 별도의 규정을 두고 있지 아니하는 한 반드시 조합원의 직접·비밀·무기명투표 방식에 의

95) 사법연수원a, 132면.
96) 이승욱a, 189면.

하여 의결하여야 하는 것은 아니다.[97] 아래의 (2) 규약 개정 부분에서 후술하는 바와 같이 모든 조직형태 변경에 규약 개정이 필수적으로 수반된다고 보기도 어려울 뿐만 아니라 조직형태 변경 시 규약 개정이 수반되는 경우에도 규약 개정의 경우에는 직접·비밀·무기명투표에 의하여야 하기 때문에 의결 방식에 따라 조합원의 의사가 왜곡될 가능성은 없다고 보이기 때문이다. 즉, 이 경우 직접·비밀·무기명투표 방식이 아닌 방식에 따라 조직형태 변경 안건이 의결 정족수를 충족하였다 하더라도 직접·비밀·무기명투표 방식에 따라 규약 개정 안건이 부결되는 경우에는 조직형태 변경의 결과는 발생하지 않으므로 조합원의 의사가 왜곡되지는 않는다.

절차적 요건에 관한 판례로는 "산업별 노동조합의 지회 소속 조합원들이 지회의 운영규칙 등에 정한 총회 소집절차를 거치지 않고 그들 스스로 소집권자를 지정하여 총회를 소집한 후 조합의 조직형태를 산업별 노동조합에서 기업별 노동조합으로 변경하기로 결의한 사안에서, 그 결의가 소집절차에 중대한 하자가 있어 무효"라고 한 사례[98]가 있고, "산업별 노동조합의 지회장의 자격을 갖추지 못한 사람이 소집하여 개최된 지회 임시총회에서 지회의 조직형태를 기업별 노동조합으로 변경하기로 한 결의가 절차상 하자 및 의사정족수 미달 등의 이유로 무효"라고 판단한 사례[99]가 있다.

(2) 규약 개정

단위노조의 지부가 아니라 단위노조 자체로 조직형태를 변경하는 경우 등 규약 사항에 변경이 필요한 경우 관련 사항에 관한 규약 개정이 있어야 한다.[100] 노조법 11조는 규약에 기재할 사항으로 '명칭, 조합원에 관한 사항(연합단체인 노동조합에 있어서는 그 구성단체에 관한 사항) 등'을 규정하고 있는데, 이론적으로는 위와 같은 사항에 관하여 전혀 변경을 하지 아니할 수도 있지만, 통상적으로는 적어도 명칭은 변경하여야 할 것이므로, 그와 같은 경우 규약의 개정이 수반되어야 한다. 다만, 기업별 단위노조에서 산업별 단위노조의 지부로 조직형

97) 고용노동부 질의회시(노조68107-711, 2001. 6. 21.).
98) 대법원 2009. 3. 12. 선고 2008다2241 판결.
99) 대법원 2012. 8. 17. 선고 2010다52010 판결.
100) 김유성, 122면; 김형배, 1173~1174면; 이병태, 190면; 이상윤a, 666면. 다만, 김형배, 1173~1174면에서는 어느 경우를 막론하고 규약 변경이 필수적이라는 견해를 취하나, 규약 변경이 필요 없는 경우도 있을 수 있다 할 것이다.

태를 변경하는 경우 산업별 단위노조의 규약에 따르면 될 것이고, 별도로 기업별 단위노조의 규약을 개정하여야 할 것은 아니되, 분회 자체가 독자적인 규약을 가지고 그에 따른 내부 조직을 갖추어, 당해 조직이나 그 조합원에 고유한 사항에 대하여 독자적으로 단체교섭하고 단체협약을 체결하는 등으로 독립적 조직체로서 활동하려고 하는 경우에는 기존의 규약을 개정할 필요가 있다.

규약 개정이 필요한 조직형태 변경의 경우에는 규약 개정이 이루어지지 아니하는 경우 조직형태 변경의 결과가 발생하지 않는다고 봄이 타당하다. 앞서 본 바와 같이 조직형태 변경 안건이 의결 정족수를 충족하였다 하더라도 직접·비밀·무기명투표 방식에 따라 규약 개정 안건이 부결되는 경우에는 조직형태 변경의 결과는 발생하지 않는다.

(3) 산업별 단위노조의 수용 절차

앞서 본 바와 같이 기업별 단위노조가 조직형태 변경을 통하여 산업별 단위노조의 하부 조직으로 변경하는 경우 해당 기업별 단위노조가 조직형태 변경 결의를 하는 것만으로는 부족하고 산업별 단위노조에서 이를 수용하여야 한다. 이에 관하여는 앞의 3. 가. (3) ㈎ 3) 참조.

(4) 조직형태 변경 결의 이후에 해산신고 등의 절차를 밟아야 하는지 여부

"1997년 개정 시에 노조법 16조 1항의 총회의결사항에 '조직형태의 변경에 관한 사항'을 첨가하였으나 28조 1항의 해산사유에 '조직형태의 변경으로 인한 소멸'을 첨가하지 않은 것은 입법상의 실수에 기인한 것으로 보인다."라고 하여 조직형태의 변경이 해산사유에 해당하는 것으로 보는 견해[101]가 있으나, 조직형태의 변경은 동일성을 유지하면서 새로운 조직형태로 변경되는 것이므로, 구 조직형태가 소멸하는 것이 아니어서 해산사유에 해당하지 아니하고 따로 청산절차를 필요로 하지 아니한다.[102]

다만, 고용노동부는 기업별 노조가 산별노조 지회 등으로 조직형태를 변경한 경우에 대해서 해산신고가 법률적 의무가 아니고 조직형태 변경의 효력발생 요건이 되는 것도 아니라고 하면서도, 조직형태 변경을 통하여 기존의 기업별 노조는 소멸되는 것이므로 해산신고를 하도록 행정지도를 하고 있다.[103] 기존의

101) 임종률, 110면 각주 1).

102) 이승욱a, 187면.

103) 고용노동부, 55, 58면; 고용노동부 질의회시(노조 68107-623, 2001. 5. 29.)는 해산신고가 조

기업별 노조가 형식적으로는 소멸되었다고 볼 수도 있으나 해산된 것이 아니고 조직형태가 변경되어 존속하는 것이므로 행정적 관리상 필요하다면 '조직형태 변경' 신고를 받는 절차를 만들어서 '산별노조 지회 등으로 조직형태가 변경되었다'는 기재를 하는 방식으로 관리하는 것이 타당하다.

(5) 행정 절차

조직형태 변경에 따라 명칭, 주된 사무소의 소재지, 대표자의 성명, 소속된 연합단체의 명칭 등에 변경이 있는 경우에는 행정관청에게 변경 신고를 하여야 하고(법 13조 1항), 행정관청은 위 변경신고서를 받은 때에는 3일 이내에 변경 신고증을 교부하여야 한다(영 10조 3항). 그러나 이는 행정 절차적 규정이므로 변경신고 여부에 의하여 조직형태 변경결의의 효력이 좌우되는 것은 아니다.

(6) 요 약

위에서 살펴본 바와 같이 조직형태 변경의 절차적 요건으로서는 적법한 의결 방법에 따라 노조법에 정해진 의결 정족수를 충족시키는 조합원 총회 또는 대의원회의 의결로써 충분하고, 일정한 경우 관련 규정에 관한 개정이 필요하다.

4. 노동조합 조직형태 변경의 효과

가. 대내적 효과

조합원의 지위가 조직형태 변경에 따라 달라진다. 단위조합에서 연합체로 조직변경을 한 때에는 종래 각개 근로자의 개인 가입형태에서, 단위조합이 상부단체에 가입하는 형태로 대체되고, 반대로 연합체조직이 단위조합으로 조직변경을 한 때에는 단위조합의 상부단체 가입형태는 해체되고 각 근로자의 개인가입형태로 대체된다.[104)]

나. 대외적 효과

(1) 재산관계의 승계

조직형태의 변경이 유효하게 이루어지면, 변경 전 노조의 재산관계상의 권

직형태 변경의 효력발생 요건이라고 볼 수는 없다고 하면서도 해산신고가 바람직하다고 하고 있다. 고용노동부 질의회시(노사관계법제팀-2588, 2007. 8. 20.)는 노조법 28조 2항을 준용하여 해산신고를 해야 하고, 노조법 13조의 노동조합 설립신고사항 변경 신고 대상은 아니라고 하고 있다.

104) 이병태, 190면.

리 · 의무는 변경 후 노조에 대하여 그대로 유지된다.[105] 판례도 '변경 후의 조합이 변경 전의 조합의 재산관계 및 단체협약의 주체로서의 지위를 그대로 승계하는 것이 조직변경의 효과다'[106]라는 취지로 판시하거나, '노동조합을 둘러싼 종전의 재산상 권리 · 의무나 단체협약의 효력 등의 법률관계가 새로운 조직형태의 노동조합에 그대로 유지 · 승계될 수 있도록 한 것이 조직형태의 변경제도의 취지'[107]라는 내용으로 판시하여 같은 입장이다.

(2) 단체협약의 주체로서 지위 승계

조직형태의 변경이 유효하게 이루어지면, 변경 후 노조는 변경 전 노조가 가지던 단체협약 주체의 지위도 그대로 승계한다는 견해[108]와 조직변경 전의 노동조합이 체결한 단체협약의 효력이 당연히 새로이 설립된 노동조합에 이전되는 것으로 새길 수는 없다는 견해[109]가 대립된다. 후자 견해의 바탕에는 '인격적인 조합원의 신분관계는 개개인의 자유로운 의사결정에 기초하는 것으로, 그 성질상 다수결에 의한 집단법적 결정과는 본질적으로 친할 수 없으므로, 조직형태의 변경을 「새로운 노동조합의 설립을 위한 소멸」로 해석해야 한다'는 논거가 있으나, 다수결에 의하여 조직형태를 변경할 수 있도록 한 것은 입법정책적인 문제로서 기업 환경이나 경제사정의 변화 등에 대처하기 위한 노동조합의 조직형태 변경의 필요성에 비추어, 그 타당성을 인정할 수 있다고 보이고, 그렇게 해석하더라도 조직형태 변경에 반대하는 조합원이 변경된 노조에서 탈퇴할 자유는 언제나 보장되므로 소수 조합원의 단결권을 침해하는 것은 아니므로, 전자의 견해가 타당하다.

대법원은 조직형태 변경 결의에 관한 규정은 "노동조합의 해산 · 청산과 신설 절차를 밟지 않고 조직형태를 변경할 수 있도록 함으로써 노동조합을 둘러싼 종전의 재산상 권리 · 의무나 단체협약의 효력 등의 법률관계가 새로운 조직형태의 노동조합에 그대로 유지 · 승계될 수 있도록 한 것"[110]이라고 판시하여

105) 김유성, 122면; 김형배, 1174면; 이병태, 191면; 이상윤a, 666면; 임종률, 109면.
106) 대법원 1997. 7. 25. 선고 95누4377 판결, 대법원 2002. 7. 26. 선고 2001두5361 판결 등.
107) 대법원 2016. 2. 19. 선고 2012다96120 전원합의체 판결, 대법원 2018. 1. 24. 선고 2014다203045 판결 등.
108) 김유성, 122면; 이병태, 191면; 이상윤a, 666면.
109) 박종희b, 100면.
110) 대법원 2016. 2. 19. 선고 2012다96120 전원합의체 판결, 대법원 2016. 12. 29. 선고 2015두1151 판결, 대법원 2016. 12. 29. 선고 2015두1175 판결, 대법원 2018. 1. 24. 선고 2014다

같은 입장이다. 대법원은 이에 따라 "이처럼 조직형태가 변경된 경우 산업별 노동조합은 특별한 사정이 없는 한 단위노동조합의 권리·의무나 법률관계를 승계하므로 조직형태 변경 전의 단위노동조합이 수행하던 소송절차를 수계할 수 있다."라고 판시하였다.111)

고용노동부의 유권해석도 같은 견해로서, ① "기업별 노동조합이 산업별 노동조합의 지부·분회로 조직형태를 변경하는 경우 다른 사정이 없는 한 동 지부·분회는 기존 기업별 노동조합과의 조직적 동일성을 그대로 유지하고 있는 것이므로 단체협약은 그 유효기간 동안 계속 효력을 유지한다고 보아야 할 것",112) 또는 ② "'전국택시노동조합연맹 △△운수 노동조합'은 단체교섭 중 2000. 5. 30. 총회에서 기업별 노동조합의 형태에서 산업별노동조합의 형태로 조직형태를 변경하기로 결의하였고, 2000. 7. 20. 전국택시산업노동조합 산하 분회인 '전국택시산업노동조합 충남지역본부 △△운수 분회'로 조직형태를 변경한" 사안에서, "기업별 노동조합의 대표자가 사용자와 임금교섭을 진행하던 중 노동조합의 조직형태가 산업별 노동조합의 내부조직인 분회로 변경된 경우 당해 분회의 대표자가 임금교섭의 연장선상에서 노동위원회에 조정을 신청하였고, 분회의 대표자가 지방노동위원회가 제시한 조정안을 수락한 것에 대하여 사용자로부터 아무런 이의제기가 없었다면 당해 분회장에게 기존의 임금교섭과 관련한 교섭권이 위임되었다고 보는 것이 법적 안정성 측면에서 타당할 것이므로 분회의 대표자가 수락한 조정안은 그 효력을 부인하기 어려울 것이며, 다만 조정안 수락 이후 분회의 대표자가 교섭권을 위임받지도 아니하고 조합원으로부터 의견수렴도 없이 임의적으로 유효기간 중에 있는 기존의 조정안을 변경하는 임금협약을 체결하였다면 권한 없는 자의 행위로서 그 효력을 인정하기 어렵다"113)고 하였다.

(3) 조합원 지위 승계

조직형태 변경 의결 시 반대의사를 표시한 조합원도 변경된 노조의 조합원

203045 판결.

111) 대법원 2016. 12. 29. 선고 2015두1151 판결, 대법원 2016. 12. 29. 선고 2015두1175 판결.

112) 고용노동부 질의회시(노조 68107-508, 2001. 4. 28.). 역의 경우도 같다. 지역노조 산하 지부가 단위노동조합으로 조직형태를 변경한 경우 지부임원과 단체협약은 단위노동조합에 자동 승계된다고 한 고용노동부 질의회시(노동조합과-1336, 2004. 5. 19.) 참조.

113) 고용노동부 질의회시(노조 68107-275, 2001. 3. 8.).

지위를 가지는지 여부가 문제된다. 조직형태 변경 의결에 의하여 '실질적 동일성'을 유지하면서 조직형태의 변경이 이루어지는 것이므로, 그 효력발생일에 당연히 변경된 노조의 조합원의 지위를 가지게 된다는 견해[114]와 새로이 설립하고자 하는 노동조합과 기존 노동조합의 조합원과 별도로 법률관계가 성립하여야 한다는 것으로서 구체적으로 양자 사이의 새로운 가입계약이 체결되어야 한다는 견해[115]가 나뉜다.

노조법상 다수결에 의하여 조직형태 변경을 할 수 있도록 하되, 달리 다른 절차를 규정하고 있지 아니한 점, 노동조합 조직의 성격상 전원 일치의 합의에 의한 의결은 기대하기 어려운 점, 조직형태 변경의 필요성이 적지 아니한 점 등에 비추어 볼 때, 전자의 견해가 타당하다. 다만, 조직형태의 변경에 반대한 조합원은 언제든지 조합을 탈퇴할 수 있다.

고용노동부는 "근로조건의 결정권이 있는 독립된 사업(장)에 조직된 전국단위 지역노조의 분회가 당해 분회의 조합원 총회에서 노조법 16조 2항 규정에 정해진 의사·의결정족수에 의해 당해 분회를 해산하면서 기존 지역별 노조를 탈퇴하고 기업별 노조를 설립하기로 집단적 결의를 하였다면 당해 분회는 행정관청에 노동조합 설립신고를 할 수 있으며, 행정관청으로부터 기업별 노동조합 설립신고증을 교부받은 경우에는 총회 결의에 반대한 조합원도 기존 전국단위 지역노조의 조합원자격은 상실되고 별도의 탈퇴의사를 표명하지 않는 한 새로이 설립된 기업별 노동조합의 조합원 자격이 있는 것"[116]이라고 하여 같은 견해이다.

5. 단체교섭 절차에 미치는 영향

노동조합이 조직형태를 변경하는 경우, 단체교섭 절차에 어떠한 영향을 미치는지 문제된다. 특히 교섭창구 단일화 제도가 도입된 이후에는 조직형태 변경에 따른 단체교섭 당사자 지위의 유지 여부 등이 다른 노조에 미치는 영향도 크기 때문에 검토가 필요하다. 대법원 2016. 2. 19. 선고 2012다96120 전원합의체 판결에서 ① 법인 아닌 사단의 실질, ② 독자적 단체교섭 및 단체협약 체결 능력을 구별하여 판단하였는데, ①, ②가 모두 구비된 경우에는 특별히 문제가

114) 이승욱a, 193면.
115) 박종희b, 100면.
116) 고용노동부 질의회시(노조 68107-1074, 2001. 9. 21.); 고용노동부, 55면도 같은 취지이다.

될 것은 없어 보인다. 그런데, ①만 구비하고 ②는 구비하지 못한 상태에서 조직형태 변경을 한 경우 단체협약 및 단체교섭 당사자 지위가 문제가 될 수 있다. 이는 "지부·분회의 법적 지위"와도 밀접한 관련이 있는 사항이다.

이에 대하여 전원합의체 판결은 "산업별 노동조합의 지회 등이 독자적으로 단체교섭을 진행하고 단체협약을 체결하지는 못하더라도, 법인 아닌 사단의 실질을 가지고 있어 기업별 노동조합과 유사한 근로자단체로서 독립성이 인정되는 경우에, 그 지회 등은 스스로 고유한 사항에 관하여 산업별 노동조합과 독립하여 의사를 결정할 수 있는 능력을 가지고 있다. 이러한 의사 결정 능력을 갖춘 이상, 그 지회 등은 소속 근로자로 구성된 총회에 의한 자주적·민주적인 결의를 거쳐 그 지회 등의 목적 및 조직을 선택하고 변경할 수 있으며, 나아가 단결권의 행사 차원에서 정관이나 규약 개정 등을 통하여 단체의 목적에 근로조건의 유지·개선 기타 근로자의 경제적·사회적 지위의 향상을 추가함으로써 노동조합의 실체를 갖추고 활동할 수 있다. 그리고 그 지회 등이 기업별 노동조합과 유사한 독립한 근로자단체로서의 실체를 유지하면서 산업별 노동조합에 소속된 지회 등의 지위에서 이탈하여 기업별 노동조합으로 전환할 필요성이 있다는 측면에서는, 단체교섭 및 단체협약체결 능력을 갖추고 있어 기업별 노동조합에 준하는 실질을 가지고 있는 산업별 노동조합의 지회 등의 경우와 차이가 없다."라고 하고 있다. 조직형태 변경 전 단계에서 위 ①만 구비하고 ②는 구비하지 못한 경우, 독자적 단체교섭 능력에 필요한 규약 개정 등의 절차가 필요하다 할 것이다.

규약 개정이 필요한 조직형태 변경의 경우임에도 불구하고 규약 개정이 이루어지지 아니하는 경우 조직형태 변경의 결과가 발생하지 않는다고 봄이 타당함은 앞서 3.나.(2)에서 살펴본 바 있는데, 그와 같은 취지에서 독자적 단체교섭 및 단체협약 체결 능력을 구비하기 위한 규약 개정 등이 이루어지지 않은 상태에서는 조직형태 변경의 결과가 발생하지 않고 따라서 독자적 단체교섭 능력도 없다고 봄이 타당하다.

6. 노동조합의 조직형태 변경과 관련한 행정처분에 대한 구제수단

가. 조직형태 변경신고 반려 처분

행정관청이 노동조합의 설립신고에 대한 심사를 거쳐 그 설립신고를 수리 또는 반려하거나 보완을 요구하는 처분을 한 경우 그러한 처분이 행소법상 행정처분으로서 행정쟁송의 대상이 되는 것처럼, 변경신고에 대한 행정관청의 반려 처분 역시 행정처분의 성격을 가지므로 행정쟁송의 대상이 될 수 있다.[117]

나. 조직형태 변경과 관련한 시정명령 처분

노조법 21조 1항은 "행정관청은 노동조합의 규약이 노동관계법령에 위반한 경우에는 노동위원회의 의결을 얻어 그 시정을 명할 수 있다"고 규정하고, 2항은 "행정관청은 노동조합의 결의 또는 처분이 노동관계법령 또는 규약에 위반된다고 인정할 경우에는 노동위원회의 의결을 얻어 그 시정을 명할 수 있다. 다만, 규약위반시의 시정명령은 이해관계인의 신청이 있는 경우에 한한다"고 규정하고 있다. 위 조항에 근거한 시정명령 역시 행정처분의 성격을 가지므로 행정쟁송의 대상이 될 수 있다.[118]

[김 진 석·김 태 욱]

117) 사법연수원a, 70면.
118) 서울행법 2001. 6. 13. 선고 2000구26520 판결.

제17조(대의원회)

① 노동조합은 규약으로 총회에 갈음할 대의원회를 둘 수 있다.

② 대의원은 조합원의 직접 · 비밀 · 무기명투표에 의하여 선출되어야 한다.

③ 하나의 사업 또는 사업장을 대상으로 조직된 노동조합의 대의원은 그 사업 또는 사업장에 종사하는 조합원 중에서 선출하여야 한다.

④ 대의원의 임기는 규약으로 정하되 3년을 초과할 수 없다.

⑤ 대의원회를 둔 때에는 총회에 관한 규정은 대의원회에 이를 준용한다.

〈세 목 차〉

Ⅰ. 의 의

노동조합의 규모 증대, 사업장의 분산, 조합 업무의 전문화 등으로 인하여 총회에 모든 조합원이 참가하는 것이 사실상 불가능한 경우가 많다. 또한 단체의 규모가 커질수록 거대한 단체와 개별 구성원의 관계는 자칫하면 개별 구성원이 단체의 주체라기보다는 단체가 제공하는 서비스를 구성원이 이용하는 관계에 머무르는 형태가 되기 쉽다. 이와 같은 경우 대의원제도는 단체의 집단적 의사와 조합원의 개인 의사를 서로 연계시켜 주는 중간 단계로서 그 역할을 수행할 수 있다.[1)]

※ 이 조에 관한 각주의 참고문헌은 '노동조합의 관리 전론(前論)'의 참고문헌을 가리킨다.

1) 박종희a, 337면.

이처럼 실질적으로 조합민주주의를 실현하고, 노동조합 운영의 능률성을 높이기 위하여 노조법은 총회에 갈음하여 대의원회를 설치·운영할 수 있도록 규정하였다. 이에 따라 대의원회를 두는 경우에도 규약에서 일정한 사항은 반드시 총회의 의결을 거치도록 정하여 총회와 대의원회를 아울러 두는 것도 가능하다.2)

Ⅱ. 총회와 대의원회의 관계

1. '총회에 갈음할 대의원회'의 의미

노조법 17조 1항은 "노동조합은 규약으로 총회에 갈음할 대의원회를 둘 수 있다."라고 규정하고 있다. 여기서 '갈음한다'의 사전적 의미는 '어떤 것을 다른 것으로 바꾸어 대신한다'라는 것이므로, 위 규정을 그 문언에 충실하게 해석하면 대의원회를 둠으로써 총회 자체가 대의원회로 바뀌는 것으로 보아야 한다.3)

따라서 규약에서 총회도 두면서 총회 아래의 중간의결기관으로 대의원회를 두고 최종 결정은 총회에서 하는 경우에는 대의원회가 총회를 대체하는 것이 아니므로, 이 경우에는 노조법 17조의 적용을 받지 않는다고 보아야 한다.4)

이와 같이 총회와 대의원회의 관계는 후자가 전자를 대체하는 관계로 이해되는데, 대의원회가 최고의사결정기관인 총회를 대신하여 그 권한과 기능을 행사할 수 있는 정당성의 근거는 자치적 법규범인 규약에 따라 그에 관한 수권이 이루어졌다는 점에서 찾을 수 있을 것이다.5)

2. 규약상 총회와 대의원회가 병존하는 경우

현실에서는 규약에서 총회와 함께 대의원회를 두고 있는 경우도 많다.6) 이와 같이 대의원회가 총회를 완전히 대체하지 않고 총회와 병존하는 경우, 대의

2) 같은 견해로는 이상윤a, 604~605면, 민변노동법Ⅱ, 110면.

3) 즉 대의원회=총회의 관계를 설정하는 것으로 볼 수 있다. 박종희a, 338면.

4) 같은 견해로는 강희원, 156면; 임종률, 88면.

5) 박종희a, 339면은 노동조합에는 본질적 기능 수행 측면에서 민주성의 명제가 요청되므로 규약에서 정함이 있더라도 언제든지 대의원회의 구성이 가능하다고 볼 수 없고, 대의원회의 구성은 총회의 구성과 운영이 현실적으로 불가능한 경우에 비로소 고려될 수 있는 보충적인 관계로 보아야 한다고 주장한다. 그러나 이러한 견해에 대해서는 현행 노조법 17조 1항에서 규약으로 총회를 갈음할 대의원회를 둘 수 있다고 규정하였을 뿐 달리 대의원회 설치에 아무런 조건을 부여하지 않은 점에 비추어 의문이 제기될 수 있다.

6) 예컨대 전국철도노동조합 규약(2021. 6. 18. 개정 기준), 전국우체국노동조합 규약(2021. 6. 18. 개정 기준).

원회에 총회의 모든 지위를 인정할 것인지 아니면 총회가 대의원회에 우선하는 최고의사결정기구로 보아야 할 것인지 등의 문제가 생긴다.

이러한 경우 대의원회와 총회의 관계는 일률적으로 판단할 것이 아니라 대의원회를 두게 된 취지와 배경, 해당 노동조합의 운영 현황, 의결 대상 안건의 내용 등을 종합하여 개별 사안에 따라 종합적으로 판단해야 한다.

먼저 규약에서 총회와 대의원회를 함께 두면서 양자의 권한 배분에 관하여 아무런 규정을 두지 않은 경우에는 편의적으로 대의원회가 총회의 지위와 권한을 대신 행사할 수 있도록 한 것으로 이해하여, 조합원이 의사 결정 과정에 직접 참여할 수 있는 총회가 조합원의 의사가 간접적으로 전달되는 대의원회보다는 우선적인 지위와 권한을 갖는 것으로 보아야 한다.7) 따라서 이 경우 총회가 개최될 경우 조합원들은 총회에서 모든 결정 권한을 행사할 수 있고, 총회에서 의결한 사항을 대의원회에 다시 부의하여 번복할 수는 없다.

그러나 규약에서 총회와 대의원회의 권한 배분에 관하여 명시적으로 정함이 있는 경우에는 달라진다. 이와 관련하여 대법원은 "노조법 16조 1항, 2항, 17조 1항에 따라 노동조합이 규약에서 총회와는 별도로 총회에 갈음할 대의원회를 두고 총회의 의결사항과 대의원회의 의결사항을 명확히 구분하여 정하고 있는 경우, 특별한 사정이 없는 이상 총회가 대의원회의 의결사항으로 정해진 사항을 곧바로 의결하는 것은 규약에 반한다. 다만 규약의 제정은 총회의 의결사항으로서(노조법 16조 1항 1호) 규약의 제·개정 권한은 조합원 전원으로 구성되는 총회의 근원적·본질적 권한이라는 점, 대의원회는 규약에 의하여 비로소 설립되는 것으로서(노조법 17조 1항) 대의원회의 존재와 권한은 총회의 규약에 관한 결의로부터 유래된다는 점 등에 비추어 볼 때, 총회가 규약의 제·개정 결의를 통하여 총회에 갈음할 대의원회를 두고 '규약의 개정에 관한 사항'을 대의원회의 의결사항으로 정한 경우라도 이로써 총회의 규약개정권한이 소멸된다고 볼 수 없고, 총회는 여전히 노조법 16조 2항 단서에 정해진 재적조합원 과반수의 출석과 출석조합원 3분의 2 이상의 찬성으로 '규약의 개정에 관한 사항'을 의결할 수 있다."라고 해석하였다.8)

즉, 조합규약에서 총회와 대의원회의 권한을 명확히 구분하여 정함으로써

7) 같은 견해로는 권오성 81면; 박종희a, 339~340면.
8) 대법원 2014. 8. 26. 선고 2012두6063 판결.

총회의 권한 일부를 대의원회에서 전속적으로 행사하도록 정한 경우, 대법원은 우선 규약의 개정에 관한 사항에 대해서는 이를 대의원회의 전속적 의결 사항으로 정하고 있더라도 규약 제·개정 권한은 총회의 근원적·본질적 권한이므로 총회에서 규약 개정을 의결할 수 있다고 판단하였다. 다음으로 규약 개정 이외의 사항에 대해서는 규약에서 정해 놓은 규범 내용을 무시하고 모든 사항을 총회에서 의결하는 것은 가능하지 않고, 이러한 경우에는 대의원회에서 의결하도록 정한 사항을 총회에서 의결하려면 그 규범 내용을 변경하는 규약 개정 절차(대의원회 의결사항에서 총회 의결사항으로의 변경 절차)가 필요하다는 것으로 대법원의 견해를 정리할 수 있다.[9)]

규약 자치의 원칙과 규약의 규범적 효력에 비추어 볼 때 총회와 대의원회의 권한 배분에 관한 규약의 효력을 존중하면서 민주성 원리에 따라 최고의사결정기관으로서의 총회의 법적 지위를 확인하고 있는 대법원의 해석이 타당하다고 여겨진다.[10)]

3. 규약에서 대의원회 규정만 두고 있는 경우

규약에서 총회에 관하여는 아무런 규정을 두지 않고 대의원회에 관해서만 규정할 수도 있는데, 이러한 경우 총회의 소집과 운영이 허용되는지 여부가 문제된다.

노동조합에서 총회가 최고의결기관이라는 것은 노조법이 정한 노동조합의 조직 운영 원리라고 할 수 있고, 노조법 17조에서 노동조합이 규약으로 총회에 갈음할 대의원회를 둘 수 있도록 한 것이 최고의결기관으로서의 총회를 완전히 배제하고 대의원회가 이를 대체하도록 하려는 취지까지는 아니라고 보아야 한다.[11)]

9) 강선희, 68면.

10) 권오성, 370~373면은 위와 같은 대법원 판례의 결론에는 동의하면서도, 어느 노동조합에서 총회와 대의원회를 동시에 설치하고 있는 경우에는 노조법 17조 1항에서 말하는 총회를 '갈음'하는 대의원회를 설치한 것이 아니므로, 이러한 경우에 대하여 대법원이 총회와 대의원회의 권한 배분 문제에 노조법 17조 1항을 판단 근거로 원용하는 것은 수긍하기 어렵다고 하면서, 총회와 대의원회가 동시에 설치된 경우 양자의 권한 배분에 관한 문제는 총회의 의결사항에 관한 노조법 16조와 당해 노동조합 규약의 합리적인 해석을 통해 해결하는 수밖에 없고, 이 경우 대의원회는 규약을 통해 총회의 권한의 일부를 위임받은 파생기관 내지 중간 의결기관의 성격을 갖는다고 할 것이므로, 총회는 언제든지 대의원회에 권한을 위임한 것과 동일한 방식인 규약의 변경을 통하여 당초의 위임을 철회할 수 있다고 보아야 한다는 견해를 펴고 있다.

11) 김기덕, 303면.

따라서 규약에서 대의원회만 규정하고 총회에 대해서는 규정하고 있지 않은 경우에도 총회를 소집하여 조합원들이 직접 노동조합의 조직과 운영에 관한 중요한 현안을 논의하고 결정할 수 있다고 보는 것이 타당하다. 이 한도에서 총회를 대신하는 대의원회의 권한과 기능은 정지된다고 할 것이다.[12)]

Ⅲ. 대의원회의 구성과 대의원의 선출

1. 대의원회의 구성

총회에 갈음하여 대의원회를 두는 경우 대의원회의 구성과 운영은 민주적으로 이루어져야 한다.

먼저, 적어도 대의원회 구성에 관한 내용(대의원회의 구체적 구성 방법, 대의원의 권한 및 임기 등)은 규약에 명확하게 정해져야 한다. 대의원회의 의결 권한, 운영, 소집 절차 및 공고 등에 관한 사항 역시 노조법 15조, 18조, 19조의 내용에 부합하도록 규정되어야 한다. 또한, 어떠한 인적 범위를 기초로 대의원이 선출되는지(대의원 수의 할당), 대의원의 선출 시기 및 방식에 관한 규정도 규약에 두어야 한다(법 11조 6호 · 14호).

2. 대의원의 선출

가. 대의원 자격

대의원 자격과 관련하여 노조법 17조 3항에서 기업별 노동조합의 경우에는 해당 사업(장)에 종사하는 조합원으로 그 자격을 제한하고 있지만, 그 밖의 조직형태의 경우에는 노조법은 아무런 규정을 두고 있지 않다. 대의원회는 노동조합의 최고의사결정기관인 총회에 갈음하여 그 권한과 기능을 행사하므로, 그 구성원인 대의원은 총회의 구성원인 조합원 중에서 선출해야 하고 비조합원은 대의원 자격을 갖지 못하는 것으로 해석함이 타당하다.

구 노조법(2021. 1. 5. 법률 17864호로 개정되기 전의 것) 2조 4호 ㈑목 규정은 노동조합의 결격사유로 근로자가 아닌 자의 가입을 허용하는 경우를 들면서, 그 단서에서 “해고된 자가 노동위원회에 부당노동행위의 구제신청을 한 경우에는 중앙노동위원회의 재심판정이 있을 때까지는 근로자가 아닌 자로 해석하여서는

12) 박종희a, 339면.

아니 된다."라고 정하였는데, 대법원은 위와 같은 단서 규정은 일정한 사용자와의 종속관계가 전제되지 않는 산업별·직종별·지역별 노동조합이 아니라 기업별 노동조합의 조합원이 해고되어 근로자성이 부인될 경우에만 한정적으로 적용되는 것으로 해석하여, 산업별·직종별·지역별 노동조합의 경우에는 해고자나 실업자의 조합원 자격을 인정하고, 기업별 노동조합의 경우에만 사용자와 근로관계가 현실적으로 존재하는 근로자에 한하여 조합원 자격을 인정하였다.[13)]

2021. 1. 5. 개정된 현행 노조법은 문제가 되어 온 구 노조법 2조 4호 ㈑목 단서 규정을 삭제함으로써, 해고자 등 해당 사업 또는 사업장에 종사하지 않는 근로자도 기업별 노동조합의 조합원 자격을 가질 수 있게 되었다. 다만 기업별 노동조합이 다수를 차지하는 우리나라의 현실과 노동조합의 임원이 수행하는 역할 및 중요성, 기업별 노사관계의 특성 등을 고려하여, 기업별 노동조합의 대의원 자격을 해당 사업 또는 사업장에 종사하는 조합원으로 제한하는 규정을 두고 있다(법 17조 3항).[14)] 하지만 기업별 노동조합에서도 해고자나 실업자 등 현실적으로 근로관계가 존재하지 않는 근로자의 조합원 자격을 인정하는 것으로 노조법을 개정하면서도 대의원 자격을 종사근로자인 조합원으로 제한하는 것은 우리 정부가 2021. 4. 20. 비준한 ILO 87호 협약(결사의 자유 및 단결권 보호에 관한 협약)에서 천명하는 결사의 자유 원칙에 저촉된다는 비판이 제기되고 있다.[15)]

그 밖에 대의원 자격에 관하여 조합규약에 특별한 규정을 둘 수 있으나, 조합원의 대의원 자격을 제한하는 이유가 조합원 평등을 저해하는 내용을 담고 있을 경우에는 효력이 없는 것으로 보아야 한다.[16)]

나. 선출 방식

대의원회의 구성원인 대의원은 조합원의 직접·비밀·무기명투표로 선출해야 한다(법 17조 2항). 대의원은 임원이 아니며 노조법상 대의원 선출의 의결정족수에 관하여는 특별히 규정하고 있지 않으므로, 노동조합의 규약에서 자체적으로 정한 바에 따르되 규약에서도 특별한 정함이 없다면 출석조합원 중 다수 득

13) 대법원 2004. 2. 27. 선고 2001두8568 판결, 대법원 2013. 9. 27. 선고 2011두15404 판결, 대법원 2015. 1. 29. 선고 2012두28247 판결, 대법원 2017. 6. 29. 선고 2014도7129 판결 등.
14) 기업별 노동조합의 임원 자격도 같은 이유로 해당 사업(장)의 종사근로자로 제한하고 있다(법 23조 1항 후문).
15) 그러한 비판에 관한 자세한 논의는 노조법 23조(임원의 자격 등) 해설 참조.
16) 박종희a, 340~341면.

표자로 선출할 수 있다.

선거로 선출되지 않는 당연직 대의원을 둘 수 있다는 규약이 있다면 그 규약 조항은 무효이다.[17] 노동조합의 대표자에 대해서는 총회의 의장에 관한 노조법 15조 2항의 규정이 대의원회에 준용되므로 노동조합의 대표자는 예외적으로 당연직 대의원으로서 대의원회의 의장이 된다고 보는 견해[18]와 노동조합의 대표자가 대의원으로 선출되지 못하거나 규약에서 직접 선출된 임원에 대해 대의원 자격을 부여하는 규정이 없을 경우에는 노동조합의 대표자는 대의원회의 의장이 될 수는 있으나 표결권 등 대의원으로서 권한은 행사할 수 없다는 견해[19]가 있다.

판례는 전국 단위 지방본부와 지부를 가진 단위노동조합이 총회에 갈음하는 대의원회의 구성원인 대의원을 조합원의 직접 선거에 의하여 선출하지 않고 2중의 간선 절차에 의하도록 규약에서 정하여 위 규약에 따라 선출된 대의원들이 한 결의의 효력을 다투는 사건에서, "구 노동조합법[20] 20조 2항(현행 노조법 17조 2항)이 노동조합의 최고의결기관인 총회에 갈음할 대의원회의 대의원을 조합원의 직접 · 비밀 · 무기명투표에 의하여 선출하도록 규정하고 있는 취지는, 노동조합의 구성원인 조합원이 그 조합의 조직과 운영에 관한 의사 결정에 관여할 수 있도록 함으로써 조합 내 민주주의, 즉 조합의 민주성을 실현하기 위함에 있고 이는 강행규정이라고 할 것이므로, 다른 특별한 사정이 없는 한 위 법 조항에 위반하여 조합원이 대의원의 선출에 직접 관여하지 못하도록 간접적인 선출방법을 정한 규약이나 선거관리규정 등은 무효이다."라고 판시하였다.[21]

그러나 판례는 단위노동조합이 아닌 총연합단체나 산업별 연합단체와 같은 연합단체의 경우에는 대의원 선출 방식에 관한 노조법 17조 2항이 강행적으로 적용되지 않고, 연합단체에 가입한 각 단위노동조합의 규약에서 정한 바에 따라 선출하거나 기타 방법으로 각 단위노동조합을 대표하는 대의원을 파견할 수 있

17) 같은 견해로는 이상윤a, 605면; 민변노동법Ⅱ, 110면; 박홍규b 178면. 이와 달리 규약에서 조합원의 직접 · 비밀 · 무기명투표에 의해서 선출되는 특정 직위의 노동조합 간부에 대해 당연직 대의원 자격을 인정하는 것은 가능하다는 견해로는 김헌수, 356면.

18) 민변노동법Ⅱ, 110면.

19) 김헌수, 357면.

20) 1996. 12. 31. 법률 5244호로 제정된 노조법에 의하여 폐지되기 전의 것을 말한다. 이하 이 조의 해설에서 같다.

21) 대법원 2000. 1. 14. 선고 97다41349 판결(이 판례의 평석으로는, 김도형, 26면 이하; 민중기, 421면 이하 참조).

는 것으로 보고 있다.[22)]

이른바 '혼합노동조합[노동조합과 조합원 관계를 형성하는 자에 개별 근로자뿐만 아니라 단체(조합원노조)가 함께 존재하는 경우]'에 대해서는 명시적인 판례가 없으나, 개별 근로자에게 배정된 대의원은 노조법 17조 2항에 따라 선출되어야 한다는 견해[23)]와 더 나아가 조합원노조의 조합원(즉 개별 근로자)들이 비록 혼합노동조합과는 직접적인 조합원 관계를 형성하고 있지 않다고 하더라도 혼합노동조합의 조합원과 마찬가지로 동등하게 의사 결정의 비중을 가져야 한다는 견해[24)]가 있다.

다. 임기 및 지위

현행법은 규약으로 대의원의 임기를 3년 이내의 범위에서 자율적으로 정하도록 하여, 임원의 임기와 대의원의 임기를 일치시킬 수 있도록 하고 있다(법 17조 4항, 23조 2항).

대의원은 임원에 해당하지 않으므로 임원의 해임에 관한 특별의결정족수를 규정한 노조법 16조 2항 단서가 적용된다고 볼 수 없고, 규약에 따라야 한다.

대의원은 대의원회에 참석하여 의결하는 권한만을 행사하고 조합원의 선출에 의하여 자격을 얻은 것이므로, 그 지위와 권한을 타인에게 위임할 수 없다.[25)]

총회에서는 규약에 의하여 조합비를 납부하지 아니한 조합원의 의결권을 제한할 수 있으나(법 22조 단서), 대의원은 본인 자신의 고유한 권리로서 의결권을 행사한다기보다는 자기를 대의원으로 선출한 조합원들을 대표하여 의결권을 행사하는 것이므로, 대의원 자신의 조합비 미납을 이유로 대의원회에서 해당 대의원의 의결권을 제한할 수는 없다.[26)] 다만 조합비를 미납한 대의원에 대해 규약

---

22) 대법원 1995. 11. 24. 선고 94다23982 판결. 이 판결에서 대법원은 "노동조합법상의 연합단체로서의 노동조합인 전국선원노동조합연맹의 규약에 의하면, 그 최고의사결정기관인 전국대의원대회는 노동조합법 20조에 정한 대의원회의의 성격을 지닌 것이라기보다는 그 자체가 단위노조의 총회와 같은 성격을 지닌 고유한 최고의사결정기관이라고 하여야 하므로, 그 구성원이 될 대의원의 선출에 관하여 노동조합법 20조 2항이 당연히 적용되는 것은 아니고, 각 단위노조가 연합단체의 규약에서 정한 방식과 달리 단위노조를 대표할 대의원을 선출하거나 파견하였다 하더라도 연합단체인 위 연맹에서 이를 이유로 그 단위노조의 대의원으로서의 자격을 다툴 수 없다"라는 취지로 판시하였다. 다만, 이 경우에도 연합단체는 단위노조의 대의원으로 파견된 자가 그 단위노조 소속 조합원이 아닌 경우에는 그 대의원 자격을 다툴 수 있다.

23) 김도형, 30면.

24) 박종희a, 346면.

25) 통설이다. 권오성 83면; 김헌수 362면; 이상윤a, 605면; 민변노동법Ⅱ, 112면; 박홍규b 179면.

26) 김헌수, 362면.

에 의한 통제처분으로 대의원 자격정지 등의 조처를 하여 의결권 행사를 제한할 수는 있을 것이다.

Ⅳ. 대의원회의 운영

대의원회는 총회에 갈음하여 설치하는 것이므로 총회에 관한 규정인 노조법 15조(총회의 개최), 16조(총회의 의결사항), 18조(임시총회등의 소집), 19조(소집의 절차), 20조(표결권의 특례) 등의 규정이 대의원회에 그대로 준용된다(법 17조 5항).

대의원회의 의장에 관하여는 노조법에 명시적인 규정이 없지만, 대의원회에 준용되는 노조법 15조 2항은 노동조합의 대표자가 총회의 의장이 된다고 규정하고 있고, 노조법 18조 1항에서 임시대의원회 소집권자를 노동조합의 대표자로 정하고 있음을 볼 때, 규약으로 달리 정함이 없으면 원칙적으로 노동조합 대표자가 대의원회의 의장이 된다고 보아야 한다.

문제가 되는 것은 노조법 16조 4항에서 조합원의 직접·비밀·무기명투표로 결정하도록 되어 있는 규약의 제정·변경과 임원의 선거·해임에 관한 사항을 대의원회에서 의결할 수 있는지 여부이다. 대의기관인 대의원회에서 이 사항들에 대한 의결을 하는 경우에는 조합원의 직접투표 원칙은 수정된다.[27] 하지만 대의원은 조합원의 직접·비밀·무기명투표로 선출되어 조합원의 의사를 대표하는 자라는 점과 대의원회의 민주적 운영에 대한 조합원들의 통제가 가능하다는 점에 비추어 볼 때, 조합원의 직접투표 원칙이 모든 사안에 그대로 적용되어야만 하는지에 대해서는 의문이 제기될 수 있다. 대의원회는 총회를 갈음하는 의결기관으로서 총회의 모든 권한과 기능을 행사할 수 있으므로, 규약에서 총회의 전권 사항으로 정하고 있지 않은 이상 대의원회에서도 규약의 제정·변경과 임원의 선거·해임에 관한 사항을 의결할 수 있다고 보아야 한다.[28]

[유 승 룡·김 도 형]

---

27) 김형배 1095면.

28) 같은 취지로는 강희원, 159면; 김헌수, 360면. 앞의 각주 8)의 대법원 2014. 8. 26. 선고 2012두6063 판결은 규약의 개정에 관한 사항을 대의원회의 의결 사항으로 정한 조합규약이 유효함을 전제로 하여 논지를 펴고 있다.

제18조(임시총회등의 소집)

① 노동조합의 대표자는 필요하다고 인정할 때에는 임시총회 또는 임시대의원회를 소집할 수 있다.

② 노동조합의 대표자는 조합원 또는 대의원의 3분의 1 이상(연합단체인 노동조합에 있어서는 그 구성단체의 3분의 1 이상)이 회의에 부의할 사항을 제시하고 회의의 소집을 요구한 때에는 지체없이 임시총회 또는 임시대의원회를 소집하여야 한다.

③ 행정관청은 노동조합의 대표자가 제2항의 규정에 의한 회의의 소집을 고의로 기피하거나 이를 해태하여 조합원 또는 대의원의 3분의 1 이상이 소집권자의 지명을 요구한 때에는 15일 이내에 노동위원회의 의결을 요청하고 노동위원회의 의결이 있는 때에는 지체없이 회의의 소집권자를 지명하여야 한다.

④ 행정관청은 노동조합에 총회 또는 대의원회의 소집권자가 없는 경우에 조합원 또는 대의원의 3분의 1 이상이 회의에 부의할 사항을 제시하고 소집권자의 지명을 요구한 때에는 15일 이내에 회의의 소집권자를 지명하여야 한다.

〈세 목 차〉

Ⅰ. 의 의

노동조합은 매년 1회 규약에서 정한 시기에 정기총회 또는 정기대의원회를 개최하여 노동조합의 운영에 관한 사항을 의결하게 되는데, 노동조합의 운영 과정에서 발생한 사항에 대해서 정기총회 또는 정기대의원회의 개최를 기다릴 수

※ 이 조에 관한 각주의 참고문헌은 '노동조합의 관리 전론(前論)'의 참고문헌을 가리킨다.

없는 경우가 많다. 이에 노조법 18조에서는 임시총회 및 임시대의원회(이하 "임시총회 · 대의원회"라 한다)의 개최에 관한 사항을 규정하였다.

나아가 노동조합의 대표자가 조합 업무의 중요 사항에 대하여 조합원의 의사를 묻지 않고 독단적으로 결정 · 집행하거나 직무를 태만히 하는 경우 또는 소집권자가 없는 경우에는 조합원 · 대의원이 직접 임시총회 · 대의원회를 소집할 수 있는 길을 마련할 필요가 있다. 이에 노조법 18조 3항 · 4항에서는 일정한 경우 행정관청(고용노동부장관 또는 지방자치단체의 장)을 통해 임시총회 · 대의원회를 소집할 수 있도록 하였다.

행정관청의 임시총회 · 대의원회 소집권자 지명 규정에 대해서는 근로자의 자주적인 단결권을 침해하는 위헌적인 규정일 뿐 아니라 ILO 87호 협약(결사의 자유 및 단결권 보호에 관한 협약) 3조[1])에도 위반하는 규정이므로 폐지되어야 한다는 비판이 있다.[2]) 하지만 조합규약으로 노조법 18조 3항 · 4항과 다른 방식으로 임시총회 · 대의원회 소집 절차를 정하는 것이 가능하고, 위 노조법 규정은 보충적으로 행정관청을 통해 임시총회 등을 개최할 수 있도록 편의를 제공한 것으로 해석한다면, 이를 부당한 행정 개입이라고까지 보기는 어려울 것으로 생각한다.

Ⅱ. 임시총회 · 대의원회 소집권자

1. 노동조합의 대표자

노동조합의 대표자는 본인이 필요하다고 인정할 때는 언제든지 임시총회 · 대의원회를 소집할 수 있다(법 18조 1항). 회의 소집의 필요성 유무에 관한 판단은 대표자의 재량 사항이다.

노동조합 의사의 확정이 조합원의 고유한 권리인 이상 규약상 규정의 유무를 막론하고 조합원에게도 총회 개최 청구권이 인정되는데, 노조법에서는 조합원 또는 대의원의 3분의 1 이상(연합단체인 노동조합[3])에 있어서는 그 구성단체의 3

1) ILO 87호 협약 3조 "1. 노동자단체 및 사용자단체는 그들의 규약과 규칙을 작성하고, 완전히 자유롭게 대표자를 선출하며, 관리 및 활동을 조직하고, 사업을 수립할 권리를 가진다. 2. 공공기관은 이 권리를 제한하거나 이 권리의 합법적인 행사를 방해하는 어떠한 간섭도 삼간다."

2) 김교숙, 293면.

3) 연합단체인 노동조합의 대의원회는 노조법 17조 소정의 대의원회의 성격을 지닌 것이 아니라 그 자체가 단위노동조합의 총회와 같은 성격을 지닌 고유한 최고의결정기관이다(대법원

분의 1 이상)이 회의에 부의할 사항을 제시하고 회의의 소집을 요구한 때에는 대표자는 지체 없이 임시총회·대의원회를 소집하도록 규정하고 있다(법 18조 2항).

2. 행정관청(고용노동부장관 또는 지방자치단체의 장)이 지명한 자

가. 대표자가 회의 소집을 기피 또는 해태하는 경우

조합원 또는 대의원의 3분의 1 이상이 회의에 부의할 사항을 제시하고 회의의 소집을 요구하였는데도 대표자가 회의 소집을 고의로 기피하거나 해태하는 경우에는 조합원 또는 대의원의 3분의 1 이상이 행정관청에 소집권자의 지명을 요구할 수 있고, 이 경우 행정관청은 15일 이내에 노동위원회의 의결을 요청하고 노동위원회의 의결이 있는 때에는 지체 없이 회의의 소집권자를 지명해야 한다(법 18조 3항).

임시총회·대의원회 소집권자 지명을 요구하려는 자는 노조법 시행규칙 별지 6호 서식의 총회 또는 대의원회 소집권자 지명 요구서에 총회 또는 대의원회 소집권자 지명 요구자 명단을 첨부하여 행정관청에 제출해야 한다(규칙 9조).

대법원은 노동조합 대표자에 대한 불신임안을 회의 안건으로 하여 조합원들이 임시대의원회 소집권자 지명 신청을 하였으나 행정관청이 그 신청을 반려한 사안에서, "일정수 이상의 조합원이 행정관청에 회의의 소집권자 지명을 요구하는 것은 회의를 개최하기 위한 일련의 절차 중의 하나를 이루는 것에 불과하여 행정관청이 이를 거부하는 조치를 하였더라도 그 자체로써 조합원에게 어떤 권리의무를 설정하거나 법률상의 이득에 직접적인 변동을 초래케 하는 처분이라고는 할 수 없으므로 이는 행정소송의 대상이 되는 행정처분이라고 할 수 없다."라고 판시한 바 있다.[4]

그러나 위 판결이 선고될 당시 시행되던 구 노동조합법[5]과 달리 현행 노조

1995. 11. 24. 선고 94다23982 판결).

4) 대법원 1989. 11. 28. 선고 89누3892 판결.

5) 1996. 12. 31. 법률 5244호로 제정된 노조법에 의하여 폐지되기 전의 것을 말한다. 이하 이 조의 해설에서 같다.

구 노동조합법 26조 ③ 행정관청은 노동조합의 대표자가 2항의 규정에 의한 회의의 소집을 고의로 기피하거나, 이를 해태한 경우에는 노동위원회의 승인을 얻어 소집할 자를 지명하여 회의를 소집하게 할 수 있다.

④ 당해 노동조합에 총회 또는 대의원회의 소집권자가 없는 경우에 조합원 또는 대의원의 3분의 1이상이 회의에 부의할 사항을 제시하고, 행정관청에 총회 또는 대의원회의 소집권자 지명을 요구한 때에는 행정관청은 소집할 자를 지명하여 회의를 소집하게 할 수 있다.

법은 “행정관청은 …… 회의의 소집권자를 지명해야 한다.”라고 규정하여 행정관청의 회의 소집권자 지명을 의무화하고 있다. 따라서 현행법에서는 행정관청의 회의 소집권자 지명 여부는 자유재량행위에 속하지 않는다고 보아야 하고, 단결권 보장의 주체인 조합원으로서는 임시총회 소집이라는 중요한 조합 활동을 할 수 있는 법률상의 이익이 있으므로, 조합원 또는 대의원의 임시총회 등 소집권자 지명 요구를 거부 또는 반려한 행정관청의 행위는 행정처분으로서 행정소송의 대상이 된다고 해석함이 타당하다.6)

나. 소집권자가 없는 경우

노동조합에 총회 또는 대의원회의 소집권자가 없는 경우에 조합원 또는 대의원의 3분의 1 이상이 행정관청에 회의에 부의할 사항을 제시하고 소집권자의 지명을 요구한 때에는 행정관청은 15일 이내에 해당 임시총회·대의원회의 소집권자를 지명해야 한다(법 18조 4항). 여기서 ‘소집권자가 없는 경우’란 소집권자인 대표자가 사망·사퇴·자격상실 등으로 존재하지 않고 규약상 그 직무대행자도 없는 경우를 말한다.7)

Ⅲ. 그 밖의 임시총회·대의원회 소집 방식

1. 규약에서 정한 절차에 따른 소집

조합규약에서 회의에 관한 사항을 정할 수 있으므로(법 11조 7호), 노동조합은 규약으로 총회 또는 대의원회의 소집 절차를 노조법 18조 2항 내지 4항과 다른 방식으로 정할 수 있다.

대법원은 조합원의 소집 요구에도 대표자가 회의 소집을 기피·해태하는 경우에 소집을 요구한 조합원들이 스스로 소집권자를 선출할 수 있도록 미리 규약으로 정한 경우 그 규약에 따라 선출된 자가 임시총회를 소집할 수 있는지 여부가 문제된 사안에서, “구 노동조합법 26조 3항(현행 노조법 18조 3항에 해당)은 조합의 대표자가 조합원 또는 대의원으로부터 회의 소집을 요구받고도 이를 기피하거나 회피하는 경우에 조합원에게 법원의 허가가 없더라도 쉽고 신속하게 회의를 소집할 수 있게 하기 위하여 행정관청에 회의를 소집할 자의 지명권을

---

6) 같은 견해로는 권창영, 190면; 김인재a, 192면; 민변노동법Ⅱ, 113면.

7) 김헌수, 379면; 민변노동법Ⅱ, 114면.

부여한 것으로 해석되고, 그러한 경우에 행정관청만이 소집권자를 지명할 수 있다거나 나아가 그러한 경우를 대비하여 노동조합이 규약으로 소집권자를 미리 정하는 것을 금하는 규정이라고는 해석되지도 아니한다."라고 판시하여, 이를 긍정하였다.[8)]

다만, 조합규약으로 임시총회·대의원회 소집 방식을 따로 정하는 것은 법 규정에서 정한 소집 방식에 따른 조합원·대의원의 권한이 그대로 보장되는 범위 내에서 허용될 수 있다고 보아야 한다.[9)] 따라서 규약으로 임시총회·대의원회의 소집 요건인 정족수를 법적 요건(조합원·대의원의 3분의 1 이상)보다 낮추는 것은 가능하지만 반대로 가중할 수는 없다.[10)] 고용노동부의 행정해석도 노조법 18조 2항·3항의 임시총회·대의원회의 소집 요구 및 소집권자 지명 요청 규정은 노동조합에 대한 대표자의 독단적 운영을 방지하고 노동조합 운영에 대한 일반 조합원들의 참여를 보장하여 노동조합 운영의 민주성을 확보하기 위한 최소한의 요건을 규정한 것이므로, 임시총회·대의원회의 소집 절차를 쉽게 하기 위해 규약으로 법적 요건을 완화하는 것은 가능하나, 보다 엄격하게 규정하는 것은 노조법상 보장된 조합원들의 조합 운영에 대한 참여권을 부당하게 제한하는 것이어서 위 법규정의 취지에 위배되어 무효라고 보고 있다.[11)]

2. 소집권자 임의 선출의 가능 여부

조합규약에 임시총회·대의원회 소집 방식에 관하여 별도의 정함이 없는 경우, 노동조합 대표자가 회의 소집을 기피·해태하거나 소집권자가 없을 때에 조합원·대의원들이 임의로 소집권자를 선출하여 임시총회·대의원회를 개최할 수 있는지 여부가 문제된다.

이에 관한 고용노동부의 행정해석은 조합규약에 노동조합 대표자가 회의 소집을 기피·해태하는 경우에 대비한 회의 소집권자에 관한 규정이 없는 경우

---

8) 대법원 1993. 11. 23. 선고 92누18351 판결. 대법원은 이와 같이 판시한 원심(대구고법 1992. 10. 28. 선고 92구1156 판결)의 판단은 정당하다고 하여, 이 부분에 대한 상고를 기각하였다.

9) 사법연수원a, 91면.

10) 예를 들어 규약에서 '임시총회의 소집은 조합원 5분의 1 이상이 요구해야 한다'라고 정하는 것은 가능하지만, '임시총회의 소집은 조합원 과반수 이상이 요구해야 한다'라고 정하는 것은 무효로 된다.

11) 노동부 질의회시(노조 68107-761, 2001. 7. 5.). 같은 견해로는 김헌수, 381면.

에는 조합원·대의원 중에서 임의로 지명된 자가 회의를 소집할 수 없고, 행정관청으로부터 소집권자를 지명받아야 한다고 풀이하고 있다.[12]

이에 대해서는 단결자치의 원칙상 조합규약에 명시적으로 규정하지 않았더라도 노동조합 대표자가 일정 기간 총회 소집을 고의로 기피하는 경우에는 행정관청에 소집권자 지명을 신청하는 것과 별도로 조합원 3분의 1 이상의 요구로 직접 소집권자를 지명할 수 있다고 보아야 한다는 견해가 있다.[13] 그러나 규약에 정함이 없는 경우 아무런 제한 없이 임시총회·대의원회의 소집이 가능하다고 해석할 경우, 회의에 관한 사항은 규약의 필수적 기재 사항으로 되어 있는 점(법 11조 7호), 그와 같이 해석할 경우 행정관청에 의한 소집권자 지명 절차를 규정한 노조법 18조 3항·4항이 사실상 의미가 없어지는 점 등을 고려할 때, 위 주장을 그대로 수용하기는 어렵다고 생각된다.

다만, 조합원·대의원의 소집 요구에도 불구하고 소집권자가 임시총회·대의원회의 소집을 고의로 해태하거나 기피하는 경우에 대비한 조합규약상 명문 규정이 없는 경우, 그 이유만으로 임의로 소집된 임시총회·대의원회의 효력을 일률적으로 부정해서는 안 되고, 구체적으로 조합원·대의원 다수의 의사가 확인될 정도로 유효한 출석·토의·의결이 이루어졌는지 여부, 노조법 18조 3항·4항의 절차를 거치지 못한 흠결을 메울 수 있는 긴급성과 필요성이 인정되는지 여부 등을 고려하여, 실체적 측면에서 해당 임시총회·대의원회에서 이루어진 결의의 효력을 개별적으로 판단하는 것이 타당하다.[14][15]

3. 민법 규정의 적용 문제

민법 70조 2항은 총사원의 5분의 1 이상이 임시총회 소집을 청구하면 이사는 임시총회를 소집해야 한다고 규정하고 있고, 같은 조 3항은 전항의 청구가 있은 후 2주간 내에 이사가 총회 소집의 절차를 밟지 아니하면 청구한 사원은 법원의 허가를 얻어 임시총회를 소집할 수 있다고 규정하고 있다.[16] 그리고 비

12) 노동부, “노동조합의 회의 소집권자 관련 행정해석 변경” 지침(노조 68110-1159, 2000. 12. 16.).

13) 김인재a, 193면 이하.

14) 같은 취지로는 정인섭, 330~331면.

15) 임시총회 등의 소집 절차의 하자와 의결의 효력에 대한 일반적 논의에 관하여는 노조법 19조의 해설 참조.

16) 민법 70조(임시총회) ① 사단법인의 이사는 필요하다고 인정한 때에는 임시총회를 소집할

송사건절차법 34조는 민법 70조 3항에 따른 임시총회 소집 사건에 관한 재판절차에 관하여 규정하고 있다.[17)]

위와 같은 사단법인의 임시총회 소집 절차에 관한 민법 및 비송사건절차법의 규정을 노동조합에도 적용할 수 있는지를 검토해 볼 필요가 있다. 앞서 살핀 바와 같이 노조법 18조 3항·4항의 행정관청에 의한 소집권자 지명 규정은 보충적 차원에서 행정적 편의를 제공한 것으로 보아야 하고, 규약으로 다른 정함이 없는 경우에는 반드시 행정관청을 통해서만 임시총회를 개최할 수 있다고 해석하는 것은 노동조합의 자주적 운영을 본질적으로 침해할 수 있는 과도한 행정 개입이라는 비판을 피하기 어렵게 되므로, 조합원들이 위 민법 등의 규정에 따라 법원의 허가를 받아 임시총회를 개최하는 것이 허용된다고 해석함이 합당하다.

따라서 전체 조합원의 5분의 1 이상이 회의의 목적 사항을 제시하여 임시총회 소집을 요구하였음에도 노동조합의 대표자가 이를 소집하지 않으면 조합원들은 법원의 임시총회 소집 허가 결정을 받아 임시총회를 열 수 있다고 보아야 한다.[18)] 그 실익은 조합규약에 다른 정함이 없는 경우 임시총회 소집을 요구하는 조합원 수가 전체 조합원의 3분의 1 이상이 되지 않아 행정관청에 소집권

수 있다.

② 총사원의 5분의 1 이상으로부터 회의의 목적사항을 제시하여 청구한 때에는 이사는 임시총회를 소집하여야 한다. 이 정수는 정관으로 증감할 수 있다.

③ 전항의 청구있는 후 2주간내에 이사가 총회소집의 절차를 밟지 아니한 때에는 청구한 사원은 법원의 허가를 얻어 이를 소집할 수 있다.

17) 비송사건절차법 34조(임시총회 소집 사건에 관한 관할) ①「민법」70조 3항에 따른 사건은 법인의 주된 사무소 소재지의 지방법원 합의부가 관할한다.

②「민법」70조 3항에 따른 임시총회 소집의 허가신청과 그 사건의 재판에 관하여는 80조 및 81조를 각각 준용한다.

80조(업무·재산상태의 검사 및 총회소집 허가의 신청) ①「상법」277조 2항에 따른 검사의 허가를 신청하는 경우에는 검사를 필요로 하는 사유를 소명하고, 같은 법 366조 2항에 따른 총회 소집의 허가를 신청하는 경우에는 이사가 그 소집을 게을리한 사실을 소명하여야 한다.

② 1항에 따른 신청은 서면으로 하여야 한다.

81조(업무·재산상태의 검사 등의 신청에 대한 재판) ① 80조에 따른 신청에 대하여는 법원은 이유를 붙인 결정으로써 재판을 하여야 한다.

② 신청을 인용한 재판에 대하여는 불복신청을 할 수 없다.

18) 사단법인에 관한 민법 규정 가운데 법인격을 전제로 하는 것을 제외하고는 비법인사단에 대해서도 유추적용할 수 있으므로(대법원 2011. 4. 28. 선고 2008다15437 판결 등), 법인등기를 하지 않아 법인격을 갖추지 못한 노동조합의 경우에도 법원에 임시총회 소집 허가를 신청할 수 있을 것이다.

자 지명을 요구할 수 없더라도 그 수가 전체 조합원의 5분의 1 이상이 되면 법원의 허가를 받아 임시총회를 개최하는 것이 가능하다는 점에 있을 것이다.

다른 한편으로 노동조합의 대표자가 정당한 이유 없이 임시총회·대의원회의 소집을 거부하는 경우에는 조합원·대의원이 법원으로부터 노동조합 대표자의 직무집행정지 가처분 및 직무대행자 선임 가처분 결정을 받아 그 직무대행자가 임시총회·대의원회를 소집하는 방법도 가능하다.

Ⅳ. 법외노조에 대한 노조법 18조 3항·4항 적용의 문제

노동조합의 실질적 성립 요건을 갖추고 있으나 설립 신고라는 형식적인 요건을 갖추지 못하고 있는 이른바 '법외노조'[19]의 경우 노조법 18조 3항·4항의 규정에 따라 행정관청에 임시총회·대의원회의 소집권자 지명을 요구할 수 있는지 여부가 문제된다.

이에 대하여 "법외노조는 노조법상의 노동위원회에 노동쟁의의 조정 및 부당노동행위의 구제를 신청할 수 있는 권리(법 7조 1항), 노동조합이라는 명칭을 사용할 수 있는 권리(법 7조 3항)를 제외하고는 노조법의 적용을 받는다 할 것이므로, 임시총회의 소집 절차에서도 노조법 18조가 적용된다."라고 판단하여 긍정한 하급심 판례가 있다.[20]

그러나 노조법에서 노조법상 노조에 한하여 보장하겠다고 명시하지 않은 사항 중에는 법외노조에도 인정된다고 해석해야 할 것이 있고(이를테면 단체교섭, 단체협약 체결 및 파업 등), 법외노조에는 인정되지 않는다고 보아야 할 것이 있는

---

19) 노동조합의 하부단체인 분회 또는 지부가 노동조합의 위임 없이도 그 소속 조합원의 고유한 사항에 대하여 독자적으로 단체교섭을 하고 단체협약을 체결할 능력을 갖춘 경우도 마찬가지이다.

20) 서울행법 2005. 4. 21. 선고 2004구합35356 판결. 이 판결에서는 행정관청의 소집권자 지명 규정이 법외노조에도 적용된다고 전제하여, 이를 거치지 않고 법외노조인 원고 지부의 조합원들이 임의로 선출한 소집권한 없는 자가 소집·개최한 임시총회에서 이루어진 단위노조로의 조직변경 결의는 효력이 없고, 따라서 피고(행정관청)가 그 임시총회의 조직변경 결의가 적법하다고 판단하고 그 결의에 따라 설립 신고를 한 참가인 노조에게 노동조합 설립신고증을 교부한 처분을 위법하다고 판단하였다. 그러나 대법원에서 '원고 지부가 독자적인 단체교섭 및 단체협약체결 능력을 가진 노동조합인지 여부가 명확하지 않다'는 이유로 항소심 판결(서울고법 2006. 4. 14. 선고 2005누10097 판결)을 파기하였고 이후 원고 측에서 소를 취하하여, 이 쟁점에 관한 명시적인 대법원의 판단은 이루어지지 않았다(대법원 2009. 2. 26. 선고 2006두7324 판결).

데(이를테면 단체협약의 효력 확장), 행정관청으로 하여금 임시총회 소집권자를 지명하게 함으로써 임시총회가 개최될 수 있도록 하는 절차는 노동조합의 민주적 운영을 보장하기 위하여 노조법이 특별히 설정한 절차이며, 이러한 특별 절차는 노조법상 노조에만 인정되는 것으로 해석해야 한다는 견해가 있다.[21] 고용노동부 행정해석도 노조법 18조 4항의 총회 또는 대의원회의 소집권자가 없는 노동조합이란 노조법 12조의 규정에 의해 설립신고증을 교부받은 노동조합을 의미한다고 판단한 사례가 있다.[22]

노조법에서 특별히 설정한 행정적 절차를 명시적인 법규정 없이 법외노조에도 똑같이 제공하기는 힘들어 보이고, 앞서 살핀 바와 같이 법외노조의 경우에는 민법 70조 및 비송사건절차법 34조를 준용하여 법원의 허가를 얻어 임시총회를 개최하는 방법이 가능하므로,[23] 법외노조는 노조법 18조 3항·4항의 적용 대상이 될 수 없다고 해석하더라도 법외노조에게 큰 불이익을 끼치지는 않을 것으로 생각한다.

[유 승 룡·김 도 형]

21) 정인섭, 320~324면.
22) 노동부 질의회시(노조 68107-676, 2001. 6. 9.).
23) 같은 취지로는 정인섭, 323~324면.

제19조(소집의 절차)

총회 또는 대의원회는 회의개최일 7일전까지 그 회의에 부의할 사항을 공고하고 규약에 정한 방법에 의하여 소집하여야 한다. 다만, 노동조합이 동일한 사업장내의 근로자로 구성된 경우에는 그 규약으로 공고기간을 단축할 수 있다.

〈세 목 차〉

Ⅰ. 의 의

노동조합의 총회는 모든 조합원이 참여하는 최고의 의사결정기관이므로, 총회의 소집은 모든 조합원이 알 수 있는 방법으로 해야 한다. 총회에 갈음하는 대의원회도 마찬가지이다.

총회 또는 대의원회의 소집을 위해서는 적어도 회의 개최일 7일 전까지 그 회의에 부의할 사항을 공고하고 규약에 정한 방법에 의하여 소집해야 한다(법 19조). 이와 같이 공고 기간을 두고 회의 안건을 사전에 공고하도록 한 것은 조합원의 노동조합 운영에 대한 참여권을 보다 실효성 있게 보장하여 조합민주주의를 구현하기 위함이다.[1)]

구 노동조합법[2)]에서는 소집 공고 기간을 15일로 정하고 있었으나,[3)] 현행 노조법은 7일로 단축하였다. 노동조합의 규약으로 이보다 긴 기간을 공고 기간으로 정하는 것은 유효하다고 해석되므로, 규약에서 구 노동조합법에 따라 공고 기간을 15일로 하고 있던 것을 현행 노조법 시행 이후에도 그대로 유지하고 있는 경우에는 공고 기간은 7일로 단축되지 않고 규약상의 15일의 공고 기간을 지켜야 한다.

※ 이 조에 관한 각주의 참고문헌은 '노동조합의 관리 전론(前論)'의 참고문헌을 가리킨다.

1) 김인재d, 95면.

2) 1996. 12. 31. 법률 5244호로 제정된 노조법에 의하여 폐지되기 전의 것을 말한다. 이하 이 조의 해설에서 같다.

3) 구 노동조합법 27조.

한편, 노동조합이 동일한 사업장 내의 근로자로 구성된 경우에는 규약으로 7일보다 공고 기간을 더 단축할 수 있다(법 19조 단서).

Ⅱ. 소집 절차의 하자와 의결의 효력

총회나 대의원회의 소집이나 의결 절차에 법령이나 조합규약에 위배되는 하자가 있는 경우 그 총회 또는 대의원회 결의는 원칙적으로 무효이다.

그러나 현실적으로 긴급히 총회나 대의원회를 소집해야 할 필요가 있어 법령 또는 규약에 규정된 절차를 제대로 지키지 못하고 회의를 소집하는 경우가 적지 않다. 조합원의 대다수가 총회에 참석하였고 또한 조합원들이 그 사안에 대하여 사전에 충분한 지식을 가지고 있었기 때문에 총회에서 이루어진 의결 과정에서 아무런 이의나 장애를 받지 아니하였음에도 절차상 하자를 이유로 총회 결의를 무효로 한다면 오히려 노동조합의 정상적인 운영을 저해하는 결과를 초래할 우려가 있다. 따라서 법령 또는 규약상의 절차를 부득이 지키지 못한 원인이 사안의 성질상 긴급을 요구하는 것이었기 때문이고, 소집 공고 기간이 규약의 규정보다 단축되었더라도 조합원이 총회에 부의할 안건을 이미 알고 있었으며, 그 안건에 대하여 자신의 의사를 결정할 시간적 여유를 충분히 갖고 있었고, 또한 조합원의 대다수가 총회에 참석하여 아무런 장애 없이 의사 결정을 하였다면, 그러한 총회에서 이루어진 결의의 효력을 부인하거나 무효라고 볼 필요는 없다.[4)]

대법원도 소집 공고 기간과 공고 사항에 절차상 하자가 있는 사안에서, "노동조합의 대의원대회의 개최에 노조규약상 소집 공고 기간의 부준수 등 절차상 하자가 있다 하더라도 그 대회에 모든 대의원이 참석하였고, 거기서 다른 안건의 상정에 관하여 어떠한 이의도 없었으므로 위 하자는 경미한 것이어서 위 대의원대회에서 한 결의는 유효하고, 노동조합 위원장 선거를 위한 임시총회에 소집 공고 등 절차상 하자가 있다 하더라도 총유권자 791명 중 약 90.77%에 해당하는 728명이 참여하였고, 위 총회의 소집이 위원장 후보자로서의 입후보나 다른 조합원들의 총회 참여에 어떠한 지장도 없었다고 할 것이므로, 위 절차상 하자 역시 경미한 것이어서 위 총회에서 결의한 위원장 선출은 유효하다."라고 판

4) 김형배, 1093~1094면. 같은 취지로는 민변노동법Ⅱ, 115면.

시하였다.[5)]

또한, 사전에 회의 부의 사항을 누락한 사안에서, 대법원은 "노동조합의 대의원대회에 재적 대의원 전원이 출석하여 전원의 찬성으로 위원장을 직선으로 선출하는 것을 전제로 규약을 개정하기로 의결을 한 것이라면, 노동조합이 그 규약 개정안을 회의에 부의할 사항으로 미리 공고하지 아니한 채 대의원대회를 개최한 절차상의 흠이 있다고 하더라도, 그 대의원대회의 결의 자체를 무효라고 볼 수 없다."라고 판시하였다.[6)]

[유 승 룡·김 도 형]

5) 대법원 1992. 3. 27. 선고 91다29071 판결.

6) 대법원 1992. 3. 31. 선고 91다14413 판결. 한편, 행정관청이 소집권자를 지명하여 개최된 임시총회의 경우에는 행정관청이 회의 안건의 적정성을 검토하여 회의 소집권자를 지명한 것이므로, 당초 임시총회 소집 공고에서 통보된 안건에 한하여 의결할 수 있다는 견해가 있다. 김헌수, 383면.

第20條(표결권의 특례)

노동조합이 특정 조합원에 관한 사항을 의결할 경우에는 그 조합원은 표결권이 없다.

조합원과 대의원은 모두 평등하게 의결권을 가지나, 총회 또는 대의원회에서 특정 조합원 또는 특정 대의원에 관한 사항을 의결할 경우에는 당사자인 조합원 또는 대의원은 표결권이 없다.[1)]

여기서 '특정 조합원에 관한 사항'이란 특정 조합원에게 이익 또는 불이익이 되는 사항, 즉 통제처분 · 탄핵 · 해임 · 표창 등에 관한 사항을 말하지만, 임원 · 대의원 등의 선거에 관한 사항은 포함되지 않는다.[2)]

이와 관련하여 조합원의 상당수를 집단으로 제명하는 안건이 총회에 상정된 경우 피제명자들을 모두 제외하고 나머지 조합원만으로 표결할 수 있는지 여부가 문제되는데, 이 경우에는 개개인별로 제명 안건으로 나누어 본인 이외의 제명 안건에 관하여는 표결권이 있다고 보아야 한다.[3)]

표결권이 제한되는 조합원은 회의에 참석하더라도 당해 안건의 의결정족수 계산에는 포함되지 않는다.[4)]

[유 승 룡 · 김 도 형]

※ 이 조에 관한 각주의 참고문헌은 '노동조합의 관리 전론(前論)'의 참고문헌을 가리킨다.

1) 대의원의 경우 그 의결권은 그 선출 모체에 의해 제한을 받으나, 대의원이 선출 모체의 의사에 위반하여 의결권을 행사하더라도 사후적으로 징계 등 통제처분의 대상이 되는 것은 별론으로 하고, 의결권의 효력에는 영향이 없다. 권창영, 192면.

2) 임원 · 대의원 등 선거의 입후보자가 그 선거에서 조합원의 일원으로서 투표하는 경우를 말한다. 임종률, 87면; 하갑래b, 125면.

3) 권창영, 192면.

4) 김헌수, 395면.

제21조(규약 및 결의처분의 시정)

① 행정관청은 노동조합의 규약이 노동관계법령에 위반한 경우에는 노동위원회의 의결을 얻어 그 시정을 명할 수 있다.

② 행정관청은 노동조합의 결의 또는 처분이 노동관계법령 또는 규약에 위반된다고 인정할 경우에는 노동위원회의 의결을 얻어 그 시정을 명할 수 있다. 다만, 규약위반시의 시정명령은 이해관계인의 신청이 있는 경우에 한한다.

③ 제1항 또는 제2항의 규정에 의하여 시정명령을 받은 노동조합은 30일 이내에 이를 이행하여야 한다. 다만, 정당한 사유가 있는 경우에는 그 기간을 연장할 수 있다.

〈세 목 차〉

Ⅰ. 의 의

1. 시정명령의 요건

행정관청(고용노동부장관 또는 지방자치단체의 장)은 ① 노동조합의 규약이 노동관계법령에 위반하는 경우, 또는 ② 노동조합의 결의·처분이 노동관계법령이나 규약에 위반된다고 인정할 경우에는 노동위원회의 의결을 얻어 그 시정을 명할 수 있다(법 21조 1항 및 2항 본문). 이때 '노동관계법령'이란 헌법을 비롯하여 노동관계를 규율하는 법령상의 강행규정을 의미한다.

다만 ②의 경우 규약을 위반한 노동조합의 결의·처분에 대해서는 이해관계인의 신청이 있어야만 시정명령을 내릴 수 있다(법 21조 2항 단서). 여기에서 '이해관계인'은 노동조합 규약의 적용을 받으면서 해당 결의 또는 처분으로 인해

※ 이 조에 관한 각주의 참고문헌은 '노동조합의 관리 전론(前論)'의 참고문헌을 가리킨다.

권리를 침해당하거나 의무를 부담하게 되는 자를 의미한다.[1][2]

2. 시정명령의 효과

시정명령을 받은 노동조합은 30일 이내에 이를 이행해야 한다. 다만, 30일 이내에 시정명령을 이행하지 못할 정당한 사유가 있는 경우에는 노동조합은 그 사유를 행정관청에 통보하여 이행 기간을 연장받을 수 있다(법 21조 3항).

노동조합이 행정관청의 시정명령을 이행하지 않으면 500만 원 이하의 벌금에 처한다(법 93조 2호).

그러나 행정관청의 시정명령은 노동조합에게 규약의 해당 부분을 변경 · 보완하거나 해당 결의 · 처분을 취소해야 할 공법상 의무를 부담시킬 뿐이고, 더 나아가서 사법상 효력까지 부여되지는 않는다. 즉, 시정명령에 의하여 곧바로 규약의 해당 부분이 효력을 상실하지는 않으며, 해당 결의 · 처분이 노동조합의 직권 또는 소송절차에서 판결 확정 등으로 취소되기 전까지는 그 결의 · 처분의 사법적 효력에는 영향을 미치지 않는다.[3]

3. 시정명령에 대한 불복 방법

노동조합은 노동위원회의 시정명령 의결에 대하여는 재심이나 행정소송을 제기할 수 없고,[4] 행정관청이 내린 시정명령에 대해서만 행정심판 또는 행정소

1) 하갑래b, 146면은 이해관계인이란 결의 또는 처분 내용과 직접 관련이 있거나 이해득실이 있는 자 등을 의미한다고 하면서, 원칙적으로 조합원만이 이해관계인이 되는 것이나, 규약에 위반한 결의 사항이 사용자에게 직접 영향을 미치는 경우(예: 쟁의행위 결의)에는 사용자도 이해관계인으로 볼 수 있다고 설명한다.

2) 고용노동부의 행정해석 중에는 조합원이 노동조합을 탈퇴한 경우에는 탈퇴 시점부터 노동조합의 규약 적용 대상에서 제외되어 조합원으로서의 권리 · 의무도 소멸하므로, 해당 조합원이 행정관청에 시정명령 신청을 할 당시에 노동조합을 탈퇴한 경우라면 시정명령의 신청인이 될 수 있는 이해관계인에 포함되는 것으로 보기 어렵다고 판단한 사례가 있다(노사관계법제과-2231, 2012. 7. 31.).

3) 하갑래b 146면은 같은 취지로 시정명령의 사법적 효력은 없다고 하면서도 시정을 명한 규약의 해당 부분은 무효라고 설명하는데. 사법적 효력을 부인하면서도 어떠한 근거로 무효로 된다는 것인지 의문이다.

4) 서울행법 2010. 10. 28. 선고 2010구합30680 판결. "이 사건 노조 간부에 대한 해임 및 제명처분에 대한 원고(노동조합)의 시정의무는 노조법 26조 2항에 터 잡아 행정청이 행한 시정명령에 의하여 비로소 정하여지는 것이고 지방노동위원회의 시정명령 의결 그 자체만으로 바로 원고에게 노조법상 의무와 같은 불이익이 발생하는 것이 아니므로, 위 지방노동위원회 의결은 국민의 권리의무에 직접적으로 영향을 주는 행위로 볼 수 없어서 노동위원회법 3조 1항 1호 및 26조 1항의 규정상 재심신청의 대상이 되는 지방노동위원회의 '처분'에 해당한다고 할 수 없고, 달리 원고에게 중앙노동위원회에 대하여 위 지방노동위원회 의결에 관한 재

송을 제기하여 다툴 수 있다.[5]

Ⅱ. 문 제 점

행정관청이 노동조합의 규약이나 결의·처분에 대하여 시정을 명령할 수 있다는 노조법 21조의 규정은 검토의 여지가 있다. 즉, 조합규약이 위법하여 국가권력이 개입할 필요가 인정되는 경우에는 법원이 그 위법한 규약에 의한 노동조합의 내부운영을 사법심사하여 그 규약의 위법한 부분의 효력만을 부인하면 충분함에도, 행정관청이 규약의 위법한 부분을 변경할 수 있도록 하는 행정심사를 규정한 입법 태도는 단결자치의 원칙에 비추어 볼 때 국가권력의 지나친 개입이라 할 수 있다.[6]

이는 "공공기관은 규약 작성에 관한 권리를 제한하거나 이 권리의 합법적인 행사를 방해하는 어떠한 간섭도 삼간다."라는 ILO 87호 협약(결사의 자유 및 단결권 보호에 관한 협약) 3조 2항의 규정에도 반한다.[7] 특히 ILO 결사의 자유 위원회는 "근로자단체가 규약을 완전히 자유롭게 작성할 권리를 보장하기 위해 국내법은 노동조합 규약에 대한 형식적 요건만을 규정해야 하고, 규약은 공공당국에 의한 사전 허가의 대상이 되어서는 안 된다."라는 결정을 여러 차례 하였고,[8] 1994년 6월 우리나라 정부에게 구 노동조합법[9] 16조(현행 노조법 21조 1항)와 21조(현행 노조법 21조 2항)의 개정을 촉구하기도 하였다.[10]

역사적으로 노동조합은 행정관청을 비롯한 국가를 상대로 자주성 확보를

심을 신청할 법규상 또는 조리상의 권리가 있다고 볼 만한 근거가 없다." 이 판결은 항소심에서 항소취하 간주(2회 쌍불)로 확정되었다.

5) 대법원 1993. 5. 11. 선고 91누10787 판결. "노동조합규약의 변경보완시정명령은 규약의 내용이 노동조합법(1987. 11. 28. 법률 3966호로 개정된 것)에 위반된다고 보아 구체적 사실에 관한 법집행으로서 같은 법 16조 소정의 명령권을 발동하여 조합규약의 해당 조항을 지적된 법률조항에 위반되지 않도록 적절히 변경보완할 것을 명하는 노동행정에 관한 행정관청의 의사를 조합에게 직접 표시한 것이므로 행정소송법 2조 1항에서 규정하고 있는 행정처분에 해당한다."

6) 김인재a, 175면 이하.

7) 김교숙, 293~294면; 김인재d, 94면.

8) 결사의자유위원회결정요약집, 138면(565). 괄호 안의 숫자는 사례 번호이다.

9) 1996. 12. 31. 법률 5244호로 제정된 노조법에 의하여 폐지되기 전의 것을 말한다. 이하 이 조의 해설에서 같다.

10) 박영범·이철수, 「노동기준과 국제무역 — 블루라운드 논의와 관련하여」, 한국노동연구원 (1994. 12.) 200면 참조. 김인재d, 94면에서 재인용.

위해 싸워 왔다. 따라서 행정관청이 노동조합의 내부관계 특히 노동조합의 자주적 법규범인 규약에 직접적으로 개입하는 것은 조합자치의 원칙을 침해할 우려가 있는 과도한 개입이라는 비판을 받을 수 있다. 나아가 시정명령의 불이행에 대한 형사처벌도 과잉 처벌이라는 비판이 제기되고 있다.[11)]

따라서 조합규약에 의하여 권리 또는 이익이 침해당하였다고 주장하는 조합원 등 이해관계자가 법원에 구체적 사건을 통한 사법심사를 요구하거나, 최소한 행정관청이 법원에 해당 규약 규정의 무효·취소·변경을 신청하는 방식으로 이 규정을 개정하도록 하는 입법론적 검토가 필요하다.[12)]

Ⅲ. 시정명령의 적법성 여부가 다투어진 사례

1. 시정명령의 적법성을 인정한 사례

대법원 판례 중에서 행정관청의 시정명령을 적법한 것으로 인정한 사례로는 다음과 같은 것이 있다.

① 단체협약 체결에 관하여 총회의 인준 또는 조합원 투표를 거쳐야 한다고 규정한 규약에 대한 시정명령 사례[13)]

② 노동조합의 대표자가 사용자와 단체교섭 결과 합의에 이른 경우에도 단체교섭위원들이 연명으로 서명하지 않는 한 단체협약을 체결할 수 없도록 규정한 규약에 대한 시정명령 사례[14)]

③ 구 교원노조법 2조(2020. 6. 9. 법률 1743호로 개정되기 전의 것) 규정[15)]과 달리 부당노동행위의 구제신청 등의 여부를 묻지 않고 해직된 교원을 조합원으로 인정하는 규약에 대한 시정명령 사례[16)]

---

11) 민변노동법Ⅱ, 117면.

12) 김인재a, 176면.

13) 대법원 1993. 5. 11. 선고 91누10787 판결, 대법원 1993. 11. 23. 선고 92누18351 판결 등.

14) 대법원 2013. 9. 27. 선고 2011두15404 판결.

15) 구 교원노조법 2조는 "이 법에서 교원이란 초·중등교육법 19조 1항에서 규정하고 있는 교원을 말한다. 다만 해고된 사람으로서 노동조합법 82조 1항에 따라 노동위원회에 부당노동행위의 구제신청을 한 사람은 노동위원회법 2조에 따른 중앙노동위원회의 재심판정이 있을 때까지 교원으로 본다."라고 규정하였다.

16) 대법원 2016. 1. 14. 선고 2012도10066 판결. 해당 사례의 시정명령과 관련하여 고용노동부장관은 2013. 10. 24. 해직자의 조합원 가입을 허용하는 규약에 대한 시정명령을 이행하지 아니한 전국교직원노동조합에 대하여 법외노조 통보를 하였는데, 대법원은 법외노조 통보에 관한 구 노조법 시행령(2021. 6. 29. 대통령령 31851호로 개정되기 전의 것) 9조 2항은 헌법

2. 시정명령이 위법하다고 판단한 사례

대법원 판례 중에서 행정관청의 시정명령을 위법하다고 판단한 사례로는 다음과 같은 것이 있다.

① 노동조합이 지부를 설치하기로 한 결의가 노조법 부칙(1997. 3. 13.) 5조 1항에 위반된다고 할 수 없어 행정관청의 시정명령은 위법하다고 한 사례[17)]

② 신설 노동조합은 노조법 부칙(1997. 3. 13.) 5조 1항에 정한 설립이 금지되는 복수노조가 아니므로, 신설 노동조합이 조합원을 가입시키고 그중 1인을 조합장으로 선출한 행위에 대한 시정명령은 위법하다고 한 사례[18)]

③ 규약에서 총회의 의결 사항과 구분하여 대의원회의 의결 사항으로 '규약 개정에 관한 사항'을 정하고 있더라도 총회는 여전히 규약 개정에 관한 사항을 의결할 수 있으므로, 총회의 규약 개정 결의에 대한 행정관청의 시정명령은 위법하다고 한 사례[19)]

④ 산업별 노동조합에 해당한다고 볼 수 있는 노동조합의 규약에 규정된 내용이 해고된 근로자의 조합원 자격을 부정하는 취지라고 단정하기 어려우므로, 해임 또는 파면의 징계처분으로 해고된 근로자들을 지부장으로 선출한 노동조합의 결의에 대하여 규약 위반을 이유로 시정명령을 한 것은 위법하다고 한 사례[20)]

[유 승 룡·김 도 형]

상 법률유보의 원칙에 위반되어 그 자체로 무효이므로 그에 기초한 위 법외노조 통보는 법적 근거를 상실하여 위법하다고 판결하였다(대법원 2020. 9. 3. 선고 2016두32992 전원합의체 판결).

17) 대법원 2002. 7. 26. 선고 2001두5361 판결.

18) 대법원 2008. 12. 24. 선고 2006두15400 판결.

19) 대법원 2014. 8. 26. 선고 2012두6063 판결.

20) 대법원 2016. 11. 10. 선고 2015도7476 판결.

노동조합의 통제 보론(補論)

〈세 목 차〉

Ⅰ. 의　　의

노동조합의 통제란, 조합의 규약이나 결의 · 지시 등에 위반한 조합원에 대하여 노동조합이 제재처분을 가하는 것을 말한다. 이러한 통제권은 노동조합이 통일적 의사에 따른 단결력을 확보하기 위한 것이다.[1] 노조법은 '규율과 통제에 관한 사항'을 규약에 반드시 기재하도록 규정하고 있고(11조 15호), 이에 따라 노동조합의 규약은 대개 통제처분의 사유, 종류, 절차 등을 규정하고 있다.

Ⅱ. 통제권의 근거

노동조합이 그 구성원에 대하여 통제권을 행사할 수 있는 법적 근거를 어디에서 구할 것인가에 대하여는 단체고유권설, 단결권설, 계약설이 제시되고 있다. 이러한 논의는 통제권이 노동조합과 조합원 간의 법적 관계의 한 단면이기

※ 이 보론에 관한 각주의 참고문헌은 제11조 해설의 참고문헌을 가리킨다.
1) 김유성, 89면.

때문에 노동조합의 내부관계를 어떻게 볼 것인지에 대한 논의와 관련을 가진다.[2][3]

1. 단체고유권설

이 견해는, 통제권은 단체가 가지는 당연한 권한으로 어떤 단체이든 그 조직이나 목적활동을 저해하는 구성원에 대해서는 단체의 원활한 운영을 위하여 제재가 필요하며, 노동조합의 통제권이란 그러한 사단(社團) 고유의 통제권의 일종이라고 한다.

2. 단결권설[4]

이 견해는, 일반적 단체와는 달리 노동조합에는 헌법상 보장된 단결권을 확보하기 위하여 통제권한이 인정된다고 보며, 통설이다. 노동조합이 근로조건의 향상이라는 단결권 보장의 목적을 실현하기 위해서는 강력한 결속, 단결의 유지, 강화가 불가결하기 때문에 단결권의 보장 속에는 단결의 유지·강화를 위한 노동조합의 통제권이 포함되어 있다고 보며, 따라서 노동조합의 통제권은 사단일반의 그것과 차원을 달리하는 것이라고 한다.

판례도 "헌법 33조 1항에 의하여 단결권을 보장받고 있는 노동조합은 그 조직을 유지하고 목적을 달성하기 위하여는 조합의 내부질서가 확립되고 강고한 단결력이 유지되지 않으면 안 되고, 따라서 노동조합은 단결권을 확보하기 위하여 필요하고도 합리적인 범위 내에서 조합원에 대하여 일정한 규제와 강제를 행사하는 내부통제권을 가진다고 해석하는 것이 상당하다"고 하여 단결권설을 따르고 있다.[5]

3. 계 약 설

계약설은 노동조합과 조합원의 관계를 기본적으로 대등한 당사자 간의 계약관계로 파악하면서, 조합원은 노조설립 또는 노조가입시에 규약(또는 규약안)에 따라 행동할 것과 이를 위반한 경우 규약에서 정한 바의 제재를 받겠다는

---

2) 권창영, 221면.
3) 단체고유권설과 단결권설은 규약을 자치규범으로 보는 견해이다.
4) 김유성, 90면; 이병태, 165면; 임종률, 89면.
5) 대법원 2005. 1. 28. 선고 2004도227 판결.

것을 약정한 것이기 때문에,[6] 조합원은 이러한 약정에 구속을 받게 된다고 한다. 계약설의 견해에서 통제권의 법적 근거는 규약 자체가 된다.

4. 평 가

오늘날 대부분의 노동조합은 규약에 통제처분에 대한 규정을 두고 있기 때문에, 이러한 단체고유권설, 단결권설, 계약설의 차이는 통제처분에 대하여 조합규약이 없거나, 규정이 추상적이거나 모호한 경우에 발생한다.[7] 단체고유권설이나 단결권설은 법률에 규정이 없음에도 통제권을 인정하며, 특히 단결권설에 따르면 일반 사단의 경우보다 강한 강도의 통제가 인정될 여지가 있다. 또한 단체고유권설과 단결권설은 통제처분에 대해 사법심사를 부정하는 것은 아니지만 자제되어야 한다는 입장이다. 반면 계약설을 따르면, 조합원에 대한 통제권 근거조항이 규약에 기재되어 있지 않으면 노조는 통제권을 행사할 수 없으며, 통제권이 행사될 수 있는 약정된 내용을 갖추지 못하거나 약정한 절차를 집행하지 않은 경우, 나아가 통제권의 근거를 갖춘 경우라 하더라도 자의적인 집행으로 차별적 취급이 이루어지는 경우에까지도 사법심사가 가능하다고 하여 단체고유권설이나 단결권설보다 통제권 행사에 대한 사법심사를 인정하는 폭을 넓히고 있다.[8]

Ⅲ. 통제처분의 종류

통제처분의 종류에는 경고(견책), 벌금(제재금) 부과, 권리정지, 제명 등이 있다. 어떠한 종류의 제재를 가할 것인가는 노동조합이 자주적으로 결정하는 것이지만, 비례의 원칙에 비추어 형평이 맞아야 하며, 그렇지 않을 경우 권리남용으로서 무효가 된다.[9]

노조법은 노동조합이 조합비를 납부하지 않는 조합원의 권리를 제한할 수 있다고 규정하고 있는데(22조 단서), 여기서 '권리의 제한'은 권리정지 처분을 의

6) 박종희, 202 · 209면.
7) 어느 견해를 취하는지에 따라 큰 차이가 발생하지는 않는데, 어느 견해에 따르든 조합규약이 국가법에 우선할 수 없으며, 국가법의 범위 내에서는 조합규약에 당사자뿐만 아니라 법원도 구속되기 때문이다(김인재a, 31면 참조).
8) 박종희, 208 · 211면.
9) 김유성, 92면.

미하고 제명까지 포함하는 것은 아니라는 견해가 있다.[10)]

징계처분의 종류와 정도에 관하여는 그 규율위반의 내용과 정도에 상응하는 비례성의 원칙이 지켜져야 한다.[11)] 특히, 단결권은 근로자의 생존권과 직결되는 권리이므로 조합원이 제재를 받음으로써 조합운영에 참여하는 권리를 제한(권리정지)하거나 조합으로부터 배제되는 것(제명)은 그 근로자의 생존을 위협하는 일이기 때문에 신중하여야 한다. 판례는, 제명처분은 조합원의 의사에 반하여 그 조합원 지위를 박탈하는 것이므로 조합의 이익을 위하여 불가피한 경우에 최종적인 수단으로서만 인정되어야 하지만, 조합의 규약에 근거규정과 절차규정이 마련되어 있는 경우에 조합원의 행위가 조합의 본질적 기능을 침해하고 조합의 존재의의 자체를 부인하는 정도에 이를 때에는 조합의 목적 달성과 다른 조합원의 보호를 위하여 그 규정 중의 징계 종류의 하나인 제명처분도 허용된다고 하였다.[12)]

Ⅳ. 통제의 대상

노조법은 조합원의 조합비 납부 거부(22조 단서)를 통제처분의 대상으로 규정하고 있는데, 이는 예시적 규정이고,[13)] 노동조합의 규약, 결의, 지시를 위반한 행위, 조합원의 의무를 해태한 행위, 그 밖에 단결권을 저해하는 행위 등이 통제처분의 대상이 될 수 있다. 노동조합의 통제권 행사가 적법한지 주로 문제가 되는 상황을 유형별로 분류하면 다음과 같다.

1. 단체교섭 · 쟁의행위 저해행위

단체교섭은 노동조합이 근로조건을 유지 · 개선한다는 목적을 달성하기 위한 기본적인 활동이다. 따라서 조합원이 단체교섭의 성공적 타결을 위하여 노동조합이 결의 · 지시한 쟁의행위에 참가하지 않는 것은 통제처분의 대상이 된

10) 임종률, 92면.
11) 이병태, 166~167면.
12) 대법원 2004. 6. 10. 선고 2004다11032 판결, 부산고법 2008. 5. 28. 선고 2007나22293 판결 ["조합원의 명예에 회복할 수 없는 피해를 줄 뿐 아니라 조합원으로서 향유할 수 있는 권리를 근원적으로 박탈하는 제명은 조합원 행위의 반조합성이 중대한 경우에 한하여 행해져야 한다"(확정)].
13) 임종률, 89면.

다.[14] 단체교섭 진행 중에 근로조건 등에 대하여 조합원이 사용자와 개별적으로 교섭하는 행위,[15] 교섭위원이 된 조합원이 사용자로부터 개인적인 이익을 제공 또는 약속받는 행위,[16] 비공인 파업(Wild Cat Strike)[17]도 마찬가지이다.

2. 조합방침 및 지도부에 대한 비판행위

조합원도 국민의 일원으로서 언론의 자유를 가지고, 또한 집행부나 조합방침에 대한 조합원의 비판행위는 노동조합의 민주적 운영을 위해서도 필요하기 때문에,[18] 유인물의 배포 등 언론을 통한 조합원의 비판행위는 진실한 사실에 근거하고 공정한 것이면 통제처분의 대상이 될 수 없으며, 악의적 목적으로 불필요한 비판을 하거나 사실을 왜곡하고 허위 사실을 들어 비판하는 경우에만 통제의 대상이 된다.[19]

하급심 판결 중에도 이러한 관점에서, 배포된 유인물의 구체적인 내용의 일부가 증거에 의하여 뒷받침되지 아니하고 표현이 다소 과장된 부분도 없지는 않지만, 전체적으로는 진실한 사실에 기초한 것이고, 그 주장에 상당한 근거가 있으며, 그 작성 · 배포의 주된 목적도 조합원들의 근로조건 개선과 근로자의 복지증진 등을 위한 것이라면 통제권 행사의 대상이 되지 않는다고 판단한 것이 있다.[20]

이러한 의견표명이 어떤 상황에서 이루어진 것인지도 고려되어야 한다. 동일한 조합방침을 비판하는 내용이라고 하더라도 그 방침을 확정하는 조합총회 이전에 다른 조합원을 설득하기 위해 행한 경우는 쟁의행위 도중 이루어진 경우와는 달리 평가될 수 있다. 하급심 판결 중에는, 조합원이 단체교섭 과정에서 노사 양측의 이해와 양보를 촉구하는 유인물을 배포하고, 그 후 파업이 결의되

14) 김유성, 90면; 임종률, 91면.
15) 김유성, 90면.
16) 김유성, 90면.
17) 김형배, 1131면; 임종률, 91면.
18) 임종률, 89면.
19) 김유성, 91면; 김형배, 1133면; 박홍규a, 659면; 이병태, 166면; 임종률 90면.
20) 서울고법 2005. 9. 7. 선고 2004나43338 판결[상고심: 대법원 2006. 3. 24. 선고 2005다58557 판결(상고기각)], 광주고법 2005. 1. 29. 선고 2004나1037 판결["조합원의 활발한 발언 내지 비판의 자유는 노동조합의 건전한 운영과 민주성의 확보라는 점에서 불가결한 요소이므로, 조합원의 조합 내지 조합간부에 대한 비판활동 역시 원칙적으로 자유로워야 하고, 비록 그 과정에서 다소 과격한 언사를 사용하였다고 하여 그 비판을 이유로 조합의 징계권을 함부로 사용하는 것은 위법하다"(확정)].

자 파업결의가 잘못되었고 파업에 동참하지 말아야 한다는 유인물을 배포한 사안에서, 전자의 행위는 징계사유에 해당되지 않으나 후자의 것은 징계사유에 해당한다고 판단한 것이 있다.[21)]

3. 위법지시의 거부

노동조합의 결의 · 지시가 법률에 위반하는 경우에 조합원은 그에 따를 의무가 없다.[22)] 노동조합이 위법한 쟁의행위에 참여할 것을 지시한 경우가 주로 문제가 된다. 논리적으로 접근하면, 비록 노동조합의 결의나 지시가 위법한지 그 당시에는 판단하기 어려웠다 하더라도, 사후적으로 보아 위법한 것으로 판명된다면, 그 지시를 거부한 조합원에 대한 제재는 허용되지 않는다고 보아야 할 것이다. 그러나 이러한 태도는 쟁의행위의 특성(쟁의행위는 일회적이고 단일한 행위가 아니라 전체로서 쟁의와 이를 구성하는 개별행위가 복합된 행위로서 시간과 상황의 경과에 따라 변화한다는 특성을 가진다는 점)과 위법성의 판단과정(쟁의행위의 적법성은 여러 요소를 종합하여 판단되는 점)을 고려하지 않은 것으로 바람직한 해석론이 될 수 없다. 즉, 처음에는 정당한 쟁의행위로 시작하였으나 그 후의 사건으로 인하여 쟁의행위 전체가 위법하게 판단될 수 있으며, 노동조합의 지시는 쟁의행위 개시와 같이 전체적인 것도 있지만 특정한 장소에 대한 점거지시와 같이 개별행위에 대한 지시도 포함되는데 전체적으로는 위법하나 개별행위에서는 위법하다고 볼 수 없는 노동조합의 지시도 존재할 수 있고 그 반대의 경우도 있을 수 있기 때문이다.

이러한 고려 때문에 학설도, 노동조합의 결의 · 지시의 위법성 여부가 불명확하거나 객관적으로 보아 중대하고 명백한 위법성을 가지지 않는 경우에는 조합원은 그 결의 · 지시에 따를 의무가 있다[23)]거나, 노동조합의 정당한 내부의사결정절차를 거치지 않은 쟁의행위와 순수한 정치파업은 그 지시가 구속력을 가지지 않으나 그 외의 경우는 구속력을 가진다[24)]는 견해를 제시하고 있다.

한편, 하급심 판결 중에는, 쟁의행위 중이라도 업무에 임하여야 하는 협정

---

21) 울산지법 2007. 11. 28. 선고 2006가합8340 판결[항소심: 부산고법 2008. 5. 28. 선고 2008나61 판결(항소기각, 확정)].

22) 김형배, 1131면; 박홍규a, 659면; 임종률, 92면.

23) 김유성, 91면; 이병태, 166면.

24) 권창영, 228면.

근로자[25)]의 범위를 안전보호시설 근무자 등으로 단체협약으로 정하고 있는 사업장에서, 회사가 '근무 시간 중 쟁의행위에 참여하는 협정근로자에게 법적 책임을 묻겠다'는 통보를 하고 이에 해당 근로자가 파업에 불참하자, 노동조합이 '쟁의기간 중 정당한 사유 없이 3일 이상 불참한 자는 제명한다'는 조항에 따라 제명을 한 사건에서, 위 규약에서 정한 '정당한 사유'가 있다고 보아 제명처분이 무효라고 판단한 것이 있다.[26)]

한편, 위법한 쟁의행의를 위한 조합비 징수가 적법한지 여부에 대해서도 비슷한 논의가 있으며 그 구체적 내용에 대해서는 법 22조에 대한 해설 Ⅱ. 3. 나. (2) ㈎ 참조.

4. 정치활동

조합원은 시민으로서 정치적 자유도 가지기 때문에, 노동조합의 방침에 반하여 독자적으로 출마하는 것, 노동조합이 지지하는 정당이나 후보자 이외의 정당이나 후보자를 위하여 선거운동을 하는 것, 노동조합의 지시에 반하여 노동조합의 공직선거 관련 대책위원회에 들어가는 것을 거부하는 것, 노동조합의 공직선거에 관한 방침을 비난하는 것은 통제처분의 대상이 될 수 없다.[27)]

판례도 노동조합이 공직선거에서 특정 정당이나 후보자를 지지하거나 반대하기로 결정하고 노동조합 명의로 선거운동을 할 수 있다는 전제에서, 그 조합원에 대하여 노동조합의 결정에 따르도록 권고하거나 설득하는 행위는 그 한도 내에서는 노동조합의 정치활동의 일환으로서 허용되나, 선거는 대의민주주의 정치체제에서 주권자인 국민의 민주적 정치참여를 위한 가장 기본적이고도 본질적인 수단이고 어느 정당이나 후보자를 지지할 것인지에 관한 정치적 의사의 결정은 선거권의 본질적 내용이라고 할 수 있으므로 그 구성원인 조합원 개개

25) 협정근로자란 노동조합원 중 쟁의행위에 참가할 수 없는 근로자의 범위를 단체협약으로 정해놓은 것으로, 단체협약에 의한 쟁의불참자를 말한다. 노조법은 '작업시설의 손상이나 원료·제품의 변질 또는 부패를 방지하기 위한 작업은 쟁의행위 기간 중에도 정상적으로 수행되어야 한다(38조 2항)', '사업장의 안전보호시설에 대하여 정상적인 유지·운영을 정지·폐지 또는 방해하는 행위는 쟁의행위로서 이를 행할 수 없다(42조 2항)'라고만 규정하고 있을 뿐인데, 노사가 이러한 조항들을 고려하여 임의로 쟁의불참자의 범위를 사전에 단체협약으로 정한 것이다.

26) 대전고법 2021. 1. 21. 선고 2020나12248 판결(대법원 2021. 5. 27.자 2021다214906 판결로 심리불속행 기각).

27) 김형배, 1132면; 임종률, 91면.

인에 대하여 노동조합의 결의 내용에 따르도록 권고하거나 설득하는 정도를 넘어서 이를 강제하는 것은 허용되지 않는다고 한다.[28)]

그러나 노동조합의 결정이 근로조건의 유지, 개선에 직접 관계되는 입법·행정조치의 촉진 또는 반대를 내용으로 하는 경우, 예를 들어 노동3권 보장을 위한 법령의 개정 요구 또는 국민연금제도의 개선·확대 요구 등은 근로자의 생활이익의 유지, 개선이라는 노동조합의 목적을 위한 것이므로 이와 관련된 노동조합의 결의·지시는 조합원을 구속하고 불복종시에는 통제처분의 대상이 된다.[29)]

5. 기 타

하급심 판결 중에는 대학졸업사실을 숨기고 최종학력을 고졸로 속여 입사한 노조 조직쟁의부장 내정자에 대하여 일부 대의원들이 대의원대회를 소집하여 규약상의 징계사유인 '조직의 단결을 해하는 행위를 했을 때'에 해당한다며 제명한 사안에서 그 제명처분을 무효라고 판단한 바 있다.[30)]

V. 통제권 행사의 절차

통제권의 행사는 민주적이고 공정한 절차에 따라야 한다. 노조법은 노동조합의 통제권 행사의 절차에 관해 직접적인 규정을 두지 않고 조합규약에 맡기고 있는데, 규약·관행상의 절차가 있는 경우에는 그를 준수하여야 하고,[31)] 그 절

28) 대법원 2005. 1. 28. 선고 2004도227 판결.

29) 김유성, 91면; 임종률, 91면.

30) 부산고법 2005. 7. 13. 선고 2004나19449 판결. 이 판결은 학력을 허위로 기재한 것은 노조 가입 전의 일로 그 자체만으로 노조의 단결을 해한다고 볼 수 없고, 학력 허위 기재나 입사 전 전력만으로 극단적이고 폭력적인 노동투쟁을 진행한다고 단정할 수 없으며, 설령 원고가 목적하는 노동조합의 모습이나 활동이 대다수 조합원들이 원하는 바와 다른 점이 있더라도 원고가 그와 같은 의견을 표현하고 민주적인 절차에 따라 조합활동을 할 수 있는 권리는 보장되어야 한다는 점을 이유로 들었다(대법원 2005. 10. 28.자 2005다44800 판결로 심리불속행 기각).

31) 서울중앙지법 2009. 6. 4. 선고 2009가합23134 판결[조합규약이 '징계시 본인에게 일정한 기간을 정하여 소명할 기회를 주어야 한다'라고 규정하고 있는 사안에서 "징계에 관련된 노조 운영위원회 개최 20시간 전에 징계사유에 대한 고지 없이 '조합원 제명 건에 대한 소명기회 참석 요청'이라는 문자메시지를 보낸 것만으로는 소명에 필요한 시간적 여유를 두고 소명기회를 부여한 것이라고 볼 수 없어 제명결의에는 절차상 하자가 존재한다"라고 판단하였다(확정)].

차가 불명확하거나 흠결된 경우에도 적정절차의 원칙에 따라 행사되어야 한다.

규약에 명시적인 규정이 없더라도 처분대상자에게 제재사유가 미리 고지되어야 하고 결정기관에 출석하여 자신의 입장을 소명할 수 있는 충분한 기회가 부여되는 것이 바람직하다. 다수의 학설은 소명권의 보장은 심리의 공정성을 확보하기 위한 최소한의 요건으로서 절차적 정의의 내용에 해당하기 때문에, 이것을 결한 통제처분은 절차위반으로서 무효라고 보아야 한다고 한다.[32)]

조합원에 대한 제재는 원칙적으로 조합원의 민주적 의사를 담보할 수 있는 총회나 대의원회가 결정기관이 되어야 하나, 제명을 하는 경우 외에는 규약에서 징계위원회나 중앙위원회 등 다른 기관의 의결을 거치도록 하는 것은 무방하다.[33)] 그러나 제명의 경우에는 조합원을 조합으로부터 배제하는 처분이므로 제명처분을 하지 않고서는 단결을 유지하기 곤란하다는 조합의 집단적 의사가 확인되지 않으면 안 되기 때문에 조합의 최고 의사결정기관인 총회(대의원회)의 전권사항이라고 보아야 한다.[34)] 규약이 제명을 총회의 의결사항으로 명시한 경우에는 대의원회가 이를 결정할 수 없고, 규약이 제명을 대의원회 의결사항으로 정하였더라도 총회 의결로 제명할 수 있음은 앞서 본 규약 변경의 경우와 같다.

통제권 행사의 결의는 공정성을 담보하기 위해 비밀투표가 바람직하나 그 구성원의 민주적 의사형성이 방해되지 않는 한 수기나 기립에 의한 방법도 가능하다.[35)] 임원의 제명은 노조원 신분의 박탈과 임원 지위 박탈의 성격을 동시에 가지므로, 임원해임의 요건인, 총회에서의 재적조합원 과반수의 출석과 출석조합원 3분의 2 이상의 찬성이 있어야 한다(법 16조 2항).[36)]

---

32) 김유성, 92면; 김형배, 1133~1134면(변명의 기회 부여는 규약 조항의 유무와 관계없이 준수되어야 하고, 특히 제명에서는 소명의 기회를 주지 않으면 절차상의 무효라고 한다); 박홍규a, 660면(규약에 명문규정이 없어도 통제사유를 명시하여 통제하고 변명의 기회를 충분히 주어야 하며, 규약상의 그러한 절차규정은 확인적인 것에 불과하다고 한다); 이병태, 168면("소명의 기회를 보장하지 않은 경우 공정성을 확보할 수 있는 요건의 불비로 정당한 징계로 볼 수 없다."); 임종률, 92~93면("통제처분의 사유를 통지하고 변명의 기회를 충분히 부여해야 한다. 이와 같은 절차적 요건을 충족하지 못한 통제처분은 절차상의 중대한 흠으로 무효가 된다.").

33) 김유성, 92면; 김형배, 1134면; 이병태, 168면; 임종률 92면.

34) 김형배, 1134면; 박홍규a, 660면; 이상윤a, 646면(제명의 경우에는 노조법 16조 1항 9호 '기타 중요한 사항'에 해당하기 때문에 반드시 총회 또는 대의원회에서 직접·비밀·무기명 투표에 의하여 결정되어야 한다고 한다); 임종률, 93면.

35) 김유성, 92면.

36) 이병태, 168면.

Ⅵ. 위법한 통제처분의 구제

1. 소의 제기

가. 통제처분에 대한 사법심사의 가부 및 그 허용 범위

위법한 통제처분을 받은 조합원이 법원에 소송으로 구제를 구할 수 있는지, 있다면 그 허용범위는 어디까지인지가 문제가 된다. 한편으로는 통제권의 행사는 본질적으로 노동조합의 내부관계에 속하는 것이고, 조합자치원칙에 따라 사법심사는 가급적 자제되어야 할 필요가 있다. 다른 한편으로는 노동조합의 조직력과 사회적 영향력이 점차 증가하고 있고 근로조건규제권한을 통하여 근로자의 생존권에 직접 영향을 미치는 점을 고려할 때 정당성을 결한 통제권의 행사, 특히 제명처분은 조합원의 단결권 내지 생존권에 대한 중대한 침해를 구성하며,[37] 이러한 통제권 남용을 방치할 경우 관료적이고 어용·무능조합이 생성될 우려가 커지게 된다.[38]

결국 이처럼 조합자치원칙에 따른 사법심사의 자제 요구와 조합원의 권익 보호를 위한 사법심사의 허용 요구를 조화시키기 위해서는, 일단 사법심사를 허용하되 그 범위를 일정하게 제한할 수밖에 없을 것이며, 조합규약에 위반하거나 현저히 공정성을 결한 경우 또는 중대한 절차상의 하자가 있는 경우에만 법원은 예외적으로 통제처분의 효력을 부정할 수 있다고 보아야 할 것이다.[39][40]

구체적으로, 조합규약에 통제처분에 관한 규정이 없거나 그 규정이 부당한 경우, 또 추상적·일반적 규정밖에 없는 경우에는 법원은 부당한 통제규정이나 부당한 통제처분의 적부에 관하여 판단할 수 있으나, 징계사유에 관해 조합규약 또는 내규에 상세하고 구체적인 규정을 두고 있는 경우에는 그 처분이 징계사유로부터 현저하게 이탈되어 있다거나 양형이 크게 잘못된 때가 아니면 법원은 조합의 결정을 존중하여야 할 것이다.[41] 다만, 통제처분 중 가장 불이익한 제명처분에 대해서는 다른 처분에 비하여 적극적인 사법심사가 허용될 것이다.[42]

37) 김유성, 93면.
38) 이병태, 165면.
39) 김유성, 93면.
40) 실무에서는 징계처분 무효확인의 소, (제명의 경우) 조합원 지위 확인의 소로 제기되어 있다.
41) 김형배, 1135면; 박홍규a, 661면; 이병태, 169면.
42) 대법원 1994. 5. 10. 선고 93다21750 판결 참조.

제명사유의 존부 및 당부 등에 관한 증명책임은 노동조합에게 있다.[43]

나. 실효의 원칙

판례는, 해고 무효확인의 소와 마찬가지로 통제처분 무효확인의 소에도 실효의 원칙의 적용을 긍정하고 있다. 조합원이 제명되고 조합으로부터 퇴직충당금을 받아간 후 제명처분 무효확인의 소를 제기한 사안에서 대법원은, 위 충당금을 찾아간 것은 노동조합에게 그 제명을 승인하였다는 신뢰를 주기 충분하고, 원고가 제명이 있은 후 3년 4개월, 이의 유보나 조건의 제시 없이 퇴직충당금을 찾아간 때부터 2년 5개월이 지나 소송을 제기한 것은 신의성실의 원칙에 위배되어 허용될 수 없다고 판단하였다.[44] 그러나 한편, 대법원은 근로자가 제명의 효력을 인정하지 않고 이를 다투고 있다고 볼 수 있는 객관적인 사정이 있는 경우라면, 퇴직금(항운노동조합이 지급하는 조합원 퇴직금)을 이의를 유보하지 않고 수령하였다는 사정만으로는 실효의 원칙을 적용할 수 없다고 하였다.[45]

2. 시정명령의 신청

노동관계법령이나 규약에 위반된 제재처분을 받은 조합원은 행정관청에 시정명령을 해 줄 것을 신청할 수 있다. 행정관청은 노동위원회의 의결을 얻어 그 시정을 명하며,[46] 노동조합이 이러한 시정명령에 불응하면 500만 원 이하의 벌금에 처해진다(법 21조 2항, 93조 2호). 이러한 시정명령은 행정소송의 대상이 되는 처분에 해당하며, 이해관계인의 신청을 행정관청이 거부한 경우에는 그 거부처분도 행정소송의 대상이 된다.[47]

앞서 본 바와 같이 노동조합의 내부문제에 대한 국가의 개입은 가급적 자제되어야 하며, 더구나 법원보다 행정부의 관여가 노동조합의 자치를 침해할 가능성이 더 크다는 점에서 행정관청의 개입은 더욱 신중해야 할 것이다.

[이 병 희]

---

43) 서울동부지법 2009. 8. 12. 선고 2009가합6613 판결(확정).

44) 대법원 1993. 4. 13. 선고 93다1206 판결.

45) 대법원 1993. 3. 9. 선고 92다29429 판결.

46) 노동관계법령에 위반되는 경우에는 이해관계인의 신청이 없어도 시정명령을 할 수 있으나, 규약에 위반되는 경우에는 이해관계인의 신청이 있는 경우에 한하여 시정명령을 할 수 있다(법 21조 2항).

47) 서울행법 2005. 5. 3. 선고 2004구합35707 판결(확정).

제22조(조합원의 권리와 의무)

노동조합의 조합원은 균등하게 그 노동조합의 모든 문제에 참여할 권리와 의무를 가진다. 다만, 노동조합은 그 규약으로 조합비를 납부하지 아니하는 조합원의 권리를 제한할 수 있다.

〈세 목 차〉

[참고문헌]

강선희, "노동조합 운영상황 등에 대한 조합원의 열람청구권의 범위와 등사(복사)청구권 인정 여부 : 서울고등법원 2016. 10. 14. 선고, 2015나2054842 판결", 노동법학 62호, 한국노동법학회(2017); **권창영**, "노동조합원의 권리와 의무", 사법논집 39집, 법원도서관(2004); **민주사회를 위한 변호사모임 노동위원회**, 새 노동법 해설 — 바뀐 법조문을 중심으로, 민주사회를 위한 변호사모임(1997. 9.); **질의회시집**, 고용노동부, 2013년도판 노동조합 및 노동관계조정법 질의회시 모음집(2013)

Ⅰ. 노동조합원의 권리

1. 평 등 권

노동조합의 조합원은 노동조합의 모든 문제에 균등하게 참여할 권리와(법 22조) 불합리한 차별을 받지 아니할 권리를 가진다. 이러한 평등은 실질적 평등을 의미하며, 따라서 일반조합비를 수입에 비례하여 징수하는 것이나 단체행동 자금을 조합원에게 부과하면서 단체행동에 참여할 수 없는 보안요원에게 더 큰 부담을 지우는 것은 극단적이지 않는 한 실질적 평등에 합치된다고 한다.[1)]

1) 권창영, 174면.

2. 조합임원 임면권 및 피선임권

노동조합원은 조합임원을 임명, 해임, 탄핵할 권리 및 자신이 임원으로 입후보할 권리를 가진다. 이에 대한 자세한 내용은 노조법 23조 해설에서 다룬다.

3. 조합기관 의결 참가권[2)]

조합원은 노동조합의사 확정을 위해 규약에 규정을 두고 있는지를 막론하고 총회개최 청구권을 가진다(법 18조 2항의 요건은 갖추어야 한다). 조합원은 총회 출석권을 가지며, 총회출석이 가능한 조합원에게 소집통지를 하지 않는 것은 출석권에 대한 침해가 된다.

조합원은 총회운영을 위해 발언시간의 제한, 질서문란의 발언 제약 등 형식적인 제약을 받는 것 외에는 총회에서 자유롭게 발언할 수 있으며, 총회에 자유롭게 의안을 제출할 수 있다. 이 경우 노동조합은 사전제출의무나 의안제출순서의 조정과 같은 절차적 규칙을 설정하고 그것에 따르지 않는 의안제출을 인정하지 않는 것은 무방하나, 긴급하고 특별한 사정이 있는 경우 긴급동의안 제출은 허용하여야 한다.

한편, 이러한 조합의사형성을 위한 의견표명의 권리가 실질적으로 보장될 수 있는 전제로서, 조합원은 노동조합의 운영상황을 열람할 권리를 가진다(법 26조). 열람이 등사(복사)를 포함하는지에 관하여는 아래 5. 재정통제권 참조.

4. 비판 · 토론의 자유

조합원도 국민의 일원으로서 언론의 자유를 향유하여, 집행부나 조합방침에 대한 조합원의 자유로운 비판행위는 노동조합의 민주적 운영을 위해 필수적인 요소가 된다. 그러나 이러한 자유가 남용될 경우 노동조합의 단결권과 교섭력 및 투쟁력을 약화시켜 결과적으로 조합원의 이익에 반하게 되므로 여기에는 일정한 제한이 수반되어야 한다. 그 내용과 한계에 대한 자세한 내용은 '노동조합의 통제 보론(補論)' 해설 Ⅳ. 참조.

---

2) 권창영, 191면.

5. 재정통제권

노동조합의 재정은 조합활동의 물적 기반으로서 중요성을 가지며, 이러한 조합재정은 조합원이 납부하는 조합비를 토대로 형성되는 것이기 때문에 조합원은 재정현황을 파악하고 주요 재정에 관한 사항에 대한 결정에 참여할 권리를 가진다.[3] 따라서 노조법은 노동조합으로 하여금 ① 재정에 관한 장부와 서류를 비치하고(14조 1항 5호),[4] ② 예산·결산에 관한 사항과 기금의 설치·관리 또는 처분에 관한 사항은 조합원 전체의 의결기구인 총회에서 의결하며(16조 1항 4호, 5호), ③ 회계감사원으로 하여금 6월에 1회 이상 노동조합의 모든 재원, 용도, 주요한 기부자의 성명, 현재의 경리 상황 등에 대한 회계감사를 실시하게 하고 그 내용과 감사결과를 전체 조합원에게 공개하여야 하며(25조),[5] ④ 회계연도마다 결산결과와 운영상황을 공표하고, 조합원에게 열람하게 하여야 한다고 규정하고 있다(26조[6]).[7]

노동조합원이 회계장부 등의 등사를 청구할 수 있는지가 종종 실무에서 문제가 되고 있다. 노조법 26조가 '열람'으로 한정하고 있다는 점을 근거로 규약의 허용 규정이 없는 한 등사청구권은 허용되지 않는다는 견해가 있고,[8] 하급심 판결이나 결정 중에는 이와 같은 이유에서 등사청구권을 부정한 것[9]과 열람에는 등사까지 포함된 것으로 보아 이를 긍정한 것[10]이 있다. 고용노동부는 노

3) 권창영, 173면; 조용만, 447면.

4) 3년간 보존하여야 한다(법 14조 2항).

5) 1953년 제정 노동조합법은 6월마다 1회 이상 회계감사원의 회계감사를 받아야 한다고만 규정하였는데, 1987. 11. 28. 노동조합법을 개정하면서 현행 조항처럼 회계감사대상사항을 구체화하고, 감사결과에 대하여 조합원에게 공개해야 한다고 규정하였다.

6) 규약이 결산결과를 대의원회에서 공개한다고 규정하고 있더라도 이를 전체 조합원에게 공표하여야 한다[질의회시집, 141면(노사관계법제팀-1364, 2006. 5. 19.)].

7) 1953년 제정 노동조합법은 노동조합 대표자의 운영상황 공개의무만을 규정하였다가 1980. 12. 31. 노동조합법 개정에서 현행 조항과 같이 결산결과의 공개의무도 함께 규정하였다.

8) 권창영, 193면.

9) 서울서부지법 2009. 4. 27.자 2009카합158 결정(확정), 서울고법 2016. 10. 14. 선고 2015나2054842 판결(이러한 서류가 외부로 반출될 경우, 조합원이 아닌 자에게 유출될 우려가 있고, 그에 따라 노동조합의 자주적인 운영이나 전체 이익이 저해될 우려가 있는 점, 열람과 달리 등사에는 장비와 시간이 소요되므로 이를 널리 허용할 경우에는 노동조합의 업무수행이 저해될 가능성이 있는 점 등을 근거로 들었다. 대법원에서 심리불속행 상고기각되었다. 이 판결의 평석으로는 강선희, 154면 이하).

10) 부산지법 2011. 6. 24.자 2011카합749 결정("열람청구권의 실효성을 확보하기 위하여는 그 자료에 대한 등사도 함께 허용되어야 할 것"), 대전지법 2013. 4. 2. 선고 2012가합7902 판결(항소심에서 조정성립), 대전지법 천안지원 2013. 4. 2.자 2013카합19 결정(확정) 등.

조법 26조의 규정 취지가 노동조합의 민주적 운영을 담보하기 위함이라는 점을 근거로 조합원은 열람뿐 아니라 복사를 요구할 수 있다는 입장이다.[11]

노조법 14조 1항 5호에 따라 노동조합이 사무소에 비치하여야 하는 '재정에 관한 장부와 서류'는 예산서, 결산서, 총수입원장 및 총지출원장, 수입 또는 지출결의서, 수입 관계 장부 및 증빙서, 지출 관계 장부 및 증빙서, 자체 회계감사 관계 서류 등이다(규칙 8조). 법은 '비치'의무만을 규정하고 있을 뿐 '공개'의무를 명시하고 있지는 않으나, 하급심 판결 중에는 노조법 26, 27조가 공개의무를 명시한 회계감사결과 결산결과 외에도 위 14조 1항 5호가 비치의무를 규정한 서류도 조합원에게 열람을 허용하여야 한다고 판단한 것이 있다.[12] 고용노동부도 '노동조합은 조합원이 회계장부 외에도 관련 영수증, 통장원본 등의 열람을 요구하면 이를 공개하여야 한다'고 하여[13] 이를 긍정하는 입장이다.

Ⅱ. 노동조합원의 의무

노동조합의 조합원은 규약이 정한 바에 따라 노동조합에 대하여 일정한 의무를 부담한다. 그 중에서도 가장 기본적인 의무는 조합비 납부의무와 조합의 결의·지시를 따를 의무이다. 조합비에 관한 사항과 결의·지시를 따르지 않을 경우 그 제재에 관한 사항은 규약의 필요적 기재사항이고(법 11조 9·15호), 노조

11) 질의회시집, 137면(노사관계법제과-810, 2009. 3. 23.).

12) 서울고법 2016. 10. 14. 선고 2015나2054842 판결(심리불속행 상고기각). 이 판결은, 노조법 14조 1항이 장부와 서류를 작성하여 주된 사무소에 비치하도록 규정한 것은, 조합원들이 노동조합의 재정 상황과 운영에 관한 정보를 쉽게 얻을 수 있게 함으로써 노동조합이 자율적으로 내부 문제를 시정할 수 있게 하여 단결자치를 실질적으로 보장하고자 한 취지로 보이는 점, 노동조합의 재정적 기반은 주로 정기적으로 조합원들로부터 납부 받는 조합비에 의존하고 있으므로, 조합비의 운영을 조합원에게 공개하는 것은 조합민주주의의 원칙에 부합하는 점, 노조법 26조가 결산결과와 운영상황을 공표하여야 하며 조합원의 요구가 있을 때에는 이를 열람하게 하여야 한다고 규정하는바, 여기서 열람대상은 공표물뿐 아니라 공표물의 결산결과와 운영상황에 관련하여 피고가 비치, 보관 중인 자료까지 포함한다고 보아야 하는 점 등을 근거로 들었다(한편, 이 판결은 각주 9에서 본 바와 같이 열람에는 등사가 포함되지 않는다고 보아 등사청구 부분은 기각하였다). 반면 1심(서울중앙지법 2015. 9. 22. 선고 2015가합522663 판결)은 '열람 및 등사청구권을 아무런 제한 없이 인정하는 것은 노동조합 업무를 과중하게 하여 과도한 비용을 발생시킬 우려가 있고, 내부항쟁의 수단 및 단체 또는 기관에 대한 명예훼손 등 다른 목적으로 남용될 수 있으며, 회계감사를 실시하고 그 감사결과를 공개하도록 하는 방법으로 노동조합의 경영 건전성을 도모하는 노조법 25조의 취지에 반할 수 있다'고 보아 조합원의 열람 및 등사청구를 모두 기각하였다.

13) 질의회시집, 140면(노사관계법제과-352, 2008. 9. 8.).

법은 노동조합은 그 규약으로 조합비를 납부하지 아니하는 조합원의 권리를 제한할 수 있음을 특별히 명시하고 있다(22조 단서).

1. 노동조합 활동에 참여할 의무

노동조합은 조합원의 참여에 의하여 유지되므로, 모든 조합원은 노동조합 활동에 참여할 의무가 있다.[14]

2. 노동조합의 결의 · 지시에 따를 의무

조합원은 노동조합의 결의나 지시에 따를 의무가 있다. 따르지 않을 경우 조합으로부터 제재를 받게 된다. 그 구체적 내용에 대해서는 '노동조합의 통제 보론(補論)' 해설 참조.

3. 조합비 납부의무

조합비라 함은 조합원이 노동조합 구성원의 지위에서 노동조합의 운영을 위하여 부담하는 일체의 비용을 말한다. 여기에는 매월 징수하는 일반조합비 외에 일시적 필요에 의하여 징수되는 파업기금 · 회관건립기금 · 공제회비 등도 포함된다.[15]

이러한 조합비 납부의무는 소구할 수 있는 법률상 채무이며,[16] 노동조합은 조합비를 납부하지 않는 조합원은 제재할 수 있다.[17] 다만, 노동조합 산하 지부 소속 조합원이 조합비를 해당 지부에 전액 납부하였는데, 그 지부가 규약에서 정한 의무금을 노동조합에 납부하지 아니한 경우, 고용노동부는 의무금 미납을 이유로 해당 지부에 대한 제재를 별론으로 하고 지부 소속 조합원에 대해 노동조합의 임원 피선거권을 제한해서는 안 된다고 한다.[18]

구 노동조합법에는 월 조합비는 임금의 100분의 2를 초과할 수 없다고 하여 조합비의 상한을 규정하였으나(24조 1항), 1996. 12. 31. 제정 노조법에서는 노

14) 박홍규b, 167면.
15) 김유성, 88면.
16) 이병태, 162면.
17) 대의원회에서 기본급 10%에 해당하는 쟁의기금을 납부하도록 의결하였고, 의결사항 불이행을 징계하도록 규약에 규정되어 있으면, 노동조합은 쟁의기금을 납부하지 않은 조합원을 규약에 정한 바에 따라 제재할 수 있다[질의회시집, 122면(노사관계법제팀-210, 2006. 1. 23.)].
18) 질의회시집, 79면(노사관계법제팀-3680, 2007. 11. 15.).

조전임자 급여에 대한 사용자의 지원을 금지하게 됨에 따라 노동조합의 재정기반 확충을 위해 상한을 삭제하였다.[19]

일반조합비와 특별조합비로 구분하여 살펴본다.[20]

가. 일반조합비

일반조합비는 조합의 일상활동을 위해 정기적(통상 매월)으로 징수하는 금원을 말한다. 일반조합비는 별도의 징수결의 없이도 조합규약 규정 그 자체에 의해 당연 징수할 수 있다.

나. 특별조합비

특별조합비는 특수한 목적에 사용하기 위하여 일시적으로 징수하는 금원으로서, 쟁의기금이나 구속조합원 지원기금 등이 여기에 속한다. 특별조합비 징수결의가 조합원을 구속하기 위해서는, 규약에 의해 권한 있는 기관에서 특별조합비 징수결의가 이루어져야 하며, 특별조합비의 징수목적이 노동조합의 목적 범위 내의 행위일 것이 요구된다.[21]

(1) 의결기관

노조법 16조 1항 4호는 예산 · 결산에 관한 사항을 총회의 의결사항으로 규정하고 있어 특별조합비 징수의결은 총회에서 결정되어야 하고, 규약에 따라 총회에 갈음하는 대의원회를 둔 경우에는 대의원회가 의결할 수 있다.[22]

(2) 징수목적

특별조합비는 그 용도가 근로조건의 유지 · 개선 등 근로자의 경제적 · 사회적 지위의 향상이라는 노동조합의 목적을 실현하기 위한 것이어야 할 뿐 아니라 조합원 개인의 시민적 권리와도 조화되어야 한다.[23] 징수의 적법 여부가 주로 문제가 되는 사안은 다음과 같다.

㈎ 쟁의행위 특별기금의 징수

노동조합은 쟁의행위의 필요한 재원을 마련하기 위해 특별조합비를 징수할 수 있고, 이 또한 조합비에 해당한다. 그런데 위법한 쟁의행위를 위한 기금도

19) 민주사회를 위한 변호사모임 노동위원회, 117면.
20) 권창영, 196면.
21) 권창영, 198면.
22) 권창영, 199면.
23) 임종률, 94면.

강제적으로 징수할 수 있는지가 문제된다. 이와 관련하여서는 노동조합이 쟁의행위에 필요한 자금을 확보하기 위하여 특별조합비 징수의결을 하였고, 사후에 쟁의행위가 위법한 것으로 평가되었다 하더라도, 징수의결 당시 쟁의행위의 위법성이 명백하고 현존하는 경우(예를 들어 폭력이나 파괴행위에 의하여 쟁의행위를 할 것을 의결하거나, 쟁의행위의 수단으로 생산관리를 채택한 경우 등)가 아닌 한, 조합비 징수의결 자체가 위법한 것은 아니라는 견해가 있으며,[24] 하급심 판결 중에서도 그와 같은 견해에서, 노동조합이 쟁의기금을 모금할 당시부터 쟁의행위의 위법성이 명백하지는 않았고 쟁의기금 모금 당시에는 쟁의행위의 실시여부 및 그 정도가 유동적이고 단지 장래의 정황에 따라서 노조회비가 위법한 쟁의행위에 사용될 수 있다는 정도의 미필적 가능성만이 있었으므로 비록 사후에 그 쟁의행위가 위법한 것으로 확정되었다 하더라도 노동조합의 노조회비 모금 결의와 그에 따른 모금행위가 위법행위로 무효에 해당하여 조합원의 노조회비 납부의무도 부존재하고 그 결과 노동조합이 모금한 노조회비 상당액이 법률상 원인 없는 부당이득에 해당한다고 볼 수도 없다고 판단한 사례가 있다.[25]

한편, 쟁의행위 불참자에 부과하는 특별기금이 해당 조합원에 대한 징벌의 일환인 제재금으로 볼 수 있는 경우는 여기서 말하는 조합비에 해당하지 않아 조합비 일괄공제 대상이 되지 않는다.[26]

㈏ 다른 노동조합을 지원하기 위한 징수

이에 대해서는 오늘날 노동조합의 목적을 탄력적으로 해석해야 한다는 전제에서 다른 노동조합을 지원하는 활동이 노동조합의 목적 범위 안에 들기 때문에 이를 위한 조합비 징수는 적법하다는 견해가 있다.[27]

㈐ 정치적 활동을 위한 징수

노동조합이 특정 정당이나 정치인을 지원하기 위해 특별조합비를 징수하는 결정은 노조의 정치자금 기부가 금지된다는 점과 조합원 개인의 정치적 자유와

---

24) 권창영, 211면.
25) 수원지법 2003. 9. 24. 선고 2002나18463 판결(확정).
26) 이와 달리 노동조합이 사전에 대의원회의 결의 및 개별 조합원 동의에 따라 쟁의행위 불참자가 정상조업에 임한 기간 중 지급 받은 임금에서 쟁의기금을 부과하기로 하였다면 이는 조합비에 해당하여 일괄공제 대상이 된다고 한다[질의회시집, 108면(노사관계법제팀-4129, 2007. 12. 28)].
27) 임종률, 95면.

충돌한다는 점에서 유효하다고 볼 수 없다. 그러나 근로조건의 유지·개선 등 근로자의 경제적·사회적 지위의 향상에 직접 관계되는 입법·행정조치의 촉진·반대를 위한 활동의 경우는 노동조합의 본래적 목적 달성을 위한 활동인데다가 조합원 개인의 정치적 견해와의 관련성이 희박하므로 이를 위한 특별조합비 징수는 허용되어야 한다.[28]

하급심 판결 중에는, 국회의 노동법 날치기 통과를 항의하는 집회를 개최하고 그 비용 충당을 위해 조합원 1인당 10,000원씩의 쟁의기금을 갹출하기로 결의한 노동조합이 '쟁의기금이 불법집회의 비용충당을 위한 것이므로 납부할 의무가 없다'고 주장하며 납부를 거부한 조합원을 제명한 사안에서, 위 집회는 노동조합은 물론 조합원들과 밀접한 이해관계가 있다고 볼 수 있는 비정상적인 절차에 따른 노동법 개정에 대한 것이므로 조합원에게 그 납부를 거부할 권리가 인정되지 않는다고 판단한 사례가 있다.[29]

[이 병 희]

28) 임종률, 95면.
29) 서울고법 1998. 10. 23. 선고 98나23944 판결(대법원 1999. 1. 18.자 98다54304 판결로 심리불속행 기각).

제23조(임원의 자격 등)

① 노동조합의 임원 자격은 규약으로 정한다. 이 경우 하나의 사업 또는 사업장을 대상으로 조직된 노동조합의 임원은 그 사업 또는 사업장에 종사하는 조합원 중에서 선출하도록 정한다.

② 임원의 임기는 규약으로 정하되 3년을 초과할 수 없다.

〈세 목 차〉

Ⅰ. 의 의

노조법은 23조에서 노동조합 임원의 자격과 임기에 관하여 규정하고 있다. 그런데 노동조합의 어떤 기관이 임원에 해당하는지에 대해서는 법에 아무런 규정이 없다. 다만, 노동조합의 대표자가 임원에 해당함은 해석상 이론이 없다. 따라서 대표자 외 임원의 범위는 조합자치의 원칙에 맡겨져 있으므로 조합규약에서 자유롭게 정할 수 있다.

Ⅱ. 임원의 선임과 해임

1. 선임 및 해임 절차

노동조합은 규약에 대표자와 임원에 관한 사항, 대표자와 임원의 규약 위반에 대한 탄핵에 관한 사항, 임원의 선거 절차에 관한 사항 등을 필수적으로 기재해야 한다(법 11조 8호 · 13호 · 14호).

임원의 선거와 해임에 관한 사항은 반드시 총회 또는 대의원회에서 조합원 또는 대의원의 직접 · 비밀 · 무기명투표에 의한 의결을 거쳐야 하고(법 16조 1항 2

※ 이 조에 관한 각주의 참고문헌은 '노동조합의 관리 전론(前論)'의 참고문헌을 가리킨다.

호, 4항, 17조 5항), 임원의 선거는 재적조합원·대의원 과반수의 출석과 출석조합원·대의원 과반수의 찬성으로 의결하되(법 16조 2항 본문, 17조 5항), 출석조합원·대의원 과반수의 찬성을 얻은 자가 없는 경우에는 규약이 정하는 바에 따라 결선투표를 실시하여 다수의 찬성을 얻은 자를 임원으로 선출할 수 있다(법 16조 3항, 17조 5항). 따라서 선거로 선출되지 않은 임명직 임원은 둘 수 없다.

임원의 해임에 대해서는 특별의결정족수가 적용되어 재적조합원·대의원 과반수의 출석과 출석조합원·대의원의 3분의 2 이상의 찬성이 있어야 한다(법 16조 2항 단서, 17조 5항).

2. 임원의 자격

구 노조법(2021. 1. 5. 법률 17864호로 개정되기 전의 것, 이하 같다) 23조 1항은 노동조합의 임원은 그 조합원 중에서 선출되어야 한다고 규정하고 있었으나, 2021. 1. 5. 개정되어 2021. 7. 6.부터 시행 중인 현행 노조법 23조 1항 전문은 종전 규정을 삭제하고 “노동조합의 임원 자격은 규약으로 정한다.”라고 바꾸었다.

ILO는 1996년부터 여러 차례에 걸쳐 우리 정부에게 해고자와 실업자가 조합원 자격을 유지할 수 없게 하는 구 노조법 2조 4호 ㈑목의 폐지와 비조합원에 대해 노동조합 임원 자격을 부정하는 구 노조법 23조 1항의 폐지를 권고하였는바,[1] 현행 노조법은 이러한 ILO의 권고를 수용하여 위와 같이 임원의 조합원 자격 규정을 폐지하였다. 따라서 노동조합은 규약에서 임원 자격을 자유롭게 정할 수 있고, 규약에서 허용하고 있다면 조합원이 아닌 외부 인물을 임원으로 선출하는 것도 가능하다.

다만 노조법 23호 1항 후문은 “하나의 사업 또는 사업장을 대상으로 조직된 노동조합의 임원은 그 사업 또는 사업장에 종사하는 조합원 중에서 선출하도록 정한다.”라고 규정하여, 기업별 노동조합의 임원 자격을 현실적으로 근로관계가 존재하고 있는 종사근로자로 제한하고 있다.[2] 기업별 노동조합이 다수

1) Case No. 1865 (Korea, Republic of): 304th Report, 1996, para. 254(d); 307th Report, 1997, para. 236(a)(x); 309th Report, 1998, para. 160(a)( ); 311st Report, 1998, para. 339(a)(x); 320th Report, 2000, para. 530(b)(vii); 327th Report, 2002, para. 506(a)(vii); 331st Report, 2003, para. 356(b)(vi); 335th Report, 2004, para. 841(a)(vi); 340th Report, 2006, para. 781(b)(v); 346th Report, 2007, para. 806(c)(iv); 353rd Report, 2009, para. 749(c)(v); 363rd Report, 2012, para. 126; 382nd Report, 2017, para. 42. 조용만a, 91~92면에서 재인용.

2) 기업별 노동조합의 대의원 자격도 같은 이유로 종사근로자로 제한하고 있다(법 17조 3항).

를 차지하는 우리나라의 현실과 노동조합의 임원이 수행하는 역할 및 중요성, 기업별 노사관계의 특성 등을 고려한 입법이라고 한다.3)

이러한 기업별 노동조합의 임원 및 대의원 자격 제한에 대하여는 우리 정부가 2021. 4. 20. 비준한 ILO 87호 협약(결사의 자유 및 단결권 보호에 관한 협약)에서 천명하는 결사의 자유 원칙에 저촉된다는 비판이 제기되고 있다. 즉, ILO는 노동조합 임원 자격 요건으로 어떤 직종이나 사업체 소속을 요구하는 것은 근로자들이 완전히 자유롭게 그들의 대표를 선출할 권리와 부합하지 않다고 하면서 여러 차례 우리 정부에게 비조합원의 노조 임원 자격을 부정하는 구 노조법 23조 1항의 폐지를 권고한 바 있으며, 사단이 그 집행기관을 자기기관으로 할 것인지 타인기관을 허용할 것인지는 원칙적으로 그 단체가 스스로 정해야 할 사항으로서, 노동조합이 규약으로 임원의 자격을 조합원으로 정하는 것은 별론으로 하고 국가가 법률로 노동조합의 임원 자격을 정하는 것은 어색하며, 또한 회사는 대표이사, 임원 등 경영진을 구성할 때 회사의 발전을 위해 회사 외부의 유능한 인재를 영입하여 경영진을 구성할 수 있음이 당연한데, 그 반면에 노동조합은 노동조합의 발전을 위해 종사근로자가 아닌 유능한 외부 인재를 임원으로 선임할 수 없도록 하는 것은 문제가 있다는 것이다.4)

또한 이러한 제한은 ① 결사의 자유에 관한 ILO 국제노동기준과 우리 정부에 대한 ILO 권고의 내용에 부합하지 않은 면이 있을 뿐 아니라 우리나라에 특수한 기업별 노사관계의 현실이 국제규범상 양해되기 어려운 점, ② 결사의 자유 원칙에 따른 조합 자치의 존중에서 기업별 노동조합과 초기업별 노동조합을 달리 취급할 합리성이 있는지 의문이 제기될 수 있는 점, ③ 노동조합의 조합원은 어떤 경우에도 신분 등에 의하여 차별 대우를 받지 않는다는 노조법 9조와 상치될 수 있는 점, ④ 사용자가 임원 등의 해고를 통해 노동조합 활동에 간섭할 수 있는 위험을 제거할 필요성 등을 고려할 때, 비록 임원 또는 대의원으로 선출된 근로자가 그 임기 중 해고 등으로 종사근로자의 지위를 상실하더라도 그 임기 동안에는 임원 또는 대의원 지위를 유지할 수 있도록 하는 해석론을 확립하여, 개정 노조법이 결사의 자유 원칙에 부합하는 방향으로 적용될 수 있도록 적극적으로 노력할 필요가 있다는 의견도 제시되고 있다.5)

3) 고용노동부, 28면 · 98면.
4) 박은정, 53~54면.
5) 조용만b, 13면.

3. 임원 선거 입후보 자격의 제한

노조법 22조에 따라 모든 조합원은 평등하게 피선거권을 가지므로 조합원이면 누구나 임원 선거에 입후보할 수 있다. 그런데 조합규약에서 임원 선거 입후보 자격을 일정 수 이상 조합원의 추천을 받은 자 또는 조합원이 된 때로부터 일정 기간이 경과한 자 등으로 제한하는 경우, 그러한 입후보 자격 제한이 조합원의 평등한 피선거권을 침해하여 위법한 것인지 문제된다.

이에 대하여 대법원은, "노동조합이 규약으로 임원이 될 수 있는 자격을 일정한 수 이상 조합원의 추천을 받은 자 및 노동조합원이 된 때로부터 일정한 기간이 경과한 자로 제한한 경우에도, 추천을 받아야 할 조합원의 숫자가 전체 조합원의 숫자에 비추어 소수 조합원의 권리를 해할 우려가 있는 정도에 이르지 아니하고, 요구되는 기간이 사용자와 노동조합의 실정을 파악하여 노동조합의 임원으로 직무를 수행하는 데에 필요하다고 인정되는 합리적인 기간을 넘어서는 것이 아니라면, 노동조합이 자주적인 판단에 따라 규약으로 정할 수 있는 것으로서 조합원들의 피선거권의 평등에 대한 현저한 침해라고는 볼 수 없으므로, 그와 같은 규약은 구 노동조합법[6] 22조에 위반하는 것이 아니라고 봄이 상당하다."라고 판시하였다.[7]

그러나 직장위원회 등 일정 기관의 추천을 요구하는 제도는 일정 기관의 추천 여부에 관한 기준이 없고, 그 결과 추천을 거부당한 경우 불복 절차도 없는 경우에는 입후보의 가부를 특정한 기관의 재량적 판단에 맡긴다는 점에서 무효라고 보아야 한다.[8] 따라서 추천제를 취하는 것에 대한 조합 운영상의 충분한 필요성과 합리성이 구체적으로 주장·증명되지 않는 한 이를 규정한 선거규정은 조합 운영에 관한 강행법규 위반으로 무효가 된다.[9]

노동조합이 총회나 집행기관의 결의로 임원 선거에 입후보하려는 자에게 일정액의 기탁금을 요구한 경우, 그것이 노동조합의 실정에 비추어 합리적인 근거가 있고 상당한 범위 내의 것이어서 소수 조합원의 권리를 해할 우려가 있는

6) 1996. 12. 31. 법률 5244호로 제정된 노조법에 의하여 폐지되기 전의 것을 말한다. 구 노동조합법 22조는 현행 노조법 22조와 동일하다.
7) 대법원 1992. 3. 31. 선고 91다14413 판결.
8) 권창영, 181면; 민변노동법Ⅱ, 125면.
9) 박홍규b 181면.

정도에 이르지 아니한다면 조합원들의 피선거권의 평등에 대한 현저한 침해라고 볼 수는 없을 것이다.[10]

노동조합의 규약이나 선거관리규정이 명문으로 지부장과 수석부지부장이 러닝메이트로만 입후보하도록 규정되어 있지 않다고 하더라도, 그 노동조합 산하 지부가 지부장과 수석부지부장을 러닝메이트로만 입후보하도록 하여 선거를 실시한 것이 노동조합 선거관리위원회의 유권해석에 따른 것이라면, 그와 같은 해석이 노동조합 규약이나 선거관리규정을 위배하거나 헌법 33조의 근로자의 단결권을 침해한 것으로서 부당하다고 보이지 않는 한, 그 노동조합 지부 선거관리위원회가 수석부지부장 후보로 등록한 자의 후보 사퇴를 이유로 그와 러닝메이트 관계에 있는 지부장 후보의 입후보 등록을 무효라고 결정한 것은 정당하다고 본 판례도 있다.[11]

Ⅲ. 임원의 임기

임원의 임기는 3년의 범위에서 규약으로 정할 수 있다. 이는 1회의 임기를 정한 것이므로, 연임에 의하여 전체 임기가 3년을 초과하는 것은 허용된다.[12] 한편, 임원의 연임은 규약에서 명시해 놓은 경우는 물론 규약에 그에 관한 정함이 없는 경우에도 가능하다고 보아야 할 것이다.

Ⅳ. 임원 선거의 효력에 관한 분쟁

노동조합의 총회 또는 대의원회에서 임원 선거에 따른 당선자 의결이 있을 때 그 의결의 효력 여하에 따라 법률상 이해관계를 가진 자는 그 의결이 무효임을 주장하여 법원에 그 선거의 무효 확인을 구하는 소를 제기할 수 있다.[13]

이러한 무효 확인의 소에서 피고적격은 노동조합만이 가지고, 당선자는 피고적격이 없다. 따라서 당선자를 상대로 한 조합장 당선무효 확인의 소는 확인

10) 서울지법 의정부지원 2003. 10. 29.자 2003카합538 결정.
11) 대법원 1992. 6. 9. 선고 91다42128 판결.
12) 같은 견해로는 하갑래b, 129면.
13) 실무상으로는 조합원이 노동조합 대표자나 당선자 등을 채무자로 하여 선거중지(또는 정지) 가처분, 노동조합대표자 직무집행정지 가처분, 당선자지위보전 가처분 등 임시의 지위를 정하는 가처분 신청 사건이 다수를 이룬다. 권창영, 183면.

의 이익이 없어 부적법하고, 또한 선거관리위원회는 그 자체가 법인이 아님은 물론 법인 아닌 사단이나 재단도 아니고 단지 노동조합의 기관의 하나에 불과하므로 소송당사자가 될 수 없다.[14] 한편 임원 선거의 효력을 다투기 위해 직무집행정지 가처분을 신청하는 경우에는 본안소송과 달리 당선자 본인을 상대방(채무자)으로 하여 가처분 신청을 해야 한다.[15]

선거권 및 피선거권, 소집 절차 등에 관한 원칙에 위배되어 선거가 치러진 경우에는 원칙적으로 그 선거 또는 당선은 무효가 된다. 그러나 판례는 앞서 서술한 바와 같이 경미한 하자의 경우에는 무효 사유에 해당하지 않는다고 판시하였다.[16]

[유 승 룡·김 도 형]

14) 대법원 1992. 5. 12. 선고 91다37683 판결.
15) 의정부지법 2012. 1. 10.자 2011카합703 결정 등.
16) 자세한 내용은 법 19조 해설 Ⅱ. 참조.

제24조(근로시간 면제 등)

① 근로자는 단체협약으로 정하거나 사용자의 동의가 있는 경우에는 사용자 또는 노동조합으로부터 급여를 지급받으면서 근로계약 소정의 근로를 제공하지 아니하고 노동조합의 업무에 종사할 수 있다.

② 제1항에 따라 사용자로부터 급여를 지급받는 근로자(이하 "근로시간면제자"라 한다)는 사업 또는 사업장별로 종사근로자인 조합원 수 등을 고려하여 제24조의2에 따라 결정된 근로시간 면제 한도(이하 "근로시간 면제 한도"라 한다)를 초과하지 아니하는 범위에서 임금의 손실 없이 사용자와의 협의・교섭, 고충처리, 산업안전 활동 등 이 법 또는 다른 법률에서 정하는 업무와 건전한 노사관계 발전을 위한 노동조합의 유지・관리업무를 할 수 있다.

③ 사용자는 제1항에 따라 노동조합의 업무에 종사하는 근로자의 정당한 노동조합 활동을 제한해서는 아니 된다.

④ 제2항을 위반하여 근로시간 면제 한도를 초과하는 내용을 정한 단체협약 또는 사용자의 동의는 그 부분에 한정하여 무효로 한다.

제24조의2(근로시간면제심의위원회)

① 근로시간면제자에 대한 근로시간 면제 한도를 정하기 위하여 근로시간면제심의위원회(이하 이 조에서 "위원회"라 한다)를 「경제사회노동위원회법」에 따른 경제사회노동위원회(이하 "경제사회노동위원회"라 한다)에 둔다.

② 위원회는 근로시간 면제 한도를 심의・의결하고, 3년마다 그 적정성 여부를 재심의하여 의결할 수 있다.

③ 경제사회노동위원회 위원장은 제2항에 따라 위원회가 의결한 사항을 고용노동부장관에게 즉시 통보하여야 한다.

④ 고용노동부장관은 제3항에 따라 경제사회노동위원회 위원장이 통보한 근로시간 면제 한도를 고시하여야 한다.

⑤ 위원회는 다음 각 호의 구분에 따라 근로자를 대표하는 위원과 사용자를 대표하는 위원 및 공익을 대표하는 위원 각 5명씩 성별을 고려하여 구성한다.

1. 근로자를 대표하는 위원: 전국적 규모의 노동단체가 추천하는 사람
2. 사용자를 대표하는 위원: 전국적 규모의 경영자단체가 추천하는 사람
3. 공익을 대표하는 위원: 경제사회노동위원회 위원장이 추천한 15명 중에서 제1호에 따른 노동단체와 제2호에 따른 경영자단체가 순차적으로 배제하고 남은 사람

⑥ 위원회의 위원장은 제5항 제3호에 따른 위원 중에서 위원회가 선출한다.

⑦ 위원회는 재적위원 과반수의 출석과 출석위원 과반수의 찬성으로 의결한다.
⑧ 위원의 자격, 위촉과 위원회의 운영 등에 필요한 사항은 대통령령으로 정한다.

〈세 목 차〉

[참고문헌]

<u>강성태</u>, "집단적 노사관계법에서 노동조합 전임자의 지위", 노동법연구 19호, 서울대학교 노동법연구회(2005); <u>권현지 · 조성재</u>, "영국의 근로시간면제제도와 운영 현황", 국제노동브리프 8권 7호, 한국노동연구원(2010. 8.); <u>국제노동기구 사무국 편(이승욱 역)</u>, 결사의 자유, 결사의 자유 위원회 결정 요약집(제6판), 한국노동연구원(2018); <u>김강식</u>, "근로시간

면제제도의 실태와 과제", 질서경제저널 23권 4호, 한국질서경제학회(2020. 12.); **김교숙**, "노동조합의 관리와 자주성", 노동법학 32호, 한국노동법학회(2009. 12.); **김기덕**, "노동조합의 전임자의 급여지급 금지 및 근로시간 면제에 관한 법적 검토", 서울대학교 노동법연구회 세미나 발표문(2010. 6. 19.); **김상호**, "노조전임자의 급여지급금지 문제", 노동법학 31호, 한국노동법학회(2009. 9.); **김선수**, "복수노조 · 전임자 관련 개정법안, 쟁점과 평가", 노동사회 150호, 한국노동사회연구소(2010. 1.); **김유선**, "개정노동조합법 평가와 대응방향", 노동사회 150호, 한국노동사회연구소(2010. 1.); **김헌수**, 복수노동조합과 노동조합 전임자, 법원사(2010); **김홍영**, "노조전임자에게 출 · 퇴근에 관한 취업규칙이 적용되는지 여부", 노동법률 175호, 중앙경제(2005); **남성일 외 9인 공저**, 한국의 노동, 어떻게 할 것인가? Ⅲ — 복수노조와 전임자 급여, 서강대학교 출판부(2010); **노동부a**, 근로시간 면제한도 적용 매뉴얼, 노동부(2010. 6.); **노동부b**, 노조법 개정 설명자료 — 노조전임자, 복수노조 법개정 내용, 노동부(2010); **노동부c**, 노조법 개정 설명자료, 노동부(2010. 1.); **노동부d**, 근로시간면제한도적용매뉴얼, 고용노동부(2013. 7.); **문무기a**, "노조전임자제도 국제비교 및 개선방안", 법학논고 29집, 경북대학교 법학연구소(2008. 12.); **문무기b**, "근로시간 면제(Time-off)제도의 법리와 운영방향", 법학논총 30권 2호, 전남대학교 법학연구소(2010. 8.); **박귀천**, "독일의 노조신임자 제도", 이화여자대학교 법학논집 18권 3호, 이화여자대학교 법학연구소(2014. 3.); **박용석 외 12명**, "문재인 정부 4년 경제 · 노동 · 사회정책평가", 민주노총 총서 2021-02, 민주노동연구원(2021. 6.); **박종희a**, "개정법하의 노동조합 전임자제도에 관한 법적 고찰", 한림법학 포럼 6권, 한림대학교 법학연구소(1997); **박종희b**, "전임자에 대한 근로시간면제제도 적용과 부당노동행위", 고려법학 92호, 고려대학교 법학연구원(2019. 3.); **박종희c**, "개정 노조법의 주요 내용과 쟁점", 노동법학 78호, 한국노동법학회(2021. 6.); **박지순**, "근로시간면제제도의 법적 쟁점", 노동법포럼 5호, 노동법이론실무학회(2010. 10.); **방준식**, "근로시간면제제도의 실제적 운영과 법적 과제", 노동법논총 34집, 한국비교노동법학회(2015. 8.); **손향미**, "노동조합 전임자의 법적 지위", 노동법률 187호, 중앙경제(2006. 12.); **송도인**, "노동조합 전임자제도 관련 실무상 쟁점 연구", 노동연구 18집, 고려대학교 노동문제연구소(2009. 10.); **신동윤**, "미국의 노동조합 경비원조에 대한 태도와 시사점", 노동법논총 40집, 한국비교노동법학회(2017. 8.); **양성필**, "노동조합에 대한 경비원조 관련 입법적 규율의 변화와 해석론", 노동법학 81호, 한국노동법학회(2022. 3.); **오세웅**, "노동조합에 대한 경비원조로서 부당노동행위 판단기준", 산업관계연구 26권 3호, 한국고용노사관계학회(2016. 9.); **유성재**, "2010년 개정 노동법에 대한 입법론적 평가", 노동법학 34호, 한국노동법학회(2010. 6.); **이승길**, "노조전임자가 노동조합업무 수행 중 입은 재해", 2006 노동판례비평, 민주사회를 위한 변호사모임(2007. 8.); **이승욱**, "노조전임자 근로시간 면제제도의 쟁점과 과제", 노동법연구 28호, 서울대학교 노동법연구회(2010. 상반기); **이정**, "노조전임자에 대한 급여지급관행과 법적 문제점 — 일본사례를 중심으로", 노동법학 28호, 한국노동법학회(2008. 12.); **이철**

수, "창구단일화·전임자 문제를 둘러싼 사회적 대화과정과 결과", 산업관계연구 20권 2호, 한국고용노사관리학회 (2010. 6.); 임동환·이승길, "근로시간면제제도의 쟁점과 개선 방안", 사회법연구 44호, 한국사회법학회(2021); 임상민, "공정대표의무의 의의와 내용", 대법원판례해설 117호, 법원도서관(2019); 장석인, "노동조합 전임자의 임금제도 비교연구", 인적자원개발연구 18권 3호, 한국인적자원개발학회(2015. 9.); 전형배, "단체협약 자동연장 조항의 효력", 대한변협신문 506호(2014. 8. 11.); 정인섭a, "노조전임자 급여지급 금지론의 문제점", 노동법학 21호, 한국노동법학회(2005. 12.); 정인섭b, "노동조합의 전임운용권 — 대법원 2009. 12. 24. 선고 2009도9437 판결", 노동법학 33호, 한국노동법학회(2010. 3.); 조상균, "일본의 노조전임자 제도", 노동법논총 28집, 한국비교노동법학회(2013. 8.); 조성재, "복수노조·전임자 관련법 개정 후 노사관계", 노동리뷰 59호, 한국노동연구원(2010. 2.); 조용만a, "ILO 결사의 자유 핵심협약 관련 노조법상의 쟁점 해결 방안", 노동법학 68호, 한국노동법학회(2018. 12.); 조용만b, "결사의 자유 기본협약 관련 단체교섭 및 쟁의행위 쟁점 검토", 노동법연구 47호, 서울대학교 노동법연구회(2019); 조용만c, "2021년 개정 노동조합 및 노동관계조정법의 쟁점과 과제", 법학논총 34권 2호, 국민대학교 법학연구소(2021. 10.); 조용식, "노조전임자의 노동조합활동 중의 재해에 대한 업무상 재해 인정 여부", 산업관계연구 18권 1호, 한국고용노사관계학회(2008); 조준모·김기덕, "노조 전임자 관련 ILO협약 입법 효과 분석", 한국경제포럼 14권 1호, 한국경제학회(2021); 최홍엽a, "노동조합전임제도에 관한 연구", 노동법연구 2호, 서울대학교 노동법연구회(1992); 최홍엽b, "노조전임자 관련 판례", 1997 노동판례 비평, 민주사회를 위한 변호사모임(1997); 최홍엽c, "개정 노동법상 노조전임자의 지위", 노동법연구 7호, 서울대학교 노동법연구회(1998. 5.); 하갑래, "노조전임자에 대한 취업규칙의 출·퇴근규정 적용", 노동판례백선, 한국노동법학회(2015); 한광수a, "노조전임자 급여지급에 관한 노동법적 고찰", 노동법학 26호, 한국노동법학회(2008. 6.); 한광수b, "노동조합의 전임자 급여지급 금지와 근로시간 면제제도의 의의 및 한계", 강원법학 60권, 강원대학교 비교법학연구소(2020. 6.); 한국경영자총협회, 일본의 노조 전임제에 대한 연구, 한국경영자총협회(1999); 황경환, "노조전임자 급여규정과 관련된 법적 문제 — 헌법과 미국 노동법을 비교하여", 법학연구 17집 2호, 경상대학교 법학연구소(2009. 12.).

Ⅰ. 근로시간 면제제도 입법과정

1. 노조법의 개정과정

기업 내 복수노조 설립 허용과 노조전임자에 대한 급여지급제도 개선을 내용으로 하는 법이 2010년 1월 1일 개정된 법률(법률 9930호)에 의하여 같은 해 7

월 1일부터 시행되었다.[1] 종래 1997년 제정(법률 5310호)된 이후 4차례에 걸쳐서 유예해온 복수노조 허용과 노조전임자에 대한 급여 지급 금지 규정이 비로소 시행에 들어간 것이다.

노조전임자 규정이 노조법에 신설된 것은 1997년 3월 13일 제정된 법에서였지만, 노조전임자는 그 이전부터 기업별 노조제도에 따라 단체협약 등에 의해 인정되어 왔으며, 판례[2]에 의해서도 그 존재가 인정되어 왔다. 그러던 것이 1997년 노조전임자 관련 규정을 두면서도 부칙(5306호) 5조는 복수노조 허용 및 노조전임자 급여 지급 금지를 2001년 12월 31일까지 5년간 유예하였고, 다시 2001년 3월 28일 노조법 개정(법률 6456호)으로 2006년 12월 31일까지 5년을 유예하였다가, 2006년 12월 30일 개정(법률 8158호)에 의해 2009년 12월 31일까지 3년을 유예하였으며,[3] 결국 2010년 1월 1일 노조법 개정에 의하여 다시 6개월을 유예하여 2010년 7월 1일부터 비로소 시행키로 하는 등 약 13년 동안 유예해 왔다.

그러다가 우리 정부가 2017년부터 ILO 핵심협약을 비준하기 위해 국내법을 정비하게 되면서, ILO 결사의 자유 위원회의 권고에 따라 노조법 24조의 노조전임자 급여지급 금지 규정 및 전임자 용어를 삭제하고 사용자로부터 급여를

---

1) 다만 복수노조 설립은 부칙에서 2011. 6. 30.까지, 교섭창구단일화 등은 2012. 6. 30.까지 유예하였다.

노조법 부칙 6조(하나의 사업 또는 사업장에 2개 이상의 노동조합이 있는 경우의 경과조치) 2009년 12월 31일 현재 하나의 사업 또는 사업장에 조직형태를 불문하고 근로자가 설립하거나 가입한 노동조합이 2개 이상 있는 경우에 해당 사업 또는 사업장에 대하여는 29조 2항·3항·4항, 29조의2부터 29조의5까지, 41조 1항 후단, 89조 2호의 개정규정은 2012년 7월 1일부터 적용한다.

7조(노동조합 설립에 관한 경과조치) ① 하나의 사업 또는 사업장에 노동조합이 조직되어 있는 경우에는 5조에도 불구하고 2011년 6월 30일까지는 그 노동조합과 조직대상을 같이 하는 새로운 노동조합을 설립할 수 없다. ② 행정관청은 설립하고자 하는 노동조합이 1항을 위반한 경우에는 그 설립신고서를 반려하여야 한다.

2) 노조전임자 관련 규정이 입법된 1997년 이전에는 노조전임자의 급여지급 문제가 판례에 의해 규율되었다. 대법원 1991. 5. 28. 선고 90누6392 판결에 의하면 "노조전임자나 노조간부가 사용자로부터 급여를 지급받는 것이 형식적으로 보면 부당노동행위의 하나인 노동조합법 39조 4호 본문에 해당하는 것 같지만, 위 법조 소정의 부당노동행위의 성립 여부는 형식적으로만 볼 것은 아니고 그 급여지급으로 인하여 조합의 자주성을 잃을 위험성이 현저하게 없는 한 부당노동행위가 성립되지 않는다고 봄이 상당하고, 특히 그 급여지급이 조합의 적극적인 요구 내지는 투쟁결과로 얻어진 것이라면 그 급여지급으로 인하여 조합의 자주성이 저해될 위험은 거의 없다고 보아야 할 것이므로 이는 위 법조 소정의 부당노동행위에 해당하지 않는다고 보아야 할 것"이라고 판시하였다.

3) 이승욱, 1면.

지급받으면서 노조 업무에 종사하는 자는 모두 '근로시간면제자'로 일원화하는 것을 골자로 한 2021년 1월 5일자 개정(법률 17864호)에 이르렀다. 이후 국회는 2021년 2월 26일 ILO 87호 협약인 "결사의 자유 및 단결권 보호 협약(1948년)" 등 ILO 핵심협약들에 대한 비준동의안을 의결하였고, 2021년 4월 20일 비준서를 ILO에 기탁함으로써 비준 절차를 마무리하였다.

2. 개정법의 주요 내용

2021년 개정법(법률 17864호)은 종래 구법[4]의 전임자 정의 부분 및 노조전임자 급여지급 금지 규정을 삭제하고, 근로시간면제 제도를 정비하였다.

개정 전에는 노조전임자는 단체협약 또는 사용자의 동의가 있는 경우 어떠한 급여도 지급받지 않고 노조업무에만 종사할 수 있지만(개정 전 법 24조 1항·2항), 단체협약으로 정하거나 사용자가 동의하는 경우에는 사업 또는 사업장별로 조합원 수 등을 고려하여 24조의2에 따라 결정된 근로시간 면제 한도를 초과하

---

4) 2010. 1. 1. 개정 노조법(법률 9930호).

24조(노동조합의 전임자) ① 근로자는 단체협약으로 정하거나 사용자의 동의가 있는 경우에는 근로계약 소정의 근로를 제공하지 아니하고 노동조합의 업무에만 종사할 수 있다.

② 1항의 규정에 의하여 노동조합의 업무에만 종사하는 자(이하 "전임자"라 한다)는 그 전임기간동안 사용자로부터 어떠한 급여도 지급받아서는 아니 된다.

③ 사용자는 전임자의 정당한 노동조합 활동을 제한하여서는 아니 된다.

④ 2항에도 불구하고 단체협약으로 정하거나 사용자가 동의하는 경우에는 사업 또는 사업장별로 조합원 수 등을 고려하여 24조의2에 따라 결정된 근로시간 면제 한도(이하 "근로시간 면제 한도"라 한다)를 초과하지 아니하는 범위에서 근로자는 임금의 손실 없이 사용자와의 협의·교섭, 고충처리, 산업안전 활동 등 이 법 또는 다른 법률에서 정하는 업무와 건전한 노사관계 발전을 위한 노동조합의 유지·관리업무를 할 수 있다.

⑤ 노동조합은 2항과 4항을 위반하는 급여 지급을 요구하고 이를 관철할 목적으로 쟁의행위를 하여서는 아니 된다.

81조(부당노동행위) 사용자는 다음 각 호의 1에 해당하는 행위(이하 "부당노동행위"라 한다)를 할 수 없다.

1. 2. 3 생략.

4. 근로자가 노동조합을 조직 또는 운영하는 것을 지배하거나 이에 개입하는 행위와 노동조합의 전임자에게 급여를 지원하거나 노동조합의 운영비를 원조하는 행위. 다만, 근로자가 근로시간중에 24조 4항에 따른 활동을 하는 것을 사용자가 허용함은 무방하며, 또한 근로자의 후생자금 또는 경제상의 불행 기타 재액의 방지와 구제등을 위한 기금의 기부와 최소한의 규모의 노동조합사무소의 제공은 예외로 한다.

5. 생략

90조(벌칙) 44조 2항, 69조 4항, 77조 또는 81조의 규정에 위반한 자는 2년 이하의 징역 또는 2천만 원 이하의 벌금에 처한다.

92조(벌칙) 다음 각호의 1에 해당하는 자는 1천만원 이하의 벌금에 처한다.

1. 24조 5항을 위반한 자

지 아니하는 범위 내에서 근로자는 임금의 손실 없이 사용자와 협의·교섭, 고충처리, 산업 안전 활동 등 이 법 또는 다른 법률에서 정하는 업무와 건전한 노사관계발전을 위한 노동조합의 유지·관리업무를 할 수 있었다(같은 조 4항). 그리고 노조는 24조 2항과 4항을 위반하여 급여 지급을 요구하고 이를 관철할 목적으로 쟁의행위를 하여서는 아니 되며(같은 조 5항), 그 위반에 대해서는 1천만 원 이하의 벌금에 처하도록 되어 있었다(법 92조 1호).

그러나 2021년 개정법에서는 ILO의 권고 취지를 반영하여 노조전임자 급여지급 금지 규정과 노조전임자에 대한 급여지급을 부당노동행위로 취급하는 규정을 삭제하였다. 또한, 노조전임자 급여지원 등을 요구하는 쟁의행위 금지 및 처벌 규정 역시 삭제하였다. 이와 함께 노동조합 업무에만 종사할 수 있는 근로자가 급여를 사용자로부터 받는 경우와 노동조합으로부터 받는 경우로 구분하면서(법 24조 1항), 전임자 용어를 삭제하고 사용자로부터 급여를 지급받으면서 노조 업무에 종사하는 자는 모두 '근로시간면제자'로 일원화하여 규율하였다(법 24조 2항).[5)]

2021년 개정법은 또한 면제 한도를 초과하는 급여 지급을 정한 단체협약 또는 사용자의 동의는 그 부분에 한정하여 무효로 한다고 규정함으로써(같은 조 4항), 근로시간 면제 한도에 관한 고시내용이 강행적 효력이 있다는 점을 분명히 하고, 사용자가 근로시간면제자에 대한 면제 한도를 초과하여 급여를 지급하면 부당노동행위로 취급하도록 하였다(법 81조 1항 4호[6)]).

한편, 근로시간 면제 한도를 정하는 근로시간면제심의위원회는 종래 고용노동부 산하에서 경제사회노동위원회 산하로 변경하였다(법 24조의2 1항, 경제사회노

---

5) 박종희c, 158면에서는 2021년 개정법이 전임자 용어를 지우고 근로시간 면제로 일원화하였지만, 근로시간면제자의 지위를 소정근로를 제공하는 대신 노조 업무에만 종사할 수 있는 자로 통합적으로 설정하면서 이들에 대한 급여를 사용자가 지급하는 방식, 노조 스스로가 지급하는 방식의 두 경우로 예정함으로써 실제적으로는 전임자가 갖는 취지와 의미는 계속 유지될 수 있도록 하였다고 평가한다.

6) 81조(부당노동행위) ① 사용자는 다음 각 호의 어느 하나에 해당하는 행위(이하 "부당노동행위"라 한다)를 할 수 없다.

4. 근로자가 노동조합을 조직 또는 운영하는 것을 지배하거나 이에 개입하는 행위와 근로시간 면제한도를 초과하여 급여를 지급하거나 노동조합의 운영비를 원조하는 행위. 다만, 근로자가 근로시간 중에 24조 2항에 따른 활동을 하는 것을 사용자가 허용함은 무방하며, 또한 근로자의 후생자금 또는 경제상의 불행 그 밖에 재해의 방지와 구제 등을 위한 기금의 기부와 최소한의 규모의 노동조합사무소의 제공 및 그 밖에 이에 준하여 노동조합의 자주적인 운영 또는 활동을 침해할 위험이 없는 범위에서의 운영비 원조행위는 예외로 한다.

동위원회법 11조). 근로시간면제심의위원회는 근로자를 대표하는 위원 5명, 사용자를 대표하는 위원 5명, 공익을 대표하는 위원 5명으로 구성되고(법 24조의2 5항) 위원장은 공익위원 중에서 선출한다(같은 조 6항). 근로시간면제심의위원회가 심의·의결한 내용은 고용노동부장관이 고시한다(법 24조의2 2항·3항·4항).

근로시간면제심의위원회는 근로시간 면제 한도를 정할 때 법 24조 2항에 따라 사업 또는 사업장에 종사하는 근로자인 조합원 수와 해당 업무의 범위 등을 고려하여 시간과 이를 사용할 수 있는 인원으로 정할 수 있다(영 11조의2).

3. 개정법의 취지 및 특징

2010년 개정 노조법(법률 9930호)은 노조전임자와 관련하여, 첫째, 근로제공의무를 전부 또는 일부 면제하는 이른바 근로시간 면제제도(Time Off)를 제도화한 점, 둘째, 유급시간 총량을 사전에 제한하는 방식을 도입한 점, 셋째, 노조전임자 급여지급을 목적으로 한 쟁의행위를 금지하고 처벌제도 신설과 부당노동행위의 병존에 의해 그 이행을 확보하고자 한 점, 넷째, 근로시간면제심의위원회라는 별도의 행정위원회를 노동부 내에 설치하고 면제시간 총량과 인원수를 정하도록 한 점, 다섯째, 근로시간 면제의 활동대상을 개괄적으로 제시한 점에서 특징이 있었다.[7]

그러나 ILO 산하 결사의 자유 위원회(the Committee on Freedom of Association)는 노조전임자 급여지급 문제는 노사 자율로 결정할 사항이라며 입법에 의한 관여를 중지할 것을 한국정부에 권고하여 왔다.[8] 또한, 노조전임자제도는 입법권의 재량을 남용하였고, 사용자가 노조전임자에게 급여를 준다고 약속하는 행위는 사적 자치의 영역으로서, 국가가 과도하게 사적 자치의 영역을 침해하고 있으며, 노조전임자 급여 지급 행위가 부당노동행위인지 아닌지 판단 없이 급여지급행위를 형사 처벌하는 것은 실체적 적법절차 원리에 반한다는 비판,[9] 노조전임자에 대한 사용자의 급여지원 문제는 자율적으로 정할 수 있도록 하는 것

---

7) 이승욱, 116면.

8) ILO Committee on Freedom of Association, Case No 1865 (Republic of Korea), Report No 340; March 2006; Report No 346, June 2007; Report No 363, March 2012; Report No 382, June 2017 등.

9) 황경환, 223면 이하는 노조법 81조 4호는 사용자가 노조전임자에게 행한 급여행위 일체를 부당노동행위와 관계없이 원천적으로 금지하여 위반시에는 처벌하겠다는 것으로 헌법상 명확성의 원칙, 권력분립의 원칙에 반한다고 주장한다.

이 노동3권 보장의 취지 및 ILO 결사의 자유 원칙에 가장 부합하므로, 노조전임자에 대한 급여지급 금지 규정을 삭제하고 노조전임자에 대한 사용자의 급여지원은 근로시간면제제도 틀 내에서 일괄적으로 해결하는 것이 타당하다는 비판[10] 등이 제기되었다.

헌법재판소는 2010년 개정 노조법 24조 2항, 4항, 5항의 위헌확인을 구하는 사건에서 "근로시간면제심의위원회(이하 '근심위'라 한다)는 노동계, 경영계, 정부에서 추천하는 각 5인의 위원으로 구성되어 있어 노사 양측의 이해관계 및 전문가적 입장이 실질적으로 반영되므로, 근로시간 면제 한도의 구체적 내용을 근심위의 심의·의결을 거쳐 고용노동부 고시로 정하도록 한 입법자의 판단에는 합리적 이유가 인정된다."라고 전제한 후, "노조법 24조 4항은 고용노동부장관 고시로 정해질 근로시간 면제 한도의 구체적 내용이 각 사업(장)별 조합원수 등을 기준으로 하여 각종 노동조합이 업무를 처리함에 있어 통상적으로 필요한 시간 및 적정한 사용인원 정도가 될 것임을 충분히 예상할 수 있게 규정하고 있다."라면서 근로시간 면제 한도 부분은 죄형법정주의에 위배되지 않는다고 하였고, 또한 "법에서 근로시간 면제 범위의 최소한을 보장하고 이를 초과하는 범위에 대해서는 노사의 자율적 결정에 맡기는 것이 바람직한 방안일 수 있으나, 이는 기업별 노동조합이 주를 이루어왔고 노조전임자의 급여를 사용자가 부담해 온 오랜 관행을 시정하기 위한 입법취지를 무색하게 할 우려"가 있고, "이 사건 법 조항들은 근로시간 면제 한도를 초과하는 노동조합의 활동에 대한 유급 처리에 한해서만 단체교섭권 및 단체행동권을 제한"하므로, 따라서 위 조항들이 "과잉금지원칙에 위반되어 노사자치의 원칙 또는 청구인들의 단체교섭권 및 단체행동권을 침해한다고 볼 수 없다."라고 판시하였다.[11] 한편, 헌법재판소는 2010년 개정 노조법 81조 4호 중 '노동조합의 운영비를 원조하는 행위'에 관한 부분은 위 조항 단서에서 정한 두 가지 예외를 제외한 운영비 원조 행위를 일률적으로 부당노동행위로 간주하여 금지하는 것은 침해의 최소성, 법익의 균형성에 반하고, 결국 과잉금지원칙을 위반하여 청구인의 단체교섭권을 침해하므로 헌법에 위반된다고 보면서, 전임자급여 지원 행위는 운영비 원조 행위의 일환으로 볼 수 있지만 "운영비 원조 행위와 전임자급여 지원 행위는 그 금지의

10) 조용만a, 104면.
11) 헌재 2014. 5. 29. 선고 2010헌마606 결정.

취지와 규정의 내용, 예외의 인정 범위 등이 다르므로 노동조합의 단체교섭권을 침해하는지 여부를 판단하면서 운영비 원조 행위를 전임자급여 지원 행위와 동일하게 볼 수는 없다."라고 판단하였다.[12)]

대법원도 근로시간 면제제도에 대해 "노동조합이 사용자에게 경제적으로 의존하는 것을 막고 노동조합의 자주성을 확보하기 위하여 노조전임자 급여 지원 행위를 금지하는 대신, 사용자의 노무관리업무를 대행하는 노조전임자 제도의 순기능도 고려하여 일정한 한도 내에서 근로시간 면제 방식으로 노동조합 활동을 계속 보장하기 위한 것이다."라고 그 취지를 인정하였다.[13)]

그러나 2010년 개정 노조법의 근로시간 면제제도에 대하여, 사용절차 및 방법에 대한 규정이 결여됨으로써 분쟁발생이 예상되고, 노사의 자율적인 교섭의 여지를 축소시키는 대신 근로시간면제심의위원회에 과도한 재량을 부여하여 국가의 직접적인 개입을 초래하게 되었고, 한편 근로시간면제심의위원회가 3년마다 근로시간 면제 한도를 정할 수 있도록 함으로써 노사관계 실태를 제대로 반영하지 못할 우려가 있을 뿐만 아니라 만일 의결이 이뤄지지 않는 경우 장기간 변경 없이 유지될 수 있다는 점 등을 근거로 제도의 시행에 관하여 문제가 제기되었다.[14)]

이후 2021년 개정 노조법은 전임자 용어를 삭제하면서 전임자에 대한 급여 지급 금지 및 관련 형사처별 규정을 함께 삭제하였고, 사용자로부터 급여를 지급받으면서 노조 업무에 종사하는 자는 모두 '근로시간면제자'로 일원화하여 규율하였다(법 24조 2항). 이는 ILO가 노조전임자의 급여 지급에 관하여 입법적인 관여가 적절하지 않다고 지적해온 사정을 반영한 개정이다. 이러한 개정에 대하여는 우리나라에서는 노조의 자주성을 해한다는 평가에도 불구하고 관행적으로 노조전임자에 대한 급여를 지급하여 왔고, 소규모 영세 기업별 노조가 다수인 사정을 고려한 노조의 자주성을 침해하지 않는 현실적인 개정이며, 면제시간의 상한을 노사가 정하는 제도와 절차 자체가 결사의 자유 원칙에 위배된다고 보기는 어렵다는 견해가 있는가 하면,[15)] 근로시간면제한도 내에서 전임자 급여 지

12) 헌재 2018. 5. 31. 선고 2012헌바90 결정.
13) 대법원 2018. 4. 26. 선고 2012다8239 판결.
14) 이승욱, 120면 이하.
15) 임동환 · 이승길, 152면; 조준모 · 김기덕, 33면은 2018년을 기준으로 한 실태조사에 의하면, 사업장에 무급 전임자는 거의 없고 대부분 근로시간면제자가 풀타임과 파트타임으로 노조 업무를 보고 있었으며, 기업별 노조의 비율이 커 상급단체 파견 인력 비중도 매우 적은 것으

급만을 허용하는 것이고, 전임자에 대한 급여지급문제를 노사자치에 맡기고 사용자의 지배개입에 의해 노조의 자주성이 침해되었다고 볼 수 있는 구체적 사안에 따라 규율해야 한다는 ILO의 권고에 여전히 미치지 못한 것이라는 비판도 제기된다.[16)]

다만, 2021년 개정 노조법에 의하더라도, 근로자 중 근로계약 소정의 근로제공을 하지 않고 노동조합 업무에만 종사하면서 노동조합으로부터 급여를 지급받는 자는 실질적으로 종전의 무급 전임자와 동일한 형식과 지위를 보유하는 것으로 볼 수 있다.[17)]

한편, 2021년 개정 노조법은 근로시간면제심의위원회를 고용노동부가 아닌 경제사회노동위원회로 그 소속을 변경하였는데, 이는 종전 근로시간면제제도의 개선과 관련하여 기본적인 틀을 유지하되, 그 한도를 중립적·독립적 기관에서 노사 자율로 결정하도록 하자는 기존의 문제제기를 수용한 결과이다.[18)] 여기에 부칙 3조 2항은 근로시간면제심의위원회가 개정법 시행 즉시 조합원 수, 조합원의 지역별 분포 외에 건전한 노사관계 발전을 위한 연합단체에서의 활동 등 운영실태까지 고려하여 근로시간면제한도 심의에 착수하도록 하였다.

Ⅱ. 노조전임자의 급여지급에 관한 입법례

1. 국제노동기구(ILO)

ILO 협약 135호 기업에서 근로자대표에게 제공되는 보호 및 편의에 관한 협약(Convention concerning Protection and Facilities to be Afforded to Workers' Representatives in the Undertaking, 1971) 및 143호 근로자대표에 대한 권고(Workers' Representatives Recommendation, 1971)에서는 기업에서 노조대표자가 노조활동을 효율적으로 수행하도록 보호규정을 두고 있다.

협약 135호 2조 1항에서는 "근로자대표가 그 직무를 신속하고도 능률적으로 수행할 수 있도록 기업에 그러한 편의가 적절하게 제공되어야 한다."라고 규

로 확인되었다고 한다. 이에 따라 2021년 개정으로 노조전임자 급여지급 금지 규정이 삭제되었다고 하더라도 노조의 활동 시간에 큰 변화를 주지는 않을 것으로 예상된다고 한다.

16) 박용석 외 12명, 303면(박주영 집필부분).
17) 박종희c, 135면.
18) 임동환·이승길, 153면.

정하고 있으며, 2항에서는 "이 경우에 국내 노사관계 제도의 특성 및 해당 기업의 필요·규모·능력을 고려하여야 한다."라고 규정하고 있다. 그리고 3항에서 "그러한 편의제공은 해당 기업의 능률적인 운영을 방해해서는 안 된다."라고 함으로써 근로자대표에 대한 편의제공을 원칙적으로 인정하면서도 일정한 한계를 두고 있다.

143호 근로자대표에 대한 권고(Workers' Representatives Recommendation, 1971)는 근로자대표가 그 업무를 수행할 때 근로자대표로서의 기능을 효율적으로 수행할 수 있도록 임금이나 사회적 또는 부가적 급여의 손실 없이 근로제공의무를 면하고 필요한 시간이 제공되어야 하며(10조 1항, 11조 1항·2항), 이와 같이 제공되는 근로시간 면제에 따른 비용을 누가 부담해야 하는지에 대한 문제는 국내 법령, 단체협약 또는 관행에 일치하는 방식으로 결정하도록 하였다(10조 2항, 1조). 다만, 근로시간 면제의 범위에 대해서는 합리적인 제한이 설정될 수 있다고 한다(10조 3항).

결국 ILO 협약 135호[19]와 권고 143호는 사업 또는 사업장에서 노조 대표자에게 임금삭감 없는 전임시간이 사용자에 의해 제공될 수 있어야 하고, 다만 반드시 풀 타임(Full Time)이어야 하는 것은 아니고 전임시간 부여를 포함한 편의를 제공할 때에 국내의 노사관계의 특성, 기업의 필요·규모·능력 등이 고려되어야 한다는 것이다.

ILO 협약 87호 3조 1항은 "근로자단체 및 사용자단체는 그들의 규약과 규칙을 작성하고, 완전히 자유롭게 대표자를 선출하며, 관리 및 활동을 조직하고, 계획을 수립할 권리를 가진다."라고 규정하면서, 2항에서 "공공기관은 이 권리를 제한하거나 이 권리의 합법적인 행사를 방해하는 어떠한 간섭도 삼가야 한다."라고 규정하고 있다. ILO 결사의 자유 위원회는 노조 임원이 어떤 종류의 보수도 받지 못하도록 금지하는 법률 조항은 87호 협약 3조에 부합하지 않으며,

---

19) 헌법재판소는 2021년 개정 전 노조법 24조 2항, 4항, 5항에 대한 위헌확인 사건에서 "국제노동기구협약 135호 '기업의 근로자대표에게 제공되는 보호 및 편의에 관한 협약' 2조 1항은 근로자대표에 대하여 그 지위나 활동을 이유로 불리한 조치를 할 수 없고, 근로자대표가 직무를 신속·능률적으로 수행할 수 있도록 기업으로부터 적절할 편의가 제공되어야 한다고 정하고 있는데, 노조전임자에 대한 급여 지급 금지에 대한 절충안으로 근로시간 면제제도가 도입된 이상, 이 사건 노조법 조항들이 위 협약에 배치된다고 보기 어렵다"면서 위 조항들은 "국제법 존중주의 원칙에 위배되지 않는다"라고 판시하였다. 헌재 2014. 5. 29. 선고 2010헌마606 결정.

노조전임자에 대한 사용자의 임금 지급을 금지하는 새로운 법은 종전의 광범위하고 장기간 지속된 관행을 폐지하는 것으로 노조의 재정적 곤란으로 이어져 그 운영을 상당히 저해할 수 있는 위험을 수반한다고 판단하였다.[20)]

2. 독 일

독일의 산별노조시스템 하에서 노조의 집행기구에서 근무하는 사무원, 활동가, 전문직원, 중앙집행위원회 위원들이 노조 업무와 활동을 수행하는데 이들은 노조전임자로서 노조로부터 급여를 받는다. 독일의 사업장내 근로자조직은 산별노조, 초기업노조와 사업장을 연결하는 매개체인 노조신임자(gewerkschafteliche Vertrauensleute)와 경영조직법에 근거하여 종업원 5인 이상의 사업장에 의무적으로 두게 되어 있는 사업장평의회(Betriebsrat)의 이원적 구조로 설명된다.[21)] 즉, 초기업단위 노조전임자는 전국 내지 지역수준의 산업별 노동조합에 의해 고용되거나 임명된 자로 개별기업과 근로관계가 없으며, 이들의 임금은 노조재정에서 충당하므로, 독일 사용자가 근로시간 면제를 유급으로 하는 대상은 노조신임자와 사업장평의회 전임자에 한정된다.[22)]

기업내 수준의 노조업무 종사자인 노조신임자는 단체협약에서 정하며 조합원들에 의해 선출되는데, 이는 우리의 근로시간면제자와 유사하다. 노조신임자의 법적 지위나 근거, 근로시간 면제에 대한 법률상 명시적 규정은 없으나, 판례와 지배적 학설에 의하면 노조신임자의 활동은 독일기본법 9조 3항의 단결권 조항에 의해 보장된다고 한다.[23)] 다만, 독일의 노조신임자는 독일기본법 9조 3항으로부터 직접 도출되는 권리가 아니므로 근무시간 중 사업장 내에서 노조신임자를 선출할 수 있도록 사용자에 청구할 수 있는 권리가 당연히 도출되는 것은 아니다. 독일 판례는 노조신임자에 대해 일반근로자와 동일한 법률관계가 적용되는 것으로 보면서 노조업무를 본다는 이유로 특별한 혜택을 부여하는 것은 차별금지원칙에 어긋나는 것으로 보고 있고, 노조신임자에 대한 급여지원은 원칙적으로 발생하지 않는다. 다만, 노조신임자는 기본적으로 근로제공의무를 부담하면서 단체협약에서 정한 범위 내에서 조합관련 업무를 처리하고 그 시간에

20) 국제노동기구 사무국 편(이승욱 역), 163면.
21) 박귀천, 296-297면에서 재인용.
22) 장석인, 163면에서 재인용.
23) 박귀천, 298면에서 재인용.

대해서는 임금의 손실 없이 근로제공의무를 면제받는다.[24)]

한편, 독일의 사업장평의회는 경영조직법(Betriebsverfassungsgesetz)에서 종업원 5인 이상의 사업장에 의무적으로 두도록 하고 있다. 사업장평의회 위원이 명예직으로 그 직을 수행할 때에는 사용자로부터 어떤 금전적 이익도 받아서는 안 되나, 사업장의 범위와 종류에 따른 직무수행이 필요한 경우 임금의 저하 없이 근로제공의무를 면제받을 수 있다. 또한 경영조직법은 일정한 범위 내에서 일부 사업장평의회 위원을 전임자로 하여 완전히 근로제공의무를 면할 수 있도록 제도적으로 보호한다. 다만, 사업장평의회는 종업원의 대표조직으로 노동조합원 뿐만 아니라 비노동조합원, 관리직 직원까지 모두 포괄하는 조직이라는 점에서 엄밀한 의미에서 노동조합과는 다르며, 사업장평의회의 업무를 전담하는 전임자 또한 우리의 근로시간면제자와는 다르다.[25)]

3. 프 랑 스

프랑스 역시 기본적으로 산별노조체제를 취하고 있기 때문에 우리나라와 같은 의미의 노조전임자가 법적으로 존재하지 않고, 다만 프랑스 노동법은 기업 혹은 사업장 수준의 노조 지부에 대하여 '노조대표'(délégués syndicaux d'entreprises)를 인정하고 있다. 프랑스에서는 법률에서 허용하고 있는 노조대표와 단체협약에서 정하고 있는 노조전임자가 있으며, 노조대표는 기본적으로 근로제공의무가 유지되면서 법률에 의하여 사업장내에서 노조업무를 수행하기 위하여 일정시간 동안 근로제공의무가 면제되며, 프랑스 노동법전은 노동조합대표의 수와 근로면제의 시간범위를 법정화(L2143-13조; R2143-2조)하고 있다. 반면, 노조전임자는 단체협약으로 정하는 바에 따르며, 기본적으로 사용자에 의한 급여지원문제는 발생하지 않는다.[26)]

4. 이탈리아

이탈리아는 1970년 노동자권리법(Statuto dei diritti dei lavoratori) 제3장에서 "조합활동(Della'attività Sindacale)"이라는 제목 하에 여러 조합권(diritti sidacali)을 보장하고 있다. 20조 1항은 근로자가 근무시간 내에 전원회의를 개최하는 경우

24) 한광수b, 151면, 장석인, 164면에서 재인용.

25) 박귀천, 165면에서 재인용.

26) 한광수b, 150면 재인용.

연간 10시간 이내에서는 유급으로 하며, 더 나은 조건을 단체교섭을 통해서 결정할 수 있도록 한다. 23조는 기업별 노조의 임원은 그 임무 수행을 위해 유급휴가를 취득할 권리를 가지며, 생산단위의 근로자수에 따라 유급휴가를 사용할 수 있는 임원수 및 시간이 달라진다. 24조는 무급휴가권에 대해 규정하고, 기업별 노조의 임원은 노조의 교섭 · 회의 · 집회에 참가하기 위해 연간 8일 이내의 무급휴가를 취득할 권리가 있고, 이 경우 기업별 노조 대표를 통해 원칙적으로 3일 전에 사용자에게 서면으로 통지해야 한다고 규정한다. 30조는 기업별 노조 대표의 조직권을 가진 노동조합의 전국 수준, 주 수준의 집행기관 구성원은 그 기관의 회의참가를 위해 단체협약 규정에 따라 유급휴가를 취득할 권리를 가진다고 규정한다.[27)]

5. 영 국

영국에서 조합활동에 관한 규율은 노조승인협정이나 편의제공협정에 규정된다. 그러한 협정이 체결되지 않을 경우에도 법령에 의해 최저 조합활동이 보장된다. 법에 의한 조합활동보장은 노조임원이 조합업무를 위한 활동을 하는 경우와 개별 조합원이 조합활동에 참여하는 경우의 두 가지 범주로 나뉜다. 전자는 유급, 후자는 무급으로 보장된다. 1992년 노동조합및노동관계(통합)법[Trade Union and Labour Relations (Consolidation) Act 1992] 168조에서는 조합임원이 조합업무에 종사하는 경우와 노조교육에 참가하는 경우에 관한 근로시간 면제를 인정하고, 169조에서 그 면제시간은 유급이어야 한다고 규정한다. 그러나 그러한 업무수행이 일과 시간에 일어나지 않았다면 사용자는 임금지급 의무를 부담하지 않는다.[28)] 반면, 170조에서 보장하는 조합원의 노조활동 참가에 대해서는 근로시간 면제는 인정하지만 사용자는 유급으로 처리할 법적 의무는 부담하지 않는다. 조합원의 노동조합 내부적 이슈에 대한 토의를 위한 회의 참석, 노조 정책결정기구에 참석, 사업장 단위 이슈에 대한 논의를 하기 위해 노조가 고용한 상근자와의 회의, 노조선거의 투표에 참석, 노조 학습대표가 제공하는 서비스에 참석 등이 근로시간 면제는 인정되나 유급이 보장되지 않는 노조활동 참가에 해당한다.[29)] 170조의 조합활동 참가권은 쟁의행위에 대한 참가에는 적용되지

27) 이승욱, 110~111면.
28) 장석인, 156면에서 재인용.
29) 장석인, 156면에서 재인용.

않는다.[30] 199조는 근로시간 면제에 관한 구체적인 지침이 되는 실행규칙(Codes of Practice)의 제정을 조정알선중재위원회(Advisory, Conciliation and Arbitration Service, ACAS)에 위임하였는데, ACAS-Code는 준법률적 효력을 지닌다.[31] ACAS-Code에 의한 근로시간면제 규제는 법률에 의한 직접적인 규제보다는 행위자의 자유와 제도의 유연성을 높인다고 한다.[32] 보다 구체적으로 노조대표의 활동 중 일반적으로 노사 간의 단체교섭을 통해 포괄하는 사안들과 노조대표의 사용자와의 직접 관련된 사항들로 이루어진 교섭의무활동(duties), 즉 단체협상, 경영진과의 협의, 조합원들과의 의사소통 및 노조와의 연계업무, 또 개별 징계 및 고충처리 등에 대해서는 유급 타임오프가 법적으로 보장된다. 그러나 그 밖에 노조대표의 노조의 고유한 활동(activities), 즉 사용자와의 협상 결과에 대해 논의하거나 조합원의 최종 승인을 위해 투표하는 활동, 작업장 관련이슈를 주제로 한 (외부) 노조간부와의 회의, 노조임원 선거를 위한 투표 등의 활동에 대해서는 사용자의 무급의 타임오프가 적용된다.[33]

영국에서는 노조와 별도로 개별 사업장 내에서 비공식적으로 조직되어 개별 사업장 내 노조원을 대표하고 근로조건 등에 관하여 사용자와 협의하는 직장위원(Shop Steward)이 있는데, 이것이 우리의 기업별 노조의 전임자와 유사한 점이 있다. 직장위원은 법률이 아니라 관습에 의해 인정되는 것이어서 헌법이나 법률에 의한 보호를 받지 못하지만, 사용자에 의해 승인되고 그 급여 역시 사용자가 부담하는 경우가 많다.[34]

6. 미 국

미국은 초기업수준의 노조전임자와 기업내 노조전임자로 구분한다. 초기업수준 노조전임자는 노조 총연맹, 직종별 내지 산업별 단위노조에서 활동하는 자로서 특정기업과 근로계약 관계를 갖고 있지 않다. 반면, 기업내 노조전임자로 지역노조위원장을 비롯해 직장위원(Shop Steward)이 있다. 이들은 해당 기업과 근로계약관계를 맺고 기업내 노동조합업무 종사자로서 해당 기업에서 일부 근

30) 이승욱, 105면 이하 재인용.
31) 권현지 · 조성재, 6면.
32) 장석인, 155면에서 재인용.
33) 권현지 · 조성재, 6-9면.
34) 장석인, 157면에서 재인용.

로의무를 면제받으면서 해당 기업의 단체협약이나 단체교섭, 고충처리 등 업무를 보는 기능을 하고 있다.[35]

미국에서는 사용자로부터 노조전임자에 대한 급여지급과 관련하여 부당노동행위의 문제가 제기되는 것은 주로 직장위원에 한하여 논의된다. 초기업수준의 노조전임자는 개별 기업과 근로계약 관계가 없고 그 급여 역시 노조 스스로 부담하기 때문이다.[36]

전국노동관계법(National Labor Relations Act) 8조 (a)(2)항은 사용자가 노조에 재정적 지원을 하는 것을 금지하고,[37] 노사관계법(Labor Management Relations Act) 302조 (a)항은 사용자 등이 근로자 대표 또는 노조에 금전이나 금전적 가치가 있는 것을 지급·제공·전달하는 등의 행위를 불법으로 규정하고 있으며,[38] 노조전임자에 대한 급여지원의 법적 금지는 위 규정들에 근거한 것으로 해석된다. 한편, 미국에서는 노조가 사용자에게 제공되지 않은 서비스(근로)에 대해 사용자로 하여금 금전 또는 다른 가치 있는 것을 지급하도록 동의하게 하거나 시도하는 행위 등을 노조의 부당노동행위로 규율하고 있기도 하다.[39] 이와 같이 미국에서 민간기업 사용자의 노조업무 종사자에 대한 급여지원은 원칙적으로 금지되고 있으며, 예외적으로 근무시간 중 기업 내 노사업무시간에 대해서는 그 시간분의 임금이 지급될 수 있도록 하는 타임오프제도를 허용하되, 실제 타임오프가 허용되는 노조전임자의 업무는 노조에게만 필요한 것이 아니라, 노사 모두에게 필요한 것이어야 한다.[40] 즉, 유급 근로시간 면제에 해당하는 업무는 노조활동(union business)이어야 하는데, 이는 교섭대표로서 노조에 의해 수행되는 활동, 신규 조합원 모집과 같은 노조 자체를 위하여 수행하는 활동, 단체교섭과는 관련이 없더라도 고충처리 절차와 같이 조합원들의 이익을 위한 활동 등으로 한정된다고 한다.[41]

35) 한광수b, 150면 재인용.
36) 장석인, 161면에서 재인용.
37) 29 U.S.C. § 158(a)(2) (National Labor Relations Act Sec. 8).
38) 29 U.S.C. § 186(a) (Labor Management Relations Act Sec. 302).
39) 29 U.S.C. § 158(b)(6) (National Labor Relations Act Sec. 8). 신동윤, 16면.
40) 한광수b, 150면에서 재인용.
41) 장석인, 159면에서 재인용.

7. 일 본

일본에서는 노조전임자를 조합전종(組合專従)이라고 하고, 그중 재적전종(在籍專従)은 일반적으로 종업원 신분을 보유하면서 오로지 조합 업무에 종사하는 노조간부를 의미한다.[42] 노동조합의 임원이 특정기업의 근로자 지위를 유지하면서도 노조 업무를 담당하는 형태에 따라 재적전임(상시전임), 반전임(시간전임), 비전임 등이 있으며, 노조 업무에 전념하면서도 사용자로부터 급여를 지급받는 비공식전임, 회사의 근로자 신분을 가지지 않으면서 노동조합 업무에 종사하는 이적전임 등의 다양한 노조전임제도를 두고 있다.[43]

일본의 노조전임자는 일반적으로 단체협약에 의해 인정된다.[44] 일본 최고재판소는 재적전임을 요구할 권리가 일본 헌법 28조 노동3권의 단결권에 내재하거나 그로부터 당연히 파생하는 고유의 권리가 아니며, 재적전임은 사용자의 승낙이 있어야 비로소 성립하는 것으로 승낙 여부는 사용자의 자유라고 한다.[45] 그러나 조합전종에 관한 협정을 해약하는 것이 사용자의 권리라고 하더라도, 그 행사가 노조에 불리한 시기를 선택하는 등 전적으로 노조에 타격을 주는 목적으로 이루어지는 경우와 같이 사용자가 위 협정을 합리적 근거 없이 일방적으로 폐지하면 지배개입의 부당노동행위가 될 수 있다.[46]

일본에서는 노조전임자 내지 근로시간 면제제도에 관한 법령이 없으며, 일본 노조법 2조 단서 2호가 노동조합의 소극적 요건으로서 사용자로부터 경비원조를 받는 노동조합의 조합자격을 인정하지 않고 있고, 또한 동법 7조 3호에서는 사용자의 경비원조를 부당노동행위로 규정하고 있을 뿐이다. 따라서 노조전임자에 대한 사용자의 급여지급이 노동조합의 결격사유와 부당노동행위에 해당하는지 문제가 되는데, 노동조합이 사용자로부터 재정상의 원조를 받고 있다는 그 자체에 노동조합의 자주성 상실의 위험을 내포하고 있으므로 경미한 경비원조가 아닌 한 부당노동행위 성립을 긍정하는 형식설과, 노조가 사용자로부터 운영비의 원조를 받고 있다 하더라도 조합의 자주성을 잃을 우려가 현저하

42) 西谷 敏a, 279면.
43) 山口浩一郎, 314면; 한국경영자총협회, 7면에서 재인용.
44) 조상균, 426면에서 재인용.
45) 最高裁 1973. 11. 8. 判決(三菱重工長崎造船所事件, 最高裁判所裁判集民事 110호, 407면).
46) 1심 東京地裁 1990. 5. 30. 判決(駿河銀行事件, 労働判例 563호, 6면), 항소심 東京高裁 1990. 12. 26. 判決(労働判例 583호, 25면). 西谷 敏b, 621면.

지 않는 한 부당노동행위 성립을 부정하는 실질설이 대립하고 있으며, 다수설은 노조법 2조 단서의 사유들은 노조의 자주성이 결여될 경우를 예시적으로 들고 있는 것이며 노조의 자주성은 실질적으로 판단해야 한다는 실질설을 취하고 있다.[47] 다수설인 실질설에 따르면 노사 합의에 의한 전임자에 대한 급여지급이 노조의 자주성과 독립성을 실질적으로 침해하는지를 따져 보아야 한다.

일본 판례의 태도는 일관되지 않는다고 이해된다.[48] 즉, "사용자의 전임자에 대한 임금지급이 부당노동행위에 해당하는지 여부를 형식적으로 판단할 것이 아니라 실질적으로 노동조합의 자주성을 침해하는지 여부의 관점에서 보아야 한다."라고 하면서, "노조전임자가 사용자로부터 원조를 받는 협약 자체가 무효인 것은 아니"라고 하고,[49] "사용자의 노동조합에 대한 지급원조가 형식적으로 지배개입으로서 경비원조에 해당한다 하더라도 그것이 노동조합의 자주성을 상실하지 않고 근로자의 단결권을 침해할 염려가 없는 경우에는 부당노동행위로서의 경비원조에 해당하지 않는다."라고 본 사례[50]도 있는 반면, 노조전임자에 대한 임금을 지급하기로 하는 노사 간 합의는 부당노동행위로 금지된 경비상의 원조에 해당한다고 본 사례[51]도 있다.

8. 소 결

근로시간 면제의 근거와 관련하여 법령에 근거를 두는 경우(미국, 영국, 프랑스, 독일, 이탈리아), 그렇지 않은 경우(일본)로 나누어 볼 수 있다. 유급 근로시간 면제의 상한과 관련하여 법령에 상한을 두면서도 협의로 올릴 수 있도록 하는 경우(이탈리아), 상한을 설정하지 않은 경우(미국, 영국, 프랑스, 독일)로 나뉜다. 또한, 노조활동에 종사하는 자에 대한 타임오프를 법에서 정하고 있는 입법례 중 유급대상 사유를 제한하고 있는 입법례(미국, 영국), 활동시간과 종사자 수를 규율하는 입법례(프랑스), 유급대상 사유 및 활동시간과 종사자 수 모두를 규율하

47) 조상균, 435면에서 재인용.
48) 조상균, 440면.
49) 1심 福岡地裁飯塚支部 1949. 9. 21. 判決(日本セメント香春工場事件, 労働関係民事事件裁判集 5호, 66면), 항소심 福岡高裁 1950. 4. 12. 判決(労働関係民事裁判例集 1권 2호, 141면); 東京地裁八王子支部 1949. 5. 23. 判決(日本セメント西多摩工場,事件, 労働関係民事事件裁判集 4호, 91면).
50) 大阪地裁 1982. 2. 4. 判決(北港タクシー事件, 労働経済判例速報 1117호, 8면).
51) 東京地裁 1992. 5. 29. 判決(安田生命保険事件, 判例時報 1427호, 139면).

는 입법례(이탈리아)로 나뉜다. 영국과 이탈리아는 노조 업무에 사용한 시간에 대해서는 유급으로, 노조 활동에 사용한 시간에 대해서는 무급으로 한다는 점에서 공통적인 접근방식을 취하고 있다.[52)]

독일이나 프랑스 등 유럽국가는 산업별 노동조합 형태를 가지고 있고, 노동현실에서 독일의 노조신임자, 프랑스의 노조대표, 영국의 직장위원 등 전임자 인정과 전임자에 대한 급여지급 등이 단체협약이나 관행에 의해 인정되어 왔으며, 프랑스에서는 노동법전에서 이에 대한 명문규정을 두고 있음이 특색이다. 일본에서는 다양한 전임형태가 인정되고 있으며, 노조의 자주성을 침해하지 않는 범위에서 급여지급은 부당노동행위가 아니라고 보고 있다. 이들 국가에서는 노조전임자에 대한 유급 근로시간 면제권이나 시간할애, 급여지급 문제를 원칙적으로 부인하지는 않고 있다. 특히, 앞서 살펴 본 국가들 중 법률에 협의로 근로자에게 유리하게 변경할 수 없는 근로시간 면제의 상한을 규정한 국가는 없는 것으로 보인다.

다만, 미국이나 유럽의 경우 산별노조 체제를 그 전제로 하면서 산별노조 전임자에 대해서는 사용자에 의한 급여지급을 상정하지 않고 있으므로, 아직도 기업별 노조가 다수인 우리와 직접 비교는 어려움이 있다.

Ⅲ. 노조전임자의 지위와 적용

1. 노조전임자의 유형

2021년 개정법에 따르면, 전임자는 단체협약으로 정하거나 사용자의 동의가 있는 경우에 근로계약 소정의 근로를 제공하지 아니하고 사용자가 아닌 노조로부터 급여를 받는 전임자(법 24조 1항)와 근로시간 면제 한도에서 임금의 손실 없이 노동조합의 업무에 종사하는 근로시간면제자(법 24조 1항·2항)로 나뉘고, 근로의무 면제유형에 따라 풀타임(Full Time) 전임자와 파트타임(Part Time) 전임자로 구별할 수 있다.

2021년 개정법상 근로시간면제자 이외에 사용자로부터 급여를 받아 근로계약 소정의 근로를 제공하지 않는 별도의 유급 전임자를 둘 수 있는지 문제된다. 단체협약으로 정하거나 사용자의 동의가 있는 경우에는 근로계약 소정의 근로

52) 이승욱, 114면 이하, 임동환·이승길, 176면 참조.

를 제공하지 아니하고 노동조합의 업무에 종사할 수 있는 근로자가 개정 전 24조 1항의 전임자였는데, 개정법 24조 1항에서는 사용자 또는 노조로부터 급여를 받는 전임자를 인정하면서도 사용자로부터 급여를 지급받는 전임자를 "근로시간면제자"로 일원화하였고(24조 2항), 근로시간 면제 한도를 초과하는 단체협약 또는 사용자의 동의는 그 부분에 한정하여 무효로 하므로(24조 4항), 개정법상 근로시간면제자 이외의 유급 전임자는 상정하기 어렵다고 본다.

무급 전임자의 수, 시간, 활동 내용 등에 대해서는 단체협약을 체결하거나 사용자의 동의를 얻으면 가능하므로 근로시간 면제제도의 제한을 받지 않으며, 다만 사용자로부터 급여만 받지 않으면 된다.

또한, 노조법 24조 4항에 의한 근로시간 면제제도가 노동조합의 대표나 간부를 모두 '풀타임' 전임자로서 근로를 면제하는 것은 아니므로 근로시간 면제 한도에서 단체협약이나 사용자의 동의로 풀타임 전임자, 파트타임 전임자 등을 혼용하거나 단일하게 노동조합 활동을 할 수 있을 것이다.[53)]

한편, 하나의 사업장에 2개 이상의 노동조합이나 초기업 단위노동조합의 지부가 있는 경우에는 각 노동조합과 사용자는 마찬가지로 단체협약이나 사용자의 동의에 의해 전임자를 둘 수 있다. 노동조합이 교섭창구를 단일화하여 단체협약을 체결할 경우에는 하나의 단체협약에 각 노동조합의 전임자에 관한 규정을 두게 될 것이지만, 사용자가 각 노동조합과 개별교섭을 동의해 준 경우에는 각 단체협약에 근거가 있어야 한다. 이때 사용자는 각 노동조합의 조합원 수를 고려하여 전임자 수에 차등을 둘 수 있고, 조합원이 매우 소수인 노동조합에는 전임자를 인정하지 않을 수도 있다.

2. 노조전임자의 법적 근거

2021년 개정으로 노조전임자 용어가 노조법에서 사라졌지만, 사용자로부터 급여를 지급받지 않고 근로계약 소정의 근로를 제공하지 않은 채 노동조합 업무에 종사하는 협의의 노조전임자 개념은 여전히 유효하다.[54)] 즉, 2021년 개정

53) 이에 대하여, 무급원칙을 지켜야 하는 노조전임자는 노동조합 업무에'만' 종사하는 100% 완전전임자를 말하므로 1%만이라도 회사업무를 수행하는 이른바 부분 전임자는 이에 해당하지 않는다는 견해(문무기b, 223면)가 있으나, 노사 자치영역의 확대, 그리고 업무영역으로서 '노동조합 업무에만' 종사하는 '전임성'을 강조하였다고 해석할 수 있으므로 반드시 100% 전임을 전제로 해석하는 것은 무리가 있다.

54) 임종률, 101면 각주 1; 김형배, 1108면; 박종희c, 158면.

법 24조 1항은 사용자로부터 급여를 지급받는 근로시간면제자 외에도 단체협약으로 정하거나 사용자의 동의가 있는 경우에는 노동조합으로부터 급여를 지급받으면서 근로계약 소정의 근로를 제공하지 아니하고 노동조합의 업무에 종사하는 근로자의 개념 역시 두고 있다.

노조전임자인 근로자는 '노조업무에만 종사한다'는 노조전념 측면과 전임기간 중에도 '여전히 근로계약관계를 유지하면서 근로계약상 노무제공의무가 면제된다'는 근로면제의 측면을 아울러 가지고 있다. 전임자가 종업원의 지위를 유지하면서도 노조업무에 전념할 수 있는 근거가 헌법상 단결권에 있는가(단결권설), 아니면 사용자의 승인 내지는 노사협정에 있는가(협정설)에 대립이 있었다.

단결권설은 전임자의 존재 자체가 헌법상의 단결권에 근거한 것이므로 단체협약이나 기타 사용자의 동의가 없더라도 전임자를 둘 수 있다고 보는 반면, 협정설은 오직 단체협약 등 사용자의 동의가 있는 경우에만 전임자를 둘 수 있다고 본다. 따라서 협정설은 사용자는 자신의 동의가 없는 한 사용자로서 의무를 부담하지 않는다고 한다.

먼저 단결권설은 단결권은 '역사적 산물임과 동시에 사회적 산물'이므로 단결권의 구체적 내용은 각국의 상황에 따라 다를 수 있음을 전제로, 우리나라와 일본의 경우 노조 임원들은 기업별 노동조합을 대표함으로써 조합대표라는 성격을 가짐과 아울러 근로자 대표라는 성격을 갖는 점 등을 들며, 재적전임의 구체적인 내용, 즉 재적전임자의 숫자, 선임 및 해임절차, 전임기간은 원칙적으로 조합이 자치적으로 정할 수 있지만, 다만 사용자에게 객관적이고 합리적인 이유가 있는 경우에 한하여, 이러한 결정에 대한 개별적인 협의가 진행될 수 있다고 한다.[55]

한편, 협정설은 전임자가 인정되기 위해서는 단체협약이나 사용자의 동의가 필요하다는 견해를 취한다. 이 견해는 전임자제도는 편의제공의 일종으로, 노사 간의 합의나 관행에 의해 인정되는 것이며, 따라서 "재적전임제의 구체적인 내용, 예를 들어 전임자의 선임 및 해임 절차, 전임기간, 전임자수, 전임자에 대우 등에 대해서는 사용자의 동의나 협정에 의해 결정된다고 보는 것이 타당하다고 본다.[56] 학계의 다수의견이다.[57]

---

55) 최홍엽a, 134면 이하.

56) 김유성, 101면 이하.

57) 이병태, 183면 이하.

판례는 종래 "노조전임제는 노동조합에 대한 편의제공의 한 형태이고 사용자가 단체협약을 통하여 승인하는 경우에 인정되는 것"이라고 하였으며,[58] 또한 "노조전임자가 사용자인 피고 회사로부터 노동조합 업무에 전임하도록 승낙받고"라고 판시함으로써[59] 노조전임제도에 대해 사용자가 단체협약을 통하여 승인하는 경우에 인정되는 것이라고 하여 노사 간의 자치의 문제로 보았다.[60]

결국, 1997년 3월 노조법이 개정되면서 노조법 24조 1항에서 "근로자는 단체협약으로 정하거나 사용자의 동의하에 근로계약 소정의 근로를 제공하지 아니하고 노동조합 업무에만 종사할 수 있다."라고 규정함으로써 노조전임자제도의 법적 근거에 관해 협정설을 취한 것으로 이해되고 있다.[61] 2021년 개정법 24조 1항에서도 "단체협약으로 정하거나 사용자의 동의가 있는 경우"라고 함으로써 종래 협정설의 입장을 그대로 유지하였다고 볼 수 있다.

전임자제도의 법적 근거는 판례와 다수설과 같이 협정설로 보는 것이 타당하다 하더라도, 전임자제도는 단결권 유지·강화를 위하여 존재하는 만큼 사용자의 개입은 일정한 한계가 있으며, 단결권의 유지·강화를 달성하기 위해서는 전임자의 선정 및 해임절차, 전임자의 활동 범위 등 상당부분은 노조의 자치에 의하여 정해질 필요가 있다.[62]

3. 노조전임자의 법적 지위

노조법은 노조전임자의 법적 지위에 관하여 특별한 규정을 두고 있지 않아 전임자의 법적 지위를 어떻게 보는가에 따라 근로시간면제자가 아닌 노조전임자의 구체적인 처우와 규율이 달라질 수 있다.[63]

먼저 노조전임자를 휴직상태에 있는 근로자로 보는 견해가 있다.[64] 이에 따르면 노조전임자는 전임기간 동안 노무급부의 의무가 정지되고 사용자는 노

58) 대법원 1996. 2. 23. 선고 94누9177 판결, 대법원 1997. 4. 25. 선고 97다6926 판결.

59) 대법원 1995. 11. 10. 선고 94다54566 판결, 대법원 1998. 4. 24. 선고 97다54727 판결.

60) 한편 대법원 2011. 8. 18. 선고 2010다106054 판결은, "노조전임자는 사용자와 기본적 노사관계를 유지하고 근로자 신분은 그대로 가지면서도 근로계약에서 정한 근로를 제공하지 아니하면서 노동조합 업무에만 종사하는 자로서 단체협약으로 정하거나 사용자의 동의가 있는 경우에 인정된다"라고 판시한 바 있다.

61) 학계는 노조법 24조 1항을 협정설의 명문화로 이해한다. 강성태, 400면 이하.

62) 강성태, 419면 이하.

63) 송도인, 41면 이하 참조.

64) 김형배, 1106면.

조전임자에 대한 임금지급의무를 부담하지 않으며 노조전임자에 대한 사용자의 급여지급은 노조의 자주성을 해칠 우려가 있으므로 부당노동행위로서 금지된다. 이 견해에 의하면 근로제공의무가 면제되므로 이 기간 중 급여를 지급할 의무가 없고, 사용자가 이들에게 지급하는 급여는 근로의 대가인 임금이 아니다.

한편, 노조전임자가 휴게 중의 근로자와 유사하다고 보는 견해도 있다.[65] 전임자의 법적 지위는 휴직 중인 근로자와 파업 중인 근로자와 달리 단지 사용자의 노무지휘권이 배제된 상태에서 전임자 제도 설정계약에 따른 조건으로서 노조 업무에 전담하는 결과만 가질 뿐이라는 것이다.

노조전임관계는 파견과 유사한 집단법적 계약관계로 보는 견해도 있다.[66] 이는 노조전임제도는 회사 간의 근로자 파견계약에 의해 파견근로의 주요내용이 결정되는 것과 유사하고, 전임자 입장에서는 노무제공의 의무가 면제되기보다 그 상대방이 바뀌는 것으로서 휴직과는 다르며, 노조전임자는 노무제공의무를 면하고 전임발령에 따라 노조활동에 전임할 의무를 지기 때문에 노조전임자의 급여를 사용자가 부담하든 노조가 부담하든 임금으로 볼 수 있다고 한다.

이에 반하여 판례[67]와 대다수 학설은 노조전임자의 법적 지위를 휴직상태에 있는 근로자와 유사한 상태로 본다.[68] 노조전임자를 휴직 중인 자와 동일시할 경우 근로와 대가관계에 있는 임금, 휴일, 휴가 기타 사업장 내의 복리 후생시설 기타 산업재해보상 등의 혜택을 제한받기 때문에 휴직과 동일시할 수 없으며, 근로자의 지위가 유지됨에 따른 여러 권한을 보유할 수 있도록 하기 위하여 휴직과 유사한 상태라는 것이다. 즉, 근로시간면제자가 아닌 전임자에 대하여 판례는 “노동조합 전임자는 사용자와의 사이에 기본적 노사관계는 유지되고 기업의 근로자로서의 신분도 그대로 가지는 것이지만, 노동조합 전임자의 근로제공의무가 면제되고 원칙적으로 사용자의 임금지급의무도 면제된다는 점에서 휴직 상태에 있는 근로자와 유사하고, 따라서 사용자가 단체협약 등에 따라 노동조합 전임자에게 일정한 금원을 지급한다고 하더라도 이를 근로의 대가인 임금이라고는 할 수 없다.”라고 보았다.[69]

---

65) 박종희a, 240면.

66) 강성태, 417~418면.

67) 대법원 1998. 4. 24. 선고 97다54727 판결, 대법원 2011. 2. 10. 선고 2010도10721 판결, 대법원 2019. 2. 14. 선고 2015다66052 판결 등.

68) 송도인 43면.

69) 대법원 1998. 4. 24. 선고 97다54727 판결, 대법원 1995. 11. 10. 선고 94다54566 판결, 대

전임자 급여지급 금지 규정이 유예되고 전임자의 급여를 관행적으로 지급해왔던 상황에서는 취업규칙이나 내규 등에 따르도록 해석할 여지가 있었지만, 2010년 개정법 24조에 의하여 전임자 급여지급을 금지하되 예외적으로 근로시간 면제 한도에서 임금의 손실이 없도록 하고 있고, 급여지급을 부당노동행위로 처벌하고 있었으며, 노조전임자에 대한 급여지급 금지 규정을 삭제한 2021년 개정법도 근로시간 면제 한도를 초과한 급여지급 행위를 부당노동행위로 처벌하도록 하는 것은 노조의 독립성 내지 자주성을 보호하려는 취지라 할 것이므로 2010년 개정 및 2021년 개정을 거친 뒤에도 근로시간면제자가 아닌 노조전임자의 지위는 종전과 같이 휴직상태에 있는 근로자와 유사한 상태로 보는 것이 타당하다.

한편, 근로시간면제자 역시 유급'전임자'에 해당하므로 근로시간면제자의 지위나 활동에 관하여 노조법에 특별한 규정이 있는 외에는 앞서 본 법리가 원칙적으로 적용된다고 볼 수 있다.[70)]

4. 취업규칙 적용 여부

근로시간면제자가 아닌 노조전임자의 취업규칙 적용 여부는 앞서 언급한 전임자의 법적 지위와 관련이 있다.

노조전임자를 휴직상태에 있는 근로자로 보는 입장에서는 원칙적으로 근로자들의 자주적 단결체인 노조 자체의 규약에 의하여 규율되는 것이 마땅하다면서, 노조전임자를 조합업무에 충실케 하는 것은 노동조합 자체의 규제사항이고 사용자가 통제·감독할 사항은 아니라고 보아 노조전임자의 출퇴근 의무를 부인하고 있다.[71)] 다른 한편, 노조전임자를 휴게 중인 근로자로 보는 견해에 따르면, 전임 기간 동안 사용자의 노무지휘권을 벗어나기 때문에 사용자의 노무지휘권을 전제로 하는 취업규칙의 내용 또는 직무규정은 적용되지 아니한다고 한다.[72)]

이에 반하여 판례는 노조전임자를 휴직상태에 있는 근로자와 유사하다고 보면서도 취업규칙상 출·퇴근의무가 인정된다고 본다. 그리하여 판례는 노조전

법원 2011. 8. 18. 선고 2010다106054 판결, 대법원 2013. 11. 28. 선고 2011다39946 판결, 대법원 2018. 8. 1. 선고 2014다48057 판결 등.

70) 임종률, 102면.

71) 김형배, 1107면.

72) 박종희a, 244면.

임자의 경우 반드시 조합 사무실에 출근하는 것뿐만 아니라 출장을 가는 등 통상적인 노조 업무를 위하여 필요한 행위를 모두 출근의 범위에 포함시키는 것이 타당하며, 다만 노조 업무와 무관하게 출근하지 않는 경우에는 무단결근으로 보고 있다. 즉, 판례는 "노동조합 전임자는 사용자와의 관계에서 근로제공의무가 면제되고 사용자의 임금지급의무도 면제될 뿐 사용자와의 사이에 기본적 노사관계는 유지되고 근로자로서의 신분도 그대로 가지는 것이어서 취업규칙이나 사규의 적용이 전면적으로 배제되는 것이 아니므로, 노동조합 전임자는 단체협약에 특별한 규정을 두거나 특별한 관행이 존재하지 않는 한 출퇴근 등에 관한 취업규칙이나 사규의 적용을 받게 된다."[73]라면서, 규정에 의한 절차를 전혀 거치지 않고 임의로 출국한 노조전임자에 대해 무단결근 및 직장(근무지) 이탈을 인정한 사례가 있다.[74] 또한, 판례는 노조전임자가 2달 이상 교통사고를 이유로 정상적인 출·퇴근을 하지 않았음에도 취업규칙에서 정한 결근계 등을 제출하거나 회사에 결근 사실을 알리지 않아 회사로부터 결근기간 동안 급여를 지급받은 것은 기망행위에 해당한다고 보았다.[75]

그러나 판례의 이러한 태도에 대해서는 노조전임자에 대한 노조와 사용자 사이의 합의는 근로제공의무를 면제하려는 것이 본질이며 그 합의 속에는 출·퇴근에 관한 취업규칙이 적용되지 않는다는 것이 노사의 당연한 의사로 추정되어야 하며, 노조전임자를 노조업무에 충실하게 하는 것은 노조 자체의 규제사항이고 사용자가 통제·감독할 대상이 아니라는 점, 휴직상태와 유사한 노조전임자는 근로제공이 전제된 출·퇴근규정이 적용되지 않으며, 노조업무가 사용자의 인사관리업무와 밀접하기는 하지만 곧바로 인사관리업무의 대행에 해당한다고 볼 수는 없는 점, 조합활동권을 제약하는 단체협약의 효력에 대한 고려와 분석이 충분하지 못한 점, 노동조합의 노조전임운용권과 사용자의 인사발령권의 관계를 고려하지 못한 점 등을 근거로 노조전임자의 출·퇴근에 관한 취업규칙을 적용하는 것은 부당하다고 보는 견해가 있다.[76]

넓은 의미의 노조전임자의 유형은 풀타임 근로시간면제자, 파트타임 근로

73) 대법원 1993. 8. 24. 선고 92다34926 판결, 대법원 1995. 4. 11. 선고 94다58087 판결, 대법원 1997. 3. 11. 선고 95다46715 판결, 대법원 2005. 10. 13. 선고 2005두5093 판결 등 참조.
74) 대법원 2005. 6. 23. 선고 2003두12790 판결.
75) 대법원 2010. 7. 22. 선고 2009도5093 판결.
76) 김홍영, 42면; 하갑래, 273면; 최홍엽b, 300면; 박종희b, 150면; 손향미, 129면.

시간면제자, 무급 풀타임 전임자, 무급 파트타임 전임자 등으로 다양하게 존재할 수 있으며, 이러한 형태에 따라 각 해당하는 노조업무 영역이 달라지므로 획일적으로 출·퇴근 의무가 인정되는지 여부를 정하기 어려울 것이다. 다만 무급 풀타임 전임자의 경우에는 사용자로부터 근로제공의무만 면제받을 뿐 일체의 급여를 받지 않으므로 다른 전임자에 비하여 사용자의 지휘감독으로부터 벗어나 독립성을 가질 수 있으므로 노조의 지휘·감독권을 폭넓게 존중하는 것이 그 성질상 타당하다고 볼 여지가 있다. 한편, 무급 파트타임 전임자의 경우에는 근로해야 할 근로시간에 따른 출·퇴근 등 취업규칙상 의무가 있으므로 상대적으로 구속될 수밖에 없을 것이다. 한편, 풀타임 근로시간면제자는 사용자로부터 직접 급여를 지급받으므로, 무급 풀타임 전임자와는 그 지위가 동일하다고 단정하기는 어렵다.

5. 노조전임자의 산재법 적용 여부

산재법상 업무상 재해에 해당하기 위해서는 근로자가 업무수행 중 그 업무에 기인하여 발생한 재해로 업무와 재해 사이에 상당인과관계가 있어야 한다.[77] 즉, 이러한 재해는 근로계약에 터 잡아 사업주의 지배·관리하에서 해당 근로업무의 수행 또는 그에 수반되는 통상적 활동을 하는 과정에서 이러한 업무에 기인하여 발생한 재해이어야 한다.[78] 전임자가 노동조합업무를 수행하거나 이에 수반하는 통상적인 활동을 하는 과정에서 그 업무에 기인하여 발생한 재해도 산재법 5조 1호가 정한 업무상 재해에 해당하는데, 그 근거는 전임자가 담당하는 노동조합업무는 회사의 노무관리업무와 밀접한 관련을 가지는 것으로서 사용자가 본래의 업무 대신에 이를 담당하도록 하는 것이어서 그 자체를 바로 회사의 업무로 볼 수 있기 때문이라는 것이 판례의 태도이다.[79] 따라서 단체협약이나 사용자의 승낙하에 이루어지는 전임자의 노조업무수행을 사용자의 노무관리업무와 관련이 있다고 파악하는 판례의 태도에 따르면 전임자의 노조업무수행으로 발생한 재해도 특별한 사정이 없는 한 산재법상 업무상 재해로 볼 수 있게 된다.[80]

---

77) 대법원 2021. 9. 9. 선고 2017두45933 전원합의체 판결 등.
78) 대법원 2007. 9. 28. 선고 2005두12572 전원합의체 판결.
79) 대법원 2007. 3. 29. 선고 2005두11418 판결.
80) 이승길, 294면 참조.

이러한 견지에서 판례는 전임자가 단체교섭을 앞두고 조합원들의 단결력을 과시하기 위해 개최한 결의대회에 사용된 현수막을 철거하던 중 재해를 입은 경우,[81] 전임자가 사용자의 승낙에 의해 근로계약상 본래의 업무를 면하고 노동조합업무 수행 중 육체적·정신적 과로로 발병한 경우[82] 이는 업무상 재해에 해당한다고 보았다. 또한, 판례는 전임자가 아닌 노조 간부라고 하더라도 사용자의 승낙에 의해 노조업무를 수행하거나 이에 수반하는 통상적인 활동을 하는 과정에서 그 업무에 기인하여 발생한 재해의 경우에도 마찬가지로 업무상 재해로 인정한다.[83]

반면, 판례는 노조 상부 또는 연합관계에 있는 노동단체와 관련된 활동이거나 불법적인 노조활동 또는 사용자와 대립관계로 되는 쟁의단계에 들어간 이후의 노조활동 중에 전임자에게 생긴 재해 등은 그 업무의 성질상 사용자의 사업과는 무관한 것이므로 이를 산재법상 업무상 재해로 볼 수 없다고 하면서도,[84] 산업별 노조는 기업별 노조와 마찬가지로 동종 산업에 종사하는 근로자들이 직접 가입하고 원칙적으로 소속 단위사업장인 개별 기업에서 단체교섭 및 단체협약체결권과 조정신청 및 쟁의권 등을 갖는 단일조직의 노조이므로, 산업별 노조의 노동조합업무를 사용자의 사업과 무관한 상부 또는 연합관계에 있는 노동단체와 관련된 활동으로 볼 수는 없다고 본다.[85]

한편, 전임자라고 하더라도 근로자라는 신분이 인정되므로 그 신분에 기초한 사회보장은 받아야 하고, 사용자로부터 독립되어 자주적으로 운영되는 노조는 사용자의 업무수행에 기여한다는 이유 등을 들어 전임자에 대한 산재법 적용을 긍정하는 판례의 태도에 동의하면서도, 나아가 전임자가 상부단체와 관련된 활동이나 쟁의단계 이후의 활동, 불법적 노조활동 중 생긴 재해에 대해서도 업무상 재해로 취급할 수 있다는 견해가 있다.[86]

그러나 이 문제에 대해서는 전임자를 휴게 중 근로자의 지위로 보고 전임

81) 대법원 1998. 12. 8. 선고 98두14006 판결.

82) 대법원 1996. 6. 28. 선고 96다12733 판결(근로기준법상 업무상 재해로 인정된 경우), 대법원 2005. 7. 15. 선고 2003두4805 판결(산재법상 업무상 재해로 인정된 경우).

83) 대법원 2014. 5. 29. 선고 2014두35232 판결, 대법원 1991. 4. 9. 선고 90누10483 판결. 전임자 아닌 노조간부에 대한 산재법상 업무상 재해를 인정한 원심 판결이 심리불속행 기각으로 확정된 사례로는 대법원 2010. 12. 23.자 2010두21006 판결.

84) 대법원 1994. 2. 22. 선고 92누14502 판결, 대법원 1996. 6. 28. 선고 96다12733 판결.

85) 대법원 2007. 3. 29. 선고 2005두11418 판결.

86) 최홍엽c, 254면.

자의 노조업무수행 중 발생한 재해는 근로시간 외에 발생한 재해의 업무관련성의 기준으로 판단하는 것이 타당함에도 판례는 전임자에게 산재법상 재해를 지나치게 넓게 인정한다며 비판하거나,[87] 전임자의 노조활동은 근로계약상 업무의 내용이 아니고, 사용자의 전임자에 대한 승낙은 근로의무를 면하게 하는 승낙일 뿐이므로 전임자가 사용자의 지시를 받아 장소적 · 시간적 제한을 받지 않고 사용자의 지배 · 관리 상태를 벗어나 자유롭게 시간과 장소를 선택하여 행하는 것이므로, 전임자의 노조활동 중 발생한 재해를 산재법상 업무상 재해로 볼 수 없다고 보는 견해[88]도 있다.

노조전임자의 활동에 대한 산재법상 보호의 필요성이 인정된다고 하더라도, 산재법상 업무상 재해는 보험가입자인 사업자[89]의 업무로부터 기인해야 한다는 요건 자체를 충족해야 하므로, 노조전임자의 노조업무수행이 사용자의 노무관리업무와 관련이 있는 경우에 산재법상 업무상 재해로 인정할 수 있다는 판례의 태도를 수긍할 수 있다고 본다.

6. 노조전임자의 기본 근로자성 유지

노조전임자는 비록 사용자에 대한 근로제공의무를 면하지만 근로자의 기본적 권리와 의무는 유지된다.[90]

우선, 근로제공 의무와 무관하게 노조전임자도 근로자 신분을 유지하므로 근로자에게 지급되는 학자금 지원, 휴가기간 동안의 숙박시설 제공 등 후생복지 혜택을 다른 근로자들과 동일하게 향유할 수 있고, 전임기간도 근속기간 산정에 포함되어 퇴직금 산정[91]이나 승진, 승급에 관한 규정이 적용된다. 그러나 사용자가 근로시간을 대체하여 근로자에게 실시하는 교육 · 연수 · 훈련 등은 거기에

87) 박종희a, 244면. 다만, 이 견해도 시설감독 차원에서 사용자에게 귀속되는 업무상 재해 책임은 인정될 수 있다고 한다.

88) 조용식, 46면.

89) 고용보험 및 산업재해보상보험의 보험료징수 등에 관한 법률
5조(보험가입자) ③「산업재해보상보험법」을 적용받는 사업의 사업주는 당연히「산업재해보상보험법」에 따른 산업재해보상보험(이하 "산재보험"이라 한다)의 보험가입자가 된다.

90) 판례도 사업주가 "원만하고 안정된 노사관계를 형성하기 위한 필요에서 근로자로 하여금 종업원의 지위는 여전히 보유한 채 근로계약상의 본래업무 대신 노동조합업무를 담당하도록 승낙한 것에 불과하다"라고 판시하거나(대법원 1994. 2. 22. 선고 92누14502 판결), "근로자로서 신분을 그대로 가진다"라고 판시한 바 있다(대법원 2003. 9. 2. 선고 2003다4815 등 판결, 대법원 2004. 2. 27. 선고 2003다51675 판결 등 참조).

91) 고용노동부 질의회시(근기 68207-2837, 1998. 10. 23.).

참가하는 것이 근로자의 의무로서 강제되는 한 근로제공과 다를 바 없으므로, 단체협약 등에서 달리 정하지 않았다면 노조전임자가 그러한 교육 등에 참가하지 않았다고 하여 이를 징계사유로 삼을 수 없다.[92)]

또한, 구법하의 판례는 노조전임자 역시 근로자의 신분도 그대로 가지므로 근로자의 통상 생활을 보장하려는 퇴직금 제도의 취지에 비추어 노조전임자에 대해서도 퇴직금이 지급되어야 하되, 노동조합의 전임자로 근무하다가 전임기간 중에 퇴직하는 등의 평균임금을 산정해야 할 경우에는 그 전임자와 동일한 직급 및 호봉의 근로자들의 평균임금을 기준으로 한다고 판시하였다.[93)] 다만, 판례는 근로자가 평균임금 산정기간 중 일부 기간 동안만 무급 노조전임자의 지위에 있었던 경우에는 나머지 기간 동안 실제 근로를 제공하고 그 대가로 받은 임금이 통상적인 생활임금으로 볼 수 없을 정도로 특수하거나 불합리하다고 볼 만한 사정이 없는 이상 그 임금을 기준으로 평균임금을 산정함이 타당하다고 보았다.[94)] 휴직상태에 있는 근로자와 유사한 지위에 있는 전임자는 노조전임기간 동안 현실적으로 근로를 제공하지 않았다고 하더라도 결근한 것으로 볼 수 없고, 달리 출근한 것으로 의제할 수도 없으므로, 노조전임기간은 연차휴가일수 산정을 위한 연간 소정근로일수에서 제외된다.[95)]

그러나 근로시간면제자에 대한 급여는 성질상 임금에 해당하므로, 근로시간면제자의 퇴직금과 관련한 평균임금을 산정할 때에는 특별한 사정이 없는 한 근로시간면제자가 단체협약 등에 따라 지급받는 급여를 기준으로 하되, 과다하게 책정되어 임금으로서의 성격을 가지고 있지 않은 초과 급여 부분은 제외하여야 한다.[96)]

7. 노조전임자의 조합활동과 시설관리권

원칙적으로 근로자가 취업시간에 노조활동을 하기 위해서는 취업규칙이나 단체협약 등에 별도의 허용규정이 있거나 사용자의 승낙이 있어야 하고, 그 외에는 취업시간 외에 노조활동을 할 수 있으며, 사업장 내에서 조합활동을 하는

92) 대법원 1999. 11. 23. 선고 99다45246 판결.
93) 대법원 1998. 4. 24. 선고 97다54727 판결.
94) 대법원 2018. 8. 1. 선고 2014다48057 판결.
95) 대법원 2019. 2. 14. 선고 2015다66052 판결.
96) 대법원 2018. 4. 26. 선고 2012다8239 판결.

경우에는 활동의 내용과 목적, 활동시간 등 여러 요소를 참작하여 사용자의 시설관리권과 합리적인 조화를 이루어야 한다.[97]

한편, 산업별 노동조합 소속 간부들이 소속 지회의 사업장의 산업안전보건법 위반 사실의 증거수집 등을 할 목적으로 위 사업장에 들어가 30분 내지 40분 정도 눈으로 살펴보는 방식으로 현장순회를 한 사안에서, 노조간부들이 현장순회 과정에서 사용자의 관리자 측을 폭행·협박하거나 물리력을 행사하지 않았고 근무 중인 근로자들의 업무를 방해하거나 소란을 피운 사실은 없었으며, 그 이전에도 노조 소속 간부들이 같은 목적으로 관리자 측의 별다른 제지 없이 현장순회를 해왔던 점을 고려할 때 위와 같은 노조간부들의 행위는 근로조건의 유지·개선을 위한 조합활동으로서 필요성이 인정되고, 그 행위로 사용자 측의 시설관리권의 본질적인 부분을 침해하였다고 볼 수 없다고 한 판례가 있다.[98] 2021년 개정법 5조 2항은 종사근로자가 아닌 노동조합의 조합원은 사용자의 효율적인 사업운영에 지장을 주지 아니하는 범위에서 사업 또는 사업장 내에서 노조활동을 할 수 있다고 명시하고 있다.

Ⅳ. 근로시간 면제 범위 한도 지정 절차

1. 「근로시간면제심의위원회」(약칭 '근심위')의 구성과 심의·의결

근로시간 면제제도를 처음 도입한 2010년 개정법은 근로시간 면제 한도를 정하기 위한 근로시간면제심의위원회를 당초 고용노동부에 두었으나, 2021년 개정법은 근로시간면제심의위원회를 경제사회노동위원회에 두도록 하였다(법 24조의2 1항). 근로시간면제심의위원회를 고용노동부에 설치하면 국가에 의한 노사관계 직접 개입의 의미가 되어 노사관계에서 국가의 중립의무와 상충될 수 있다는 비판[99] 등을 고려한 입법으로 보인다. 근로시간면제심의위원회는 노동계와 경영계가 추천하는 위원 각 5인, 경제사회노동위원회 위원장이 추천하는 공익위원 5인[100]으로 구성된다(법 24조의2 5항). 근로시간면제심의위원회는 재적위원 과반수의 출석과 출석위원 과반수의 찬성으로 의결하고(법 24조의2 7항), 경제사회

97) 송도인, 47면 이하.
98) 대법원 2020. 7. 29. 선고 2017도2478 판결.
99) 이승욱, 119면.
100) 2021년 개정 전에는 정부가 공익위원 5인을 추천하였다.

노동위원회 위원장이 고용노동부장관에 의결된 근로시간 면제 한도를 즉시 통보하면 고용노동부장관이 이를 고시한다(법 24조의2 3항 · 4항). 근로시간면제심의위원회는 3년마다 그 적정성 여부를 재심의하여 의결할 수 있다(법 24조의2 2항).[101]

한편, 고용노동부장관은 2013. 7. 1.부터 시행되는 「근로시간면제심의위원회」가 결정한 내용을 고시하였다(고용노동부 고시 2013-31호, 2013. 6. 25. 일부 개정[102]). 그리고 고시 부칙에서 2013년 7월 1일부터 시행하고, 2013년 7월 1일 당시 유효한 단체협약이 있는 경우(노조법 24조 4항에 따라 사용자가 동의한 경우를 포함한다)에는 해당 단체협약의 유효기간이 끝나는 날부터 적용하되, 향후 근로시간면제 한도는 특별한 상황이 발생할 때 한하여 재심의 할 수 있도록 하였다. 이처럼 2013. 7. 1.부터 시행된 근로시간 면제 한도 고시는 8년 이상 변경되지 않았다. 다만, 경제사회노동위원회 위원장이 2021. 11. 30. 심의를 요청함에 따라 근로시간면제심의위원회는 심의요청 이후 60일 이내인 2022. 2. 3.까지 근로시간 면제 한도를 다시 심의할 예정이었으나,[103] 노사의 입장 차이가 좁혀지지 않아 위 시한을 넘어 심의가 계속되고 있다.

2. 2013. 7. 1. 시행된 근로시간 면제 한도 내용

고용노동부장관이 고시한 내용은 다음 표와 같은데, 조합원 규모에 따라 시간 한도를 정하고 사용가능 인원도 풀타임으로 사용하는 노동조합 간부와 파트타임으로 사용하는 간부로 구분하였다. 다만 종래 2010년도 고시에서 조합원 50명 미만에 대해 적용되던 최대 1,000시간 제한을 2,000시간으로 늘리고, 15,000명 이상에 대해 적용되던 2,800시간+매 3,000명마다 2,000시간씩 추가하였던 것을 36,000시간 이내로 단일하게 제한하였다.

101) 그런데, 근로시간 면제 한도 심의는 3년 주기로 할 수 있다고 규정하고 있고, 위원회 위원 임기는 2년으로 되어 있어(시행령 11조의5 1항) 결국 위원으로 위촉되더라도 단 한 차례도 심의 · 의결할 수 없는 불합리한 결과가 초래될 수 있다.

102) 노동부장관은 2010. 5. 14.에 「근로시간면제심의위원회」가 결정한 내용을 고시(노동부 고시 2010-39호)한 바 있다.

103) 경제사회노동위원회 2021. 11. 30.자 보도자료, “경사노위, 「근로시간면제심의위」에 심의 요청” 참조.

[조합원 규모별 근로시간면제 한도]

조합원 규모*	연간 시간 한도	사용 가능 인원
99명 이하	최대 2,000시간 이내	ㅇ 조합원수 300명 미만의 구간: 파트타임으로 사용할 경우 그 인원은 풀타임으로 사용할 수 있는 인원의 3배를 초과할 수 없다. ㅇ 조합원수 300명 이상의 구간: 파트타임으로 사용할 경우 그 인원은 풀타임으로 사용할 수 있는 인원의 2배를 초과할 수 없다.
100명~199명	최대 3,000시간 이내	
200명~299명	최대 4,000시간 이내	
300명~499명	최대 5,000시간 이내	
500명~999명	최대 6,000시간 이내	
1,000명~2,999명	최대 10,000시간 이내	
3,000명~4,999명	최대 14,000시간 이내	
5,000명~9,999명	최대 22,000시간 이내	
10,000명~14,999명	최대 28,000시간 이내	
15,000명 이상	최대 36,000시간 이내	

* '조합원규모'는 노조법 24조 4항[104]의 '사업 또는 사업장'의 전체 조합원수를 의미하며, 단체협약을 체결한 날 또는 사용자가 동의한 날을 기준으로 산정한다.

[지역분포에 따른 근로시간면제 한도]

대 상	추가 부여 되는 근로시간면제 한도	
	광역자치 단체 개수	시 간
전체 조합원 1,000명 이상인 사업 또는 사업장	2~5개	(사업 또는 사업장 연간 근로시간 면제 한도) × 10%
	6~9개	(사업 또는 사업장 연간 근로시간 면제 한도) × 20%
	10개 이상	(사업 또는 사업장 연간 근로시간 면제 한도) × 30%

* 광역자치단체 개수 산정기준
① 광역자치단체는 지방자치법 2조 1항 1호에 따른 특별시, 광역시, 특별자치시, 도, 특별자치도를 말한다.
② 광역자치단체의 개수는 해당사업 또는 사업장의 전체조합원 5%이상이 근무하는 것을 기준으로 산정한다.

조합원의 규모는 노조법 24조 2항의 '사업 또는 사업장'의 전체 종사근로자[105]인 조합원수를 의미하여, 단체협약을 체결한 날 또는 사용자가 동의한 날을 기준으로 산정한다. 예를 들면 풀타임 근로시간면제자의 연 근로시간을

104) 2021년 개정법의 24조 2항.
105) 2021년 개정법 5조 2항에서 "사업 또는 사업장에 종사하는 근로자"라는 종사근로자 개념을 도입하였다.

2,000시간[106]으로 보았을 때, 조합원이 299명이면 최대 4,000시간으로 풀타임 근로시간면제자 2인 이내 또는 파트타임 6명 이내로 사용할 수 있으나, 조합원 1명이 증가하여 조합원이 300명이 되면 최대 5,000시간으로 풀타임 근로시간면제자 2.5명, 파트타임 5명까지 사용할 수 있다. 그리고 조합원 1,000인 이상 사업 또는 사업장이 광역지방자치단체 2곳 이상에 있는 경우, 광역지방자치단체 개수에 따라 근로시간을 추가로 면제하도록 규정하였다.

3. 면제시간 한도를 정하는 고려요소

가. 사업, 사업장

노조법 24조 2항에 의하면 근로시간 면제 한도를 '사업 또는 사업장별로 종사근로자인 조합원 수 등을 고려'하여 결정하도록 하고 있다. 사업 또는 사업장의 개념에 관하여 근기법과 마찬가지로 아무런 규정을 두고 있지 않지만, 해석상 근기법상 개념과 달리 볼 것은 아니다.

따라서 사업장과 관련하여서도 각 사업장별로 근로조건의 결정권이 있고, 인사 노무관리 회계 등이 독립적으로 운영되는 등 각각의 사업장이 독립성이 있는 경우에는 각 사업장별로 조합원 수의 규모에 따라 근로시간 면제 한도를 각각 적용할 수 있다.[107] 또한 장소적으로 분산되어 있더라도 조직, 규모 및 지휘 체계 등을 감안할 때 하나의 사업으로서 독립성을 갖추고 있지 않은 경우에는 별개의 사업으로 볼 수 없을 것이다.[108]

판례에 의하면, 사업이란 경영상의 일체를 이루는 기업체 그 자체를 의미하는 것으로 경영상의 일체를 이루면서 유기적으로 운영되는 기업조직은 하나의 사업이라고 한다.[109] 사업의 명칭은 하나이지만 여러 개의 법인으로 구성되어

106) 면제시간의 내용을 보면 통상적으로 근로자가 1년간 결근 없이 근무할 경우의 근무시간을 총 2,100여 시간으로 보고(주 40시간×52주=2,080시간. 여기에 1년이 366일인 경우의 남는 시간을 추가할 경우), 공휴일 등을 감안하여 2,000시간이면 풀타임 근로시간면제자를 1명 둘 수 있다는 것을 전제로 시간단위를 계산한 것으로 보인다. 김헌수, 76면.

107) 노동부a, 16면.

108) 근로기준과-4614, 2005. 9. 7. 근기법에서 별도의 사업장으로 보는 기준은 "하나의 법인에 소속된 여러 개의 사업장이 장소적으로 서로 분산되어 있고, 인사 노무 재정 및 회계가 서로 분리되어 독자적으로 사업경영이 이루어지며, 별도의 단체협약이나 취업규칙을 적용받는 등의 경우"라고 한다.

109) 대법원 1993. 10. 12. 선고 93다18365 판결[근기법 28조 2항의 입법취지는 하나의 사업내에서 직종, 직위, 업종별로 서로 다른 퇴직금제도를 두어 차별하는 것을 금지하고 하나의 퇴직금제도를 적용하게 하고자 함에 있는 것이므로 여기에서 말하는 '사업'은 특별한 사정이

있을 경우에는 각 법인별로 근로시간 면제 한도를 정하면 될 것이다.

나. 종사근로자인 조합원 수

2010년 개정법에서는 조합원 수를 근로시간 면제 한도를 정하는 가장 기본적인 요소로 하면서도 조합원 수를 확인하는 시기·절차나 기관에 대한 규정이 없었다. 이에 2021년 개정법에서는 종사근로자인 조합원의 수를 근로시간 면제 한도로 한다는 점을 분명히 하면서, 함께 개정된 시행령에서 종사근로자인 조합원의 수를 산정하는 시점을 구체화하고 있다. 즉, 노조가 사용자에게 교섭을 요구하는 때에는 요구한 날 현재의 종사근로자인 조합원 수 등을 적은 서면으로 해야 하며(시행령 14조의2 2항), 사용자는 노조의 교섭요구 사실의 공고기간이 끝난 다음 날에 교섭을 요구한 노조를 확정하여 통지하고, 그 교섭을 요구한 노조의 명칭, 그 교섭을 요구한 날 현재의 종사근로자인 조합원 수 등을 5일간 공고한다(시행령 14조의5 1항).[110]

특히, 근로시간 면제에 관한 단체협약을 체결하고 난 뒤에 단체협약의 유효기간 중에 종사근로자인 조합원 수가 감소하였는데, 근로시간 면제 한도 고시표상 아래 단계에 해당한 경우,[111] 또는 반대로 종사근로자인 조합원 수가 증가하여 고시표상 상위 단계에 해당하는 경우 단체협약에 따른 근로시간 면제 한도를 유지하여야 할 것인가 문제된다. 감소한 경우에는 사실상 법이 허용한 근로시간 면제 한도를 초과하여 사용자가 급여를 지원하는 경우에 해당하여 부당노동행위에 해당할 여지가 있고(법 81조 1항 4호), 반대로 증가한 경우에는 법이 정한 근로시간 면제 한도에 미치지 못하는 것이기 때문이다. 그러나 단체협약 또는 근로시간 면제 한도 기간 안에는 종래의 규정이 그대로 적용된다고 보는 것이 형평에 부합할 뿐만 아니라 분쟁을 최소화하는 것이다.

없는 한 경영상의 일체를 이루는 기업체 그 자체를 의미한다고 할 것이다(당원 1993. 2. 9. 선고 91다21381 판결 참조). 원심이 그 인정한 사실관계에 의하여 소외 회사의 서울본사와 부산공장을 '하나의 사업'으로 본 다음 그 설시와 같은 사정에 비추어 개정규정이 유효하다고 본 것은 수긍이 된다고 할 것이고, 거기에 소론과 같은 법리오해의 위법이 있다고 할 수 없다].

110) 박종희c, 146면에서는, 노조법의 조항별로 그 조항이 규율하고자 하는 취지에 비추어 종사근로자의 의미를 구체화할 필요가 있다는 전제에서, 근로시간 면제제도는 특정 사용자와의 관계에서 근로제공의무를 면제받을 수 있는 지위를 전제로 하는 것이므로 근로시간면제 한도를 산정하기 위한 기초는 당해 사용자와 근로관계를 형성한 근로자들이 기준이 되어야 한다고 보는 견해를 취한다.

111) 물론, 고시표상 아래 단계에 내려가지 않는 한 조합원수 변동은 근로시간 면제 한도를 초과하는 것이 아니기 때문에 문제되지 않을 것이다.

따라서 우선 노사 간 종사근로자인 조합원 수를 산정하는 기준이나 시기, 조합원 수 변경에 따른 근로시간 면제 한도 변경 기간(주기)을 단체협약에서 따로 정할 수 있을 것이다. 또한 유효기간이 최대 3년인 단체협약에 의하면 조합원 수의 변동에 따른 대응이 경직될 우려가 있으므로 조합원 수의 변동에 따른 근로시간 면제 한도의 변동을 예상하여 그 변동에 따른 노사 간 적용방법을 별도의 협약 등을 통하여 사전에 정하여 놓는 것이 바람직하다.

한편, 법에 의해서 해고의 효력을 다투고 있는 근로자에 대해서는 중앙노동위원회의 재심판정이 확정될 때까지는 종사근로자인 조합원 수에 포함시켜야 할 것이지만(법 5조 3항), 지역 노동조합 등 초기업 단위노동조합에 가입이 허용된 '구직 중인 근로자'는 과거 당해 사업에서 근무한 적이 있다 하더라도 종사근로자인 조합원 수에 포함되지 않는다.

4. 면제된 근로시간의 분배

개별 노동조합이 사업장의 총 근로시간 면제 한도 범위 내에서 사용자와 근로면제시간 수를 합의하면 그 합의한 시간은 특정 조합원에 국한되지 아니하고 모든 조합원이 사용할 수 있다. 노조법 24조 2항에서 근로시간 면제 한도에서 '근로자'가 조합의 유지 관리 업무 등을 할 수 있다고 규정하고 있을 뿐만 아니라, 고용노동부장관이 고시한 '근로시간 면제 한도'에서도 근로의무가 면제되는 시간을 사용할 수 있는 인원을 정하고 있기 때문에, 고시에서 정하여진 인원 내라면 노조 대표나, 조합간부, 조합원 누구라도 교체하면서 사용할 수 있다고 해석된다. 따라서 노조는 면제되는 근로시간을 사용할 수 있는 인원수 범위 내에서 명단을 작성할 수 있고, 근로시간 면제 근로자를 사용자에게 통보하면 통보된 조합원들이 필요에 따라 면제시간을 사용할 수 있다.

한편, 사업장과 관련하여서도 각 사업장별로 근로조건의 결정권이 있고, 인사 노무관리 회계 등이 독립적으로 운영되는 등 각각의 사업장이 독립성이 있는 경우에는 각 사업장별로 종사근로자인 조합원의 수의 규모에 따라 근로시간 면제 한도를 각각 적용할 수 있을 것이다. 그러나 교섭단위가 분리되는 사업장 개념에 해당하지 않는다면 그 사업의 총 면제되는 근로시간을 교섭단위별로 먼저 배분하고, 각 교섭 단위 내에서 단체협약 등에 의해 다시 각 노조에 배분하게 될 것이다. 이때 교섭단위 간 면제시간을 배분하는 방법은 각 교섭단위의 종

사근로자인 조합원의 수가 기준이 될 것이다.[112)]

또한 2011. 7. 1.부터 복수노조 설립이 허용됨에 따라, 하나의 사업 내에 조직대상이 달리 되어 다수의 노조가 존재하는 경우에는 면제되는 근로시간의 총한도는 모든 노동조합의 조합원 수를 합하여 산출하여야 하고, 그 범위 내에서 각 노동조합에 대한 면제시간의 배분이 이루어져야 하므로 그 배분 방법은 각각의 노동조합과 단체협약으로 정할 수밖에 없으나, 각 종사근로자인 조합원의 수가 일응의 기준이 될 것이다. 따라서 사용자와 교섭대표노조가 교섭대표노조에게만 근로면제시간을 배분하고, 소수노조에 대해서는 면제시간을 전혀 배분하지 않은 것은 공정대표의무 위반에 해당할 것이나,[113)] 교섭대표노조는 소수노조와 달리 직접 단체교섭절차를 진행해야 한다는 점을 고려할 때 교섭대표노조가 복수노조 사이의 종사근로자인 조합원의 수에 비례한 시간보다 더 많은 근로시간 면제시간을 배분받더라도 그것이 합리적 이유 없는 차별에 해당하지 않는 범위 내라면 곧바로 공정대표의무 위반이라고 보기 어려울 것이다.[114)] 한편, 사용자가 복수노조 사이의 근로면제시간 분배와 관련하여 노동조합의 운영에 지배하거나 개입할 의도로 관여하는 것은 부당노동행위의 문제를 일으킬 수 있다.[115)]

5. 근로면제시간 사용가능 인원수

근로시간면제심의위원회는 노조법 24조의2 2항에 따른 근로시간 면제 한도를 정할 때 24조 2항에 따라 사업 또는 사업장에 종사하는 근로자인 조합원 수와 해당 업무의 범위 등을 고려하여 시간과 이를 사용할 수 있는 인원으로 정할 수 있다(영 11조의2). 즉 시행령은 근로시간면제심의위원회가 면제한도를 정할 때 근로시간 면제 한도와 함께 이를 사용할 수 있는 인원수를 함께 제한할 수 있도록 하고 있다.

근로시간면제심의위원회는 면제시간을 '사용할 수 있는 인원'에 관하여, 조합원 수에 따라, 조합원 수가 300명 미만인 사업장은 "파트타임으로 사용할 경

112) 김헌수, 79면 이하.

113) 대법원 2018. 8. 30. 선고 2017다218642 판결, 대법원 2018. 12. 27. 선고 2016두41224 판결.

114) 다만, 소수노조의 조합원 수의 비율에 미달하게 근로시간 면제를 인정한 경우 그 자체로 공정대표의무 위반이 된다고 보는 견해도 있다. 임상민, 613면.

115) 김강식, 43면.

우 그 인원은 풀타임으로 사용할 수 있는 인원의 3배를 초과할 수 없"고, 조합원 수가 300명 이상인 경우에는 "2배를 초과할 수 없다"라고 의결하였다. 따라서 풀타임 근로시간면제자의 사용시간이 1인당 연간 2,000시간이라면, 조합원 100명 미만인 사업장은 풀타임 근로시간면제자가 1명에 해당하고, 파트타임으로 할 경우에 3명이며, 조합원이 300명인 사업장이라면 풀타임 근로시간면제자가 2.5인이 되고, 파트타임으로 하면 5명이 된다.[116]

한편, 근로시간면제심의위원회가 면제시간 뿐만 아니라 '이를 사용할 수 있는 인원'까지 정하도록 한 노조법 시행령 11조의2가 노조법 24조의 위임의 범위를 벗어난 무효인 규정이라고 보는 견해가 있고,[117] 노조법 24조 4항과 24조의2는 '근로시간 면제 한도'라고 정하고 있고, '전임자 수'에 대해서는 아무런 제한을 두고 있지 않기 때문에 프랑스 노동법전과 같이 시간에 대한 제한뿐만 아니라 인원에 대해서도 법률에 제한 규정을 두어야 한다는 견해가 있다.[118] 또한 교대근무제나 근무 장소 등 근로형태의 특수성에 따라 사전에 일률적으로 제한하는 것은 타당하지 않다는 견해도 있다.[119]

그러나 판례는 근로시간 면제제도의 입법 취지와 목적상 근로 제공 면제시간에 대한 제한뿐만 아니라 그 사용 인원의 제한도 예정되어 있는 점, 사용 인원에 대한 제한이 이루어지더라도 노조는 여전히 단체협약이나 사용자의 동의를 받아 사용자로부터 급여를 받지 않는 전임자의 수를 정할 수 있는 점, 건전한 노사관계 발전을 위해서는 근로시간 면제 한도 총량과 함께 그 사용가능 인원수를 정해 놓는 것이 분쟁의 소지를 줄이는 합리적인 방법인 점 등을 고려하면 노조법 시행령 11조의2가 근로시간 면제 한도를 정할 때 시간과 사용 인원을 정한 것이 모법의 위임범위를 벗어났다거나 한계를 일탈한 것으로 볼 수 없다고 보았다.[120]

6. 근로시간 면제제도의 운영 방식

근로시간면제자는 기본적으로 사용자와 근로계약을 맺고 근로관계를 형

---

116) 노동부d, 5면. 노동부 지침에 의하면 0.5명은 1명으로 보도록 하고 있다.
117) 문무기b, 232면 이하 참조.
118) 유성재, 10면 참조.
119) 이승욱, 128면.
120) 대법원 2014. 3. 27. 선고 2011두8420 판결.

성 · 유지하는 관계 속에서 별도의 합의를 통해 근로시간을 면제받게 된다. 근로시간면제자의 법적 지위는 일반 근로자와 동일하다고 볼 수 있다. 사용자는 근로시간면제자에게 임금을 지급하기 위하여 확인절차가 필요하다. 아울러 사용자는 노무지휘권을 바탕으로 '파트타임 근로시간면제자'의 근로시간을 관리할 수 있을 것이다. 사용자가 노조에 근로면제시간을 사용한 시간을 통보할 것을 요구하는 경우, 노조와 근로시간면제자는 그것이 노조활동에 대한 부당한 간섭이 아니라면 이에 응할 필요가 있을 것이다.[121] 그러나 사용자가 근로면제시간의 사용에 지나치게 간섭하거나 구체적인 보고를 요구하는 것은 부당노동행위가 될 수 있어 실제로는 근로시간면제자가 별다른 보고 없이 노조전임자와 같이 자유롭게 활동하는 경우가 다수라는 실태조사 결과들이 있다.[122]

Ⅴ. 근로면제시간에 할 수 있는 활동

1. 정당한 노동조합 활동

근로시간면제자 등의 활동과 관련하여 노조법 24조 3항에서는 근로시간면제자 등의 '정당한 노동조합 활동'을 제한하여서는 아니 된다고 하고, 2항에서는 근로시간면제자의 경우 '건전한 노사관계 발전'을 위한 노동조합의 유지 관리 업무를 할 수 있다고 규정하고 있다.

따라서 근로시간면제자 등의 정당한 노동조합 활동은 '정당한 행위'에 대한 형사상 책임을 면제하여 주는 노조법 4조의 '정당한 행위'와 범위가 같다고 볼 수 있다.[123] 즉, 노조법 4조는 노동조합의 단체교섭, 쟁의행위, 기타의 행위로서 이 법 1조에서 정한 근로조건의 유지 개선과 근로자의 경제적 · 사회적 지위의 향상을 도모하기 위한 행위를 정당한 행위라고 보므로, 근로시간면제자 등의 정당한 노동조합 활동은 노동조합을 조직 · 운영하고, 사용자와 단체교섭을 하고 쟁의행위를 하는 데 필요한 행위를 모두 포함하는 넓은 개념이다. 다만 이러한 활동은 노조법에 정한 목적과 절차에 합당한 범위 내에서만 정당한 행위로 인정된다. 그러므로 노동조합의 활동이 사용자와 동일한 목적이거나 공동의 목적을 추구하는 경우뿐만 아니라, 쟁의행위 등 사용자의 이익과 반대되는 목적을

121) 임동환 · 이승길, 183면 참조.
122) 방준식, 198 · 205면; 김강식, 44면.
123) 김헌수, 92면 이하.

위해 노동조합 활동을 하는 경우도 포함될 수 있다.

조합원 가입 등 조직 활동, 조합원 교육, 일상적 조합활동이 여기에 해당하는지 문제되는데, 이러한 활동은 단체협약에서 근로시간 면제 대상에서 제외하는 명시적인 합의가 있는 등 특별한 사정이 없는 한 '이 법에 의한 업무'에 해당할 뿐만 아니라 '건전한 노사관계 발전을 위한 노동조합 유지'업무에도 해당한다.[124] 따라서 근로시간 면제 대상 업무에 포함된다.

실태조사 결과에 따르면, 많은 단체협약에서 근로시간면제자는 근로시간면제 한도에서 한도 시간의 최대 상한시간으로 합의하고, 그 외적으로 노조활동의 시간을 추가로 합의하여 운영되는 관행이 있다고 한다.[125] 그러나 판례는 근로시간 면제 대상은 전임자를 포함하여 모든 근로자가 되므로, 근로시간면제자가 아닌 일반 조합원의 노조활동을 근로시간 면제 한도 내로 제한하지 않고 별도로 유급 처리하는 단체협약에 대한 노동위원회의 시정명령을 적법하다고 보았다.[126] 또한 2021년 개정 노조법 24조 4항에서는 근로시간 면제 한도를 초과하는 단체협약은 그 부분에 한정하여 무효로 한다고 명시하면서, 81조 1항 4호에서 근로시간 면제 한도를 초과한 급여를 지급하는 행위를 부당노동행위로 명시하고 있으므로, 위와 같은 관행은 근로시간 면제제도에 배치된다고 보인다.[127] 근로시간면제심의위원회에서 이러한 실태를 고려하여 근로시간 면제 한도 및 기준을 현실적으로 재설정할 필요가 있다.[128]

2. 노동조합 유지 · 관리 업무 등

노조법은 노조전임자가 근로가 면제되는 시간을 활용할 수 있는 활동으로 "사용자와의 협의 · 교섭, 고충처리, 산업안전 활동 등 이 법 또는 다른 법률에서 정하는 업무와 건전한 노사관계 발전을 위한 노동조합의 유지 · 관리업무를 할 수 있다."(법 24조 2항)라고 규정하고 있다.[129] 즉, 동조는 근로시간 면제 한도

124) 이승욱, 130면 이하.
125) 김강식, 45면.
126) 대법원 2016. 4. 15. 선고 2013두11789 판결.
127) 김강식, 46면.
128) 임동환 · 이승길, 181면.
129) 한편, 근로면제시간을 활용하는 방법을 법적으로 제한하는 것은 과잉입법으로서 입법론적으로 바람직하지 않다. 노조법 24조 2항에 규정하고 있는 "사용자와의 협의 · 교섭, 고충처리, 산업안전 활동 등 이 법 또는 다른 법률에서 정하는 업무와 건전한 노사관계 발전을 위한 노동조합의 유지 · 관리업무"는 상호 구별하거나 위 대상 업무와 아닌 업무를 구별하는 것은

의 근거를 명시함과 아울러 면제 대상이 되는 근로시간에 할 수 있는 활동의 범위를 정하고 있다.

먼저, 노조법 규정에 따라 근로시간 면제제도의 사용대상이 '협의 · 교섭, 고충처리, 산업안전 활동 등'으로 제한되는지가 문제된다.

노조법이 "협의 · 교섭, 고충처리, 산업안전 활동 등 이 법 또는 다른 법률에서 정하는 업무"라고 예시의 형태로 규정하고 있고, 따라서 노사 간 대립적 단계에 들어선 이후 활동에 대한 면제근로시간의 사용 제한은 적절하지 않으며, 그렇다면 노조법상 노동조합 활동과 관련된 모든 활동에 대해 전임자인 근로시간면제자나 파트타임 근로시간면제자 모두 차별 없이 근로시간 면제가 가능한 것으로 해석하는 견해가 있다.[130] 또한 판례[131]가 노조의 전임 운용권에 대해 권리남용의 법리를 이용하여 통제하고 있기 때문에 한정열거로 볼 수 없고 근로시간 면제의 사용대상에서도 동일하게 적용될 수 있다고 보는 견해도 있다.[132] 근로시간면제제도의 취지상 이를 예시적 규정으로 보아 노사가 자율적으로 근로시간 면제 대상으로 할 업무를 결정할 수 있도록 함이 타당하다.

다음으로, '건전한 노사관계 발전을 위한 노동조합 유지 · 관리업무'는 무엇을 의미하는지가 문제된다.[133] 이는 헌법상 보장된 노동3권의 취지, 노조법의 목적(법 1조), 노동조합의 목적(법 2조 4호), 노조법의 전체적인 체계에 비추어, 당해 노동조합이 근로조건의 유지 · 개선 기타 근로자의 경제적 · 사회적 지위향상을

어려울 뿐만 아니라 갈등을 양산할 수밖에 없으므로 노조가 자유롭게 결정하도록 함이 바람직하다.

130) 박종희b, 149면.

131) 대법원 2009. 12. 24. 선고 2009도9347 판결(노동조합 전임운용권이 노동조합에 있는 경우에도 그 행사가 법령의 규정 및 단체협약에 위배되거나 권리남용에 해당하는 등 특별한 사정이 있는 경우에는 그 내재적 제한을 위반한 것으로서 무효라고 보아야 하고, 노동조합 전임운용권의 행사가 권리남용에 해당하는지 여부는 전임운용권 행사에 관한 단체협약의 내용, 그러한 단체협약을 체결하게 된 경위와 당시의 상황, 노조원의 수 및 노조 업무의 분량, 그로 인하여 사용자에게 발생하는 경제적 부담, 비슷한 규모의 다른 노동조합의 전임자 운용 실태 등 모든 사정을 종합적으로 검토하여 판단하여야 한다).

132) 이승욱, 129면.

133) 노동부d, 8~11면은, 근로시간 면제의 대상이 되는 건전한 노사관계 발전과 관련한 업무는 노조법 2장 3절의 노동조합 관리 업무(규약상 정기총회 · 대의원회, 임원선거, 회계감사), 그 밖의 사업장 내 노사공동의 이해관계에 속하는 노동조합의 유지 · 관리 업무 등 노조법 범위 내에서 노사가 자율적으로 정하는 업무로 보면서도 상급단체(연합단체 포함) 파견 활동도 사업장별 근로시간 면제 한도 내에서 사용이 가능하다고 보고 있다. 그러나 쟁의행위, 공직선거 출마 등 사업장 내 노사공동의 이해관계에 속하는 업무로 볼 수 없는 경우 원칙적으로 근로시간 면제 대상 업무에 포함되지 않고, 다만, 쟁의행위 준비를 위한 활동은 면제 대상 업무에 포함된다고 해석한다.

도모함을 목적으로 하는 노동조합의 조직과 활동을 위한 업무로 이해할 것이나, 단체협약에서 구체적으로 정하여야 할 것이다.[134] 한편, '건전한 노사관계 발전' 부분이 지나치게 추상적이기는 하지만, 이를 노조의 자주성을 유지하고 사용자의 부당노동행위를 방지할 뿐만 아니라 노사의 대등성을 침해하지 않도록 함으로써 조합원의 이익을 올바르게 대표할 수 있는 최소한의 조합활동의 기본조건을 형성하는 기준을 제시하는 것으로 볼 수 있고, 따라서 대립적·갈등적 관계에 있는 조합업무에 대해서까지 유급을 인정하면 노사의 대등성에 중대한 장애가 초래될 수 있으며, 모든 일상적 조합활동으로까지 유급의 대상범위를 확대한다면 노조의 자주성이 침해될 우려가 있다는 점을 고려해야 한다는 견해가 있다.[135] 구체적으로 보면, 노조전임자의 '관리업무'에 노조법 2장 3절 소정의 "노동조합의 관리"에 해당하는 업무로서 총회개최(법 15조), 대의원회(법 17조), 임원선거(법 23조), 임시총회 소집(법 18조), 회계감사(법 25조), 자료제출(법 27조)과 이에 필연적으로 부수하는 사전준비, 사후정리시간 역시 근로시간 면제 대상이 된다.[136] 기본적으로는 근로시간 면제 대상 업무는 노사가 결정할 사항이므로,[137] 노사가 어떠한 업무를 건전한 노사관계 발전을 위한 것으로 보아 근로시간면제 대상 업무에 포함하기로 합의하였다면 이를 존중할 필요가 있다.

3. 쟁의행위 준비행위

쟁의행위 준비행위가 근로시간 면제 대상 업무에 포함되는지 문제된다. 이 문제와 관련하여서는 이를 긍정하는 견해가 다수이다. 즉, 쟁의행위는 헌법상 보장된 기본권 행사라는 점, 노조법의 목적에 비추어 볼 때 대립적 노사관계는 노조법이 기본적으로 상정하고 있는 노사관계라고 볼 수 있는 점, 노조는 근참법에 기하여 노사협력을 이념으로 한 노사협의회와는 본질적으로 상이하다는 점, 쟁의행위는 노조법이 정하는 전형적인 노조 '업무'라는 점 등을 고려하면,

134) 대법원 2009. 5. 28. 선고 2007두979 판결(조합활동의 범주에 속하는 모든 관련 업무가 곧바로, 노조법 24조 1항에 따라 노동조합의 업무에만 종사하며 사용자에 대한 근로제공의무를 지지 않는 노조전임자의 종사 업무로 된다고는 할 수 없으며, 노조전임자가 종사할 수 있는 업무의 범위는 그러한 노조전임자를 인정한 당해 단체협약의 취지와 내용, 급여지급에 반영된 단체협약 당사자의 진정한 의사와 노사관행 등을 종합적으로 고찰하여 구체적 개별적으로 판단하여야 할 것이다).

135) 박지순, 24면.

136) 이승욱, 130면.

137) 한광수b, 177면.

쟁의행위 준비시간을 바로 근로시간면제의 사용대상에 포함해야 한다는 견해,[138] 쟁의행위 준비는 '노동조합의 유지 · 관리업무'에 해당하지 않지만, 쟁의행위는 '이 법에서 정한 업무'인 '사용자와의 협의 · 교섭'에 해당하기 때문에 쟁의행위 준비행위도 근로시간 면제 대상에 포함된다거나,[139] 노조의 필수적 활동범위인 쟁의행위가 충분히 보장되는 경우에야 노사간 협의 · 교섭이 촉진되어 노사합의를 할 수 있으므로 쟁의행위 준비를 근로시간 면제 대상에 포함해야 한다는 견해[140] 등이 제시된다.

고용노동부는 쟁의행위는 노사공동의 이해관계에 속하는 업무로 볼 수 없어 근로시간 면제 대상 업무에 포함되지 않지만, 쟁의행위를 준비하기 위한 활동은 면제 대상 업무에 포함된다고 본다.[141] 노조법상 조정절차는 교섭타결을 위한 제도적 장치이므로 조정신청 · 참가 등 활동은 근로시간 면제 대상에 포함될 수 있다는 행정해석도 있다.[142]

따라서 조합원 찬반투표는 노조법 41조 1항에 의한 '이 법에서 정하는 업무'로서, 이외의 쟁의행위 준비는 '사용자와의 협의 · 교섭' 연장선상에서 포함시킬 수 있을 것이다. 쟁의행위 관련 업무도 노조법상 노조의 업무이고, 쟁의행위 관련 업무가 건전한 노사관계 발전과 반드시 배치된다고 단정할 수 없어 이는 개정전 법 24조 4항에서 규정하는 근로시간 면제 대상 업무에 해당한다고 본 하급심 사례가 있다.[143]

4. 근로시간 면제 한도와 법령상 유급활동의 관계

면제시간 활용과 관련하여 문제되는 것은 이미 노조법이나 타 법률에 의하여 근로자 또는 근로자대표가 수행해야 하는 활동[144]이 동조의 근로시간 면제

---

138) 이승욱, 133면 이하.
139) 유성재, 6면 이하.
140) 박종희b, 149면.
141) 노동부d, 11면.
142) 노사관계법제과-2425, 2011. 12. 1.
143) 서울중앙지법 2018. 3. 27. 선고 2017나42875 판결(상고 없이 확정됨).
144) 김헌수, 87면 이하 참조.
근기법: 경영상 이유에 의한 해고의 경우 근로자대표 협의(24조 3항), 탄력적 근무시간제 실시 합의(51조 2항, 51조의2 1항), 선택적 근로시간 실시 합의(52조), 보상휴가제 실시 합의(57조), 근로시간 및 휴게시간 특례적용 합의(59조), 연차유급휴가 대체 합의(62조), 임산부와 18세 미만자 야간근로 인가 관련 합의(70조 3항), 취업규칙에 관한 의견 청취 또는 동의(94조 1항)

한도에 포함되는지 여부이다. 예컨대, 근참법 9조 1항은 노사협의회 위원은 비상임·무보수로 하면서도 2항에서 사용자는 협의회 위원으로서의 직무 수행과 관련하여 근로자위원에게 불이익을 주는 처분을 하여서는 아니 되며, 3항에 의하여 위원의 협의회 출석 시간과 이와 직접 관련된 시간으로서 노사협의회 규정으로 정한 시간은 근로한 것으로 보아 유급으로 처리하고 있다. 산안법상 사업주는 명예산업안전감독관으로 활동하는 자에 대하여 직무 수행과 관련한 사유로 불리한 처우를 해서는 아니 되고(산안법 23조 2항), 산업안전보건위원회 위원으로 활동하는 자에게 대해서도 그 활동을 이유로 불이익을 줄 수 없도록 하고 있으므로(산안법 24조 6항), 근로자가 근로시간 중 명예산업안전감독관이나 산업안전보건위원회 위원으로 활동한 시간에 대해서는 명문의 근로시간 간주 규정이 없더라도 급여상 불이익이 없도록 해야 한다.

이와 같이 다른 법률에서 근로자의 해당 활동시간이 이미 유급으로 처리되는 경우 그 시간도 노조법상의 근로시간 면제 한도에 포함되는지가 문제되는 것이다.

고용노동부는 두 가지 유급사유가 중복되는 경우, 즉 풀타임이나 파트타임 근로시간면제자로 지정된 자가 노사협의회나 산업안전보건위원회의 회의에 참석한 경우에는 면제시간에 포함된 활동으로 본다고 한다.[145] 또한 고용노동부는 산안법상 명예산업안전감독관을 사업장 소속 근로자 중에서 위촉할 경우에는

근참법: 노사협의회 활동(9조), 고충처리위원 활동(26조)

근복법: 우리사주조합관련 활동(35조), 사내근로복지기금관련 활동(55조, 60조)

산안법: 명예산업안전감독관(23조), 산업안전보건위원회 위원의 활동(24조), 안전보건관리규정작성, 변경 관련한 근로자대표의 동의(26조), 작업환경 측정 등 입회 또는 결과 청취(42조, 43조, 49조), 공정안전보고서 작성시 의견제시(44조), 안전보건진단시 참여(47조), 안전보건계획 수립시 의견청취(49조 2항), 자율검사프로그램에 따른 안전검사 협의(98조), 작업환경측정시 참여(125조 4항), 건강진단시 참여(132조), 역학조사 참여(141조)

노조법: 단체교섭(29조), 필수유지업무 협정(42조의3)

퇴직급여법: 퇴직급여제도 도입, 변경시 동의(4조, 5조), 확정급여형퇴직연금제도, 확정기여형퇴직연금제도 설정시 동의(13조, 19조)

고령자고용법: 고용지원금을 지급받기 위한 동의(14조 2항)

고보법: 고용유지조치계획의 수립, 변경시 협의(고보법 시행령 20조), 휴직수당 미지급에 대한 합의(고보법 시행령 21조의3), 임금피크제 도입 시 동의(고보법 시행령 28조)

평생직업능력법: 직업능력개발훈련계획 수립할 때 협의(20조 2항)

남녀고용평등법: 동일 가치 노동의 기준 수립할 때 의견청취(8조), 명예고용평등감독관의 업무수행(24조 3항)

파견법: 파견근로자 사용할 때 협의(5조 4항).

145) 노동부a, 11면 및 노동부d, 9면 참조; 임종률, 103면도 같은 취지이다.

수행 업무가 근로시간 면제 대상 업무에 해당하므로 특별한 사정이 없는 한 근로시간면제자로 명예산업안전감독관을 위촉함이 원칙이고,[146] 근로시간 면제 대상에 해당하는 활동시간이 1일 소정근로시간을 초과하여 계속되는 경우 그 초과시간을 유급으로 정하는 것은 노사가 자율적으로 정할 수 있으나 원칙적으로 근로시간면제자의 면제 한도 총량시간에서 공제해야 한다는 태도이다.[147]

그러나 고용노동부의 이러한 태도에 대해서는 근로시간면제 시간 한도에 타 법률에 의하여 유급으로 처리되는 시간까지 포함하는 것으로 보게 되면 노조전임자의 노사협의회 활동이나 산업안전보건위원회 활동 등이 위축될 수밖에 없고, 노조법은 노동조합활동을 이유로 근로시간 면제를 허용하므로 다른 법률 등에서 유급을 인정하는 근거 법령과 취지·목적이 다르며,[148] 근참법상 노사협의나 산안법상 산업안전보건관련 활동은 해당 법률에서 정한 바에 따라 유급 여부를 결정하는 것이 원칙이라는 관점에서, 노조법 24조 2항(개정전 24조 4항)이 근로시간면제심의위원회로 하여금 해당 사항에 관하여도 유급 면제 범위를 정하도록 하는 것은 법체계상 문제가 있다고 지적된다.[149] 더 나아가 노조전임자가 노사협의회 근로자위원 등으로 활동하는 경우라고 하더라도 그 활동은 노조전임자로서의 지위에 기한 것이 아니라 관련법상 지위로서의 활동으로 보아야 하므로 중첩되는 시간은 근로시간 면제 한도에 포함되지 않는 것으로 보아야 한다는 견해도 있다.[150] 또는, 이들 업무를 근로시간 면제 대상으로 포함할 것인지 여부는 노사의 자율적인 협약사항으로 보아야 한다는 견해도 제시된다.[151]

현행 노조법 24조 2항의 "사용자와의 협의·교섭, 고충처리, 산업안전 활동 등 이 법 또는 다른 법률에서 정하는 업무"라는 문언에도 불구하고 노조 소속 근로시간면제자가 근참법상 노사협의회 활동 등 다른 법령상 유급으로 정한 업무를 수행하는 경우 해당 시간이 근로시간 면제 한도에 당연히 포함되는 것으로 해석하는 것은 곤란하다고 본다. 다만, 노조법 24조 2항에서 '다른 법률에서 정하는 업무'도 근로시간 면제 대상 업무가 될 수 있다고 하고 있으므로, 노사의 자율적 협의에 의해 다른 법령상 유급으로 정한 업무를 근로시간 면제 대상

146) 노사관계법제과-172, 2010. 7. 21.; 노사관계법제과-55, 2010. 8. 9.
147) 노사관계법제과-406, 2010. 8. 6.
148) 김헌수, 90면 이하.
149) 박지순, 21면.
150) 이승욱, 134면.
151) 한광수b, 176면.

업무로 포함시키기로 합의한 경우 이를 무효로 할 필요는 없을 것이다.

따라서 근로시간 면제 시간을 배분받은 노조 소속이 아닌 근로자가 근참법상 노사협의회 위원이나 고충처리 위원, 산안법상 명예산업안전감독관 등으로 활동하는 경우에는 그 활동시간은 노조의 근로시간 면제 한도에서 공제할 수 없을 것이며, 노조 소속이지만 근로시간면제자가 아닌 근로자가 위와 같은 위원 등으로 활동하는 경우에도 노사 간 별도의 합의가 없는 한 24조 2항의 요건을 충족하는 것이 아니므로 해당 활동시간을 해당 노조의 근로시간 면제 한도에서 공제할 필요 없이 개별 법률의 근거에 따라 유급처리할 수 있다고 본다.[152] 다만, 그 유급 처리시간이 합리적 범위를 초과하여 노조의 자주성을 침해할 정도에 이른다면 부당노동행위에 해당할 여지가 있을 것이다.

5. 상급 단체 내지 연합단체의 활동

노조법 24조 2항은 근로시간 면제 한도를 "사업 또는 사업장별로 조합원수를 고려하여 24조의2에 따라 결정"하도록 하고 있어, 과연 상급단체 또는 연합단체 파견이 여기에 해당할 수 있는지가 문제된다.

먼저, 노조법 24조 2항이 말하는 노동조합은 전임자가 직접 소속한 노동조합만을 의미하기 때문에 다른 노동조합인 연합단체나 총연합단체의 업무는 노동조합의 업무가 아닌 점, 개별 사용자는 연합단체나 총연합단체와는 단체교섭 등 직접적인 노사관계를 맺고 있지 않은 점,[153] 근로시간 면제의 기준은 사업 또는 사업장 내 업무를 전제로 하고 있는 점 등을 고려하여 총연합단체 등에 전임자를 파견하는 것은 근로시간 면제의 대상이 되지 않는다고 해석하는 견해가 있을 수 있다.[154]

당초 고용노동부는 상급 노동단체에 파견된 전임자의 업무는 건전한 노사관계 발전을 위한 노동조합의 유지 관리업무에 해당하지 않는다는 입장이었다.[155] 그러나 노조법상 노조에는 총연합단체 등이 포함된다는 이유 등으로 상급단체 파견 전임자도 근로시간 면제가 가능하다고 본 하급심 판결들[156]이 선

152) 고용노동부 역시 근로시간면제자가 아닌 근로자가 근참법상 노사협의회 위원, 고충처리 위원 등으로 활동하게 되는 경우 해당 수행시간을 유급처리할 수 있다고 본다. 노동부d, 12면.

153) 김상호, 22면 참조.

154) 이승욱, 131면 이하.

155) 노동부c, 32면.

156) 서울행법 2012. 4. 19. 선고 2011구합20628 판결, 수원지법 2012. 8. 23. 선고 2011구합

고되자, 고용노동부는 2013. 7. 1.부터 '상급단체 파견자의 경우 상급단체(연합단체 등)도 노조법상 노동조합에 포함되며, 상급단체 파견 활동이 사업(장) 활동과 무관하지 아니하므로 상급단체 파견 활동도 사업(장)별 근로시간 면제 한도 내에서 사용 가능'한 것으로 행정해석을 변경하였다.[157)]

노조법은 근로시간 면제의 총량제한방식을 채택하고 있는 점, 근로시간면제심의위원회가 정한 근로시간 면제 한도 내에서 사용할 수 있는 근로시간 면제 대상에 대하여 법에서는 개괄적인 기준만을 제시하고 있을 뿐 구체적인 사용대상은 사실상 노사합의에 의하도록 하고 있는 점, 노조법 24조 2항에서 근로시간 면제의 기준으로서 제시한 "사업 또는 사업장별로 조합원수 등"은 근로시간면제심의위원회가 직접적으로 제한하는 기준은 아닌 점 등을 고려하면, 단체협약에 의한 합의에 따라 상급단체 파견을 근로시간 면제의 사용대상으로 할 수 있다 할 것이다.[158)] 특히, 노동조합의 정의(법 2조 4호)에 따르면 노동조합에는 총연합단체도 포함되고, 총연합단체의 유지·관리를 위한 단위노조의 지원이 필요한 상황이 있을 수 있고, 어차피 전임자가 총연합단체에 파견된다 하더라도 단위사업장 내 근로시간 면제 한도에서 사용하면 되고 이에 따라 사용자에게 추가적인 부담이 발생하는 것은 아니라는 점에서 상급단체 파견은 근로시간 면제 대상이 될 수 있다.

결국, 2021년 개정법 부칙 3조 2항은 근로시간면제심의위원회가 근로시간 면제 한도 심의에 착수할 때 건전한 노사관계 발전을 위한 연합단체에서의 활동도 고려하도록 명문으로 규정하였다.

Ⅵ. 노조전임자 급여와 부당노동행위

1. 2021년 개정 전 노조전임자 등의 급여와 부당노동행위[159)]

2010년 개정 노조법 24조 2항은 노조전임자는 그 전임기간 동안 사용자로

11892 판결 등.

157) 노동부d, 10면.

158) 이승욱, 134면도 같은 견해이다.

159) 한광수a, 208면 이하에서는 '현행 노조법이 노조전임제 인정문제를 노사 자치의 문제로 인식하면서도 전임자에 대한 급여지급을 부당노동행위로 규정하면서 급여지급 행위에 대해 형사 처벌함으로써 제재를 가하는 것은 법 논리상 스스로 상반된 규정을 둠으로써 입법적 한계를 노출시킨 것'이라고 비판한다.

부터 어떠한 급여도 지급받아서는 아니 된다고 규정하면서, 노조법 81조 4호에서는 사용자가 노조전임자에게 급여를 지원하는 것을 부당노동행위로 취급하였다.

이와 같이 노동조합의 전임자에게 사용자가 지급하는 금품에 대하여 2010년 개정 노조법은 '임금'이라는 용어를 사용하지 않고 '급여'라고 하고 있었다. 임금은 근로의 대가로 사용자가 지급하는 것인데 노동조합의 전임자는 근로를 제공하지 않고 사용자로부터 금품을 받는 것이므로 임금이 아니다. 물론 무급 전임자의 급여는 사용자가 지급하지 않고, 무급 전임자는 노동조합과의 합의에 따라 급여를 지급받는다.

대법원은 "노동조합 전임자는 사용자와의 사이에 기본적 노사관계는 유지되고 기업의 근로자로서의 신분도 그대로 가지는 것이지만, 노동조합전임자의 근로제공의무가 면제되고 원칙적으로 사용자의 임금지급의무도 면제된다는 점에서 휴직 상태에 있는 근로자와 유사하고, 따라서 사용자가 단체협약 등에 따라 노동조합 전임자에게 일정한 금원을 지급한다고 하더라도 이를 근로의 대가인 임금이라고는 할 수 없다."라고 본다.[160] 따라서 사용자가 노조전임자에게 지급하는 급여를 지급하기로 정한 날짜에 지급하지 않은 경우에도 근기법 43조의 임금체불에 해당하지 않는다. 단체협약 불이행에 따른 문제는 민사적인 쟁송에 의해 해결하여야 한다.[161] 반면, 근로시간면제자에 대한 급여는 근로시간 면제에 따라 사용자에 대한 관계에서 제공한 것으로 간주되는 근로의 대가로서, 그 성질상 임금에 해당한다.[162]

이에 따라 판례는 근로시간면제자로 지정되지 않은 노조전임자에게 급여를 지원하는 행위는 그 자체로 부당노동행위가 되고, 근로시간면제자에게 급여를 지급하는 행위는 특별한 사정이 없는 한 부당노동행위가 되지 않는 것이 원칙이지만, 근거 없이 과다하게 책정된 급여를 근로시간면제자에게 지급하는 사용자의 행위는 구 노조법 81조 4호 단서에서 허용하는 범위를 벗어나는 것으로 노조전임자 급여 지원 행위나 노조운영비 원조 행위에 해당하는 부당노동행위가 될 수 있다고 보았다.[163] 그러나 이러한 판례의 태도에 대해서는 전임자에

160) 대법원 1998. 4. 24. 선고 97다54727 판결, 대법원 2018. 8. 1. 선고 2014다48057 판결.
161) 김헌수, 95면 이하.
162) 대법원 2018. 4. 26. 선고 2012다8239 판결.
163) 대법원 2016. 4. 28. 선고 2014두11137 판결, 대법원 2016. 4. 29. 선고 2014도8831 판결.

대한 급여지원이나 근로시간면제자에 대한 한도 초과급여 지원 모두 운영비 지원의 실질이므로 동일 선상에서 판단해야 한다는 비판이 있었다.164)

근로시간면제자에 대한 급여 지급이 과다하여 부당노동행위에 해당하는지 여부는 근로시간면제자로 지정되지 아니하고 일반 근로자로 근로하였다면 해당 사업장에서 동종 혹은 유사 업무에 종사하는 동일 또는 유사 직급·호봉의 일반 근로자의 통상 근로시간과 근로조건 등을 기준으로 받을 수 있는 급여 수준이나 지급 기준과 비교하여 사회통념상 수긍할 만한 합리적인 범위를 초과하는지 등을 살펴서 판단하여야 하며, 근로시간면제자에 대하여 급여를 지급하는 것은 근로시간 면제 대상 활동을 하는 데 대한 대가로 지급하는 것이 아니라 근로제공의무가 면제되는 근로시간에 상응하는 대가로서 지급하는 것이므로, 근로시간 면제 대상 활동의 내용이나 그 활동 여건, 활동 시간 등을 기준으로 근로시간면제자에 대한 급여의 과다 여부를 판단할 것은 아니다.165)

2. 2021년 개정 후 노조전임자 등의 급여와 부당노동행위

2021년 개정 노조법은 노조전임자에 대한 급여지급 금지 규정을 삭제하고, 노조법 81조 1항 4호에서는 사용자가 근로시간 면제 한도를 초과하여 급여를 지급하는 것을 부당노동행위로 규정하게 되었다.

2021년 개정 노조법에서는 종전에 사용자가 노조전임자에게 급여를 지급하는 행위를 곧바로 부당노동행위로 규정하던 내용을 삭제하였지만, 노조전임자 명칭을 삭제하고 24조 1항·2항에서 근로계약 소정의 근로를 제공하지 않고 노동조합 업무에 종사하며 사용자로부터 급여를 지급받는 근로자를 근로시간면제자로 일원화하여 규정하고 있으므로, 노조전임자가 사용자로부터 급여를 지급받는다면 이는 근로시간면제자에 대한 급여지급에 해당하게 된다.

따라서 2021년 개정 노조법에서는 사용자가 노조전임자에게 급여를 지급하더라도 곧바로 부당노동행위에 해당하지는 않을 것이나, 그와 같이 지급된 급여가 근로시간 면제 한도를 초과하는 경우에는 일응 부당노동행위를 구성하게 된다. 또한 2021년 개정 노조법에서도 종전과 같이 근로시간면제자에 대한 급여지급이 근로시간 면제 한도 내에서 이루어지더라도 그 급여가 근거 없이 과다하

164) 오세웅, 67면.

165) 대법원 2016. 4. 29. 선고 2014도8831 판결, 대법원 2018. 5. 15. 선고 2018두33050 판결.

게 책정된 경우에는 부당노동행위에 해당할 수 있다.

3. 근로시간 면제 한도를 위반한 단체협약의 효력

만일 근로시간면제심의위원회가 정한 근로시간 면제 한도를 넘는 시간을 노사가 자율적으로 단체협약 등으로 정한 경우, 그 사법상 효력이 문제가 된다.

2021년 개정 전에는 이와 관련하여 현실적으로 근로시간 면제제도를 도입한 취지가 몰각되고 노사갈등을 끊임없이 유발할 가능성이 있으며, 단체협약의 사법적 효력을 부인할 수 없어도 강행법규 등 사회상규에 위반하는 것으로서 그 효력이 부인될 수밖에 없다는 견해,[166] 근로시간면제심의위원회의 한도 결정은 행정적인 기준설정행위에 지나지 않으며, 최저임금법 6조 3항과 같은 강행적 효력을 인정하는 명문의 규정을 결하고 있는 이상 고시의 기준이 곧 사법적인 효력을 가지는 것으로 해석될 수 없고, 행정관청의 단체협약 시정명령이 내려졌다고 하여 그것으로 인해 명령의 집행력이 인정되는 것은 아니라는 점, 2010년 개정 노조법 24조 2항의 급여지급 금지는 5항인 처벌규정의 전제에 불과할 뿐 사법상 효력까지 담보하는 강행규정은 아니라는 점 등을 고려하여 근로시간 면제 한도를 넘는 단체협약은 여전히 사법상 유효하다고 보는 견해,[167] 고시의 면제한도를 초과한 단체협약의 위법성의 정도에 따라 해당 단체협약의 효력 인정 여부를 상대적으로 판단해야 한다는 견해[168] 등이 제시되고 있었다.

2021년 개정 노조법은 24조 4항에서 근로시간 면제 한도를 초과하는 내용을 정한 단체협약 또는 사용자의 동의는 그 부분에 한정하여 무효로 한다고 명시함으로써 종전의 해석상의 다툼을 정리하였다. 24조 4항에 따르면, 근로시간 면제 한도를 초과하는 내용을 정한 단체협약 등은 그 초과부분만 일부무효가 된다.

근로시간 면제 한도를 초과한 단체협약을 법률로 무효로 하는 것이 ILO 98호 협약상 '자유롭고 자발적인 단체교섭 원칙'에 위배될 수 있다는 우려가 있을 수 있으나, 노사 및 공익을 각각 대표하는 위원들로 구성된 독립기구인 경제사회노동위원회 산하 근로시간면제심의위원회에서 정부 관여 없이 자율적으로 공정하게 근로시간 면제 한도를 결정할 수 있는 체계를 마련하고 있기 때문에 이

166) 문무기b, 234면 이하 참조.
167) 이승욱, 138면 이하.
168) 박지순, 35면.

러한 제도는 ILO의 기준에 위배된다고 단정하기는 어려울 것이다.[169)]

Ⅶ. 노조전임자에 관한 단체교섭 및 쟁의행위

노조가 사용자에게 단순히 무급 전임자를 인정해 주도록 요구하고, 근로시간 면제 한도 내에서 인원수와 시간을 요구하는 단체교섭을 구하였으나, 사용자가 이를 거부하면 부당노동행위가 되는가. 물론 노조는 고용노동부장관이 고시한 한도를 '위반하는' 급여지급을 요구할 수 없고, 사용자가 이러한 단체교섭을 거부하여도 부당노동행위에 해당하지 않는다.

판례는, "단체교섭의 대상이 되는 단체교섭사항에 해당하는지 여부는 헌법 33조 1항과 노조법 29조에서 근로자에게 단체교섭권을 보장한 취지에 비추어 판단하여야 하므로 일반적으로 구성원인 근로자의 노동조건 기타 근로자의 대우 또는 당해 단체적 노사관계의 운영에 관한 사항으로 사용자가 처분할 수 있는 사항은 단체교섭의 대상인 단체교섭사항에 해당한다."라고 판시하면서, "단체교섭을 요구한 사항들은 대부분 징계 · 해고 등 인사의 기준이나 절차, 근로조건, 노동조합의 활동, 노동조합에 대한 편의제공, 단체교섭의 절차와 쟁의행위에 관한 절차 등에 관한 사항인 사실을 인정하고, 그와 같은 사항들은 단체교섭의 대상인 단체교섭사항에 해당한다고 판단한 것은 옳다."라고 보아 '노동조합에 대한 편의제공'을 단체교섭사항으로 본 사례가 있기는 하지만,[170)] "노조 전임제는 노동조합에 대한 편의제공의 한 형태로서 사용자가 단체협약 등을 통하여 승인하는 경우에 인정되는 것일 뿐 사용자와 근로자 사이의 근로계약관계에 있어서 근로자의 대우에 관하여 정한 근로조건이라고 할 수 없는 것이고, 단순히 임의적 교섭사항에 불과하여 이에 관한 분쟁 역시 노동쟁의라 할 수 없으므로 특별한 사정이 없는 한 이것 또한 중재재정의 대상으로 할 수 없다."라고 판시하거나,[171)]

---

169) 조용만b, 48면.

170) 대법원 2003. 12. 26. 선고 2003두8906 판결. 그러나 원심 판결(서울고법 2003. 7. 4. 선고 2003누263 판결, 제1심 판결의 이유 기재를 인용함)의 내용을 구체적으로 살펴보면, 원심은 '노조가 교섭을 요구한 사항에는 노조전임제 등 임의적 교섭사항에 해당하는 사항이 포함되어 있지만 대부분 의무적 교섭사항이 담겨 있었다는 점에서 이를 관철하기 위한 쟁의행위가 정당하다'고 판단하였을 뿐이므로, 위 대법원 판결이 노조전임제 자체를 의무적 교섭사항으로 인정한 사례는 아니다.

171) 대법원 1996. 2. 23. 선고 94누9177 판결, 대법원 2003. 7. 25. 선고 2001두4818 판결.

"원심은 … 이 사건 쟁의행위는 노동쟁의의 대상이 될 수 없는 노조전임자 및 근무시간 중 조합 활동, 계열사의 라인 증설 및 부지 매입에 관한 요구사항을 주된 목적으로 하는 것으로서 쟁의행위 전체가 정당성을 갖지 못하는 불법파업에 해당한다고 인정하였다. … 위와 같은 원심의 판단은 정당"하다고 판단함으로써 노조 전임제를 쟁의행위 대상에서 제외하고 있다.[172] 이러한 판례의 태도에 찬동하여 노조 전임제는 단체교섭이나 쟁의행위의 대상이 되는 근로조건이 아니고, 임의적 교섭사항일 뿐 노조 전임제를 요구할 권리가 법적으로 당연히 보장된 것은 아니며,[173] 나아가 근로시간 면제 한도에 관한 교섭사항도 채무적 부분에 해당하고 근로조건과는 성질을 달리한다고 보는 견해가 있다.[174]

그렇지만, 적어도 근로시간 면제와 관련하여서는 2010년 개정 노조법 24조 5항에서 '24조 2항과 4항을 위반하는' 급여지급 등을 요구하거나 쟁의행위를 할 수 없다고 규정하고 있었을 뿐이고, 근로시간면제제도는 법 규정에 의하여 실시되는 것이므로 구체적인 시간, 인원수 등은 전형적인 노동조합에 대한 편의제공의 하나이기 때문에 의무적 교섭사항이 되고 쟁의행위의 대상이 된다거나,[175] 노조법이 정한 유급의 근로시간 면제 범위에 관하여 당사자간 합의에 도달하지 못한 경우에는 근로시간면제자의 근로조건에 해당하기 때문에 당연히 쟁의행위를 통해 주장을 관철할 수 있어야 한다고 보는 견해[176]가 타당해 보인다. 따라서 사용자가 정당한 이유 없이 근로시간 면제 한도에 관한 교섭을 거부하면 부당노동행위가 된다.

그러나 2021년 개정 노조법에 의하면, 근로시간 면제 한도를 초과하는 내용을 정한 단체협약은 무효가 되고(법 25조 4항), 오히려 근로시간 면제 한도를 초과한 급여 지급은 부당노동행위를 구성하므로(법 81조 1항 4호 본문),[177] 근로시간 면제 한도를 초과하는 사항은 사용자가 이에 대한 단체교섭을 거부하더라도 부당노동행위가 될 수 없고, 쟁의행위의 대상이 된다고도 볼 수 없게 된다. 다만, 2021년 노조법 개정 전에는 사용자가 근로시간 면제 한도를 초과하는 시간을 노조전임자에게 부여하는 것을 경비원조의 일종으로 파악할 수도 있다는 전제

172) 대법원 2016. 3. 10. 선고 2013도7186 판결.
173) 김형배, 1104면; 방준식, 187면.
174) 김형배, 1110면.
175) 이승욱, 135면 이하.
176) 방준식, 189면; 박지순, 32면.
177) 양성필, 253면.

하에 다른 경비원조와 마찬가지로 면제 한도를 초과한 급여 지원이 사회통념상 수긍할 수 있는 수준을 넘어 노조의 자주성을 침해할 현저한 위험이 있는 경우가 아니라면 부당노동행위로 평가될 수 없다는 비판이 있었다는 점,[178] 2021년 개정 노조법에 대해서도 노동조합의 자주성을 침해하는 사용자의 지배개입에 관한 증거가 없음에도 불구하고 근로시간 면제 한도를 초과하는 급여지급만을 이유로 처벌할 수 있게 하는 규정은 노사자치 및 교섭의 자유를 과도하게 침해할 우려가 있으므로 그 적용에 신중해야 한다는 점[179]을 유념할 필요가 있다.

[조 영 선·김 영 진]

178) 박종희b, 154면.
179) 조용만c, 310면.

편의제공 보론(補論)

〈세 목 차〉

[참고문헌]

권오성, “조합사무실 운영비 지원 관행의 일방적 파기는 정당한가?”, 노동리뷰 109호, 한국노동연구원(2014. 4.); **김태현**, “노동조합의 자주성과 부당노동행위로서의 운영비 원조”, 강원법학 61권, 강원대학교 비교법학연구소(2020. 10.); **김형배**, “조합비 일괄공제제도(Check-Off)의 법률문제”, 경영계 220호, 한국경영자총협회(1996. 6.); **김형배 · 박지순**, 노동법강의, 신조사(2019); **방강수**, 통합노동법, 도서출판 웅비(2020); **배동희**, 실무노동법, 미래가치(2019); **신동진**, 집단노사관계법, 중앙경제(2011); **오세웅**, “노동조합에 대한 경비원조로서 부당노동행위 판단기준”, 산업관계연구 26권 3호, 한국고용노사관계학회(2016); **이수영 외 4명**, 노동법실무, 중앙경제; **이승길**, “체크오프제(조합비일괄공제제도)”, 노동법연구 6호, 서울대학교 노동법연구회(1997); **이재용**, “비조합원 대상 후원회비, 투쟁기금 등 일괄공제(원천징수) 거부와 부당노동행위”, 법학연구 55집, 한국법학회(2014); **이현희**, “노동조합 간 편의제공 차별과 공정대표의무”, 한양대학교 대학원 석사학위논문(2019); **최영진**, "복수노조 시행에 따른 개별문제", 법학연구 17권, 경상대학교 법학연구소(2009); **하갑래c**, 집단적 노동관계법, 중앙경제(2016); **하갑래d**, 노동법, 중앙경제(2021); **道幸哲也a**, 不当労働行爲の成立要件, 信山社(2007); **道幸哲也b**, 労働組合法の基礎と活用, 日本評論社(2018); **名古道功, 吉田美喜夫, 根本到 外**, 労働法Ⅰ, 法律文化社(2012); **小西國友, 渡辺章, 中嶋士元也**, 労働關係法, 有斐閣(2004); **小畑史子, 緒方桂子, 竹內(奧野)寿**, 労働法, 有斐閣(2013).

Ⅰ. 의 의

1. 개 념

노동조합은 자주적 조직으로서 필요한 경비를 스스로 마련하고 필요한 시설·설비를 스스로 설치하는 것이 원칙이나, 노동조합이 자력으로 이러한 조건을 갖추는 것은 현실적으로 어렵다. 결국 노동조합은 조합원들을 상대로 일상적인 업무를 처리하거나 비조합원인 근로자를 영입하기 위해서는 사용자가 소유·관리하는 물적 시설을 사용할 필요가 있고, 또한 노동조합의 주요한 재원인 조합비를 효율적으로 걷기 위해서 사용자의 도움이 요구되기도 한다. 이와 같이 노동조합이 존속하고 활동을 하는 데 필요한 인적·물적 조건을 사용자가 제공하는 것을 편의제공이라 한다.[1] 편의제공은 적극적으로 무엇인가를 제공하는 것에 한정되지 않고, 소극적으로 상대방의 행위를 수용하거나 또는 금지·제한하지 않는 방법으로도 이루어질 수 있다.[2]

2. 법적 성질

편의제공의 법적 성질에 관해서는 편의제공을 헌법상 단결권보장의 한 효과로 보고 노사합의가 없어도 사용자가 제공의무를 부담한다고 보는 단결권설[3]과 사용자가 편의제공에 대해 동의하거나 협정을 체결한 경우에만 제공의무를 진다는 협정설이 있다.[4][5] 단결권설에서는 노동조합에 편의제공에 대한 청구권

1) 일본에서는 노조법 7조 3호에 '최소한 넓이의 사무소 공여'를 부당노동행위의 예외로 규정하고 있어서 '편의공여'라 부르고 있다.

2) 이현희, 5면.

3) 角田邦重은 단결승인의무의 한 내용으로서 조합사무소의 공여 의무를 인정한다고 한다(西谷 敏a, 268면 참고).

4) 방강수, 477면; 하갑래c, 168면; 하갑래d, 512면; 협정설은 그 논거로 '단결권은 교섭력의

이 있다고 보고, 사용자가 노동조합의 편의제공 요구에 따르지 않거나 종전의 편의제공을 폐지하면 단결권 침해가 된다고 한다. 그러나 통설인 협정설은 편의제공 여부는 오로지 사용자의 자유로운 판단이나 재량에 달려 있다고 보나,[6] 협정이나 관행에 의해 일정 기간 편의제공이 계속되어 온 경우 이를 폐지하는 것은 사용자도 자유롭게 할 수 없다고 한다.[7]

3. 편의제공에 관련된 문제

근로계약을 체결하고 있는 근로자에게 일정한 근로시간을 면제해 주는 제도는 사용자의 노무지휘권을 제약하게 되고, 사용자가 소유 · 점유하고 있는 시설 등에 대한 편의제공 요구는 사용자의 시설관리권과 충돌한다. 또한 편의제공의 연혁적 취지가 사용자가 특정 노동조합에 대한 원조를 통해 이를 통제함으로써 다른 자주적 · 독립적 단결체의 형성과 활동을 간접적으로 방해하는 것을 막기 위한 데 있기 때문에,[8] 편의제공의 노동조합 간 차별이 공정대표의무 위반이 되는 경우가 있다. 그리고 편의제공은 노동조합의 단결권을 실질적으로 보장하는 데 중요한 의미가 있는 한편 노동조합의 자주성을 침해할 위험성도 가지고 있으므로, 편의제공이 어떠한 경우에 노동조합의 자주성을 침해하는 부당노동행위가 되는지를 따질 필요가 있다.

4. 편의제공의 3개 영역

사용자가 일정한 경우 편의제공을 하지 않으면 위법하게 되지만 편의제공

실질적인 균형(공정한 교섭의 기회)을 보장하는 데 목적이 있고 지원 자체가 단결체의 자주성에 묵시적으로 영향을 미칠 수 있어 단결권으로부터 사용자의 지원의무까지 도출해내기는 어렵다'는 것을 들고 있다.

5) 西谷 敏a, 268면은 노동조합이 단결권에 기하여 편의제공을 사용자에게 청구할 권리가 있는가에 대하여 일본의 통설, 판례가 이를 부인하고 있다면서 '사용자가 단결승인의무에 의하여 편의 공여 의무를 부담하더라도 이는 추상적인 것에 불과하고 구체적인 편의공여는 기본적으로 노사의 협정 내지 관행에 따라 제도화되어야만 한다'는 것을 그 근거로 든다.

6) 일본에서는 '사용자의 허락이나 사용자와 노조 간에 합의가 없이는 노조는 회사시설물 등을 사용할 권리가 없다'고 한 最高裁 1979. 10. 30. 判決(國勞札幌 事件), '사용자의 조합에 대한 조합사무소 반환청구권을 인정'한 最高裁 1979. 12. 7. 判決(日本航空 事件), '협약기간 종료를 이유로 노조는 편의제공을 받을 권리가 소멸했다'고 한 最高裁 1986. 12. 16. 判決(三陵重工業長崎造船所 事件) 등이 이러한 것을 확인해주고 있다고 한다. 최영진, 197면.

7) 西谷 敏a, 269면은 이를 사용자에게 채용의 자유가 있지만, 해고의 자유가 없는 것과 같은 태양이라 설명한다.

8) 김태현, 161면, 170면.

을 하더라도 그 정도가 지나치면 안 된다. 그러면 사용자는 어떠한 경우에 노동조합에 적법한 편의제공을 할 수 있는가?

이에 대하여 일본의 유력설[9]은 일본 노조법이 편의공여를 두 가지 관점에서 파악하고 있다고 한다.

첫 번째 관점은 편의공여가 헌법의 단결권보장에서 비롯된 것이므로 일정한 상황에서 사용자가 편의공여를 하지 않거나 폐지하는 것이 단결권 침해로 평가되는 경우에는 위법·무효이고 지배·개입의 부당노동행위가 된다고 한다(편의불공여의 금지). 단결권 침해 여부를 판단하기 위해서는 문제가 되는 편의공여가 종전에 없었던 것인지 계속되어 온 것인지로 나누어 살펴본다. 즉 ① 새로운 편의공여에 대해서는 사용자가 비교적 넓은 재량권을 가지기 때문에 노동조합을 억압하려는 명백한 의사로 사회 관행으로 널리 정착된 편의공여를 합리적 근거 없이 거부하는 경우 또는 기업 내에 복수조합이 병존하는데 일방 조합에 공여하는 편의를 다른 조합에 거부하는 경우 등을 단결권 침해로 보고, ② 이미 일정 기간 협정 또는 관행에 의하여 계속되어 온 편의공여를 사용자가 일방적으로 폐지하는 것은 노동조합에 지극히 심각한 타격을 주고 노사관계의 신의에 반하므로 폐지를 정당화하는 특단의 사정이 없는 한 단결권 침해가 된다고 한다.

두 번째 관점은 사용자가 노동조합에 과도한 편의공여를 하면 노동조합이 자주성을 상실하여 어용조합으로 바뀔 염려가 있으므로 이를 금지하고 있다고 한다(편의공여의 금지).

첫 번째 관점에서 편의불공여나 폐지가 금지되는 것은 법에 규정이 없으나 최고재판소와 노동위원회가 이를 부당노동행위로 판단하고 있으며, 두 번째 관점에서 과도한 편의공여를 금지하는 것은 법에 규정이 있다고 한다.

이처럼 사용자는 편의를 제공하지 않는 것도, 과도하게 편의를 제공하는 것도 모두 금지되고 있는데 사용자의 편의제공이 모두 이들 영역에만 해당하는 것은 아니다. 그 중간적 영역에서는 편의를 제공할지의 여부를 사용자와 노동조합에 위임하여 법이 개입하지 않고 있으므로 노사는 적법하게 편의제공에 관한 결정을 할 수 있게 된다.

9) 西谷 敏, 便宜供與の法的性格と大阪市労使關係條例, 法律時報 1064호(2013. 9.).

Ⅱ. 연 혁

1. 각국의 입법례

미국은 전국노동관계법(National Labor Relations Act) 158조에 사용자가 노동단체의 창설 또는 관리를 지배·개입하거나 노동단체에 재정적 또는 기타 지원을 하는 행위를 부당노동행위로 규정하면서, 다만 위원회가 제정한 규칙 및 규정에 따라 사용자는 시간이나 보수의 손실 없이 근로시간 동안 자기와 협의할 수 있도록 근로자에게 허락할 수 있도록 하고 있다[Sec 8 (a)(2)].

캐나다 노동법(Labour Code)도 사용자는 노동조합에 대한 재정적 기여 또는 기타 원조의 제공을 해서는 안 된다고 규정하면서, 예외로 ① 해당 사용자의 근로자로 구성되거나 포함하는 교섭단위의 교섭대표인 노동조합과 관련하여 ⅰ) 근로자 또는 노동조합의 대표자에 대하여 임금의 공제 또는 사용자에 대한 근로시간의 공제 없이 근로시간 중에 사용자와 협의하거나 근로시간 중에 노동조합의 업무에 종사하는 것을 허용하는 경우, ⅱ) 단체교섭, 단체협약의 운영 및 관련 사항을 위해 노동조합의 대표자에게 무료로 교통수단을 제공하는 경우, ⅲ) 노동조합이 그 목적을 위해 사용자의 시설을 이용하도록 허용하는 경우 ② 근로자에게 연금, 보건 또는 기타 복지권 또는 복지혜택을 제공하는 것을 유일한 목적으로 하는 연금, 보건 또는 기타 복지기금에 대한 재정적 지원을 하는 경우를 예외로 두고 있다(94조).[10]

일본 노조법 7조 3호는 '노동자가 노동조합을 결성 및 운영하는 것을 지배하고, 이에 개입하는 행위 또는 노동조합의 운영을 위한 경비의 지급에 관하여 경제적인 원조를 하는 행위를 해서는 안 된다'고 규정하면서 '다만, 노동자가 노동시간 중에 시간 또는 임금을 상실함이 없이 사용자와 협의 또는 교섭하는 것을 사용자가 허용하는 것은 가능하고, 후생자금 또는 경제상의 불행과 재난을 방지하고 구제하기 위한 지출에 실제로 사용되는 복리 기타 기금에 대한 사용자의 기부 및 최소한의 넓이의 사무소 공여는 제외한다'고 규정하고 있다.

영국, 독일, 프랑스는 우리나라의 노조법 81조 1항 4호와 같이 운영비 원조에 해당하는 별도의 부당노동행위 제도를 특별히 두고 있지는 않다.

10) 김태현, 160면.

2. 우리나라의 경우

가. 연 혁

편의제공에 관련된 조항은 1963. 4. 17. 구 노조법과 구 노동쟁의조정법에 산재해 있던 부당노동행위 규정을 독립된 장으로 편성하면서 39조 4호로 운영비 원조행위를 부당노동행위의 하나로 규정하면서 우리 노조법에 처음 등장하였다. 그 후 1997. 3. 13. 새롭게 제정된 노조법은 노조전임자에 대한 급여지급을 금지하면서 노조전임자에 대한 급여 지원을 부당노동행위로 규정하는 조항을 신설하였다. 그러나 이 규정들은 여러 차례 부칙 개정을 거쳐 2010. 6. 30.까지 적용이 유예되어 오다가 2010. 1. 1. 노조법이 개정되어 근로시간면제제도가 도입되면서 전격 시행되었다.

어떠한 행위가 부당노동행위인가에 대해서는 사용자의 원조행위가 그 자체로서 노동조합의 자주성 상실 내지 저해의 위험을 내포하고 있기 때문에 실제 그러한 결과에 이르렀는지를 묻지 않고 일률적으로 부당노동행위로서 금지되어야 한다는 견해(형식설)와 형식상 운영비 원조에 해당하는 행위가 있는 것으로는 부족하고 그것으로 노동조합의 자주성이 저해되거나 저해될 구체적 위험이 발생해야 한다고 보는 견해(실질설)의 대립이 있다. 대법원은 2010년 노조법 개정 이후 종전의 실질설[11]에서 형식설[12]로 그 견해를 바꾸었고 이에 따라 실제의 법 적용에 노동3권이 제약되는 아쉬움이 있었다.[13] 그러나 헌법재판소가 2018. 5. 31. 헌법불합치 결정(2012헌바90)을 내림으로써 노조법 81조 1항 4호는 2020. 6. 9. 노동조합의 자주적 운영 또는 활동을 침해할 위험 여부에 따라 부당노동행위 여부를 판정하도록 개정되어 실질설의 태도를 따르게 되었다. 그 후 노조법은 2021. 1. 5. ILO 기본협약인 "결사의 자유(87호 · 98호)" 등을 반영하여 노조전임자에 대한 급여지급 금지를 삭제하고 근로시간면제자에 대한 근로시간 면제 한도를 초과한 급여지급을 부당노동행위로 규정하였다.

나. 현행 규정

현행 노조법에 편의제공에 대한 직접적인 규정은 없고, 다만 편의제공의 노

11) 대법원 1991. 5. 28. 선고 90누6392 판결.
12) 대법원 2016. 1. 28. 선고 2012두12457 판결, 대법원 2016. 1. 28. 선고 2014다78362 판결.
13) 김태현, 170면.

조 간 차별을 규율할 수 있는 공정대표의무가 29조의4로, 근로시간면제제도가 24조로 각 규정되어 있다. 또한 노조법 81조 1항 4호는 "근로자가 노동조합을 조직 또는 운영하는 것을 지배하거나 이에 개입하는 행위와 근로시간 면제 한도를 초과하여 급여를 지급하거나 노동조합의 운영비를 원조하는 행위"를 부당노동행위로 규정하면서, 다만 ① 근로자가 근로시간 중에 사용자와의 협의·교섭 활동 등을 하는 것을 사용자가 허용하는 것, ② 근로자의 후생자금 또는 경제상의 불행 그 밖에 재해의 방지와 구제 등을 위한 기금의 기부, ③ 최소한의 규모의 노동조합사무소 제공, ④ 이에 준하여 노동조합의 자주적인 운영 또는 활동을 침해할 위험이 없는 범위에서의 운영비 원조행위는 예외로 하고 있다. 따라서 근로시간면제자에게 지급하는 급여는 근로제공의무가 면제되는 근로시간에 상응하는 것이어야 하고 이를 초과하여 급여를 지급하는 것은 부당노동행위가 된다.[14] 또한 노동조합의 운영비는 노동조합의 존립·활동을 위하여 드는 모든 경비를 의미하므로 노동조합의 사무실 운영비, 노동조합의 활동에 필요한 물품의 구입비, 노동조합사무만을 전담하는 직원의 인건비, 노동조합 총회 등에 필요한 비용, 노동조합 간부의 급여나 출장비 기타 노동조합의 예산에서 지출되어야 할 비용을 포함한다. 사용자가 노동조합에 직접 금액을 교부하거나 노동조합을 대신하여 지급해 주는 것, 사용자의 설비나 자산을 노동조합에 무상 또는 저렴하게 양도하거나 대여하는 것도 모두 운영비 원조에 해당한다.[15]

이와 같은 사용자의 근로시간면제자에 대한 급여지급 행위와 기타 운영비 원조행위를 통틀어 편의제공으로 보는 데 의견이 일치한다.[16][17]

Ⅲ. 편의제공과 사용자의 노무지휘권·시설관리권

사용자는 근로계약상 근로 제공의 구체적 방법·태양을 정하거나 근로 제

14) 대법원 2016. 4. 28. 선고 2014두11137 판결.

15) 김헌수, 1055면.

16) 노조법이 2021. 1. 5. 개정되기 전에는 '근로시간 면제 한도를 초과하여 급여를 지급하는 것' 대신에 '노동조합의 전임자에게 급여를 지급하는 것'을 부당노동행위로 규정하였는데, 이러한 전임자에 대한 급여지급과 운영비 원조행위를 모두 편의제공의 범주에 넣는 것이 일반적인 견해였다.

17) 경비(운영비)원조에는 조합운영을 위한 경비 지급 이외에 시설의 무상대여도 포함하기 때문에 노조전임자에 대한 급여지급은 경비원조에는 해당하지 않지만, 전임자가 노무제공의무를 면한다는 점에서는 편의공여에 해당한다고 한다. 小西國友, 454면.

공을 지휘·감독할 권능인 노무지휘권을 가지므로, 근로자가 단체협약이나 관행 또는 사용자의 승낙 없이 근무시간 중에 조합활동을 하는 것은 사용자의 노무지휘권을 침해하는 것이다. 따라서 근로시간면제자가 근무시간 중에 조합활동을 할 수 있는 근로시간면제제도는 사용자의 노무지휘권을 제한하는 셈이 된다.

한편 사용자는 기업시설에 대한 소유권 또는 점유권에 기하여 그 시설을 사용·유지·관리할 수 있는 시설관리권을 가진다.[18] 사업장 내의 조합활동이 정당하려면 취업규칙이나 단체협약에 별도의 허용규정이 있거나 관행, 사용자의 승낙이 있는 경우 외에는 사용자의 시설관리권에 바탕을 둔 합리적인 규율이나 제약에 따라야 한다.[19]

노동조합 활동은 주로 사업장 내에서 이루어지기 때문에 사업장 내의 조합사무소의 설치, 기업시설을 이용한 조합집회의 개최, 게시판의 이용 등 기업시설의 이용과 부당노동행위로서의 지배·개입의 성부가 문제 된다.

노동조합이 기업시설에 부착한 벽보를 철거하거나 노조회의를 위한 사업시설 이용을 허용하지 아니하는 것이 지배·개입에 해당하는지의 여부에 대하여, ① 이와 같은 노동조합의 행위는 노조 운영상 불가결한 활동이지만 기업의 운영에 특별한 지장을 주지 아니하므로 사용자는 이를 승인할 의무가 있고, 따라서 사용자가 벽보를 철거하거나 기업시설이용을 불허하는 것은 지배·개입에 해당한다는 수인의무설과, ② 노동조합의 이러한 행위가 노조 운영상 불가결하고 기업운영에 특별한 지장을 주지 아니한다 할지라도 노동조합이 이러한 권리를 가진 것은 아니므로, 사용자가 합법적 절차와 방법을 통하여 벽보를 철거하거나 기업시설을 불허하는 것은 지배·개입에 해당하지 아니한다는 실질적지장설의 대립이 있다.[20]

이에 대하여 일본 법원은 '사용자가 소유하고 관리하는 물적 시설이면서 정립된 기업질서 아래서 사업의 운영에 사용되고 있는 것을 노동조합 또는 조합원이 사용자의 허락을 얻지 않고 조합활동에 이용하는 것은 허용되지 않는다'고 하면서[21] 다만 '조합사무소를 대여하지 않고 있는 상황에서 식당 사용을 계

18) 시설관리권은 헌법상의 재산권 보장과 직업선택의 자유 및 경제활동의 자유를 보장한 헌법의 기본원칙에 따라 인정되는 기본권에 해당한다고 한다. 이현희, 18면.

19) 대법원 1990. 5. 15 선고 90도357 판결.

20) 이상윤, 962면.

21) 最高裁 1979. 10. 30. 判決(國鐵札幌運轉區 事件)은 "조합 또는 조합원이 사용자의 허락을 얻지 않고 기업의 물적 시설을 이용해서 조합활동을 하려는 것은, 허가하지 않는 것이 사용

속하여 허락하지 않는 것은 조합활동을 현저하게 곤란하게 하는 것이 명백하기 때문에 조합활동에 대한 지배·개입에 해당하고 시설관리권의 남용에 해당한다'고 하여[22] 권리남용 등 특별한 경우 외에는 사용자의 시설관리권을 더 중시하고 있다.[23] 이처럼 사용자가 소유하고 있는 기업시설의 이용에 사용자의 허락이 필요하다고 보는 견해(허락설)에 대하여는 기업시설의 이용에 크게 의존하고 있는 조합활동을 제약하는 논리로써 사용되고 있고 단결권보장의 실효성을 확보하려는 부당노동행위 제도의 취지와 목적을 제대로 보지 못한다는 비판이 있다.[24]

Ⅳ. 편의제공과 공정대표의무

교섭대표노동조합과 사용자는 교섭창구 단일화 절차에 참여한 노동조합 또는 조합원 간에 합리적인 이유 없이 차별하여서는 아니 되므로(법 29조의4), 편의제공에 합리적인 이유가 없는 차별이 있으면 공정대표의무 위반이 된다. '합리적 이유'를 판단할 때에는 사용자가 어느 노동조합에 편의제공을 하게 된 경위 및 그 편의제공에 대한 조건 설정의 유무 및 내용, 다른 조합에 대한 편의제공과 관련한 단체교섭의 경위 및 내용, 기업시설의 상황, 편의제공 거부가 조합에 미친 영향 등을 포함한 모든 일반적인 사정을 종합하여 고려해야 한다.[25]

이러한 공정대표의무 위반은 복수의 노동조합이 있는 경우에 문제 되는 데 반하여 부당노동행위 여부는 특정 노동조합에 대한 자주성을 잃게 할 위험이 있는가에 따라 결정되므로, 편의제공에 노동조합 간의 합리적인 이유가 없는 차별이 있으면 공정대표의무 위반과 부당노동행위에 모두 해당할 수 있다. 그러나 공정대표의무 위반은 부당노동행위와 달리 차별 의사를 성립요건으로 하지 않기 때문에,[26] 반드시 양자가 동시에 해당되는 것은 아니고 어느 하나에만 해당

자가 가지고 있는 시설관리권의 남용으로 인정되는 것과 같은 특단의 사정이 없는 한, 직장환경을 적정 양호하게 유지하고 규율되고 있는 업무의 운영실태를 확보하려는 것 같이 당해 물적 시설을 관리 이용하는 사용자의 권한을 침해하고 기업질서를 어지럽히는 것이기 때문에 정당한 조합활동으로 허용될 수 없다."라고 하였다. 名古道功, 192면.

22) 東京高裁 1990. 11. 21. 判決(オリエンタルモーター 事件), 名古道功, 193면.
23) 名古道功, 193면; 小西國友, 453면; 小畑史子, 217면.
24) 名古道功, 193면; 小西國友, 453면.
25) 最高裁 1987. 5. 8. 判決(日産自動車 事件); 최영진, 200면.
26) 하갑래d, 567면, 대법원 1998. 5. 22. 선고 97누8076 판결.

될 수도 있다. 따라서 교섭대표노동조합과 사용자가 체결한 단체협약의 편의제공 규정에 합리적 이유 없는 차별이 있으면 공정대표의무 위반과 부당노동행위에 모두 해당될 수 있지만,[27] 사용자가 적극적으로 거부하였는데도 교섭대표노동조합이 파업하겠다는 등의 압박을 하여 어쩔 수 없이 단체협약에 반영한 것이라면 부당노동행위에는 해당하지 않고 공정대표의무 위반으로만 처리될 수 있다.[28] 그리고 사용자가 단독으로 교섭창구 단일화 절차에 참여한 노동조합 간에 또는 그 조합원에 대해 차별행위를 하였다면 노동조합의 운영에 대한 지배·개입으로 부당노동행위가 될 수도 있다.

공정대표의무는 단체교섭의 과정이나 그 결과물인 단체협약의 내용뿐만 아니라 단체협약의 이행과정에서도 준수되어야 하므로, 교섭대표노동조합에는 노동조합 사무실을 제공하면서 교섭창구 단일화 절차에 참여한 다른 노동조합에는 물리적 한계나 비용부담 등을 이유로 노동조합 사무실을 전혀 제공하지 않거나 일시적으로 회사시설을 사용할 기회를 부여하는 것은 공정대표의무 위반이다.[29] 또한 교섭대표노동조합이 사용자로부터 제공받은 조합사무실을 사용하고 있으면서 소수 노동조합의 '조합사무소 제공' 제안은 사용자가 받아들일 가능성이 없다는 이유로 임의로 요구안에 포함하지 않은 것도 공정대표의무 위반이다.[30] 사용자가 소수 노동조합에 대해 홈페이지 공통 아이디를 부여하지 않고 메뉴 추가를 거부하는 것도 합리적인 이유 없는 차별로서 공정대표의무 위반에 해당한다.[31]

공정대표의무를 위반하여 체결된 단체협약의 효력에 대하여 강행법규 위반으로서 당연 무효라는 견해[32]와 당연 무효가 아니라는 견해,[33] 그리고 실체적 공정대표의무 위반은 실질적으로 균등처우 위반과 그 법적 성질이 유사하므로 불합리한 차별이라면 근기법 6조(균등한 처우)나 노조법 9조(차별대우의 금지)의

27) 김헌수, 1050면.
28) 김헌수, 1051면.
29) 대법원 2018. 8. 30. 선고 2017다218642 판결; 중노위 2020. 5. 4. 중앙2020공정5(소수 노동조합에 노동조합 사무실을 제공하지 않는 것은 합리적 이유 없는 차별로 공정대표의무 위반에 해당한다).
30) 중노위 2014. 1. 20. 중앙2013공정40-45병합, 이현희, 63면.
31) 중노위 2017. 12. 15. 중앙2017공정11.
32) 김도형, "교섭대표노동조합의 공정대표의무 위반 여부의 판단기준", 법률신문 4454호 (2016).
33) 김헌수, 650면.

차별대우(차별적 처우)에 해당하여 무효라는 견해[34]가 있다. 공정대표의무를 위반하여 체결된 단체협약에 대하여 당사자는 노동위원회에 시정명령을 신청할 수 있다(법 29조의4 2항).

일본은 복수 노동조합 제도를 채택하고 있지만, 우리나라와 같은 교섭대표제도를 두고 있지 않고, 사용자가 각 노동조합과 개별적으로 교섭하는 것을 원칙으로 하고 있다. 그러므로 우리나라의 공정대표의무와 같은 제도는 필요 없다. 다만 일본은 사용자가 여러 노동조합과 각각 단체교섭을 하고 단체협약을 적용하는 과정에서 노동조합을 차별하는 문제를 해결하기 위해서 노동위원회가 사용자의 '중립의무(중립유지의무)'라는 원칙을 정립하였다. 일본 법원은 '복수조합이 있는 경우에 사용자에게 각 조합과 대응하는 데 있어 평등취급, 중립의무가 있다 하더라도, 각 조합의 조직력, 교섭력에 걸맞은 합리적, 합목적적인 대응을 하는 것이 위 의무에 반하는 것으로 보아서는 안 된다'고 하였고,[35] 나아가 조합사무소 등의 대여 차별이 문제가 된 사안에서 사용자가 병존하는 조합에 대하여 다른 취급을 하는 것은 합리적 이유가 없는 한 부당노동행위로 추인된다는 법리를 명확히 하면서 '합리적 이유의 존부는 단순히 사용자가 표명한 대여의 이유에 대해 표면적, 추상적으로 검토하는 것뿐만 아니라 일방의 조합에 대여된 경위 및 대여의 조건설정 유무・내용, 다른 조합에 대한 대여에 관한 단체교섭의 경위 및 내용, 기업시설의 상황, 대여거부가 조합이 미치는 영향 등 제반사정을 종합적으로 감안하여 판단하지 않으면 안 된다'고 하였다.[36] 합리적 이유의 입증책임에 대해서는 부당노동행위제도의 원칙대로 부당노동행위를 주장하는 조합에 있다는 견해[37]와 편의공여에 있어서 다른 취급을 받고 있는 사실은 원칙적으로 부당노동행위의사를 추인하는 사실이 되기 때문에 이를 뒤집기 위해서는 사용자가 '합리적 이유'가 있다는 입증을 하여야 한다는 견해[38]가 있다.

34) 이철수b, 138면; 장우찬 159면.

35) 最高裁 1985. 4. 23. 判決(日産自動車 事件, 殘業差別); 宮里邦雄, "便宜供與差別 —組合事務所・組合揭示板を中心に—", 季刊労働法 161호(1991.).

36) 最高裁 1987. 5. 8. 判決(日産自動車 事件).

37) 奧山明良, "1. 組合併存下では,使用者は各組合に對し中立的態度を保持し,組合事務所等の貸與につき兩組合に對する取扱いを異にすることは,「合理的理由」のない限り,労組法7條3號の不當労働行爲を構成するとされた事例 等", 判例時報 1263호(1987).

38) 宮里邦雄, "便宜供與差別 —組合事務所・組合揭示板を中心に—", 季刊労働法 161호(1991).

우리나라도 사용자가 교섭대표노동조합을 자율적으로 결정하는 기한 내에 교섭창구 단일화 절차를 거치지 아니하기로 동의한 경우에는 교섭을 요구한 모든 노동조합과 개별적으로 성실히 교섭하여야 하므로(법 29조의2 1항, 2항), 이 경우 사용자는 노동조합 간에 합리적인 이유가 없는 차별을 해서는 안 되어 결국 일본의 중립의무와 유사한 부담을 지게 된다. 다만 우리나라의 공정대표의무는 사용자에게 소극적 중립의무뿐만 아니라 조합 간의 불합리한 차별을 제거하기 위한 적극적인 의무까지도 요구하고 있기 때문에,[39] 비록 교섭창구 단일화 절차를 거치지 않아 사용자가 공정대표의무를 지지 않는다고 하더라도 '합리적 차별'인지를 판단하는 데 있어 일본의 중립의무보다는 엄격하게 해석하여야 할 것이다.

V. 편의제공의 유형

편의제공은 법 81조 1항 4호에 따라 크게 '근로시간면제자에게 급여를 지급하는 행위'와 '노동조합의 운영비를 지원하는 행위'로 나눌 수 있고, 사용자가 지원하는 형태를 기준으로 하면 ① 조합활동의 시간에 대한 지원인 '근무시간 중의 조합활동', ② 장소 지원인 '조합사무소 제공', '조합게시판' 및 '조합집회 등에 시설의 이용', ③ 재원 지원으로서 '조합비 일괄공제 제도', ④ 인원 지원으로서 '근로시간 면제 · 전임자 제도'[40]등으로 그 유형을 나눌 수 있다.

아래에서는 이 중 가장 많이 논의되는 편의제공에 대하여 살펴본다.

1. 근로시간면제자에 대한 급여 지원

노동조합 활동은 취업규칙이나 단체협약에 별도의 허용규정이 있거나 관행 또는 사용자의 승낙이 있는 경우 외에는 근무시간 외에 행해져야 한다.[41] 또한 노동조합이 사용자와 실질적으로 대등한 위치에서 근로조건 개선을 위한 활동을 효과적으로 수행하기 위해서는 노동조합 활동을 전담하는 자가 필요하다. 노

---

39) 대법원 2019. 1. 9.자 2019두52713 판결, 서울고법 2017. 5. 12. 선고 2016누68191 판결, 서울고법 2018. 6. 20. 선고 2017누86233 판결.

40) 대법원도 노조전임제는 노동조합에 대한 편의제공의 한 형태라고 한다(대법원 1997. 4. 25. 선고 97다6926 판결, 대법원 2011. 8. 18. 선고 2010다106054 판결 등).

41) 대법원 1993. 9. 28. 선고 91다30620 판결, 대법원 1990. 5. 15 선고 90도357 판결.

조법 24조는 "근로자는 단체협약으로 정하거나 사용자의 동의가 있는 경우에는 사용자 또는 노동조합으로부터 급여를 지급받으면서 근로계약 소정의 근로를 제공하지 아니하고 노동조합의 업무에 종사할 수 있다."라고 하여 근로시간면제 제도를 채택하면서, 이러한 근로시간 면제자는 '근로시간 면제 한도를 초과하지 아니하는 범위에서 임금의 손실 없이 사용자와의 협의·교섭, 고충처리, 산업안전 활동 등 노동조합의 유지·관리 업무를 할 수 있다'고 하였다. 따라서 근로시간면제자는 근무시간 중에 노동조합 활동을 하더라도 문제가 되지 아니한다.[42] 다만 사용자가 근로시간 면제 한도를 초과하여 급여를 지급하는 행위는 부당노동행위로 규정하고 있다(81조 1항 4호).[43] 이미 제공하고 있는 근로시간면제 혜택을 일방적으로 제공하지 않거나 무급으로 제공하는 것도 부당노동행위가 된다.[44] 근로시간 면제자에게 지급하는 급여는 근로제공의무가 면제되는 근로시간에 상응하는 것이어야 한다.[45] 그러므로 단체협약 등 노사 간 합의에 의한 경우라도 타당한 근거 없이 과다하게 책정된 급여를 근로시간 면제자에게 지급하는 사용자의 행위는 노동조합 운영비 원조행위에 해당하는 부당노동행위가 될 수 있다.[46] 또한 사업장의 조합원 수의 기준에 따라 정해진 면제 한도를 초

---

42) 사용자와 근로계약 관계에 있는 노조전임자가 근로제공의무를 면제받는 법적 근거에 대하여는 ① 노조전임자의 인정 여부, 전임기간, 선임 및 해임절차 등은 헌법상 단결권에 근거하여 당연히 인정되는 노동조합의 권리이고, 사용자가 이를 받아들이는 것은 헌법에 근거하는 의무라고 하는 단결권설, ② 노조법이 종업원의 지위를 유지하면서 노동조합의 임원으로서 조합활동을 할 수밖에 없도록 규정하고 있는 이상 사용자에게는 전임자를 승인할 의무가 있으며, 근로제공 의무 면제의 범위는 객관적이고 합리적인 수준으로 당사자의 합의에 의해 결정되어야 한다고 보는 제한적 협정설, ③ 노조전임자의 인정 여부, 전임자의 수, 전임기간, 전임자에 대한 급여지급 여부를 포함한 전임자에 대한 대우 문제 등의 구체적인 내용은 원칙적으로 노사 간의 자율적 합의로 결정될 수 있을 뿐이라는 협정설의 대립이 있다. 이 문제에 대하여 대법원은 "노조전임제는 노동조합에 대한 편의제공의 한 형태로서 전임제를 인정할 것인지는 물론 노동조합 전임자의 선임과 해임절차, 전임기간, 전임자 수, 전임자에 대한 대우 등 구체적인 제도 운용에 관하여도 기본적으로 사용자의 동의에 기초한 노사합의에 의해 유지되는 것"이라 하여 협정설과 같은 태도를 보인다(대법원 2011. 8. 18. 선고 2010다106054 판결).

43) 이러한 근로시간면제제도는 종전에 노조전임자에 대한 급여를 지원하는 행위를 부당노동행위로 규정하면서 근로시간 면제 한도를 초과하지 않는 범위에서 임금의 손실 없이 노동조합 활동을 하는 것을 허용하던 전임자 제도를 개정한 것이다. 종전의 노조 전임자 급여 지원 금지 조항에 대하여는 운영비 원조 조항과 같이 노동조합이 사용자에게 경제적으로 의존하는 것을 막고 노동조합의 자주성을 확보하기 위한 것이라는 점에서 양자를 나누어 달리 취급할 이유가 없다는 비판이 있었다. 김태현, 167면, 171면.

44) 하갑래d, 700면.

45) 김태현, 150면; 방강수, 689면; 오세웅, 67면; 이상윤, 960면; 이수영 외 4명, 735면.

46) 대법원 2016. 4. 28. 선고 2014두11137 판결은 "근로시간면제자에 대한 급여지급이 과다하

과하여 근무시간 중에 유급의 노동조합 활동을 허용하는 경우, 노동조합 간부에게만 일반 근로자와 달리 시간외 근로시간을 인정하고 수당을 지급하는 경우, 부당하게 근로시간면제자의 지위를 인정하지 않고 급여도 지급하지 않는 경우,[47] 근로시간면제자가 받아야 할 임금의 수준을 넘어선 금품을 지급하는 경우, 노동조합 조합원이 법령에서 허용하는 활동 이외의 활동을 하는데 근로시간면제 한도를 사용하도록 허용하는 경우는 모두 경비원조에 의한 부당노동행위가 된다.[48]

근로시간면제심의위원회는 근로시간 면제 한도를 정할 때 사업 또는 사업장에 종사하는 근로자인 조합원 수와 해당 업무의 범위 등을 고려하여 시간과 이를 사용할 수 있는 인원으로 정할 수 있다(법 시행령 11조의2). 복수의 노동조합이 있는 경우에 각 노동조합의 조합원 수를 합하여 전체 조합원 규모에 따라 노사가 근로시간 면제 한도 범위 내에서 면제시간의 총량을 정한다. 각 노조별 근로시간면제 시간 및 인원 배분은 교섭창구단일화 제도가 시행되면 교섭대표노동조합은 공정대표의무에 따라 각 노동조합과 협의를 통하여 노사 간에 정한 총량 한도(시간 및 인원) 범위 내에서 노조 간에 자율적으로 정하되 조합원 수와 업무 등을 고려하여 노조 간에 적정하게 배분되어야 한다. 따라서 소수 노동조합의 규모가 교섭대표노동조합과 비교하여 현격하게 차이가 나거나 극소수라고 하더라도 노동조합으로서의 기본적 활동은 보장되어야 하므로 단체협약 내용상 근로시간면제의 적용을 전면 배제하거나 현저하게 차이를 두는 것은 허용되지 않는다.[49] 또한 단체협약은 근로시간면제 활동시간 및 인원 등에 대해 노동조합 간의 합의를 전제로 근로시간면제를 적용한다는 취지로 체결되었으나 실제 노동조합 사이에 운영상의 합의가 이루어지지 않은 상태에서 사용자가 교섭대표노동조합에만 근로시간면제를 인정하고 소수 노동조합의 근로시간면제 요청을 거부하는 것도 공정대표의무위반이 된다. 또한 근로시간면제를 교섭대표노동조

여 부당노동행위에 해당하는지는 근로시간면제자가 받은 급여 수준이나 지급 기준이 그가 근로시간면제자로 지정되지 아니하고 일반 근로자로 근로하였다면 해당 사업장에서 동종 혹은 유사 업무에 종사하는 동일 또는 유사 직급·호봉의 일반 근로자의 통상 근로시간과 근로조건 등을 기준으로 받을 수 있는 급여 수준이나 지급 기준을 사회통념상 수긍할 만한 합리적인 범위를 초과할 정도로 과다한지 등의 사정을 살펴서 판단하여야 한다."라고 하였다. 같은 취지로는 대법원 2018. 5. 15. 선고 2018두33050 판결.

47) 서울고법 2020. 09. 17. 선고 2019누62170 판결 참고.

48) 김헌수, 1062면.

49) 이현희, 50면, 서울행법 2013. 4. 25. 선고 2012구합35498 판결.

합에만 인정하거나 노동조합 사이에 자율적 합의가 이루어지지 않았다는 이유로 교섭대표노동조합이 단독으로 근로시간 면제시간을 사용하는 경우는 공정대표의무 위반으로 보아야 한다. 한편, 근로시간면제 한도를 각 노동조합의 조합원 수에 비례하여 안분한다고 규정한 단체협약에 따라 단체협약 체결 당시의 조합원 수에 비례하여 배분하였으나 이후 소수 노동조합의 조합원 수가 증가하여 근로시간면제시간의 재조정을 요청한 사안에서 노동위원회는 "고용노동부 고시 제2013-31호에 근로시간면제 한도 산정을 위한 조합원 규모는 단체협약을 체결한 날 또는 사용자가 동의한 날을 기준으로 산정하도록 규정하고 있어, 단체협약 유효기간 내에 노동조합의 조합원 수가 변동되었다 하더라도 사용자가 변동된 조합원 수에 따라 근로시간면제 한도를 조정하여 노동조합에 재분배할 의무는 없다"고 하였다.[50]

2. 조합게시판

가. 게시판의 설치 및 이용

조합게시판은 노동조합이 자신의 정보를 전달하고 주장을 알리는 데 필요한 시설이다. 노동조합이 기업시설의 일부인 사용자의 게시판을 대여받는 경우와 사용자한테서 기업 내의 특정한 장소를 제공받아 노동조합이 스스로 게시판을 설치하는 경우가 있다. 사업장 내의 시설에 대한 관리권은 사용자에게 있으므로 노동조합은 게시판을 설치·이용하기 위해서는 원칙적으로 사용자의 동의를 얻어야 한다. 그러나 게시판이 조합활동에 불가결한 점, 게시판 이용이 다른 사업장에도 널리 보급된 관행이라는 점, 설치·이용허가가 통상 사용자에게 과다한 부담을 강요하는 것은 아니라는 점 등에 비추어 보면 합리적 근거 없이 게시판의 설치·이용을 거부하는 것은 지배·개입의 부당노동행위가 될 수 있다.[51] 사용자가 설치·이용허가에 사회통념상 노동조합이 도저히 받아들일 수 없는 조건을 붙이는 것은 불허가와 같이 부당노동행위가 될 수 있다.[52]

복수의 노동조합이 있는 경우에 게시판 대여를 허가하는 데 상당한 이유 없이 차별하는 것은 부당노동행위가 된다.[53] 그러나 게시판 대여조건의 허부에

50) 이현희, 53면, 중노위 2014. 8. 20. 중앙2014공정8.
51) 니시타니 사토시, 330면; 西谷 敏a, 277면.
52) 西谷 敏a, 277면.
53) 일본에서는 사용자의 중립의무 위반을 근거로 삼는다. 道幸哲也a, 167면; 道幸哲也b, 143면,

서 비롯된 차별은 조건 자체가 상당한 것으로 볼 수 있다면 부당노동행위가 되지 않는다. 일본 법원은 '게시사항에 관해 허가가 필요하고 게시할 때에 신고가 필요하다는 등의 대여조건은 정상인 노동조합이라면 도저히 받아들일 수 없는 불합리한 것이라 할 수 없기에 부당노동행위가 아니다'라고 한다.[54] 한편 어느 노동조합에 대하여는 게시판 사용에 관한 단체협약이 있으나 다른 노동조합과는 이에 관한 단체협약이 없는 경우에 두 노동조합에 게시판을 동등하게 사용하도록 하지 않더라도 부당노동행위가 되지 않는다는 견해도 있다.[55]

나. 게시물 내용에 대한 간섭

일단 사용자가 게시판의 설치 및 이용을 허가한 경우에는 노동조합은 그 목적 안에서 자유롭게 사용할 수 있기 때문에 사용자의 이용방법에 대한 부당한 관여는 지배·개입이 될 수 있다.[56] 특히 게시물 내용에 관한 사용자의 간섭은 노동조합의 단결권 및 표현의 자유에 대한 침해가 될 수 있으므로 사용자가 그 내용을 이유로 게시물을 일방적으로 철거하거나 게시판 자체를 철거할 수는 없다.[57]

게시물의 내용이 단체협약에서 정한 이용조건을 위반한 것이냐의 여부를 어떻게 판단하느냐가 중요한데,[58] 일본 법원은 '이용조건의 위반을 판단하기 위해서는 게시물의 내용을 세부적으로 판단하는 대신 당해 게시물이 전체적으로 무엇을 말하려고 하는지에 중점을 두어 실질적으로 판단해야만 하고, 당해 노사관계의 상황, 게시의 경위, 게시물의 내용이 회사의 신용과 업무수행에 미치는 영향 등을 고려해서 당해 게시물의 게시가 정당한 조합활동으로서 허용되는 범위를 일탈하고 있지 않다면 사용자의 게시물 철거는 조합활동에 대한 방해로서 지배·개입에 해당한다'고 하였다.[59]

最高裁 1987. 5. 8. 判決(日産自動車 事件).

54) 最高裁 1989. 1. 19. 判決(日本チバガイギー 事件), 그러나 이 판결에 대해서는 조합 간 차별이 현존하고 있는데도 불명확한 기준에 따라 부당노동행위의 성부를 판단하고 있는 것은 의문이고 '정상인 노동조합'은 어떤 것인가도 문제가 된다는 비판이 있다. 道幸哲也b, 143면; 西谷 敏a, 277면.

55) 김헌수, 1044면.

56) 道幸哲也a, 167면.

57) 사용자가 법률관계에 근거하여 일률적 게시조건으로서 유인물의 크기, 매수, 게시 기간 등을 규제하는 것은 가능하다고 하면서, 일본 법원이 정치적 내용의 게시물, 외부단체 작성의 유인물을 게시대상에서 제외하거나 특별히 허가제로 하는 것을 인정하고 있다고 한다(최영진, 203면); 西谷 敏a, 278면.

58) 菅野, 1036면.

59) 東京高裁 2007. 8. 28., 2007. 5. 30. 判決(JR東海 事件); 菅野, 1037면; 임종률, 303면.

대법원도 노동조합이 회사 구내의 전용게시판을 이용하려면 사전에 회사와 게시물의 내용, 부착시기, 방법 등을 협의하여 결정하도록 규정한 단체협약은 유효하다고 하였다.[60)]

사용자보다 정보량에서 뒤떨어진 노동조합이 노사대립 중에 자기의 주장을 강조하기 위하여 부정확하게 과장된 표현을 하는 경향이 있는데 이러한 게시물을 일부 외부 사람이 볼 수 있다고 하더라도 일반적 명예훼손의 법리를 엄격하게 적용해서 세부적으로 진실성을 요구해서는 안 된다. 이는 게시 내용에 관련된 정보는 기업 구성원들에게 상당한 정도로 공유되고 있어 그 진실성에 대해서 스스로 판단할 가능성이 크고, 또한 게시물의 내용이 사용자에게 문제되는 경우에도 사용자는 사보 등을 통해 비교적 쉽게 반박을 할 수 있기 때문이다.[61)] 일본 법원도 '조합활동에 필요한 선전을 포함한 게시물에는, 사용자 측보다 그 취득하는 정보량이 상대적으로 떨어지는 조합 측의 부정확한 지식과 오해 등으로 기재되어 있는 내용이 반드시 객관적 사실에 정확히 부합하지 않을 수도 있고, 자기의 주장을 강조하고 사용자의 시책과 조합원에 대한 대응을 비판하기 위하여 사실의 일부에 대하여 과장된 표현과 비판적인 표현이 사용되어 결과적으로 전체로서의 사실 평가가 그릇되게 이해되는 수도 있지만, 사용자와 조합의 조직과 역학관계에서 보면 어느 정도에서는 이와 같은 사태가 발생하는 것도 어쩔 수 없다'며 노동조합에 우호적인 판단을 보여 주고 있다.[62)]

다. 게시판의 철거

노동조합과 사용자의 합의에 따라 게시판을 대여하고 있는 경우에 사용자가 합리적 이유 없이 게시판을 일방적으로 철거하거나 장소를 변경하는 것은 허용되지 않는다.[63)] 단체협약에 게시판 이용의 근거를 둔 경우에는 단순히 단체협약 해약 등으로 그 이용관계가 당연히 종료되는 것은 아니다. 이는 편의제공

---

60) 대법원 1991. 5. 28. 선고 90누6927 판결.

61) 菅野, 1038면.

62) 東京地裁 2014. 1. 27. 判決(JR東日本八王子地本 事件). 道幸哲也b, 145면.

63) 이처럼 해석하는 것은 대여관계의 법률관계를 무명계약으로 보는 견해(西谷 敏a, 277면)에 따른 것이지만, 게시판 대여를 사용대차로 해석하면서 '일단 조합게시판을 대여한 경우에 사용자가 합리적인 이유가 없음에도 그 반환청구를 하지 않고 철거하거나 그 편의제공의 근거가 되는 협정의 해약을 예고하는 것은 권리남용으로서 허용되지 않는다'고 한 일본 하급심이 있다(東京地裁 1996. 3. 28. 判決, 岩井金屬工業 事件). 니시타니 사토시, 331면; 道幸哲也a, 167면; 西谷 敏a, 277면.

에 관한 단체협약 조항은 노동조합이 존재하는 한 존속시키는 것을 예정한 규정이므로 사용자가 노동조합을 약화시킬 의도로 단체협약을 해약할 경우에는 해약권 남용으로서 무효이고 부당노동행위가 될 수 있다고 해석해야 하기 때문이다.[64)][65)]

일본 법원은 '게시판 설치에 대하여 정식 합의가 없었고, 유예기간을 두고 철거하였으며, 관리자를 험담하는 게시물을 게시하지 않겠다는 약속이 지켜질 때까지 허가하지 않겠다는 방침에 따르는 등의 사정이 있는 경우에는 사용자의 게시판 철거 및 업무용으로의 전용은 부당노동행위가 아니다'고 판단하였다.[66)]

일본 법원은 "게시물의 내용이 정당한 조합활동으로서 허용된 범위를 일탈하였는지, 회사의 운영 등에 지장을 주는지, 또는 개인의 명예를 현저하게 손상하는지 등에 관하여 실질적, 종합적으로 검토하여 전체로서 '정당한 조합활동'으로서 허용되는 범위를 일탈하고 있지 아니한 것으로 인정되는 경우에는 사용자의 게시물 철거가 실질적으로 조합활동에 대한 방해행위로서 부당노동행위에 해당한다."라고 하면서 단체협약에 정한 게시물의 철거요건을 조합활동의 정당성과 연계해서 엄격하게 해석하고 있다.[67)] 또한 여기의 '조합활동의 정당성'에 대해서는 "게시물의 게시가 정당한 조합활동으로 허용된 범위를 일탈했는가를 검토하는 데 있어서는, 게시판이 설치된 장소가 어떤 장소이고, 게시물이 대상으로 하는 독자가 주로 누구인지 등의 사정과 당해 게시물이 게시된 당시의 회사와 조합과의 노사관계의 상황(전체로서의 상황 및 당해 직장에서의 상황), 게시물이 게시되는 데 이르기까지의 경위와 동기, 게시물의 내용이 수송의 안전성과 고객에의 서비스 기타 회사의 중심적 업무 자체에 대한 일반의 신뢰성, 신용성에 관계된 성질의 것인가, 아니면 조합에 대한 관계에서 문제된 성질의 것인가, 회사 내의 직원의 신용, 명예에 관한 것인가, 기재 내용이 위 신용, 명예에 어느 정도 영향을 주는 것인가 등의 구체적 사정이 고려되어야만 한다."라고 하였다.[68)]

---

64) 니시타니 사토시, 331면, 320면.

65) 그러나 일본 법원은 노동협약에 따라 대여가 되었는데 협약관계의 종료를 이유로 편의제공을 중지할 수 있는가에 대하여 '협약실효에 따라 편의제공을 받을 수 있는 권리도 소멸한다'고 판결하였다. 福岡高裁 1984. 9. 18. 判決[三菱重工長崎造船所(民事) 事件], 道幸哲也a, 168면.

66) 東京地裁 1991. 7. 3. 判決(国鐵清算事業団 事件), 道幸哲也a, 168면.

67) 東京高裁 2007. 8. 28. 判決(JR東海大一兩 事件), 道幸哲也b, 144면.

68) 大阪高裁 2009. 9. 29. 判決(JR東海大阪第二運輸所 事件), 東京地裁 2010. 3. 25. 判決(JR東海 事件), 道幸哲也b, 145면; 西谷 敏a, 278면.

3. 조합사무소의 제공

가. 의 의

노동조합 사무소는 조합원 교육이나 회의, 신규 조합원의 모집과 조합원 상담 등 노동조합의 존립과 발전에 필요한 일상 업무를 수행하는 공간으로 노동조합 활동에 필수적인 요소이다. 따라서 조합사무소는 노동조합이 그 비용과 계산으로 마련하여 운영해야 하는데 사용자가 노동조합에 사무소를 제공하게 되면 이를 구하는 비용을 지원하는 것과 같아 원칙적으로 운영비 원조의 부당노동행위가 된다.[69] 다만 사용자가 노동조합에 최소한의 규모의 사무실을 제공하는 것은 노동조합의 자주적인 운영에 영향을 미치지 않기 때문에 허용된다(법 81조 1항 4호 단서).

'최소한의 규모'가 어느 정도인지는 사회통념 기타 당해 사업장의 규모, 조합원 수, 회사 간부들의 사무실 등을 고려하여 노동조합의 자주성을 침해할 정도인가로 판단해야 한다.[70] 통상적으로는 사용자가 노동조합에 무상으로 사무소를 사용하도록 하는 계약을 명시적이나 묵시적으로 체결하겠지만,[71] 설령 일정한 임료를 지급하기로 하는 임대차계약을 체결하더라도 결국 조합사무소와 같은 지리적 위치 및 면적을 가진 사무실에 통상 지급해야 할 임료와 비교해 노동조합의 자주성을 침해하였다고 인정될 정도이면 부당노동행위가 될 수 있다. 그러나 노조법의 규정이 있다고 하여 노동조합이 사용자에게 노동조합 사무소의 제공을 당연한 권리로서 요구할 수 있는 것은 아니다.[72]

나. 사무소 제공의 법률관계

먼저 일정한 임료를 지급하는 조합사무소의 대여에 대해서는 임대차계약이 성립한 것으로 보는 게 일반적이다. 반면 무상대여에 대해서는 일본 법원은 민법상 사용대차 또는 이것에 준한 계약으로 본 것[73]과 무명계약으로 본 것[74]이

69) 임종률, 308면.
70) 김헌수, 1064면.
71) 이와 같은 무상대여의 법적 성질에 대하여 일본 하급심 판결은 사용대차라고 하는 것, 이에 준한다고 하는 것 및 무명계약이라는 것으로 나뉘어 있으며, 학설로는 집단적 노동법상 합의라는 견해와 무명계약이라는 견해로 나뉜다고 한다. 니시타니 사토시, 326면.
72) 道幸哲也a, 168면.
73) 東京地裁 1978. 7. 18. 判決(東京特殊金屬 事件).
74) 広島地裁 1968. 3. 14. 判決(中國放送 事件)은 사용자가 조합사무소의 기능을 할 수 있는 최

있다.[75] 학설로는 조합사무소의 무상대여는 민법상의 어떤 전형계약에도 해당하지 않는 무명계약이라는 견해[76]와 사용자의 단결승인의무 내지 수인의무의 범위·내용을 구체화하는 집단적 노동법상 합의라는 견해[77]가 있다.

한편 대법원은 "사용자가 노동조합에게 단체협약에 따라 무상 제공하여 온 노동조합의 사무실의 사용관계는 민법상 사용대차에 해당한다."라고 한다.[78]

다. 부당노동행위 여부가 문제되는 경우

(1) 사무소의 위치

사무실의 위치는 단체협약의 내용에 따라 결정해야 하나 비록 이를 지키지 못하더라도 제공할 공간의 부족 여부, 제공하려는 사무실과 사업장의 거리 등을 종합적으로 고려하여 부당노동행위 여부가 결정된다.[79]

사용자가 단체협약에 따라 특정 장소를 조합사무실로 제공하기로 한 경우에 노동조합이 사용하던 사무실을 이전하는 것은 사전에 노동조합과 협의하는 등 이전 사유나 이전 절차에 사회적 합리성이나 상당성이 인정되어야 하고, 사용자가 임의로 사무실을 이전하는 것은 부당노동행위에 해당할 수 있다.[80] 이

소한의 넓이를 가진 시설을 재량으로 선택해서 노동조합에 제공하기로 약속하는 계약으로 본다.

75) 니시타니 사토시, 326면; 일본 법원은 사용대차나 이에 준하는 것으로 보는 경향이 좀 더 강하다고 하면서 이에 대하여 민법상 사용대차는 차용물의 반환시기가 계약에 정한 시기 또는 계약에 정한 목적에 따른 사용·수익을 마친 때라고 정해져 있고 여기에 해당하지 않는 경우 대주는 언제라도 반환을 청구할 수 있다고 규정되어 있는데 조합사무소에 대해서 이런 규정을 적용하는 것은 통상은 비현실적인 결과를 초래한다며 사용대차설을 비판하는 견해(西谷 敏a, 273면)가 있다.

76) 西谷 敏a, 274면, 사용자가 부담하는 의무의 내용은 ① 대여시설을 특정하여 합의를 한 경우에는 노동조합이 당해 시설을 조합사무소로서 이용할 필요성이 있는 한 이를 무상으로 대여하는 것이 되고, ② 대여시설을 특정하지 않은 경우에는 조합사무소로서 적절한 넓이와 조건을 갖춘 시설을 선택해서 노동조합에 대여하는 것이라고 한다.

77) 角田邦重, "組合事務所の利用權と侵害に對する救濟方法", 労働判例 302호(1978); 니시타니 사토시, 326면 참조.

78) 대법원 2002. 3. 26. 선고 2000다3347 판결.

79) 서울고법 2008. 10. 14. 선고 2008누9890 판결은 "사용자가 사업장 내에 조합사무실을 제공하기로 하는 단체협약에도 불구하고 사업장 내에는 공간이 부족하다는 이유로 직선으로 671m 떨어진 곳에 사무실을 제공하겠다고 하였더라도, 실제로 사업장 내에 사무실을 제공할 만한 공간이 없는 점 등을 고려하면 사용자에게 부당노동행위 의사가 있었다고 단정하기 어렵다."라고 판단하였다.

80) '사무실 공간 부족으로 상당한 어려움을 겪고 있었던 점, 신관을 증축하였으나 사무실 공간 부족 문제는 여전히 해결되지 않은 점, 조합사무실은 다소 여유가 있는 점, 새로운 사무실의 위치가 조합활동에 그다지 불리한 것으로 보이지 않는 점 등을 종합하면, 사용자의 조합사무실 축소 이전 요구는 정당하여 부당노동행위가 아니다'는 서울행법 2011. 12. 9. 선고

경우 부당노동행위에 해당되는지의 여부는 이전 사유나 동기, 조합사무실의 위치와 업무수행과의 상관관계, 이전 전후의 조합사무실 위치·규모·이용상 편리성, 노동조합 활동에 미치는 영향, 노동조합과의 사전협의 여부 등을 종합적으로 고려하여 판단한다.[81]

(2) 노동조합 간의 차별

원칙적으로 조합사무소를 조합에 대여할 것인가는 사용자의 자유에 맡겨져 있지만,[82] 복수의 노동조합이 있는 경우 사용자는 편의제공에서도 노동조합 사이에 차별하여서는 아니 되므로 정당한 이유가 없는 일방 조합에 대한 사무소 대여 거부는 조합을 약체화시키는 행위로서 지배·개입이 된다.[83] 정당한 이유가 있는지의 여부는 차별적 처우의 배경 및 이유, 시기, 방법, 노동조합에 대한 영향 등을 종합적으로 고려하여 판단해야 한다.[84]

다수의 조합원이 있는 노동조합에는 사무소를 제공하고 소수의 조합원이 있는 노동조합에는 제공하지 않거나, 단체협약이 체결된 노동조합에만 사무소를 제공하고 단체협약을 체결하지 않은 노동조합에는 제공하지 않는 경우에는 반드시 부당노동행위라고 할 수는 없다는 견해가 있다.[85] 그러나 대법원은 '사용자가 단체협약에 따라 교섭대표노동조합에는 노동조합 사무실을 제공하면서 교섭창구 단일화 절차에 참여한 다른 노동조합에는 물리적 한계나 비용부담 등을 이유로 노동조합 사무실을 전혀 제공하지 않거나 일시적으로 회사시설을 사용할 기회만을 부여하는 것은 차별에 합리적인 이유가 있는 것으로 볼 수 없어 그 단체협약 조항은 공정대표의무 위반이다'고 판단하고 있으므로,[86] 사용자에게 이러한 차별로써 노동조합을 지배·개입하려는 부당노동행위 의사가 있는 것으로 인정되면 부당노동행위가 될 것이다.[87] 일본에서도 '사용자가 다수파 노

2011구합9898 판결이 있다.

81) 신동진, 670면; 하갑래c, 619면.

82) 最高裁 1987. 5. 8. 判決(日産自動車 事件)에서는 '노동조합에 의한 기업의 물적시설의 이용은 본래 사용자와 단체교섭 등에 따른 합의에 기하여 행해져야 하는 것이고, 사용자는 노동조합에 대하여 당연히 기업시설의 일부를 조합사무소 등으로 대여해야만 하는 의무를 지는 것은 아니고, 대여할 것인가는 원칙적으로 사용자의 자유에 맡겨져 있다'고 판시하였다.

83) 임종률, 306면; 菅野, 1046면; 小畑史子, 218면; 名古道功 196면; 西谷 敏a 204면.

84) 이수영 외 4명, 730면.

85) 김헌수, 1044면, 1064면.

86) 대법원 2018. 9. 13 선고 2017두40655 판결.

87) 서울행법 2018. 10. 19. 선고 2018구합555 판결은 "사용자가 '교섭대표노동조합에게 사무실을 제공한다'는 단체협약에 따라 교섭대표노동조합에만 사무실을 제공하면서 소수 노동조합

동조합에 대해서는 아무런 조건 없이 조합사무실 등의 대여에 응하면서 소수파 노동조합의 사무실 대여신청에 대해서는 노조전임자 문제의 해결을 선행조건으로 제시하면서 구체적인 협상을 하지 않고 노동조합의 요구를 거부하는 것',[88] '조합원 수가 적다는 이유로 사무소를 대여하지 않은 것',[89] '조합분열 과정에서 어느 한 노동조합의 존재를 부정하고 사무소를 대여하지 않는 것'[90]은 모두 합리적인 이유가 없는 부당노동행위라고 한다.

한편 기존의 노동조합에는 회사 안에 사무실을 제공하였으나 새로운 노동조합에는 회사 근처에 사무실을 제공하더라도 회사 안에 여유 공간이 없다면 합리적 이유 없는 차별이라고 할 수 없다.[91][92]

(3) 필요 비품 및 사무실 운영비의 제공

노조법에는 '사무실의 제공'이라고 규정되어 있으나 사무실이라는 공간적인 시설뿐만 아니라 사회통념상 그 안에 일반적으로 비치되는 책상·의자·전기시설 등 부대시설을 사용자가 제공하는 것도 부당노동행위가 아니다.[93]

그러나 노동조합이 이러한 부대시설 외에 사무소 운영에 필요한 전기·수도·통신료나 복사용지·컴퓨터·정수기 등 소모품 및 일반적이지 않은 비품 구입비용을 매월 사무소 운영비용 명목으로 제공받는 것에 대하여, 대부분의 학설은 이러한 운영비용 제공은 상대적으로 자주성 침해 위험이 낮아서 부당노동행위에 해당하지 않는다고 하면서,[94] 사용자가 이를 계속 지원하여 노동조합의

의 사무실 제공요청에 대하여는 마땅한 장소가 없다는 이유로 거부하는 것은 비록 노동조합 사이에 유일하게 제공된 사무실을 어떤 노동조합이 사용할지에 관하여 합의가 이루어졌다 하더라도 합리적인 차별이라 할 수 없어 공정대표의무 위반에 해당하나, 사용자가 마땅한 장소가 없다고 인식할 만한 여러 사정 등이 있으므로 노동조합을 지배·개입하려는 의사를 인정할 수 없어 부당노동행위에는 해당하지 않는다."라고 판단하였다.

88) 最高裁 1987. 5. 8. 判決(日産自動車 事件); 道幸哲也a, 168면; 小西國友, 459면; 名古道功, 198면.

89) 東京高裁 1993. 9. 29. 判決(灰孝小野田レミコン 事件).

90) 東京高裁 1996. 10. 24. 判決(東洋シート 事件).

91) 김헌수, 1046면, 1063면.

92) 서울고법 2018. 10. 10. 선고 2018누47914, 47921 판결은 "사용자가 교섭대표노동조합에는 회사 안에 사무실을 제공하면서도, 사업장 외의 장소에 사무실을 임차하여 사용하고 있는 소수 노동조합의 사무실 제공요청에 대하여 회사 안에 마땅한 공간이 있음에도 응하지 않는 것은 비록 사용자가 차임을 제공해 줄 수 있더라도 사업장 밖 사무실은 온전한 조합사무실의 역할을 할 수 없으므로 공정대표의무 위반이다."라고 판단하고 있으므로 사용자에게 이러한 차별로써 노동조합을 지배·개입하려는 의사가 인정되면 부당노동행위가 된다.

93) 대법원 2016. 1. 28. 선고 2012두12457 판결.

94) 김헌수, 1064면; 하갑래c, 619면; 하갑래d, 699면.

자주성을 침해할 정도가 되어야만 부당노동행위가 될 수 있다고 한다.[95)]

그런데 종래 대법원은, 60여 년 동안 조합사무실의 전기요금을 계속 납부해 주던 사용자가 이를 중단하자 노동조합이 '사용자는 조합활동을 위한 사무실을 제공한다'는 단체협약에 근거하여 사용자를 상대로 전기요금의 지급을 구한 사안에서, "단체협약에서 정한 '사무실 제공'에 사무실이라는 공간적인 시설과 사회통념상 그 안에 일반적으로 비치되는 책상, 의자, 전기시설 등 부대시설의 제공을 넘어 운영비의 성격을 지닌 전기요금의 지급까지 포함된다고 해석할 수 없다."라고 판단하였고,[96)] 또한 "주기적이나 고정적으로 이루어지는 운영비 원조행위는 노동조합의 자주성을 잃게 할 위험성을 지닌 것으로서 사무소 제공과 통상 비치되어야 할 책상의 비품과 시설을 제공받는 것을 넘어 매월 상당한 금액의 돈을 지급받는 것을 내용으로 하고 있는 단체협약 중 사무보조비 조항은 비록 노동조합이 요구하여 협의된 것이라 하더라도 부당노동행위에 해당한다."라고 하여 형식설에 따른 견해를 보였다.[97)] 그러나 헌법재판소의 헌법불합치결정(헌재 2018. 5. 31. 선고 2012헌바90 결정)으로 노조법이 개정되어 주기적인 사무실 운영비 제공이 부당노동행위에 해당되는지의 여부는 노동조합의 자주성을 침해할 위험이 있는가에 따라 판단하게 되었으므로 대법원이 종전의 태도를 유지하기는 어려울 것이다.

노조간부 등의 휴대전화 통신료는 '조합사무소의 제공'에는 해당하지 않지

---

95) 김헌수, 1064면; 일본에서도 조합사무소를 위한 수도광열비와 전화요금을 회사가 부담하는 것이 부당노동행위에 해당하는지는 현실적으로 노동조합이 자주성을 잃게 될 가능성이 있는지, 사용자가 어떠한 의도를 가지고 그러한 경비원조를 했는지 등의 사정을 고려하여 실질적으로 판단해야 한다고 한다(西谷 敏a, 204면).

96) 대법원 2014. 2. 27. 선고 2011다109531 판결, 이 사안에서 대법원은 ① 법 81조 4호는 최소한의 규모의 노동조합 사무소의 제공은 예외로 하되 사용자의 노동조합 운영비 원조행위는 부당노동행위로서 금지하고 있는 점, ② 노동조합의 다른 지부에서는 전기요금의 지원을 받지 않는 등 전기요금 지원 관행이 규범적 사실로서 명확히 승인되었다거나 사실상의 제도로서 확립되어 있었다고 보기 어려운 점을 그 판단 근거로 삼았는데, 이에 대하여 사용자가 여러 차례 단체협약을 체결·갱신하면서도 아무런 이의 없이 60여 년 동안 전기요금을 부담해 온 관행에 규범력을 인정하지 않는 것은 설득력이 없다는 비판이 있다. 권오성, 84면.

97) 대법원 2016. 1. 28. 선고 2012두12457 판결, 다만 같은 날 선고된 대법원 2012두15821 판결은 "사용자가 조합사무소의 관리유지비(예 : 냉난방비, 식수, 전기, 통신비 등)를 부담하도록 한 단체협약 중의 편의제공 조항은 부당노동행위에 해당하는 운영비 원조행위를 내용으로 하는 것이어서 위법하다."라고 하여 같은 태도를 보이나 원심(서울고법 2012. 6. 20. 선고 2011누34162 판결)이 "법 81조 4호가 노동조합 운영비 원조를 금지하는 범위를 노동조합의 자주성을 침해할 우려가 있는 경우로 한정하고 있지 않다."라고 형식설의 태도를 보인 것에 대하여는 특별한 언급을 하지 않고 상고를 기각하였다.

만 역시 지원 인원이나 금액 등을 고려하여 자주성을 잃게 할 위험이 있는지를 판단하여 운영비 원조행위 해당 여부를 판단한다.[98)]

(4) 조합사무소의 이용 제한

사용자가 단체협약으로 특정장소를 조합사무소로 제공하기로 한 경우에는 노동조합은 조합활동을 위하여 필요한 범위 내에서 조합사무소를 자유롭게 독점적·배타적으로 사용하고 스스로 관리하는 권한을 가진다.[99)] 그러므로 사용자는 방화, 방범, 위생 등 시설관리상 긴급한 필요가 있는 경우를 제외하고, 노동조합의 허락 없이 조합사무소에 출입할 수 없다. 사용자가 허락 없이 출입하는 행위는 노동조합의 점유권을 침해하는 위법행위가 됨과 동시에 부당노동행위가 될 수 있다.[100)] 또한 사용자가 시설관리상 필요한 한도를 넘어 조합사무소의 이용을 제한하는 것도 역시 지배·개입으로 간주된다. 정당한 이유 없이 사무소 출입시간을 제한하거나[101)] 단체교섭·체결권을 위임받은 산업별노동조합 간부들이나 외부인의 출입을 금지하는 것은 부당노동행위가 될 수 있다.[102)] 더구나 2021년 노조법은 사업 또는 사업장에 종사하지 않는 근로자도 조합원이 되어 사용자의 효율적인 사업 운영에 지장을 주지 아니하는 범위에서 사업 또는 사업장 내에서 노동조합 활동을 할 수 있도록 개정되었으므로(5조 2항), 이러한 조합원이 허용되는 범위의 조합활동을 위해 사업장 내에 위치한 조합사무소에 출입하는 것을 방해해서는 안 된다. 그러나 사용자의 동의 없이 조합사무실을 상급단체나 다른 노동조합과 함께 사용하는 것은 사용자의 재산권에 기초한 시설관리권을 침해하는 것이므로 정당하지 않다.[103)]

사용자는 노동조합이 쟁의행위를 개시한 이후에는 직장폐쇄를 할 수 있지만(법 46조 1항), 직장폐쇄를 이유로 합리적인 이유 없이 정상적인 조합활동을 위한 조합사무실 출입을 전면적으로 거부하거나 조합사무실에 단전, 단수 등의 조치를 취하여 노동조합의 활동을 방해하는 것은 부당노동행위가 될 수 있다.[104)]

98) 하갑래d, 699면.

99) 니시타니 사토시, 329면; 신동진, 670면.

100) 西谷 敏a, 276면.

101) 일본 법원은 '조합사무소 대차계약이 성립했지만 이용시간제한의 제안을 조합이 수락하지 않는 것을 이유로 사용자가 조합사무소를 인도하지 않는 것은 부당노동행위에 해당한다'고 하였다(東京地裁 1978. 7. 18. 判決, 東京特殊金屬 事件). 西谷 敏a, 276면.

102) 니시타니 사토시, 329면; 신동진, 670면, 688면.

103) 신동진, 670면; 노조 68107-812, 2001. 7. 19; 하갑래c, 619면.

104) 니시타니 사토시, 329면; 신동진, 678면.

그러나 조합사무실의 위치, 출입을 원하는 인원 등 제반 사정을 고려하여 볼 때 다른 시설의 점거 및 생산활동의 저해가 우려되는 상황이라면 출입을 제한하더라도 부당하다고 할 수 없으며, 법원으로부터 출입금지·접근금지 가처분 결정을 받은 때에는 조합사무실의 출입을 전면적으로 금지하더라도 부당노동행위로 볼 수 없다.[105] 대법원도 "사용자의 직장폐쇄가 정당한 쟁의행위로 평가받는 경우에도 사업장 내의 노조사무실 등 정상적인 노조활동에 필요한 시설, 기숙사 등 기본적인 생활근거지에 대한 출입은 허용되어야 하고, 다만 쟁의 및 직장폐쇄와 그 후의 상황전개에 비추어 노조가 노조사무실 자체를 쟁의장소로 활용하는 등 노조사무실을 쟁의행위와 무관한 정상적인 노조활동의 장소로 활용할 의사나 필요성이 없음이 객관적으로 인정되거나, 노조사무실과 생산시설이 장소적·구조적으로 분리될 수 없는 관계에 있어 일방의 출입 혹은 이용이 타방의 출입 혹은 이용을 직접적으로 수반하게 되는 경우로서 생산시설에 대한 노조의 접근 및 점거가능성이 합리적으로 예상되고, 사용자가 노조의 생산시설에 대한 접근, 점거 등의 우려에서 노조사무실 대체장소를 제공하고 그것이 원래 장소에서의 정상적인 노조활동과 견주어 합리적 대안으로 인정된다면, 합리적인 범위 내에서 노조사무실의 출입을 제한할 수 있다."라고 하였다.[106]

사용자가 조합사무소의 이용에 대하여 부당한 제한을 하는 경우에 노동조합은 점유권 또는 단결권에 기하여 방해배제청구권을 행사할 수 있다.[107]

사용자의 시설관리권은 보호되어야 하므로 원칙적으로 근무시간 중 업무 이외의 인터넷 사용을 제한하는 것은 타당하나, 근무시간 중이라도 조합사무실 등 특정장소에 대하여 조합활동과 관련된 인터넷 사용을 제한하는 것은 부당노

105) 신동진, 678면; 서울동부지법 2008. 2. 11.자 2008카합50 결정은 해고되어도 조합원의 자격이 유지된다는 노동조합 규약에 따라 노동조합 사무실에 자유롭게 출입할 수 있는 권리가 있다는 채무자들의 주장에 대하여 그러한 사정만으로는 채무자들이 채권자와의 관계에서도 근로자의 지위를 유지한다고 볼 수 없다는 이유로 '채권자의 승낙없이 채권자 소유의 토지 및 건물에 출입하여서는 아니 된다'는 내용의 가처분 결정을 인가하였다.

106) 대법원 2010. 6. 10. 선고 2009도12180 판결, 이 판결은 직장폐쇄를 단행하면서 '조합원들은 회사 사업장 전체의 출입을 금지한다'는 내용의 출입금지 안내문을 현관과 사업장 내에 부착한 다음, 사전에 통보한 조합원 3명에 한하여 노조사무실 출입을 허용한 사안에서, 조합원들의 회사 진입과정 등에서 기물파손행위 등이 있었지만 그 밖에 생산시설에 대한 노조의 접근 및 점거가능성이 합리적으로 예상된다고 볼 수 없고, 회사가 노조사무실 대체장소를 제공하는 등의 방법을 전혀 고려하지 않았다면, 회사가 위와 같이 출입을 제한하는 것은 허용되지 않는다고 한 원심판단을 수긍한 것이다.

107) 西谷 敏a, 276면.

동행위가 될 수 있다.[108)]

근기법 23조 1항에 정한 정당한 사유 없는 해고 등 불이익 처분에 대하여 해고의 효력을 다투고 있는 근로자는 해고에 의하여 근로관계가 종료되는 것이므로 해고의 효력을 다투고 있는 자의 사업장 출입을 금지하더라도 부당하다고 할 수 없다. 그러나 사업 또는 사업장에 종사하는 근로자(종사근로자)가 해고되어 노동위원회에 부당노동행위의 구제신청을 한 경우에는 중앙노동위원회의 재심판정이 있을 때까지는 종사근로자로 보기 때문에(법 5조 3항) 조합원의 자격도 유지되므로 조합원으로서 정당한 조합활동을 위해 노조사무실에 출입하는 것을 금지할 수 없다.[109)]

(5) 사무소 제공의 중단 및 반환 요구

노동조합과 사용자 사이에 노동조합에 대한 편의제공에 관하여 일정한 조치나 취급이 사실상 쌍방의 양해 아래 장기간 반복되어 온 경우에 이러한 노사관행은 노사 간의 자주적인 준칙의 일종으로 존중되어야 하므로, 당사자가 이것을 파기하기 위해서는 상대방에게 그 이유를 알려주어 준칙 변경을 위한 교섭을 요청해야 한다. 사용자가 이러한 절차를 밟지 않고 이러한 관행을 파기하는 경우에는 지배·개입 등의 부당노동행위가 된다.[110)] 따라서 사용자가 노동조합에 제공하던 조합사무실 등의 편의제공을 일방적으로 거절한 것은 노동조합의 운영에 개입하는 것으로 부당노동행위에 해당할 수 있다.[111)] 대법원도 "사용자가 기업별 노동조합의 설립이 같은 사업장에 설치된 산업별 노동조합의 지부의 유효한 조직형태변경의 결의에 따른 것이라고 오인하였다고 하여도, 사용자가 산업별 노동조합의 지부에게 제공하던 사무실을 폐쇄하는 등 편의시설의 제공

---

108) 신동진, 685면.

109) 2021년 노조법이 개정되기 이전에도 해고된 자가 노동위원회에 부당노동행위 구제신청을 한 경우에는 중앙노동위원회 재심판정시까지 근로자가 아닌 자로 해석하여서는 아니 된다는 규정(구 노조법 2조 4호 라목)이 있었기에 역시 조합원의 자격은 유지되므로 조합활동을 위한 노조사무실 출입을 금지할 수 없다고 보았다. 신동진, 666면.

110) 임종률, 306면; 菅野, 1046면; 東京地裁 2005. 8. 29. 判決 및 東京高裁 2006. 5. 17. 判決(太陽自動車·北海道交運 事件)은 '편의공여가 관행으로 정착된 경우에는 회사에 편의공여의 폐지를 필요로 하는 합리적인 이유가 있어야 하고, 또한 폐지를 함에 있어서도 노동조합의 양해를 구할 수 있는가, 양해가 무리한 경우에는 노동조합 측에 불측의 혼란이 생기지 않도록 준비를 위한 적당한 유예기간을 줄 수 있는 등의 상당한 배려를 할 필요가 있고 이러한 배려를 하지 않고, 조합활동에 대하여 보복목적, 대항수단으로서 한 편의공여의 폐지조치는 위법하다고 해석함이 상당하다'고 하였다(判例タイムズ 1197호, 労働判例 986호).

111) 강희원, 819면; 방강수, 684면; 임종률, 306면; 하갑래d, 698면; 西谷 敏a 204면.

을 일방적으로 거절한 것은 산업별 노동조합의 운영에 개입하는 부당노동행위에 해당한다."라고 하였다.[112)]

사용자가 조합사무소로 대여되고 있던 시설을 업무를 위해 이용할 필요성이 크고 또한 대체시설을 대여하는 경우에 한해서 조합사무소의 반환을 청구할 수 있고, 이러한 요건을 충족하지 않은 반환청구는 부당노동행위가 될 수 있다.[113)]

대법원은 사용자가 단체협약이 해지되었으므로 건물사용 권원이 당연 소멸하였다고 주장하며 조합사무실의 반환을 구한 사안에서, "사용자가 노동조합에게 단체협약에 따라 무상 제공하여 온 노동조합의 사무실의 사용관계는 민법상 사용대차에 해당한다고 할 것이고 사용대차 목적물은 그 반환시기에 관한 약정이 없는 한 계약이나 목적물의 성질에 의한 사용 수익이 종료한 때 또는 사용수익에 족한 기간이 경과하여 대주(貸主)가 계약을 해지한 때에는 반환하도록 되어 있는 것(민법 613조)에 비추어 보면, 노조사무실 제공을 포함하는 단체협약 전체가 해지된 지 6월이 경과되어 소멸하였다 하더라도 그 사유만으로 당연히 위와 같은 사용대차 목적물의 반환 사유인 사용수익의 종료 또는 사용수익에 족한 기간의 경과가 있다고 할 것은 아니어서 특히 그 반환을 허용할 특별한 사정(예컨대 기존 사무실의 면적이 과대하여 다른 공간으로 대체할 필요가 있다든지 사용자가 이를 다른 용도로 사용할 합리적인 사유가 생겼다는 등)이 있어야만 그 사무실의 명도를 구할 수 있다."라며 그 청구를 기각하였다.[114)]

사용자가 사무소의 임료를 대신 내주고 있던 것을 일방적으로 중지하는 것도 부당노동행위가 될 수 있다.[115)]

4. 조합비 일괄공제 제도(Check-off System)

가. 의 의

조합비 일괄공제 제도는 사용자가 조합원인 근로자에게 지급할 임금에서 노동조합이 조합원으로부터 징수해야 할 조합비 및 기타 징수금 상당액을 일괄공제하여 이를 직접 노동조합에 교부하는 제도를 말한다.[116)] 이 제도는 유니온

112) 대법원 2008. 10. 9. 선고 2007두15506 판결.
113) 니시타니 사토시, 328면; 西谷 敏a, 274면.
114) 대법원 2002. 3. 26. 선고 2000다3347 판결.
115) 西谷 敏a, 275면; 東京地裁 2005. 8. 29. 判決 및 東京高裁 2006. 5. 17. 判決(太陽自動車・北海道交運 事件).
116) 조합비 공제징수, 조합비 일괄징수, 조합비 공제조항, 체크오프 등 여러 명칭으로 불리고

숍과 같이 사용자의 힘을 사용한다는 점에서 개별 조합원의 자주성을 저해한다는 면과 조합의 조직력 강화의 수단이 된다는 면을 모두 가지고 있다.[117)][118)][119)] 이러한 제도는 조합비 징수에 필요한 인건비를 절감하게 한다는 점에서 경비원조로 볼 수도 있지만, 일반적 견해는 경비원조에 해당하지 않는다고 한다.[120)]

조합비 일괄공제 제도에서 말하는 조합비에는 조합비, 회비, 파업기금, 장학금, 공제회비 등 '명칭'과 정기적이든 일시적이든 '형태'를 불문하고 조합원으로부터 징수하는 모든 금품을 의미한다.[121)] 노동조합이 그 고유의 목적을 달성하기 위한 경상비뿐만 아니라 재난을 당한 조합원을 구제하기 위한 임시조합비, 그리고 쟁의기금도 포함된다. 다만 임시조합비 가운데에서도 노동조합의 고유목적과 직접 관련이 없는 다른 노동조합의 투쟁지원자금이나 조합과 조합원에게 이해관계가 없는 정치자금은 조합원이 조합의 규약에 따라 당연히 납입의무를 부담하는 것이 아니므로 원칙적으로 총회결의의 유무, 조합원 개인의 의사와 관계없이 사용자가 공제할 수 없다.

또한 단체협약에 비조합원에 대한 원천징수 근거 규정이 있는 경우에도 단체협약은 조합원에게만 적용되고 조합원이 아닌 제3자를 규율할 수 없기 때문에 사용자가 비조합원에 대한 후원회비 일괄공제를 거부하는 것은 정당하다. 오히려 비조합원에 대한 일괄공제를 허용할 경우 이는 사용자에 의한 사실상의 경비원조로서 부당노동행위가 될 수 있기 때문이다.[122)]

있다. 그러나 그 개념을 정의하는 데 있어서 사용자가 근로자의 임금으로부터 공제하는 행위와 노동조합에 조합비를 교부하는 행위를 모두 포함하는 것에는 일치한다. 김형배, 22면; 이승길, 430면; 이재용 314면.

117) 道幸哲也b, 137면; 小西國友, 455면.

118) 프랑스는 조합비 일괄공제를 통해 사용자가 누가 조합원임을 쉽게 알 수 있고 이로 인해 불이익 취급 등의 가능성이 있기 때문에 오히려 노동조합의 운영 등에 대한 지배·개입의 가능성이 크다고 보아 노동법에서 일괄공제를 금지하고 있다(Article L2141-6; Il est interdit à l'employeur de prélever les cotisations syndicales sur les salaires de son personnel et de les payer au lieu et place de celui-ci(고용주는 종업원의 급여에서 조합비를 공제하고 대신 지급할 수 없다). 이재용, 328면.

119) 요즘에는 자동이체, 모바일 뱅킹 등이 일반화되어 사용자에 의한 일괄공제의 필요성이 많이 떨어졌다고 한다(이재용, 328면). 그럼에도 노동조합에는 조합비를 가장 확실하게 징수하는 방법이라는 점은 변함이 없다고 한다(西谷 敏a, 270면).

120) 김헌수, 1057면; 김형배, 28면; 이승길, 458면; 하갑래c, 620면; 하갑래d, 700면; 名古道功, 195면.

121) 김형배, 23면; 이재용, 314면.

122) 이재용, 323면; 고용노동부도 이러한 견해를 가지고 있다(노조 68107-528, 2001. 5. 7., 중노위 2010. 10. 22. 중앙2010부135). 같은 취지의 판결로는 서울행법 2009. 9. 3. 선고 2009구합5985 판결.

나. 유효요건

노동조합 재정의 기본이 되는 조합비는 개별 조합원이 각자 납부하는 것이 원칙이나, 노동조합의 안정적인 재정확보를 위해서는 조합비를 일괄공제하는 것도 필요하다. 그러나 노동조합이 조합원에게서 조합비를 받는 방법에 대하여 법률에 특별한 제한이 없기 때문에 조합비 일괄공제 제도가 유효하기 위해서는 어떠한 요건이 필요한지가 논의된다.

(1) 단체협약의 규정

근기법 43조 1항은 "임금은 통화로 직접 근로자에게 그 전액을 지급하여야 한다."라고 임금 전액지급 원칙을 규정하면서도 "다만, 법령 또는 단체협약에 특별한 규정이 있는 경우에는 임금의 일부를 공제하거나 통화 이외의 것으로 지급할 수 있다."라고 예외를 두고 있다. 따라서 개별 조합원에게 지급할 임금에서 조합비를 일괄하여 공제하는 제도가 이러한 임금 전액지급 원칙에 위배되는지의 여부가 문제 된다.

이에 대하여는 조합비 일괄공제 제도는 노동조합과의 관계에서 근로자의 이익을 위하여 행하여지는 것이므로 임금 전액지급 원칙이나 그 단서 규정도 적용될 여지가 없어 결국 단체협약에 근거 규정이 없더라도 허용될 수 있다고 보는 견해가 있다.[123)]

그러나 조합비 일괄공제 제도 역시 임금 전액지급 원칙을 정한 근기법 규정의 규제대상이 아니라고는 할 수 없으므로 위 단서의 규정에 따라 적어도 단체협약에 특별한 근거규정이 마련되어 있는 경우에 한하여 허용된다고 보아야 한다.[124)][125)]

---

123) 일본학자 本多淳亮, 中山和久가 이 견해라고 한다(이승길, 434면; 西谷 敏a, 270면). 이 견해에 따르면 단체협약이 아닌 노사관행에 의한 조합비 일괄공제 제도도 유효하다고 보게 된다. 일본에서는 일반적으로 체크오프가 노사관행으로 이루어져 온 경우에 사용자가 사전에 협의 없이 일방적으로 중지하는 것은 지배·개입의 부당노동행위에 해당한다고 보는 견해가 지배적이라 한다(名古道功 194면). 또한 '쟁의가 심해졌을 때 상당한 이유가 없음에도 조합결성 이래 노사관행으로 행해지던 체크오프를 일방적으로 중지하는 것은 조합의 재정에 영향을 미치는 이상 조합운영에 대한 부당한 개입이다'라고 판단한 일본 하급심도 있다(東京高裁 1968. 10. 30. 判決, 順天堂病院 事件).

124) 김형배, 23면; 이승길, 434면; 최영진, 207면.

125) 일본 최고재판소는 '체크오프는 임금의 일부를 공제하는 것이기 때문에 노동기준법 24조 1항 단서의 예외허용요건(노동자 과반수대표와의 서면협정의 체결)을 구비하지 않는 한 체크오프를 할 수 없다'고 판단하였다(最高裁 1989. 12. 11. 判決, 濟生會中央病院 事件). 그러나 여기에 대해서는 체크오프는 위 법 조항이 상정하고 있는 임금공제사항과는 그 성질이 다르

(2) 개별 조합원의 동의

조합비 일괄공제 제도가 유효하기 위하여 단체협약상의 근거 규정 외에 개별 조합원의 동의 내지 수권행위가 필요한지가 문제 된다.

㈎ 학 설

단체협약상의 조합비 일괄공제 규정은 법 33조에서 말하는 "근로조건 기타 근로자의 대우에 관한 기준"에 포함되지 않으므로 규범적 효력은 없고 단지 노사 간의 관계를 정한 채무적 효력만을 가지므로 개별 조합원을 구속하기 위해서는 개별 조합원의 동의가 있거나 조합규약상의 조합비 공제규정에 대한 개별 조합원의 승인이 있어야 한다는 견해(동의필요설)[126]와 근기법은 임금 전액지급 원칙에 대해 단체협약의 특별한 규정을 예외 요건으로 규정할 뿐 본인의 동의나 승인을 요건으로 규정하고 있지 않고 단체협약상 일괄공제 규정을 조합원이 이미 승인한 것이므로 개별 조합원의 동의가 필요하지 않다는 견해(동의불요설)[127]가 대립하고 있다.

㈏ 일본 및 미국의 경우

일본 법원은 조합원자격을 상실한 후에도 계속하여 체크오프된 노동자가

다는 이유 등으로 비판이 많다고 한다(名古道功, 194면). 특히 西谷 敏a, 270~271면은 '노동기준법 24조 1항이 과반수대표와의 협정을 요구하는 것은 협정의 효력이 사업장의 전 종업원에게 미치는 것을 전제로 하고 있지만, 체크오프와 같이 그 성질상 조합원 밖에 효력이 미치지 않는 협정에 과반수대표로 협정체결 주체를 한정하는 근거는 없으며, 또한 노동자의 과반수로 조직된 노동조합에만 체크오프협정을 체결할 수 있다고 하는 것은 조합원 수의 다소에 불구하고 노동조합은 대등하다는 판례도 승인하는 복수조합주의의 원칙에 반하게 되기 때문에 임금 전액지불의 원칙은 체크오프에 기계적으로 적용되어서는 안 되므로, 결국 사용자가 어떠한 합의에 의해서 노동조합과 체크오프를 하는 경우에는 설령 그 노동조합이 소수노동자로 구성되어 있다고 하더라도 임금 전액지불의 원칙에 반하지 않는다고 해석해야 한다'고 주장한다.

126) 김헌수, 728면; 김형배, 27면; 하갑래d, 700면; 최영진 208면, 고용노동부도 단체협약상의 Check-Off 조항만으로 개별 조합원을 구속할 수는 없으며, 이에 대한 개별 조합원의 동의가 있거나, 규약상의 규정 또는 조합원 총회(대의원회)의 의결 등 근로자가 노동조합 대표에게 임금공제에 관한 권한을 위임했다고 볼 수 있는 장치가 있어야 개별 조합원이 거부하더라도 공제할 수 있다고 하여 동의필요설의 입장이다(고용노동부 2004. 4. 10. 임금정책과-1249).

127) 니시타니 사토시, 324면; 일본에서도 조합비의 지급은 조합원자격에 동반하는 불가결의 의무이고 조합원은 조합에 가입하여 있는 한 그 지급을 거부할 수 없으므로, 조합비 지급방법에 대해 조합원 다수가 조합비 공제제도에 찬성하고 그것을 기초로 조합과 사용자 사이에서 조합비공제협정이 성립된 경우에는 조합비공제협정 속에 조합원 전원의 지급 위임의 취지가 포함되어 있다고 해석해도 무방하므로 개개 조합원이 이를 거부할 수 없다는 견해(菅野和夫, 山口浩一郎)가 많다고 한다. 西谷 敏a, 272면도 같은 취지이다.

사용자에 대하여 체크오프된 금원 상당의 손해배상을 구한 사건에서 "사용자가 적법하게 조합비 공제를 할 수 있기 위해서는 노동조합과의 협정 외에 개개 조합원으로부터 임금에서 공제한 조합비 상당분을 노동조합에 지급하는 것에 대한 위임을 받는 것이 필요하고, 조합비 공제를 개시한 후에도 개개 조합원으로부터 그 중지의 신청이 있으면 당해 조합원에 대한 조합비 공제를 중지해야 한다."라고 판단하였다.[128)] 또한 '조합분열 후 성립한 신조합의 조합원한테서 구조합과의 체크오프협정에 의하여 조합비를 공제한 후 이를 구조합에 교부한 사용자의 행위를 당해 조합원의 의향에 반한다는 등의 이유로 부당노동행위'로 인정하면서, 그 '공제액을 신조합에 지불할 것을 명한 노동위원회 명령은 위법하므로 노동위원회는 공제액을 신조합의 조합원 개인에게 지불하도록 사용자에게 명해야만 한다'고 하였다.[129)] 그리고 '신규채용자가 체크오프의 위임을 사용자에게 하지 않았다는 이유로 당해 조합원에 대하여 체크오프를 하지 않은 것은 지배·개입에 해당하지 않는다'고 판단하였다.[130)] 이처럼 개별 조합원의 의향을 중시하는 판례에 대해서는 비판이 있다.[131)]

미국에서도 사용자가 근로자에게 해고의 위협을 하면서 조합비 납부를 일괄공제에 의해서 하도록 강제하는 경우를 부당노동행위인 경비원조에 해당한다고 본다.[132)]

㈐ 우리 법원의 견해

하급심 판결 중에는 "임금 전액지급의 원칙에 의해 사용자가 단체협약상 규정에 따라 조합비를 일괄 공제하기 위해서는 당해 근로자의 동의가 필요하고 (노동조합은 일괄공제 조항에 의하여 사용자에게 조합비 징수사무를, 조합원은 공제 동

128) 最高裁 1993. 3. 25. 判決(エッソ石油 事件); 道幸哲也a, 158면; 道幸哲也b, 139면; 西谷 敏a, 271면.

129) 東京地裁 1999. 2. 18. 判決(ネスレ日本 事件).

130) 東京地裁 1996. 3. 6. 判決(社團法人 全國社會保險協會聯合會 事件); 道幸哲也a, 159면.

131) 道幸哲也b, 140면은 단체협약 이외에 조합원과 사용자 사이의 개별위임이 필요하다는 접근방식은, 조합비 납입방법이라는 본래 집단적 룰의 실시를 개별 조합원의 의향에 연결함으로써 조합 내부운영에 대한 사용자의 개입행위를 조장하는 것이라고 비판한다. 다만, 조합분열 과정에서의 체크오프의 방법에 관한 부당노동행위 사건의 처리에서 개별 조합원의 의사를 중시하는 접근방식은 어느 조합이 본래의 승계조합이라 할 수 있느냐는 복잡한 문제를 판단할 필요가 없기 때문에 적절하다고 한다. 한편 西谷 敏a, 272면은 이러한 일본 법원의 입장은 임금에 관한 개별 노동자의 보호 문제에 시야를 한정하고 노동조합과 조합비의 성격을 똑바로 인식하지 못한 것이라고 비판한다.

132) 김헌수, 1058면.

의에 의하여 사용자에게 조합비 공제와 노동조합에의 납부사무를 각 위임한 것이다), 조합원이 이를 철회하면 더 이상 조합비를 공제할 수 없다."라고 하여 동의필요설과 같은 태도를 보인 것[133]이 있는가 하면, "사용자가 단체협약상의 일괄공제 규정에도 불구하고 일부 조합원이 특별한 사유 없이 조합비 공제금지를 요청하여 오자 그 조합원의 노동조합 탈퇴 여부나 그 진의 등에 대한 확인 없이 해당 조합원의 조합비를 공제하지 않은 채 노동조합에 그 인도를 거부한 사용자의 행위는 지배·개입의 부당노동행위에 해당한다."라며 동의불요설과 같이 조합원은 노조를 탈퇴하지 않는 한 조합비 일괄공제 중지를 요청할 권한이 없다는 취지의 것[134]이 있다. 그러나 대법원은 "조합원이 월급에서 노동조합비가 공제되는 것에 대한 동의를 철회한 이상 사용자는 더 이상 이를 월급에서 공제할 권한이 없고 공제한 금전은 미지급된 임금에 해당하므로 조합원들에게 반환할 의무가 있다"고 하여 동의필요설의 견해를 보인다.[135]

㈑ 소 결

조합비 기타 회계에 관한 사항은 노동조합 규약의 필수적 기재사항이고(법 11조 9호), 이러한 규약의 제정·변경에 관한 사항이나 단체협약에 관한 사항은 모두 총회(대의원회)의 필수적 의결사항이나(법 16조 1항 1호 및 3호, 2항, 17조), 규약의 제정·변경에 관한 사항에 대한 의결 요건이 더 가중된 점[136]을 참작하면, 비록 개별 조합원의 동의가 없더라도 규약에 조합비 일괄공제 규정이 있거나 이에 관한 총회(대의원회)의 결의가 있는 경우에는 결국 어떠한 형태로든 개별 조합원의 의사가 반영된 것이므로 사용자가 이에 따라야 된다고 해석하는 동의

133) 서울중앙지법 2012. 11. 7. 선고 2012나18228 판결(산업별 노동조합인 원고의 조합원이 신설된 기업별 노동조합에 가입하기 위하여 원고 조합에 대한 탈퇴서를 우편으로 보냈는데, 원고 조합은 이 중 일부만 접수하고 나머지는 수취를 거절하였으며, 또한 탈퇴 근로자들은 사용자에게 원고 조합비를 공제하지 말라는 '조합비 불공제 의뢰서'를 제출하여 사용자가 조합비를 공제하지 않자, 원고 조합이 탈퇴서의 수취거절 등으로 탈퇴의 효력이 발생하지 않았으며, 단체협약상 조합비 일괄공제 규정에 따라 사용자는 '조합비 불공제 의뢰서'에도 불구하고 조합비를 공제해야 한다고 하면서 그 지급을 구한 사건으로서 당사자들이 상고하지 않아 확정되었다).

134) 서울행법 2009. 12. 17. 선고 2009구합21123 판결(항소 및 상고가 모두 기각되어 확정되었다).

135) 대법원 2012. 11. 15. 선고 2012다66259 판결.

136) "총회는 재적조합원 과반수의 출석과 출석조합원 과반수의 찬성으로 의결한다. 다만, 규약의 제정·변경, 임원의 해임, 합병·분할·해산 및 조직형태의 변경에 관한 사항은 재적조합원 과반수의 출석과 출석조합원 3분의 2 이상의 찬성이 있어야 한다."(법 16조 2항).

필요설이 타당하다.137) 다만 동의에는 명시적인 동의뿐만 아니라 묵시적 동의도 포함된다고 해석해야 노동조합의 단결력 강화에 도움이 될 것이다.138)

다. 부당노동행위 여부가 문제되는 경우

(1) 복수의 노동조합이 있는 경우

하나의 사업장에 노동조합이 2개 이상인 경우 사용자가 교섭대표노동조합과 단체협약을 체결하면서 교섭대표노동조합에는 조합비를 일괄공제하여 주고 다른 노동조합에는 해 주지 않으면 부당노동행위가 될 수 있다.139)140)

주로 하나의 사업장에 노사협조적인 노동조합과 투쟁적인 노동조합이 병존하는 경우에 노사 간의 차별 문제가 발생하는데, 각 조합의 조직상황, 교섭태양 등의 구체적 사실관계 및 노사관계의 실정 등에 의하여 사용자의 중립의무 위반 여부가 판단된다.141)

일본 법원은 조합분열 후 설립된 신조합의 조합원으로부터 구조합과 맺은 조합비공제협정에 근거하여 조합비를 공제한 후 이것을 구조합에 교부한 사용자의 행위는 부당노동행위가 된다고 본다.142)

대법원은 제1노조에 가입한 근로자들 일부가 탈퇴하고 제2노조에 가입하자 사용자가 그 근로자들의 임금에서 공제된 조합비를 제1노조에 지급하지 않고 제2노조에 지급한 것에 대하여 '탈퇴 시점까지의 조합비는 제1노조에 귀속된다고 보아야 하고, 제1노조에 지급할 당시 제2노조와 단체협약도 존재하지 않았으며, 조합비 인도 당시 제1노조와 협의하지 않았던 점 등에 비추어 제1노조에 대한 부당노동행위에 해당한다'는 원심의 판단을 지지하였다.143)

---

137) 고용노동부도 '단체협약 및 노조규약에 조합비 기타 의무금에 대한 일괄공제 제도의 근거 규정을 두고 있고 대의원회가 투쟁기금의 일괄공제를 의결할 권한을 가진 경우에는 조합원의 개별적인 동의가 없다 하더라도 대의원회의 의결로 이를 일괄공제할 수 있다'고 하여 동의필요설과 같은 의견을 가지고 있다(질의회신, 노동조합과 1501, 2004. 6. 5.).

138) 최영진, 208면.

139) 하갑래c, 620면.

140) 서울행법 2018. 10. 19. 선고 2018구합555 판결은 "사용자가 '교섭대표노동조합과 상의하여 조합비를 일괄공제한다'는 단체협약에 따라 교섭대표노동조합에만 일괄공제를 해 주던 중 소수 노동조합들로부터 일괄공제 요청을 받자 '교섭대표노동조합과 먼저 상의를 한 후 교섭대표노동조합이 요구를 하면 일괄공제를 실시하겠다'고 통지한 것은 사용자에게 노동조합을 차별함으로써 지배・개입하려는 부당노동행위 의사가 있었음을 인정하기 어렵다."라고 판단하였다.

141) 名古道功, 196면.

142) 最高裁 1995. 2. 23. 判決(ネスレ日本霞ケ浦工場 事件), 最高裁 1995. 2. 23. 判決(ネスレ日本東京島田 事件); 道幸哲也a, 159면; 道幸哲也b, 140면.

143) 대법원 2018. 9. 13. 선고 2016도2446 판결(원심 대전지법 2016. 1. 21. 선고 2015노2298

임금 전액지급 원칙과 관련하여 복수 노동조합 중 하나의 노동조합이 먼저 조합비를 일괄공제 하도록 단체협약을 체결하여 조합비를 일괄공제하고 있는데, 새로이 설립한 노동조합이 조합비 일괄공제를 요구하는 경우에 사용자는 어떻게 해야 하는지가 문제 된다. 기존 노동조합과 체결한 단체협약이 유효하여 새로운 노동조합이 단체교섭을 요구할 수 없는 상황이라면 사용자가 조합비 일괄공제를 해 줄 의무는 없을 것이다. 근로자가 임금채권을 양도하더라도 그 임금의 지급에 관하여는 임금 전액지급 원칙이 적용되어 사용자는 직접 근로자에게 임금을 지급해야 하고 양수인은 사용자에게 임금지급을 청구할 수는 없으므로,[144] 비록 조합원들이 모두 동의하여 임금채권 일부를 노동조합에 양도하였다고 하더라도 사용자는 노동조합에 임금을 지급할 수는 없고 근로자에게 직접 지급해야 한다.

(2) 조합원의 일괄공제 중지요청

조합비 일괄공제 제도가 유효하게 성립된 이후 개별 조합원이 사용자에 대해 조합비 일괄공제의 중지를 요청하는 경우 사용자가 이에 따라야 하는지가 문제 된다.

개별 조합원의 동의가 있어야 조합비 일괄공제 제도가 유효하다는 견해(동의필요설)에서는 사용자가 개별 조합원의 일괄공제 중지요청에 따라야 하고, 사용자가 그 조합원에 대하여 일괄공제를 중단하더라도 단체협약 위반 또는 부당노동행위가 되지 않는다고 본다.[145] 반대로 개별 조합원의 동의가 필요 없다는 견해(동의불요설)에서는 사용자는 개별 조합원의 중지요청에 따를 의무가 없고, 만일 사용자가 그 요청에 따라 일괄공제를 중단하면 단체협약 위반 또는 부당노동행위가 된다고 해석한다.[146]

고용노동부는 ① 개별 조합원의 동의에 의해서 임금공제에 대한 위임이 있

판결).

144) 대법원 1988. 12. 13. 선고 87다카2803 전원합의체 판결.

145) 이승길, 461면, 最高裁 1993. 3. 25. 判決(エッソ石油 事件); 道幸哲也a, 158면; 道幸哲也b, 139면.

146) 西谷 敏a, 272면; 동의불요설은 노동조합과 사용자 간의 체크오프 협정에 조합원 전원의 지급위임의 취지가 포함되어 있다고 보고 이와 같은 집단적 지급위임은 노동자가 조합원으로 있는 한 개별적으로 철회할 수 없고 다만 조합원이 적법하게 조합을 탈퇴하는 경우에 당해 조합원에게 효력을 미치지 않는다고 해석한다. 따라서 조합원이 적법한 탈퇴서를 제출하였는데 노동조합이 그 수속을 밟지 않더라도 사용자는 당해 조합원이 신청하면 곧바로 체크오프를 중지해야만 한다고 본다.

었던 경우는 개별 조합원 거부 시 공제할 수 없지만(일괄공제 중단 가능), ② 조합규약상 규정이 있거나 총회(대의원회) 의결이 있는 경우에는(노조대표에게 임금공제에 관한 권한을 위임했다고 볼 수 있어) 개별 조합원이 거부하더라도 공제 가능하다고 해석하고 있다.[147)]

(3) 사용자의 일방적 중지 · 거부

㈎ 사용자가 조합비의 일괄공제를 일방적으로 중지하는 것은 부당노동행위가 될 가능성이 높다.[148)] 사용자가 단체협약(또는 관행)에 따라 복수의 노동조합에 조합비를 일괄공제하여 주다가 특정 노동조합에만 일괄공제를 중지한다면 이는 노동조합 간에 합리적 이유 없이 차별을 하는 것이어서 부당노동행위가 된다.[149)]

일본에서는 상당한 이유가 없고 중지에 대하여 상당한 배려를 하지 않은 체크오프의 일방적 중지는 지배 · 개입이라고 한다.[150)] 또한 오랜 기간에 걸쳐 계속된 일괄공제 제도를 사용자가 중지하려면 합리적인 이유가 있을 뿐만 아니라 대체수단의 준비를 하여 노동조합의 양해를 얻기 위한 성실한 노력 · 배려를 할 필요가 있다는 이유로 사용자가 일괄공제를 유상화하는 것은 지배 · 개입이 된다고 한다.[151)]

그러나 일본 최고재판소는 조합이 분열되어 과반수 조합원을 두지 못하게 된 것을 이유로 체크오프를 중지하는 것이 상당한 이유가 되는지 문제된 사건[152)]에서, "체크오프는 임금공제의 한 태양이므로 노동기준법상 '노동자 과반

147) 규약, 조합원 총회, 대의원 대회의 방법으로 임금공제가 시행되는 경우에는, ① 노조재정의 기초가 되는 조합비의 납부의무는 조합원의 기본의무에 속하며, ② 조합비의 금액 · 지급시기 · 지급방법을 정하는 "조합비 기타 회계에 관한 사항"은 조합규약의 필요적 기재사항으로서 조합원 총의에 따른 의결과 민주적 통제의 대상으로 되어 있으며, ③ 임금전액불원칙을 정한 근기법 조항이 그 예외의 설정을 단체협약에 위임하고 있는 취지 및 조합원은 노조탈퇴로서 공제제도의 적용을 면할 수 있다는 점을 고려하여 개별 조합원의 공제거부를 인정하지 않는 것이 타당하다고 한다(고용노동부 2004. 4. 10. 임금정책과-1249).

148) 김헌수, 728면, 1057면; 김형배 · 박지순, 653면; 하갑래c, 620면; 하갑래d, 698면.

149) 김형배, 29면; 김헌수, 1057면.

150) 東京地裁 1983. 1. 20. 判決(東京流機製造 事件).

151) 大阪地裁 2016. 5. 18. 判決(泉佐野市 事件); 道幸哲也b, 138면.

152) 이 사건에서 제1노조의 조합비는 15년간 일괄공제되고 있었지만, 그것은 노동기준법 24조에서 정한 서면협정에 의한 것은 아니고 노사관행을 근거로 하는 것이었다. 그러나 노조가 분열되어 신노조가 결성되고 濟生會中央病院은 종업원의 다수가 공제 중지를 요청하였다는 이유로 그 대상자가 명확하게 될 때까지 체크오프를 중지한다는 뜻을 제1노조에 통지하고, 제1노조가 노조원명부를 제출하였는데도 재개를 거절하였다. 이에 대해서 제1노조가 부당노

수대표와의 서면협정'이라는 유효요건이 필요한데 신청조합이 과반수 조직인지 여부가 의문이고 체크오프에 관한 서면협정이 없기 때문에 이러한 노동기준법 위반을 해소하려고 체크오프를 중지한 것은 부당노동행위가 아니다."라고 판단하였다.[153)154)]

㈏ 단체협약에 조합비 일괄공제 규정을 두었다면 사용자는 조합원에게 지급할 임금에서 조합비 등을 일괄공제한 후 노동조합에 인도할 의무를 부담한다. 사용자가 정당한 이유 없이 일괄공제를 거부하면 이는 단체협약의 내용 중 편의제공에 관한 사항을 위반한 것으로 처벌된다(법 92조 2호 마목).

조합원이 기존 노동조합을 탈퇴하고 새로운 노동조합에 가입했음에도 기존 노동조합이 계속해서 공제를 요청하는 경우 사용자는 기존 노동조합의 요구를 정당하게 거부할 수 있고 부당노동행위가 되지 않는다.[155)]

대법원은 "사용자인 회사가 해고를 다투는 조합장의 조합장 복귀 통지문을 반려하고 조합장이 아닌 다른 조합원 명의로 조합비 등의 일괄공제 요구를 할 것을 요청한 것은 조합장의 노동조합활동을 방해하려는 의도에서 이루어진 것으로서 비록 이로 인하여 근로자의 단결권 침해라는 결과가 발생하지 아니하였다고 하더라도 지배·개입으로서의 부당노동행위에 해당한다."라고 하였다.[156)]

㈐ 조합비 일괄공제를 규정한 단체협약이 종료되어 사용자가 일괄공제를 중단하는 경우에도 부당노동행위가 되는가에 대하여는 견해가 갈린다. 이 같은 경우에도 합리적인 이유를 제시하면서 조합을 납득시키는 절차를 거치지 않고 일방적으로 일괄공제를 중단하는 것은 지배·개입의 부당노동행위라는 긍정설과 협약의 종료로 사용자의 편의제공의무가 소멸하므로 부당노동행위가 성립되

동행위의 구제신청을 한바, 지노위는 체크오프 중지는 노조를 재정적으로 약화할 것을 목적으로 하는 것으로 노조운영에 대한 개입이라고 하여 구제명령을 내렸고, 중노위도 초심명령을 유지하였다. 병원 측이 위 명령의 취소를 구하여 제소하였는데, 2심까지는 청구를 기각하였다.

153) 最高裁 1989. 12. 11. 判決(濟生會中央病院 事件); 道幸哲也a, 159면; 道幸哲也b, 138면.

154) 西谷 敏a, 273면은 이러한 경우에도 사용자는 노동조합과 충분히 협의해서 체크오프 제도를 계속할 가능성을 찾아봐야만 하고, 그러한 노력을 하지 않고 일방적으로 체크오프를 폐지하는 것은 지배·개입 또는 불법행위가 될 수 있다며 다른 견해를 제시한다.

155) 사업장의 교섭대표노동조합인 산업별노동조합의 지부가 상급단체와의 갈등으로 다른 산업별노동조합의 지부로 그 소속을 변경하는 과정에서 대다수 조합원이 기존 산업별노동조합에 대한 탈퇴서를 제출하였고 이에 따라 사용자가 탈퇴서 제출 이후에 공제된 조합비를 새로운 산업별노동조합의 지부에 지급한 사안에 대하여 부당노동행위가 아니라는 중앙노동위원회의 재심판정이 있다(자세한 내용은 서울행법 2020. 10. 22. 선고 2019구합79596 판결 참고).

156) 대법원 1997. 5. 7. 선고 96누2057 판결.

지 않는다는 부정설이 있다.[157)]

일반적으로 단체협약이 기간만료 등의 종료 사유에 의하여 실효되면 개별적 근로관계를 규율하는 규범적 부분뿐 아니라 집단적 노동관계를 규율하는 채무적 부분도 모두 실효된다. 따라서 노동조합에 대한 편의제공 규정도 그 법적 근거를 상실한다고 보아야 한다.[158)] 조합사무소의 제공, 게시판의 설치 등 대부분의 편의제공은 기존의 편의제공에 관한 노사관행을 단체협약의 내용으로 편입하였다는 등의 사정이 있으면 노동조합으로서는 단체협약이 실효되더라도 기존의 노사관행을 근거로 사용자에 대하여 계속적인 편의제공을 요구할 수 있겠지만, 조합비 일괄공제 제도는 근기법의 임금 전액지급 원칙상 단체협약의 규정이 요구되기 때문에 단체협약이 실효되는 경우에 노동조합은 단순히 노사관행이 있었다는 이유만으로 계속적인 조합비 공제를 요구할 수는 없을 것이다.

(4) 조합원의 자격상실

조합원이 노동조합 탈퇴 또는 제명 등으로 조합원자격을 상실하였을 때에 일괄공제 제도의 적용을 면할 수 있다는 점에 대해서는 의견이 일치한다.[159)] 대법원도 "조합원들의 사직서가 수리된 때에 회사와의 근로관계는 일단 유효하게 단절되어 그들이 노동조합에 다시 가입하는 것은 별개로 하더라도 조합원자격을 상실하였다는 이유로 회사가 이들에 대한 조합비 공제를 중단한 행위는 노동조합의 조직·운영에 대한 지배·개입행위로서의 부당노동행위에 해당하지 않는다."라고 판단하였다.[160)]

또한 조합원이 조합비 공제일 이전에 기존 노동조합에 탈퇴서를 제출하여 조합원의 자격을 상실한 후 조합비 공제 중단을 요구했다면 사용자는 기존 노동조합에 해당 조합원의 조합비를 공제해 줄 의무는 없다.

미국에서는 근로자가 노동조합에서 탈퇴한 이후에도 일괄공제 동의서를 근거로 계속 조합비를 공제하여 노동조합에 인계한 것은 부당노동행위에 해당한

157) 김형배, 29면; 이승길, 459면, 일본 법원은 부정설의 견해를 보인다고 한다(最高裁 1986. 12. 16. 判決, 三菱重工長崎造船所 事件).

158) 이에 대하여 편의제공에 관한 협약조항은 근로조건에 관한 조항처럼 경제적 변동에 따른 변경을 예정한 것이 아니라, 노동조합이 존재하는 한 존속하는 것을 예정한 조항이라는 점을 들어, 일정 기간 계속되어 온 편의제공은 협약 전체가 해지되더라도 노사관행으로서 존속하는 것을 인정하자는 견해가 있다(西谷 敏a, 269면).

159) 하갑래c, 620면.

160) 대법원 2004. 3. 12. 선고 2003두11834 판결.

다고 본다.[161]

라. 일괄공제한 조합비와 상계

사용자가 노동조합에 손해배상채권 등을 가지게 된 경우에 일괄공제되어 노동조합에 넘겨질 조합비와 상계할 수 있는가에 대하여는 일괄공제된 조합비는 자동채권인 손해배상채권과 그 성격이 다르고 노동조합에 조합비를 넘겨주어야 조합원에 대한 임금 전액지급 원칙을 준수하는 것이 되는 것이기 때문에 상계는 할 수 없다고 보아야 한다.[162]

Ⅵ. 편의제공에 따른 책임

1. 형사상 책임

사용자의 편의제공이 법 81조 1항 4호의 부당노동행위에 해당하게 되면 2년 이하의 징역 또는 2천만 원 이하의 벌금에 처한다(법 90조). 또한 사용자와 노동조합은 구체적인 편의제공의 내용에 대하여 단체협약으로 규정할 수 있는데 이러한 편의제공 조항을 위반하는 자는 1천만 원 이하의 벌금에 처한다(법 92조 2호 마목).

2. 사용자의 민사상 책임

사용자가 노동조합과 편의제공에 관하여 단체협약을 한 후 이를 이행하지 않을 경우에 노동조합은 사용자에 대하여 손해배상을 청구할 수 있다. 손해배상청구의 범위는 민법상의 채무불이행책임이 준용되므로, 사용자가 조합비 일괄공제 조항을 위반한 경우에는 그 일괄공제된 조합비 상당액이, 조합사무소를 제공하지 아니한 경우에는 다른 사무소를 얻는 데 필요한 비용 상당액이 그 손해배상액으로 된다. 이러한 재산상 손해 이외에 노동조합이 신용이나 명예를 훼손당하는 등 비재산적 손해를 입은 경우에는 위자료를 청구할 수 있다.[163]

161) 김헌수, 1058면.

162) 니시타니 사토시, 324면, 일본 법원도 사용자가 노동조합에 대한 위법 유인물에 의한 손해배상청구권과 상계한다며 손해 상당액의 조합비를 인도하지 않자 노동조합이 교부청구를 한 사건에서 상계를 허용하지 않았다(東京高裁 1977. 10. 27. 判決, 제네랄石油精製 事件), 이승길, 465면.

163) 김천의료원 사건에서, 노동조합이 자판기를 위탁관리하여 수익금을 받을 수 있었는데 사용자가 임의로 철거하는 바람에 운영손실을 입었다는 이유로 의료원을 상대로 손해배상 및 위

일본 법원은 '사용자인 회사가 임금협상이 합의에 이르지 못한 상황에서 노동조합이 노동위원회에 부당노동행위 구제신청을 하자 돌연 장기간 관행으로 해 오던 체크오프, 조합사무소의 임료 부담 등 편의공여를 일방적으로 폐지한 것은 임금협상안에 동의하지 않는 노동조합을 혐오하여 부당노동행위 의사를 가지고 한 것으로 불법행위가 된다'며 사용자에게 노동조합에 대한 손해배상을 명하였다.[164] 그러나 위 사안의 노동조합이 편의공여가 폐지된 3개월 후에 사용자와 작성한 '7항목 개선서면' 중 '편의공여는 금후 쌍방 전향적으로 협의한다'는 조항에 근거하여 여러 차례 편의공여의 부활을 요구하였는데도 사용자가 이에 응하지 않자 '편의공여의 폐지는 부당노동행위이고 무효로서 사용자는 편의공여 폐지 전의 상황으로 돌아갈 의무가 있으므로 그 불이행은 채무불이행 내지 불법행위를 구성한다'며 사용자를 상대로 손해배상을 구하였으나, 일본 법원은 '편의공여는 사용자가 임의로 행하는 것은 별론으로 하고 노동조합이 이를 청구할 권리는 갖고 있지 않으며 노사관행도 제반 사정에 비추어 폐지될 수도 있는바, 관행으로 행해져 오던 ① 체크오프는 서면협정도 없고 과반수 노동조합이 아니어서 노동기준법 24조 1항의 요건을 갖추고 있지 않고, ② 회사가 이미 19년 동안 1,020만 엔의 임료를 부담해 왔으며, ③ 회사는 같은 시기에 다른 소수 조합에 대하여도 체크오프와 조합사무소의 임료 부담 등의 편의공여를 폐지한 사실들에 비추어 보면 편의공여의 폐지에는 상당한 합리성이 있다. 다만 사용자가 편의공여를 폐지한 것은 그 시기 및 절차 등에 비추어 보면 이전 소송의 판결이 설시하는 바와 같이 부당노동행위라는 평가를 면할 수는 없지만, 그런 이유만으로 회사에 폐지한 편의공여를 부활해야만 하는 법률상의 의무가 있다고 할 수는 없다'며 청구를 기각하였다.[165]

3. 노동조합의 민사상 책임

대법원은 부당노동행위 규정은 강행규정이므로 노동조합의 자주성을 침해할 위험이 있는 운영비를 원조하기로 하는 내용의 단체협약은 사법상 무효라고

자료를 청구하였는데 법원은 자판기 철거로 인한 재산적 손해뿐만 아니라 노동조합에 위자료까지 인정하였다(대구지법 김천지원 2012. 12. 21. 선고 2012가단5991 판결).

164) 東京地裁 2005. 8. 29. 判決 및 東京高裁 2006. 5. 17. 判決(太陽自動車・北海道交運 事件, 判例タイムズ 1197호, 労働判例 986호).

165) 東京地裁 2009. 3. 27. 判決[太陽自動車(太陽自動車労組)事件, 労働判例 986호].

보고 이로 인하여 노동조합이 보유하고 있는 편의제공은 부당이득이 되어 반환청구의 대상이 된다고 한다.[166)]

또한 노동조합이 사용자한테서 후생자금 명목으로 복지공제조합 시설(매점, 서점, 분식점 등)을 무상으로 제공받아 이를 타인에게 임대하고 그 임대 수입의 일부를 노동절 선물비, 정기총회선물비 등으로 사용한 경우 법 84조 1항 4호의 부당노동행위인 운영비 원조에 해당하는지 아니면 후생기금으로서 허용되는지 문제된 사안[167)]에서, 하급심은 '노동조합 사무실 임대비용, 노동조합에서 채용한 직원에 대한 인건비, 노동조합이 개최하는 정기총회 기타 각종 행사에 소요된 비용 등이 부당노동행위로 인정되는 원조 대상인 노동조합 운영비에 해당하는 것이지, 사용자가 주장하는 노동절 선물비, 정기총회선물비, 구정선물비, 추석선물비 등은 그 비용의 객관적 성질상 위와 같은 노동조합 운영비가 아니라 근로자들의 후생자금으로 볼 수 있다'며 사용자의 청구를 기각하였다.

[권 혁 중]

166) 대법원 2016. 1. 28. 선고 2013다72046 판결은 "사용자가 노동조합에게 자동차를 무상으로 제공한 행위는 민법상 그 반환시기의 약정이 없는 사용대차에 해당하는데, 이러한 사용대차는 법 81조 4호 본문에서 금지하는 부당노동행위에 해당하고, 법 81조 4호가 2010. 7. 1.부터 시행되면서 노동조합이 더 이상 합법적으로 자동차를 사용, 수익할 수 없게 되었으므로 위 자동차에 관한 사용대차는 '계약 또는 목적물의 성질에 의한 사용, 수익이 종료한 때'에 해당하므로 노동조합은 사용자에게 자동차를 반환할 의무가 있다."라고 판단하였다. 김태현, 151면.

167) 부산고법 2021. 5. 12. 선고 2018나53934, 2018나53941 판결, 이 사건은 사용자가 노동조합이 임대수입의 일부를 선물비 등으로 사용하는 것은 운영비 원조에 의한 부당노동행위에 해당하여 무효이므로 그 시설을 인도하고 임대료 수입 상당액을 부당이득으로 반환하여야 한다고 주장한 것으로 대법원에서 상고가 기각(심리불속행)되어 확정되었다.

제25조(회계감사)

① 노동조합의 대표자는 그 회계감사원으로 하여금 6월에 1회 이상 당해 노동조합의 모든 재원 및 용도, 주요한 기부자의 성명, 현재의 경리 상황등에 대한 회계감사를 실시하게 하고 그 내용과 감사결과를 전체 조합원에게 공개하여야 한다.

② 노동조합의 회계감사원은 필요하다고 인정할 경우에는 당해 노동조합의 회계감사를 실시하고 그 결과를 공개할 수 있다.

〈세 목 차〉

Ⅰ. 의 의

노동조합의 재정이란 노동조합의 조직 및 활동에 필요한 재원을 확보하고 이를 관리·사용하는 활동을 말한다. 노동조합의 재정은 국가와 사용자 등 제3자로부터 간섭받지 않고 조합이 자주적·민주적으로 이를 확보·관리·사용할 수 있어야 하는데, 이것을 '조합 재정 자치의 원칙'이라 한다.[1)]

노조법은 노동조합 재정의 자주성 확보를 위하여 조합비 기타 회계에 관한 사항을 규약의 필수적 기재 사항으로 규정하고 있고(법 11조 9호), 또한 노동조합이 경비의 주된 부분을 사용자로부터 원조받는 경우에는 노조법상 노조로서 설립될 수 없도록 하고 있으며(법 2조 4호 단서 나목, 12조 3항 1호), 사용자가 노동조합의 운영비를 원조하는 행위는 원칙적으로 부당노동행위(법 81조 1항 4호)로 보아 금지하고 있다.

한편, 조합 재정은 노동조합 활동의 경제적 기반으로서, 조합 재정에 대한 조합원의 신뢰는 노동조합의 건전한 발전에 필수적 요건이다. 따라서 조합 재정

※ 이 조에 관한 각주의 참고문헌은 '노동조합의 관리 전론(前論)'의 참고문헌을 가리킨다.
1) 하갑래b, 131면.

운영 내역의 정당성과 투명성 확보는 조합민주주의를 실현하는 데 중요한 위치를 차지한다. 이에 따라 노조법은 회계감사원으로 하여금 조합 재정에 대한 감사를 실시하게 하고 그 내용을 공개하도록 규정함으로써 조합 재정의 자주성과 함께 민주성이 실현될 수 있도록 하였다.

Ⅱ. 회계감사원

노동조합의 회계감사를 실시하는 주체는 회계감사원이다(법 25조). 따라서 노동조합은 회계감사원을 두어야 하는데, 재무·회계 관련 업무에 종사한 경력이 있거나 전문지식 또는 경험이 풍부한 사람 등으로 선임해야 한다(영 11조의7 1항).[2]

회계감사원의 법적 지위에 관하여 노조법은 아무런 규정을 두지 않고 있다. 노동조합 실무에서는 규약에서 회계감사원을 통상 '회계감사'라 명명하고 임원에 준하는 지위를 부여하고 있는 경우가 많다. 회계감사원을 임원으로 정하고 있다면 총회(또는 대의원회)에서 조합원(또는 대의원)의 직접·비밀·무기명 투표로 선출해야 하고, 그를 해임할 때에도 특별의결정족수에 따른 의결이 필요하다(법 16조 2항·4항).

Ⅲ. 회계감사의 내용

회계감사원이 실시해야 할 회계감사의 사항은 노동조합의 모든 재원 및 용도, 주요한 기부자의 성명, 현재의 경리 상황 등이다. 따라서 노동조합의 업무집행에 대한 감사는 회계감사원의 감사 범위에 속하지 아니한다.

노동조합의 모든 재원에는 조합비의 징수 비율 및 관리 방법, 고정·유동자산에서 발생하는 수입, 기부금 등 조합의 모든 수입이 포함된다.[3]

1. 재정 수입

가. 조 합 비

조합비는 노동조합의 재정 수입 중 가장 큰 비중을 차지한다. 구 노동조합

2) 회계감사원의 자격에 관한 규정은 2023. 9. 26 대통령령 33758호로 개정된 노조법 시행령에서 신설되었다(시행일: 2024. 1. 1.).

3) 김헌수, 498면.

법[4]은 "조합비는 매월 그 조합원의 임금의 100분의 2를 초과할 수 없다."라는 조항[5]을 두어 조합비의 상한을 정하였는데, 이러한 조합비 상한액의 법정 제한은 입법례에서도 유례가 없고 조합 재정의 자주성에 반한 것이라는 비판에 따라, 1997. 3. 13. 제정된 노조법은 이를 삭제하고 규약에서 자율적으로 조합비를 정하도록 하였다.

조합비 납부는 조합원의 기본적 의무로서 조합비를 납부하지 않은 조합원은 규약으로 선거권·피선거권 등 권리를 제한받을 수 있고 통제 처분의 대상이 된다.

조합비는 다시 일반조합비, 특별조합비, 투쟁자금 등으로 구분된다.[6]

나. 기 부 금

노동조합은 제3자로부터 기부금을 받아 조합 재정에 충당할 수 있다. 다만, 사용자로부터 기부금을 받는 것은 근로자의 후생자금, 경제상의 불행 그 밖에 재해의 방지와 구제 등을 위한 기금 기부의 경우를 제외하고는 부당노동행위에 해당된다(법 81조 4호).

다. 사업 수익금

노동조합은 그 목적에 어긋나지 않는 범위에서 부수적으로 수익 사업을 영위하여 그 수익금을 조합 재정의 재원으로 사용할 수 있다. 하지만 이러한 사업 수익금에 대해서는 노조법 8조의 조세 면제의 특혜가 주어지지 않는다.[7]

2. 재정 지출

노동조합의 재정 지출과 관련해서는, 회계감사의 대상이 되고 예·결산에 관한 사항으로서 총회(또는 대의원회)의 의결 사항으로 되어 있는 것 외에는 노조법상 특별히 규율하는 바가 없고 노동조합의 자치에 맡기고 있다.

구 노동조합법 12조 3항은 노동조합의 기금을 정치자금에 유용할 수 없다

4) 1996. 12. 31. 법률 5244호로 제정된 노조법에 의하여 폐지되기 전의 것을 말한다. 이하 이 조의 해설에서 같다.

5) 구 노동조합법 24조.

6) 특별조합비 징수의 적법성 여부 및 그 효력에 관하여는 노조법 22조(조합원의 권리와 의무)에 관한 해설 부분 참조. 조합비 공제(check off) 제도에 관하여는 노조법 33조(기준의 효력)에 관한 해설 부분 참조.

7) 민변노동법Ⅱ, 139면.

고 규정하고 있었으나, 1997. 3. 13. 노조법 제정 시 노동조합의 정치 활동을 허용하면서 위 조항은 삭제되었다. 따라서 공직선거 등 정치 활동을 위한 재정 지출도 현행 노조법에서는 적법한 것으로 인정된다. 다만, 특정 정당의 후보를 지원하기 위하여 특별조합비를 징수하기로 의결한 경우 그 의결에 반대한 조합원 개인의 정치적 자유와 충돌한다. 따라서 이 경우 반대한 조합원은 해당 특별조합비를 납부할 의무가 없다고 보아야 한다.[8)]

Ⅳ. 회계감사 실시와 그 결과의 공개

회계감사원은 적어도 6개월에 1회 이상 규약으로 정한 시기에 노동조합에 대한 회계감사를 실시하고 그 결과를 전체 조합원에게 공개해야 한다(법 25조 1항). 또한 회계감사원은 스스로 필요하다고 인정할 경우 회계감사를 실시하고 그 결과를 공개할 수 있다(법 25조 2항).

조합원은 기본적인 의무로서 조합비 납부 의무를 부담하고 있으므로, 임원의 재정 관련 업무 수행의 적정성 등을 판단하기 위하여 회계감사원에게 그 감사 결과의 공개를 요구할 수 있다.[9)]

한편 외부의 공인회계사나 회계법인이 노동조합에 대한 회계감사를 실시할 수도 있다. 즉, 노동조합의 대표자는 ① 노동조합의 대표자가 노동조합 회계의 투명성 제고를 위하여 필요하다고 인정하는 경우 또는 ② 조합원 3분의 1 이상의 요구가 있는 경우 또는 ③ 연합단체인 노동조합의 경우에는 그 구성노동단체의 3분의 1 이상의 요구가 있는 경우 또는 ④ 대의원 3분의 1 이상의 요구가 있는 경우에는 조합원이 아닌 공인회계사나 공인회계사법 23조에 따른 회계법인으로 하여금 회계감사를 실시하게 할 수 있고, 이 경우 회계감사원이 회계감사를 한 것으로 본다(영 11조의7 2항).[10)]

[유 승 룡·김 도 형]

---

8) 같은 견해로는 민변노동법Ⅱ, 138면; 임종률, 96면.

9) 권창영, 193면.

10) 노동조합의 회계투명성을 강화하기 위하여 2023. 9. 26 대통령령 33758호로 개정된 노조법 시행령에서 신설된 규정이다(시행일: 2024. 1. 1.).

第26條(운영상황의 공개)

노동조합의 대표자는 회계연도마다 결산결과와 운영상황을 공표하여야 하며 조합원의 요구가 있을 때에는 이를 열람하게 하여야 한다.

〈세 목 차〉

Ⅰ. 의 의

조합민주주의 실현을 위하여 노조법은 노동조합의 대표자로 하여금 회계연도마다 결산결과와 운영상황을 조합원들에게 공개하도록 규정하고 있다.

Ⅱ. 재정 운영상황의 공개

조합원은 노동조합 재정 운영의 상황에 관하여 알아야 할 권리가 있는바, 노조법 26조에서는 노동조합의 대표자로 하여금 회계연도가 끝날 때마다 1년간의 예산 집행의 결산결과와 운영상황을 공표하게 하여 전 조합원이 그 내용을 쉽게 알 수 있도록 하였다. 이에 따라 노동조합의 대표자는 특별한 사정이 없으면 매 회계연도의 결산결과와 운영상황을 매 회계연도 종료 후 2개월(영 11조의7 2항에 따라 공인회계사나 회계법인이 회계감사를 실시한 경우에는 3개월) 이내에 조합원이 그 내용을 쉽게 확인할 수 있도록 해당 노동조합의 게시판에 공고하거나 인터넷 홈페이지에 게시하는 등의 방법으로 공표해야 한다(영 11조의8).[1]

또한 조합원은 노동조합의 대표자에게 결산결과와 운영상황에 관한 자료의 열람을 청구할 수 있다. 만약 노동조합의 대표자가 정당한 이유 없이 조합원의 열람 요구를 거부하는 경우, 그 거부 행위는 노동조합의 처분에 해당하므로 노조법 21조 2항의 규정에 따라 행정관청의 시정명령 대상이 될 수 있다.[2]

※ 이 조에 관한 각주의 참고문헌은 '노동조합의 관리 전론(前論)'의 참고문헌을 가리킨다.

1) 결산결과 및 운영상황 공표의 시기와 방법에 관한 규정은 2023. 9. 26 대통령령 33758호로 개정된 노조법 시행령에서 신설되었다(시행일: 2024. 1. 1.).

나아가 조합원이 노동조합의 대표자에게 회계장부 등 자료의 등사를 청구할 수 있는지 여부가 문제되나, 노조법에는 열람 외에는 명문의 규정이 없으므로 법에 따른 회계자료 등사 청구권은 없다고 보아야 하지만, 규약에 이를 규정한 경우에는 특별한 사정이 없는 한 허용해야 한다.[3)]

법문에는 '공표'라는 단어를 쓰고 있지만, 재정 운영상황의 공개 대상은 해당 노동조합 소속 조합원들이고, 사용자나 정부기관 등 외부의 제3자에게 공개할 의무는 없다고 보아야 한다. 노동조합의 재정 운영상황을 외부에 공개하도록 법으로 강제함으로써 노동조합의 회계투명성을 조합원이 아닌 외부에서 감시할 수 있게끔 하는 것은 노동조합 운영의 자율성을 침해할 위험이 있는 공공당국의 과도한 조치를 금지하는 ILO 87호 협약(결사의 자유 및 단결권 보호에 관한 협약) 3조에 위반될 소지가 있다고 생각한다. 그런데 2023. 9. 26. 대통령령 33758호로 개정된 노조법 시행령 11조의9는 고용노동부장관이 구축·운영하는 노동조합 회계 공시시스템을 통하여 노동조합의 대표자가 결산결과를 공표할 수 있도록 하는 제도를 마련하였다(시행일: 2023. 10. 1.).[4)] 그러나 이는 임의규정이어서 정부의 공시시스템에 노동조합의 결산결과를 공개할 의무를 부과하는 것은 아니다.

[유 승 룡·김 도 형]

---

2) 김헌수, 504면.

3) 권창영, 193면.

4) 노조법 시행령 11조의9(공시시스템을 통한 결산결과의 공표) ① 고용노동부장관은 노동조합의 대표자가 그 결산결과를 공표할 수 있도록 노동조합 회계 공시시스템(이하 "공시시스템"이라 한다)을 구축·운영할 수 있다.

② 노동조합의 대표자는 제11조의8에도 불구하고 고용노동부령으로 정하는 서식에 따라 매년 4월 30일까지 공시시스템에 직전 연도의 결산결과를 공표할 수 있다. 이 경우 제11조의8에 따라 결산결과를 공표한 것으로 본다.

③ 노동조합의 산하조직(노동조합인 경우는 제외한다)의 대표자는 필요한 경우에는 고용노동부령으로 정하는 서식에 따라 매년 4월 30일까지 공시시스템에 직전 연도의 결산결과를 공표할 수 있다.

④ 제2항 및 제3항에도 불구하고 노동조합 등의 합병·분할 또는 해산 등 부득이한 사유가 있는 경우에는 9월 30일까지 직전 연도의 결산결과를 공표할 수 있다.

⑤ 제2항 및 제3항에도 불구하고 회계연도 종료일이 12월 31일이 아닌 경우에는 9월 30일까지 직전 연도에 종료한 회계연도의 결산결과를 공표할 수 있다.

第27條(자료의 제출)

노동조합은 행정관청이 요구하는 경우에는 결산결과와 운영상황을 보고하여야 한다.

〈세 목 차〉

Ⅰ. 의 의

노동조합은 행정관청(고용노동부장관 또는 지방자치단체의 장)이 요구하는 경우에는 결산결과와 운영상황을 보고해야 한다(법 27조). 이에 따라 노동조합으로부터 결산결과 또는 운영상황의 보고를 받으려는 행정관청은 그 사유와 그 밖에 필요한 사항을 적은 서면으로 10일 이전에 요구해야 한다(영 12조).

이러한 행정관청의 자료 제출 요구권은 구 노동조합법(1996. 12. 31. 법률 5244호로 제정된 노조법에 의하여 폐지되기 전의 것) 30조의 업무조사권[1]에 대하여 노동조합의 자율적 운영이 저해될 우려가 있다는 비판이 제기됨에 따라,[2] 1997. 3. 13. 노조법을 제정하면서 종전의 업무조사권을 대체하여 도입한 것이다.

노동조합이 행정관청의 자료 제출 요구에 불응하고 보고를 하지 아니하거나 허위 보고를 하게 되면 500만 원 이하의 과태료에 처한다(법 96조 1항 2호).

※ 이 조에 관한 각주의 참고문헌은 '노동조합의 관리 전론(前論)'의 참고문헌을 가리킨다.

1) 구 노동조합법 30조(자료의 제출) 행정관청은 필요하다고 인정할 때에는 노동조합의 경리상황 기타 관계서류를 제출하게 하여 조사할 수 있다.

2) 구 노동조합법 30조의 규정에 대하여 1994년 6월 ILO 결사의 자유 위원회는 우리나라 정부에게 "이 규정은 노동조합의 내부문제에 행정관청이 부당하게 개입할 가능성을 담고 있다. 공공당국이 노동조합의 재정에 대해 행사할 수 통제는 정기보고서의 제출 의무 이상이어서는 아니 되며, 당국이 자의로 요구할 때마다 정보를 제공하도록 하고 조사하는 것은 노동조합의 자율적 운영에 대한 개입의 위험성이 있다. 위원회는 정부에게 노동조합법 30조를 개정 … 할 것을 요청한다."라고 권고하였다. 박영범 · 이철수, 「노동기준과 국제무역 — 블루라운드 논의와 관련하여」, 한국노동연구원(1994. 12.) 200면 참조. 김인재d, 100~101면에서 재인용.

Ⅱ. 문 제 점

현행 노조법상 노동조합의 행정관청에 대한 자료 제출 의무는 노동조합의 재정 운용에 관한 민주적 통제를 위하여 규정된 것이나, 위 규정이 조합 재산에 관한 자료에 한정되지 않고 널리 운영상황까지 포함하고 있을 뿐만 아니라 행정관청이 자료 제출을 요구할 수 있는 객관적 기준에 대하여 아무런 정함이 없어, 오히려 행정관청이 노동조합 운영에 자의적이고 과도하게 개입할 수 있도록 함으로써 노동조합의 자주적 운영과 활동을 해칠 수 있다는 비판이 제기되고 있다.[3)]

이와 관련하여 ILO 결사의 자유 위원회는 "노동조합 재정에 대해 공공당국이 행사하는 통제는 일반적으로 정기적인 보고서 제출 의무를 초과하여서는 안 된다. 언제라도 검사를 하고 정보를 요청할 수 있는 당국의 재량적인 권리는 노동조합 내부 운영에 대한 개입의 위험을 수반한다."라는 결정을 내렸다.[4)]

그렇지만 우리 헌법재판소는 노조법 96조 1항 2호 중 '27조의 규정에 의한 보고를 하지 아니한 자'에 관한 부분에 대한 위헌소원 사건에서, 위 법률조항은 노동조합의 재정 집행과 운영의 적법성, 투명성, 공정성, 민주성 등을 보장하기 위한 것으로서 정당한 입법 목적을 달성하기 위한 적절한 수단이고, 위 법률조항의 실제 운용 현황을 볼 때 행정관청에 의하여 자의적이거나 과도하게 남용되고 있다고 보기 어려우며, 이로 말미암아 제한되는 노동조합의 운영의 자유는 그다지 크지 않다는 등의 이유로, 위 법률조항은 과잉금지 원칙을 위반하여 노동조합의 단결권을 침해하지 아니한다며 합헌 결정을 하였다.[5)]

[유 승 룡 · 김 도 형]

3) 김교숙, 295면; 김유성, 96~97면; 김인재d, 100면; 박홍규 173면.
4) 결사의자유위원회결정요약집, 172면(711). 괄호 안의 숫자는 사례 번호이다.
5) 헌재 2013. 7. 25. 선고 2012헌바116 결정(이 판례의 평석으로는 김미영, 81면 이하 참조).

조합활동의 의의/정당한 조합활동 보론(補論)

〈세 목 차〉

[참고문헌]

곽현수, "유인물배포행위의 조합행위 및 정당성 여부", 대법원판례해설 16호, 법원행정처(1992); **김기덕**, "산별노조의 조직과 조합활동에 따른 법적 검토", 노동과 법 2호 산별노조와 노동법, 금속법률원(2002); **김시경**, "노동조합의 업무를 위한 「정당한 행위」의 의미", 노동법률 54호, 중앙경제(1995. 11.); **김시철**, "학교운영자들이 인격권 및 시설관리권을 토대로 그 상대방인 교원의 위법한 표현행위 및 집회 등에 대한 사전금지를 구하는 가처분신청사건에서, 상대방이 제기한 다양한 헌법 및 법률적 쟁점에 대한 대법원의 판단사례", 대법원판례해설 60호, 법원도서관(2006); **김정숙**, "간접고용과 집단적 노사관계의 문제 — 사용자개념을 중심으로", 재판자료 114집, 법원도서관(2007); **박수근**, "부당노동행위에서의 노동조합의 업무를 위한 정당한 행위", 1999 노동판례비평, 민주사회를 위한 변호사모임(2000); **박종희**, "산별노조체제하에서 조합활동에 관한 연구: 일상적인 조합활동과 단체교섭 및 단체협약 체결 법리를 중심으로", 조정과 심판 27호, 중앙노동위원회(2006. 11); **송강직a**, "노동조합의 언론의 자유", 노동법연구 13호, 서울대학교 노동법연구회(2002); **송강직b**, "노동법에서의 사용자의 재산권 전개 —일본에서의 시설이용권 논의를 중심으로—", 노동법연구 19호, 서울대학교 노동법연구회(2005); 이상덕, "노조업무복 착용행위의 정당한 조합활동 여부", 노동법률 64호, 중앙경제(1996. 9.); 이승욱, "산별노동조합의 노동법상 쟁점과 과제", 노동법연구 12호, 서울대학교 노동법연구회(2002); 오윤식, "쟁의행위 개념의 체계적 이해", 사법 39호, 사법발전재단(2017); 임종률a, "정당한 조합활동—판례를 중심으로—", 성균관법학 8호, 성균관대학교 비교법연구소(1997); 전영식, "조합원 투표에 의한 과반수의 동의를 얻지 않고 한 쟁의행위의 정당성 여부", 1999 노동판례비평, 민주사회를 위한 변호사모임(2000); 전윤구, "대학교원의 단결권 보장과 법적 쟁점", 노동법포럼 28호, 노동법이론실무학회(2019); 조경배, "비정규직 근로자의 노동단체권 보장에 관한 연구", 민주법학 23호, 민주주의법학연구회(2003); 최영호a, "기업 내 조합활동의 정당성—시설관리권과의 관계를 중심으로", 노동법연구 4호, 서울대학교 노동법연구회(1994); 최영호b, "기업내 조합활동의 정당성 기준", 노동법학 8호, 한국노동법학회(1998); 최영호c, 기업내 조합활동의 정당성, 서울대학교 대학원 박사학위논문(1996); 최영호d, "독일에서의 기업내 조합활동", 노동법연구 6호, 서울대학교 노동법연구회(1997); 최홍엽, "노동조합 정치활동의 보호 범위", 노동법연구 20호, 서울대학교 노동법연구회(2006); 탁경국, "교원의 조합활동 범위", 2006 노동판례비평, 민주사회를 위한 변호사 모임(2007); 角田邦重, "施設管理權と組合活動の權利", 現代講座(3) (1981).

Ⅰ. 조합활동의 의의

1. 조합활동의 개념

가. 넓은 의미의 조합활동

넓은 의미에서 조합활동은 근로자가 단결하고 노동조합 등 근로자단체가 그 목적을 위해 활동을 벌이며 사용자와 단체교섭을 행하여 단체협약을 체결하고 때로는 쟁의행위를 하는 등 근로자가 노동3권을 행사하여 벌이는 일련의 모든 활동을 말한다.

근로자는 자신의 근로조건 유지·개선과 경제적·사회적 지위 향상을 위해 노동조합 등 근로자단체를 조직하거나 그 단체에 가입하여 노동조합 기타 단결체 활동을 할 수 있다. 그리고 노동조합 등 근로자단체는 자유로이 스스로의 결정으로 단체를 운영하고 단체의 존립과 유지를 위한 활동을 할 수 있다.[1] 이는

1) 2021. 2. 26. 국회에서 비준동의안이 의결된 국제노동기구(ILO) 87호 「결사의 자유 및 단결권 보장 협약」에서도 '근로자 및 사용자는 어떠한 차별도 없이 사전 인가를 받지 않고 스스로 선택하여 단체를 설립하고 그 단체의 규약에 따를 것만을 조건으로 하여 그 단체에 가입

헌법이 보장하는 결사의 자유에서 당연히 인정되는 것이고, 헌법 33조 1항은 이를 단결권으로 보장하고 있다.

나아가 근로자는 노동조합 등 근로자단체를 통하여 근로조건을 유지하고 개선하며, 근로자의 경제적 · 사회적 지위 향상을 위하여 사용자와 단체교섭을 하고 단체협약을 체결할 수 있다. 사용자는 이러한 근로자의 단체교섭 요구에 응하지 않으면 안 된다. 또한 근로자는 자신의 위와 같은 주장을 관철하기 위해 집단적인 쟁의행위나 그 밖의 여러 활동을 할 수 있다. 이는 헌법이 보장하는 노동3권에 근거하는 것이다.

나. 좁은 의미의 조합활동

넓은 의미의 조합활동 중에서 단체교섭 · 쟁의행위[2]에 대해서는 노조법에서 여러 규정을 두어 규율하고 있다. 넓은 의미의 조합활동 가운데 이와 같이 노조법에서 규율하는 단체교섭 · 쟁의행위를 제외한 나머지 부분을 좁은 의미에서 말하는 조합활동이라 할 수 있다.[3]

이와 같은 조합활동의 개념은 실정법상 개념은 아니고 판례와 강학상 개념이다.

노조법은 조합활동에 관하여 근로시간면제자를 규정한 24조 3항에서 '근로자의 정당한 노동조합 활동'이라는 표현을, 부당노동행위를 규정한 81조 1항 1호에서 '노동조합의 업무를 위한 행위'라는 표현을 각각 쓰고 있다.

2. 조합활동의 성격 — 노동3권과의 관계

근로자가 사용자와 관계에서 근로제공 외에 벌이는 중요한 활동은 근로자 단결에 터 잡은 여러 활동(넓은 의미의 조합활동)이다.

할 수 있는 권리를 가진다'(2조), '근로자단체는 그들의 규약과 규칙을 작성하고, 완전히 자유롭게 대표자를 선출하며, 운영 및 활동을 조직하고, 계획을 수립할 권리를 가진다'(3조 1항)는 규정을 두고 있다.

2) 쟁의행위와 단체행동에 대해서는 그 개념을 구분하는 견해와 사실상 같은 개념으로 보는 견해가 대립하나, 단체행동권은 근로자들이 근로조건의 유지 및 향상을 위하여 자신의 주장을 관철할 목적으로 집단적으로 사용자 또는 사용자단체에 대하여 행사하는 일체의 권리라 할 것이고, 이는 업무의 정상적 운영을 저해하는 행위와 그렇지 않은 행위로 구분될 수 있다고 봄이 타당하다(오윤식, 16면).

3) 임종률, 112면은 '조합활동'을 근로자가 노동조합의 목적 달성을 위하여 하는 모든 행위 중에서 노동조합의 조직 · 가입, 단체교섭 및 쟁의행위를 제외한 나머지 행위를 말한다고 한다. 김형배, 1136면도 단체교섭과 단체행동과 관련된 조합활동을 제외한 조합의 일상적 활동만을 정당한 조합활동과 관련하여 논하고 있다.

이 조합활동은 노동3권에 터 잡은 것이기도 하지만, 노동3권이 자유권의 성격을 가지고 있는 점에서 보다시피, 근로자가 근로제공과 관련하여 자연스레 같이 노무를 제공하는 근로자들과 함께 결사체를 만들고 자신의 이익과 지위 향상을 위하여 결사체로 자신의 주장을 결집하고 위세를 형성하여 외부에 알리는 것은 집회 · 결사의 자유에서 인정되는 바이다.

노조법은 여기에서 나아가 근로자가 노동3권에 터 잡아 단결체를 형성하고 단결체 활동을 하는 것을 보장하고 있다. 그리하여 단결체 활동으로 한 행위가 민사상 불법행위에 해당한다거나 형법상 범죄에 해당하더라도 근로자의 단결에 따른 행위라면 민 · 형사상 면책이 되고, 그 활동을 이유로 불이익한 처분을 할 경우 부당노동행위가 된다.

일부 학설과[4] 판례[5]는 단체행동권에는 쟁의행위를 할 수 있는 쟁의권과 함께 조합활동을 할 권리가 포함된다고 하면서 조합활동을 할 권리가 단체행동권에서 우러나는 것이라고 한다. 그러면서 학설 · 판례는 그 논거에 관하여 쟁의행위가 아닌 조합활동을 단체행동으로 보호하지 않을 경우 쟁의행위의 개념을 흐리게 할 우려가 있다고 한다.

하지만 조합활동을 자유롭게 할 수 있고 이에 대해 민 · 형사상 책임을 묻지 않는 것은 단체행동권에 따른 것이 아니라 기본적으로는 집회 · 결사의 자유와 노동3권 가운데 단결권 때문이고, 나아가 포괄적으로 노동3권 모두에서 보장되는 것이기 때문이라 보는 것이 옳다.[6] 결사의 자유 내지 단결권은 단결체를 형성할 권리뿐 아니라 그 단체를 운영할 권리도 포함하기 때문이다.

3. 조합활동과 쟁의행위의 구별

넓은 의미의 조합활동은 근로자가 가지는 결사의 자유 내지 노동3권에 바탕을 둔 것이지만 그중에도 쟁의행위는 다른 조합활동과 구별할 필요가 있다.

왜냐하면, 첫째, 노조법은 쟁의행위에 대하여 시기 · 절차 등에서 많은 특별

4) 김유성, 31면; 이병태, 84면.

5) 대법원 1990. 5. 15. 선고 90도357 판결. “근로자가 노동조합을 조직하거나 가입했을 때에는 단체행동권으로서 쟁의권과 조합활동권이 있음은 …”

6) 김형배, 1136~1137면; 박홍규a, 669면; 이상윤a, 62 · 613면; 임종률, 27 · 112면; 사법연수원a, 114~115면. 노동조합의 조직 · 운영에 관계되는 대내적 활동의 권리는 단결권에, 완장착용 · 시위 등 사용자에 대항하는 활동의 권리는 단체행동권에 속하는 것으로 파악하는 견해도 같은 입장으로 보인다(최영호c, 13면).

규정을 두고 이를 규율하지만 조합활동에 관하여는 원칙적으로 특별한 규율을 하지 않는다. 둘째, 쟁의행위에 대한 시기·절차 관련 규정 위반만으로 쟁의행위의 정당성이 없어지는 것은 아니지만 그 규정을 준수하였는지는 쟁의행위가 민·형사상 면책이 되는지를 판단할 때 한 근거가 되기도 한다. 하지만 조합활동은 쟁의행위를 규율하는 여러 노조법상 제한을 받지 않으므로 쟁의행위와는 정당성 판단 기준이 달라진다. 셋째, 교원 노동조합[7]과 공무원 노동조합은 쟁의행위를 할 수 없고(교원노조법 8조; 공무원노조법 11조) 주요방위산업체에 종사하는 근로자 중 일정 업무에 종사하는 근로자는 쟁의행위를 할 수 없지만(법 41조 2항), 조합활동은 그러한 제한을 받지 않는다.

조합의 운영을 위해 이루어지는 조합 내부 활동은 쟁의행위와 구별해야 하는 경우가 거의 없다. 조합활동과 쟁의행위의 구별이 문제되는 경우는 사용자에 대항하는 대외적 의사표현으로 행하여지는 조합활동의 경우이다. 예를 들어 집회·연설, 유인물 배포·부착, 리본 패용, 머리띠 기타 복장 착용 등에서 쟁의행위와 구별이 문제된다.

살펴보면, 노조법은 쟁의행위를 "파업·태업·직장폐쇄 기타 노동관계 당사자가 그 주장을 관철할 목적으로 행하는 행위와 이에 대항하는 행위로서 업무의 정상적인 운영을 저해하는 행위"라고 정의하고 있다(법 2조 6호).

이러한 정의규정으로 보면 쟁의행위는 '주장 관철 목적'과 '업무저해성'이 있어야 하는데, 조합활동 역시 근로조건의 유지·개선, 경제적·사회적 지위 향상이라는 목적을 가지므로, '업무저해성' 여부가 조합활동과 쟁의행위를 구별하는 핵심 징표가 된다. 조합활동이 정상적인 업무 운영을 방해하는 것이라면 쟁의행위이고, 방해하는 것이 아니라면 단순 조합활동에 불과하다.[8]

---

7) 교원노조법이 2020. 6. 9. 개정되어 고등교육법 14조 2항 및 4항에 따른 교원들도 교원노조법의 적용대상에 포함되었다. 전윤구, 128면은, 대학 내에서 관행화된 '보강을 예정한 휴강'은 '1학기 내'라는 시간적 제약을 지킨다면 제도적으로 추완급부를 허용하고 있는 것으로 보아, 사후보강을 통해 수강생의 학점부여에 아무런 지장을 주지 않는 휴강은 업무의 정상적인 운영을 저해하는 행위가 아니므로 쟁의행위로 평가할 수 없다고 한다.

8) 菅野(역), 570면 이하는, 쟁의권은 파업권을 중심으로 이것에 파업을 유지·강화하기 위해 사용자를 교섭상 고립시키기 위한 행동보장이 부수된 권리라고 보면서, '쟁의행위'는 '근로자 집단이 그 주장의 시위 또는 관철을 목적으로 하여 노무를 완전 또는 불완전하게 정지하고, 필요에 따라 이 노무정지를 유지하기 위한 피켓행위 및 사용자와의 거래 거부를 요청하는 것'으로 정의하여야 한다고 하면서, 결국 파업, 태업, 피켓팅, 직장점거, 보이콧 등의 행위를 포함하는 것에 그친다고 한다. 그리하여 리본 투쟁, 선전물 부착 투쟁 등 쟁의시에 노동조합이 하는 그 밖의 압력 행동은 쟁의권에 의해 보호(=규율. 필자 주)되는 것이 아니라 조합활

판례 중에는 병원에서 간호사들이 규정된 복장을 하지 않은 것을 쟁의행위라고 본 것이 있고,[9] 교원노조법상 집단행동이 금지되는데,[10] 교원노동조합 조합원이 농성 · 시위를 벌이거나 리본 · 배지 · 조끼를 패용 · 착용하는 행위는 유형적 위력을 보이는 외부적인 집단행동에 해당된다고 볼 수 있으므로(그 외 다른 사정으로 근로조건과 별다른 관계가 없는 '족벌 재단 퇴진' 등을 구호로 내걸었다는 사정을 들면서) 이를 금지하는 것은 적법하다고 한 사례[11]가 있다.[12] 그러나 교원노동조합 조합원이 근로조건의 향상 등을 위해 리본을 패용하는 등의 집단행동을 하였더라도 이로써 업무의 정상적인 운영을 구체적으로 방해한 바 없다면, 리본 패용 등의 행위를 교원노조법 8조에서 금지하는 쟁의행위가 아닌 적법한 단체행동으로 볼 여지가 있을 것이다.

4. 조합활동과 관련한 소송 등 분쟁 형태

조합활동에 관한 법적 분쟁은 조합활동을 이유로 해고나 징계를 당한 근로자가 조합활동의 정당성을 주장하면서 사용자를 상대로 해고나 징계의 효력을 다투는 사건과 사용자 측에서 조합활동이 민사상 불법행위나 업무방해 등 범죄에 해당한다고 주장하며 손해배상을 청구하거나 고소 · 고발을 하여 진행되는 민 · 형사사건이 주를 이룬다.

근로자나 노동조합 측에서 정당한 조합활동을 할 수 있는 권리 등을 근거

동권에 의해 보호될 수 있는 권리라 한다.

9) 대법원 1994. 6. 14. 선고 93다29167 판결. 간호사는 위생문제에 특히 주의해야 하고 신분을 표시할 필요가 있다면서 쟁의행위 해당성을 인정하였다.

10) 하지만 교원노조법 8조는 쟁의행위를 금지하지, 단체행동 일체를 금지하지는 않는다.

11) 대법원 2006. 5. 26. 선고 2004다62597 판결. 이 판결에 대한 평석으로는 김시철, 478면 이하와 탁경국, 153면 이하. 후자의 평석은, 위 판결이 근본적으로 교원들의 주장이 진실하거나 진실하다고 믿을 만한 정당한 이유가 있는지에 관하여 어떠한 판단도 하지 않은 채 교원들의 의사표시가 학교운영자들의 인격권과 시설관리권을 침해하는 위법한 행위라고 평가하는 오류를 범하였고, 교원의 조합활동 자유와 시설관리권이 충돌하는 문제를 어떤 기준으로 해결할 것인지에 관하여 치열한 고민을 하는 것 대신 사안을 적용하기에 부적절하다고 보이는 교원노조법 8조를 전가의 보도처럼 휘두르면서 교원의 노동조합은 어떠한 방식의 집단적 의사표시도 할 수 없다는 논리로 일관하고, 더 나아가 학교시설물 안에서 노동조합 활동 자체를 금지함으로써 실질적으로 교원 노동조합의 존립 자체를 부정하는 결론을 도출하는 오류를 범했다고 비판한다.

12) 마찬가지로 대법원 2007. 9. 20. 선고 2005다25928 판결은, 부패 사학재단 퇴진 운동을 전개하면서 집회 · 시위를 벌이다 학원 비리 척결을 이유로 전국교직원노동조합 소속 조합원들이 수업을 거부하고 다른 교사의 수업을 방해한 행위가 문제된 사안에서, 위 행위가 학생들의 학습권과 학부모의 교육권을 침해하였다고 보아 교사들에게 손해배상책임을 인정하였다.

로 사용자에 의한 조합활동방해 행위의 금지를 구하는 가처분이나 본안소송을 제기하거나, 한편으로 사용자가 기업시설에 대한 방해배제 내지 방해예방청구권을 피보전권리로 하여 노동조합과 소속 조합원을 상대로 임시의 지위를 정하는 가처분 혹은 같은 내용의 본안소송을 제기하기도 한다.

Ⅱ. 조합활동의 정당성

1. 조합활동 정당성의 의의

조합활동이라고 하여 모두 민·형사상 면책이 되는 것은 아니다. 정당한 조합활동만이 민·형사상 면책이 된다. 조합활동의 면책 범위를 한정짓는 개념은 정당성이다.

이에 관하여는 노동3권에 따라 조합활동은 정당하다고 인정되므로 조합활동에 해당한다면 당연히 민·형사상 면책되는 것이고, 민·형사상 면책이 될 수 없는 조합활동은 조합활동의 개념에서 제외하여야 한다는 견해가 있을 수 있다. 하지만 다수 학설과 판례는 '근로자가 노동조합 내지 근로자의 단결체를 통하여 집단적으로 자신의 주장을 관철하는 행위 일체'를 일단 조합활동이라고 본 다음, 모든 '조합활동'이 민·형사상 면책이 되는 것이 아니라 정당성이 있는 조합활동만 민·형사상 면책이 된다고 한다. 다수 견해와 판례에 따른다.

노조법 4조는, '노동조합이 단체교섭·쟁의행위 기타의 행위로서 1조의 목적을 달성하기 위하여 한 정당한 행위에 대하여' 형법 20조(정당행위)를 적용한다고 규정하여 '정당성'을 형사상 면책의 한 요건으로 삼고 있다. 헌법이 규정한 노동3권으로 민·형사 면책이 이루어지는 것이고 노조법 4조는 확인적 규정에 불과하다는 견해도 가능하나, 적어도 조합활동에 관하여는 정당성이라는 개념이 필요하다고 생각한다.

조합활동 중에는 불법행위나 범죄에 해당하는 행위가 있을 수 있다(예를 들어 조합이 행한 타인에 대한 명예훼손, 주거침입, 퇴거불응, 재물손괴, 상해 등). 이러한 행위가 노동3권의 행사라는 이유만으로 모두 면책이 된다고 볼 수는 없으므로 이를 한정짓는 개념이 필요하고 그 개념이 바로 정당성이다.

2. 정당성의 내용

판례는 어떤 조합활동이 정당한 것인가에 관하여 다음과 같은 것을 들고 있다.[13)]

첫째, 주체의 측면에서 조합원이 노동조합의 결의나 구체적인 지시에 따라서 한 노동조합의 조직적인 활동 또는 그와 같은 결의나 지시 없이 개인적·자발적으로 한 행위라도 성질상 노동조합의 업무를 위한 활동으로 볼 수 있거나 묵시적으로 노동조합의 수권이나 승인을 받았다고 볼 수 있어야 한다.

둘째, 목적의 측면에서 근로조건의 유지·개선과 근로자의 경제적·사회적 지위의 향상을 도모하기 위하여 필요하고 근로자의 단결 강화에 도움이 되는 행위이어야 한다.

셋째, 시기의 측면에서 취업규칙이나 단체협약에 별도의 허용규정이 있거나 노동관행·사용자의 승낙이 있는 경우 외에는 근무시간 외에 행해져야 한다.

넷째, 수단·방법의 측면에서, 사업장 내 조합활동에서는 사용자의 시설관리권에 바탕을 둔 합리적인 규율이나 제약에 따라야 하고 폭력과 파괴행위[14)] 등의 방법에 의하지 않는 것이어야 한다.

Ⅲ. 조합활동의 구체적 태양과 그 정당성

1. 조합활동의 주체

가. 노동조합의 기관 활동

근로자가 노동조합의 의사결정기관인 조합 총회나 대의원회의 구성원으로서 노동조합의 의사를 결정하거나, 업무집행기관인 대표자 등 임원의 지위에서 그 직무 권한 범위 안에서 업무 활동을 하거나, 노동조합의 구성원인 조합원의 지위에서 노동조합의 의사결정기관의 결정이나 업무집행기관의 지시에 따라서 활동을 하는 것은, 법령이나 규약의 정함에 따라 이른바 노동조합의 조직적 활

13) 대법원 1990. 5. 15. 선고 90도357 판결, 대법원 1992. 4. 10. 선고 91도3044 판결, 대법원 1994. 2. 22. 선고 93도613 판결.

14) 판례는, 지하철 공사의 사무실 안의 집기 등을 부수고 붉은 색 페인트, 스프레이로 복도 계단과 사무실 벽 등 200여 군데에 '노동해방', '김○○ 퇴진', '양키 고홈' 등의 낙서를 하여 수리비 4천여만 원이 들도록 재물을 손괴한 행위가 조합활동권의 정당성의 범위 밖에 속한다고 하였다(대법원 1990. 5. 15. 선고 90도357 판결).

동의 주체로서 당연히 행할 수 있다. 따라서 근로자의 행위가 이와 같은 기관활동에 속하는 것이라면 정당한 주체에 의한 조합활동으로서 정당성이 있다.

나. 근로자 개인의 행위

(1) 근로자 개인의 노동조합의 결성 · 가입 · 운영 행위

근로자 개인이 노동조합을 결성하고, 이에 가입하며 노동조합을 운영하는 행위 등 통상적인 노동조합 활동은 당연히 조합활동에 해당하고 정당성도 있다.

일반적으로 노동조합 결성 준비 활동, 노동조합 결성, 노동조합 결성에 즈음한 집회 개최, 노동조합 가입 권유, 노동조합 가입, 노동조합 임원 선출에 선거권자 · 피선거권자로 참여하는 행위, 조합 총회 · 대의원회의 구성 · 선출에 참여하는 행위 등은 모두 정당한 조합활동이다.

육아휴직 중인 근로자나 해고처분을 받고 부당노동행위 구제신청 중인 자에 대해서도 근로자 또는 조합원으로서의 지위를 인정하여야 할 것이므로 조합활동의 주체가 된다.[15]

(2) 성질상 노동조합 활동으로 볼 수 있거나 묵시적으로 노동조합의 수권 · 승인이 있다고 볼 수 있는 행위

근로자의 행위가 노동조합의 기관으로서 행한 것이 아니라 개인적 · 자발적으로 행한 행위라도 그 행위의 성질상 노동조합의 활동으로 볼 수 있거나 노동조합의 묵시적인 수권이나 승인을 받았다고 볼 수 있을 때에는 그러한 활동은 정당한 조합활동의 범위에 속한다.[16]

어떠한 행위를 그 행위의 성질상 노동조합의 행위로 볼 것인가에 관하여 문헌[17]은 다음과 같이 학설을 소개하고 있다. 첫째, 부당노동행위제도의 목적은 원활한 단체교섭을 실현하는 것이므로 불이익취급이 금지되는 노동조합의 행위

---

15) 서울행법 2013. 10. 10. 선고 2012구합21062 판결. 대법원 1991. 11. 8. 선고 91도326 판결. 한편 대법원 1992. 6. 23. 선고 92누4253 판결은, 노동조합의 대의원이 사용자로부터 출근정지처분을 받았더라도 노동조합의 활동을 하기 위해 사용자의 공장 내에 위치한 노동조합 사무실 등에 출입할 목적으로 공장을 출입할 수 있다고 하면서도, 해당 대의원이 노동조합의 활동을 하기 위한 것이 아니라 단지 회사의 출근정지처분에 항의하기 위해 출근을 강행하려 하였다는 이유로, 해당 대의원의 출근을 저지하는 회사의 관리직 사원들을 방해한 행위 등이 부당하다고 보았다.

16) 대법원 1989. 4. 25. 선고 88누1950 판결, 대법원 1991. 11. 12. 선고 91누4164 판결, 대법원 1999. 11. 9. 선고 99두4273 판결 등. 학설도 마찬가지다.

17) 곽현수, 529면.

역시 단체교섭에 관련되는 활동에 한정된다고 보는 견해,[18] 둘째, 부당노동행위 제도는 원활한 단체교섭뿐 아니라 그 전제가 되는 근로자들의 자주적 · 민주적 단결을 옹호하는 것도 목적이므로 근로자들이 자발적으로 행하는 활동이면 노동조합의 행위가 된다거나, 근로자 자신의 자발적 활동이고 근로자로서 또는 조합원으로서 자각하여 그의 생활 이익을 차지하기 위해 벌이는 활동이면, 단결의 취지에 반하지 않는 한 헌법상 보장된 단결권의 행사로서 노동조합의 행위에 해당한다고 보는 견해,[19] 셋째, 단체교섭 사항에 한정되지 않고 근로자의 상호부조 내지 상호보호에 관한 것도 노동조합의 행위에 해당된다고 보는 견해[20]가 있다고 한다.

이와 같이 근로자 개인의 자발적 행위에 대해 그 행위의 목적이 조합활동의 목적(근로조건의 유지 · 개선, 근로자의 경제적 · 사회적 지위 향상)과 부합하는지에 따라 노동조합 활동으로 평가하는 것은 필요하다고 생각한다. 결국 성질상 노동조합 활동에 해당하는 근로자의 자발적 행위로는 어떤 것이 있는지, 어떤 경우에 노동조합의 묵시적 수권 · 승인이 있었다고 볼 것인지는 일률적으로 말하기 어렵고, 사안에 따라 구체적인 사정을 종합하여 판단해야 한다고 본다.

한편 노동조합의 명시적인 결의나 지시에 반하여 이루어진 근로자의 행위를 정당성 있는 조합활동으로 볼 것인지에 관하여 학설은, 일률적으로 조합활동의 주체적 정당성을 부정하는 견해와, 단결권 보장의 취지에 비추어 객관적으로 용인될 수 있는지에 따라 판단해야 한다고 하면서 그 행위가 단결권 보장의 취지에 합당한 것이라면 조합활동이고 이 경우 정당성을 인정해야 한다는 견해가 있다. 후자가 타당하다.

판례는, 조합원의 일부가 조합 집행부와 조합원 전체의 의사에 따르지 않고 노동조합의 결정이나 방침에 반대하거나 이를 비판하는 행위를 한 경우 앞서 본 바와 같은 기준, 즉 성질상 노동조합의 활동으로 볼 수 있거나 노동조합의 묵시적인 수권 혹은 승인을 받았다고 인정할 만한 사정의 존재 여부에 따라 조합활동 여부를 판단한다.[21]

---

18) 그 이외의 행위는 현행 노조법 81조 1항 1호가 아닌 4호의 지배개입행위로서 금지된다고 한다.

19) 일본의 다수설이다.

20) 菅野(역), 570면.

21) 대법원 1992. 9. 25. 선고 92다18542 판결.

한편 조합원 개인의 행위가 반조합적 행위로서 노동조합의 통제 대상이 되는 경우에는 조합활동으로서 정당성을 인정할 수 없을 것이다.[22)]

(3) 구체적 태양

판례가 주체 측면과 관련하여 조합활동으로 정당성을 인정한 사례는 다음과 같다.

① 노동조합의 위원장 등 임원 출마[23)]

② 수당을 지급하지 않는 사용자를 노동부에 진정하는 행위[24)]

③ 노동조합 임원 선거에서 자신이 사퇴한 이유를 담은 유인물 배포[25)]

④ 사용자 측의 뜻에 따라 임금인상 시기를 변경하는 내용의 단체협약을 체결하려는 노조집행부에 반대하면서 노동조합 총회 소집을 요구하는 서명을 받고, 대의원회 회의 자리에서 수당 신설을 주장하는 행위[26)]

⑤ 조합장 비리 의혹이 확산되자 조합원들의 임시 대표 자격에서 조합장 불신임을 위한 임시총회 소집을 요구하고 지방노동사무소에 임시총회 소집권자 지명을 요구하는 행위[27)]

⑥ 노동조합 규약을 토론 없이 찬반 투표로 개정하려는 움직임에 대해 문제점 지적을 주된 내용으로 하는 유인물을 작성·배포하고, 회사가 회사 내 불순세력이 있다고 홍보하자 그 불순세력의 실체를 밝히고 탄압을 중지하라는 내용으로 회사에 서면 질의하는 행위[28)]

---

22) 박홍규a, 674면.

23) 대법원 1990. 8. 10. 선고 89누8217 판결, 대법원 1991. 11. 12. 선고 91누4164 판결.

24) 대법원 1990. 8. 10. 선고 89누8217 판결.

25) 대법원 1991. 11. 12. 선고 91누4164 판결(이 판례의 평석으로는, 곽현수, 525면 이하). 위 판례에 따르면, 이 경우 사퇴한 근로자가 단독후보자로 남은 후보자를 지지하기 위한 것이 아니라는 사실을 조합원에게 알리려고 유인물을 만들어 배포한 것은 조합의 운영위원 및 대의원으로서, 그리고 위원장에 입후보하였던 사람으로서 노동조합의 위원장 선거와 관련된 문제에 대한 의견을 말하고, 위원장후보 사퇴에 따른 조합원의 오해를 해명하여 위원장 선거라는 조합내부의 의사결정이 제대로 이루어지게 하고자 한 행위로서 노동조합의 업무를 위한 행위라고 볼 수 있고, 노동조합의 활동을 벗어난 순수한 개인적 활동이라고 하기는 어려울 것이라고 한다.

26) 대법원 1990. 11. 27. 선고 90누3683 판결. 이와 같은 조합활동을 활발히 한 원고를, 회사가 무단이탈 2시간을 이유로 징계해고한 사안이었다. 원심은 원고에 대한 해고가 노동조합 활동을 방해할 의도 아래 이루어진 부당노동행위라고 보았고, 대법원은 이를 수긍하였다.

27) 대법원 1999. 11. 9. 선고 99두4273 판결. 이 판결의 평석으로는, 박수근, 243면 이하.

28) 대법원 1995. 6. 13. 선고 95다1323 판결(이 판례의 평석으로는 김시경, 103면 이하), 대법원 1996. 2. 23. 선고 95다13708 판결.

반면 조합활동에 해당하지 않는다거나 정당성을 부정한 사례는 다음과 같다.

① 조합장이 적법한 선거 없이 취임하였으니 조합장을 새로 선출하자고 진정서를 작성·배포하고, 사납금을 교육시간만큼 감해주지 않으면 승무를 거부하자고 제의하였으며, 회사가 자신에게 부당하게 배차중지를 하고 있다는 내용의 호소문을 배포한 행위[29)]

② 노동조합 대의원이 사업장 밖에서 근로자들을 모아 어용 노동조합 퇴진, 해고 근로자 복직 요구가 관철되지 않으면 농성을 하자고 하고, 이에 따라 회사 업무를 방해하고 조합사무실에서 농성한 행위[30)]

③ 일부 부서의 조합원들만이 작업 거부를 결의함에 따라 그 부서 근로자들에게 옥외 작업 거부를 종용하여 작업이 이루어지지 못하게 한 행위[31)]

④ 노동조합과 회사 사이의 임금 인상 협의 결과에 불만을 품고 다른 근로자들과 함께 추가 임금 인상 등을 요구하며 농성한 행위[32)]

⑤ 임금 협상 내용에 불만을 품고 조합원 찬반 투표를 요구하며 노동조합 집행부와 대립하고, 점심시간에 조합원 40여 명을 모아 놓고 노동조합이 어용이라고 주장하며 조합장 퇴진 서명과 집단 연장 근로 거부를 선동한 행위(이에 동조한 근로자들이 잔업을 거부하기에 이름)[33)]

⑥ 단체협약이 체결된 직후부터 비상대책위원회를 구성하여 뚜렷한 무효사유를 내세우지도 않은 채 단체협약의 무효를 주장하면서 다른 근로자들을 선동하여 파업과 농성을 계속한 행위[34)]

---

29) 대법원 1989. 4. 25. 선고 88누1950 판결.

30) 대법원 1990. 11. 13. 선고 89누5102 판결.

31) 대법원 1999. 9. 17. 선고 99두5740 판결(이 판례의 평석으로는 전영식, 260면 이하). 위 판결은 쟁의행위에 요구되는 절차를 거치지 않은 채 일부 조합원들만의 결의로 이루어진 옥외 작업거부가 노동조합 활동으로서 주체의 측면에서 정당성을 갖추지 못하였다고 보았으나, 넓은 의미의 조합활동에 속하는 쟁의행위가 노조법 37조 2항을 위반하였는지 등 절차적 정당성 유무를 판단하는 것으로 족할 것이다.

32) 대법원 1991. 9. 24. 선고 91누124 판결.

33) 대법원 1992. 9. 25. 선고 92다18542 판결.

34) 대법원 1992. 9. 1. 선고 92누7733 판결. 위 판결은 조합활동의 정당성을 부정한 근거로, 단체협약의 당사자인 노동조합은 단체협약의 유효기간 중에 조합원들에 대하여도 통제력을 행사하여 단체협약에서 정한 사항의 변경이나 폐지를 요구하는 쟁의행위를 하지 못하게 방지하여야 할 이른바 평화의무를 지고 있으며, 이와 같은 평화의무가 노사관계의 안정과 단체협약의 질서형성적 기능을 담보하는 점 등을 들었다.

(4) 검 토

판례는 위와 같이 '조합장이 적법한 선거 없이 취임하였다고 주장하며 신임조합장을 선출하자는 내용의 진정서 작성·배포 행위', '임금협상 내용에 불만을 품고 조합원의 찬반투표를 요구하며 조합장의 퇴진 서명운동을 벌인 행위' 등이 조합활동이 아니라 조합원으로서의 자발적 활동 혹은 조합활동을 벗어난 순수한 개인적 활동에 불과하다고 하여 정당성을 부정하면서도,[35] 한편 '단체협약을 체결하려는 노조집행부에 반대하면서 조합원들로부터 총회 소집을 요구하는 서명을 받은 행위', '조합장의 비리 의혹이 확산되자 조합장 불신임을 위한 임시총회 소집 등을 요구한 행위' 등에 대해서는 조합활동성을 인정한 바 있다. 조합활동의 주체로 인정되기 위한 위 판례상의 요건만으로는 특히 노동조합에 대한 일부 조합원의 비판 행위 등이 정당한 조합활동에 해당하는지를 명확하게 판단하기 쉽지 않다.

다만 사용자가 일부 조합원을 포섭하여 노동조합의 분열을 유도한다는 비판이 노동조합으로부터 제기되는 등 부당노동행위가 문제되는 국면에서는, 현실로 존재하는 노동조합의 조직과 운영을 보호하여야 할 필요성을 고려할 때 해당 노동조합을 비판하거나 반대하는 조합원의 행위에 대해 주체 측면에서 조합활동의 정당성을 보다 엄격히 판단하여야 할 경우가 있을 수 있다.[36] 그러나 부당노동행위 여부가 쟁점으로 되지 않는 경우(조합원에 대한 징계처분의 효력을 다투는 민사사건 및 관련 형사사건 등)에는 기존 노동조합에 대한 조합원의 건전한 비판활동 또한 단결권 등 노동3권 행사의 일환으로 보장될 필요가 있으므로, 조

---

35) 한편 대법원 1993. 12. 28. 선고 93다13544 판결은, 법인 사무국의 직제개편과 관련하여 사무국에서 성안한 개정안과는 별도로 노동조합 측의 개정안을 마련하여 이사들에게 배포한 행위에 대하여 '만일 법인 사무국 직원으로 개인적인 위치에서 그와 같은 일을 한 것이라면 근무기강을 어지럽히는 행위에 해당된다고 볼 수 있겠지만, 이 사건의 경우는 노동조합활동의 일환으로 위와 같은 일을 한 것일 뿐만 아니라 사무국의 직제는 노동조합원들의 지위나 근로조건에 중대한 영향을 미치는 것이어서 노동조합의 활동범위에 포함된다'고 하였다.

36) 이와 관련하여 임종률, 291~292면은 '쟁의행위에 대한 민·형사 사건에서의 정당성 판단은 쟁의권이 사용자의 권리나 근로자의 의무를 어떻게 수정하고 있는가의 관점에서 근로자나 노동조합의 행위에 대하여 어떠한 책임을 물을 것인가를 규명하기 위한 평가인 데 대하여, 쟁의행위에 대한 부당노동행위 사건에서의 정당성 판단은 사용자의 불이익처분이 장래 있어야 할 공정한 노사관계질서를 수립하기 위하여 구체적으로 타당한가의 관점에서 근로자의 행위에 대하여 평가하는 것이다'고 하여, 쟁의행위 등에 대한 민·형사 사건에서의 정당성 판단과 쟁의행위 등에 대한 부당노동행위 사건에서의 정당성 판단이 반드시 일치하는 것은 아니라고 하였다. 같은 취지로는 김형배, 1488면 참조.

합활동의 주체 측면에서의 정당성을 폭넓게 인정할 필요가 있다.[37)]

다. 조합활동 주체와 관련한 특수 문제

(1) 미조직 근로자의 단결체 활동

단결권은 노동조합을 결성하고 운영하는 행위만을 보호하는 것이 아니라 근로자가 어떠한 형태로든 단결체를 결성하고 그 단결체 활동을 하는 행위까지 보호하므로 미조직 근로자가 일시적 단결체(쟁의단)를 만들고 그 결정이나 승인에 터 잡아 하는 활동 역시 노동조합의 경우에 준하여 조합활동으로 보호하고 정당성 여부를 판단하여야 한다.[38)] 하지만 판례는 노동조합 또는 노동조합의 결정에 따른 행위만으로 주체 측면에서 정당성을 한정하고 있는 듯하다.

(2) 공무원의 노동조합 결성 관련 집회 참가 행위

공무원의 노동조합 결성을 위한 집회 참가 등 행위에 관한 판례로 다음과 같은 것이 있다.

즉, ① 동해시 직장협의회 소속 공무원들이 원주에서 열린 '공무원노동조합 설립 합법적 보장 촉구 집회'에 참석하려 하였으나 동해경찰서 경찰관들이 방해하였다는 이유로 이를 항의하기 위하여 민주노총 강원지역본부가 개최한 '인권탄압 동해경찰서 규탄대회'에 참석하여 불법 집회와 시위의 방법으로 집단행동을 한 경우,[39)] ② 공무원이 (아직 공무원의 노동조합 결성이 가능하지 않은 시점인 2001년에) 공무원노동조합 결성을 위한 준비행위의 성격을 가지는 집회에 참석한 행위,[40)] ③ 민주노총 등 사회단체와 연대하여 전국공무원노동조합을 사수하

37) 근로조건 개선 등을 위해 노동조합의 단결을 옹호하기 위한 조합원의 자발적 활동으로서 노동조합을 비판하거나 노동조합의 수권을 받지 않은 채 활동하는 것은 비록 노동조합이 승인하지 않았다 하더라도 노동조합의 민주적 운영을 위해 필요한 행위이므로 그 행위의 목적·태양에 따라 노동조합의 활동으로 평가하여야 한다(전영식, 271면 이하)거나, 조합활동성의 인정 여부는 헌법의 노동3권 보장목적에 비추어 객관적·실질적으로 판단되어야 할 것이므로, 자발적 활동이 조합방침에 위반되는 것이라 하더라도 동 활동이 가지는 민주성의 가치 또한 존중되어야 하고, 조합방침 위반의 활동은 노조내부관계에서 통제처분의 문제를 야기하기는 하지만, 대사용자관계에서 조합활동으로서의 법적 가치가 당연하게 부인되는 것은 아니다(최영호c, 110면)는 주장도, 같은 입장이다.

38) 박홍규a, 674면; 임종률, 113면. 반면 김유성, 101면은 미조직 근로자의 행위는 조합활동성을 부정한다.

39) 대법원 2004. 10. 15. 선고 2004도5035 판결. 지공법 58조 1항에서 금지하고 있는 노동운동에 해당한다고 볼 수는 없으나, 공익에 반하는 목적을 위하여 직무전념의무를 해태하는 등의 영향을 가져오는 집단행위로서 공무 이외의 일을 위한 집단행위에 해당한다고 보았다.

40) 대법원 2005. 4. 15. 선고 2003도2960 판결.

고 행정대집행 등을 규탄하기 위한 목적으로 개최된 '공무원노동조합 사수 총력 결의대회'라는 집회 현장에서 집회참가자들과 함께 '공무원노동조합 사수' 등의 구호를 외치면서 집회에 참가한 행위[41]에 대해 판례는 그와 같은 공무원들의 집회 참가 등 행위의 조합활동성을 부인하고, 해당 행위를 국공법 내지 지공법에서 금지하는 '노동운동' 또는 '집단행위'라고 보았다.

다만 이 판례 중 앞 두 개의 사례는 공무원노조법 제정 전의 사례에 관한 판례로서 공무원의 노동조합 활동이 공무원노조법으로 정당성을 인정받기 전의 판결례이고, 세 번째 사례는 헌법과 공무원노조법이 공무원에게는 인정하지 않는 단체행동권을 보장받기 위해 공무원 노동조합 소속 공무원이 행한 조합활동에 대해 정당성을 인정하지 않은 판결례임을 유의할 필요가 있다. 공무원노조법 3조 1항은, '공무원노조법에 따른 공무원의 노동조합의 조직, 가입 및 노동조합과 관련한 정당한 활동에 대하여는 국공법 66조 1항 본문과 지공법 58조 1항 본문(집단행동과 노동운동 금지 규정)을 적용하지 않는다'고 규정하고 있다.

(3) 간접고용 근로자의 조합활동[42]

파견이나 위장 도급 형태를 띠면서 고용 관계는 파견사업주와 맺고 노무는 사용사업주에게 제공하는, 이른바 간접고용관계에서는 조합활동에 특수한 문제가 생긴다.[43]

진정 도급의 경우 도급 업체가 용역 업체와 맺은 도급계약을 해지하거나 계약 갱신이 이루어지지 않아 용역 업체가 폐업하고 이에 따라 경영상 이유로 해고된 것에 대해 도급 업체를 규탄하는 집회를 가지는 것은 집회·시위 자유의 영역에 해당할 수 있겠으나 사용자를 상대로 한 근로자의 조합활동 내지 단체행동으로 보기는 어려울 것이다. 하지만 당사자의 근로관계의 실질이 진정 도급이 아니라 위장된 근로계약 관계라면 도급계약의 해지와 이에 따른 용역 업체의 근로자 해고는 실질적으로는 직접 근로관계를 맺은 사용사업주(외형상 도급인)에 의한 해고이고, 부당 해고 철회와 직접 고용을 요구하는 것은 헌법에 정

41) 대법원 2008. 2. 14. 선고 2007도11045 판결, 대법원 2008. 3. 14. 선고 2007도11044 판결.
42) 자세한 내용은 법 2조 2호에 대한 해설 중 Ⅵ. 보론 부분 참조.
43) 간접고용 근로자의 조합활동에 관하여는, 도급인 회사에 노동조합 설립에 관한 벽보, 현수막을 부착하고 도급인 회사 직원들에게 유인물을 배포한 행위의 정당성에 관한 대법원 2000. 6. 23. 선고 98다54960 판결, 도급인의 사업장에서 이루어진 쟁의행위의 정당성에 관한 대법원 2020. 9. 3. 선고 2015도1927 판결 참조.

해진 단체행동권 행사로 볼 수 있다.[44] 한편 도급 업체라도 하도급 업체 소속 근로자의 기본적인 노동조건 등에 관하여 그 근로자를 고용한 사업주로서의 권한과 책임을 일정 부분 담당하고 있다고 볼 정도로 실질적이고 구체적으로 지배·결정할 수 있는 지위에 있다면 부당노동행위 구제명령의 대상인 사용자에 해당하므로,[45] 위와 같은 지위에 있는 도급 업체의 부당노동행위를 비판·저지하기 위한 범위 내의 조합활동은 정당성이 인정될 수 있다.

그리고 파견(외형상 파견에 해당하는 경우 외에 위장 도급으로서 실질이 근로자파견에 해당하는 경우도 포함한다)의 간접고용관계에서는 평상시 조합활동과 관련하여 근로자가 노무를 제공하는 대상은 사용사업주이고, 근로 제공 또한 사용사업주의 사업장에서 이루어지기 때문에 파견 근로자의 노동조합 활동은 사용사업체에서 이루어지는 경우가 많다. 이때 사용사업주의 시설관리권과 충돌하는 문제가 생기는데, 이 경우 '외주 근로자'라는 이유로 또는 조합활동을 이유로 파견·용역계약을 해지하거나, 사용사업주 시설 안에서 노동조합 총회를 비롯한 집회 개최를 금지하거나 사업장에 출입조차 못하는 경우가 생긴다. 같은 이유로 사용사업주의 업무방해금지가처분이나 집회금지가처분신청을 받아들이는 경우도 생긴다. 그러나 간접고용 근로자들의 근로제공 자체가 사용사업주의 사업장 안에서 이루어지는 이상 조합활동에서도 사용사업주 소속 근로자와 파견·용역 근로자를 차별할 이유가 없다.[46]

이와 관련하여 파견법 22조 1항은 조합활동을 이유로 사용사업주가 근로자파견계약을 해지하여서는 아니된다고 규정함으로써, 파견근로의 구조상 파견근로자의 조합활동이 사용사업주를 상대로 또는 사용사업체 내에서 이루어질 수 있음을 고려하여 파견근로자의 정당한 조합활동은 사용사업주의 불이익취급으로부터 보호받는다는 점을 확인하고 있다.[47] 이러한 근로자파견계약 해지가 파견근로자 해고로 이어질 경우 사안에 따라서는 실질적으로 사용사업주가 조합활동을 이유로 파견근로자를 해고하는 것으로서 부당노동행위가 된다.[48]

44) 조경배, 391면.
45) 대법원 2010. 3. 25. 선고 2007두8881 판결.
46) 조경배, 396면.
47) 김정숙, 584면.
48) 조경배, 396면.

2. 조합활동의 목적

가. 근로조건의 유지·개선과 근로자의 경제적·사회적 지위 향상

조합활동은 그 목적이 근로조건의 유지·개선과 근로자의 경제적·사회적 지위의 향상을 도모하기 위한 것이어야 하고 근로자의 단결 강화에 도움이 되는 행위이어야 한다. 이러한 목적을 가질 때 조합활동은 정당성이 인정된다.

나. 보조적·간접적 활동

목적 측면에서 노동조합 또는 근로자의 활동이 위와 같은 근로조건 유지·개선, 근로자의 경제적·사회적 지위 향상, 근로자의 단결 강화가 본래의 목적인 경우뿐 아니라, 그러한 목적을 달성하기 위한 보조적·간접적 활동인 경우도 정당한 조합활동에 해당한다. 한편 노동조합 또는 노동조합의 대표자가 사용자 측을 근기법 위반 등으로 고소·고발하거나 진정한 경우, 그것이 대체로 사실에 기초하고 있고 그 목적이 사용자에 의한 조합원들의 단결권 침해를 방지하거나 근로조건에 관한 법령을 준수하도록 하는 것이라면 고소·고발 등은 노동조합의 정당한 활동범위에 속한다.[49]

조합원의 단결력 유지·강화를 위한 사회봉사, 공제회 운영 등 사회 활동, 독서회·연극반·합창반·체육대회 등의 문화·체육활동 또한 모두 조합활동으로서 정당성이 인정된다.

하지만 조합활동의 목적이 형식상으로는 근로조건의 유지·향상 등과 직접·간접으로 관련이 있어도, 실질적으로는 위법 또는 불법을 위한 것이라면 조합활동으로서 정당성을 인정하기 어렵다.

다. 정치활동의 경우

구 공직선거법 87조는 노동조합을 포함한 단체의 선거운동을 금지하였으나, 1998. 4. 30. 법률 제5537호로 노동조합의 선거운동을 허용하는 것으로 해당 조항이 개정되었다.[50] 한편 구 정치자금에 관한 법률 12조 5호는 노동단체의 정

---

49) 대법원 2020. 8. 20. 선고 2018두34480 판결.

50) 공무원노조법 4조, 교원노조법 3조에 따라 공무원 노동조합과 교원 노동조합은 여전히 정치활동이 금지된다. 이와 관련하여 대법원 2012. 4. 19. 선고 2010도6388 전원합의체 판결의 다수의견은, 교사들이 전국교직원노동조합 본부 및 지부 간부들과 공모하여, 2009년 정부의 정책과 국정운영을 비판하고 국정쇄신을 촉구하는 내용과 표현의 자유 보장과 시국선언 탄압 중지 등을 요구하는 내용의 시국선언을 하고, 규탄대회를 추진하고 적극적으로 관여한 행

치자금 기부를 금지하였는데, 위 법률이 2000. 2. 16. 법률 제6270호로 상급 노동조합을 기부제한 단체에서 제외하는 것으로 개정되었다가,[51] 2004. 3. 12. 법률 제7191호로 노동조합을 포함한 법인이나 단체의 정치자금 기부행위를 제한하는 것으로 다시 개정되었다.

예를 들어 근로조건 유지·개선, 근로자의 경제적·사회적 지위 향상, 근로자의 단결 강화를 위한 활동으로서 노동조합이 법령이 허용하는 범위 안에서 행하는 공직선거 선거운동, 정치자금 기부, 정당 가입, 선거 입후보, 선거운동 지원, 정당과 정책 협의, 정책에 대한 지지·비판, 입법·행정사항의 요구·청원, 입법 저지·반대 등의 정치활동을 조합활동으로 볼 수 있는지 문제된다.

노조법 2조 4호 마목은 '주로 정치운동을 목적으로 하는 경우'를 노동조합의 소극적 요건으로 규정하고 있는데, 정치활동이나 정당활동은 조합기관의 결의가 있더라도 단체교섭 또는 기타 조합원 사이의 상호부조와 단결강화에 관련된 조합활동으로 볼 수 없다는 견해도 존재한다.[52] 그러나 노동조합의 본래 목적을 달성하기 위해 부수적·보조적으로 이루어지는 정치활동은 이를 조합활동의 일환으로 보아도 무방할 것이다.[53] 단결활동의 범위는 각 시대의 사회경제적 조건에 따라 달리 규정될 수밖에 없는데, 오늘날 국가가 임금정책·소득정책 등을 통하여 국민의 경제생활에 적극적으로 개입하고 있는 실태를 고려할 때, 노동3권의 목적을 달성하기 위해서는 국가를 대상으로 한 활동도 노동조합의 활동에 속한다고 보는 것이 타당하고, 가령 노동조합의 정치활동이 행하여지는 시간이나 수단이 부적절한 때에는 그것은 사용자 법익과의 형평으로서 '조합활동의

위에 대해 국공법 66조 1항에서 금지하는 집단행위라고 보았다.

다만, 교원노조법이 2020. 6. 9. 법률 17430호로 개정되어 고등교육법 14조 2항 및 4항(강사는 제외)에 따른 교원도 해당 법률의 적용을 받게 되었는데, 고등교육법상 교원은 초중등교원과는 달리 정치활동이 허용되어 왔다(정당법 22조 1항 단서 참조). 이에 대해 전윤구, 126면은 '조합원인 대학교원의 정치적 활동은 허용하면서 그 대학교원이 조직한 단결체의 정치적 활동은 일절 금지된다는 것은 논리적, 현실적으로 시행하기 어려운 점이 적지 않을 것'이라는 점을 지적하며, 교원노조법 3조를 삭제하는 것이 바람직하다고 한다.

51) 헌법재판소는 노동단체의 정치자금 기부를 금지한 조항이 헌법이 보장한 표현의 자유 및 결사의 자유의 본질적 내용을 침해하고 평등의 원칙에도 위반되어 위헌이라고 선고하였다(헌재 1999. 11. 25. 선고 95헌마154 결정).

52) 김형배, 1487면.

53) 임종률a, 277면은 정부를 상대로 하는 활동 기타 정치적 활동은 조합의 의사에 따른 것이더라도 조합활동이라 할 수 없으나, 다만 근로조건의 유지·개선 기타 근로자의 지위에 중대한 영향을 미치는 입법이나 행정조치를 촉구 또는 반대하는 행위는 조합활동에 포함되는 것으로 본다.

정당성'의 측면에서 다루어져야지 '조합활동성' 자체를 부인하여서는 안 된다.[54)]

라. 판례에 나타난 사례

판례는 다음과 같은 사례에서 모두 조합활동으로서 정당성을 인정하지 않았다.

① 노동조합 활동을 위해 사업장에 출입한 것이 아니라 사용자의 출근정지 처분에 항의하기 위해 출근을 강행하려 한 행위[55)]

② 지역의료보험조합 소속 노동조합 간부들이 대학 캠퍼스에서 보험료 인상 저지투쟁 발대식을 개최하고 유인물들을 배포하면서 가두시위를 주도하였는데, 발대식의 개최 목적과 유인물 내용이 지역의료보험조합에 불이익한 보험료 인상 저지로서 근로조건의 개선 등과 무관한 경우[56)]

③ 단체교섭 사항이 아니고 노사협의를 통하여 결정하여야 하는 인센티브의 지급액을 노동조합의 주장대로 관철하기 위해 쟁의행위를 할 것인지를 결의하기 위해 노동조합 임시 총회를 개최하는 행위[57)]

④ 전국교직원노동조합의 조합원인 교사가 사용자인 학교법인이 학사 운영과 관련하여 비리를 저지르고 있다고 주장하면서 벌인 농성, 피켓 시위, 리본·배지·조끼 등 패용·착용 등 행위[58)]

3. 조합활동의 시기·수단·방법

가. 조합활동의 행위 유형

근로자가 조합원의 자격에서 노동조합의 결의나 지시에 따라 행동을 하거나 대외적으로 사용자 등에게 일정한 의사표시 등을 하는 조합활동을 할 때 의사를 표현·전달하는 수단으로는, ① 사업장 안팎에서 집회를 가지거나 시위·연설을 하는 행위, ② 유인물을 배포하거나 부착하는 행위, ③ 리본을 차거나

---

54) 최홍엽, 228~229면.

55) 대법원 1992. 6. 23. 선고 92누4253 판결.

56) 대법원 1994. 12. 22. 선고 93다23152 판결. 설사 의료보험료의 인상으로 말미암아 보험가입자들의 불만이 높아지는 등 민원이 야기되어 창구에 근무하고 있는 조합원들이 근무에 애로를 겪게 되고, 그 유인물들이 지역의료보험노동조합 전국협의회에서 작성하여 각 지역의 노동조합에 배포한 것이라고 해도 정당성이 인정되지 않는다고 하였다.

57) 대법원 1994. 9. 30. 선고 94다4042 판결. 한편, 노동조합의 정기 총회가 불법쟁의 등 불순한 의도에 의한 것이 아니라고 본 사례로는 대법원 1995. 2. 17. 선고 94다44422 판결 참조.

58) 대법원 2006. 5. 26. 선고 2004다62597 판결. 이 판결에 대한 평석으로는 김시철, 478면 이하와 탁경국, 153면 이하.

머리띠 등을 두르는 행위, ④ 조합 깃발, 현수막 등을 내거는 행위, ⑤ 사용자의 일정한 지시를 거부하는 행위 등을 들 수 있다.

나. 사용자의 시설관리권과 조합활동

(1) 일 반 론

조합활동은 근로조건 유지 · 개선과 관련해서 사용자에 대한 관계에서 이루어지는 것이 일반적이고, 이 과정에서 대부분 사용자의 노무지휘권 · 시설관리권과 충돌한다.

노동조합의 활동이 사용자의 지휘명령권 · 시설관리권과 충돌하여 법적인 문제를 야기하는 것은 한국 · 일본과 같이 기업별 노동조합이 많은 나라에서 특유하게 발생하는 문제다. 서구와 같은 산업별 노동조합 조직형태에서는 조합활동은 대부분 기업 밖에서 이루어지므로 사용자의 시설관리권과 충돌하는 경우는 상정하기 어렵다. 이러한 점에서 기업시설 이용과 관련한 조합활동 문제를 서구 이론으로 접근하는 것은 상당한 주의를 요한다.[59)]

(2) 학 설[60)]

㈎ 수인의무설

수인의무설은, 기업별 노동조합은 조합활동을 위해 기업 시설을 이용하는 것이 불가피하므로 일정한 범위 안에서 기업시설을 이용할 권한을 가지고, 사용자는 그 이용을 수인할 의무가 있다는 견해이다. 이 견해는 기업시설을 이용하는 조합활동에 대해서는 사용자의 승낙이 없더라도 원칙적으로 정당성이 인정된다고 한다.[61)]

㈏ 권한남용설

권한남용설은, 근로자가 기업 시설을 이용하는 것은 시설관리권을 가진 사용자의 승낙이 있어야 가능하고, 노동조합이 사용자의 승낙을 받지 않고 기업시설을 이용하여 조합활동을 하는 것은 원칙적으로 정당성이 없으며, 다만 사용자가 시설이용을 승낙하지 않는 것이 시설관리권의 남용이라고 볼 특별한 사정

59) 박홍규a, 671면.

60) 이에 관한 자세한 논의는 최영호a, 295면 이하 참조.

61) 角田邦重, 232면. 한편, 이병태, 172면은, "조합활동이 정당한 경우 시설관리권은 합리적인 범위에서 노사협의에 의해 제한을 받는다"라고 하면서, "수인의무설은 협정설(단체협약, 취업규칙, 노사관행 등으로 사용자와 합의한 경우 조합활동을 위해 기업시설을 이용할 수 있다는 견해)과 큰 차이가 없다"라고 하여 협정설을 지지한다.

이 있을 때에는 승낙 없이 한 기업 시설 이용이 정당성을 가진다고 하는 견해이다.[62]

㈐ 실질적 지장설

실질적 지장설은, 노동조합이 기업 시설을 이용하여 조합활동을 하는 것에 대해서는 사용자의 동의가 있어야 정당성이 인정되는 것이 원칙이지만, 기업 시설 이용의 필요성이 있고 그로 인하여 사용자의 기업 운영에 실질적 지장을 초래하지 않는 경우에는 그 조합활동은 정당성을 가진다는 견해(또는 조합활동의 필요성, 시설관리권의 구체적 침해 정도, 그 밖의 노사관계를 둘러싼 여러 사정을 종합적으로 고려하여 조합활동의 정당성을 판단한다는 견해)이다.[63]

㈑ 검 토

기업 시설은 사용자가 그 관리권을 가지므로 조합활동을 위해 노동조합이나 조합원이 기업 시설을 이용할 필요가 있더라도 노동조합이 당연히 시설을 이용할 권한을 가진다거나 사용자가 이를 수인할 의무를 부담한다고 보기는 어렵다. 하지만 사용자의 승낙 없이 기업 시설을 이용하여 조합활동을 행하였더라도, 기업시설을 이용하여 조합활동을 할 필요가 있었고, 그 조합활동으로 말미암아 기업 운영이나 업무 수행, 시설 관리가 실질적으로 방해받지 않은 경우에는 조합활동의 정당성을 인정함이 타당하다(실질적 지장설).

(3) 판 례 — 시설이용 및 점거 행위를 중심으로

㈎ 정당성 판단기준

조합활동이 사업장 안에서 이루어지는 경우 그 조합활동은 사용자의 시설관리권에 바탕을 둔 합리적인 규율이나 제약에 따라야 하고 폭력과 파괴행위 등의 방법에 의하지 않아야 정당한 조합활동이 된다는 것이 판례이다.

그리하여 취업규칙이나 단체협약에서, 사업장 안에서 노무 제공과 무관한 집회·연설·벽보 게시·유인물 배포 등 활동을 일반적으로 금지하고, 사용자에

62) 最高裁 1969. 10. 30. 判決(國鐵札幌運轉區 事件) 등. 김형배, 1142~1143면도, '근로자가 사용자의 기업시설을 이용할 수 있는 권한은 어디까지나 근로계약이행, 즉 노무제공의무의 이행에 수반해서 필요하다고 인정되는 범위 내에서만 허용되므로 업무수행과 관련 없는 경우에 기업의 시설 또는 장소를 이용하는 것이 당연히 인정되지는 않고, 근로자들이 조합활동을 함에 있어서는 노무지휘권과 시설지배권의 본질을 침해하지 않는 범위 내에서 보호범위가 정해져야 한다'고 하여, 이 견해와 같은 태도이다.

63) 김유성, 104면; 이상윤a, 617면; 임종률, 116면.

게서 허가를 받은 경우에 한하여 위와 같은 활동을 허용한다고 규정하고 있을 때, 그와 같은 규정에 따른 조합활동 규율에 관하여 판례의 전반적인 취지는, 근무시간뿐 아니라 휴게시간 중에도 사업장의 시설관리나 다른 직원의 휴게 시간 이용을 방해할 염려가 있고 그 내용에 따라서는 기업질서를 어지럽힐 가능성이 있으므로 합리성을 부인할 수는 없다고 보고 있다.[64] 하지만 조합활동이 이러한 규율이나 제약에 반드시 따라야 하는 것은 아니며, 구체적으로 사용자의 시설관리권을 침해하였는지 등 여러 가지 사정을 종합하여 그 정당성 여부를 판단하여야 한다고 한다.

이러한 판례 태도에 대하여는, 조합활동의 정당성을 판단하는 기준으로 사용자의 동의 여부를 요하는 것은 사용자의 임의적인 의사에 따라 조합활동의 정당성이 부인될 수 있는 결과를 낳으므로 조합활동을 온전히 보호할 수 없게 되고, 또한 조합활동과 사용자의 시설관리권 충돌 문제는 서로 비교형량하여 판단할 문제인데 여기에 사용자의 동의 여부라는 주관적 기준으로 조합활동의 정당성을 판단하려 하는 것은 논리적으로도 모순이라는 비판이 있다. 이 비판에 따르면 조합활동의 정당성 기준은, 조합활동의 필요성·사용자 권리의 침해 여부·사용자의 귀책 사유 특히 사용자의 불법적 선행 행위나 대항 행위의 존재 여부 등을 고려하여 근로자의 단결이라는 조합활동의 적극적 가치와 사용자 권리의 저촉이라는 부정적 가치를 비교·형량하는 것으로 객관화되어야 한다고 한다.[65]

최근 판례는, 조합활동의 정당성 판단을 위한 요건들 중 시기·수단·방법 등에 관한 요건은 조합활동과 사용자의 노무지휘권·시설관리권 등이 충돌할 경우에 그 정당성을 어떠한 기준으로 정할 것인지 하는 문제이므로, 위 요건을 갖추었는지를 판단할 때에는 조합활동의 필요성과 긴급성, 조합활동으로 행해진 개별 행위의 경위와 구체적 태양, 사용자의 노무지휘권·시설관리권 등의 침해 여부와 정도, 그 밖에 근로관계의 여러 사정을 종합하여 충돌되는 가치를 객관적으로 비교·형량하여 실질적인 관점에서 판단하여야 함을 강조하였다.[66]

---

64) 대법원 1992. 3. 13. 선고 91누5020 판결, 대법원 1992. 6. 23. 선고 92누4253 판결, 대법원 1994. 9. 30. 선고 94다4042 판결, 대법원 1996. 9. 24. 선고 95다11504 판결, 대법원 1997. 12. 23. 선고 96누11778 판결, 대법원 2000. 6. 23. 선고 98다54960 판결 등 참조.

65) 최영호b, 567~568면·574~578면; 최영호c, 44면 이하·100면 이하.

66) 대법원 2020. 7. 29. 선고 2017도2478 판결.

㈏ 구체적 태양

① 시설물의 용도

사용자의 직장폐쇄가 정당한 쟁의행위로 평가받는 경우에도 사업장 내의 노조사무실 등 정상적인 노조활동에 필요한 시설, 기숙사 등 기본적인 생활근거지에 대한 출입은 허용되어야 한다.[67] 한편 판례는, 노동위원회 또는 법원에서 해고의 효력을 다투고 있는 근로자가 조합원의 자격으로 회사 내 노조사무실에 들어가는 것은 정당한 행위로서 회사 측에서 이를 제지할 수 없으나, 경비원들의 제지를 뿌리치고 회사 내로 들어간 후 식당에서 유인물을 배포하였다면 달리 보아야 한다고 하였다.[68] 또한 판례는, 조합원들이 농성장소로 모일 수 있는 건물로는 노조사무실, 복지관, 식당 등도 있는데 굳이 회사공장구역 내의 핵심이라고 할 수 있는 행정건물의 출입구 현관 및 여기에서 공장장실, 실험실 등으로 통하는 복도 등 공장업무수행에 가장 중요한 장소들을 택하여 일주일 이상이나 전면적으로 점거한 것을 위법하다고 본 원심의 판단을 긍정한 바 있다.[69]

위와 같이 판례는 시설관리권의 침해 문제에 대하여 그 시설이 생산과 직접 관련된 것인가 아니면 복지시설 등과 같이 평소 근로자에게도 그 이용이 개방되어 있는 것인가를 구별하여 이를 판단하는 입장으로 보인다.[70]

② 시설물의 관리주체

쟁의행위와 관련된 사안이긴 하나, 과거 판례는 사용자가 제3자와 공동으로 관리·사용하는 공간을 사용자에 대한 쟁의행위를 이유로 관리자의 의사에 반하여 침입·점거한 경우 비록 그 공간의 점거가 사용자에 대한 관계에서 정당한 쟁의행위로 평가될 여지가 있다 하여도 이를 공동으로 관리·사용하는 제3자의 명시적 또는 추정적 승낙이 없는 이상 위 제3자에 대하여서까지 정당행위로 볼 수는 없다고 하였다.[71]

---

67) 대법원 2010. 6. 10. 선고 2009도12180 판결. 나아가 위 판결은 '노조사무실과 생산시설이 장소적·구조적으로 분리될 수 없는 관계에 있어 일방의 출입 혹은 이용이 타방의 출입 혹은 이용을 직접적으로 수반하게 되는 경우로서 생산시설에 대한 노조의 접근 및 점거가능성이 합리적으로 예상되고, 사용자가 노조의 생산시설에 대한 접근, 점거 등의 우려에서 노조사무실 대체장소를 제공하고 그것이 원래 장소에서의 정상적인 노조활동과 견주어 합리적 대안으로 인정된다면, 합리적인 범위 내에서 노조사무실의 출입을 제한할 수 있다'고 하였다.

68) 대법원 1991. 11. 8. 선고 91도326 판결.

69) 대법원 1991. 1. 15. 선고 90누6620 판결.

70) 송강직b, 554면.

71) 대법원 2010. 3. 11. 선고 2009도5008 판결. 대법원 2020. 11. 12. 선고 2016도8627 판결 또

그러나 판례는 사내하청업체 소속 근로자들이 사용자인 하청업체를 상대로 한 쟁의행위의 일환으로 원청업체 사업장에서 집회를 한 사안에서, 그와 같은 시설이용 행위가 도급인과의 관계에서 정당행위로 평가되기 위한 기준을 제시하였다. 즉, 위 판례는 수급인 소속 근로자들이 집결하여 함께 근로를 제공하는 장소로서 도급인의 사업장은 수급인 소속 근로자들의 삶의 터전이 되는 곳인 반면, 도급인은 수급인 소속 근로자가 제공하는 근로에 의하여 일정한 이익을 누리기 위해 사업장을 근로의 장소로 제공하였으므로 그 사업장에서 발생하는 쟁의행위로 인하여 일정 부분 법익이 침해되더라도 사회통념상 이를 용인하여야 하는 경우가 있을 수 있다고 전제한 후, 사용자인 수급인에 대한 정당성을 갖춘 쟁의행위가 도급인의 사업장에서 이루어져 형법상 보호되는 도급인의 법익을 침해한 경우에도 형법 20조의 '사회상규에 위배되지 아니하는 행위'로서 위법성이 조각될 수 있고, 이에 해당하는지는 쟁의행위의 목적과 경위, 쟁의행위의 방식, 기간과 행위 태양, 해당 사업장에서 수행되는 업무의 성격과 사업장의 규모, 쟁의행위에 참여하는 근로자의 수와 이들이 쟁의행위를 행한 장소 또는 시설의 규모·특성과 종래 이용관계, 쟁의행위로 인해 도급인의 시설관리나 업무수행이 제한되는 정도, 도급인 사업장 내에서의 노동조합 활동 관행 등 여러 사정을 종합적으로 고려하여 판단하여야 한다고 하였다.[72]

다. 시 기

(1) 근무시간 중의 조합활동

근무시간 중의 조합활동은 원칙적으로 사용자의 승낙(또는 이를 갈음하는 근로계약, 취업규칙, 단체협약이나 관행)이 있어야 정당성이 인정된다. 그 근거로는, 근로자는 근로계약의 취지에 따라 근로를 제공할 의무를 부담하고 사용자는 근로계약상 근로제공의 종류·장소·시간 등에 관하여 구체적 방법·태양을 정하거나 근로제공을 지휘·감독할 권능(노무지휘권)을 가지는데, 단체협약이나 관행이 없고 사용자의 승낙 없이 근무시간 중에 조합활동을 하는 것은 근로자의 근

한 수급인 소속 근로자가 도급인인 인천국제공항공사에서 한 피켓시위 등에 대하여, 인천국제공항은 이용객인 내·외국인들의 안전과 질서가 중시되는 장소인 점, 구 항공법에 의하여 공항시설의 무단점유 등이 금지되어 있는 점, 피켓에 적힌 문구의 내용 등에 비추어 인천국제공항의 이용객들에게 위압감과 불안감을 주었을 것으로 보이는 점 등을 들어 도급인과의 관계에서 위법한 행위라고 보았다.

72) 대법원 2020. 9. 3. 선고 2015도1927 판결.

로제공의무에 반하거나 사용자의 노무지휘권을 침해하기 때문이라고 한다.[73] 이에 따르면 취업규칙이나 단체협약에서 근무시간 중의 조합활동을 허용하고 있거나, 노동관행·사용자의 승낙이 있었을 때에만 근무시간 중에 조합활동을 할 수 있다.[74]

(2) 취업규칙·단체협약에 근무시간 중 조합활동 허용 규정이 없는 경우

취업규칙·단체협약에 근무시간 중 조합활동 허용 규정이 없는 경우 근무시간 중의 조합활동은 전혀 허용될 수 없는지 문제된다.

이는 근무시간 중에 조합활동을 함으로써 사용자의 노무지휘권과 충돌할 경우에 그 정당성을 어떠한 기준으로 정할 것인가 하는 측면에서 논의가 이루어진다. 조합활동의 필요성·긴급성, 노무지휘권의 침해 정도, 문제되는 행위의 원인과 구체적 태양, 그 밖에 노동관계의 여러 사정을 종합적으로 고려하여 그 정당성 여부를 판단하여야 한다는 것이 학설의 일반적인 견해이다.[75]

노동조합 대의원 선거 출마를 위해 결근한 것에 대해 그 필요성과 긴급성을 고려하여 정당성을 인정한 사례가 있다.[76] 자주 문제되는 근무시간 중 노동조합 총회·대의원회 등 집회와 관련해서는 항을 바꾸어 설명한다.

(3) 근무시간 중 집회

근무시간 중에 사업장 안에서 사용자의 승낙 없이 노동조합이 총회 등 각종 집회를 개최하는 것은 정당성을 인정하기 어렵겠지만, 근무시간 중 집회 개최의 필요성이나 노무지휘권의 침해 정도 등 여러 사정을 고려하여 예외적으로 정당성이 인정되는 경우가 있을 수 있다.[77] 판례는 다음과 같은 것이 있다.

---

73) 김형배, 1145면; 임종률, 114면.

74) 이상윤a, 618면. 대법원 1991. 6. 25. 선고 90누2246 판결 또한 '사용자와 근로자 사이에 근로계약이 맺어지면 근로자가 약정된 바에 따른 노무를 제공하는 것은 근로자로서의 가장 기본적인 의무임은 너무나 당연하므로, 취업시간 중에 근로계약상의 노무를 제공하지 아니하고 다른 활동을 하는 것은 사용자의 허가나 단체협약, 관행 등에 의해 이를 인정할 만한 특단의 사정이 없는 한 정당성을 갖지 못한다'고 하였다.

75) 이상윤a, 618면; 임종률, 114면.

76) 대법원 1992. 10. 25. 선고 92다20842 판결.

77) 한편 집회나 시위 도중 발생하는 소음 등으로 인한 업무방해 여부가 문제될 수 있는데, 이에 대해 판례는, 집회나 시위에 참가한 다수인이나 참가하지 아니한 불특정 다수인에게 의견을 전달하는 과정에서 어느 정도의 소음이 발생하는 것은 부득이하므로 집회나 시위에 참가하지 아니한 일반 국민도 이를 수인할 의무가 있고, 그 집회나 시위의 장소, 태양, 내용과 소음 발생의 수단, 방법 및 그 결과 등에 비추어, 집회나 시위의 목적 달성의 범위를 넘어 사회통념상 용인될 수 없는 정도로 타인에게 심각한 피해를 주는 소음을 발생시킨 경우에는

① 노동조합 임시총회가 근무시간 중에 열렸고 4시간의 전체 총회 시간 중 찬반 투표를 실시하고 남은 1시간을 여흥에 사용하기는 하였으나, 위 임시총회가 쟁의행위를 하기 위한 필수적 요건인 조합원의 투표를 위한 것으로서 2회에 걸친 서면 통보를 거쳐 개최되어 회사가 이에 대비할 여유가 충분히 있었고, 일부 조합원들이 야간 근무를 하는 회사의 근무 형태 때문에 전체 조합원이 총회에 참석할 수 있게 하려면 비록 근무시간 중이기는 하지만 야간 근무가 끝나고 주간 근무가 시작되는 교대 시간에 총회를 소집하는 것이 필요하였으며, 쟁의행위에 들어갈 것인지를 결정하기 위하여는 의견 교환 등도 필요하였을 것이라는 사정과 조합원의 수 등에 비추어 보면, 위 총회가 근무 시간 중에 열렸다는 사정만으로 위법하다고 할 수 없고, 4시간의 시간이 필요 이상의 시간이었다고 보기도 어려우며, 위와 같은 여흥은 임시총회 중 찬반 투표를 실시하고 남는 시간에 부수적으로 치러진 행사로서 전체 시간 안에 끝난 점 등에 비추어 보면 위와 같은 여흥 활동만을 따로 떼어 위법하다고 볼 것은 아니고, 이를 포함한 임시총회 개최 행위는 전체적으로 노동조합의 정당한 행위에 해당한다.[78)]

② 쟁의행위 결정을 위한 근무시간 중 임시총회 개최에 관하여, 단체협약에 "전임이 아닌 조합원의 조합활동은 취업시간 외에 행함을 원칙으로 하나 부득이한 사유 발생으로 취업시간 중에 조합활동을 하고자 할 경우에는 사전에 회사에 통보하여야 하며 특별한 사유가 없는 한 허용하여야 한다."고 규정되어 있는 경우 이 '부득이한 사유'는 매우 제한적으로 해석하여야 하므로, 예컨대 노동조합 임원의 대부분이 궐석되어 노동조합의 정상적인 활동을 수행하기 어려운 급박한 사정이 있어 임시총회를 개최하여 궐석임원을 선출할 필요가 있다든가, 노동조합의 합병 등 노동조합의 존속 여부·조직변경에 관한 중대한 결정을 할 필요가 있는 경우 또는 정당한 쟁의행위를 결행할 것인가를 의결하기 위

위법한 위력의 행사로서 정당행위라고는 할 수 없으나, 합리적인 범위에서는 확성기 등 소리를 증폭하는 장치를 사용할 수 있고 확성기 등을 사용한 행위 자체를 위법하다고 할 수 없다고 하였다. 위 법리를 기초로 한 판례는 '확성기 등을 사용하여 발생된 소음이 82.9dB 내지 100.1dB에 이르고, 사무실 내에서의 전화통화, 대화 등이 어려웠으며, 밖에서는 부근을 통행하기조차 곤란하였고, 인근상인들도 소음으로 인한 고통을 호소하는 정도에 이르렀다'며 업무방해죄를 인정한 사례(대법원 2004. 10. 15. 선고 2004도4467 판결)와 '노동가요 제창 및 함성 등으로 사무실의 근무분위기가 저하되었음에도 수인할 수 없을 정도의 소음 내지 혼란스러운 분위기를 조성한 사실을 인정하기 부족하다'고 보아 업무방해죄의 성립을 부정한 사례(대법원 2008. 9. 11. 선고 2004도746 판결)로 나뉜다.

78) 대법원 1994. 2. 22. 선고 93도613 판결.

하여 임시총회를 개최할 필요가 있는 경우 등으로 국한하여야 한다. 정당하지 아니한 쟁의행위를 결행할 것인가 여부를 결정하기 위하여 취업시간(근무시간) 중에 임시총회를 개최하는 것은 단체협약에 정해진 '부득이한 사유'에 해당하지 않는다.[79)]

③ 조합원들이 레미콘 차량 운전기사로서 대부분의 시간을 회사 밖의 공사 현장에서 보내고 있어 공사 현장의 작업 상황에 따라 회사의 규정근무시간 이후라도 임의로 작업을 종료할 수 없을 뿐 아니라 작업종료시간을 일률적으로 맞출 수 없는 업무의 특수성 등으로 근무시간 중의 조합활동이 불가피하고, 단체협약도 근무시간 중의 조합활동을 허용하고 있다면, 노동조합 총회 등이 근무시간 중에 개최되었다는 사유만으로 위 총회 등의 개최가 정당한 노동조합의 활동범위를 벗어난다고 할 수 없다.[80)]

④ 업무시간 중 열린 정기총회에서 이루어진 대동제에 관해, 노동조합이 예정된 정기총회에서 체육대회 등의 행사가 개최됨을 조합원들에게 미리 공고하였고, 위 정기총회 전날까지 지부별로 체육행사 등에 대비한 연습을 해왔으며, 위 정기총회 당일에 결승전이 치러질 각종 경기의 예선전을 완료하는 등의 사전 준비를 거의 전부 마쳤으며, 사용자는 위 정기총회와 함께 위와 같은 체육행사 등을 포함한 대동제가 진행된다는 사실을 알고 있었음에도 전날 오전까지 아무런 반대의사를 표시하지 않다가 뒤늦게 정기총회 전날 업무종료 직전인 17:00경에 이르러 정기총회 예정일 오전에는 정상근무를 하고 위 총회를 오후에 개최하도록 한 것은 비록 그것이 관할 구청의 지시에 따른 것이고 민원인의 불편을 피하기 위한 것이라도 노사관계에서 신뢰를 해하는 것으로 부당하다.[81)]

(4) 근무시간 외 사업장 밖의 조합활동

근무시간이 아닌 시각에 사업장 밖에서 조합활동으로서 유인물을 배포하거나 집회를 개최하거나 노동조합의 이름으로 집회에 참가하는 행위는 원칙적으로 사용자의 시설관리권이나 노무지휘권과 충돌할 염려가 없고, 결사·집회·시위의 자유와 단결권에 터 잡은 행동으로서 조합활동으로서 정당성을 인정할 수 있다.

---

79) 대법원 1994. 9. 30. 선고 94다4042 판결.
80) 대법원 1995. 3. 14. 선고 94누5496 판결.
81) 대법원 1995. 2. 17. 선고 94다44422 판결.

다만 사업장 밖에서 이루어졌다 해도 배포한 유인물 내용이나 게시한 벽보 내용이 사용자의 인격권을 침해하는 경우 근로자의 근로계약상 성실 의무와 관련하여 문제될 소지가 있다. 앞서 본 바와 같이 유인물 내용에 허위 사실이 적시된 정도, 비방의 정도에 따라 정당한 조합활동으로 볼 수 없는 경우가 있을 것이나,[82] 주된 내용이 근로조건 유지·개선과 근로자의 경제적·사회적 지위 향상이라는 노동조합 본연의 활동에 터 잡은 것이었고, 일부 사실이 과장되고 왜곡된 점이 있다 해도 전체적 맥락에서 볼 때 앞서 본 목적에 따른 내용이라면 정당성을 인정해야 한다.

판례는 공무원이 근무일이 아닌 날에 공무원 노동조합 결성을 위한 집회, 공무원 노동조합 결성을 탄압하는 정부정책에 항의하는 집회에 참석한 것이 지공법 58조 1항에서 금지하는 '집단행위'에 해당한다고 보았고,[83] 단체교섭이 제대로 진행되지 않자 회사 바깥 여러 곳에서 회사의 부당노동행위를 규탄하는 집회를 개최하면서 국회의원인 회사 대주주를 비난하는 연설을 한 행위에 대해 정당성을 부인한 바 있다.[84]

라. 수단·방법

(1) 리본·머리띠·조끼 등 착용

근로자가 리본이나 머리띠, 조끼 등을 착용하고 근무하는 행위가 정당한지에 관하여는, 근로 제공 의무와 모순되지 않고 업무의 지장을 발생시킬 우려가 없으면 정당하다는 견해와, 근로 제공 의무에 포함된 직무 전념 의무에 반하므로 정당성을 인정할 수 없다는 견해가 가능하다.[85] 그러나 직무 전념 의무라는 것도 근로자의 정신적·육체적 활동력의 전부를 직무에 집중시킬 의무가 아니라 근로계약상 요청되는 노무 제공을 성실히 이행할 의무를 의미하는 데 불과

---

82) 판례는 '시위 등이 비록 근무시간 외에 사업장 밖에서 이루어졌을지라도 근로자가 사용자의 이익을 배려해야 할 근로계약상의 성실의무는 거기까지도 미친다'고 한다(대법원 1994. 12. 22. 선고 93다23152 판결).

83) 대법원 2004. 10. 15. 선고 2004도5035 판결, 대법원 2005. 4. 15. 선고 2003도2960 판결, 대법원 2008. 2. 14. 선고 2007도11045 판결, 대법원 2008. 3. 14. 선고 2007도11044 판결 등.

84) 대법원 2001. 6. 12. 선고 2001도1012 판결. 사안은 출판물에 의한 명예훼손, 공직선거법위반 등 형사 사건이었다.

85) 박홍규a, 675면 이하는, 일본에서 이루어지는 논의로 '위법설'(사용자의 지휘명령에 따라서만 근로가 제공되어야 하는데 리본 착용은 채무의 본지에 따른 근로제공이 아니라는 견해), '수인의무설'(현실적으로 업무를 저해하지 않았거나 업무를 저해할 구체적인 우려가 없다면 정당성을 인정하여야 한다는 견해)이 있다고 하면서 수인의무설을 지지한다.

하고, 충실 의무에 요청되는 노무 제공의 내용·태양은 업종·직무 내용·직장의 양상 등에 따라 다르므로, 구체적인 사정을 고려하여 충실 의무의 이행으로서 정신적·육체적 활동에 지장이 없고 업무에 지장을 미칠 우려가 없는 경우에는 정당성을 인정하여야 한다.[86)]

판례는 병원에 근무하는 직원인 조합원들이 위생복 위에 구호가 적힌 주황색 셔츠를 근무 중에도 착용함으로써 병원의 환자들에게 불안감을 주는 등 병원 내 정숙과 안정을 해치는 행위를 계속한 경우, 다른 사정(근로조건과 관련 없는 내용의 현수막 게시, 지정 장소가 아닌 곳의 벽보 게시 등)을 함께 고려할 때 그와 같은 행위에 대해서는 정당성을 인정할 수 없어 징계 사유라고 한 것이 있고,[87)88)] 전국교직원노동조합의 조합원이 사용자인 학교법인이 학원 운영 과정에서 비리를 저지르고 있다고 주장하면서 학교 안에 천막을 설치하여 농성하고, 학교와 학교 주변에서 '족벌재단 퇴진' 등의 구호가 적힌 피켓을 들고 시위를 하거나 이와 유사한 내용이 적힌 리본·배지·조끼 등을 패용·착용하였으며, 학교 시설물 일부를 노동조합 사무실로 사용하면서 시위 용품을 보관하고, 학교장의 집 앞 등 여러 장소에서 여러 방법으로 학교장의 인격권을 침해한 행위를 금지하는 것은 적법하다고 한 사례가 있다.[89)]

(2) 유인물 배포 등 언론활동

노동조합이 선전물을 부착하거나 유인물을 배포하는 등의 언론활동에 대해 사용자가 이를 일반적으로 금지 또는 제한할 수 있는지가 헌법상 노동3권 및 표현의 자유와 관련하여 문제될 수 있는데, 기업질서를 유지하기 위하여 사업장

86) 김형배, 1159면; 임종률, 114면.

87) 대법원 1996. 4. 23. 선고 95누6151 판결. '피복을 대여받은 자는 근무중 반드시 착용하여야 하며 부득이한 사유로 착용치 못할 경우에는 소속장의 승인을 받아야 한다'는 복무규정의 내용도 정당성을 부정하는 사유로 고려되었다. 이 판결에 대한 평석으로는 이상덕, 14면 이하(노동조합의 정당한 주장을 평화적으로 표현하는 것인 한 원칙적으로 정당성을 가진다고 보아야 한다는 것이 요지다).

88) 위 사례와 관련하여, '위생문제에 특히 주의해야 하고 신분을 표시할 필요가 있는 간호사들이 집단으로 규정된 복장을 하지 않는 것은 병원업무의 정상적인 운영을 저해하는 것으로 쟁의행위에 해당한다'고 한 대법원 1994. 6. 14. 선고 93다29167 판결, '노동조합이 조합원인 미화원들의 신분을 고용직 공무원으로 환원되도록 하여 달라고 외부기관에 진정하고 조합원들이 쟁의기간 중 같은 내용이 적힌 리본을 착용한 바 있어도 이는 대외적 활동이거나 쟁의행위의 부차적 목적에 지나지 않아 이 때문에 쟁의행위가 부당한 것으로 된다고 할 수 없다'고 한 대법원 1992. 1. 21. 선고 91누5204 판결 등 참조.

89) 대법원 2006. 5. 26. 선고 2004다62597 판결. 이 판결에 대한 평석으로는 김시철, 478면 이하와 탁경국, 153면(각주 11 참조).

내에서의 유인물 배포에 관하여 취업규칙에서 사용자의 허가를 얻도록 한 허가 규정 등이 언론의 자유를 보장한 헌법 조항에 위반하여 무효라고 할 수 없다는 것이 판례이다.[90)]

가령 유인물 배포에 대하여 사용자의 승낙이 없는 경우, 그 유인물의 내용(인신공격 · 비방 여부), 배포 목적(근로조건의 유지 · 개선 등을 위한 것인지 등), 배포 방법(공개적으로 배포한 것인지 은밀하게 배포한 것인지 등), 배포 시기(근무시간 중인지 휴게시간 또는 출퇴근시간인지 등) 등 여러 사정에 비추어 조합활동으로 불가피성이 있고, 그 활동으로 인해 업무운영이나 시설관리상 실질적 지장이 초래되지 않는 경우에는 그 유인물 배포는 정당하다.[91)]

판례 또한 유인물 배포에 관하여 회사의 사전 승인이나 허가를 받아야 하더라도 근로조건의 유지 · 향상이나 복지 증진을 위한 근로자들의 정당한 행위까지 금지할 수는 없는 것이므로 그 행위가 정당한가 아닌가는 회사의 승인이나 허가 여부만을 가지고 판단할 것은 아니고, 그 유인물의 내용 · 매수, 배포의 시기 · 대상 · 방법, 이로 인한 기업이나 업무에 미친 영향 등 여러 가지 사정을 고려하여야 하고,[92)] 특히 근무시간이 아닌 휴게 시간 중의 유인물 배포는 다른 근로자의 취업에 나쁜 영향을 미치거나 휴게 시간의 자유로운 이용을 방해하거나 구체적으로 직장 질서를 문란하게 하였는지 등을 고려하여 정당성을 판단하여야 한다고 한다.[93)] 한편 유인물로 배포된 문서에 기재되어 있는 문언에 의하여 타인의 인격, 신용, 명예 등이 훼손 또는 실추되거나 그렇게 될 염려가 있고, 또 그 문서에 기재되어 있는 사실관계의 일부가 허위이거나 그 표현에 다소 과장되거나 왜곡된 점이 있다고 하더라도 그 문서를 배포한 목적이 타인의 권리나 이익을 침해하려는 것이 아니라 근로조건의 유지 · 개선과 근로자의 복지 증진 기타 경제적 · 사회적 지위의 향상을 도모하기 위한 것으로서 그 문서의 내용이 전체적으로 보아 진실한 것이라면 근로자들의 정당한 활동범위에 속한다.[94)]

노동조합의 언론(집회, 총회 등에서 한 연설도 포함)이 노동조합 안에서만 이

90) 대법원 1994. 9. 30. 선고 94다4042 판결.
91) 임종률, 117면.
92) 대법원 1992. 3. 13. 선고 91누5020 판결, 대법원 1996. 9. 24. 선고 95다11504 판결, 대법원 1997. 12. 23. 선고 96누11778 판결, 대법원 2000. 6. 23. 선고 98다54960 판결.
93) 대법원 1991. 11. 12. 선고 91누4164 판결.
94) 대법원 1997. 12. 23. 선고 96누11778 판결.

루어진 경우에는 그 내용에 문제가 있더라도 이를 이유로 사용자는 징계처분 등을 할 수 없고, 이것을 두고 충실 의무 위반이라고 볼 수도 없으며, 단지 명예훼손에 따른 형사 책임이나 불법행위에 따른 민사상 책임만이 문제될 뿐이다.[95] 유인물 배포 등으로 인한 조합원의 민사책임이 문제되는 사건의 경우 조합활동의 정당성 유무가, 명예훼손 등 형사책임이 문제되는 경우에는 형법 310조의 위법성조각사유 인정 여부가 쟁점이 되는데, 후자의 경우 조합활동의 정당성 및 위법성조각사유에 대한 판단이 함께 이루어지기도 한다.[96]

㈎ 벽보 등 부착

기업시설에 벽보 등을 부착하는 경우, 그 부착 장소·시설의 성질(미관이 문제되는지 여부), 부착의 범위, 벽보의 형상(혐오감을 주는지 여부), 문언(인신공격·비방에 이르렀는지 여부), 첨부 방법(미관) 등 여러 사정에 비추어 조합활동의 필요성이 있고, 그 활동 때문에 업무운영·시설관리상 실질적 지장이 초래되지 않는 경우에는 정당성을 인정할 수 있다.[97]

판례는, 병원이 노동조합의 전용 게시판을 설치하여 이를 이용하도록 통보하였음에도 임의로 벽보 등을 지정 장소 외의 곳에 부착하였고, 또한 노동조합이나 병원과는 직접 관련이 없는 전국병원노련위원장의 구속을 즉각 철회하라는 내용의 현수막을 병원 현관 앞 외벽에 임의로 각 설치한 후 병원의 거듭된 자진 철거요구에 불응한 사안에서, 조합활동의 정당성을 인정하지 않았다.[98]

㈏ 유인물 배포

유인물 배포 또한 사용자의 승낙이 없는 경우 시설관리권과의 충돌이 문제되나, 벽보 부착에 비하여 시설관리권과 충돌하는 정도는 약한 반면 직장 질서와 충돌 여부가 더 문제된다.

---

95) 송강직a, 381면. 반면 일본최고재판소[最高裁 1974. 2. 28. 判決(국철중국지사 사건) 등]는 그 행위에 대해 징계를 과할 수 있다고 한다(송강직a, 382면).

96) 송강직a, 408면은, 노동조합활동으로서의 언론의 내용과 형사상의 명예훼손죄 문제 등에 있어서는, 명예훼손의 위법성조각사유인 '오로지 공공의 이익'에 관한 것인가의 측면에서 검토될 문제가 아니라, 노동기본권 보장의 범위 내, 즉 근로자들의 근로조건 유지개선, 경제적·사회적 지위향상 등을 위한 언론의 내용에 해당하는가의 관점에서 보아야 하며, 언론의 내용이 노동조합활동으로서 정당한 것으로 평가되지 못하는 경우에 비로소 형법상의 형사책임 등이 문제될 뿐이라는 입장이다.

97) 김형배, 1158면; 임종률, 116면.

98) 대법원 1996. 4. 23. 선고 95누6151 판결.

① 정당성을 인정한 사례[99][100]

㉠ 휴게 시간인 점심시간에 회사의 시설물을 이용하지 않고 다른 조합원들에게 유인물을 단순히 전달하였을 뿐이고, 배포한 유인물의 내용에 다소 과장된 표현이나 개인적인 자기변명을 한 부분이 있으며 부분적으로 사실과 다른 내용이 포함되었다고 해도, 전체적인 내용이 노동조합 위원장에 입후보하였던 사람으로서 선거와 관련된 문제에 대한 의견을 말하고 위원장 후보 사퇴에 따른 조합원의 오해를 해명하기 위한 것이었던 경우[101]

㉡ 유인물 기재 내용으로 다른 사람의 인격·신용·명예가 훼손·실추되거나 그렇게 될 염려가 없고, 또 그 기재된 사실관계 일부가 허위이거나 그 표현에 다소 과장되거나 왜곡된 점이 있다 해도 그 문서를 배포한 목적이 다른 사람의 권리나 이익을 침해하려는 것이 아니라 근로조건의 유지·개선과 근로자의 복지 증진 기타 경제적·사회적 지위의 향상을 도모하기 위한 것으로서 그 내용이 전체적으로 사실에 부합하는 경우[102]

㉢ 회사의 승인 없이 설문조사를 하고 이를 토대로 진정서 등을 제출하였으며, 회사 근로자들을 상대로 '협조문'이라는 유인물을 제작하여 배포한 행위가 그 문서의 표현이 다소 과장되거나 과격한 점이 있다고 하더라도 기본적으로는 회사 근로자들의 근로조건 향상과 복지 증진 등을 도모하기 위한 것으로서 전체적으로는 그 내용이 진실하다고 인정되는 경우[103]

㉣ 노동조합 설립 사실 및 노동조합 활동을 홍보할 목적으로 회사 근로자들에게 유인물을 나누어주기 위해 기숙사 현관까지 가게 되었으나, 그 과정에서

99) 모두 회사의 사전 승인을 받지 않은 사례이다.

100) 조합원들에 대한 문자메시지 발송이 문제된 사건에서, 노동조합의 조합원들에게 '회사가 2009년 최저임금에 미달하는 수준의 임금을 지급하였다'는 내용이 포함된 문자메시지를 발송한 행위가 '개인의 독자적 의견을 마치 진실인 것처럼 단정적으로 표현함으로써 회사와 노동조합이 임금협약을 위법하게 체결하였다고 오인할 우려가 생기도록 허위사실을 유포한 것'에 해당하여 징계사유에 해당한다고 본 원심판결에 대해, 노동조합 조합원에 한정하여 문자메시지를 발송하였고, 비록 그 문자메시지의 내용에 일부 단정적인 표현을 사용한 부분이 있으나, 메시지 발송 목적이 노동조합의 대의원으로서 임금체계의 문제점을 지적하고 조합원들의 단결을 도모하여 근로조건의 향상과 복지 증진 등을 도모하기 위한 것이라는 이유로 노동조합의 업무를 위한 정당한 활동으로 본 대법원 2013. 5. 23. 선고 2012두28490 판결 참조.

101) 대법원 1991. 11. 12. 선고 91누4164 판결.

102) 대법원 1993. 12. 28. 선고 93다13544 판결(법인의 사무총장 등 직원들의 비위사실을 적시하여 퇴진을 촉구하는 내용의 유인물을 노동조합 명의로 작성·배포한 사안이다), 대법원 1997. 12. 23. 선고 96누11778 판결, 대법원 1998. 5. 22. 선고 98다2365 판결.

103) 대법원 1997. 12. 23. 선고 96누11778 판결.

폭력적이거나 파괴적인 방법을 사용하지 않은 경우[104)]

㉤ 회사의 구조조정이 노동조합과 충분한 협의 없이 일방적으로 진행되는 데 대한 부당함을 호소할 목적으로 선전방송 및 유인물을 게시하였는데, 그 내용 중 일부가 허위이거나 왜곡되어 있고 타인의 인격·명예 등이 훼손될 염려가 있는 표현('낙하산으로 내려온 사장', '악마의 얼굴을 갖고 있는 사장' 등)이 포함되어 있기는 하나 전체적으로 볼 때 그 내용에 허위성이 있다고 단정할 수 없고, 선전방송은 근무시간 외에 2개월 동안 12회에 걸쳐 이루어졌으며 유인물 게시는 1회에 불과한 경우[105)]

② 정당성을 부정한 사례

㉠ 비록 노동조합의 대의원 선거운동 기간 중이었지만, 취업규칙에 정해진 사용자의 허가를 받지 않고 유인물을 배포하였고, 허위 사실을 적시하여 회사를 비방하는 내용을 담아 근로자들로 하여금 사용자에 대해 적대감을 유발시킬 염려가 있었으며, 유인물을 근로자들에게 직접 건네지 않고 사용자의 공장에 은밀히 뿌린 경우[106)]

㉡ 근로자가 취업규칙에 정한 사전 통보 절차를 밟지 않고 작성하여 인쇄물을 회람시켰고, 그 내용이 회사 간부의 명예를 훼손하는 내용으로서 그중 일부는 근거가 없고, 또 그 인쇄물이 회사와 노동조합·근로자 사이의 근로관계와는 직접 관련이 없는 구속된 노조위원장의 재판 방청을 위하여 집단적으로 월차 휴가를 실시할 것을 선동하는 내용인 데다가 그 결과 다수의 근로자가 이에 동조하여 사업장을 무단으로 이탈함으로써 회사 업무의 정상적 운영에 지장을 준 경우[107)]

㉢ '양심선언'과 '진정서'라는 유인물을 작성한 후 회사 앞에서 퇴근하는 종업원들에게 배포한 행위가 비록 그 목적이 근로조건의 개선을 위한 것이라고 하더라도 그 내용이 사실을 왜곡 또는 과장한 것으로서 회사경영진에 대한 극도의 불신 내지 증오심을 유발케 하여 직장질서를 문란하게 할 위험성이 있는

---

104) 대법원 2015. 8. 27. 선고 2013도10003 판결.

105) 대법원 2017. 8. 18. 선고 2017다227325 판결.

106) 대법원 1992. 6. 23. 선고 92누4253 판결. 원심판결에 나타난 사실관계를 참조하면, 해당 유인물에는 '회사가 노무비 지출액의 1%를 과대 계상하여 탈세하였다'는 등의 허위사실이 적시되었다. 위 판결은 이와 같은 사안에서 유인물 배포행위가 '사용자의 시설관리권을 침해하고 직장질서를 문란시킬 구체적인 위험성이 있다'고 보았다.

107) 대법원 1992. 3. 13. 선고 91누5020 판결.

경우[108)]

㉣ 자동차 제조 회사와 차량 운송 도급 계약을 맺은 회사 소속 근로자들로 구성된 노동조합을 결성한 후 자동차 제조 회사의 사전 승인 없이 공장 내 식당과 정문 등에 노동조합 설립 벽보를 붙이고, 공장 정문에서 자동차 제조 회사 직원들에게 노동조합 설립 유인물을 배포하였으며, 이에 자동차 제조 회사 측에서 도급 회사에 그 행위 중지를 촉구하는 공문을 보내 위 도급 회사가 조합원에게 행위 중지를 요구하였고, 단체교섭이 원만히 진행되지 않는다는 이유로 자동차 제조 회사 소유 차량에 '축 창립 ○○ 회사 노동조합'이라 쓰인 현수막을 붙인 채 위 공장 안을 운행하고, 자동차 제조 회사가 그 철거를 요구하자 조합원들이 정당한 노동조합활동 방해라며 거절하고, 자동차 제조 회사의 운송 작업 지시를 거부한 경우, 위 자동차 제조 회사에서 도급 회사에 차량 운송 도급계약을 해지할 뜻을 통지할 지경에 이른 경우[109)]

㉤ 대표이사에게 압력을 가하여 단체협상에서 양보를 얻어내기 위한 방법의 하나로 다른 직원들과 함께 '노동임금 갈취하는 악덕업주 사장은 각성하라'는 등의 내용이 기재된 현수막과 피켓을 들고 확성기를 사용하여 위와 같은 내용을 반복해서 불특정다수의 행인을 상대로 소리치면서 거리행진을 한 경우[110)]

㈐ 사내전산망 등 이용 행위

판례에서 노동조합의 사내전산망 등 이용 행위가 문제가 된 사례는 아래와 같다.

① 노동조합이 회사와 단체교섭 중 간부가 철야 농성을 하는 등 불법적 집단행동을 하는 바람에 간부들이 수배되어 일부는 검거되고 일부는 성당과 사찰에서 농성을 하고 있던 때로서 노동조합의 통신망 전용게시판에 대통령·정부기관·회사·경영진·직원 등이 마치 노동조합과 조합원들의 정당한 조합활동을 탄압하는 양 그들을 상스럽고 저질스러운 표현으로 일방적으로 비방하고 매도하는 내용이 상당 부분 포함된 글을 게시하고, 농성 중인 노동조합 간부들을 옹호하면서 조합원들에게 투쟁에 적극 동참하고 투쟁의 강도를 높일 것을 선동

108) 대법원 1993. 2. 9. 선고 92다20880 판결.

109) 대법원 2000. 6. 23. 선고 98다54960 판결.

110) 대법원 2004. 10. 15. 선고 2004도3912 판결. 위 판결은, 당해 사실의 공표가 이루어진 상대방의 범위 등에 비추어 피고인의 행위가 공공의 이익을 위하여 사실을 적시한 것으로 볼 수는 없다고 하였다.

하거나 또는 회사 등 다른 사람을 비방하는 내용을 게시하고, 선동적인 노동조합의 투쟁 명령이나 회사의 게시물 삭제 행위를 비난하거나 회사를 비방하는 내용을 게시한 행위에 대해, 전기통신사업자인 사용자가 해당 게시물을 삭제한 행위를 정당하다고 본 경우[111)]

② '조종사 노조가 준법투쟁을 위하여 준비한 리본 1,300개를 회사가 훔쳐갔다'는 내용의 신문기사를 그대로 복사하여 회사 내부통신망과 근로자의 개인 홈페이지에 게시한 행위에 대해, 위 신문기사에 허위성이 있다고 인정되지 않는 점, 위 신문기사는 근로자가 출처를 밝히면서 그 내용 그대로 복사하여 자신의 개인 홈페이지 및 회사 직원들만 볼 수 있는 사내 게시판에 게시한 것인 점 등을 이유로, 위 신문기사 게시행위가 노동조합의 업무를 위한 정당한 활동범위에 속한다고 본 경우[112)]

③ 회사 비상대책위원회 위원들에 대한 인사조치가 단행되자 회사 내부전산망을 통해 관련 자료를 제시하고 해명을 요구한 행동에 대해, 회사 경영진에 대한 허위의 의혹을 제기하거나 모욕한 것으로 볼 수 없어 위와 같은 게시물을 올린 행위가 노동조합의 정당한 활동범위에 속한다고 본 경우[113)]

④ 파업 종료 후에도 노동조합 홈페이지에 파업의 정당성을 옹호하는 글과 회사 경영진들에 대한 욕설 등이 계속 게시되자 사내 컴퓨터를 이용해 노동조합 홈페이지에 접속하지 못하도록 한 행위에 대해, 산업별 노동조합인 해당 노조가 파업 이전부터 조합원들에게 각종 공지사항이나 행동지침 등을 전달하기 위해 인터넷 홈페이지를 활용하여 왔고, 회사도 그동안 근로자들이 회사 컴퓨터를 이용하여 노조 홈페이지에 접속하는 것을 제한 없이 허용하여 온 점, 파업 전후를 비교할 때 근로자들의 조합 홈페이지 접속으로 인해 파업 이후 회사의 운영에 더 많은 지장이 초래되었다고 볼 수 없는 점 등을 이유로, 회사가 노조 홈페이지 접속 자체를 일괄 차단한 것은 지배·개입의 부당노동행위에 해당한다고 본 경우[114)]

⑤ 노동조합 조합원이 사내 전산망을 통해 노조 홈페이지에 접속하는 것을 차단한 회사 측 행위에 대해, 조합원들이 사내 전산망을 이용해 조합활동을 할

111) 대법원 1998. 2. 13. 선고 97다37210 판결.
112) 대법원 2011. 2. 24. 선고 2008다29123 판결.
113) 대법원 2016. 10. 27. 선고 2014두4245 판결.
114) 서울행법 2004. 7. 22. 선고 2003구합32923 판결.

수 있다는 규정 또는 같은 취지의 관행이나 승낙이 있었다고 볼 수 없다는 점을 전제로, 사내 전산망의 메일 송수신 기능을 이용하여 홍보물 게시 등의 조합활동을 하는 행위는 유인물 배포 등과 같이 일시적·일회적인 활동이 아니라 계속적·반복적으로 이루어지는 활동이어서 회사의 정당한 시설관리권에 대한 상당한 제약을 초래하는 점, 사내 전산망을 이용하지 않더라도 전화 등 다양한 방식을 통하여 조합원들 간 소통이 가능할 것으로 보이는 점 등을 이유로, 회사 측의 홈페이지 접속 차단 행위는 사내 전산망에 대한 시설관리권에 기한 합리적인 범위 내의 제약에 해당한다고 본 경우[115)]

(3) 산업별 노동조합의 조합활동 문제[116)]

사업장의 시설관리권과 관련하여 문제되는 것은 산업별·지역별·업종별 노동조합의 조합활동을 기업별 노동조합의 조합활동과 달리 보아야 하는가 하는 문제이다.

사업장 내 조합활동은 사용자의 시설관리권에 기한 합리적인 규율이나 제약을 받는다. 기업별 노동조합의 경우 기업 내 근무장소가 노동조합이나 근로조건에 관한 정보와 의견을 교환하는 유일한 장소이기 때문에 사용자의 시설관리권이 상당 부분 제약될 여지가 있다. 그러나 산업별 노동조합은 상대적으로 기업 안에서 조합활동을 할 필요가 적기 때문에 기업별 노동조합의 조합활동보다

115) 서울중앙지법 2015. 7. 14.자 2014카합1207 결정. 한편 서울행법 2019. 4. 25. 선고 2018구합63334 판결은, 이메일은 편리한 통신수단으로서 그 사용이 보편화 된 점, 헌법상 노동3권의 보장을 위해 사업장 내에서 노동조합 활동을 위한 이메일 사용은 순수 사적 활동을 위한 이메일 사용보다 더 보호할 가치가 있는 점 등을 고려할 때, 사용자가 미리 취업규칙이나 근로계약 등으로 사내 이메일 계정의 이용을 업무용으로 제한한 경우가 아니라면, 특별한 사정 없이 단지 포괄적인 시설관리권에 근거하여 근로자가 노동조합의 조직 또는 운영이나 활동을 위해 사내 이메일 계정을 이용하는 것을 제한하는 행위는 지배·개입의 부당노동행위에 해당할 수 있다고 보았다(다만, 위 판결은 노동조합이 발송하는 이메일의 수신을 차단하고 경고장을 보낸 사용자의 행위가 객관적으로는 부당노동행위에 해당한다고 보면서도, 다른 사정들에 비추어 사용자에게 지배·개입의 부당노동행위 의사가 있었음을 단정할 수 없다고 하였다).

116) 이 부분에 관하여는 김기덕, 216면 이하; 박종희, 3면 이하; 이승욱, 220면 이하를 주로 참고하였다.

그 외 산업별 노동조합의 조직형태를 띠고 있는 독일에서 논해지는 기업 내 조합활동에 관한 문헌으로는 최영호d, 404면 이하가 있다. 이 논문은 결론에서 '독일은 노동조합이 산업별 조직형태를 취하고 있고 또한 사업장 차원에서 별도의 근로자 이익 대표조직이 존재하여 노동조합이 직접 기업내에서 활동할 필요성이 상대적으로 작음에도 불구하고, 노동조합의 기업 내 활동도 일정한 범위에서 보장되어야 한다고 보고 있는데, 이는 특히 우리나라 노동조합이 그 존립과 활동의 기반을 기업 내에 두는 기업별조직형태를 취하고 있는 실태에 비추어, 기업 내 조합활동의 정당성 해석에 중요한 시사를 준다'고 하고 있다.

사업장 내 조합활동의 인정 범위가 좁다고 말할 수 있다. 반면 산업별 노동조합의 경우 기업 내 근로자에 대한 접근이 기업별 노동조합에 비하여 현실적으로 제약될 수밖에 없어 기업 내 조합활동의 필요성이 오히려 더 요구되는 측면도 있다.

개별 사업장에 종사근로자(법 5조 2항) 아닌 조합원이 출입할 수 있는 권한이 있는지와 관련하여, 산업별 노동조합에서도 기업 내에서 노동조합이 지배하고 관리하는 시설, 즉 노동조합 사무실로 출입하는 것은 가능하다고 보아야 한다.[117)]

비조직 사업장에서 노동조합 가입 권유·조합원 모집 등 노동조합의 가입을 권유하기 위해 종사근로자가 아닌 조합원이 그 사업장에 출입하고 나아가 선전 활동을 할 수 있는지가 문제된다. 이에 관하여는 긍정설과 부정설이 있다.

긍정설은, 노동조합은 조직형태와 관계 없이 비조직 사업장의 조직화를 위해 조합원 모집·권유를 하는 것은 필수적이고, 단결권은 근로자에게 인정되는 권리이지 종업원에게 인정되는 것이 아니고, 개별 근로자의 권리이기도 하지만 단결체 자체의 권리라는 등의 근거를 들면서, 기업 내 조합활동을 당해 기업에 소속된 조합원에게만 인정하는 것은 헌법상 보장된 단결권 취지에 반한다고 본다. 나아가 이 견해는 미조직 사업장의 조합활동도 원칙적으로 조직사업장과 동일한 수준으로 보장되어야 하고, 사용자의 시설관리권을 본질적으로 침해하지 않는 범위 안에서, 예컨대 점심시간 중 운동장이나 식당에서 비종업원인 조합원에 의한 조합 가입 권유 활동은 인정되어야 한다고 주장한다.[118)]

반면 부정설은, 종업원이 아닌 조합원이 그 사업장에 출입하는 것은 사업장 내 근로자를 개별적으로 접촉하는 것을 목적으로 하는 까닭에 원칙적으로 허용되지 않는다고 한다. 만일 노동조합 조합원 중에 그 사업장 소속 근로자가 있다면, 그로 하여금 사업장 내 다른 근로자에게 노동조합 가입을 권유하는 조합활

117) 김기덕, 217면 이하; 이승욱, 221면. 한편, 박종희, 10면에서는 "이와 같은 경우에도 회사출입은 노동조합 사무실 이용 목적에 맞게끔 최단 통로로만 이용해야 하고, 회사 시설의 안전을 도모하는 목적에서 특정시간대와 특정날짜에 출입을 제한하거나 출입에 대해 일정한 절차를 받도록 하는 경우 이에 따라야 하며, 출입시 방문목적이나 방문대상자 등을 적어내는 일반절차가 있는 경우 노동조합 방문 목적으로 적시하면서 제출하여야 할 것이다. 예컨대 심야시간에 외부조합원에 대한 노동조합 사무실 출입을 제한하는 것이 사업장 안전관리에 불가피하다면 사용자의 그와 같은 조치는 정당하고, 당해 기업 종업원이 아니지만 조합원 지위에서 사업장 출입이 가능하다 하더라도 그것이 불필요하게 과도한 출입으로 이어져 회사의 정상적인 사업운영이 곤란하게 되는 경우에는 사용자는 조합원에 대한 회사출입을 제한하거나 출입을 불허할 수 있을 것이다"라고 한다.

118) 김기덕, 219면; 이승욱, 221면.

동을 하게 할 수 있는데도 굳이 사용자의 시설관리권을 침해하면서까지 다른 조합원에게 사업장 출입을 허용시키고 단결 활동을 보장할 필요는 없다고 한다. 노동조합 가입 권유가 사업장 내에서 행해지는 것이 보다 효과적이기는 하지만 그것이 필수불가결하다고 볼 수는 없으며 법리적으로 그 활동의 근거가 되는 단결권도 다른 기본권보다 우월하지는 않으므로 다른 기본권에 근거를 둔 권리와 비례적 조화를 항상 고려해야 한다는 점을 근거로 들기도 한다.[119]

판례는 산업별 노동조합 조합원의 소속 지부 사업장에 대한 현장순회 등 행위와 관련하여, 해당 공장에서의 부당징계 철회 등을 규탄하기 위한 집회에 참여하기 위해 공장 내 주차장에 들어갔다가 약 25분간 구호 등을 외친 후 퇴거한 사안에서, 집회 참여 행위는 소속 조합원들의 쟁의행위를 지원·조력하기 위한 산업별 노동조합의 조합활동으로서의 성격을 가질 뿐만 아니라, 공장 출입으로 인해 해당 기업의 사업운영에 지장을 주었다고 보기 어렵고, 공장 내에 체류한 장소와 시간 등을 고려할 때 위 출입 행위에 있어 수단과 방법의 상당성도 인정된다고 하였다.[120] 또한 판례는 산업별 노동조합 간부가 산업안전보건법 위반 사실의 증거수집 등을 위해 산하 사업장의 현장순회를 실시한 사안에서, 공장의 시설 등을 작동시키지 않은 채 30~40분 정도 눈으로 상태를 살펴보았을 뿐이고 근무 중인 근로자들의 업무를 방해하거나 소란을 피운 사실도 없는 점 등에 비추어, 근로조건의 유지·개선을 위한 조합활동으로서의 필요성이 인정되고 이로써 회사 측의 시설관리권의 본질적인 부분을 침해하였다고도 볼 수 없다고 하였다.[121] 해당 사업장의 종사근로자가 아닌 산업별 노동조합 조합원 등의 사업장 내 조합활동에 관한 위와 같은 판례의 취지를 반영하여, 2021. 1. 5. 개정된 노조법은 '종사근로자가 아닌 노동조합의 조합원은 사용자의 효율적인 사업 운영에 지장을 주지 않는 범위에서 사업 또는 사업장 내에서 노동조합 활동을 할 수 있다'는 규정을 신설하였다.

한편 단체교섭과 관련하여서는 조합원이 단체교섭에서 어떠한 역할을 수행

---

119) 박종희, 10면.

120) 대법원 2020. 7. 9. 선고 2015도6173 판결.

121) 대법원 2020. 7. 29. 선고 2017도2478 판결(위 사건에서 문제되었던 현장순회 시간이 오전 10시경이었던 점에 비추어, 산업별 노동조합 간부의 현장순회가 정당한 조합활동으로 인정되기 위해 위 활동이 반드시 근무시간 외에 이루어질 필요는 없다고 할 것이다). 대법원 2020. 3. 26. 선고 2018두49574 판결 또한 같은 맥락에서 산업별 노동조합 소속 근로자의 현장순회 활동의 정당성을 인정한 바 있다.

하는지를 고려하되, 예컨대 조합원이 산별차원에서의 통일교섭의 교섭위원으로 나서는 경우 혹은 공동 내지 집단교섭에서 교섭위원으로 참석하고자 하는 경우나 대각선 교섭에서 교섭위원으로 참석하는 경우에 있어, 노동3권 중 단체교섭이 갖는 중핵적 지위에 비추어 사용자는 해당 조합원의 출입을 허용해야 할 것이다.[122)]

그 밖에 종사근로자인 조합원들의 사업장 내 일상적 조합활동은, 근무시간 중 조합활동이라면 기업별 노동조합에서 이루어지는 조합활동과 차이가 없다.

[최 은 배 · 성 준 규]

122) 박종희, 12면. 대법원 2020. 9. 3. 선고 2015도15618 판결 또한, 노동조합으로부터 단체교섭을 위임받은 교섭위원이 노동조합 사무실을 방문하려고 하였으나 사용자가 교섭 당일이 아니라는 이유만으로 출입을 거부한 사안에서, 교섭위원에게 정상적인 노조활동 이외의 목적으로 출입할 의사가 있었다거나 교섭위원의 출입으로 회사의 업무운영 · 시설관리에 실질적인 지장이 초래된다는 등의 사정이 없는 이상, 사용자 측의 교섭위원에 대한 출입거부 행위는 부당노동행위에 해당한다고 보았다. 반면 판례 중에는, 산업별 노동조합이 단위 노동조합으로부터 단체교섭권을 위임받았다고 하더라도, 단위 노동조합이 파업에 돌입하면서 단체협약 체결 촉구를 위한 결의대회를 개최하는 데에 산업별 노동조합의 교섭위원이 참여하는 것은 정당한 단체교섭 행위라고 보기 어렵다는 이유로, 회사 직원들이 교섭위원의 출입을 제한하기 위해 신분증을 제시할 것을 요구한 것이 위법하지 않다고 본 사례가 있다(대법원 2002. 4. 12. 선고 2000도3485 판결).

제 4 절 노동조합의 해산

제28조(해산사유)

① 노동조합은 다음 각호의 1에 해당하는 경우에는 해산한다.

1. 규약에서 정한 해산사유가 발생한 경우
2. 합병 또는 분할로 소멸한 경우
3. 총회 또는 대의원회의 해산결의가 있는 경우
4. 노동조합의 임원이 없고 노동조합으로서의 활동을 1년 이상 하지 아니한 것으로 인정되는 경우로서 행정관청이 노동위원회의 의결을 얻은 경우

② 제1항 제1호 내지 제3호의 사유로 노동조합이 해산한 때에는 그 대표자는 해산한 날부터 15일 이내에 행정관청에게 이를 신고하여야 한다.

〈세 목 차〉

[참고문헌]

박종희, "노동조합의 합병과 분할", 노동법률 77호, 중앙경제(1997. 10.); **이철송**, 회사법 강의(제29판), 박영사(2021); **송옥렬**, 상법강의(제11판), 홍문사(2021).

Ⅰ. 노동조합의 해산

1. 의 의

가. 개 념

노조법은 노동조합의 소멸을 해산의 개념에 포섭시키고 있다. 즉, 노동조합의 해산이란 조합이 소멸하는 것을 말한다. 노조법은 합병 또는 분할로 소멸한 경우 등을 포함하여 해산사유를 규정하고 있다.

나. 유 형

노동조합의 해산사유는 다음 4가지이다.

구분	해산사유
1	규약에서 정한 해산사유가 발생한 경우
2	합병 또는 분할로 소멸한 경우
3	총회 또는 대의원회의 해산결의가 있는 경우
4	노동조합의 임원이 없고 노동조합으로서의 활동을 1년 이상 하지 아니한 것으로 인정되는 경우로서 행정관청이 노동위원회의 의결을 얻은 경우

2. 규약에서 정한 해산사유의 발생

규약에는 해산에 관한 사항을 기재하게 되어 있다(법 11조 11호). 그러나 실제로 규약에서 정한 해산사유의 발생에 따라 해산하는 경우는 드물다. 노동조합의 경우 지속적으로 조합원의 권익을 신장시키고자 하는 단결체이므로 그 성질상 특수한 목적 등에 따라 해산사유를 규정해 두고 일정기간만 존속하고자 하는 경우는 드물기 때문이다.

3. 합병 또는 분할로 소멸한 경우

합병 또는 분할로 소멸하는 구 노동조합은 해산하게 된다. 노조법은 노동조합의 합병 또는 분할에 관하여, 그것이 총회의결사항이라는 점과 그 의결정족수에 관한 내용을 규정한 것 이외에는 다른 사항을 규정하고 있지 않다. 따라서 합병 또는 분할의 구체적 내용은 해석론에 맡겨져 있다.

가. 노동조합의 합병

(1) 의 의

노동조합의 합병이란 '둘 이상의 노동조합이 개별조합원의 의사와 관계없이 하나의 노동조합으로 통합되는 것',[1] '2개 이상의 노조가 그 존속 중에 하나의 노동조합으로 통합되는 것',[2] '복수의 노동조합이 존속 중에 그 합의에 근거하여 하나의 노동조합으로 통합되는 것'[3] 또는 '둘 이상의 노동조합이 청산절차를 거치지 않고 하나의 노동조합으로 통합되고, 통합된 노동조합이 소멸한 노동조합의 권리의무를 포괄적으로 승계하는 법률사실'[4] 등으로 정의된다. 마지막 견해는 법률효과까지 정의 규정에 포함시킨 것이어서 개념 정의로는 부적절하다고 보이는바, 합병의 개념은 앞의 세 가지 견해를 종합하여 '2개 이상의 노동조합이 하나의 노동조합으로 통합되는 것'이라고 정의하는 것이 타당하다.

합병은 2개 이상의 노동조합이 하나의 노동조합으로 통합되는 것이고, 분할은 뒤에서 살펴보는 바와 같이 하나의 노동조합이 2개 이상의 노동조합으로 나뉘는 것이므로 정반대의 목적과 효용을 가지고 있다. 일반적으로 회사에 관하여는 합병은 규모의 경제를 실현하는 것이고, 분할은 규모의 비경제를 해소하기 위한 것이라고 설명된다.[5]

(2) 유 형

회사의 합병에 관한 규정을 유추적용하여 노동조합 합병의 유형은 두 개의 노동조합을 합병하여 새로운 조합을 만드는 신설합병과 하나의 노동조합이 다

㈎ 신설합병

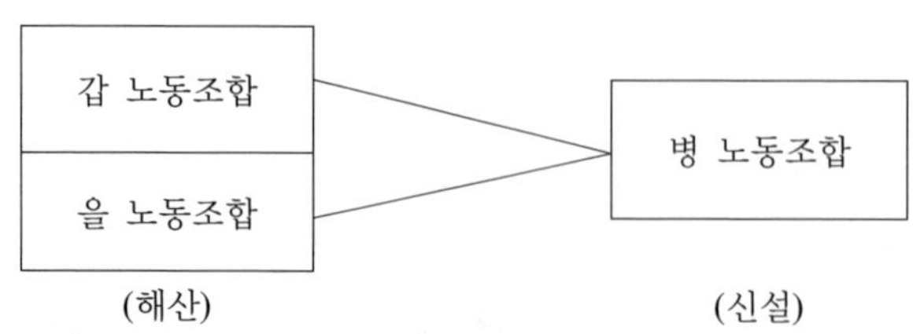

---

1) 김유성, 118면.
2) 김형배, 1164면; 이상윤a, 661면.
3) 임종률, 105면.
4) 이병태, 191면.
5) 이철송, 121면, 1100면.

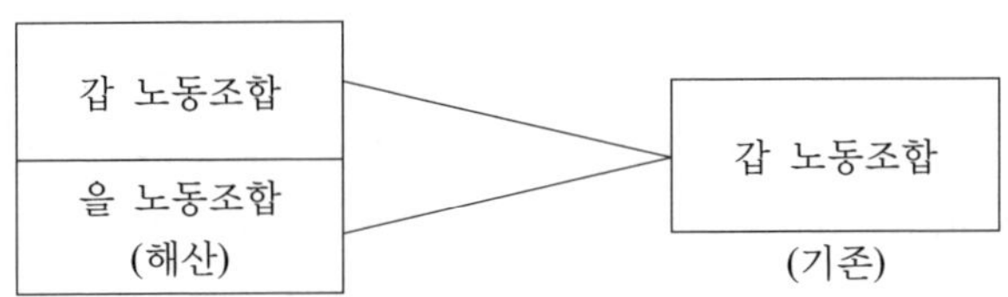

른 노동조합을 흡수하는 흡수합병으로 나눌 수 있다.[6)]

(3) 노동조합의 합병의 요건

노조법은 노동조합의 합병의 요건으로서 총회의 의결을 거치도록 하고 있다(법 16조 1항 7호). 재적조합원 과반수의 출석과 출석조합원 3분의 2 이상의 찬성이 있어야 한다(법 16조 2항 단서). 민법은 법인의 합병에 관하여 규정하고 있지 않다. 합병의 유형, 법률효과 등에 관하여 법에 다른 규정이 없는 사항에 관하여는, 노동조합의 성질에 어긋나지 않는 범위 내에서 상법상 회사에 관한 규정을 참고할 수 있다.

신설합병의 경우 신고증 교부가 합병의 효력 발생 요건인지에 관하여 대법원은 "둘 이상의 노동조합이 소멸하고 새로운 노동조합이 설립되는 형태인 신설합병의 경우, 노동조합법이 새로운 노동조합의 설립신고를 합병의 효력 발생 요건으로 정하고 있지 않은 점이나 설립신고의 취지 또는 법적 의미 등을 고려하면, 합병에 의하여 설립되는 근로자단체가 노동조합법 2조 4호에서 정한 노동조합의 실질적 요건을 갖추어 노동기본권의 향유 주체로 인정될 수 있는 때에 합병이 완료되어 기존 노동조합은 소멸하고, 이와 달리 신고증을 교부받아야만 합병의 효력이 발생하는 것은 아니다."고 판시하였다.[7)] 다만 그 근로자단체가 노동조합법상 노동조합으로 일정한 보호를 받기 위해서는 신고증을 교부받아야 함은 물론이다.[8)]

그러나 공무원으로 구성된 노동조합에는 위와 같은 법리가 그대로 적용될 수 없다는 것이 판례의 입장이다. 대법원은 '공무원으로 조직된 근로자단체는

6) 김형배, 1164~1165면.
7) 대법원 2016. 12. 27. 선고 2011두921 판결.
8) 대법원 2016. 12. 27. 선고 2011두921 판결, 대법원 2017. 8. 18. 선고 2012두10017 판결.

공무원노조법에 따라 설립된 공무원노동조합인 경우에 한하여 노동기본권의 향유 주체가 될 수 있고 이는 기존 공무원노동조합이 신설합병 형태로 새로운 공무원노동조합을 설립하는 경우에도 마찬가지이고, 따라서 기존 공무원노동조합은 합병결의 및 새로운 공무원노동조합 설립을 위한 결성·조직행위가 있었다는 사정만으로 당연히 소멸하는 것이 아니라, 공무원노동조합의 실체를 갖추어 공무원노조법에 따른 설립신고를 마침으로써 새로운 공무원노동조합으로 설립되는 때에 비로소 합병의 효력이 발생하여 소멸하게 된다. 이 경우 합병결의 및 새로운 공무원노동조합 설립을 위한 결성·조직행위가 이루어진 시점부터 새로운 공무원노동조합의 설립신고가 수리되는 시점까지 사이에 존재하는 기존 공무원노동조합은 소멸이 예정된 조직이어서 그 지위가 잠정적인 것이라고 할 수 있지만, 기존 법률관계를 정리·청산하는 데에 필요한 범위 내에서는 공무원노동조합으로 활동할 수 있다.'는 취지로 판시하였다.[9]

(4) 노동조합의 합병의 효과

㈎ 조직관계의 효과

신설합병의 경우에는 합병되는 2개 이상의 노동조합은 합병으로 인하여 소멸하여 해산하게 되고, 새로운 노동조합이 신설된다. 흡수합병의 경우에는 합병되는 노동조합은 합병으로 인하여 소멸하여 해산하게 되고, 기존의 노동조합은 조직이 확대된다.

㈏ 권리의무 관계

소멸하는 노동조합의 모든 권리의무가 합병에 따라 결성되는 신설 조합 또는 흡수합병한 조합에 포괄적으로 승계된다고 보는 것이 일반적이다.[10] 따라서 조합재산, 조합원 및 조합의 권리의무는 모두 합병 후의 조합에 승계되고 단체협약도 합병 후의 조합이 당사자가 되어 그대로 효력이 유지된다.[11] 다만, 합병으로 내용이 다른 수 개의 단체협약을 승계한 때에는 노사 당사자 사이에 다른 합의가 없는 한 각 단체협약은 종래의 적용범위에서 그 효력이 있다.[12] 이에 대

---

9) 대법원 2016. 12. 27. 선고 2011두921 판결. 대법원 2017. 1. 12. 선고 2012도9220 판결은 위 2011두921 판결 취지에 따라 판결하였다.
10) 김유성, 119면; 김형배, 1165면; 이병태, 192면.
11) 김유성, 119면; 김형배, 1165면; 이병태, 192면.
12) 이병태, 192면.

하여 노동조합이 단체협약을 체결한다는 것은 곧 자신의 협약관할 내에서만 가능한 것이며, 자신의 체결권한을 벗어나는 조직대상 밖의 근로자에 대해서는 처음부터 협약을 체결할 능력을 가지지 못하기 때문에 단체협약의 포괄적 승계는 곧바로 인정될 수 없다는 반대설이 있다.[13]

합병 전의 조합이 제3자에 대하여 부담하고 있는 채무의 처리에 관하여는 견해가 나뉘나, 합병에 의해 조합의 재정적 기반이 강화될 것인데 재산만 승계하고 채무는 승계하지 않는다는 것은 부당하고, 채권자에게 불이익하지도 않을 것이므로, 조합의 채무도 포괄적으로 승계된다고 봄이 타당하다.[14]

나. 노동조합의 분할

(1) 의 의

노동조합의 분할은 '하나의 노동조합이 조합원의 총의에 기하여 2개 이상의 노동조합으로 나누어지는 것',[15] '예컨대 기업조직의 재편 또는 영업양도 등을 이유로 조합 내부의 합의와 의결을 거쳐 기존의 하나의 노동조합에서 2개 이상의 새로운 노동조합이 설립되고 종래의 노동조합이 소멸되는 것',[16] '하나의 노동조합이 존속 중에 그 의사결정에 따라 복수의 노동조합으로 나누어지는 것',[17] '하나의 노동조합이 그 존속 중 두 개 이상의 노동조합으로 나누어져 기존의 노동조합이 소멸하는 현상',[18] 또는 '일정한 절차에 따라 1개의 노동조합이 해산·소멸하면서 2개 이상의 노동조합으로 분할·독립되는 것'[19] 등으로 정의된다. 노동조합의 분할은 그 핵심적 개념 요소를 토대로 '하나의 노동조합이 2개 이상의 노동조합으로 나누어지는 것'이라고 정의하는 것이 타당하다. 아래 분할의 유형에서 보는 바와 같이 기존 노동조합이 소멸하면서 새로운 2개의 노동조합이 되는 경우(완전분할)도 있지만, 기존 노동조합의 일부가 분리되면서 기존 노동조합과 새로운 노동조합의 2개로 분리되는 경우(불완전분할)도 있는바, 위와 같은 정의는 여러 분할의 유형을 다 포괄할 수 있다. 상법상 회사의 분할에서 존속분할 또는 불완전분할의 형태로 인정되는 것과 달리 불완전분할은 법

13) 박종희, 86면.
14) 김형배, 1165면; 이병태, 192면.
15) 김유성, 119면.
16) 김형배, 1165면.
17) 임종률, 105면.
18) 이병태, 193면; 이상윤a, 662면.
19) 사법연수원a, 125면.

률상 노동조합 분할의 유형에 속하지 않는다는 취지의 견해[20]가 있으나, 2가지 유형의 분할을 다 인정할 수 있다.[21]

노동조합의 분할과 구분되어야 할 개념으로 일본에서 논의되는 노동조합의 분열이라는 개념이 있다. 사회적 사실로서 노동조합의 분열이란 하나의 노동조합(연합단체 노조를 포함한다)이 조합원 탈퇴, 신 노조 결성 등을 거쳐 복수의 조합으로 나누어지는 것이다.[22] 법적인 분열 개념을 인정하는 경우 구 노조는 소멸하고 새롭게 복수의 노조가 성립한 것으로 제 관계의 처리가 이루어지지만, 분열이라는 법적 개념을 인정하지 않는 입장에 따르면 사회적 사실로서 분열은 다수 조합원의 탈퇴와 탈퇴 조합원에 의한 신 노조의 결성에 불과한 것으로 간주된다. 이 경우 구 노조는 동일성을 잃지 않게 되기 때문에 조합재산은 구 노조에게 남겨지고 구 노조와 사이에 성립하고 있던 단체협약은 기본적으로 구 노조에 대해서만 유효하게 된다.[23] 노조법에 명문의 근거 규정이 없고, 노동조합의 분할이나 조직형태 변경이 인정되고 있으므로, 노동조합의 분열이라는 법적 개념을 인정할 필요성은 크지 않다.

(2) 유 형

분할은 아래에서 보는 바와 같이 소멸분할과 존속분할의 2가지로 크게 나누어 볼 수 있다.

㈎ 소멸분할(신설분할, 완전분할)

노동조합을 분할하여 2개 이상의 노동조합을 신설하면서, 분할 노동조합은 소멸하여 해산하는 경우이다.

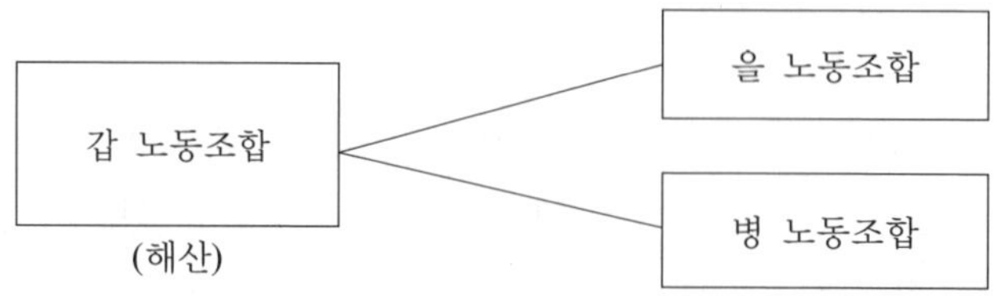

20) 이상윤a, 662면; 사법연수원a, 126면.
21) 김형배, 1165면; 임종률, 105면.
22) 임종률, 104면; 니시타니 사토시, 154면.
23) 임종률, 104면; 니시타니 사토시, 155면.

(나) **존속분할**(불완전분할)

분할 노동조합의 일부를 분할하여 다른 노동조합을 설립하고, 분할 노동조합의 일부는 스스로 존속하는 것이다. 이 경우는 갑 노동조합은 분할은 하였지만 소멸하지 않고, 따라서 해산하지도 않는다.

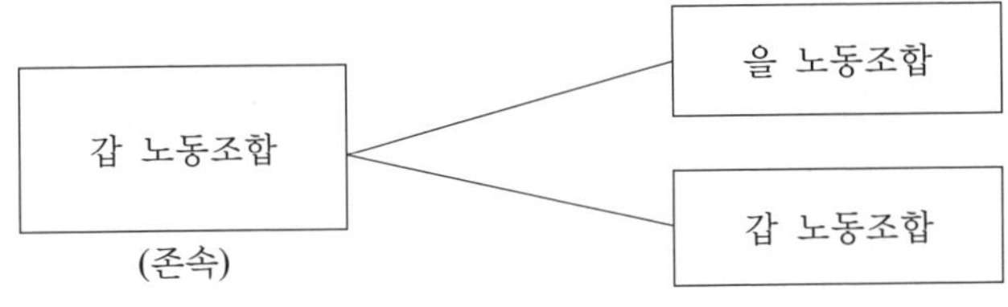

(3) 노동조합의 분할의 요건

노조법은 노동조합 분할의 요건으로서 총회의 의결을 거치도록 하고 있다(법 16조 1항 7호). 재적조합원 과반수의 출석과 출석조합원 3분의 2 이상의 찬성이 있어야 한다(법 16조 2항 단서). 민법은 법인의 분할에 관하여 규정하고 있지 않다. 노동조합의 분할에 관하여 상법의 규정을 유추적용할 수 있는지가 문제된다. 분할의 유형, 법률효과 등에 관하여 법에 다른 규정이 없는 사항에 관하여는, 노동조합의 성질에 어긋나지 않는 범위 내에서 상법상 회사에 관한 규정을 참고할 수 있다.[24)]

분할로 인하여 신설되는 노동조합(소멸분할 또는 존속분할)은 설립신고(법 10조 1항), 소멸하여 해산하는 노동조합(소멸분할)은 해산신고(법 28조 2항), 잔존하는 노동조합(존속분할)은 일정한 변경 사항이 있는 경우 변경신고(법 13조 1항)를 해야 하는데, 이들 신고에 대해서는 각 해당 부분에서의 논의들이 적용되며 분할의 효력과는 직접적인 관계가 없다.

(4) 노동조합의 분할의 효과

소멸분할인 경우에는 분할하는 기존 노동조합이 분할에 따라 소멸함으로써

24) 1998년 개정 상법에서는 주식회사에 한하여 회사분할제도를 신설하였다(상법 530조의2 이하). 회사의 분할이란 하나의 회사의 영업이 둘 이상의 회사로 분리되면서 그 영업에 관하여 발생한 권리의무를 신설회사 또는 승계회사에 승계시키는 것을 목적으로 하는 회사의 행위를 말한다(송옥렬, 1275면). 분할된 영업이 독립성을 유지하는지에 따라 단순분할과 분할합병으로 나뉘고, 신설회사 또는 승계회사는 분할신주를 발행하는데, 분할신주를 누구에게 교부하는가에 따라 인적분할과 물적분할로 나뉜다(송옥렬, 1275면~1276면).

해산사유에 해당하게 된다. 존속분할인 경우에는 기존 노동조합은 여전히 존속하게 되고, 새로운 노동조합이 신설되는 효과가 생긴다.

단체협약의 효력 승계에 관하여, 분할에 의하여 새로이 2개의 노동조합이 생긴 경우에는 새로이 설립된 노동조합이 기존 노동조합과 법률상 동일성을 갖는다고 볼 수는 없으므로 기존 노동조합과 사용자가 체결한 단체협약의 효력은 소멸한다는 견해가 있다.[25] 그러나 기존 노동조합과 사용자 사이에 체결된 단체협약의 적용을 받던 조합원 일부가 분리하여 새로운 노동조합을 설립하는 방식으로 노동조합이 분할된 경우, 기존 단체협약의 효력이 새로운 노동조합에 승계된다고 하더라도 사용자에게 예측하지 못한 불이익을 주는 것도 아니고, 새로운 단체협약을 체결해야 하는 번거로움을 피할 수 있으므로, 분할된 노동조합의 성격에 맞지 않는 조항을 제외하고는 기존 단체협약의 효력이 유지된다고 보는 것이 타당하다.[26]

4. 총회 또는 대의원회의 해산결의가 있는 경우

합병 · 분할 또는 해산에 관한 사항은 총회의 의결사항이다(법 16조 1항 7호). 노동조합은 규약으로 총회에 갈음할 대의원회를 둘 수 있고, 대의원회를 둔 때에는 총회에 관한 규정을 대의원회에 준용하므로(법 17조 1항 · 4항), 대의원회를 둔 경우 대의원회는 합병 · 분할 또는 해산에 관한 사항을 의결할 수 있다.

---

25) 이병태, 196면; 김형배, 1166면; 이상윤a, 663면; 고용노동부 질의회시(노조 68107-704, 2002. 8. 26.)도 같은 취지이다. '기업별 노동조합에서 조직대상을 서울 사업장(영업직 및 사무직)만으로 한정하고 상급단체를 변경하는 내용의 규약 변경을 결의하고 지방 사업장(생산직)에 대해서는 조직대상에서 제외시킨 경우, 이와 같은 결의가 노동조합의 분할에 해당되는지, 또한 기존의 단체협약의 효력은 유지되는지 여부'에 관하여 고용노동부는, "질의 내용만으로는 노동조합이 분할한 것으로 볼 수 있는지 여부를 정확히 판단하기 어려우나, 서울(영업직 및 사무직)과 지방(생산직)의 전 사업장을 조직대상으로 구성된 기업별 노동조합이 총회(대의원회)에서 노조법 16조 2항 규정의 의사 · 의결정족수에 의하여 지방(생산직)의 전 사업장은 조직대상에서 제외하기로 규약을 변경 결의하고 그 결의에 따라 지방(생산직)의 사업장 소속 조합원들이 별도의 노동조합을 설립하였다면 이는 사실상 노동조합의 분할로 볼 수 있을 것"이라고 하고, "노동조합이 분할된 경우 달리 볼 사정이 없는 한 조직적 동일성이 유지된다고 보기 어려우므로 기존 노동조합과 사용자가 체결한 단체협약은 그 효력을 상실한다고 보는 것이 타당할 것"이라고 하였다.

26) 임종률, 106면.

5. 노동조합의 임원이 없고 노동조합으로서의 활동을 1년 이상 하지 아니한 것으로 인정되는 경우로서 행정관청이 노동위원회의 의결을 얻은 경우

휴면 노동조합의 해산에 관한 규정이다. 노동조합이 실질적으로 활동을 하고 있지 않은 경우이다. '노동조합으로서의 활동을 1년 이상 하지 아니한 것으로 인정되는 경우'란 '계속하여 1년 이상 조합원으로부터 조합비를 징수한 사실이 없거나 총회 또는 대의원회를 개최한 사실이 없는 경우'를 말한다(영 13조 1항). 즉, 노동조합이 단체로서 존속하기 위한 최소한의 재정적 기초가 없거나 단체의 의사를 결정하는 활동이 없는 경우에는 노동조합으로서 활동을 하지 아니하는 것으로 보는 것이다. 위 해산사유가 있는 경우에는 행정관청이 관할 노동위원회의 의결을 얻은 때에 해산된 것으로 본다(영 13조 2항).

6. 노동조합 해산의 절차

노조법 28조 2항은 1항 1호 내지 3호의 사유로 노동조합이 해산한 때에는 그 대표자는 해산한 날부터 15일 이내에 행정관청에 이를 신고하도록 하고 있다. 노조법 28조 1항 4호의 경우 '행정관청이 노동위원회의 의결을 얻은 경우'라는 요건을 부가하고 있으므로 별도로 행정관청에 대한 신고의무를 부과하지 않았다.

7. 노동조합 해산의 효과

노조법 28조 1항 1호부터 4호까지의 해산사유가 발생하면, 그 사유의 발생 자체에 의하여 노동조합은 실질적으로 소멸한다. 노조법 28조 1항 1호 내지 3호의 경우 28조 2항의 해산 신고가 없더라도 해당 노동조합의 교섭능력은 존재할 수 없다.[27] 노동조합에게 노조법 28조 1항 1호부터 3호까지의 해산사유가 발생한 경우에 28조 2항에 따른 해산 신고는 행정적 관리를 위한 보고적 신고일 뿐이다.[28] 법인인 노동조합에 대하여는 노조법에 규정된 것을 제외하고는 민법 중 사단법인에 관한 규정을 적용하고(법 6조 3항), 비법인사단에 대하여는 사단법인

27) 김형배, 1182면.
28) 김유성, 115면; 이상윤a, 664면.

에 관한 민법 규정 중 법인격을 전제로 하는 것을 제외한 규정들을 유추적용하여야 할 것이므로,[29] 법인인 노동조합 또는 비법인사단인 노동조합의 해산에 관하여는 민법 80조 이하의 잔여재산의 귀속과 청산에 관한 규정들이 적용되거나 유추적용될 것이다.[30] 민법 80조 1항은 "해산한 법인의 재산은 정관으로 지정한 자에게 귀속한다."라고 규정하고 있는바, 위 규정 취지에 비추어 노동조합이 법인인지 비법인사단인지에 관계없이 노동조합의 규약에 잔여재산 분배에 관한 규정이 있으면 그에 따르면 될 것이고,[31] 잔여재산 분배에 관한 규정이 없는 경우 총회의 결의에 따르면 될 것이다.[32]

해산한 노동조합은 청산 종결 전까지는 청산의 목적범위 내에서만 권리가 있고 의무를 부담한다(민법 81조). 청산 중의 노동조합은 통상의 노조활동을 중단하나, 청산의 범위 내에서는 그 활동을 지속한다.[33] 청산이 종결한 때에는 청산인은 3주간 내에 이를 등기하고 주무관청에 신고하여야 한다(민법 94조).

[김 진 석·김 태 욱]

29) 대법원 1992. 10. 9. 선고 92다23087 판결, 대법원 2003. 11. 14. 선고 2001다32687 판결.

30) 김형배, 1180면.

31) 김형배, 1181면; 임종률, 110면.

32) 민법 80조 2항은 "정관으로 귀속권리자를 지정하지 아니하거나 이를 지정하는 방법을 정하지 아니한 때에는 이사 또는 청산인은 주무관청의 허가를 얻어 그 법인의 목적에 유사한 목적을 위하여 그 재산을 처분할 수 있다. 그러나 사단법인에 있어서는 총회의 결의가 있어야 한다."라고 규정하고 있는바, 법인인 노동조합의 경우 위 단서에 의하여 총회의 결의에 따르면 될 것이고, 비법인사단인 노동조합의 경우 조합원들이 조합재산을 총유하므로(민법 275조 1항) 총회의 결의에 따르면 될 것이다(민법 276조 1항). 같은 취지의 견해로 김형배, 1181면; 임종률, 110~111면.

33) 이상윤a, 664면.

사항색인

제2판

노동조합 및 노동관계조정법 주해 I

초판발행 2015년 4월 10일
제2판발행 2023년 2월 10일
중판발행 2024년 4월 25일

지은이 노동법실무연구회
펴낸이 안종만 · 안상준

편 집 이승현
기획/마케팅 조성호
표지디자인 이소연
제 작 고철민 · 조영환

펴낸곳 (주) 박영사
서울특별시 금천구 가산디지털2로 53, 210호(가산동, 한라시그마밸리)
등록 1959. 3. 11. 제300-1959-1호(倫)
전 화 02)733-6771
f a x 02)736-4818
e-mail pys@pybook.co.kr
homepage www.pybook.co.kr
ISBN 979-11-303-4292-4 94360
979-11-303-4291-7(세트)

정 가 58,000원